abstufen VT **1** *Gelände* a ~~amer~~ trepte **2** *Farbtöne* a grada; *fig* a n~~ ~~ **3** (≈ *staffeln*) a eşalona (**nach** după)

Kursivschrift: *Gelände, Farbtöne, fig, (≈ staffeln)*

---

triumphieren VI a triumfa (**über** *+akk* asupra)

Hinweise auf den Gebrauch der Präpositionen in runden Klammern: (**über** *+akk* asupra)

Zuckerl *österr, südd* N bomboană *f*

Länderspezifische bzw. regionale Verwendung: *österr, südd*

---

ami'abil ADJ **1** liebenswürdig; *prietenos* freundschaftlich **2** JUR einvernehmlich, gütlich

Übersetzungen in Normalschrift: liebenswürdig, freundschaftlich, einvernehmlich, gütlich

---

Stichwort N **1** *im Wörterbuch* cuvânt-titlu *n* **2** THEAT replică *f*

Genusangaben bei Übersetzungen: *n, f*

---

pe'reche F Paar *n*; **~ căsătorită** Ehepaar *n*; **~ de îndrăgostiți** Liebespaar *n*; **fără ~** beispiellos

Wendungen und mehrgliedrige Ausdrücke in **fetter** Schrift: **pereche căsătorită, pereche de îndrăgostiți, fără pereche**

---

pe'reche F Paar *n*; **~ căsătorită** Ehepaar *n*; **~ de îndrăgostiți** Liebespaar *n*; **fără ~** beispiellos

Die Tilde ~ ersetzt das vorausgehende Stichwort: ~ = pereche

'indice M → index

Ein Pfeil verweist auf Synonyme bzw. Infinitivformen

Langenscheidt
Dicționar practic

German

Român – German
German – Român

Noutate

Editat de
Langenscheidt-Redaktion

Langenscheidt

München · Viena

Langenscheidt
Praktisches Wörterbuch
Rumänisch

Rumänisch – Deutsch
Deutsch – Rumänisch

Neuentwicklung

Herausgegeben von der
Langenscheidt-Redaktion

Langenscheidt

München · Wien

Neuentwicklung 2016

Projektleitung: Dr. Sabrina Cherubini
Lexikografische Bearbeitung: Cynthia Adelmann, Daniel Biro,
Andreea Cheie-Berwanger, Dr. Elsa Lüder, Anne Mählmann, Irina Paladi,
Ramona-Loredana Rook, Dr. Valeriu Stancu

Neue deutsche Rechtschreibung nach den gültigen amtlichen Regeln
und DUDEN-Empfehlungen

Wörterbuch-Verlag Nr. 1
Langenscheidt belegt lt. Marktforschungsinstitut GfK Entertainment GmbH
den 1. Platz beim Verkauf von Fremdsprachen-Wörterbüchern in Deutschland.
Weitere Informationen unter www.langenscheidt.de

Ergänzende Hinweise, für die wir jederzeit dankbar sind, bitten wir zu richten an:
Langenscheidt Verlag, Postfach 40 11 20, 80711 München
redaktion.wb@langenscheidt.de

© 2016 Langenscheidt GmbH & Co. KG, München
Typografisches Konzept: KOCHAN & PARTNER GmbH, München,
und uteweber-grafikdesign, Geretsried
Satz: Claudia Wild, Konstanz, und uteweber-grafikdesign, Geretsried
Druck und Bindung: Druckerei C.H. Beck, Nördlingen
Printed in Germany
ISBN 978-3-468-12281-1

16010

Inhalt | Cuprins

Tipps für die Benutzung | Sfaturi de utilizare

Was steht wo im Wörterbuch?	Ce și unde se găsește în dicționar?	4 | 7
Die Aussprache des Rumänischen	Pronunția cuvintelor în limba română	9
Pronunția în Germană	Die Aussprache des Deutschen	11
Abkürzungen und Symbole	Abrevieri și simboluri	14

Rumänisch – Deutsch | Român – German	21

Deutsch – Rumänisch | German – Român	281

Kommunikation | Comunicare

Fit für den Small Talk	Mini ghid de conversație	584
Mic glosar pentru servicii de îngrijire	Mini-Dolmetscher für Pflegeberufe	589

Extras | Noțiuni suplimentare

Zahlen	Numere	600
Rumänische Münzen und Banknoten	Monede și bancnote românești	601
Kurzgrammatik des Rumänischen	Gramatica limbii române pe scurt	602
Gramatica limbii germane pe scurt	Kurzgrammatik des Deutschen	607
Verbe neregulate în limba germană	Deutsche unregelmäßige Verben	620

Tipps für die Benutzung |
Sfaturi de utilizare

Was steht wo im Wörterbuch?

1 Alphabetische Reihenfolge

Die deutschen Umlaute **ä**, **ö** und **ü** werden wie die Buchstaben **a**, **o** bzw. **u** eingeordnet. Das **ß** ist dem (in der Schweiz ausschließlich verwendeten) **ss** gleichgestellt:

> **Busreise** $\overline{F}$ călătorie *f* cu autobuzul
> **Buße** $\overline{F}$ **1** REL pocăință *f*; ~ **tun** a se
> pocăi **2** JUR penitență *f*
> **büßen** $\overline{VT \& VI}$ a ispăși; **für etw ~** a is-
> păși pentru ceva

Einige weibliche Formen sind mit der männlichen zusammengefasst:

> **Mitarbeiter(in)** $\overline{M|F}$ colaborator *m*,
> colaboratoare *f*
> **abo'nat(ă)** $\overline{M|F}$ Abonnent(in) *m(f)*

2 Rechtschreibung

Für die Schreibung der deutschen Wörter gelten die aktuellsten DUDEN-Empfehlungen.

Der Bindestrich wird am Zeilenanfang wiederholt, wenn das getrennte Wort ursprünglich bereits einen Bindestrich enthält:

> ping-
> -pong
> CD-
> -Player

3 Betonung

Die Betonung der rumänischen Stichwörter wird durch das Zeichen ' vor der betonten Silbe angegeben:

fru'mos ADJ schön
frumu'sețe F̄ Schönheit f
frun'taș ADJ führend

4 Grammatische Hinweise

V̄/T̄	transitiver Gebrauch (mit direktem Objekt):	abliefern V̄/T̄ a livra accele'ra V̄/T̄ beschleunigen
V̄/Ī	intransitiver Gebrauch (ohne direktes Objekt):	abfahren V̄/Ī a pleca (nach la) proce'da V̄/Ī verfahren; vorgehen
V̄/R̄	reflexiver (rückbezüglicher) Gebrauch des rumänischen bzw. deutschen Verbs:	beeilen V̄/R̄ sich ~ a se grăbi acomo'da V̄/R̄ a se ~ sich anpassen
V̄/UNPERS	unpersönlich gebrauchtes Verb:	nieseln V̄/UNPERS a burnița
V̄/AUX	Hilfsverb (Verb, das zur Bildung von zusammengesetzten Verbformen verwendet bzw. mit anderen Verben kombiniert wird):	sein [...] B V̄/AUX sie ist gelaufen ea a fugit; wir sind gegangen noi am plecat
V̄/MOD	Modalverb	dürfen V̄/MOD etw tun ~ a fi permis să faci ceva; darf ich? se poate?; darf ich bitten? Tanz îmi permiteți să vă invit?;

5 Lexikografische Zeichen

~	Die Tilde ~ steht für das Stichwort innerhalb des Artikels:	**pe'reche** $\overline{F}$ Paar *n*; ~ **căsătorită** Ehepaar *n*; ~ **de îndrăgostiți** Liebespaar *n*; **fără** ~ beispiellos
≈	Die doppelte Tilde bedeutet „entspricht in etwa, ist vergleichbar mit":	**EC-Karte** $\overline{F}$ ≈ card *n* bancar
[1], [2]	Hochzahlen unterscheiden Wörter gleicher Schreibung, aber völlig unterschiedlicher Bedeutung:	**Bauer**[1] $\overline{M}$ țăran *m* **Bauer**[2] $\overline{N/M}$ (≈ *Vogelkäfig*) colivie *f*
A, B, C	Grammatische Unterscheidungen werden mit Buchstaben gegliedert:	**'dulce** A $\overline{ADJ}$ süß B $\overline{N}$ Süßigkeit *f*
1, 2, 3	Arabische Ziffern dienen zur Bedeutungsdifferenzierung:	**Krippe** $\overline{F}$ 1 *Weihnachtskrippe* iesle *f* 2 *Kinderkrippe* creșă *f*
→	Der Pfeil bedeutet „siehe":	**'indice** $\overline{M}$ → index

Ce și unde se găsește în dicționar?

🔳 Ordinea alfabetică

Literele cu umlaut germane **ä**, **ö** și **ü** sunt ordonate alfabetic la fel ca literele **a**, **o** respectiv **u**. **ß** este echivalent cu **ss**.

> **Busreise** Ē călătorie f cu autobuzul
> **Buße** Ē 1 REL pocăință f; ~ **tun** a se
> pocăi 2 JUR penitență f
> **büßen** V̄/T & V̄/I a ispăși; **für etw** ~ a is-
> păși pentru ceva

Unele forme de gen feminin sunt scrise împreună cu cele de gen masculin.

> **Mitarbeiter(in)** M̄/F colaborator m,
> colaboratoare f
>
> **abo'nat(ă)** M̄/F Abonnent(in) m(f)

🔳 Ortografia

Pentru scrierea cuvintelor germane se aplică recomandările actuale DUDEN.

Cratima se repetă la începutul rândului, atunci când cuvântul despărțit în silabe conține deja o cratimă:

> -pong   ping-   -Player   CD-

🔳 Indicații gramaticale

Verbele

V̄/T	folosire cu formă tranzitivă (cu complement direct):	**abliefern** V̄/T a livra
		accele'ra V̄/T beschleunigen
V̄/I	folosire cu formă intranzitivă (fără complement direct):	**abfahren** V̄/I a pleca (**nach** la)
		proce'da V̄/I verfahren; vorgehen

$\overline{\text{V/R}}$	folosire cu formă reflexivă:	**beeilen** $\overline{\text{V/R}}$ **sich ~** a se grăbi
		acomo'da $\overline{\text{V/R}}$ **a se ~** sich anpassen
$\overline{\text{V/UNPERS}}$	folosire ca verb impersonal:	**nieseln** $\overline{\text{V/UNPERS}}$ a burnița
$\overline{\text{V/AUX}}$	folosire ca verb auxiliar:	**sein** [...] **B** $\overline{\text{V/AUX}}$ **sie ist gelaufen** ea a fugit; **wir sind gegangen** noi am plecat
$\overline{\text{V/MOD}}$	folosire ca verb modal:	**dürfen** $\overline{\text{V/MOD}}$ **etw tun ~** a fi permis să faci ceva; **darf ich?** se poate?; **darf ich bitten?** *Tanz* îmi permiteți să vă invit?;

4 Simboluri grafice

~	Tilda ține locul cuvântului de referință în cadrul articolului:	**pe'reche** $\overline{\text{F}}$ Paar *n*; **~ căsătorită** Ehepaar *n*; **~ de îndrăgostiți** Liebespaar *n*; **fără ~** beispiellos
≈	Tilda dublă înseamnă „corespunde aproximativ, e comparabil cu":	**EC-Karte** $\overline{\text{F}}$ ≈ card *n* bancar
¹, ²	Exponentul diferențiază cuvintele scrise identic dar care au înțelesuri cu totul diferite:	**Bauer¹** $\overline{\text{M}}$ țăran *m* **Bauer²** $\overline{\text{N/M}}$ (≈ *Vogelkäfig*) colivie *f*
A, **B**, **C**	Diferențierile gramaticale se enumeră cu ajutorul literelor:	**'dulce** **A** $\overline{\text{ADJ}}$ süß **B** $\overline{\text{N}}$ Süßigkeit *f*
1, **2**, **3**	Cifrele arabe indică diferențele de sens:	**Krippe** $\overline{\text{F}}$ **1** *Weihnachtskrippe* iesle *f* **2** *Kinderkrippe* creșă *f*
→	Săgeata înseamnă „vezi":	**'indice** $\overline{\text{M}}$ → index

Die Aussprache des Rumänischen |
Pronunția cuvintelor în limba română

Vokale und Diphthonge

Buchstabe(n)	Position	Erklärung	Beispiele
ă		ungefähr wie ein schwachtoniges e in Gabe	grădină, legătură
â		ungefähr wie ein kurzes y in unbetonter Silbe – jedoch ungerundet –, z. B. in Märtyrer	cât, pâine
e	am Wortanfang der Pronomen und der Personalformen des Verbs a fi (sein)	wie je	e, ea, ei, el, ele, era, este
ei		wie e-i	cheie, trei
eu		wie e-u	împreună, traseu
i	vor und nach Vokal sowie am Wortende	sehr abgeschwächt, ungefähr wie das nicht silbische j in Fjord	mai, variantă
î	nur am Wortanfang und am Wortende geschrieben	ungefähr wie ein kurzes y in unbetonter Silbe – jedoch ungerundet –, z. B. in Märtyrer	înghețată, între

Konsonanten

Buchstabe(n)	Position	Erklärung	Beispiele
c	vor e	wie **tsch** in **Tsch**eche	aceasta, ceva
c	vor i	wie **ch** in **Ch**ili	cineva, nici
c	in allen anderen Positionen	wie **k** in **K**amm, **k**ommen, **K**uh	casă, companie
ch	vor e	wie **k** in **k**ennen	ochelari, ureche
ch	vor i	wie **k** in **K**ino	chioşc, echipă
g	vor e	wie **dsch** in **Dsch**ungel	agendă, minge
g	vor i	wie **g** in **G**in	pagină, registru
g	in allen anderen Positionen	wie **g** in **G**ast, **G**ott, **g**ut	dragoste, egal
gh	vor e	wie **g** in **g**ern	gheaţă, îngheţată
gh	vor i	wie **g** in **g**ing	frânghie, unghi
h		wie **h** in **h**aben (selten wie **ch** in i**ch**)	hidrogen, hotel
j		wie **j** in **J**ournal	jachetă, pajişte
r		gerollter Zungenspitzen-**r**	registru, ureche
s	in allen Positionen	stimmloses **s** wie in Krei**s**	casă, posibil
sch		wie **sk** in Ba**sk**etball	deschis, schimb
ş		wie **sch** in **Sch**al	sfârşit, ştiinţă
ţ		wie **z** in **Z**ucker	faţă, vacanţă
v		wie **w** in **W**asser	ceva, variantă
z	in allen Positionen	stimmhaftes **s** wie in De**s**en, Va**s**e	caz, ziua

Pronunția în Germană |
Die Aussprache des Deutschen

Vocale și diftongi

Litere	Valoare fonetică	Explicație	Exemple
a, aa, ah	ɑː	a lung închis ca a în coamă	Name, Haar, Bahn
au	au	diftong au ca în cuvântul dau	Haus, Auto
ä	ɛ	e scurt deschis ca e în unde	Bäcker, Fächer
ä, äh	ɛː	sunet intermediar lung deschis pronunțat între a și e	Träne, Fähre
ai, ay	aɪ	diftong ai ca în cai	Mais, Saite, Bayern
äu	ɔY	diftong oi ca în noi	Fräulein, Bäume
e	ɛ	e scurt deschis ca e în unde	Werk, kennen
e, ee, eh	eː	e lung închis ca e în cuvântul lege	Weg, See, fehlen
e	ə	ă scurt slab ca ă în tată	bitte, Bruder
ei	aɪ	diftong ai ca în cai	nein, fein
eu	ɔY	diftong oi ca în noi	neun, feucht
eu	øː	sunet intermediar lung închis pronunțat între o și e ca oe în cuvântul Phoenix	Ingenieur, Redakteur
i	ɪ	i scurt deschis ca i în rit	bin, eckig, Rind
i, ie, ih	iː	i lung închis ca ii în fiică	Titel, viel, ihm
o	ɔ	o scurt închis ca o în loc	Bord, Schock
o, oh, oo	oː	o lung închis ca o în sobă	loben, Sohn, Moor
ö	ø	sunet intermediar scurt închis pronunțat între o și e	Zölibat, Ökonomie

Litere	Valoare fonetică	Explicație	Exemple
ö	œ	sunet intermediar scurt închis pronunțat între **o** și **e**	öfter, zwölf
ö, oe, öh	ø	sunet intermediar lung închis pronunțat între **o** și **e** ca **oe** în cuvântul Ph**oe**nix	böse, Goethe, Höhle
u, uh, ou	uː	**u** lung închis ca **u** în r**u**gă	gut, Uhr, Route
u, ou	u	**u** scurt închis ca **u** în d**u**s	Bund, Klub, Bouillon
ü, üh, y	yː	sunet intermediar lung închis pronunțat între **u** și **i**	Blüte, Bühne, Analyse
ü, y	ʏ	sunet intermediar scurt închis pronunțat între **u** și **i**	Mütze, Hygiene

Consoane

Litere	Valoare fonetică	Explicație	Exemple
c	k	ca **c** în **c**asă	Computer
	ts	ca **ț** în **ț**arc	Celsius
	tʃ	ca **c** înainte de **e** în **ce**r	Cello
ch	ç	ca **h** în Mi**h**nea	richtig, leicht, Milch, China, Kindchen
	x	ca **h** în a**h**tiat	Macht, Sucht, fauchen
	ʃ	ca **ș** în **ș**ef	Champagner
chs	ks	ca **cs** în ru**cs**ac	sechs, wachsen
	xs	**h** ca în șa**h** + **s** ca în **s**are	wachsam, lachst
ck	k	ca **c** în **c**asă	backen, Decke, dick

Litere	Valoare fonetică	Explicație	Exemple
g	ʒ	ca **j** în **j**ar	Gelee, Genie
h	h	ca **h** în **h**am	Haus, haben
j	ʒ	ca **j** în **j**ar	Jalousie
	dʒ	ca **g** în **g**eam	Jersey
ng	ŋ	ca **ng** în lu**ng**	Gang, Ringe, länger
ph	f	ca **f** în **f**oc	Physik, Philosoph
qu	kv	ca **cv** în **cv**artet	Quelle, Quark
r	r	ca **r** în **r**oșu	rot, stark
	ɐ	sunet semideschis, între **a** și **ə**, ca **ă** în t**a**tă	Lehr-er, bitt-er
s	z	ca **z** în **z**arzavat	sofort, lesen, Reise, Ferse
	s	ca **s** în ca**s**ă	Skala, Espe, Haus, Gans
ß, ss	s	ca **s** în ca**s**ă	Schoß, Flüsse
sch	ʃ	ca **ș** în **ș**irag	Schule, schwarz
sp, st	ʃp, ʃt	ca **șp** în **șp**an și ca **șt** în **șt**iucă	Spiel, Stadt
tsch	tʃ	ca **c** înainte de **i** în **ci**nci	deutsch, Klatsch
tz	ts	ca **ț** în **ț**arc	Witz, Katze
v, w	v	ca **v** în **v**orbă	Vulkan, Waage
v	f	ca **f** în **f**igură	vier, Volk, Vater
x	ks	ca **x** în **x**ilofon	Hexe, Xylophon
y	j	**i** scurt închis ca **i** în **i**ac	New York
z	ts	ca **ț** în **ț**arc	Zwerg, Zimmer, Zoo

Abkürzungen und Symbole |
Abrevieri și simboluri

a.	auch	și
$\overline{ABK}$, *abk*	Abkürzung	abreviere
$\overline{ADJ}$, *adj*	Adjektiv, Eigenschaftswort	adjectiv
$\overline{ADJT}$, *adjt*	adjektivisch gebraucht	folosit adjectival
ADMIN	Verwaltung(ssprache)	administrație, limbaj administrativ
$\overline{ADV}$, *adv*	Adverb, Umstandswort	adverb
$\overline{ADVL}$, *advl*	adverbial gebraucht	folosit adverbial
AGR	Landwirtschaft	agricultură
akk	Akkusativ	acuzativ
ANAT	Anatomie	anatomie
ARCH	Architektur	arhitectură
ART	Artikel	articol
ASTROL	Astrologie	astrologie
ASTRON	Astronomie	astronomie
AUTO	Auto	autovehicule
BAHN	Eisenbahn	cale ferată
BAU	Bauwesen	construcții
BERGB	Bergbau	exploatare minieră
bes	besonders	îndeosebi
BIOL	Biologie	biologie
BOT	Botanik, Pflanzenkunde	botanică
bzw.	beziehungsweise	respectiv
CHEM	Chemie	chimie
DAT	Dativ	dativ
$\overline{DEM\ PR}$	Demonstrativpronomen	pronume demonstrativ
DIPL	Diplomatie	diplomație

e-e, e-m, e-r, e-s	eine, einem, einer, eines	---
ELEK	Elektrotechnik	electrotehnică
etw	etwas	ceva
F, *f*	Femininum	feminin
fig	figürlich, bildlich, übertragene Bedeutung	figurativ, figurat
FILM	Film, Kino	cinema
FIN	Finanzen, Buchhaltung	finanțe, contabilitate
FLUG	Luftfahrt	navigație aeriană
F/NPL	Femininum und Neutrum Plural	feminin și neutru plural
FOTO	Fotografie	fotografie
FPL, *fpl*	Femininum Plural	feminin plural
FSG, *fsg*	Femininum Singular	feminin singular
GASTR	Gastronomie	gastronomie
geh	gehobener Stil	stil elevat
gen	Genitiv	genitiv
GEOG	Geografie	geografie
GEOL	Geologie	geologie
GRAM	Grammatik	gramatică
HANDEL	Handel	comerț
hist	historisch	istoric
HIST	Geschichte	istorie
hum	humorvoll, scherzhaft	umoristic, glumeț
INDEF PR	Indefinitpronomen	pronume nehotărât
inf	Infinitiv	infinitiv
INT, *int*	Interjektion	interjecție
INT PR	Interrogativpronomen	pronume interogativ
inv	invariabel, unveränderlich	invariabil
iron	ironisch	ironic

irr	unregelmäßig	neregulat
IT	Informatik	informatică
j-d, j-m, j-n, j-s	jemand, jemandem, jemanden, jemandes	---
JUR	Recht(ssprache)	limbaj juridic
KATH	katholisch(e Kirche)	biserică catolică
kinderspr	Kindersprache	limbaj al copiilor
komp	Komparativ	comparativ
K̄ON̄J	Konjunktion, Bindewort	conjuncție
LING	Linguistik, Sprachwissen-schaft	lingvistică
lit	literarisch	literar
LIT	Literatur	literatură
M, *m*	Maskulinum	masculin
MAL	Malerei	pictură
MATH	Mathematik	matematică
MED	Medizin	medicină
METEO	Meteorologie	meteorologie
M̄/F̄, *m/f*	Maskulinum und Femininum	masculin și feminin
M̄/F̄(M̄), *m/f(m)*	Maskulinum und Femininum mit zusätzlicher Maskulinendung in Klammern	masculin și feminin cu terminație masculină suplimentară în paranteză
MIL	Militär, militärisch	armată, militar
MINER	Mineralogie	mineralogie
M̄/N̄, *m/n*	Maskulinum und Neutrum	masculin și neutru
M̄/N̄SG	Maskulinum und Neutrum Singular	masculin și neutru singular
M̄PL̄, *mpl*	Maskulinum Plural	masculin plural
M̄SḠ	Maskulinum Singular	masculin singular
MUS	Musik	muzică

N̅, n	Neutrum, sächlich	neutru
neg!	kann als beleidigend empfunden werden	poate fi perceput drept jignitor
NOM	Nominativ	nominativ
NPL, npl	Neutrum Plural	neutru plural
NUKL	Kernkraft, Kernphysik	energie nucleară, fizică nucleară
NUM, num	Zahlwort	numeral
od	oder	sau
ÖKOL	Umwelt(schutz), Ökologie	ecologie
OPT	Optik	optică
örtl	örtlich	local
österr	österreichisch	austriac
pej	pejorativ, verächtlich	peiorativ, dispreţuitor
pers	Person, persönlich	persoană, personal
PERS PR	Personalpronomen	pronume personal
PFLEGE	Pflegeberufe	servicii de îngrijire
PHARM	Pharmazie	farmacie
PHIL	Philosophie	filozofie
PHON	Phonetik, Lautlehre	fonetică
PHYS	Physik	fizică
PL, pl	Plural, Mehrzahl	plural
poet	poetisch	poetic
POL	Politik	politică
pop	salopp, derb	neîngrijit, grosolan
POSS PR	Possessivpronomen	pronume posesiv
PPERF, pperf	Partizip Perfekt	participiu perfect
PPR, ppr	Partizip Präsens	participiu prezent
PRÄP	Präposition	prepoziţie
PRON	Pronomen, Fürwort	pronume
PSYCH	Psychologie	psihologie

®	eingetragene Marke	marcă înregistrată
RAD, RADIO	Radio, Rundfunk	radiodifuziune
reg	regional	regional
rel	relativ	relativ
REL	Religion	religie
<u>REL PR</u>	Relativpronomen	pronume relativ
RHET	Rhetorik	retorică
SCHIFF	Schifffahrt	navigație
schweiz	schweizerisch	elvețian
s-e, s-m, s-n, s-r, s-s	seine, seinem, seinen, seiner, seines	---
<u>SG</u>, *sg*	Singular, Einzahl	singular
sl	Slang, Jargon	argou, jargon
SOZIOL	Soziologie	sociologie
SPORT	Sport	sport
sprichw	Sprichwort, sprichwörtlich	proverb, proverbial
subst	Substantiv, Hauptwort	substantiv
südd	süddeutsch	termen din germana de sud
sup	Superlativ	superlativ
TECH	Technik	tehnică
TEL	Telefon, Telekommunikation	telefon, telecomunicații
<u>TEX</u>	Textilien, Textilindustrie	industrie textilă
THEAT	Theater	teatru
TV	Fernsehen	televiziune
TYPO	Buchdruck, Typografie	tipar, tipografie
u.	und	și
umg	umgangssprachlich	în limbaj familiar
unpers	unpersönlich	impersonal
usw.	und so weiter	și așa mai departe
v.	von	de

$\overline{V/I}$	intransitives Verb	verb intranzitiv
$\overline{V/R}$	reflexives Verb	verb reflexiv
$\overline{V/T}$	transitives Verb	verb tranzitiv
vulg	vulgär	vulgar
$\overline{V/UNPERS}$	unpersönliches Verb	verb impersonal
WEIN	Weinbau	viticultură
weitS.	im weiteren Sinne	în sens mai larg
WIRTSCH	Wirtschaft	economie
z. B.	zum Beispiel	de exemplu
zeitl	zeitlich	ca timp, cu sens temporal
ZOOL	Zoologie	zoologie
$\overline{ZSSGN}$, *zssgn*	Zusammensetzungen	cuvinte compuse
≈	ist in etwa gleich	corespunde aproximativ
→	siehe	vezi

Rumänisch – Deutsch

a INT a(ch)
aba'jur N Lampenschirm m
aban'don N Verlassen n; renunţ Verzicht m, Aufgabe f; JUR Abtretung f
abando'na VT aufgeben; verlassen
abando'nat ADJ aufgegeben, herrenlos
aba'nos M Ebenholz n; **negru ca ~ul** schwarz wie Ebenholz
a'bate A VT abbringen, ablenken (**de la, din** von) B VR **a se ~** abweichen
a'batere F Abweichung f; Verstoß m; **~ din drum** Abstecher m
aba'tor N Schlachthof m, Schlachthaus n
aba'ţie F Abtei f
abă'tut ADJ niedergeschlagen
ab'ces N Geschwür n, Abszess m
abdi'ca VI abdanken
abdi'care F Abdankung f
abdo'men N Bauch m, Unterleib m
abdomi'nal ADJ Unterleibs...
abduc'tor M Abziehmuskel m; ANAT Abduktor m
abece'dar N Fibel f
abe'rant ADJ sinnlos
abe'raţie F Sinnlosigkeit f
a'bia ADV eben, erst; kaum
a'bil ADJ geschickt
abili'ta VT befugen, ermächtigen
abili'tate F Geschicklichkeit f
abi'otic ADJ BIOL abiotisch
a'bis N Abgrund m
abi'sal ADJ abyssal, Tiefsee-, Meeres-
ab'ject ADJ 1 elend, erbärmlich 2 josnic niederträchtig, gemein; **om ~** gemeiner Mensch
abju'ra VT abschwören, verleugnen
abju'rare F Abschwörung f, Lossagung f

abla'tiv N GRAM Ablativ m
abne'ga VT ableugnen, abschwören; a tăgădui verneinen; **a-şi ~ credinţa** seinem Glauben abschwören
abne'gaţie F Selbstlosigkeit f; devotament Hingabe f
abo'li VT abschaffen
abo'lire F Abschaffung f
abomi'nabil ADJ abscheulich
abo'na VR **a se ~** abonnieren (**la ceva** etw)
abona'ment N Abonnement n; Zeitkarte f; IT **~ digital** Paywall f; **~ lunar** Monatskarte f; **~ săptămânal** Wochenkarte f
abo'nat(ă) MF Abonnent(in) m(f)
abor'da VT herangehen an
abor'dabil ADJ zugänglich
abor'dare F Herangehen n
abori'gen A ADJ eingeboren B M, **abori'genă** F Ureinwohner(in) m(f)
abraca'dabra INT Abrakadabra n
abrazi'une F Abnutzung f; frecare Abrieb m
abra'ziv ADJ abschleifend
abre'via VT abkürzen
abrevi'ere F Abkürzung f
abro'ga VT abschaffen
abro'gare F Abschaffung f
a'brupt ADJ steil
abruti'za VI verdummen, abstumpfen
ab'scons ADJ schwer verständlich
ab'sent ADJ abwesend
absen'ta VI fehlen
ab'senţă F Abwesenheit f
ab'sint N Absinth m
abso'lut A ADJ absolut B ADV **~ nimic** überhaupt nichts
absol'vent(ă) MF Absolvent(in) m(f)
absol'vi VT beenden
absor'bant A ADJ saugfähig B N CHEM Absorbent m
absor'bi VT (auf-, ein)saugen
absorb'ţie F CHEM Absorption f
absti'nent A ADJ enthaltsam B M, **absti'nenţă** F Abstinenzler(in) m(f)

absti'nență F̲ Enthaltsamkeit f

ab'stract A̲D̲J̲ abstrakt

ab'stracție F̲ Abstraktion f; **a face ~ de** absehen von

ab'surd A̲D̲J̲ sinnlos

absurdi'tate F̲ Unsinn m

abți'bild N̲ Abziehbild n

ab'ține V̲R̲ **a se ~ (de la)** sich enthalten (+gen)

ab'ținere F̲ Enthaltung f; **~ de la vot** Stimmenthaltung f

a'bulic A̲D̲J̲ M̲E̲D̲ abulisch; umg willenlos; fără voință willensschwach; nehotărât unentschlossen

abu'lie F̲ M̲E̲D̲ Abulie f; umg Willensschwäche f

abun'da V̲I̲ in Überfluß vorhanden sein

abun'dent A̲D̲J̲ üppig

abun'dență F̲ Überfluss m, Fülle f

'abur M̲ Dampf m

abu'ri A̲ V̲T̲ dampfen B̲ V̲R̲ **a se ~** anlaufen

abu'rit A̲D̲J̲ beschlagen

a'buz N̲ Missbrauch m

abu'za V̲I̲ missbrauchen

abu'ziv A̲D̲J̲ mißbräuchlich, absichtlich unerlaubt

ac N̲ Nadel f; **ac (de ceas)** (Uhr)Zeiger m; **ac de** (od **cu**) **gămălie** Stecknadel f; **ac de siguranță** Sicherheitsnadel f

a.c. A̲B̲K̲ (= anul curent) lfd. J. (laufenden Jahres)

acad. A̲B̲K̲ (= academic) akademisch

aca'dea F̲ Lutscher m

aca'demic A̲D̲J̲ akademisch

academi'cian(ă) M̲(̲F̲)̲ Akademiemitglied n

acade'mie F̲ Akademie f

acal'mie F̲ Flaute f

acapa'ra V̲T̲ an sich reißen, anhäufen

acapa'rare F̲ Anhäufung f

acari'an M̲ Milbe f

a'casă A̲D̲V̲ zu Hause; nach Hause

ac'cede V̲I̲ **~ a ceva** zu etw gelangen; a avea acces zu etw Zugang haben; **~ într-o funcție** ein Amt antreten

ac'cedere F̲ Zugang m

accele'ra V̲T̲ beschleunigen

accele'rat N̲ Schnellzug m

accelera'tor N̲ A̲U̲T̲O̲ Gaspedal n

accele'rație F̲ Beschleunigung f

ac'cent N̲ Akzent m; Tonfall m

accentu'a V̲T̲ betonen

accentu'at A̲D̲J̲ betont

ac'cept N̲ Annahme f, Einwilligung f, Zustimmung f

accep'ta V̲T̲ annehmen

accep'tabil A̲D̲J̲ annehmbar

accep'tare F̲ Annahme f

ac'cepție F̲ Bedeutung f

ac'ces N̲ Zutritt m, Zugang m; M̲E̲D̲ Anfall m; **~ de furie** Wutanfall m; **~ de râs** Lachanfall m; I̲T̲ **~ la internet** Internetzugang m

acce'sibil A̲D̲J̲ zugänglich

acce'sorii N̲P̲L̲ Zubehör n

acci'dent N̲ Unfall m; **~ de mașină** Autounfall m; **~ de muncă** Arbeitsunfall m; **~ de tren** Zugunglück n

acciden'ta A̲ V̲T̲ verletzen B̲ V̲R̲ **a se ~** verunglücken, einen Unfall haben

acciden'tal A̲D̲J̲ zufällig

acciden'tat A̲ A̲D̲J̲ 1̲ teren uneben 2̲ persoană verletzt B̲ M̲, acciden'tată F̲ Verletzte(r) m/f(m)

ac'ciză F̲ Verbrauchssteuer f

a'cel(a) M̲/̲N̲ S̲G̲, a'ce(e)a F̲S̲G̲, a'cei(a) M̲P̲L̲, a'cele(a) F̲/̲N̲P̲L̲ jener, jene, jenes; jene; derjenige, diejenige, dasjenige; diejenigen

a'celași M̲/̲N̲ S̲G̲, a'ceeași F̲S̲G̲, a'ceiași M̲P̲L̲, a'celeași F̲/̲N̲P̲L̲ derselbe, dieselbe, dasselbe; dieselben

a'cerb A̲D̲J̲ hart, unbarmherzig; **luptă f ~ă** harter Kampf

a'cest(a) M̲/̲N̲ S̲G̲, a'ceasta F̲S̲G̲, a'cești(a) M̲P̲L̲, a'ceste(a) F̲/̲N̲P̲L̲ dieser, diese, dieses; diese; **cu toate ~ea** dennoch

achi'ta V̲T̲ begleichen; J̲U̲R̲ freisprechen

achi'tare F̲ Begleichung f; J̲U̲R̲ Freispruch m

achi'tat A̲D̲J̲ beglichen, getilgt; J̲U̲R̲ freigesprochen

achi'ziție F̲ Erwerbung f

achiziți'ona V̲T̲ erwerben

a'ci reg A̲D̲V̲ hier; **cât pe-~** beinahe

a'cid A̲ A̲D̲J̲ sauer B̲ M̲ C̲H̲E̲M̲ Säure f; **~ carbonic** Kohlensäure f

acidi'tate F̲ Säuregrad m

acidu'la V̲T̲ säuern, ansäuern

acidu'lat A̲D̲J̲ kohlensäurehaltig

acla'ma $\overline{VT}$ ~ **pe cineva** j-m Beifall spenden

acla'mație $\overline{F}$ Beifall m

aclimati'za $\overline{VR}$ **a se** ~ sich akklimatisieren

aclimati'zare $\overline{F}$ Akklimatisierung f

ac'nee $\overline{F}$ Akne f

aco'ladă $\overline{F}$ geschweifte Klammer f

aco'lit(ă) $\overline{M|F}$ Mittäter(in) m(f)

a'colo $\overline{ADV}$ dort; dorthin

acomo'da $\overline{VR}$ **a se** ~ sich anpassen

acomo'dare $\overline{F}$ Anpassung f

acompania' $\overline{VT}$ begleiten

acompania'ment $\overline{N}$ Begleitung f

a'cont $\overline{N}$ Anzahlung f, Abschlagszahlung f

acon'ta $\overline{VT}$ anzahlen

acope'ri $\overline{VT}$ bedecken, zudecken, (ver)decken

acope'rire $\overline{F}$ **◪** Überzug m **◪** WIRTSCH Deckung f **◪** BAU Abdeckung f

acope'riș $\overline{N}$ Dach n

a'cord $\overline{N}$ Abkommen n; Übereinstimmung f; MUS Akkord m; **de ~** einverstanden

acor'da $\overline{VT}$ gewähren; verleihen; MUS stimmen

acor'dare $\overline{F}$ **◪** Gewährung f **◪** premiu Verleihung f **◪** MUS Stimmung f

acor'dat $\overline{ADJ}$ gewährt

acorde'on $\overline{N}$ Akkordeon n

acordeo'nist(ă) $\overline{M|F}$ Akkordeonspieler(in) m(f)

acos'ta $\overline{VT}$ ansprechen; SCHIFF anlegen

acosta'ment $\overline{N}$ Straßenrand m

acos'tare $\overline{F}$ Landung f

a'creală $\overline{F}$ Säure f

acredi'ta $\overline{VT}$ bevollmächtigen, akkreditieren

acredi'tare $\overline{F}$ (diplomatische) Bevollmächtigung f; **scrisori** fpl **de ~** (diplomatische) Beglaubigungsschreiben pl

a'cri **◪** $\overline{VT}$ sauer machen **◪** $\overline{VR}$ **a se** ~ sauer werden

acri'bie $\overline{F}$ Akribie f

acri'lat $\overline{M}$ CHEM Acrylat n

a'crilic $\overline{ADJ}$ Acryl-

a'crime $\overline{F}$ Säure f

acri'șor $\overline{ADJ}$ säuerlich

a'crit $\overline{ADJ}$ sauer

acri'tură $\overline{F}$ grießgrämige Person; GASTR sauer eingelegtes Gemüse; murătură Gewürzgurke f

acro'bat(ă) $\overline{M|F}$ Akrobat(in) m(f)

acro'batic $\overline{ADJ}$ akrobatisch

acroba'ție $\overline{F}$ Kunststück n

acro'matic $\overline{ADJ}$ OPT achromatisch

a'cronic $\overline{ADJ}$ zeitlos

a'cropolă $\overline{F}$ ARCH Akropolis f

acro'șa $\overline{VT}$ anhaken

'acru $\overline{ADJ}$ sauer

act $\overline{N}$ Akt m; Akte f; Urkunde f; Handlung f; **acte** Papiere pl; **acte de identitate** Ausweispapiere pl; **acte de violență** Ausschreitungen pl

ac'tiv $\overline{ADJ}$ aktiv

acti'va $\overline{VT}$ aktivieren

activi'tate $\overline{F}$ Tätigkeit f

ac'tor $\overline{M}$ Schauspieler m; **~ de cinema** Filmschauspieler m; **~ principal** Hauptdarsteller m

actori'cesc $\overline{ADJ}$ schauspielerisch

acto'rie $\overline{F}$ Schauspielerei f

ac'triță $\overline{F}$ Schauspielerin f

actu'al $\overline{ADJ}$ aktuell

actuali'tate $\overline{F}$ Aktualität f

actuali'tăți $\overline{FPL}$ TV Tagesschau f

actuali'za $\overline{VT}$ aktualisieren

actuali'zare $\overline{F}$ Aktualisierung f

actual'mente $\overline{ADV}$ zurzeit

acțio'na **◪** $\overline{VI}$ handeln **◪** $\overline{VT}$ (an)treiben

acțio'nar(ă) $\overline{M|F}$ FIN Aktionär(in) m(f)

acțio'nare $\overline{F}$ TECH Antrieb m

acți'une $\overline{F}$ Aktion f; Handlung f; FIN Aktie f; **acțiune comună** Stammaktie f; **acțiune de despăgubire** (od **regres**) Regress m; **a pune în ~** in Bewegung setzen

acua'relă $\overline{F}$ Aquarell n; Wasserfarbe f

acui'tate $\overline{F}$ Schärfe f

a'cum $\overline{ADV}$ jetzt, nun; **de ~ înainte** von nun an; **~ un an** vor einem Jahr

acumu'la $\overline{VT}$ anhäufen; speichern

acumu'lare $\overline{F}$ Anhäufung f; Aufspeicherung f; **lac** n **de ~** Stausee m

acumu'lat $\overline{ADJ}$ angehäuft, akkumuliert

acumula'tor $\overline{N}$ Akku(mulator) m; AUTO Batterie f

acupunc'tură $\overline{F}$ Akupunktur f

acura'tețe $\overline{F}$ Sorgfalt f

a'custic ADJ akustisch

a'custică F Akustik f

a'cut ADJ akut

acu'za V/T anklagen, beschuldigen

acu'zare F Anklage f, Beschuldigung f

acu'zat(ă) M/F Angeklagte(r) m/f(m)

acuza'tiv N GRAM Akkusativ m

acuza'tor M, acuza'toare F (An)-Kläger(in) m(f)

acu'zație F Anklage f

acvapla'nare F Aquaplaning n

acva'ristică F Aquaristik f

ac'variu N Aquarium n

ac'vatic ADJ Wasser...

'acvilă F Adler m

acvi'lin ADJ Adler-; nas ~ Adlernase f

a'dagio N MUS Adagio n

a'daos N Zusatz m; Hinzufügung f

adap'ta V/T anpassen

adap'tabil ADJ anpassungsfähig

adaptabili'tate F Anpassungsfähigkeit f

adap'tare F Anpassung f

adap'tor N ELEK Adapter m

adă'post N Unterkunft f; fig Schutz m; a pune la ~ in Sicherheit bringen

adăpos'ti A V/T beherbergen B V/R a se ~ sich unterstellen

adău'ga A V/T hinzufügen B V/R a se ~ hinzukommen

adău'gare F Hinzufügung f

a'dânc ADJ tief

adân'ci V/T & V/R a (se) ~ (sich) vertiefen

adân'cime F Tiefe f

adânci'tură F Vertiefung f

adec'va A V/T passend machen B V/R a se ~ sich anpassen

adec'vare F Eignung f

adec'vat ADJ angemessen

ademe'ni V/T verleiten; a ~ pe cineva cu vorbe dulci j-m Honig um den Mund schmieren

ademe'nit ADJ verleitet

ademeni'tor ADJ verführerisch

ade'nom N MED Adenom n

a'dept(ă) M/F Anhänger(in) m(f)

ade'ra V/I ~ (la) beitreten (+dat)

ade'rare F Beitritt m

ade'rent ADJ (an)haftend

a'desea ADV, a'deseori oft

ade'văr N Wahrheit f

adevă'rat ADJ wahr; cu ~ wirklich, wahrhaftig

adeve'ri A V/T bestätigen B V/R a se ~ sich bewahrheiten

adeve'rință F Bestätigung f; Zeugnis n

adezi'une F Beitritt m

ade'ziv M Klebstoff m

adi'a V/I wehen

adia'cent ADJ anliegend

a'dică ADV nämlich, das heißt

adi'ere F Hauch m

adi'neaori ADV, adi'neauri vorhin

a'dio INT leb wohl!

adi'pos ADJ fett; MED adipös

adi'tiv M Zusatzmittel n

adiți'ona VT addieren

adiți'onal ADJ zusätzlich

adjec'tiv N GRAM Adjektiv n

adjecti'val ADJ GRAM adjektivisch

adjude'ca VT zuteilen

adjude'care F JUR Vergabe (-verfahren) f(n); licitație Versteigerung f

ad'junct ADJ stellvertretend

adminis'tra VT verwalten; MED, PFLEGE verabreichen

adminis'trator M, administra'toare F Verwalter(in) m(f); ~ de imobil Hausmeister m; IT ~ de rețea Netzwerkadministrator m

adminis'trație F Verwaltung f; ~ financiară Finanzamt n; ~ orășenească Stadtverwaltung f

admi'ra VT bewundern

admi'rabil ADJ wunderbar, bewundernswert

admira'tor M, admira'toare F Bewunderer m, Bewunderin f, Verehrer(in) m(f)

admi'rație F Bewunderung f

admi'sibil ADJ zulässig; annehmbar

ad'misie F Einlass m

ad'mite VT zulassen, erlauben; zugeben; aufnehmen

ad'mitere F Zulassung f, Aufnahme f

admones'ta VT verwarnen

admones'tare F Verwarnung f

adno'ta VT anmerken; text kommentieren, pe marginea unui text mit Randnotizen versehen

adno'tare F Anmerkung f

adno'tat ADJ erläutert; însemnat ange-

merkt
adoles'cent(ă) MF Jugendliche(r) m/f(m), Teenager m
adoles'cenţă F Jugend f
adop'ta VT adoptieren; annehmen; JUR verabschieden
adop'tare F Adoption f
adop'tiv ADJ Adoptiv-
a'dopţie F Adoption f
ado'ra VT verehren, anbeten
ado'rabil ADJ reizend, entzückend
adora'tor M, **adora'toare** F Verehrer(in) m(f)
ado'raţie F Verehrung f
ador'mi A VI einschlafen B VT zum Einschlafen bringen
ador'mire F **Adormirea** f **Maicii Domnului** Mariä Himmelfahrt f
ador'mit ADJ verschlafen
adrena'lină F Adrenalin n
adre'sa A VT richten (**cuiva** an j-n) B VR **a se ~ către** sich wenden an
adre'sant(ă) MF Empfänger(in) m(f)
a'dresă F Adresse f; (amtliches) Schreiben n; IT **~ de e-mail** E-Mail-Adresse f; IT **~ de internet** Internetadresse f; IT **~ IP** IP-Adresse f
aducă'tor M, **aducă'toare** F Überbringer(in) m(f)
a'duce VT bringen; holen; **a-şi ~ aminte de** sich erinnern an
adu'la VT pej schmeicheln
adu'lare F pej Schmeichelei f
adula'tor M, **adula'toare** F pej Schmeichler(in) m(f)
adulme'ca VT wittern
a'dult ADJ erwachsen B M, **adultă** F Erwachsene(r) m/f(m)
adul'ter N Ehebruch m
adu'na A VT (ein)sammeln; MATH addieren B VR **a se ~** sich (ver)sammeln, zusammenkommen; fig sich zusammennehmen
adu'nare F Versammlung f; Ansammlung f; MATH Addition f; **~ generală** Vollversammlung f
adu'nat ADJ gesammelt; familia, angajaţii versammelt; MATH addiert
aduná'tură F Haufen m
ad'verb N GRAM Adverb n
adverbi'al ADJ GRAM adverbial
ad'vers ADJ gegnerisch, feindlich

adver'sar(ă) MF Gegner(in) m(f)
adversi'tate F Mißgeschick n
'aer N Luft f; fig Anschein m; Miene f; **~ condiţionat** Klimaanlage f; **aer de mare** Seeluft f; **în ~ liber** im Freien
aeri'an ADJ Luft...
aeri'si VT lüften
aeri'sire F Lüftung f
ae'robic ADJ SPORT **gimnastică** f **~ă** Aerobic n
aerodi'namic ADJ aerodynamisch
aerodi'namică F PHYS Aerodynamik f
aeromo'del N Flugzeugmodell n
aerona'ut(ă) MF Luftschiffer(in) m(f)
aerona'utică F Luftfahrt f
aero'port N Flughafen m
aero'sol M Aerosol n
aero'termă F Heizlüfter m
a'fabil ADJ leutselig
a'facere F Geschäft n; Angelegenheit f
aface'rist(ă) MF pej Geschäftemacher(in) m(f)
a'fară ADV draußen; außen; hinaus, heraus; **~ din** außerhalb; **în ~ de** außer; **în ~ de aceasta** außerdem; **din cale ~** äußerst; **a da ~** hinauswerfen
afa'zie F MED Aphasie f
a'fect N Affekt m
afec'ta fig VT bewegen
afec'tat ADJ geziert, gekünstelt
afec'tiv ADJ gefühlsmäßig
afectu'os ADJ liebevoll; zärtlich
afecţi'une F Zuneigung f; MED **~ cardiacă** Herzbeschwerden pl
afeme'iat A ADJ lüstern; pej geil B M Frauenheld m
afe'rent ADJ dazugehörig
afili'a VR **a se ~** sich anschließen
afili'at A ADJ angeschlossen B M, **afiliată** F persoană Anhänger(in) m(f)
afili'ere F Anschluß m
afi'nată F Heidelbeerstrauch m
'afină F Blaubeere f, Heidelbeere f
afini'tate F Affinität f
afir'ma VT behaupten; bejahen
afir'mare F Bekräftigung f; aserţiune Behauptung f; JUR Erklärung f
afirma'tiv ADJ bejahend
afir'maţie F Behauptung f
a'fiş N Anschlag(zettel) m; Plakat n
afi'şa A VT anschlagen B VR **a se ~**

sich zeigen

afi'șaj N̄ Plakatierung f, Bekanntgabe f

afisi'er N̄ Anschlagbrett n

a'fla A VT erfahren; finden B V̄/R a se ~ sich befinden; liegen, stecken, stehen

aflu'ent M̄ Nebenfluss m

aflu'ență F **1** Andrang m; *grămadă de oameni* Zulauf m **2** GEOG Zufluß m

a'flux N̄ Andrang m

a'fon A ADJ stimmlos; *pej* unwissend B M LING stimmloser Konsonant

'Africa F̄ Afrika n; ~ **de Nord** Nordafrika n; ~ **de Sud** Südafrika n

afri'can A ADJ afrikanisch B M̄, **afri-'cană** F̄ Afrikaner(in) m(f)

afrodizi'ac A ADJ potenzsteigernd B N̄ MED Aphrodisiakum n

a'front N̄ Affront m

'aftă F̄ MED Aphthe f

afu'ma VT räuchern

afu'mat ADJ geräuchert; *fig* beschwipst

afumă'turi FPL Räucherwaren *pl*

afun'da V̄/R a se ~ versinken

afun'dat ADJ versunken

afuri'si VT verfluchen

afuri'sit ADJ verflucht

a'gale ADV gemächlich

aga'sa VT reizen, belästigen

aga'sant ADJ **1** lästig; *umg* nervend **2** *lucru* ärgerlich

aga'sat ADJ gereizt, irritiert

a'gavă F̄ BOT Agave f

agă'ța VT (an-, auf)hängen B V̄/R a se ~ **de** sich klammern an

agă'țat ADJ aufgehängt

agăță'tor M̄ Aufhänger m

a'gendă F̄ Terminkalender m

a'gent(ă) M̄/F̄ Agent(in) m(f); **~(ă) de asigurare** Versicherungsagent(in) m(f); **~(ă) de circulație** Verkehrspolizist(in) m(f); **~(ă) de poliție** Polizeibeamte m, Polizeibeamtin f; **~(ă) de schimb** FIN Börsenmakler(in) m(f); **~(ă) imobiliar(ă)** Immobilienmakler(in) m(f)

agen'ție F̄ Agentur f; **~ de închiriat mașini** Autoverleih m; **~ de publicitate** Werbeagentur f; **~ de voiaj** Reisebüro n

'ager ADJ scharfsinnig

age'rime F̄ Scharfsinn m

a'gheasmă F̄ Weihwasser n

aghio'tant M̄ MIL Adjutant m

a'gil ADJ flink; geschickt

agili'tate F̄ Geschicklichkeit f

agi'ta A V̄T (hin- und her)bewegen; MED schütteln B V̄/R a se ~ sich aufregen

agi'tat ADJ aufgeregt, hektisch

agi'tație F̄ Aufregung f; Hetze f

aglome'rat ADJ überfüllt

aglome'rație F̄ Gedränge n; **~ urbană** (geschlossene) Ortschaft f

ago'nie F̄ MED Agonie f

agoni'seală F̄ **1** Erwerb m **2** *economie* Ersparnis f

agoni'si VT **1** verdienen, erwerben **2** *economisi* ersparen

agoni'za V̄I MED in Agonie liegen

a'grafă F̄ Spange f; Klammer f; **~ de capsat** Heftklammer f

a'grar ADJ landwirtschaftlich

agra'va V̄/R a se ~ sich verschlimmern

agra'vant ADJ gravierend; JUR erschwerend

agre'a VT mögen

agre'abil ADJ angenehm; nett

agre'ment N̄ Vergnügen n

agresi'une F̄ Aggression f

agre'siv ADJ aggressiv

agresivi'tate F̄ Aggressivität f

agre'sor M̄, **agre'soare** F̄ Aggressor(in) m(f)

a'gricol ADJ landwirtschaftlich

agricul'tor M̄, **agricul'toare** F̄ Landwirt(in) m(f); **~ ecologic** Ökobauer m

agricul'tură F̄ Landwirtschaft f

agro'nom(ă) M̄/F̄ Agrarwissenschaftler(in) m(f)

agrono'mie F̄ Agrarwissenschaft f, Agronomie f

ah! INT ach!

a'ha! INT ach so!

a'ho! INT halt!

ahti'a VT sich wünschen

a'ici ADV hier, da; her; **până ~** bisher; **de ~ înainte** von jetzt an

a'ievea ADJ & ADV wirklich

'airbag N̄ Airbag m

'aisberg N̄ Eisberg m

aiu'ra V̄I *fig* spinnen

a'iurea A ADV anderswo; **a vorbi ~** Unsinn reden B INT Quatsch!

aiu'rit(ă) M̄/F̄ Spinner(in) m(f)

a'jun N̄ Vorabend m; **Ajun de Crăciun** Heiligabend m

a'junge V̄T̄ erreichen, ankommen; genügen; werden

ajus'ta V̄T̄ anpassen; einstellen

ajus'tare F̄ Anpassung f

aju'ta V̄T̄ **a ~ pe cineva** j-m helfen

ajutǎ'tor ADJ unterstützend

aju'tor A N̄ Hilfe f; Unterstützung f; ~ **de şomaj** Arbeitslosengeld n; ~ **social** Sozialhilfe f; **prim ~** Erste Hilfe; **a fi de ~** behilflich sein B M̄, **aju'toare** F̄ Helfer(in) m(f)

'al ART, 'a, 'ai, 'ale des

a'lac M̄ Dinkel m

a'lai N̄ Gefolge n

a'laltǎieri ADV vorgestern

a'lamǎ F̄ Messing n

alambi'cat ADJ umständlich

alan'dala ADV durcheinander

alar'ma V̄T̄ alarmieren

alar'mant ADJ alarmierend

a'larmǎ F̄ Alarm m; ~ **falsǎ** blinder Alarm; ~ **de incendiu** Feueralarm; ~ **contra furtului** Diebstahlsicherung f

alǎp'ta V̄T̄ stillen; säugen

alǎtu'ra A V̄T̄ beilegen, beifügen B V̄R̄ **a se ~** hinzukommen

alǎtu'rat ADJ beiliegend

a'lǎturi ADV nebenan; ~ **de** neben

alb ADJ weiß; **alb ca zǎpada** schneeweiß; ~**-negru** schwarzweiß; **Albǎ ca Zǎpada** Schneewittchen n

alba'nez A ADJ albanisch B M̄, **alba'nezǎ** F̄ Albaner(in) m(f)

Al'bania F̄ Albanien n

al'bastru ADJ blau; ~ **închis** dunkelblau

albǎs'tri V̄T̄ blau färben

albǎs'trui ADJ bläulich

al'bi V̄T̄ bleichen; păr ergrauen

albici'os ADJ weißlich

'albie F̄ Trog m; ~ **(de râu)** Flussbett n

al'binǎ F̄ Biene f

albinǎ'rit N̄ Bienenzucht f

albi'nism N̄ Albinismus m

albi'nos M̄, **albi'noasǎ** F̄ Albino m

albi'turi FPL Weißwäsche f

al'bum N̄ Album n; Bildband m; ~ **foto** Fotoalbum n

albu'minǎ F̄ BIOL, CHEM Albumin n

al'buş N̄ Eiweiß n

alca'lin ADJ CHEM alkalisch

alcǎtu'i V̄T̄ bilden; zusammensetzen

alchi'mist M̄ Alchemist m

alco'ol N̄ Alkohol m

alcoole'mie F̄ Blutalkohol m

alco'olic A ADJ alkoholisch B M̄, **alco'olicǎ** F̄ Alkoholiker(in) m(f)

alea'toriu ADJ zufällig, wahllos

a'lee F̄ Allee f

alegǎ'tor M̄, **alegǎ'toare** F̄ Wähler(in) m(f)

a'lege A V̄T̄ wählen, aussuchen B V̄R̄ **a se ~ cu ceva** etw davon haben

a'legere F̄ Wahl f; **alegeri europarlamentare** Europawahlen fpl; **alegeri locale** Kommunalwahlen fpl; **alegeri parlamentare** Parlamentswahlen fpl

ale'goric ADJ allegorisch

alego'rie F̄ Allegorie f

aler'ga V̄Ī laufen, rennen

aler'gare F̄ Rennen n, Laufen n, Lauf m

alergǎ'tor M̄, **alergǎ'toare** F̄ Läufer(in) m(f)

alergǎ'turǎ F̄ Lauferei f

aler'gen A ADJ Allergien auslösend; MED allergen B M̄ MED Allergen n

a'lergic ADJ allergisch

aler'gie F̄ MED Allergie f; ~ **la fân** Heuschnupfen m

alergolo'gie F̄ MED Allergologie f

a'lert ADJ munter, aufgeweckt

aler'ta V̄T̄ aufmerksam machen; a alarma alarmieren

a'lertǎ F̄ Alarm m

a'les ADJ (aus)gewählt, auserwählt; **mai ~ besonders**

alfa'bet N̄ Alphabet n

alfabe'tar N̄ Buchstabenspiel n

alfa'betic ADJ alphabetisch

'algǎ F̄ Alge f; ~ **(marinǎ)** Tang m

al'gebrǎ F̄ MATH Algebra f

Al'geria F̄ Algerien n

algeri'an A ADJ algerisch B M̄, **algeri'ancǎ** F̄ Algerier(in) m(f)

algo'ritm N̄ MATH, IT Algorithmus m

ali'a A V̄T̄ legieren B V̄R̄ **a se ~** sich verbünden

ali'aj N̄ CHEM Legierung f

ali'anţǎ F̄ Bündnis n

'alias ADV alias

ali'at(ă) M̲F̲ Verbündete(r) m/f(m)

ali'bi N̲ Alibi n

a'lice F̲P̲L̲ Schrot m

alie'na V̲T̲ veräußern

alie'nare F̲ Veräußerung f

alie'nat(ă) M̲F̲ MED ~(ă) (mintal) Geisteskranke(r) m/f(m)

ali'fie F̲ Salbe f

ali'ment N̲ Nahrungsmittel n, Lebensmittel n; **~ de bază** Grundnahrungsmittel n; **~e biologice** Biokost f; **~e ecologice** Naturkost f

alimen'ta V̲T̲ ernähren; TECH speisen; AUTO tanken

alimen'tară F̲ Lebensmittelgeschäft n

alimen'tare F̲ Ernährung f; **~ cu apă** Wasserversorgung f; IT **~ cu hârtie** Papierzufuhr f

alimen'tație F̲ Nahrung f

ali'na V̲T̲ lindern

aline'at N̲ Absatz m, Abschnitt m

alini'a A̲ V̲T̲ ausrichten B̲ V̲R̲ **a se ~** antreten

alin'ta V̲T̲ liebkosen; verwöhnen

alin'tat A̲D̲J̲ verwöhnt

ali'pi V̲T̲ anschließen

ali'pire F̲ Anschluss m

alma'nah N̲ Almanach m

a'lo I̲N̲T̲ hallo

alo'ca V̲T̲ zuwenden

alo'care F̲ Zuteilung f; *punere la dispoziție* Bereitstellung f

alo'cație F̲ Zuwendung f

a'locuri A̲D̲V̲ **pe ~** hier und da

a'loe F̲ BOT Aloe

a'logic A̲D̲J̲ unlogisch

'Alpi M̲P̲L̲ Alpen pl

al'pin A̲D̲J̲ alpin

alpi'nist(ă) M̲F̲ Bergsteiger(in) m(f)

alt A̲D̲J̲ I̲N̲D̲E̲F̲ ⟨*fsg* altă; *mpl* alți,; *fpl* alte⟩ (ein(e)) andere(r, s); **altă dată** ein anderes Mal; **printre altele** unter anderem

al'tar N̲ Altar m

altă'dată A̲D̲V̲ früher; **de ~** ehemalig

'altceva P̲R̲O̲N̲ I̲N̲V̲ etwas anderes

'altcineva P̲R̲O̲N̲ I̲N̲V̲ jemand anders

'alteori A̲D̲V̲ sonst

alte'ra V̲R̲ **a se ~** verderben

alte'rat A̲D̲J̲ I̲ verdorben I̲I̲ *falsificat* verfälscht I̲I̲I̲ LING, MUS *modificat* verändert

alter'cație F̲ Auseinandersetzung f

alter'na V̲T̲ abwechseln

alterna'tiv A̲D̲J̲ alternativ, abwechselnd; **curent m ~** Wechselstrom m

alterna'tivă F̲ Alternative f

alterna'tor N̲ ELEK Wechselstromgenerator m

'altfel A̲D̲V̲ anders; sonst; **de ~** übrigens, ansonsten

alti'tudine F̲ Höhe(nlage) f

alt'minteri A̲D̲V̲ andernfalls, sonst

alto'i V̲T̲ umg verprügeln

'altul I̲N̲D̲E̲F̲ P̲R̲ ⟨*fsg* alta; *mpl* alții; *fpl* altele⟩ ein anderer; **alta** eine andere; **altele** andere fpl; **alții** andere mpl

'altundeva A̲D̲V̲ anderswo; anderswohin; **de ~** anderswoher

alu'at N̲ Teig m; **~ de chec** Rührteig m; **~ fraged** Mürb(e)teig m; **~ franțuzesc** Blätterteig m

alu'miniu N̲ Aluminium n

a'lun N̲ Haselnussstrauch m

a'lună F̲ Haselnuss f

alune'ca V̲I̲ (aus)rutschen; gleiten

alune'cos A̲D̲J̲ glatt

alune'cuș N̲ Glatteis n

alun'ga V̲T̲ vertreiben

alun'gi V̲T̲ verlängern

alun'gire F̲ Verlängerung f

alun'git A̲D̲J̲ länglich

alu'niță F̲ Muttermal n

a'lură F̲ Allüren fpl

aluvi'une F̲ Alluvialboden m

a'luzie F̲ Andeutung f, Anspielung f

al'viță F̲ GASTR *Waffel mit Füllung aus Karamell, Nüssen, Honig, Mandeln und Eiweiß*

'Alzheimer N̲ **maladia** *f* ~ Alzheimer (-krankheit) m(f)

a'mabil A̲D̲J̲ freundlich, liebenswürdig

amabili'tate F̲ Liebenswürdigkeit f

amal'gam N̲ CHEM Amalgam n; umg Mischung f

ama'net N̲ Pfand n

amane'ta V̲T̲ verpfänden

a'mant M̲ Geliebte(r) m, Liebhaber m

a'mantă F̲ Geliebte f

a'mar A̲D̲J̲ bitter

a'marnic fig A̲D̲J̲ bitter(lich)

ama'tor A̲D̲J̲ **a'toare** F̲ Amateur(in) m(f); **~ de muzică** Musikliebhaber m

amă'gi V̄T̄ täuschen; betrügen
amă'gire F̄ Täuschung f, Betrug m
amăgi'tor ADJ täuschend
amă'nunt N̄ Einzelheit f
amănun'țit ADJ ausführlich
amără'ciune F̄ Verbitterung f
amă'rât fig ADJ verbittert
amă'rî fig V̄T̄ verbittern
amă'rui ADJ bitterlich; ciocolată zartbitter
amâ'na V̄T̄ aufschieben
amâ'nare F̄ Aufschub m
amân'doi M̄, amân'două F̄/N̄ beide
amba'la V̄T̄ einpacken, verpacken
amba'laj N̄ Verpackung f; ~ transparent Klarsichtpackung f
ambar'cație F̄ Boot n; weitS. Wasser-
fahrzeug n
amba'sadă F̄ Botschaft f
ambasa'dor M̄, ambasa'doare F̄
Botschafter(in) m(f)
ambi'ant ADJ umgebend
ambi'anță F̄ Umgebung f; Milieu n
ambi'ent N̄ 1 Ambiente n, Flair n/m
2 atmosferă Stimmung f
ambien'tal ADJ Umgebungs...
ambigui'tate F̄ Zweideutigkeit f
am'biguu ADJ zweideutig
'ambii MPL, 'ambele F̄/NPL beide
am'biție F̄ Ehrgeiz m
ambiți'os ADJ ehrgeizig
ambiva'lență F̄ Ambivalenz f
ambre'ia V̄T̄ AUTO schalten
ambre'iaj N̄ AUTO Kupplung f
ambu'lanță F̄ MED Krankenwagen m,
Ambulanz f
ambula'toriu A ADJ MED ambulant
B N̄ MED Poliklinik f
ambus'cadă F̄ MIL Hinterhalt m
ambute'iaj N̄ Stau m
amelio'ra V̄T̄ (ver)bessern
amelio'rare F̄ (Ver)Besserung f
amena'ja V̄T̄ einrichten, herrichten
amena'jare F̄ Einrichtung f
amen'da V̄T̄ bestrafen; JUR abändern
amenda'ment N̄ Abänderung f
a'mendă F̄ Geldstrafe f
amenin'ța V̄T̄ (be)drohen
amenin'țare F̄ (Be)Drohung f
amenință'tor ADJ bedrohlich, drohend
ameno'ree F̄ MED Amenorrhö f

A'merica F̄ Amerika n; ~ Centrală
Mittelamerika n; ~ de Nord Nordamerika n; ~ de Sud Südamerika n; ~ Latină
Lateinamerika n
ameri'can A ADJ amerikanisch B M̄,
ameri'cancă F̄ Amerikaner(in) m(f)
amerindi'an A ADJ Indianer... B M̄,
amerindi'ană F̄ Indianer(in) m(f)
ameri'za V̄Ī FLUG wassern
a'mestec N̄ Gemisch n; (Ein)Mischung
f
ameste'ca A V̄T̄ (ver)mischen; rühren
B V̄R̄ a se ~ sich einmischen; ineinanderfließen
ameste'cat ADJ gemischt, vermischt;
durcheinander
amestecă'tură F̄ Gemisch n; Durcheinander n
ame'țeală F̄ Schwindelgefühl n
ame'ți A V̄T̄ betäuben; schwindlig machen B V̄Ī schwindlig werden
ame'țit ADJ schwindlig; betäubt, benommen
ameți'tor ADJ Schwindel erregend
am'fibiu A ADJ amphibisch B N̄ Am-
phibienfahrzeug n
amfi'teatru N̄ Amphitheater n
ami'abil ADJ 1 liebenswürdig; prieie-
nos freundschaftlich 2 JUR einvernehmlich, gütlich
a'miază F̄ Mittag m; după-~ Nachmittag m; înainte de ~ Vormittag m
a'mic(ă) M̄/F̄ Freund(in) m(f)
ami'cal ADJ freundschaftlich
ami'don N̄ Stärke f
amig'dală F̄ ANAT Mandel f
amigda'lită F̄ Mandelentzündung f
a'min ĪNT amen
a'minte ADV a-și aduce ~ (de) sich erinnern (an)
amin'ti V̄T̄ & V̄R̄ a(-și) ~ (de) (sich) erinnern (an)
amin'tire F̄ Erinnerung f; Andenken n
ami'ral N̄ MIL Admiral m
am'nezic ADJ MED amnesisch
amne'zie F̄ MED Amnesie f
amnisti'a V̄T̄ begnadigen
amnis'tie F̄ Amnestie f
amoni'ac N̄ CHEM Ammoniak n
a'monte N̄ în ~ stromaufwärts
a'mor N̄ Liebe f
amore'za V̄R̄ a se ~ sich verlieben

amore'zat ADJ verliebt
amorti'za V/T amortisieren; dämpfen
amorti'zor N Stoßdämpfer m; ~ **de zgomot** Schalldämpfer m
amor'ţeală F Erstarrung f
amor'ţi V/I erstarren; steif werden; einschlafen
am'per M ELEK Ampere n
ampici'lină F MED Ampicillin n
ampla'sa V/T aufstellen
ampla'sare F Aufstellung f; Standortverteilung f
amplifi'ca V/T verstärken
amplifi'care F Verstärkung f
amplifica'tor N Verstärker m
am'ploare F Ausmaß n; Tragweite f
'amplu ADJ umfangreich; weit
am'prentă F ~ **digitală** Fingerabdruck m
ampu'ta V/T amputieren
amu'letă F Amulett n
a'murg N (Abend)Dämmerung f
amu'ţi V/I verstummen
amu'za V/T & V/R a (se) ~ (sich) amüsieren; (sich) unterhalten
amuza'ment N Vergnügen n
amu'zant ADJ lustig; amüsant
am'von N Kanzel f
an M Jahr n; **an bisect** Schaltjahr n; **an lumină** Lichtjahr n; **an şcolar** Schuljahr n; **~ul trecut** voriges Jahr; **la ~ul** nächstes Jahr
ana'cronic ADJ zeitlich falsch eingeordnet, anachronistisch
a'nafură F REL Hostie f
ana'gramă F Anagramm n
analfa'bet ADJ analphabetisch B M, **analfa'betă** F Analphabet(in) m(f)
anal'gezic N schmerzstillendes Mittel
ana'litic ADJ analytisch
anali'za V/T analysieren; untersuchen
anali'ză F Analyse f; Untersuchung f; MED ~ **de urină** Urinprobe f
ana'log ADJ a. IT analog; asemănător vergleichbar; corespondent entsprechend
ana'logic ADJ analogisch
ana'mneză F MED Anamnese f
ana'nas N Ananas m
a'nanghie F Not f, Bedrängnis f
a'napoda ADV verkehrt

anar'hie F Anarchie f
anar'hist(ă) M(F) Anarchist(in) m(f)
ana'son N Anis m
anato'mie F Anatomie f
ances'tral ADJ angestammt, Ahnen...
anche'ta V/T untersuchen; nachforschen
an'chetă F Untersuchung f; Umfrage f
anchilo'za V/R MED a se ~ steif werden, völlig ungelenkig werden
anchilo'zat ADJ steif; verknöchert
anchi'loză F MED Gelenksteife f
anco'ra V/T (ver)ankern
'ancoră F Anker m
anda'luz A ADJ andalusisch B M, **anda'luză** F Andalusier(in) m(f)
an'divă F Endivie f
an'drea F Stricknadel f
andro'gin androgyn
andro'id M Androide m
andro'pauză F MED Andropause f
anec'dotă F Anekdote f
a'nemic ADJ blutarm, anämisch
ane'mie F Blutarmut f, Anämie f
ane'monă F BOT Windröschen n
anestezi'a V/T betäuben
aneste'zie F MED Anästhesie f; ~ **generală** Vollnarkose f; ~ **locală** örtliche Betäubung
ane'voie ADV mit Mühe; greu schwer
anevo'ios ADJ umständlich; schwierig; mühsam
ane'vrism N MED Aneurysma n
ane'xa V/T beifügen; anschließen
a'nexă F Anlage f, Beilage f
anexi'une F Anschluß m
anga'ja A V/T anstellen; engagieren B V/R a se ~ sich engagieren, sich verpflichten
angaja'ment N Engagement n; Verpflichtung f
anga'jare F 1 Anstellung f 2 însărcinare Einsatz m
anga'jat A ADJ engagiert B M, **anga'jată** F Angestellte(r) m/f(m)
an'gelic ADJ engelhaft
anghi'nare F Artischocke f
an'ghină F Angina f
'Anglia F England n
angli'can A ADJ anglikanisch B M, **angli'cană** F Anglikaner(in) m(f)
angli'cism N LING Anglizismus m

an'glistică F̄ Anglistik f

'anglo-sa'xon ADJ angelsächsisch

an'goasă F̄ Angst f

ango'lez A ADJ angolanisch B M̱,
ango'leză F̄ Angolaner(in) m(f)

angre'na A V̄T antreiben; verzahnen
B V̱R a se ~ ineinandergreifen

angre'naj N̄ Getriebe n, Verzahnung f

an'gro ADV HANDEL en gros

anihi'la V̄T vernichten

ani'ma A V̄T anregen, animieren B
V̱R a se ~ sich beleben

ani'mal N̄ Tier n; ~ de casă Haustier
n; ~ de pluș Stofftier n, Kuscheltier
n; ~ de pradă Raubtier n

ani'malic ADJ tierisch

ani'mat ADJ lebhaft; belebt

anima'tor M̱, anima'toare F̄ Ani-
mateur(in) m(f)

ani'mație F̄ Lebhaftigkeit f

animozi'tate F̄ Feindseligkeit f

aniver'sa V̄T feiern

aniver'sare F̄ Geburtstag m; Jahrestag m; ~ a zilei de naștere Geburtstagsfeier f

ano'din ADJ unbedeutend, unerheb-
lich

anoma'lie F̄ Anomalie f

ano'nim ADJ anonym

anorec'tic ADJ magersüchtig

anore'xie F̄ Magersucht f

anor'mal ADJ unnormal, abnorm

ano'timp N̄ Jahreszeit f; ~ ploios Regenzeit f

an'samblu N̄ Gesamtheit f; THEAT En-
semble n; ~ de mobilă Garnitur f; în ~
im Großen und Ganzen

anta'gonic ADJ antagonistisch

antago'nist ADJ entgegenwirkend

ant'arctic ADJ antarktisch

ante'belic ADJ Vorkriegs-

ante'braț N̄ Unterarm m

antece'dent N̄ Vorläufer; preistorie
Vorgeschichte

an'tenă F̄ Antenne f; ZOOL Fühler m;
~ parabolică Parabolantenne f, Satellitenschüssel f

antepen'ultim ADJ vorvorletzt

anteri'or ADJ vorherig

an'tet N̄ Briefkopf m

antibi'otic N̄ Antibiotikum n

an'tic ADJ antik

anti'cameră F̄ Vorzimmer n

anticari'at N̄ Antiquariat n

antichi'tate F̄ Antike f, Altertum n

antichi'tăți F̱PL Antiquitäten pl

antici'pa V̄T vorwegnehmen; vorgrei-
fen

antici'pat ADJ im Voraus

anticoncepțio'nal A ADJ empfäng-
nisverhütend B N̄ Verhütungsmittel
n, Antibabypille f

anti'corp M̱ Antikörper m

antidepre'siv A ADJ medicament ~
Antidepressivum n B N̄ Antidepressivum n

antidera'pant ADJ rutschfest

anti'dot N̄ Gegengift n

anti'fon A 1 Gehörschutz m 2 MUS
Antifon f

anti'furt A ADJ diebstahlsicher B N̄
Diebstahlschutz m

anti'gel N̄ AUTO Frostschutzmittel n

antigri'pal ADJ MED gegen Grippe

antiinflama'tor A ADJ MED entzün-
dungshemmend B N̄ MED Entzün-
dungshemmer m

anti'lopă F̄ ZOOL Antilope f

anti'nomic ADJ PHIL, JUR widersprüchlich

antino'mie F̄ PHIL, JUR Antinomie f

antioxi'dant A ADJ CHEM oxidations-
hemmend B M̱ CHEM Antioxidans n

antipa'tie F̄ Antipathie f, Abneigung f

antipi'retic A ADJ MED fiebersenkend
B N̄ MED Fiebermittel n

anti'rabic ADJ vaccin ~ Tollwutimp-
fung f

antise'mit ADJ antisemitisch

antisemi'tism N̄ Antisemitismus m

anti'teză F̄ PHIL Antithese f

antitranspi'rant A ADJ gegen
Schweißabsonderung B N̄ PHARM An-
titranspirant n

anti'virus A M̱ IT Antivirenprogramm
n B N̄ MED antivirales Medikament n

antolo'gie F̄ LIT Anthologie f

antre'na A V̄T mitreißen; antreiben
B V̱R a se ~ trainieren

antrena'ment N̄ Training n

antre'nor M̱, antre'noare F̄ Trai-
ner(in) m(f); ~ de fotbal Fußballtrainer
m; ~ personal Personal Trainer m

antrepre'nor M̱, antrepre'noare

F̅ Unternehmer(in) m(f); **~ de construc-ții** Bauunternehmer m

antre'priză F̅ Unternehmung f

an'treu N̅ Diele f, Flur m; GASTR Vorspeise f

antri'cot N̅ GASTR Entrecote n, Rippenstück n

antropo'log A ADJ anthropologisch B M, **antropo'logă** F̅ Anthropologe m, Anthropologin f

antu'raj N̅ Umgebung f; Kreis m

anu'al ADJ jährlich

anu'ar N̅ Jahrbuch n

anu'la V̅T̅ aufheben; für ungültig erklären; streichen

a'nume ADV nämlich; absichtlich; **și ~** und zwar

anu'mit ADJ bestimmt

a'nunț N̅ Meldung f; Anzeige f; Annonce f; **~ de căsătorie** Heiratsanzeige f; **~ matrimonial** Heiratsanzeige f; **~ publicitar** Inserat n, Kleinanzeige f

anun'ța V̅T̅ (an)melden; benachrichtigen

'anus N̅ MED After m

anve'lopă F̅ AUTO Reifen m; Umschlag m

anver'gură F̅ Ausmaß n; FLUG Spannweite f

anxie'tate F̅ Angst f, Beklemmung f

a'ortă F̅ ANAT Hauptschlagader f

apa'rat N̅ Apparat m; Gerät n; **~ de fotografiat** Kamera f, Fotoapparat m; **~ de navigație** Navigationsgerät n; **~ dentar** Zahnspange f; **~ de ras** Rasierapparat m; **~ electric** Elektrogerät n; **~ foto digital** Digitalkamera f; **~ video** Videogerät n

apa'rent ADJ scheinbar; anscheinend

apa'rență F̅ Anschein m, Schein m

apa'riție F̅ Erscheinung f

aparta'ment N̅ Wohnung f; Appartement n

a'parte A ADJ eigenartig B ADV beiseite

aparte'nență F̅ Zugehörigkeit f

apar'ține V̅I̅ gehören

a'patic ADJ apathisch

'apă F̅ Wasser n; **apă cu sare** Salzwasser n; **apă de față** Gesichtswasser n; **apă de gură** Mundwasser n; **apă de la robinet** Leitungswasser n; **apă de** ploaie Regenwasser n; **apă dulce** Süßwasser n; **apă minerală** Mineralwasser n; **apă potabilă** Trinkwasser n

apă'ra V̅T̅ verteidigen, (be)schützen

apă'rare F̅ Verteidigung f; Schutz m; Abwehr f; **legitimă ~** Notwehr f

apără'tor M̅, **apără'toare** F̅ Verteidiger(in) m(f)

apă'rea V̅I̅ erscheinen; vorkommen

apă'sa V̅T̅ drücken; fig bedrücken

apă'sare F̅ Druck m; **~ pe buton** Knopfdruck n

apăsă'tor ADJ (be)drückend

a'pel N̅ Appell m; Aufruf m; **~ de urgență** Notruf m; **~ telefonic** Anruf m, Telefonanruf m

ape'la ~ la sich wenden an

a'pendice N̅ Blinddarm m; Anhang m

apendi'cită F̅ Blinddarmentzündung f

aperi'tiv N̅ Vorspeise f; Aperitif m

apeti'sant ADJ appetitlich

ape'tit N̅ Appetit m

a'picol ADJ Bienenzucht...

apicul'tor M̅, **apicul'toare** F̅ Imker(in) m(f)

apicul'tură F̅ Bienenzucht f; Imkerei f

apla'na V̅T̅ schlichten, beilegen

aplati'za V̅T̅ platt drücken; *a netezi* glätten

aplau'da V̅I̅ klatschen

a'plauze NPL Beifall m, Applaus m

aple'ca A V̅I̅ neigen B V̅R̅ **a se ~** sich verneigen; sich bücken

apli'ca V̅T̅ ❶ anwenden; anbringen ❷ sich bewerben

apli'cabil ADJ anwendbar

apli'care F̅ Anwendung f

apli'cație F̅ IT App f, Anwendung f

a'plică F̅ Wandleuchte f

a'plomb N̅ ❶ Ausgeglichenheit f; *siguranță de sine* Selbstsicherheit f ❷ *îndrăzneală* Dreistigkeit f

apo'geu N̅ Höhepunkt m

a'poi ADV dann, nachher

apo'metru N̅ Wasserzähler m

apople'xie F̅ Schlaganfall m

a'port N̅ Beitrag m

a'pos ADJ wäss(e)rig

apos'tilă F̅ Apostille f

a'postol M̅ Apostel m

apos'trof N̅ Apostroph m

apreci'a V̅T̅ schätzen; bewerten
apreci'abil A̅D̅J̅ beträchtlich
apreci'ere F̅ 1 Wertschätzung f 2 *evaluare* Bewertung n 3 *judecată* Urteil n
a'pret N̅ TEX Appretur f
apre'ta V̅T̅ TEX appretieren
'aprig A̅D̅J̅ 1 wild 2 *luptă* hart
a'prilie M̅ April m
a'prinde A̅ V̅T̅ anzünden; ELEK einschalten B̅ V̅R̅ a se ~ anbrennen, zünden
a'prins A̅D̅J̅ 1 angezündet 2 *culoare* grell 3 *fig* leidenschaftlich
a'proape A̅D̅V̅ nahe; fast, beinahe
a'proapele M̅ Mitmensch m
apro'ba V̅T̅ genehmigen; billigen
apro'bare F̅ Genehmigung f; Billigung f
aproba'tiv A̅D̅J̅ billigend
aprofun'da V̅T̅ vertiefen
apropi'a A̅ V̅T̅ näher bringen B̅ V̅R̅ a se ~ de sich nähern (+dat)
apropi'at A̅D̅J̅ nahe
apropi'ere F̅ Nähe f; Annäherung f
apro'po A̅D̅V̅ apropos
aprovizio'na V̅T̅ versorgen
aprovizio'nare F̅ Versorgung f
aproxi'ma V̅T̅ MATH runden
aproxima'tiv A̅ A̅D̅J̅ annähernd B̅ A̅D̅V̅ ungefähr
apt A̅D̅J̅ tauglich; fähig
apti'tudine F̅ Veranlagung f; Fähigkeit f
apu'ca A̅ V̅T̅ anfassen; packen B̅ V̅R̅ a se ~ de herangehen an, sich heranmachen an; anpacken
apu'cat A̅D̅J̅ besessen
apucă'tură F̅ Griff m
a'pune V̅I̅ untergehen
a'pus N̅ (Sonnen)Untergang m; Westen m
apu'sean A̅D̅J̅ westlich
aquapla'nare F̅ Aquaplaning n
ar M̅ Ar n/m
a'ra V̅T̅ pflügen
a'rab A̅ A̅D̅J̅ arabisch B̅ M̅, arăbo'aică F̅ Araber(in) m(f)
a'rabă F̅ *limbă* Arabisch n
ara'besc F̅ Arabeske f
a'rabil A̅D̅J̅ *pământ* n ~ Ackerboden m
ara'gaz N̅ Gasherd m; ~ de campanie

Gaskocher m
ara'hidă F̅ Erdnuss f
a'ramă F̅ Kupfer n
aran'ja A̅ V̅T̅ ordnen; einrichten; regeln B̅ V̅R̅ a se ~ sich einrenken
aranja'ment N̅ Einrichtung f; Abmachung f
a'rareori A̅D̅V̅ selten
a'rat N̅ Pflügen n
ară'boaică F̅ Araberin f
ară'miu A̅D̅J̅ kupferfarben
ară'ta A̅ V̅T̅ zeigen B̅ V̅I̅ aussehen
ară'tare F̅ 1 Erscheinung f 2 *fantomă* Gespenst n
ară'tor N̅ Zeiger m; Zeigefinger m
ară'tos A̅D̅J̅ stattlich
arbi'tra V̅T̅ SPORT als Schiedsrichter leiten
arbi'trar A̅D̅J̅ willkürlich
ar'bitru M̅ Schiedsrichter m
'arbore M̅ Baum m; ~ genealogic Stammbaum m
ar'bust M̅ Strauch m
arc N̅ Bogen m; TECH Feder f
ar'cadă F̅ 1 ARCH Arkade f 2 *umg* Bogengang m
'arcă F̅ Arche f; arca lui Noe Arche Noah
'arctic A̅D̅J̅ arktisch
ar'cuș N̅ Bogen m
'arde V̅T̅ (ver)brennen; ELEK durchbrennen; CD brennen
Ar'deal N̅ Siebenbürgen n
ar'dei M̅ Paprika m; ~ iute Peperoni f
arde'lean A̅ A̅D̅J̅ siebenbürgisch B̅ M̅, arde'leancă F̅ Siebenbürger(in) m(f)
ardele'nesc A̅D̅J̅ siebenbürgisch
'ardere F̅ Verbrennung f
ar'doare F̅ Eifer m; Leidenschaft f
a'renă F̅ Arena f; *fig* Schauplatz m
aren'da V̅T̅ (ver)pachten
aren'daș M̅ Pächter m
a'rendă F̅ Pacht f
a'rest N̅ Haft f
ares'ta V̅T̅ verhaften
ares'tat A̅ A̅D̅J̅ verhaftet B̅ M̅, ares'tată F̅ Häftling m
argentini'an A̅ A̅D̅J̅ argentinisch B̅ M̅, argentini'ancă F̅ Argentinier(in) m(f)
ar'gilă F̅ Ton m

ar'gint N̄ Silber n

argin'tat ADJ versilbert

argin'tiu ADJ silbern, silbrig

ar'gou N̄ Slang m, Jargon m

argu'ment N̄ Argument n

ar'haic ADJ archaisch

arha'ism N̄ LING, KUNST Archaismus m

ar'hanghel M̄ Erzengel m

arheo'log(ă) M̄F̄ Archäologe m, Archäologin f

arhicunos'cut ADJ allgemein bekannt

arhie'piscop M̄ Erzbischof m

arhipe'leag N̄ Archipel m

arhi'plin ADJ überfüllt

arh'itect(ă) M̄F̄ Architekt(in) m(f); **~(ă) de interioare** Innenarchitekt(in) m(f)

arhitec'tură F̄ Architektur f

arhi'hivă F̄ Archiv n

a'rici M̄ Igel m

a'rid ADJ dürr

aridi'tate F̄ Dürre f

'arie F̄ MUS Arie f; MATH Fläche f

a'rin M̄ Erle f

'aripă F̄ Flügel m; AUTO Kotflügel m; POL **aripa de dreapta** Rechte f

aripi'oară F̄ kleiner Flügel m; Flosse f; **~ de înot** Schwimmflügel m

aristo'crat(ă) M̄F̄ Ad(e)lige(r) m/f(m)

arit'metic ADJ arithmetisch

arit'metică F̄ Arithmetik f

arit'mie F̄ MED Arrythmie f

ari'vist A ADJ strebsam B M, **ari'vistă** F̄ pej Streber(in) m(f)

arma'ment N̄ Ausrüstung f

ar'mată F̄ Armee f, Heer n

'armă F̄ Waffe f; **~ atomică** Atomwaffe f; **~ de foc** Schusswaffe f

armă'sar M̄ Hengst m

armă'tură F̄ Gestell n; TECH, BAU Armatur f

ar'mean A ADJ armenisch B M̄, **ar'meancă** F̄ Armenier(in) m(f)

armis'tiţiu N̄ Waffenstillstand m

ar'monic ADJ harmonisch

ar'monică F̄ MUS Ziehharmonika f; **~ de gură** Mundharmonika f

armo'nie F̄ Harmonie f; Wohlklang m

armoni'os ADJ harmonisch

ar'mură F̄ Rüstung f

aro'ga V̄T̄ sich anmaßen

aro'gant ADJ arrogant; überheblich

aro'mat ADJ aromatisch

a'romă F̄ Aroma n

arpa'caş N̄ Graupe f

arpa'gic N̄ Schnittlauch m

ars ADJ verbrannt; gebrannt

ar'sură F̄ Brandwunde f; **~ de soare** Sonnenbrand m; **arsuri** pl **(la stomac)** Sodbrennen n

'arşiţă F̄ Glut f, Hitze f

'artă F̄ Kunst f; **~ decorativă** Kunstgewerbe n; **arte marţiale** Kampfsport m

ar'teră F̄ 1 Schlagader f 2 Straße f

arte'rită F̄ MED Arterienentzündung f

artezi'an ADJ **fântână** f **~ă** artesischer Brunnen

ar'ticol N̄ Artikel m; **~ de ziar** Zeitungsartikel m; **~e de menaj** Haushaltswaren fpl

articu'laţie F̄ Gelenk n; **articulaţia genunchiului** Kniegelenk n

artifici'al ADJ künstlich

arti'ficiu N̄ Kunstgriff m; **foc** n **de artificii** Feuerwerk n

ar'tist(ă) M̄F̄ Künstler(in) m(f); **~(ă) de cabaret** Kabarettist(in) m(f); **~(ă) de circ** Artist(in) m(f); **~(ă) de varieteu** Artist(in) m(f)

ar'tistic ADJ künstlerisch

artiza'nal ADJ handwerklich

artiza'nat N̄ Kunstgewerbe n

ar'trită F̄ Gelenkentzündung f

ar'ţar M̄ Ahorn m

arţă'gos ADJ streitsüchtig

arun'ca V̄T̄ werfen; schmeißen; gunoi wegwerfen, wegschmeißen

arun'care F̄ Wurf m; **~ de la margine** Einwurf m; **~a discului** Diskuswerfen n; **~a greutăţii** Kugelstoßen n

aruncă'tură F̄ Wurf m

ar'vună F̄ Anzahlung f

arză'tor A ADJ glühend, brennend; fig sehnlich B N̄ Brenner m

as a. fig M̄ Ass n

a'salt N̄ Angriff m, Ansturm m

asal'ta V̄T̄ angreifen, stürmen

asam'bla V̄T̄ zusammensetzen, montieren

asa'nare F̄ Trockenlegung f

asa'sin(ă) M̄F̄ Mörder(in) m(f)

asasi'na V̄T̄ ermorden

asasi'nat N̄ Mord m

ascen'dent ADJ steigend

ascensi'une F̲ Aufstieg m

ascen'sor N̲ Aufzug m

ascul'ta V̲T̲ anhören, hören; **a ~ pe cineva** j-m zuhören; *fig* j-m gehorchen, j-m folgen

ascultă'tor **A** A̲D̲J̲ folgsam **B** M̲, ascultă'toare F̲ Zuhörer(in) m(f), Hörer(in) m(f)

as'cunde V̲T̲ verstecken; verheimlichen

as'cuns *fig* A̲D̲J̲ verschlossen; **pe ~** heimlich

ascunză'toare F̲ Versteck n

ascu'ţi V̲T̲ schärfen; schleifen; spitzen

ascu'ţit A̲D̲J̲ scharf; spitz

ascuţi'toare F̲ Spitzer m

a'seară A̲D̲V̲ gestern Abend

asedia V̲T̲ belagern

a'sediu N̲ Belagerung f

aseleni'zare F̲ Mondlandung f

asemă'na V̲R̲ **a se ~ cu** ähneln, ähnlich sein (+*dat*)

asemă'nare F̲ Ähnlichkeit f

asemănă'tor A̲D̲J̲ ähnlich

a'semenea **A** A̲D̲J̲ solche(r, s) **B** A̲D̲V̲ **(de) ~** ebenfalls

asenti'ment N̲ Zustimmung f

a'septic A̲D̲J̲ MED aseptisch

aserţi'une F̲ Aussage f; *afirmaţie* Behauptung f

aser'vi V̲T̲ unterwerfen, unterjochen

as'falt N̲ Asphalt m

asfal'ta V̲T̲ asphaltieren

asfin'ţit N̲ (Sonnen)Untergang m

asfixi'a V̲I̲ ersticken

'Asia F̲ Asien n

asi'atic **A** A̲D̲J̲ asiatisch **B** M̲, asi'atică F̲ Asiat(in) m(f)

a'siduu A̲D̲J̲ beharrlich, ausdauernd

asigu'ra V̲T̲ (ver)sichern

asigu'rare F̲ Versicherung f; **~ a calităţii** Qualitätssicherung f; **~ obligatorie** Pflichtversicherung f; **asigurări** pl **sociale** Sozialversicherung f

asi'metric A̲D̲J̲ unsymmetrisch

asimi'la V̲T̲ assimilieren

a'sin M̲ Esel m

asis'ta V̲T̲ **a ~ pe cineva** j-m beistehen

asis'tent(ă) M̲F̲ Assistent(in) m(f); **~ă medicală** Arzthelferin f, Krankenschwester f

asis'tenţă F̲ Hilfe f; Zuhörerschaft f;

~ socială soziale Fürsorge f

asmu'ţi V̲T̲ *fig* aufhetzen

asoci'at(ă) M̲F̲ Teilhaber(in) m(f), Partner(in) m(f)

asoci'aţie F̲ Vereinigung f, Verband m, Gesellschaft f; **~ de firme** Pool m; **~ pentru protecţia animalelor** Tierschutzverband m; **~ pentru protecţia consumatorilor** Verbraucherzentrale f

asor'ta V̲R̲ **a se ~ (cu)** passen (zu)

asor'tat A̲D̲J̲ passend

asorti'ment N̲ Auswahl f

as'pect N̲ Aspekt m; Gesichtspunkt m

asperi'tate F̲ Rauheit f, Unebenheit f

asper'sor N̲ Rasensprenger m; TECH Sprinkler m

as'pic N̲ GASTR Aspik m

aspi'ra V̲T̲ saugen; **a ~ la** streben nach

aspira'tor N̲ Staubsauger m

aspi'raţie F̲ Bestrebung f

aspi'rină F̲ MED Aspirin® n

as'prime F̲ Rauheit f; *fig* Härte f; Strenge f

'aspru A̲D̲J̲ rau; hart; streng

'astăzi A̲D̲V̲ heute

astâmpă'ra **A** V̲T̲ stillen **B** V̲R̲ **a se ~** sich beruhigen

aste'nie F̲ MED Asthenie f

aste'risc N̲ Sternchen n

'astfel A̲D̲V̲ so; **~ că/încât** sodass

astig'matic A̲D̲J̲ MED astigmatisch

astigma'tism N̲ MED Hornhautverkrümmung f

'astmă F̲ Asthma n

as'tral A̲D̲J̲ astral

astrin'gent A̲D̲J̲ MED zusammenziehend

astrolo'gie F̲ Astrologie f

astrona'ut(ă) M̲F̲ Astronaut(in) m(f)

astro'nautică F̲ Raumfahrt f

astro'nomic A̲D̲J̲ astronomisch

astrono'mie F̲ Astronomie f

'astru M̲ Stern m

astu'pa V̲T̲ zustopfen, verstopfen, verdecken

asu'da V̲I̲ schwitzen

asu'dat A̲D̲J̲ verschwitzt

asu'ma **A** V̲T̲ übernehmen **B** V̲R̲ **a se ~** auf sich nehmen

a'supra P̲R̲Ă̲P̲ auf, über

asu'pri V̲T̲ unterdrücken

asu'prire F̲ Unterdrückung f

asur'zi VT taub machen; taub werden

asurzi'tor ADJ ohrenbetäubend

aş! INT ach was!

a'şa A ADV so; ~ **şi** ~ es geht so; **tot** ~ genauso B ADJ solche(r, s)

aşa'dar ADV also; somit

'aşchie F Splitter m, Span m

aşe'za A VT (hin)setzen; (hin)stellen; (hin)legen B VR a se ~ sich (hin)setzen; sich (hin)stellen; sich (hin)legen; sich niederlassen; **a se ~ pe vine** hocken

aşe'zare F Siedlung f; ~ **geografică** geografische Lage

aşe'zat fig ADJ gesetzt

aşeză'mânt N Stätte f

aştep'ta A VT (er)warten B VR a se ~ **la** rechnen mit

aştep'tare F Warten n; Erwartung f; **listă** f **de** ~ Warteliste f; **sală** f **de** ~ Wartezimmer n; **timp** n **de** ~ Wartezeit f

aş'terne A VT 1 ausbreiten 2 pat machen 3 gânduri, idei niederschreiben 4 (= acoperi) bedecken B VR a se ~ sich ausbreiten; fig **a se** ~ **la drum** sich auf einen weiten Weg machen; fig **a se** ~ **pe treabă** sich an die Arbeit machen

aşter'nut N Bettzeug n

a'tac N Angriff m; MED Anfall m; ~ **banditesc** Raubüberfall m; ~ **cardiac** Herzanfall m; ~ **terorist** Terroranschlag m

ata'ca VT angreifen

ata'cant(ă) M\|F Angreifer(in) m(f)

a'tare ADJ & PRON solche(r, s); **ca** ~ demzufolge

a'taş N Beiwagen m

ata'şa VT anhängen; beilegen

ataşa'ment N Verbundenheit f

atâr'na VT (auf)hängen

a'tât INDEF PR ⟨fsg ~ă; mpl atâţi; fpl ~e⟩ so viel; ~ **de** so

a'tee F Atheistin f

a'telă F Schiene f

ateli'er N Werkstatt f; Atelier n; ~ **auto** Autowerkstatt f; ~ **de artă** Studio n; ~ **de reparaţii** Reparaturwerkstatt f

ate'neu N **Ateneul Român** Bukarester Athenäum n

a'tent ADJ aufmerksam

aten'tat N Attentat n; ~ **cu bomba**

Bombenanschlag m; ~ **terorist** Terroranschlag m

a'tenţie F Aufmerksamkeit f; Achtung f, Vorsicht f; ~ **principală** Schwergewicht n

atenu'a VT mildern; dämpfen

atenu'ant ADJ mildernd

ateri'za VI landen

ateri'zare F Landung f; ~ **forţată** Notlandung f; ~ **pe burtă** Bauchlandung f; ~ **pe lună** Mondlandung f

ates'ta VT bescheinigen

ates'tat N Bescheinigung f, Attest n

a'teu M Atheist m

a'tinge VT berühren, anrühren; erreichen

a'tingere F Berührung f

a'tipic ADJ untypisch

ati'tudine F Haltung f; Einstellung f; **a lua** ~ Stellung nehmen

a'tlas N Atlas m; ~ **rutier** Autoatlas m

a'tlet(ă) M\|F Athlet(in) m(f)

atle'tism N Leichtathletik f

atmos'feră F Atmosphäre f

a'tomic ADJ atomar, Atom...; **centrală** f ~**ă** Atomkraftwerk n

atotcuprinză'tor ADJ allumfassend

atotpu'ternic ADJ allmächtig

atotştiu'tor ADJ allwissend

atrac'tiv ADJ attraktiv

a'tracţie F Anziehung f; PHYS Anziehungskraft f

a'trage VT anziehen; **a** ~ **atenţia** Aufmerksamkeit auf sich ziehen

atrăgă'tor ADJ attraktiv

atribu'i VT beimessen; zuschreiben

atri'but N Attribut n; Eigenschaft f

atri'buţie F Aufgabe f

'atriu N Vorhof m

a'troce ADJ INV grausam

atroci'tate F Grausamkeit f

atrofi'a VR a se ~ MED atrophieren

a'tu N Trumpf m

a'tunci ADV dann; damals; **de** ~ seither; damalig

'aţă F Faden m; ~ **dentară** Zahnseide f

aţâ'ţa VT schüren; aufhetzen

aţin'ti VT ~ **ceva** die Augen auf etw richten; a privi ţintă auf etw starren; JAGD auf etw zielen

aţi'pi VI einschlummern

au! INT aua!

audi'a V̄T̄ (zu)hören; verhören
au'dibil ADJ hörbar
audi'enţă F Audienz f
audi'ere F JUR Verhör n, Anhörung f
audi'tiv ADJ Hör...; **aparat** n ~ Hörgerät n
audi'toriu N̄ Zuhörerschaft f
au'diţie F THEAT, FILM Vorspielen n, Audition f; MUS ~ **muzicală** Vorsingen n, Casting n
'august M̄ August m
'aulă F Aula f
'aur N̄ Gold m
'aură F Heiligenschein m
au'ri V̄T̄ vergolden
auricu'lar ADJ MED aurikular
auri'fer ADJ goldführend, Gold...
au'rit ADJ vergoldet
au'riu ADJ goldgelb; golden
au'roră F Morgenröte f
auscul'ta V̄T̄ MED abhorchen
aus'piciu N̄ **sub auspiciile cuiva** unter der Schirmherrschaft von j-m
aus'ter ADJ streng
austeri'tate F 1 Strenge f 2 WIRTSCH Austerity f
Au'stralia F Australien n
australi'an A ADJ australisch B M̄, australi'ană F Australier(in) m(f)
A'ustria F Österreich n
austri'ac A ADJ österreichisch B M̄, austri'acă F Österreicher(in) m(f)
'aut A ADV SPORT aus B N̄ SPORT Aus n
au'tentic ADJ authentisch; echt
autentici'tate F Echtheit f
autentifi'ca V̄T̄ beglaubigen
au'tism N̄ MED Autismus m
autoadminis'trare F Selbstverwaltung f
autoapă'rare F Selbstverteidigung f
auto'bază F Kfz-Werkstatt f (für Busse, LKWs und Taxis)
autobiogra'fie F Autobiografie f
auto'buz N̄ Bus m; ~ **supraetajat** Doppeldecker m; ~ **şcolar** Schulbus m
autocami'on N̄ Lastkraftwagen m
auto'car N̄ Reisebus m
autocon'trol N̄ Selbstkontrolle f
auto'critică F Selbstkritik f
autocu'noaştere F Selbstfindung f
autodetermi'nare F Selbstbestim-

mung f
autodi'dact(ă) M̄F̄ Autodidakt m
autoevalu'are F Selbsteinschätzung f
autofinan'ţare F WIRTSCH Eigenfinanzierung f
auto'gară F Busbahnhof m
auto'gol N̄ SPORT Eigentor n
auto'graf N̄ Autogramm n
autoh'ton ADJ einheimisch
autoi'mun ADJ MED Autoimmun...
auto'mat N̄ Automat m; ~ **de băuturi** Getränkeautomat m; ~ **pentru bilete** Fahrkartenautomat m, Fahrscheinautomat m; ~ **pentru jocuri de noroc** Spielautomat m
auto'matic ADJ automatisch
automa'tism N̄ Automatismus m
automo'bil N̄ Auto n; ~ **de epocă** Oldtimer m
automobi'list(ă) M̄F̄ Autofahrer(in) m(f)
automulţu'mire F Selbstzufriedenheit f
automuti'lare F Selbstverstümmelung f
auto'nom ADJ selbstständig
autono'mie F Selbstständigkeit f
autopor'tret N̄ Selbstporträt n
autop'sie F MED Autopsie f
au'tor, au'toare F Autor(in) m(f), Verfasser(in) m(f)
autori'tar ADJ autoritär
autori'tate F Autorität f; Behörde f; ~ **antitrust** Kartellamt n
autori'za V̄T̄ berechtigen, ermächtigen; bewilligen
autori'zat ADJ befugt
autori'zaţie F Ermächtigung f; Bewilligung f; ~ **de conducere** Fahrerlaubnis f
autoser'vire F Selbstbedienung f
auto'stop N̄ **cu ~ul** per Anhalter
autosto'pist(ă) M̄F̄ Tramper(in) m(f)
auto'stradă F Autobahn f; IT ~ **informaţională** Datenautobahn f
autosu'gestie F Autosuggestion f
autota'xare F BAHN Selbstabfertigung f
auto'tren N̄ Autoreisezug m
autotu'rism N̄ Pkw m
autove'hicul N̄ Kraftfahrzeug n

B

auxili'ar ADJ Hilfs-

a'uz N Gehör n

au'zi VT hören

a'val N în ~ stromabwärts

ava'lanşă F Lawine f

avan'gardă F Avantgarde f

avanpremi'eră F Vorschau f

a'vans N Vorsprung m

avan'sa A VT befördern; bani vorstrecken B VI fortschreiten, vorwärts kommen

avan'sat ADJ fortgeschritten

avan'taj N Vorteil m

avanta'ja VT bevorzugen, begünstigen

avanta'jos ADJ vorteilhaft

a'var A ADJ geizig B M, **a'vară** F Geizhals m pej

avari'a VT beschädigen

ava'rie F Schaden m; ~ **la caroserie** Blechschaden m; ~ **totală** Totalschaden m

a'vânt N Aufschwung m; Schwung m

a'vea VT haben; besitzen; **a ~ de gând** vorhaben; **a ~ loc** stattfinden; **a ~ nevoie de** brauchen; **a ~ voie** dürfen

aven'tură F Abenteuer n

aventuri'er(ă) MF Abenteurer(in) m(f)

aventu'ros ADJ abenteuerlich

a'vere F Vermögen n; Reichtum m; ~ **personală** Privatbesitz m

a'versă F Regenschauer m

aversi'une F Abneigung f

avertis'ment N Verwarnung f, Warnung f

averti'za VT (ver)warnen

avia'tor M, **avia'toare** F Flieger(in) m(f)

avi'aţie F Flugwesen n; ~ **militară** Luftwaffe f

a'vicol ADJ Geflügelzucht...

a'vid ADJ gierig

avidi'tate F Gier f

avi'on N Flugzeug n; ~ **cu reacţie** Düsenflugzeug n; ~ **de linie** Linienflugzeug n; **par** ~ mit Luftpost

a'viz N Meldung f; Anweisung f; Gutachten n; ~ **de plată** Zahlungsanweisung f

avi'za VT benachrichtigen; begutachten

avizi'er N Anschlagtafel f

avo'cado N Avocado f

avo'cat(ă) MF (Rechts)Anwalt m, (Rechts)Anwältin f

a'vort N Fehlgeburt f, Abtreibung f

a'vut A ADJ vermögend B N Vermögen n, Gut n

avu'ţie F Reichtum m

ax N, **'axă** F Achse f; **ax din spate** Hinterachse f; **axă din faţă** Vorderachse f; **axa pământului** Erdachse f

az'best N Asbest m

azi ADV heute

a'zil N Asyl n; ~ **de bătrâni** Altenheim n, Seniorenwohnheim n

azi'lant(ă) MF Asylbewerber(in) m(f)

a'zot N Stickstoff m

azvâr'li VT (weg)werfen; schleudern

B

ba ADV nein; ~ **da** doch; ~ **nu** o nein

'babă F Alte f, Greisin f

ba'bord N SCHIFF Backbord n

bac N Fähre f

bacalaure'at N Abitur n

bac'şiş N Trinkgeld n

bac'terie F Bakterie f

'badminton N Federball m; Badminton n

'baftă umg F Glück n

ba'gaj N Gepäck n; ~ **de mână** Handgepäck n

baga'telă F Bagatelle f

bagateli'za VT bagatellisieren, verharmlosen, herunterspielen

ba'ghetă F MUS Taktstock m; ~ **magică** Zauberstab m, Zauberstab m

'baie F Bad n; Badezimmer n; ~ **de aburi** Dampfbad n; ~ **de oaspeţi** Gäste-WC n; fig ~ **de sânge** Blutbad n; **băi** pl **termale** Thermalbad n

bal N Ball m; **bal de absolvire** Abschlussball m

ba'ladă F LIT, MUS Ballade f

ba'lama F Türangel f; Scharnier n

bala'muc _umg_ N̄ Irrenhaus n
balan'sa A V̄T̄ balancieren B V̄R̄ a se
~ balancieren, wippen
balan'soar N̄ Schaukelstuhl m
ba'lanță F̄ a. ASTROL Waage f; ~ comercială Handelsbilanz f
ba'last N̄ Ballast m
ba'laur M̄ Drache m
Bal'cani M̄PL Balkan m
bal'canic A̅D̅J̅ balkanisch; peninsulă
~ă Balkanhalbinsel f, Balkan m
bal'con N̄ Balkon m
ba'lenă F̄ Wal(fisch) m
bale'rin(ă) M̄F̄ Balletttänzer(in) m(f)
ba'let N̄ Ballett n
'baligă F̄ Mist m; Kuhfladen m
ba'liză F̄ SCHIFF Boje f
balne'ar A̅D̅J̅ Bade-
balneoclima'teric A̅D̅J̅ stațiuni fpl
~e Kur- und Badeorte mpl
ba'lon N̄ Ballon m; ~ de săpun Seifenblase f
balo'na V̄T̄ blähen
balo'nare F̄ Blähung f
ba'lot N̄ Ballen m
bal'sam N̄ Balsam m; ~ de rufe
Weichspüler m
'baltă F̄ Teich m; Tümpel m
'baltic A̅D̅J̅ baltisch; Marea f Baltică
Ostsee f
balus'tradă F̄ Geländer n
'bambus M̄ Bambus m
ban M̄ Ban m (rumänische Münze); fig
Geldstück n
ba'nal A̅D̅J̅ banal
banali'tate F̄ Banalität f
ba'nană F̄ Banane f
Ba'nat N̄ Banat n
banc N̄ Witz m; TECH Werkbank f; ~ de
nisip Sandbank f
'bancă F̄ Bank f; ~ centrală Zentralbank f; ~ centrală europeană EZB f;
~ comercială Handelsbank f
ban'chet N̄ Bankett n
ban'chetă F̄ Sitzbank f; bancheta din
spate Rücksitz m
banc'notă F̄ Geldschein m
banco'mat N̄ Geldautomat m
ban'daj N̄ MED Verband m, Binde f; ~
de ghips Gipsverband n; ~ igienic Damenbinde f
banda'ja V̄T̄ verbinden; MED, PFLEGE a

~ ceva einen Verband auf etw anlegen
'bandă A F̄ ⟨pl bande⟩ Bande f B F̄
⟨pl benzi⟩ Band n; ~ adezivă Klebeband n; ~ desenată Comic m; ~ magnetică Tonband n; ~ rulantă Fließband
n
bande'rolă F̄ Banderole f
ban'dit M̄ Räuber m
bang! I̅N̅T̅ bang!
bani M̄PL Geld n; ~ cash Bargeld n; ~
de buzunar Taschengeld n; ~ falși
Falschgeld n; ~ mărunți Kleingeld n
bar N̄ Bar f
ba'ra V̄T̄ versperren, absperren
ba'racă F̄ Baracke f
ba'raj N̄ Sperre f; Staustufe f
ba'rat A̅D̅J̅ versperrt, abgesperrt
'bară F̄ Stange f; Barren m; SPORT Tor-
latte f; ~ de combustibil Brennstab
m; IT ~ de instrumente Symbolleiste
f; ~ de protecție Stoßstange f
bar'bar A A̅D̅J̅ barbarisch B M̄, bar-
'bară F̄ Barbar(in) m(f)
'barbă F̄ Bart m
'barcă F̄ Boot n; ~ cu motor Motorboot n; ~ pneumatică Schlauchboot
n; ~ de salvare Rettungsboot n
'barem¹ A̅D̅V̅ wenigstens
ba'rem² N̄ Tabelle f
ba'retă F̄ Schnürsenkel m
barica'da V̄T̄ verbarrikadieren
bari'cadă F̄ Barrikade f
bari'eră F̄ Schranke f; ~ a sunetului
Schallmauer f; ~ luminoasă Lichtschranke f; bariere comerciale Handelsschranken fpl; bariere vamale Zollschranken fpl
bari'ton M̄ Bariton m
'barman(iță) M̄F̄ Barkeeper m, Barda-
me f
ba'roc A̅D̅J̅ barock
baro'metru N̄ Barometer n
ba'ron(easă) M̄F̄ Baron(in) m(f)
ba'rou N̄ JUR Anwaltskammer f
'barză F̄ Storch m
bas M̄ Bass m
'bască F̄ Baskenmütze f
'baschet N̄ Basketball m
bascu'la V̄I̅ TECH camion kippen
ba'sist M̄ Bassist m
basm N̄ Märchen n
bas'ma F̄ Kopftuch n

basoreli'ef N̄ KUNST Flachrelief n

basti'on N̄ Bastei f

bast'on N̄ Stock m; ~ de cauciuc Gummiknüppel m; ~ reflectorizant Kelle f

'başca A ADV umg aparte besonders, (ab)gesondert B PRĂP umg außer; abgesehen von

'baştină F̄ Herkunft f

'bate V̄T schlagen; hauen; klopfen; a ~ la maşină Maschine schreiben; a-şi ~ capul sich den Kopf zerbrechen; a-şi ~ joc de sich lustig machen über

bate'rie F̄ Batterie f; MUS Schlagzeug n

ba'tic N̄ Halstuch n

ba'tistă F̄ Taschentuch n; ~ de hârtie Papiertaschentuch n

batjoco'ri V̄T verspotten

batjocori'tor ADJ spöttisch

bat'jocură F̄ Spott m

ba'ton N̄ Stange f; Riegel m; ~ de ciocolată Schokoriegel m; batoane de peşte Fischstäbchen fpl

bava'rez A ADJ bay(e)risch B M̄, bava'reză F̄ Bayer(in) m(f)

Ba'varia F̄ Bayern n

ba'vetă F̄ Lätzchen n

ba'za V̄R a se ~ pe beruhen auf, sich gründen auf; sich verlassen auf

ba'zar N̄ Basar m

'bază F̄ Basis f; Grundlage f; CHEM Base f; Stützpunkt m; pe baza aufgrund; anhand

ba'zin N̄ Becken n; ~ de înot Schwimmbecken n, Bad n

'bă! INT umg hey(, hör mal!)

bă'besc ADJ pej Oma...

bădă'ran M̄ Grobian m

bă'ga A V̄T (ein-, hinein)stecken; hineintun; einführen; a ~ de seamă aufpassen; bemerken; a ~ în seamă Aufmerksamkeit schenken B V̄R a se ~ sich (ein)mischen

bă'gare F̄ ~ de seamă Aufmerksamkeit f; Vorsicht f

'băi! INT umg hey(, hör mal!)

bă'iat M̄ Junge m

bă'lai ADJ blond

bă'lan ADJ cal m ~ Schimmel m

bălă'ci V̄R a se ~ planschen

bălă'rie F̄ Unkraut n

băle'gar N̄ AGR Mist m

bălmă'ji V̄T a încurca durcheinanderbringen; fig verwirren

băl'toacă F̄ Pfütze f; Tümpel m

bănă'ţean A ADJ aus dem Banat B M̄, bănă'ţeancă F̄ Banater(in) m(f)

bă'nesc ADJ Geld...

bă'nos ADJ gewinnbringend

bănu'i V̄T vermuten, ahnen; verdächtigen

bănu'ială F̄ Vermutung f, Ahnung f; Verdacht m

bănui'tor ADJ misstrauisch

bă'nuţ M̄ BOT Gänseblümchen n

băr'bat M̄ Mann m; Ehemann m; ~ casnic Hausmann m

bărbă'tesc ADJ männlich; Herren...

băr'bie F̄ Kinn n

băr'bier M̄ Herrenfriseur m

bărbie'ri V̄T & V̄R (a se) ~ (sich) rasieren

băr'bos ADJ bärtig

băşcă'lie F̄ a lua în ~ sich lustig machen über

bă'şică F̄ MED Blase f

băşti'naş A ADJ einheimisch B M̄, băşti'naşă F̄ Eingeborene(r) m/f(n)

bă'taie F̄ Prügel pl; Schlägerei f; ~ a inimii Herzschlag m; ~ de cap Kopfzerbrechen n; ~ de joc Spott m

bătă'ios ADJ kämpferisch

bătă'lie F̄ Schlacht f

bătă'tură F̄ Schwiele f; Hühnerauge n

bătă'uş M̄ Raufbold m

bă'trân A ADJ alt B M̄, bătrână F̄ Alte(r) m/f(m)

bătrâ'nesc ADJ altmodisch

bătrâ'neţe F̄ (hohes) Alter n

băţ N̄ Stock m; Stab m; băţ de schi Skistock m

bă'ut ADJ betrunken

bău'tură F̄ Getränk n; ~ răcoritoare Erfrischung f; băuturi spirtoase Spirituosen fpl

băigu'i V̄T umg faseln; pej unzusammenhängendes Zeug reden

bâjbâ'i V̄T (herum)tappen

bâlbâ'i V̄T & V̄R (a se) ~ stammeln, stottern

bâlci N̄ Jahrmarkt m

bântu'i V̄T wüten

'bârfă F̄ Klatsch m

B

bâr'fi VI klatschen, lästern (**pe cineva** über j-n)

bâr'log N ① Höhle f ② fig Schlupfwinkel m

'bârnă F Balken m

'bâtă F Knüppel m

bâţă'i VR a se ~ zappeln

bâzâ'i VI summen

Bd. ABK (= bulevardul) Boulevard

bea VI trinken

beat ADJ betrunken; umg ~ criţă blau

beatifi'ca VT REL seligsprechen

bebe'luş M Baby n

bec N Glühbirne f; **bec economic** Energiesparlampe f

beci N Keller m

be'gonie F BOT Begonie f

behavio'rism N PSYCH Behaviorismus m

behă'i VI blöken

bej ADJ beige

be'lea F Ärgernis n

'belfer M umg, reg Lehrer m

'Belgia F Belgien n

belgi'an A ADJ belgisch B M, belgi'ană F Belgier(in) m(f)

belige'rant ADJ kriegführend

bel'şug N Überfluss m; Fülle f; **din ~** in Hülle und Fülle

be'mol M MUS B n, Be n; **si ~** B n

be'nefic ADJ vorteilhaft, wohltuend

benefici'ar(ă) M(F) Begünstigte(r) m/f(m)

bene'ficiu N Gewinn m

bene'vol ADJ freiwillig

be'nign ADJ gutartig

ben'tiţă F Bändchen n

ben'zină F Benzin n; **~ cu/fără plumb** verbleites/bleifreies Benzin; **~ standard** Normalbenzin n; **a pune ~** tanken

beră'rie F Bierstube f

ber'bec M a. ASTROL Widder m, Schafbock m; Hammel m

'bere F Bier n; **~ blondă/neagră** helles/dunkles Bier; **~ de malţ** Malzbier n; **~ la cutie** Dosenbier n; **~ Pilsner** Pils n

bere'chet ADJ in Hülle und Fülle

bere'gată F Kehle f

be'retă F Baskenmütze f

'bernă F **în ~** auf halbmast

besti'al ADJ bestialisch

'bestie F Bestie f; Biest n

beşte'li umg VT ~ **pe cineva** j-n zurechtweisen; umg j-m eins auf den Deckel geben

be'ton N Beton m; **~ armat** Stahlbeton m

betoni'eră F Betonmischer m

be'ţie F Trunkenheit f; Saufgelage n; **~ uşoară** Rausch m

beţi'şor N Stäbchen n; **~ de vată** Wattestäbchen n; **~ parfumat** Räucherstäbchen n

be'ţiv(ă) M(F), be'ţivan(ă) M(F) Säufer(in) m(f)

be'zea F GASTR Baiser n

'beznă F Finsternis f

bia'tlon N Biathlon m/n

bi'ban M ZOOL Flussbarsch m

bibe'ron N Fläschchen n

'biblie F Bibel f

biblio'fil A ADJ Bücher liebend B M, biblio'filă F Bücherliebhaber(in) m(f)

bibliogra'fie F Bibliografie f

bibliote'car(ă) M(F) Bibliothekar(in) m(f)

biblio'tecă F Bibliothek f; **~ publică** Bücherei f

bicarbo'nat M CHEM Bikarbonat m

'biceps M ANAT Bizeps m

bici N Peitsche f

bici'cletă F (Fahr)Rad n; **~ BMX** BMX-Rad n; **~ de munte** Mountainbike n; **~ de trekking** Trekkingbike n; **a merge cu bicicleta** Rad fahren

bici'clist(ă) M(F) Radfahrer(in) m(f)

biciu'i VT peitschen

bi'deu N Bidet n

bi'don N Kanister m

bielo'rus A ADJ weißrussisch B M, bielo'rusă F Weißrusse m, Weißrussin f

Bielo'rusia F Weißrussland n

biet ADJ arm(selig); bedauernswert; selig

bi'fa VT kennzeichen; ankreuzen

'biftec N Beefsteak n

bifur'ca VR a se ~ abzweigen

bifur'caţie F Abzweigung f; Gabelung f

bi'gam A ADJ bigamisch B M, bi'gamă F Bigamist(in) m(f)

bi'got A ADJ bigott; pej frömmelnd B

B

m̲, bi'gotă F̲ Frömmler(in) m(f)

bigu'diu N̲ Lockenwickler m

bijute'rie F̲ Juwel n; Schmuckstück n

bijute'rii P̲L̲ Schmuck m; ~ fantezie Modeschmuck m

bijuti'er M̲ Juwelier(in) m(f)

bi'lanţ N̲ Bilanz f; ~ comercial Handelsbilanz f; ~ de sfârşit de an Jahresabschluss m

bilate'ral A̲D̲J̲ bilateral

'bilă F̲ Kugel f; ANAT Galle f

bi'let N̲ Fahrkarte f, Fahrschein m; (Eintritts)Karte f; Zettel m; ~ de avion Flugschein m, Flugticket n; ~ de călătorie Fahrkarte f, Fahrschein m; ~ de intrare Eintrittskarte f

bili'ar A̲D̲J̲ vezică f ~ă Galle f; calcul m ~ Gallenstein m

bili'ard N̲ Billard n

bi'lingv A̲D̲J̲ zweisprachig

bili'on N̲ Billion n

bilu'nar A̲D̲J̲ zweimal monatlich

'bine A̲ A̲D̲V̲ gut; wohl; ~ ai/aţi venit willkommen; mai ~ besser; lieber; mai ~ de mehr als B̲ N̲ Wohl(ergehen) n

binecuvân'ta V̲T̲ segnen

binecuvân'tare F̲ Segen m

bine'facere F̲ Wohltat f, Wohltätigkeit f

binefăcă'tor A̲ A̲D̲J̲ wohltuend B̲ M̲, binefăcă'toare F̲ Wohltäter(in) m(f)

bineînţe'les A̲D̲J̲ selbstverständlich

binemeri'tat A̲D̲J̲ wohlverdient

bineve'nit A̲D̲J̲ willkommen

binevo'i V̲T̲ a ~ pe cineva j-m mit Wohlwollen begegnen

binevoi'tor A̲D̲J̲ wohlwollend

bini'şor A̲D̲V̲ ziemlich gut; leidlich

bi'noclu N̲ Fernglas n; Opernglas n

biodegra'dabil A̲D̲J̲ biologisch abbaubar

bioener'gie F̲ Bioenergie f

bio'gaz N̲ Biogas n

biogra'fie F̲ Biografie f

bio'log(ă) M̲F̲ Biologe m, Biologin f

bio'metric A̲D̲J̲ biometrisch

bio'psie F̲ MED Biopsie f

bio'ritm N̲ Biorythmus m

biosferă F̲ Biosphäre f

bioterape'ut(ă) M̲F̲ Heilpraktiker(in) m(f)

biotera'pie F̲ Naturheilverfahren n

bio'xid M̲ ~ de carbon Kohlendioxid n

bi'ped A̲D̲J̲ ZOOL biped

bipo'lar A̲D̲J̲ bipolar; PHYS zweipolig

bir'jar M̲ Kutscher m

'birjă F̲ Kutsche f

biro'crat(ă) M̲F̲ Bürokrat(in) m(f)

birocra'ţie F̲ Bürokratie f

bi'rou N̲ Büro n; Amt n; Arbeitszimmer n; Schreibtisch m; ~ de evidenţă a populaţiei Einwohnermeldeamt n; ~ de obiecte găsite Fundbüro n; ~ de turism Fremdenverkehrsamt n

birt N̲ Wirtshaus n; Gaststätte f

biru'i V̲T̲ (be)siegen

biru'inţă F̲ Sieg m

birui'tor A̲D̲J̲ siegreich

bis N̲ MUS, THEAT Zugabe f

bi'sa V̲T̲ ~ ceva eine Zugabe von etw verlangen; THEAT etw noch einmal spielen; MUS etw noch einmal singen

bisăptămâ'nal A̲ A̲D̲J̲ zweimal wöchentlich B̲ N̲ Veröffentlichung, die zweimal in der Woche erscheint

biscu'it M̲ Keks m; ~ cracker Cracker m

bi'sect A̲D̲J̲ an m ~ Schaltjahr n

bi'serică F̲ Kirche f

biseri'cesc A̲D̲J̲ kirchlich

bis'trou N̲ Imbißstube f

bistu'riu N̲ MED Skalpell n

bişni'ţar(ă) umg M̲F̲ Geschäftemacher(in) m(f)

bit N̲ IT Bit n

biva'lent A̲D̲J̲ zweiwertig

'bivol M̲ Büffel m

bivu'ac N̲ Biwak n

bizan'tin A̲ A̲D̲J̲ byzantinisch B̲ M̲, bizan'tină F̲ Byzantiner(in) m(f)

bi'zar A̲D̲J̲ seltsam

bi'zon M̲ Bison m

bizu'i V̲R̲ a se ~ pe sich verlassen auf; zählen auf; vertrauen

bla'jin A̲D̲J̲ sanft(mütig), gutmütig

bla'ma V̲T̲ blamieren

bla'mabil A̲D̲J̲ tadelnswert

'blană F̲ Fell n; Pelz m

blat N̲ GASTR Blatt n

bla'za A̲ V̲T̲ abstumpfen; ~t de viaţă vom Leben angeekelt; lebensmüde B̲ V̲R̲ a se ~ de ceva etw gleichgültig gegenüberstehen, e-r Sache müde (od überdrüssig) sein

bla'zon N̄ Wappen n
blând ADJ sanft; mild; zahm
blân'dețe F̄ Sanftmut f
bleg ADJ schlaff, schlapp
blenora'gie F̄ MED Gonorrhö f
bles'tem N̄ Fluch m
bleste'ma V̄T̄ (ver)fluchen
bleste'mat ADJ verflucht, verdammt
bleuma'rin A ADJ INV marineblau B
   N̄ marineblaue Farbe
blid N̄ Napf m; Schüssel f
blin'da V̄T̄ panzern
blin'daj N̄ MIL Panzerung f
blin'dat ADJ gepanzert, Panzer...
bliț N̄ FOTO Blitz m
bloc N̄ Block m; ~ **de desen** Zeichenblock m
blo'ca A V̄T̄ blockieren B V̄R̄ IT **a se ~**
   abstürzen
blo'cadă F̄ Blockade f
blo'caj N̄ Blockierung f
bloc'notes N̄ Notizblock m
blog N̄ IT Blog m
blond ADJ blond m; ~ **închis** dunkelblond
blond(ă) M̄F̄ blonder Mann m, Blondine f
blon'zi A V̄T̄ blondieren B V̄R̄ **a se ~**
   sich blond färben
'blugi M̄P̄L̄ Bluejeans fpl
'bluză F̄ Bluse f
'boabă F̄ Beere f; Bohne f; ~ **de fruct**
   Beere f; ~ **de strugure** Traube f
'boală F̄ Krankheit f; ~ **Alzheimer** Alzheimer m; ~ **de copii** Kinderkrankheit
   f; ~ **infecțioasă** Infektionskrankheit f
'boare F̄ (Wind)Hauch m
'boarfe umg F̄P̄L̄ Kram m; Klamotten pl
bob N̄ Korn m; Bohne f; SPORT Bob m;
   bob de cafea Kaffeebohne f
bo'boc M̄ Knospe f; junge Gans/Ente f;
   fig Anfänger m
Bobo'tează F̄ REL Dreikönigsfest n
bo'canc M̄ Bergschuh m; ~ **de munte**
   Bergschuh m; ~ **de schi** Skischuh m
bocă'ni V̄T̄ 1 hämmern 2 klopfen
boc'cea F̄ Bündel n
'bocet N̄ Jammern n
bo'ci reg V̄T̄ jammern; weinen
'bocnă umg ADV fest gefroren, hart gefroren
bo'degă F̄ Kneipe f
bodogă'ni A V̄T̄ brummen B V̄Ī̄ mur-

ren
bo'em A ADJ böhmisch B M̄, **bo'e-
mă** F̄ 1 Böhme m, Böhmin f 2 KUNST
   Bohemien(ne) m(f)
bo'gat ADJ reich
bogă'ție F̄ Reichtum m
bo'ia F̄ (gemahlener) Paprika m
boi'cot N̄ Boykott m
boico'ta V̄T̄ boykottieren
bo'ier hist M̄ Bojar m, Gutsherr m
boie'rește ADV herrschaftlich
boie'rie F̄ umg Vornehmheit f; pej
   Hochmut m, Arroganz f
'boiler N̄ Warmwasserspeicher m, Boiler m
bol N̄ Schüssel f
bolboro'si V̄T̄ & V̄Ī̄ stammeln
bold N̄ Stecknadel f
bo'lid M̄ 1 ASTRON Meteor 2 Rennwa-
   gen m
bol'nav A ADJ krank; ~ **de cancer**
   krebskrank; ~ **de inimă** herzkrank; ~
   psihic psychisch krank B M̄, **bol'navă** F̄ Kranke(r) m/f(m)
bolnăvici'os ADJ kränklich; krankhaft
bolo'van M̄ großer Stein m; ~ **de sare**
   Salzblock m
'boltă F̄ Gewölbe n
bom'ba A V̄T̄ wölben B V̄R̄ **a se ~**
   sich wölben; sich verziehen
bombar'da V̄T̄ bombardieren
bombarda'ment N̄ Bombenangriff
   m
bombardi'er N̄ MIL Bomber m
bom'bastic ADJ bombastisch
bom'bat ADJ gewölbt
'bombă F̄ Bombe f; ~ **atomică/incen-
diară** Atom-/Brandbombe f; ~ **cu ceas**
   Zeitbombe f
bombă'ni V̄T̄ brummen
bom'beu N̄ pantof Vorderkappe f
bom'boană F̄ Bonbon m od n
bomboni'eră F̄ Konfektdose f
bon N̄ Bon m; Gutschein m; Kassenzettel m; **bon de comandă** Bestellschein
   m; **bon de livrare** Lieferschein m
'bonă F̄ Hausmädchen n
bon'dar M̄ Hummel f
bon'doc ADJ klein und dick
bo'netă F̄ Haube f
boni'er N̄ Bonheft n
bonifi'cație F̄ Vergütung f

B

boni'tate F̲ Kreditwürdigkeit f; WIRTSCH Bonität f
bo'nom M̲ guter Kerl m
bont ADJ stumpf
bon'ton M̲ guter Ton m
bor N̲ Hutkrempe f
bor'can N̲ (Einmach-, Marmeladen-) Glas n
bord N̲ la ~ an Bord
bor'dei N̲ Hütte f
bor'del N̲ Bordell n
bor'do ADJ INV weinrot
bor'dură F̲ Bordstein m; ~ a trotuarului Bordstein m
bore'al ADJ aurora f ~ă Nordlicht n
bor'faş M̲ Gauner m
'bormaşină F̲ Bohrmaschine f
'bornă F̲ Grenzstein m; ~ kilometrică Kilometerstein m
boro'boaţă F̲ umg Patzer m
bor'setă F̲ Gürteltasche f; Aktentasche f
borş N̲ GASTR gegorener Saft aus Weizenkleie; ~ de sfeclă Borschtsch m
bos'chet M̲ Busch m
boscoro'di A V̲Ī vor sich hin murmeln B V̲T brummen
bosni'ac A ADJ bosnisch B M̲, bosni'acă F̲ Bosnier(in) m(f)
bos'tan M̲ Kürbis m
bosum'fla V̲R a se ~ schmollen
bosum'flat ADJ mürrisch
bot N̲ Maul n; Schnauze f
bo'tanic ADJ botanisch; grădină f ~ă botanischer Garten
bo'tez N̲ Taufe f
bote'za V̲T taufen
bo'tină F̲ Stiefelette f
'botniţă F̲ Maulkorb m
bo'tos ADJ 1 mit großem Mund 2 fig großmäulig
botu'lism N̲ MED Fleischvergiftung f
boţ N̲ Klumpen m
bo'ţi V̲T (zer)knittern
bou M̲ Ochse m
'bour M̲ Auerochse m
bo'vin ADJ Rinder...
bo'vină F̲ Rind n
box N̲ Boxen n
bo'xa V̲R boxen
'boxă F̲ TECH Lautsprecher m
bo'xer M̲ Boxer m

braco'naj N̲ Wilderei f
braconi'er M̲ Wilderer m
brad M̲ Tanne f, Tannenbaum m; ~ de Crăciun Weihnachtsbaum m
'brambura umg ADV verstreut, unordentlich
brambu'reală umg F̲ Durcheinander n
bran'cardă F̲ Trage f
brancardi'er(ă) M̲F̲ MED, PFLEGE Sanitäter(in) m(f)
'branhie F̲ Kieme f
bran'şa V̲T abtrennen, ablösen
'branşă F̲ Branche f; Gebiet n
bras N̲ Brustschwimmen n
brase'rie F̲ Brasserie f
braţ N̲ Arm m; la ~ Arm in Arm
brav ADJ tapfer
bra'va V̲T a ~ ceva / pe cineva etw/ j-m trotzen; a ~ o primejdie sich einer Gefahr aussetzen; a ~ o situaţie grea sich einer schwierigen Situation stellen
bra'vură F̲ Tapferkeit f
'brazdă F̲ Furche f
brazili'an A ADJ brasilianisch B M̲, brazili'ancă F̲ Brasilianer(in) m(f)
bră'det N̲ Tannenwald
bră'ţară F̲ Armband n
brânci M̲ Stoß m
'brânză F̲ Käse m; ~ de capră Ziegenkäse m; ~ de vaci Quark m; ~ topită Schmelzkäse m
brân'zi V̲R a se ~ gerinnen
brân'zoaică F̲ GASTR Quarktasche f; Käsekuchen m
brâu N̲ Gürtel m
bre! INT umg hey du!
'breşă F̲ Bresche f
bre'tea F̲ Hosenträger m
bre'ton N̲ Pony m
bre'vet N̲ Patent n
breve'ta V̲T patentieren
brevi'ar N̲ Brevier n
bri'ceag N̲ Taschenmesser n
bri'chetă F̲ Feuerzeug n; Brikett n
brici N̲ Rasiermesser n
bri'gadă F̲ Brigade f
brili'ant N̲ Brillant m
'brio N̲ Brillanz f; Bravour f
bri'oşă F̲ Drioche f
bri'tanic A ADJ britisch B M̲, bri'tanică F̲ Brite m, Britin f
Bri'tanie F̲ Marea ~ Großbritannien n

'**briză** F̲ Brise f
'**broască** F̲ Frosch m; **~ râioasă** Kröte f; **~ ţestoasă** Schildkröte f; TECH Schloss n
bro'**boadă** F̲ Kopftuch n
bro'**boană** F̲ Schweißtropfen m
'**broccoli** N̲ Brokkoli m
bro'**da** V̲T̲ sticken
brode'**rie** F̲ Stickerei f
'**bronhie** F̲ Bronchien pl
bron'**şită** F̲ Bronchitis f
bronz N̲ Bronze f
bron'**za** V̲R̲ **a se ~** braun werden
bro'**şa** V̲T̲ broschieren
'**broşă** F̲ Brosche f
bro'**şură** F̲ Broschüre f
'**browser** N̲ Browser m; IT **~ web** Web-browser m
bru'**ia** V̲T̲ stören
bru'**iaj** N̲ (Funk)Störung f
bru'**ion** N̲ (erster) Entwurf m; Konzept n
'**brumă** F̲ Reif m
bru'**măriu** A̲D̲J̲ gräulich; weiß mit grauem Einschlag
brun A̲D̲J̲ braun
bru'**net** A̲D̲J̲ brünett
brusc A̲D̲J̲ plötzlich
brus'**ca** V̲T̲ schroff behandeln, brüskieren
brut A̲D̲J̲ roh; brutto
bru'**tal** A̲D̲J̲ brutal
brutali'**tate** F̲ Brutalität f
bru'**tar** M̲ Bäcker m
'**brută** F̲ Bestie f
bru'**tărie** F̲ Bäckerei f
'**bruto** A̲D̲V̲ brutto
Bru'xelles N̲ Brüssel n
'**bubă** F̲ Wunde f; Pustel f
bu'**bos** A̲D̲J̲ voller Beulen; voller Schwellungen; voller Pickel
bubu'**i** V̲I̲ dröhnen; grollen
bubu'**itură** F̲ Donner m
bubu'**ruză** F̲ Marienkäfer m
bu'**cal** A̲D̲J̲ Mund...
bu'**cată** F̲ Stück n
bu'**cate** P̲L̲ Speisen pl
'**bucă** F̲ umg Hinterbacke f
bu'**călat** A̲D̲J̲ mollig
bu'**cătar** N̲ Koch m
bucătă'**reasă** F̲ Köchin f
bucătă'**rie** F̲ Küche f; **~ modulată**

Einbauküche f
bu'**căţică** F̲ Stückchen n
bu'**chet** N̲ Strauß m; **~ de flori** Blumenstrauß m
'**bucium** N̲ MUS traditionelles rumänisches Musikinstrument, einem Alpenhorn ähnlich
bu'**cla** ◼ V̲T̲ locken, in Locken legen ◼ V̲R̲ **a se ~** sich kräuseln; sich wellen
bu'**clat** A̲D̲J̲ lockig, gelockt
'**buclă** F̲ Locke f
bu'**cluc** N̲ Unannehmlichkeit f
bu'**colic** A̲D̲J̲ ländlich idyllisch
Buco'**vina** F̲ Bukowina f
bucovi'**nean** ◼ A̲D̲J̲ bukowinisch ◼ M̲, **bucovi'neancă** F̲ Bukowiner(in) m(f)
bucu'**ra** V̲T̲ & V̲R̲ **a (se) ~** (sich) freuen
Bucu'**reşti** M̲ Bukarest n
bucu'**rie** F̲ Freude f; **~ de viaţă** Lebensfreude f
bucu'**ros** A̲D̲J̲ froh; gern
bu'**dincă** F̲ Pudding m
bu'**dism** N̲ Buddhismus m
bu'**doar** N̲ Boudoir n
buf A̲D̲J̲ THEAT farcenhaft; grotesk
buf! I̲N̲T̲ buff!
bu'**fant** A̲D̲J̲ bauschig
bu'**fet** N̲ Büfett n; Anrichte f; Imbissbude f; **~ expres** Schnellimbiss m
buf'**ni** V̲I̲ ◼ trânti knallen ◼ die Stirn runzeln
bufni'**tură** F̲ Knall m; Schlag m
'**bufniţă** F̲ Eule f; Uhu m
bu'**fon** ◼ A̲D̲J̲ drollig; possenhaft ◼ M̲ Hanswurst m
bufone'**rie** F̲ Komik f; Posse f
bu'**get** N̲ Budget n; Etat m; Haushalt m
buge'**tar** A̲D̲V̲ etatmäßig
'**buhă** F̲ Uhu m
buhă'**i** V̲R̲ **a se ~** an- und abschwellen
buhă'**it** A̲D̲J̲ verschwiemelt
bui'**mac** A̲D̲J̲, **buimă'cit** betäubt, benommen; verwirrt
bu'**jie** F̲ AUTO Zündkerze f
bu'**jor** M̲ Pfingstrose f
'**bulă** F̲ Blase f; **~ de text** Sprechblase f
bulb M̲ Zwiebel f
bul'**buc** M̲ (Schaum-/Wasser-)Blase f
bulbu'**ca** ◼ V̲T̲ anstarren ◼ V̲R̲ **a se ~** große Augen machen
bulbu'**cat** A̲D̲J̲ herausstehend; (auf)ge-

schwollen
bul'dozer N̄ Planierraupe f
bule'tin N̄ Ausweis m; Bericht m; **~ de identitate** Personalausweis m; TV, RADIO **~ de ştiri** Nachrichten pl; **~ de vot** Stimmzettel m; **~ informativ** Newsletter m; **~ meteo(rologic)** Wetterbericht m, Wettervorhersage f
bule'vard N̄ Boulevard m
bul'gar M̄ Bulgare m
Bul'garia F̄ Bulgarien n
'bulgăre M̄ Klumpen m; **~ de zăpadă** Schneeball m
bulgă'resc ADJ bulgarisch
bulgă'roaică F̄ Bulgarin f
buli'başă M̄ Anführer einer Roma-gruppe
buli'mie F̄ Bulimie f
bu'lină F̄ TEX Punkt m
buli'on N̄ Tomatenmark n; Fleischbrühe f, Bouillon f
bu'luc N̄ Menschenansammlung m
bulu'ci V̄R **a se ~** sich häufen
bulver'sa V̄I durcheinanderbringen
bulver'sat ADJ duselig umg, verstört
bulz M̄ GASTR Polentakugeln mit Schafskäsefüllung
bum'bac N̄ Baumwolle f
bun A ADJ gut; **a fi ~ (de)** taugen (zu) B N̄ Gut n; Besitz m; **~uri** pl **de larg consum** Konsumgüter pl; **bunuri imobiliare** Immobilien fpl
'Buna-Ves'tire F̄ REL Mariä Verkündigung f
'bună-cuvi'inţă F̄ Anstand m
bună'oară ADV zum Beispiel
bună'stare F̄ Wohlstand m
bună'tate F̄ Güte f
bună'voie F̄ **de ~** freiwillig
bunăvo'inţă F̄ Wohlwollen n
'buncăr N̄ Bunker m
bunga'lou N̄ Bungalow m
bun-'gust N̄ guter Geschmack
'bună-cre'dinţă F̄ Gutgläubigkeit f
bu'nic M̄ Großvater m
bu'nică F̄ Großmutter f
bu'nici PL Großeltern pl
bun-simţ N̄ Feingefühl n
bu'ra V̄I nieseln
bur'duf N̄ Balg m
burdu'şi V̄T umg (voll)stopfen
burdu'şit ADJ umg vollgestopft; ausge-

stopft
bu'rete M̄ Schwamm m; **~ galben** Pfifferling m
bur'ghez ADJ bürgerlich; **mic ~** spießig
burghe'zie F̄ Bürgertum n
bur'ghiu N̄ Bohrer m
bu'ric M̄ Nabel m
bur'lac M̄ Junggeselle m
bur'lan N̄ (Dach)Rinne f
burlă'cie F̄ Junggesellendasein n
bur'lesc ADJ burlesk
'burniţă F̄ Nieselregen m
'bursă F̄ Börse f; Stipendium n; **~ de valori** Aktienmarkt m
bursi'er A ADJ Stipendien... B M̄, **bursi'eră** F̄ Stipendiat(in) m(f)
bur'suc M̄ Dachs m
'burtă F̄ Bauch m; Unterleib m
burti'eră F̄ Bauchbinde f
bur'tos ADJ bauchig
buru'iană F̄ Unkraut n
buscu'ladă F̄ Massenpanik f
bu'solă F̄ Kompass m
bust N̄ Büste f
busu'ioc N̄ Basilikum n
bu'şeu N̄ Gebäck mit Nußfüllung
bu'şi A V̄T schubsen B V̄I treten
buşi'tură F̄ (Faust)schlag m
buş'tean M̄ Baumstamm m; Klotz m
bu'telie F̄ (Gas)Flasche f
bu'tic N̄ Boutique f
bu'toi N̄ Fass n
bu'ton N̄ Knopf m; **~ de înregistrare** Aufnahmetaste f; **~ de oprire** Stopptaste f; MED, PFLEGE **~ de panică** Notrufklingel f; IT **~ul mouse-ului** Maustaste f
butoni'eră F̄ Knopfloch n
bu'tuc N̄ Klotz m; **~ de viţă** Weinstock m, Rebstock m
butucă'nos ADJ plump; klotzig
butu'rugă F̄ Baumstumpf m; Holzklotz m
bu'zat ADJ mit dicken Lippen
'buză F̄ Lippe f; **~ de sus** Oberlippe f
'buzna ADV **da ~ peste** hereinstürmen; umg hereinplatzen
buzu'nar N̄ Tasche f; **~ de la pantalon** Hosentasche f; **~ interior** Innentasche f

buzună'ri V/T stehlen; durchwühlen
byte N IT Byte n

C

ca ADV wie; *decât* als; ~ **să** damit, um zu; ~ **şi cum/când** als ob/wenn
caba'lin ADJ pferdeähnlich, pferdeartig, Pferde...; **rasă** f ~**ă** Pferderasse f
caba'lină F Stute f
ca'bană F Hütte f
cabani'er(ă) M/F Hüttenwirt(in) m(f)
caba'nos M Kabanossi f
caba'ret N Kabarett n
ca'bină F Kabine f; ~ **telefonică** (Telefon)zelle f
cabi'net N Kabinett n; ~ **de consultaţie** Sprechzimmer n; ~ **medical** Praxis f, Ordination f
ca'bla V/T verkabeln
'cablu N Kabel n; ~ **de tractare** Abschleppseil n; IT ~ **USB** USB-Kabel n
cabo'tin(ă) M/F *pej* Komödiant(in) m(f)
caboti'nism N Komödiantentum n
ca'bra V/I ❶ sich aufbäumen ❷ FLUG überziehen
ca'cao F Kakao m; ~ **cu lapte** Kakao m
caceal'ma F Bluff m
cacofo'nie F Missklang m, Kakofonie f
'cactus M Kaktus m
ca'dastru N Grundstücksverzeichnis n, Kataster m/n
cada'veric ADJ leichenhaft
ca'davru N Leiche f, Kadaver m
'cadă F Wanne f
caden'ţat ADJ taktmäßig; *ritm* rhythmisch
ca'denţă F Takt m, Rhythmus m; MUS Kadenz f
ca'det M MIL Kadett m
ca'dou N Geschenk n; **a face** ~ schenken; ~ **de aniversare** Geburtstagsgeschenk n; ~ **de Crăciun** Weihnachtsgeschenk n
ca'draj N FILM Kameraeinstellung f

ca'dran N ❶ Zifferblatt f ❷ MATH Quadrant m
ca'dril N MUS Quadrille f
cadri'lat ADJ kariert
'cadru N Rahmen m; *fig* Umgebung f; **cadre** *pl* **calificate** Fachkräfte *pl*; ~ **conducător** Führungskraft f
ca'duc ADJ hinfällig
ca'fea F Kaffee m; ~ **boabe** Bohnenkaffee m; ~ **cu lapte** Milchkaffee m; ~ **filtru** Filterkaffee m
cafe'ină F Koffein n
cafe'nea F Café n
cafe'niu ADJ (kaffee)braun
cafeti'eră F Kaffeekanne f
ca'gulă F Sturmhaube f, Sturmmaske f
ca'iac N Kajak m
ca'iet N Heft n; ~ **de cuvinte** Vokabelheft n; ~ **studenţesc** Block m
cai'mac N ❶ Milchhaut f ❷ *cafea* Kaffeeschaum m ❸ *fig* Auserlesene(s) n; Blume f
ca'is M Aprikosenbaum m
ca'isă F Aprikose f
cal M Pferd n; **cal bălan** Schimmel m; **cal de curse** Rennpferd n; ~-**putere** TECH Pferdestärke f
calaba'lâc N Habseligkeiten *pl*; *bagaj* Gepäck n
calam'bur N Wortspiel n
calami'tate F Unheil n
cala'pod N Leisten m
ca'lă F Laderaum m; SCHIFF Schiffsraum m
'calc N ❶ Pause, Durchzeichnung f ❷ LING Lehnübersetzung f
cal'car N Kalk m
calce'mie F Kalziumgehalt m
calchi'a V/T pausen, durchzeichnen
'calciu N Kalzium n
'calcul N Berechnung f; MATH Rechnung f; MED ~ **biliar** Gallenstein m; ~ **mintal** Kopfrechnen n; MED ~ **renal** Nierenstein m
calcu'la V/T (be)rechnen
calcula'tor N Rechner m, Computer m; ~ **de buzunar** Taschenrechner m
cald ADJ warm
calda'râm N (Straßen)Pflaster n
'cale F Weg m; Straße f; Bahn f; ~ **de acces** Zufahrt f; ~ **ferată** Eisenbahn f; **Calea Lactee** Milchstraße f; **a fi pe** ~

C

im Begriff sein
ca'leașcă $\overline{F}$ Kutsche f; *deschisă* Kalesche f
caleido'scop $\overline{N}$ Kaleidoskop n
calen'dar $\overline{N}$ Kalender m
calenda'ristic $\overline{ADJ}$ Kalender...; **an** m ~ Kalenderjahr n
cali'bra $\overline{V/T}$ kalibrieren; *alinia* ausrichten; *etalona* eichen
ca'libru $\overline{N}$ Kaliber n
ca'lic $\overline{ADJ}$ geizig; *sărac* bettelarm
cali'fat $\overline{N}$ Kalifat n
califi'ca $\overline{V/T}$ qualifizieren
califi'care $\overline{F}$ Qualifikation f
califica'tiv $\overline{A}$ $\overline{N}$ Note f, Zensur f; *evaluare* Beurteilung f $\overline{B}$ $\overline{ADJ}$ GRAM **adjectiv** ~ Adjektiv n
cali'grafic $\overline{ADJ}$ kalligrafisch
caligra'fie $\overline{F}$ Kalligrafie f, Schönschreiben n
cali'tate $\overline{F}$ Qualität f; *însușire* Eigenschaft f; ~ **a vieții** Lebensqualität f
calita'tiv $\overline{ADJ}$ qualitativ
calm $\overline{A}$ $\overline{ADJ}$ still, ruhig; *fig* gelassen $\overline{B}$ $\overline{N}$ Ruhe f, Stille f; *fig* Gelassenheit f
cal'ma $\overline{V/T}$ beruhigen
cal'mant $\overline{A}$ $\overline{ADJ}$ beruhigend $\overline{B}$ $\overline{N}$ Beruhigungsmittel n, Schmerzmittel n
calomni'a $\overline{V/T}$ verleumden
calom'nie $\overline{F}$ Verleumdung f
calomni'os $\overline{ADJ}$ verleumderisch
ca'loric $\overline{ADJ}$ Wärme...; *calorie* kalorisch, Kalorien...; **conductibilitate** f ~ă Wärmeleitfähigkeit f; **consum** n ~ Kalorienverbrauch m
calo'rie $\overline{F}$ Kalorie f
calori'fer $\overline{N}$ Heizkörper m; *instalație* Zentralheizung f
ca'lotă $\overline{F}$ $\overline{1}$ ANAT Kalotte f $\overline{2}$ *bilă* Kappe f; *glaciară* Polkappe f
calta'boș $\overline{M}$ Blutwurst f
ca'lup $\overline{N}$ $\overline{1}$ Leisten m $\overline{2}$ *fig* Form f Modell n
cal'var $\overline{N}$ Qual f; *suferință* Leid n
calvi'nism $\overline{N}$ Calvinismus m
calvi'n(ist) $\overline{A}$ $\overline{ADJ}$ calvinistisch $\overline{B}$ $\overline{M}$, cal'vin(ist)ă $\overline{F}$ Calvinist(in) m(f)
calvi'ție $\overline{F}$ Kahlköpfigkeit f; ZOOL Haarlosigkeit f
cam $\overline{ADV}$ ungefähr, fast; ziemlich
cama'rad(ă) $\overline{M/F}$ Kamerad(in) m(f)
camarade'resc $\overline{ADJ}$ kameradschaft-
lich
camarade'rie $\overline{F}$ Kameradschaft f
cama'rilă $\overline{F}$ Kamarilla f; *weitS.* Gefolgschaft f
'camătă $\overline{F}$ Wucher m
cam'bra $\overline{A}$ $\overline{V/T}$ krümmen, biegen $\overline{B}$ $\overline{V/R}$ **a se** ~ sich krümmen, sich verbiegen
cam'brat $\overline{ADJ}$ gekrümmt, gebogen
came'le'on $\overline{M}$ Chamäleon n
came'ral $\overline{ADJ}$ POL, MUS Kammer...; MUS **concert** n ~ Kammerkonzert n
camera'man $\overline{M}$ Kameramann m
'cameră $\overline{F}$ Zimmer n, Raum m; Kammer f; FOTO Kamera f; AUTO Schlauch m; ~ **a copilului** Kinderzimmer n; ~ **de comerț** Handelskammer f; **Cameră de Comerț și Industrie** Industrie- und Handelskammer f; ~ **de filmat** Filmkamera f; ~ **de hotel** Hotelzimmer n; ~ **de o persoană** Einzelzimmer n; ~ **dublă** Doppelzimmer n; ~ **video** Videokamera f; IT **Cameră Web** Webcam f
came'rist(ă) $\overline{M/F}$ Hotelfachmann m, Hotelfachfrau f
'camfor $\overline{N}$ MED, CHEM Kampfer m
camfo'rat $\overline{ADJ}$ MED, CHEM kampferhaltig
cami'on $\overline{N}$ Lastkraftwagen m
camio'netă $\overline{F}$ Lieferwagen m
cam'pa $\overline{V/I}$ zelten; *rulotă* campen
cam'panie $\overline{F}$ Kampagne f; ~ **electorală** Wahlkampf m
'camping $\overline{N}$ Camping n; Campingplatz m
campi'on $\overline{M}$, campi'oană $\overline{F}$ SPORT Meister(in) m(f); ~ **european** Europameister n; ~ **mondial** Weltmeister m
campio'nat $\overline{N}$ Meisterschaft f; ~ **european** Europameisterschaft f; ~ **mondial** Weltmeisterschaft f
Ca'nada $\overline{F}$ Kanada n
canadi'an $\overline{A}$ $\overline{ADJ}$ kanadisch $\overline{B}$ $\overline{M}$, canadi'ancă $\overline{F}$ Kanadier(in) m(f)
canadi'ană $\overline{F}$ Windjacke f
ca'nal $\overline{N}$ Kanal m; ~ **de televiziune** Fernsehkanal m; **Canalul Mânecii** Ärmelkanal m
ca'nalie $\overline{F}$ Schuft m, Schurke m
canali'zare $\overline{F}$ Kanalisation f
cana'pea $\overline{F}$ Couch f, Sofa n
ca'nar $\overline{M}$ Kanarienvogel m

ca'nat N̲ Türflügel m; *la fereastră* Fensterflügel m

'cană F̲ Kanne f; **~ gradată** Hohlmaß n

can'can N̲ **1** Klatsch m **2** MUS Cancan m

cance'lar(ă) M̲F̲ Kanzler(in) m(f); **~ federal** Bundeskanzler m

cance'larie F̲ Kanzlei f; SCHULE Lehrerzimmer n

'cancer N̲ Krebs m; **~ de colon** Darmkrebs m; **~ pulmonar** Lungenkrebs m

canceri'gen A̲D̲J̲ krebserregend

cance'ros A̲ A̲D̲J̲ krebskrank B̲ M̲, **cance'rosă** F̲ Krebskranke(r) m/f(m)

can'cioc N̲ Maurerkelle f

cande'labru N̲ Kronleuchter m; *sfeșnic* Kerzenleuchter m, Armleuchter m

'candelă F̲ Ampel f; *lampă cu ulei* Nachtlampe f

candi'da V̲I̲ kandidieren

candi'dat(ă) M̲F̲ Kandidat(in) m(f)

candida'tură F̲ Kandidatur f

candi'doză F̲ MED Soor m

can'doare F̲ Unschuldigkeit f; *sinceritate* Treuherzigkeit f

cane'la V̲T̲ kanalisieren

cane'lat kanalisiert

'cange F̲ **1** Hakenstange f **2** SCHIFF Enterhaken m Bootshaken m **3** *gheară* Kralle f

can'grenă F̲ MED Brand m

'cangur M̲ Känguru n

cani'bal A̲ A̲D̲J̲ kannibalisch B̲ M̲, cani'balǎ F̲ Kannibale m, Kannibalin f

caniba'lism N̲ Kannibalismus m

canicu'lar A̲D̲J̲ *fig* brütend heiß

ca'niculă F̲ große Hitze f

ca'nin A̲ A̲D̲J̲ hundeartig; *despre câini* Hunde...; **rasă f ~ă** Hunderasse f B̲ M̲ Eckzahn m

cani'on N̲ Schlucht f

ca'nistră F̲ Kanister m; **~ de benzină** Benzinkanister m; **~ de rezervă** Reservekanister m

ca'noe F̲ Kanu n

ca'non N̲ MUS Kanon m; *fig* Regel f, Richtlinie f

ca'nonic A̲D̲J̲ kanonisch

cano'niza V̲T̲ kanonisieren, heiligsprechen

canoni'zare F̲ Kanonisation f, Heiligsprechung f

cano'taj N̲ Rudersport m

'cant N̲ Kante f

can'tină F̲ Kantine f; **~ (studențească)** Mensa f

canti'tate F̲ Menge f, Anzahl f

cantita'tiv A̲D̲J̲ quantitativ

can'to N̲ Gesang m

can'ton N̲ **1** Kanton n; **Cantonul Grisunilor** Graubünden n **2** BAHN Bahnwärterhaus n

canto'na A̲ V̲T̲ einquartieren B̲ V̲R̲ a se **~** sich einquartieren; *fig* sich beschränken

canton'ament N̲ Trainingslager n

ca'nulă F̲ MED Kanüle f

cap N̲ Kopf m; GEOG Kap n; *fig* Anführer m; **peste ~** kopfüber

cap. A̲B̲K̲ (= capitolul) Kap. (Kapitel)

ca'pabil A̲D̲J̲ fähig, tüchtig

ca'pac N̲ Deckel m; **~ înșurubat** Schraubverschluss m

capaci'tate F̲ Fähigkeit f; TECH Leistung f; *volum* Fassungsvermögen n; IT **~ de stocare** Speicherkapazität f

'capăt N̲ Ende n

cap'cană F̲ Falle f; **~ a datoriilor** Schuldenfalle f; **~ de șoareci** Mausefalle f

ca'pelă F̲ Kapelle f

'caperă F̲ Kaper f

capi'lar A̲D̲J̲ kapillar, Haar...; **vas ~** Haargefäß n

capi'șon N̲ Kapuze f

capi'tal A̲ N̲ Kapital n; **~ de bază** Grundkapital n; **~ propriu** Eigenkapital n B̲ A̲D̲J̲ wesentlich, Haupt...

capi'tală F̲ Hauptstadt f

capita'lism N̲ Kapitalismus m

capi'tel N̲ ARCH Aufsatz m, Säulenkopf m, Kapitell n

ca'pitol N̲ Kapitel n

capito'na V̲T̲ polstern

capito'nat A̲D̲J̲ gepolstert

capitu'la V̲I̲ kapitulieren

capitu'lare F̲ Kapitulation f

capo'doperă F̲ Meisterwerk n

capo'ral M̲ MIL Korporal m

ca'pot N̲ Morgenmantel m

ca'potă F̲ Motorhaube f

'capră F̲ Ziege f; SPORT Bock m

capri'cios A̲D̲J̲ launisch

ca'priciu N̲ Laune f

capri'corn N̄ a. ASTROL Steinbock m

cap'sa V̄T̄ heften

capsa'tor umg N̄ Tacker m, Hefter m

'capsă F̄ (Heft)Klammer f; Druckknopf m

cap'sulă F̄ Kapsel f

cap'ta V̄T̄ fassen

cap'tare F̄ Übernahme f

cap'tiv ADJ gefangen

capti'va fig V̄T̄ fesseln

capti'vant ADJ spannend

captivi'tate F̄ Gefangenschaft f

captu'ra V̄T̄ gefangen nehmen; erbeuten

cap'tură F̄ Fang m, Beute f

capu'cino N̄ Cappuccino m

car N̄ Wagen m

cara'bină F̄ puşcă Karabiner m

cara'catiţă F̄ Tintenfisch m

carac'ter N̄ Charakter m; TYPO Schriftart f

caracte'ristic ADJ charakteristisch, kennzeichnend, eigen

caracte'ristică F̄ Charakteristik f, Merkmal n

caracteri'za V̄T̄ charakterisieren; kennzeichnen

ca'rafă F̄ Karaffe f; urcior Krug m; sticlă Flasche f

caraghi'os ADJ komisch, lustig; fig lächerlich

caram'bol N̄ biliard Karambolage f

carambo'laj N̄ Zusammenstoß m, Karambolage f; ~ în lanţ Massenkarambolage f

cara'melă F̄ Karamelle f

carameli'za V̄T̄ karamellisieren

caran'tină F̄ Quarantäne f

cara'pace F̄ ZOOL Panzer m

ca'rată F̄ Karat n

ca'rate F̄PL Karate n

cara'vană F̄ Karawane f

ca'râmb M̄ Stiefelschaft m

car'bon N̄ Kohlenstoff m

car'bonic ADJ acid m ~ Kohlensäure f

carboni'er ADJ Kohle...; industrie f ~ă Kohleindustrie f

carboni'fer ADJ kohlehaltig

carboni'za V̄R̄ a se ~ verkohlen

carbu'rant M̄ Treibstoff m, Brennstoff m

carbura'tor N̄ AUTO Vergaser m

car'casă F̄ Gehäuse n

'carceră F̄ Kerker m

carci'nom N̄ Karzinom n; MED Krebs m

card N̄ ~ bancar ≈ EC-Karte f; ~ cu cip Chipkarte f; ~ de client Kundenkarte f; ~ de credit Kreditkarte f

cardi'ac A ADJ Herz... B M̄, cardi'acă F̄ Herzkranke(r) m/f(m)

cardi'nal A ADJ Grund...; wesentlich; puncte npl ~e Himmelsrichtungen pl B M̄ Kardinal m

cardio'gramă F̄ Kardiogramm n

cardio'log(ă) M̄F̄ Herzspezialist(in) m(f)

cardiolo'gie F̄ Kardiologie f

'care A INT PR welche(r, s) B REL PR der, die, das

ca'renă F̄ SCHIFF Kiel m

ca'renţă F̄ Mangel m

ca'reu N̄ Viereck n; SPORT Strafraum m

care'va INDEF PR irgendjemand, irgendeiner

cargo'bot N̄ Frachtschiff n

cari'a V̄R̄ a se ~ dinte faulen; MED kariös werden

cari'at ADJ kariös

carica'tură F̄ Karikatur f

'carie F̄ Karies f

cari'eră F̄ Karriere f, Laufbahn f; de piatră Steinbruch m; ~ de piatră Steinbruch m

cari'oca F̄ Filzstift m

cari'tabil ADJ 1 hilfreich; instituţie gemeinnützig 2 concert ~ Wohltätigkeitskonzert n

cari'tate F̄ Wohltätigkeit f

car'lingă F̄ Pilotenkabine f, Cockpit n

car'naj N̄ Gemetzel n, Blutbad n

car'nal ADJ fig sinnlich; poftă f ~ă Sinnlichkeit f

carna'val N̄ Fasching m, Karneval m

'carne F̄ Fleisch n; ~ de porc Schweinefleisch n; ~ de vită Rindfleisch n; tocată Hackfleisch n

car'net N̄ Notizbuch n; ~ de cecuri Scheckheft n; ~ de conducere Führerschein m; ~ de economii Sparbuch n

carni'vor N̄ Fleischfresser m

ca'ro N̄ Karo n; GEOM Raute f

caro'sabil ADJ (be)fahrbar

carose'rie F̄ Karosserie f

caro'ten N̄ Karotin n

caro'tidă F̄ MED Halsschlagader f

ca'rou N̄ Karo n; **în ~ri** kariert

Car'paţi MPL Karpaten pl

car'petă F̄ Bettvorleger m

'**cart** N̄ **1** Wachdienst m **2** SPORT Gokart m/n Kart m

'**carte** F̄ Buch n; **~ audio** Hörbuch n; **~ de bucate** Kochbuch n; **~ de colorat** Malbuch n; **~ de credit** Kreditkarte f; **~ de identitate** Personalausweis m; FLUG **~ de îmbarcare** Bordkarte f; **~ de joc** (Spiel)karte f; **~ de specialitate** Fachbuch n, Sachbuch n; **~ de telefon** Telefonbuch n; **~ de vizită** Visitenkarte f; **~ pentru copii** Kinderbuch n; **~ poştală** Postkarte f; **~ verde** Versicherungskarte f

car'tel N̄ Kartell n

car'telă F̄ **~ de telefon** Telefonkarte f

cartezi'an ADJ MATH kartesisch

carti'er N̄ (Wohn)Viertel n, Stadtteil m; **~ general** Hauptquartier n; **~ rezidenţial** Wohnviertel n; **~ sărac** Slum m

carti'laj N̄ Knorpel m

car'tof N̄ Kartoffel f; **~i fierţi** Salzkartoffeln fpl; **~i la cuptor** Ofenkartoffeln fpl; **~i prăjiţi** Pommes (frites) pl, Fritten fpl

carto'for(ă) M̄F̄ (Glücks)Spieler(in) m(f)

carto'graf(ă) M̄F̄ Kartograf(in) m(f)

cartogra'fie F̄ Kartographie f

car'ton N̄ Pappe f; Karton m

carto'nat ADJ kartoniert

carto'naş N̄ **1** Karton m **2** SPORT **~ galben** gelbe Karte f; **~ roşu** rote Karte f

carto'tecă F̄ Kartei f

car'tuş N̄ Patrone f; **un ~ de ţigări** eine Stange Zigaretten

caru'sel N̄ Karussell n

ca'sa V̄T̄ JUR kassieren

ca'sant ADJ zerbrechlich

ca'saţie F̄ JUR Kassation f

'**casă** F̄ Haus n; FIN Kasse f; **Casă de Asigurări de Sănătate** Krankenkasse f; **~ de bilete** Abendkasse f, Theaterkasse f; **~ de economii** Sparkasse f; **~ de schimb (valutar)** Wechselstube f; **~ de ţară** Landhaus n; **~ de vacanţă** Ferien-

haus n; **~ din prefabricate** Fertighaus n; **~ duplex** Doppelhaus f; **~ ecologică** Biohaus n; **~ părintească** Elternhaus n; **~ şi masă** Kost und Logis

cas'cadă F̄ Wasserfall m

casca'dor M̄, **casca'doare** F̄ Stuntman m, Stuntfrau f

cascado'rie F̄ Stunt m

'**cască** F̄ Helm m; **~ audio** Kopfhörer m; **~ de baie** Bademütze f; **~ de protecţie** Sturzhelm m, Schutzhelm m

cas'chetă F̄ Schirmmütze f

case'rolă F̄ Kasserolle f

ca'setă F̄ Kassette f; **~ de bagaje** Schließfach n; **~ de dialog** Dialogfeld n

cash ADV **a plăti ~ in bar** bezahlen

casi'er M̄ Kassierer m

casie'rie F̄ Kasse f

casie'riţă F̄ Kassiererin f

'**casnic** ADJ häuslich; Haushalts...

'**casnică** F̄ Hausfrau f

'**cast** ADJ keusch

cas'tan N̄ Kastanienbaum m

cas'tană F̄ Kastanie f; **~ comestibilă** Marone f

casta'niu ADJ (kastanien)braun

'**castă** F̄ Kaste f

cas'tel N̄ Schloss n; Burg f; **~ de nisip** Sandburg f

'**casting** N̄ Casting m

casti'tate F̄ Keuschheit f; **legământ de ~** Keuschheitsgelübde n

'**castor** N̄ Biber m

cas'tra V̄T̄ kastrieren

castra'vete M̄ Gurke f

cas'tron N̄ Schüssel f; **~ de salată** Salatschüssel f

'**caş** N̄ Schafskäse m

caşa'lot M̄ Pottwal m

caşca'val N̄ Hartkäse m (aus Schafmilch)

cata'clism N̄ GEOG, GEOL Katastrophe f

cata'combă F̄ Katakombe f; boltă Kellergewölbe n

cata'falc N̄ Katafalk m; **a aşeza pe ~** aufbahren

cata'lan A ADJ katalanisch B M̄, **cata'lană** F̄ Katalane m, Katalanin f

catalep'sie F̄ Starrsucht f

cata'lige FPL Stelzen fpl

cataliza'tor N̄ Katalysator m

cata'log N̄ Katalog m

catape'teasmă F̄ Bilderwand f

catapul'ta V̄T katapultieren; *zvârli* schleudern

cata'ractă F̄ MED grauer Star m

cata'ramă F̄ Schnalle f

ca'targ N̄ Mast m

catas'trofă F̄ Katastrophe f; ~ **climatică** Klimakatastrophe f; ~ **ecologică** Umweltkatastrophe f

ca'târ M̄ Maulesel m, Maultier n

cate'drală F̄ Dom m, Kathedrale f

ca'tedră F̄ Katheder n od m; UNIV Lehrstuhl m

cate'goric ADJ kategorisch

catego'rie F̄ Kategorie f; ~ **de salarizare** Gehaltsgruppe f; ~ **grea** Schwergewicht n

'catering N̄ Partyservice m

ca'tetă F̄ MATH Kathete f; ~ **alăturată** Ankathete f; ~ **opusă** Gegenkathete f

cate'ter N̄ MED, PFLEGE Katheter m; ~ **permanent** Dauerkatheter m; ~ **venos** Venenkatheter m

cati'fea F̄ Samt m; ~ **raiată/cord** Cord m

catife'lat ADJ samtig, samtweich

ca'tolic A ADJ katholisch B M̄, ca'tolică F̄ Katholik(in) m(f)

catoli'cism N̄ Katholizismus m

catra'fuse umg FPL Habseligkeiten pl, Siebensachen pl; Kram m

ca'tran N̄ Teer m

ca'tren N̄ Vierzeiler m

ca'trinţă F̄ Rockschürze f

cau'ciuc N̄ Gummi m od n, Kautschuk m; AUTO Reifen m

ca'ustic ADJ kaustisch, scharf; *fig* anzüglich, beißend, bissig; CHEM ätzend

cauteri'za V̄T ausbrennen

cauţi'une F̄ Kaution f

cau'za V̄T verursachen

'cauză F̄ Grund m, Ursache f; Sache f; JUR ~ **penală** Strafsache f; **din cauza** wegen

ca'val N̄ 1 MUS Hirtenflöte f 2 TECH Bewässerungskanal m

cava'ler M̄ Ritter m; *politicos* Kavalier m

cava'lerie F̄ Kavallerie f

ca'vernă F̄ 1 Höhle f 2 MED Kaverne f

cavi'ar N̄ Kaviar m

cavi'tate F̄ Hohlraum m; *adâncire* Vertiefung f; ~ **abdominală/bucală** (*od* **orală**)/**nazală/uterină** Bauch-/Mund-/Nasen/Gebärmutterhöhle f; ~ **toracică** Brustkorb m; ANAT Thorax m

ca'vou N̄ Gruft f

caz N̄ Fall m; **caz de deteriorare/defectare** Schadensfall m; **în ~ că** falls; **în ~ contrar** sonst; **în niciun ~** keinesfalls; **în orice ~** jedenfalls

ca'za V̄T unterbringen

ca'zan N̄ Kessel m

ca'zare F̄ Unterkunft f

cazi'er N̄ Aktenschrank m; ~ **judiciar** Strafregister n

cazi'nou N̄ Kasino n

caz'ma F̄ Spaten m

'caznă F̄ Plage f; *chin* Qual f

ca'zon ADJ 1 kasernenmäßig; MIL Militär...; **uniformă** f ~**ă** Militäruniform f 2 *fig* roh

că KONJ dass; weil; denn; **cu toate ~** obwohl

căci KONJ denn

că'ciulă F̄ Mütze f

că'dea A V̄I (hin)fallen; *la examen* durchfallen; ausfallen B V̄R a se ~ sich gehören

că'dere F̄ Fall m; ~**a părului** Haarausfall m; **căderi de piatră** Steinschlag m

că'i V̄R a se ~ bereuen

căi'na V̄T beklagen; *fiinţă* bedauern

că'inţă F̄ Reue f

că'lare ADV zu Pferde

călă'reţ M̄, **călă'reaţă** F̄ Reiter(in) m(f)

călă'ri V̄I reiten

călă'rie F̄ Reiten n

călă'tor M̄, **călă'toare** F̄ Reisende(r) m/f(m); Fahrgast m; ~ **clandestin** Schwarzfahrer m

călăto'ri V̄I reisen

călăto'rie F̄ Reise f; Fahrt f; ~ **cu trenul** Bahnfahrt f; ~ **de afaceri** Geschäftsreise f; ~ **în jurul lumii** Weltreise f

că'lău M̄ Henker m, Scharfrichter m

călă'uză F̄ Führer m; Wegweiser m

călău'zi V̄T führen; lotsen; (an)leiten

căl'ca V̄T (auf-, zer)treten; *cu un vehicul*

überfahren; *cu fierul de călcat* bügeln
căl'cat N̄ Bügeln n
călcă'tor M̄, **călcă'toare** F̄ Bügler(in) m(f)
călcăto'rie F̄ Bügelraum m
căl'câi N̄ Ferse f
căl'dare F̄ Eimer m; Kessel m
căl'dură F̄ Wärme f; *mare* Hitze f
căldu'ros ADJ warm; *fig* herzlich
căl'duț ADJ lauwarm
că'li V̄R **a se ~** sich abhärten
căli'mară F̄ Tintenfass n
că'lire F̄ Abhärtung f; TECH Härtung f
că'lit ADJ **1** (ab)gehärtet, gestählt **2** *iron* angetrunken, beschwipst **3** *varză ~ă* gedünstetes Kraut n
că'lugăr M̄ Mönch m
călu'găriță F̄ Nonne f
că'luș N̄ **1** Knebel m **2** MUS Geigensteg m
că'mară F̄ (Speise)Kammer f
că'mașă F̄ Hemd n; **~ de noapte** Nachthemd n
cămă'tar M̄ Wucherer m; *umg* Halsabschneider m
că'milă F̄ Kamel n
că'min N̄ Kamin m; *casă* Heim n; **~ de bătrâni** Alten(pflege)heim n, Seniorenwohnheim n; **~ studențesc** Studentenwohnheim n
că'păstru N̄ Zaum m
căpă'ta V̄T bekommen, erhalten
căpă'tâi N̄ **1** *pat* Kopfende n **2** *pernă* Kopfkissen n **3** *început* Anfang m; *capăt* Ende m
căpătu'i A V̄T **1** versorgen **2** *căsătoriți* verheiraten B V̄R **a se căpătu'i** (gut) unterkommen
căpă'țână F̄ Kopf m; *craniu* Schädel m
căpe'tenie F̄ Anführer m; Chef m
căpi'a V̄I *umg* überschnappen, närrisch werden
căpi'tan M̄ Hauptmann m; SCHIFF, FLUG Kapitän m
că'piță F̄ Häufchen n; **~ de fân** Heuhaufen m
că'pos ADJ störrisch
că'prar M̄ *umg* Korporal m
căpri'oară F̄ Reh n
că'prui ADJ rehbraun, (hell)braun
căp'șună F̄ Erdbeere f
căptu'șeală F̄ Futter n

căptu'și V̄T füttern
căptu'șit ADJ gefüttert
că'pușă F̄ Zecke f
că'ra V̄T schleppen; fahren; fortschaffen, hinschaffen
că'rare F̄ Pfad m; *păr* Scheitel m
cără'buș M̄ Maikäfer m
cără'midă F̄ Ziegel(stein) m
cără'miziu ADJ ziegelrot
cără'uș M̄ Fuhrmann m; **~ de bagaje** Gepäckträger m
cără'ușie F̄ Fracht f
căr'bune M̄ Kohle f
căr'nos ADJ fleischig
cărpă'nos *pej* A ADJ geizig; *umg* knauserig B M̄, **cărpă'noasă** F̄ Geizhals m *umg*
cărtu'rar M̄ Gelehrter m
cărțu'lie F̄ Büchlein n
căruci'or N̄ Kinderwagen m; **~ pentru bagaje** Gepäckwagen m; **~ pentru cumpărături** Einkaufswagen m
că'runt ADJ grauhaarig, ergraut
cărun'ți V̄I *păr* ergrauen, grau werden
că'ruț N̄ Kinderwagen m
că'ruță F̄ Wagen m
căsă'pi V̄T schlachten; *umg* niedermetzeln
căsăto'ri V̄R **a se ~ (cu)** heiraten
căsăto'rie F̄ Heirat f; **~ gay** Homo-Ehe f; *certificat* n **de ~** Trauschein m
căsăto'rit ADJ verheiratet
căs'ca V̄I gähnen
căs'cat ADJ **1** weit offen, aufgerissen **2** *fig* zerstreut
căsni'cie F̄ Ehe f
că'suță F̄ Häuschen n; **~ din copac** Baumhaus n; **~ poștală** Postfach n; IT **~ poștală de mail** Mailbox f; **~ vocală** Voicemail f
că'tare F̄ *pușcă* Korn n
că'tină F̄ Strauch m; **~ albă** Sanddorn m
cătră'ni A V̄T **1** ärgern, erzürnen **2** BAU teeren B V̄R **a se ~** sich ärgern
'**către** PRĂP an; zu; gegen; **de ~** von, seitens
că'tun N̄ Weiler m
că'tușă F̄ Fessel f, Handschelle f
cață'ra V̄R **a se ~** klettern
cățără'tor A ADJ Kletter…; *lujer* Ranken…; **trandafir ~** Kletterrose f; **plantă**

C

cățărătoare Rankengewächs n B M.
cățără'toare F Kletterer m, Kletterin f
că'țea F Hündin f
că'țel M Hündchen n; ~ **de usturoi** Knoblauchzehe f
căuˈta VT suchen; versuchen
căuˈtare F Suche f; ~ **full text** Volltextsuche f
căutăˈtor M, **căutăˈtoare** F Forscher(in) m(f)
căutăˈtură F Blick m
căză'tor ADJ fallend; **stea căzătoare** Sternschnuppe f
căză'tură F Fall m; Sturz m
căz'ni A VT quälen, peinigen B VR **a se** ~ sich (ab)mühen; **a se strădui** sich bemühen
'câine M Hund m; ~ **ciobănesc** Schäferhund m; ~ **Saint Bernard** Bernhardiner m
câi'nos ADJ boshaft; hartherzig
'câlți MPL TEX Werg n
câmp N Feld n; ~ **de bătălie/luptă** Schlachtfeld n
câm'pie F Ebene f; Wiese f; **șes** Flachland n
când A ADV wann; **de** ~ seit wann; **din** ~ **în** ~ ab und zu B KONJ wenn; als; **de** ~ seit(dem); **pe** ~ während
când'va ADV irgendwann; einmal
'cânepă F Hanf m
'cânt N Gesang m
cânˈta VT singen; **a** ~ **la** spielen
cânˈtar N Waage f; ~ **personal** Personenwaage f
cântă'reț M, **cântă'reață** F Sänger(in) m(f); ~ **de operă** Opernsänger m; ~ **de rock** Rocksänger m; ~ **de șlagăre** Schlagersänger m
cântăˈri VT (ab)wiegen; fig erwägen
cântăˈtor ADJ Sing...; ZOOL **sturz** ~ Singdrossel f
'cântec N Lied n; Gesang m
cârâ'i VI 1 gackern; *sunet gros* glucksen 2 *fig* schwatzen
'cârcă F **în** ~ auf dem Rücken; *umg* huckepack
'cârcel M Krampf m; BOT Ranke f
cârciu'mar M Wirt m
'cârciumă F Gaststätte f; Kneipe f
cârco'taș *umg* A ADJ rechthaberisch;

pej nörgelig B M, **cârco'tașă** F Querulant(in) m(f)
cârd N Herde f; Schar f
cârdă'șie F *pej* Sippschaft f, Bande f
'cârjă F Krücke f
câr'lan M 1 (einjähriges) Lamm n 2 *mânz* (dreijähriges) Fohlen n
câr'lig N Haken m; Klammer f; ~ **de remorcare** Anhängerkupplung f; ~ **de rufe** Wäscheklammer f; ~ **de undiță** Angelhaken m
cârli'onț M Locke f
cârlion'țat ADJ *păr* gelockt
câr'maci M Steuermann m
'cârmă F SCHIFF Steuer n
câr'mi VT steuern
cârmu'i VT regieren
cârn ADJ *nas* n ~ Stupsnase f
câr'nat M Wurst f; ~ **alb** Weißwurst f
cârnă'cior M Würstchen n
câr'paci M Stümper m, Pfuscher m
'cârpă F Fetzen m, Lappen m; Tuch n; ~ **de praf** Staubtuch n
câr'peală F 1 Flickwerk n 2 *umg* Pfuscherei f
câr'pi VT flicken; *ciorapi* stopfen
câr'ti *umg* VI meckern
'cârtiță F Maulwurf m
câș'tig N Gewinn m; *prin muncă* Verdienst m; ~ **principal** Hauptgewinn m
câști'ga VT gewinnen; *prin muncă* verdienen
câștigă'tor M, **câștigă'toare** F Gewinner(in) m(f), Sieger(in) m(f)
cât A PRON, **'câtă** FSG, **câți** MPL **'câte** F/NPL wie viel B ADV wie; wie lange; ~ **de mare** wie groß; ~ **de mult** wie viel; wie lange C N Quotient m
'câte ADV je; ~ **doi** zu zweit
'câtelea MN, **'câta** F der/die/das wievielte
câteo'dată ADV manchmal
'câtuși ADV im geringsten; ~ **de puțin** das Geringste n
cât'va MN SG, **câtă'va** FSG, **câți'va** MPL, **câte'va** F/NPL einige(r, s), ein paar
cca ABK (= circa) ca. (zirka)
CD N ABK (= Compact Disc) CD f (Compact Disc); **CD dublu** Doppel-CD f
CD-'player N CD-Player m
CD-'rom N CD-ROM f

ce A ADJ INTEROGATIV was für ein(e); welche(r, s) B INT PR was; **de** (od **pentru**) ~ warum C REL PR der, die, das D ADV wie; ~ **frumos** wie schön

CE N ABK (= campionat european) EM f (Europameisterschaft)

'**ceafă** F Nacken m, Genick n

ceai N Tee m

'**ceainic** N Teekessel m

cean'găi MPL Tschangos pl (rumänisch- bzw. ungarischsprachiges christliches Wandervolk)

'**ceapă** F Zwiebel f; ~ **verde** Lauchzwiebel f

'**ceară** F Wachs n

'**cearcăn** N Augenring m

cear'şaf N Betttuch n, Laken n

'**ceartă** F Streit m

ceas N Uhr f; **oră** Stunde f; ~ **de mână** Armbanduhr f; ~ **deşteptător** Wecker m; ~ **digital** Digitaluhr f

cea'sornic N Uhr f

ceasorni'car M Uhrmacher m

ceasornică'rie F Uhrmacherei f

'**ceaşcă** F Tasse f; ~ **de cafea** Kaffeetasse f; ~ **de ceai** Teetasse f

'**ceată** F Schar f

'**ceaţă** F Nebel m

cea'un N Kessel m

cec N Scheck m; ~ **barat** Verrechnungsscheck m; **cec de călătorie** Reisescheck m

ceci'tate F Blindheit f

ce'da A VT abtreten B VI nachgeben; despre o durere nachlassen

'**cedru** M Zeder f; lemn Zedernholz n

cefa'lee F Kopfschmerz m

cefe'rist(ă) M(F) Eisenbahner(in) m(f) (der staatlichen Eisenbahngesellschaft Rumäniens C.F.R.)

ceh A ADJ tschechisch B M, **cehă** F Tscheche m, Tschechin f

'**Cehia** F Tschechien n

ce'hoaică F Tschechin f

cel M/N SG, **cea** F/SG, **cei** MPL, '**cele** F/NPL der(jenige), die(jenige), das(jenige); pl die(jenige); **cel mult** höchstens; **cel puţin** wenigstens; **cel târziu** spätestens

'**celălalt** M/N SG, '**cealaltă** F/SG, '**ceilalţi** MPL, '**celelalte** F/NPL der/die/das andere; pl die ander(e)n

cele'bra VT feiern

cele'brare F Fest n, Feier f

celebri'tate F Berühmtheit f

ce'lebru ADJ berühmt

celeri'tate F Schnelligkeit f

ce'lest ADJ himmlisch

celiba'tar(ă) M(F) unverheirateter Mann m, unverheiratete Frau f

celo'fan N Zellophan n, Zellglas n

celt(ă) M(F) Kelte m, Keltin f

cel'tic ADJ keltisch

celu'lar ADJ telefon n ~ Handy n

ce'lulă F Zelle f; ~ **de criză** Krisenstab m

celulo'id N Zelluloid n

celu'loză F BIOL, CHEM Zellulose f; în industria hârtiei Zellstoff m

cemen'ta VT zementieren

ce'naclu N Künstlerkreis m; literat Literatenkreis m

cent N FIN Cent m

cente'nar N Hundertjahrfeier f

centi'litru M Zentiliter m

cen'timă F Centime f; umg **nicio** ~ kein Geld n

centi'metru N Zentimeter m

cen'tra VT um einen Mittelpunkt anordnen; TECH zentrieren

cen'tral ADJ zentral

cen'trală F Zentrale f; ~ **atomică** Atomkraftwerk n, Kernkraftwerk n; ~ **electrică** Kraftwerk n; ~ **nucleară** AKW n, Atomkraftwerk n

centrali'za VT zentralisieren

centraliza'tor N Zentralisierung f, Zentralisation f

cen'trare F SPORT Flanke f

centri'fug ADJ PHYS zentrifugal; PHYS **forţă** ~**ă** Schwungkraft f, Fliehkraft f, Zentrifugalkraft f

centrifu'ga VT TECH zentrifugieren

centri'pet ADJ PHYS zentripetal; **forţă** ~**ă** Zentripetalkraft f

cen'tru A N Zentrum n, Mittelpunkt m; Mitte f; ~ **comercial** Einkaufszentrum n; ~ **cultural** Kulturzentrum n; ~ **de apel** Call-Center n; ~ **de fitness** Fitnesscenter n; ~ **de informaţii** Informationszentrum n; ~**l oraşului** Innenstadt f B M SPORT ~ **înaintaş** Mittelstürmer m

cen'tură F Gürtel m; ~ **de autostrăzi** Autobahnring m; ~ **de salvare**

Schwimmweste f; **~ de siguranță** (Sicherheits)Gurt m; **șosea** f **de ~** Umgehungsstraße f

ce'nușă F̲ Asche f

cenușă'reasă F̲ Aschenputtel n, Aschenbrödel n

cenu'șiu ADJ (asch)grau

'cenzor M̲ Zensor m; WIRTSCH Wirtschaftsprüfer m

cenzu'ra V̲T̲ zensieren

cen'zură F̲ Zensur f

'cep N̲ Zapfen m

cer N̲ Himmel m; **~ul gurii** Gaumen m

ce'ramică F̲ Keramik f

ce'rat ADJ Wachs...; **hârtie ~ă** Wachspapier n

cerb M̲ Hirsch m

cerc N̲ Kreis m; **~ de prieteni** Freundeskreis m; **~ polar** Polarkreis m; **~ vicios** Teufelskreis m

cer'cel M̲ Ohrring m; **~ clips** Clip m

cerce'ta V̲T̲ (er)forschen; a ancheta untersuchen

cerce'tare F̲ Forschung f; anchetă Untersuchung f

cerce'taș(ă) M̲F̲ **1** Pfadfinder(in) m(f) **2** MIL, POL, WIRTSCH Kundschafter(in) m(f)

cercetă'tor M̲, cercetă'toare F̲ Forscher(in) m(f)

cerce'vea F̲ Fensterrahmen m

cer'dac N̲ Vorbau m; verandă Veranda f

'cere V̲T̲ verlangen; a ruga bitten um; a necesita (er)fordern

cere'ale F̲P̲L̲ Getreide n; **~ uscate** Müsli n

cere'bel N̲ Kleinhirn n; MED Zerebellum n

cere'bral ADJ Gehirn...; MED zerebral; **activitate ~ă** Gehirntätigkeit f

ceremoni'al N̲ Ritual n

ceremo'nie F̲ Zeremonie f

ceremoni'os ADJ förmlich; fig steif

'cerere F̲ Antrag m; fig Verlangen n; HANDEL Nachfrage f; **~ de angajare** Stellengesuch n; **~ de azil** Asylantrag m; **~ de înregistrare** Aufnahmeantrag m; **~ în căsătorie** Heiratsantrag m

ce'resc ADJ himmlisch

'cergă F̲ Bettdecke f

ce'rință F̲ Erfordernis n; Bedarf m

'cerne V̲T̲ (durch)sieben

cer'neală F̲ Tinte f

cer'ni V̲T̲ **1** schwärzen **2** fig verdüstern

cer'nit ADJ **1** düster **2** tristețe trauernd

cer'nut ADJ gesiebt

cerșe'tor M̲, cerșe'toare F̲ Bettler(in) m(f)

cer'și V̲I̲ betteln

cert ADJ gewiss

cer'ta **A** V̲T̲ schimpfen umg; tadeln **B** V̲R̲ **a se ~** sich streiten, sich zanken

certă'reț ADJ streitsüchtig

certifi'ca V̲T̲ beglaubigen; adeverință bescheinigen; în instanță bezeugen

certifi'cat N̲ Zertifikat n; de note Zeugnis n; act Schein m; **~ de căsătorie** Heiratsurkunde f, Trauschein m; **~ de înmatriculare** Kraftfahrzeugschein n; **~ de naștere** Geburtsurkunde f; **~ de sănătate** Gesundheitszeugnis n

certi'tudine F̲ Gewissheit f

cervi'cal ADJ Hals...; **orteză ~ă** Halskrause f; **vertebră ~ă** Halswirbel m

'cervix N̲ ANAT Zervix f; **~ uterin** Gebärmutterhals m

cesio'na V̲T̲ abgeben; abandonare überlassen

cesio'nar(ă) M̲F̲ Erwerber(in) m(f)

cesi'une F̲ Abtretung f; abandonare Überlassung f; JUR Zession f

ce'tate F̲ Burg f; Festung f

cetă'țean(ă) M̲F̲ (Staats)Bürger(in) m(f); **~ de onoare** Ehrenbürger m

cetă'țenesc ADJ (staats)bürgerlich

cetă'țenie F̲ Staatsangehörigkeit f

'ceteră F̲ Geige f, Violine f

ce'țos ADJ diesig

ce'va INDEF PR etwas

cezari'ană F̲ MED Kaiserschnitt m

cf. ABK (= compară) vgl. (vergleiche)

CF'R F̲P̲L̲ ABK (= Căile Ferate Române) Rumänisch-Eisenbahn f

chat N̲ IT Chat m

'cheag N̲ **1** Gerinnsel n; **~ de sânge** Blutgerinnsel n **2** ZOOL Lab(magen) m

che'bab N̲ Döner(kebab) m

'chec N̲ Kuchen m; **~ marmorat** Marmorkuchen m

check-'in N̲ Check-in m; **a face ~** einchecken

chef N Lust f; hum Trinkgelage n; umg Party f

che'fir N Kefir m

chefu'i VII durchzechen; **a ~ noaptea** die Nacht durchzechen

chei N Kai m; GEOG Klamm f

'cheie F Schlüssel m; **~ de contact** Zündschlüssel m; **~ de la maşină** Autoschlüssel m; **~ de rezervă** Zweitschlüssel m

chel ADJ kahl, glatzköpfig

chelălă'i VII câine heulen; pej kläffen

chelfă'neală F Prügelei f, Schlägerei f

chelfă'ni VII verhauen; **cu o bâtă** prügeln

che'li VII kahl werden

che'lie F Glatze f

'chelner(iţă) MIF Kellner(in) m(f)

cheltu'i VII ausgeben; bezahlen; energie aufwenden

cheltu'ială F Ausgabe f

cheltu'ieli PL Unkosten pl, Spesen pl; **~ de exploatare** Betriebskosten pl; **~ de întreţinere** Nebenkosten pl; **~ de transport** Fahrkosten pl

cheltui'tor ADJ verschwenderisch

che'ma A VII anrufen, aufrufen, (herbei)rufen; JUR vorladen B VR **a se ~** heißen

che'mare F Anruf m, Aufruf m; JUR Vorladung f

chemotera'pie F Chemotherapie f

che'nar N Rahmen m; Rand m

chen'zină F Gehalt n (zur Hälfte des Monats)

che'peng N Falltür f

chera'tină F Keratin n

cherche'li VR **a se ~** sich anheitern, benebeln; umg sich beduseln, beschwipsen

cherche'lit ADJ angeheitert

che'rem N Willkür f

cheres'tea F Bauholz n

cherha'na F Fischerei f

'chestie F Sache f, Ding n; **~ de noroc** Glückssache f

chestio'na VII befragen

chestio'nar N Fragebogen m

chesti'une F Frage f, Sache f; Angelegenheit f; **~ de bani** Geldangelegenheit f; **~ de gust** Geschmack(s)sache f; **~ de**

preţ Preisfrage f

'chestor M Quästor m

'chetă F Sammlung f

che'zaş(ă) MIF Bürge m, Bürgin f

chezã'şie F Bürgschaft f

chia'bur A ADJ wohlhabend B M, **chia'bură** F Großbauer m, Großbäuerin f

chiar ADV selbst, sogar; gerade, eben; auch

chi'asm N LING Chiasmus m

chi'biţ M umg Kiebitz m (sich einmischender Zuschauer beim Karten- oder Schachspiel)

chi'brit N Streichholz n

chibzu'i VII überlegen

chibzu'ială F Überlegung f

chibzu'it ADJ bedacht; plan durchdacht, überlegt

'chică F Schopf m; umg Tolle f

chichi'neaţă F pej Bude f, Loch n

chi'chiţă F pej Spitzfindigkeit f; şmecherie Kniff m

chici'netă F Kochnische f

'chiciură F Reif m

chico'teală F Kichern n, Gekicher n

chico'ti VII kichern

'chiflă F Brötchen n, Semmel f

chif'tea F Frikadelle f; **chiftele de cartofi** Rösti f

chihlim'bar N Bernstein m

chili'an A ADJ chilenisch B M, **chili'ană** F Chilene m, Chilenin f

chi'lie F Zelle f

chili'pir N Gelegenheitskauf m; umg Schnäppchen n

chi'loţi MPL Unterhose f; **~ de baie** Badehose f; **chilot şnur** String m

chi'men N Kümmel m

'chimic ADJ chemisch

chimi'cale FPL Chemikalien pl

chi'mie F Chemie f

chimi'on M Kreuzkümmel m, Kumin n

chimiotera'pie F Chemotherapie f

chi'mir N breiter Ledergürtel m; pentru bani Geldgürtel m

chi'mist(ă) MIF Chemiker(in) m(f)

chimo'nou N Kimono m

chin N Qual f

chi'nez A ADJ chinesisch B M, **chine'zoaică** F Chinese m, Chinesin f

'chingă F (Sattel)Gurt m

C

chi'nină F̲ MED Chinin n

chi'nonă F̲ CHEM Chinon n

chin'tal N̲ Doppelzentner m

chinte'senţă F̲ Inbegriff m

chinu'i V̲T̲ quälen

chinui'tor ADJ quälend

chiol'han N̲ (Trink)Gelage n

chior ADJ einäugig; pe jumătate orb halbblind

chioră'i V̲I̲ stomac knurren

chioră'it N̲ Magenknurren n

chio'râş ADJ schielend; fig schief

chio'rî V̲I̲ ein Auge verlieren B̲ V̲R̲ umg a se chio'rî starren

chioşc N̲ Kiosk m; ~ de ziare Zeitungskiosk m

'chiot N̲ Jauchzer m, Freudenschrei m

chipa'ros M̲ Zypresse f

'chipeş ADJ ansehnlich; somptuos prächtig; falnic stattlich

chi'piu N̲ Schirmmütze f; umg Käppi n

chirâ'i V̲I̲ 1 schreien 2 greier zirpen

chirâ'it N̲ Geschrei n

chir'ci V̲R̲ a se ~ sich zusammenziehen, schrumpfen; degenerare verkümmern

chir'cit ADJ zusammengezogen; geschrumpft; verkümmert

chiria'şă(ă) M̲F̲ Mieter(in) m(f)

chi'rie F̲ Miete f; a lua cu ~ mieten

chiro'mant(ă) M̲F̲ Chiromant(in) m(f), Handleser(in) m(f)

chiroman'ţie F̲ Chiromantie f, Handlesekunst f

chir'pici N̲ Lehmziegel m

chi'rurg M̲ Chirurg m

chirur'gie F̲ Chirurgie f

'chiseliţă F̲ 1 Pflaumenmus n 2 umg Mischmasch m; a face ~ zu Brei schlagen

chist N̲ Zyste f

chiş'toc N̲ Zigarettenstummel m; umg Kippe f

chit A̲ N̲ Kitt m B̲ ADJ quitt

chi'tanţă F̲ Quittung f

chitanţi'er N̲ Quittungsbuch n

chi'tară F̲ Gitarre f

chita'rist(ă) M̲F̲ Gitarrenspieler(in) m(f)

chi'tic M̲ peşte Gründling; a tăcea ~ mäuschenstill sein

chitu'i V̲T̲ kitten; rost verkitten

'chiţ INT quiek

chiţă'i V̲I̲ piepen; porc quieken

chiţi'buş N̲ Kleinigkeit f; Trick m

chiţibu'şar(ă) M̲F̲ Wortverdreher(in) m(f)

chiu N̲ cu ~ cu vai mit Müh und Not

chiu'i V̲I̲ jauchzen

chiu'it N̲ Jauchzer m

chiul N̲ Schwänzen n; a trage ~ul schwänzen; sich drücken

chiulan'giu M̲, chiulan'gie F̲ Schwänzer(in) m(f); Drückeberger(in) m(f)

chiu'li V̲T̲ schwänzen

'chiup N̲ (großes) Tongefäß n

chiure'taj N̲ Ausschabung f

chiuve'tă F̲ Waschbecken n; ~ de spălat vasele Spülbecken n, Spüle f

chiverni'seală F̲ 1 Versorgung f, Lebensunterhalt m 2 economie Ersparnis f

chiverni'si A̲ V̲T̲ 1 verwalten 2 bani sparen 3 cumpărare erwerben B̲ V̲R̲ a se ~ sich versorgen

chiverni'sit ADJ versorgt

'chivot N̲ REL Monstranz f

chix N̲ Misserfolg m; Fiasko n

ci KONJ sondern, aber

ci'an N̲ Cyan n

cia'notic ADJ cyanblau

cia'noză F̲ MED Zyanose f

cia'nură F̲ Zyanid n; ~ de potasiu Zyankali n

ciber'netică F̲ Kybernetik f

cica'trice F̲ Narbe f

cicatri'za V̲R̲ a se ~ vernarben

cică'li V̲I̲ nörgeln

cică'litor ADJ nörglerisch; quengelig

cicla'men A̲ N̲ Veilchen B̲ ADJ veilchenblau

'ciclic ADJ zyklisch

ciclici'tate F̲ Zyklus m

ci'clism N̲ Radsport m

ci'clist(ă) M̲F̲ Radfahrer(in) m(f)

ci'clon N̲ Wirbelsturm m; METEO Zyklon m

ci'clop M̲ Zyklop m

ciclotu'rism N̲ Fahrradtourismus m

'ciclu N̲ Zyklus m; (monatliche) Regel

ci'coare F̲ Zichorie f

'cidru N̲ Apfelwein m

ci'foză F̲ MED Kyphose f

cif'ra A̲ V̲T̲ verschlüsseln B̲ V̲R̲ a se ~

betragen
cif'rat ADJ verschlüsselt
'cifră F Ziffer f; **~ de afaceri** Umsatz m; **~ de audiență** Einschaltquote f
'cifru N Chiffre f; Kennwort n
'cil M Wimper f; MED Zilie f
cilin'dree F Hubraum m
ci'lindric ADJ zylindrisch; walzenförmig
ci'lindru M Zylinder m; Walze f
'cimbru M Thymian m
ci'ment N Zement m
cimen'ta A VT zementieren B VR a se ~ aushärten
cimi'tir N Friedhof m
cimpan'zeu M Schimpanse m
cim'poi N MUS Dudelsack m
cimpo'ier M MUS Dudelsackpfeifer m
'cină F Abendbrot n, Abendessen n; **Cina cea de taină** das heilige Abendmahl
'cincea NUM fünfte(r, s)
cinci NUM fünf; **~ mii** fünftausend; **~ sute** fünfhundert
'cincilea M/N fünfte(r, s)
cin'cime F Fünftel n
cinci'nal N fünf Jahre npl
cincisprezece NUM fünfzehn
cinci'zeci NUM fünfzig
'cine PRON wer
cine'ast(ă) M/F Kinofachmann m, Kinofachfrau f
cine'fil(ă) M/F Filmfreund(in) m(f)
cine'getic ADJ Jagd...; **muzeu** n ~ Jagdmuseum n
cine'ma N, **cinemato'graf** N Kino n; **~tograf de repertoriu** Programmkino n
cinema'tecă F Filmarchiv n
cinemato'grafic ADJ Film...; **cinema** Kino...; **studio** n ~ Filmstudio n; **film** n ~ Kinofilm m
cine'va INDEF PR jemand
cingă'toare F Gürtel m (bei Trachten)
'cinic ADJ zynisch
ci'nism N Zynismus m
'cinste F Ehre f; Ehrlichkeit f
cin'sti VT ehren
cin'stire F Ehrung f; adorație Verehrung f
cin'stit ADJ ehrlich
'cioară F Krähe f
ciob N Scherbe f; **~ de sticlă** Glassplit-

ter m
cio'ban M Hirte m
ciobă'nesc ADJ Schäfer...; **~ german** Deutscher Schäferhund m
ciobă'nie F Schäferei f
cio'bi VT zerbrechen
cioc N Schnabel m
cio'can N Hammer m
cio'căni VI klopfen; hämmern
cio'cănit N Klopfen n
ciocăni'toare F Specht m
ciocâr'lie F Lerche f
cioc'ni VT anstoßen B VR a se ~ zusammenstoßen
cioc'nire F Zusammenstoß m
cioco'lată F Schokolade f; **~ cu alune** Nussschokolade f; **~ cu lapte** Milchschokolade f
ciocola'tiu ADJ schokoladenbraun
cioflin'gar M pej Landstreicher m, Herumtreiber f
cio'lan N Knochen m
ciolă'nos ADJ knochig
cio'mag N Knüppel m
ciomă'geală F Prügelei f, Rauferei f
ciondă'neală F Streit m, Zank m
ciondă'ni VR a se ~ sich streiten
ciopâr'ți VT zerstückeln
ciop'li VT hauen; schnitzen
cio'plit ADJ geschnitzt; țandără gehobelt
cio'rap M Strumpf m; **~ cu chilot** Strumpfhose f; **~ trei sferturi** Kniestrumpf m
'ciorbă F saure Fleisch- oder Gemüsesuppe
cior'chine M (Wein)Traube f
cior'di VT umg stibitzen
cior'nă F Entwurf m
cio'roi M 1 (männliche) Krähe f 2 om brunet Beiname für einen brünetten Mann
ciorovă'ială umg F Streiterei f, Gezanke n
ciot N Stumpf m
cioz'vârtă F Viertel n (von einem geschlachteten Tier)
cip N IT Chip m
cipri'ot A M/VI zypriotisch B M, **cipri'otă** F Zypriote m, Zypriotin f
'Cipru M Zypern n
'cipsuri NPL Chips pl

ci'rac M̅ Schüler m

circ N̅ Zirkus m

'circa ADV zirka, ungefähr

cir'car M̅ (Zirkus)Artist m

circu'it N̅ Kreis(lauf) m; **~ turistic** Rundfahrt f; **~ electric** Schaltung f, Stromkreis m

circu'la V̅I verkehren

circu'lar ADJ kreisförmig

circu'lară F̅ Rundschreiben n

circu'laţie F̅ Verkehr m; Umlauf m; **~ de tranzit** Durchgangsverkehr m; **~ în sens opus** Gegenverkehr m; **~ pe dreapta** Rechtsverkehr m; **~ sangvină** Durchblutung f; **circulaţia sângelui** Blutkreislauf m

circum'cizie F̅ Beschneidung f

circumfe'rinţă F̅ Umfang m; **circumferinţa bustului** Oberweite f

circum'flex ADJ LING **accent n ~** Zirkumflex m

circum'scripţie F̅ Bezirk m; Revier n

circum'spect ADJ umsichtig

circum'stanţă F̅ Umstand m

circumstanţi'al ADJ GRAM **complement n ~** adverbiale Bestimmung f

circumvo'luţie F̅ ANAT Gehirnwindung f

ci'readă F̅ Herde f

ci'reaşă F̅ Kirsche f

ci'reş M̅ Kirschbaum m

ciri'pi V̅I zwitschern

ci'roză F̅ MED Zirrhose f; **~ a ficatului** Leberzirrhose f

cistecto'mie F̅ MED Zystektomie f

cis'ternă F̅ Tank m

cis'tită F̅ Blasenentzündung f

ciş'mea F̅ Brunnen m

ci'ta V̅T zitieren; JUR vorladen

cita'delă F̅ Zitadelle f

cita'din ADJ städtisch

ci'tat N̅ Zitat n

ci'taţie F̅ Vorladung f

ci'teţ ADJ leserlich

ci'ti V̅T lesen

ci'tire F̅ Lesen n

citi'tor M̅, **citi'toare** F̅ Leser(in) m(f)

cito'static N̅ MED Zytostatikum n

'citric ADJ Zitronen..., Zitrus...; **acid ~** Zitronensäure f; **fruct ~** Zitrusfrucht f

'citrice F̅PL Zitrusfrüchte fpl

ciu'buc N̅ Schmiergeld n

ciuciu'li V̅R **a se ~** sich kauern

ciu'cure M̅ Quaste f

ciu'dat ADJ merkwürdig, sonderbar

'ciudă F̅ Trotz m; **în ciuda** trotz

ciudăţe'nie F̅ Merkwürdigkeit f

'ciuf N̅ Haarbüschel n

ciufu'li V̅T zerzausen

ciugu'li V̅T picken; naschen

ciula'ma F̅ Gericht aus Geflügelfleisch mit dicker weißer Tunke

ciu'li V̅T **a ~ urechile** die Ohren spitzen

ciu'lin M̅ Distel f

'ciumă F̅ Pest f

'ciung ADJ verstümmelt

'ciunt ADJ abgestumpft; **creangă, păr gestutzt**

ciun'ti V̅T abstumpfen; **creangă, păr stutzen; membru verstümmeln**

ciu'peală F̅ **1** Kneifen m; Bürger... **2** încasare nepermisă (unerlaubte) Nebeneinnahme f

ciu'percă F̅ Pilz m; **~ de mucegai** Schimmelpilz m; **~ otrăvitoare** Giftpilz m; **~ şampinion** Champignon m

ciu'pi V̅T zwicken

ciur N̅ Sieb n

ciu'ruc N̅ Überbleibsel n, Rest m; **gunoi** Abfall m

ciuru'i V̅T durchlöchern

'ciut ADJ ohne Hörner

'ciutură F̅ Schöpfeimer m

'civic ADJ (staats)bürgerlich, Bürger..., Zivil...; **datorie ~ă** Bürgerpflicht f; **curaj ~** Zivilcourage f

ci'vil ADJ zivil

civili'zat ADJ zivilisiert, gesittet; **politicos höflich**

civili'zaţie F̅ Zivilisation f

cize'la V̅T prägen; **cu daltă ausmeißeln**

ciz'mar M̅ Schuster m

'cizmă F̅ Stiefel m; **~ de cauciuc** Gummistiefel m; **~ de călărie** Reitstiefel m

cla'ca V̅I nachgeben; **de oboseală nachlassen**

cla'chetă F̅ FILM Filmklappe f

'claie F̅ Haufen m; **~ de fân** Heuhaufen m

'clamă F̅ (Heft)Klammer f

'clan N̅ Sippe f; **umg Clan m**

clandes'tin ADJ heimlich; **fig schwarz**

'clanţă F̅ Klinke f

'clapă F̲ Klappe f; MUS Taste f; ~ de pian Klaviertaste f

clar A̲ ADJ klar; deutlich B̲ N̲ ~ de lună Mondschein m

clarifi'ca V̲T̲ klären, klarstellen

clari'net N̲ Klarinette f

clari'tate F̲ Klarheit f; Deutlichkeit f

clarvăză'tor A̲ ADJ scharfsichtig B̲ M̲, clarvăză'toare F̲ Hellseher(in) m(f)

clarvizi'une F̲ Hellsichtigkeit f, Weitblick m

cla'sa A̲ V̲T̲ klassifizieren; clasă de impozitare, de salarizare einstufen B̲ V̲R̲ a se ~ rangieren, einen Rang einnehmen

clasa'ment N̲ Wertung f; SPORT Klassement n; ~ general Gesamtwertung f

'clasă F̲ Klasse f; ~ economică Economyclass f, Economyklasse f; ~ muncitoare Arbeiterklasse f

'clasic A̲ ADJ klassisch B̲ M̲ Klassiker m

clasi'cism N̲ Klassik f

clasifi'ca A̲ V̲T̲ einteilen, klassifizieren; într-un dosar einordnen B̲ V̲R̲ a se ~ sich staffeln

clasifi'care F̲ Einteilung f, Klassifikation f, Gliederung f

cla'sor N̲ (Akten)Ordner m

claun M̲ Clown m

claustrofo'bie F̲ umg Platzangst f; PSYCH Klaustrophobie f

'clauză F̲ Klausel f; JUR ~ penală Konventionalstrafe f

clave'cin N̲ Cembalo n

clavia'tură F̲ 1 Tastatur f, Klaviatur f 2 instrument muzical Keyboard n

cla'viculă F̲ Schlüsselbein n

cla'xon N̲ Hupe f

claxo'na V̲I̲ hupen

clă'buc M̲ Schaum m

clă'di V̲T̲ bauen

clă'dire F̲ Gebäude n, Bau m

clămpă'ni V̲I̲ 1 klappern 2 fig plappern

clănţă'ni V̲I̲ (mit den Zähnen) klappern

clănţă'nit N̲ Geklapper n

clă'par M̲ Skischuh m

clăpă'ug ADJ hängend; umg schlapp

clă'ti V̲T̲ abspülen, (aus)spülen

clăti'na A̲ V̲T̲ schütteln B̲ V̲R̲ a se ~ wackeln; taumeln

clă'tită F̲ Pfannkuchen m

clefă'i V̲I̲ schmatzen

clei N̲ Leim m

cle'ios ADJ klebrig; material rezistent zäh; umg pappig

'clemă F̲ Klemme f

cle'ment ADJ mild, gnädig

clemen'tină F̲ Clementine f

cle'menţă F̲ Milde f

clep'sidră F̲ Sanduhr f

clepto'man(ă) M̲/F̲ PSYCH Kleptomane m, Kleptomanin f

cleptoma'nie F̲ PSYCH Kleptomanie f

cler N̲ Klerus m

cleri'cal ADJ kirchlich

'cleşte M̲ Zange f; ~ de nuci Nussknacker m

cleve'ti V̲T̲ verleumden

cli'ca V̲T̲ IT a ~ ceva auf etw klicken

'clică F̲ Clique f

cli'ent(ă) M̲/F̲ Kunde m, Kundin f; Gast m; ~ fidel Stammgast m

clien'telă F̲ Kundschaft f

cli'mat N̲ Klima n

climati'za V̲T̲ klimatisieren

climati'zat ADJ klimatisiert

'climax N̲ LING Klimax n

'climă F̲ Klima n

'clinchet N̲ Klirren n; pej Geklirr n

'clinică F̲ Klinik f

'clipă F̲ Augenblick m

cli'pi V̲I̲ blinzeln, zwinkern

clipo'ci V̲I̲ 1 einnicken 2 pârâu plätschern

clips N̲ Klips m

'clismă F̲ MED Einlauf m; MED clistir ~ Klistier n

cli'şeu N̲ Klischee n

cli'vaj N̲ Spaltbarkeit f

'cloacă F̲ Kloake f

clo'ci V̲T̲ brüten

clo'cit ADJ abgestanden; ou faul

'clocot N̲ Sieden n; cu bule Brodeln n

cloco'ti V̲T̲ kochen, sieden

clo'na V̲T̲ klonen

clonçă'ni V̲I̲ glucken

clonţ umg N̲ 1 pasăre Schnabel m 2 umg Maul n, Schnauze f

'clopot N̲ Glocke f

clopo'tar M̲ Glöckner m

clo'potniţă F̲ Glockenturm m

clopo'țel M̄ Glöckchen n; *sonerie* Klingel f

clor N̄ Chlor m

clora'mină F̄ CHEM Chloramin n

cloro'filă F̄ Blattgrün n; CHEM Chlorophyll n

cloro'form N̄ CHEM Chloroform n

cloru'ra V̄T chloren

clo'rură F̄ Chlorung f

clo'set N̄ Klo n, Toilette f

cloș N̄ **fustă ~** Glockenrock m

clo'șat ADJ Glocken...; *fustă ~* **colșată** Glockenrock m

'cloșcă F̄ Bruthenne f, Glucke f

clovn M̄ Clown m

club N̄ Klub m; **~ de fotbal** Fußballverein m; **~ de noapte** Nachtklub m; **~ sportiv** Sportverein m

coabi'ta V̄I zusammenleben

coabi'tare F̄ Zusammenleben n

'coacăză F̄ Johannisbeere f

'coace A V̄T backen B V̄R a se ~ reifen

'coadă F̄ Schwanz m; Zopf m; Stiel m; **~ de cal** Pferdeschwanz m; **~ de rândunică** Heckflosse f; **~ de undiță** Angelrute f; **a sta la ~** Schlange stehen

coa'fa V̄T frisieren

coa'for M̄, **coa'feză** F̄ Friseur(in) m(f)

coa'fură F̄ Frisur f

coagu'la A V̄T CHEM koagulieren B V̄R a se ~ gerinnen; CHEM koagulieren

coagu'lant A M̄ Gerinnung f B ADJ geronnen

'coajă F̄ Schale f; Rinde f; Kruste f; **~ de lămâie** Zitronenschale f; **~ de ou** Eierschale f

'coală F̄ Bogen m

coa'liție F̄ Koalition f

coali'za V̄R a se ~ sich verbünden

'coamă F̄ Mähne f

'coapsă F̄ Oberschenkel m

'coardă F̄ Saite f; Seil n; **~ vocală** Stimmband n

'coasă F̄ Sense f

'coase V̄T nähen

coasigu'rare F̄ Zweitversicherung f

'coastă F̄ Rippe f; Küste f; **Coasta de Est** Ostküste f; **Coasta de Vest** Westküste f

coau'tor M̄, **coau'toare** F̄ Mitverfasser(in) m(f)

coaxi'al ADJ zweiachsig

co'bai M̄ 1 Meerschweinchen n 2 *fig* Versuchskaninchen n

'cobe F̄ 1 Pips m 2 *fig* Unglücksvogel m

co'bi V̄I Unheil verkünden

cobi'tor ADJ Unheil verkündend

cobo'râre F̄ Abstieg m; Abfahrt f; Aussteigen n

cobo'rî A V̄I herunterkommen, hinabsteigen, aussteigen; sinken B V̄T herunternehmen, herunterbringen, herunterholen; senken

'cobră F̄ Kobra f

cob'zar M̄ Lautenspieler m

'cobză F̄ Laute f

coc N̄ Haarknoten m

coca'ină F̄ Kokain n

co'cardă F̄ Kokarde f

'cocă F̄ Teig m

cocâr'ja V̄R a se ~ sich krümmen; *îndoi* sich verbiegen

cocâr'jat ADJ gekrümmt; *spate* bucklig

'coccis N̄ Steißbein n

co'cean M̄ Strunk m

co'chet ADJ kokett

co'chilie F̄ Schneckenhaus n

co'cină F̄ Schweinestall m

co'cioabă F̄ Hütte f; *căsuță* Häuschen n

co'clauri NPL unzugänglicher Ort m

co'cleală F̄ Grünspan m

co'cli V̄R & V̄I a (se) ~ Grünspan ansetzen

co'coașă F̄ Buckel m; Höcker m

coco'loș N̄ Klümpchen n

cocolo'și A V̄I 1 zerknittern 2 *fig* vertuschen 3 *răsfăța* verwöhnen B V̄R a se ~ sich einhüllen; *umg* sich einmummen

co'con M̄ ZOOL Kokon m

co'cor M̄ Kranich m

'cocos N̄ Kokos n; **nucă de ~** Kokosnuss f

coco'stârc M̄ Storch m

co'coș M̄ Hahn m

coco'șa V̄R a se ~ bucklig werden

coco'șat ADJ bucklig

coco'tier M̄ Kokospalme f

coco'ța V̄R a se ~ hinaufklettern

cocs N̄ Koks m

cocse'rie F̲ Kokerei f

'cocteil N̲ Cocktail m

cod A̲ N̲ Code m; Gesetzbuch n; ~ bancar Bankleitzahl f; ~ client Kundennummer f; ~ pin Geheimzahl f; ~ postal Postleitzahl/PLZ f; ~ de bare Strichkode m; cod de identificare Signatur f B̲ M̲ zool Kabeljau m

co'da V̲T̲ codieren, verschlüsseln

code'ină F̲ PHARM Codein n

co'di V̲R̲ a se ~ zögern

'codice N̲ Kodex m

codi'cil N̲ JUR letztwillige Verfügung f

codifi'ca V̲T̲ codieren

codi'rector M̲ SCHULE Konrektor m

'codru M̲ (Hoch)Wald m; ~ de pâine Stück n Brot

coechipi'er(ă) M̲F̲ Mitspieler(in) m(f), Teammitglied n

coefici'ent M̲ Koeffizient m; ~ de inteligență Intelligenzquotient m

coerci'tiv A̲D̲J̲ zwingend

coer'ciție F̲ Zwang m

coe'rent A̲D̲J̲ zusammenhängend; PSYCH kohärent

coe'rență F̲ Zusammenhang m

coexis'ta V̲I̲ koexistieren; unul lângă altul nebeneinander bestehen

coexis'tență F̲ Koexistenz f; unul lângă altul nebeneinanderbestehen n

coezi'une F̲ PHYS Kohäsion f; fig Zusammenhalt m

cofe'ină F̲ Koffein n

cofetă'rie F̲ Konditorei f

co'fraj N̲ BAU (Ein)Schalung f

co'frat A̲D̲J̲ BAU eingeschalt

co'geamite A̲D̲J̲ I̲N̲V̲ sehr groß, kolossal

cogni'tiv A̲D̲J̲ kognitiv

cognos'cibil A̲D̲J̲ erkennbar

coif N̲ Helm m

coin'cide V̲I̲ zusammenfallen; übereinstimmen

coinci'dență M̲ Zufall m

cointere'sa V̲T̲ beteiligen; a consulta heranziehen

co'ji V̲T̲ schälen

co'joc N̲ Lammfelljacke f

cojocă'rie F̲ Kürschnerei f

col N̲ ANAT Hals m; col femural Oberschenkelhals m; col uterin Gebärmutterhals m

colabo'ra V̲I̲ mitarbeiten, zusammenarbeiten

colabora'tor M̲, colabora'toare F̲ Mitarbeiter(in) m(f)

co'lac M̲ Ring m; Zopfkuchen m; ~ de înot Schwimmreifen m; ~ de salvare Rettungsring m; ~ de toaletă Klobrille f

cola'gen N̲ BIOL Kollagen n

co'laj N̲ Collage f

co'lan N̲ Halskette f

co'lant A̲D̲J̲ eng (anliegend)

co'lanți M̲P̲L̲ Leggings pl

'colaps N̲ Kollaps m; ~ nervos Nervenzusammenbruch m

cola'teral A̲D̲J̲ begleitend

colca'i V̲I̲ I̲ sieden; lichid (auf)wallen I̲ oameni și animale wimmeln

cole'cist N̲ ANAT Gallenblase f

colecistecto'mie F̲ MED Gallenblasenentfernung f

colecis'tită F̲ MED Gallenblasenentzündung f

colec'ta V̲T̲ sammeln

colec'tiv A̲ A̲D̲J̲ gemeinschaftlich; în ~ gemeinsam B̲ N̲ Team n

colectivi'tate F̲ Gemeinschaft f

colectivi'za V̲T̲ kollektivieren

colectivi'zare F̲ Kollektivierung f

colec'tor A̲ A̲D̲J̲ I̲ Sammel...; bazin n ~ Sammelbecken n I̲ inel n ~ Schleifring m B̲ N̲ I̲ ELEK Kollektor m I̲ ~ de deșeuri Abfallsammler m

co'lecție F̲ Sammlung f; ~ de artă Kunstsammlung f

colecțio'na V̲T̲ sammeln

co'leg(ă) M̲F̲ Kollege m, Kollegin f; ~(ă) de clasă Klassenkamerad(in) m(f); ~(ă) de școală Mitschüler(in) m(f); ~(ă) de studiu Kommilitone m, Kommilitonin f

colegi'al A̲D̲J̲ kollegial

colegiali'tate F̲ Kollegialität f

co'legiu N̲ Kollegium n

co'leric A̲D̲J̲ cholerisch

coleste'rol N̲ Cholesterin n

co'let N̲ (Post)Paket n

coletă'rie F̲ Paket n

co'libă F̲ Hütte f

coli'bri M̲ Kolibri m

'colică F̲ Kolik f

coli'er N̲ Halskette f

colima'tor N̲ OPT Kollimator m

coli'nar ADJ hügelig, Hügel...; **lanţ ~** Hügelkette f

co'lină F Hügel m

co'lind N, **co'lindă** F Weihnachtslied n

colindă'tor M, **colindă'toare** F Sänger(in) m(f) (von Weihnachtsliedern)

co'lită F MED Dickdarmentzündung f, Kolitis f

co'liţă F Bündel n; in ambalaj Gebinde n

co'livă F Süßspeise aus Weizen, Zucker und Nüssen, die nach Beerdigungen verteilt wird

coli'vie F Käfig m

colizi'une F Zusammenstoß m; Kollision f

colma'tare F GEOL Kolmation f

'colo ADV dort

co'loană F Säule f; Kolonne f; Spalte f; **~ de ventilaţie** Schacht m; **~ vertebrală** Wirbelsäule f

coloca'tar(ă) MF Mitbewohner(in) m(f)

colocvi'al ADJ umgangssprachlich

co'locviu N Kolloquium n

co'lon N Dickdarm m; ANAT Kolon n

colo'nadă F Säulengang m

colo'nel M MIL Oberst m

coloni'al ADJ kolonial, Kolonial...; **politică ~ă** Kolonialpolitik f

colo'nie[1] F Kolonie f

co'lonie[2] **apă f de ~** Kölnischwasser n

colo'nist(ă) MF Siedler(in) m(f), Kolonist(in) m(f)

coloni'za VT ansiedeln, besiedeln; colonie kolonisieren

co'lor ADJ Farb...

colo'ra VT färben

colo'rant M Farbstoff m

colo'rat ADJ farbig; bunt

colo'rit N Färbung f; MAL Kolorit n

co'los M Koloss m

colo'sal ADJ kolossal

colţ A N Ecke f; Winkel m; **chiar după ~** gleich um die Ecke; **la ~** an der Ecke B M Zacken m; Stoßzahn m

col'ţar N Steigeisen n

col'ţos M, **colţo'soasă** F pej Zänker(in) m(f)

colţu'ros ADJ eckig

columbă'rie F Taubenzucht f

columbi'an A ADJ kolumbianisch B M, **columbi'ancă** F Kolumbianer(in) m(f)

columbo'fil(ă) MF Taubenzüchter(in) m(f)

co'lumnă F Säule f

coman'da VT befehlen; bestellen; steuern

coman'dant M Befehlshaber m

co'mandă F a. IT Befehl m; Bestellung f; Auftrag m; Steuerung f

co'mando N Kommando n; **~ special** Sonderkommando n

coman'dor M Kommandeur m

coma'sa VT parcelă zusammenlegen

coma'sare F parcelă Zusammenlegung f

'comă F Koma n

comba'tant A ADJ kämpferisch B M, **comba'tantă** F 1 Kämpfer(in) m(f), Kombattant(in) m(f) 2 MIL Frontsoldat(in) m(f)

com'bate VT bekämpfen

comba'tiv ADJ kämpferisch

combi'na VT kombinieren; verbinden

combi'nat A N INDUSTRIE Kombinat n B ADJ kombiniert

combi'naţie F Kombination f; Verbindung f

com'bină F AGR Mähdrescher m

combine'zon N Arbeitsanzug m; combinaţie Kombination f

combus'tibil N Brennstoff m, Treibstoff m

com'bustie F TECH Verbrennung f; **pilă de ~** Brennstoffzelle f

comedi'an(ă) MF Komiker(in) m(f); actor (Komödien)Schauspieler(in) m(f)

come'die F Komödie f

comemo'ra VT gedenken

comemo'rare F Gedenken n; serbare Gedächtnisfeier f

comemora'tiv ADJ Gedenk...

comensu'rabil ADJ vergleichbar; cu o măsură messbar

comen'ta VT kommentieren

comen'tariu N Kommentar m

comenta'tor M, **comenta'toare** F Kommentator(in) m(f)

comerci'al ADJ kaufmännisch; Handels...; **centru** n **~** Einkaufszentrum n

comerciali'zare F̲ Vertrieb m
comerci'ant(ă) M̲F̲ Kaufmann m,
Kauffrau f; ~(ă) de stupefiante Rausch-
gifthändler(in) m(f); ~ individual Ein-
zelhändler m
co'merţ N̲ Handel m; ~ angro Großhandel m; ~ cu amănuntul Einzelhandel n; ~ exterior/interior Außen-/Bin-
nenhandel m; ~ pe internet Internethandel m
come'sean(ă) M̲F̲ Tischgenosse m,
Tischgenossin f
comes'tibil A̲D̲J̲ essbar
co'metă F̲ Komet m
'comic A̲ A̲D̲J̲ komisch, ulkig B̲ M̲ Komiker m
comi'sar(ă) M̲F̲ Kommissar(in) m(f); ~
UE EU-Kommissar(in) m(f)
comisari'at N̲ Kommissariat n
co'misie F̲ Kommission f; comisia europeană EU-Kommission f; ~ de arbitraj Schiedsgericht n; ~ de specialitate
Fachausschuss m
comisi'on N̲ F̲I̲N̲ Provision f
co'mite V̲T̲ begehen, verüben
comi'tet N̲ Komitee n; Ausschuss m; ~
de conducere Vorstand m; ~ de întreprindere Betriebsrat m
co'moară F̲ Schatz m
co'mod A̲D̲J̲ bequem; gemütlich
co'modă F̲ Kommode f
comodi'tate F̲ Bequemlichkeit f
co'moţie F̲ ~ cerebrală Gehirnerschütterung f
com'pact A̲D̲J̲ kompakt; fest; dicht
compact-disc N̲ CD f
compa'nie F̲ Gesellschaft f; ~ de
transport aerian Fluggesellschaft f
compa'ra V̲T̲ vergleichen
compa'rabil A̲D̲J̲ vergleichbar
compa'rat A̲D̲J̲ vergleichend
compara'tiv A̲D̲J̲ vergleichend
compa'raţie F̲ Vergleich m; ~ de
preţuri Preisvergleich m
comparti'ment N̲ Abteil n
compartimen'ta V̲T̲ abtrennen
com'pas N̲ Zirkel m
compasi'une F̲ Mitgefühl n, Mitleid
n
compa'tibil A̲D̲J̲ kompatibel
compatibili'tate F̲ Vereinbarkeit f;
LING, MATH Kongruenz f

compatri'ot M̲, compatri'oată F̲
Landsmann m, Landsmännin f
compă'rea V̲I̲ vor Gericht erscheinen
compăti'mi V̲T̲ bemitleiden, bedauern
compăti'mire F̲ Mitleid n
compen'diu N̲ Lehrbuch n; îndrumă-
tor Leitfaden m
compen'sa V̲T̲ ausgleichen; entschädigen
compensato'riu A̲D̲J̲ ausgleichend;
pagubă entschädigend
compen'saţie F̲ Ausgleich m; Entschädigung f
compe'tent A̲D̲J̲ kompetent; zuständig; befugt
compe'tenţă F̲ Kompetenz f; Zuständigkeit f; Befugnis f
competi'tiv A̲D̲J̲ wettbewerbsfähig,
konkurrenzfähig
competi'tor M̲, competi'toare F̲
Mitstreiter(in) m(f); concurent Konkur-
rent(in) m(f)
compe'tiţie F̲ Wettkampf m, Wettbewerb m; ~ sportivă Turnier n
compi'la V̲T̲ zusammentragen
compi'laţie F̲ Zusammenstellung f
comple'ment N̲ G̲R̲A̲M̲ Objekt n, Ergänzung f; M̲E̲D̲ Komplement n
complemen'tar A̲D̲J̲ ergänzend
com'plet A̲D̲J̲ komplett; vollständig;
sämtliche(r, s)
comple'ta V̲T̲ ergänzen, vervollständigen; ausfüllen
comple'tare F̲ Ergänzung f
com'plex A̲ A̲D̲J̲ komplex B̲ N̲ Komplex m; ~ de inferioritate Minderwertigkeitskomplex m
comple'xat A̲D̲J̲ komplex; de proporţii
mari umfassend
comple'zent A̲D̲J̲ zuvorkommend, ge-
fällig
comple'zenţă F̲ Gefälligkeit f
compli'ca V̲T̲ komplizieren
compli'cat A̲D̲J̲ kompliziert
compli'caţie F̲ Komplikation f
com'plice M̲F̲ Komplize m, Komplizin
f
complici'tate F̲ Mitschuld f
compli'ment N̲ Kompliment n
compli'mente P̲L̲ Grüße pl

com'plot N̄ Verschwörung f; *împotriva guvernului* Komplott m/n
complo'ta V̄ī sich verschwören
complo'tist(ă) M̄F̄ Verschwörer(in) m(f)
compo'nent N̄ Bestandteil m, Komponente f
compo'nenţă F̄ Zusammensetzung f
compor'ta V̄R̄ a se ~ sich verhalten
comporta'ment N̄, compor'tare F̄ Verhalten n, Benehmen n
comportamen'tal ADJ Verhaltens...; terapie ~ă Verhaltenstherapie f
com'post N̄ Kompost m
compos'ta V̄T̄ entwerten
compos'tor N̄ (Fahrschein)Entwerter m
com'pot N̄ Kompott n
compozi'tor M̄, compozi'toare F̄ Komponist(in) m(f)
compo'ziţie F̄ Komposition f; Zusammensetzung f; Aufsatz m
comprehen'sibil ADJ begreiflich; *trasabilitate* nachvollziehbar
comprehensi'une F̄ Verständnis n
comprehen'siv ADJ 1 klug; *umg* clever 2 *plin de înţelegere* verständnisvoll
com'presă F̄ MED Umschlag m
com'presie F̄ PHYS, TECH, MED Kompression f, Komprimierung f
compre'sor A N̄ TECH Kompressor m, Verdichter m B ADJ TECH komprimiert, verdichtet
compri'ma V̄T̄ komprimieren
compri'mat N̄ MED Tablette f; MED ~ filmat Filmtablette f
compro'mis N̄ Kompromiss m
compro'mite V̄T̄ & V̄R̄ a (se) ~ (sich) kompromittieren
compromiţă'tor ADJ kompromittierend
com'pune A V̄T̄ bilden; zusammensetzen; verfassen, abfassen; MUS komponieren B V̄R̄ a se ~ din sich zusammensetzen aus
com'punere F̄ Zusammensetzung f; Aufsatz m
com'pus ADJ ~ din zusammengesetzt/ bestehend aus
com'puter N̄ Computer m; ~ de bord Bordcomputer m
computeri'za V̄T̄ mit Computern ausstatten, computerisieren
computeri'zat ADJ computergesteuert
co'mun ADJ gemeinsam; gewöhnlich; ieşit din ~ außergewöhnlich
comu'nal ADJ kommunal
co'mună F̄ Gemeinde f
comuni'ca A V̄T̄ mitteilen; melden; verständigen B V̄ī in Verbindung stehen
comuni'care F̄ Mitteilung f; Meldung f
comuni'cat N̄ Mitteilung f; POL Kommuniqué n; ~ de presă Pressemeldung f
comuni'caţie F̄ Kommunikation f
comu'nism N̄ Kommunismus m
comu'nist A ADJ kommunistisch B M̄, comu'nistă F̄ Kommunist(in) m(f)
comuni'tar ADJ gemeinschaftlich
comuni'tate F̄ Gemeinschaft f
comuni'une F̄ Glaubensgemeinschaft f; *fig* seelische Übereinstimmung f; ~ de bunuri Gütergemeinschaft f
comu'ta V̄T̄ umschalten
comu'tator N̄ Schalter m
con N̄ Kegel m; BOT Zapfen m; con de brad Tannenzapfen m
co'nac N̄ Gutshof m; *la ţară* Landhaus n
conaţio'nal A ADJ landsmännisch B M̄, conaţio'nală F̄ Landsmann m, Landsfrau f
con'cav ADJ konkav
concavi'tate F̄ OPT Konkavität f
conce'dia V̄T̄ entlassen, kündigen
conce'diere F̄ Entlassung f, Kündigung f
con'cediu N̄ Urlaub m; ~ de maternitate Mutterschaftsurlaub m; ~ parental Elternzeit f
concen'tra V̄T̄ & V̄R̄ a (se) ~ (sich) konzentrieren
concen'trare F̄ Konzentration f
concen'trat A N̄ CHEM Konzentrat n B ADJ 1 konzentriert; *masă, materie* verdichtet 2 *fig* aufmerksam
concen'traţie F̄ Konzentration f
concentraţio'nar ADJ Konzentrations...; *lagăr* n ~ Konzentrationslager n
con'centric ADJ MATH konzentrisch
con'cepe V̄T̄ entwerfen; begreifen

con'cept N̄ Konzept n; Entwurf m
con'cepție F̱ Auffassung f, Anschauung f
con'cern N̄ Konzern m
con'cert N̄ Konzert n; ~ in aer liber Open-Air-Konzert n
concer'ta V̄ı MUS ein Konzert geben
concer'tat ADJ abgestimmt; înțelegere verabredet
con'cesie F̱ Zugeständnis n
concesio'na V̄T WIRTSCH konzessionieren
concesio'nar(ă) M̱F̱ WIRTSCH Konzessionär(in) m(f)
concesi'une F̱ Konzession f
conce'siv ADJ nachgiebig; GRAM konzessiv
concetă'țean(ă) M̱F̱ Mitbürger(in) m(f)
con'chide V̄T (schluss)folgern
concili'a V̄T versöhnen
concili'ant ADJ versöhnlich; amabilitate entgegenkommend
concili'ere F̱ Versöhnung f
con'ciliu N̄ Konzil n
con'cis ADJ kurz (und bündig), knapp
concita'din(ă) M̱F̱ Mitbürger(in) m(f)
con'cizie F̱ Kürze f, Bündigkeit f
conclu'dent ADJ überzeugend, schlüssig
conclu'siv ADJ folgernd, Schluss...; propoziție f ~ă Schlusssatz m
con'cluzie F̱ Schlussfolgerung f
concomi'tent ADJ gleichzeitig
concor'da V̄ı übereinstimmen
concor'dant ADJ übereinstimmend, deckungsgleich; GEOL konkordant
concor'danță F̱ Übereinstimmung f
con'cordie F̱ Einigkeit f; armonie Eintracht f
con'cret ADJ konkret
concre'tețe F̱ Konkretisierung f; explicatie Erläuterung f
concreti'za V̄T konkretisieren; ilustrare veranschaulichen V̄R a se ~ konkretisiert werden; ilustrare veranschaulicht werden
concubi'naj N̄ JUR eheähnliche Gemeinschaft f; umg wilde Ehe f
concupis'cent ADJ lüstern
concu'ra V̄ı konkurrieren
concu'rent(ă) M̱F̱ Wettkämpfer(in)

m(f); Mitbewerber(in) m(f), Konkurrent(in) m(f)
concu'rență F̱ Konkurrenz f
con'curs N̄ Wettkampf m, Wettbewerb m; Unterstützung f; ~ cu premii Preisausschreiben n; ~ de alergări Wettlauf m; ~ de cai Pferderennen n
condam'na V̄T verurteilen
condam'nare F̱ Verurteilung f; ~ anterioară Vorstrafe f; ~ la moarte Todesurteil n
condam'nat(ă) M̱F̱ Verurteilte(r) m/f(m)
con'dens N̄ Kondensierung f
conden'sa V̄ı kondensieren
condensa'tor N̄ Kondensator m
condescen'dent ADJ herablassend; pej gönnerhaft
condescen'denţă F̱ Herablassung f; îngăduință Nachgiebigkeit f
'condică F̱ ① Register n ② JUR Kodex m
condi'ment N̄ Gewürz n
condimen'ta V̄T würzen
condimen'tat ADJ würzig; iute scharf
con'diție F̱ Bedingung f; Zustand m; ~ fizică Kondition f; condiții de muncă Arbeitsbedingungen fpl; condiții de plată Zahlungsbedingungen fpl; cu condiția ca ... unter der Bedingung, dass ...
condiţio'na V̄T bewirken, verursachen
condiţio'nare F̱ Konditionierung f
condiţio'nat ADJ bedingt
condole'anțe FPL Beileid n
conducă'tor A ADJ führend, leitend B M̱, conducă'toare F̱ Oberhaupt n, Leiter(in) m(f); AUTO Fahrer(in) m(f); ~ auto Kraftfahrer m
con'duce V̄T führen, leiten; regieren; begleiten; AUTO fahren
con'ducere F̱ Führung f, Leitung f; ~a întreprinderii Betriebsleitung f; ~ a unei firme Geschäftsleitung f
con'ductă F̱ TECH Leitung f; ~ de apă Wasserleitung f
conduc'tor M̱ A N̄ ELEK Leiter m B M̱, conduc'toare F̱ Schaffner(in) m(f)
condu'ită F̱ Benehmen n
conec'ta A V̄T anschließen B V̄R IT a

se ~ sich einloggen
conec'tat ADJ IT online
co'nex ADJ zusammengehörig
cone'xa V/T verbinden
conexi'une F Beziehung f, Verbindung f; ~ **de transport** Verkehrsverbindung f
conf. ABK (= conferențiar) Doz. (Dozent)
con'fecție F Konfektion f
confecțio'na VT anfertigen, herstellen
confecțio'nare F Anfertigung f, Herstellung f
confede'rație F Bund m, Bündnis n; **Confederația Elvețiană** Schweizerische Eidgenossenschaft f
conferenți'ar(ă) M(F) Dozent(in) m(f)
confe'ri[1] VT verleihen; vortragen
confe'ri[2] VT vergeben; *premiu* verleihen
confe'rință[1] F Konferenz f; Vortrag m; ~ **de presă** Pressekonferenz f
confe'rință[2] F **1** Konferenz f; *ședință* Besprechung f **2** *expunere* Vortrag m
confe'sa V/R a se ~ sich bekennen
confesio'nal A N REL Beichtstuhl m B ADJ konfessionell
confesi'une F Konfession f; Bekenntnis n
confe'sor M Beichtvater m
con'fetti FPL Konfetti n
confi'a V/T anvertrauen
confi'at ADJ kandiert
confi'dent(ă) M(F) Vertraute(r) m/f(m)
confi'dență F vertrauliche Mitteilung f
confidenți'al ADJ vertraulich
configu'ra V/T gestalten; *document* anlegen; IT konfigurieren
configu'rație F Gestaltung f; IT Konfiguration f
confir'ma V/T bestätigen; REL konfirmieren
confir'mare F Bestätigung f; REL Konfirmation f; ~ **a comenzii** Auftragsbestätigung f; ~ **de primire** Empfangsbescheinigung f; ~ **de rezervare** Buchungsbestätigung f
confis'ca V/T beschlagnahmen
confis'care F Beschlagnahme f
confla'grație F Weltbrand m

con'flict N Konflikt m
conflictu'al ADJ konfliktgeladen; *direcție* entgegengesetzt
conflu'ență F Zusammenfluss m, Mündung f
con'form ADVL gemäß, laut
confor'ma V/R a se ~ nachkommen; sich fügen
confor'mație F Gestalt f; Körperbau m
confor'mist A ADJ konformistisch; *necritic* unkritisch B M, **confor'mistă** F Konformist(in) m(f); *umg* Jasager(in) m(f)
conformi'tate F Konformität f
con'fort N Komfort m
confor'tabil ADJ bequem
con'frate M Amtsbruder m
confrun'ta V/T konfrontieren, gegenüberstellen
confrun'tare F Konfrontation f; *mărturire* Gegenüberstellung f
confucia'nism N REL Konfuzianismus m
confun'da V/T verwechseln
con'fuz ADJ konfus, verworren; verwirrt
con'fuzie F Verwirrung f; Verwechslung f
conge'la V/T einfrieren
conge'lare F **punct de** ~ Gefrierpunkt m
conge'lat ADJ tiefgekühlt
congela'tor N Tiefkühlfach n, Tiefkühltruhe f
congeni'tal ADJ angeboren
con'gestie F ~ **cerebrală** Gehirnschlag m
congestio'na V/R a se ~ verstopfen
conglome'rat N Konglomerat n
congo'lez A ADJ kongolesisch B M, **congo'leză** F Kongolese m, Kongolesin f
con'gres N Kongress m; ~ **al partidului** Parteitag m
congru'ent ADJ deckungsgleich; MATH kongruent
coni'ac® N Cognac® m
'conic ADJ konisch, kegelförmig
coni'fer N Nadelbaum m
conjec'tură F Vermutung f, Mutmaßung f

conju'ga v̄ı konjugieren

conju'gal ADJ ehelich

conju'gare F̲ Konjugation f

conju'gat ADJ LING konjugiert; abge-
wandelt

conjunc'tiv A̲ ADJ verbindend; ANAT
ţesut ~ Bindegewebe n B̲ N̲ GRAM
Konjunktiv m

conjuncti'vită F̲ Bindehautentzündung f

conjunctu'ral ADJ konjunkturell, Konjunktur...; pachet n ~ Konjunkturpaket
n

conjunc'tură F̲ Konjunktur f

con'juncţie F̲ Konjunktion f

conju'ra A̲ v̄ı anflehen, beschwören
B̲ v̄ı sich verschwören

conju'raţie F̲ Verschwörung f

conlocui'tor A̲ ADJ zusammenwoh-
nend B̲ M̲, conlocui'toare F̲ Mit-
bewohner(in) m(f)

conlu'cra v̄ı zusammenarbeiten

cono'pidă F̲ Blumenkohl m

cono'taţie F̲ Konnotation f

consa'cra v̄ʀ a se ~ sich widmen

consa'crat ADJ etabliert; verificat bewährt; recunoscut anerkannt

consang'vin ADJ blutsverwandt

consă'tean(că) M̲F̲ Mitbürger(in)
m(f); din aceeaşi ţară Landsmann m,
Landsfrau f

conse'cinţă F̲ Folge f

consecu'tiv ADJ aufeinanderfolgend;
GRAM konsekutiv, Folge..., Konseku-
tiv...; propoziţie f ~ă Folgesatz m,
Konsekutivsatz m

consec'vent ADJ konsequent

consec'venţă F̲ Konsequenz f

con'semn N̲ Anweisung f

consem'na v̄ı aufnehmen, aufzeichnen; depozitare hinterlegen

con'sens N̲ Konsens m, Übereinstimmung f

consensu'al ADJ JUR contract n ~
Vertrag m durch beidseitige Willenser-
klärung

conser'va v̄ı konservieren; bewahren

conser'vant N̲ Konservierungsmittel
n

conserva'tor A̲ ADJ konservativ B̲
M̲, conserva'toare F̲ Konservati-
ve(r) m/f(m)

con'servă F̲ Konserve f

consfătu'i v̄ʀ a se ~ sich beraten

consfătu'ire F̲ Beratung f

consfin'ţi v̄ı gutheißen; confirmare
bestätigen

conside'ra v̄ı ansehen; meinen; betrachten (ca, drept als); halten (ca,
drept für)

conside'rabil ADJ beträchtlich; beachtlich

conside'rare F̲ a lua în ~ in Betracht
ziehen

conside'raţie F̲ Wertschätzung f

conside'rent N̲ JUR Erwägungsgrund
m

consili'er(ă) M̲F̲ Rat m, Rätin f; Bera-
ter(in) m(f)

consili'ere F̲ Beratung f

con'siliu N̲ Rat m; ~ de conducere
Vorstand m; ~ de miniştri Kabinett n,
Ministerrat m; ~ de securitate Sicher-
heitsrat m

consimţă'mânt N̲ Einwilligung f, Zustimmung f

consim'ţi v̄ı einwilligen, zustimmen

consis'ta v̄ı sich zusammensetzen;
formarea sich bilden

consis'tent ADJ fest, dicht; hrană
nahrhaft, deftig

con'soană N̲ Konsonant m

con'soartă umg F̲ Angetraute f hum

conso'la v̄ı trösten

conso'lare F̲ Trost m

con'solă F̲ Konsole f; ~ de jocuri
Spielkonsole f

consoli'da v̄ı (be)festigen

conso'nant ADJ harmonisch; MUS
konsonant

conso'nanţă F̲ Wohlklang m; MUS
Konsonanz f

con'sorţiu N̲ WIRTSCH Konsortium n

cons'pect N̲ Zusammenfassung f

conspi'ra v̄ı sich verschwören, kons-
pirieren

conspira'tiv ADJ verschwörerisch,
konspirativ

conspi'raţie F̲ Verschwörung f

con'sta v̄ı bestehen (în, din in, aus)

con'stant ADJ konstant; beständig

con'stantă F̲ Konstante f

con'stanţă F̲ Beständigkeit f

consta'ta v̄ı feststellen

C

consta'tare F̲ Feststellung f

conste'lație F̲ Konstellation f; ASTRON Sternbild n

conster'na V̲T̲ bestürzen

conster'nare F̲ Betroffenheit f; stupoare Bestürzung f

conster'nat A̲D̲J̲ bestürzt

consti'pa V̲T̲ verstopfen

consti'pat A̲D̲J̲ verstopft

consti'pație F̲ Verstopfung f

constitu'ant A̲D̲J̲ konstituierend

constitu'i V̲T̲ gründen

constitu'ire F̲ Gründung f

consti'tuție F̲ Verfassung f; constituția UE EU-Verfassung f

constituțio'nal A̲D̲J̲ verfassungsgemäß

con'strânge V̲T̲ zwingen

con'strângere F̲ Zwang m

construc'tiv A̲D̲J̲ konstruktiv; cu un anumit scop zielführend; cu sens sinnvoll

con'structor M̲, construc'toare F̲ Konstrukteur(in) m(f); de clădiri Erbauer(in) m(f)

con'strucție F̲ Bau m, Bauwerk n; Aufbau m; ~ de mașini Maschinenbau m; ~ la roșu Rohbau m

constru'i V̲T̲ bauen, erbauen, aufbauen

'consul M̲ Konsul m

consu'lar A̲D̲J̲ konsular

consu'lat N̲ Konsulat n; ~ general Generalkonsulat n

consul'ta V̲T̲ zu Rate ziehen; nachschlagen; MED untersuchen

consul'tant(ă) M̲I̲F̲ Berater(in) m(f); ~(ă) de firmă Unternehmensberater(in) m(f); ~ fiscal Steuerberater(in) m(f)

consulta'tiv A̲D̲J̲ beratend

consul'tație F̲ Sprechstunde f, Konsultation f; MED Untersuchung f; MED ~ profilactică Vorsorgeuntersuchung f

con'sum N̲ Verbrauch m; Konsum m; ~ de apă Wasserverbrauch m; ~ de energie Energieverbrauch m

consu'ma V̲T̲ verbrauchen

consu'mabile F̲P̲L̲ (Büro)Material n

consuma'tor M̲, consuma'toare F̲ Verbraucher(in) m(f)

consu'mație F̲ Verbrauch m

conști'ent A̲D̲J̲ bewusst

conștienti'za V̲T̲ (sich) bewusst machen

conștiinci'os A̲D̲J̲ gewissenhaft

conștiincio'zitate F̲ Gewissenhaftigkeit f

conști'ință F̲ Gewissen n; Bewusstsein n

cont N̲ Konto n; ~ bancar Bankkonto n; ~ curent Girokonto n; ~ (de) utilizator Benutzerkonto n; pe ~ propriu auf eigene Faust; număr n de ~ Kontonummer f

con'ta V̲I̲ zählen; rechnen (pe mit)

con'tabil(ă) M̲I̲F̲ Buchhalter(in) m(f)

contabili'tate F̲ Buchhaltung f

con'tact N̲ Kontakt m; Beziehung f; TECH ~ intermitent Wackelkontakt m; ~ sexual Verkehr m

contagi'a A̲ V̲T̲ anstecken B̲ V̲R̲ a se ~ sich anstecken

contagi'os A̲D̲J̲ anstecken d

contagi'une F̲ Ansteckung f

con'tainer N̲ Container m; ~ de hârtii Papiertonne f

contami'na V̲T̲ anstecken

'conte M̲ Graf m

contem'pla V̲T̲ betrachten

contem'plare F̲ Nachdenken n

contempla'tor M̲, contempla'toare F̲ Betrachter(in) m(f)

contempo'ran A̲ A̲D̲J̲ zeitgenössisch B̲ M̲, contempo'rană F̲ Zeitgenosse m, Zeitgenossin f

contenci'os A̲ N̲ JUR Verwaltungsgericht n B̲ A̲D̲J̲ strittig

conte'ni V̲I̲ aufhören

con'tesă F̲ Gräfin f

contes'ta V̲T̲ bestreiten; anfechten

contesta'tar A̲ A̲D̲J̲ protestierend; neadevăr bestreitend B̲ M̲, contesta'tară F̲ Protestierer(in) m(f)

contes'tație F̲ Anfechtung f; a face ~ Einspruch erheben

con'text N̲ Kontext m, Zusammenhang m

contextu'al A̲D̲J̲ kontextuell

conti'nent N̲ Kontinent m

contin'gent A̲ N̲ Kontingent n B̲ A̲D̲J̲ zufällig; fără intenție unbeabsichtigt

continu'a V̲T̲ fortsetzen B̲ V̲I̲ fortfahren, andauern

continu'are F̲ Fortsetzung f

continua'tor M̲, continua'toare F̲ Fortsetzer(in) m(f)
continui'tate F̲ Kontinuität f
con'tinuu ADJ kontinuierlich; ständig; în ~ ununterbrochen; curent m ~ Gleichstrom m
conton'dent ADJ stumpf
conto'pi A VT̲ verschmelzen; zusammenlegen B V̲R̲ a se ~ ineinanderfließen
con'tor N̲ Zähler m; Uhr f; ~ de ture Drehzahlmesser m; ~ electric Stromzähler m
contorsio'na A VT̲ verzerren B V̲R̲ a se ~ sich verzerren
contorsi'une F̲ Verzerrung f
'contra A PRĂP gegen; din ~ im Gegenteil B ADV dagegen
contraargu'ment N̲ Gegenargument n
contraa'tac N̲ MIL, SPORT Gegenangriff m
contraata'ca VT̲ zurückschlagen
contrabalan'sa VT̲ ausgleichen
contra'bandă F̲ Schmuggel m; a face ~ schmuggeln
contraban'dist(ă) M̲F̲ Schmuggler(in) m(f)
contra'bas A N̲ Kontrabass m B M̲ Kontrabassist m
contracandi'dat(ă) M̲F̲ Gegenkandidat(in) m(f)
contraca'ra VT̲ durchkreuzen; a ~ ceva / pe cineva einer Sache / j-m entgegenwirken
con'tract N̲ Vertrag m; ~ de închiriere Mietvertrag m; ~ de muncă Arbeitsvertrag m; ~ de vânzare-cumpărare Kaufvertrag m
contrac'ta A VI̲ einen Vertrag abschließen B VT̲ MED sich zuziehen
contrac'tant ADJ vertragsschließend
contrac'tor ADJ zusammenziehend; muşchi kontrahierend
contractu'al ADJ vertragsgemäß
contrac'tură F̲ Versteifung f; MED Kontraktur f
con'tracţie F̲ Zusammenziehung f; MED, TECH Kontraktion f
contradic'toriu ADJ widersprüchlich
contra'dicţie F̲ Widerspruch m; Gegensatz m

contra'face VT̲ fälschen
contra'facere F̲ Fälschung f
contrafă'cut ADJ gefälscht
contra'fort N̲ ARCH Strebewerk n
contraindi'caţie F̲ Gegenanzeige f
contrainfor'maţie F̲ Gegenspionage f
contraman'da A VT̲ annullieren, absagen B V̲R̲ a se ~ absagen
contraman'dare F̲ Annullierung f, Absage f
contraofen'sivă F̲ Gegenoffensive f
contrao'fertă F̲ Gegenangebot n
contra'punct N̲ MUS Gleichberechtigung mehrerer Stimmen
con'trar ADJ gegensätzlich, entgegengesetzt
contrarevo'luţie F̲ Gegenrevolution f
contrari'a VT̲ durchkreuzen
contrari'ant ADJ durchkreuzend
con'trariu N̲ Gegensatz m, Gegenteil n
contrasem'na VT̲ gegenzeichnen
contra'sens N̲ Gegenfahrbahn f
contraser'viciu N̲ Gegenleistung f
contraspio'naj N̲ Gegenspionage f
con'trast N̲ Kontrast m; Gegensatz m
contras'ta VI̲ kontrastieren; spre deosebire im Gegensatz stehen
contras'tant ADJ gegensätzlich, entgegengesetzt
contras'tiv ADJ vergleichend; LING kontrastiv
contra'timp M̲ SPORT Zeitfahren n
contrava'loare F̲ Gegenwert m
contrave'ni VI̲ zuwiderhandeln; a ~ o lege ein Gesetz übertreten
contra'venţie F̲ Zuwiderhandlung f; Übertretung f
contravenţio'nal ADJ Straf...; plângere f ~ă Strafanzeige f
'contră F̲ Konter m
contra'zice VT̲ a ~ pe cineva j-m widersprechen
contribu'abil(ă) M̲F̲ Steuerpflichtige(r) m/f(m)
contribu'i VI̲ beitragen
contri'buţie F̲ Beitrag m
con'trol N̲ Kontrolle f; ~ antidoping Dopingkontrolle f; ~ de poliţie Verkehrskontrolle f; ~ radar Radarkontrol-

le f
contro'la V̄T̄ kontrollieren
contro'lor M̄, **contro'loare** F̄ Kontrolleur(in) m(f); **~ de calitate** Prüfer m
controver'sat ADJ strittig; umstritten
contro'versă F̄ Streitfrage f; Auseinandersetzung f
contuma'cie F̄ Abwesenheit f
con'tur N̄ Umriss m
con'tuzie F̄ Quetschung f
con'ține V̄T̄ enthalten
conți'nut N̄ Inhalt m, Gehalt m
convales'cență F̄ Erholung f, Gesundwerden n
conve'nabil ADJ passend; preiswert
conve'ni V̄Ī passen; *cădea de acord* übereinkommen; *încheia o convenție* etwas vereinbaren
conveni'ență F̄ Annehmlichkeit f; *decență* Anstand m
con'venție F̄ Vereinbarung f; Übereinkommen n; **~ comercială** Handelsabkommen n
convențio'nal ADJ konventionell
con'verge V̄Ī MATH konvergieren; *fig* sich annähern
conver'gent ADJ MATH konvergent; sich einander annähernd
conver'gență F̄ Annäherung f; MATH Konvergenz f
conver'sa V̄Ī sich unterhalten
conver'sație F̄ Unterhaltung f
conversi'une F̄ Konversion f
conver'ti A V̄T̄ konvertieren; REL bekehren B V̄R̄ a se **~** REL konvertieren
conver'tire F̄ Konvertierung f; REL Bekehrung f
con'vex ADJ konvex
convexi'tate F̄ Konvexität f
conviețu'i V̄Ī zusammenleben
convingă'tor ADJ überzeugend
con'vinge V̄T̄ überzeugen
con'vingere F̄ Überzeugung f
con'vins ADJ überzeugt
convo'ca V̄T̄ einberufen; JUR vorladen
convo'care F̄ Einberufung f; JUR Vorladung
convoca'tor N̄ Konvokation f
con'voi N̄ Konvoi m; *însoțire* Geleit n
convor'bire F̄ Besprechung f, Gespräch n; **~ internațională** Auslandsgespräch n; **~ telefonică** Telefongespräch

n; **~ telefonică locală** Ortsgespräch n
con'vulsie F̄ Zuckung f; *cârcel* Krampf m
convul'siv ADJ krampfhaft
'cookie N̄ IT Cookie n
coope'ra V̄Ī mitarbeiten, zusammenarbeiten
coope'rant ADJ kooperativ
coope'rare F̄ Mitarbeit f, Zusammenarbeit f
coopera'tivă F̄ Genossenschaft f
cooperativi'zare F̄ Vergenossenschaftlichung f
coope'rație F̄ Kooperation f, Zusammenarbeit f
coordo'na V̄T̄ koordinieren
coordo'nare F̄ Koordinierung f
coordo'nată F̄ Koordinate f
coordona'tor A ADJ koordinierend B M̄, **coordona'toare** F̄ Koordinator(in) m(f)
copartici'pare F̄ Teilnahme f, Beteiligung f
'copcă F̄ Haken m; MED Klammer f
co'pertă F̄ Einband m, (Buch)Deckel m; **~ de protecție** Schutzumschlag m
coper'tină F̄ Sonnendach n
copi'a V̄T̄ abschreiben; kopieren; nachbilden
copia'tor N̄ Kopierer m
'copie F̄ Kopie f; Nachbildung f; FOTO Abzug m; **~ legalizată** beglaubigte Kopie; **~ pirat** Raubkopie f
co'pil M̄ Kind n; **~ aflat în plasament** Pflegekind n; **~ înfiat** Adoptivkind n; **~ vitreg** Stiefkind n
copilă'resc ADJ kindlich
copilă'rie F̄ Kindheit f
copilă'ros ADJ kindisch
copi'lot M̄ Kopilot m
copi'os ADJ reichlich; üppig
co'pită F̄ Huf m
cople'și V̄T̄ überwältigen
copleși'tor ADJ überwältigend
co'poi M̄ ① JAGD Laufhund m ② *fig* Spitzel m
copreșe'dinte M̄ Ko-Präsident m (*Präsident neben einem anderen Präsidenten*)
coprocul'tură F̄ MED Koprokultur f
coproduc'ție F̄ Koproduktion f

C

coproprie'tar(ă) MF Mitinhaber(in) m(f)

coproprie'tate F Miteigentum n

copt ADJ gebacken; reif

copu'lație F Kopulation f

cor N Chor m; **cor de biserică** Kirchenchor m

co'rabie F Segelschiff n

co'rai ADJ INV korallenrot

co'ral M Koralle f

co'ran N Koran m

co'raslă F Muttermilch f

corb M Rabe m

cor'ci VR **a se ~** sich mischen; *animal, plantă* sich kreuzen

corci'tură F Mischling m

corco'dușă F Mirabelle f

cord N ANAT Herz n

cor'dea F ◱ Schnur f ◲ MED Bandwurm m

cordi'al ADJ herzlich

cordiali'tate F Herzlichkeit f

cor'don N Gürtel m; **~ ombilical** Nabelschnur f

co'rect ADJ korrekt, richtig

corec'ta VT korrigieren, verbessern

corec'tare F Korrektur f

corecti'tudine F Korrektheit f

corec'tor M, corec'toare F Korrektor(in) m(f)

corec'tură F Korrektur f

co'recție F Verbesserung f, Besserung f

core'ean ◮ ADJ koreanisch ◯ M, core'eancă F Koreaner(in) m(f)

core'graf(ă) MF Choreograf(in) m(f)

coregra'fie F Choreografie f

core'la VT zuordnen

core'lativ ADJ wechselseitig

core'lație F Wechselbeziehung f; MATH, MED Korrelation f

corespon'da VI korrespondieren

corespon'dent(ă) MF Berichterstatter(in) m(f)

corespon'denţă F Korrespondenz f

cores'punde VI entsprechen; übereinstimmen

corespunză'tor ADJ entsprechend

cori'andru M Koriander m

co'ridă F Stierkampf m

cori'dor N Korridor m; Flur m

cori'jenţă F Nachholprüfung f

corin'tic ADJ korinthisch

co'rist(ă) MF Chorsänger(in) m(f)

corn N ◱ ⟨pl coarne⟩ Horn n; **coarne de cerb** Geweih n ◲ ⟨pl ~uri⟩ Hörnchen n, Kipfel n ◳ ⟨pl ~i⟩ MUS Horn n

cor'nee F ANAT Hornhaut f

'corner N Eckball m

cor'net N Tüte f

cor'nişă F Gesims n; *pentru perdea* Vorhangstange f

cornu'let N Hörnchen n

cor'nut ADJ gehörnt, Horn...; *animal n* **~** Horntier n

co'roană F Krone f

corobo'ra VT bekräftigen, bestärken

corobo'rare F Bekräftigung f, Bestärkung f

coro'da VT korrodieren, zersetzen

coro'dant ADJ korrodierend, zersetzend

coro'iat ADJ gekrümmt

coro'lar N (logische) Folge f

co'rolă F BOT Blumenkrone f

corona'rian ADJ Herz...; **boală ~ă** Herzkrankheit f

coro'niţă F Krönchen n; *cununiţă* Kränzchen n

corozi'une F Korrosion f, Ätzung f

coro'ziv ADJ ätzend, korrosiv

corp N Körper m; **~ de iluminat** Strahler m

corpo'lent ADJ beleibt, korpulent

corpo'lenţă F Beleibtheit f, Korpulenz f

corpo'ral ADJ körperlich

corpo'raţie F Korporation f; WIRTSCH Gesellschaft f; JUR Körperschaft f

corpus'cul M Partikel n; PHYS Korpuskel f/n

cor'saj N MODE Korsage f

cor'set N MODE Korsett n

corsi'can ◮ ADJ korsisch ◯ M, cor'si'cancă F Korse m, Korsin f

cort N Zelt n; **~ de circ** Zirkuszelt n

cor'tegiu N (Um)Zug m; *anturaj* Gefolge n

'cortex N Rinde f

corti'cal ADJ BIOL, MED kortikal

cor'tină F Vorhang m

co'rupe VT bestechen

co'rupt ADJ korrupt

co'rupţie F Korruption f

cor'voadă F̲ unerträgliche Arbeit; ~ de pedeapsă Strafarbeit f

co'saș M̲ 1 Mäher m 2 ZOOL Heupferd n

co'si V̲/T̲ mähen

cosi'tor N̲ Zinn n; ~ de lipit Lötzinn n

cosito'rit ADJ zinnern

cos'metică F̲ Kosmetik f

cos'metice NPL Kosmetika pl

cosmetici'ană F̲ Kosmetikerin f

cosmeti'za V̲/T̲ pflegen; înfrumuseța verschönern

'cosmic ADJ kosmisch

cosmona'ut(ă) M̲/F̲ Kosmonaut(in) m(f)

cosmopo'lit ADJ kosmopolitisch; weitS. weltoffen

'cosmos N̲ Weltraum m, Weltall n

'cost N̲ Preis m, Kosten pl; ~ul vieții Lebenshaltungskosten pl; ~uri de călătorie Fahrtkosten pl

cos'ta V̲/I̲ & V̲/T̲ kosten

coste'liv ADJ mager; fără putere abgezehrt

costi'er ADJ küstennah, Küsten...; navă f ~ă Küstenschiff n

costisi'tor ADJ kostspielig

costi'ță F̲ Rippchen n

cos'tum N̲ Anzug m; THEAT Kostüm n; ~ de baie Badeanzug m; ~ de scafandru Taucheranzug m; ~ de schi Skianzug m

costumi'er(ă) M̲/F̲ THEAT Kostümbildner(in) m(f)

coș N̲ Korb m; Schornstein m, Schlot m; Pickel m; coș de hârtii Papierkorb m; coș de picnic Picknickkorb m; coș de rufe Wäschekorb m

co'șar M̲ Schornsteinfeger m

coșave'raj N̲ baschet Korbverhältnis n

coș'ciug N̲ Sarg m

coșco'geamite ADJ INV riesengroß

coșco'vi V̲/R̲ a se ~ (ab)bröckeln; vopsea, lac (ab)blättern

coșco'vit ADJ (ab)gebröckelt; vopsea, lac (ab)geblättert

coș'mar N̲ Alptraum m

coșma'resc ADV albtraumhaft

coșme'lie F̲ baufälliges Häuschen n

cot N̲ Ell(en)bogen m

co'tație F̲ FIN (Wechsel)Kurs m

'cotă F̲ Quote f; Anteil m; Höhe f; ~ de

impozitare Steuersatz m

cotcodă'ci V̲/I̲ gackern

cote'rie F̲ erlesener Kreis m

co'teț N̲ Stall m; ~ de găini Hühnerstall m

co'ti V̲/I̲ (ab)biegen

cotidi'an A̲ ADJ (all)täglich B̲ N̲ Tageszeitung f

coti'neață F̲ kleiner Stall m

co'tit ADJ krumm

coti'tură F̲ Biegung f; fig Wendepunkt m

coti'za V̲/I̲ beitragen

coti'zație F̲ Beitrag m

co'tlet N̲ Kotelett n; ~ de miel Lammkotelett n

co'tlon N̲ 1 abgeschiedener Ort m 2 Unterkonstruktion aus Stein oder Metall für einen Kessel

co'toi M̲ Kater m

cotono'gi V̲/T̲ schlagen; cu o bâtă (ver)prügeln

co'tor N̲ Stängel m, Stiel m; mâner Griff m; armă Schaft m

cotrobă'i V̲/I̲ durchstöbern, durchwühlen

cotro'pi V̲/T̲ erobern

cotropi'tor ADJ überwältigend, immens

cotropi'toare F̲ Eroberung f, Einnahme f

cotu'telă F̲ Bevormundung f (mit anderen Personen)

coțo'fană F̲ Elster f

covâr'și V̲/T̲ überwältigen

covârși'tor ADJ überwältigend

co'vor N̲ Teppich m

co'vrig M̲ Brezel f

coxar'trozǎ F̲ MED Koxalgie f

coze'rie F̲ Geplauder n

co'zeur M̲ Plauderer m

cozo'nac M̲ Kuchen m

cozo'roc N̲ Mützenschirm m

CP ABK (= cal-putere) PS (Pferdestärke)

crab M̲ Krabbe f

crac N̲ Zweig m; fig Verzweigung f; ~ de pantalon Hosenbein n

'cracă F̲ Ast m

crah N̲ 1 (Börsen)Crash m 2 faliment Bankrott m

crai M̲ König m; Trei Crai de la Răsărit Heilige Drei Könige mpl 'crainic(ă) MF TV, RADIO Ansager(in) m(f)

'cramă F Weinkeller m

'crampă F Krampf m

cram'pon N SPORT Stollen m

crampo'na VR a se ~ de sich klammern an

crani'an ADJ Schädel...; boltă ~ă ANAT Schädeldach n

'craniu N Schädel m

crap M Karpfen m

cras ADJ krass

'crater N Krater m

'cratimă F Bindestrich m

'cratiță F Topf m; Kasserolle f

crava'șa VT peitschen

crava'șa F Reitpeitsche f, Reitgerte f

cra'vată F Krawatte f

crăcă'na VT picioare spreizen

crăcă'nat ADJ breitbeinig; picioare gespreizt

Cră'ciun N Weihnachten n; Moș m ~ Weihnachtsmann m; pom m de ~ Weihnachtsbaum m

cră'iasă F Königin f; împărăteasă Kaiserin f

cră'iesc ADJ königlich; împărătesc kaiserlich

crănțǎ'ni VI knirschen

crǎ'pa VI platzen; springen; pej krepieren

crǎ'pat ADJ rissig

crǎpǎ'tură F Riss m; Spalte f

crâc'ni VI mucksen

crâm'pei N Bruchstück n, Stückchen n

'crâncen ADJ grausam

crâng N Hain m

crâș'mar M Wirt m

crâș'mǎriță F Wirtin f

'crâșmă F Kneipe f; Schenke f

cre'a VT (er)schaffen; gründen

'creangă F Ast m, Zweig m

cre'anță F Schuldforderung f; credit Guthaben n

cre'are F (Er)Schaffung f

'creastă F (Berg-, Hahnen)Kamm m

crea'tiv ADJ kreativ; formare gestalterisch

creativi'tate F Kreativität f

crea'tor A ADJ schöpferisch B M, crea'toare F Schöpfer(in) m(f); ~ de

modă Modeschöpfer m

crea'tură F Kreatur f, Geschöpf n

cre'ație F Schöpfung f; Schaffen n

'crede VT glauben; meinen, denken

cre'dibil ADJ glaubhaft

credinci'os A ADJ gläubig; treu B M, credinci'oasa F Gläubige(r) m/f(m)

cre'dință F Glaube m; Vertrauen m

cre'dit N Kredit m

credi'ta VT gutschreiben; HANDEL kreditieren

credi'tor M, credi'toare F Gläubiger(in) m(f)

'credo N REL Credo n (dritter Teil der katholischen Messe)

cre'dul ADJ leichtgläubig

'creier N Gehirn n, Hirn n

cre'ion N Bleistift m; ~ colorat Buntstift m; ~ dermatograf Eyeliner m

creio'na VT skizzieren, entwerfen

crem ADJ INV creme

cremali'erǎ F TECH Zahnstange f

crema'toriu N Krematorium n

'cremă F Creme f, Salbe f; ~ de față Gesichtscreme f; ~ de mâini Handcreme f; ~ de piele Hautcreme f; ~ de soare Sonnencreme f; ~ de zi Tagescreme f

cre'mos ADJ cremig

'cremșnit N Sahneschnitte f

cre'nel N Zinne f

crene'la VT mit Zinnen versehen; BAU krenelieren

crene'lat ADJ mit Zinnen versehen; BAU kreneliert

crenotera'pie F MED Krenotherapie f

'crenvurst M GASTR (Wiener) Würstchen n

cre'ol A ADJ kreolisch B M, cre'olă F Kreole m, Kreolin f

creo'lină F Kreolin® n

crep N ① Crêpe n ② cauciuc Kreppgummi n

crepo'nat ADJ gekreppt, Krepp...; hârtie f ~ă Krepppapier n

cre'puscul N (Abend)Dämmerung f

crepuscu'lar ADJ dämm(e)rig, halbdunkel

cresc'tor M, cresc'toare F Züchter(in) m(f)

crescăto'rie F Züchterei f

cres'când ADJ zunehmend, steigend

cres'cut ADJ gewachsen; **bine ~** gut erzogen

cres'ta VT (ein)kerben

cres'tat ADJ zackig; *cu dinți* gezahnt

crestă'tură[1] F (Ein)Kerbung f

crestă'tură[2] F Kerbe f; *tăietură* Einschnitt m

crestoma'ție F Auswahl f

'creșă F Kinderkrippe f

'crește A VI wachsen; zunehmen; gedeihen B VT aufziehen, erziehen; züchten

'creștere F Wachsen n, Wachstum n; Zunahme f; Erziehung f; Zucht f; **~ a cifrei de afaceri** Umsatzsteigerung f; **~ a cursului** Kursanstieg m; **~ la bursă** Hausse f

'creștet N Kopf m

creș'tin A ADJ christlich B M, creș'tină F Christ(in) m(f)

crești'na VT christianisieren

creștină'tate F Christenheit f

crești'nesc ADJ christlich

crești'nism N Christentum n

'cretă F Kreide f

cre'tin ADJ schwachsinnig

creti'nism N MED Kretinismus m

cre'tos ADJ kreidehaltig

creț ADJ kraus

creu'zet N Schmelztiegel m

cre'vasă F Gletscherspalte f

cre'vete M Garnele f

crez N Glaubensbekenntnis n

cre'zare F **a da ~ cuiva** j-m Glauben schenken

cri INT Nachahmung von Grillenzirpen

cri'blură F Schotter m

cric N Wagenheber m

'crimă F Verbrechen n; Mord m; **~ de război** Kriegsverbrechen n

crimi'nal A ADJ kriminell B M, criminală F Verbrecher(in) m(f)

crimina'listică F Kriminalistik f

criminali'tate F Kriminalität f; **~ informatică** Computerkriminalität f

crin M Lilie f

crino'lină F Reifrock m

crioge'nie F PHYS Kryogenik f

'criptă F Gruft f

'criptic ADJ kryptisch

criptografi'a VT verschlüsseln

cripto'grafic ADJ IT kryptografisch

criptogra'fie F IT Kryptografie f

cripto'gramă F Kryptogramm n

cripto'nim N Kryptonym n

crisa'lidă F ZOOL Puppe f

cris'pa VR **a se ~** sich zusammenziehen; *mușchi* sich verkrampfen; *față* sich verziehen

cris'pare F Verkrampfung f

cris'pat ADJ verkrampft; *față* verzogen

cris'tal N 🛈 ⟨pl ~e⟩ Kristall m 🖸 ⟨pl ~uri⟩ Kristall n

crista'lin A ADJ hell; *cristal* kristallklar B N Augenlinse f

cristali'za A VI kristallisieren B VT fig klarstellen C VR **a se ~** kristallisieren; fig sich klären

cristali'zare F Kristallisation f

cristalogra'fie F MINER Kristallographie f

cris'telniță F REL Taufbecken n

cri'teriu N Kriterium n

'critic A ADJ kritisch B M Kritiker m

criti'ca VT kritisieren

criti'cabil ADJ kritikwürdig

'critică F Kritik f

criti'cism N Kritizismus m

'crivăț N (kalter) Nordostwind m

crizan'temă F Chrysantheme f

'criză F Krise f; **~ a refugiaților** Flüchtlingskrise f; **~ economică** Wirtschaftskrise f; **~ financiară** Finanzkrise f

croa'sant M Croissant n

cro'at A ADJ kroatisch B M, cro'ată F Kroate m, Kroatin f

Cro'ația F Kroatien n

croazi'eră F Kreuzfahrt f

cro'cant ADJ knusprig; *cârnat* knackig

cro'chiu N Skizze f, Entwurf m

croco'dil M Krokodil n

croi'[1] VT schneidern

'croi[2] N Schnitt m

croi'ală F Schnitt m

croi'tor M, croito'reasă F Schneider(in) m(f)

croito'rie F Schneiderei f

crom N Chrom n

cro'ma VT verchromen

cro'mat ADJ verchromt

cro'matic ADJ chromatisch

cro'matică F Chromatik f

cromo'sferă F ASTRON Chromosphä-

re f
cromotera'pie F̲ MED Chromotherapie f
cromo'zom M̲ BIOL Chromosom n
cromozomi'al ADJ BIOL chromosomal
cronca'ni V̲I̲ krächzen
cronca'nit N̲ Gekrächze n
'cronic ADJ chronisch
croni'car M̲ Chronist m
'cronică F̲ Chronik f
cronici'za V̲R̲ a se ~ boală chronisch werden
cronici'zare F̲ chronisch sein
crono'fag ADJ zeitaufwendig
crono'logic ADJ chronologisch
cronolo'gie F̲ Chronologie f; Zeitfolge f
cronome'tra V̲T̲ mit der Stoppuhr messen
crono'metru N̲ Stoppuhr f
'cros N̲ SPORT Geländelauf m
'crosă F̲ SPORT Schläger m; ~ de golf Golfschläger m
'croșă F̲ MUS Achtelnote f
croșe'ta V̲T̲ häkeln
cro'șetă F̲ Häkelnadel f; ~ dentară Zahnklammer f
cro'șeu N̲ box Haken m
cro'tal A̲ M̲ ZOOL Klapperschlange f B̲ N̲ MUS Kastagnette f
'cruce F̲ Kreuz n; a-și face ~ sich bekreuzigen
cru'ci V̲R̲ a se ~ sich wundern; cu admirație staunen
cruci'adă F̲ Kreuzzug m
cruci'al ADJ entscheidend, ausschlaggebend
crucifi'ca V̲T̲ kreuzigen
crucifi'care F̲ Kreuzigung f
cruci'fix N̲ Kruzifix n
cru'ciș ADV a se uita ~ schielen
crucișă'tor N̲ SCHIFF Kreuzer m
cruciu'liță F̲ Kreuzchen n
crud ADJ roh; unreif; fig grausam
crudi'tăți FPL Rohkost f
crunt ADJ grausam, schrecklich
'crupă F̲ Kruppe f
crupi'er M̲ Croupier m
crusta'ceu A̲ N̲ Krebs-, Krustentier n B̲ ADJ Krebs-, Krusten...; animale npl crustacee Krebs-, Krustentiere npl
'crustă F̲ Kruste f

cru'ton N̲ Croûton m
cru'ța V̲T̲ (ver)schonen
cru'țare F̲ Schonung f
cru'țător ADJ schonend
cru'zime F̲ Rohheit f, Grausamkeit f
'ctitor(ă) M̲F̲ Stifter(in) m(f)
ctito'rie F̲ Stiftung f
cu PRĂP mit; ~ cât mai ... ~ atât mai je ... desto ...; ~ toate că trotzdem
cuadrimo'tor N̲ Quad n
cu'antă F̲ PHYS Quant n
cu'antic ADJ PHYS Quanten...; fizică f ~ă Quantenphysik f
cuantifi'ca V̲T̲ PHYS quantifizieren
cuantifi'care F̲ PHYS Quantifizierung f
cu'antum N̲ Quantum n
cu'arț N̲ Quarz n
cub N̲ Würfel m; cub de construit Baustein m; ~ de gheață Eiswürfel m; cub de supă Brühwürfel m
cu'ban ADJ kubanisch
cuba'nez A̲ ADJ kubanisch B̲ M̲, cuba'neză F̲ Kubaner(in) m(f)
'cubic ADJ würfelförmig
cu'bism N̲ Kubismus m
cuc M̲ Kuckuck m
cuce'ri V̲T̲ erobern
cuce'rire F̲ Eroberung f
cuceri'tor A̲ ADJ reizend; seducător betörend B̲ M̲, cuceri'toare F̲ Eroberer m, Eroberin f
cu'cernic ADJ fromm
cucerni'cie F̲ Frömmigkeit f
cu'coană umg F̲ Dame f
cu'cui N̲ Beule f
cucu'rigu A̲ IN̲T̲ kikeriki B̲ N̲ 1 Heuboden m 2 hum oberster Rang im Theater
cu'cută F̲ BOT Schierling m
cucu'vea F̲ Kauz m
'cufăr N̲ Truhe f
cufun'da A̲ V̲T̲ versenken B̲ V̲R̲ a se ~ versinken; fig sich vertiefen
'cuget N̲ Sinn m; Gedanke m
cuge'ta V̲I̲ nachdenken
cuge'tare F̲ Betrachtung f; Denken n
cugetă'tor ADJ 1 überlegt 2 declarație, idee filosofică philosophisch
cui A̲ PRON wem; al/a/ai/ale ~ wessen B̲ N̲ Nagel m
cuib N̲ Nest n; ~ de pasăre Vogelnest

n; ~ **de provincie** Kaff *n*
cui'bar N̄ (Lege)Nest *n*
cuibă'ri V̄R̄ **a se** ~ nisten
cu'ier N̄ Kleiderhaken *m*
cuira'sat A N̄ Panzerschiff *n* B ADJ gepanzert
cui'rasă F̄ Panzer *m*
cui'șoare FPL Gewürznelken *pl*
cu'lant ADJ kulant
cu'lanță F̄ Kulanz *f*
cu'lasă F̄ Zylinderkopf *m*
culbu'tor N̄ Kipphebel *m*
cul'ca V̄T̄ & V̄R̄ **a (se)** ~ (sich) hinlegen
cul'care F̄ **a merge la** ~ schlafen gehen
cul'cuș N̄ Streu *n*; GEOL Schicht *f*
culegă'tor M̄, **culegă'toare** F̄ Sammler(in) *m(f)*
culegăto'rie F̄ Sammlung *f*
cu'lege V̄T̄ sammeln, pflücken; ernten
cu'legere F̄ Sammeln *n*, Sammlung *f*; ~ **de legi** Gesetzbuch *n*
cu'les N̄ Ernte *f*; ~ **al viilor** Weinlese *f*
culi'nar ADJ kulinarisch
culi'sa V̄T̄ & V̄Ī schwingen
culi'sant ADJ schwingend
cu'lise F̄ Kulisse *f*
'culme F̄ Gipfel *m*; Höhe *f*; **asta-i** ~**a!** das ist doch die Höhe!
culmi'na V̄Ī gipfeln
culmi'nant ADJ **punct** *n* ~ Höhepunkt *m*
culmi'nație F̄ Kulmination *f*
cu'loar N̄ Flur *m*, Gang *m*; AUTO Spur *f*
cu'loare F̄ Farbe *f*; ~ **de păr** Haarfarbe *f*; ~ **la modă** Trendfarbe *f*
cul'pabil ADJ strafbar; *vinovat* schuldig
culpabili'tate F̄ Strafbarkeit *f*; *vină* Schuld *f*
culpabili'za V̄T̄ beschuldigen
'culpă F̄ Schuld *f*; *vină* Verschulden *n*
cult A ADJ gebildet, kultiviert B N̄ Kult *m*
culti'va A V̄T̄ anbauen, bebauen B V̄R̄ **a se** ~ sich bilden
culti'vabil ADJ urbar, Acker...; **pă-mânt** *n* ~ Ackerboden *m*
culti'vare F̄ Anbau *m*
culti'vat ADJ 1 bebaut; *cultivare* angebaut 2 *fig* kultiviert; *educație* gebildet
cultu'ral ADJ kulturell
cul'tură F̄ Kultur *f*; Bildung *f*; ~ **gene-**

ralā Allgemeinbildung *f*
cultu'rism N̄ Bodybuilding *n*
cultu'rist(ă) M̄F̄ Bodybuilder(in) *m(f)*
cum ADV wie; ~ **așa** wieso
cumine'ca A V̄T̄ REL ~ **pe cineva** j-m die Kommunion spenden B V̄R̄ **a se** ~ REL Kommunion haben
cuminecă'tură F̄ REL Kommunion *f*
cu'minte ADJ brav; artig
cumin'ție F̄ Vernunft *f*; *prudență* Besonnenheit *f*
cumin'ți V̄R̄ **a se** ~ sich beruhigen; vernünftig werden
cum'nat(ă) M̄F̄ Schwager *m*, Schwägerin *f*
'cumpănă F̄ 1 Waage *f* 2 *de fântână* (Brunnen)Hebel *m* 3 *fig* Zweifel *m*
cumpă'ni V̄T̄ erwägen
cumpă'ra V̄T̄ kaufen
cumpă'rare F̄ Kauf *m*
cumpără'tor M̄, **cumpără'toare** F̄ Käufer(in) *m(f)*
cumpără'tură F̄ Einkauf *m*, Kauf *m*; **a face cumpărături** einkaufen
'cumpăt *fig* N̄ Fassung *f*
cumpă'tare F̄ Enthaltsamkeit *f*; *moderație* Mäßigkeit *f*
cumpă'tat ADJ enthaltsam; *modest* maßvoll
cum'plit ADJ schrecklich, fürchterlich
cumse'cade ADJ anständig
'cumul N̄ Kumulation *f*; *acumulare* Anhäufung *f*
cumu'la V̄T̄ anhäufen
cumu'lare F̄ Anhäufung *f*
cumula'tiv ADJ anhäufend; FIN kumulativ
cum'va ADV irgendwie
cunei'form ADJ nadelförmig
cu'noaște V̄T̄ kennen; kennenlernen
cu'noaștere F̄ Erkenntnis *f*, Kenntnis *f*
cunoscă'tor M̄, **cunoscă'toare** F̄ Kenner(in) *m(f)*
cunos'cut A ADJ bekannt B M̄, **cu-nos'cută** F̄ Bekannte(r) *m/f(m)*
cunoș'tință F̄ Kenntnis *f*; Bekanntschaft *f*; Bekannte(r) *m*; Bewusstsein *n*; **cunoștințe de bază** Grundkenntnisse *pl*; **cunoștințe de limbă** Sprachkenntnisse *pl*; **cunoștințe de limbi străine** Fremdsprachenkenntnisse *pl*

C

cunu'na $\overline{VT \& VR}$ a (se) ~ (sich) trauen
cu'nună $\overline{F}$ Kranz m
cunu'nie $\overline{F}$ Trauung f
'cupă $\overline{F}$ Becher m; Pokal m; ~ de îngheţată Eisbecher m; ~ de vin Römer m
cu'peu $\overline{N}$ **1** Coupé n **2** BAHN Abteil n
cu'pid $\overline{ADJ}$ (be)gierig
cupidi'tate $\overline{F}$ Begierde f; lăcomie Habgier f
cu'pla $\overline{VT}$ TECH kuppeln, koppeln
cu'plaj $\overline{N}$ Kupplung f
cu'plare $\overline{F}$ Kopplung f
'cuplă $\overline{F}$ TECH Kupplung f
'cuplu $\overline{N}$ (Ehe)Paar n
cu'polă $\overline{F}$ Kuppel f
cu'pon $\overline{N}$ Coupon m; ~ cadou Geschenkgutschein m
cu'prinde $\overline{VT}$ erfassen, (um)fassen; enthalten
cu'prindere $\overline{F}$ Erfassung f
cu'prins $\overline{N}$ Inhalt m; Inhaltsverzeichnis n
cuprinză'tor $\overline{ADJ}$ umfassend, umfangreich
'cupru $\overline{N}$ Kupfer n
cup'tor $\overline{N}$ Backofen m, Backröhre f; TECH (Hoch)Ofen m; ~ cu microunde Mikrowellenherd m; ~ de pâine electric Brotbackautomat m
cur vulg $\overline{N}$ Arsch m
cu'rabil $\overline{ADJ}$ heilbar
cu'raj $\overline{N}$ Mut m
cura'jos $\overline{ADJ}$ mutig
cu'rant $\overline{ADJ}$ behandelnd; într-un cabinet medical praktizierend
cu'rat $\overline{ADJ}$ sauber; rein
cura'tiv $\overline{ADJ}$ heilend, Heil...; medicină f ~ă Heilmedizin f
cura'tor $\overline{M}$ Vormund m
'cură $\overline{F}$ Kur f; ~ de dezintoxicare Entziehungskur f
cură'ţa $\overline{VT}$ reinigen, sauber machen; fructe schälen **B** $\overline{VR}$ a se ~ umg abkratzen
curăţăto'rie $\overline{F}$ Reinigung f
cură'ţenie $\overline{F}$ Sauberkeit f
cu'rând $\overline{ADV}$ bald; de ~ vor Kurzem; în ~ bald, demnächst; mai ~ lieber, eher; pe ~! bis bald!
curb $\overline{ADJ}$ krumm; arc gebogen
cur'ba $\overline{VT}$ krümmen; arc biegen; boltă

wölben
cur'bat $\overline{ADJ}$ gekrümmt, gebogen; boltă gewölbt
'curbă $\overline{F}$ Kurve f; ~ în ac de păr Haarnadelkurve f
cur'bură $\overline{F}$ Krümmung f; boltă Wölbung f
cur'can $\overline{M}$ Truthahn m
'curcă $\overline{F}$ Pute f
curcu'beu $\overline{N}$ Regenbogen m
cu'rea $\overline{F}$ Gürtel m; ~ de transmisie Riemen m
cu'rent $\overline{ADJ}$ fließend; laufend; a fi la ~ auf dem Laufenden sein, Bescheid wissen (cu ceva über etw) **B** $\overline{M}$ ELEK Strom m; (Meeres)Strömung f; ~ alternativ Wechselstrom m; ~ de aer Luftzug m; Curentul Golfului Golfstrom m **C** $\overline{N}$ Strömung f
curen'ta $\overline{A}$ $\overline{VT}$ elektrisieren **B** $\overline{VR}$ a se ~ sich elektrisieren
curen'tare $\overline{F}$ Elektrisierung f
curgă'tor $\overline{ADJ}$ fließend
'curge $\overline{VI}$ fließen
'curgere $\overline{F}$ fig Fluss m
curi'er $\overline{M}$ Kurier m
curie'rat $\overline{N}$ Kurierdienst m
curi'os $\overline{ADJ}$ neugierig; merkwürdig
curiozi'tate $\overline{F}$ Neugier(de) f; Kuriosität f
cur'ma $\overline{VT}$ abbrechen; a-şi ~ viaţa Selbstmord begehen
cur'mală $\overline{F}$ Dattel f
curme'ziş $\overline{ADV}$ quer
'curpen $\overline{M}$ Ranke f
curricu'lar $\overline{ADJ}$ curricular
curs $\overline{N}$ Kurs m; Vorlesung f; Lauf m; Dauer f; ~ de dans Tanzkurs m; ~ de limba germană Deutschkurs m; ~ de limbă Sprachkurs m; ~ de schimb Umrechnungskurs m; ~ intensiv Intensivkurs m; ~ valutar Devisenkurs m; în ~ul zilei im Laufe des Tages; în ~ul săptămânii im Laufe der Woche
cur'sant(ă) $\overline{M/F}$ Kursteilnehmer(in) m(f)
'cursă¹ $\overline{F}$ (Wett)Rennen n; Falle f; Fahrt f; ~ de automobile Autorennen n; ~ de ciclism Radrennen n; ~ regulată Linienflug m; ~ specială Sonderfahrt f
cur'sor $\overline{N}$ IT Cursor m
'cursuri $\overline{NPL}$ Unterricht m; ~ fără frec

C

** venţă** Fernunterricht m

'**curte** F̲ Hof m; ~ **de conturi** Rechnungshof m; ~ **de justiţie** Gerichtshof m; ~ **interioară** Innenhof m

'**curvă** F̲ Hure f

cusă'tură F̲ Naht f

cu'sur N̲ Fehler m, Makel m

'**cută** F̲ Falte f

cute'za V̲T̲ wagen

cu'tie F̲ Schachtel f; Büchse f, Dose f; Kasten m; ~ **de carton** Pappkarton m; ~ **de scrisori** Briefkasten m; ~ **de viteză automată** Automatikschaltung f; ~ **de viteze** Getriebe n, Schaltung f

cutreie'ra V̲T̲ durchwandern

cu'tremur N̲ Erdbeben n

cutremu'ra[1] V̲R̲ a se ~ beben

cu'ţit N̲ Messer n

cu'vânt N̲ Wort n; ~**înainte** Vorwort n; ~ **străin** Fremdwort n; **cuvinte încrucişate** Kreuzworträtsel n

cuvân'tare F̲ Ansprache f, Rede f

cuve'ni V̲R̲ a se ~ zukommen, gebühren; sich gehören

cuve'nit A̲D̲J̲ angemessen; gebührend

cuver'tură F̲ Decke f; ~ **de pat** Bettdecke f

cuviinci'os A̲D̲J̲ höflich; angemessen, angebracht

cuvi'inţă F̲ Anstand m; **a găsi de** ~ für richtig halten

cuvi'os A̲D̲J̲ fromm

CV A̲B̲K̲ Lebenslauf m

'**cursă**[2] F̲ Fahrt f; *alergare* Lauf m; SPORT Rennen n; ~ **ciclistă** Radrennen n

cursi'er M̲ Rennpferd n

cursi'eră F̲ Rennrad n

cur'siv A̲D̲J̲ **1** fließend; *fără întrerupere* laufend **2** TYPO kursiv; **scriere ~ă** Kursivschrift f

cursivi'tate F̲ Flüssigkeit f (*beim Reden*)

cur'ta V̲T̲ umwerben

cur'tean M̲ Höfling m

curte'ancă F̲ Höfling m

curte'nesc A̲D̲J̲ höfisch

curte'nie F̲ Höflichkeit f, Zuvorkommenheit f

curteni'tor A̲D̲J̲ höfisch; *fig* zuvorkommend

curtoa'zie F̲ Höflichkeit f, Zuvorkom-

menheit f

cur'var M̲ *umg* Schürzenjäger m

curvăsă'ri V̲I̲ zügellos leben

'**cuscră** F̲ Schwiegermutter f

'**cuscru** M̲ Schwiegervater m

cus'tode M̲ Aufseher m

custo'die F̲ **1** Aufsicht f **2** JUR Sorgerecht f

cusur'giu A̲D̲J̲ nörgelnd; *umg* motzend

cu'sut A̲D̲J̲ genäht, Näh…; **maşina de ~** Nähmaschine f; ~ **cu aţă albă** leicht zu durchschauen; *fig* aus der Luft gegriffen

'**cuşcă** F̲ Käfig m; ~ **pentru câine** Hundehütte f

cu'şetă F̲ BAHN Liegewagen m

'**cuşmă** F̲ Pelzmütze f

cu'ta A̲ V̲T̲ falten B̲ V̲R̲ a se ~ sich falten, Falten bilden

cuta'nat A̲D̲J̲ Haut…; **corn** n ~ Hauthorn n

cu'tare A̲ INDEF PR der und der; **în ~ zi** an dem und dem Tag B̲ F̲ Faltung f

cu'tat A̲D̲J̲ faltig

cută'rică INDEF PR ⟨*Diminutiv von* cutare⟩ der und der

cute'zanţă F̲ Kühnheit f; *îndrăzneală* Wagemut m

cuteză'tor A̲D̲J̲ kühn

cuti'uţă F̲ Schächtelchen n

cutremu'ra[2] A̲ V̲T̲ schütteln B̲ V̲R̲ a se ~ beben, erzittern

cutremură'tor A̲D̲J̲ erschütternd

cu'tumă F̲ Brauch m, Sitte f; JUR Gewohnheit f

cutumi'ar A̲D̲J̲ gewohnt; *tradiţie* traditionell

'**cuvă** F̲ Schale f

cuvân'ta V̲I̲ & V̲T̲ reden; *limbă* sprechen

cuvântă'tor A̲D̲J̲ redend; *limbă* sprechend

cvadra'tură F̲ Quadratur f; **cvadratura cercului** Quadratur der Kreises

cvadripar'tit A̲D̲J̲ geviertelt

cvadru'pla A̲ V̲T̲ vervierfachen B̲ V̲R̲ a se ~ sich vervierfachen

cvadru'plare F̲ Vervierfachung f

cva'druplu A̲D̲J̲ vierfach

cvar'tal N̲ Quartal n

cvar'tet N̲ Quartett n

cv'asi A̲D̲J̲ INV & A̲D̲V̲ quasi

cvin'tet N̄ Quintett n
cvin'tuplu ADJ fünffach
'cvorum N̄ Quorum n

D

da¹ A V/T geben; schenken; reichen; erteilen; **a ~ de** stoßen auf; **a ~ din cap** nicken; *negativ* den Kopf schütteln; **a ~ drumul** laufen/gehen lassen; **a ~ in foc** überlaufen, überkochen; **a ~ spre/în** hinausgehen nach/in; **a ~ voie** erlauben B V/R **a se ~ bătut** sich geschlagen geben; **a se ~ drept cineva** sich als jemand ausgeben; **a se ~ înapoi** zurücktreten; **a se ~ jos** absteigen, aussteigen; **a-și ~ seama** merken
da² ADV ja, jawohl; **ba ~** doch
d.a. ABK (= după amiază) nachmittags
dac M̄, **'dacă** *hist* F Dazier(in) m(f)
'dacă KONJ wenn; ob
'Dacia *hist* F Dazien n
'dacic ADJ dazisch
dactilo'graf(ă) M/F Schreibkraft f
dactilografi'a V/T mit/auf der Maschine schreiben, tippen
dada'ism N̄ Dadaismus m
'dafin M̄ Lorbeer m
'dală F Fliese f; *placă* Platte f
'dalie F Dahlie f
dal'mat ADJ dalmatisch
dal'matic ADJ dalmatisch
dalmați'an(ă) M/F ZOOL Dalmatiner m
'daltă F Meißel m
dalto'nism N̄ Farbenblindheit f
'damă F Dame f; *șah* Königin f
dam'bla *reg* F Schlaganfall m; *fig* Steckenpferd n
dambla'giu A ADJ MED apoplektisch B M̄, **dambla'gie** F MED Apoplektiker(in) m(f)
damf N̄ Alkoholgeruch m; *umg* Fahne f
dami'geană F Korbflasche f
dam'na V/T verdammen; *tribunal* verurteilen

dam'nabil ADJ schuldig
dam'nat A ADJ verdammt; *tribunal* verurteilt B M̄, **dam'nată** F Verurteilte(r) m/f(m)
'dană F Anlegestelle f
danda'na *umg* F Rummel m *umg*, Spektakel n *umg*
Dane'marca N̄ Dänemark n
da'nez A ADJ dänisch B M̄, **da'neză** F Däne m, Dänin f
dans N̄ Tanz m
dan'sa V/I & V/T tanzen
dansa'tor M̄, **dansa'toare** F Tänzer(in) m(f)
dante'lat ADJ gezahnt; *cu colț* gezackt
dan'telă F Spitze f
dan'tură F Gebiss n
danubi'an ADJ Donau...
dar A KONJ aber B N̄ Geschenk n
darab'ană F (kleine) Trommel f
'dărâmite KONJ umso mehr; *cu atât mai puțin* geschweige denn
'dare F Abgabe f, Steuer f; **~ de seamă** Rechenschaftsbericht m
'darnic ADJ großzügig
dascăl M̄ Lehrer m
dat A N̄ **dat fiind** in Anbetracht B ADJ gegeben; überreicht
da'ta V/T datieren
da'tabil ADJ datierbar
'dată F Datum n; Angabe f; Mal n; **~ a nașterii** Geburtsdatum n; **~ a primirii** Eingangsdatum n; **~ de expirare** Verfallsdatum n; **~ limită** Einsendeschluss m; **date** pl IT Daten pl; **date** pl **personale** Personalien pl
'datină F Sitte f
da'tiv N̄ Dativ m
da'tor ADJ schuldig; verpflichtet
dato'ra V/I schulden, schuldig sein; verdanken
dato'rie F Schuld f; Pflicht f
dato'rită PRÄP dank
da'tornic(ă) M/F Schuldner(in) m(f)
'daună F Schaden m; **daune de mediu** Umweltschäden mpl; **daune fizice** Personenschaden m; **daune materiale** Sachschaden m
dă'dacă F Kindermädchen n
dădă'ceală F Betreuung f; *educație* Erziehung f
dădă'ci V/T betreuen; *educație* erziehen

dăinu'i VII dauern, fortbestehen

dăinui'tor ADJ andauernd, fortwährend

dăltu'i VIT meißeln; *dintr-o perete* ausmeißeln

dăngă'ni VII klingeln

dăngă'nit N Klingeln n

dărăpă'na VR a se ~ baufällig werden, verfallen

dărăpănă'tură F Ruine f; *weitS.* baufälliges Gebäude n

dărî'ma A VIT niederreißen, abreißen B VR a se ~ zusammenfallen

dărîmă'turi FPL Trümmer pl

dărni'cie F Großzügigkeit f

dăru'i A VIT (ver)schenken B VR a se ~ sich hingeben

dăru'ire F (Be)Schenken n; Hingabe f

dăru'it ADJ 1 geschenkt 2 *fig* begabt

dăscă'li VIT belehren

dăscă'lime F Belehrung f

dău'na VII schaden

dăună'tor A ADJ schädlich; ~ sănătății gesundheitsschädlich B M Schädling m

dâmb N Hügel m

'dânsa FSG, **'dânsele** FPL sie

'dânsul MSG er

'dânșii MPL sie

'dâră F Spur f

dârdâ'i VII zittern

dârz ADJ 1 hartnäckig; *copil trotzig* 2 *obrăznicie* dreist

dâr'zenie F 1 Hartnäckigkeit f 2 *obrăznicie* Dreistigkeit f

de PRĂP von; seit; vor; an; für; zu; je; wenn, falls; dass; ~ tot ganz

deal N Hügel m

de-a 'lungul längs, entlang

de-a 'rândul hintereinander

dea'supra A ADV darüber; pe ~ außerdem, darüber hinaus B PRĂP über; oberhalb

deban'dadă F Durcheinander n

deba'ra F Abstellraum m

debara'sa VR a se ~ de loswerden

debara'sare F Entkommen n

debar'ca VII an Land gehen; ausschiffen

debarcade'r N Anlegestelle f; Landungsbrücke f

debar'care F Landung f

de'bil ADJ schwach; ~ mintal schwachsinnig

'debit N Tabakladen m; Menge f; FIN Soll n

debi'tor M, **debi'toare** F Schuldner(in) m(f)

deblo'ca VIT entriegeln

deblo'care F Freigabe f

debor'da VII überlaufen, überfließen

debor'dant ADJ überlaufen

debran'șa VIT unterbrechen; *demisie* niederlegen

debran'șare F 1 Unterbrechung f; *demisie* Niederlegung f 2 *grevă* Streik m

debre'ia VIT kuppeln

debuso'la VIT verunsichern

debuso'lat ADJ verunsichert

debu'șeu N WIRTSCH Absatzmarkt m

de'but N Debüt n

debu'ta VII debütieren

debu'tant A ADJ debütierend B M, **debu'tantă** F Debütant(in) m(f)

de'cadă F Dekade f; *deceniu* Jahrzehnt n

deca'dent ADJ dekadent

deca'dență F Dekadenz f

decafeini'zat ADJ entkoffeiniert

deca'gon N Zehneck n; GEOM Dekagon n

decago'nal ADJ zehneckig

deca'la VIT verschieben

deca'laj N Verschiebung f; ~ orar Zeitverschiebung f

decali'brat ADJ erweitert

deca'litru M Dekaliter m/n

deca'log N Dekalog m

deca'metru M Dekameter m

de'can M Dekan m

deca'nat N Dekanat n

decan'ta VIT 1 dekantieren 2 *lichid tulbure* abgießen

decan'tare F Dekantation f

decapi'ta VIT enthaupten, köpfen

decapitali'za VIT ~ ceva e-r Sache das Kapital entziehen

decapitali'zare F Kapitalentzug m

decapi'tat ADJ enthauptet, geköpft

decapo'tabil ADJ AUTO zurückklappbar; *mașină* f ~ă Cabrio n

de'car M Dekar n

D

decar'ta _vt_ _carte de joc_ ablegen
deca'tlon _N_ Zehnkampf _m_
decă'dea _vi_ verfallen; _fig_ herunterkommen
decă'dere _F_ Untergang _m_, Verfall _m_
de'cât _KONJ_ als
dece'da _vi_ (ver)sterben
dece'dat(ă) _MiF_ Verstorbene(r) _m/f(m)_
de'cembrie _M_ Dezember _m_
de'ceniu _N_ Jahrzehnt _n_
de'cent _ADJ_ dezent
de'cenţă _F_ Anstand _m_
de'cepţie _F_ Enttäuschung _f_
decepţio'na _vt_ enttäuschen
decer'na _vt_ zuerkennen; _distribuţie_ verteilen
decer'nare _F_ (Preis)Verleihung _f_
de'ces _N_ Tod _m_; Todesfall _m_
deci _KONJ_ also, folglich
deci'bel _M_ Dezibel _n_
de'cide _A_ _vt_ entscheiden, beschließen _B_ _vr_ _a se ~_ beschließen
deci'grad _N_ zehntel Grad _n_
deci'gram _N_ Dezigramm _n_
deci'litru _M_ Deziliter _m_
deci'ma _vt_ dezimieren
deci'metru _M_ Dezimeter _m_
de'cis _ADJ_ entschlossen
deci'siv _ADJ_ ausschlaggebend, entscheidend
deci'zie _F_ Beschluss _m_; Entscheidung _f_
decizio'nal _ADJ_ Entscheidungs.., entscheidend
decla'ma _vt_ vortragen; _poezie_ aufsagen
declama'tiv _ADJ_ ausdrucksvoll
decla'maţie _F_ Vortrag _m_, Deklamation _f_
declan'şa _vt_ auslösen
declan'şare _F_ Auslösung _f_
declanşa'tor _N_ Auslöser _m_
decla'ra _A_ _vt_ erklären _B_ _vr_ _a se ~_ sich bekennen
declara'tiv _ADJ_ erklärend
decla'raţie _F_ Erklärung _f_; _~ de impunere_ Steuererklärung _f_; _~ vamală_ Zollerklärung _f_
decla'sa _vt_ herabstufen
decla'sare _F_ Herabstufung _f_
decla'sat _A_ _ADJ_ herabgestuft _B_ _M_, **decla'sată** _F_ Herabgestufte(r) _m/f(m)_
de'clic _N_ Auslöser _m_; _pârghie_ Auslösehebel _m_

de'clin _N_ Untergang _m_
decli'na _vt_ deklinieren
decli'nare _F_ Deklination _f_
de'coct _N_ Extrakt _n_
deco'da _vt_ entschlüsseln, dekodieren
deco'dare _F_ Entschlüsselung _f_, Dekodierung _f_
deco'dor _N_ Decoder _m_
decofeini'zat _ADJ_ entkoffeiniert
deco'la _vi_ FLUG starten, abheben
deco'lare _F_ FLUG Abheben _n_
decolo'ra _A_ _vt_ entfärben; _păr_ bleichen _B_ _vr_ _a se ~_ verblassen
decolo'rant _A_ _M_ Bleichmittel _n_ _B_ _ADJ_ entfärbend; _îmbrăcăminte, păr_ bleichend
decol'tat _ADJ_ dekolletiert, weit ausgeschnitten
decol'teu _N_ Dekolleté _n_; _~ în formă de V_ V-Ausschnitt _m_
decoman'da _vt_ abbestellen
decoman'dat _A_ abbestellt _B_ _cameră_ getrennt begehbar
decom'presie _F_ Druckabfall _m_; TECH Dekompression _f_
decompri'ma _vt_ _A_ dekomprimieren _B_ IT entpacken
deconcer'tant _ADJ_ verwirrend
deconec'ta _A_ _vt_ ausschalten _B_ _vr_ _a se ~_ sich entspannen; IT sich ausloggen
deconec'tare _F_ Ausschalten _n_; Entspannung _f_
deconge'la _vt_ auftauen
deconge'lare _F_ Auftauen _n_
deconsili'a _vt_ _~ pe cineva_ j-m abraten
deconspi'ra _vt_ aufdecken
de'cont _N_ Abrechnung _f_, Verrechnung _f_
decon'ta _vt_ abrechnen, verrechnen
decontami'na _vt_ entseuchen, dekontaminieren
decontami'nare _F_ Entseuchung _f_, Dekontamination _f_
de'cor _N_ Dekor _n_; Bühnenausstattung _f_
deco'ra _vt_ dekorieren; auszeichnen
deco'rare _F_ Dekoration _f_
decora'tiv _ADJ_ dekorativ
decora'tor _M_, **decora'toare** _F_ De-

korateur(in) m(f)

deco'rație F̲ Auszeichnung f; Dekoration f

decre'pit A̲D̲J̲ altersschwach, gebrechlich

decrepi'tudine F̲ Altersschwäche f, Gebrechlichkeit f

de'cret N̲ Erlass m; Verordnung f

decre'ta V̲T̲ verordnen; verhängen

decrip'ta V̲T̲ entschlüsseln

decrip'tare F̲ Entschlüsselung f

decu'pa V̲T̲ ausschneiden

decu'pla V̲T̲ entkoppeln

decu'plare F̲ Entkoppelung f

de'curge V̲I̲ verlaufen

de'curs N̲ Verlauf m; **în ~ul** innerhalb, im Verlauf von

dede'subt A̲D̲V̲ darunter; unten

dede'subtul fig N̲ Hintergrund m

dedi'ca V̲T̲ widmen

dedi'cație F̲ Widmung f

dedu'bla A̲ V̲T̲ verdoppeln; *divizare* spalten B̲ V̲R̲ **a se ~** sich verdoppeln; *divizare* sich spalten

de'duce V̲T̲ folgern, schließen aus

deduc'tiv A̲D̲J̲ folgernd; P̲H̲I̲L̲ deduktiv

de'ducție F̲ (Schluss)Folgerung f

de ex. A̲B̲K̲ (= de exemplu) z. B. (zum Beispiel)

dedu'riza V̲T̲ enthärten

defal'ca V̲T̲ ❶ abziehen ❷ *împărțire* einteilen

defavo'rabil A̲D̲J̲ ungünstig

defavori'za V̲T̲ benachteiligen

defăi'ma V̲T̲ verleumden

defăi'mare F̲ Verleumdung f

defăimă'tor A̲D̲J̲ verleumderisch

defe'cație F̲ Stuhlgang m; M̲E̲D̲ Defäkation f

de'fect A̲ A̲D̲J̲ defekt, fehlerhaft, kaputt B̲ N̲ Schaden m, Fehler m; **meteahnă** Macke f

defec'ta A̲ V̲T̲ kaputt machen B̲ V̲R̲ **a se ~** kaputtgehen

defectu'os A̲D̲J̲ defekt; *cu o greșeală* fehlerhaft

defecți'une F̲ Defekt m; **~ tehnică** Störung f

defen'siv A̲D̲J̲ abwehrend; S̲P̲O̲R̲T̲ defensiv

defen'sivă F̲ Verteidigung f, Abwehr f

defe'rent A̲D̲J̲ respektvoll

defe'ri V̲T̲ ❶ übertragen ❷ *internare* einliefern

defici'ență F̲ Mangel m; **~ imunitară** Immunschwäche f

defi'cit N̲ Defizit n; **~ de aprovizionare** Versorgungslücke f

defi'la V̲I̲ aufmarschieren; M̲I̲L̲ defilieren

defi'lare F̲ Aufmarsch m

defi'leu N̲ G̲E̲O̲G̲ Engpass m

defi'ni V̲T̲ definieren

defini'tiv A̲D̲J̲ endgültig, definitiv; **în ~** schließlich

definiti'va V̲T̲ endgültig abschließen

defini'toriu A̲D̲J̲ bestimmend, definierend

defi'niție F̲ Definition f

defla'grație F̲ Verpuffung f

de'flație F̲ F̲I̲N̲ Deflation f

deflo'ra V̲T̲ entjungfern

defor'ma V̲T̲ verformen

defor'mare F̲ Verformung f

defri'șa V̲T̲ roden

defri'șare F̲ Rodung f

defu'la V̲T̲ abreagieren; *descărcare* entladen

defu'lare F̲ P̲S̲Y̲C̲H̲ Abreaktion f; *descărcare* Entladung f

de'funct A̲ A̲D̲J̲ verstorben B̲ M̲, de'functă F̲ Verstorbene(r) m/f(m)

dega'ja V̲T̲ ausströmen; freimachen

dega'jare F̲ ❶ Ausströmung f; *eliberare* Freiwerden n ❷ S̲P̲O̲R̲T̲ *fotbal* Befreiungsschlag m

dega'jat fig A̲D̲J̲ ungezwungen

de'geaba A̲D̲V̲ umsonst, vergebens

degene'ra V̲I̲ degenerieren

degene'rare F̲ Degeneration f

dege'ra V̲I̲ erfrieren

degeră'tură F̲ Erfrierung f; *umflătură* Frostbeule f

'deget N̲ Finger m; **~ arătător** Zeigefinger m; **~ de la picior** Zehe f

dege'tar N̲ Fingerhut m

deghi'za V̲R̲ **a se ~** sich verkleiden

degi'vra V̲T̲ abkratzen; *lichid* abwischen

degi'vrare F̲ Abkratzen n (*von Eis*)

deglu'tiție F̲ Schlucken n

de'grabă A̲D̲V̲ rasch; **mai ~** eher; lieber

degra'da A̲ V̲T̲ degradieren, herab-

D

setzen **B** V/R a se ~ herunterkommen
degra'dabil ADJ abbaubar
degra'dant ADJ erniedrigend, entwürdigend
degra'dat ADJ **1** degradiert, erniedrigt **2** AGR unfruchtbar
degra'de N Farbverlauf m
degre'sa V/T entfetten
degre'sat ADJ **lapte** n ~ fettarme Milch
degre'va V/T entlasten
degus'tare F ~ **de vinuri** Weinprobe f
deîmpăr'tit N MATH Dividend m
deînmul'țit N MATH Multiplikand m
de'ja ADV bereits, schon
de'jecție F **1** Stuhlgang m **2** noroi Kot m **3** apă uzată Abwasser n
deju'ca V/T vereiteln
de'jun N Mittagessen n; **micul** ~ Frühstück n
delapi'da V/T veruntreuen, unterschlagen
delapi'dare F Veruntreuung f, Unterschlagung f
dela'tor **A** ADJ angeberisch **B** M, **dela'toare** F Angeber(in) m(f)
delați'une F Anzeige f
delă'sare F Gleichgültigkeit f, Nachlässigkeit f
'delco N AUTO Zündverteiler m
delec'ta V/R a se ~ **cu** sich ergötzen an
dele'ga V/T abordnen; entsenden
dele'gat(ă) M/F Abgeordnete(r) m/f(m); Delegierte(r) m/f(m)
dele'gație F Delegation f
del'fin M Delphin m
delibe'ra V/I beraten
delibe'rare F Beratung f
deli'cat ADJ zart; heikel
delica'tesă F Delikatesse f
delica'tese FPL Feinkostgeschäft n
delica'tețe F Zartheit f, Feingefühl n
delici'os ADJ köstlich; lecker
de'liciu N (Hoch)Genuss m
de'lict N Straftat f; Delikt n
delimi'ta V/T begrenzen, abgrenzen
delimi'tare F Abgrenzung f; **bandă de** ~ Absperrband n
delin'cvent(ă) M/F Verbrecher(in) m(f), Straffällige(r) m/f(m)
de'lir N MED Delirium n

deli'ra V/I irrereden; MED im Delirium sein
de'loc ADV überhaupt nicht, gar nicht
deltapla'nare F Gleitschirmfliegen n
deltapla'nism N Drachenfliegen n
'deltă F Delta n; **Delta Dunării** f Donaudelta n
delta'plan N SPORT (Flug)Drache m
delu'ros ADJ hügelig
demachi'a V/T abschminken
demachi'ant ADJ **lapte** n ~ Reinigungsmilch f
dema'gog **A** ADJ pej demagogisch **B** M, **demago'gie** F pej Demagog(in) m(f)
dema'ra V/T anfahren; a. fig starten
dema'raj N Anlaufen n; Starten n
demar'ca **A** V/T abgrenzen **B** V/R a se ~ sich abgrenzen
demar'care F Abgrenzen n
demar'cație F Abgrenzung f
dema'ror N Anlasser m
demas'ca V/T entlarven
de'ment **A** ADJ wahnsinnig **B** M, **de'mentă** F Wahnsinnige(r) m/f(m)
de'mență F MED Demenz f; MED ~ **senilă** Altersdemenz f
demenți'al ADJ MED demenziell, Demenz...
de'mers fig N Vorgehen n
deminerali'zat ADJ entmineralisiert
demipensi'une F Halbpension f
demi'sec ADJ halbtrocken
de'misie F Rücktritt m
demisio'na V/I zurücktreten
demisio'nar ADJ zurücktretend, abdankend
demi'sol N Tiefparterre n, Souterrain m/n
de'mite V/T des Amtes entheben
demiti'za V/T entzaubern
demn ADJ würdig; würdevoll
demni'tar(ă) M/F Würdenträger(in) m(f)
demni'tate F Würde f
demo'crat **A** ADJ demokratisch **B** M, **demo'crată** F Demokrat(in) m(f)
democra'ție F Demokratie f
demo'da V/R a se ~ aus der Mode kommen
demo'dat ADJ altmodisch
demo'grafic ADJ demografisch

D

demogra'fie F̲ Demografie f
demo'la V̲T̲ abreißen
'demon Ⓐ M̲ Dämon m Ⓑ A̲D̲J̲ dämonisch
de'monic A̲D̲J̲ Dämonin
demon'stra V̲T̲ demonstrieren
demonstra'tiv A̲D̲J̲ demonstrativ; LING **pronume ~** n Demonstrativpronomen n
demon'strație F̲ Demonstration f
demon'ta V̲T̲ demontieren, abmontieren
demorali'za V̲T̲ demoralisieren
demorali'zare F̲ Entmutigung f, Demoralisierung f
de'mult A̲D̲V̲ vor langer Zeit; **mai ~** einst, früher
denatu'ra V̲T̲ entstellen; verfälschen; **~ faptele** Tatsachen verdrehen
denatu'rare F̲ Entstellung f; BIOL, CHEM Denaturierung f
dendro'logic A̲D̲J̲ dendrologisch
deni'gra V̲T̲ verleumden; umg pej anschwärzen
denive'lare F̲ Unebenheit f
deno'ta V̲T̲ zeugen von
dens A̲D̲J̲ dicht
densi'tate F̲ Dichte f
den'tist(ă) M̲F̲ Zahnarzt m, Zahnärztin f
den'tiție F̲ Zahnen n; MED Dentition f
denu'mi V̲T̲ bezeichnen
denu'mire F̲ Bezeichnung f
de'nunț N̲ Anzeige f
denun'ța V̲T̲ anzeigen
denunță'tor M̲, **denunță'toare** F̲ Denunziant(in) m(f) pej
deoare'ce K̲O̲N̲J̲ weil, da; denn
deocam'dată A̲D̲V̲ vorläufig
deo'chea V̲T̲ verhexen, verzaubern
deo'cheat A̲D̲J̲ ❶ verhext, verzaubert ❷ indecență unanständig
de'ochi N̲ Verzauberung f
deo'dată A̲D̲V̲ plötzlich, auf einmal
deodo'rant N̲ Deo(dorant) n; **~ cu bilă** Deoroller m; **~ spray** Deospray n
deo'parte A̲D̲V̲ beiseite; abseits
deopo'trivă A̲D̲V̲ gleich
deose'bi V̲T̲ unterscheiden
deose'bire F̲ Unterschied m
deose'bit A̲D̲J̲ unterschiedlich, verschieden; **~ de** besonders

depa'na V̲T̲ reparieren; wieder in Gang bringen; AUTO abschleppen
depa'nare F̲ **serviciu** f **de ~** Abschleppdienst m
deparazi'ta V̲T̲ entlausen
departa'jare F̲ Entscheidung f
departa'ment N̲ Abteilung f; **~ comercial** (od de vânzări) Vertriebsabteilung f
de'parte A̲D̲V̲ weit, fern; **mai ~** weiter (-hin); **nu ~** unweit; **și așa mai ~** und so weiter
depă'na V̲T̲ (ab)wickeln; **pe un mosor** (auf)wickeln
depăr'ta V̲R̲ **a se ~** sich entfernen
depăr'tare F̲ Ferne f; Entfernung f
depăr'tat A̲D̲J̲ entfernt
depă'și V̲T̲ überschreiten; überbieten; überholen; cont überziehen
depă'șire F̲ Überschreitung f; Überbietung f; Überholen n; **~a interzisă** Überholverbot n
depă'șit A̲D̲J̲ überholt
depen'dent A̲D̲J̲ abhängig; **~ de droguri** drogenabhängig; **~ de heroină** heroinsüchtig; **~ de stupefiante** rauschgiftsüchtig
depen'dență F̲ Abhängigkeit f
depen'dință F̲ Nebenraum m
de'peșă F̲ Telegramm n
depi'la V̲T̲ & V̲R̲ **a (se) ~** (sich) enthaaren
depi'lare F̲ Enthaarung f
depila'tor N̲ Enthaarungsmittel n
de'pinde V̲I̲ abhängen; **a ~ de cineva/ceva** von j-m/etw abhängen; auf j-n/etw angewiesen sein; **~!** es kommt darauf an!, je nachdem!
depis'ta V̲T̲ aufspüren
depis'tare F̲ Aufspürung f; **~ precoce** f Früherkennung f
depla'sa Ⓐ V̲T̲ verschieben, verlagern; PFLEGE verlegen Ⓑ V̲R̲ **a se ~** dienstlich (ver)reisen
depla'sare F̲ Verschiebung f; Verlagerung f; PFLEGE Verlegung f; **~ în interes de serviciu** Dienstreise f
de'plânge V̲T̲ beklagen
depli'a V̲T̲ gerade machen, begradigen
depli'ere F̲ Begradigung f
de'plin A̲D̲J̲ vollkommen; völlig
deplină'tate F̲ Vollkommenheit f

deplo'rabil ADJ beklagenswert; bedauernswert; **stare** *f* **~ă** erbärmlicher Zustand *m*

depoliti'za VIT entpolitisieren

depoliti'zat ADJ entpolitisiert

depolu'a VIT säubern

depolu'ant ADJ säubernd

depo'nent A ADJ hinterlegt B M. LING Deponens *n* C M. **depo'nentă** F WIRTSCH Hinterleger(in) *m(f)*, Deponent(in) *m(f)*

depopu'la A VIT entvölkern B V/R **a se ~ sich** entvölkern

depopu'lare F Entvölkerung *f*

depor'ta VIT verschleppen, deportieren

depor'tare F Verschleppung *f*, Deportation *f*

depor'tat A ADJ verschleppt, deportiert B M. **depor'tată** F Verschleppte(r) *m/f(m)*, Deportierte(r) *m/f(m)*

depose'da VIT enteignen

de'pou N Depot *n*; *hală* Halle *f*

de'pozit N Lager *n*, Lagerraum *m*; **~ bancar** Depot *n*; **~ de gunoi** Mülldeponie *f*; **~ la termen** Festgeld *n*

depozi'ta VIT (ab)lagern

depozi'tare F Lagerung *f*; *păstrare* Aufbewahrung *f*

depo'ziţie F (Zeugen)Aussage *f*

depra'vat ADJ verdorben, korrupt

depreci'a A VIT abwerten B V/R **a se ~ sich** abwerten

deprecia'tiv ADJ abschätzig; *dispreţuitor* verächtlich

depreci'ere F Abwertung *f*; *devalorizare* Entwertung *f*

de'presie F, **depresi'une** F Depression *f*; **depresiune atmosferică** Tief *n*

depre'siv ADJ depressiv

depresuri'za VIT verstimmen

depri'ma VIT deprimieren

depri'mant ADJ entmutigend, deprimierend

depri'mat ADJ deprimiert

de'prinde VIT & V/R **a (se) ~ cu** (sich) gewöhnen an

de'prindere F Gewohnheit *f*; Fertigkeit *f*

depu'nător M, **depu'nătoare** F Einzahler(in) *m(f)*

depunc'ta VIT **~ pe cineva** j-m Punkte abziehen

depunc'tare F Punktabzug *m*

de'pune A VIT ablegen, (hinter)legen; einzahlen; *cerere* einreichen B V/R **a se ~ sich** absetzen

de'punere F Einlage *f*, Einzahlung *f*; Absatz *m*; Ablagerung *f*

depu'tat(ă) M(F) Abgeordnete(r) *m/f(m)*; **~(ă) european(ă)** Europaabgeordnete *m(f)*

dera'ia VIT entgleisen

dera'iere F Entgleisung *f*

de'ranj N Störung *f*; Unordnung *f*

deran'ja A VIT stören; verderben B V/R **a se ~ sich** bemühen; sich stören lassen

deranja'ment N Störung *f*; **~ stomacal** Magenbeschwerden *pl*

dera'pa VII AUTO schleudern

dera'paj N Schleudern *n*

derati'za VIT von Ratten befreien

derati'zare F Rattenbekämpfung *f*

de'râdere F Spott *m*; *dispreţ* Hohn *m*

derbe'deu M Lümmel *m*

derde'luş N Schlittenbahn *f*

dere'gla VIT stören

deri'va VIT ableiten; umleiten

deri'vare F Herleitung *f*

deri'vaţie F Ableitung *f*; Umleitung *f*

de'rivă F Abweichung *f*; *unghi* Winkel *m*

derizi'une F Spott *m*; *dispreţ* Hohn *m*

deri'zoriu ADJ lächerlich

dermatog'raf N Schminkstift *m*

dermato'log(ă) M(F) Hautarzt *m*, Hautärztin *f*

dermatolo'gie F MED Dermatologie *f*

dero'ga VII abweichen

dero'gare F Abweichung *f*

deru'la A VIT ausrollen; *desfăşurare* auswickeln B V/R **a se ~ sich** ausrollen; *desfăşurare* sich auswickeln

deru'ta VIT verwirren

deru'tat ADJ verwirrt

de'rută F Verwirrung *f*

des A ADJ dicht B ADVL oft, häufig

de'sant N Luftlandetruppe *f*

desă'ra VIT entsalzen

desăvâr'şi VIT vollenden; vervollkommnen

desăvâr'şit ADJ vollkommen

D

descalifi'ca¹ *VT* disqualifizieren

descalifi'ca² *A* *VT* SPORT disqualifizieren, ausschließen *B* *VR* **a se ~** sich disqualifizieren

descarce'ra *VT* bergen, retten

descarce'rare *F* Bergung *f*, Rettung *f*

descăl'ţa *A* *VT* **a ~ pe cineva** j-m die Schuhe ausziehen *B* *VR* **a se ~** (sich) die Schuhe ausziehen

descăr'ca *A* *VT* abladen, ausladen; IT herunterladen *B* *VR* **a se ~** sich entladen

descăr'care *F* Abladung, Ausladung *f*; Entladung *f*; IT Herunterladen *n*

descăr'nat *ADJ* sehr dünn; *os* knochig

descătu'şa *A* *VT* entfesseln *B* *VR* **a se ~** sich entfesseln

descătu'şare *F* Entfesselung *f*

descă'zut *N* MATH Minuend *m*

descâl'ci *VT* glätten

descân'ta *VT* hexen

des'cântec *N* Zauberspruch *m*

descen'dent *A* *ADJ* fallend, absteigend *B* *M* Nachkomme *m*

descen'denţă *F* Nachkommenschaft *f*

descen'tra *A* *VT* TECH von der Mitte entfernen *B* *VR* TECH **a se ~** sich von der Mitte entfernen

descentrali'za *VT* dezentralisieren

descentrali'zare *F* Dezentralisation *f*

desche'ia *A* *VT* aufknöpfen *B* *VR* **a se ~ (la)** aufmachen

des'chide *A* *VT* (er)öffnen, aufmachen; aufdrehen; einschalten *B* *VR* **a se ~** sich öffnen; aufgehen

des'chidere *F* Eröffnung *f*, Öffnung *f*

des'chis *ADJ* offen

deschiză'tor *A* *M*, **deschiză'toare** *F* Wegbereiter(in) *m(f)*; *umg* Vorreiter(in) *m(f)* *B* *N* Öffner *m*; **~ de conserve** Dosenöffner *m*; **~ de sticle** *n* Flaschenöffner *m*

deschiză'tură *F* Öffnung *f*

desci'fra *VT* entziffern

des'cinde *VI* eine Hausdurchsuchung machen; **a ~ din** abstammen von

des'cindere *F* Hausdurchsuchung *f*

des'coase *VT* auftrennen, abtrennen; *fig* befragen, aushorchen

descom'pune *A* *VT* zerlegen; zersetzen *B* *VR* **a se ~** zerfallen; verwesen

descom'pus *ADJ* zerlegt; *cadavru* zersetzt, verwest

descongestio'na *VT* entlasten

descongestio'nare *F* Entlastung *f*

desconside'ra *VT* missachten

desconside'rare *F* Missachtung *f*

descope'ri *VT* entdecken; aufdecken

descope'rire *F* Entdeckung *f*

descotoro'si *VR* **a se ~ de** loswerden

descreie'rat *ADJ* durchgedreht, irrsinnig

descrescă'tor *ADJ* abnehmend

des'creşte *VI* abnehmen

descre'ţi *VT* glätten

des'crie *VT* beschreiben; schildern

des'criere *F* Beschreibung *f*; Schilderung *f*

descrip'tiv *ADJ* beschreibend, schildernd

descu'ia *VT* aufschließen

des'cult *ADJ* barfuß

descumpă'ni *A* *VT* aus der Fassung bringen; verwirren *B* *VR* **a se ~** aus der Fassung geraten

descumpă'nit *ADJ* verwirrt, aus der Fassung geraten

descura'ja *VT* entmutigen

descura'jat *ADJ* entmutigt

descur'ca *A* *VT* entwirren *B* *VR* **a se ~** sich zurechtfinden

descur'căreţ *ADJ* beschlagen

de'seară *ADV* heute Abend

dese'ca *VT* entwässern, trockenlegen

desem'na *VT* bestimmen; bezeichnen

desem'nare *F* Bestimmung *f*, Ernennung *f*

de'sen *N* Zeichnung *f*; Zeichnen *n*; Entwurf *m*; **~ animat** Cartoon *m/n*; **caiet** *n* **de ~** Zeichenheft *n*; **(film** *n* **de) ~e animate** Zeichentrickfilm *m*

dese'na *VT* zeichnen

desena'tor *M*, **desena'toare** *F* Zeichner(in) *m(f)*

desensibili'za *VT* MED desensibilisieren

'deseori *ADV* oft

de'sert *N* Dessert *n*

deser'vi *VT* bedienen

deser'viciu *N* Bedienung *f*; *aprovizionare* Versorgung *f*

deser'vire *F* Erschließung *f*

des'face ⬛ VͥT zerlegen; öffnen; JUR aufheben; HANDEL umsetzen, absetzen ⬛ VR̅ a se ~ sich (auf)lösen

des'facere F̅ HANDEL Umsatz m, Absatz m

desfăcă'tor N̅ Öffner m

desfăşu'ra ⬛ VͥT entfalten ⬛ VR̅ a se ~ sich entfalten; sesiune stattfinden

desfăşură'tor N̅ Entfaltung f, Entwicklung f

desfă'ta ⬛ VͥT amüsieren ⬛ VR̅ a se ~ Spaß haben

desfă'tare F̅ Vergnügen n

desfă'ţa VͥT 🅝 öffnen 🅑 etalare ausstellen

desfigu'ra VͥT entstellen, verunstalten

desfigu'rare F̅ Entstellung f, Verunstaltung f

desfiin'ţa VͥT abschaffen; auflösen

desfiin'ţare F̅ Auflösung f; abolire Abschaffung f

desfrâ'nat ADJ ausschweifend; zügellos

des'frâu N̅ Ausschweifung f

desfrun'zit ADJ entblättert

desfun'da ⬛ VͥT 🅝 öffnen 🅑 dop entkorken 🅒 cu lichid aufweichen ⬛ VR̅ a se ~ sich aufweichen; stradă unbefahrbar werden

desfun'dare F̅ 🅝 Öffnung f 🅑 dop Entkorken n 🅒 cu lichid Aufweichung f

desfun'dat ADJ 🅝 entkorkt 🅒 cu lichid aufgeweicht

deshă'ma VͥT ausspannen

deshidra'ta VR̅ a se ~ austrocknen

deshidra'tare F̅ Austrocknung f

deshu'ma VͥT cadavru ausgraben

deshu'mare F̅ cadavru Ausgrabung f

desigi'la VͥT entsiegeln

de'sigur ADV gewiss, sicher

de'sime F̅ Dichte f

desincroni'zare F̅ Desynchronisierung f

desi'nenţă F̅ GRAM Endung f

de'siş N̅ Dickicht n

deslu'şi VͥT unterscheiden; entziffern

deslu'şit ADJ deutlich

desolidari'za VR̅ a se ~ sich entsolidarisieren

desolidari'zare F̅ Entsolidarisierung f

despache'ta VͥT auspacken

despădu'ri VͥT abholzen

despădu'rire F̅ Abholzung f

despăgu'bi VͥT entschädigen

despăgu'bire F̅ Entschädigung f; Schadenersatz m

despăr'ţi ⬛ VͥT trennen ⬛ VR̅ a se ~ sich trennen; sich scheiden lassen

despăr'ţire F̅ Trennung f; Abschied m; Scheidung f; ~ în silabe Silbentrennung f

despărţi'tor ADJ trennend, Trenn...; perete m despărţitor Trennwand f

despătu'ri VͥT auseinanderfalten

despere'cheat ADJ BIOL unpaar; fig unvollständig; separare getrennt

despi'ca ⬛ VͥT spalten ⬛ VR̅ a se ~ splittern

desple'ti ⬛ VͥT auflösen ⬛ VR̅ a se ~ aufgehen

desple'tit ADJ aufgelöst, aufgegangen

despodo'bi VͥT ornament entfernen

'despot M̅ Gewalt f; bun-plac Willkür f

des'potic ADJ gewalttätig; bun-plac willkürlich

'despre PRÄP über; von

des'prinde ⬛ VͥT loslösen ⬛ VR̅ a se ~ abfallen

des'prindere F̅ Ablösung f; dezlănţuire Loslösung f

despropietă'ri VͥT enteignen

despropietă'rire F̅ Enteignung f

despu'ia ⬛ VͥT (nackt) ausziehen ⬛ VR̅ a se ~ sich (nackt) ausziehen

destabili'za ⬛ VͥT destabilisieren ⬛ VR̅ a se ~ sich destabilisieren

destabili'zare F̅ Destabilisierung f

destabiliza'tor ADJ destabilisierend

destăinu'i ⬛ VͥT verraten; descoperire enthüllen ⬛ VR̅ a se ~ sich anvertrauen

destăinu'ire F̅ Enthüllung f

des'tin N̅ Schicksal n

desti'na VͥT bestimmen

destina'tar(ă) M̅F̅ Empfänger(in) m(f)

desti'naţie F̅ Bestimmung f; Bestimmungsort m; Ziel n

des'tinde VR̅ a se ~ sich entspannen, sich erholen

des'tindere F̅ Entspannung f; Beruhigung f

destitu'i VͥT absetzen

destitu'ire F̅ Amtsenthebung f

D

des'toinic ADJ tüchtig

destoini'cie F Tüchtigkeit f

destrăbă'la VR a se ~ sich zügellos verhalten

destrăbă'lare F Zügellosigkeit f

destrăbă'lat ADJ zügellos

destrá'ma A VT auftrennen B VR a se ~ zerfallen

destră'mare fig F Zerfall m

destruc'tiv ADJ zerstörerisch

des'tul ADV genug; ~ de ziemlich, recht

destu'pa VT öffnen, entkorken

destupă'tor N Öffner m

desu'et ADJ altmodisch, überholt

desue'tudine F a cădea în ~ außer Gebrauch kommen

deszăpe'zi VT zăpadă räumen, schaufeln

deszăpe'zire F Schneeräumung f

deșăn'țare F fig Ausschweifung f

deșăn'țat ADJ ausschweifend; imprecizie ungenau

de'șert A ADJ wüst B N Wüste f

deșer'ta VT (aus)leeren

deșertăci'une F Eitelkeit f, Nutzlosigkeit f, Wertlosigkeit f

deșertifi'ca VR a se ~ zur Wüste werden

deșertifi'care F GEOG Desertifikation f

de'șeu N Abfall m; ~ri organice Biomüll m; ~ri radioactive Atommüll m; ~ri toxice Sondermüll m, Giftmüll m

de'și KONJ obwohl

deși'ra A VT auftrennen; derulare abwickeln B VR a se ~ sich (ab)lösen

deși'rare F Auftrennung f

deș'tept ADJ klug, gescheit

deștep'ta A VT (auf)wecken B VR a se ~ aufwachen

deșteptăci'une F Klugheit f

deștep'tător N (ceas n) ~ Wecker m

deșu'cheat ADJ verrückt; carnaval närrisch

deșuru'ba VT abschrauben, aufschrauben

detali'at ADJ detailliert, ausführlich

de'taliu N Detail n, Einzelheit f

detar'tra VT säubern; ~ dinții mpl Zahnstein entfernen

detar'traj N Zahnsteinentfernung f

detar'trant N WC-Reiniger m

deta'șa VT loslösen, abtrennen; (zeitweilig) versetzen

deta'șabil ADJ abtrennbar

detașa'ment N MIL Kommando n

deta'șare F 1 Ablösung f 2 separare Abtrennung f, Loslösung f

detec'ta VT auffinden; a urmări pe cineva aufspüren

detec'tabil ADJ auffindbar

detec'tiv(ă) MF Detektiv(in) m(f)

detec'tor N Detektor m; ~ de fum n Rauchmelder m

de'tecție F Feststellen n; urmărire Aufspüren n

detensio'na VT entschärfen

detensio'nare F Entschärfung f

de'tentă F 1 Ausbreitung f 2 săritură Sprungkraft f

de'tenție F Haft f; ~ preventivă Untersuchungshaft f

deter'gent M Waschmittel n, Waschpulver n; ~ de vase (Geschirr)spülmittel n

deterio'ra VT beschädigen; verschlechtern

deterio'rare F Beschädigung f; Verschlechterung f

determi'na VT bestimmen; veranlassen; bewirken

determi'nant ADJ ausschlaggebend; bestimmend

determi'nare F 1 Festlegung f 2 hotărâre Entschlossenheit f

detes'ta VT verabscheuen

detes'tabil ADJ abscheulich

deto'na A VT zur Explosion bringen B VR a se ~ explodieren, detonieren

deto'nare F Explosion f, Detonation f

detona'tor N (Spreng)Zünder m

detrac'ta VT ausheben

detrac'tare F Aushebung f

detri'ment N în ~ul cuiva zu j-s Nachteil

detur'na VT veruntreuen; entführen

detur'nare F Unterschlagung f

deți'nător M, deținắ'toare F Besitzer(in) m(f), Inhaber(in) m(f); ~ al puterii Machthaber m; ~ al titlului Titelverteidiger m

de'ține VT besitzen; gefangen halten

deți'nut(ă) MF Häftling m

D

de'unăzi *umg* ADV kürzlich, neulich
de'vale *umg* ADV talwärts; *in jos* abwärts
devalori'za VT entwerten
devalori'zare F Entwertung f
de'vans N Überholung f
devan'sa VT überholen; *întrece* übertreffen
devas'ta VT verwüsten
devasta'tor ADJ verheerend
develo'pa VT FOTO entwickeln
develo'pare F FOTO Entwicklung f
deve'ni VI werden
deve'nire F Werden n; *dezvoltare* Entwicklung f
dever'sa VT ausschütten
dever'sare F Ausschüttung f
devi'a VT abweichen; ableiten, umleiten
devi'ație F Abweichung f; Umleitung f
devi'ere F Abweichung f
deviru'sa VT IT von Viren befreien
deviru'sare F IT Virenentfernung f
devitali'za VT MED devitalisieren
devitali'zare F MED Devitalisation f
de'viz N Kostenvoranschlag m
de'viză F Wahlspruch m; Devise f
de'vize PL FIN Devisen pl
devo'ra VT verschlingen
devora'tor ADJ verschlingend
devota'ment N Hingabe f; Ergebenheit f
devo'tat ADJ ergeben; selbstlos
de'vreme ADV früh
dexteri'tate F Geschicklichkeit f
dex'troză F Traubenzucker m
dezabu'ri *abur* entfernen; *cu mâna, o cârpă* wegwischen
deza'cord N Missklang m; *fig* Uneinigkeit f
dezacor'dat ADJ MUS verstimmt
dezacti'va VT deaktivieren; *închidere* abschalten
dezacti'vare F Deaktivierung f; *închidere* Abschaltung f
dezafec'ta VT stilllegen
dezafec'tat ADJ stillgelegt
dezagre'abil ADJ unangenehm
dezagre'ga A VT zersetzen B VR a se ~ sich zersetzen; zerfallen
dezagre'gare F Zersetzung f; Zerfall

m
dezalcooli'zare F Alkoholentzug m
dezamă'gi VT enttäuschen
dezamă'gire F Enttäuschung f
dezamăgi'tor ADJ enttäuschend
dezamba'la VT auspacken
dezambigui'za VT verdeutlichen
dezamor'sa VT MIL entschärfen
dezapro'ba VT missbilligen
dezapro'bare F Missbilligung f
dezar'ma VT entwaffnen; abrüsten
dezar'mare F Entwaffnung f; Abrüstung f; ~ nucleară atomare Abrüstung
dezar'mat ADJ unbewaffnet
de'zastru N Unheil n
dezastru'os ADJ verheerend
dezavan'taj N Nachteil m
dezavanta'ja VT benachteiligen
dezavanta'jos ADJ nachteilig; ungünstig
dezavu'a VT missbilligen
deza'xat ADJ ¶ aus der Achse gekommen ② *fig* übergeschnappt
dez'bate VT erörtern, debattieren
dez'batere F Erörterung f, Debatte f
dezbă'ra VR a se ~ sich abgewöhnen
dezbi'na VT entzweien
dezbi'nare F Zwietracht f
dezbră'ca VT & VR a (se) ~ (sich) ausziehen
dezbră'cat ADJ ausgezogen, nackt
dezechili'bra A VT aus dem Gleichgewicht bringen B VR a se ~ das Gleichgewicht verlieren
dezechili'brat *fig* ADJ verstört
dezechili'bru N Gleichgewichtsstörung f; Unausgeglichenheit f
dezechi'pa VR a se ~ Ausrüstung ablegen
dezer'ta VT desertieren
dezer'tor M, dezer'toare F MIL Fahnenflüchtige(r) m/f(m)
dez'ghet N Tauwetter n
dezghe'ța A VT schmelzen, (auf)tauen B VR a se ~ tauen
dezghe'țat ADJ aufgetaut
dezgo'li A VT entblößen B VR a se ~ sich entblößen
dezgro'pa VT ausgraben
dez'gust N Ekel m
dezgustă'tor ADJ Ekel erregend; abscheulich

de'zice V̅R̅ **a se ~ de** sich lossagen von

dezide'rat N̅ Anliegen n; Wunsch m

dezi'luzie F̅ Enttäuschung f

deziluzio'na V̅T̅ enttäuschen

dezincrimi'na V̅T̅ entlasten

dezinfec'ta V̅T̅ desinfizieren

dezinfec'tant N̅ MED, PFLEGE Desinfektionsmittel n

dezin'fecţie F̅ Desinfektion f

dezinfor'ma V̅T̅ falsch informieren

dezinhi'bat ADJ enthemmt

dezin'secţie F̅ Insektenbekämpfung f

dezinsta'la V̅T̅ IT deinstallieren

dezintegra V̅R̅ **a se ~** zerfallen

dezinte'grare F̅ PHYS Spaltung f; Zerfall m

dezinte'res N̅ Desinteresse n

dezintere'sat ADJ selbstlos; gleichgültig

dezintoxi'care F̅ Entgiftung f

dezin'volt ADJ ungezwungen, ungehemmt

dezinvol'tură F̅ Ungezwungenheit f

dezi'rabil ADJ begehrenswert

dezlănţu'i A̅ V̅T̅ entfachen B̅ V̅R̅ **a se ~** toben

dezlănţu'ire F̅ Entfachung f, Entfesselung f; vulcan Ausbruch m

dezlâ'nat ADJ zusammenhanglos

dezle'ga V̅T̅ aufbinden; (auf)lösen

dezli'pi V̅T̅ abtrennen; loslösen

dez'măţ N̅ Ausschweifung f

dezmă'ţat ADJ ausschweifend

dezmem'bra V̅T̅ zergliedern; corp zerstückeln

dezmem'brare F̅ Zergliederung f; corp Zerstückelung f

dezmeti'ci A̅ V̅T̅ ernüchtern B̅ V̅R̅ **a se ~** nüchtern werden; zur Besinnung kommen

dezmier'da V̅T̅ streicheln

dezmier'dare F̅ Streicheln n

dezmin'ţi V̅T̅ dementieren

dezmin'ţire F̅ Dementi n

dezmor'ţi A̅ V̅T̅ gelenkig machen B̅ V̅R̅ **a se ~** gelenkig werden; dezgheţare auftauen; a-şi ~ picioarele sich die Beine vertreten

dezmor'ţire F̅ 1 Gelenkigkeit f 2 dezgheţare Auftauen n

dezmoşte'ni V̅T̅ enterben

deznădăjdu'it ADJ verzweifelt

deznă'dejde F̅ Verzweiflung f

dezno'da V̅T̅ aufknüpfen, entknoten

dezno'dat ADJ aufgeknüpft, entknotet

deznodă'mânt N̅ Ergebnis n; Lösung f; THEAT ~ **tragic** tragisches Ende n

dezobişnu'i V̅R̅ **a se ~ de ceva** sich etw abgewöhnen

dezodori'za V̅T̅ Geruch beseitigen von; cu deodorant deodorieren

dezodori'zant N̅ Raumspray m/n

dezo'lant ADJ trostlos

dezo'lat ADJ betrübt, untröstbar

dezo'noare F̅ Entwürdigung f; ruşine Schande f

dezono'ra V̅T̅ entwürdigen; profanare schänden

dezono'rant ADJ entwürdigend

dez'ordine F̅ Unordnung f

dezordo'nat ADJ unordentlich

dezorgani'zare F̅ Desorganisation f

dezorgani'zat ADJ unorganisiert

dezorien'ta V̅T̅ verwirren

dezorien'tat ADJ verwirrt, verunsichert

dezo'sa V̅T̅ entbeinen; peşte entgräten

dezo'sat ADJ entbeint; peşte entgrätet

dezrădăci'na V̅T̅ entwurzeln

dezrădăci'nat ADJ entwurzelt

dezrăsu'ci A̅ V̅T̅ (auf)lösen B̅ V̅R̅ **a se ~** sich (auf)lösen

dezrăsu'cit ADJ (auf)lösend

dezro'bi V̅T̅ befreien

dezro'bire F̅ Befreiung f

dezumani'za V̅T̅ entmenschlichen

dezumani'zat ADJ entmenschlichend

dezum'fla A̅ V̅T̅ entleeren B̅ V̅R̅ **a se ~** sich entleeren; umflătură abschwellen

dezum'flat ADJ luftleer

dezvălu'i V̅T̅ enthüllen

dezvălu'ire F̅ Enthüllung f

dezvă'ţa A̅ V̅T̅ abgewöhnen B̅ V̅R̅ **a se ~ de ceva** etw ablegen

dezve'li V̅T̅ aufdecken; enthüllen

dezvinovă'ţi V̅R̅ **a se ~** sich entschuldigen; sich rechtfertigen

dezvirgi'na V̅T̅ entjungfern

dezvirgi'nare F̅ Entjungferung f

dezvol'ta A̅ V̅T̅ entwickeln B̅ V̅R̅ **a se ~** sich entwickeln; gedeihen

dezvol'tare F̅ Entwicklung f

d. Hr. A̅B̅K̅ (= după Hristos) n. Chr.

(nach Christus)
dia'bet N̄ Diabetes m
dia'betic(ă) M̄F̄ Diabetiker(in) m(f)
dia'bolic ADJ teuflisch
di'acon M̄ REL Diakon m
dia'critic ADJ LING diakritisch
dia'cronic ADJ LING diachronisch
dia'demă F̄ Diadem n
dia'fan ADJ durchsichtig
dia'fragmă F̄ Zwerchfell n; FOTO Blende f
diag'nostic N̄ Diagnose f; PFLEGE ~ **de îngrijire/nursing** Pflegediagnose f
diagnosti'ca V̄T̄ diagnostizieren
diago'nal ADJ diagonal, quer, schräg
diago'nală F̄ Diagonale f
dia'gramă F̄ Diagramm n
dia'lect N̄ Dialekt m
dia'lectic ADJ dialektisch
dia'liză F̄ Dialyse f
dia'log N̄ Dialog m
dia'mant N̄ Diamant m
dia'metru N̄ Durchmesser m
diapozi'tiv N̄ Dia; FOTO Diapositiv n
diaproiec'tor N̄ Diaprojektor m
dia'ree F̄ Durchfall m
di'aspora F̄ Diaspora f
di'astolă F̄ MED Diastole f
dias'tolic ADJ MED diastolisch
dia'teză F̄ ❶ LING Form f ❷ MED Diathese f
'**diavol** M̄ Teufel m
di'baci ADJ geschickt
dibă'cie F̄ Geschicklichkeit f
'**diblu** N̄ Dübel m
dibu'i V̄R̄ herumtasten
dichi'si V̄R̄ **a se** ~ sich herausputzen, sich aufdonnern
dic'ta V̄T̄ diktieren
dic'tare F̄ Diktat n
dicta'tor M̄, **dicta'toare** F̄ Diktator(in) m(f)
dictatori'al ADJ diktatorisch
dicta'tură F̄ Diktatur f; ~ **militară** Militärdiktatur f
dic'ton N̄ Sprichwort n
'**dicție** F̄ Aussprache f
dictio'nar N̄ Wörterbuch n
di'dactic ADJ belehrend, didaktisch
di'dactică F̄ Didaktik f
die'ceză F̄ Diözese f
'**diesel** N̄ Diesel m

di'etă F̄ Diät f, Schonkost f
di'ez M̄ Raute; MUS Kreuz
difa'mant ADJ schmähend
dife'rend N̄ Streit m
dife'rență F̄ Unterschied m; Differenz f; ~ **de timp** Zeitunterschied m; ~ **de vârstă** Altersunterschied m
diferenți'a V̄T̄ unterscheiden
diferenți'ere F̄ Unterscheidung f
dife'ri V̄Ī sich unterscheiden
dife'rit ADJ verschieden, unterschiedlich
difi'cil ADJ schwer, schwierig
dificul'tate F̄ Schwierigkeit f; **dificultăți respiratorii** Atembeschwerden pl
di'form ADJ missgebildet
diformi'tate F̄ Missbildung f
difte'rie F̄ Diphtherie f
dif'tong M̄ LING Diphtong m
difton'gare F̄ LING Diphtongierung f
di'fuz ADJ verschwommen
difu'za V̄T̄ verbreiten; senden
difu'zare F̄ Verbreitung f; Senden n
difu'zor N̄ Lautsprecher m
dig N̄ Deich m, Damm m
dige'ra V̄T̄ verdauen
di'gestie F̄ Verdauung f
diges'tiv ADJ Verdauungs...; **sistem** n ~ Verdauungssystem n
digi'tal ADJ digital; **aparat** n **foto** ~ Digitalkamera f
digitali'za V̄T̄ digitalisieren
digresi'une F̄ Abschweifung f
di'hanie F̄ wildes Tier n; Ungeheuer n
di'honie F̄ Zwietracht f
di'hor M̄ ZOOL Iltis m; **dihor domestic** Frettchen n
dihoto'mie F̄ BOT, PHIL Dichotomie f
dila'ta ❶ V̄T̄ (aus)dehnen ❷ V̄R̄ **a se** ~ sich ausdehnen, sich vergrößern
dila'tare F̄ Dehnung f; *extindere* Ausdehnung f; *lărgire* Erweiterung f
di'lemă F̄ Dilemma n
dile'tant(ă) M̄F̄ Dilettant(in) m(f)
di'li V̄R̄ **a se** ~ verrückt werden
dili'gență F̄ Fleiß m; *zel* Eifer m
di'liu M̄, **di'lie** F̄ Irre(r) m/f(m); *umg* Spinner(in) m(f)
dilu'a V̄T̄ verdünnen, strecken
dilu'ant M̄ Verdünner m
di'luviu N̄ Sintflut f
dim. ABK (= dimineața) morgens, vor-

mittags

dimensi'une F̲ Dimension f

dimi'neața A̲D̲V̲ morgens; vormittags

dimi'neață F̲ Morgen m; Vormittag m; **dis-de-~** am frühen Morgen; **ziar** n **de ~** Morgenzeitung f

diminu'a A̲ V̲T̲ verringern B̲ V̲R̲ **a se ~** schrumpfen

diminu'are F̲ Senkung f; reducere Verminderung f

diminu'tiv N̲ LING Diminutiv n

dimpo'trivă A̲D̲V̲ hingegen, im Gegenteil

din P̲R̲Ă̲P̲ aus; von; seit

dina'dins A̲D̲V̲ absichtlich

dina'fară A̲D̲V̲ **pe ~** auswendig

dina'inte A̲D̲V̲ zuvor B̲ A̲D̲J̲ vordere(r, s); vorherige(r, s)

dina'intea P̲R̲Ă̲P̲ vor

di'nam N̲ Dynamo m

di'namic A̲D̲J̲ dynamisch

dinami'ta V̲T̲ sprengen

dina'mită F̲ Dynamit n

dinami'za V̲T̲ vorantreiben

dina'poi A̲D̲V̲ hinten; **de ~** hintere(r, s); von hinten

dina'poia P̲R̲Ă̲P̲ hinter

di'nar M̲ FIN Dinar m

di'nastic A̲D̲J̲ dynastisch

dinas'tie F̲ Dynastie f

dină'untru A̲D̲V̲ innen; **de ~** von drinnen; **pe ~** von innen

'dincoace A̲D̲V̲ auf dieser Seite; **~ de** diesseits (+gen)

'dincolo A̲D̲V̲ drüben; auf der anderen Seite; **~ de** jenseits (+gen)

dinco'tro A̲D̲V̲ woher

dindă'rắt A̲D̲V̲ rückwirkend

di'neu N̲ (Gala)Diner n

dino'zaur M̲ Dinosaurier m

'dinspre P̲R̲Ă̲P̲ von ... her

din'tâi A̲ A̲D̲J̲ **cel ~** der erste; **cea ~** die erste B̲ A̲D̲V̲ zuerst

'dinte M̲ Zahn m; Zinke f; **~ de lapte** Milchzahn m

dintotdea'una A̲D̲V̲ immer schon

dintr-ad'ins umg A̲D̲V̲ absichtlich

'dintre P̲R̲Ă̲P̲ zwischen; unter

dintr-o'dată A̲D̲V̲ plötzlich

'dintr-un, **'dintr-o** aus einem/einer

din'țat A̲D̲J̲ gezahnt, verzahnt; **roată ~ă** f Zahnrad n

dio'ceză F̲ Bistum n

dionisi'ac A̲D̲J̲ dionysisch

diop'trie F̲ OPT Dioptrie f

diplo'mat(ă) M̲F̲ Diplomat(in) m(f)

diplo'matic A̲D̲J̲ diplomatisch

'diplomă F̲ Diplom n; **~ de absolvire** Abschlusszeugnis n; **~ de bacalaureat** Abiturzeugnis n; **~ școlară** Schulzeugnis n

dipso'man(ă) M̲F̲ Alkoholiker(in) m(f)

dipsoma'nie F̲ Alkoholismus m

di'rect A̲D̲J̲ direkt

direc'tivă F̲ Richtlinie f

di'rector M̲, **direc'toare** F̲ Direktor(in) m(f); **~ comercial** Vertriebsleiter m; **~ de hotel** Hoteldirektor m; **~ general** Generaldirektor m

di'recție F̲ Richtung f; Direktion f, Leitung f

dirigen'ție F̲ Erziehungsunterricht m

diri'ginte M̲, **diri'gintă** F̲ Klassenlehrer(in) m(f)

diri'ja V̲T̲ dirigieren

diri'jabil N̲ Luftschiff n, Zeppelin m umg

diri'jor M̲, **diri'joare** F̲ Dirigent(in) m(f)

disc N̲ Scheibe f; MUS (Schall)Platte f; SPORT Diskus m; **~ compact** CD f; **~ de parcare** Parkscheibe f; **~ intervertebral** Bandscheibe f

discernă'mânt N̲ Urteilsvermögen n

dis'cerne V̲T̲ unterscheiden

dis'chetă F̲ Diskette f

discipli'nar A̲D̲J̲ disziplinarisch

dis'cipol M̲ Schüler m

'disc-jockey M̲ Discjockey m, DJ m

discipli'nat A̲D̲J̲ diszipliniert

disci'plină F̲ Disziplin f; (Unterrichts)-Fach n; **~ de învățământ** Unterrichtsfach n; **~ obligatorie** Pflichtfach n; **~ sportivă** Sportart f

discon'fort N̲ Unannehmlichkeit f; MED Beschwerden fpl

discontinui'tate F̲ Diskontinuität f; întrerupere Unterbrechung f

discon'tinuu A̲D̲J̲ unterbrochen

discopa'tie F̲ MED Diskopathie f

discor'danță F̲ Uneinigkeit f; Missklang m

dis'cordie F̲ Zwietracht f

disco'tecă F̲ Disko(thek) f

dis'count N̄ Skonto *m od n*

discredi'ta V̄T̄ herabwürdigen; *discredit* in Verruf bringen

discredi'tare F̄ Herabwürdigung *f*

discre'pant ADJ abweichend

discre'panță F̄ Abweichung *f*

dis'cret ADJ diskret

dis'creție F̄ Diskretion *f*

discrimi'na V̄T̄ diskriminieren

discrimi'nare F̄ Diskriminierung *f*

discrimina'toriu ADJ diskriminierend

discu'i V̄T̄ pflügen

discu'ire F̄ Pflügen *n*

discul'pa A V̄T̄ rechtfertigen B V̄R a se ~ sich rechtfertigen

dis'curs N̄ Rede *f*, Ansprache *f*

discu'ta V̄T̄ diskutieren; besprechen

discu'tabil ADJ fraglich

diese'ca V̄T̄ sezieren

dis'cuție F̄ Diskussion *f*; Gespräch *n*; ~ privată Privatgespräch *n*; ~ publică Podiumsdiskussion *f*

di'seară ADV heute Abend

di'secție F̄ Sezierung *f*; Obduktion *f*

disemi'na V̄T̄ verbreiten

disemi'nare F̄ Verbreitung *f*

disensi'une F̄ Uneinigkeit *f*

dis'funcție F̄ Störung *f*; MED Dysfunktion *f*

disi'dent(ă) M̄F̄ Andersdenkende(r) *m/f(m)*, Dissident(in) *m(f)*

disi'denţă F̄ Widerstandsbewegung *f*; *opoziție* Gegenseite *f*

disimu'la V̄T̄ verheimlichen; *camufla* verschleiern

disimu'lare F̄ Verheimlichung *f*; *camuflaj* Verschleierung *f*

disi'pa A V̄T̄ zerteilen B V̄R a se ~ în aer sich in Luft auflösen

dis'junct ADJ getrennt

dis'juncție F̄ Trennung *f*

dis'junge V̄T̄ trennen

dislo'ca V̄T̄ verrenken, ausrenken

dismeno'ree F̄ MED Menstruationsbeschwerden *pl*

disoci'a A V̄T̄ spalten; *separare* trennen B V̄R a se ~ sich spalten, sich trennen

disoci'ere F̄ Spaltung *f*; *separare* Trennung *f*

diso'luție F̄ Zerfall *m*

diso'nant ADJ MUS dissonant; *fig* unstimmig

dispa'rat ADJ ungleich

dispa'riție F̄ Verschwinden *n*

dispă'rea V̄Ī verschwinden

dispă'rut ADJ verschwunden; verschollen

dis'pecer(ă) M̄F̄ WIRTSCH Dispatcher(in) *m(f)*

dispen'sa A V̄T̄ befreien B V̄R a se ~ de entbehren können

dispen'sar N̄ Ambulanz *f*, Poliklinik *f*

dis'pensă F̄ Ausnahmebewilligung *f*

dispe'ra V̄Ī verzweifeln

dispe'rare F̄ Verzweiflung *f*

dispe'rat ADJ verzweifelt

disper'sa A V̄T̄ zerstreuen; *împărtire* verteilen B V̄R a se ~ sich zerstreuen; *împărtire* sich verteilen

disper'sare F̄ Zerstreuung *f*; *împărtire* Verteilung *f*

dis'play N̄ Display *n*

displă'cea V̄Ī missfallen

dis'pnee F̄ Atemnot *f*

dispo'nibil ADJ verfügbar

disponibili'za V̄T̄ abbauen

dispozi'tiv N̄ Vorrichtung *f*; ~ periferic Peripheriegerät *n*; ~ portabil Handheld *m/n*

dispo'ziție F̄ Verfügung *f*; Bestimmung *f*; *fig* Laune *f*; ~ de transfer Überweisungsauftrag *m*

dis'preț N̄ Verachtung *f*

disprețu'i V̄T̄ verachten

disprețui'tor ADJ verächtlich

dispro'porție F̄ Missverhältnis *n*

disproporțio'nat ADJ unverhältnismäßig; unproportioniert

dis'pune V̄T̄ verfügen, anordnen

dis'pus ADJ bereit; bine/prost ~ gut/schlecht gelaunt

dispu'ta V̄T̄ A V̄T̄ SPORT bestreiten B V̄R a se ~ SPORT *competiție* stattfinden

dis'pută F̄ Auseinandersetzung *f*

dis'tant ADJ zurückhaltend

dis'tanță F̄ Entfernung *f*; Ferne *f*; Strecke *f*; ~ accesibilă Reichweite *f*; ~ de frânare Bremsweg *m*; ~ de siguranță Sicherheitsabstand *m*

distanți'er N̄ Abstandhalter *m*

disti'la V̄T̄ destillieren

disti'lare F̄ Destillation *f*

dis'tinct A ADJ verschieden, unter-

schiedlich **B** ADVL klar; besonders
distinc'tiv ADJ unterscheidend
dis'tincție F Auszeichnung f; Unterscheidung f
dis'tinge V/T unterscheiden; auszeichnen
dis'tins ADJ vornehm
disto'nant ADJ unstimmig
distorsio'na V/T verzerren
dis'tra VT sich zerstreuen
distrac'tiv ADJ unterhaltend
dis'tracție F Unterhaltung f; Zerstreuung f
dis'trage VT ablenken
dis'trat ADJ zerstreut
distribu'i VT verteilen
distri'buție F Verteilung f; THEAT Besetzung f
dis'trict N Bezirk m; ~ **rural** Landkreis m
dis'truge VT zerstören
dis'trugere F Zerstörung f; ~ **a mediului înconjurător** Umweltzerstörung f
dis'trus ADJ zerstört
'**ditamai** umg ADJ INV wahrhaftig, recht
diu'retic ADJ harntreibend; MED diuretisch
di'urn ADJ tagaktiv
di'urnă F Tagegeld n
diva'ga VI abschweifen
'**divă** F Diva f
diver'gent ADJ unterschiedlich
diver'gență F ~ **de păreri** Meinungsverschiedenheit f
di'vers ADJ verschieden
diversifi'care F Veränderung f, Diversifikation f
diversi'tate F Verschiedenheit f; Vielfalt f
diversi'une F Ablenkung f
divertis'ment N Unterhaltung f
di'vide **A** VT spalten; *despicare* aufspalten **B** V/R **a se** ~ sich (auf)spalten
divi'dend N WIRTSCH Dividende f
di'vin ADJ göttlich
divini'tate F Gottheit f
divini'za VT vergöttern
divi'za VT (zer)teilen; dividieren
divi'zibil ADJ teilbar
di'vizie F SPORT Liga f
divizi'une F Teilung f

di'vorț N (Ehe)Scheidung f
divor'ța VI sich scheiden lassen
divor'țat ADJ geschieden
divul'ga VT verraten; preisgeben
dizabili'tate F Behinderung f; *dezavantajare* Benachteiligung f
dizarmo'nie F MUS Missklang m, Disharmonie f; *fig* Uneinigkeit f
dizente'rie F Ruhr f; MED Dysenterie f
dizgrați'os ADJ abstoßend, widerwärtig
dizol'va **A** VT auflösen **B** V/R **a se** ~ sich auflösen; sich zersetzen; zergehen
dizol'vant **A** M Entferner m; ~ **pentru lac de unghii** Nagellackentferner m **B** ADJ entfernend; *desfacere* auflösend
dl ABK (= domnul) Hr. (Herr)
dlui ABK (= domnului) Hrn. ((dem) Herrn)
dna ABK (= doamna) Fr. (Frau)
dnei ABK (= doamnei) Fr. ((der) Frau)
do F MUS c; ~**-major** C-Dur; ~**-minor** c-Moll
'**doamnă** F Dame f; Frau f
do'ar ADV nur, bloß
do'bândă F Zinsen pl; ~ **compusă** Zinseszins m; ~ **pasivă** Habenzinsen pl; **dobânzi pentru depozite bancare** Sollzinsen pl
dobân'di VT erzielen; erwerben; erhalten
dobi'toc N Vieh n; *fig pej* Dummkopf m
dobo'rî VT umwerfen; niederschlagen; fällen; abschießen
doc N Dock n
do'cent(ă) M/F Dozent(in) m(f)
do'cil ADJ willig, gefügig
docili'tate F Fügsamkeit f; *ascultare* Gehorsamkeit f
doct ADJ gebildet, gelehrt
'**doctor** M Doktor m, Arzt m
docto'rand(ă) M/F Doktorand(in) m(f)
docto'rat N Doktorat n
docto'riță F Ärztin f
doc'trină F Lehre f
docu'ment N Dokument n; Urkunde f; ~ **de liberă trecere** Schutzbrief m; ~**e** pl Papiere pl
documen'ta VT dokumentieren
documen'tar **A** N Doku(mentarfilm) f(m) **B** ADJ dokumentarisch

D

documen'tare F̅ Dokumentation f

dodeca'edru N̅ Zwölfflächner m; GEOM Dodekaeder n

dodeca'gon N̅ Zwölfeck n; GEOM Dodekagon n

do'gar M̅ Böttcher m; österr, südd Fassbinder m

'doge M̅ Doge m

dog'matic ADJ dogmatisch

'dogmă F̅ Dogma n

do'goare F̅ Glut f; Hitze f

dogo'rî V̅I̅ glühen

doi M̅ zwei; ~ câte ~ je zwei, zu zweit

'doică F̅ Amme f

'doilea M̅N̅ zweite(r, s)

do'ime F̅ Hälfte f

'doină F̅ Doina f rumänisches Volkslied

'doisprezece M̅ zwölf

doje'ni V̅T̅ tadeln

do'lar M̅ Dollar m

'doldora ADJ INV strotzend, voll

dole'anţă F̅ Beschwerde f, Klage f

'doliu N̅ Trauer f

dolo'fan ADJ mollig, (kugel)rund

dom N̅ Dom m

do'meniu N̅ Gebiet n, Bereich m; ~ de cercetare Forschungsgebiet n; ~ de specialitate Fachgebiet n, Sachgebiet n

do'mestic ADJ Haus...

domesti'ci V̅T̅ zähmen

domici'li'a V̅I̅ wohnen

domici'li'at ADJ wohnhaft

domi'ciliu N̅ Wohnort m, Wohnsitz m

domi'na A̅ V̅T̅ beherrschen B̅ V̅I̅ vorherrschen

domi'nant ADJ dominant, vorherrschend

domi'naţie F̅ Herrschaft f, Vorherrschaft f

domn M̅ Herr m

dom'nesc ADJ fürstlich, herrschaftlich

dom'ni V̅I̅ herrschen

dom'nie F̅ Herrschaft f

domni'şoară F̅ Fräulein n

domni'tor M̅, domni'toare F̅ Herrscher(in) m(f), Fürst(in) m(f)

dom'niţă F̅ Fürstin f, Prinzessin f

do'mol ADJ ruhig; sanft

domo'li A̅ V̅T̅ besänftigen B̅ V̅R̅ a se ~ sich besänftigen

do'na V̅T̅ spenden

dona'tor M̅, dona'toare F̅ Spender(in) m(f); ~ de organe Organspender m

do'naţie F̅ Spende f; Schenkung f; ~ de sânge Blutspende f

dop N̅ Korken m; Stöpsel m

do'pa A̅ V̅T̅ dopen B̅ V̅R̅ a se ~ dopen

do'paj N̅ Doping n

dor N̅ Sehnsucht f; a-i fi ~ de sich sehnen nach; ~ de casă/patrie Heimweh n

do'ri V̅T̅ wünschen; mögen; a lăsa de ~t zu wünschen übrig lassen

'doric ADJ ARCH dorisch

do'rinţă F̅ Wunsch m

dor'meză F̅ Sofa n

dor'mi V̅I̅ schlafen

dormi'tor N̅ Schlafzimmer n; Schlafsaal m

dorn N̅ TECH Dorn m

'dornic ADJ sehnsüchtig

dor'sal ADJ MED dorsal, Rücken...; muşchi m ~ Rückenmuskel m

dos N̅ Rückseite f, Rücken m; pe ~ verkehrt; umgekehrt

do'sar N̅ Dossier n; Akte f; Unterlagen pl; ~ medical Krankenakte f

do'si V̅T̅ 1 verstecken 2 delapidare unterschlagen

do'sire F̅ 1 Verstecken n 2 delapidare Unterschlagung f

'dosnic ADJ abgelegen

dos'pi V̅I̅ gären; aluat aufgehen

do'ta V̅T̅ ausstatten

do'tare F̅ Ausstattung f

'dotă F̅ Mitgift f

'doua F̅ zweite(r, s)

'două F̅N̅ zwei; ~ mii zweitausend; ~ puncte Doppelpunkt m; ~ sute zweihundert

'douăsprezece NUM zwölf

două'zeci NUM zwanzig

do'vadă F̅ Beweis m, Nachweis m; Beleg m; ~ de forţă Machtprobe f

dove'di A̅ V̅T̅ beweisen, nachweisen; belegen B̅ V̅R̅ a se ~ drept sich herausstellen als

do'vleac M̅ GASTR Kürbis m

dovle'cel M̅ GASTR Zucchini pl

do'za V̅T̅ dosieren

do'zaj N̅ Dosierung f, Abmessung f

doza'tor N̅ Spender m; MED ~ de me-

dicamente Tablettendose

'doză F Dosis f; ELEK Dose f

dr. ABK (= doctor) Dr. (Doktor)

dra ABK (= domnişoara) Fr. (Frau)

drac M Teufel m; **fir-ar al ~ului** zum Teufel

dra'conic ADJ drakonisch, streng

drag ADJ lieb; **de ~ul meu** mir zuliebe

dra'gon M Drache m

'dragoste F Liebe f

'drahmă F FIN Drachme f

dra'jeu N Dragee n

dram U **un ~** ein bisschen

dra'matic ADJ dramatisch

drama'turg M Dramatiker m

'dramă F Drama n

dra'pa VT (aus)schmücken, verzieren

dra'pel N Fahne f, Flagge f

drape'rie F (Über)Gardine f

'drastic ADJ drastisch; *severitate* streng

dră'cesc ADJ teuflisch

dră'cie F **1** *pej* Teufelei f **2** *chestie ciudată* sonderbare Sache f; *umg* Dingsda n

drăgă'laş ADJ niedlich, lieblich

drăgăs'tos ADJ liebevoll

dră'guţ ADJ hübsch, nett, lieb

dră'mu'i VT abwägen

'dreapta F die rechte Hand; POL die Rechte; **la ~** rechts, nach rechts

'dreaptă F Gerade f

'drege VT **1** ausbessern; *reparaţie* richten **2** *mâncare* würzen

drei ABK (= domnişoarei) (der) Frau

dre'na VT entwässern

dre'naj N **~ limfatic** Lymphdrainage f

drept A ADJ rechte(r, s); gerade; gerecht; als; **~ înainte** geradeaus B N Recht n; Jura; **~ civil** Bürgerrecht n; **~ de acces** Zugriffsberechtigung f; **~ de autor** Urheberrecht n; **~ de opinie** Mitspracherecht n; **~ de vot** Stimmrecht n, Wahlrecht n; **~ penal** Strafrecht n; **~urile omului** Menschenrechte npl

drep'tate F Gerechtigkeit f; **avea ~** Recht haben

drep'tunghi N Rechteck n

dres A N **1** *umg* Ausbesserung f, Reparatur f **2** *umg machiaj* Schminke f **3** MODE Strumpfhose f **4** *umg* GASTR **~uri** pl Gewürze pl B *umg* ADJ **1** ausgebessert, repariert **2** *machiaj* ge-

schminkt 3 GASTR gewürzt

dre'sa VT dressieren, abrichten

dre'saj N Dressur f

dre'sor M, **dre'soare** F Dresseur(in) m(f)

dri'bla VT SPORT dribbeln

'dribling N SPORT Dribbling n

dric N Leichenwagen m

'droaie F Masse f, Menge f

drog N Droge f

dro'ga VR **a se ~** Drogen nehmen

droghe'rie F Drogerie f

'drojdie F Hefe f

droma'der M Dromedar n

'dropie F Trappe f/m

drops N Drops m/n

dru'id M Druide m

'drujbă F Kettensäge f

drum N Weg m; **~ de acces** Auffahrt f, Zubringerstraße f; **~ naţional** Landstraße f; **~ spre casă** Nachhauseweg m; **Drumul Crucii** Kreuzweg m; **a da ~ul** loslassen

dru'meţ M Wanderer m

drume'ţie F Wanderung f

d-ta ABK (= dumneata) Sie

d-tale ABK (= dumitale) Ihnen

du'al ADJ dual

dua'lism N Dualismus m

du'bă F **1** Lieferwagen m **2** *poliţie* Gefangenenkraftwagen m; **a băga la ~** *umg* einlochen

dubi'os ADJ zweifelhaft

'dubiu N Zweifel m

du'bla VT verdoppeln; FILM synchronisieren

du'blaj N FILM Synchronisation f

'dublu A ADJ doppelt, Doppel... B N SPORT Doppel n

du'blură F **1** Doppelgänger m **2** MODE Futter n

du'cat N Herzogtum n

du'că F Abreise f; **pe ~** reisefertig

'duce A VT tragen; führen B VR **a se ~** gehen; **a se ~ după** holen

'duce² M Herzog m

du'dă F Maulbeere f

dudu'i VI dröhnen

du'el N Duell n

du'et N Duett n

duh N Geist m

duh'ni VI stinken

du'hoare $\overline{F}$ Gestank m
du'hovnic $\overline{M}$ Beichtvater m
du'ios $\overline{ADJ}$ rührend; zärtlich; wehmütig
duio'şie $\overline{F}$ Zärtlichkeit f; Wehmut f
du'ium $\overline{N}$ Menge f; Haufen m; cu ~ul haufenweise
du'lap $\overline{N}$ Schrank m; ~ de haine Kleiderschrank m; ~ de vase Küchenschrank m; ~ încorporat Einbauschrank m
'dulce $\overline{A}$ $\overline{ADJ}$ süß $\overline{B}$ $\overline{N}$ Süßigkeit f
dul'ceaţă $\overline{F}$ Konfiture f
'dulciuri $\overline{NPL}$ Süßigkeiten pl; Süßwaren pl
dul'gher $\overline{M}$ Zimmermann m
du'lie $\overline{F}$ ELEK Fassung f
dum'bravă $\overline{F}$ kleiner Wald m
dume'ri $\overline{V/R}$ a se ~ verstehen, begreifen
du'minica $\overline{ADV}$ sonntags
du'minică $\overline{F}$ Sonntag m; ~ a Paştelui Ostersonntag m; Duminica Floriilor Palmsonntag m; Duminica Rusaliilor Pfingstsonntag m
dumi'tale $\overline{A}$ $\overline{PERS \, PR}$ dir; Ihnen $\overline{B}$ $\overline{POSS \, PR}$ dein(e); Ihr(e)
dumnea'ei $\overline{FSG}$ sie; ihr
dumnea'lor $\overline{PL}$ sie; ihnen
dumnea'lui $\overline{PRON}$ er; ihm
dumnea'ta $\overline{PRON}$ Sie
dumnea'voastră $\overline{PRON}$ Sie; Ihnen
dumneze'iesc $\overline{ADJ}$ göttlich
Dumne'zeu $\overline{M}$ Gott m
'dună $\overline{F}$ Düne f
'Dunăre $\overline{F}$ Donau f
dună'rean $\overline{ADJ}$ Donau...
dun'gat $\overline{ADJ}$ gestreift
'dungă $\overline{F}$ Streifen m; Bügelfalte f; ciorap Naht f
'duo $\overline{N}$ Duo n
duo'den $\overline{N}$ ANAT Zwölffingerdarm m
'după $\overline{PRÄP}$ nach; hinter; gemäß; um; ~ aceea nachher; ~ ce nachdem
'după-amiaza $\overline{ADV}$ nachmittags
'după-amiază $\overline{F}$ Nachmittag m
dupli'ca $\overline{V/T}$ verdoppeln
dupli'cat $\overline{N}$ Duplikat n
duplici'tar $\overline{ADJ}$ unaufrichtig
duplici'tate $\overline{F}$ Unaufrichtigkeit f
dur $\overline{ADJ}$ hart; schroff
du'ra $\overline{V/I}$ dauern, anhalten
du'rabil $\overline{ADJ}$ dauerhaft, haltbar

du'rată $\overline{F}$ Dauer f; ~ de valabilitate Laufzeit f; ~ de zbor Flugzeit f
durdu'liu $\overline{ADJ}$ mollig
du'rea $\overline{V/I}$ wehtun
du'rere $\overline{F}$ Schmerz m; dureri de cap Kopfschmerzen pl; dureri de spate Rückenschmerzen pl; dureri de stomac Magenschmerzen pl
dure'ros $\overline{ADJ}$ schmerzhaft; schmerzlich
duri'tate $\overline{F}$ Härte f
duru'i $\overline{V/I}$ quietschen
dus $\overline{ADJ}$ fort, weg; ~ şi întors hin und zurück
duş $\overline{N}$ Dusche f; a face ~ (sich) duschen; gel n de ~ Duschgel n
'duşcă $\overline{F}$ großer Schluck m
duş'man $\overline{M}$ Feind m; ~ de moarte Todfeind m
duşmă'nie $\overline{F}$ Feindschaft f
duşmă'nos $\overline{ADJ}$ feindselig; feindlich
duşu'mea $\overline{F}$ Fußboden m; ~ de lemn Holzboden m
'duză $\overline{F}$ TECH Düse f
du'zină $\overline{F}$ Dutzend n
dv'd $\overline{N}$ $\overline{ABK}$ (= Digital Versatile Disc) DVD f
dv(s). $\overline{ABK}$ (= dumneavoastră) Sie, Ihnen

E

e $\overline{A}$ $\overline{V}$ ist $\overline{B}$ $\overline{INT}$ ach!
E $\overline{ABK}$ (= est) O (Osten)
ea $\overline{FSG}$ sie; cu ~ mit ihr
ebo'nită $\overline{F}$ Hartgummi n; CHEM Ebonit n
e'boşă $\overline{F}$ $\overline{1}$ Entwurf m, Skizze f $\overline{2}$ TECH Vorwalzgut n
e'braic $\overline{ADJ}$ hebräisch
ebrie'tate $\overline{F}$ Trunkenheit f; în stare de ~ betrunken
ebu'liţie $\overline{F}$ Sieden n
ecari'saj $\overline{N}$ Ausnehmen n
ecarta'ment $\overline{N}$ AUTO, BAHN Spurweite f
e'cher $\overline{N}$ Winkelmaß n

E

echidis'tant ADJ gleichen Abstand aufweisend

echilate'ral ADJ MATH gleichseitig

echili'bra V̄T ausgleichen

echili'brat ADJ ausgeglichen

echi'libru N̄ Gleichgewicht n

echi'mozã F̄ Bluterguss m

echi'nocțiu N̄ Tagundnachtgleiche f; GEOG Äquinoktium n

echi'pa V̄T ausstatten, ausrüsten

echi'paj N̄ Mannschaft f; Besatzung f; ~ **de salvare** Rettungsmannschaft f

echipa'ment N̄ Ausstattung f, Ausrüstung f; ~ **de baie** Badezeug n

e'chipã F̄ Mannschaft f; ~ **de fotbal** Fußballmannschaft f; ~ **de lucru** Arbeitsgemeinschaft f; ~ **națională** Nationalmannschaft f

echi'tabil ADJ gerecht, fair

echi'tate F̄ (ausgleichende) Gerechtigkeit f

echi'tație F̄ Reitkunst f

echiva'la A V̄T als gleichwertig erklären B V̄I gleichkommen

echiva'lare F̄ Gleichwertigkeit f

echiva'lent ADJ gleichwertig

echi'voc ADJ zweideutig

e'clectic ADJ eklektisch

e'cler N̄ Eclair n

eclip'sa V̄T verdunkeln; fig in den Schatten stellen

e'clipsã F̄ ~ **de soare** Sonnenfinsternis f; ~ **de lună** Mondfinsternis f

eclozi'une F̄ Schlüpfen n

e'cluzã F̄ Schleuse f

eco'graf N̄ Ultraschallgerät n

ecogra'fie F̄ Ultraschalluntersuchung f, Ultraschall m umg

eco'logic ADJ ökologisch; **sistem** n ~ Ökosystem n

ecolo'gie F̄ Ökologie f

eco'nom ADJ sparsam

eco'nomic ADJ wirtschaftlich, ökonomisch; FLUG **clasă** f ~**ã** Economyclass f

econo'mie F̄ Wirtschaft f; ~ **de piață** Marktwirtschaft f; ~ **mondială** Weltwirtschaft f; ~ **națională** Volkswirtschaft f; ~ **planificată** Planwirtschaft f

econo'mii F̄PL Ersparnisse pl

economi'si V̄T sparen

economi'sire F̄ Einsparung f

econo'mist(ă) M̄F̄ Wirtschaftswissen-

schaftler(in) m(f)

eco'sez ADJ INV kariert

e'cou N̄ Echo n

e'cran N̄ Bildschirm m; FILM Leinwand f; ~ **plat** Flachbildschirm m

ecrani'zare F̄ Verfilmung f

ecuadori'an A M̄ ecuadorianisch B M̄, **ecuadori'anã** F̄ Ecuadorianer(in) m(f)

ecua'tor N̄ Äquator m

ecuatori'al ADJ äquatorial

e'cuație F̄ Gleichung f

ecu'menic ADJ ökumenisch

ecume'nism N̄ Ökumene f

ecu'son N̄ Abzeichen n

ec'vestru ADJ Reiter...; **statuie** f ec'vestrã Reiterstatue f

ec'zemã F̄ MED Ausschlag m; Ekzem n

e'dem N̄ MED Ödem n; ~ **cerebral** n Hirnödem n; ~ **pulmonar** n Lungenödem n

e'denic ADJ paradiesisch

e'dict N̄ Erlass m

edifi'ca V̄T aufbauen, errichten

edifica'tor ADJ aussagekräftig; relevant vielsagend

edi'ficiu N̄ Gebäude n

e'dil M̄ Baupolizei f

edili'tar ADJ baupolizeilich

edi'ta V̄T verlegen, herausgeben

edi'tor M̄, **editoare** F̄ Verleger(in) m(f), Herausgeber(in) m(f)

editori'al A ADJ Verlags... B N̄ Leitartikel m

edi'turã F̄ Verlag m

e'diție F̄ Ausgabe f; Auflage f; ~ **de buzunar** Taschenbuch n

edu'ca V̄T erziehen

educa'tiv ADJ erzieherisch

educa'tor M̄, **educatoare** F̄ Erzieher(in) m(f)

edu'cație F̄ Erziehung f; (Aus)Bildung f; ~ **în domeniul mass-media** Medienkompetenz f; ~ **fizică** Sportunterricht m

edulco'rant A ADJ versüßen B N̄ Süßmittel n

e'fect N̄ Folge f, Wirkung f; ~ **de seră** Treibhauseffekt m; ~ **retroactiv** Auswirkung f; ~**e** pl **secundare** Nebenwirkungen pl

efec'tiv A ADJ effektiv; tatsächlich B

N Bestand *m*; Belegschaft *f*

efectu'a V̄T durchführen, ausführen

efectu'are F̄ Durchführung *f*

efe'mer ADJ flüchtig, vorübergehend

efeme'ridă F̄ Eintagsfliege *f*

efemeri'tate F̄ Vergänglichkeit *f*, Flüchtigkeit *f*

efemi'nat ADJ verweichlicht

eferves'cent ADJ **tabletă** *f* **~ă** Brausetablette *f*

efi'cace ADJ wirksam

eficaci'tate F̄ Wirksamkeit *f*

efici'ent ADJ wirksam

efici'enţă F̄ Wirkungsgrad *m*

e'figie F̄ Bildnis *n*

e'fluviu N̄ Ausdünstung *f*

e'fort N̄ Bemühung *f*; Anstrengung *f*

e'fracţie F̄ Einbruch *m*

efuzi'une F̄ ◼ Erguss *m*; MED ~ **articulară** *f* Gelenkerguss *m* ◻ **cu ~** aus vollem Herzen

e'gal ADJ egal; gleich; gleichgültig

ega'la V̄T gleichsetzen, gleichstellen

egali'tate F̄ Gleichheit *f*; **~ de şanse** Chancengleichheit *f*; **~ în drepturi** Gleichberechtigung *f*

e'gidă F̄ Führung *f*

E'gipt N̄ Ägypten *n*

egipte'an ◼ ADJ ägyptisch ◻ M̄, **egipte'ancă** F̄ Ägypter(in) *m(f)*

ego'centric ADJ ichbezogen

ego'ism N̄ Egoismus *m*

ego'ist ◼ ADJ egoistisch ◻ M̄, **ego-'istă** F̄ Egoist(in) *m(f)*

e'gretă F̄ Reiher *m*

'eh ĪNT *umg* na

e'he ĪNT *umg* eh, he(da)

ei ◼ PRON ihr(e); *mpl* sie; **cu ~** mit ihnen ◻ ĪNT na!

ejacu'la V̄I MED ejakulieren

ejacu'lare F̄ MED Ejakulation *f*

EKG N̄ ABK (= Electrocardiograf, Electrocardiogramă) MED EKG *n* (Elektrokardiogramm)

el PRON er; **cu ~** mit ihm; **pe ~** ihn

elabo'ra V̄T ausarbeiten

e'lan ◼ N̄ Schwung *m* ◻ M̄ ZOOL Elch *m*

e'lastic ◼ ADJ elastisch ◻ N̄ Gummiband *n*; **~ de păr** Haargummi *m/n*

elastici'tate F̄ Elastizität *f*

'ele F̄/NPL sie; **cu ~** mit ihnen

electo'ral ADJ Wahl...

electo'rat N̄ Wählerschaft *f*

e'lectric ADJ elektrisch

electrici'an(ă) M̄/F̄ Elektriker(in) *m(f)*

electrici'tate F̄ Elektrizität *f*

electrifi'ca V̄T elektrifizieren

electri'za V̄T elektrisieren

electrocardio'gramă F̄ Elektrokardiogramm *n*

electro'casnic ADJ Haushalts...; **aparat** *n* **~** Haushaltsgerät *n*

electrocu'ta ◼ V̄T auf dem elektrischen Stuhl hinrichten ◻ V̄R **a se ~** einen Stromschlag erleiden

electrocu'tare F̄ Stromschlag *m*

elec'trod M̄ ELEK Elektrode *f*

electroencefalo'gramă F̄ MED Elektroenzephalogramm *n*

electrofo'reză F̄ PHYS Elektrophorese *f*

electro'lit M̄ Elektrolyt *m*

electromag'net M̄ PHYS Elektromagnet *m*

electromag'netic ADJ PHYS elektromagnetisch

electromo'tor N̄ Elektromotor *m*

elec'tron M̄ CHEM, PHYS Elektron *n*

elec'tronic ADJ elektronisch

elec'tronică F̄ Elektronik *f*

electro'nist(ă) M̄/F̄ Elektroniker(in) *m(f)*

electro'static ADJ elektrostatisch

electro'şoc N̄ Elektroschock *m*

electro'tehnică F̄ Elektrotechnik *f*

e'lecţie F̄ Wahl *f*

ele'fant M̄ Elefant *m*

ele'gant ADJ elegant

ele'ganţă F̄ Eleganz *f*

ele'gie F̄ Elegie *f*

ele'ment N̄ Element *n*

elemen'tar ADJ elementar, grundlegend

e'len(ă) M̄/F̄ Hellene *m*, Hellenin *f*

ele'nism N̄ Hellenismus *m*

ele'ron N̄ FLUG Querruder *n*

e'lev(ă) M̄/F̄ Schüler(in) *m(f)*; **~(ă) de gimnaziu/liceu** Gymnasiast(in) *m(f)*; **~(ă) de şcoală primară** Grundschüler(in)

ele'vat ADJ gehoben

eleva'tor N̄ Hebevorrichtung *f*; TECH Elevator *m*

elibe'ra **A** _V̄T_ befreien; entlassen; _ade-verinţa ausstellen_ **B** _V̄R_ **a se ~ de ceva** etw abwerfen

elibe'rarea _F_ **~ bagajelor** Gepäckausgabe _f_

e'lice _F_ **1** SCHIFF (Schiffs)Schraube _f_ **2** FLUG (Flugzeug)Propeller _m_

elicoi'dal _ADJ_ schraubenförmig

elicop'ter _N_ Hubschrauber _m_

eli'gibil _ADJ_ wählbar

elimi'na _V̄T_ beseitigen; ausschließen; ausscheiden

elimi'nare _F_ SPORT Ausscheidung _f_

elimina'toriu _ADJ_ Auswahl...; **criteriu** _n_ **~** Auswahlkriterium _n_

e'lipsă _F_ LING, MATH Ellipse _f_

elipsoi'dal _ADJ_ ellipsoid

e'liptic _ADJ_ elliptisch

eli'tar _ADJ_ elitär

eli'tă _F_ Elite _f_; _protipendadă_ Oberschicht _f_

eli'tist _ADJ_ elitär

eli'xir _N_ Elixier _n_

elo'cinţă _F_ Beredsamkeit _f_

eloc'vent _ADJ_ redegewandt

eloc'venţă _F_ Beredsamkeit _f_

elogi'a _V̄T_ loben

elogi'os _ADJ_ lobend

e'logiu _N_ Lob _n_, Lobrede _f_

elon'gaţie _F_ ASTRON, PHYS Elongation _f_

eluci'da _V̄T_ aufklären

eluci'dare _F_ Aufklärung _f_

elucu'brant _ADJ_ unsinnig, sinnlos

elucu'braţie _F_ Unsinnigkeit _f_, Sinnlosigkeit _f_

elu'da _V̄T_ **~ ceva** einer Sache (_dat_) ausweichen; _ocolire_ etw umgehen

El'veţia _F_ die Schweiz

elveţi'an **A** _ADJ_ schweizerisch **B** _M_, **elveţi'ană** _F_ Schweizer(in) _m(f)_

emaci'a _V̄R_ **a se ~** abmagern

e-'mail a _N_ E-Mail _f od n_; **a trimite un ~ (cuiva)** (j-m) eine E-Mail schicken

e'mail _N_ Email _n_

emai'la _V̄T_ emaillieren

emai'lat _ADJ_ emailliert

ema'na _V̄T_ ausströmen

ema'naţie _F_ Ausströmung _f_

emanci'pare _F_ Emanzipation _f_

emanci'pat _ADJ_ emanzipiert

embar'go _N_ Embargo _n_

emble'matic _ADJ_ sinnbildhaft

em'blemă _F_ Sinnbild _n_, Emblem _n_

embo'lie _F_ MED Embolie _f_

embriolo'gie _F_ MED Embryologie _f_

embri'on _N_ Embryo _m_

emer'gent _ADJ_ emergent

eme'rit _ADJ_ verdient

em'fatic _ADJ_ eindringlich

em'fază _F_ Eindringlichkeit _f_

emi'gra _V̄I_ auswandern

emi'grant _M_ Auswanderer _m_

emi'grare _F_ Auswanderung _f_

emi'nent _ADJ_ hervorragend

e'mir _M_ Emir _m_

emi'rat _N_ Emirat _n_

emi'sar _M_ Gesandter _m_

emis'feră _F_ (Erd)Halbkugel _f_

emisi'une _F_ Sendung _f_; **~ în direct** Livesendung _f_; **~ TV** Fernsehsendung _f_

emi'te _V̄T_ senden; ausstrahlen

emi'tent **A** _M_ WIRTSCH Emittent _m_ **B** _ADJ_ emittierend

emiţă'tor _N_ Sender _m_

emoli'ent _ADJ_ erweichend

emo'tiv _ADJ_ erregbar

e'moţie _F_ Aufregung _f_, Erregung _f_

emoţio'na _V̄T_ rühren, erregen

emoţio'nal _ADJ_ emotional

emoţio'nat _ADJ_ aufgeregt, erregt

em'piric _ADJ_ empirisch

e'mul _M_ Nacheiferer _m_

emu'laţie _F_ Nacheiferung _f_

emula'tor _M_ CHEM Emulgator _m_

e'mulsie _F_ CHEM Emulsion _f_

ence'fal _N_ Gehirn _n_

ence'falic _ADJ_ Gehirn...; **activitate** _f_ **~ă** Gehirnaktivität _f_

encefa'lită _F_ MED Gehirnentzündung _f_

enciclope'die _F_ Enzyklopädie _f_

en'clavă _F_ Enklave _f_

en'clitic _ADJ_ nachgestellt; LING enklitisch

endeca'gon _N_ Elfeck _n_, Hendekagon _n_

en'demic _ADJ_ endemisch

endo'crin _ADJ_ MED endokrin

endocrino'log(ă) _M(F)_ MED Endokrinologe _m_, Endokrinologin _f_

endocrinolo'gie _F_ MED Endokrinologie _f_

endo'gen _ADJ_ endogen

E

ener'getic ADJ energetisch, Energie...; certificat n ~ Energieausweis m

e'nergic ADJ energisch

ener'gie F Energie f; ~ atomică Kernenergie f; ~ eoliană Windenergie f, Windkraft f; ~ solară Solarenergie f, Sonnenenergie f

energi'zant A N Energiespender m B ADJ energiespendend

ener'va VT aufregen; nerven

ener'vare F Aufregung f

ener'vant ADJ nervig; lästig

en'glez A ADJ englisch B M, engle-'zoaică F Engländer(in) m(f)

enig'matic ADJ rätselhaft; geheimnisvoll

e'nigmă F Rätsel n

eno'log(ă) MF Önologe m, Önologin f

enolo'gie F Önologie f

enori'aş(ă) MF Gemeindemitglied n

e'norm ADJ enorm; ungeheuer

ente'rită F Dünndarmentzündung f; MED Enteritis f

enteroco'lită F Darmentzündung f; MED Enterokolitis f

enti'tate F Dasein n; PHIL Entität f

entomo'log(ă) MF Insektenforscher(in) m(f), Entomologe m, Entomologin f

entomolo'gie F Insektenkunde f, Entomologie f

en'torsă F Verstauchung f

entuzi'asm N Begeisterung f, Enthusiasmus m

entuzias'ma A VT begeistern B VR a se ~ sich begeistern

entuzi'ast ADJ begeistert, enthusiastisch

enume'ra VT aufzählen

e'nunţ N Aussage f, Äußerung f

enun'ţa VT ausdrücken, aussagen

enunţia'tiv ADJ aussagekräftig

en'zimă F BIOL, CHEM Enzym n

eoli'an ADJ windig; zburat fliegend; Wind...; zburat Flug...; energie f ~ă Windenergie f; nisip n ~ Flugsand

epar'hie F Diözese f

epa'ta VT verblüffen

epa'tant ADJ verblüffend

e'pavă F Wrack n

'epic ADJ episch

epi'centru N GEOL Epizentrum n

epide'mie F Seuche f; MED Epidemie f

epidemiolo'gie F MED Epidemiologie f

epi'dermă F Oberhaut f; MED Epidermis f

epi'gon M Nachahmer m

epi'graf N Inschrift f, Epigraf n

epi'la VT enthaaren

epila'tor A N Epiliergerät n, Epilierer m umg B ADJ enthaarend; MED epilierend

epilep'sie F Epilepsie f

epi'log N Nachwort n, Epilog m

e'piscop M Bischof m

epi'sod N Episode f

epi'sodic ADJ episodisch

epistemolo'gie F Epistemologie f

epi'taf N Grabinschrift f

epo'cal ADJ epochal

'epocă F Epoche f; epoca modernă Neuzeit f; Epoca pietrei/de piatră Steinzeit f

epo'let M Schulterklappe f

epo'pee F Epos n

epru'betă F Reagenzglas n

epui'za VT erschöpfen

epui'zare F Erschöpfung f

epui'zat ADJ erschöpft; marfă ausverkauft

epu'ra VT 1 reinigen, säubern 2 fig abbauen

epu'rare F Reinigung f, Säuberung f

eradi'ca VT ausrotten

e'rată F Druckfehler m

'eră F Ära f, Zeitalter n; eră glaciară Eiszeit f

erbi'cid N Pflanzengift n

erbici'da VT a ~ un teren Pflanzengift auf einem Feld verteilen

erbi'vor A N Pflanzenfresser m B ADJ pflanzenfressend

e'recţie F Erektion f

eredi'tar ADJ erblich

eredi'tate F Erblichkeit f; Vererbung f

e'retic(ă) MF Ketzer(in) m(f)

ere'zie F Ketzerei f

ergome'trie F MED Ergometrie f

ergo'nomic ADJ ergonomisch

eri'ja VR a se ~ sich aufspielen

eri'tem N Hautrötung f

er'metic ADJ hermetisch

e'roare F Irrtum m; ~ de calcul Re-

chenfehler m; ~ **de introducere** Eingabefehler n; ~ **de sistem** Systemfehler n;
a induce în ~ irreführen
ero'da Ⓐ V̄T̄ GEOL abtragen, erodieren
Ⓑ V̄R̄ **a se ~** GEOL erodieren
ero'gen A̲D̲J̲ erogen
e'roic A̲D̲J̲ heldenhaft
ero'ină F̄ Heldin f
ero'ism N̄ Heldentum n
e'rotic A̲D̲J̲ erotisch
e'rou M̄ Held m
erozi'une F̄ Erosion f
eruc'ta V̄Ī aufstoßen; umg rülpsen
eruc'tație F̄ Aufstoßen n
eru'dit A A̲D̲J̲ gelehrt Ⓑ M̄, eru'dită
F̄ Gelehrte(r) m/f(m)
eru'diție F̄ Belesenheit f; știință Ge-
lehrtheit f
e'rupe V̄Ī ausbrechen
e'rupție F̄ Ausbruch m; MED (Haut)-
Ausschlag m
esca'drilă F̄ Staffel f
esca'lada V̄T̄ ersteigen; eskalieren
es'cală F̄ Zwischenlandung f
esca'padă F̄ Seitensprung m
eschi'mos A A̲D̲J̲ eskimoisch Ⓑ M̄,
eschi'mosă F̄ Eskimo(frau) m(f)
eschi'va V̄R̄ **a se ~** sich drücken
es'chivă F̄ Ausweichmanöver n
escor'ta V̄T̄ eskortieren
es'cortă F̄ Eskorte f
es'croc M̄, es'croacă F̄ Schwind-
ler(in) m(f), Hochstapler(in) m(f), Betrü-
ger(in) m(f)
escroche'rie F̄ Schwindel m, Betrug
m
ese'ist(ă) M̲|F̲ Essayist(in) m(f)
e'sență F̄ Essenz f; Wesen n
esenți'al A̲D̲J̲ wesentlich, hauptsächlich
e'seu N̄ Essay m od n
eso'fag N̄ Speiseröhre f
eso'teric A̲D̲J̲ esoterisch
espla'nadă F̄ Esplanade f
es'presso N̄ Espresso m
est N̄ Osten m
es'tetic A̲D̲J̲ ästhetisch
es'tetică F̄ Ästhetik f
'estic A̲D̲J̲ östlich
esti'ma V̄T̄ schätzen
esti'mare F̄ Einschätzung f
estima'tiv A̲D̲J̲ geschätzt

esti'val A̲D̲J̲ sommerlich
estom'pa V̄T̄ (ver)wischen
estom'pare F̄ Abschwächung f
es'ton A A̲D̲J̲ estisch Ⓑ M̄, es'tonă
F̄ Este m, Estin f
Es'tonia F̄ Estland n
es'tradă F̄ Podium n
estro'gen M̄ Östrogen n
estu'ar N̄ (Trichter)Mündung f
eșa'fod N̄ Schafott n
eșa'lon N̄ Staffel f
eșalo'na V̄T̄ staffeln
eșanti'on N̄ Muster n, Probe f
eșapa'ment N̄ Auspuff m
e'șarfă F̄ Schärpe f
e'șec N̄ Misserfolg m
eșu'a V̄Ī scheitern, misslingen; SCHIFF
stranden
e'taj N̄ Stock m, Stockwerk n, Etage f
eta'jeră F̄ Regal n
eta'la V̄T̄ ausstellen; zur Schau stellen
eta'lare F̄ Ausstellung f
etan'șa V̄T̄ abdichten
e'tapă F̄ Etappe f
e'tate F̄ Alter n
etati'za V̄T̄ verstaatlichen
etati'zare F̄ Verstaatlichung f
e'ter A M̄ CHEM Äther m Ⓑ N̄ Weite f;
cer Himmelsraum m
e'tern A̲D̲J̲ ewig
eterni'tate F̄ Ewigkeit f
eterni'za V̄T̄ verewigen
etero'clit A̲D̲J̲ uneinheitlich
etero'gen A̲D̲J̲ heterogen
'etic A̲D̲J̲ ethisch
'etică F̄ Ethik f
etiche'ta V̄T̄ etikettieren
eti'chetă F̄ Etikett n; fig Etikette f; ~
autocolantă Aufkleber m, Pickerl n
eti'lism N̄ Alkoholismus m
etimolo'gie F̄ LING Etymologie f
Eti'opia F̄ Äthiopien n
'etnic A̲D̲J̲ ethnisch
et'nie F̄ Ethnie f
etno'graf(ă) M̲|F̲ Völkerkundler(in)
m(f)
etnogra'fie F̄ Völkerkunde f
etno'log(ă) M̲|F̲ Ethnologe m, Ethnolo-
gin f
etnolo'gie F̄ Ethnologie f
e'travă F̄ SCHIFF Bug m
e'trusc A A̲D̲J̲ etruskisch Ⓑ M̄, e-

'trus**că** F̱ Etrusker(in) *m(f)*
etu'i Ṉ Etui *n*
e'tuvă F̱ Desinfektionsapparat *m*
eu PRON ich
euca'lipt M̱ Eukalyptus *m*
eufe'mism Ṉ LING Euphemismus *m*
eu'foric ADJ euphorisch
eufo'rie F̱ Euphorie *f*
eufori'zant Ṉ euphorisierend
euharis'tie F̱ Opfergottesdienst *m*;
  REL Eucharistie *f*
'euro M̱ Euro *m*
euroa'tlantic ADJ euroatlantisch
euro'cent M̱ Cent *m*
Eu'ropa F̱ Europa *n*; ~ Centrală Mitteleuropa *n*
europe'an ◼ ADJ europäisch ◼ M̱,
  europe'ană F̱ Europäer(in) *m(f)*
eutana'sie F̱ Sterbehilfe *f*
ev Ṉ Zeitalter *n*; Evul Mediu Mittelalter
  n
evacu'a VṮ evakuieren, räumen
evacu'are F̱ Evakuierung *f*, Räumung
  f
eva'da VI̱ ausbrechen
eva'dare F̱ Ausbruch *m*
evalu'a VṮ abschätzen, (ein)schätzen
evan'ghelie F̱ Evangelium *n*
evan'tai M̱ Fächer *m*
evapo'ra VṞ a se ~ verdunsten, verdampfen
eva'zat ADJ trapezförmig
evazi'une F̱ ~ fiscală Steuerhinterziehung *f*
eva'ziv ADJ ausweichend
eveni'ment Ṉ Ereignis *n*; Erlebnis *n*
eventu'al ADJ eventuell
eventuali'tate F̱ Möglichkeit *f*
evi'dent ADJ offensichtlich; offenbar
evi'dență F̱ Klarheit *f*, Deutlichkeit *f*
eviden**ți**'a VṮ auszeichnen; hervorheben
eviden**ți**'ere F̱ Auszeichnung *f*
evis**ce**'ra VṮ *animal* ausweiden, ausnehmen
evi'ta VṮ (ver)meiden
evi'tare F̱ Vermeidung *f*
e'vlavie F̱ Frömmigkeit *f*; Andacht *f*
evlavi'os ADJ fromm
evo'ca VṮ wachrufen
evo'care F̱ Weckruf *m*
evolu'a VI̱ sich entwickeln

evo'luție F̱ Entwicklung *f*
e'vreică F̱ Jüdin *f*
evre'iesc ADJ jüdisch
e'vreu M̱ Jude *m*
exacer'ba VṮ verschärfen
e'xact ADJ exakt, richtig, genau; pünktlich
exacti'tate F̱ Richtigkeit *f*; Genauigkeit *f*; Pünktlichkeit *f*
exage'ra VṮ übertreiben
exage'rat ADJ übertrieben
exa'la VṮ ausdünsten
exa'lație F̱ Ausdünstung *f*
exal'ta ◼ VṮ aufregen; *indignare* empören ◼ VṞ a se ~ sich aufregen, sich
  empören
exal'tare F̱ Hochgefühl *n*; *excitație* Erregung *f*
ex'amen Ṉ Examen *n*, Prüfung *f*; ~ de
  absolvire Abschlussprüfung *f*; ~ de admitere Aufnahmeprüfung *f*; ~ de bacalaureat Abiturprüfung *f*
exami'na VṮ prüfen; untersuchen
exami'nare F̱ Prüfung *f*; Untersuchung *f*
examina'tor M̱, examina'toare F̱
  Prüfer(in) *m(f)*
exaspe'ra VṮ zur Verzweiflung bringen
exaspe'rant ADJ zermürbend
exca'va VṮ ausheben; *a scobi* aushöhlen
excava'tor Ṉ Bagger *m*
exce'da VI̱ übertreffen
exce'dent Ṉ Überschuss *m*
exceden'tar ADJ überschüssig
exce'la VI̱ hervorragen; *a se distinge*
  sich auszeichnen
exce'lent ADJ ausgezeichnet; exzellent
exce'lență F̱ Exzellenz *f*
ex'centric ADJ exzentrisch
excep'ta VṮ ausschließen, ausnehmen
excep'tare F̱ Ausschluss *m*
ex'cepție F̱ Ausnahme *f*
excepțio'nal ADJ außerordentlich,
  hervorragend; în mod ~ ausnahmsweise
ex'ces Ṉ Exzess *m*
exce'siv ADJ übermäßig
exci'ta VṮ reizen, erregen
exci'tabil ADJ reizbar, erregbar
exci'tație F̱ Reizung *f*, Erregung *f*

excla'ma V/I ausrufen
excla'mare F Ausruf m
ex'clude V/T ausschließen
ex'cludere F Ausschluss m
ex'clus ADJ ausgeschlossen
exclu'siv A ADJ exklusiv B ADV ausschließlich
excomuni'ca V/T REL exkommunizieren
excre'mente NPL Kot m
ex'creţie F Ausscheidung f
ex'cursie F Ausflug m; ~ cu bicicleta Radtour f; ~ de o zi Tagesausflug m; ~ în munţi Bergtour f
excursio'nist M Ausflügler m
exe'crabil ADJ abscheulich
execu'ta V/T durchführen, ausführen, herstellen, anfertigen; vollziehen; hinrichten
execu'tare F Durchführung f, Ausführung f, Herstellung f, Anfertigung f; Vollziehung f; ~ silită Zwangsvollstreckung f
execu'tiv ADJ exekutiv, ausführend
execu'toriu ADJ vollstreckbar; act ~ n Zwangsvollstreckung f
exe'cuţie F Hinrichtung f; IT a lansa în ~ aufrufen
exe'geză F Erklärung f, Deutung f
exem'plar A ADJ beispielhaft B N Exemplar n; ~ minunat Prachtstück n
exemplifi'ca V/T an Beispielen erläutern
ex'emplu N Beispiel n; de ~ zum Beispiel
exerci'ta V/T ausüben
exerci'tare F Ausübung f
exer'ciţiu N Übung f; ~ de alarmă Probealarm m; în ~l funcţiunii in Ausübung seines/ihres Amtes
exer'sa V/T üben
exfoli'a A V/T abziehen; bomboană auspacken B V/R a se ~ sich häuten
exfoli'ere F Abblättern n
exhaus'tiv ADJ vollständig
exhi'ba V/T zur Schau stellen, (vor)zeigen
exhi'biţie F Ausstellung f
exhu'ma V/T exhumieren
exhu'mare F Exhumierung f
exi'gent ADJ anspruchsvoll
exi'genţă F Anspruch m; necesitate Notwendigkeit f
e'xil N Exil n; surghiun Verbannung f
exi'la V/T verbannen
exis'ta V/I existieren; bestehen; vorhanden sein
exis'tent ADJ vorhanden
exis'tenţă F Existenz f; Dasein n
exmatricu'la V/T exmatrikulieren
exmatricu'lare F Exmatrikulation f
e'xod N Auszug m; ~ de capital Kapitalflucht f
exone'ra A V/T befreien, entbinden B V/R a se ~ sich befreien
exorbi'tant ADJ horrend
exor'cism N Exorzismus m
exorci'za V/T exorzieren
ex'otic ADJ exotisch
exp. ABK (= expeditor) Abs. (Absender)
expan'dat ADJ ausgedehnt
expansi'une F Ausdehnung f; Expansion f
expatri'a V/T ausbürgern
expatri'ere F Auswanderung f
expecta'tivă F Abwarten n
expecto'rant A N schleimlösendes Mittel; MED Expektorans n B ADJ schleimlösend
expedi'a V/T schicken, absenden
expedi'tiv ADJ flink
expedi'tor M, **expedi'toare** F Absender(in) m(f)
expe'diţie F Expedition f; Versand m
experi'enţă F CHEM Experiment n, Versuch m; fig Erfahrung f; ~ pe animale Tierversuch m
experi'ment N Experiment n
experimen'ta V/T ausprobieren
ex'pert(ă) M(F) Experte m, Expertin f
exper'tiză F Gutachten n
expi'ra V/I ausatmen; ablaufen; verfallen
expi'rare F Ablauf m; termen m de ~ Verfallsdatum m
expli'ca V/T erklären, erläutern; deuten
expli'cabil ADJ erklärbar
expli'caţie F Erklärung f, Erläuterung f; Deutung f
expli'cit ADJ deutlich, ausdrücklich
exploa'ta V/T ausbeuten, ausnutzen; BERGB fördern
exploa'tare F Ausbeutung f; BERGB Förderung f; ~ minieră Bergbau m

exploa'tat(ă) MF Ausgebeutete(r) m/f(m)

exploata'tor M, **exploata'toare** F Ausbeuter(in) m(f)

exploa'tație F Ausbeutung f

explo'da VI explodieren

explo'ra VT (er)forschen

explora'tor M, **explora'toare** F Forscher(in) m(f)

explo'zibil N Sprengstoff m

ex'plozie F Explosion f; **~ a costurilor** Kostenexplosion f

explo'ziv A ADJ explosiv B N Sprengstoff m

expo'nat N Ausstellungsstück n

expo'nent(ă) MF 1 Repräsentant(in) m(f) 2 ~ m MATH Exponent m

exponenți'al ADJ exponentiell, Exponential...; **funcție ~ă** f Exponentialfunktion f

ex'port N Export m

expor'ta VT exportieren

expo'ziție F Ausstellung f; **~ de artă** Kunstausstellung f; **~ itinerantă** Wanderausstellung f

ex'pres A ADJ absichtlich; Eil... B N BAHN Schnellzug m

ex'presie F Ausdruck m; Wendung f; Miene f; **~ idiomatică** Redewendung f

expresio'nism N Expressionismus m

expre'siv ADJ ausdrucksvoll

expri'ma VT ausdrücken; äußern

expropri'a VT enteignen

expropri'ere F Enteignung f

expul'za VT ausweisen, verweisen

ex'pune A VT darlegen; ausstellen; FOTO belichten B VR **a se ~** sich aussetzen

ex'punere F Darlegung f; Ausstellen n; FOTO Belichtung f

ex'pus ADJ 1 ausgestellt 2 **fără protecție** ungeschützt

exsu'dat N BIOL, MED Exsudat n

ex'tatic ADJ ekstatisch, verzückt

ex'taz N Ekstase f, Verzückung f

extazi'a A VT in Ekstase versetzen B VR **a se ~** in Ekstase geraten

extempo'ral N Klassenarbeit f

exten'sibil ADJ 1 dehnbar 2 **mobilă** ausziehbar

ex'tensie F Erweiterung f

extenu'a VT erschöpfen, ermüden

extenu'at ADJ erschöpft, übermüdet

exteri'or A ADJ äußerlich; außen B N Äußere(s) n

exteriori'zat ADJ geäußert

extermi'na VT ausrotten

ex'tern ADJ äußere(r, s); auswärtige(r, s); **Ministerul** n **de Externe** Außenministerium n

exter'na VT entlassen

exter'nare F Entlassung f

extinc'tor N Feuerlöscher m

ex'tincție F (Aus)Löschung f

ex'tinde A VT ausdehnen; ausweiten; ausbauen B VR **a se ~** sich ausdehnen; sich erweitern

ex'tindere F Erweiterung f, Ausdehnung f

extir'pa VT ausrotten; MED entfernen

extir'pare F Entfernung f; **animal, plantă** Ausrottung f

extraconju'gal ADJ außerehelich

ex'tract N Extrakt m

extrac'tiv ADJ extraktiv f

ex'tracție F BERGB Förderung f

extra'fin ADJ sehr fein, von sehr guter Qualität

ex'trage VT ziehen; BERGB fördern

extraodi'nar ADJ außerordentlich

extrapo'la VT MATH, PHIL extrapolieren

ex'tras N Auszug m; **~ de cont** (Konto)auszug m

extrase'zon N Nebensaison f

extrașco'lar ADJ außerschulisch

extrate'restru A M, **extrate'restră** F Außerirdische(r) m/f(m) B ADJ außerirdisch

extraute'rin ADJ MED extrauterin

extrava'gant ADJ auffällig, ausgefallen, extravagant

extrava'ganță F Auffälligkeit f, Extravaganz f

extraver'tit, extrover'tit ADJ aufgeschlossen; PSYCH extravertiert, extrovertiert

extră'da VT ausliefern

ex'trem ADJ extrem, äußerst

ex'tremă F Extrem n; **~ dreaptă** Rechtsaußen m(f)

extre'mism N Extremismus m; **~ de dreapta** Rechtsextremismus m; **~ de stânga** Linksextremismus m

extre'mist A ADJ extremistisch; **~ de dreapta** rechtsextremistisch B M, **extre'mistă** F Extremist(in) m(f)
extremi'tăți FPL Gliedmaßen pl
extrin'sec ADJ von außen bestimmt; PSYCH extrinsisch
exube'rant ADJ üppig; fig überschwänglich
exube'ranță F Üppigkeit f; fig Überschwenglichkeit f
ezi'ta VI zögern, schwanken
ezi'tant ADJ zögerlich; nedecis unschlüssig
ezi'tare F Zögern n, Schwanken n

F

fa M MUS f; **~ major** F-Dur; **~ minor** f-Moll
fabri'ca VT herstellen, erzeugen
fabri'cat N Erzeugnis n
'fabrică F Fabrik f; **~ de bere** Brauerei f
fabu'la VI fabulieren, fantasievoll erzählen
fabu'lație F (erfundene) Erzählung f
'fabulă F Fabel f
fabu'los ADJ fabelhaft
'face A VT machen; tun; schaffen; herstellen, erzeugen; verrichten; leisten; treiben B VI kosten; **a ~ parte din** gehören zu C VR **a se ~** werden
'facere F Schöpfung f; Handlung f; **durerile** fpl **facerii** Wehen pl
fa'chir M Fakir m
faci'al ADJ ANAT Gesichts...; **mușchi** m **~ Gesichtsmuskel** m
fa'cil ADJ leicht; fără trudă mühelos
facili'ta VT erleichtern
facili'tare F Erleichterung f
facili'tate F Leichtigkeit f
'faclă F Fackel f
facsi'mil N Reproduktion f, Kopie f
fac'tice ADJ INV künstlich, unnatürlich
'factor M Faktor m; **~ de protecție solară** Lichtschutzfaktor m; **~ de risc** Risi-

kofaktor m; **~i determinanți** Rahmenbedingungen fpl
factu'ra VT abrechnen
fac'tură F Rechnung f; **~ de telefon** Telefonrechnung f
facul'tate F Fakultät f; Hochschule f; Fähigkeit f
fad ADJ fad; geschmacklos
fag M Buche f
fa'got M Fagott n
'fagure M (Honig)Wabe f
faian'țar M Fliesenleger m
fa'ianță F Fliese f
'faimă F Ruhm m
fai'mos ADJ berühmt
'fain ADJ fein; măreț prächtig
fa'langă F Fingerknochen m; picior Zehenknochen m
'fală F Stolz m
'falcă F Kiefer m
fald N Falte f
fa'leză F Strandpromenade f
'falie F GEOL Verwerfung f
fali'ment N Bankrott m; **a da ~** Bankrott machen, pleitegehen
falimen'tar ADJ bankrott, pleite
fa'lit ADJ bankrott, pleite
'falnic ADJ eindrucksvoll; chipeș ansehnlich
fals A ADJ falsch, unecht B N Fälschung f
falsifi'ca VT fälschen
falsifica'tor M, **falsifica'toare** F Fälscher(in) m(f)
falsi'tate F Falschheit f
famili'al ADJ Familien...; **planificare** f **~ă** Familienplanung f
famili'ar ADJ vertraut
familiari'za A VT vertraut machen (cu min) B VR **a se ~** vertraut werden (cu min)
fa'milie F Familie f; **~ gazdă** Gastfamilie f; **~ extinsă** Großfamilie f; **~ reîntemeiată** Patchworkfamilie f
fan M Fan m
fa'natic A ADJ fanatisch B M, **fa'natică** F Fanatiker(in) m(f)
fana'tism N Fanatismus m
fan'dare F Ausfallschritt m
fando'si **a se ~** sich aufbauschen; umg sich aufblasen
fando'sit ADJ eingebildet

fan'fară F̲ Fanfare f

fanfa'ron A̲ ADJ angeberisch B̲ M̲, fanfa'roană F̲ Angeber(in) m(f)

fani'on N̲ Wimpel m

fan'tasmă F̲ Trugbild n

fan'tastic ADJ fantastisch

fanta'za V̲ī̲ fantasieren

'fantă F̲ TECH Spalt; Schlitz

fante'zie F̲ Fantasie f

fan'tomă F̲ Gespenst n

fapt N̲ Tatsache f; de ~ eigentlich; zwar

'faptă F̲ Tat f; ~ criminală Gewaltverbrechen n

far N̲ Leuchtturm m; AUTO Scheinwerfer m; far de ceață Nebelscheinwerfer m

fara'on M̲ Pharao m

fard N̲ Schminke f; ~ de pleoape Lidschatten m

far'da V̲ī̲ schminken

farfu'rie F̲ Teller m; ~ din carton Pappteller m; ~ zburătoare fliegende Untertasse f

fa'ringe N̲ Rachen m

farin'gită F̲ Rachenentzündung f

fari'seu M̲ pej Heuchler m

farma'cie F̲ Apotheke f; ~ de acasă Hausapotheke f

farma'cist(ă) M̲|F̲ Apotheker(in) m(f)

farmacolo'gie F̲ Arzneimittelkunde f; PHARM Pharmakologie f

'farmec N̲ Zauber m; Reiz m

'farsă F̲ Anekdote f; Streich m

far'sor M̲, far'soare F̲ Spaßmacher(in) m(f)

fas'cicul N̲ Bündel n

fasci'na V̲ī̲ faszinieren

fasci'nație F̲ Faszination f

fas'cism N̲ Faschismus m

fas'cist A̲ ADJ faschistisch B̲ M̲, fas'cistă F̲ Faschist(in) m(f)

fa'sole F̲ Bohne f; ~ boabe/verde weiße/grüne Bohnen pl

fa'son N̲ ▮ Form f, Gestalt f ▮ fig Umstände mpl

faso'na V̲ī̲ formen, gestalten

fast N̲ Prunk m

fastu'os ADJ prunkvoll

'fașă F̲ (Mull)Binde f

fa'tal ADJ fatal, verhängnisvoll

fatali'tate F̲ Verhängnis n

'fată F̲ Mädchen n

fa'tidic ADJ schicksalhaft

fa'țadă F̲ Fassade f

'față F̲ Gesicht n; Seite f; fața cealaltă Kehrseite f; de ~ vorliegend; anwesend; din ~ vordere(r, s); ~ de gegenüber; ~ de masă Tischdecke f; ~ de pernă Kissenbezug m; în ~ vorn; în fața vor

fa'țetă F̲ Facette f, Schlifffläche f

'fault N̲ SPORT Foul(spiel) n

faul'ta V̲T̲ SPORT foulen

'faună F̲ Tierwelt f

'faur M̲ ▮ Februar m ▮ fierar Schmied m

fa'voare F̲ Gunst f; în ~a zugunsten

favo'rabil ADJ günstig

favo'rit A̲ ADJ Lieblings... B̲ M̲, favo'rită F̲ Favorit(in) m(f); Liebling m

favori'za V̲T̲ begünstigen; bevorzugen

fax N̲ Fax n; Faxgerät n; a trimite un ~ faxen

fa'zan M̲ Fasan m

'fază F̲ Phase f; faza mare Fernlicht n; ~ experimentală Versuchsstadium n

făcă'tură F̲ Zauber m

fă'clie F̲ Fackel f

fă'gaș N̲ Spur f, Gleis n

făgădu'i V̲T̲ versprechen

făgădu'ială F̲ Versprechen n

fă'ină F̲ Mehl n

făi'nos ADJ mehlig

fă'li V̲R̲ a se ~ sich rühmen, prahlen

fă'los ADJ stolz, überheblich

făp'taș(ă) M̲|F̲ Täter(in) m(f)

făp'tură F̲ Geschöpf n

fă'raș N̲ (Hand)Schaufel f

'fără PRĂP ohne; ord vor; șase ~ cinci fünf vor sechs; ~ (ca) să ohne dass

fără'delege F̲ Straftat f

fărâ'ma A̲ V̲T̲ zerschlagen B̲ V̲R̲ a se ~ sich zerschlagen

fă'râmă F̲ Stückchen n; Krümel m; Brocken m

fărâmi'cios ADJ bröcklig

fărâmi'ța V̲T̲ zerbröckeln

'făt M̲ MED Fötus m

fă'ta V̲T̲ ZOOL werfen; kalben, fohlen

fă'țarnic ADJ heuchlerisch

fățărni'cie F̲ Heuchelei f

fă'țiș ADJ offen

fău'ri V̲T̲ gestalten; fig schmieden

fău'rire F Gestaltung
făuri'tor M, **făuri'toare** F Schöpfer(in) m(f), Begründer(in) m(f)
fâlfâ'i V/I flattern
fân N Heu n
fâ'nar N Laterne f
fân'tână F Brunnen m; ~ **arteziană** Springbrunnen m
fâsâ'i VI knistern; *despre apă, foaie* rauschen
fâstâ'ci VR a se ~ durcheinanderkommen; verwirrt werden
fâstâ'cit ADJ verwirrt; verlegen
fâş N *umg haină* Steppjacke f
fâşâ'i VI knistern; rauschen
fâ'şie F Streifen m; ~ **de clătită** Frittate f
fâţâ'i A VI *animal* mit dem Schwanz wedeln B VR a se ~ hin und her laufen
fe'blete F Schwäche f
'febră F Fieber n; ~ **musculară** Muskelkater m
fe'bril ADJ fieberhaft; MED fiebrig
februa'rie M Februar m
fe'cale FPL Fäkalien pl
fecio'ară F *a.* ASTROL Jungfrau f
fecio'r N Sohn m; junger Mann m; Junggeselle m
fe'cund ADJ fruchtbar
fecun'da VT befruchten
fecun'datie F Befruchtung f
fecundi'tate F Fruchtbarkeit f
fede'ral ADJ Bundes...
federali'za VR a se ~ sich verbünden
fede'ratie F Bund m; Verband m
fe'eric ADJ feenhaft
fee'rie F *in circ* Zauberspiel n
fel N Art f, Weise f; **fel de mâncare** Gang m, Gericht n, Speise f; **fel principal** Hauptgericht n; **ce ~ de** was für ein(e); ~ **de** ~ allerlei; **la ~** gleich; **la ~ de** ebenso
feli'a VT (in Scheiben) schneiden
feli'at ADJ (in Scheiben) geschnitten, Schneide...; **maşina** f **de ~ (pâine)** (Brot)Schneidemaschine f
felici'ta VT a ~ **pe cineva** j-m gratulieren
felici'tare F Glückwunsch m; Glückwunschkarte f; ~ **de Crăciun** Weihnachtskarte f
fe'lie F Scheibe f; ~ **de pâine prăjită**

Toast m
fe'lin A ADJ katzenartig B F Katze f
feli'nar N Laterne f
felu'rit ADJ vielfältig
fe'meie F Frau f; ~ **de afaceri** Geschäftsfrau f; ~ **de serviciu** Putzfrau f
feme'iesc ADJ weiblich
fe'melă F Weibchen n
femi'nin ADJ weiblich
femi'nist ADJ feministisch
femi'nistă F Feministin f
fe'mur N Oberschenkelknochen m
feno'men N Phänomen n
fenome'nal ADJ phänomenal; *uimitor* erstaunlich
fenomenolo'gie F PHIL Phänomenologie f
fe'no'tip N BIOL Phänotyp m
fen'ta VT SPORT ausspielen, austricksen
'fentă F Finte f
ferăs'trău N Säge f; **a tăia cu ~l** (zer)sägen
ferchezu'i A VT herausputzen B VR a se ~ sich herausputzen; *umg* sich aufbrezeln
fe'reală F Vorsicht f
fere'astră F Fenster n; IT ~ **de dialog** Dialogfenster n
fere'ca VT (mit Eisen) beschlagen
'ferfenită F Fetzen m
fe'ri A VT (be)schützen; bewahren B VR a se ~ sich in Acht nehmen
feri'bot N Fähre f
feri'cire F Glück n; **din ~** glücklicherweise
feri'cit ADJ glücklich
'ferigă F BOT Farn m
fe'rit ADJ geschützt
ferm ADJ fest; standhaft
'fermă F Farm f; ~ **viticolă** Weingut n
ferme'ca VT bezaubern, verzaubern
fermecă'tor ADJ reizend, bezaubernd
fer'ment M BIOL Gärmittel n
fermen'ta VI gären
fermen'tatie F Gärung f
fermi'er(ă) MF Farmer(in) m(f)
fermi'tate F Entschlossenheit f
fer'moar N Reißverschluss m
fe'roce ADJ INV grausam; *sălbatic* wild
teroci'tate F Grausamkeit f
fero'mon M BIOL Pheromon m
ferone'rie F Schmiedekunst f

ferovi'ar A ADJ (Eisen)Bahn... B M,
   ferovi'ară F Eisenbahner(in) m(f)
fer'til ADJ fruchtbar
fertili'tate F Fruchtbarkeit f
fertili'za VT düngen
fer'vent ADJ eifrig; cu pasiune leidenschaftlich
fer'voare F Eifer m; pasiune Leidenschaft f
'fesă F Gesäßbacke f; umg Pobacke f
'festă F Streich m; a-i juca cuiva o ~
   jemandem einen Streich spielen
fes'tin N Festessen n
fes'tiv ADJ festlich
festi'val N Festspiele pl; Festival n; ~ul
   filmului Filmfestspiele pl
festivi'tate F Festlichkeit f; ~ de premiere Siegerehrung f
festo'na VT schmücken, verzieren
fe'tal ADJ MED Pränatal...; medicină ~ă
   Pränatalmedizin f
fe'tid ADJ stinkend
fe'tiș N SOZIOL Fetisch m
fetiș'cană reg F junges Mädchen n
fe'tiță F Mädchen n
'fetru N Filz m
'fetus M MED Fötus m
fe'zabil ADJ machbar; realizabil durchführbar
fezabili'tate F Machbarkeit f; realiza-
   bilitate Durchführbarkeit f
fi VI sein; sich befinden
fi'abil ADJ zuverlässig, verlässlich
fiabili'tate F Zuverlässigkeit f, Ver-
   lässlichkeit f
'fiară F ❶ Bestie f ❷ fig Unmensch m
'fiasco N Fiasko n, Misserfolg m
'fibră F Faser f; ~ de sticlă Glasfaser f;
   ~ sintetică Kunstfaser f; fibre alimentare Ballaststoffe mpl
fibri'lație F MED Flimmern n; ~ ven-
   triculară f Kammerflimmern n
fi'brom N Geschwulst f/n; MED Fibrom
   n
fi'cat M Leber f
fic'tiv ADJ erdacht
ficți'une F Fiktion f
fi'dea F Nudeln pl
fi'del ADJ treu
fideli'tate F Treue f
fie¹ KONJ ~ ... ~ entweder ... oder
fie² umg INT fie! meinetwegen!

fie'care INDEF PR jede(r, s)
fier N Eisen n; ~ de călcat Bügeleisen
   n; ~ de călcat cu aburi Dampfbügeleisen n; ~ vechi Schrott m
fie'rar M Schmied m
fieră'rie F Schmiede f; Eisenwaren-
   handlung f
fierbă'tor N Kocher m; ~ de apă Wasserkocher m
'fierbe VT & VI kochen; sieden
'fierbere F Kochen n
fier'binte ADJ heiß
fi'ere F Galle f
fiert ADJ gekocht; fig niedergeschlagen
fig.¹ ABK (= figură) Abb. (Abbildung)
fig.² ABK (= figurat) bildlich, übertragen
figu'ra VI auftreten, erscheinen
figu'rant(ă) M(F) Statist(in) m(f)
fi'gură F Figur f; Abbildung f; ~ de
   șah Schachfigur f
figu'rină F Figürchen n
fi'ică F Tochter f
fi'indcă KONJ weil, da
fiin'ța VI existieren
fi'ință F (Lebe)Wesen n; a lua ~ entstehen
fi'la VT ❶ drehen; bec ausdrehen; toarcere spinnen ❷ detectiv, spion (heimlich)
   beobachten, beschatten
fila'ment N ELEK Glühfaden m
filan'trop M, filan'troapă F Men-
   schenfreund(in) m(f)
filan'tropic ADJ menschenfreundlich
filar'monică F MUS Philharmonie f
filate'lie F Briefmarkenkunde f
'filă F Blatt n
'fildeș N Elfenbein n
fi'le N GASTR Filet n; ~ de pangasius
   Pangasiusfilet n; ~ de pește Fischfilet
   n; ~ de vită Lungenbraten m
fi'let N Gewinde n
fi'leu N Netz n
filfi'zon N pej Schönling m, Geck m
fili'ală F Filiale f, Zweigstelle f
fili'eră F ❶ Zieheisen n ❷ fig Vermittlung f
fili'form ADJ fadenförmig
fili'gran N ❶ Wasserzeichen n ❷ filigran Filigranarbeit f
filipi'nez A ADJ philippinisch B M,
   filipi'neză F Philippiner(in) m(f)
film N Film m; ~ alb-negru Schwarz-

Weiß-Film *m*, Schwarzweißfilm *m*; ~ **cult** Kultfilm *m*; ~ **documentar** Dokumentarfilm *m*

fil'ma V/T (ver)filmen

filmogra'fie F Filmografie *f*

filo'log(ă) M/F Philologe *m*, Philologin *f*

filo'logic ADJ philologisch

filolo'gie F Philologie *f*

fi'lon N GEOL Ader *f*

filo'sof(ă) M/F Philosoph(in) *m(f)*

filo'sofic ADJ philosophisch

filoso'fie F Philosophie *f*

fil'tra V/T filtern

fil'trare F Filterung *f*

'**filtru** N Filter *m*; IT ~ **antispam** Spamfilter *m*; ~ **de particule** Rußfilter *m*; ~ **de ulei** Ölfilter *m*

fin ADJ fein; zart

fin(ă) M/F Patenkind *n*

fi'nal A ADJ End... B N Ende *n*

fi'nală F Finale *n*

fina'list(ă) M/F Finalist(in) *m(f)*

finali'tate F Zielstrebigkeit *f*

finali'za V/T durchführen; *prelucrare* bearbeiten

financi'ar ADJ finanziell

finan'ţa V/T finanzieren

finanţa'tor M, **finanţa'toare** F Geldgeber(in) *m(f)*

fi'nanţe FPL Finanzen *pl*; Finanzwesen *n*

'**fine** N în ~ endlich, schließlich

fi'neţe F Feinheit *f*

fini'sa V/T vollenden; fertigstellen

fini'saj N Fertigstellung *f*

'**finiş** N Endspurt *m*

fi'nit ADJ B beendet B *limitare* begrenzt B *desăvârşire* vollkommen

Fin'landa F Finnland *n*

finlan'dez A ADJ finnisch B M, **finlan'deză** F Finne *m*, Finnin *f*

fi'olă F CHEM Phiole *f*; MED Ampulle *f*

fi'or N Schau(d)er *m*

fi'ord N Fjord *m*

fio'ros ADJ Schauder erregend

fir N Faden *m*; Halm *m*; ELEK Leitung *f*, Draht *m*; **fir cu plumb** Lot *n*; **fire de arpagic** Schnittlauch *m*

'**firav** ADJ zart, fein

'**fire** F Wesen *n*, Natur *f*; Gemüt *n*

fi'resc ADJ natürlich

fi'reşte ADV natürlich, selbstverständlich

'**firewall** N IT Firewall *f*

firimi'tură F (Brot)Krümel *m*

firma'ment N Himmelsgewölbe *n*

'**firmă** F Firma *f*; Schild *n*; ~ **online** Internetfirma *f*

'**fişă** F Münze *f*; Marke *f*

fisc N Finanzamt *n*

fis'cal ADJ steuerlich, Steuer...; **an** *m* ~ Geschäftsjahr *n*; **cod** *n* ~ Steuernummer *f*

fisi'une F Spaltung *f*

fis'tic N Pistazie *f*

fisti'chiu ADJ B pistaziengrün B *fig* eigenartig, sonderbar

fisu'ra A V/T einen Riss/Spalt bilden B V/R a se ~ brüchig/rissig werden

fi'sură F Sprung *m*, Spalte *f*, Ritze *f*; MED Riss *m*

'**fişă** F Zettel *m*; Karteikarte *f*; ELEK Stecker *m*; ~ **de salariu** Gehaltsabrechnung *f*; ~ **de supraveghere** Überwachungsbogen *m*; ~ **fiscală** Lohnsteuerkarte *f*

fi'şet N Aktenschrank *m*

fi'şic N Geldrolle *f*

fi'şier N Kartei *f*; IT Datei *f*; IT ~ **anexat** Dateianhang *m*; IT ~ **imagine** Bilddatei *f*; IT ~ **în format PDF** PDF-Datei *f*

fi'til N Docht *m*; ~ **de aprindere** Zündschnur *f*

'**fitness** N Fitness *f*

fito'fag ADJ pflanzenfressend; BIOL phytophag

fi'ţuică F B Zettel *m* B *pentru a copia la examene* Spickzettel *m* B *iron* kleine Zeitung *f*

fiu M Sohn *m*

fix ADJ fest; genau

fi'xa V/T befestigen; festmachen; festsetzen; festlegen

fixa'tiv N Haarspray *n*, Haarfestiger *m*

'**fizic** A ADJ physisch; körperlich; physikalisch B N Aussehen *n*

'**fizică** F Physik *f*

fizici'an(ă) M/F Physiker(in) *m(f)*

fizio'log(ă) M/F Physiologe *m*, Physiologin *f*

fiziolo'gie F Physiologie *f*

fiziono'mie F Gestalt *f*; *faţă* Gesicht *n*

fiziotera'pie F Krankengymnastik *f*;

MED Pyhsiotherapie f
'flacără F̲ Flamme f
fla'con N̲ Fläschchen n
fla'gel N̲ Plage f
flage'la A̲ V̲T̲ plagen B̲ V̲R̲ a se ~ sich plagen
fla'grant A̲D̲J̲ auffällig, offenkundig; în ~ delict in flagranti
fla'mand A̲ A̲D̲J̲ flämisch B̲ M̲, fla'mandă F̲ Flame m, Flämin f
'flamă F̲ Flamme f
flam'bat A̲D̲J̲ flambiert
fla'mură F̲ Banner n, Fahne f
fla'na V̲I̲ flanieren, schlendern
flanc N̲ Seite f; Flanke f
fla'nelă F̲ TEX Flanell m
'flanșă F̲ TECH Flansch m
flasc A̲D̲J̲ schlaff; floare welk
'flashback N̲ Rückblick m; FILM Rückblende f
flaș'netă F̲ Drehorgel f
fla'ta V̲T̲ schmeicheln
flatu'lență F̲ Blähung f; MED Flatulenz f
'flaut N̲ Flöte f
flă'cău M̲ (junger) Kerl m; reg Junggeselle m
flă'mând A̲D̲J̲ hungrig
flămân'zi V̲I̲ hungern
fleac N̲ Kleinigkeit f
'fleașcă F̲ Matsch m
flecă'ri V̲I̲ schwatzen
fleg'matic A̲D̲J̲ phlegmatisch; fără sentiment gleichgültig
'flegmă F̲ Schleim m
fleg'mon N̲ Zellgewebsentzündung f; MED Phlegmone f
'fleică F̲ GASTR Fleischstück vom Bauch des Rinds, das üblicherweise auf dem Grill zubereitet wird
flendu'ros A̲D̲J̲ zerlumpt
fler N̲ Flair n
fleșcă'i A̲ V̲I̲ plantschen B̲ V̲R̲ a se ~ erschlaffen
fle'xibil A̲D̲J̲ biegsam; geschmeidig; flexibel
flirt N̲ Flirt m
flir'ta V̲I̲ flirten
'floare F̲ Blume f; Blüte f; ~a-soarelui Sonnenblume f; fig ~ la ureche Kinderspiel n; floricele de porumb Popcorn m
floc M̲ Büschel m

flo'cos A̲D̲J̲ flauschig, wollig
'floră F̲ Pflanzenwelt f
floră'rie F̲ Blumengeschäft n
flo'retă F̲ SPORT Florett n
flore'tist(ă) M̲F̲ SPORT Florettfechter(in) m(f)
Flo'rii F̲P̲L̲ (duminica f de) ~ Palmsonntag m
flo'tant(ă) M̲F̲ Durchreisende(r) m/f(m)
flo'tare F̲ Liegestütz m
'flotă F̲ Flotte f
flo'tilă F̲ (Schiffs)Flotte f
fluctu'ant A̲D̲J̲ schwankend, unbeständig
fluctu'ație F̲ Schwankung f
flu'ent A̲D̲J̲ fließend
flu'ență F̲ Flüssigkeit f (beim Sprechen)
flu'id A̲D̲J̲ flüssig
fluidifi'ca A̲ V̲T̲ verflüssigen B̲ V̲R̲ a se ~ sich verflüssigen
fluidi'za V̲T̲ verwirbeln
fluidi'zare F̲ Verwirbelung f
'fluier N̲ Pfeife f; Flöte f; ~ final Schlusspfiff m
fluie'ra V̲I̲ pfeifen
fluieră'tură F̲ Pfiff m
fluores'cent A̲D̲J̲ leuchtend; marker ~ n Leuchtstift m
fluștu'ratic pej A̲D̲J̲ leichtfertig
flutu'ra V̲I̲ flattern
'fluture M̲ Schmetterling m
fluvi'al A̲D̲J̲ Fluss...; navigație ~ă f Flussschifffahrt f
'fluviu N̲ Strom m
flux N̲ Flut f
'foaie F̲ Blatt n; ~ de dafin Lorbeerblatt n; ~ de napolitană Oblate f; ~ informativă Merkblatt n
foa'ier N̲ Foyer n
'foame F̲ Hunger m; ~ de lup Heißhunger m, Riesenhunger m; mi-e ~ ich habe Hunger
'foamete F̲ Hungersnot f
'foarfecă F̲ Schere f; forfecuță de unghii Nagelschere f
'foarte A̲D̲V̲ sehr
fo'bie F̲ Phobie f
foc N̲ Feuer n; armă Schuss m; foc de artificii Feuerwerk n; foc de tabără Lagerfeuer n

F

focali'za _V/T_ fokussieren
fo'car _N_ Brennpunkt m; Herd m
'focă _F_ Seehund m, Robbe f
fo'cos _ADJ_ feurig
fofi'la _V/R_ a se ~ sich schleichen; _prin ceva_ sich durchschleichen
fo'i _V/R_ a se ~ sich hin und her bewegen; _umg_ zappeln
foile'ton _N_ Feuilleton n
foi'os _ADJ_ **1** Laub...; **arbore ~** m Laubbaum m **2** ZOOL Blättermagen m
foi'şor _N_ Wachtturm m
fo'iţă _F_ **1** Blättchen n **2** _ţigare_ Zigarettenpapier n
fojgă'i _V/I_ wimmeln
fol'clor _N_ Folklore f
foli'a _V/T_ folieren
foli'at _ADJ_ foliert
'folie _F_ Folie f; **~ de aluminiu** Alufolie f; **~ de plastic** Plastikfolie f; **~ transparentă** Frischhaltefolie f, Klarsichtfolie f
folk _A_ _N_ Volksmusik f _B_ _ADJ INV_ volkstümlich; _folclor_ folkloristisch; **muzică** _A_ **~** Folkmusik f
fo'los _N_ Nutzen m
folo'si _A_ _V/T_ benutzen, verwenden _B_ _V/I_ nützen _C_ _V/R_ a se ~ sich bedienen
folo'sinţă _F_ Benutzung f
folo'sire _F_ Gebrauch m, Verwendung f
folosi'tor _ADJ_ nützlich
fond _N_ Inhalt m; Hintergrund m; **~ monetar** Währungsfonds m; **în ~** eigentlich
fon'da _V/T_ gründen; stiften
fonda'tor _M_, **fonda'toare** _F_ Gründer(in) m(f); Stifter(in) m(f)
'fonduri _PL_ FIN Fonds pl
fo'nem _N_ LING Phonem n
fo'netică _F_ LING Phonetik f
fonf _ADJ_ näselnd
fonfă'i _V/I_ näseln
'fonic _ADJ_ phonisch; LING stimmhaft
font _N_ Schriftart f
fonta'nelă _F_ ANAT Fontanelle f
'fontă _F_ Gusseisen n
for _N_ Forum n
fo'ra _V/I_ bohren
fo'raj _F_ Bohrung f
'forceps _F_ Geburtszange f
foresti'er _ADJ_ Forst...
for'fait _N_ SPORT Absage f
forfe'ca _V/T_ (zer)schneiden

forfe'tar _ADJ_ Pauschal...; **tarif** n **~** Pauschaltarif m
'forfotă _F_ Gewimmel n
forfo'ti _V/I_ **1** wimmeln **2** _apă, lichid_ brodeln
'forint _M_ FIN Forint m
for'ja _V/T_ schmieden
'forjă _F_ Schmiede f
for'jor _M_ Schmied m
for'ma _V/T_ ausbilden, bilden; formen; TEL wählen
for'mal _ADJ_ formal; formell
formali'tate _F_ Formalität f; **formalităţi vamale** Zollabfertigung f
for'mare _F_ Ausbildung f, Bildung f
for'mat _N_ Format n; **~ de fişier** Dateiformat n; **~ transversal** Querformat n
forma'ta _V/T_ IT formatieren
for'maţie _F_ **1** Formation f **2** _dezvoltare_ (Aus)Bildung f; **~ profesională** Ausbildung f
formaţi'une _F_ Formierung f, Aufstellung f
'formă _F_ Form f; Gestalt f; **~ de copt** Backform f; **~ maximă** Bestform f; **~ pentru prăjituri** Kuchenform f; **fără ~** formlos
formi'dabil _ADJ_ großartig; außergewöhnlich
for'mol _N_ CHEM Formol® n
formu'la _V/T_ formulieren; abfassen
formu'lar _N_ Formular n; **~ de înscriere** Anmeldeformular n; **~ de virament** Überweisungsformular n
for'mulă _F_ Formel f; **~ de adresare** Anrede f; **~ magică** Zauberspruch m
for'năi _V/I_ schnarchen
fortăre'aţă _F_ Festung f
'forte _ADJ INV_ stark, kräftig
fortifi'ant _N_ Stärkungsmittel n
fortifi'ca _V/T_ kräftigen; stärken; befestigen
fortu'it _ADJ_ zufällig
for'ţa _V/T_ zwingen; gewaltsam öffnen
for'ţat _ADJ_ **1** gezwungen **2** _ruptură_ gebrochen; _obiect încheiat_ aufgebrochen **3** **marş ~** n Eilmarsch m
'forţă _F_ Kraft f; Stärke f; Macht f; Gewalt f; **~ de atracţie** Anziehungskraft f; **cu ~** gewaltsam; **forţe** pl **armate** Streitkräfte pl
'forum _N_ Forum n; **~ de discuţii** Dis-

kussionsforum n; ~ **pe internet** Internetforum n

'fosă F̲ 1 ANAT Grube f, Höhle f; ~ **craniană** f Schädelgrube f; ~ **nazală** f Nasenhöhle f 2 MUS Orchestergraben m

'fosfor M̲ Phosphor m

fosfores'cent ADJ phosphoreszierend, Leucht...; **culoare** f ~**ă** Leuchtfarbe f

fo'silă F̲ Fossil n

fost ADJ gewesen; ehemalige(r, s)

'foşnet N̲ pej Geknister n

foş'ni V̲I̲ rascheln, knistern

'fotbal N̲ Fußball m; ~ **de masă** Tischfußball m; **meci** n **de** ~ Fußballspiel n

fotba'list(ă) M̲F̲ Fußballspieler(in) m(f)

fotocopi'a V̲T̲ fotokopieren

fotoco'pie F̲ Fotokopie f

foto'genic ADJ fotogen

foto'graf(ă) M̲F̲ Fotograf(in) m(f)

fotografi'a V̲T̲ fotografieren

fotogra'fie F̲ Foto n; ~ **color** Farbfoto n; ~ **din satelit** Satellitenfoto n

fo'toliu N̲ Sessel m

fotomo'del N̲ Model n

fo'ton M̲ PHYS Photon n

fotore'porter(ă) M̲F̲ Fotoreporter(in) m(f)

fotosen'sibil ADJ lichtempfindlich

fotosin'teză F̲ BOT, CHEM Fotosynthese f

fotovol'taic ADJ Fotovoltaik f

foxteri'er M̲ Foxterrier m

'foxtrot N̲ Foxtrott m

frac N̲ Frack m

fractu'ra V̲T̲ brechen

frac'tură F̲ Bruch m; ~ **craniană** Schädelbruch m; ~ **de os** Knochenbruch m

'fracţie F̲ MATH Bruch m

fracţi'une F̲ Fraktion f; Bruchteil m

'fragă F̲ Walderdbeere f

'fraged ADJ zart; aluat mürb(e)

fra'gil ADJ zerbrechlich

frag'ment N̲ Bruchstück n

fragmen'ta A̲ V̲T̲ zerteilen B̲ V̲R̲ **a se** ~ zerfallen

'fraier A̲ ADJ dumm; naivitate naiv B̲ M̲, 'fraieră F̲ pej Dummkopf m, Idiot(in) m(f)

franc A̲ ADJ offenherzig, freimütig; fränkisch B̲ M̲ HIST Franke m; FIN Fran-

ken m; ~**i elveţieni** Schweizer Franken

fran'ca V̲T̲ frankieren

fran'cez A̲ ADJ französisch B̲ M̲ Franzose m

fran'cheţe F̲ Offenheit f

francis'can A̲ M̲ Franziskaner m B̲ ADJ franziskanisch

francis'cană F̲ Franziskanerin f

fran'ciză F̲ WIRTSCH Franchise f

francma'son F̲ Freimaurer m

francmasone'rie F̲ Freimaurerei f

franco'fil(ă) M̲F̲ Frankophile(r) m/f(m)

franco'fon A̲ ADJ frankofon B̲ M̲, franco'fonă F̲ Frankofone(r) m/f(m)

franj N̲ Faser f

franju'ra A̲ V̲T̲ ausfransen B̲ V̲R̲ **a se** ~ fransen; îmbrăcăminte, ţesătură (sich) ausfransen

'Franţa F̲ Frankreich n

franţu'zesc ADJ französisch

franţu'zeşte ADV französisch

franţu'zoaică F̲ Französin f

fran'zelă F̲ Weißbrot n

fra'pa V̲I̲ auffallen

fra'pant ADJ auffallend

frapi'eră F̲ Weinkühler m

'frate M̲ Bruder m; ~ **al bunicului** Großonkel m; ~ **vitreg** Stiefbruder m; **fraţi şi surori** Geschwister pl

fra'tern ADJ brüderlich

fraterni'za V̲I̲ sich verbrüdern

frau'da V̲T̲ betrügen; delapidare unterschlagen

'fraudă F̲ Betrug m; JUR Unterschlagung f

fraudu'los ADJ betrügerisch

'frază F̲ Satz m; vorbărie Phrase f

frăge'zi A̲ V̲T̲ mürbe machen B̲ V̲R̲ **a se** ~ mürbe werden

frăge'zime F̲ Mürbe f

frămân'ta A̲ V̲T̲ kneten B̲ V̲R̲ **a se** ~ sich Sorgen machen; **a-şi** ~ **capul** sich den Kopf zerbrechen

frămân'tări F̲P̲L̲ Unruhe f

fră'ţesc ADJ brüderlich

fră'ţie F̲ Brüderschaft f

frâ'na V̲T̲ bremsen; fig hemmen

frâ'nare F̲ Bremsen n

'frână F̲ Bremse f; ~ **de mână** Handbremse f; ~ **de picior** Rücktritt m; ~ **totală** Vollbremsung f

'frânge A̲ V̲T̲ (durch)brechen; în două

F

părţi entzweibrechen, zerbrechen **B**
V̄R̄ **a se ~** (ab)brechen; *străpungere*
durchbrechen; *în două părţi* entzweibrechen, zerbrechen
'frângere F̄ Bruch *m*
'frânghie F̄ Strick *m*; Seil *n*; **~ de rufe**
Wäscheleine *f*
'frânt ADJ **1** gebrochen, geknickt **2** *fig*
todmüde
frâu N̄ Zügel *m*, Zaum *m*
'freamăt N̄ Rauschen *n*
fre'ca V̄T̄ reiben
fre'care F̄ Reibung *f*
'frecţie F̄ MED (Ab)Reibung *f*
frecţio'na V̄T̄ (ab)reiben
fre'cuş *fig* N̄ Reiberei *f*
frec'vent ADJ häufig
frecven'ta V̄T̄ besuchen
frec'venţă F̄ Häufigkeit *f*; Frequenz *f*;
şcoală Anwesenheit *f*
fredo'na V̄T̄ *cântec* summen
fre'gată F̄ SCHIFF Fregatte *f*
fre'măt'i V̄Ī rauschen; rascheln
fre'netic ADJ stürmisch
frene'zie F̄ Überschwang *m*
fre'on N̄ CHEM Freon® *n*
'frescă F̄ Fresko *n*
frez ADJ INV erdbeerrot, frais
'freza V̄T̄ fräsen
'freză F̄ Frisur *f*; TECH Fräsmaschine *f*
fre'zor M̄, fre'zoare F̄ Fräser(in) *m(f)*
fri'abil ADJ morsch; *aspru* spröde
frica'tiv ADJ LING frikativ, Reibe...;
consoană *f* **~ă** Reibelaut *m*
'frică F̄ Angst *f*, Furcht *f*; **~ de înălţime** Höhenangst *f*; **a-i fi ~** sich fürchten
fri'cos ADJ ängstlich; feige
fricţi'une F̄ (Ein)Reibung *f*
frig N̄ Kälte *f*; **mi-e ~** mir ist kalt, ich
friere
fri'gare F̄ (Brat)Spieß *m*
frigă'ruie F̄ Schaschlik *m*
'frige **A** V̄T̄ braten; grillen **B** V̄Ī brennen **C** V̄R̄ **a se ~** sich verbrennen; *fig*
hereinfallen
fri'gid ADJ nicht erregbar; MED frigid
frigi'der N̄ Kühlschrank *m*
frigidi'tate F̄ Gefühlskälte *f*; MED Frigidität *f*
frigo'rific ADJ kühlend, Kälte...; **agent**
m **~** Kältemittel *n*
'friguri NPL Schüttelfrost *m*

frigu'ros ADJ kälteempfindlich
fript ADJ gebraten, Brat...
frip'tură F̄ Braten *m*; **~ de porc**
Schweinebraten *m*; **~ de vacă** Rinderbraten *m*; **~ de viţel** Kalbsbraten *m*
fri'soane NPL Schüttelfrost *m*
'frişcă F̄ (**bătută**) Schlagsahne *f*
fri'vol ADJ leichtfertig, frivol
fri'zer M̄, frize'riţă F̄ Friseur(in) *m(f)*
frize'rie F̄ Friseursalon *m*
fri'zură F̄ Frisur *f*
'frondă F̄ POL Fronde *f*
front N̄ Front *f*; **~ de înaltă presiune**
Hoch *n*; **~ depresionar** Tief *n*; **~ rece**
Kaltfront *f*
fron'tal ADJ frontal; ANAT Stirn...; **sinus ~** *n* Stirnhöhle *f*
fronti'eră F̄ Grenze *f*
frontis'piciu N̄ Titelbild *n*
fron'ton N̄ Giebel *m*
fro'tir N̄ Frottee *n*
frotiu N̄ MED Abstrich *m*
fruct N̄ Frucht *f*; **~e de mare** Meeresfrüchte *pl*
'fructe PL Obst *n*
fructi'fer ADJ **pom** *m* **~** Obstbaum *m*
fructifi'ca V̄T̄ (aus)nutzen; *valorificare*
verwerten
fruc'toză F̄ Fruchtzucker *m*; BIOL,
CHEM Fructose *f*
fructu'os ADJ fruchtbar
fru'gal ADJ einfach, bescheiden
fru'mos ADJ schön
frumu'seţe F̄ Schönheit *f*
frun'taş ADJ führend
'frunte F̄ Stirn *f*; *fig* Spitze *f*; **de ~** Spitzen...; **în ~** vorn, voran
'frunză F̄ Blatt *n*; **~ de trifoi** Kleeblatt
n
frunză'ri V̄T̄ (durch)blättern
frun'ziş N̄ Laub *n*
frust ADJ **1** *monedă* abgenutzt **2** *simplu* einfach
frus'tra V̄T̄ beklauen; *a cauza stricăciuni* schaden
frus'trare F̄ Frustration *f*, Frust *m*
frus'trat ADJ frustriert
ftiziolo'gie F̄ MED TuberkuloZeforschung *f*
fu'dul ADJ stolz; eitel
fudu'li V̄R̄ **a se ~** stolzieren
'fufă F̄ *pej, umg* Flittchen *n*

'fuga ADV schnell
fu'gar ADJ flüchtig
'fugă F Lauf m; Flucht f; MUS Fuge f; ~ de la locul accidentului Fahrerflucht f
fugă'ri A V/T ~ pe cineva j-n hetzen, j-n verfolgen, j-m nachjagen B V/R a se ~ sich hetzen
fu'gi V/I (weg)laufen; fliehen, flüchten
fugi'tiv ADJ flüchtig
ful N joc de cărţi Full House n
fu'lar N Schal m
fu'leu N große Schritte mpl
fulg M (Flaum)Feder f; Flocke f; ~ de zăpadă Schneeflocke f; ~i pl de ovăz Haferflocken pl; ~i pl de porumb Cornflakes pl
'fulger N Blitz m
fulge'ra V/I blitzen
fulgeră'tor ADJ blitzschnell; plötzlich
fulgu'i V/I schneien
fulgu'rant ADJ blitzartig
fulgu'raţie F 1 Blitzgewitter n 2 MED Fulguration f
fulmi'nant ADJ fulminant, überwältigend
fum N Rauch m
fu'ma V/T rauchen
fu'mat N Rauchen n; ~ul interzis Rauchen verboten
fumă'tor M, fumă'toare F Raucher(in) m(f)
fume'ga V/I qualmen, rauchen
fumi'gen ADJ CHEM Rauch...; grenade f ~e Rauchgranate f
fu'moar N Raucherzimmer n
funci'ar ADJ Grund...; impozit ~ n Grundsteuer f
'funcţie F Funktion f; Amt n; Dienst m; în ~ de je nachdem; a fi în ~ de abhängen von
funcţio'na V/I funktionieren
funcţio'nar(ă) MF Beamte(r) m, Beamtin f; ~(ă) de bancă Bankangestellte m(f); ~(ă) de birou Büroangestellte m(f); ~(ă) vamal(ă) Zollbeamte m, Zollbeamtin f
funcţi'une F Funktion f; a pune în ~ in Betrieb nehmen
fund N (Hinter)Grund m; Boden m; Hintern m; din ~ hintere(r, s); von hinten; în ~ hinten
fun'da V/T gründen, stiften

fun'dac N pasăre Taucher m
fun'dal N Hintergrund m
funda'ment N Fundament n
fundamen'tal ADJ grundlegend
fundamen'tare F Begründung f
fun'daş M SPORT Verteidiger m
fun'daţie F Stiftung f
'fundă F Masche f, Schleife f
fundă'tură F Sackgasse f
fun'diţă F Schleifchen n
fu'nebru ADJ Trauer...
fune'ralii PL Trauerfeier f
fune'rar ADJ Trauer..., Grab...
fu'nest ADJ unheilvoll
fungi'cid N CHEM Fungizid n
funicu'lar N Drahtseilbahn f
fu'nie F Seil n, Strick m
fu'ningine F Ruß m
fu'ra V/T stehlen
fu'raj N Futter m
fura'jer ADJ Futter...; plante fpl ~e Futterpflanzen fpl
'furcă F Heugabel f
furcu'liţă F Gabel f; ~ pentru desert Kuchengabel f
fur'gon N, furgo'netă F Lieferwagen m
furi'bund ADJ rasend; turbare tobsüchtig
'furie F Zorn m; Wut f
furi'os ADJ zornig; wütend
fu'riş ADJ pe ~ heimlich; verstohlen
furi'şa V/R a se ~ schleichen, sich davonstehlen
fur'nal N Hochofen m
furni'ca V/I jucken
furni'car N Ameisenhaufen m
fur'nică F Ameise f
furnică'turi FPL Kribbeln n
fur'nir N Furnier n
furniru'i V/T furnieren
furni'turi FPL Zubehör n
furni'za V/T (be)liefern
furni'zor M, furni'zoare F Lieferant(in) m(f); ~ de internet Internetprovider m
fu'roare F Wut f; acces de mânie Wutanfall m; urgie Zorn m
fu'rou N Unterkleid n
fur'sec N Teegebäck n, Kleingebäck n
furt N Diebstahl m; ~ din magazine Ladendiebstahl m

fur'tun N̄ Schlauch m
fur'tună F̄ Sturm m, Gewitter n
furtu'nos ADJ stürmisch
fu'runcul N̄ Furunkel m
furuncu'loză F̄ MED Furunkulose f
fus N̄ **1** Spindel f **2** fus orar n Zeitzone f
fusi'form ADJ spindelförmig
fustan'giu M̄ umg pej Schürzenjäger m
'fustă F̄ Rock m
fuşe'reală F̄ Durchsuchung f
fu'til ADJ unwichtig
futuro'log(ă) MF̄ Futurologe m, Futurologin f
fuze'laj N̄ FLUG Rumpf m
fu'zibil ADJ schmelzbar
fuzio'na V̄Ī verschmelzen, fusionieren
fuzi'une F̄ Fusion f

G

gaba'rit N̄ Querschnittsmaß n
'gadget N̄ Gadget n
ga'fa V̄Ī patzen
'gafă F̄ Fauxpas m; umg Schnitzer m
gag N̄ Gag m, Witz m
ga'gică F̄ pej Liebhaberin f
ga'giu M̄ pej Liebhaber m
gaj N̄ Pfand n; Gage f
ga'lactic ADJ ASTRON galaktisch
ga'lant ADJ galant; nobil edel; prevenitor zuvorkommend
galan'tar N̄ Schaufenster n
gala'xie F̄ Galaxie f
'gală F̄ Gala f
'galben ADJ gelb; fig bleich
gale'rie F̄ Galerie f; BERGB Stollen m
'galeş ADJ schmachtend
ga'lez **A** ADJ walisisch **B** M̄, ga'leză F̄ Waliser(in) m(f)
'galic ADJ gallisch
ga'lon N̄ Gallone f
ga'lop N̄ Galopp m
galo'pa V̄Ī galoppieren
ga'loş M̄ Überschuh m

'gamă F̄ MUS Tonleiter f; ~ largă de sortimente breite Produktpalette f
'gambă F̄ Unterschenkel m
ga'melă F̄ Kochgeschirr n
gang N̄ Gang m, Flur m
gangli'on M̄ MED Ganglion n; MED ~ limfatic Lymphdrüse f
gan'grenă F̄ Wundbrand m; MED Gangrän f/n
ga'ra V̄Ī parken, abstellen
ga'raj N̄ Garage f
ga'rant(ă) MF̄ Garant(in) m(f); JUR Bürge m, Bürgin f
garan'ta V̄Ī garantieren, bürgen
garan'ţie F̄ Garantie f; Gewähr f; ~ pentru sticlă Flaschenpfand n
'gară F̄ Bahnhof m; ~ centrală Hauptbahnhof m; ~ de mărfuri Güterbahnhof m
gard N̄ Zaun m; SPORT Hürde f; ~ viu Hecke f
'gardă F̄ Wache f; Garde f; ~ de corp Leibwächter m; de ~ diensthabend
garde'robă F̄ Garderobe f
gardi'an M̄ Wächter m
gar'gară F̄ a face ~ gurgeln
garni'si V̄Ī garnieren
garni'tură F̄ Garnitur f; GASTR Beilage f; TECH Dichtung f; ~ de frână Bremsbelag m
garni'zoană F̄ MIL Garnison f
ga'roafă F̄ Nelke f
ga'rou N̄ MED Druckverband m
garsoni'eră F̄ Einzimmerwohnung f, Apartment n
'gastric ADJ gastrisch, Magen...; suc n ~ Magensaft m
gas'trită F̄ Gastritis f
gastroente'rită F̄ Magen-Darm-Entzündung f
gastroentero'logie F̄ MED Gastroenterologie f
'gaşcă F̄ Clique f, Bande f
'gata **A** ADJ fertig; bereit; GASTR gar; ~ de funcţionare betriebsbereit; ~ de recoltat schnittig; ~ **INT** los!
'gater N̄ Gattersäge f
'gaură F̄ Loch n; Lücke f; gaura cheii Schlüsselloch n; ~ în stratul de ozon Ozonloch n
gaz N̄ Gas n; Blähung f; ~ lacrimogen Tränengas n; ~ metan Erdgas n; gaz

propulsor Treibgas n
ga'za V̄T̄ vergasen
'gazdă F̄ Gastgeber(in) m(f); **în ~ zur Miete**
gaze'tar(ă) M̄F̄ Journalist(in) m(f)
ga'zetă F̄ Zeitung f
gazo'duct N̄ Ferngasleitung f
ga'zon N̄ Rasen m
gă'ină F̄ Henne f, Huhn n
gălă'gie F̄ Lärm m
gălăgi'os ADJ laut
gălbe'nuş N̄ Eigelb n
gălbi'nare F̄ Gelbsucht f
găl'bui ADJ gelblich
gă'leată F̄ Eimer m
gă'luşcă F̄ Kloß m, Knödel m
gă'oace F̄ Schale f
ga'zos ADJ gasförmig
găi'naţ M̄ Vogeldreck m
găli'gan M̄ pej, umg Schlaks m
gămă'lie F̄ Stecknadelkopf m
gărgă'un M̄ **1** Hornisse f **2** fig Launen fpl
gă'selniţă F̄ ZOOL Wachsmotte f
gă'si A̱ V̄T̄ finden Ḇ V̱Ṟ **a se ~** sich befinden
găsi'tor M̄, **găsi'toare** F̄ Finder(in) m(f)
gă'ti A̱ V̄T̄ kochen; zubereiten; schmücken Ḇ V̱Ṟ **a se ~** sich herausputzen; sich fertig machen
gău'nos ADJ hohl
gău'ri V̄T̄ durchlöchern; lochen; bohren
'gâde M̄ Henker m
gâzdu'i V̄T̄ unterbringen, beherbergen
gâdi'la V̄T̄ kitzeln
gâfâ'i V̄T̄ keuchen; schnaufen
'gâlcă umg F̄ MED Horn n
gâlgâ'i V̄T̄ sprudeln
gând N̄ Gedanke m; Sinn m; **~ ascuns** Hintergedanke m; **a avea de ~** vorhaben; **a-şi pune în ~** sich vornehmen; **ca ~ul** blitzschnell
gân'dac M̄ Käfer m
gân'di A̱ V̄T̄ denken; meinen Ḇ V̱Ṟ **a se ~ (la)** nachdenken (über), denken (an)
gân'dire F̄ Denken n
gândi'tor ADJ nachdenklich
gân'ganie F̄ Ungeziefer n
gân'gav M̄ Stotterer m

gângu'ri V̄T̄ plappern; porumbel gurren
'gârbov ADJ bucklig
'gârlă F̄ Bach m, Flüsschen n
gâs'can M̄ Gänserich m
'gâscă F̄ Gans f
gât N̄ Hals m
gâ'tlej N̄ Rachen m, Kehle f
gâtu'i V̄T̄ erwürgen
gâtu'it ADJ erwürgt, erdrosselt
'gâză F̄ Insekt n
'geacă F̄ (kurze) Jacke f; **~ de blugi** Jeansjacke f
geam N̄ (Fenster-, Glas)Scheibe f; **~ din spate** Heckscheibe f
geaman'dură F̄ Boje f
geaman'tan N̄ Koffer m
'geamăn N̄ Zwilling m
'geamăt N̄ Stöhnen n
geam'giu M̄ Glaser m
gea'mie F̄ Moschee f
'geană F̄ Wimper f
'geantă F̄ (Hand)Tasche f; **~ de umăr** Schultertasche f; **~ de voiaj** Reisetasche f; **~ frigorifică** Kühlbox f, Kühltasche f
gel N̄ Gel n; **gel de duş** Duschgel n; **gel de păr** Haargel n
gela'tină F̄ Gelatine f
ge'los ADJ eifersüchtig
gelo'zie F̄ Eifersucht f
gem N̄ Marmelade f
'gemă F̄ Edelstein m
'geme V̄T̄ stöhnen
geme'lar ADJ MED Zwillings...; **sarcină f ~ă** Zwillingsschwangerschaft f
'gemeni MPL a. ASTROL Zwillinge pl
gen N̄ GRAM Gattung f, Genus n, Geschlecht n
ge'nă F̄ BIOL Gen n
genea'logic ADJ **arbore m ~** Stammbaum m
gene'ra V̄T̄ erzeugen
gene'ral ADJ allgemein; **în ~ im Allgemeinen**
genera'list(ă) M̄F̄ praktischer Arzt m, praktische Ärztin f
generali'za V̄T̄ verallgemeinern
genera'tor N̄ Generator m
gene'raţie F̄ Generation f
ge'neric A̱ N̄ FILM înainte de un film Vorspann m; după un film Nachspann m **Ḇ** ADJ allgemein, Gattungs...; **nume n**

~ Gattungsname m
gene'ros ADJ großzügig
generozi'tate F Großzügigkeit f
ge'netic ADJ genetisch; **cercetare** f **~ă** Genforschung f; **inginerie** f **~ă** Gentechnik f; **manipulat ~** genmanipuliert
Ge'neva F Genf n
ge'neză F REL Schöpfungsgeschichte f
geni'al ADJ genial
ge'nist M MIL Pionier m
geni'tal ADJ **organe** npl **~e** Genitalien pl
geni'tiv N LING Genitiv m
'geniu N Genie n
geno'cid N Völkermord m
ge'nom N BIOL Genom n
geno'tip N Erbgut n; BIOL Genotyp m
gen'til ADJ zuvorkommend, liebenswürdig
genti'leţe F Liebenswürdigkeit f
genti'lom M Edelmann m
genu'in ADJ echt; natürlich
ge'nunchi M Knie n
genun'chieră F Knieschoner m
geode'zie F Vermessungswesen n, Geodäsie f
geogra'fie F Erdkunde f, Geografie f
geolo'gie F Geologie f
geome'trie F Geometrie f
geopo'litic ADJ geopolitisch
georgi'an A ADJ georgisch B M, **georgi'ană** F Georgier(in) m(f)
geoter'mal ADJ geothermal
ger N Frost m
geria'trie F Altersheilkunde f; MED Geriatrie f
ger'man A ADJ deutsch B M, **ger'mană** F Deutsche(r) m/f(m)
Ger'mania F Deutschland n; **~ de Nord** Norddeutschland n; **~ de Sud** Süddeutschland n
ger'manic ADJ germanisch
germa'nistică F Germanistik f
'germen M Keim m; **~i de soia** Sojasprossen mpl
germi'na VI keimen
germina'tiv ADJ keimfähig, Keim...; **celulă** f **~ă** Keimzelle f
ge'ros ADJ frostig, eisig
ge'runziu N LING Gerundiv(um) n
gest N Geste f
ges'taţie F ZOOL Trächtigkeit f

'gestică F Gestik f
gesticu'la VI gestikulieren
gestio'na VT verwalten
gesti'une F Geschäftsführung f
'getic ADJ getisch
'gheară F Kralle f; Klaue f
'gheată F Schuh m; **~ de munte** Wanderschuh m
'gheaţă F Eis n
gheb N Buckel m; Höcker m
ghe'bos ADJ bucklig; **aplecat** gebückt
'gheişă F Geisha f
'gheizer N Geysir m
ghem N Knäuel n; **a face ~** aufwickeln; **hârtie** zusammenknüllen
ghemo'toc N Klumpen m; **balot** Ballen m
ghemu'i VR **a se ~** kauern, in die Hocke gehen; fig sich winden
ghe'pard N Gepard m
ghe'retă F Verkaufsstand m; Bude f
gher'ghef N Stickrahmen m
gheri'don N Serviertisch m
ghe'rilă F Guerilla f
ghes N Rippenstoß m; **a da ~** anspornen
ghe'tou N Getto n
ghe'ţar M Gletscher m
ghe'ţuş N Glatteis n
ghi'ci VT (er)raten
ghici'toare F Rätsel n
ghid A M, **ghidă** F Reiseleiter(in) m(f), Fremdenführer(in) m(f); **~ montan** Bergführer m B N Reiseführer m; **~ de conversaţie** Sprachführer m
ghi'da VT leiten B VR **a se ~** sich leiten lassen
ghi'don N Lenkstange f, Lenker m
ghi'duş ADJ witzig, lustig
ghiftu'i A VT vollstopfen B VR **a se ~** sich vollstopfen
ghili'mele FPL Anführungszeichen pl
ghim'ber M Ingwer m
ghim'pat ADJ **sârmă** f **~ă** Stacheldraht m
'ghimpe M Stachel m, Dorn m
'ghindă F Eichel f
ghini'on N Pech n
ghinio'nist M Pechvogel m
ghi'oc M ZOOL Kaurischnecke f
ghio'cel M Schneeglöckchen n
ghiont N Stoß m

ghioz'dan N̄ Schultasche f

ghips N̄ Gips m

ghir'landă F̄ Girlande f

ghi'şeu N̄ Schalter m; ~ de bilete Fahrkartenschalter m; ~ de informaţii Informationsschalter m, Auskunfts-schalter m; ~ de înregistrare Abfertigungsschalter m

ghi'tară F̄ Gitarre f

ghita'rist(ă) M̄F̄ Gitarrist(in) m(f)

ghiu'lea F̄ Kanonenkugel f

ghi'veci N̄ Blumentopf m; GASTR Eintopf m

gi'gant M̄ Gigant m

gi'gantic ADJ gigantisch

gim'nast(ă) M̄F̄ Turner(in) m(f)

gim'nastică F̄ Gymnastik f, Turnen n; ~ artistică Kunstturnen n, Geräteturnen n; ~ medicală Krankengymnastik f; a face ~ turnen

gim'naziu N̄ Gymnasium n

gin N̄ Gin m

gineco'log(ă) M̄F̄ Frauenarzt m, Frauenärztin f

ginecolo'gie F̄ Gynäkologie f

'ginere M̄ Schwiegersohn m

gin'gaş ADJ zart, fein; zärtlich; fig heikel

gingă'şie F̄ Zartheit f, Zärtlichkeit f

gin'gie F̄ Zahnfleisch n

gingi'val ADJ Zahnfleisch...; sângerare f ~ă Zahnfleischbluten n

gingi'vită F̄ Zahnfleischentzündung f

gi'ra V̄T̄ pentru ~ ceva für etw bürgen

gi'rant ADJ cont ~ Girokonto n

gi'rafă F̄ Giraffe f

gira'toriu ADJ kreisförmig, Kreis...; sens ~ Kreisverkehr m

giro'far N̄ Blaulicht n

giro'scop N̄ TECH Gyroskop n

giugiu'li V̄T̄ liebkosen

giuvaer'giu M̄ Juwelier m

glaci'al ADJ eisig

glaci'ar ADJ eiszeitlich, Eiszeit...; eră f ~ă Eiszeitalter n

glaciaţi'une F̄ Vereisung f

gladia'tor M̄ Gladiator m

glago'litic ADJ altkirchenslawisch

gland N̄ Eichel f; MED Glans f

'glandă F̄ Drüse f; MED glanda tiroidă Schilddrüse f

glas N̄ Stimme f

glaspa'pir N̄ Glaspapier n

'glastră F̄ Blumentopf m

'glasvand N̄ Glaswand f

glau'com N̄ MED grüner Star m

gla'zură F̄ Glasur f; ~ de ciocolată Kuvertüre f; ~ de zahăr Zuckerguss m

glet N̄ Glättputz m

'glezną F̄ Knöchel m

glice'mie F̄ Blutzucker m; MED Glykämie f

glice'ridă F̄ CHEM Glyzerid n

'glie F̄ Scholle f

gli'sa V̄Ī̄ gleiten

gli'sant ADJ gleitend; uşă f ~ă Schiebetür f

'gloată F̄ (Menschen)Menge f, Masse f

glob N̄ Globus m, Kugel f; ~ul pămân-tesc Erdkugel f

glo'bal ADJ global, Gesamt...

globali'zare F̄ Globalisierung f

glo'bulă F̄ Blutkörperchen n

globu'leţ N̄ Kügelchen n

glonţ A N̄ Kugel f B ADV fig schnurstracks

'glorie F̄ Ruhm m

glorifi'ca V̄T̄ verherrlichen

glori'os ADJ ruhmreich

glo'sa V̄T̄ glossieren; explica erklären

glo'sar N̄ Glossar n; alcătuire Zusammenstellung f

glu'cidă F̄ CHEM Kohlenhydrat n

glu'coză F̄ Traubenzucker n; CHEM Glukose f

'glugă F̄ Kapuze f

'glumă F̄ Scherz m, Spaß m; Witz m

glu'meţ ADJ witzig

glu'mi V̄Ī̄ scherzen, spaßen

glu'ten N̄ Gluten n

go N̄ Go n (japanisches Brettspiel)

'goană F̄ Rennen n; Hetze f; Jagd f

'goangă F̄ Ungeziefer n

'goarnă F̄ Trompete f

go'blen N̄ Bilden m

go'fra V̄T̄ prägen

go'geamite ADJ INV riesig, gewaltig

go'goaşă F̄ Krapfen m; fig Lüge f

gogo'man A M̄ Dummkopf m B ADJ dumm

gogomă'nie F̄ Dummheit f

gogo'nat ADJ 1 kugelförmig 2 fig übertrieben

gogo'nea F̄ grüne Tomate f

'gogoriță F̲ Schreckgespenst n
gogo'șar M̲ Tomatenpaprika m
gol A̲ A̲D̲J̲ leer; nackt; ~ pușcă reg splitternackt; cu capul ~ ohne Kopfbedeckung; cu picioarele goale barfuß B̲ N̲ Leere f; Lücke f; SPORT Tor n; gol de aer Luftloch n; gol egalizator Ausgleichstor n
go'lan M̲ Lümmel m, Straßenjunge m
golave'raj N̲ SPORT Torverhältnis n
golă'nie F̲ Frechheit f
golf N̲ 1̲ GEOG Golf m 2̲ SPORT Golf n
gol'gheter M̲ SPORT Torjäger m
go'li V̲T̲ (aus)leeren; räumen B̲ V̲R̲ a se ~ leer werden
golici'une F̲ Nacktheit f
go'lire F̲ (Aus)Leeren n, Räumung f
go'maj N̲ Peeling n
go'naci M̲ fig Wirbelwind m
gon'dolă F̲ Gondel f
gon'flabil A̲D̲J̲ aufblasbar
gong N̲ Gong m
go'ni A̲ V̲T̲ verjagen, vertreiben B̲ V̲I̲ rasen
gono'ree F̲ Tripper m; MED Gonorrhö f
go'rilă F̲ Gorilla m
gor'nist M̲ MIL Trompeter m
gospo'dar M̲ Wirt m
gospodă'ri V̲T̲ wirtschaften
gospodă'rie F̲ Wirtschaft f; Haushalt m; ~ țărănească Bauernhof m
gospo'dină F̲ Hausfrau f; Wirtin f
'gotic A̲D̲J̲ gotisch
'grabă F̲ Eile f
'grabnic A̲D̲J̲ eilig
grad N̲ Grad m; Stufe f; MIL Dienstgrad m; ~ de comparație Steigerung f; ~ de latitudine Breitengrad m; ~ de longitudine Längengrad m
gra'da V̲T̲ abstufen
gra'dat A̲D̲V̲ stufenweise
gra'dație F̲ Steigerung f; Abstufung f
gradu'al A̲D̲J̲ allmählich; schrittweise
'grafic A̲ A̲D̲J̲ grafisch B̲ N̲ Diagramm n
'grafică F̲ Grafik f
grafici'an(ă) M̲/F̲ Grafiker(in) m(f)
gra'fie F̲ Schrift f; stil de scris Schreibweise f
gra'fit N̲ Grafit m
grafolo'gie F̲ Grafologie f

gra'ham N̲ Grahambrot n
grai N̲ Sprache f; Dialekt m
grajd N̲ Stall m; ~ de cai Pferdestall m; ~ de vaci Kuhstall m
gram N̲ Gramm n
gramati'cal A̲D̲J̲ grammatisch
gra'matică F̲ Grammatik f
grandi'os A̲D̲J̲ großartig
gran'doare F̲ Grandiosität f; fig Größe f
grandoma'nie F̲ Größenwahn m
gra'nit N̲ Granit m
'graniță F̲ Grenze f
granu'la V̲T̲ körnig machen, granulieren; cu o moară mahlen, zerkleinern
granu'lat A̲ N̲ Granulat n B̲ A̲D̲J̲ körnig
'grapă F̲ AGR Egge f
gras A̲D̲J̲ fett; dick
'gratii F̲P̲L̲ Gitter n; fereastră f cu ~ Gitterfenster n
grati'nat A̲D̲J̲ GASTR überbacken, gratiniert
'gratis A̲D̲J̲ kostenlos
grati'tudine F̲ Dankbarkeit f
gratu'it A̲D̲J̲ umsonst, unentgeltlich
gratu'la V̲T̲ ~ pe cineva j-m gratulieren
grați'a V̲T̲ begnadigen
'grație A̲ F̲ Anmut f B̲ P̲R̲Ă̲P̲ dank
grați'ere F̲ Begnadigung f
grați'os A̲D̲J̲ anmutig
grav A̲D̲J̲ schwer; ernst
gra'va V̲T̲ gravieren
gra'vidă A̲D̲J̲ schwanger
gravidi'tate F̲ Schwangerschaft f
gravi'ta V̲I̲ gravitieren
gravi'tație F̲ Schwerkraft f
gra'vor M̲ Graveur m
gra'vură F̲ Gravur f
gră'bi A̲ V̲T̲ beschleunigen B̲ V̲R̲ a se ~ sich beeilen
gră'bit A̲D̲J̲ eilig; a fi ~ es eilig haben
gră'dinar M̲ Gärtner m
gră'dină F̲ Garten m; ~ de iarnă Wintergarten m; ~ zoologică Tiergarten m, Tierpark m, Zoo m
gră'dinăreasă F̲ Gärtnerin f
grădină'rit N̲ Gärtnerei f; Gartenarbeit f
grădi'niță F̲ Kindergarten m; ~ cu orar normal Kindertagesstätte f

gră'i umg V̅T̅&̅V̅I̅ sprechen, reden
grăi'tor A̅D̅J̅ redegewandt, eloquent
gră'madă F̅ Haufen m; ~ de compost Komposthaufen m
grăni'cer M̅ Grenzwache f
gră'sime F̅ Fett n
gră'tar N̅ Grill m; Rost m; Gitter n
gră'unte M̅ Korn n
'grâne F̅P̅L̅ Getreide n
grâu N̅ Weizen m
'greață F̅ Übelkeit f, Brechreiz m; Ekel m
gre'bla V̅T̅ rechen, harken
'greblă F̅ Rechen m, Harke f
grec A̅ A̅D̅J̅ griechisch B̅ M̅, gre'coaică F̅ Grieche m, Griechin f
'Grecia F̅ Griechenland n
gre'fa V̅T̅ transplantieren, verpflanzen
'grefă F̅ Transplantation f
grefi'er(ă) M̅F̅ J̅U̅R̅ Rechtspfleger(in) m(f)
gre'gar A̅D̅J̅ Z̅O̅O̅L̅ Herden...; a. fig instinct ~ Herdentrieb m
gregori'an A̅D̅J̅ gregorianisch; calendar ~ n gregorianischer Kalender m
'greier M̅ Grille f
gre'na A̅D̅J̅ I̅N̅V̅ dunkelrot
gre'nadă F̅ Granate f; ~ de mână Handgranate f
gre'oi A̅D̅J̅ schwerfällig, behäbig
'grepfrut N̅ Grapefruit f
gre'sa V̅T̅ A̅U̅T̅O̅ schmieren, ölen
gre'sat N̅ geschmiert, geölt
'gresie F̅ Sandstein m
greș N̅ a da ~ scheitern; fără ~ unfehlbar
gre'șeală F̅ Fehler m; Irrtum m; ~ de exprimare Sprachfehler m; ~ de tipar Druckfehler m, Tippfehler m; ~ ortografică (od de ortografie) Rechtschreibfehler m; din ~ versehentlich, irrtümlich
gre'și A̅ V̅T̅ verfehlen B̅ V̅I̅ sich irren
gre'șit A̅D̅J̅ falsch; fehlerhaft
'grețos A̅D̅J̅ ekelhaft
greu A̅D̅J̅ schwer; schwierig
greu'tate F̅ Gewicht n; Last f; fig Schwierigkeit f; M̅E̅D̅ Beschwerden pl
'grevă F̅ Streik m; greva foamei Hungerstreik m; ~ de avertizare Warnstreik m; ~ de zel Bummelstreik m
gre'vist(ă) M̅F̅ Streikende(r) m/f(m)

gri A̅D̅J̅ grau
'grijă F̅ Sorge f; Fürsorge f; Sorgfalt f; a avea ~ de sorgen für, aufpassen auf
griju'liu A̅D̅J̅ vorsichtig
gri'laj N̅, 'grilă F̅ Gitter n
'grindă F̅ Balken m
'grindină F̅ Hagel m; a cădea ~ hageln
'gripă F̅ Grippe f; ~ aviară Vogelgrippe f; ~ porcină Schweinegrippe f
griș N̅ Grieß m
grizo'nant A̅D̅J̅ păr ergraut
'groapă F̅ Grube f; Graben m; Grab n; ~ de gunoi Deponie f, Müllkippe f
'groază F̅ Entsetzen n, Grauen n
'groaznic A̅D̅J̅ entsetzlich, grauenhaft, schrecklich
grobi'an A̅D̅J̅ grob; neatent unvorsichtig
Groen'landa F̅ Grönland n
grohă'i V̅I̅ porc grunzen
groho'tiș N̅ Geröll n
gro'par M̅ Totengräber m
gro'piță F̅ Grübchen n
gros A̅D̅J̅ dick
gro'sime F̅ Dicke f
groso'lan A̅D̅J̅ grob
grosolă'nie F̅ Grobheit f
'grotă F̅ Grotte f
gro'tesc A̅D̅J̅ grotesk
gro'zav A̅D̅J̅ schrecklich; heftig; außergewöhnlich; umg großartig; toll
groză'vie F̅ Gräuel m
gru'maz N̅ Nacken m
grund N̅ 1 Rauputz m 2 vopsea Grundfarbe f
grunzuros A̅D̅J̅ rau; gloduros holprig
grup N̅ Gruppe f; ~ de interese Pool m; ~ de știri Newsgroup f; ~ de turiști Reisegruppe f
gru'pa V̅T̅ gruppieren
'grupă F̅ Gruppe f; M̅E̅D̅ ~ sanguină Blutsgruppe f
'guașă F̅ M̅A̅L̅ Gouache(malerei) f
gu'dron N̅ Teer m
gudu'ra V̅R̅ a se ~ sich einschmeicheln; animal schwanzwedeln
guguș'tiuc M̅ Ringeltaube f
gui'ța V̅I̅ quieken
'gulag N̅ Gulag m
'gulaș N̅ Gulasch n
'guler N̅ Kragen m; ~ rulat Rollkragen

G

m

gu'lie F̲ Kohlrabi *m*

'gumă F̲ Gummi *m*; ~ de mestecat Kaugummi *m*; ~ de șters Radiergummi *m*

gu'noi N̲ Müll *m*; Mist *m*; Dünger *m*

guno'ier M̲ Müllmann *m*

guno'ierii MPL Müllabfuhr *f*

gura'liv ADJ gesprächig

'gură F̲ Mund *m*; Mündung *f*; ~ de ca-nal Gully *m/n*; ~-cască *m* umg Taugenichts *m*

gur'mand A̲ ADJ Gourmet...; ghid *n* ~ Gourmetführer *m* B̲ M̲, gur'man-dă F̲ Feinschmecker(in) *m(f)*, Gourmet *m*

'guru M̲ Guru *m*

gust N̲ Geschmack *m*; a avea ~ schme-cken; cu ~ geschmackvoll; fără ~ ge-schmacklos

gus'ta V̲T̲ kosten, probieren

gus'tare F̲ Imbiss *m*

gusta'tiv ADJ geschmacklich, Ge-schmacks...; simț *n* ~ Geschmackssinn *m*

gus'tos ADJ schmackhaft

gu'șat ADJ kropfartig

'gușă F̲ Kropf *m*

'gută F̲ Gicht *f*

gu'tuie F̲ Quitte *f*

gutu'rai N̲ Schnupfen *m*

gu'vern N̲ Regierung *f*; ~ de coaliție Koalitionsregierung *f*; ~ fantomă Schattenkabinett *n*; ~ minoritar Min-derheitsregierung *f*

guver'na V̲T̲ regieren

guvernamen'tal ADJ Regierungs...

guverna'tor M̲ Gouverneur *m*

guvernă'mânt N̲ Gouvernement *n*; formă de ~ Regierungsform *f*

h A̲B̲K̲ (= oră) Stunde

ha A̲B̲K̲ Hektar *m*

ha'bar N̲ a nu avea ~ keine Ahnung haben

habi'taclu N̲ 1 SCHIFF Kompasshaus *n* 2 pentru pasageri Passagierraum *m*; pentru bagaje Gepäckraum *m*

habi'tat N̲ Lebensraum *m*

habitu'al ADJ gewohnt

ha'botnic ADJ strenggläubig

hac N̲ a-i veni de ~ fertig werden (mit)

'hachiță F̲ a avea hachițe Launen *fpl* haben

'hacker M̲ Hacker *m*

'hai(de) I̲N̲T̲ los!; komm!

haida'mac M̲ Übeltäter *m*; pej Halun-ke *m*

hai'duc M̲ Räuber *m*

hai'hui ADJ unbedacht

haima'na F̲ Streuner *m*

ha'in ADJ grausam, tückisch

'haină F̲ Kleidung *f*; (Herren)Jacke *f*; ~ de blană Pelzmantel *m*

'haine FPL Kleider *pl*; costum *n* de ~ Anzug *m*; ~ civile Zivilkleidung *f*; ~ de lucru Arbeitskleidung *f*

ha'ios ADJ lustig; umg fidel

'haită F̲ Rudel *n*; Bande *f*

hal N̲ schlechter Zustand

ha'lat N̲ Kittel *m*; ~ de baie Bademan-tel *m*; ~ de casă Morgenmantel *m*

'hală F̲ Halle *f*; ~ de depozitare Lager-halle *f*; ~ de sport Sporthalle *f*

'halbă F̲ Bierkrug *m*; umg Halbe *f*

'halcă F̲ großes Fleischstück *n*

'haldă F̲ (Abraum)Halde *f*

ha'leală umg F̲ Fressen *n*, Fressalien *pl*

hale'bardă F̲ Hellebarde *f*

ha'li V̲T̲ fressen, futtern

halo'gen N̲ CHEM Halogen *n*

ha'lou N̲ PHYS Halo *m*

'haltă F̲ kleiner Bahnhof; Station *f*

hal'teră F̲ Hantel *f*

'haltere PL Gewichtheben *n*

haltero'fil M̲ Gewichtheber *m*

haluci'na V̅/I̅ halluzinieren

haluci'naţie F̅ Halluzination f, Wahnvorstellung f

halucino'gen A̅D̅J̅ MED halluzinogen

hal'va F̅ Halwa n

ham A̅ N̅ cal Geschirr n B̅ I̅N̅T̅ wauwau

ha'mac N̅ Hängematte f

ha'mal M̅ Gepäckträger m

ham'bar N̅ Scheune f

'hamburger M̅ Hamburger m

ha'mei N̅ Hopfen m

ham'sie F̅ Sardelle f

'hamster M̅ Hamster m

han N̅ Gasthaus n

'handbal N̅ Handball m

handba'list(ă) M̅F̅ Handballspieler(in) m(f)

handi'cap N̅ Handikap n

handica'pat(ă) M̅F̅ Behinderte(r) m/f(m); ~(ă) fizic Körperbehinderte(r) m/f(m)

han'gar N̅ Hangar m

han'giţă F̅ Wirtin f

han'giu M̅ Wirt m

hano'rac N̅ Anorak m

'haos N̅ Chaos n

ha'otic A̅D̅J̅ chaotisch

hap N̅ umg Pille f

hap'ciu I̅N̅T̅ hatschi

'haplea N̅ Vielfraß m; Dummkopf m

hap'sân A̅D̅J̅ gierig; grausam

har N̅ Gabe f; Talent n

haraba'bură F̅ Durcheinander n, Wirrwarr m

ha'rap M̅ Farbiger m

har'buz M̅ Wassermelone f

'harcea-'parcea A̅D̅V̅ a face ~ kurz und klein schlagen

'hard-disc N̅ IT Festplatte f

hardu'ghie F̅ großes, altes, baufälliges Haus

'hardware N̅ IT Hardware f

ha'rem N̅ Harem m

harnaşa'ment N̅ (Pferde)Geschirr n

'harnic A̅D̅J̅ fleißig

'harpă F̅ Harfe f

har'pon N̅ Harpune f

'hartă F̅ Landkarte f; harta oraşului Stadtplan m; ~ meteorologică Wetterkarte f; ~ rutieră Straßenkarte f; ~ turistică Wanderkarte f

'harţă F̅ Zank m

ha'şiş N̅ Haschisch n

haşu'ra V̅/T̅ schraffieren

ha'târ N̅ Gunst f, Gefallen m

haţ I̅N̅T̅ zack

ha'vuz N̅ Wasserbecken n; fântână Brunnen

haz N̅ Spaß m; a face ~ de cineva sich über j-n lustig machen; a face ~ de necaz gute Miene zum bösen Spiel machen

ha'zard M̅ Zufall m

hazar'da V̅/R̅ a se ~ la ceva etw wagen

hazar'dat A̅D̅J̅ gewagt

haz'liu A̅D̅J̅ witzig

häitu'ială F̅ Hetzjagd f; fig Hetze f

haz'na F̅ Abflussbecken n

hăcu'i V̅/T̅ zerstückeln

hăis I̅N̅T̅ har; hüst

hăitu'i V̅/T̅ hetzen; fig verfolgen

hăme'sit A̅D̅J̅ ausgehungert

hără'zi V̅/T̅ bestimmen

hărmă'laie F̅ (Höllen)Lärm m

hărni'cie F̅ Fleiß m

hăt A̅D̅V̅ völlig; umg total

hăţ N̅ Zügel m

hă'ţiş N̅ Dickicht n

hău N̅ Abgrund m

hâd A̅D̅J̅ hässlich

hârâ'i V̅/I̅ krachen; despre persoane krächzen

hârb N̅ 1 Scherbe f 2 fig Greis m

hârcâ'i V̅/I̅ schnaufen

hâr'ciog M̅ Hamster m

hârjo'neală F̅ Rauferei f

hârjo'ni V̅/R̅ a se ~ sich raufen

hâr'leţ N̅ Spaten m

hâr'tie F̅ Papier n; ~ abrazivă Schmirgelpapier n; ~ igienică Toilettenpapier n; ~ reciclată Umweltpapier n

hârti'uţă F̅ Zettel m

hâr'top N̅ Loch n; lung şi adânc Graben m

hâr'ţoagă pej F̅ Wisch m; hârţoage pl Papierkram m

'hâtru A̅D̅J̅ schlau

hebdoma'dar A̅ N̅ Wochenzeitung f B̅ A̅D̅J̅ wöchentlich

hec'tar N̅ Hektar n

hecto'litru M̅ Hektoliter m

hedo'nism F̅ PHIL Hedonismus m

hegemo'nie F̅ Vorherrschaft f; Hegemonie f

hei'rup INT hau ruck

he'lancă F TEX Helanca® n

heleş'teu N Teich m

heli'port N Landeplatz m (für Hub-schrauber)

'heliu N CHEM Helium n

hema'tie F ANAT, MED rotes Blutkör-perchen

hematolo'gie F MED Hämatologie f

hema'tom N Bluterguss m

hemipa'reză F leichte Lähmung f; MED Hemiparese f

hemiple'gie F halbseitige Lähmung f; MED Hemiplegie f

hemodia'liză F Blutwäsche f

hemofi'lie F Bluterkrankheit f

hemoglo'bină F MED Hämoglobin n

hemo'gramă F Blutbild n

hemora'gie F Blutung f; ~ nazală Nasenbluten n

hemoro'izi MPL Hämorr(ho)iden pl

hepa'tită F Hepatitis f

hepatolo'gie F MED Hepatologie f

he'raldică F Wappenkunde f

herghe'lie F Gestüt n

'hering M Hering m

hermafro'dit M Zwitter m

hermene'utică F Hermeneutik f

her'nie F ~ inghinală Leistenbruch m; ~ de disc Bandscheibenvorfall m

hero'ină F Heroin n

'herpes N Herpes m

heru'vim M Cherub m

heteroga'mie F Heterogamie f

heterosexu'al ADJ heterosexuell

hexa'edru N GEOM Hexaeder n

hexag'on N GEOM Sechseck n

hi'at N LING Hiat m

'hibă F Mangel m

hiber'nare F Winterschlaf m

hi'brid A M BIOL Mischling m B ADJ gemischt

hibridi'tate F Mischung f

hibridi'zare F Vermischung f

hi'dos ADJ scheußlich, abscheulich

hi'drant M Hydrant m

hidra'ta VR a se ~ sich vollsaugen; CHEM hydrieren

hidra'tare F CHEM Hydrierung f

hidra'ulic ADJ hydraulisch

'hidră F Hydra f; BIOL Süßwasserpolyp m

hidroavi'on N Wasserflugzeug n

hidrocar'bură F Kohlenwasserstoff m

hidrocen'trală F Wasserkraftwerk n

hidro'fil ADJ Wasser aufnehmend; BIOL, BOT, CHEM hydrophil

hidro'fob ADJ Wasser abstoßend; BIOL, BOT, CHEM hydrophob

hidro'for N Hydrophor m; TECH Druckkessel m

hidro'fug ADJ wasserabweisend

hidro'gen N Wasserstoff m

hidro'grafic ADJ hydrografisch

hidroizo'laţie F (Hoch)Wasserschutz m

hidroma'saj N Hydromassage f

hi'enă F Hyäne f

hiero'glifă F Hieroglyphe f; fig unle-serliche Schrift f

'hi-fi ADJ sistem n ~ Hi-Fi-Anlage f

'himen N Jungfernhäutchen n; MED Hymen m/n

hi'meră F Hirngespinst n

'hindi N Hindi n

hindu'ism N Hinduismus m

hin'gher M Hundefänger m

hiperacidi'tate F MED Hyperacidität f

hi'perbolă F LING, MATH Hyperbel f

hiper'link N IT Hyperlink m

hiperm'arket N großer Supermarkt m

hipermetrop'ie F Weitsichtigkeit f

hipersen'sibil ADJ überempfindlich

hipertensi'une F Bluthochdruck m

hipi'ot(ă) MF Hippie(mädchen) m(n)

hi'pism N Reitsport m

hipnoti'za VT hypnotisieren

hip'noză F Hypnose f

hipo'fiză F Hirnanhangsdrüse f; ANAT Hypophyse f

hipoglice'mie F Unterzuckerung f; MED Hypoglykämie f

hipopo'tam M Nilpferd n

hipotensi'une F niedriger Blutdruck

hiroto'ni VT weihen

his'panic ADJ hispanisch

hispa'nistică F Hispanistik f

histerecto'mie F MED Hysterektomie f

histolo'gie F Gewebelehre f; MED His-tologie f

histri'on M ❶ Komiker m ❷ fig Heuchler m

hit N Schlager m; umg Hit m

hli'zi VR a se ~ umg sich kaputtlachen; a se mira sich wundern

ho INT brr; öha

'hoardă F Horde f

'hoață F Diebin f; ~ de buzunare Taschendiebin f

'hobby N Hobby n

'hochei N Hockey n; ~ pe gheață Eishockey n

hodoro'gi A VI poltern; plappern B VR a se ~ kaputtgehen; fig verkalken

hodo'ronc INT klack

'hohot N ~ de râs Gelächter n; a râde în ~e laut auflachen; a plânge în ~e schluchzen

hoi'nar A ADJ bummelnd B M, **hoi-'nară** F Bummler(in) m(f)

hoină'reală F Bummel m

hoină'ri VI bummeln; umherziehen

hoit N Aas n

hol N Halle f

hol'ba VR a se ~ gaffen; glotzen

'holdă F (Saat)Feld n

ho'leră F Cholera f

holo'caust N Holocaust m

holo'gramă F PHYS Hologramm n

hol'tei M Junggeselle m

ho'mar M Hummer m

homeo'patic ADJ homöopathisch

homeopa'tie F Homöopathie f

'homepage F Homepage f

homosexu'al A ADJ homosexuell B M, **homosexu'ală** F Homosexuelle(r) m/f(m)

homozi'got M BIOL erbgleicher Organismus m

hop N Hindernis n

'hopa INT hopp

'horă F rumänischer Volkstanz

horcă'i VI röcheln

ho'rincă F billiger Schnaps m; umg Fusel m

hor'mon M Hormon n

horn N Schornstein m

hor'nar M Schornsteinfeger m

horos'cop N Horoskop n

'horror A N Horrorfilm m B ADJ beängstigend

horticul'tură F Gartenbau m

ho'tar N Grenze f

'hotă F Dunstabzugshaube f

hotă'râre F Beschluss m; Entscheidung f

hotă'rât ADJ entschlossen; entschieden

hotărâ'tor ADJ entscheidend

hotă'rî A VT beschließen, bestimmen, entscheiden B VR a se ~ sich entschließen, sich entscheiden

'hotdog M Hotdog m/n

ho'tel N Hotel n; ~ de lux Luxushotel n; ~ pentru tineret Jugendherberge f; ~ wellness Wellnesshotel n

'hotline F Hotline f

hoț M Dieb m; ~ de buzunare Taschendieb m; hoț de magazine Ladendieb m

ho'țește ADJ heimlich

ho'ție F Diebstahl m

hram N Kirchweih f

'hrană F Nahrung f; Futter n; Ernährung f; Verpflegung; ~ pentru câini Hundefutter n; ~ pentru sugari Babynahrung f; ~-rece Lunchpaket n

hră'ni VT ernähren; füttern

hrăni'tor ADJ nahrhaft

hrăpă'reț ADJ gierig

hrean M Meerrettich m

hrib M Steinpilz m

'hrubă F Keller m

hu'blou N Bullauge n

huidu'i VT ausbuhen

hui'dumă F Riese m; pej, umg Bulle m

hu'ilă F Steinkohle f

'hulă F ❶ injurie Beleidigung f ❷ pe mare Wellengang m ❸ surpătură Geröll n

hu'li umg VT a ~ pe cineva j-n beleidigen, über j-n lästern

huli'gan M Rowdy m, Hooligan m

'hulpav ADJ gefräßig

hulubă'rie F Taubenschlag m

hu'mă F Lehm m, Ton m

hun M Hunne m

huo INT he

hurdu'ca VI rütteln

huru'i VI dröhnen

hu'sar M Husar m

'husă F Überzug m, Schonbezug m

hu'zur N Völlerei f

huzu'ri VI in Saus und Braus leben; schlemmen

H

iad N̄ Hölle f
iaht N̄ Jacht f
ianu'arie M̄ Januar m
'iapă F̄ Stute f
iar A ADV wieder B KONJ aber
'iarăşi ADV wieder(um)
'iarbă F̄ Gras n
iarma'roc N̄ Jahrmarkt m
'iarna ADVL im Winter
'iarnă F̄ Winter m
'iată INT sieh (da); guck (mal); hier ist/ sind ...
ia'urt N̄ Joghurt m
iaz N̄ Teich m
i'beric ADJ iberisch; Peninsula Iberică Iberische Halbinsel f
i'bovnic(ă) umg M̄|F̄ Geliebte(r) f(m)
i'bric N̄ langstieliges Gefäß zum Kaffeekochen
i'coană F̄ Ikone f
i'conic ADJ visuell
iconos'tas N̄ ARCH, REL Ikonostas m
'icre FPL (Fisch)Rogen m
'icter N̄ Gelbsucht f
ide'al A ADJ ideal B N̄ Ideal n
idea'lism N̄ Idealismus m
i'dee F̄ Idee f; Einfall m; ~ preconceputa Vorurteil n
i'dentic ADJ identisch
identifi'ca V̄T identifizieren
identi'tate F̄ Identität f; buletin n de ~ Personalausweis m
ideo'gramă F̄ LING Ideogramm n
ideo'logic ADJ ideologisch
ideolo'gie F̄ Ideologie f
i'dilă F̄ LIT, fig Idylle f
i'dilic ADJ idyllisch
idili'za V̄T idealisieren
idi'ot A ADJ idiotisch B M̄, idi'oată F̄ Idiot(in) m(f)
'idol M̄ Idol n
idolatri'za V̄T vergöttern
'ie F̄ rumänische Trachtenbluse
ied M̄ ZOOL Zicklein n
'iederă F̄ BOT Efeu m

'ieftin ADJ billig
iefti'ni A V̄T verbilligen B V̄R a se ~ billiger werden
iefti'nire F̄ Preissenkung f
'iele FPL weibliche Wesen aus der rumänischen Mythologie
ie'nupăr M̄ Wacholder m
'iepure M̄ Hase m; ~ de casă Kaninchen n; iepuraş de Paşte Osterhase m
ie'rarhic ADJ hierarchisch
ierar'hie F̄ Hierarchie f
ierarhi'za V̄T hierarchisieren
ier'bar N̄ BOT Herbar(ium) n
ierbi'vor M̄ ZOOL Pflanzenfresser m
'ierburi FPL Kräuter pl
ieri ADV gestern; de ~ gestrige(r, s); ~-seară gestern Abend
ier'na V̄I überwintern; ZOOL Winterschlaf halten
ier'ta V̄T verzeihen
ier'tare F̄ Verzeihung f
ier'tător ADJ verzeihend
'iesle F̄ Krippe f
ie'şi V̄I hinausgehen; herauskommen
ie'şire F̄ Ausgang m, Ausfahrt f; Ausweg m; ~ de incendiu Notausgang m; ~ din autostradă Autobahnausfahrt f
'ifos umg N̄ Hochmut m; pej, umg Wichtigtuerei f
igi'enă F̄ Hygiene f; ~ orală Mundpflege f
igi'enic ADJ hygienisch; hârtie f ~ă Toilettenpapier n
igieni'za V̄T säubern
'igliţă F̄ Häkelnadel f
'iglu N̄ Iglu m od n
igni'fug ADJ feuerbeständig
ignifu'ga V̄T feuerfest machen
igno'ra V̄T ignorieren
igno'rant ADJ unwissend
igno'ranţă F̄ Unwissenheit f
igra'sie F̄ Feuchtigkeit f
i'guană F̄ ZOOL Leguan m
ilari'ant ADJ heiter; gaz ~ Lachgas n
ile'gal ADJ illegal
ilegali'tate F̄ Gesetzwidrigkeit f
ile'gitim ADJ unberechtigt; unehelich
ili'cit ADJ illegal
ili'zibil ADJ unleserlich
i'logic ADJ unlogisch
ilumi'na V̄T beleuchten
ilumi'nat N̄, ilumi'naţie F̄ Be-

leuchtung f

ilumi'nism N̄ Aufklärung f

ilus'tra V̄T̄ illustrieren; veranschaulichen

ilus'trată F̄ Ansichtskarte f

ilus'trație F̄ Illustration f; Abbildung f

i'lustru ADJ berühmt

i'luzie F̄ Illusion f

iluzio'na V̄R̄ **a se ~** sich einbilden

iluzio'nist(ă) M̄F̄ Zauberkünstler(in) m(f)

ilu'zoriu ADJ illusorisch

imacu'lat ADJ rein; REL unbefleckt

imagi'na V̄T̄ **a-și ~ ceva** sich etw vorstellen; sich etw einbilden

imagi'nabil ADJ vorstellbar, denkbar

imagi'nație F̄ Fantasie f

i'magine F̄ Abbild n, Bild n; **~ în oglindă** Spiegelbild n

i'mam M̄ Imam m

ima'nent ADJ immanent

imateri'al ADJ unstofflich

ima'tur ADJ unreif

imbe'cil A ADJ blöd B M̄, **imbe'cilă** F̄ Dummkopf m

im'berb ADJ bartlos

im'bold N̄ Ansporn m

imedi'at A ADJ sofortig; unmittelbar B ADV sofort

i'mens ADJ immens; riesig

imensi'tate F̄ Unermesslichkeit f

imersi'une F̄ Überflutung f

imi'gra V̄Ī einwandern

imi'grant(ă) M̄F̄ Einwanderer m, Einwanderin f

imi'nent ADJ bevorstehend

imi'nență F̄ unmittelbares Bevorstehen n

imi'ta V̄T̄ nachahmen

imi'tație F̄ Nachahmung f; **~ de piele** Kunstleder n

imixti'une F̄ Einmischung f

imn N̄ Hymne f; **imn național** Nationalhymne f

imo'bil¹ ADJ unbeweglich

i'mobil² N̄ Immobilie f; Gebäude n

imobili'ar ADJ Immobilien...

imobili'za A V̄T̄ blockieren B V̄R̄ **a se ~** sich nicht mehr bewegen

imo'ral ADJ unmoralisch

imortali'tate F̄ Unsterblichkeit f

imortali'za V̄T̄ verewigen

imor'telă F̄ BOT Immortelle f, Strohblume f

impacien'ta V̄R̄ **a se ~** unruhig werden, ungeduldig werden

im'pact N̄ Einfluss m

im'par ADJ ungerade

impa'rabil ADJ SPORT unhaltbar

impardo'nabil ADJ unverzeihlich

imparți'al ADJ unparteiisch

im'pas fig N̄ Sackgasse f

impa'sibil ADJ unerschütterlich

impe'cabil ADJ einwandfrei

impedi'ment N̄ Hindernis n

impene'trabil ADJ undurchdringlich

impeni'tent ADJ unverbesserlich

impera'tiv A ADJ zwingend B N̄ PHIL, GRAM Imperativ m

imbe'cilă ... (omitted)

impercep'tibil ADJ unmerklich

imper'fect A ADJ unvollkommen B N̄ GRAM Präteritum n

imperfecți'une F̄ Unvollkommenheit f

imperi'al ADJ Kaiser...

imperia'lism N̄ Imperialismus m

imperi'os ADJ zwingend

im'periu N̄ (Kaiser)Reich n

imperme'abil A ADJ wasserdicht B N̄ Regenmantel m

imperso'nal ADJ unpersönlich

imperti'nent ADJ unverschämt

imperti'nență F̄ Unverschämtheit f

impertur'babil ADJ unbeirrbar

impetu'os ADJ stürmisch

impetuozi'tate F̄ Heftigkeit f

impie'gat M̄ BAHN Zugbegleiter m

impie'ta V̄Ī eingreifen

impla'cabil ADJ unerbittlich

im'plant N̄ Implantat n

implemen'ta V̄T̄ einführen

impli'ca A V̄T̄ einbeziehen, hineinziehen B V̄R̄ **a se ~ în ceva** sich auf etw einlassen

impli'cit ADJ implizit; inbegriffen

implo'ra V̄T̄ anflehen

im'plozie F̄ Implosion f

impoli'tețe F̄ Unhöflichkeit f

imponde'rabil ADJ unberechenbar

imponderabili'tate F̄ Schwerelosigkeit f

im'port N̄ Import m

impor'ta V̄T̄ importieren

impor'tant ADJ wichtig, bedeutend

impor'tanță F̲ Wichtigkeit f, Bedeutung f

importa'tor M̲, importa'toare F̲ Importeur(in) m(f)

impo'sibil ADJ unmöglich

imposibili'tate F̲ Unmöglichkeit f

impos'tor M̲, impos'toare F̲ Hochstapler(in) m(f)

impos'tură F̲ Betrug m, Schwindel m

impo'tent ADJ impotent

impo'tență F̲ Impotenz f

impo'zabil ADJ steuerpflichtig

impo'zant ADJ imposant

im'pozit N̲ Steuer f; ~ pe avere Vermögenssteuer f; ~ pe cifra de afaceri Umsatzsteuer f; ~ pe salariu Lohnsteuer f

impozi'ta V̲T̲ besteuern

impracti'cabil ADJ unbefahrbar

impre'cație F̲ Verwünschung f

impre'cis ADJ ungenau

impre'cizie F̲ Ungenauigkeit f

impreg'na V̲T̲ imprägnieren

impre'sar M̲ THEAT Agent m

impresari'at N̲ THEAT (Theater)Agentur f; MUS (Konzert)Agentur f

imprescrip'tibil ADJ unantastbar

im'presie F̲ Eindruck m

impresio'na V̲T̲ beeindrucken

impresio'nabil ADJ beeindruckbar

impresio'nant ADJ beeindruckend

impresio'nat ADJ beeindruckt

imprevi'zibil ADJ unvorhersehbar

imprevizibili'tate F̲ Unvorhersehbarkeit f

impri'ma V̲T̲ (aus)drucken; CD brennen

impri'mantă F̲ Drucker m; ~ laser Laserdrucker m

impri'mat A̲ ADJ gedruckt, bedruckt; gemustert B̲ N̲ Vordruck m; Drucksache f

imprime'rie F̲ Druckerei f

impri'meu N̲ aufgedrucktes Muster n

impro'babil ADJ unwahrscheinlich

im'propriu ADJ unpassend

improvi'za V̲T̲ improvisieren

improvi'zație F̲ Improvisation f

impru'dent ADJ unvorsichtig

impru'dență F̲ Unvorsichtigkeit f

im'puls N̲ Anregung f, Anstoß m

impul'siv ADJ impulsiv

impună'tor ADJ imposant

im'pune V̲T̲ imponieren; aufzwingen; durchsetzen

im'punere F̲ Auferlegung f

impuni'tate F̲ Straffreiheit f

im'pur ADJ unrein

impuri'tate F̲ Unreinheit f

impu'ta V̲T̲ anlasten

impu'tație F̲ Belastung f

imu'abil ADJ unveränderlich

i'mun ADJ immun

i'mund ADJ schmutzig

imuni'tar ADJ sistem n ~ Immunsystem n

imuni'tate F̲ Immunität f; ~ a organismului Abwehrkraft f

imuni'za V̲T̲ immunisieren

imunolo'gie F̲ Immunologie f

in M̲ Leinen n

ina'bil ADJ ungeschickt

inabili'tate F̲ Ungeschicktheit f

inabor'dabil ADJ unerreichbar

inaccep'tabil ADJ unannehmbar

inacce'sibil ADJ unerreichbar; unzugänglich

inac'tiv ADJ inaktiv

inactu'al ADJ inaktuell

inadap'tabil ADJ nicht anpassungsfähig

inadec'vat ADJ unangemessen

inadmi'sibil ADJ unzulässig

inadver'tență F̲ Unachtsamkeit f

inalie'nabil ADJ unveräußerlich

inalte'rabil ADJ unveränderbar

ina'mic A̲ ADJ feindlich B̲ M̲, ina-'mică F̲ Feind(in) m(f)

inamo'vibil ADJ nicht versetzbar

inani'mat ADJ leblos

ina'niție F̲ Entkräftung f

inape'tență F̲ Appetitlosigkeit f

inapli'cabil ADJ nicht anwendbar

in'apt ADJ untauglich

inata'cabil ADJ unanfechtbar

inaugu'ra V̲T̲ eröffnen, einweihen

inaugu'rare F̲ Eröffnung f, Einweihung f

inau'tentic ADJ unecht

inavu'abil ADJ unbekennbar

incalcu'labil ADJ unberechenbar

incalifi'cabil ADJ unglaublich

incandes'cent ADJ glühend, Glüh...

incan'tație F̲ Inkantation f

inca'pabil ADJ unfähig

incapaci'tate F̲ Unfähigkeit f; ~ de

muncă Arbeitsunfähigkeit f
inca'sabil ADJ unzerbrechlich
incendi'a VT anzünden
incendia'tor M, **incendia'toare** F Brandstifter(in) m(f)
incendi'ere F Brandstiftung f
in'cendiu N Brand m; ~ **de pădure** Waldbrand m; ~ **provocat** Brandanschlag m
in'cert ADJ ungewiss
incerti'tudine F Ungewissheit f
in'cest N Inzest m
incestu'os ADJ inzestuös
inch M Inch m
inchizi'tor M Inquisitor m
inchi'ziție F Inquisition f
inci'dent N Zwischenfall m, Vorfall m
inci'dență F Einfall m; Vorfall m
incine'ra VT einäschern
incine'rare F Einäscherung f
in'cintă F Innenhof m; umzäunter Raum
incipi'ent ADJ Anfangs...
inci'siv ADJ bissig
inci'ta VT anregen; anstiften
inci'tant ADJ anregend
in'cizie F Beschneidung f
incla'sabil ADJ unklassifizierbar
in'clude VT einschließen, einbeziehen
in'clus ADJ eingeschlossen, einbezogen
inclu'siv ADV einschließlich, inbegriffen
incoer'cibil ADJ unaufhaltbar
incoe'rent ADJ zusammenhanglos
incoe'rență F Zusammenhangslosigkeit f
in'cognito ADJ INV inkognito
inco'lor ADJ farblos
inco'mod ADJ unbequem
incomo'da VT belästigen
incompa'rabil ADJ unvergleichlich
incompa'tibil ADJ unvereinbar
incompe'tent ADJ inkompetent; nicht zuständig
incompe'tență F Inkompetenz f
incom'plet ADJ unvollständig
inconfun'dabil ADJ unverwechselbar
incongru'ent ADJ nicht übereinstimmend
inconsec'vent ADJ inkonsequent
inconsis'tent ADJ haltlos
incon'stant ADJ unbeständig

inconști'ent ADJ bewusstlos; unbewusst
inconști'ență F Bewusstlosigkeit f; fig Leichtsinn m
incontes'tabil ADJ unbestreitbar
inconti'nență F Inkontinenz f
inconveni'ent N Nachteil m; Schwierigkeit f
inco'rect ADJ falsch; unehrlich
incori'gibil ADJ unverbesserlich
incorup'tibil ADJ unbestechlich
incre'dibil ADJ unglaublich
incrimi'na VT beschuldigen
incrimi'nare F Anschuldigung f
incrus'ta VT mit Intarsien verzieren
incrus'tare F Einlegearbeit f
incrus'tație F Einlegearbeit f
incu'ba VT bebrüten
incuba'tor N Brutkasten m
incu'bație F Inkubation f
incul'ca VT einprägen
incul'pat(ă) M(F) Angeklagte(r) m/f(m)
in'cult ADJ ungebildet
incu'rabil ADJ unheilbar
incursi'une F Streifzug m
inde'cent ADJ anstößig, anzüglich
inde'cență F Unschicklichkeit f
inde'cis ADJ unentschlossen, unentschieden
inde'cizie F Unentschlossenheit f
indemni'zație F Vergütung f
indepen'dent ADJ unabhängig; selbstständig
indepen'dență F Unabhängigkeit f; Selbstständigkeit f
indesci'frabil ADJ unleserlich, nicht entzifferbar
indescrip'tibil ADJ unbeschreiblich
indestruc'tibil ADJ unzerstörbar
'index N Index m, (Sach)Register n, Verzeichnis n; **a pune pe cineva la ~** j-n kaltstellen; **a pune o carte la ~** ein Buch zensieren/verbieten
inde'xa VT indexieren
indezi'rabil ADJ unerwünscht
'India F Indien n
indi'an A ADJ indisch; ~ **american** indianisch B M, **indi'ancă** F ~(că) **din America** Indianer(in) m(f); ~(că) **din India** Inder(in) m(f)
indi'ca VT zeigen; nennen; ~ **ceva** auf etw hinweisen

indi'cat ADJ angebracht

indica'tiv N Indikativ m

indica'tor N Zeiger m; ~ **de benzină** Tankanzeige f; ~ **de circulație** Verkehrsschild n; ~ **de drum** Wegweiser m

indi'cație F Anweisung f, Hinweis m; Angabe f; **indicații de pronunție** Ausspracheangabe f; MED **indicații terapeutice** Packungsbeilage f

'indice M → **index**

indi'cibil ADJ unsäglich

in'diciu N Indiz n

indife'rent ADJ gleichgültig; ~ **cine** wer immer; ~ **de** ungeachtet

indife'rență F Gleichgültigkeit f

indi'gen A ADJ einheimisch, eingeboren B M, **indi'genă** F Ureinwohner(in) m(f)

indi'gest ADJ unverdaulich

indi'gestie F Magenverstimmung f

indig'na V/R **a se ~** sich empören, sich entrüsten (**din cauza** über)

indig'nare F Empörung f

indi'go A ADJ INV indigoblau B N Indigo m/n

indi'rect ADJ indirekt

indiscipli'nat ADJ undiszipliniert

indisci'plină F Disziplinlosigkeit f

indis'cret ADJ indiskret

indis'creție F Indiskretion f

indiscu'tabil ADJ indiskutabel

indispen'sabil ADJ unentbehrlich

indispen'sabili MPL Unterhose f

indispo'nibil ADJ nicht verfügbar

indispo'ziție F Verstimmung f

indis'pune V/T verstimmen

indis'pus ADJ verstimmt; **a fi ~** unwohl sein

indi'vid M Individuum n

individu'al ADJ individuell

individua'list M Individualist m

individuali'za V/T individualisieren

indivi'zibil ADJ unteilbar

indo'lent ADJ lässig

indo'lență F Indolenz f

indonezi'an A ADJ indonesisch B M, **indonezi'ană** F Indonesier(in) m(f)

indubi'tabil ADJ unzweifelhaft

in'duce V/I **a ~ în eroare** irreführen

induc'tiv ADJ induktiv

in'ducție F Induktion f

indul'gent ADJ nachsichtig

indul'gență F Nachsicht f

industri'al ADJ Industrie...

industriali'zare F Industrialisierung f

in'dustrie F Industrie f; **industria construcțiilor** Bauindustrie f; ~ **de înaltă tehnologie** Hightech-Industrie f; ~ **hotelieră** Hotelgewerbe n; ~ **mică** Gewerbe n

inechi'tabil ADJ ungerecht

inecu'ație F MATH Ungleichung f

ine'dit A ADJ unveröffentlicht; fig unbekannt B N unveröffentlichte Schrift f

ine'fabil ADJ unaussprechbar

inefi'cace ADJ unwirksam

inefici'ent ADJ wirkungslos

ine'gal ADJ ungleich

inegali'tate F Ungleichheit f

i'nel N Ring m

ine'lar N Ringfinger m

ine'lat ADJ ringförmig

inele'gant ADJ unelegant

ineli'gibil ADJ unwählbar

inelu'ctabil ADJ unvermeidlich

inep'ție F Dummheit f

inepui'zabil ADJ unerschöpflich

ine'rent ADJ inhärent

i'nert ADJ unbeweglich; träge

iner'ție F Trägheit f

ines'tetic ADJ unästhetisch

inesti'mabil ADJ unschätzbar

inevi'tabil ADJ unvermeidlich

inex'act ADJ ungenau

inexis'tent ADJ nicht existent

inexo'rabil ADJ unerbittlich

inexpli'cabil ADJ unerklärlich

inexpre'siv ADJ ausdruckslos

inexpri'mabil ADJ unaussprechlich

infai'libil ADJ unfehlbar

in'fam ADJ niederträchtig

infa'mie F Niedertracht f

infan'terie F Infanterie f

infan'til ADJ kindlich; Kinder...

in'farct N Infarkt m; MED ~ **cardiac** Herzinfarkt m

infatu'at ADJ eingebildet

in'fect ADJ scheußlich

infec'ta V/T infizieren

in'fecție F Infektion f

infecți'os ADJ Infektions...

inferi'or ADJ untere(r, s), Unter...; minderwertig

inferiori'tate F̲ Minderwertigkeit f;
complex n de ~ Minderwertigkeitskomplex m
in'fern N̲ Hölle f
infer'nal ADJ höllisch
infer'til ADJ unfruchtbar
infes'ta VT heimsuchen
infi'del ADJ treulos
infideli'tate F̲ Untreue f
infil'tra V̲R̲ a se ~ einsickern, durchsi-
ckern; fig einschleusen
in'fim ADJ winzig
infi'nit A̲ ADJ unendlich B̲ N̲ Unendlichkeit f
infini'tiv N̲ Infinitiv m
in'firm(ă) M̲F̲ Behinderte(r) m/f(m)
infir'ma VT widerlegen
infirmi'eră F̲ Krankenpflegerin f
infirmi'tate F̲ Gebrechen n
infla'ma VT einzünden
infla'mabil ADJ entzündbar
infla'maţie F̲ Entzündung f; MED ~ a
gâtului Halsentzündung f
in'flaţie F̲ Inflation f
infle'xibil ADJ unbeugsam
influ'ent ADJ einflussreich
influen'ţa VT beeinflussen
influen'ţabil ADJ beeinflussbar
influ'enţă F̲ Einfluss m
in'form ADJ formlos
infor'ma A̲ VT informieren; verständigen B̲ V̲R̲ a se ~ sich informieren, sich
erkundigen
infor'matică F̲ Informatik f
informatici'an(ă) M̲F̲ Informati-
ker(in) m(f)
informa'tor M̲, informa'toare F̲
Informant(in) m(f)
infor'maţie F̲ Information f, Auskunft
f; **informaţii telefonice** Telefonauskunft f
infrac'tor M̲, infrac'toare F̲ Geset-
zesbrecher(in) m(f)
infracţi'une F̲ Gesetzesbruch m, Re-
gelverstoß m
infra'roşu ADJ infrarot
infrastruc'tură F̲ Infrastruktur f
in'fuzie F̲ Infusion f
ingeni'os ADJ einfallsreich
in'genuu ADJ arglos
inge'ra VT auf-, einnehmen
inge'rinţă F̲ Einmischung f

inghi'nal ADJ Leisten...
ingi'ner(ă) M̲F̲ Ingenieur(in) m(f); ~(ă)
de sunet Tontechniker(in) m(f); ~(ă) di-
plomat(ă) Diplom-Ingenieur(in) m(f)
in'grat ADJ undankbar
ingredi'ente N̲P̲L̲ Zutaten pl
ingurgi'ta VT verschlucken
inha'la VT einatmen
inhala'tor N̲ Inhalator m
inhi'ba A̲ VT hemmen B̲ V̲R̲ a se ~
Hemmungen haben
inhi'biţie F̲ Hemmung f
inimagi'nabil ADJ unvorstellbar
'inimă F̲ Herz n
inimi'tabil ADJ unnachahmlich
ini'mos ADJ beherzt
iniţi'a VT einweihen; vertraut machen
iniţi'al ADJ ursprünglich
iniţi'ală F̲ Anfangsbuchstabe m
iniţia'tivă F̲ Initiative f; ~ **cetăţenească** Bürgerinitiative f; ~ **populară** Volksbegehren n
iniţi'ere F̲ Einführung f; Einweihung f
injec'ta VT (ein)spritzen
in'jecţie F̲ Injektion f, Spritze f; MED ~
cu insulină Insulinspritze f
in'jurie F̲ Beleidigung f
ino'cent ADJ unschuldig
ino'cenţă F̲ Unschuld f
inocu'lare F̲ MED Inokulation f
ino'dor ADJ geruchlos
inofen'siv ADJ harmlos
inopi'nat ADJ unerwartet
inopor'tun ADJ ungelegen; unangebracht
ino'rog M̲ Einhorn n
ino'vaţie F̲ Neuerung f, Innovation f
inoxi'dabil ADJ rostfrei
ins M̲ Person f
insa'lubru ADJ ungesund
insaţi'abil ADJ unersättlich
in'scripţie F̲ Inschrift f
inscripţio'na VT einschreiben
insec'tar N̲ ZOOL Insektarium n
in'sectă F̲ Insekt n
insecti'cid N̲ Insektenvernichtungs-
mittel n
insemi'nare F̲ Besamung f
insen'sibil ADJ unempfindlich
insepa'rabil ADJ untrennbar; unzertrennlich
inse'ra VT inserieren

insesi'zabil ADJ unfassbar
in'signă F Abzeichen n
insinu'a VT anspielen auf; andeuten
insi'pid ADJ fade
insis'ta VII **~ asupra** bestehen (od beharren) auf
insis'tent ADJ inständig; beharrlich
inso'lație F Sonnenstich m
inso'lent ADJ unverschämt
inso'lit ADJ ungewöhnlich
inso'lubil ADJ unlösbar
insol'vabil ADJ zahlungsunfähig
insol'venţă F Insolvenz f
insom'nie F Schlaflosigkeit f
inspec'ta VT inspizieren
inspecto'rat N amtliche Stelle f
in'specţie F Inspektion f
inspi'ra A VT einatmen; fig einflößen B VR **a se ~** angeregt werden, sich inspirieren lassen
inspi'rat ADJ inspiriert
inspi'raţie F Inspiration f
insta'bil ADJ unbeständig, instabil
insta'la A VT a. IT installieren; einrichten B VR **a se ~** einziehen
instala'tor M, **instala'toare** F Installateur(in) m(f)
insta'laţie F Installation f; Anlage f; **~ de biogaz** Biogasanlage f; **~ de incinerare a gunoaielor** Müllverbrennungsanlage f; **instalaţii portuare** Hafenanlagen fpl
instanta'neu ADJ unverzüglich
in'stanţă F Instanz f
instau'ra VT errichten; einsetzen
insti'ga VT aufhetzen, anstiften
in'stinct N Instinkt m; **~ de conservare** Selbsterhaltungstrieb m
instinc'tiv ADJ instinktiv
insti'tui VT gründen, einrichten
insti'tut N Institut n
insti'tuţie F Institution f; **~ de credit** Kreditinstitut n; **~ financiară/bancară** Geldinstitut n
instruc'taj N Unterweisung f
instruc'tiv ADJ lehrreich
in'structor M, **instruc'toare** F Ausbilder(in) m(f); **~ auto** Fahrlehrer m; **~ de schi** Skilehrer m
in'strucţie F Ausbildung f
instrucţi'une F Anweisung f; **instrucţiuni de folosire** Bedienungsanlei-

tung f, Betriebsanleitung f
instru'i VT unterrichten; ausbilden
instru'ire F Ausbildung f
instru'ment N Instrument n; **~ de coarde** Saiteninstrument n; **~ de măsură** Messgerät n; **~ muzical** Musikinstrument n
insuc'ces N Misserfolg m
insufici'ent ADJ ungenügend
insu'fla VT einhauchen
'insulă F Insel f; **Insulele Canare** Kanarische Inseln fpl
insu'lină F Insulin n
insul'ta VT beleidigen
in'sultă F Beleidigung f
insupor'tabil ADJ unerträglich
insur'gent(ă) M(F) Aufstand m
insurmon'tabil ADJ unüberwindbar
intabu'la VT ins Grundbuch einschreiben
in'tact ADJ unversehrt
intan'gibil ADJ unberührbar
inte'gral ADJ vollständig
inte'grare F Eingliederung f
in'tegru ADJ rechtschaffen
intelectu'al A ADJ intellektuell B M, **intelectu'ală** F Intellektuelle(r) m/f(m)
intelectuali'tate F Intelligenz f
inteli'gent ADJ intelligent
inteli'genţă F Intelligenz f
inteli'gibil ADJ verstehbar
intempe'rie F Unwetter n
intensifi'ca VT intensivieren
intensi'tate F Intensität f; **~ a vântului** Windstärke f
inten'siv ADJ intensiv
inten'ta VT beginnen
in'tenţie F Absicht f
intenţio'na VT beabsichtigen
intenţio'nat ADJ absichtlich
interac'tiv ADJ interaktiv
interacţio'na VII & VR **a (se) interacţio'na** interagieren
interacţi'une F Interaktion f
inter'belic ADJ Zwischenkriegs…
interca'la VT einfügen; einschalten
intercep'ta VT abfangen; TEL abhören
inter'cepţie F Abfangen n; TEL Abhören n
interconec'ta VT miteinander verbinden

inter**depen'dent** ADJ voneinander abhängig

inter**'dicţie** F Verbot n; **~ de export** Ausfuhrverbot n; **~ de fumat** Rauchverbot n; **~ de intrare** Einreiseverbot n

inter**disci**pli**'nar** ADJ interdisziplinär

inte**'res** N Interesse n

intere**'sa** A VT interessieren B VR **a se ~ de** sich interessieren für; sich erkundigen nach; sich kümmern um

intere**'sant** ADJ interessant

inter**'faţă** F IT Schnittstelle f

inter**fe'ra** VI interferieren

inter**'fon** N Wechselsprechanlage f

interi**'mar** ADJ zeitweilig

interi**'or** A ADJ innere(r, s) B N Innere(s) n; **în ~ul** innerhalb; im Inneren

interlocu**'tor** M, interlocu**'toare** F Gesprächspartner(in) m(f)

inter**'lop** ADJ anrüchig

inter**'ludiu** N Zwischenspiel n

intermedi**'a** VT vermitteln

intermedi**'ar(ă)** M/F Vermittler(in) m(f)

intermedi**'ere** F Vermittlung f

intermi**'nabil** ADJ endlos

intermi**'tent** ADJ zeitweilig aussetzend

in**'tern** ADJ intern, innerlich; **politică f ~ă** Innenpolitik f

inter**'na** VT einweisen; MED internieren

inter**'nat** N Internat n

interna**ţio'nal** ADJ international

inter**'net** N Internet n

inter**'nist(ă)** M/F Internist(in) m(f)

intero**'ga** VT ausfragen; verhören

intero**ga'tiv** ADJ Frage...

intero**ga'toriu** N Verhör n

interpe**'la** VT interpellieren

inter**'pret(ă)** M/F Interpret(in) m(f); Dolmetscher(in) m(f); THEAT Darsteller(in) m(f)

interpre**'ta** VT interpretieren, deuten; THEAT darstellen

interpre**'tare** F Interpretation f

interschim**'babil** ADJ austauschbar

interse**c'ta** VR **a se ~** sich kreuzen

inter**'secţie** F Schnittpunkt m; Kreuzung f; **~ de autostrăzi** Autobahnkreuz n

interur**'ban** ADJ Fern...

inter**'val** N Intervall n

inter**ve'ni** VI eingreifen; sich einsetzen; dazwischenkommen

inter**'venţie** F Intervention f; MED Eingriff m

intervie**'va** VT interviewen

inter**'viu** N Interview n; **~ pentru angajare** Bewerbungsgespräch n; **a lua un ~ cuiva** j-n interviewen

inter**'zice** VT verbieten

inter**'zicere** F Verbot n

inter**'zis** ADJ verboten

intes**'tin** N Darm m; **~ gros** Dickdarm m

'intim ADJ intim; vertraut

inti**'mida** VT einschüchtern

inti**mi'tate** F Intimität f

intitu**'la** A VT betiteln B VR **a se ~ ...** ... den Titel ... tragen

into**le'rabil** ADJ unzulässig; unerträglich

into**le'rant** ADJ intolerant

into**le'ranţă** F Intoleranz f; **~ la lactoză** Laktoseunverträglichkeit f

into**'na** VT intonieren

into**'naţie** F Intonation f

intoxi**'ca** VT vergiften

intoxi**'caţie** F Vergiftung f

in**'tra** VI eintreten, hereinkommen, hineingehen; hineinfahren; beitreten; material eingehen

intra**duc'tibil** ADJ unübersetzbar

intramus**cu'lar** ADJ intramuskulär

intransi**'gent** ADJ unnachgiebig

intran**zi'tiv** ADJ intransitiv

in**'trare** F Eingang m; Eintritt m; Einlass m; Einreise f; IT Eingabe f; **~ auto** Einfahrt f; **~ în vigoare** Inkrafttreten n; **~ pe autostradă** Autobahnauffahrt f

intra**'tabil** ADJ unbehandelbar

intrau**'terin** ADJ intrauterin

intra**ve'nos** ADJ intravenös

intravi**'lan** ADJ innerörtlich

intri**'ga** VT intriggieren

intri**'gant** A ADJ intrigant B M, intri**'gantă** F Intrigant(in) m(f)

in**'trigă** F Intrige f

intro**'duce** VT einführen; einleiten; IT eingeben

intro**'ducere** F Einleitung f

in**'trus(ă)** M/F Eindringling m

intruzi**'une** F Eindringen n

intu**'ba** VT intubieren

intu'i $\overline{VT}$ ahnen
intu'iție $\overline{F}$ Intuition f
inu'man $\overline{ADJ}$ unmenschlich
inun'da $\overline{VT}$ überschwemmen
inun'dație $\overline{F}$ Überschwemmung f
inu'til $\overline{ADJ}$ unnötig; überflüssig; vergeblich
inutili'tate $\overline{F}$ Zwecklosigkeit f
inutili'zabil $\overline{ADJ}$ unbrauchbar
inva'da $\overline{VT}$ a ~ (într-)o țară ein Land überfallen, in ein Land einfallen
invada'tor $\overline{M}$, invada'toare $\overline{F}$ Eindringling m
inva'lid $\overline{M}$ Invalide m
invali'da $\overline{VT}$ für ungültig erklären
invari'abil $\overline{ADJ}$ unveränderlich; invariabel
in'vazie $\overline{F}$ Invasion f
inva'ziv $\overline{ADJ}$ invasiv
inven'ta $\overline{VT}$ erfinden
inven'tar $\overline{N}$ Inventar n; Inventur f
inventari'a $\overline{VT}$ inventarisieren
inventa'tor $\overline{M}$, inventa'toare $\overline{F}$ Erfinder(in) m(f)
inven'tiv $\overline{ADJ}$ erfinderisch
in'venție $\overline{F}$ Erfindung f
'invers $\overline{ADJ}$ umgekehrt
inver'sa $\overline{VT}$ umkehren
inversi'une $\overline{F}$ Umkehrung f
inves'ti $\overline{VT}$ investieren
investi'ga $\overline{VI}$ nachforschen
investi'gație $\overline{F}$ Nachforschung f
investi'tor $\overline{M}$, investi'toare $\overline{F}$ Investor(in) m(f)
inves'tiție $\overline{F}$ Investition f; ~ de capital Anlagekapital n; Kapitalanlage f
invidi'a $\overline{VT}$ beneiden
in'vidie $\overline{F}$ Neid m
invidi'os $\overline{ADJ}$ neidisch
invin'cibil $\overline{ADJ}$ unschlagbar
invio'labil $\overline{ADJ}$ unantastbar
invi'ta $\overline{VT}$ einladen; bitten
invi'tat(ă) $\overline{M/F}$ Gast m
invi'tație $\overline{F}$ Einladung f
invi'zibil $\overline{ADJ}$ unsichtbar
invo'ca $\overline{VT}$ beschwören; JUR vorbringen
invo'cație $\overline{F}$ Anrufung f
involun'tar $\overline{ADJ}$ unwillkürlich; unfreiwillig
Invo'luție $\overline{F}$ Rückbildung f
invulne'rabil $\overline{ADJ}$ unverletzbar
io'bag $\overline{M}$ Leibeigener m

ioc $\overline{ADV}$ umg nicht(s)
iod $\overline{N}$ Jod n
i'on $\overline{M}$ Ion n
ioni'zare $\overline{F}$ Ionisierung f
iordani'an $\overline{A}$ $\overline{ADJ}$ jordanisch $\overline{B}$ $\overline{M}$, iordani'ană $\overline{F}$ Jordanier(in) m(f)
'iotă $\overline{F}$ Jota n
ipo'crit $\overline{A}$ $\overline{ADJ}$ heuchlerisch $\overline{B}$ $\overline{M}$, ipo'crită $\overline{F}$ Heuchler(in) m(f)
ipocri'zie $\overline{F}$ Heuchelei f
ipohon'drie $\overline{F}$ MED Hypochondrie f
ipos'tază $\overline{F}$ PHIL Hypostase f
ipote'ca $\overline{VT}$ mit einer Hypothek belasten
ipo'tecă $\overline{F}$ Hypothek f
ipote'nuză $\overline{F}$ Hypotenuse f
ipo'teză $\overline{F}$ Hypothese f
'ipsos $\overline{N}$ Gips m
iradi'a $\overline{VT}$ ausstrahlen; bestrahlen
iradi'ere $\overline{F}$ Bestrahlung f
i'rak $\overline{N}$ (der) Irak m
iraki'an $\overline{A}$ $\overline{ADJ}$ irakisch $\overline{B}$ $\overline{M}$, iraki'ană $\overline{F}$ Iraker(in) m(f)
I'ran $\overline{N}$ (der) Iran m
irani'an $\overline{A}$ $\overline{ADJ}$ iranisch $\overline{B}$ $\overline{M}$, irani'ană $\overline{F}$ Iraner(in) m(f)
iras'cibil $\overline{ADJ}$ jähzornig
iratio'nal $\overline{ADJ}$ irrational
ire'al $\overline{ADJ}$ irreal
reali'zabil $\overline{ADJ}$ nicht realisierbar
ireconcili'abil $\overline{ADJ}$ unversöhnlich
irecupe'rabil $\overline{ADJ}$ unwiederbringlich
ireden'tism $\overline{N}$ Irredentismus m
ireduc'tibil $\overline{ADJ}$ nicht reduzierbar
irele'vant $\overline{ADJ}$ irrelevant
iremedi'abil $\overline{ADJ}$ nicht wiedergutzumachen
irepa'rabil $\overline{ADJ}$ nicht wiederherstellbar
irepro'șabil $\overline{ADJ}$ einwandfrei, tadellos
irespi'rabil $\overline{ADJ}$ nicht einatembar
irespon'sabil $\overline{ADJ}$ unverantwortlich
irever'sibil $\overline{ADJ}$ nicht umkehrbar
irevo'cabil $\overline{ADJ}$ unwiderruflich
irezis'tibil $\overline{ADJ}$ unwiderstehlich
iri'ga $\overline{VT}$ bewässern
iri'gație $\overline{F}$ Bewässerung f
'iris $\overline{M}$ MED Regenbogenhaut f, Iris f
iri'ta $\overline{VT}$ reizen
iri'tabil $\overline{ADJ}$ reizbar
iri'tant $\overline{ADJ}$ irritierend
iri'tat $\overline{ADJ}$ gereizt
iri'tație $\overline{F}$ Entzündung f; Reizung f

Ir'landa F̅ Irland n; **~ de Nord** Nordirland n

irlan'dez A ADJ irisch B M̅, **irlan'dezā** F̅ Ire m, Irin f

i'ronic ADJ ironisch

iro'nie F̅ Ironie f

ironi'za V̅T̅ mit Ironie behandeln

iro'si V̅T̅ verschwenden

is'ca V̅R̅ **a se ~** entstehen

iscā'li V̅T̅ unterschreiben

iscāli'turā F̅ Unterschrift f

isco'di V̅T̅ spionieren

iscu'sinţā F̅ Geschick n

iscu'sit ADJ geschickt

Is'lam N̅ Islam m

is'lamic ADJ islamisch

islami'zare F̅ Islamisierung f

Is'landa F̅ Island n

islan'dez A ADJ isländisch B M̅, **islan'dezā** F̅ Isländer(in) m(f)

is'laz N̅ Weide f

ispā'şi V̅T̅ (ab)büßen

ispāşi'tor ADJ **ţap** m **~** Sündenbock m

is'pitā F̅ Versuchung f

ispi'ti V̅T̅ in Versuchung führen

ispiti'tor ADJ verführerisch

is'pravā F̅ Leistung f; Tat f; fig Streich m; **de ~** tüchtig

isprā'vi A V̅T̅ beenden, vollenden B V̅R̅ **a se ~** zu Ende gehen

Isra'el N̅ Israel n

israeli'an A ADJ israelisch B M̅, **israeli'anā** F̅ Israeli m/f

is'teric ADJ hysterisch

iste'rie F̅ Hysterie f

is'teţ ADJ aufgeweckt; schlau

istm N̅ Landenge f

is'toric A ADJ historisch, geschichtlich B M̅ Historiker m C M̅ MED **~ medical** Krankengeschichte f

is'torie F̅ Geschichte f

istori'si V̅T̅ erzählen

isto'vit ADJ erschöpft

istroro'mân A ADJ istrorumänisch B M̅, **istroro'mânā** F̅ Istrorumäne m, Istrorumänin f

I'sus M̅ Jesus; **~ C(h)ristos** Jesus Christus

I'talia F̅ Italien n

itali'an A ADJ italienisch B M̅, **itali'ancā** F̅ Italiener(in) m(f)

itera'tiv ADJ iterativ

itine'rar N̅ Route f

i'ţi umg V̅R̅ **a se iţi** (hervor)gucken

iu'bi V̅T̅ lieben

iu'bire F̅ Liebe f

iu'bit A ADJ geliebt; beliebt B M̅, **iu'bitā** F̅ Geliebte(r) m/f(m)

iubi'tor ADJ liebevoll

iuda'ism N̅ Judaismus m

'iulie M̅ Juli m

'iunie M̅ Juni m

'iuţā F̅ Jute f

'iute ADJ scharf; schnell

iuţe'alā F̅ Schärfe f; Geschwindigkeit f

i'vealā F̅ **a ieşi la ~** zum Vorschein kommen; **a scoate la ~** enthüllen

i'vi V̅R̅ **a se ivi** sich zeigen

iz N̅ (übler) Geruch m

izbā'vi umg V̅T̅ & V̅R̅ **a (se) ~** (sich) retten

iz'bândā F̅ Sieg m

iz'bi A V̅T̅ stoßen B V̅R̅ **a se ~** prallen

izbi'turā F̅ Stoß m

izbuc'ni V̅I̅ ausbrechen

izbuc'nire F̅ Ausbruch m

izbu'ti V̅I̅ gelingen

izbu'tit ADJ gelungen

izgo'ni V̅T̅ verjagen

iz'mene F̅PL Unterhose f

izo'la V̅T̅ isolieren

izo'lant A ADJ isolierend B N̅ Isolierstoff m

izo'lare F̅ Isolierung f

izo'laţie F̅ Isolierung f

izo'pren M̅ Isopren n

izo'top M̅ Isotop n

iz'vor N̅ Quelle f

izvo'rî V̅I̅ entspringen; hervorquellen; fig (plötzlich) erscheinen

î

î. Hr. A̅B̅K̅ (= înainte de Hristos) v. Chr. (vor Christus)

îi PRON ihm, ihr

îl PRON ihn

îmbar'ca V̅T̅ einschiffen

îmbar'ca're F̲ Einschiffen n
îmbă'ia V̲T̲ baden
îmbălsă'ma V̲T̲ mit Wohlgerüchen erfüllen
îmbălsă'mare F̲ Einsalbamieren n
îmbărbă'ta V̲T̲ ermutigen
îmbărbă'tare F̲ Ermutigung f
îmbă'ta V̲R̲ a se ~ sich betrinken
îmbătă'tor A̲D̲J̲ berauschend
îmbătrâ'ni V̲i̲ alt werden
îmbătrâ'nire F̲ Altern n
îmbâc'sit A̲D̲J̲ (dicht) durchdrungen
îmbelşu'gat A̲D̲J̲ üppig
îmbi'a V̲T̲ & V̲R̲ a (se) ~ (sich) anbieten
îmbi'ba A̲ V̲T̲ durchdringen B̲ V̲R̲ a
 se ~ sich vollsaugen
îmbie'tor A̲D̲J̲ einladend
îmbi'na V̲T̲ verbinden; zusammenfügen
îmbi'nare F̲ Verbindung f
îmblă'ni V̲T̲ (mit Pelz) füttern
îmblă'nit A̲D̲J̲ pelzgefüttert
îmblân'zi V̲T̲ besänftigen; zähmen
îmblân'zit A̲D̲J̲ besänftigt; gezähmt
îmblânzi'tor M̲, îmblânzi'toare
 F̲ Tierbändiger(in) m(f)
îmbobo'ci V̲i̲ Knospen bekommen
îmbogă'ţi A̲ V̲T̲ bereichern B̲ V̲R̲ a
 se ~ reich werden
îmbogă'ţire F̲ Bereicherung f
îmbol'di V̲T̲ anspornen
îmbolnă'vi A̲ V̲T̲ krank machen B̲
 V̲R̲ a se ~ erkranken, krank werden
îmbolnă'vire F̲ Erkrankung f
îmbră'ca V̲T̲ anziehen; mobilă beziehen; carte einbinden
îmbră'cat A̲D̲J̲ bekleidet; verkleidet,
 tapeziert
îmbrăcă'minte F̲ (Be)Kleidung f; ~
 de sport Sportbekleidung f; ~ pentru
 femei Damenkleidung f
îmbrăţi'şa V̲T̲ umarmen
îmbrăţi'şare F̲ Umarmung f
îmbrân'ci V̲T̲ stoßen
îmbrânci'tură F̲ Stoß m
îmbrobo'di A̲ V̲T̲ bedecken; fig umg
 a ~ pe cineva j-m etw weismachen B̲
 V̲R̲ a se ~ sich bedecken
îmbu'ca V̲T̲ verschlingen; zusammenfugen
îmbucă'tură F̲ Bissen m
îmbucură'tor A̲D̲J̲ erfreulich

îmbuf'nat A̲D̲J̲ mürrisch
îmbui'ba A̲ V̲T̲ überfüttern B̲ V̲R̲ a
 se ~ schlemmen
îmbujo'rat A̲D̲J̲ gerötet
îmbulze'ală F̲ Gedränge n
îmbul'zi V̲R̲ a se ~ (sich) drängen
îmbu'na A̲ V̲T̲ besänftigen B̲ V̲R̲ a se
 ~ sich einschmeicheln
îmbunătă'ţi V̲T̲ verbessern
îmbunătă'ţire F̲ Verbesserung f
îmbuteli'a V̲T̲ abfüllen
îmbuteli'ere F̲ Abfüllung f
îmi P̲R̲O̲N̲ mir
împache'ta V̲T̲ einpacken
împache'tare F̲ Packen n; Packung f
împă'ca V̲R̲ a se ~ sich versöhnen;
 sich vertragen
împă'care F̲ Versöhnung f
împăciui'tor A̲D̲J̲ versöhnlich
împădu'ri V̲T̲ aufforsten
împă'ia V̲T̲ ausstopfen
împă'iat A̲D̲J̲ ausgestopft
împăienje'ni V̲R̲ a se ~ sich verschleiern
împăienje'nit A̲D̲J̲ getrübt; verschleiert
împămân'tare F̲ Erdung f
împă'nat A̲D̲J̲ gespickt
împă'rat M̲ Kaiser m
împără'teasă F̲ Kaiserin f
împără'tesc A̲D̲J̲ kaiserlich
împără'teşte A̲D̲V̲ kaiserlich
împără'ţie F̲ (Kaiser)Reich n
împărtă'şanie F̲ R̲E̲L̲ Abendmahl n
împărtă'şi A̲ V̲T̲ (mit)teilen; mitempfinden; R̲E̲L̲ a ~ pe cineva j-m das
 Abendmahl reichen B̲ V̲R̲ R̲E̲L̲ a se ~ das
 heilige Abendmahl empfangen
împăr'ţeală F̲ (Ver)Teilung f
împăr'ţi V̲T̲ einteilen, aufteilen, (ver)teilen; M̲A̲T̲H̲ dividieren
împăr'ţire F̲ Einteilung f, Aufteilung f,
 Verteilung f, Teilung f; M̲A̲T̲H̲ Division f
împărţi'tor N̲ Verteiler m
împăti'mit A̲D̲J̲ leidenschaftlich
împă'trit A̲D̲J̲ vervierfacht
împătu'ri V̲T̲ zusammenfalten
împătu'rit A̲D̲J̲ zusammengefaltet
împân'zi V̲T̲ & V̲R̲ a (se) ~ (sich) ausbreiten
împere'chea V̲T̲ & V̲R̲ a (se) ~ (sich)
 vereinigen

împere'chere F̲ Paarung f
împiedi'ca A̲ V̲T̲ (ver)hindern B̲ V̲R̲ a se ~ stolpern
împie'tri V̲I̲ a. fig versteinern
împi'la V̲T̲ niederdrücken
îm'pinge V̲T̲ stoßen; schieben
împlân'ta V̲T̲ pflanzen
împle'ti V̲T̲ flechten; stricken
împleti'ci V̲R̲ a se ~ torkeln; verflechten
împleti'tură F̲ Geflecht n
împli'ni A̲ V̲T̲ erfüllen; vollenden B̲ V̲R̲ a se ~ in Erfüllung gehen; sich jähren
împodo'bi V̲T̲ schmücken
împodo'bire F̲ Verzieren n
împopoțo'na V̲R̲ a se ~ sich herausputzen
împotmo'li V̲R̲ a se ~ stecken bleiben; stocken
împo'triva P̲R̲Ä̲P̲ (ent)gegen
împo'trivă A̲D̲V̲ dagegen
împotri'vi V̲R̲ a se ~ sich widersetzen
împovă'ra V̲T̲ belasten
împovără'tor A̲D̲J̲ belastend
împrăști'a A̲ V̲T̲ zerstreuen, verstreuen; verbreiten B̲ V̲R̲ a se ~ sich verbreiten; fig sich verzetteln; nor sich verziehen
împrăști'at A̲D̲J̲ zerstreut; verstreut
împrăști'ere F̲ Verbreitung f
împrejmu'i V̲T̲ umgeben
împrejmui'tor A̲D̲J̲ umgebend
împre'jur A̲D̲V̲ ringsherum; de jur ~ rundherum
împreju'rare F̲ Umstand m
împreju'rime F̲ Umgebung f
împre'jurul P̲R̲Ä̲P̲ um (... herum)
împresu'ra V̲T̲ bedrängen
împreu'na A̲ V̲T̲ vereinigen B̲ V̲R̲ a se ~ sich paaren
împre'ună A̲D̲V̲ zusammen; miteinander
împrici'nat A̲ A̲D̲J̲ zerstritten; JUR angeklagt B̲ M̲, împrici'nată F̲ JUR Angeklagte(r) m/f(m)
împriete'ni V̲R̲ a se ~ sich anfreunden
împroprietă'ri V̲T̲ zum Besitzstand verhelfen
împroprietă'rire F̲ Besitzübertragung f

împrospă'ta V̲T̲ auffrischen
împrospă'tare F̲ Auffrischung f
împros'ca V̲T̲ bespritzen
impru'mut N̲ Anleihe f; Darlehen n
imprumu'ta V̲T̲ leihen, borgen
împu'ia umg V̲T̲ a ~ capul cuiva j-m den Kopf vollschwatzen
împunsă'tură F̲ Stich m
împuș'ca V̲T̲ (er)schießen
împușcă'tură F̲ Schuss m
împuterni'ci V̲T̲ bevollmächtigen
împuterni'cire F̲ Vollmacht f
împuterni'cit(ă) M̲(̲F̲)̲ Bevollmächtigte(r) m/f(m)
împu'ți A̲ V̲T̲ verpesten B̲ V̲R̲ a se ~ zu stinken anfangen
împuți'na V̲R̲ a se ~ sich vermindern
în P̲R̲Ä̲P̲ in; nach; an; auf
îna'dins A̲D̲V̲ absichtlich
înain'ta A̲ V̲T̲ befördern; einreichen B̲ V̲I̲ vorwärtskommen, weiterkommen; fortschreiten
înain'tare F̲ Vorankommen m
înain'taș(ă) M̲(̲F̲)̲ Vorgänger(in) m(f); SPORT Stürmer(in) m(f)
înain'tat A̲D̲J̲ fortgeschritten
îna'inte A̲D̲V̲ vorwärts; früher; ~ de vor; ~ de/să bevor; ~ de aceasta vorher; ~ de toate vor allem; de azi ~ ab heute
îna'intea P̲R̲Ä̲P̲ vor
în'alt A̲D̲J̲ hoch; groß
înamo'ra V̲R̲ a se ~ sich verlieben
îna'poi A̲D̲V̲ zurück; nach hinten
îna'poia[1] P̲R̲Ä̲P̲ hinter
înapo'ia[2] A̲ V̲T̲ zurückgeben B̲ V̲R̲ a se ~ zurückkehren, zurückkommen
înapo'iat A̲D̲J̲ rückständig
înapo'iere F̲ Rückkehr f; Rückgabe f
înar'ma V̲T̲ (auf)rüsten, bewaffnen
înar'mare F̲ Aufrüstung f, Rüstung f
înar'mat A̲D̲J̲ bewaffnet
înăbu'șeală F̲ Schwüle f; Erstickung f
înăbu'și V̲R̲ a se ~ ersticken
înăbu'șire F̲ Ersticken n
înăbu'șit A̲D̲J̲ a fierbe ~ dünsten
înă'crit A̲D̲J̲ gesäuert
înăl'bi V̲T̲ weißen; bleichen
înălbi'tor A̲ A̲D̲J̲ bleichend B̲ M̲ Bleichmittel n
înăl'ța V̲T̲ erhöhen, hochheben

Î

înăl'țare $\overline{F}$ REL Himmelfahrt f
înălță'tor ADJ erhebend
înăl'țime $\overline{F}$ Höhe f
înăs'pri A VT verschärfen B VR a se ~ sich verschärfen; sich zuspitzen
înă'untru ADV (dr)innen; herein, hinein
înă'untrul PRĂP innerhalb
înca'dra VT anstellen; einstufen; einrahmen
înca'drare $\overline{F}$ Eingliederung f
în'caltea ADV umg mindestens
încapsu'la VT verkapseln
încapsu'lat ADJ verkapselt
încarce'ra VT einsperren
încarce'rare $\overline{F}$ Inhaftierung f
încar'na VT & VR a (se) ~ (sich) verkörpern
încar'nare $\overline{F}$ Verkörperung f
înca'sa VT kassieren
înca'sare $\overline{F}$ Einnahme f
încasa'tor $\overline{M}$, **încasa'toare** $\overline{F}$ Schaffner(in) m(f)
încas'tra VT TECH verschränken, einpassen
'încă ADV noch; ~ o dată noch einmal, nochmals
încăie'ra VR a se ~ sich in die Haare kriegen
încăie'rare $\overline{F}$ Rauferei f
încăl'ca VT verletzen, übertreten
încăl'care $\overline{F}$ Eingriff m
încăle'ca VI (aufs Pferd) steigen
încăl'ța VT anziehen
încălță'minte $\overline{F}$ Schuhe pl
încălță'tor $\overline{N}$ Schuhlöffel m
încăl'zi VT erwärmen, aufwärmen; (auf)heizen
încăl'zire $\overline{F}$ Heizung f; ~ **centrală** Zentralheizung f; ~ **cu gaze** Gasheizung f; ~ **globală** Erderwärmung f; ~ **cu păcură** Ölheizung f
încăpăță'na VR a se ~ sich versteifen
încăpăță'nare $\overline{F}$ Eigensinn m, Trotz m
încăpăță'nat ADJ eigensinnig, trotzig
încă'pea A VI hineinpassen B VT fassen
încă'pere $\overline{F}$ Raum m, Zimmer n
încăr'ca VT a. ELEK aufladen; (ver)laden
încăr'care $\overline{F}$ (Auf)Laden n

încărcă'tor $\overline{N}$ Aufladegerät n
încărcă'tură $\overline{F}$ Ladung f
încărun'ți VI ergrauen
încătu'șa VT fesseln
încâl'ci VT verwickeln, verwirren
încâl'cit ADJ verwickelt
încân'ta VT entzücken
încân'tare $\overline{F}$ Zauber m
încân'tat ADJ erfreut
încântă'tor ADJ entzückend
în'cât KONJ atât ... ~ so ... dass; ~ **să** als dass
începă'tor $\overline{M}$, **începă'toare** $\overline{F}$ Anfänger(in) m(f)
în'cepe VT anfangen
în'cepere $\overline{F}$ ~ f a școlii Schulanfang m
înce'put $\overline{N}$ Anfang m; **la** ~ am Anfang
încer'ca VT versuchen, (an)probieren
încer'care $\overline{F}$ Versuch m, Probe f; ~ **de reanimare** Wiederbelebungsversuche pl; ~ **de sinucidere** Selbstmordversuch m
încercă'nat ADJ mit Augenringen
încercu'i VT umkreisen, einkreisen; umringen
încercu'ire $\overline{F}$ Umringen n
în'cet ADJ langsam; leise
înce'ta VI aufhören; a ~ **din viață** sterben
înce'tare $\overline{F}$ Beenden n
încetăță'ni VT einbürgern
încetăță'nire $\overline{F}$ Einbürgerung f
înceti'ni A VT verlangsamen B VR a se ~ stocken
înceti'nire $\overline{F}$ Verlangsamung f
încetini'tor $\overline{N}$ FILM Zeitlupe f
încețo'șat ADJ verschleiert
înche'ga VR a se ~ gerinnen
înche'gat ADJ geronnen; gefestigt
înche'ia A VT abschließen, (be)schließen B VR a se ~ enden, schließen
înche'iere $\overline{F}$ Abschluss m
încheie'tură $\overline{F}$ Gelenk n; **încheietura mâinii** Handgelenk n
în'chide A VT (ab)schließen, zumachen; absperren; einsperren; zudrehen, abdrehen; ausschalten; TEL auflegen B VR a se ~ zugehen
în'chidere $\overline{F}$ (Ab-, Ein)Schließen n; AUTO ~ f **centrală** Zentralverriegelung f

închi'na V̄R a se ~ sich verneigen; sich bekreuzigen
închi'nat ADJ gebeugt; verbeugt; gewidmet
închipu'i V̄T a-şi ~ sich einbilden
închiri'ere F (Ver)Mieten n; ~ f bărci Bootsverleih m
în'chis ADJ geschlossen, zu; fig verschlossen; culoare dunkel
închi'soare F Gefängnis n
închis'tat ADJ abgekapselt
închizǎ'tor M̄, închizǎ'toare F Schließvorrichtung f
înci'fra V̄T verschlüsseln
înci'frare F Verschlüsselung
în'cinge V̄T erhitzen; entfachen; umbinden
în'cins ADJ entfacht
încle'ia V̄T (zusammen)leimen
încleş'ta V̄T zusammenbeißen
încleş'tare F Pressen n; Klemmen n
încli'na V̄T & V̄R a (se) ~ (sich) neigen
încli'nare F Neigung f
încli'nat ADJ schräg; schief
încli'naţie F Neigung f
în'coace ADV (hier)her; ~ şi încolo hin und her
încolǎ'ci A V̄T aufwickeln B V̄R a se ~ sich winden
în'colo ADV (dort)hin; mai ~ weiter hinten; später
încolo'na V̄R & V̄T a (se) ~ (sich) einreihen
încolo'nare F Einreihen n
încol'ţi A V̄I keimen, sprießen B V̄T fig in die Enge treiben
înconde'ia V̄T (bunt) bemalen
în'conjur N̄ Rundgang m; Umweg m; fără ~ offen; geradeheraus
înconju'ra V̄T umgeben, umringen; umfahren
înconjurǎ'tor ADJ Umwelt...
încon'tinuu ADV ununterbrochen
încon'tra V̄R a se ~ sich widersetzen
încor'da V̄T spannen
încor'dare F Spannung f
încorno'ra V̄T mit Hörnern versehen; fig betrügen
încorno'rat ADJ gehörnt
încoro'na V̄T krönen
încoro'nat ADJ gekrönt
încorpo'rare F Eingliederung f

încorpo'ra V̄T einverleiben
încorse'ta V̄T einschränken
în'cotro ADV wohin
încovo'ia A V̄T umbiegen B V̄R a se ~ sich beugen, sich krümmen
încrânce'na V̄R a se ~ schaudern
încrânce'nare F Schauer m
în'crede V̄R a se ~ (în) (ver)trauen
în'credere F Vertrauen n; ~ în sine Selbstvertrauen m
încredin'ţa V̄T anvertrauen; versichern
încreme'ni V̄I erstarren
încreme'nire F Erstarrung f
încrengǎ'turǎ F Verzweigung f
încre'ţi V̄T kräuseln
încreţi'turǎ F Falte f
încrezǎ'tor ADJ zuversichtlich
în'crezut ADJ eingebildet
încro'pi V̄T wärmen
încro'pit ADJ (er)wärmt
încruci'şa V̄T kreuzen
încruci'şare F Kreuzung f
încruci'şat ADJ cuvinte npl ~e Kreuzworträtsel n
încrun'ta V̄R a se ~ eine finstere Miene annehmen
încrun'tat ADJ grimmig; finster
încu'ia V̄T abschließen, zuschließen; absperren, zusperren
încu'iat fig ADJ engstirnig
încuie'toare F Verschluss m
încume'ta V̄R a se ~ la ceva sich an etw heranwagen
încunoştin'ţa V̄T verständigen
încunu'na V̄T belohnen
încunu'nare F Belohnung f
încura'ja V̄T ermutigen
încura'jare F Ermutigung f
încuraja'tor ADJ ermutigend
încur'ca V̄T verwickeln, verwirren
încur'cat fig ADJ verlegen; verwirrt; verworren
încurcǎ'turǎ F Verlegenheit f; Durcheinander n
încus'cri V̄R a se ~ sich verschwägern
încuviin'ţa V̄T genehmigen
în'datǎ ADV sofort; ~ ce sobald
îndato'ra V̄R a se ~ sich verpflichten; sich verschulden
îndato'rire F Verpflichtung f, Pflicht f
îndatori'tor ADJ zuvorkommend

îndă'răt ADV hinten, rückwärts, zurück

îndă'rătnic ADJ widerspenstig, trotzig

îndă'rătul PRĂP hinter

îndărătni'cie F Eigensinn m

îndâr'ji V/R a se ~ sich empören

îndâr'jit ADJ unerbittlich

îndea'juns ADJ ausreichend, genügend

îndea'proape ADJ eingehend

înde'lete ADV pe ~ langsam

îndeletni'ci V/R a se ~ sich beschäftigen (cu mit)

îndeletni'cire F Beschäftigung f

înde'lung ADV lang (andauernd)

îndelun'gat ADJ langwierig

îndemâ'nare F Geschicklichkeit f

îndemâ'natic ADJ geschickt

înde'mână ADV la ~ bei der Hand

în'demn N Ansporn m

îndem'na V/T anspornen

înde'obşte ADV gewöhnlich

îndeo'sebi ADV besonders, insbesondere

îndepăr'ta A V/T entfernen B V/R a se ~ abweichen

îndepăr'tat ADJ (weit) entfernt

îndepli'ni V/T erfüllen

îndepli'nire F Erfüllung f

înde'sa V/T vollstopfen

înde'si V/R a se ~ häufiger werden

îndestu'la V/T sättigen

îndestulă'tor ADJ genügend

îndigu'i V/T eindämmen

îndigu'ire F Eindämmung f

îndobito'ci V/T zum Tier machen; verrohen

îndoctri'na V/T indoktrinieren

îndoctri'nare F Indoktrination f

îndo'i A V/T (ver)biegen; (zusammen)-falten B V/R a se ~ de zweifeln an

îndo'ială F Zweifel m

îndo'ielnic ADJ zweifelhaft

îndo'ire F Verdoppelung f; Biegung f; Zweifel m

îndo'it ADJ verbogen, gekrümmt; doppelt

îndoi'tură F Falte f

îndoli'a V/T in Trauer versetzen

îndo'pa V/T (voll)stopfen

îndră'cit ADJ besessen

îndră'gi V/T lieb gewinnen

îndrăgos'ti V/R a se ~ (de) sich verlieben (in)

îndrăgos'tit A ADJ verliebt B M, îndrăgos'tită F Verliebte(r) m/f(m)

îndrăz'neală F Kühnheit f

îndrăz'neţ ADJ kühn

îndrăz'ni V/T wagen

îndrep'ta A V/T gerade machen; verbessern B V/R a se ~ sich bessern; sich (zu)wenden

îndrep'tare F Verbesserung f, Besserung f

îndreptă'ţi V/T berechtigen

îndreptă'ţire F Berechtigung f

îndritu'i V/T berechtigen, ermächtigen

îndritu'it ADJ berechtigt, ermächtigt

îndru'ga V/T weben; fig umg hersagen

îndru'ma V/T anleiten

îndru'mare F Anleitung f; Hinweis m

îndrumă'tor M Ratgeber m, Leiter m

înduio'şa V/T rühren

înduioşă'tor ADJ rührend

îndul'ci V/T (ver)süßen

îndulci'tor A ADJ versüßend B M Süßstoff m

înduple'ca A V/T überreden, umstimmen; a ~ pe cineva să facă ceva j-n dazu bringen, etw zu tun B V/R a se ~ sich erweichen lassen, sich überreden lassen

îndu'ra V/T ertragen

îndu'rare F Ertragen n; Erbarmen n

îndure'ra V/T Schmerzen verursachen

îndure'rat ADJ schmerzerfüllt

î'nec N Ersticken n

îne'ca V/R a se ~ ertrinken

înecă'cios ADJ erstickend; beklemmend

înfăptu'i V/T verwirklichen

înfă'şa V/T wickeln

înfăşu'ra V/T einwickeln, umwickeln

înfăşu'rare F Umwick(e)lung f

înfă'ţa V/T beziehen, überziehen

înfăţi'şa V/T darstellen

înfăţi'şare F Aussehen n

înfi'a V/T adoptieren

înfie'ra V/T brandmarken

înfierbân'ta V/T erhitzen

înfierbân'tat ADJ erhitzt, Inbrunstig

înfi'ere F Adoption f

înfigă'reţ ADJ eindringend; aufdringlich

în'fige V/T (hinein)stecken

înfiin'ţa VT gründen
înfiin'ţare F Gründung f
înfio'ra VII schaudern
înfiorǎ'tor ADJ schauderhaft
înfiri'pa VR a se ~ entstehen
înfiri'pare F Zustandekommen n
înflǎcǎ'ra VR a se ~ sich begeistern
înflo'rat ADJ geblümt
înflo'ri VII (auf)blühen
înflo'rire F Aufblühen n
înflori'tor ADJ blühend
înflori'turǎ F Blüte f
înfo'care F Brand m
înfo'cat ADJ leidenschaftlich
înfofo'li VIT & VR a (se) ~ (sich) warm einhüllen
înfo'ia VR a se ~ sich aufblasen
înfome'ta VIT aushungern
înfome'tat ADJ ausgehungert
înfrǎ'ţi VR a se ~ sich verbrüdern
înfrǎ'ţit ADJ verbrüdert
înfrâ'na VIT & VR a (se) ~ (sich) zügeln
în'frânge VIT besiegen
în'frângere F Niederlage f
în'frânt ADJ besiegt
înfrico'şa VIT erschrecken
înfricoşǎ'tor ADJ furchterregend
înfrigu'rare F Spannung f; cu ~ fieberhaft
înfrumuse'ţa VIT verschönern
înfrumuse'ţare F Verschönern n
înfrun'ta VIT a ~ o primejdie einer Gefahr trotzen; a ~ pe cineva j-m die Stirn bieten
înfrun'tare F Beleidigung f
înfrun'zi VR a se ~ Blätter bekommen, sich belauben
înfrup'ta VR fig a se ~ profitieren
înfule'ca VIT verschlingen
înfumu'rare F Dünkel m
înfumu'rat ADJ überheblich, eingebildet
înfun'da A VIT zustopfen B VR a se ~ verstopft sein
înfun'dat ADJ verschlossen; tiefliegend
înfuri'a A VIT wütend machen B VR a se ~ wütend werden
îngǎ'dui VIT erlauben
îngǎ'duinţǎ F Erlaubnis f; Nachsicht f
îngǎdui'tor ADJ nachsichtig
îngǎi'ma VIT stammeln

îngǎ'lat ADJ unrein
îngǎlbe'ni VII blass werden; vergilben
îngâm'fare F Hochmut m
îngâm'fat ADJ hochmütig
îngâ'na VIT nachahmen
îngându'rat ADJ nachdenklich
îngemǎ'nare F Verbindung f
îngemǎ'nat ADJ verbunden
îngenun'chea VII knien
îngenun'chere F Niederknien n; Demut f
'înger M Engel m; ~ pǎzitor Schutzengel m
înge'resc ADJ engelhaft
înghesu'i VIT zusammendrängen
înghesu'ialǎ F Gedränge n
în'gheţ N Frost m
înghe'ţa VII einfrieren, (zu)frieren; erfrieren
înghe'ţatǎ F (Speise)Eis n; ~ de cǎpşuni Erdbeereis n; ~ de fructe Fruchteis n; ~ de vanilie Vanilleeis n
înghion'ti VIT & VR a (se) ~ (sich) stoßen
înghi'ţi VIT schlucken; verschlingen; a nu ~ ceva sich etwas nicht gefallen lassen
înghiţi'turǎ F Schluck m
înglo'ba VIT umfassen
înglo'da VR a se ~ (im Sumpf) versinken
îngrǎ'di VIT einzäunen; einschränken
îngrǎ'dire F Umzäunung f; fig Einschränkung f
îngrǎmǎ'dealǎ F Anhäufung f; Gedränge n
îngrǎmǎ'di A VIT anhäufen B VR a se ~ sich drängen
îngrǎ'şa VR a se ~ zunehmen, dick werden
îngrǎşǎ'mânt N Dünger m, Düngemittel n; ~ chimic Kunstdünger m
îngreţo'şa A VIT anekeln B VR a se ~ sich ekeln
îngreu'na VIT beschweren, erschweren
îngri'ji A VIT pflegen, versorgen B VR a se ~ de sorgen für, sich kümmern um
îngri'jire F Pflege f; ~ corporalǎ Körperpflege f; ~ intensivǎ Intensivpflege f
îngriji'tor M, **îngriji'toare** F Pfle-

ger(in) m(f); Haushälter(in) m(f); PFLEGE ~ m/**îngrijitoare** f bătrâni Altenpfleger(in) m(f)

îngro'pa V/T begraben, vergraben

îngro'pare F Begräbnis n

îngro'şa A V/T verdicken B V/R a se ~ dick werden

îngro'zi V/T entsetzen

îngrozi'tor ADJ entsetzlich

în'gust ADJ schmal; eng

îngus'ta V/T verengen

îngus'time F Enge f

înhăi'ta V/R a se ~ umg sich zusammenrotten

înhă'ma V/T einspannen

înhă'ţa V/T erwischen; packen

înhu'ma V/T beerdigen

înhu'mare F Beerdigung f

înjgheba V/T zusammenstellen

înjo'si V/T erniedrigen

înjosi'tor ADJ erniedrigend

înjumătă'ţi V/T halbieren

înjunghi'a V/T erstechen

înjunghi'ere F Erstechen n

înju'ra V/T beschimpfen; fluchen

înjură'tură F Schimpfwort n

înlăcri'mat ADJ weinend

înlănţu'i V/T verketten; umschlingen

înlătu'ra V/T beseitigen

înlătu'rare F Beseitigung f

înlem'ni V/I erstarren

înles'ni V/T erleichtern

înles'nire F Erleichterung f

înlocu'i V/T ersetzen; vertreten

înlocu'ire F Ersetzen n; ~ **temporară** Vertretung f

înlocui'tor A ADJ Sstellvertretend B M, **înlocui'toare** F Stellvertreter(in) m(f)

înmagazi'na V/T lagern, speichern

înmatricu'la V/R a se ~ sich einschreiben, sich immatrikulieren

înmâ'na V/T überreichen

înmi'it ADJ vertausendfacht

înmormân'ta V/T beerdigen

înmormân'tare F Beerdigung f

înmugu'ri V/I Knospen treiben

înmu'ia A V/T einweichen B V/R a se ~ aufweichen

înmu'iere F Einweichen n

înmul'ţi A V/T erhöhen; multiplizieren B V/R a se ~ sich vermehren

înmul'ţire F Vermehrung f; Multiplikation f

înmulţi'tor N Multiplikator m

înnă'di A V/T zusammenstückeln B V/R a se ~ eine Gewohnheit annehmen

înnă'dire F Anstückelung f

înnămo'li A V/T im Schlamm versenken B V/R a se ~ im Schlamm versinken; fig steckenbleiben

înnăs'cut ADJ angeboren

înnebu'ni A V/I wahnsinnig werden B V/T wahnsinnig machen

înnebu'nit ADJ wahnsinnig

înne'gri V/T schwarz färben

înnobi'la V/T adeln

înno'da V/T verknoten

înno'i V/T erneuern

înno'ire F Erneuerung f

înnop'ta A V/I übernachten B V/R a se ~ dämmern

înno'ra V/R a se ~ sich bewölken

înno'rat ADJ bewölkt, wolkig

î'not N Schwimmen n; ~ **bras** Brustschwimmen n; ~ **pe spate** Rückenschwimmen n; ~ **subacvatic** Tauchen n

îno'ta V/I schwimmen

înotă'tor M, **înotă'toare** F Schwimmer(in) m(f)

înrădăci'na V/R a se ~ Wurzeln schlagen

înrădăci'nat ADJ verwurzelt

înră'i V/T & V/R a (se) ~ (sich) verschlechtern

înră'it ADJ böse

înră'ma V/T einrahmen

înrăută'ţire F Verschlechterung f

înrâu'ri V/T beeinflussen

înrăută'ţi V/T & V/R a (se) ~ (sich) verschlechtern

înregimen'ta V/T & V/R a (se) ~ (sich) eingliedern

înregis'tra V/T registrieren; eintragen; pe CD aufnehmen

înregis'trare F Aufnahme f; Aufnehmen n; ~ **de debit** Lastschrift f

înregistra'tor N FLUG ~ **de zbor** Flugschreiber m

înro'bi V/T versklaven

înro'la A V/T (in eine Organisation) anwerben B V/R a se ~ (in eine Organisation) eintreten

înro'şi A V/T rot färben B V/R a se ~

erröten
înru'di V̅R̅ a se ~ verwandt werden; *fig* verwandt sein
înru'dit A̅D̅J̅ verwandt
'**însă** K̅O̅N̅J̅ aber; (je)doch
însâi'la V̅T̅ (zusammen)heften
însămân'ţa V̅T̅ aussäen; B̅I̅O̅L̅ besamen; M̅E̅D̅ beimpfen
însămân'ţare F̅ Aussaat f; B̅I̅O̅L̅ Besamung f
însănăto'şi V̅R̅ a se ~ gesund werden
însănăto'şire F̅ Genesung f
însărci'na V̅T̅ beauftragen; schwängern
însărci'nat M̅ ~ cu afaceri Geschäftsträger m
însărci'nată A̅D̅J̅ schwanger
'**însăşi** F̅S̅G̅ sie selbst
'**însăţi** P̅R̅O̅N̅ (sie) selbst
însânge'ra V̅T̅ mit Blut besudeln
înscău'na V̅T̅ inthronisieren
înscău'nare F̅ Inthronisation f
însce'na V̅T̅ inszenieren
însce'nare F̅ Inszenierung f
în'scrie V̅T̅ einschreiben; S̅P̅O̅R̅T̅ schießen
în'scris A̅D̅J̅ eingeschrieben
'**însele** P̅R̅O̅N̅ (sie) selbst *fpl*
în'semn N̅ Abzeichen n
însem'na A̅ V̅T̅ bezeichnen, aufzeichnen, vermerken B̅ V̅I̅ bedeuten, heißen
însem'nare F̅ Aufzeichnung f
însem'nat A̅D̅J̅ bedeutend
însemnă'tate F̅ Bedeutung f
înseni'na V̅R̅ a se ~ sich aufheitern
înse'ra V̅R̅ a se ~ dämmern
înse'rare F̅ Abenddämmerung f
înse'rat N̅ pe ~e gegen Abend
înse'tat A̅D̅J̅ durstig
însilo'za V̅T̅ speichern
însingu'rare F̅ Vereinsamung f
înso'rit A̅D̅J̅ sonnig
înso'ţi V̅T̅ begleiten
înso'ţire F̅ Begleitung f
înso'ţi'tor A̅ A̅D̅J̅ begleitend B̅ M̅, însoţi'toare F̅ Begleiter(in) *m(f)*
înspăimân'ta V̅T̅ erschrecken
înspăimântă'tor A̅D̅J̅ schrecklich
'**înspre** P̅R̅Ă̅P̅ gegen, zu, nach
înspu'mat A̅D̅J̅ schaumbedeckt
înstă'rit A̅D̅J̅ wohlhabend

înste'lat A̅D̅J̅ sternenbedeckt
înstrăi'na A̅ V̅T̅ veräußern B̅ V̅R̅ a se ~ sich entfremden
înstrăi'nare F̅ Entfremdung f; J̅U̅R̅ Veräußerung f
însufle'ţi V̅T̅ beleben
însufle'ţire F̅ Begeisterung f
însufle'ţit A̅D̅J̅ belebt
însu'ma V̅T̅ betragen; umfassen
însu'ra V̅R̅ a se ~ heiraten
însu'rat A̅D̅J̅ verheiratet
'**însuşi**[1] M̅S̅G̅ er selbst
însu'şi[2] V̅T̅ a-şi ~ sich aneignen
însu'şire F̅ Eigenschaft f
însu'tit A̅D̅J̅ hundertfach
'**însuţi** P̅R̅O̅N̅ (du) selbst
înşe'la A̅ V̅T̅ betrügen; täuschen B̅ V̅R̅ a se ~ sich irren
înşelăci'une F̅ Betrug m
înşelă'tor A̅D̅J̅ trügerisch
înşe'ua V̅T̅ satteln
înşfă'ca V̅T̅ packen
înşi'ra V̅T̅ aufreihen; aufzählen
înşi'rare F̅ Aufreihen n
înştiin'ţa V̅T̅ benachrichtigen; bekannt geben
înştiin'ţare F̅ Bekanntmachung f; ~ de amendă Strafzettel m
înşuru'ba V̅T̅ verschrauben
întără'ta V̅T̅ reizen; aufhetzen
întără'tat A̅D̅J̅ gereizt
întă'ri A̅ V̅T̅ (be)festigen; bekräftigen B̅ V̅R̅ a se ~ sich (ver)stärken; sich verhärten
întă'rire F̅ Stärkung f
întări'tură F̅ Erregung f
în'tâi A̅ N̅U̅M̅ der/die/das erste B̅ A̅D̅V̅ (zu)erst
întâie'tate F̅ Vorrang m
întâl'ni A̅ V̅T̅ a ~ pe cineva j-n treffen, j-m begegnen B̅ V̅R̅ a se ~ sich treffen
întâl'nire F̅ Treffen n, Begegnung f; Verabredung f
întâmpi'na V̅I̅ entgegenkommen, entgegengehen
întâmpi'nare F̅ Empfang m
întâm'pla V̅R̅ a se ~ geschehen, sich ereignen
întâm'plare F̅ Ereignis n; din ~ zufällig; la ~ aufs Geratewohl
întâmplă'tor A̅D̅J̅ zufällig

Î

întârzi'a v̄ī sich verspäten

întârzi'ere F̄ Verspätung f

întemei'a A v̄ī gründen B v̄ʀ̄ a se ~ pe beruhen auf

înteme'iat ADJ triftig

înteme'iere F̄ Gründung f

întemeie'tor M̄, **întemeie'toare** F̄ Gründer(in) m(f)

întemni'ţa v̄ī einsperren

înte'ţi A v̄ī antreiben B v̄ʀ̄ a se ~ stürmisch werden

înti'na A v̄ī beschmutzen; pej besudeln B v̄ʀ̄ a se ~ sich beschmutzen; pej sich besudeln

înti'nat ADJ beschmutzt; pej besudelt

în'tinde A v̄ī (aus)dehnen; ausbreiten; mână reichen; rufe aufhängen B v̄ʀ̄ a se ~ sich (aus)dehnen; sich hinlegen; sich strecken

în'tindere F̄ Fläche f; MED Zerrung f; ~ musculară Muskelzerrung f

în'tins ADJ weit, ausgedehnt; flach

întine'ri v̄ī verjüngen

întine'rire F̄ Verjüngung f

în'tinge v̄ī eintauchen

întinză'tor N̄ Spannholz n

întipă'ri v̄ī & v̄ʀ̄ a (se) ~ (sich) einprägen

în'toarce A v̄ī umdrehen, wenden; ceas aufziehen B v̄ʀ̄ a se ~ zurückkehren; a se ~ acasă heimkehren

în'toarcere F̄ Rückkehr f; ~ acasă Heimkehr f

în'tocmai ADV genau

întoc'mi v̄ī verfassen; aufstellen, zusammenstellen

în'tors ADJ zurückgekehrt; a fi în'tors zurück sein

întorsă'tură F̄ Wendung f; ~ nefavorabilă Rückschlag m

întorto'cheat ADJ kurvig

întotdea'una ADV immer

întovără'şi A v̄ī begleiten B v̄ʀ̄ a se ~ sich zugesellen

într-ade'văr ADV tatsächlich; wirklich

întrajuto'rare F̄ gegenseitige Hilfe

'între PRÄP zwischen; unter; ~ timp inzwischen

între'ba v̄ī fragen

între'bare F̄ Frage f; ~ cheie Schlüsselfrage f

întrebuin'ţa v̄ī verwenden, gebrauchen

întrebuin'ţare F̄ Verwendung f, Gebrauch m; mod n de ~ Gebrauchsanweisung f

în'trece v̄ī überholen; übertreffen

în'trecere F̄ Wettbewerb m, Wettkampf m

întredes'chide v̄ī halb öffnen

întredes'chis ADJ halb offen

în'treg ADJ ganze(r, s); gesamte(r, s)

între'gi v̄ī ergänzen

între'gire F̄ Ergänzung f; ~a familiei Familienzusammenführung f

între'it ADJ verdreifacht

între'ma v̄ʀ̄ a se ~ sich erholen

între'mare F̄ Erholung f; Stärkung f

întrepă'trunde v̄ʀ̄ a se ~ sich gegenseitig durchdringen

întrepă'trundere F̄ gegenseitiges Durchdringen n

între'prinde v̄ī unternehmen

între'prindere F̄ Unternehmen n, Betrieb m; ~ de transporturi Spedition f; ~ familială Familienbetrieb m

întreprinză'tor A ADJ unternehmungslustig B M̄, **întreprinză'toare** F̄ Unternehmer(in) m(f)

întrerupă'tor N̄ ELEK Schalter m

între'rupe A v̄ī unterbrechen; ausschalten B v̄ʀ̄ a se ~ aussetzen

între'rupere F̄ Unterbrechung f

întretă'ia v̄ʀ̄ a se ~ sich schneiden, sich kreuzen

întretă'iere F̄ Schnittpunkt m; Kreuzung f

între'ţine A v̄ī unterhalten; instand halten B v̄ʀ̄ a se ~ sich unterhalten

între'ţinere F̄ TECH Wartung f; Unterhalt m

întreve'dere F̄ Besprechung f

întreză'ri v̄ī undeutlich sehen

întris'ta A v̄ī betrüben B v̄ʀ̄ a se ~ traurig werden

'întru PRÄP ~ totul völlig

întru'cât KONJ da; insofern

întru-cât'va ADV einigermaßen

întruchi'pa v̄ī verkörpern

întruchi'pare F̄ Gestalt f

în'truna ADV dauernd, immer, pausenlos

întru'ni A v̄ī vereinigen; condiţie erfüllen B v̄ʀ̄ a se ~ sich versammeln;

a se ~ în ședință tagen
întru'nire F Versammlung f
întru'pa VT & VR a (se) ~ (sich) verkörpern
întru'pare F Verkörperung f
întune'ca VR a se ~ dunkel werden
întune'cat ADJ dunkel, finster
întu'neric N Dunkelheit f, Finsternis f
întăr'ca VT abstillen
înțelegă'tor ADJ verständnisvoll
înțe'lege A VT verstehen B VR a se ~ sich verstehen; sich verständigen
înțe'legere F Verständnis n; Verständigung f; Vereinbarung f
înțelepci'une F Weisheit f
înțe'lept A ADJ weise B M Weise(r) m
înțe'les N Sinn m, Bedeutung f
înțe'pa VT stechen
înțepă'tor ADJ stechend
înțepă'tură F Stich m; ~ de albină Bienenstich m; ~ de căpușă Zeckenbiss m; ~ de insectă Insektenstich m
înțepe'ni VR a se ~ versteifen
înțepe'nire F Estarrung f
înțepe'nit ADJ erstarrt
înțe'sat ADJ gespickt
învălmă'șeală F Gedränge n
învălmă'și A VT verwirren B VR a se ~ in Verwirrung geraten
învălu'i VT einhüllen, verhüllen
învălu'ire F Einhüllung f
învăpă'iat ADJ feurig
învă'ța A VT (er)lernen; lehren B VR a se ~ cu sich gewöhnen an
învăță'mânt N Unterricht m; Schulwesen n; ~ preșcolar Vorschule f; ~ special Förderunterricht m
învă'țare F Lernen n; Lehre f
învă'țat(ă) MF Gelehrte(r) m/f(m)
învăță'tor M, învăță'toare F (Grundschul)Lehrer(in) m(f)
învăță'tură F Lehre f
învâr'teală F Drehung f
învâr'ti A VT (um)drehen B VR a se ~ kreisen
înve'chi VR a se ~ alt werden, veralten
înve'chit ADJ veraltet
înveci'na VR a se ~ benachbart sein, angrenzen
înveci'nat ADJ benachbart

înve'li VT einwickeln; zudecken
înve'liș N, înveli'toare F Hülle f
î<veni'nat ADJ giftig
înveninat
înver'și A VT grün färben B VI BOT grün werden; fig blass werden
înver'zit ADJ ergrünt
învese'li VT aufheitern
înves'ti VT feierlich in ein Amt einführen; investieren
învesti'tură F Investitur f
învesmân'ta VT (be)kleiden
învi'a VII auferstehen
învi'ere F Auferstehung f
învine'ți A VT violett färben B VR a se ~ sich violett färben, violett werden
învine'țit ADJ violett gefärbt
învingă'tor A ADJ siegreich B M, învingă'toare F Sieger(in) m(f)
în'vinge A VT besiegen B VI siegen
învinovă'ți VT, învinu'i beschuldigen
în'vins ADJ besiegt
învinu'ire F Beschuldigung f
învinu'it A ADJ beschuldigt B M, învinu'ită F Beschuldigte(r) m/f(m)
învio'ra A VT beleben B VR a se ~ auftauen
învio'rare F Aufleben n
învioră'tor ADJ belebend, aufmunternd
învo'i VR a se ~ übereinkommen
învo'ială F Vereinbarung f
învo'ire F Einwilligung f
învo'it ADJ erlaubt
învrăj'bi A VT anfeinden B VR a se ~ sich verfeinden
învrăj'bire F Zwietracht f
înză'pezi VR a se ~ einschneien
înză'pezit ADJ verschneit
înzdrăve'ni VR a se ~ genesen, gesund werden
înze'cit ADJ verzehnfacht
înzes'tra VT ausstatten
înzorzo'nat ADJ protzig
își PRON ⟨dat⟩ sich
îți PRON ⟨dat⟩ ~ dau ... ich gebe dir ...

J

ja'chetă F̱ Jacke f; ~ de lână Wolljacke f; ~ tricotată Strickjacke f

ja'cuzzi® Ṉ Whirlpool® m

jad Ṉ Jade m

jaf Ṉ Raub m

jagu'ar M̱ Jaguar m

'jalbă F̱ Gesuch n

'jale F̱ Jammer m; Trauer f; Elend n

'jalnic ADJ jämmerlich

ja'lon Ṉ Leitfaden m

jalo'na V̱Ṯ kennzeichnen; markieren

jalu'zea F̱ Jalousie f

jamai'can A ADJ jamaikanisch B M̱, jamai'cană F̱ Jamaikaner(in) m(f)

'jambă F̱ Fahrgestellbein n

jambi'eră F̱ MED Wadenbandage f

jam'bon Ṉ Schinken m

jan'darm M̱ Polizist m; österr Gendarm m

jandarme'rie F̱ Polizei f; österr Gendarmerie f

'jantă F̱ Felge f

'japca F̱ a lua cu ~ gewaltsam vorgehen

japo'nez A ADJ japanisch B M̱, japo'neză F̱ Japaner(in) m(f)

Ja'ponia F̱ Japan n

jar Ṉ Glut f, glühende Kohlen pl

jardini'eră F̱ Blumenschale f

jar'tea F̱ umg Strumpfhalter m

jarti'eră F̱ umg Strumpfband n

'javră F̱ Köter m

jazz Ṉ Jazz m

jă'ratic Ṉ → jar

jder M̱ Marder m

jeanşi MPL Jeans f

jecmă'neală F̱ Raub m

jecmă'ni V̱Ṯ berauben

jeep Ṉ Jeep m

jefu'i V̱Ṯ rauben, plündern

jeg Ṉ Schmutz m

je'gos ADJ schmierig, schmutzig

je'leu Ṉ Gelee n; ~ de fructe Fruchtaufstrich m

je'li A V̱Ṯ beklagen; a ~ pe cineva um

j-n trauern B V̱Ṟ a se ~ jammern, klagen

je'na V̱Ṟ a se ~ sich genieren

je'nant ADJ peinlich

je'nat ADJ verlegen

'jenă F̱ Verlegenheit f

'jerbă F̱ (Blumen)Bukett n

jerpe'lit ADJ schäbig; abgetragen

jer'seu Ṉ Strickjacke f

'jertfă F̱ Opfer n

'jertfi V̱Ṟ a se ~ sich aufopfern

jet Ṉ Wasserstrahl m; Düsenflugzeug n

je'ton Ṉ Jeton m

jgheab Ṉ Rinne f; ~ de acoperiş Dachrinne f

ji'ganie F̱ pej (kleines) Getier n

jigă'ri V̱Ṟ umg a se ~ abmagern f

jigă'rit ADJ umg ausgezehrt

jig'ni V̱Ṯ beleidigen

jig'nire F̱ Beleidigung f

jigni'tor ADJ beleidigend

ji'godie F̱ umg Hundekrankheit f; Getier n

'jilav ADJ feucht

jind Ṉ Begehren n

jindu'i V̱I̱ & V̱Ṯ begehren

jir Ṉ Buchecker f

ji'vraj Ṉ Eisbildung f

ji'vrat ADJ Eis...

'jneapăn M̱ BOT Zwergkiefer f; Wacholder m

'joacă F̱ Spiel n

'joagăr Ṉ Schrotsäge f

'joardă F̱ Gerte f; altes Ackermaß n

job Ṉ Job m

jo'ben Ṉ Zylinder(hut) m

joc Ṉ Spiel n; joc de cărţi Kartenspiel n; joc de copii Kinderspiel n; joc de noroc Glücksspiel n; joc de rol Rollenspiel n; joc de tenis Tennisspiel n; ~ electronic Computerspiel n; Jocurile Olimpice Olympische Spiele; a-şi bate ~ de sich lustig machen über

jo'cheu M̱ Jockei m

'jogging Ṉ Joggen n; a face ~ joggen

joi F̱ Donnerstag m; Joia Mare Gründonnerstag m

'joia ADV donnerstags

'jojă F̱ Meßstab m

'joker M̱ Joker m

joncţi'une F̱ Verbindung f

jon'gla V̱I̱ jonglieren

jongle'rie F̲ Kunststück n

jos A̲ ADJ niedrig; tief B̲ ADV unten; **cu capul în ~** kopfüber; **de ~** von unten; **în ~** hinunter; herunter; **mai ~** weiter unten; **pe ~** zu Fuß; **a se da ~** aussteigen; absteigen

'josnic ADJ gemein

josni'cie F̲ Gemeinheit f

jovi'al ADJ jovial

joviali'tate F̲ Leutseligkeit f

jubi'la V̲I̲ jubeln

jubi'leu N̲ Jubiläum n

ju'ca V̲R̲ & V̲I̲I̲ & V̲T̲ **a (se) ~** spielen

jucă'rie F̲ Spielzeug n; **~ de pluş** Plüschtier n

jucă'rii F̲P̲L̲ Spielsachen pl

jucă'tor M̲, **jucă'toare** F̲ Spieler(in) m(f); **~ de rezervă** Auswechselspieler m; **~ de tenis** Tennisspieler m

jucă'uş ADJ verspielt

jude'ca V̲T̲ (be)urteilen

jude'cată F̲ Urteil n, Gericht n; **Judecata de Apoi** REL das Jüngste Gericht; **a da în ~** gerichtlich belangen

judecă'tor M̲, **judecă'toare** F̲ Richter(in) m(f)

judecăto'rie F̲ (Amts)Gericht n

ju'deţ N̲ Kreis m, Bezirk m

judici'ar ADJ gerichtlich

judici'os ADJ vernünftig

'judo N̲ Judo n

judo'can M̲, **ju'doka** M̲ I̲N̲V̲ Judosportler m, Judoka m

jug N̲ Joch n

jugu'lar ADJ Hals...

ju'li V̲T̲ abschürfen

juli'tură F̲ Abschürfung f

ju'mări F̲P̲L̲ GASTR Grieben pl

jumă'tate A̲ ADJ halb; **unu şi ~** eineinhalb B̲ F̲ Hälfte f; **~ de chintal** Zentner m; **~ de kilogram** Pfund n

jumu'leală F̲ Rupfen n

jumu'li V̲T̲ rupfen

junc M̲ junger Ochse m

'june M̲ Jüngling f

junghi N̲ MED Stechen n; MED **~ intercostal** Seitenstechen n

'junglă F̲ Dschungel m

juni'or A̲ ADJ Junior... B̲ M̲, **juni'oară** F̲ Junior(in) m(f)

'juntă F̲ Junta f

'jupă F̲ Damenrock m

ju'pon N̲ Unterrock m

jupu'i V̲T̲ schinden; schälen

jupu'ială F̲ Abschälen n; MED Pellagra f

jur N̲ **de ~ împrejur** ringsherum; **din ~** umliegend; **în ~ herum, umher; în ~ de** rund, etwa; **în ~ul** um ... herum

ju'ra V̲T̲ schwören

ju'rat(ă) M̲F̲ Geschworene(r) m/f(m)

jură'mânt N̲ Schwur m

ju'ridic ADJ juristisch

juriscon'sult(ă) M̲F̲ Rechtsberater(in) m(f)

jurispru'denţă F̲ Rechtswissenschaft f

ju'rist(ă) M̲F̲ Jurist(in) m(f)

'juriu N̲ Jury f

juri'za V̲T̲ bewerten

juri'zare F̲ Bewertung f

jur'nal N̲ Zeitung f; Tagebuch n

jurna'list(ă) M̲F̲ Journalist(in) m(f)

jurna'listică F̲ Journalistik f

just ADJ gerecht; richtig

jus'teţe F̲ Richtigkeit f

justi'fica V̲T̲ rechtfertigen

justi'ficare F̲ Rechtfertigung f

justifica'tiv ADJ rechtfertigend

justiţi'ar ADJ Justitiar m

jus'tiţie F̲ Justiz f

ju'velnic N̲ Reuse f

juve'nil ADJ jugendlich

K

'kaizer N̲ GASTR Kaiserfleisch n

ka'ki ADJ I̲N̲V̲ kakifarben

kami'kaze A̲ I̲N̲V̲ Kamikaze m B̲ N̲ FLUG Kamikazeflieger m

ka'rate N̲ Karate n

'karma F̲ Karma n

ka'zah A̲ ADJ kasachisch B̲ M̲, **ka'zahă** F̲ Kasache m, Kasachin f

keny'an A̲ ADJ kenianisch B̲ M̲, **keny'ană** F̲ Kenianer(in) m(f)

'ketchup N̲ Ketchup n

kilocalo'rie F̲ Kilokalorie f

kilo'gram N̄ Kilo(gramm) n
kilome'traj N̄ Kilometerstand m; Kilometerzähler m
kilo'metric ADJ Kilometer...
kilo'metru M̄ Kilometer m
kilo'watt M̄ Kilowatt n
kilt N̄ Kilt m
kir'ghiz A ADJ kirgisisch B M̄, **kir'ghiză** F̄ Kirgise m, Kirgisin f
kit N̄ Kitt m
kitsch N̄ Kitsch m
'kiwi M̄ Kiwi f
koso'var A ADJ kosovarisch B M̄, **koso'vară** F̄ Kosovare m, Kosovarin f
kurd A ADJ kurdisch B M̄, **'kurdă** F̄ Kurde m, Kurdin f
kuweiti'an A ADJ kuwaitisch B M̄, **kuweiti'ană** F̄ Kuwaiter(in) m(f)

L

la A PRÄP an, in, auf; bei, zu, nach; um; de ~ ... până ~ von ... bis B M̄ MUS a; ~ major A-Dur; ~ minor a-Moll
'labă F̄ Pfote f; **laba piciorului** Fuß m
labi'al ADJ labial
la'bil ADJ labil
labili'tate F̄ Labilität f
labi'rint N̄ Labyrinth n
labi'rintic ADJ labyrinthisch
labo'rant(ă) M(F) Laborant(in) m(f)
labora'tor N̄ Labor n; ~ **lingvistic** Sprachlabor n
labori'os ADJ mühsam
lac N̄ See m; CHEM Lack m; **lac artificial** Baggersee m; **lac de acumulare** Stausee m
'lacăt N̄ (Vorhänge)Schloss n; ~ **cu cifru** Zahlenschloss n
la'cheu M̄ Lakai m
'lacom ADJ gierig
la'conic ADJ lakonisch
'lacrimă F̄ Träne f
lac'tat ADJ Milch...
lac'tate NPL Milchprodukte pl
lac'tație F̄ Milcherzeugung f; fig Stillen n

lactovegetari'an ADJ laktovegetarisch
lac'toză F̄ Milchzucker m
lacu'nar ADJ lückenhaft
la'cună F̄ Lücke f
la'custru ADJ locuință f **lacustră** Pfahlbau m
'ladă F̄ Kiste f; Truhe f; Kasten m; ~ **de gunoi** Mülltonne f; ~ **de scule** Werkzeugkasten m; ~ **frigorifică** Gefriertruhe f, Kühltruhe f
'lagăr N̄ Lager n; HIST ~ **de concentrare** Konzentrationslager n
la'gună F̄ Lagune f
'laic ADJ Laien...; weltlich
'lalea F̄ Tulpe f
'lamă F̄ Klinge f; ZOOL Lama n; ~ **de ras** Rasierklinge f
lambli'ază F̄ parasitäre Darmkrankheit f
'lamblie F̄ Darmparasit m
lam'briu N̄ Wandtäfelung f
lame'lar ADJ schuppig; blättrig
la'melă F̄ Lamelle f
lamen'ta VR a se ~ jammern
lamen'tabil ADJ jämmerlich
lami'na VT laminieren
lami'nare F̄ Laminieren n
lami'nat ADJ laminiert
lami'nor N̄ Walzwerk n
lampa'dar N̄ Stehlampe f
'lampă F̄ Lampe f; ~ **cu halogen** Halogenlampe f; ~ **de frână** Bremslicht n
lan N̄ (Getreide)Feld n
'lance F̄ Lanze f
land N̄ Land n
lan'dou N̄ Landauer m
langu'ros ADJ schmachtend
lan'gustă F̄ Languste f
lano'lină F̄ Lanolin n
lan'sa VT starten; zvon verbreiten; IT a ~ **în execuție** aufrufen
lan'sare F̄ Verbreitung f; Werbefeldzug m
lansa'tor N̄ Abschußvorrichtung f
lan'setă F̄ Flugangel f
lan'ternă F̄ Taschenlampe f
lanț N̄ Kette f; ~ **antiderapant** Schneekette f; ~ **trofic** Nahrungskette f
lao'laltă ADV zusammen
lapi'da VT steinigen**

'lapi'dar ADJ kurz und bündig
lapi'dare F Steinigung f
la'pon A ADJ lappländisch B M, la-'ponă F Lappe m, Lappin f
'lapoviță F Schneeregen m
'lapsus N Lapsus m
'lapte N Milch f; ~ bătut Buttermilch f; ~ condensat Dosenmilch f; ~ degresat Magermilch f; ~ praf Milchpulver n; ~ UHT H-Milch f; ~ de vacă Kuhmilch f
'laptop N Laptop m
larg ADJ breit; weit; umfassend
lar'ghețe F Großmut f; ~ de spirit Großzügigkeit f
lar'gi VT erweitern
la'ringe N ANAT Kehlkopf m
larin'gită F MED Kehlkopfentzündung f
'larmă F Lärm m; umg Radau m
'larvă F Larve f
las'civ ADJ lasziv
'laser N Laser m
la'sou N Lasso n
laș A ADJ feige B M, 'lașă F Feigling m
lași'tate F Feigheit f
lat ADJ breit
la'tent ADJ latent
la'tență F Latenz f
late'ral ADJ seitlich
'latex N Latex m
la'tin ADJ lateinisch
la'tină F Latein m
latini'tate F Latinität f
lati'tudine F GEOG Breite f; fig rămâne la ~a ta das bleibt dir überlassen
'latură F Seite f
laț N Schlinge f
'lațe FPL Strähnen fpl
lauda'tiv ADJ lobend
'laudă F Lob n
'laur M Lorbeer m
laure'at A ADJ preisgekrönt B M, laure'ată F Preisträger(in) m(f)
la'vabil ADJ waschbar
lava'bou N Waschbecken n; ~ri Toilette f
la'vaj N Waschen n
la'vandă F Lavendel m
'lavă F Lava f
la'vetă F Abwaschlappen m
'laviță F (Sitz)Bank f

la'voar N Waschtisch m
lax ADJ lässig
laxa'tiv A ADJ abführend B N Abführmittel n
lăbăr'ța VT (aus)dehnen
lă'caș N Stätte f
lăcă'tuș N Schlosser m
lăcătuşă'rie F Schlosserei f
lăco'mi VR a se ~ versessen sein
lăco'mie F Gier f; Gefräßigkeit f; ~ de bani Geldgier f
lăcri'ma VI tränen
lăcri'mioară F Maiglöckchen n
lăcu'i VT lackieren
lă'custă F ZOOL Heuschrecke f
lăfă'i VR a se ~ sich ausstrecken
lălă'i VT trällern
lă'lâu ADJ umg tölpelhaft
lă'mâie F Zitrone f; ~ verde Limone f
lămâ'iță F BOT Thymian m
lăm'paș N Laterne f, Lampe f
lămu'ri A VT aufklären, erklären B VR a se ~ verstehen
lămu'rire F Aufklärung f; Auskunft f
lămu'rit ADJ klar, deutlich
lănți'șor N Halskette f
lăptă'rie F Molkerei f
lăp'tos ADJ milchig
lăr'gi VT ausweiten, verbreitern; erweitern
lăr'gime F Breite f; Weite f
lă'sa A VT lassen; loslassen; zurücklassen; überlassen; hereinlassen, hineinlassen; a ~ să (se) înțeleagă zu verstehen geben B VR a se ~ de aufgeben
Lă'satul N, Lă'sata F ~ secului Tag bzw. Fest vor dem Beginn der Fastenzeit
lăs'tar M BOT Trieb m, Sproß m
lăstă'riş N Unterholz n
lă'tra VI bellen
lă'trat N Gebell n
lătu'ralnic ADJ seitlich
lă'turi FPL Schweinefutter n; fig schlechtes Essen
lă'ți A VT verbreitern B VR a se ~ breit(er) werden
lă'țime F Breite f
lă'țos ADJ zottig; langhaarig
lău'da A VT loben B VR a se ~ angeben, protzen, aufschneiden
lău'dabil ADJ lobenswert

lăudă'ros A ADJ angeberisch B M,
lăudă'roasă F Angeber(in) m(f)
lă'untric ADJ inner(lich)
lău'tar M (Volks)Musikant m, Fiedler m
lă'uză F Wöchnerin f
lău'zie F Wochenbett n
'lână F Wolle f; **~ de angora** Angorawolle f
'lânced ADJ matt, kraftlos
lânce'zeală F Schlappheit f
lânce'zi VR kraftlos sein
'lângă PRĂP neben; zu; **pe ~ an ... vorbei** (*od* vorüber); **pe ~ aceasta** außerdem
le PL 1 ⟨dat⟩ ihnen 2 ⟨akk⟩ sie
leac umg N Heilmittel n; **~ de casă** Hausmittel n
'leafă umg F Lohn m, Gehalt n
'leagăn N Wiege f; Schaukel f; **a se da în ~** schaukeln
'lebădă F Schwan m
leci'tină F Lezithin n
'lector(ă) M|F Lektor(in) m(f)
lecto'rat N Lektorat n
lec'tură F Lektüre f
'lecție F Lektion f; Aufgabe f; **~ de dans** Tanzstunde f; **~ particulară** Privatunterricht m
lecu'i A VT heilen B VR reg **a se ~** gesund werden
led N Led n
'lefter umg ADJ pleite
le'ga VT verbinden, zubinden, (um)binden
le'gal ADJ legal
legali'tate F Legalität f
legali'za VT beglaubigen, legalisieren
legali'zat ADJ beglaubigt
lega'tar(ă) M|F Vermächtnisnehmer(in) m(f)
legă'mânt N Gelübde n
legă'na A VT wiegen B VR **a se ~** schaukeln; schwanken
legă'nare F Wiegen n, Schaukeln n
legă'torie F Buchbinderei f
legă'tură F Bündel n; Bund n; Verbindung f, Bindung f; fig Beziehung f; TEL, BAHN Anschluss m; **~ cu trenul** Zugverbindung f; **~ de chei** Schlüsselbund m/n; IT **~ de internet** Internetanschluss m; **în ~ cu** in Bezug auf
'lege F Gesetz n; **~ fundamentală**

Grundgesetz n
le'gendă F Sage f, Legende f; **pe hărți** Zeichenerklärung f
'leghe F Meile f
legife'ra VT erlassen
legisla'tiv ADJ gesetzgebend
legisla'tor M Gesetzgeber m
legisla'tură F Legislaturperiode f
legis'lație F Gesetzgebung f
le'gist A ADJ **medic** m **~** Gerichtsmediziner m B M, **le'gistă** F Gerichtsmediziner(in) m(f)
le'gitim ADJ rechtmäßig, legitim
legiti'ma VR **a se ~** sich ausweisen
legiti'mație F Ausweis m; **~ de student** Studentenausweis m
legi'une F Legion f
le'gumă F Gemüse n
legumicul'tură F Gemüseanbau m
le'hamite reg F Überdruss m
lei MPL Lei pl (rum. *Währung*)
le'it ADJ **a semăna ~** sich gleichen wie ein Ei dem anderen
le'jer ADJ leicht, bequem
lejeri'tate F Leichtigkeit f
'lemă F LING Lemma n
lemn N Holz n; **~ dulce** Lakritze f; **~e de foc** Brennholz n
lemnă'rie F Zimmerarbeit f; Holzlager n
'lene F Faulheit f
'leneș A ADJ faul B M, **'leneșă** F Faulpelz m
lene'vi A VI faulenzen B VR **a se ~** faul werden
lene'vie F Faulheit f
lenje'rie F Wäsche f; **~ de corp** Unterwäsche f; **~ de pat** Bettwäsche f
lent ADJ langsam
len'tilă F Linse f; **lentile** pl **de contact** Kontaktlinsen pl
len'toare F Langsamkeit f
le'oaică F Löwin f
'leoarcă ADJ INV durchnässt; triefnass
leo'nin ADJ Löwen...
leo'pard N ZOOL Leopard m
lepă'da A VT wegwerfen; verwerfen B VR **a se ~** abschwören
'lepră F MED Lepra f; fig Plage f
'lesă F Hundeleine f
lesbi'an ADJ lesbisch
lesbi'ană F Lesbierin f, Lesbe f

'lesne ADV leicht
lesni'cios ADJ leicht, mühelos
'lespede F Steinplatte f
lest N Ballast m
leş N Leiche f
le'şie F Lauge f
le'şin N Ohnmacht f
leşi'na VI ohnmächtig werden
le'tal ADJ tödlich
letar'gie F Lethargie f
le'ton A ADJ lettisch B M, le'tonă F Lette m, Lettin f
Le'tonia F Lettland n
leu M a. ASTROL Löwe m; FIN Leu m (rumänische Währung)
leuce'mie F MED Leukämie f
leuco'cită F ANAT, MED weiße Blutzelle f, Leukozyt m
leuco'plast N PHARM, PFLEGE Leukoplast® n
leuş'tean M BOT Liebstöckel m
le'vată F Aufhebung f; Stich m (beim Kartenspiel)
'levă F Lew m (bulgarische Währungseinheit)
la'văn'ţică F Lavendel m
levi'er N Hebel m
levi'taţie F Levitation f
le'xem N LING Lexem n
'lexic N LING Wortschatz m
le'za VT verletzen
lezi'une F Verletzung f; MED ~ cardiacă Herzfehler m
li'ană F BOT Liane f
li'ant M CHEM Bindemittel n
Li'ban M der Libanon
liba'nez A ADJ libanesisch B M, liba'neză F Libanese m, Libanesin f
libe'lulă F Libelle f
'liber ADJ frei; timp n ~ Freizeit f
libe'ral ADJ liberal
liberali'za VT liberalisieren
liberi'an A ADJ liberianisch B M, liberi'ană F Liberianer(in) m(f)
'libero M Libero m
liber'tate F Freiheit f; ~ a presei Pressefreiheit f
liber'tin ADJ zügellos
liberti'naj N Zügellosigkeit f
'Libia F Libyen n
libi'an A ADJ libysch B M, libi'ană F Libyer(in) m(f)

libidi'nos ADJ geil
libi'do N Libido f
li'brar M Buchhändler m
librä'rie F Buchhandlung f
li'bret N Libretto n
libre'tist M (Opern)Textdichter m
'licăr N Schimmer m; Funkeln n
lică'ri VI schimmern
lică'rire F Schimmern n
lice'al ADJ Gymnasial...
li'cenţă F 1 Lizenz f 2 UNIV Bachelor m; ~ de export Ausfuhrgenehmigung f; ~ de import Einfuhrgenehmigung f
licenţi'at(ă) M|F Lizentiat(in) m(f)
licenţi'os ADJ zügellos, ausschweifend
li'ceu N Gymnasium n
li'chea F pej Lump m
lichefi'a VT verflüssigen
lichefi'at ADJ verflüssigt
li'chid A ADJ flüssig B N Flüssigkeit f; AUTO ~ de frână Bremsflüssigkeit f; ~ de răcire Kühlmittel n
lichi'da VT abschaffen
lichi'dare F Auflösung f; ~ de stoc Ausverkauf m
lichida'tor M WIRTSCH Liquidator m
lichidi'tate F Liquidität f
li'chior N Likör m
li'cit ADJ zulässig
lici'ta VT versteigern
lici'taţie F Versteigerung f; ~ pe internet Internetauktion f
li'coare F Likör m
li'corn M Einhorn n
lico'ros ADJ Likör...
licu'rici M Glühwürmchen n
'lider M Parteichef m; ~ sindical Gewerkschaft(l)er m
lift N Aufzug m, Fahrstuhl m
lifti'er(ă) M|F Liftführer(in) m(f)
'lifting N Lifting n
liga'ment N ANAT (Gelenk)Band n
'ligav ADJ heikel
'ligă F Liga f
li'ghean N PFLEGE (Wasch)Schüssel f
li'ghioană F (wildes) Tier n
lig'nit N Braunkohle f
lih'nit ADJ ausgehungert
li'la ADJ INV lila
lili'ac N BOT Flieder m; ZOOL Fledermaus f
lilia'chiu ADJ fliederfarben

li'man N̄ Hafen m; fig Zuflucht f
li'max M̄ Nacktschnecke f
lim'baj N̄ Sprache f; ~ **familiar** Umgangssprache f; ~ **scris** Schriftsprache f
lim'bariță F̄ BOT Froschlöffel m; fig umg Geschwätzigkeit f
'limbă F̄ Zunge f; Sprache f; **limba germană** Deutsch n; **limba română** Rumänisch n; ~ **de mare** Seezunge f; ~ **maternă** Muttersprache f; ~ **străină** Fremdsprache f
lim'bric M̄ Spulwurm m
lim'but ADJ beredt
li'metă F̄ Limette f
lim'fatic ADJ Lymph..., lymphatisch
limfă F̄ Lymphe f
limfo'cită F̄ MED Lymphoziyten mpl
limi'nar ADJ Anfangs...
limi'ta V̄T beschränken, begrenzen
limita'tor N̄ TECH Begrenzer m
'limită F̄ Grenze f; Grenzwert m; ~ **de vârstă** Altersgrenze f; ~ **de viteză** Tempolimit n
limi'trof ADJ angrenzend
limo'nadă F̄ Limonade f, Limo f; ~ **gazoasă** Brause f
'limpede ADJ klar
limpe'zi V̄T klären; spülen
limpe'zime F̄ Klarheit f
limu'zină F̄ Limousine f
lin A ADJ sanft B M̄ ZOOL Schleie f
line'al N̄ Lineal n
line'ar ADJ linear
lin'gău M̄ Schmeichler m; pej Speichellecker m
'linge V̄T lecken
lin'gou N̄ Barren m; ~ **de aur** Goldbarren m
'lingură F̄ Löffel m; ~ **de gătit** Kochlöffel m; ~ **de supă** Suppenlöffel m
lingu'riță F̄ Teelöffel m
lingu'șeală F̄ Schmeichelei f
lingu'și V̄T schmeicheln
lingusi'tor A ADJ schmeichelhaft B M̄, **lingusi'toare** F̄ Schmeichler(in) m(f)
ling'vist(ă) M̄F LING Sprachwissenschaftler(in) m(f)
ling'vistică F̄ LING Linguistik f
lini'a V̄T liniieren
lini'ar ADJ linear
lini'at ADJ liniiert

'linie F̄ Linie f; Strich m; Strecke f; Lineal n; BAHN Gleis n; TEL Leitung f; ~ **de asamblare** Montageband n; ~ **de cale ferată** Bahnlinie f; ~ **de pauză** Gedankenstrich m; ~ **dreaptă** Gerade f
'liniște F̄ Ruhe f; Stille f
liniș'ti V̄T beruhigen
liniș'tit ADJ ruhig; still
liniști'tor ADJ beruhigend
lini'uță F̄ Bindestrich m
link F̄ IT Link m
lino'leum N̄ Linoleum n
lins ADJ glatt
lin'șa V̄T lynchen
'linte F̄ GASTR Linse f
linx M̄ Luchs m
liofili'zat ADJ gefriergetrocknet
'liotă F̄ umg Schar f
'lipa INT schlipp-schlapp
lipă'i V̄T schlurfen
li'pi A V̄T zukleben, (ver)kleben; leimen; löten B V̄R a se ~ **de** fig sich schmiegen an
li'pici N̄ Klebstoff m; ~ **instant** Sekundenkleber m; ~ **stick** Klebstift m; ~ **universal** Alleskleber m
lipici'os ADJ klebrig
li'pide FPL CHEM Lipide fpl
li'pie F̄ (Fladen)Brot n
lipi'toare F̄ Blutegel m
lipi'tură F̄ Lötung f
lipo'vean A ADJ lipovenisch B M̄, **lipo'veancă** F̄ Lipovener(in) m(f) (russischsprachige Minderheit, die in Rumänien lebt)
'lipsă F̄ Fehlen n, Abwesenheit f; Mangel m; **din** ~ **de** mangels
lip'scan M̄ Leipziger m
lip'si V̄I fehlen
'liră F̄ MUS Lyra f; FIN Lira f
'lirică F̄ Lyrik f
li'rism N̄ Lyrismus m
lis'ta V̄T auflisten; ausdrucken
'listă F̄ Liste f; ~ **de băuturi** Getränkekarte f; ~ **de bucate** Speisekarte f; ~ **de cumpărături** Einkaufszettel m; ~ **de prețuri** Preisliste f; ~ **de verificare** Checkliste f
lite'ral ADJ wortwörtlich
literal'mente ADV im wörtlichen Sinn
lite'rar ADJ literarisch
litera'tură F̄ Literatur f; ~ **universală**

Weltliteratur f

'literă Ⓕ Buchstabe m; ~ de tipar Druckbuchstabe m; ~ mică Kleinbuchstabe m

liti'ază Ⓕ MED Lithiasis f

li'tigiu Ⓝ Streitfrage f

'litiu Ⓝ Lithium n

litogra'fie Ⓕ Lithographie f

lito'ral Ⓝ Küste f

lito'sferă Ⓕ Erdkruste f

li'traj Ⓝ Litermaß n

'litră reg Ⓕ Viertelliter m od n; Pfund n

'litru Ⓜ Liter m od n

Litu'ania Ⓕ Litauen n

lituani'an Ⓐ ADJ litauisch Ⓑ Ⓜ, lituani'ană Ⓕ Litauer(in) m(f)

litur'ghie Ⓕ Liturgie f

li'turgic ADJ liturgisch

'liță Ⓕ Litze f

li'vadă Ⓕ Obstgarten m

li'vid ADJ leichenblass

li'vra VT liefern

li'vrare Ⓕ Lieferung f

li'vresc ADJ Buch...

li'vret Ⓝ ~ de utilaj Gebrauchsanweisung f

li'zibil ADJ leserlich

lizi'eră Ⓕ Feldrain m; Saum m

lob Ⓝ/Ⓜ SPORT Lob m, Hochschlag m; ANAT (Gehirn)Lappen m

lo'ba VT SPORT e-n Hochschlag ausführen

'lobodă Ⓕ Wildspinat m

loc Ⓝ Ort m, Stelle f, Platz m; Raum m; loc de concediu Urlaubsort m; loc de joacă Spielplatz m; loc de muncă Arbeitsplatz m, Arbeitsstelle f; loc în picioare Stehplatz m; a avea ~ stattfinden; a lua ~ Platz nehmen; a ține ~ul vertreten; în ~ de (an)statt; în ~ să (an)statt dass/zu; la fața ~ului vor Ort; pe ~ sofort

lo'cal Ⓐ ADJ örtlich Ⓑ Ⓝ Lokal n; ~ de vot Wahllokal n

locali'tate Ⓕ Ortschaft f; ~ de reședință Wohnort m; ~ de vacanță Ferienort m

locali'za VT lokalisieren

lo'calnic(ă) Ⓜ/Ⓕ Einheimische(r) m/f(m)

loca'tar(ă) Ⓜ/Ⓕ Hausbewohner(in) m(f)

loca'tiv ADJ Wohnungs...

locomo'tivă Ⓕ Lok(omotive) f

loco'moție Ⓕ mijloc n de ~ Verkehrsmittel n

locote'nent Ⓜ Leutnant m

locții'tor Ⓜ, locții'toare Ⓕ (Stell)-Vertreter(in) m(f)

locu'i Ⓐ VI wohnen Ⓑ VT bewohnen

locu'ință Ⓕ Wohnung f; ~ cu chirie Mietswohnung f; ~ proprietate personală Eigentumswohnung f; ~ socială Sozialwohnung f

locui'tor Ⓜ, locui'toare Ⓕ Bewohner(in) m(f), Einwohner(in) m(f)

loc'vace ADJ INV redselig

locvaci'tate Ⓕ Redseligkeit f

loga'ritm Ⓜ Logarithmus m

'logic ADJ logisch

'logică Ⓕ Logik f

lo'gistic ADJ logistisch

lo'gistică Ⓕ Logistik f

'logo Ⓝ Logo n

logo'di VR a se ~ sich verloben

lo'godnă Ⓕ Verlobung f

lo'godnic(ă) Ⓜ/Ⓕ Verlobte(r) m/f(m)

logo'ped(ă) Ⓜ/Ⓕ Logopäde m, Logopädin f

logope'die Ⓕ Logopädie f

logo'ree Ⓕ Geschwätzigkeit f

lo'ial ADJ loyal

loiali'tate Ⓕ Loyalität f

'lojă Ⓕ Loge f

lom'bar ADJ Lenden...

lombosci'atică Ⓕ MED Ischias m

longevi'tate Ⓕ Langlebigkeit f

longe'viv ADJ langlebig

longi'lin ADJ langgliedrig

longitudi'nal ADJ Längs...

longi'tudine Ⓕ GEOG Länge f

lonje'ron Ⓝ TECH Holm m

look Ⓝ Look m

lo'pată Ⓕ Schaufel f; Ruder n

lor ℗Ⓛ ihr(e)

lot Ⓝ Grundstück n; Mannschaft f

lote'rie Ⓕ Lotterie f

'loto Ⓝ Lotto n

'lotus Ⓜ Lotus m

loți'une Ⓕ Lotion f; Gesichtswasser n; ~ după ras Aftershave n; ~ pentru corp Körperlotion f

lo'vi Ⓐ VT schlagen, hauen; (an)stoßen; treffen Ⓑ VR a se ~ (an)stoßen; fig stoßen (auf)

L

lo'vire F̲ Stoßen n
lovi'tură F̲ Schlag m; ~ **de pedeapsă** Strafstoß m; ~ **de stat** Staatsstreich m, Putsch m; ~ **liberă** Freistoß m
loz N̲ Los n; **loz necâștigător** Niete f
lo'zincă F̲ Devise f; Transparent n
lu'a V̲T̲ A̲ V̲I̲ mitnehmen, wegnehmen, (ein)nehmen; umg kaufen; abholen; **a ~ boala** sich anstecken; **a ~ drept** halten für; **a ~ măsuri** Maßnahmen treffen; **a ~ parte** teilnehmen B̲ V̲R̲ **a se ~ după** sich richten nach; **a se lua la bătaie** (od **ceartă**) aneinandergeraten
'lubeniță F̲ Melone f
'lubric A̲D̲J̲ lüstern
lubrifi'a V̲T̲ (ein)ölen
lubrifi'ant M̲ Schmiermittel n
lu'ceafăr M̲ Abendstern m, Morgenstern m
lu'cernă F̲ Luzerne f
lu'ci V̲I̲ glänzen, leuchten
lu'cid A̲D̲J̲ hellsichtig
lucidi'tate F̲ Hellsichtigkeit f
luci'os A̲D̲J̲ glänzend
'luciu N̲ Glanz m
lu'cra V̲T̲ & V̲I̲ arbeiten
lu'crare F̲ Arbeit f; Werk n; ~ **de doctorat** Doktorarbeit f; **lucrări de construcție** Bauarbeiten pl; **lucrări stradale** Baustelle f, Straßenarbeiten pl
lucra'tiv A̲D̲J̲ einträglich
lucră'tor M̲, **lucră'toare** F̲ Arbeiter(in) m(f)
lucră'tură F̲ Bearbeitung f; fig Intrige f
'lucru N̲ Sache f, Gegenstand m; Arbeit f; ~ **de mântuială** Pfusch m; ~ **fără importanță** Nebensache f; ~ **manual** Handarbeit f; **a avea de ~** zu tun haben; Arbeit haben
'ludic A̲D̲J̲ Spiel...
lu'gubru A̲D̲J̲ düster
lui P̲R̲O̲N̲ ihm; sein(e)
lu'lea F̲ Pfeife f; umg **îndrăgostit ~ bis** über beide Ohren verliebt
lumâ'nare F̲ Kerze f
lum'bago N̲ Hexenschuss m
'lume F̲ Welt f; Leute pl; ~ **interlopă** Unterwelt f
lu'mesc A̲D̲J̲ weltlich
lumi'na V̲T̲ (be)leuchten
lumi'nat A̲D̲J̲ beleuchtet; fig aufgeklärt

lu'mină F̲ Licht n; **lumina reflectoarelor** Flutlicht n; **lumina zilei** Tageslicht n; ~ **de poziție** Standlicht n; **lumini de ceață** Nebelschlussleuchte f; **lumini de frână** Stopplicht n
lumi'niș N̲ Lichtung f
lumi'nos A̲D̲J̲ hell; leuchtend
luminozi'tate F̲ Leuchtkraft f
lu'nar A̲D̲J̲ monatlich
lu'natic A̲D̲J̲ Mond...
'lună F̲ Monat m; Mond m; ~ **nouă** Neumond m; ~ **plină** Vollmond m; ~ **de miere** Flitterwochen pl
'luncă F̲ Uferwiese f; Uferwäldchen n
'lunea A̲D̲V̲L̲ montags
lune'ca V̲I̲ (aus)rutschen
lune'cos A̲D̲J̲ glitschig
lune'cuș N̲ Glatteis n
lu'netă F̲ Fernglas n
lune'tist M̲ Fernschütze m
lung A̲D̲J̲ lang; **de-a ~ul** entlang
lun'gan M̲ umg langer Lulatsch m
lun'gi V̲T̲ verlängern B̲ V̲R̲ **a se ~** länger werden; sich hinlegen
lun'gime F̲ Länge f; ~ **de undă** Wellenlänge f
lungme'traj N̲ (abendfüllender) Spielfilm m
lungu'ieț A̲D̲J̲ länglich
luni M̲ Montag m; **Lunea Paștelui** Ostermontag m; **Lunea Rusaliilor** Pfingstmontag m
'luntre F̲ Boot n
lup M̲ Wolf m
'lupă F̲ Lupe f
lu'poaică F̲ Wölfin f
lup'ta V̲I̲ & V̲R̲ **a (se)** kämpfen
'luptă F̲ Kampf m; SPORT Ringen n; ~ **împotriva terorismului** Terrorismusbekämpfung f; ~ **pentru putere** Machtkampf m
luptă'tor M̲, **luptă'toare** F̲ Kämpfer(in) m(f)
'lustră F̲ Kronleuchter m
'lustru N̲ Glanz m
lustru'i V̲T̲ polieren; **pantofi putzen**
lut N̲ Lehm m; Ton m
lută'rie F̲ Stelle zum Tonabbau
lute'ran A̲ A̲D̲J̲ REL lutherisch B̲ M̲, **lute'rană** F̲ REL Lutheraner(in) m(f)
lutera'nism N̲ REL Luthertum n
luti'er M̲ MUS Geigenbauer m

lux M̄ Luxus m
lu'xat ADJ verrenkt
lu'xaţie F̄ Verrenkung f
Luxem'burg N̄ Luxemburg n
luxembur'ghez A ADJ luxemburgisch B M̄, luxembur'gheză F̄ Luxemburger(in) m(f)
lu'xos ADJ luxuriös
luxuri'ant ADJ lüstern, unkeusch
luxuri'anţă F̄ Üppigkeit f

M

mac M̄ Mohn m
ma'cabru ADJ makaber
ma'cac M̄ (kleiner) Affe m
maca'dam N̄ Schotter m; Schotterstraße f
maca'ra F̄ Kran m
maca'roane FPL Makkaroni pl
ma'caz N̄ Weiche f
macedo'nean A ADJ mazedonisch B M̄, macedo'neancă F̄ Mazedonier(in) m(f)
Mace'donia F̄ Mazedonien n
macedoro'mân A ADJ mazedorumänisch, aromunisch B M̄, macedoro'mâncă F̄ Mazedorumäne m, Mazedorumänin f, Aromune m, Aromunin f
mace'ra A VT einlegen B V/R a se ~ eingelegt werden
mace'raţie F̄ Einlegen n
ma'chetă F̄ (verkleinertes) Modell n
machi'a VT & V/R a (se) ~ (sich) schminken
ma'chiaj N̄ Schminke n, Make-up n
macra'me N̄ Makramee n
macroeco'nomic ADJ makroökonomisch
ma'crou N̄ Makrele f
'macru ADJ mager
macu'la VT beschmutzen
macu'lat ADJ beschmutzt, besudelt
macula'tor N̄ Notizheft n
macula'tură F̄ Makulatur f
ma'donă F̄ Madonna f

madri'gal N̄ Madrigal n
ma'estru M̄ Meister m
'mafie F̄ Mafia f
mafi'ot A ADJ mafios B M̄ Mafioso m
mag M̄ Magier m
maga'zie F̄ Lagerraum m, Lager n; ~ de scule Geräteraum m
maga'zin N̄ Laden m, Geschäft n; ~ alimentar Lebensmittelgeschäft n; ~ de animale Tierhandlung f; ~ online Onlineshop m; ~ universal Kaufhaus n
magazio'ner(ă) M̄F̄ Lagerverwalter(in) m(f)
ma'ghernţă F̄ (Verkaufs)Bude f
maghi'ar A ADJ ungarisch B M̄, maghi'ară F̄ Ungar(in) m(f)
maghi'ran M̄ Majoran m
maghrebi'an A ADJ maghrebinisch B M̄, maghrebi'ană F̄ Maghrebiner(in) m(f)
'magic ADJ magisch
magici'an(ă) M̄F̄ Zauberer m, Zauberin f
ma'gie F̄ Magie f
magis'tral ADJ meisterlich
magis'trală F̄ Hauptverkehrsader f
magistra'tură F̄ Amt n e-s Richters/Staatsanwalts
ma'giun N̄ GASTR (Pflaumen)Mus n; ~ de prune Powidl m
'magmă F̄ GEOL Magma n
mag'nat M̄ Magnat m
mag'net N̄ Magnet m
mag'netic ADJ magnetisch
magneti'za VT magnetisieren
magneto'fon N̄ Tonbandgerät n
magnetotera'pie F̄ MED Magnettherapie f
mag'neziu N̄ CHEM Magnesium n
mag'nific ADJ herrlich, prächtig
magni'tudine F̄ GEOL Stärke f
maha'la F̄ Vorstadt f
mahala'gioaică F̄ Klatschtante f
mahala'giu N̄ Klatschmaul n
'mahăr M̄ umg (geschäftstüchtiger) Mensch m
mah'mur ADJ verkatert
mahmu'reală F̄ Benommenheit f; umg Katzenjammer m
mahomeda'nism N̄ Islam m
ma'hon M̄ Mahagoni n
ma'horcă F̄ (schlechter) Tabak m

M

mai A M̄ Mai *m* B ADV mehr; noch; wieder; ~ **ales** insbesondere; ~ **bine** besser; lieber; ~ **curând** eher; ~ **frumos** schöner; ~ **mult** mehr; ~ **puțin** weniger

'**maică** F̄ *umg* Mutter *f*; Nonne *f*; **Maica Domnului** REL Muttergottes *f*

mai'dan N̄ unbebautes Gelände

maida'nez *umg* A ADJ herumstreunend B N̄ herumstreunendes Tier *n*

maies'tate F̄ Majestät *f*

mai'muță F̄ Affe *m*

maimuță'ri V̄T̄ nachäffen

maio'neză F̄ Mayonnaise *f*

ma'ior M̄ Major *m*

ma'iou N̄ Unterhemd *n*

'maistru M̄ Meister *m*

ma'jor ADJ volljährig; Haupt...; MUS Dur

majo'ra V̄T̄ erhöhen

majo'rat N̄ Volljährigkeit *f*

major'dom M̄ Majordomus *m*

majori'tar ADJ Mehrheits...

majori'tate F̄ Mehrheit *f*

ma'jusculă F̄ Großbuchstabe *m*

mal N̄ Ufer *n*

mala'die F̄ Krankheit *f*

mala'div ADJ kränklich

malaiezi'an A ADJ malaiisch B M̄, malaiezi'ană F̄ Malaie *m*, Malaiin *f*

ma'larie F̄ Malaria *f*

mala'xor N̄ Mischmaschine *f*

'maldăr N̄ Haufen *m*

male'abil ADJ geschmeidig, nachgiebig; anpassungsfähig

maleabili'tate F̄ Anpassungsfähigkeit *f*

ma'lefic ADJ unheilvoll

malfor'mație F̄ Missbildung *f*; MED ~ **congenitala cardiacă** Herzfehler *m*

ma'lign ADJ bösartig

maligni'tate F̄ Bösartigkeit *f*

maliți'os ADJ boshaft

malițiozi'tate F̄ Bosheit *f*

mall N̄ Einkaufszentrum *n*

malnu'triție F̄ Unterernährung *f*

'Malta F̄ Malta *n*

mal'tez A ADJ maltesisch B M̄, mal'teză F̄ Malteser(in) *m(f)*

maltra'ta V̄T̄ misshandeln

'malț N̄ Malz *n*

ma'maie F̄ Großmutter *f*

ma'mar ADJ Brust...

'mamă F̄ Mutter *f*; ~-**mare** *umg* Oma *f*; ~ **socială** Pflegemutter *f*; ~ **vitregă** Stiefmutter *f*; *fig* **o** ~ **de bătaie** eine Tracht Prügel

mame'lon N̄ Brustwarze *f*

mami'fer N̄ Säugetier *n*

mamogra'fie F̄ MED Mammographie *f*

ma'mut N̄ Mammut *n*

'management N̄ Management *n*; ~ **al calității** Qualitätsmanagement *n*; ~ **al proiectului** Projektmanagement *n*; ~ **de mediu** Umweltmanagement *n*

'manager M̄ Manager *m*; IT ~ **de fișiere** Dateimanager *m*; ~ **responsabil** Betriebsleiter(in) *m(f)*

manageri'al ADJ Manager...

'mană F̄ Manna *n*; *fig* Überfluss *m*

man'dant(ă) M̄F̄ Mandant(in) *m(f)*

manda'rină F̄ Mandarine *f*

man'dat N̄ Mandat *n*; ~ **de arestare** Haftbefehl *m*

manda'ta V̄T̄ j-n beauftragen; (Geld) anweisen

manda'tar(ă) M̄F̄ Bevollmächtigte(r) *m(f)*

man'dibulă F̄ ANAT Mandibeln *fpl*; Oberkiefern

mando'lină F̄ Mandoline *f*

man'drină F̄ Wekzeugspanner *m*

ma'nea F̄ oriental. Liebeslied *n*

mane'chin N̄ Model *n*

ma'netă F̄ Hebel *m*, Griff *m*

mane'vra V̄T̄ manövrieren

ma'nevră F̄ Manöver *n*; BAHN Rangieren *n*

man'gan N̄ CHEM Mangan *n*

'mango N̄ Mango *f*

man'gustă F̄ ZOOL Manguste *f*

mani'ac ADJ manisch; wahnsinnig

mania'cal ADJ Manie...

mani'chiură F̄ Maniküre *f*

ma'nie F̄ Manie *f*; Schrulle *f*; ~ **a persecuției** Verfolgungswahn *m*

manie'rat ADJ gesittet; geziert

mani'eră F̄ Manier *f*

mani'ere F̄P̄L̄ Benehmen *n*, Betragen *n*

mani'fest A ADJ offenkundig B N̄ Manifest *n*

manifes'ta A V̄T̄ zeigen; demonstrieren B V̄R̄ **a se** ~ sich zeigen

manifes'tație F̄ Äußerung f; Demonstration f

manipu'la V/T manipulieren; bedienen

manipu'lare F̄ Handhabung f; Manipulation f; ~ **genetică** Genmanipulation f

mani'velă F̄ Kurbel f

mano'metru N̄ Druckmesser m

man'operă F̄ Arbeitsleistung f; Handarbeit f

man'sardă F̄ Mansarde f

'manșă F̄ Stiel m, Griff m

man'șetă F̄ Manschette f

man'șon N̄ (Pelz)Muff m; TECH Muffe f

man'ta F̄ Mantel m; ~ **de ploaie** Regenmantel m

man'tou N̄ Damenmantel m

manu'al A ADJ Hand...; **lucru** n ~ Handarbeit f B N̄ Lehrbuch n; ~ **de utilizare** Bedienungshandbuch n, Benutzerhandbuch n; ~ **școlar** Schulbuch n

manufac'tură F̄ Manufaktur f

manu'scris N̄ Manuskript n, Handschrift f

mapa'mond N̄ Weltkarte f

'mapă F̄ Mappe f

ma'ramă F̄ Kopftuch n; Schleier m

ma'rasm N̄ Stillstand m

mara'ton N̄ Marathonlauf m

marato'nist(ă) M/F Marathonläufer(in) m(f)

mar'ca V/T markieren; kennzeichnen; bezeichnen; SPORT einbringen, gewinnen

mar'caj N̄ Markierung f; SPORT Deckung f

mar'cat ADJ markiert

marca'tor M̄ SPORT Torschütze m

'marcă F̄ Marke f; hist FIN Mark f; ~ **de automobil** Automarke f; ~ **înregistrată** Warenzeichen n

mar'chiz M̄ Marquis m

mar'chiză F̄ Marquise f; acoperiș Markise f

'mare A ADJ groß; hoch B N̄ Meer n, See f; **Marea Baltică** Ostsee f; **Marea Neagră** Schwarzes Meer n; **Marea Nordului** Nordsee f

ma'ree F̄ Gezeiten pl

mare'șal M̄ Marschall m

mar'far N̄ Güterzug m

'marfă F̄ Ware f

marga'rină F̄ Margarine f

margi'nal ADJ Rand...

marginali'za V/T ausgrenzen

marginali'zat ADJ ausgegrenzt

'margine F̄ Rand m; Kante f; Ende n

mari'aj N̄ Heirat f

mariju'ana F̄ Marihuana n

ma'rin ADJ See.., Meer(es)...

mari'na V/T marinieren

mari'nar M̄ Matrose m

mari'nat ADJ mariniert

ma'rină F̄ Marine f

mario'netă F̄ Marionette f

mari'tim ADJ See...

'marjă F̄ Spielraum m; ~ **de profit/câștig** Gewinnspanne f

marme'ladă F̄ Marmelade f; ~ **de căpșuni** Erdbeermarmelade f

'marmură F̄ Marmor m

ma'ro ADJ braun

maro'can A ADJ marokkanisch B M̄, **maro'cană** F̄ Marokkaner(in) m(f)

marochină'rie F̄ Lederwarenindustrie f

ma'rotă F̄ Steckenpferd n

mar'supiu N̄ Babytrage f

marș N̄ Marsch m

marșari'er N̄ Rückwärtsgang m

'martie N̄ März m

mar'tir(ă) M/F Märtyrer(in) m(f)

'martor(ă) M/F Zeuge m, Zeugin f; ~ **la cununie** Trauzeuge m; ~ **ocular** Augenzeuge m; ~ **principal** Kronzeuge m

'marțea ADVL dienstags

marți F̄ Dienstag m

marți'al ADJ martialisch

marți'an M̄ Marsbewohner m

ma'sa V/T massieren

ma'cra V/T massakrieren

ma'sacru N̄ Massaker n

ma'saj N̄ Massage f

'masă F̄ ■ Tisch m; Mahlzeit f, Essen n; ~ **de prânz** Mittagessen n; ~ **de sufragerie** Esstisch m; ~ **festivă** Festessen n; **măsuță de calculator** Computertisch m; **a pune masa** den Tisch decken ■ Masse f, Menge f

mas'ca V/T maskieren

masca'radă F̄ Maskerade f

'mască F̄ Maske f; ~ **de gaze** Gasmaske f; ~ **de protecție** Mundschutz m

M

mas'cotă $\overline{F}$ Maskottchen n
mas'cul $\overline{M}$ Männchen n
mascu'lin $\underline{ADJ}$ männlich
ma'seur $\overline{M}$ Masseur m
ma'seuză $\overline{F}$ Masseuse f
ma'siv $\underline{ADJ}$ massiv; schwer; sperrig
$\boxed{B}$ $\overline{N}$ Bergkette f; ~ **muntos** Gebirge n
maso'chist $\boxed{A}$ $\underline{ADJ}$ masochistisch $\boxed{B}$
$\overline{M}$, **maso'chistă** $\overline{F}$ Masochist(in) m(f)
ma'sor $\overline{M}$ Masseur m
mass-'media $\underline{NPL}$ Massenmedien pl
maste'rand(ă) $\underline{MF}$ Masterand(in) m(f)
maste'rat $\overline{N}$ Masterat n
mas'tic $\overline{N}$ Kitt m; Mastix m
masti'caţie $\overline{F}$ Kauen n
mas'tită $\overline{F}$ MED Brust(drüsen)-
entzündung f
masto'dont $\overline{M}$ Mastodon n
mastur'ba $\overline{VR}$ a se ~ masturbieren
mastur'bare $\overline{F}$ Masturbieren n
maşi'naţie $\overline{F}$ Machenschaft f
ma'şină $\overline{F}$ Maschine f; Auto n; ~ **cap-**
cană Autobombe f; ~ **de cafea** Kaffeemaschine f; ~ **de cusut** Nähmaschine f;
~ **de gătit** Herd m; ~ **de gunoi** Müllwagen m; ~ **de poliţie** Streifenwagen m;
~ **de pompieri** Feuerwehrauto n; ~ **de**
scris Schreibmaschine f; ~ **de serviciu**
Dienstwagen m; ~ **de spălat rufe**
Waschmaschine f; ~ **de spălat vase**
Spülmaschine f; ~ **de tuns iarba** Rasenmäher m; ~ **închiriată** Mietwagen m
maşi'nărie $\overline{F}$ Maschinerie f; Mechanismus m
mat $\underline{ADJ}$ matt
ma'ta reg $\underline{PRON}$ Sie
mata'hală $\overline{F}$ Ungetüm n
'matcă $\overline{F}$ Bienenkönigin f; Flussbett n
mate'matic $\underline{ADJ}$ mathematisch
mate'matică $\overline{F}$ Mathematik f
matematici'an(ă) $\underline{MF}$ Mathemati-
ker(in) m(f)
materi'al $\boxed{A}$ $\underline{ADJ}$ materiell $\boxed{B}$ $\overline{N}$ Material n, Stoff m; ~ **informativ** Infomate-
rial n; ~ **izolant** Isolation f; ~ **plastic**
Kunststoff m; ~ **sintetic** Synthetik n;
MED, PFLEGE **~e de pansat** Verband(s)-
zeug n
materia'lism $\overline{N}$ Materialismus m
materia'list $\boxed{A}$ $\underline{ADJ}$ materialistisch $\boxed{B}$
$\overline{M}$, **materia'listă** $\overline{F}$ Materialist(in)
m(f)

ma'terie $\overline{F}$ Materie f, Stoff m; ~ **de în-**
văţământ Unterrichtsfach n; ~ **obliga-**
torie Pflichtfach n; ~ **primă** Rohstoff m
ma'tern $\underline{ADJ}$ mütterlich
materni'tate $\overline{F}$ Mutterschaft f; Ent-
bindungsstation n
mati'nal $\underline{ADJ}$ morgendlich, Morgen...
mati'neu $\overline{N}$ Matinee f
matla'sat $\underline{ADJ}$ wattiert, gesteppt
ma'tol $\underline{ADJ}$ betrunken
matrapaz'lâc $\overline{N}$ Betrügerei f
matriar'hat $\overline{N}$ Matriarchat n
ma'trice $\overline{F}$ Matrix f
ma'tricol $\underline{ADJ}$ Matrikel...
matrimoni'al $\underline{ADJ}$ ehelich
ma'triţă $\overline{F}$ Matritze f
ma'troană $\overline{F}$ Matrone f
ma'tur $\underline{ADJ}$ reif
maturi'tate $\overline{F}$ Reife f
maturi'za $\overline{VR}$ a se ~ reif werden
maţ $\overline{N}$ Darm m
maxi'lar $\overline{N}$ Kiefer m; ~ **inferior** Unterkiefer m
'maxim $\boxed{A}$ $\underline{ADJ}$ Höchst... $\boxed{B}$ $\overline{N}$ Maximum n
'maximă $\overline{F}$ Spruch m
'mazăre $\overline{F}$ Erbse f
mă $\boxed{A}$ $\underline{PERS PR}$ mich $\boxed{B}$ $\underline{INT}$ umg he, du;
~ **rog** bitte, von mir aus
mă'car $\underline{ADV}$ wenigstens; **nici** ~ nicht
einmal
mă'ceaşă $\overline{F}$ Hagebutte f
mă'cel $\overline{N}$ Gemetzel n
măce'lar $\overline{M}$ Metzger m, Fleischer m
măcelă'ri $\underline{VT}$ (ab)schlachten
măcelă'rie $\overline{F}$ Metzgerei f
măci'na $\underline{VT}$ mahlen
mă'ciucă $\overline{F}$ Keule f, Keulenschlag m;
BOT Kugeldistel f
mă'criş $\overline{M}$ BOT Sauerampfer m
mădu'lar $\overline{N}$ Glied n
'măduvă $\overline{F}$ (Knochen)Mark n; **măduva**
spinării Rückenmark n; ~ **osoasă** Knochenmark n
mă'gar $\overline{M}$ Esel m
măgă'dan $\overline{M}$ umg (groß)mächtiger
Kerl m
măgă'oaie $\overline{F}$ umg seltsame Gestalt f
măgu'li $\underline{VT}$ schmeicheln
'măgură $\overline{F}$ Anhöhe f
măi $\underline{INT}$ umg du, ihr da!
măi'cuţă $\overline{F}$ Mütterchen n; Nonne f

măies'trie F̱ Meisterschaft f, Kunst f
mă'lai Ṉ Maismehl n
mămă'ligă F̱ Maisbrei m; umg fig Schlappschwanz m
mănăs'tire F̱ Kloster n
mă'nos ADJ fruchtbar; einträglich
mă'nunchi Ṉ Bündel n
mă'nușă F̱ Handschuh m; ~ de spălat Waschlappen m
măr A Ṉ Apfel m B M̱ Apfelbaum m
mă'rar M̱ Dill m
mără'cine M̱, mărăci'niș Ṉ Dorngestrüpp n
mă'reț ADJ großartig, prächtig
măre'ție F̱ Pracht f
măr'far Ṉ Güterzug m
mărgări'tar Ṉ Perle f; BOT Maiglöckchen n
măr'gea F̱ Perle f
măr'gean Ṉ Koralle f
mărgi'naș ADJ angrenzend, Grenz...
mărgi'ni A V̱Ṯ begrenzen B V̱Ṟ a se ~ cu grenzen an; a se ~ la sich beschränken auf
mărgi'nit ADJ begrenzt
mă'ri A V̱Ṯ vergrößern; steigern, erhöhen B V̱Ṟ a se ~ zunehmen; wachsen
mă'rime F̱ Größe f
mărini'mie F̱ Großzügigkeit f
mărini'mos ADJ großzügig
mă'rire F̱ Vergrößerung f; ~ de salariu Gehaltserhöhung f, Lohnerhöhung f
mări'ta V̱Ṟ a se ~ heiraten
mări'tiș Ṉ Heirat f (einer Frau)
mărșălu'i V̱Ṯ marschieren
mărtu'rie F̱ Zeugenaussage f
mărturi'si V̱Ṯ gestehen
mărturi'sire F̱ Geständnis n
mărți'șor Ṉ Glücksbringer zum 1. März
mă'runt ADJ klein, winzig
mărun'taie ṈPL Eingeweide n
mărun'ti V̱Ṯ zerkleiner
mărun'țiș Ṉ Kleingeld n; Kleinigkeit f
măscă'rici M̱ Possenreißer m
mă'sea F̱ (Backen)Zahn m; ~ de minte Weisheitszahn m
măs'lin M̱ Olivenbaum m
măs'lină F̱ Olive f
măsli'niu ADJ olivenfarbig
măslu'i V̱Ṯ fälschen; carte de joc zinken
măsu'ra V̱Ṯ abmessen, (ver)messen

mă'sură F̱ Maß n; Größe f; Maßnahme f; MUS Takt m; PFLEGE ~ de îngrijire Pflegemaßnahme f; ~ de siguranță Sicherheitsvorkehrung f; ~ de suprafață Flächenmaß n
măsurare F̱ Messung f; MED, PFLEGE ~ a temperaturii Temperaturkontrolle f
măsură'toare F̱ Vermessung f, Messung f
mă'tanie F̱ REL Knien n; mătănii Rosenkranz m
mă'tase F̱ Seide f
mătă'sos ADJ seidig, Seiden...
mă'treață F̱ (Kopf)Schuppen pl
mătu'ra V̱Ṯ kehren, fegen
'mătură F̱ Besen m
mătură'tor M̱, mătură'toare F̱ Straßenkehrer(in) m(f)
mă'tușă F̱ Tante f; ~ nașă Patentante f
mâh'ni V̱Ṯ ärgern, bekümmern
mâh'nire F̱ Kummer m
mâh'nit ADJ verärgert, bekümmert
'mâine ADV morgen; ~ dimineață morgen früh
mâl Ṉ Schlamm m
mâlc ADV stillschweigend
mâ'na V̱Ṯ treiben
'mână F̱ Hand f; mâna dreaptă Rechte f; ~ de lucru Arbeitskraft f; lucru n de ~ Handarbeit f; peste ~ umständlich
mân'ca V̱Ṯ essen; fressen; jucken; a ~ tot aufessen; a ~ bătaie Prügel bekommen
mân'care F̱ Essen n; fel n de ~ Gericht n
mâncăci'os ADJ gefräßig
mâncă'rime F̱ Jucken n
mâncăto'rie F̱ Reiberei f; Intrige f
'mândră reg F̱ Geliebte f
mân'drețe F̱ Pracht f
mân'dri V̱Ṟ a se ~ (cu) stolz sein (auf)
mân'drie F̱ Stolz m
mân'dru ADJ stolz
'mânecă F̱ Ärmel m
mâ'ner Ṉ Griff m; ~ de siguranță Haltegriff m
mângâ'ia V̱Ṯ streicheln
mângâ'iere F̱ Streicheln n; fig Trost m
mâni'a A V̱Ṯ wütend machen B V̱Ṟ a

M

se ~ wütend werden
mâ'nie F̲ Wut f
mâni'os A̲D̲J̲ wütend
mân'ji V̲T̲ beschmieren, verschmieren
mântu'i V̲T̲ erlösen
mântu'ialǎ F̲ **de ~** oberflächlich
mântu'ire F̲ Erlösung f
mântui'tor M̲ Erlöser m, Heiland m
mânu'i V̲T̲ handhaben; umgehen (mit)
mânz N̲ Fohlen n
mân'zat M̲ Kalb n; umg Junggeselle m
mârâ'i V̲I̲ knurren
mâr'lan M̲ Rüpel m
mârlǎ'nie F̲ Gemeinheit f
'mârşav A̲D̲J̲ niederträchtig
mârşǎ'vie F̲ Niedertracht f
'mâţǎ F̲ umg Katze f, Mieze f
'mâzgǎ F̲ (klebrige, schlüpfrige) Feuchtigkeit f
mâzgǎ'li V̲T̲ kritzeln; beschmutzen
mâzgǎ'lit A̲D̲J̲ besudelt
mea F̲S̲G̲ mein(e)
me'andru N̲ Windung f, Schleife f
me'canic A̲ A̲D̲J̲ mechanisch B̲ M̲,
me'canicǎ F̲ Mechaniker(in) m(f);
BAHN Lokführer(in) m(f); **~ auto** Automechaniker m
me'canicǎ F̲ Mechanik f
meca'nism N̲ Mechanismus m; **~ de comandǎ** Steuerung f
mece'nat N̲ Mäzenatentum n
meci N̲ SPORT Spiel n; **~ amical** Freundschaftsspiel n; **~ de fotbal** Fußballspiel n; **~ de tenis** Tennisspiel n; **~ internaţional** Länderspiel n
medali'a V̲T̲ mit e-r Medaille auszeichnen
me'dalie F̲ Medaille f; **~ de argint** Silbermedaille f; **~ de aur** Goldmedaille f
medali'on N̲ Medaillon n
'media[1] F̲ Medien pl
medi'a[2] V̲T̲ vermitteln
medi'an A̲D̲J̲ Mittel...
mediati'za V̲T̲ mediatisieren
media'tor M̲, **media'toare** F̲ Vermittler(in) m(f)
'medic M̲ Arzt m; **~ de familie** Hausarzt m; **~ de urgenţǎ** Notarzt m; **~ generalist** Allgemeinarzt m; **~ ginecolog** Frauenarzt m, Gynäkologe m; **~ pediatru** Kinderarzt m; **~ primar** Primararzt m; **~ specialist** Facharzt m; **~ şef** Chef-

arzt m; **~ veterinar** Tierarzt m
medi'cal A̲D̲J̲ ärztlich
medica'ment N̲ Arznei f
medicamen'taţie F̲ Medikation f
medici'nal A̲D̲J̲ Medizin...
medi'cinǎ F̲ Medizin f; **~ naturistǎ** Naturheilkunde f; **~ veterinarǎ** Tiermedizin f
'medico-le'gal A̲D̲J̲ gerichtsmedizinisch
'medie F̲ Durchschnitt m; **în ~** im Durchschnitt
medi'ere F̲ Mediation f
medie'val A̲D̲J̲ mittelalterlich
mediocri'tate F̲ Mittelmäßigkeit f
medi'ocru A̲D̲J̲ mittelmäßig
medi'ta V̲I̲ nachdenken
medita'tiv A̲D̲J̲ nachdenklich, meditativ
medita'tor M̲, **medita'toare** F̲ Nachhilfelehrer(in) m(f)
medi'taţie F̲ Meditation f; Nachhilfestunde f
Medite'rana F̲ Mittelmeer n
mediterane'an A̲D̲J̲ mediterran
'mediu A̲ A̲D̲J̲ mittlere(r, s); Mittel...; durchschnittlich B̲ N̲ Umgebung f; **~ ambiant/social** Milieu n; **~l înconjurǎtor** Umwelt f
me'duzǎ F̲ Qualle f
mefi'ent A̲D̲J̲ misstrauisch
mefi'enţǎ F̲ Misstrauen n
mega'bit M̲ Megabit n
Mbit / Mb A̲B̲K̲ Megabit n
mega'byte M̲ Megabyte n
megacalo'rie F̲ Megakalorie f
mega'fon N̲ Lautsprecher m
megalo'man A̲ A̲D̲J̲ größenwahnsinnig B̲ M̲, **megalo'manǎ** F̲ Größenwahnsinnige(r) m/f(m)
megaloma'nie F̲ Größenwahnsinn m
mega'watt M̲ Megawatt n
meglenoro'mân A̲ A̲D̲J̲ meglenorumänisch B̲ M̲, **meglenoro'mâncǎ** F̲ Meglenorumäne m, Meglenorumänin f
mei A̲ M̲P̲L̲ meine B̲ N̲ BOT Hirse f
melami'nat A̲D̲J̲ Kunstharz...
mela'minǎ F̲ Melamin(harz) n
me'lanǎ F̲ TEX Kunstfaser f
melan'colic A̲D̲J̲ melancholisch
melanco'lie F̲ Melancholie f, Schwer-

mut f
mela'nină F̄ Melanin n
me'lanj N̄ Mischung f
mela'nom N̄ Melanom n
me'lasă F̄ Melasse
melc M̄ Schnecke f
'mele F/NPL meine
me'leaguri NPL Gegend f
melio'rism N̄ Verbesserungsfähigkeit f
me'lodic ADJ melodisch
melo'die F̄ Melodie f
melodi'os ADJ melodiös
melodra'matic ADJ melodramatisch
melo'dramă F̄ Melodrama n
melo'man(ă) M/F Musikfreund(in) m(f)
mem'brană F̄ Membrane f
'membre NPL Gliedmaßen pl
'membru A M̄ Mitglied n; ~ al familiei Familienangehöriger m; ~ de sindicat Gewerkschaft(l)er m B N̄ Glied n
memo'ra V̄T sich einprägen, auswendig lernen
memo'rabil ADJ denkwürdig
memo'randum N̄ Memorandum n
memora'tiv ADJ Gedenk...
memori'al A ADJ (Ge)Denk... B N̄ Denkmal n
memoria'list(ă) M/F Memoirenschreiber(in) m(f)
memoria'listică F̄ Memorialistik f
me'morie F̄ Gedächtnis n; IT Speicher m; ~ de scurtă durată Kurzzeitgedächtnis n
me'moriu N̄ Eingabe f; Denkschrift f
memori'za V̄T IT speichern
me'naj N̄ Haushalt m
mena'ja V̄T (ver)schonen
mena'jer ADJ Haushalts...
'menghină F̄ Schraubstock m
me'ni V̄T bestimmen
menin'gită F MED Hirnhautentzündung f
me'nire F̄ Bestimmung f
me'nisc N̄ Meniskus m
me'niu N̄ a. IT Menü n
meno'pauză F̄ Wechseljahre pl
meno'ree F̄ Menstruation f
menstru'al ADJ Menstruations...
menstru'ație F̄ Menstruation f
mensu'al ADJ monatlich
men'tal ADJ mental, geistig

mentali'tate F̄ Mentalität f
'mentă F̄ Pfefferminze f
men'tol N̄ Menthol n
mento'lat ADJ mit Menthol
'mentor M̄ Mentor m
men'ține V̄T (aufrecht)erhalten
menți'ona V̄T erwähnen
menți'une F̄ Erwähnung f; Auszeichnung f
mercan'til ADJ Krämer...
merce'nar A ADJ Söldner... B M̄ Söldner m
merce'rie F̄ Kurzwarenhandlung f
mer'cur N̄ Quecksilber n
mercuri'al N̄ Quecksilber...
merde'nea F̄ Blätterteigpastete f
me'reu ADV immer
'merge V̄I gehen; cu mașina fahren; a ~ cu bicicleta Rad fahren
meridi'an N̄ Meridian m
meridio'nal ADJ südlich
me'rinde FPL Proviant m
'merit N̄ Verdienst n
meri'ta V̄T verdienen; fig lohnen
mers N̄ Gang m; Verlauf m; ~ în gol Leerlauf m; ~ cu mașina (Auto)fahrt f; ~ul trenurilor Fahrplan m
mer'si INT danke
mesage'rie F̄ Transportsystem n; Niederlassung für Transportwesen f
me'saj N̄ Botschaft f; ~ radio Funkspruch m
mes'chin ADJ kleinlich
meseri'aș(ă) M/F Handwerker(in) m(f)
mese'rie F̄ Handwerk n; Beruf m
mes'teacăn M̄ Birke f
meste'ca V̄T kauen
'meșter(ă) M/F Meister(in) m(f); Handwerker(in) m(f)
mește'ri V̄T basteln
mește'șug N̄ Handwerk n, Gewerbe n
meșteșu'gar M̄ Handwerker m
meșteșu'gă'resc ADJ Handwerks...
metabo'lism N̄ Stoffwechsel m
meta'fizic ADJ metphysisch
me'taforă F̄ Metapher f
meta'foric ADJ bildlich, metaphorisch
me'tal N̄ Metall n
me'talic ADJ Metall...
metali'zat ADJ mit e-r Metallschicht überzogen
metalur'gie F̄ Metallurgie f

M

metamor'fóză F̲ Metamorphose f

me'tan N̲ CHEM Methangas n

meta'nol M̲ CHEM Methanol n

metas'tază F̲ MED Metastase f

me'teahnă F̲ Fehler m, Mangel m

meteo'rism N̲ MED Meteorismus m

meteo'rit M̲ ASTRON Meteorit m

meteoro'log(ă) M̲F̲ Meteorologe m, Meteorologin f

meteoro'logic ADJ buletin n ~ Wetterbericht m

meticu'los ADJ peinlich genau

me'tis(ă) M̲F̲ Mischling m

me'todă F̲ Methode f

me'todic ADJ methodisch

me'todică F̲ Methodik f

metodolo'gie F̲ Methodologie f

me'traj N̲ Meter(zahl)ware f; FILM Filmlänge f

'metric ADJ metrisch

me'tro(u) N̲ U-Bahn f

metrolo'gie F̲ Maß- und Gewichtskunde f

metro'nom N̲ Metronom n

me'tropolă F̲ Metropole f

'metru M̲ Meter m; ~ cub Kubikmeter m; ~ pătrat Quadratmeter m

meu M̲/N̲ SG mein(e)

mexi'can A̲ ADJ mexikanisch B̲ M̲, mexi'cancă F̲ Mexikaner(in) m(f)

mezali'anță F̲ Mesalliance f

meza'nin N̲ Zwischengeschoss n

me'zeluri N̲PL Aufschnitt m, Wurstwaren pl

me'zin A̲ ADJ jüngster (unter den Geschwistern) B̲ M̲, me'zină F̲ jüngster Bruder m, jüngste Schwester f, Jüngste(r) m/f(m) (unter den Geschwistern)

mi A̲ PERS PR mir B̲ M̲ MUS e; ~ major E-Dur; ~ minor e-Moll

mi'asmă F̲ übelriechende Ausdünstung f

miază'noapte F̲ Norden m; umg Mitternacht f

miază'zi F̲ Süden m

mic ADJ klein; winzig; jung

mi'cime F̲ Kleinheit f

mi'coză F̲ Pilzinfektion f; ~ la degetele de la picioare Fußpilz m

mi'crob M̲ Mikrobe f

microbi'an ADJ Mikroben..., mikrobiell

microbiolo'gie F̲ Mikrobiologie f

micro'buz N̲ Kleinbus m

micro'cip N̲ Mikrochip m

micro'fibră F̲ Mikrofaser f

micro'film N̲ Mikrofilm m

micro'fon N̲ Mikrofon n; ~ ascuns Wanze f

micro'metru M̲ Mikrometer n

mi'cron M̲ Mikron n

'microproce'sor N̲ Mikroprozessor m

micro'scop N̲ Mikroskop n

micşo'ra A̲ V̲T̲ verkleinern, verringern; herabsetzen B̲ V̲R̲ a se ~ schrumpfen

micţi'une F̲ MED Harnlassen n

mie A̲ PERS PR mir B̲ NUM tausend

miel N̲ Lamm n

'miercurea ADVL mittwochs

'miercuri F̲ Mittwoch m; Miercurea Cenuşii Aschermittwoch m

'miere F̲ Honig m

'mierlă F̲ Amsel f

mieu'na V̲I̲ miauen

miez N̲ Kern m; Innere(s) n; ~ul nopţii Mitternacht f; ~ de pâine Krume f

mi'gală F̲ Sorgfalt f

mi'gălos ADJ sorgfältig

migda'lat ADJ mandelförmig

mig'dală F̲ Mandel f

mi'gra V̲I̲ wandern

migra'tor ADJ Wander..., Zug...; păsări fpl migratoare Zugvögel pl

mi'grenă F̲ Migräne f

mi'ime F̲ Tausendstel n

mi'ji V̲T̲ die Augen halb schließen; fig (an)leiten, führen

'mijloc A̲ N̲ Mitte f; Mittelpunkt m; Mittel n; ~ de plată Zahlungsmittel n; ~ de transport Verkehrsmittel n; mijloace de comunicare Kommunikationsmittel npl; în ~ul mitten in

mijlo'caş(ă) M̲F̲ SPORT Läufer(in) m(f)

mijlo'ci V̲T̲ vermitteln

mijlo'ciu ADJ mittlere(r, s)

mil.[1] ABK (= mileniul) Jahrtausend

mil.[2] ABK (= milion) Million

'milă F̲ 🔠 Mitleid n 🔠 Meile f; ~ marină Seemeile f

mile'nar ADJ tausendjährig

mi'leniu N̲ Jahrtausend n

miliam'per M̲ Milliampere n

mili'ard N̄ Milliarde f
miliar'dar(ă) M̄F̄ Milliardär(in) m(f)
mili'gram N̄ Milligramm n
mili'litru M̄ Milliliter m
mili'metru M̄ Millimeter m
mili'on N̄ Million f
milio'nar(ă) M̄F̄ Millionär(in) m(f)
milise'cundă F̄ Millisekunde f
mili'ta V̄ī kämpfen
mili'tant(ă) M̄F̄ Kämpfer(in) m(f)
mili'tar A ADJ militärisch B M̄, mili-
  'tară F̄ Soldat(in) m(f)
milită'rie F̄ Militär n, Wehrdienst m
mi'liție F̄ Miliz
milo'gi V̄R̄ a se ~ betteln
mi'los ADJ mitleidig
milos'tiv ADJ barmherzig
milu'i V̄ī sich erbarmen
mi'ma V̄ī nachahmen
mi'mat ADJ nachgeamt
'mimică F̄ Mimik f
mi'na V̄ī vermienen
mina'ret N̄ Minarett n
'mină F̄ 1 BERGB Bergwerk n, Mine f
  2 Miene f
minci'nos M̄, minci'noasă F̄ Lüg-
  ner(in) m(f)
min'ciog N̄ Sacknetz n
min'ciună F̄ Lüge f
'mine PRON mich
mi'ner M̄ Bergmann m
mine'ral N̄ Mineral n
mine'reu N̄ Erz n
mineri'adă F̄ Aufmarsch der Bergleu-
  te m
'minge F̄ Ball m; ~ de gimnastică
  Gymnastikball m; ~ de tenis Tennisball
  m; ~ medicinală Medizinball m
minia'tură F̄ Miniatur f
mini'cameră F̄ Minikamera f
mini'er ADJ Bergwerk(s)...
mini'fotbal N̄ Tischfußball m
mini'golf N̄ Minigolf n
mini'jupă F̄ Minirock m
'minim A ADJ minimal B N̄ Minimum
  n
minimali'za V̄ī minimalisieren
mini'market N̄ Minimarkt m
minimi'za V̄ī herunterspielen, verharmlosen
minis'ter N̄ Ministerium n
mi'nistru M̄ Minister m; ~ de externe

Außenminister m; ~ de finanțe Finanz-
minister m; ~ de interne Innenminister
m
mi'nor A ADJ minderjährig; gering;
  MUS Moll B M̄, mi'noră F̄ Minder-
  jährige(r) m/f(m)
minori'tate F̄ Minderheit f
min'tal ADJ geistig, Geistes...
'minte F̄ Verstand m, Vernunft f; Sinn
  m; a ține ~ sich merken
min'ți A V̄ī lügen B V̄T̄ belügen
minu'na V̄R̄ a se ~ sich wundern
minu'nat ADJ wunderbar
mi'nune F̄ Wunder n
'minus ADV minus
mi'nuscul ADJ winzig
mi'nut N̄ Minute f
minu'tar N̄ Minutenzeiger m
mi'nută F̄ Minute f
minu'ție F̄ Genauigkeit f
minuți'os ADJ peinlich genau
mi'oară F̄ weibliches Lamm n
mio'card N̄ Herzmuskel m
mi'om N̄ MED Myom n
mi'op ADJ kurzsichtig
mio'pie F̄ Kurzsichtigkeit f
miorlă'i V̄ī miauen; umg flennen
mi'ra V̄T̄ & V̄R̄ a (se) ~ (sich) wundern
mi'racol N̄ Wunder n
miracu'los ADJ Wunder..., wunderbar
mi'raj N̄ Trugbild n; Anziehungskraft f
mi'rare F̄ Verwunderung f
'mire M̄ Bräutigam m
mi'rean A ADJ REL Laien... B M̄, mi-
  'reancă F̄ REL Laie m, Laiin f
mi'reasă F̄ Braut f
mi'reasmă F̄ Duft m
miria'pod N̄ Tausendfüßler m
mi'rific ADJ großartig
miro'denie F̄ Gewürz n; wohlriechen-
de Essenz f
mi'ros N̄ Geruch m
miro'si V̄ī riechen
mirt M̄ Myrthe f
miru'i V̄T̄ salben; gewinnen
misio'nar(ă) M̄F̄ Missionar(in) m(f)
mi'sit M̄ Makler m
misi'une F̄ Mission f; Auftrag m
miso'gin M̄ Frauenfeind m
mis'ter N̄ Geheimnis n
misteri'os ADJ geheimnisvoll
'mistic ADJ mystisch

M

misti'cism N̄ Mystizismus *m*

mistifi'ca V̄T̄ mystifizieren

mistifi'care F̄ Mystifikation *f*

mis'treţ M̄ Wildschwein *n*

mis'trie F̄ Maurerkelle *f*

mistu'i A V̄T̄ verdauen; zerstören B V̄R̄ a se ~ verschwinden

mistui'tor ADJ verdaulich; zerstörerisch

miş'ca V̄T̄ bewegen; *fig* rühren

miş'care F̄ Bewegung *f*; ~ pentru pace Friedensbewegung *f*

miş'că'tor ADJ beweglich; rührend

mi'şel M̄ Schuft *m*

mişe'lesc ADJ, **mişe'leşte** ADV hinterhältig

miş'maş N̄ *umg* Mischmasch *m*

miş'to *umg* ADJ INV prima, super, toll; a face ~ de sich lustig machen über

mişu'na V̄Ī wimmeln

mit N̄ Mythos *m*

'mită F̄ Bestechungsgeld *n*

'mitic ADJ mythisch

'miting N̄ Meeting *n*

miti'tei MPL GASTR gegrillte Hackfleischröllchen *npl*

miti'tel ADJ klein, winzig

miti'zare F̄ Mythologisierung *f*

mito'can M̄ Grobian *m*

mitolo'gie F̄ Mythologie *f*

mitrali'a V̄T̄ a ~ ceva mit dem Maschinengewehr auf etw schießen

mitrali'eră F̄ Maschinengewehr *n*

mitropo'lie F̄ REL Metropolie *f*

mitropo'lit M̄ REL Metropolit *m*

mitu'i V̄T̄ bestechen

mitu'ire F̄ Bestechung *f*

mi'xa V̄T̄ mischen, mixen

mi'xaj N̄ (Ton)Mischung *f*

'mixer N̄ Mixer *m*

mixt ADJ gemischt

mix'tură F̄ Mischung *f*

mi'za V̄T̄ einsetzen; ~ pe rechnen mit

mizan'trop(ă) MF Menschenfeind(in) *m(f)*

'miză F̄ Einsatz *m*

mi'zer ADJ ärmlich; jämmerlich

mize'rabil ADJ erbärmlich; armselig

mi'zerie F̄ Elend *n*, Not *f*; Schmutz *m*

mizi'lic N̄ kleine Vorspeisen *pl*

'mlaştină F̄ Sumpf *m*, Moor *n*

mlădi'a V̄R̄ a se ~ sich biegen (lassen)

mlădi'os ADJ geschmeidig, biegsam

mlă'diţă F̄ Spross *m*

mlăşti'nos ADJ morastig, sumpfig

'moacă F̄ a o lua la ~ Prügel bekommen

'moale ADJ weich; sanft; schwach

'moară F̄ Mühle *f*; ~ de vânt Windmühle *f*

'moarte F̄ Tod *m*; pe ~ im Sterben

'moaşă F̄ Hebamme *f*

'moaşte FPL Reliquie *f*

mo'bil A ADJ beweglich B N̄ Beweggrund *m*

mobi'la V̄T̄ möblieren

mobi'lat ADJ möbliert

mo'bilă F̄ Möbel *n(pl)*

mobili'er N̄ Mobiliar *n*

mobili'tate F̄ Mobilität *f*; ~ electrică Elektromobilität *f*

mobili'za V̄T̄ mobilisieren

'moca N̄ Mokka *m*

mocă'niţă F̄ Schmalspurzug *m*

mo'chetă F̄ Teppichboden *m*

mo'cirlă F̄ Pfütze *f*; Morast *m*

moc'ni V̄Ī glimmen

moco'fan M̄ Lümmel *m*

mod N̄ Art *f*, Weise *f*; GRAM Modus *m*; mod de exprimare Ausdrucksweise *f*; mod de întrebuinţare Gebrauchsanleitung *f*

modali'tate F̄ Modalität *f*, Möglichkeit *f*

'modă F̄ Mode *f*; ~ de design Designermode *f*

mo'del N̄ Modell *n*, Muster *n*; Vorbild *n*

mode'la V̄T̄ modellieren

'modem N̄ IT Modem *n*

mode'ra V̄T̄ mäßigen

mode'rat ADJ mäßig, gemäßigt

modera'tor M̄, **modera'toare** F̄ Moderator(in) *m(f)*

mode'raţie F̄ Moderation *f*

mo'dern ADJ modern, modisch

moder'nism N̄ Modernismus *m*

moderni'tate F̄ Modernität *f*

moderni'za V̄T̄ modernisieren

mo'dest ADJ bescheiden

modes'tie F̄ Bescheidenheit *f*

'modic ADJ moderat

modifi'ca V̄T̄ (ab)ändern, modifizieren

modifi'care F̄ Modifizierung *f*; ~ a

rezervării Umbuchung f
mo'dul N̄ Modul n
modu'lar ADJ modular
mo'fetă F̄ GEOL Mofette f
'mofturi NPL Unsinn m, Faxen pl
moftu'ros ADJ zimperlich, wählerisch, launisch
mo'gul M̄ Mogul m
moho'rât ADJ düster
'moină F̄ Tauwetter n; Brachfeld n
mo'jar N̄ Mörser m
mo'jic M̄ Grobian m
moji'cie F̄ Gemeinheit f, Frechheit f
mo'lar M̄ Backenzahn m
'molcom ADJ still, sanft
Mol'dova F̄ Moldau f (*Region in Rumänien*); **Republica ~** Republik f Moldau, Moldawien n
moldo'vean A ADJ moldauisch, moldawisch B M̄, **moldo'veancă** F̄ Moldauer(in) m(f), Moldawier(in) m(f)
mole'culă F̄ Molekül n
moles'ta VT̄ belästigen
mole'șeală F̄ Schlaffheit f
mole'și VR̄ **a se ~** schlaff werden, ermüden
molfă'i *umg* VT̄ mummeln; *umg* muffeln
moli'ciune F̄ Weichheit f; Mattheit f
mo'lid M̄ Fichte f
'molie F̄ Motte f
'molimă F̄ Seuche f
molip'si VT̄ & VR̄ **a (se) ~** (sich) anstecken
molipsi'tor ADJ ansteckend
mo'loz N̄ Schutt m
mo'luscă F̄ Molluske m
mo'mâie F̄ Vogelscheuche f
mo'meală F̄ Köder m
mo'ment N̄ Augenblick m
momen'tan ADJ augenblicklich, momentan
mo'mi VT̄ locken
mo'nah M̄ Mönch m
mona'hie F̄ Mönchtum n
mo'narhic ADJ monarchisch
monar'hie F̄ Monarchie f
monar'hist A ADJ POL monarchistisch B M̄, **monar'histă** F̄ POL Monarchist(in) m(f)
mon'den ADJ mondän
mondi'al ADJ Welt...

mo'nedă F̄ Münze f; **~ națională** Landeswährung f
mone'tar ADJ Münz..., Währungs...
mon'gol A ADJ mongolisch B M̄, **mon'golă** F̄ Mongole m, Mongolin f
Mon'golia F̄ Mongolei f
moni'tor N̄ Bildschirm m; **Monitorul Oficial** Amtsblatt n
monitori'za VT̄ überwachen
monocame'ral ADJ Einkammern...
mo'noclu N̄ Monokel n
mono'crom ADJ einfarbig
monoga'mie F̄ Monogamie f
monogra'fie F̄ Monografie f
mono'gramă F̄ Monogramm n
mono'log N̄ Monolog m
mono'pol N̄ Monopol n
monosi'labic ADJ einsilbig
monote'ism N̄ Monotheismus m
mono'ton ADJ eintönig
'monstru M̄ Ungeheuer n, Monster n
monstru'os ADJ monströs
mon'ta VT̄ montieren
mon'taj N̄ Montage f
mon'tan ADJ Montan...
mon'tare F̄ THEAT Inszenierung f
mon'tură F̄ Halterung f
monu'ment N̄ Denkmal n; **~ funerar** Grabmal n
monumen'tal ADJ monumental
mop N̄ Mop m
mops M̄ Mops m
mo'ral ADJ moralisch
mo'rală F̄ Moral f
mo'rar M̄ Müller m
mora'toriu N̄ Moratorium n
mo'ravuri NPL Sitten pl
moră'riță F̄ Müllerin f
morb N̄ Krankheit f
mor'bid ADJ weich, zart; kränklich
morbidi'tate F̄ Weichheit f; Krankhaftigkeit f
'morcov M̄ Möhre f
mor'fem N̄ LING Morphem n
mor'fină F̄ Morphium n
morfino'man(ă) M̄/F̄ Morphiumsüchtige(r) f(m)
morfo'li VT̄ mummeln; *umg* muffeln
morfolo'gie F̄ Morphologie f
'morgă F̄ Leichenhalle f
mo'rișcă F̄ (kleine) Mühle f
mor'man N̄ Haufen m

M

mormă'i V̄T̄ brummen, murmeln
mor'mânt N̄ Grab n
mormo'loc M̄ Kaulquappe f
morocă'nos ĀDJ mürrisch
'morsă F̄ Walross n
'morse N̄ Morsealphabet n
mort ĀDJ tot; **~ de oboseală** todmüde
mor'tal ĀDJ tödlich
mortali'tate F̄ Sterblichkeit f
mor'tar N̄ Mörtel m
mortu'ar ĀDJ Leichen...
mor'ţiş umg ĀDV steif und fest; um jeden Preis
mosc M̄ Moschus m
mos'chee F̄ Moschee f
'Moscova F̄ Moskau n
mosco'vit Ā ĀDJ moskauisch B̄ M̄, **mosco'vită** F̄ Moskauer(in) m
'mostră F̄ HANDEL Muster n; **~ gratuită** Gratisprobe f
moş M̄ alter Mann m, Greis m; **Moş Crăciun** Weihnachtsmann m
mo'şi V̄T̄ entbinden
moş'ie F̄ (Land)Gut n
moşi'er M̄, **moşie'reasă** F̄ Gutsbesitzer(in) m(f)
moşmon'di umg V̄T̄ & V̄R̄ **a (se) moşmon'di** ungeschickt arbeiten
moşte'ni V̄T̄ erben
moşte'nire F̄ Erbschaft f, Erbe n
moşteni'tor M̄, **moşteni'toare** F̄ Erbe m, Erbin f
mo'tan M̄ Kater m
mo'tel N̄ Motel n
motili'tate F̄ Bewegungsfähigkeit f
mo'tiv N̄ Grund m, Motiv n
moti'va V̄T̄ 1 begründen 2 motivieren
moti'vare F̄ Begründung f
moti'vaţie F̄ Motivation f
motoci'cletă F̄ Motorrad n
motoci'clist(ă) M̄(F̄) Motorradfahrer(in) m(f)
mo'tor N̄ Motor m; IT **~ de căutare** Suchmaschine f; **~ diesel** Dieselmotor m; **~ suspendat** Außenbordmotor m
moto'retă F̄ Moped n
moto'rină F̄ (Diesel)Öl n
moto'scuter N̄ Motorroller m
moto'tol ĀDJ schwerfällig, träge
mototo'li V̄T̄ zerdrücken; zerknittern
'motto N̄ Motto n

moţ N̄ Haarbüschel n
moţă'i V̄Ī schlummern
moţi'une F̄ POL Antrag m
mouse N̄ IT Maus f
'mousepad N̄ Mauspad n
mov ĀDJ lila
mo'vilă F̄ Hügel m
moza'ic N̄ Mosaik n
mozai'car(ă) M̄(F̄) Mosaikkünstler(in) m(f)
moza'ism N̄ Judentum n
MP'3-'player N̄ MP3-Player m
'mreajă F̄ (Fischer)Netz n
muc M̄ Rotz m; **~ de ţigară** Zigarettenstummel m, Kippe f
muca'lit ĀDJ drollig, spaßig
'muced ĀDJ schimmlig
muce'gai N̄ Schimmel(pilz) m
mucegă'i V̄Ī verschimmeln
muce'nic M̄ Märtyrer m
muce'niţă F̄ Märtyrerin f
muce'zi V̄Ī schimmeln
'muchie F̄ Kante f, Rand m; cuţit Schneide f
mu'coasă F̄ Schleimhaut f
mu'cos ĀDJ rotzig
mucozi'tate F̄ Schleim m
mue'zin M̄ Muezzin m
'mufă F̄ Muffe f
muf'tiu M̄ Mufti m
'muget N̄ Gebrüll n
mu'gi V̄Ī brüllen; muhen
'mugur M̄ Knospe f; **~i** pl **de soia** Sojasprossen pl
mu'ia V̄T̄ einweichen; (ein)tauchen; fig mildern
mu'iere reg F̄ Weib n
muj'dei N̄ Knoblauchpaste f
mu'la Ā V̄T̄ formen B̄ V̄R̄ despre îmbrăcăminte **a se ~** (am Körper) kleben
mu'laj N̄ Abdruck m; Abguss m
mu'lat ĀDJ gefromt
'mulge V̄T̄ melken
muli'netă F̄ Angelrolle f; Winde f
mult Ā ĀDJ viel; **~ă vreme** lange B̄ ĀDV sehr; **cel ~** höchstens; **cel mai ~** am meisten; **de ~** seit Langem; **mai ~** mehr
multico'lor ĀDJ bunt
multicultu'ral ĀDJ multikulturell
multifuncţio'nal ĀDJ multifunktional

M

multilate'ral ADJ vielseitig

multilin'gvism N Mehrsprachigkeit f

multipli'ca VT multiplizieren; vervielfältigen

multipli'care F Multiplikation f; Vervielfältigung f

mul'tiplu ADJ vielfach

multi'tudine F Vielfalt f

mul'ţime F Menge f

mulţu'mi A VI danken, sich bedanken B VT verdanken; zufriedenstellen C VR a se ~ cu sich begnügen mit

mulţu'mire F Dank m; Zufriedenheit f

mulţu'mit ADJ zufrieden

mulţu'mită PRÄP dank

mulţumi'tor ADJ befriedigend

mu'mie F Mumie f

'muncă F Arbeit f; ~ cu orar redus Teilzeitarbeit f; ~ în echipă Teamarbeit f; ~ la domiciliu Heimarbeit f; ~ la negru Schwarzarbeit f

mun'ci VI & VT arbeiten

munci'tor A ADJ fleißig B M, munci'toare F Arbeiter(in) m(f); ~ clandestin Schwarzarbeiter m; ~ constructor Bauarbeiter m; ~ necalificat Hilfsarbeiter m

muncito'resc ADJ Arbeiter...

munici'pal ADJ städtisch

muni'cipiu N Großstadt f

mu'niţie F Munition f

'munte M Berg m; munţi pl Gebirge n; ~ de datorii Schuldenberg m

mun'tean A ADJ Berg... B M, mun'teancă F Bergbewohner(in) m(f)

muntene'grean A ADJ montenegrinisch B M, muntene'greancă F Montenegriner(in) m(f)

Munte'negru N Montenegro n

Mun'tenia F hist Muntenien n, Walachei f

mun'tos ADJ bergig

mu'ra VT einlegen, (ein)säuern

mu'ral ADJ Wand...

mu'rat ADJ eingelegt; Sauer...; varză f ~ă Sauerkraut n

'mură F Brombeere f

mură'turi FPL sauer eingelegtes Gemüse

mur'dar ADJ schmutzig; dreckig

murdă'ri VT schmutzig machen

murdă'rie F Schmutz m; Dreck m

murg ADJ braun

mu'ri VI sterben

muri'bund A ADJ sterbend B M, muri'bundă F Sterbenskranke(r) m/f(m)

muri'tor ADJ sterblich

'murmur N Murmeln n, Plätschern n; Murren n

murmu'ra VI/T murmeln; rauschen

musa'ca F Mousaka n

musa'fir M Gast m

'musai ADV unbedingt

'muscă F Fliege f

muscu'lar ADJ Muskel...

muscula'tură F Muskulatur f

muscu'los ADJ muskulös

must N Most m

mus'taţă F Schnurrbart m

mustă'ci VI aufschäumen

mustă'cios ADJ schnurrbärtig

mustă'rie F Mostschenke f

mus'ti VI (auf)schäumen

mus'tra VT rügen, tadeln

mustră'tor ADJ tadelnd

musul'man(ă) MF Moslem(in) m(f)

muşa'ma F Wachstuch n

muşamali'za VT vertuschen

muş'ca VT beißen

muş'cată F Geranie f

muşcă'tor ADJ beißend, bissig

muşcă'tură F Biss m

muşchi M Muskel m; GASTR Filet n; BOT Moos n

muşe'ţel M Kamille f

muş'tar N Senf m

muştrulu'i VT instruieren, streng ausbilden

muşu'roi N Ameisenhaufen m

mut ADJ stumm

mu'ta A VT versetzen; PFLEGE verlegen B VR a se ~ umziehen

mu'tant M Mutant m

mu'tare F Versetzen n; PFLEGE Verlegung f

mu'taţie F Mutation f

mută'lău M umg Dummkopf m, Trottel m

mu'teşte ADV stumm

muti'la VT verstümmeln

'mutră umg F Gesicht n, Fratze f

mutu'al ADJ gegenseitig

M

mutu'lică M̄ Dummkopf m
mu'ţenie F̄ Stummheit f
'muză F̄ Muse f
mu'zeu N̄ Museum n; **~ în aer liber** Freilichtmuseum m
muzi'cal ADJ musikalisch
muzicali'tate F̄ Musikalität f
muzi'cant(ă) M̄F̄ Musikant(in) m(f)
'muzică F̄ Musik f; **~ pop** Popmusik f; **~ populară** Volksmusik f; **~ rock** Rockmusik f
muzici'an(ă) M̄F̄ Musiker(in) m(f)
muzico'log(ă) M̄F̄ Musikwissenschaftler(in) m(f)
muzicolo'gie F̄ Musikwissenschaft f
muzi'cuţă F̄ Mundharmonika f

N

N ABK (= nord) N (Norden)
na INT umg da habt ihr, da ist
na'bab M̄ Nabob m
na'celă F̄ (Motor)Gondel f
'nadă F̄ Köder m; fig Versuchung f
nafta'lină F̄ Naphthalin n
nai N̄ Panflöte f
'naiba reg INT Teufel m; **la ~** zum Teufel, zum Kuckuck
'nailon N̄ Nylon n
na'iv ADJ naiv
naivi'tate F̄ Naivität f
'namilă F̄ Ungetüm n
'nani INT eia popeia! schlaf!
'naos N̄ Kirchenschiff n
nap M̄ Steckrübe f
napoli'tană F̄ Waffel f
na'ra V̄T erzählen
nara'tiv ADJ narrativ, erzählend
nara'tor M̄, **nara'toare** F̄ Erzähler(in) m(f)
naraţi'une F̄ Erzählung f
'nară F̄ Nasenloch n, Nüster f
nar'cisă F̄ Narzisse f; **~ galbenă** Osterglocke f
narci'sism N̄ Narzismus m
narcoma'nie F̄ MED Narkotismus m

nar'cotic N̄ Narkosemittel n, Betäubungsmittel n
nar'coză F̄ Narkose f
narghi'lea F̄ Wasserpfeife f
nas N̄ Nase f; **nas cârn** Stupsnase f
na'sol ADJ hässlich
'nasture M̄ Knopf m
naş M̄, **'naşă** F̄ Pate m, Patin f; Trauzeuge m, Trauzeugin f; **naş de botez** Taufpate m
'naşte A V̄T a **~ un copil** ein Kind gebären, entbinden B V̄R a se **~** geboren werden (od sein)
'naştere F̄ Geburt f, Entbindung f; **a lua ~** entstehen
na'tal ADJ Heimat...; Geburts...
natali'tate F̄ Natalität f
na'taţie F̄ Schwimmsport m
na'tiv ADJ gebürtig; MINER gediegen
'NATO N̄ ABK (= North Atlantic Treaty Organization) NATO f
natu'ral ADJ natürlich
natura'leţe F̄ Natürlichkeit f
natura'lism N̄ Naturalismus m
naturali'za V̄T einbürgern
na'tură F̄ Natur f, Wesen n; **~ moartă** Stillleben n
natu'rist A ADJ naturistisch B M̄, **natu'ristă** F̄ Naturist(in) m(f)
naţio'nal ADJ national
naţiona'lism N̄ Nationalismus m
naţiona'list A ADJ nationalistisch B M̄, **naţiona'listă** F̄ Nationalist(in) m(f)
naţionali'tate F̄ Nationalität f
naţionali'za V̄T verstaatlichen
naţionali'zare F̄ Verstaatlichung f
naţi'une F̄ Nation f
naufragi'a V̄T Schiffbruch erleiden
nau'fragiu N̄ Schiffbruch m
na'utic ADJ nautisch
na'val ADJ Schiffs...
'navă F̄ Schiff n; **~ cosmică /spaţială** Raumschiff n
na'vetă F̄ Pendelverkehr m; **a face naveta** pendeln
nave'tist(ă) M̄F̄ Pendler(in) m(f)
navi'ga V̄T segeln; vapor fahren; **a ~ pe internet** im Internet surfen
navi'gabil ADJ schiffbar
navi'gaţie F̄ Schiffahrt f; **~ aeriană** Luftfahrt f

N

na'zal `ADJ` nasal; **hemoragie** f **~ă** Nasenbluten n

nazali'za `VT` nasalisieren

na'zism `N` Nationalsozialismus m

na'zist `A` `ADJ` nationalsozialistisch `B` `M`, na'zistă `F` Nationalsozialist(in) m(f)

'nazuri `NPL` Launen pl; **a face ~ sich** zieren

năbă'dăi `FPL` MED epileptische Krämpfe mpl

năbădă'ios `ADJ` von epileptischen Krämpfen befallen; rasend, wütend, toll

năbu'șit `ADJ` erstickt; gedünstet

năclă'i `A` `VT` verkleben; verschmieren `B` `VR` **a se ~** verkleben

nădăjdu'i `VT & VI` hoffen

nă'dejde `F` Hoffnung f

nă'duf `N` Beklemmung f; Kummer m

nădu'șeală `F` Schweiß m

nădu'și `VI` schwitzen

nă'framă `F` (Kopf-, Taschen)Tuch n

nă'lucă `F` Gespenst n

năluci'tor `ADJ` phantastisch

nă'meți `MPL` Schneeberg m

nă'mol `N` Schlamm m; Moor n

nă'pastă `F` Unheil n

năpă'di `VT` überwuchern; überfallen

năpăstu'i `VT` j-m Unrecht tun

năpâr'li `VI` sich mausern; sich häuten; sich haaren

nă'prasnic `ADJ` jäh; stürmisch

nă'pus'ti `VR` **a se ~ asupra** sich stürzen auf

nă'rav `N` schlechte Gewohnheit

nără'vaș `ADJ` wild

nă'rod `ADJ` Volk n; Volksmasse f

năru'i `A` `VT` (hinab)stürzen `B` `VR` **a se ~** (zusammen)stürzen, (hinab)stürzen

năru'ire `F` Einstürzen n

năsă'lie `F` Totenbahre f; Sänfte f

năs'care `F` umg Geburt f

născo'ci `VT` erfinden

năs'cut `ADJ` geboren

nă'sos `ADJ` großnasig

năs'trușnic `ADJ` ungewöhnlich, bizarr

nă'și `VI` Taufpate/Trauzeuge sein

nătă'fleț `A` `ADJ` einfältig `B` `M`, nătă'fleață `F` Einfaltspinsel m

nătă'rău `M` Dummkopf m

nă'tâng `ADJ` dumm

nă'uc `ADJ` wirr

nău'cit `ADJ` verwirrt

nă'ut `M` Kichererbse f

nă'vală `F` Angriff m, Einfall m

nă'valnic `ADJ` stürmisch

nără'li `VI` einfallen

năvăli'tor `A` `ADJ` einfallend `B` `M`, năvăli'toare `F` Angreifer(in) m(f)

nă'vod `N` Fisch(er)netz n

năz'bâtie `F` Streich m

năzdră'van `ADJ` übermütig

năzdră'vănie `F` toller Streich m

năzu'i `VI` **~ spre** streben nach

năzu'ință `F` Bestreben n

năzu'ros `ADJ` zimperlich

ne `PRON` uns

nea `F` Schnee m

neabă'tut `ADJ` ungeschlagen

neachi'tat `ADJ` unbeglichen

neacope'rit `ADJ` unbedeckt, unbedeckt

neade'văr `N` Unwahrheit f

neadevă'rat `ADJ` unwahr

neagresi'une `F` Nichtangriff m

nea'juns `N` Missstand m, Schwierigkeit f

neajuto'rat `ADJ` unbeholfen

nealimen'tar `ADJ` nicht zum Verzehr

nealini'at `ADJ` nicht angeschlossen

nealte'rat `ADJ` unverdorben

neam `N` Volk n

neamena'jat `ADJ` nicht hergerichtet

nea'mestec `N` Nichteinmischung f

neamț `M` Deutsche(r) m

neanga'jat `ADJ` nicht angestellt

ne'ant `N` Nichts n

'neaoș `ADJ` eingeboren, autochton

neapă'rat `ADV` unbedingt

nearan'jat `ADJ` unordentlich

nea'rat `ADJ` ungepflügt

nearticu'lat `ADJ` unausgesprochen

neascultă'tor `ADJ` ungehorsam

neasemu'it `ADJ` unangepasst

neasor'tat `ADJ` unpassend

nea'stâmpăr `N` Unruhe f

neastâmpă'rat `ADJ` unausgelassen

neaștep'tat `ADJ` unerwartet

nea'tent `ADJ` unaufmerksam

nea'tenție `F` Unaufmerksamkeit f

neautori'zat `ADJ` nicht autorisiert

neau'zit `ADJ` nicht hörbar

neave'nit `ADJ` ungelegen

N

neavi'zat ADJ unangekündigt

nebă'gare F ~ **de seamă** Unaufmerksamkeit f

nebănu'it ADJ ungeahnt

nebiru'it ADJ unbesiegbar

nebu'los ADJ nebulös, nebelhaft

nebulozi'tate F METEO Bewölkung f; fig fehlende Klarheit f

ne'bun A ADJ verrückt, wahnsinnig B M, **ne'bună** F Verrückte(r) m/f(m)

nebu'nesc ADJ unsinnig

nebu'nie F Wahnsinn m, Verrücktheit f

necalifi'cat ADJ unqualifiziert

necaro'sabil ADJ unbefahrbar

ne'caz N Kummer m, Ärger m

necă'ji VT ärgern; necken

necă'jit ADJ verärgert

necăsăto'rit ADJ unverheiratet

nece'sar ADJ notwendig, nötig

necesi'ta VT benötigen

necesi'tate F Notwendigkeit f

neche'za VI wiehern

nechibzu'it ADJ unüberlegt

necins'ti VT entehren

necio'plit ADJ ungehobelt

neci'teț ADJ unleserlich

necivili'zat ADJ unzivilisiert

necize'lat ADJ ungehobelt

ne'clar ADJ unklar

neclari'tate F Unklarheit f

neclin'tit fig ADJ unerschütterlich

necodifi'cat ADJ unkodifiziert

necomba'tant ADJ nicht kämpfend

necomerci'al ADJ nicht kommerziell

necomes'tibil ADJ unverträglich, giftig

neconce'put ADJ **de** ~ undenkbar

neconcor'dant ADJ nicht übereinstimmend

neconcor'danță F Unstimmigkeit f

necondiţio'nat ADJ bedingungslos

neconfir'mat ADJ unbestätigt

necon'form ADJ nicht konform

neconso'lat ADJ untröstlich

neconte'nit ADJ ununterbrochen

necontes'tat ADJ unwidersprochen

necontro'lat ADJ unkontrolliert

neconvenţio'nal ADJ unkonventionell

neconvingă'tor ADJ nicht überzeugend

ne'copt ADJ unreif

necredinci'os ADJ untreu; ungläubig

necre'zut ADJ INV **de** ~ unglaublich

necro'log N Nachruf m

necrop'sie F Obduktion f

necro'za V/R BIOL **a se** ~ absterben

ne'croză F Nekrose f

necruţă'tor ADJ unerbittlich

nec'tar N Nektar m

necta'rină F Nektarine f

necuge'tat ADJ unbedacht

neculti'vat ADJ unkultiviert

necum'pă'tat ADJ unbeherrscht

necunoscă'tor ADJ unwissend

necunos'cut A ADJ unbekannt B M, **necunos'cută** F Unbekannte(r) m/f(m)

necunoş'tinţă F Unkenntnis f

necu'rat ADJ unrein

necuviin'cios ADJ unschicklich; unerzogen

nedefi'nit ADJ unbestimmt

ne'demn ADJ unwürdig

nedes'cris de ~ unbeschreiblich

nedesfă'cut ADJ unangebrochen

nedeslu'şit ADJ undeutlich

nedespăr'ţit ADJ nicht getrennt; **de** ~ unzertrennlich

nedezvol'tat ADJ nicht entwickelt

nediferenţi'at ADJ undifferenziert

nedisimu'lat ADJ aufrichtig

nedizol'vat ADJ nicht aufgelöst

nedo'rit ADJ unerwünscht

nedor'mit ADJ unausgeschlafen; **nopţi** fpl ~e schlaflose Nächte

ne'drept ADJ ungerecht

nedrep'tate F Ungerechtigkeit f

nedrep'tă'ţi VI unrecht tun

nedume'rire F Verwunderung f, Verlegenheit f

nedume'rit ADJ verwundert, verlegen

needu'cat ADJ ungeschliffen

neeli'gibil ADJ unwählbar

neesenţi'al ADJ unwesentlich

neexperimen'tat ADJ unerfahren

neexpri'mat ADJ nicht ausgedrückt

ne'fast ADJ unheilvoll

nefavo'rabil ADJ ungünstig

neferi'cire F **din** ~ unglücklicherweise

neferi'cit ADJ unglücklich

nefe'ros ADJ nicht eisenhaltig

nefer'til ADJ unfruchtbar
nefi'resc ADJ unnatürlich
nefolosi'tor ADJ unbrauchbar
nefon'dat ADJ unbegründet
nefrolo'gie F Nephrologie f
nefumă'tor M, nefumă'toare F Nichtraucher(in) m(f)
nefuncţio'nal ADJ nicht funktional
neg M Warze f
ne'ga VT verneinen
nega'tiv N Negativ n
negativi'tate F Negativismus m
ne'gaţie F Verneinung f
ne'ghină F BOT Kornrade f
ne'ghiob M Dummkopf m
negli'ja VT vernachlässigen
negli'jabil ADJ vernachlässigbar
negli'jent ADJ nachlässig
negli'jenţă F Nachlässigkeit f
negoci'a VT verhandeln
negoci'abil ADJ verhandelbar
negoci'ere F Verhandlung f
ne'goţ N Handel m
ne'greală F Schwärze f
ne'gresă F Dunkelhäutige f
negre'şit ADV ganz bestimmt, gewiss
negrici'os¹ ADJ schwärzlich
negri'cios² ADJ schwärzlich
'negru A ADJ schwarz B M Dunkelhäutige(r) m
'negură F Nebel m
negu'ros ADJ neblig; fig dunkel
negus'tor M, negusto'reasă F Händler(in) m(f); ~ de antichităţi Antiquitätenhändler m; ~ de fier vechi Schrotthändler m; ~ de peşte Fischhändler m
negusto'rie F Handel m
neguvernamen'tal ADJ nichtstaatlich, NGO...
nehotă'râre F fehlende Entscheidung f; Zögern n
nehotă'rât ADJ unentschlossen; unbestimmt
'neică M umg Anrede für e-n alteren Mann
neidentifi'cat ADJ nicht identifiziert
neiertă'tor ADJ mitleidslos
neimpo'zabil ADJ steuerfrei
neinfla'mabil ADJ nicht brennbar
neinspi'rat ADJ nicht inspiriert, einfallslos

neinstru'it ADJ ungelernt
neinte'grat ADJ nicht integriert
neintenţio'nat ADJ unbeabsichtigt
neiscă'lit ADJ nicht unterschrieben
neiscu'sit ADJ ungeschickt
neispră'vit reg M Taugenichts m
neizbu'tit ADJ misslungen
neîmpă'cat ADJ unzufrieden; unversöhnlich
neîmpli'nit ADJ unerfüllt
neînar'mat ADJ unbewaffnet
neîncăl'zit ADJ nicht (auf)gewärmt
neîncăpă'tor ADJ ungeräumig
neînce'tat ADJ unaufhörlich
neînchipu'it ADJ unvorstellbar
neîn'credere F Misstrauen n
neîncrezā'tor ADJ misstrauisch
neîndemâ'natic ADJ ungeschickt
neîndo'ielnic ADJ unzweifelhaft
neînduple'cat ADJ unerbittlich
neîndură'tor ADJ hart, unerbittlich
neîn'frânt ADJ unbesiegt
neînfri'cat ADJ furchtlos
neîngri'jit ADJ ungepflegt; verwahrlost
neînsem'nat ADJ unbedeutend
neînsu'rat ADJ unverheiratet
neîntârzi'at ADJ unverzüglich
neînteme'iat ADJ unbegründet
neîntrebuin'ţat ADJ unbenutzt
neîntre'cut ADJ unübertroffen; de ~ unübertrefflich
neîntre'rupt ADJ ununterbrochen
neînţelegă'tor ADJ verständnislos
neînţe'legere F Unverständnis n; Unstimmigkeit f; Missverständnis n
neînţe'les ADJ unverständlich; unverstanden; de ~ unerklärlich
neîn'vins ADJ unbesiegt; de ~ unbesiegbar
nejustifi'cat ADJ unberechtigt
nela'locul ADJ & ADV ungebührlich
nelămu'rire F Unklarheit f
nelămu'rit ADJ unklar
nele'gitim ADJ illegitim, unehelich
nelegiu'ire F Straftat f, Verbrechen n
nelimi'tat ADJ unbegrenzt
ne'linişte F Unruhe f
nelinişti'i VT beunruhigen
nelinişti'tit ADJ unruhig
nelip'sit ADJ allgegenwärtig
nelocu'it ADJ unbewohnt

N

ne'lumea $\overline{F}$ ca ~ wie es nicht sein soll
nema'chiat ADJ ungeschminkt
nemaiau'zit ADJ, nemaipome'nit unerhört
nemaivă'zut ADJ nie dagewesen
nemărgi'nit ADJ unbegrenzt
nemări'tată ADJ unverheiratet
nemărturi'sit ADJ nicht gestanden, ungebeichtet
nemân'cat $\overline{N}$ de ~ ungenießbar; pe ~e auf nüchternen Magen
nemeri'tat ADJ unverdient
ne'mernic $\overline{M}$ Schuft m
nemerni'cie $\overline{F}$ Erbärmlichkeit f
nemeste'cat ADJ unzerkaut
neme'talic ADJ nicht aus Metall
nemijlo'cit ADJ & ADV unmittelbar
nemilu'ita $\overline{F}$ cu ~ maßlos, in großen Mengen
nemiş'cat ADJ unbeweglich; ungerührt
nemoti'vat ADJ unentschuldigt
nem'ţesc ADJ deutsch
nem'teşte ADV auf Deutsch
nem'toaică $\overline{F}$ Deutsche f
nemulţu'mit ADJ unzufrieden
nemu'rire $\overline{F}$ Unsterblichkeit f
nemuri'tor ADJ unsterblich
nenavi'gabil ADJ unschiffbar
'nene umg $\overline{M}$ Onkel m
neno'roc $\overline{N}$ Missgeschick n
nenoro'ci A $\overline{VT}$ unglücklich machen
B $\overline{VR}$ a se ~ verunglücken
nenoro'cire $\overline{F}$ Unglück n; din ~ unglücklicherweise
nenoro'cit ADJ unglücklich
nenumă'rat ADJ unzählig; zahllos
neobişnu'it ADJ ungewöhnlich
neobo'sit ADJ unermüdlich
neobră'zare $\overline{F}$ Unverschämtheit f
neobră'zat ADJ unverschämt
neobser'vat ADJ unbeachtet
neo'clasic ADJ neoklassizistisch
neodih'nit ADJ unausgeruht; unstet
neofas'cism $\overline{N}$ Neofaschismus m
neofici'al ADJ inoffiziell
neo'greacă $\overline{F}$ Neugriechisch n
neo'litic A ADJ jungsteinzeitlich B $\overline{N}$ Jungsteinzeit f
neolo'gism $\overline{N}$ Neologismus m
ne'om $\overline{M}$ Unmensch m
neome'nesc ADJ unmenschlich

neome'nie $\overline{F}$ Barbarei f; Frechheit f
neona'zist A ADJ neonazistisch B $\overline{M}$, neona'zistă $\overline{F}$ Neonazi m
neo'plasm $\overline{N}$ Neoplasma n
neo'pren $\overline{N}$ Neopren® n
neorându'ială $\overline{F}$ Unordnung f; Unruhen fpl
neorto'dox ADJ unorthodox, nicht orthodox
neoste'nit ADJ unermüdlich
neozeelan'dez A ADJ neuseeländisch B $\overline{M}$, neozeelan'dezä $\overline{F}$ Neuseeländer(in) m(f)
nepartici'pare $\overline{F}$ fehlende Teilnahme f; Teilnahmslosigkeit f
nepămân'tean ADJ außerirdisch
nepărti'nire $\overline{F}$ Unparteilichkeit f
nepărtini'tor reg ADJ unparteiisch, gerecht
nepă'sare $\overline{F}$ Gleichgültigkeit f
nepăsă'tor ADJ gleichgültig
nepă'tat ADJ fleckenlos
nepă'truns ADJ de ~ undurchdringlich
nepă'zit ADJ unbewacht
neperfor'mant ADJ nicht leistungsfähig
neper'mis ADJ unerlaubt
ne'plată $\overline{F}$ Nichtbezahlung f
neplă'cere $\overline{F}$ Unannehmlichkeit f
neplă'cut ADJ unangenehm
neplă'tit ADJ unbezahlt
ne'poată $\overline{F}$ Nichte f; Enkelin f
nepof'tit ADJ ungeladen
nepoliti'cos ADJ unhöflich
nepopu'lat ADJ unbevölkert
ne'pot $\overline{M}$ Neffe m; Enkel m
nepo'tism $\overline{N}$ Vetternwirtschaft f
nepoto'lit ADJ unbeherrscht
nepotri'vire $\overline{F}$ Unvereinbarkeit f; Unstimmigkeit f
nepotri'vit ADJ ungeeignet; unangebracht
nepre'cis ADJ ungenau
nepreci'zat ADJ unbestimmt
nepregă'tit ADJ unvorbereitet
nepretenţi'os ADJ anspruchslos
nepreţu'it ADJ unschätzbar
neprevă'zut ADJ unvorhergesehen; de ~ unabsehbar
neprice'put ADJ ungeschickt
nepricop'sit ADJ arm, mittellos

nepri'elnic ADJ ungünstig
neprihă'nit ADJ rein, unschuldig
nepunctu'al ADJ unpünktlich
neputinci'os ADJ kraftlos; ohnmächtig
nepu'tință F Unfähigkeit f; **cu ~** unmöglich
nerambur'sabil ADJ nicht rückzahlbar
ne'ras ADJ unrasiert
neră'bdare F Ungeduld f
neră'bdă'tor ADJ ungeduldig
neră'suflate NPL **pe nerasuflate** auf einen Zug, ohne Unterbrechung
nerea'list ADJ unrealistisch
nerecoman'dabil ADJ nicht empfehlenswert
nerecunoscă'tor ADJ undankbar
neregulamen'tar ADJ ungeregelt
neregu'lat teren n **~** unebenes Gelände n; **verb n ~** unregelmäßiges Verb n
ne'regulă F Verstoß m; **ceva e în ~** etwas stimmt nicht
nerespec'tare F Nichtachtung f
nereu'șit ADJ misslungen
nereu'șită F Misserfolg m
ne'rod ADJ dumm
nero'zie F Dummheit f
neruși'nare F Unverschämtheit f
neruși'nat ADJ unverschämt
nerv M Nerv m
ner'vos ADJ nervös; Nerven...
nervozi'tate F Nervosität f
ner'vură F (Blatt)Aderung f, Nervatur f
nesatisfăcă'tor ADJ unbefriedigend
nesatu'rat ADJ ungesättigt
ne'saț N Begierde f
nesăbu'ință F Unüberlegtheit f
nesăbu'it ADJ unvernünftig, unüberlegt
nesănă'tos ADJ ungesund
nesă'rat ADJ ungesalzen, salzlos
nesăți'os ADJ unersättlich
neschim'bat ADJ unverändert
ne'scris ADJ ungeschrieben
nese'cat ADJ unerschöpflich
nesem'nat ADJ nicht unterzeichnet
nesemnifica'tiv ADJ unwichtig, bedeutungslos
neseri'os ADJ nicht ernsthaft; unzuverlässig

nesfâr'șit ADJ unendlich
ne'sigur ADJ unsicher
ne'siguranță F Unsicherheit f
nesi'lit ADJ ungezwungen
nesim'țire F Bewusstlosigkeit f, Ohnmacht f; Unverschämtheit f
nesim'țit ADJ unverschämt; **pe ~e** unbemerkt, unmerklich
nesimți'tor ADJ gefühllos
ne'sincer ADJ unehrlich
nesoco'ti VT missachten
nesoco'tit ADJ leichtsinnig
ne'somn N Schlaflosigkeit f
nespă'lat ADJ ungewaschen
nespe'rat ADJ unverhofft
ne'spus ADJ **~ de** unbeschreiblich
nesta'tornic ADJ wechselhaft, unbeständig
nestatorni'cie F Unbeständigkeit f
nestăpâ'nit ADJ unbeherrscht
nestăvi'lit ADJ stürmisch, ungestüm
nestânje'nit ADJ unbehindert
neste'mată F Edelstein m
nestinghe'rit ADJ ungestört
ne'stins ADJ ungelöscht; fig unbändig
nestrămu'tat ADJ unerschütterlich
nesufe'rit ADJ unausstehlich
nesupor'tat de ~ unerträglich
nesu'punere F Ungehorsam m
ne'șansă F Pech n
neșifo'nabil ADJ knitterfrei
ne'șters ADJ unausgelöscht; fig unauslöschbar
nești'ință F Unwissenheit f
neștir'bit ADJ heil, wohlerhalten
ne'știre F **în ~** unbewusst
neștiu'tor ADJ unwissend
net ADJ netto; klar
netăgădu'it ADJ unbestritten
'neted ADJ eben; glatt
netermi'nat ADJ unbeendet
nete'zi VT ebnen; glätten
'neto ADV netto
ne'tot A ADJ dumm B M, **ne'totă** F Dummkopf m
netransmi'sibil ADJ nicht übertragbar
netra'tabil ADJ unbehandelbar
ne'trebnic M Schuft m
nețărmu'rit ADJ grenzenlos
neui'tat ADJ unvergesslich

neuro'log(ă) M|F| Neurologe m, Neu-
rologin f
neu'ron M Neuron n
neuropsihia'trie F̱ Neuropsychiatrie
f
neu'rotic ADJ neurotisch
neutili'zat ADJ unbenutzt
neutrali'tate F̱ Neutralität f
ne'utru A ADJ neutral; GRAM sächlich
B Ṉ Neutrum n
ne'vastă F̱ (Ehe)Frau f
năvăs'tuică F̱ Wiesel n
nevătă'mat ADJ unversehrt
nevăză'tor A ADJ blind B M̱, nevăză'toare F̱ Blinde(r) m/f(m)
nevă'zut ADJ unsichtbar
nevero'simil ADJ unglaubwürdig
neverte'brat ADJ ZOOL wirbellos
neverte'brate FPL ZOOL Wirbellose pl
nevino'vat ADJ unschuldig
nevinovă'ţie F̱ Unschuld f
nevo'iaş ADJ bedürftig
ne'voie F̱ Not f, Bedürfnis n; a avea ~
de brauchen, benötigen; a fi ~ nötig
sein
nevo'it ADJ genötigt
ne'volnic ADJ schwächlich, ohnmächtig
ne'vrednic ADJ unwürdig
nevro'pat ADJ nervenkrank
ne'vroză F̱ Neurose f
nezdrunci'nat ADJ unerschütterlich
ni PERS PN uns
nică'ieri ADV nirgends
'nichel Ṉ Nickel n
'nici ADV (auch) nicht; ~ măcar nicht
einmal; ~ ... ~ weder ... noch
nici'când ADV nie(mals)
nici de cum ADV keineswegs
'nicio ADJ & PRON keinerlei f
nicio'dată ADV nie(mals)
'niciun ADJ & PRON keinerlei m
ni'ciuna PRON F̱ keine einzige f
nici'unde umg ADV nirgends
ni'ciunul PRON kein einziger m
nico'tină F̱ Nikotin n
nico'vală F̱ Amboss m
nigeri'an A ADJ nigerianisch B M̱,
nigeri'ană F̱ Nigerianer(in) m(f)
nihi'lism Ṉ Nihilismus m
nimb Ṉ Nimbus m
'nimeni PRON niemand; keiner

nime'reală F̱ la ~ aufs Geratewohl
nime'ri A V̱Ṯ treffen B V̱I̱ zutreffen
nime'rit ADJ (zu)treffend, geeignet
'nimfă F̱ Nymphe f
nimfoma'nie F̱ Nymphomanie f
ni'mic PRON nichts
nimi'ci V̱Ṯ vernichten
nimici'tor ADJ vernichtend
nimicni'cie F̱ Kleinigkeit f
ni'micuri NPL Kleinigkeiten pl
'ninge V̱I̱ schneien
nin'soare F̱ Schneefall m
ni'pon A ADJ Jjapanisch B M̱, ni'ponă F̱ Japaner(in) m(f)
niscai'va ADJ INV umg irgendwelche(r)
ni'sip Ṉ Sand m
nisi'pos ADJ sandig
'nişă F̱ Nische f
'nişte ART einige, etliche; etwas
nit Ṉ Niete f
ni'tam-ni'sam umg ADV mir nichts,
dir nichts
nitro'gen Ṉ Stickstoff m
nitroglice'rină F̱ Nitroglyzerin n
nitu'i V̱Ṯ nieten
ni'tel umg ADV ein bisschen; etwas
ni'vel Ṉ Niveau n; Wasserspiegel m;
Stockwerk n; Ebene f; ~ de trai Lebensstandard m; ~ maxim Höchststand m
nive'la V̱Ṯ ebnen, ausgleichen
ni'velă F̱ 1 → nivel 2 ~ cu bulă de
aer Wasserwaage f
niz'nai M̱ umg a se face ~ den Ah-
nungslosen spielen
'noapte F̱ Nacht f
'noaptea ADVL nachts
'noastră FSG unser(e)
'noastre F/NPL unsere
'nobil A ADJ ad(e)lig; edel B M̱,
'nobilă F̱ Adlige(r) m/f(m)
nobili'ar ADJ Adels...
nobi'lime F̱ Adel m
no'bleţe F̱ Großmut m
no'civ ADJ schädlich
noc'turn ADJ nächtlich
nod Ṉ Knoten m; nod limfatic Lymphknoten m
no'dal ADJ Knoten...
no'dul Ṉ Knötchen n; Höcker m
noi PRON wir; pe ~ uns
no'ian Ṉ (Un)Menge f
no'iembrie M̱ November m

'noimă F̅ Sinn m
no'mad A̅ ADJ nomadisch B̅ M̅, no-
'madă F̅ Nomade m, Nomadin f
nomencla'tor N̅ Nomenklator m
nomencla'tură F̅ Nomenklatur f
nomi'nal ADJ namentlich; (nur) dem
Namen nach; FIN Nenn...
nominali'za V̅T̅ nominalisieren
nomina'tiv N̅ Nominativ m
nonage'nar A̅ ADJ neunzigjährig B̅
M̅, nonage'nară F̅ Neunzigjährige(r)
m/f(m)
nonpro'fit ADJ INV ohne Gewinn
non'sens N̅ Unsinn m
non'stop ADJ INV & ADV nonstop
nonșa'lant ADJ unbekümmert
nopti'eră F̅ Nachttisch m
nor M̅ Wolke f; nor de fum Rauchwolke f; IT nor informatic Cloud f
'noră F̅ Schwiegertochter f
nord N̅ Norden m
'nordic ADJ nordisch; nördlich
nor'ma V̅T̅ norm(ier)en
nor'mal ADJ normal
normali'za V̅T̅ normalisieren
norma'tiv ADJ normativ
'normă F̅ Norm f; ~ europeană Euronorm f
no'roc A̅ N̅ Glück n B̅ INT prosit, zum
Wohl!; la strănut Gesundheit!
noro'cos ADJ glücklich
no'roi N̅ Dreck m, Matsch m
noro'ios ADJ matschig
no'ros ADJ wolkig
Nor'vegia F̅ Norwegen n
norvegi'an A̅ A̅ ADJ norwegisch B̅ M̅,
norvegi'ancă F̅ Norweger(in) m(f)
nos'talgic A̅ ADJ nostalgisch B̅ M̅,
nos'talgică F̅ Nostalgiker(in) m(f)
nostal'gie F̅ Sehnsucht f; Heimweh n
'nostim ADJ niedlich; hübsch
'nostru M/N SG unser(e)
'noștri MPL unsere
no'ta V̅T̅ notieren; benoten
no'tabil ADJ bemerkenswert
notabili'tate F̅ bekannte Persönlichkeit f; notabilități Prominente pl
no'tar M̅ Notar m
notari'at N̅ Notariat n
'notă F̅ Note f; ~ de plată Rechnung f;
~ de subsol Fußnote f; ~ medie
Durchschnittsnote f

notifi'ca V̅T̅ bekanntgeben, anzeigen
notifi'care F̅ Bekanntgabe f
no'tiță F̅ Notiz f
notorie'tate F̅ Berühmtheit f
no'toriu ADJ notorisch
noți'une F̅ Begriff m; ~ a timpului
Zeitgefühl n; noțiuni elementare Abc
n
nou ADJ neu; din ~ von Neuem; wieder
'noua F̅ neu; a ~ die neunte
'Noua Zee'landă F̅ Neuseeland n
no'uar M̅ Neuner m (im Kartenspiel)
'nouă A̅ PRON uns B̅ N̅ UM neun; ~ mii
neuntausend; ~ sute neunhundert
'nouălea NUM neunte(r, s)
'nouăsprezece NUM neunzehn
'nouăzeci NUM neunzig
nou-năs'cut M̅ Neugeborene(s) n
nou-no'uț ADJ nagelneu
nou'tate F̅ Neuheit f; Neuigkeit f
nova'tor ADJ innovativ
no'vice M̅ Neuling m
'noxă F̅ MED Noxe f; Schädlichkeit f
nu ADV nein; ~ numai nicht nur
nuan'ța V̅T̅ nuancieren, schattieren;
păr tönen
nu'anță F̅ Nuance f
nuc M̅ Nussbaum m
'nucă F̅ Nuss f; ~ de caju Cashewkern
m; ~ de cocos Kokosnuss f
nucle'ar ADJ nuklear, Kern...
nuc'șoară F̅ Muskat m
nud A̅ ADJ nackt B̅ N̅ Akt m
nu'dism N̅ Freikörperkultur f, FKK f
nudi'tate F̅ Nacktheit f
'nufăr M̅ Seerose f
nu'ga F̅ Nougat m/n
nu'ia F̅ Gerte f

nul ADJ ~ și neavenit null und nichtig
nuli'tate F̅ Nichtigkeit f
'numai ADV nur, bloß; nu ~ ... ci și
nicht nur ... sondern auch
numaide'cât ADV sofort; unbedingt
'număr N̅ Zahl f, Anzahl f; Größe f;
Nummer f; ~ de cameră Zimmernummer f; ~ de comandă Bestellnummer
f; ~ de cont Kontonummer f; ~ de
fax Faxnummer f; ~ de interior Durchwahl f; ~ de înmatriculare Autonummer f, Kennzeichen f; ~ de telefon Telefonnummer f; ~ de telefon fix Festnetznummer f; ~ de urgență Notruf-

N

nummer f; ~ de zbor Flugnummer f;
~ul telefonului mobil Handynummer f
numă'ra V/T zählen
numără'toare F Abzählreim m; ~ inversă Countdown m
numără'tor M Zähler m
'nume M Name m; ~ de botez Vorname m; ~ de familie Familienname m; ~le de fată Mädchenname m; ~ propriu Eigenname m; IT ~ utilizator Benutzerkennung f; a lua în ~ de rău übel nehmen
nume'ral N Zahlwort n; ~ ordinal Ordinalzahl f
nume'rar N Bargeld n
nu'meric ADJ numerisch
nume'ros ADJ zahlreich
numero'ta V/T nummerieren
nu'mi A V/T benennen, (er)nennen B V/R a se ~ heißen
nu'mire F Ernennung f
numis'matică F Numismatik f
nu'mit ADJ genannt; ernannt
numi'tor M Nenner m
nun'taş(ă) M(F) Hochzeitsgast m
'nuntă F Hochzeit f; ~ de argint Silberhochzeit f
nupţi'al ADJ Hochzeits...
nur M Reiz m; Anmut f
'nurcă F Nerz m
nu'treţ N Futter n
nu'tri V/T ernähren; fig hegen
nutri'tiv ADJ nahrhaft
nu'triţie F Ernährung f
nutriţio'nist(ă) M(F) Ernährungsberater(in) m(f)
nu've|lă F Novelle f

O

o A ART eine B PRON sie, es
'oacheş umg ADJ brünett
'oaie F Schaf n
'oală F Topf m; ~ de fiert sub presiune Dampfkochtopf m
'oară F Mal n; a câta ~ das wievielte

Mal
'oare ADV wohl, denn
oare'care PRON irgendein(e)
oare'ce INDEF PR irgendwas
oare'cine INDEF PR irgendwer
oare'cum ADV irgendwie
'oaspete M Gast m; ~ de onoare Ehrengast m
'oaste F Heer n
o'ază F Oase f
obâr'şie F Ursprung m, Abstammung f
obedi'ent ADJ gehorsam
obedi'enţă F Gehorsam m
obe'lisc N Obelisk m
o'bez ADJ dickleibig
obezi'tate F Fettleibigkeit f
obi'cei N Gewohnheit f; (Ge)brauch m; de ~ meistens, gewöhnlich; a avea ~ul să faci ceva die Gewohnheit haben etw zu tun
obi'ect N Gegenstand m; SCHULE Fach n; ~ zburător neidentificat UFO n; ~e de valoare Wertsachen fpl; ~e găsite Fundsachen fpl
obiec'ta V/T einwenden
obiec'tiv A ADJ objektiv B N FOTO Objektiv n; FOTO ~ panoramic Weitwinkelobjektiv n; ~ turistic Sehenswürdigkeit f
obiectivi'tate F Sachlichkeit f
obi'ecţie F Einwand m
obişnu'i V/R a se ~ cu ceva sich an etw gewöhnen
obişnu'inţă F Gewohnheit f
obişnu'it ADJ üblich, gewöhnlich
oblădu'ire F Schutz m
'oblic ADJ schräg, schief
obli'ga V/T verpflichten
obligativi'tate F Verpflichtung f
obliga'toriu ADJ obligatorisch
obli'gaţie F Pflicht f; FIN Wertpapier n; ~ de înregistrare Meldepflicht f
oblo'ji V/T fig versorgen, betreuen
o'blon N Fensterladen m
'oblu ADJ ebenmäßig, gerade
o'boi N Oboe f
obo'seală F Müdigkeit f
obo'si V/I müde werden
obo'sit ADJ müde
obosi'tor ADJ ermüdend
o'braz M Wange f, Backe f

o'braznic ADJ frech
obrăznicá'tură F umg freches Wesen n
obrăzni'ci VR a se ~ frech werden
obrăzni'cie F Frechheit f
obs. ABK (= observație) Anm. (Anmerkung)
ob'scen ADJ obszön
obsceni'tate F Obszönität f
ob'scur ADJ dunkel; fig unklar
obscuran'tism N Obskurantismus m
obscuri'tate F Obskurität f
obse'da VT verfolgen
obse'dat ADJ besessen; a fi ~ de o idee von einer Idee besessen sein
obser'va VT (be)merken; beobachten
obser'vabil ADJ beobachtbar
observa'tor A M, observa'toare F Beobachter(in) m(f) B N ~ astronomic Sternwarte f
obser'vație F Bemerkung f; Anmerkung f; Beobachtung f
ob'stacol N Hindernis n
obs'tetrică F Geburtshilfe f
obsti'nație F Eigensinn m
obstruc'tiv ADJ obstruktiv
ob'strucție F Obstruktion f
obstrucțio'na A VR MED a se ~ sich verstopfen B VT SPORT hemmen, hindern
ob'ștesc ADJ (all)gemein, öffentlich
obtu'ra VT verschließen, verstopfen
obtura'tor N FOTO Kameraverschluß m
obtu'rație F MED Füllung f
ob'tuz ADJ GEOM stumpf
ob'ține VT erhalten; erlangen
o'buz N Artilleriegeschoss n
o'cară F Schmach f; vorbă f de ~ Schimpfwort n
oca'rină F MUS Okarina f
o'cazie F Gelegenheit f; Anlass m
ocazio'nal ADJ gelegentlich
ocă'rî VT (be)schimpfen
occi'dent N Westen m
occiden'tal ADJ westlich
occipi'tal ADJ ANAT Hinterhaupts...
o'cean N Ozean m
o'ceanic ADJ Meeres...
oceanolo'gie F Meereskunde f
o'cheadă F koketter Blick m
o'chean N Fernrohr n

oche'lari MPL Brille f; ~ de schi Skibrille f; ~ de soare Sonnenbrille f; ~ de zăpadă Schneebrille f
ochi[1] A N Auge n; ou ~ GASTR Spiegelei n B N Masche f
o'chi[2] VI zielen
o'chios ADJ mit großen, schönen Augen
o'cluzie F Verschluss m
'ocnă F Salzbergwerk n; hist Straflager n
o'col N Umweg m; Rundgang m; ~ silvic Revier n
oco'li VT umkreisen, umgehen, umfahren
oco'lire F Umleitung f
oco'liș N fără ~uri ohne Umschweife
ocoli'tor ADJ umgehend, Umgehungs...
ocro'ti VT beschützen
ocro'tire F Schutz m
ocroti'tor ADJ schützend
'ocru ADJ ocker
octa'edru N GEOM Achtflächner m
oc'tanic ADJ CHEM cifră f ~ă Oktanzahl f
oc'tavă F MUS, LIT Oktave f
oc'tet A M MUS Oktett n B N IT Byte n
octoge'nar(ă) M(F) Achtzigjährige(r) m/f(m)
octo'gon N Achteck n
oc'tombrie M Oktober m
ocu'lar ADJ Augen...
ocu'list(ă) M(F) Augenarzt m, Augenärztin f
o'cult ADJ verborgen, heimlich
ocul'tism N Okkultismus m
ocu'pa VT besetzen; einnehmen; beschäftigen
ocu'pant(ă) M(F) Okkupant(in) m(f)
ocu'pat ADJ besetzt; beschäftigt
ocu'pație F Beschäftigung f; MIL Besetzung f; ~ în timpul liber Freizeitbeschäftigung f
o'daie reg F Zimmer n
o'dată ADV einmal, einst
'odă F Ode f
o'dihnă F Ruhe f; Erholung f
odih'ni VR a se ~ sich ausruhen, sich erholen
odih'nit ADJ ausgeruht

O

odihni'tor ADJ erholsam
odini'oară ADV einst
odi'os ADJ abscheulich; grässlich
odi'see F Odyssee f
o'dor N Geruch m, Duft m
odori'zant N Duftspender m
o'draslă F Spross m, Sprößling m
oenolo'gie F Önologie f
of INT oh je
ofen'sa VT beleidigen
ofensa'tor ADJ beleidigend
o'fensă F Beleidigung f
ofen'sivă F Offensive f
ofe'ri A VT (an)bieten B VR a se ~
sich anbieten; *sansă* sich ergeben
o'fertă F Angebot n; ~ de serviciu
Stellenangebot n; ~ last-minute Last-
-Minute-Angebot n; ~ specială Sonderangebot n
'offline ADV IT offline
ofici'a VT REL zelebrieren
ofici'al ADJ offiziell
oficiali'tate F offizielle Person f
oficiali'za VT amtlich bestätigen
o'ficiu N Amt n; ~ de asistență socială Sozialamt n; ~ de turism Fremden-
verkehrsbüro n; ~ poștal Postamt n;
~l stării civile Standesamt n
ofi'li VR a se ~ (ver)welken
ofi'lit ADJ verwelkt, welk
ofi'țer M Offizier m; ~ al stării civile
Standesbeamter(r) m
o'frandă F Opfer n
'ofsaid N SPORT Abseits n
'ofset N Offsetdruck m
of'ta VI seufzen
of'talmic ADJ Augen..., ophtalmisch
oftalmo'log(ă) M|F Augenarzt m, Au-
genärztin f
oftalmolo'gie F Augenheilkunde f
of'tat N Seufzer m
ofti'cat umg ADJ mürrisch
ofus'ca umg VR a se ~ es übelnehmen
o'gar M Windhund m
o'givă F ARCH Spitzbogen m; MIL
Sprengkopf m
o'glindă F Spiegel m; ~ exterioară
Außenspiegel m; ~ retrovizoare Rückspiegel m
oglin'di VR & VII a (se) ~ sich widerspiegeln
o'gor N Acker m

o'gradă F (Bauern)Hof m
o'ier M Schäfer m
'oină F (Ball)Spiel n
'oiște F Deichsel f
'ojă F Nagellack m
O'landa F Holland f
olan'dez A ADJ holländisch B M,
olan'deză F Holländer(in) m(f)
o'lar M Töpfer m
olă'rie F Töpferei f
o'leacă umg ADV ein bisschen
olfac'tiv ADJ olfaktorisch
oli'garh M Oligarch m
oligar'hie F Oligarchie f
olimpi'adă F Olympiade f
o'limpic A ADJ olympisch B M Olym-
piateilnehmer m
o'liță F umg Nachttopf m
o'liv ADJ INV olivgrün
o'log ADJ lahm
om M Mensch m; Mann m; ~ de afaceri
Geschäftsmann m; om de știință Wissenschaftler m; om de zăpadă Schneemann m; om politic Politiker m
omagi'a VT huldigen
o'magiu N Huldigung f
o'măt reg M Schnee m
ombi'lic N ANAT Nabel m
ombili'cal ADJ ANAT Nabel...
ome'nesc ADJ, **ome'nește** ADV
menschlich
ome'nie F Menschlichkeit f
ome'nire F Menschheit f
ome'nos ADJ menschlich
o'midă F Raupe f
omisi'une F Auslassung f
o'mite VT auslassen, unterlassen
om'letă F Omelett n
omnipo'tent ADJ allmächtig
omnipre'zent ADJ allgegenwärtig
omnipre'zență F Allgegenwart f
omnisci'ent ADJ allwissend
omni'vor ADJ allesfressend
omo'gen ADJ homogen
omogeni'tate F Homogenität f
omogeni'za VT homogenisieren
omo'log A ADJ entsprechend B M,
omo'loagă F (Amts)Kollege m,
(Amts)Kollegin f
omolo'ga VT homologieren
omolo'gare F Homologierung f
omo'nim A ADJ homonym B N Ho-

monym n
omo'plat N̄ Schulterblatt n
o'mor N̄ Totschlag m, Mord m
omo'rî A V̄T töten, ermorden B V̄R **a se ~ după** umg sich reißen um
omu'cidere Ē Tötung f
omu'leţ M̄ Männchen n
omu'șor N̄ ANAT (Gaumen)Zäpfchen n
ona'nie Ē Onanie f
ona'nist M̄ Onanist m
onco'log(ă) M̄F̄ Onkologe m(f)
oncolo'gie Ē Onkologie f
onctu'os ADJ sämig, cremig; fig salbungsvoll
onctuozi'tate Ē Öligkeit f; fig Schmierigkeit f
ondu'lat ADJ gewellt
ondula'tor N̄ Lockenstab m
ondula'toriu ADJ Wellen...
ondu'laţie Ē Welle f
one'ros ADJ aufwändig; entgeldlich
o'nest ADJ ehrlich
onesti'tate Ē Ehrlichkeit f
o'niric ADJ Traum...
o'nix N̄ MINER Onyx m
'online ADV IT online
o'noare Ē Ehre f
ono'mastică Ē Namenstag m
onomato'pee Ē Onomatopöie f
o'nor N̄ Ehre f; Ehrerweisung f
ono'ra V̄T ehren
ono'rabil ADJ ehrbar
onorabili'tate Ē Ehrbarkeit f
ono'rant ADJ ehrend
ono'rariu N̄ Honorar n
ono'rat ADJ geehrt
onori'fic ADJ ehrenamtlich
ontolo'gie Ē Ontologie f
'ONU Ē ABK (= Organizaţia Naţiunilor Unite) UNO f (Organisation der Vereinten Nationen)
o'pac ADJ undurchsichtig
opacifi'a V̄R **a se ~** undurchsichtig werden
opaci'tate Ē Undurchsichtigkeit f
o'pal N̄ Opal m
opă'ri V̄T verbrühen, (ab)brühen
opă'rire Ē Abbrühen n
ope'ra V̄T operieren
ope'rant ADJ wirkend
opera'tiv ADJ effektiv
operativi'tate Ē Effektivität f

opera'tor M̄ Kameramann m; Chirurg m
ope'raţie Ē Operation f; Verfahren n
operaţio'nal ADJ einsatzbereit
'operă Ē Werk n; MUS Oper f; **~ de artă** Kunstwerk n; **~ postumă** Nachlass m
ope'retă Ē MUS Operette f
opi'na V̄T meinen
o'pincă Ē Opanke f (traditioneller Schuh)
o'pinie Ē Meinung f
opin'ti V̄R **a se ~** sich anstrengen
'opiu N̄ Opium n
oplo'și V̄R **a se ~** Unterschlupf suchen
opor'tun ADJ angebracht
oportu'nism N̄ Opportunismus m
oportuni'tate Ē Zweckmäßigkeit f; Gelegenheit f
opo'zabil ADJ entgegenhaltend, widersetzend
opo'zant(ă) M̄F̄ Opponent(in) m(f)
opo'ziţie Ē Opposition f; Gegensatz m
o'prelişte Ē Verbot n; fig Hindernis n
opresi'une Ē Unterdrückung f
opre'siv ADJ unterdrückend
opre'sor A ADJ unterdrückend B M̄,
opre'soare Ē Unterdrücker(in) m(f)
o'pri A V̄T anhalten, (auf)halten; abstellen; zurückhalten; verbieten B V̄R **a se ~** halten; stehen bleiben; aufhören
opri'ma V̄T unterdrücken
o'prire Ē Haltestelle f; Aufenthalt m; **~a interzisă** Halteverbot n
opri'tor N̄ Bremsvorrichtung f
opt NUM acht; **opt sute** achthundert; **opt şi jumătate** achteinhalb
'opta¹ Ē achte(r, s)
op'ta² V̄I sich entscheiden
opta'tiv A ADJ GRAM Wunsch... B N̄ GRAM Optativ m
'optic ADJ optisch
'optică Ē Optik f
optici'an(ă) M̄F̄ Optiker(in) m(f)
op'tim ADJ optimal
op'time Ē Achtel n
opti'mist A ADJ optimistisch B M̄,
opti'mistă Ē Optimist(in) m(f)
optimi'za V̄T optimieren
optimi'zare Ē Optimierung f
'optsprezece NUM achtzehn
'optulea M̄N̄ achte(r, s)
opt'zeci NUM achtzig

O

opţio'nal ADJ Wahl...
opţi'une F Option f, Wahl f
opu'lent ADJ üppig
opu'lenţă F Opulenz f
o'pune A VIT entgegensetzen, gegenüberstellen B VIR a se ~ sich widersetzen
o'pus ADJ entgegengesetzt
'or KONJ nun (aber)
o'racol N Orakel n
oracu'lar ADJ orakelhaft
o'ral ADJ mündlich
o'ranj ADJ orange(farben)
oran'jadă F Orangeade f
o'rar N Stundenplan m; Öffnungszeiten pl; ~ de iarnă Winterfahrplan m; ~ de lucru Arbeitszeit f; ~ flexibil gleitende Arbeitszeit, Gleitzeit f
o'raş N Stadt f; ~ înfrăţit Partnerstadt f; ~ natal Heimatstadt f; ~ portuar Hafenstadt f
ora'tor M, **ora'toare** F Redner(in) m(f)
ora'toric ADJ oratorisch
'oră F Stunde f; **ora locală** Ortszeit f; **ora sosirii** Ankunftszeit f; **oră de vară** Sommerzeit f; ~ de vârf Hauptverkehrszeit f; **ore de serviciu** Dienstzeit f, Dienststunden fpl; **ore suplimentare** Überstunden fpl; **la ce** ~ um wie viel Uhr
oră'şean M, **oră'şeancă** F Städter(in) m(f)
oră'şenesc ADJ städtisch
orându'i VIT anordnen
orându'ială F Anordnung f
orându'ire F Ordnung f
orb ADJ blind
orbecă'i VI im Dunkeln tappen
or'beşte ADV blindlings
or'bi VI erblinden
or'bire F Erblinden n
orbi'tal ADJ den Orbit betreffend; MED zur Augenhöhle gehörend
'orbită F Augenhöhle f; ASTROL Umlaufbahn f; ~ terestră Erdumlaufbahn f
orbi'tor ADJ blendend; fig verblendend
orches'tra VIT MUS für Orchester bearbeiten, instrumentieren
orches'traţie F MUS Orchestrierung f
or'chestră F MUS Orchester n; ~ simfonică Sinfonieorchester n

'ordin N Befehl m; Auftrag m; BIOL Ordnung f; ~ călugăresc/monahal Orden m; ~ de plată Zahlungsanweisung f
ordi'nal ADJ Oridinal...
ordi'nar ADJ ordinär, gemein
'ordine F Ordnung f; Reihenfolge f; ~ socială Gesellschaftsordnung f
ordo'na VIT befehlen; (an)ordnen
ordo'nanţă F Anordnung f, Verordnung f
ordo'nat ADJ ordentlich
ore'gano M Oregano m
ore'ion N Mumps m
ore'list(ă) M(F) Hals-Nasen-Ohrenarzt m, Hals-Nasen-Ohrenärztin f
o'rez N Reis m; ~ cu lapte Milchreis m
oreză'rie F Reisanbaugebiet n
or'fan(ă) M(F) Waise f
orfeli'nat N Waisenhaus n
or'gan N Organ n; ~ senzorial Sinnesorgan n
or'ganic ADJ organisch
organi'gramă F Organigramm n
orga'nism N Organismus m
orga'nist(ă) M(F) Organist(in) m(f)
organi'za VIT organisieren
organi'zare F Organisierung f, Veranstaltung f
organiza'tor M, **organiza'toare** F Organisator(in) m(f), Veranstalter(in) m(f); PFLEGE, MED ~ de medicamente Tablettenportionierer m
organi'zaţie F Organisation f; ~ neguvernamentală Nichtregierungsorganisation f
or'gasm N Orgasmus m
'orgă F Orgel f
or'gie F Orgie f
orgoli'os ADJ hochmütig
or'goliu N Hochmut m
orhi'dee F Orchidee f
ori KONJ oder; ~ ... ~ entweder ... oder
o'ribil ADJ abscheulich, scheußlich
ori'care PRON jede(r, s); wer auch immer
ori'ce PRON jede(r, s); was auch immer
ori'cine PRON jeder; wer auch immer
ori'când ADV jederzeit
ori'cât PRON & ADV wie viel auch immer
ori'cum ADV sowieso; ohnehin
ori'ent N Orient m, Osten m; **Orientul**

Apropiat Nahost
orien'ta VR a se ~ sich orientieren
orien'tabil ADJ verstellbar, einstellbar
orien'tal ADJ orientalisch
orienta'list(ă) MF Orientalist(in) m(f)
orienta'listică F Orientalistik f
orien'tare F Orientierung f; Einstellung f
orienta'tiv ADJ orientativ
ori'ficiu N Öffnung f
origi'nal A ADJ original; originell B N Original n
originali'tate F Originalität f
origi'nar ADJ ursprünglich; gebürtig
o'rigine F Ursprung m, Herkunft f
oripi'la VT j-m den Nerv töten
oripi'lant ADJ nervenaufreibend
ori'unde ADV wo auch immer; überall
ori'zont N Horizont m
orizon'tal ADJ horizontal, waagerecht
ORL ABK (= otorinolaringologie) MED HNO-Heilkunde f
or'na VT schmücken, verzieren
orna'ment N Schmuck m, Verzierung f
ornamen'tal ADJ ornamental
ornamen'taţie F Ornamentik f
or'nat ADJ Ornat m/n
'ornic N Wanduhr f
ornito'log(ă) MF Ornithologe m, Ornithologin f
ornitolo'gie F Vogelkunde f, Ornithologie f
o'roare F Abscheu m, Horror m
oro'logiu N Turmuhr f
orop'si VT unterdrücken
orop'sit ADJ unterdrückt
o'rori FPL Gräuel pl
or'tac M (Weg)Gefährte m
ortodon'ţie F Zahnregulierung f
orto'dox ADJ orthodox
ortogra'fie F Rechtschreibung f
orto'ped(ă) MF MED Orthopäde m, Orthopädin f
ortope'die F MED Orthopädie f
orz N, **or'zoaică** F BOT Gerste f
os N Knochen m, Bein n; **os de peşte** (Fisch)gräte f
osa'na F Lobpreisung f
osa'tură F Knochenbau m
o'sândă reg F Strafe f
osân'di reg VT verurteilen

osci'la VI schwingen; schwanken
osci'lant ADJ schwankend
oscila'toriu ADJ Schwing(ungs)...
osci'laţie F Oszillation f
ose'minte NPL Gebeine npl
'osie F Achse f
os'moză F Osmose f
o'sos ADJ knochig
ospă'ta VT bewirten
ospă'tar M, **ospătăriţă** F Kellner(in) m(f)
os'păţ N Gelage n
os'piciu N Hospiz
ospitali'er ADJ gastfreundlich
ospitali'tate F Gastfreundschaft f
os'taş M Soldat m
os'tatic M Geisel f
oste'neală F Mühe f; Müdigkeit f; **a-şi da osteneala** sich bemühen
oste'ni VI ermüden
oste'nit ADJ müde
ostenta'tiv ADJ ostentativ
osten'taţie F Zurschaustellen n
osteopa'tie F Osteopathie f
osteopo'roză F Osteoporose f
'ostie F Hostie f
os'til ADJ feindlich
ostili'tate F Feindseligkeit f
ostraci'za VT ächten
ostro'pel N Hühnerfleischgericht mit Knoblauch n
'ostrov N (Fluss)Insel f
oş'tean M Soldat m
oş'tire F Heer n
otită F Mittelohrentzündung f
o'travă F Gift n
otră'vi VT vergiften
otrăvi'tor ADJ giftig
o'treapă F Wisch-, Scheuerlappen m; fig pej Waschlappen m
oţă'rât ADJ wütend, zornig; traurig
oţă'rî umg VR a se ~ wütend werden
o'ţel N Stahl m
oţelă'rie F Stahlwerk n
o'ţet N Essig m
oţe'ti VR a se ~ sauer werden a. fig
ou N Ei n; **ou de Paşte** Osterei n; **ou ecologic** Bioei n, Ökoei n
'outsider M Aussenseiter m
o'val A ADJ oval B N Oval n
ovali'za VR TECH a se ~ oval werden
o'var N Eierstock m

O

ovari'an ADJ Eierstock...
ovariecto'mie F̄ Ovariotomie f
o'vație F̄ Ovation f
ovați'ona V̄T j-m zujubeln
o'văz N̄ Hafer m
o'vul N̄ BIOL Eizelle f
ovu'lație F̄ BIOL Eisprung m
o'xid M̄ CHEM Oxid n
oxi'da V̄T & V̄R CHEM a (se) ~ oxidieren
oxi'dare F̄ CHEM Oxidation f
oxi'gen N̄ CHEM Sauerstoff m
oxige'na V̄T & V̄R a (se) ~ sich die Haare bleichen
oxige'nat ADJ CHEM mit Sauerstoff angereichert; umg gebleicht
oximo'ron N̄ LIT Oxymoron n
oxi'ur M̄ MED Madenwurm m
OZN N̄ ABK (= obiect zburător neidentificat) UFO n (unbekanntes Flugobjekt)
o'zon N̄ CHEM Ozon n

P

pa ĪNT tschüs(s)!
'pace F̄ Frieden m; Ruhe f
pache'bot N̄ Passagierschiff n
pa'chet N̄ Paket n; ~ de primăvară Frühlingsrolle f; ~ de țigări Zigarettenschachtel f; IT ~ de utilitare Toolbox f
pache'tel N̄ Päckchen n
paci'ent(ă) M̄F̄ Patient(in) m(f)
pa'cific ADJ Oceanul n Pacific Pazifik m
pacifi'ca V̄T befrieden; fig beruhigen
pacifica'tor A ADJ friedenstiftend B M̄, pacifica'toare F̄ Friedenstifter(in) m(f)
paci'fist(ă) M̄F̄ Pazifist(in) f
'pacoste reg F̄ Unglück n
pact N̄ Pakt m
pacti'za V̄Ī paktieren
pa'delă F̄ Paddel n
pa'doc N̄ PFERDE (umzäunter) Auslauf m
paf ĪNT offf
paf'ta F̄ (Gürtel)Schnalle f

p(ag). ABK (= pagină) S. (Seite)
pagi'na V̄T paginieren
'pagină F̄ Seite f; IT pagina principală Homepage f, Startseite f; IT ~ web Webseite f; Pagini Aurii Branchenverzeichnis n; prima ~ Titelseite f
pa'godă F̄ Pagode f
pagu'bă F̄ Schaden m
pa'har N̄ Glas n, Becher m; ~ gradat Messbecher m; ~ pentru apă Wasserglas n; ~ pentru vin Weinglas n
pai N̄ Strohhalm m
pa'iață F̄ Clown m
'paie NPL Stroh n
pa'ietă F̄ Paillette f
paispreze'ce NŪM vierzehn
'paisprezecelea NŪM vierzehnte m
paj M̄ Page m
pa'jiște F̄ Wiese f
'pajură F̄ (Königs)Adler m; fig Wappen n
pakista'nez A ADJ pakistanisch B M̄, pakista'neză F̄ Pakistani(n) m(f)
pal ADJ bleich, fad
PAL (placă aglomerată din lemn) ABK Spanplatte f
pa'lat N̄ Palast m; ANAT Gaumen m
pala'tal ADJ palatal
palatali'zare F̄ LING Palatalisierung f
palavra'gioaică F̄ umg Schwätzerin f
palavra'giu M̄ Schwätzer m
pa'lavră F̄ Palaver n
'pală F̄ (Heu)Gabel f
paleocreș'tin ADJ frühchristlich
paleogra'fie F̄ Paläographie f
palestini'an A ADJ palästinensisch B M̄, palestini'ană F̄ Palästinenser(in) m(f)
pa'letă F̄ Palette f; ~ de tenis de masă Tischtennisschläger m
palia'tiv N̄ MED Palliativum n
'palid ADJ blass, bleich
palidi'tate F̄ Blässe f
pali'er N̄ (Treppen)Flur m; Lager n
pa'lincă F̄ Schnaps m
pali'sadă F̄ Palisade f
palma'res N̄ Siegerliste m
'palmă F̄ Handfläche f
palmi'er M̄ Palme f
pa'loare F̄ Blässe f
pal'pa V̄T abtasten

pal'pabil ADJ greifbar; fig konkret

palpi'ta VII zucken, zittern; schlagen

palpi'tant ADJ spannend, atemberaubend

palpi'tație F Herzklopfen n

pal'ton N Mantel m; ~ de blană Pelzmantel m

pam'flet N Pamphlet n

pana'ceu N Allheilmittel n

pana'ramă F → panoramă

'pană F Feder f; TECH Keil m; AUTO Panne f; ~ de cauciuc Reifenpanne f; ~ de curent Stromausfall m; ~ de motor Motorschaden m

pan'cartă F Plakat n

pancre'as N ANAT Bauchspeicheldrüse f

pancrea'tită F MED Bauchspeicheldrüsenentzündung f

'panda MINV ZOOL Pandabär m

pan'dant N Gegenstück n

pandan'tiv N Anhänger m

pande'mie F MED Pandemie f

pandiș'pan N GASTR Biskuit m/n

pa'né ADJ GASTR paniert

pa'nel N Paneel n

pangli'car M Gauner m

'panglică F Band n

pani'ca VR a se ~ in Panik geraten

pani'cat ADJ in Schrecken versetzt

'panică F Panik f

panifi'cație F GASTR Brotbacken n

pano'ramă F Panorama n; umg Spektakel n

pano'ramic ADJ Panorama...

pa'nou N Schild n, Tafel n; ~ solar Solarzelle f; ~ solar termic Sonnenkollektor m

pan'sa VII MED, PFLEGE verbinden

pansa'ment N MED, PFLEGE Verband m; a schimba ~ul den Verband wechseln

pan'sea F, panse'luță F Stiefmütterchen n

pan'seu N Gedanke m

pansla'vism N Panslavismus m

panta'loni MPL Hose f; ~ de jogging Jogginghose f

'pantă F Abhang m

pan'teră F Panther m

pan'tof M Schuh m; ~ de gimnastică Turnschuh m; ~i cu toc Stöckelschuhe

mpl; ~i cu toc înalt Pumps mpl

panto'graf N Pantograph m

panto'mim M Pantomime m

panto'mimă F Pantomimin f

papa'gal M Papagei m

pa'paia N Papaya f

pa'pal ADJ päpstlich

papa'naș M GASTR (Gries-, Käse)Klößchen n

pa'pară F GASTR Armer Ritter m; a mânca ~ ausgeschimpft werden

'papă M Papst m

papetă'rie F Schreibwarengeschäft n

pa'pilă F Warze f

papi'on N MODE Fliege f

pa'pirus N Papyrus m

pa'puc M Hausschuh m

'papură F (Schilf)Rohr n

par A ADJ MATH gerade B M Pfahl m

pa'ra VII abwehren, abfangen

pa'rabil ADJ abwehrbar

pa'rabolă F Parabel f, Gleichnis n

para'bolic ADJ parabolisch

pa'radă F Parade f; parada hiturilor Hitparade f; parada modei Modenschau f

para'digmă F Paradigma n

para'dis N Paradies n

para'dox N Paradox(on) n

parado'xal ADJ paradox

para'fa VII paraphieren, unterzeichnen

pa'rafă F Stempel m

para'fină F Paraffin n

parafra'za VII umschreiben

para'frază F Paraphrase f

pa'ragină F Verfall m; Ruine f

para'graf N Paragraf m, Absatz m

para'lel ADJ parallel

para'lelă F Parallele f

paralelipi'ped N GEOM Parallelflach n

paralelo'gram N GEOM Parallelogramm n

para'litic M Gelähmter m

parali'za A VII gelähmt werden B VII fig lähmen

parali'zat ADJ gelähmt

parali'zie F Lähmung f

para'medic M MED Sanitäter m

para'metru M Parameter m

paramili'tar ADJ halbmilitärisch

para'noia F Paranoia f

P

para'noic ADJ paranoid
paranor'mal ADJ übersinnlich
paran'tetic ADJ in Klammern
paran'teză F Klammer f
para'pantă F Fallschirm m
para'pet N Brüstung f
paraple'gie F Paraplegie f
parapsiholo'gie F Parapsychologie f
parasco'venie F Psse f; Lappalie f
paraso'lar N Sonnenschutz m
paras'tas N Seelenmesse f
para'șută F Fallschirm m
parașu'tism N Fallschirmspringen n
parașu'tist(ă) MF Fallschirmspringer(in) m(f)
para'trăsnet N Blitzableiter m
para'van N spanische Wand f
para'zăpadă F Schneefang m
para'zit M Parasit m, Schmarotzer m
'pară F Birne f
parazi'ta VT schmarotzen
parazi'tar ADJ parasitär
pa'râmă F Schiffstau n
par'briz N Windschutzscheibe f
parc N Park m; ~ de distracții Freizeitpark m, Vergnügungspark m; ~ natural Naturpark m; ~ național Nationalpark m
par'ca VT (ein)parken
par'care F Parken n; Parkplatz m; ~ păzită bewachter Parkplatz m; ~ pe autostradă Rastplatz m
'parcă KONJ als ob
parce'la VT in Parzellen zerlegen
par'celă F Parzelle f
par'chet N Parkett n
parcimoni'os ADJ geizig
parco'metru N Parkuhr f
par'curge VT zurücklegen
par'curs N pe ~ unterwegs
parde'siu N (leichter) Mantel m
par'don INT ~! Pardon!
pardo'seală F Pflasterung f
pardo'si VT mit Fliesen belegen
paren'tal ADJ elterlich
pa'reză F MED Parese f
par'fum N Parfüm n, Duft m
parfu'ma VT parfümieren
parfume'rie F Drogerie f
pari'a VT wetten
pari'tate F Parität f
pa'riu F Wette f

pa'rizer N Lyonerwurst f
parizi'an A ADJ pariserisch B M, parizi'ancă F Pariser(in) m(f)
parla'ment N Parlament n; ~ european Europaparlament n
parlamen'tar(ă) MF Parlamentarier(in) m(f)
parme'zan N Parmesan f
parodi'a VT parodieren
pa'rodic ADJ parodistisch
paro'die F Parodie f
parodon'toză F Parodontose f
pfa'roh M (Gemeinde)Pfarrer m
paro'hie F REL (Pfarr)Gemeinde f
pa'rolă F Kennwort n, Passwort n
paro'list A ADJ zuverlässig B M, paro'listă F Mann m/Frau f von Wort
paro'nim N LING Homonym n
paro'xism N MED Paroxysmus m
par'șiv umg ADJ niederträchtig
par'taj N (Auf)Teilung f
parta'ja VT (auf)teilen
'parte F Teil m, Anteil m; Seite f; ~ a corpului Körperteil m; ~ adversă Gegenseite f; ~ componentă Bestandteil m; ~ de jos Unterteil n/m; ~ de sus Oberteil n/m; ~ din spate Hinterseite f; a lua ~ (la) teilnehmen (an); de ~asta diesseits; de ~a cealaltă jenseits; în ~ teilweise; pe de o ~ einerseits; pe de altă ~ andererseits
parte'ner(ă) MF Partner(in) m(f); ~ de chat Chatpartner; ~ de coaliție Koalitionspartner m; ~ de discuție Gesprächspartner m
parteneri'at N Partnerschaft f
par'ter N Erdgeschoss n
partici'pa VT teilnehmen (la an)
partici'pant(ă) MF Teilnehmer(in) m(f)
partici'pare F Teilnahme f; ~ la profit Gewinnbeteiligung f; ~ la vot Wahlbeteiligung f; ~ personală Selbstbeteiligung f
parti'cipiu N Partizip n
particu'lar A ADJ privat; besondere(r, s) B M Privatperson f
particulari'tate F Eigenheit f
par'ticulă F Partikel f; particule fine Feinstaub m
par'tid N Partei f; ~ de opoziție Oppositionspartei f

par'tidă F̱ Partie f; ~ de campionat Pokalspiel n; ~ de tenis Tennisspiel n; ~ de șah Schachspiel n

parti'tură F̱ MUS Partitur f

parti'zan A̱ ADJ Partisanen... Ḇ M̱, parti'zană F̱ Partisan(in) m(f)

parți'al ADV parteiisch

parțiali'tate F̱ Parteilichkeit f

parve'nire F̱ (gesellschaftl.) Aufstieg m

parve'nit M̱ Emporkömmling m

pas A̱ M̱ Schritt m; pas înapoi Rückschritt m Ḇ Ṉ (Eng)Pass m

pa'sa V̱Ṯ passen; passieren; SPORT zuspielen

pasa'ger(ă) M̱F̱ Passagier(in) m(f); Fahrgast m

pa'saj Ṉ Passage f; Überführung f; Abschnitt m; ~ de nivel Bahnübergang m; ~ subteran Unterführung f

pasa'relă F̱ Unterführung f, Überführung f

'pasămite ADV geschweige denn

'pasăre F̱ Vogel m; ~ (de curte) Geflügel n

'pască F̱ GASTR evreiască Matze f; creștinească Osterkuchen m

pa'sibil ADJ JUR ~ de amendă strafbar

pasio'nant ADJ spannend

pasio'nat ADJ leidenschaftlich

pasi'une F̱ Leidenschaft f

'pasiv ADJ passiv

'pastă F̱ Paste f; ~ de dinți Zahnpasta f, Zahncreme f; paste pl făinoase Teigwaren pl

pas'tel Ṉ Pastell n

paste'lat ADJ Pastell...

pasteuri'zat ADJ GASTR pasteurisiert

pas'tilă F̱ MED Tablette f; ~ contra tusei Hustenbonbon m/n; ~ de cărbune Kohletablette f

'pastor M̱ Pastor m

pas'tramă F̱ GASTR Pastrami n/f (geräuchertes Rindfleisch)

pașa'port Ṉ (Reise)Pass m; ~ electronic E-Pass m

'pașnic ADJ friedlich

'paște V̱Ṯ & V̱I̱ weiden

'Paști M̱ Ostern n

pat Ṉ Bett n; ~ dublu Doppelbett n; ~ pliant Klappbett n; ~ de o persoană Einzelbett n

'pată F̱ Fleck m; Klecks m; ~ hepatică Leberfleck m

pa'tent Ṉ Patent n

paten'ta V̱Ṯ patentieren

pa'tern ADJ väterlich

paterni'tate F̱ Vaterschaft f

pa'tetic ADJ pathetisch

pate'tism Ṉ Pathetik f

pa'teu Ṉ Pastete f; pate(u) de ficat Leberpastete f

'patimă F̱ Leidenschaft f; Sucht f

pati'na V̱I̱ Schlittschuh laufen; AUTO schleudern

pati'naj Ṉ Eislaufen n; ~ artistic Eiskunstlauf m

patina'tor M̱, patina'toare F̱ Schlittschuhläufer(in) m(f), Eisläufer(in) m(f)

pa'tină F̱ Schlittschuh m; ~ cu rotile Rollschuh m; patine pe role Inliner mpl, Rollerskates mpl

pati'noar Ṉ Eisbahn f

patise'rie F̱ Konditorei f

pato'gen ADJ MED krankheitserregend

patolo'gie F̱ MED Pathologie f

'patos Ṉ Pathos m

'patra F̱ vierte(r, s)

patri'arh M̱ Patriarch m

patriar'hie F̱ Patriarchie f

'patrie F̱ Vaterland n

patri'otic ADJ patriotisch

patrio'tism Ṉ Patriotismus m

pa'tron M̱, pa'troană F̱ Arbeitgeber(in) m(f), Unternehmer(in) m(f); REL Schutzheilige(r) m/f(m)

patro'naj Ṉ Protektion f

patro'nim Ṉ Familienname m

'patru NUM vier; ~ sute vierhundert

patru'la V̱I̱ patrouillieren, auf Streife gehen

patrula'ter Ṉ Viereck n

pa'trulă F̱ Streife f

'patrulea MN vierte(r, s)

patru'ped A̱ ADJ vierfüßig Ḇ Ṉ Vierfüßler m

patru'zeci NUM vierzig

'pauper ADJ arm

pauperi'za V̱Ṯ verarmen

pau'șal A̱ ADJ pauschal Ḇ Ṉ Pauschale f

'pauză F̱ Pause f; ~ de cafea Kaffeepause f; ~ de masă Brotzeit f; ~ de va-

ră Sommerpause f
pa'va V̄T pflastern
pa'vaj N̄ (Straßen)Pflaster n
pa'vat ADJ gepflastert
'pavăză F̄ Schild m; fig Schutz m
pavili'on N̄ Pavillon m; Flagge f; **~ ex-pozițional** Messehalle f
pavoa'za V̄T beflaggen; fig schmücken
'pază F̄ Aufsicht f, Schutz m; Wache f; **paza de coastă** Küstenwache f
'paznic M̄ Wächter m
pă'cat A N̄ Sünde f B INT schade!; **din ~e** leider
păcă'leală F̄ Scherz m
păcă'li A V̄T foppen, (he)reinlegen B V̄R **a se ~** (he)reinfallen
păcă'ni V̄I rattern
păcă'tos A ADJ sündhaft B M̄, **pă-că'toasă** F̄ Sünder(in) m(f); REL Schuldige(r) m/f(m)
păcătu'i V̄I sündigen
'păcură F̄ Heizöl n; Teer m
pă'duche M̄ Laus f
păduchi'os ADJ verlaust
pădu'rar M̄ Förster m
pă'dure F̄ Wald m
pă'gân A ADJ heidnisch B M̄, **pă'gâ-nă** F̄ Heide m, Heidin f
păgu'baş(ă) M(F) Geschädigte(r) m/f(m)
păgu'bi A V̄T schädigen B V̄I Schaden erleiden
păgu'bit ADJ geschädigt
păgu'bos ADJ zum Verlieren neigend
'păi INT na ja, nun
pă'ianjen M̄ Spinne f
pălă'midă F̄ 1 BOT Ackerdistel f; Krause Distel f 2 ZOOL Pelamide m
pălă'rie F̄ Hut m
pălăvră'geală F̄ Geschwätz n
pălăvră'gi V̄I schwatzen
pă'li V̄I blass werden
pălmu'i V̄T ohrfeigen
pă'lugă F̄ Bremsklotz m
pămă'tuf N̄ Rasierpinsel m
pă'mânt N̄ Erde f, Boden m; Land n; **a fi la ~** fix und fertig sein
pămân'tean ADJ, **pămân'tesc** irdisch
pămân'tiu ADJ erdfarben; fig bleich
pă'pa V̄I essen
păpă'die F̄ Löwenzahn m
păpu'şar M̄ Puppenfabrikant m; Pup-

penspieler m
pă'puşă F̄ Puppe f
păpu'şoi reg M̄ Mais m
păr¹ M̄ Haar n
păr² M̄ Birnbaum m
părăgi'nit ADJ verwahrlost
pără'si V̄T verlassen
pă'rea V̄I scheinen; **îmi pare bine** es freut mich; **îmi pare rău** es tut mir leid
pă'rere F̄ Meinung f
pă'rinte M̄ Vater m; Elternteil m; REL Priester m, Pater m
părin'tesc ADJ elterlich, väterlich
pă'rinţi MPL Eltern pl
pă'ros ADJ haarig; behaart
păr'taş(ă) M(F) Teilhaber(in) m(f)
părti'ni V̄T begünstigen
părti'nire F̄ Begünstigung f
părtini'tor ADJ parteiisch
pă'ru'i V̄T & V̄R **a (se) ~** raufen, sich in die Haare kriegen
păru'ială F̄ Rauferei f
pă'sa V̄I kümmern, angehen
pă'sat N̄ GASTR geschrotene Hirse f; Hirsebrei m
păs'taie F̄ Hülse f, Schote f
păstâr'nac M̄ Pastinake f
păs'tor M̄ Hirte m
păsto'riţă F̄ Hirtin f
păs'tos ADJ breiartig, weich
păs'tra V̄T (auf)bewahren; behalten
păs'trare F̄ Aufbewahrung f
'păstrăv M̄ ZOOL Forelle f
păstrăvă'rie F̄ Forellenzucht f
păsu'i V̄T anpassen
pă'şi V̄I treten, gehen
pă'şu'na V̄I weiden
pă'şune F̄ Weide f
pă'ta V̄T beschmutzen
pă'tat ADJ fleckig
păti'maş ADJ leidenschaftlich
păti'mi V̄I leiden
pă'tlagină F̄ (Spitz)Wegerich m
pătlă'gea-roşie reg F̄ Tomate f
pă'trar N̄ Viertel n, Quartal n
pă'trat A ADJ quadratisch, viereckig B N̄ Quadrat n
pă'trime F̄ Viertel n
pă'trunde V̄I durchdringen, eindringen
pă'trundere F̄ Durchdringen n
pătrun'jel M̄ Petersilie f

pă'truns ADJ durchdrungen; erfüllt, erfasst

pătrunză'tor ADJ durchdringend; fig überwältigend

pă'tul N (Getreide)Speicher m; (Hühner)Stall m

'pătură F (Woll)Decke f; Schicht f

pă'țanie F Erlebnis n, Abenteuer n

pă'ți VIT passieren

pă'un M Pfau m

pă'zi VIT (be)hüten, schützen; überwachen

'pâclă F Schwüle f; dichter Nebel m

'pâine F Brot n; ~ albă Weißbrot n; ~ integrală Vollkornbrot n; ~ prăjită Toast m, Toastbrot n

pâlc N Schar f, Gruppe f

'pâlnie F Trichter m

pâlpâ'i VII flackern

'până PRÄP bis; ~ acum (aici) bisher; ~ ce (când) bis

'pândă F a sta la ~ auf der Lauer liegen

pân'di VII (auf)lauern

pângă'ri VIT beflecken, entweihen

'pântece N Bauch m, Unterleib m

'pânză F Leinwand f; SCHIFF Segel n

'pâră F (An)Klage f, Beschwerde f

pârâ'cios ADJ anklagend; umg (ver)petzend

pârâ'i VII knarren, knistern

pâ'rât(ă) MF Angeklagte(r) m/f(m)

pâ'râu N Bach m

'pârghie F Hebel m

pârgu'i VR a se ~ zu reifen anfangen

pâ'rî VIT verklagen; (ver)petzen

pâr'jol N Brand m

pârjo'li VIT verbrennen, versengen

pâr'li A VIT versengen B VR a se ~ sich verbrennen; fig (he)reinfallen

pâr'loagă F AGR Brachacker m

pâr'naie F reg (großer, meist irdener) Topf m; fig umg Gefängnis m

'pârtie F Skipiste f

pârț N Furz m

pâs INT mzmzmz

'pâslă F Filz m

pe PRÄP auf; in, bei; an

pe'cete F Siegel n

pecetlu'i VIT versiegeln; besiegeln

pechi'nez M Pekinese m

pe'cingine F Flechte f

pec'tină F Pektin n

pecto'ral ADJ pektoral, Brust...

pecuni'ar ADJ pekuniär, Geld...

peda'gog(ă) MF Pädagoge m, Pädagogin f; ~ social Sozialpädagoge m

peda'gogic ADJ pädagogisch

pedago'gie F Pädagogik f

peda'la VII in die Pedalen treten

pe'dală F Pedal n; ~ de frână Bremspedal n

pedali'er N (Orgel)Fußtasten fpl

pe'dant ADJ pedantisch

pedante'rie F Pedanterie f

pe'deapsă F Strafe f; ~ cu închisoarea Gefängnisstrafe f; ~ cu moartea Todesstrafe f

pedep'si VIT (be)strafen

pe'destru A ADJ Fuß... B M Fußgänger m

pedi'atru M, pedi'atră F Kinderarzt m, Kinderärztin f

pedi'chiură F Pediküre f

pedo'fil A ADJ pädophil B M, pedo'filă F Pädophil(in) m

pedofi'lie F Pädophilie f

peiora'tiv ADJ pejorativ

peisa'gist(ă) MF Landschaftsmaler(in) m(f)

peisa'gistică F Landschaftsmalerei f

pei'saj N Landschaft f; ~ cultural Kulturlandschaft f; ~ mediatic Medienlandschaft f

pele'rin M Pilger m

peleri'naj N Pilgerfahrt f

peli'can M Pelikan m

pe'liculă F FOTO Film m

pel'tea F Fruchtgelee n

pel'tic ADJ lispelnd

pe'luză F Rasen m

pelvi'an ADJ Becken...

'pelvis N Becken n

pe'naj N ZOOL Gefieder n

pe'nal ADJ Straf...; cod n ~ Strafgesetzbuch n

penali'za VIT bestrafen

pe'nalti N Strafstoß m

pe'nar N Federkasten m

pendu'la VII pendeln

pendu'lare F Pendeln n

'pendulă F Penduluhr f

pe'nel N (feiner) Pinsel m; MAL Stil m

pene'tra VIT & VII eindringen

pene'trant ADJ aufdringlich
pene'trare F Eindringen n
pe'nibil ADJ peinlich
penici'lină F Penizillin n
pe'ninsulă F Halbinsel f
'penis N Penis m
penitenci'ar N Strafanstalt f
peni'tență F Strafe f
pe'niță F (kleiner) Pinsel m; Schreibfeder f
pen'sa VT kneifen, zwicken; (ein)klemmen
'pensă F Zange f
pen'setă F Pinzette f
'pensie F Pension f, Rente f; Ruhestand m; ~ alimentară Alimente pl, Kindesunterhalt m
pensio'na VR a se ~ in den Ruhestand gehen
pensio'nar(ă) MF Rentner(in) m(f)
pensi'une F Pension f; ~ completă Vollpension f
'pensulă F Pinsel m
penta'edru N Pentaeder n
penta'gon N GEOM Fünfeck n, Pentagon n; POL Pentagon n
penta'gramă F MUS Pentagramm n
penta'tlon N SPORT Pentathlon n
penticos'tal A ADJ REL zur Pfingstbewegung gehörig B M, penticos-'tală F REL Pfingstler(in) m(f)
'pentru PRÄP für; wegen; um; ~ ce warum; wofür; ~ ca damit, um zu; ~ că weil
pen'ultim ADJ vorletzte(r, s)
pen'umbră F Halbschatten m; Dämmerlicht n
penu'rie F Mangel m
'pepene M Melone f; ~ galben Honigmelone f; ~ verde Wassermelone f
pepini'eră F Baumschule f; fig Ausbildungsstätte f
pe'piță F Klumpen m
per'cepe VT wahrnehmen; impozit einnehmen
percep'tibil ADJ wahrnehmbar
percep'tiv ADJ der Wahrnehmung
per'cepție F Wahrnehmung f
perche'ziție F Untersuchung f; Haus(durch)suchung f
percheziţio'na VT durchsuchen
per'ciune M (Haar)Strähne f

percu'ta VT a ~ ceva auf etw (auf)schlagen (od (auf)prallen); a ~ pe cineva MED j-n abklopfen
percu'tant ADJ (auf-, durch)schlagend
per'cuție F MED Abklopfen n; Schlag m
percuţio'nist(ă) MF MUS Schlagzeuger(in) m(f)
per'daf N Rasur f; umg a da cuiva un ~ j-n (gehörig) herunterputzen
per'dant ADJ Verlust...
per'dea F Vorhang m, Gardine f; ~ de duş Duschvorhang m
pe'reche F Paar n; ~ căsătorită Ehepaar n; ~ de îndrăgostiţi Liebespaar n; fără ~ beispiellos
peregri'na VI (umher)reisen
peregri'nare F Umherreisen n
peremp'toriu ADJ JUR rechtsvernichtend
pe'ren ADJ mehrjährig
peres'troika FSG Perestroika f
pe'rete M Wand f; ~ de cățărat Sprossenwand f; ~ interior Innenwand f
per'fect ADJ perfekt, vollkommen
perfec'ta VT abschließen; vollenden
perfec'tibil ADJ abschlussfähig
perfecţio'na VT vervollkommnen
perfecţio'nist(ă) MF Perfektionist(in) m(f)
perfecţi'une F Vollkommenheit f
per'fid ADJ tückisch, hinterlistig
perfo'ra VT lochen; bilet entwerten
perfora'tor N Locher m; Entwerter m
perfor'mant ADJ leistungsfähig
perfor'manță F Leistung f; IT ~ de stocare Speicherleistung f; ~ strălucită Glanzleistung f
per'fuzie F MED Infusion f
perga'ment N Pergament n
peri'a VT bürsten; fig schmeicheln
pericli'ta VT gefährden
pe'ricol N Gefahr f; ~ de contagiune Ansteckungsgefahr f; ~ de moarte Lebensgefahr f
pericu'los ADJ gefährlich
'perie F Bürste f; ~ de dinţi Zahnbürste f; ~ de păr Haarbürste f
peri'feric ADJ periphärisch, Rand...
perife'rie F Vorstadt f, Stadtrand m
peri'mat ADJ überholt, veraltet
peri'metru N Perimeter m, Umfang

m; fig Bereich *m*

perin'da V̱R̄ **a se ~** vorbeiziehen, vorüberziehen

peri'niță F̱ rumänischer Volkstanz

peri'oadă F̱ Periode *f;* **perioada Crăciunului** Weihnachtszeit *f;* **~ de concediu** Urlaubszeit *f;* **~ de post** Fastenzeit *f;* **~ de probă** Probezeit *f;* **~ de tranziție** Übergangszeit *f;* **~ de vârf** Stoßzeit *f*

peri'odic ADJ periodisch

periodici'tate F̱ regelmäßige Wiederkehr *f*

peripe'ție F̱ Abenteuer *n*

peri'sabil ADJ verderblich

peris'cop N̄ Periskop *n*

peri'șoară F̱ GASTR Fleischklößchen *n*

perito'nită F̱ MED Bauchfellentzündung *f*

peri'uță F̱ Bürstchen *n;* **~ de dinți** Zahnbürste *f*

per'lat ADJ perlengeschmückt; **grevă ~ă** Bummelstreik *m*

'perlă F̱ Perle *f*

perma'nent A ADJ ständige(r, s) B N̄ Dauerwelle *f*

perma'nență F̱ Dauerhaftigkeit *f*

perme'abil ADJ durchlässig

per'mis A ADJ erlaubt B N̄ Genehmigung *f;* **~ de conducere** Führerschein *m;* **~ de intrare** Einreiseerlaubnis *f;* **~ de muncă** Arbeitserlaubnis *f*

per'misie F̱ Erlaubnis *f*

permisi'une F̱ Erlaubnis *f*

permi'siv ADJ freizügig

per'mite V̱T erlauben

permu'ta V̱T auswechseln

permu'tare F̱ Auswechseln *n*

'pernă F̱ Kissen *n*, Polster *n;* **~ de poziționare** Lagerungskissen *n;* **~ electrică** Heizkissen *n*

perni'cios ADJ gefährlich

pe'ron N̄ Bahnsteig *m*

pero'neu N̄ Wadenbein *n*

pero'ra V̱I schwadronieren

pero'rație F̱ (Rede)Schluss *m*

perpendicu'lar ADJ senkrecht

perpendicu'lară F̱ Senkrechte *f*

perpetu'a V̱I fortbestehen

per'petuu ADJ (lang) anhaltend

per'plex ADJ perplex

perplexi'tate F̱ Bestürzung *f*, Verwirrung *f*

per's(an) A ADJ persisch B M̄, **per'sană** F̱ Perser(in) *m(f)*

persecu'ta V̱T verfolgen

perse'cuție F̱ Verfolgung *f*

perseve'ra V̱I standhaft bleiben

perseve'rent ADJ beharrlich

perseve'rență F̱ Beharrlichkeit *f*

persi'fla V̱T verspotten

persi'flare F̱ Persiflage *f*

persis'ta V̱I anhalten; **~ în** bestehen auf

persis'tent ADJ anhaltend; beharrlich

per'soană F̱ Person *f;* **~ cu handicap (fizic)** (Körper)behinderte *m(f);* **~ de contact** Ansprechpartner(in) *m(f);* **~ în vârstă** Senior(in) *m(f)*

perso'naj N̄ Person *f,* Persönlichkeit *f;* **~ principal** Hauptfigur *f,* Hauptperson *f*

perso'nal A ADJ persönlich B N̄ Personal *n;* BAHN Personenzug *m;* **~ auxiliar** Hilfskraft *f;* **~ necalificat** Aushilfskraft *f;* **~ terestru** Bodenpersonal *n*

personali'tate F̱ Persönlichkeit *f*

personali'zat ADJ personifiziert, individualisiert

personifi'ca V̱T personifizieren

perspec'tivă F̱ Perspektive *f*

perspi'cace ADJ scharfsinnig

perspicaci'tate F̱ Scharfsinn *m*

persua'da V̱T überrereden, überzeugen

persua'siv ADJ überzeugungsfähig

perti'nent ADJ zutreffend

perti'nență F̱ Stichhaltigkeit *f*

pertur'ba V̱T stören

peru'an A ADJ peruanisch B M̄, **peru'ană** F̱ Peruaner(in) *m(f)*

pe'rucă F̱ Perücke *f*

peruchi'er(ă) M̄/F̱ Perückenmacher(in) *m(f)*

per'vaz N̄ Rahmen *m;* Fensterbrett *n*

per'vers ADJ pervers

perversi'une F̱ Perversität *f*

perver'ti V̱T & V̱R **a (se) ~** pervertieren

perver'tire F̱ Verleitung *f*

pes'car M̄, **pescă'riță** F̱ Fischer(in) *m(f)*

pescă'rie F̱ Fischgeschäft *n*

pescă'ruș M̄ Möwe *f*

pescu'i V̱T fischen

P

pescu'it N̄ Fischen n

pe'semne A̱D̲V̲ wahrscheinlich

pesi'mist A̱ A̱D̲J̲ pessimistisch B̲ M̱, pesi'mistă F̱ Pessimist(in) m(f)

pes'met M̱ Semmelbrösel pl

pes'meți M̲P̲L̲ Zwieback m

'peste P̲R̲Ă̲P̲ über; auf; in; ~ tot überall

pestilenți'al A̱D̲J̲ pestilenzialisch

pes'triț A̱D̲J̲ (kunter)bunt

'pește M̱ Fisch m; A̲S̲T̲R̲O̲L̲ Fische; peștișor auriu Goldfisch m

'peșteră F̱ Höhle f

pe'tală F̱ Blütenblatt n

pe'tardă F̱ Sprengladung f; Knallkörper m

pe'tent(ă) M̲F̲ Antragsteller(in) m(f)

'petic N̄ Streifen m; A̲G̲R̲ Stück n Land; fig Makel m, Fehler m

peti'ci V̲T̲ flicken

peti'cit A̱D̲J̲ gestückelt

pe'tiție F̱ Petition f; Antrag m

petre'canie F̱ Feier f

petrecă'reț A̱D̲J̲ lebenslustig

pe'trece A̱ V̲T̲ verbringen B̲ V̲R̲ a se ~ geschehen

pe'trecere F̱ Unterhaltung f; Party f; ~ de absolvire Abschlussfeier f; ~ de aniversare Geburtstagsparty f; ~ de cartier Straßenfest n

pe'trol N̄ Erdöl m

petroli'er A̱ A̱D̲J̲ Erdöl... B̲ M̱ Tanker m

pe'tunie F̱ Petunie f

pe'ți V̲T̲ werben um

pi'an N̄ Klavier n; ~ cu coadă Flügel m

pia'nist(ă) M̲F̲ Pianist(in) m(f)

'piatră F̱ Stein m; Hagelkorn n; ~ de construcție Baustein m; ~ de mormânt Grabstein m; reg bate/cade ~ es hagelt

'piață F̱ Markt m; Platz m; ~ angro Großmarkt m; ~ de capital Kapitalmarkt m; ~ externă Auslandsmarkt m

'piază F̱ Vorbedeutung f; ~ rea Unglücksvogel m

pic N̄ un ~ ein bisschen

pi'ca V̲I̲ fallen; examen durchfallen

pi'caj N̄ Sturzflug m

pi'cant A̱D̲J̲ pikant

picante'rie F̱ Pikanterie f

'pică F̱ Groll m; Pik n

picã'tură F̱ Tropfen m; ~ de ploaie Regentropfen m; picături pentru nas

Nasentropfen pl; picături pentru ochi Augentropfen pl

picã'țele F̱P̲L̲ Tupfen m

pi'chet N̄ Wachposten m

piche'ta V̲T̲ a ~ ceva etw abstecken, vor etw Streikposten aufstellen

'pici M̱ umg Knirps m

pici'or N̄ Bein n, Fuß m; ~ de sprijin Fahrradständer m; ~ din spate Hinterbein n; ~ în ghips Gipsbein n; a lua peste ~ sich lustig machen über; în picioarele goale barfuß

'picnic N̄ Picknick n

pico'teală F̱ Schlummern m

pico'ti V̲I̲ einnicken, dösen

pic'ta V̲T̲ malen

picto'gramă F̱ I̲T̲ Icon n

'pictor M̱ Maler m

pic'tură F̱ Malerei f; Gemälde n; ~ în ulei Ölgemälde n

picu'ra V̲I̲ tropfen; tröpfeln

piedes'tal N̄ Sockel m

'piedică F̱ Hindernis n

pie'ire F̱ Verderben n

pielã'rie F̱ Lederwarenwerkstatt f

'piele F̱ Haut f; Leder n; ~ de căprioară Wildleder n; ~ de găină Gänsehaut f; în ~a goală nackt

piept N̄ Brust f

piep'tar N̄ traditionelle Weste

piept'na V̲T̲ kämmen

pieptănă'tură F̱ Frisur f

'pieptene M̱ Kamm m

piep'tiș A̱D̲V̲ direkt, jäh; (direkt) gegenüber

'piercing N̄ Piercing n

'pierde A̱ V̲T̲ verlieren; verpassen B̲ V̲R̲ a se ~ verloren gehen

'pierdere F̱ Verlust m; ~ de timp Zeitverschwendung f

pie'ri V̲I̲ umkommen, zugrunde gehen

'piersic M̱ Pfirsichbaum m

'piersică F̱ Pfirsich m

pier'zanie F̱ Verderben n

'piesă F̱ Stück n; T̲E̲C̲H̲ ~ de schimb Ersatzteil n; ~ de teatru Theaterstück n, Schauspiel n; ~ de teatru radiofonic Hörspiel n

pie'ton M̱ Fußgänger m

pieto'nal A̱D̲J̲ zonă f ~ă Fußgängerzone f

pietri'cică F̱ Steinchen n

pie'triş N̄ Schotter m

pietru'i V̄T pflastern

pietru'it ADJ gepflastert

pie'ziş ADJ schief, schräg

pif'tie F̄ GASTR Sülze f

pig'ment M̄ BIOL, CHEM Pigment n

pigmen'ta A V̄R BIOL a se ~ pigmentieren B V̄T TEX einfärben n

pigu'li V̄T rupfen

pija'ma F̄ Schlafanzug m

pi'laf N̄ Reisgericht m

'pilă F̄ Feile f; ~ de unghii Nagelfeile f; umg a avea pile (gute) Beziehungen haben

'pildă F̄ Beispiel n; de ~ zum Beispiel

pi'leală F̄ umg (Wein-, Schnaps-)Gelage n

pi'li A V̄T feilen B V̄R a se ~ umg sich einen antrinken

pili'tură F̄ Feilspäne fpl

pi'lon M̄ Pfeiler m

pi'lot M̄ Pilot m; ~ automat Autopilot m; ~ de curse Rennfahrer(in) m(f)

pilo'ta V̄T fliegen, steuern; lotsen

pi'lotă F̄ Steppdecke f

pilozi'tate F̄ Behaarung f

pi'lulă F̄ Pille f; ~ anticoncepţională Antibabypille f

pin M̄ Pinie f

PIN ABK PIN(nummer) f

pinaco'tecă F̄ Pinakothek f

'ping-pong N̄ Tischtennis n

pingu'in M̄ ZOOL Pinguin m

pini'on N̄ TECH Antriebsrad n, Rädergetriebe n

'pinten M̄ Sporn m

pio'let M̄ Eispickel m

pi'on M̄ şah Bauer m

pio'nier(ă) M̄F̄ Pionier(in) m(f)

pi'os ADJ fromm

'pipă F̄ Pfeife f

pipă'i V̄T (be)tasten

pipă'it N̄ Betasten n

pi'per N̄ Pfeffer m

pipe'rat ADJ gepfeffert

piperni'cit ADJ verkümmert, schwächlich

pi'petă F̄ Pipette f

'pipi N̄ umg Pipi n

pi'potă F̄ ZOOL Muskelmagen m

pir M̄ BOT Quecke f

pirami'dal ADJ GEOM pyramidal

pira'midă F̄ Pyramide f

pi'rat M̄ Pirat m

pirate'rie F̄ Piraterie f

piro'man(ă) M̄F̄ Pyromane m, Pyromanin f

pi'ron N̄ Nagel m

piro'ni V̄T festnageln

piro'nit ADJ starr

piros'trie F̄ Dreifuß m

piro'teală F̄ Schläfrigkeit f

piro'tehnică F̄ Pyrotechnik f

piro'ti V̄I schläfrig sein

pirpi'riu ADJ umg dürftig, kümmerlich

piru'etă F̄ Pirouette f

pi'sa V̄T zerstampfen; fig piesacken

pisă'log fig M̄ Plagegeist m

pisc N̄ Gipfel m

piscicul'tură F̄ Fischzucht f

pis'cină F̄ Schwimmbecken n, Swimmingpool m; ~ acoperită Hallenbad n

pi'sică F̄ Katze f

pisi'ci V̄R umg a se ~ schnurren

pi'soar N̄ Pissoir n

pi'soi umg M̄ Kater m

'pistă F̄ Piste f, Bahn f; FLUG Rollbahn f; ~ de aterizare Landebahn f; ~ de bicicletă Fahrradweg m; ~ de decolare Startbahn f

pis'tol N̄ Pistole f; ~ cu apă Wasserpistole f

pis'ton N̄ AUTO Kolben m

pis'trui M̄ Sommersprosse f

piş'ca V̄T zwicken; stechen; prickeln

pişcă'tură F̄ Zwicken n, Kneifen n; Stich m, Biss m

piş'cot N̄ GASTR Löffelbiskuit n od m

pişi'cher(ă) M̄F̄ umg Schwindler(in) m(f)

'pită reg F̄ Brot n

pi'ti V̄T verstecken

pi'tic M̄ Zwerg m

pi'ton M̄ Felshaken m; Schraubhaken m

pito'resc ADJ malerisch

piţigă'iat ADJ schrill

piţi'goi M̄ Meise f

piu'i V̄I piepsen

piu'it N̄ Piepsen n

piu'liţă F̄ Schraubenmutter f; Mörser m

piu'neză F̄ Reißzwecke f, Reißnagel m

piu're N̄ Püree n; ~ de cartofi Kartoffelbrei *m*; ~ **de mere** Apfelmus *n/m*

'pivniță F Keller *m*

pi'vot A N TECH Zapfen *m*; *fig* treibende Kraft *f*, Motor *m* *umg*; BOT Pfahlwurzel *f* B M SPORT *baschetbal* Center *m*; *handbal* Kreisläufer *m*

pivo'ta V̄ī sich drehen

pix N̄ Kugelschreiber *m*

'pixel M̄ IT Pixel *n*

'pizmă *reg* F Neid *m*

pizmu'i V̄T beneiden

'pizza F Pizza *f*

plac N̄ Gefallen *m*; **pe (după)** ~ nach Belieben; **bunul** ~ Willkür *f*

pla'ca V̄T auftragen

pla'caj N̄ Sperrholz *n*

pla'cardă F Plakat *n*

placă F Platte *f*; ~ **de faianță** Kachel *f*; IT ~ **de sunet** Soundkarte *f*; ~ **de surfing** Surfbrett *n*; IT ~ **grafică** Grafikkarte *f*

pla'centă F Plazenta *f*

pla'cid ADJ ruhig, sanft

pla'fon N̄ (Zimmer)Decke *f*

plafo'na A V̄T FIN deckeln B V̄R *fig* **a se** ~ sich beschränken

plagă F Wunde *f*

plagi'a V̄T plagiieren

plagi'at N̄ Plagiat *n*

plagia'tor M̄, **plagia'toare** F Plagiator(in) *m(f)*

'plai N̄ Alm *f*

'plajă F Strand *m*; ~ **de nisip** Sandstrand *m*; ~ **pentru nudiști** FKK-Strand *m*; **a face** ~ sich sonnen

plan A ADJ eben B N̄ Ebene *f*; Plan *m*; ~ **de afaceri** Businessplan *m*; PFLEGE ~ **de îngrijire** Pflegeplanung *f*; ~ **de situație/ansamblu** Lageplan *m*

pla'na V̄ī schweben

planc'ton N̄ Plankton *n*

plane'tariu N̄ Planetarium *n*

pla'netă F Planet *m*

planifi'ca V̄T planen

planifi'care F Planung *f*

pla'nor N̄ Segelflugzeug *n*

plano'rism N̄ Segelfliegerei *f*

'planșă F Tafel *f*; ~ **de surf** Surfbrett *n*

plan'șetă F Reißbrett *n*

plan'șeu N̄ (Holz)Diele *f*

plan'ta V̄T pflanzen

plan'tație F Pflanzung *f*

'plantă F Pflanze *f*; ~ **de apartament** Zimmerpflanze *f*; **plante** *pl* **medicinale** Heilkräuter *pl*

plan'ton N̄ Ordonnanz *f*

'plapumă F (Stepp)decke *f*; ~ **de puf** Daunendecke *f*

pla'sa V̄T platzieren, aufstellen; *bani* anlegen

plasa'ment N̄ Geldanlage *f*; Unterbringung *f*; SPORT Platzierung *f*

plasa'tor M̄, **plasa'toare** F Platzanweiser(in) *m(f)*

'plasă F Netz *n*; ~ **contra țânțarilor** Moskitonetz *n*

'plasmă F Plasma *n*

'plastic A ADJ plastisch; **arte** *fpl* ~**e** bildende Künste *pl* B N̄ Plastik *n*

plastici'an(ă) M̄F̄ bildende(r) Künstler(in) *m(f)*

plastifi'a V̄T mit Kunststoff überziehen, behandeln

plastifi'at ADJ mit Kunststoff behandelt, plastifiziert

'plasture M̄ MED Pflaster *n*; ~ **adeziv** Heftpflaster *n*

plat ADJ platt, flach

pla'tan M̄ Platane *f*

plată F Bezahlung *f*, Zahlung *f*; ~ **cu anticipație** Vorauszahlung *f*; ~ **în numerar** Barzahlung *f*; ~ **în rate** Ratenzahlung *f*

plat'bandă F ARCH Sturzbogen *m*; TECH Flachstab *m*; Rabatte *f*

plat'formă F Plattform *f*; ~ **ridicătoare** Hebebühne *f*

'platfus N̄ Plattfuß *m*

plati'nat ADJ platiniert

'platină F Platin *n*

p'latnic(ă) M̄F̄ Zahler(in) *m(f)*

pla'tonic ADJ platonisch

'platoșă F Harnisch *m*, (Brust)Panzer *m*

pla'tou N̄ Tablett *n*, Platte *f*; GEOG Hochebene *f*; ~ **cu brânzeturi** Käseplatte *f*

plau'zibil ADJ plausibel

plauzibili'tate F Plausibilität *f*

plă'cea V̄T & V̄ī gefallen; schmecken; **îmi place de ea** ich habe sie gern, sie gefällt mir

plă'cere F Vergnügen *n*; **cu** ~ gern; **fără** ~ ungern plă'cintă F̄ Blätterteigpastete f

plă'cut ADJ angenehm

plă'cuță F̄ Tafel f; ~ cu numărul de înmatriculare Nummernschild n; IT ~ de memorie Speicherkarte f; ~ indicatoare Straßenschild n

plă'mân M̄ Lunge f

plănu'i V̄T planen

plă'pând ADJ zart

plăsmu'i V̄T bilden, gestalten; fälschen

plăsmu'ire N̄ Gebilde n; Fälschung f

plă'ti V̄T (be)zahlen

plăti'tor M̄, plăti'toare F̄ Zahler(in) m(f)

plângă'cios ADJ weinerlich

plângă'tor ADJ jammernd

'plânge A V̄I jammern, weinen, sich beklagen B V̄T beweinen C V̄R a se ~ klagen, jammern, quengeln

'plângere F̄ Beschwerde f

'plâns A ADJ verweint B N̄ Weinen n

'plânset N̄ Weinen n

'pleașcă F̄ umg (unverhofftes) Glück n

plebis'cit N̄ Plebiszit n

ple'ca A V̄I weggehen, fortgehen; wegfahren, fortfahren; abreisen; a ~ înapoi zurückgehen; zurückfahren B V̄R a se ~ sich (ver)beugen

ple'care F̄ Abfahrt f; Abreise f; ~ în străinătate Ausreise f

ple'cat ADJ a fi ~ weg (od fort) sein; verreist sein

plecăci'une F̄ Verbeugung f

pled N̄ Plaid n; Wolldecke f

ple'da V̄I plädieren (pentru für)

ple'dant ADJ vertretend

pledoa'rie F̄ Plädoyer n

ple'iadă F̄ Plejade f

plen N̄ Plenum n

ple'nar ADJ Plenar...

plenipotenți'ar ADJ bevollmächtigt

pleni'tudine F̄ Fülle f

'pleoapă F̄ (Augen)Lid n

pleo'nasm N̄ LING, LIT Pleonasmus m

pleoș'ti A V̄T niederdrücken B V̄R fig a se ~ zusammenbrechen

pleoș'tit ADJ eingedrückt

plescă'i V̄I schmatzen; klatschen, platschen, plätschern

ples'ni V̄I platzen; knallen

ple'șuv ADJ kahl

ple'tos ADJ langhaarig

pleure'zie F̄ MED Rippenfellentzündung f

ple'vușcă F̄ kleine Fische mpl; fig bedeutungslose Menschen/Sachen pl

plex N̄ Plexus m

'plexiglas N̄ Plexiglas n

plezante'rie F̄ Scherz m, Spaß m

pli'a V̄T (zusammen)falten

pli'ant N̄ Faltblatt n

plic N̄ (Brief)Umschlag m, Kuvert n; ~ de ceai Teebeutel m

plicti'cos ADJ langweilig

plicti'seală F̄ Langeweile f

plicti'si V̄T & V̄R a (se) ~ (sich) langweilen

plicti'sit ADJ gelangweilt

plictisi'tor ADJ langweilig

plicu'leț N̄ kleiner Umschlag m; Tütchen n

pli'ere F̄ Faltung f, Falte f

plim'ba A V̄T spazieren führen B V̄R a se ~ spazieren gehen; spazieren fahren

plim'bare F̄ Spaziergang m; ~ cu vaporul Schiffsfahrt f; ~ prin oraș Stadtbummel m

plin ADJ voll; a face ~ul volltanken

pli'nuț ADJ vollschlank; mollig

pli'sa V̄T plissieren, in Falten legen

pli'sat ADJ plissiert

plisc N̄ Schnabel m

'plită F̄ Kochplatte f

pliu N̄ Falte f

pli'vi V̄T jäten

'ploaie F̄ Regen m

plo'con N̄ Geschenk n

ploco'ni V̄R a se ~ sich verbeugen

plod M̄ Frucht f; Brut f; pej Kind n

plo'ios ADJ regnerisch

plom'ba V̄T plombieren

'plombă F̄ Plombe f

plon'ja V̄I tauchen

plon'jon N̄ Kopf-, Hechtsprung m

plop M̄ Pappel f

'ploșniță F̄ Wanze f

plo'ua V̄I regnen

plo'uat fig ADJ niedergeschlagen

plug N̄ Pflug m; ~ de zăpadă Schneepflug m

plugu'șor N̄ kleiner Pflug, der bei einem Brauch am Neujahrstag verwen-

det wird

plumb N̄ Blei *n*; **fără ~** bleifrei
plu'ral A ADJ GRAM pluralisch B N̄
GRAM Plural *m*
plura'lism N̄ Pluralismus *m*
plurali'tate F̄ Mehrzahl *f*, Mehrheit *f*
pluridisci'pli'nar ADJ interdisziplinär
pluripar'tit ADJ Mehrparteien...
pluriva'lent ADJ mehrwertig
plus N̄ plus; **în ~** darüber hinaus
plu'sa V̄ī reizen (*im Kartenspiel*)
plusva'loare F̄ Mehrwert *m*
pluş N̄ Plüsch *m*
'**plută** F̄ Floß *n*; Kork *m*
plu'ti V̄ī schwimmen; schweben
plu'tire F̄ Schwimmen *n*, Treiben *n*
pluti'tor ADJ schwimmend, treibend
plu'ton N̄ MIL Kompaniezug *m*
plutoni'er M̄ MIL Feldwebel *m*
pluvi'al ADJ Regen...
pluvi'os ADJ regnerisch
pneu N̄ Reifen *m*; **~ri de vară** Sommerreifen *mpl*; **~ri de iarnă** Winterreifen *mpl*
pneu'matic ADJ Luft...
pneumo'coc M̄ Pneumokokkus *m*
pneumolo'gie F̄ Lungenheilkunde *f*
pneumo'nie F̄ Lungenentzündung *f*
'**poală** F̄ Schoß *m*
'**poamă** F̄ Frucht *f*
'**poantă** F̄ Pointe *f*
'**poartă** F̄ Tor *n*, Pforte *f*; **~ de îmbarcare** Flugsteig *m*
'**poate** ADV vielleicht; **cât se ~ de** möglichst
po'cal N̄ Pokal *m*
pocă'i V̄R **a se ~** Buße tun; bereuen
pocă'inţă F̄ Reue *f*
po'ci *umg* V̄T entstellen
poci'nog N̄ *umg* Anfang *m*; (böser) Streich *m*
'**pocnet** N̄ Knall *m*
poc'ni V̄ī knallen
pocni'tură F̄ Knall *m*
pod N̄ Brücke *f*; Dachboden *m*
po'dea F̄ Fußboden *m*
po'deţ N̄ kleine Brücke *f*
podgo'rean A ADJ Wein... B M̄,
podgo'reancă F̄ Weinbauer *m*,
Weinbäuerin *f*, Winzer(in) *m(f)*
pod'gorie F̄ Weingarten *m*
po'di V̄T dielen, bohlen

podi'di V̄T überwältigen, übermannen
po'diş N̄ Hochebene *f*, Hochland *n*
'**podium** N̄ Podium *n*
po'doabă F̄ Schmuck *m*
po'em N̄ Gedicht *n*
po'et(ă) M̄F̄ Dichter(in) *m(f)*
po'etic ADJ poetisch
po'etică F̄ Poetik *f*
poe'zie F̄ Gedicht *n*; Dichtung *f*
po'fidă *umg* F̄ **în ~** trotz
'**poftă** F̄ Appetit *m*; Lust *f*; **~ bună!** guten Appetit!; **~ de viaţă** Lebenslust *f*
pof'ti V̄T wünschen; begehren; einladen, bitten
pofti'cios ADJ gierig
pof'tim ĪNT bitte
pof'tiţi ĪNT bitte
pogo'râre F̄ Abstieg *m*; Abfahrt *f*; Aussteigen *n*
po'grom N̄ Pogrom *m*
po'iană F̄ Wiese *f*; Lichtung *f*
'**poimâine** ADV übermorgen
'**pointer** N̄ Zeigestock *m*
po'jar N̄ Masern *pl*
pol M̄ Pol *m*; **Polul Nord** Nordpol *m*; **Polul Sud** Südpol *m*
po'lar A ADJ Polar... B N̄ Fleecejacke *f*
polari'tate F̄ Polarität *f*; ELEK Polung *f*
polari'za A V̄T PHYS polarisieren; *fig* anziehen B V̄ī PHYS (sich) polarisieren C V̄R **a se ~** PHYS (sich) polarisieren; PHIL sich polarisieren
po'lei¹ A N̄ Glatteis *n* B V̄T polieren; **a ~ cu aur** vergolden
pole'i² V̄T vergolden; zum Glänzen bringen
pole'ială F̄ Vergoldung *f*; Versilberung *f*
pole'it ADJ vergoldet; versilbert; geschliffen
po'lemic ADJ plolemisch
po'lemică F̄ Polemik *f*
polemi'za V̄ī polemisieren
po'len N̄ Pollen *m*, Blütenstaub *m*
poleni'za V̄T bestäuben
polia'midă F̄ Polyamid *n*
poli'candru N̄ Kronleuchter *m*
poli'car M̄ Daumen *m*
poli'clinică F̄ (Poli)Klinik *f*
poli'edru N̄ GEOM Polyeder *n*, Vielflach *n*

polies'ter M̲ Polyester m
polieti'lenă F̲ Polyäthylen n
poli'flor A̲D̲J̲ mehrblütig
polifo'nie F̲ MUS Polyfonie f
poliga'mie F̲ Polygamie f
poli'glot A̲ A̲D̲J̲ polyglott B̲ M̲, **poli-
'glotă** F̲ Polyglotte(r) m/f(m)
poli'gon N̲ GEOM Polygon n, Vieleck
n; ~ **de tragere** Schießplatz m
poli'graf M̲ Polygraf m; umg Lügende-
tektor m
poli'mer M̲ CHEM Polymer n
poli'nom N̲ Polynom n
poliome'lită F̲ Kinderlähmung f
po'lip M̲ MED Polyp m
polise'mantic A̲D̲J̲ mehrdeutig
polise'mie F̲ LING Polysemie f
polisti'ren N̲ Polystyrol n; ~ **expandat** Styropor® n
poli'tehnică F̲ Polytechnikum n
poli'tețe F̲ Höflichkeit f
po'litic A̲D̲J̲ politisch
po'litică F̲ Politik f; ~ **de mediu**
Umweltpolitik f; ~ **de pace** Friedenspolitik f; ~ **economică** Wirtschaftspolitik f; ~ **europeană** Europapolitik f;
~ **externă** Außenpolitik f; ~ **internă**
Innenpolitik f
politici'an(ă) M̲F̲ Politiker(in) m(f)
politi'cos A̲D̲J̲ höflich
polito'log(ă) M̲F̲ Politologe(gin) m(f)
politolo'gie F̲ Politologie f
poli'truc M̲ (sowjet.) Politinstruktor m
'poliță F̲ FIN Wechsel m; ~ **de asigurare** Versicherungspolice f
po'liție F̲ Polizei f; ~ **feroviară** Bahnpolizei f; ~ **judiciară** Kriminalpolizei f;
~ **rutieră** Verkehrspolizei f
poli'țist(ă) M̲F̲ Polizist(in) m(f); **roman
n** ~ Krimi(nalroman m)
poliva'lent A̲D̲J̲ vielfach verwendbar
poli'za V̲T̲ schleifen, polieren
poli'zor N̲ Schleifmaschinet f
'polo N̲ Polo n; Polohemd n; ~ **pe apă**
Wasserball m
polo'ist M̲ Polospieler m
polo'nez A̲ A̲D̲J̲ polnisch B̲ M̲, **polo-
'neză** F̲ Pole m, Polin f
Po'lonia F̲ Polen n
polo'nic N̲ Schöpflöffel m
pol'tron A̲ A̲D̲J̲ feige B̲ M̲, **pol'tro-
nă** F̲ Feigling m

polu'a V̲T̲ verschmutzen
polu'are F̲ Verschmutzung f; ~ **fonică**
Lärmbelästigung f
pom M̲ Baum m; **pom de Crăciun**
Weihnachtsbaum m, Christbaum m; ~
fructifer Obstbaum m; **a fi în** ~ umg
aufgeschmissen sein
po'mană F̲ Almosen n; REL Leichenschmaus m; **de** ~ umsonst
po'melnic N̲ Seelenmessregister n
pome'neală F̲ **nici** ~ keine Spur
pome'ni V̲T̲ erwähnen; gedenken
pome'nire F̲ Gedenkfeier f
pomicul'tură F̲ Obstbau m
'pomină F̲ Kunde f; Ruf m; **de** ~ le-
gendär
pom'pa V̲T̲ pumpen
'pompă F̲ Pumpe f; Prunk m; ~ **de
benzină** Benzinpumpe f; ~ **pneumatică**
Luftpumpe f; **pompe** pl **funebre** Bestattungsinstitut n
pompi'er M̲ Feuerwehrmann m
pompi'erii M̲P̲L̲ Feuerwehr f
pompie'ristic A̲D̲J̲ umg bombastisch,
emphatisch
pom'pos A̲D̲J̲ pompös, hochgesto-
chen
pon'cif N̲ Gemeinplatz m
ponde'ra V̲T̲ gewichten, wiegen; mäßigen, ausgleichen
ponde'rat A̲D̲J̲ gemäßigt, ausgeglichen
'pondere F̲ Gewicht n; Schwerpunkt
m
pone'gri V̲T̲ anschwärzen
'ponei M̲ Pony n
pono'sit A̲D̲J̲ abgetragen, schäbig
pont N̲ umg Anspielung f, ironische
Bemerkung f
pon'ta V̲T̲ setzen; muncă stempeln
pon'taj N̲, **pon'tare** F̲ Stempeln n
ponta'tor M̲, **ponta'toare** F̲ Ar-
beitsaufsicht f
'pontic A̲D̲J̲ zum Schwarzen Meer gehörig
pon'tif M̲ Oberpriester m; Pontifex ma-
ximus Papst m
pon'ton N̲ Anlegeponton m
po'pas N̲ Rast f; Rastplatz m
po'pă M̲ Pfarrer m, Priester m; carte de
joc König m
'pop-corn N̲ Popcorn n

po'pic N̄ Kegel m; **a juca ~e** kegeln
popică'rie F̄ Kegelbahn f
po'por N̄ Volk n
popo'si V̄Ī Rast machen, haltmachen
po'pou umg N̄ Popo m
po'pri V̄Ī beschlagnahmen
po'prire F̄ Beschlagnahme f
popu'la V̄Ī bevölkern
popu'lar ADJ Volks...; populär, beliebt
populari'zare F̄ Verbreitung f
popu'laţie F̄ Bevölkerung f; **~ civilă** Zivilbevölkerung f
popu'lism N̄ Populismus m
popu'list ADJ Populist m
por M̄ Pore f
porc M̄ Schwein n; **~ mistreţ** Wildschwein n
porcă'rie F̄ Schweinerei f
porcin ADJ **gripa f ~ă** Schweinegrippe f
por'cos ADJ schweinisch
po'reclă F̄ Spitzname m
pore'cli V̄Ī **a ~ pe cineva ...** j-m den Spitznamen ... geben
por'ni A V̄Ī losgehen, aufbrechen; abfahren; starten; AUTO anspringen B V̄R **a se ~** loslegen
por'nire F̄ Abfahrt f; Start m; fig Neigung f; IT **~ a calculatorului** Booten n; **~ la rece** Kaltstart m
porno'grafic ADJ pornographisch
pornogra'fie F̄ Pornographie f
po'ros ADJ porös
porozi'tate F̄ Porosität f
port¹ N̄ Hafen m; **~ de origine** Heimathafen m; IT **~ USB** USB-Anschluss m
port² N̄ Tracht f
por'tabil ADJ tragbar
por'tal N̄ Portal n; IT **~ online** Onlineportal n; IT **~ web** Webportal n
portal'toi N̄ BOT Pfropfunterlage f
por'tant ADJ tragend
por'tanţă F̄ Auftrieb m
por'tar M̄ Pförtner m, Portier m; SPORT Torwart m
port'armă F̄ Waffentragen n
porta'tiv A ADJ tragbar B N̄ MUS Notensystem n
portavi'on N̄ Flugzeugträger m
porta'voce F̄ Megaphon n
portă'reasă F̄ Pförtnerin f

portba'gaj N̄ Kofferraum m
portbe'be N̄ Babytragetasche f
port'chei N̄ Schlüsselring m
portdra'pel M̄ Fahnenträger m
por'tic N̄ ARCH Portikus m; Säulenhalle f
porti'eră F̄ Wagentür f
portjarti'er N̄ Strumpfhalter m
portmo'neu N̄ Geldbeutel m
porto'cală F̄ Orange f, Apfelsine f; **~ roşie** Blutorange f
portoca'liu ADJ orangefarben
porto'fel N̄ Brieftasche f; Geldbeutel m
por'tret N̄ Porträt n
portre'tist(ă) M̄F̄ Porträtmaler(in) m(f)
portreti'za V̄Ī porträtieren
port'schi N̄ Skiträger m
porttiga'ret N̄ Zigarettenetui n
portu'ar ADJ Hafen...
Portu'galia F̄ Portugal n
portu'ghez A ADJ portugiesisch B M̄, **portu'gheză** F̄ Portugiese m, Portugiesin f
porţe'lan N̄ Porzellan n
'porţie F̄ Portion f; **~ pentru copii** Kinderteller m
porţio'na V̄Ī portionieren
porţi'une F̄ Abschnitt m
po'rumb M̄ Mais m
po'rumbă F̄ Taubenweibchen n
porum'bel M̄ Taube f
po'runcă F̄ Befehl m; REL Gebot n
porun'ci V̄Ī befehlen
porunci'tor ADJ befehlend, gebieterisch
po'sac ADJ mürrisch
pose'da V̄Ī besitzen
pose'dat ADJ besessen
po'sesie F̄, **posesi'une** F̄ Besitz m
pose'siv ADJ GRAM possessiv
pose'sor M̄, **pose'soare** F̄ Besitzer(in) m(f)
po'sibil ADJ möglich; **a face ~** ermöglichen
posibili'tate F̄ Möglichkeit f; **~ de promovare** Aufstiegschance f
posomo'rât ADJ düster, trüb; mürrisch
pos'pai N̄ Anflug m; GASTR Mehlstaub m

post N̲ Amt n; Stelle f; Posten m; REL Fasten n; ~ **de poliție** Polizeiwache f; ~ **de radio** Radiosender m; ~ **TV/de televiziune** Fernsehsender m

pos'ta V̲T̲ postieren, aufstellen; ins Internet stellen

posta'ment N̲ Postament n

pos'tare F̲ Postieren n

pos'tav N̲ Wollgewebe n

post'belic A̲D̲J̲ Nachkriegs...

post'calcul N̲ Abrechnung f

postcomu'nism N̲ Postkommunismus m

postda'ta V̲T̲ nachträglich datieren

'poster N̲ Poster m/n

posteri'or A̲D̲J̲ hintere(r, s)

posteri'tate F̲ Nachwelt f

pos'ti V̲I̲ fasten

postlice'al A̲D̲J̲ nach dem Gymnasium

post'ludiu N̲ Nachspiel n

postopera'toriu A̲D̲J̲ postoperativ

post'pune V̲T̲ nachstellen

post-res'tant A̲D̲J̲ postlagernd

posttrau'matic A̲D̲J̲ posttraumatisch

postu'la V̲T̲ fordern

pos'tum A̲D̲J̲ postum

postuniversi'tar A̲D̲J̲ auf die Universitätsausbildung folgend

pos'tură F̲ Lage f

po'șetă F̲ Handtasche f

po'șircă umg F̲ GASTR Fusel m

poș'tal A̲D̲J̲ Post...

poș'taș M̲ Briefträger m, Briefbote m

'poștă F̲ Post® f; ~ **electronică** E-Mail f/n, E-Brief m

poștă'riță F̲ Briefträgerin f, Postbotin f

po'tabil A̲D̲J̲ trinkbar; **apă** f **~ă** Trinkwasser n

po'taie F̲ Rudel n; umg pej Köter m

pot'coavă F̲ Hufeisen n

po'tecă F̲ Pfad m

poten'tat M̲ Potentat m

poten'ța V̲T̲ & V̲R̲ **a (se) ~** (sich) steigern

po'tență F̲ Stärke f; Kraft f; Potenz f

potenți'al N̲ Potenzial n

potic'ni V̲R̲ **a se ~** stolpern

po'tir N̲ Kelch m

potlo'gar M̲ umg Spitzbube m

potlo'gărie F̲ umg Gaunerei f

poto'li A̲ V̲T̲ beruhigen B̲ V̲R̲ **a se ~** sich beruhigen; nachlassen; furtună sich legen

poto'lit A̲D̲J̲ ruhig

po'top N̲ Sintflut f

potri'veală F̲ Übereinstimmung f, Ähnlichkeit f

potri'vi A̲ V̲T̲ anpassen; einrichten; aufeinander abstimmen B̲ V̲R̲ **a se ~** passen; übereinstimmen; sich eignen

potri'vire F̲ Übereinstimmung f; Anpassen n

potri'vit A̲D̲J̲ passend; recht; geeignet; mittelmäßig

po'trivnic A̲D̲J̲ feindlich

po'troacă F̲ GASTR Gericht aus Innereien

poți'une F̲ Arzneitrank m

po'vară F̲ Last f

po'vață umg F̲ Rat m; Lehre f

po'veste F̲ Geschichte f; Märchen n

poves'ti V̲T̲ erzählen

poves'tire F̲ Erzählung f

povesti'tor M̲, povesti'toare F̲ Erzähler(in) m(f)

'poză F̲ Foto n, Bild n; ~ **din vacanță** Urlaubsfoto n

pozi'tiv A̲D̲J̲ positiv

po'ziție F̲ Position f, Lage f; ~ **financiară** Ertragslage f; ~ **profesională** Stellung f

poziți'ona V̲T̲ anbringen, einsetzen; **a ~ ceva** die Position einer Sache bestimmen

poziți'onal A̲D̲J̲ Stellungs...

poziți'onare F̲ Positionsbestimmung f

'poznă umg F̲ Streich m

'practic A̲D̲J̲ praktisch

practi'ca V̲T̲ praktizieren; ausüben

practi'cabil A̲D̲J̲ befahrbar

practi'cant(ă) M̲/F̲ Praktikant(in) m(f)

'practică F̲ Praktikum n; Praxis f

practici'an(ă) M̲/F̲ praktischer Arzt m, praktische Ärztin f

'pradă F̲ Beute f; **de ~** Raub...

praf N̲ Staub m; Pulver n; ~ **de copt** Backpulver n

prag N̲ Schwelle f

'Praga F̲ Prag

pra'ghez **A** ADJ Prager **B** M, pra-
'gheză F Prager(in) m(f)
prag'matic ADJ pragmatisch
pragma'tism N Pragmatismus m
pra'lină F Praline f
pra'matie F pej Sorte f
'praştie F Schleuder f; Leine f
praz M Porree m, Lauch m
prăbu'şi VR a se ~ einstürzen, abstürzen; zusammenbrechen
prăbu'şire F Einsturz m, Absturz m,
Sturz m; Zusammenbruch m
pră'da VT ausrauben, berauben
prăfu'i VR a se ~ staubig werden
prăfu'it ADJ staubig, verstaubt
pră'ji VT braten, rösten, backen
pră'jină F Stange f; SPORT Stab m
prăji'tor N Toaster m
prăji'tură F Kuchen m, Gebäck n; ~
cu brânză de vaci Käsekuchen m; ~
cu căpşuni Erdbeerkuchen m; ~ cu
fructe Obstkuchen m
'praznic N REL kirchliches Fest n; umg
Leichenschmaus m
prădă'tor ADJ raubend, plündernd
pră'jeală F Rösten n, Braten n
pră'jire F Rösten n, Backen n, Braten
n
pră'pastie F Abgrund m, Kluft f
pră'păd N Vernichten n, Verderben n
prăpă'di **A** VT vernichten; vergeuden
B VR a se ~ zugrunde gehen; umkommen
prăpă'dit ADJ elend
prăpăsti'os ADJ schroff (abfallend);
umg schauerlich
pră'si **A** VT fortpflanzen, züchten **B**
VR a se ~ sich fortpflanzen, sich vermehren
pră'silă F Nachkommenschaft f; Fortpflanzung f, Zucht f
pră'şi VT hacken
prăvă'lie F Laden m
prăznu'i VT feiern
prânz N Mittag m; Mittagessen n; după ~ nachmittags; înainte de ~ vormittags
prea PRÄP zu; nu ~ nicht gerade
preacu'rat ADJ REL unbefleckt; Prea-
curata f die Mutter Gottes
preaferi'cit ADJ REL selig; Preaferici-
tul Seine Seligkeit (Anrede an den Pat-

riarch)
'preajmă F Umgebung f, Nähe f
prea'labil ADJ în ~ vorher
preamă'ri VT verherrlichen
preamă'rire F Verherrlichung f, Ver-
klärung f
pream'bul N Präambel f
prea'plin N Überlauf m
prea'sfânt ADJ REL allheilig
preasfin'ţit ADJ geweiht
prea'viz N Kündigung(sschreiben) f(n)
pre'car ADJ prekär, schwierig, unsicher
precari'tate F Vorläufigkeit f, Unsicherheit f
pre'caut ADJ vorsichtig
pre'cauţie F Vorsicht f
precă'dere F cu ~ vorwiegend
prece'da VT a ~ ceva einer Sache vo-
rausgehen
prece'dent **A** ADJ vor(her)ig **B** N
Präzedenzfall m; fără ~ noch nie dagewesen
pre'cept N Vorschrift f, Regel f
precipi'ta **A** VT überstürzen, übereilen **B** VR a se ~ sich (über)stürzen, sich
übereilen
precipi'taţii FPL Niederschlag m
pre'cis ADJ genau
preci'za VT präzisieren
preci'zare F Präzisierung f
pre'cizie F Genauigkeit f
pre'coce ADJ frühreif
precoci'tate F Frühreife f
preconce'put ADJ cu idei ~e voreingenommen
preconi'za VT befürworten, empfehlen
precon'tract N Vorvertrag m
precreş'tin ADJ vorchristlich
pre'cum KONJ (so) wie
precumpă'ni VT überwiegen
precumpăni'tor ADJ überwiegend
precur'sor M, precur'soare F Vor-
läufer(in) m(f)
pre'da **A** VT abgeben, übergeben; unterrichten **B** VR a se ~ sich ergeben
pre'dare F Übergabe f; Unterricht m
predece'sor M, predece'soare F
Vorgänger(in) m(f)
predesti'na VT vorherbestimmen
predi'ca VT predigen
predi'cat N Prädikat n

predica'tiv ADJ prädikativ

'predică F Predigt f

pre'dictie F Vorhersage f

predi'lect ADJ Lieblings...

predi'lectie F Vorliebe f

predispo'ziţie F Veranlagung f

predis'pune VT einstimmen, in e-e besonderes Stimmung versetzen

predis'pus ADJ veranlagt

predomi'na VT überwiegen

predomi'nant ADJ überwiegend

preempţi'une F Vorverkaufsrecht n

preexis'tent ADJ präexistent

prefabri'cat A ADJ vorgefertigt B N Fertigteil n

pre'face A VT verwandeln B VR a se ~ sich verwandeln; sich verstellen

pre'facere F Verwandlung f

prefa'ţa VT a prefaţa ceva ein Vorwort zu etw verfassen

pre'faţă F Vorwort n

prefăcăto'rie F Heuchelei f

prefă'cut ADJ heuchlerisch

pre'fect M ~ de poliţie Polizeipräsident m

prefe'ra VT vorziehen

prefe'rabil ADJ besser, ratsam

prefe'rat ADJ Lieblings...

preferenţi'al ADJ Vorzugs...

prefe'rinţă F Vorzug m

prefigu'ra VT a ~ ceva e-e Vorstellung von einer Sache geben

pre'fix N TEL Vorwahl f; LING Präfix n

pregă'ti A VT vorbereiten, zubereiten B VR a se ~ sich vorbereiten, sich bereit machen

pregă'tire F Vorbereitung f, Zubereitung f; ~ militară de bază Grundausbildung f; ~ profesională Berufsausbildung f

pregăti'tor ADJ vorbereitend

prege'ta VI zögern

preg'nant ADJ prägnant, klar

preg'nanţă F Prägnanz f

prein'farct N Präinfarkt m

preis'toric ADJ prähistorisch

preîntâmpi'na VT vorbeugen

pre'jos ADV a fi mai ~ zurückstehen

prejude'cată F Vorurteil n

prejudici'a VT beeinträchtigen

preju'diciu N Schaden m

pre'lat M REL Prälat m

pre'lată F (Abdeck)Plane f, Decke f

pre'legere F Vorlesung f

prele'va VT erheben, entnehmen

prelimi'nar A ADJ vorbereitend B N SPORT ~ii Qualifikation f

pre'linge VR a se ~ herabsickern, langsam herabfließen; fig umg sich wegschleichen, sich fortstehlen

prelu'a VT übernehmen

prelu'are F Übernahme f

prelu'cra VT bearbeiten; verarbeiten, umarbeiten

prelu'crare F Bearbeitung f, Verarbeitung f, Umarbeitung f; ~ a datelor Datenverarbeitung f; ~ a textului IT Textverarbeitung f

pre'ludiu N MUS Präludium n, Prélude n; fig Vorspiel n

pre'lung ADJ länglich; langgezogen

prelun'gi VT verlängern

prelun'gire F Verlängerung f

prelungi'tor N ELEK Verlängerungskabel n

prema'tur ADJ vorzeitig, verfrüht

premedi'ta VT planen, in Gedanken vorbereiten

premedi'tare F Vorsatz m

premedi'tat ADJ vorsätzlich

premergă'tor ADJ vorhergehend

pre'merge VI vorangehen

premi'a VT a ~ pe cineva j-m einen Preis verleihen

premi'ant(ă) MF Preisträger(in) m(f)

premi'er(ă) MF Premierminister(in) m(f)

premi'eră F Premiere f; ~ mondială Uraufführung f

pre'misă F Voraussetzung f

'premiu N Prämie f, Preis m; ~ de consolare Trostpreis m; ~ Nobel Nobelpreis m; ~ Nobel pentru pace Friedensnobelpreis m

premo'dern ADJ vormodern

premoni'toriu ADJ warnend

premo'niţie F Vorahnung f

prena'tal ADJ pränatal

pre'nume N Vorname m

prenupţi'al ADJ vorehelich

preocu'pa VT beschäftigen

preocu'pare F Beschäftigung f

preo'limpic ADJ vorolympisch

'preot M Priester m

P

preo'teasă F _Ehefrau des Priesters_
preo'ție F Priesteramt n
prepa'ra V̄T vorbereiten, zubereiten
prepa'rat N̄ Präparat n
prepara'tive NPL Vorbereitungen pl
prepara'tor A ADJ vorbereitend B
M̄, prepara'toare F Präparator(in)
m(f)
'prepeliță F Wachtel f
preponde'rent ADJ überwiegend
prepo'ziție F Präposition f
pre'print N̄ Vordruck m
pre'puț N̄ Vorhaut f
pre'rie F Prärie f
preroga'tivă F Vorrecht n
preroman'tism N̄ Vorromantik f
pre'sa V̄T pressen; fig drängen
pre'sant ADJ dringend
'presă F Presse f; ~ de usturoi Knoblauchpresse f
presă'ra V̄T bestreuen, (ver)streuen
preschim'ba V̄T umtauschen; umwandeln
preschim'bare F Umwandlung f
pres'crie A V̄T verschreiben, vorschreiben B V̄R a se ~ JUR verjähren
prescrip'tibil ADJ JUR präskriptiv; ver-
jährbar
pres'cripție F JUR Vorschrift f; Verjährung f
pres'cris ADJ vorgeschrieben, ver-
schrieben
prescur'ta V̄T abkürzen, (ver)kürzen
prescur'tare F Abkürzung f
prese'lecție F Vorauswahl f
presenti'ment N̄ Vorgfühl n
presesi'une F Vorprüfungszeit f
presim'ți V̄T (voraus)ahnen
presim'țire F (Vor)Ahnung f
'presing N̄ SPORT Druckspiel n, Pres-
sing n
presi'une F Druck m; ~ a uleiului Öldruck m; ~ joasă Tiefdruck m
presopunc'tură F Akupunktur f
pres'ta V̄T leisten
prestabi'li V̄T vorher festsetzen
prestabi'lit ADJ festgesetzt, ausgear-
beitet
pres'tanță F stattliches Aussehen n
pres'tare F ~ de serviciu Dienstleistung f
prestidigita'tor M̄ Zauberkünstler m

prestigi'os ADJ glänzend, von Rang
pres'tigiu N̄ Ansehen n
presupo'ziție F Vermutung f; Voraussetzung f
presu'pune V̄T vermuten; voraussetzen
presu'punere F Vermutung f
presu'pus ADJ vermeintlich
presuri'za V̄T unter normalen Druck-
verhältnissen aufrechterhalten
pre'sus ADV mai ~ de toate über alles
preș N̄ Fußmatte f
preșco'lar ADJ vorschulisch
preșe'dinte M̄, preșe'dintă F Prä-
sident(in) m(f); Vorsitzende/r m/f(m); ~
al consiliului de conducere Vostands-
vorsitzende m
președin'ție F Vorsitz m; Präsident-
schaft f
pre'ta V̄R a se ~ sich eignen; sich (zu
etw) hergeben
preten'dent(ă) M̄F̄ Bewerber(in) m(f)
pre'tenție F Anspruch m; Forderung f
pretenți'os ADJ anspruchsvoll
pre'text N̄ Vorwand m, Ausrede f
pretex'ta V̄T vorgeben, als Vorwand
haben
pre'tinde V̄T beanspruchen; fordern;
behaupten
pre'tins ADJ behauptet, angeblich
pretu'tindeni ADV überall
preț N̄ Preis m; ~ de intrare Eintrittspreis m; ~ fix Festpreis m; ~ maxim
Höchstpreis m; ~ redus Sonderpreis
m; ~ unitar Einheitspreis m; de ~ wertvoll
preți'os ADJ wertvoll, kostbar; fig gekünstelt
prețiozi'tate F Geziertheit f, Manie-
riertheit f
prețu'i V̄T (ein)schätzen
prețu'ire F (Wert)Schätzung f
preuniversi'tar ADJ voruniversitär
preva'la V̄I vorherrschen, überwiegen
prevăză'tor ADJ umsichtig, vorsichtig
prevă'zut ADJ ~ cu versehen mit
preve'dea V̄T vor(aus)sehen; ~ cu versehen mit
preve'dere F Vor(aus)sicht f; Fürsorge
f
preve'ni V̄T warnen; vorbeugen
preve'nire F Vorbeugung f

preveni'tor ADJ zuvorkommend

preven'tiv ADJ vorbeugend

preven'toriu N̄ Sanatorium n

pre'venție F̄ Vorbeugung f

preves'ti V̄T verkünden

preves'tire F̄ Prophezeiung f

previ'zibil ADJ voraussehbar, absehbar

previzi'une F̄ Vorhersage f, Voraussage f

prezbi'tism N̄ Weitsichtigkeit f

pre'zent A ADJ anwesend; gegenwärtig B N̄ Gegenwart f

prezen'ta V̄T vorstellen; vorzeigen; vorführen; präsentieren

prezen'tabil ADJ ansehnlich, vorzeigbar

prezen'tare F̄ Vorführung f

prezenta'tor M̄, prezenta'toare F̄ Ansager(in) m(f); ~ de știri Nachrichtensprecher m

pre'zență F̄ Anwesenheit f, Gegenwart f; ~ de spirit Geistesgegenwart f

prezer'va V̄T bewahren

prezerva'tiv N̄ Kondom n

prezică'tor M̄, prezică'toare F̄ Weissager(in) m(f)

pre'zice V̄T voraussagen

prezi'da V̄T präsidieren, den Vorsitz führen

prezidenți'abil ADJ als Präsident geeignet, wählbar

prezidenți'al ADJ Präsidentschafts...

pre'zidiu N̄ Vorsitz m

pre'ziuă F̄ Vortag m

prezu'ma V̄T annehmen, mutmaßen

prezum'tiv ADJ mutmaßlich

prezum'ție F̄ Vermutung f

pri'beag ADJ umherziehend; fremd

pribe'gi V̄I in die Fremde fliehen, umherziehen

pribe'gie F̄ Herumziehen n

pricá'jit ADJ verkümmert; verdammt

pri'cepe V̄T verstehen, begreifen

pri'cepere F̄ Geschicklichkeit f

price'put ADJ geschickt

prichin'del M̄ umg Kinirps m, Däumling m

'pricină F̄ Grund m, Ursache f; din pricina wegen

pricinu'i V̄T verursachen

pricop'seală F̄ Vorwärtskommen n

pricop'si V̄T & V̄R a (se) ~ (sich) bereichern

prid'vor N̄ Vorhalle e-r Kirche f

pri'elnic ADJ günstig

'prieten(ă) M̄F̄ Freund(in) m(f); ~ al naturii Naturfreund m; ~ de școală Schulfreund m

priete'nesc ADJ freundschaftlich

priete'nie F̄ Freundschaft f

priete'nos ADJ freundlich

pri'goană F̄ Verfolgung f

prigo'ni V̄T verfolgen

pri'i V̄I behagen, gut bekommen

pri'lej N̄ Gelegenheit f, Anlass m

prileju'i V̄T Gelegenheit zu etw geben; veranlassen

prim ADJ erste(r, s); în ~ul rând erstens; vor allem

pri'mar A ADJ ursprünglich B N̄ Bürgermeister m; ~ general Oberbürgermeister m

pri'mat N̄ Vorrang m

'primă F̄ Prämie f; ~ de vacanță Urlaubsgeld n

primă'rie F̄ Rathaus n

primă'riță F̄ Bürgermeisterin f

'primăvara ADV im Frühling

'primăvară F̄ Frühling m

pri'mejdie F̄ Gefahr f; ~ pe mare Seenot f

primejdi'os ADJ gefährlich

primejdu'i V̄T gefährden

prime'ni V̄T & V̄R a (se) ~ (sich) verändern, (sich) erneuern, (sich) umkleiden, (sich) erfrischen

pri'mi V̄T bekommen, erhalten, empfangen; annehmen, aufnehmen

pri'mire F̄ Empfang m; ~a bagajelor Gepäckannahme f

primi'tiv ADJ primitiv

primiti'vism N̄ Primitivismus m

primi'tor ADJ empfänglich, zugänglich; gastfreundlich

prim-mi'nistru M̄ Premierminister(in) m(f)

primordi'al ADJ wesentlich; entscheidend

prim'plan N̄ Vordergrund m

'primulă F̄ Primel f

prin PRĂP durch; über; ~ ce wodurch

princi'ar ADJ Fürsten..., fürstlich; fig reich, großzügig

princi'pal ADJ hauptsächlich; Haupt...
princi'pat N Fürstentum n
principe M, **princi'pesă** F Fürst(in) m(f)
principi'al ADJ prinzipiell, grundsätzlich
prin'cipiu N Prinzip n
prinde VIT fangen; erwischen; ertappen; fassen, packen; erreichen
prindere F Fangen n, Ergreifen n
prins N de-a ~elea Fangen n
prin'soare F Gefangennahme f, Gefangenschaft f; Falle f; umg Wette f
print N Druck m
prin'ta VIT drucken
printre PRĂP unter; durch; ~ altele unter anderem
prinţ M Prinz m; ~ moştenitor Kronprinz m
prin'ţesă F Prinzessin f
priori'tar ADJ vorrangig, bevorzugt
priori'tate F Priorität f; Vorfahrt f
pripă F Eile f
pripă'şi VR umg a se ~ zulaufen; sich einnisten
pripă'şit ADJ zugelaufen, hergelaufen
pri'pi VR a se ~ überstürzt handeln
pri'pit ADJ überstürzt; hastig
pripo'ni VIT befestigen
prismă F Prisma n
pri'sos N Überschuss m, Überfluss m; de ~ überflüssig
priso'sinţă F Überfluss m
prispă F Veranda f; fig Vorsprung m, Absatz m
prişniţă F MED Kompresse f
pri'va VIT fig a ~ pe cineva de ceva j-m etw vorenthalten
pri'vat ADJ privat
priva'tiv ADJ ausschließend, entziehend; LING verneinend
privati'za VIT privatisieren
privaţi'une F Entbehrung f
prive'ghea VI & VIT (be)wachen
pri'veghi N Wache f
pri'velişte F (An)Blick m; Ansicht f, Aussicht f
pri'vi VIT (an)schauen, ansehen; betrachten; betreffen; angehen
privighe'toare F Nachtigall f
privilegi'a VIT begünstigen, bevorrechten

privilegi'at ADJ bevorrechtigt, bevorzugt
privi'legiu N Privileg n
pri'vinţă F Hinsicht f, Beziehung f
pri'vire F Blick m; ~ de ansamblu Überblick m; ~ generală Übersicht f; ~ retrospectivă Rückblick m; cu ~ la hinsichtlich, bezüglich
privi'tor A ADJ betreffend B M, **privi'toare** F Zuschauer(in) m(f)
pri'za VIT Tabak schnupfen
priză F Prise f; ELEK Steckdose f
prizoni'er(ă) M(F) Gefangene(r) m/f(m)
prizonie'rat N Gefangenschaft f
proaspăt ADJ frisch
pro'ba VIT (an)probieren; beweisen
pro'babil ADJ wahrscheinlich
probabili'tate F Wahrscheinlichkeit f
proba'toriu A ADJ Einstufungs... B N Prüfungsaufgabe f
probă F Probe f; Beweis m; ~ de curaj Mutprobe f; ~ de forţă Machtprobe f; MED ~ de materii fecale Stuhlprobe f
probi'tate F Ehre(nhaftigkeit) f
proble'matic ADJ problematisch
proble'matică F Problematik f
problemati'za VIT problematisieren
pro'blemă F Problem n; Frage f; ~ de aritmetică Rechenaufgabe f
proce'da VIT verfahren; vorgehen
proce'deu N Verfahren n
proce'dură F Prozedur f; ~ judiciară Gerichtsverfahren n
pro'cent N Prozent n
procen'taj N Prozentsatz m
procentu'al ADJ prozentual
pro'ces N Prozess m; ~-verbal Protokoll n
proce'sa VIT (Daten) verarbeiten
proce'sare F ~ de text Textverarbeitung f
procesi'une F Prozession f
proce'sor N IT Prozessor m
procesu'al ADJ Prozess...
procla'ma A VIT verkünden, ausrufen B VR a se ~ (independent) sich (für unabhängig) erklären
procla'maţie F Proklamation. Verkündung f
procre'a VI & VIT (er)zeugen
procu'ra VIT verschaffen, besorgen
procura'tură F Staatsanwaltschaft f

pro'cură F Vollmacht f

procu'ror M Staatsanwalt m, Staatsanwältin f

prode'can M Prodekan m

prodigi'os ADJ bemerkenswert, beachtlich

produc̆ă'tor M Produzent m, Erzeuger m

pro'duce V/T produzieren

pro'ducere F Herstellung f, Erzeugung f

produc'tiv ADJ produktiv

productivi'tate F Produktivität f

pro'ducţie F Produktion f

pro'dus N Produkt n; ~ fabricat Fabrikat n; ~e de panificaţie Gebäck n; ~e de patiserie Backwaren fpl; ~e lactate Milchprodukte npl

proemi'nent ADJ prominent

proemi'nenţă F Prominenz f

pro'fan ADJ weltlich

profa'na V/T entweihen, schänden; fig erniedrigen

profa'nare F Entweihung f, Schändung f; fig Erniedrigung

profe'ra V/T verlauten, laut werden lassen

profe'sa V/T ausüben

pro'fesie F Beruf m

profesio'nal ADJ beruflich, Berufs...

profesiona'lism N Professionalismus m

profesio'nist M Profi m

profe'sor M, profe'soară F Lehrer(in) m(f), Professor(in) m(f); ~ de dans Tanzlehrer m; ~ de germană Deutschlehrer m; ~ de sport Sportlehrer m

pro'fet M Prophet m

pro'fetic ADJ prophetisch

profe'ţi V/T prophezeien

profe'ţie F Prophezeiung f, Weissagung f

pro'fil N Profil n

profi'la ADJ VT profilieren B V/R a se ~ sich profilieren, sich abzeichnen

profi'lactic ADJ prophylaktisch, vorbeugend

profila'xie F Prophylaxe f

pro'fit N Profit m, Gewinn m

profi'ta VI a ~ de profitieren von

profite'rol N GASTR Profiterole m/f

profi'tor A ADJ profitierend B M, profi'toare F Profiteur(in) m(f) pej

pro'fund ADJ tief

profun'zime F Tiefe f

progeni'tură F Nachkommenschaft f

progeste'ron N Progesteron n

prognos'tic N Prognose f

prog'noză F Prognose f; ~ meteo Wettervorhersage f

pro'gram N Programm n; IT ~ antivirus Antivirenprogramm n; ~ de lucru Öffnungszeiten fpl, Geschäftszeiten fpl; ~ de televiziune Fernsehprogramm n

progra'ma VT programmieren

programa'tor M, programa'toare F Programmierer(in) m(f)

pro'gramă F Programm n; ~ şcolară Lehrplan m

pro'gres N Fortschritt m

pro'gresa VI fortschreiten

progre'sist ADJ fortschrittlich

progre'siv ADJ fortschreitend

pro'hab N Hosenschlitz m

prohibi'tiv ADJ prohibitiv, verhindernd

prohi'biţie F Verbot n, Untersagen n

pro'hod N Totenamt n

pro'iect N Projekt n, Entwurf m

proiec'ta VT entwerfen; projizieren; schleudern

proiec'til N Geschoss n

proiec'tor N Projektor m

pro'iecţie F Projektion f

prole'tar A ADJ proletarisch B M, prole'tară F Proletarier(in) m(f)

proletari'at N Proletariat n

prolife'ra VI sich stark vermehren, ansteigen

prolife'rare F starke Vermehrung f, Zunahme f

pro'lific ADJ (sehr) fruchtbar

pro'lix ADJ weitschweifig

pro'log N Prolog m; fig Auftakt m

prome'nadă F Promenade f; Spaziergang m

promiscui'tate F Promiskuität f

pro'miscuu ADJ promiskuitiv

promisi'une F Versprechen n

promi'te VT versprechen

promi'ţător ADJ vielversprechend

promon'toriu N Vorgebirge n; Kap n

promo'tor M, promo'toare F Initiator(in) *m(f)*, Manager(in) *m(f)*, Förderer *m*, Förderin *f*

pro'moție F **1** Jahrgang *m* **2** WIRTSCH Angebot *n*

promoțio'nal ADJ absatz-, verkaufsfördernd

promo'va VT (be)fördern; *elev* versetzen

promovabili'tate F Beförderungsmöglichkeit *f*

prompt ADJ prompt, unverzüglich

'**prompter** N Eingabeaufforderung *f*

prompti'tudine F Schnelligkeit *f*

promul'ga VT verabschieden

pro'naos N REL, ARCH Vorhalle *f*

pronomi'nal ADJ GRAM pronominal, fürwörtlich

pronos'tic N Prognose *f*

pro'nume N GRAM Pronomen *n*

pronun'ța A VT aussprechen B VR a se ~ sich äußern

pro'nunție F Aussprache *f*

pro'porție F Proportion *f*, Verhältnis *n*

propovădu'i VT verkünden; predigen

propo'ziție F Satz *m*; ~ **principală** Hauptsatz *m*; ~ **secundară** Nebensatz *m*

proprie'tar(ă) M(F) Besitzer(in) *m(f)*, Eigentümer(in) *m(f)*

proprie'tate F Besitz *m*, Eigentum *n*; Eigenschaft *f*; ~ **funciară** Grundbesitz *m*; ~ **privată** Privateigentum *n*

'**propriu** ADJ eigene(r, s)

'**propriu-zis** ADJ eigentlich

prop'tea F Stütze *f*

prop'ti VT stützen

pro'pune VT vorschlagen; a-și ~ sich vornehmen

pro'punere F Vorschlag *m*

propa'ga VT propagieren, (be)werben, verbreiten

propa'gandă F Propaganda *f*, Werbung *f*, Verbreitung *f*

propagan'distic ADJ propagandistisch, werbend

propa'gare F Verbreitung *f*

pro'pice ADJ INV geeignet, passend

proporțio'nal ADJ proportional

propul'sa VT antreiben

propul'sare F Antreiben *n*

pro'pulsie F Antrieb *m*

'**proră** F SCHIFF Bug *m*

pro'rector M Prorektor *m*

pro'roc M Prophet *m*

pro'scrie VT verbieten, untersagen; verpönen, verwerfen

pro'scris A ADJ verpönt B M, **pro'scrisă** F Verbannte(r) *m/f(m)*

pro'sop N Handtuch *n*

prospă'tură F *umg* Genussmittel *n*

pros'pect N Prospekt *m*

pros'pecție F Erkundung *f*, Durchforschung *f*; WIRTSCH Akquise *f*, Kundenwerbung *f*

pros'per *fig* ADJ blühend

prospe'ra VT gedeihen

prosperi'tate F Wohlstand *m*

prospe'țime F Frische *f*

prost ADJ dumm; schlecht

pros'tată F MED Prostata *f*

prosta'tită F MED Entzündung *f* der Prostata

prostă'nac M Dummkopf *m*

proster'na VR a se ~ sich niederwerfen, e-n Fußfall machen

proster'nare F Fußfall *m*

pros'ti VR a se ~ verdummen

pros'tie F Dummheit *f*

prostitu'a VR a se ~ sich prostituieren; *fig* sich erniedrigen, sich herabwürdigen

prostitu'ată F Prostituierte *f*

prosti'tuție F Prostitution *f*

pros'trație F Verzweiflung *f*; MED Erschöpfung *f*, Prostration *f*

protago'nist(ă) M(F) Protagonist(in) *m(f)*

protec'tor M Beschützer *m*; IT ~ **de ecran** Bildschirmschoner *m*

pro'tecție F Schutz *m*; **protecția animalelor** Tierschutz *m*; **protecția copilului** Jugendschutz *m*; **protecția mediului înconjurător** Umweltschutz *m*; ~ **a datelor** Datenschutz *m*; ~ **a consumatorului** Verbraucherschutz *m*; ~ **contra țânțarilor** Mückenschutz *m*; ~ **de ecran** Bildschirmschoner *m*

protecțio'nism N Protektionismus *m*

pro'teic ADJ BIOL unbeständig, wandelbar; Eiweiß..., Protein...

prote'ină F Eiweiß *n*

prote'ja VT (be)schützen; fördern

prote'jat M Schützling *m*

pro'test N̄ Protest *m*, Einspruch *m*

protes'ta V̄ī protestieren

protes'tant A ADJ protestantisch B M̄, protes'tantă F Protestant(in) *m(f)*

protesta'tar A ADJ protestierend B M̄, protesta'tară F Protestierende(r) *m/f(m)*

pro'teză F Prothese *f*; ~ auditivă Hörgerät *n*; ~ dentară Gebiss *n*, Zahnersatz *m*, Zahnprothese *f*

protipen'dadă F HIST Bojarenstand *m*; umg High Society *f*

proto'col N̄ Protokoll *n*

protoco'lar ADJ protokollarisch

pro'ton M̄ CHEM Proton *n*

proto'pop M̄ REL ≈ Probst *m*

proto'tip N̄ Prototyp *m*

protube'ranță F ANAT Vorsprung *m*, Höcker *m*

pro'țap N̄ Bratspieß *m*

'provă F SCHIFF Bug *m*

prove'ni V̄ī ~ din stammen aus

proveni'ență F Herkunft *f*

pro'verb N̄ Sprichwort *n*

proverbi'al ADJ sprichwörtlich

provi'dență F Vorsehung *f*

pro'vider M̄ Provider *m*; ~ de internet Internetprovider *m*

provinci'al ADJ provinziell

pro'vincie F Provinz *f*

provita'mină F Provitamin *n*

pro'vizie F Vorrat *m*; Proviant *m*

provi'zoriu ADJ provisorisch

provo'ca V̄ī provozieren, herausfordern; verursachen

provo'care F Herausforderung *f*

provoca'tor ADJ provozierend

proxe'net M̄ Zuhälter *m*

proxene'tism N̄ Zuhälterei *f*

'proxim ADJ nächste(r, s)

proximi'tate F Nähe *f*

'proză F Prosa *f*

pru'dent ADJ vorsichtig

pru'dență F Vorsicht *f*

prun M̄ Pflaumenbaum *m*

'prună F Pflaume *f*

pruncu'cidere F Kindesmord *m*

prund N̄ Kies *m*

psalm M̄ Psalm *m*

psal'tire F REL Psalter *m*

pseudo'nim N̄ Pseudonym *n*

psihana'litic ADJ psychoanalytisch

psihana'liză F Psychoanalyse *f*

psihia'trie F Psychiatrie *f*

psihi'atru M̄, psihi'atră F Psychiater(in) *m(f)*

'psihic A ADJ psychisch B N̄ Psyche *f*

psiho'dramă F Psychodram *n*

psiho'log(ă) M̄F Psychologe *m*, Psychologin *f*

psiholo'gie F Psychologie *f*

psiho'pat(ă) M̄F Psychopath(in) *m(f)*

psihopatolo'gie F Psychopathologie *f*

psihoso'matic ADJ psychosomatisch

psihoterape'ut(ă) M̄F Psychotherapeut(in) *m(f)*

psihotera'pie F Psychotherapie *f*

psi'hoză F MED Psychose *f*

psori'azis N̄ MED Schuppenflechte *f*

pu'belă F Mülltonne *f*

puber'tate F Pubertät *f*

pubi'an ADJ ANAT Scham(bein)...

'pubis N̄ Schambein *n*

'public A ADJ öffentlich B N̄ Publikum *n*

publi'ca V̄ī veröffentlichen

publi'cație F Veröffentlichung *f*

publi'cistic ADJ publizistisch

publici'tar ADJ Werbe...

publici'tate F Werbung *f*; Öffentlichkeit *f*; ~ directă Direktwerbung *f*

puc N̄ Puck *m*

puci N̄ Putsch *m*

pu'cioasă F Schwefel *m*

'pudel M̄ Pudel *m*

pudi'bond ADJ prüde

pudibonde'rie F Prüderie *f*

'pudic ADJ schamhaft

pu'doare F Schamgefühl *n*

pu'dra V̄ī pudern

'pudră F Puder *m*; zahăr *n* ~ Puderzucker *m*

pue'ril ADJ kindisch

puf N̄ Daunen *pl*

pufă'i V̄ī schnauben; paffen, schmauchen

puf'ni V̄ī schnauben; a ~ în râs in Lachen ausbrechen

pu'fos ADJ flaumig

pugi'lism N̄ SPORT Boxen *n*

'puhav ADJ aufgedunsen

pu'hoi N̄ Flut *f*; Menschenmasse *f*

pui M̅ Junge(s) n; Hühnchen n; **pui de câine** Welpe m; **pui de găină** Küken n; **pui fript** Brathähnchen n, Backhähnchen n, Hendl n

pui'şor M̅ kleines Kissen n; → pui

pul N̅ Stein beim Backgammonspiel

'pulbere F̅ Staub m, Pulver n

pulmo'nar ADJ Lungen...

pu'lover N̅ Pullover m

pul'pană F̅ (Rock)Schoß m

'pulpă F̅ Wade f; GASTR Keule f; Fruchtfleisch n

puls N̅ Puls m

pul'sar M̅ Pulsgeber m

pulsi'une F̅ PHYS Pulsieren n

pulveri'za V̅T̅ zerstäuben

pulveriza'tor N̅ Zerstäuber m

'pumă F̅ Puma m

pumn M̅ Faust f; **un ~ de ...** eine Handvoll ...

pum'nal N̅ Dolch m

punct N̅ Punkt m; **~ mort** AUTO Leerlauf m; **~ de vedere** Standpunkt m; **şi virgulă** Strichpunkt m; **~e** pl cardinale Himmelsrichtungen pl; **a pune la ~ pe cineva** j-n zurechtweisen

punc'ta V̅T̅ punktieren

punc'taj N̅ Punktzahl f

punctave'raj N̅ Punkteabgleich m

punctu'al ADJ pünktlich

punctuali'tate F̅ Pünktlichkeit f

punctu'aţie F̅ Zeichensetzung f

'puncţie F̅ MED Punktion f

'pune V̅T̅ stellen, legen, setzen; aufhängen; anziehen; **a ~ bine** aufheben; **a ~ la loc** zurücklegen

pun'gaş M̅ Gauner m

'pungă F̅ Beutel m; Tüte f

pungă'şie F̅ Gaunerei f

puni'tiv ADJ Straf...

'punte F̅ Steg m; SCHIFF Deck n; **pe ~ an Deck**

pu'pa V̅T̅ küssen

pu'pat N̅ Küssen n

pupă'tură F̅ Kuss m

pu'păză F̅ Wiedehopf m

pu'pic M̅ umg Küsschen n

pu'pilă F̅ Pupille f

pu'pitru N̅ Pult n

pur ADJ rein; **~ şi simplu** einfach

pur'cel M̅ **~ de lapte** Ferkel n

pur'ga V̅I̅ MED, PFLEGE abführen

purga'tiv N̅ Abführmittel n

purga'toriu N̅ Purgatorium n; (vorübergehende) Leidenszeit f

'purice M̅ Floh m

purifi'ca V̅T̅ reinigen

puri'tan ADJ puritanisch

purita'nism N̅ Puritanismus m

puri'tate F̅ Reinheit f

pu'roi N̅ Eiter m

'purpură F̅ Purpur m

purpu'riu ADJ purpurfarben

pur'sânge ADJ INV reinrassig

pur'ta A V̅T̅ tragen B V̅/R̅ **a se ~** sich benehmen

pur'tare F̅ Benehmen n

pur'tat ADJ abgetragen

purtă'tor M̅ **~ de cuvânt** Wortführer m

'pururi ADV immer, ewig

pu'seu N̅ Stoß m, Puff m; Schub m, Antrieb m

pustie'tate F̅ Einöde f

pusti'i V̅T̅ verwüsten

pustii'tor ADJ verheerend

pus'tiu A ADJ wüst B N̅ Wüste f

'pustnic M̅ Einsiedler m

puş'caş N̅ Kanonier m; Schütze m

'puşcă F̅ Gewehr n

puşcări'aş(ă) M̅/F̅ Häftling m

puş'cărie F̅ Gefängnis n

puşcu'liţă F̅ Sparbüchse f

puşla'ma F̅ umg Nichtsnutz m

puş'tan M̅ umg Lümmel m

'puşti M̅ umg Schlingel m

puş'toaică F̅ umg Mädchen n

pu'tea A V̅/MOD 1 können; **ai ~, te rog ...?** kannst du bitte ...?; **a-i ~ şi tu măcar** du könntest ruhig mal (+ inf); **a nu ~ suferi pe cineva** j-n nicht ausstehen (od riechen) können; **a ~ vorbi** (od să vorbesc) **cu ...?** kann ich bitte (mit)... sprechen?; **cu ce vă putem servi?** was bekommen Sie?; **n-am putut face altfel** ich konnte nicht anders; **nu pot veni** ich kann nicht kommen 2 dürfen; **dacă pot întreba** wenn ich fragen darf B V̅/R̅ **a se ~** möglich sein; **asta nu se poate** das kann nicht sein; **nu se poate şti niciodată** man kann nie wissen; **s-ar ~** das kann sein; **se poate?** darf ich?

pu'tere F̅ Kraft f, Stärke f; Macht f; Ge-

walt f; MATH Potenz f; TECH Leistung f
pu'ternic ADJ stark; mächtig
'putină f Bottich m
pu'tință f Möglichkeit f; cu ~ möglich
pu'toare f Gestank m
'putred ADJ faul; morsch; ~ de bogat steinreich
putre'facție f Verwesung f; Faulen n
putre'gai f Fäulnis f
putre'zi VI (ver)faulen
putre'zit ADJ faul, verfault
putu'ros A ADJ (stink)faul B M, putu'roasă f Faulpelz m
puț N Brunnen m; BERGB Schacht m
pu'ți VI stinken
pu'țin ADJ (ein) wenig, ein bisschen; etwas; ~ câte ~ nach und nach; cel ~ wenigstens; peste ~ in Kürze
puz'derie f (Un)Menge f
'puzzle N Puzzle n

R

ra'bat N Rabatt m
raba'tabil ADJ klappbar; Klapp...; scaun n ~ Klappstuhl m
'rabie f Tollwut f
ra'bin M Rabbiner m
rabla'gi VR a se ~ sich abnutzen; aliment, ființă verkommen
'rablă umg f alte Kiste f, alte Karre f
rabo'tare f Hobeln n
rac M ZOOL, a. ASTROL Krebs m
ra'chetă f Rakete f; SPORT ~ (de tenis) Tennisschläger m
ra'chiu N Schnaps m
'racilă f 1 (unheilbare) Krankheit f 2 antipatie Hass
'raclă f Sarg m; ladă (din lemn) (Holz-)Kiste f
raco'la VT (an)werben
raco'lare f Anwerbung f
ra'cord N Anschluss m
racor'da VT verbinden; ștecăr anschließen

racor'dare f IT ~ la rețea Netzanschluss m
'radar N Radar m; control n ~ Radarkontrolle f
'rade VT rasieren; radieren; abschaben; brânză reiben
radi'a VI (aus)strahlen
radi'al ADJ radiär; ANAT os n ~ Speiche f
radi'an M Radiant m
radia'tor N Heizkörper m; AUTO Kühler m; ~ electric Strahler m
radi'ație f (Aus)Strahlung f
radi'cal A ADJ radikal B N Wurzel f
radicali'za A VT radikalisieren B VR a se ~ sich radikalisieren
radicali'zare f Radikalisierung f
radicu'lar ADJ wurzelig; Wurzel...; dinte canal n ~ Wurzelkanal m
radi'eră f Radiergummi m
radi'ere f Löschung f; FIN Tilgung f
'radio N Radio n; ~ de mașină Autoradio n
radioac'tiv ADJ radioaktiv
radioactivi'tate f Radioaktivität f
radiocomuni'cație f Radioübertragung f
radiodifu'za VT senden
radiodifuzi'une f Rundfunk m
radioemiță'tor N Radiosender m
radio'fonic ADJ Radio...; emisiune f ~ă Radiosendung f
radioghi'dat ADJ funkgesteuert
radiogra'fie f Röntgenaufnahme f
radiojur'nal N Rundfunknachrichten fpl
radio'log(ă) MF Radiologe m, Radiologin f
radiolo'gie f MED Radiologie f
radiore'cepție f Radioempfang m
radi'os ADJ strahlend
radiosco'pie f Durchleuchtung f
radiota'xi N Funktaxi m
'radius N Speiche f; ANAT Radius m
ra'fală f ~ (de vânt) Windstoß m
'rafie f Bast m
rafi'na VT raffinieren
rafina'ment N Raffiniertheit f
rafi'nat ADJ raffiniert
rafină'rie f Raffinerie f
raft N Regal n, Fach n
ra'ge VI brüllen

ra'hat **A** **N** GASTR türkische Süßspeise **B** **M** umg Dreck m

rahi'tism **N** MED Rachitis f

rai **N** Paradies n

'raid **N** **1** MIL Angriff m; avion Luftangriff m **2** cercetare Expedition f

rai'on **N** Bezirk m; Abteilung f

'raită **F** Rundgang m

rali'a **VR** a se ~ sich anschließen sich versammeln

rali'ere **F** Beitritt m; Vereinigung f

ra'liu **N** Rallye f

ram **N** Zweig m

RAM **ABK** IT RAM abk random-access memory

rama'dan **N** Ramadan m

'ramă **F** Rahmen m; ~ de tablou Bilderrahmen m

ram'burs **N** Nachnahme f

rambur'sa **VT** (zurück)erstatten

rambur'sare **F** Rückerstattung f; ~ a cheltuielilor Kostenerstattung f

ramifi'ca **VT** a se ~ sich verzweigen

ramifi'cație **F** Verzweigung f

ramo'li **VR** a se ~ verkalken

ramo'lit **A** **ADJ** altersschwach; senil **B** **M**, ramo'lită **F** altersschwacher Mann m, altersschwache Frau f

'rampă **F** ~ de acces Auffahrt f

'ramură **F** Zweig m

'rană **F** Wunde f, Verletzung f; ~ deschisă Platzwunde f

ran'chiună **F** Groll m

ranchiu'nos **ADJ** nachtragend

randa'ment **N** Leistung f; Nutzen m

ranfor'sa **VT** TECH verstärken

rang **N** Rang m

'rangă **F** Brechstange f

ra'pace **ADJ INV** (hab)gierig

rapaci'tate **F** (Hab)Gier f

'rapăn **N** Krätze f

ra'pid **A** **ADJ** schnell **B** **N** Schnellzug m

rapidi'tate **F** Geschwindigkeit f

'rapiță **F** Raps m

ra'port **N** Beziehung f, Verhältnis n; Meldung f; Bericht m; ~ al ședinței Sitzungsprotokoll n; ~ sexual Geschlechtsverkehr m; ~uri comerciale Handelsbeziehungen pl

rapor'ta **A** **VT** berichten **B** **VR** a se ~ la sich beziehen auf

rapor'tare **F** Berichterstattung f

rapor'tor **A** **M,** rapor'toare **F** Berichterstatter(in) m(f) **B** **N** Winkelmesser m

rap'sod **M** Rhapsode m

rapso'die **F** Rhapsodie f

rapt **N** Entwendung f; răpire Entführung f

rar **ADJ** selten; langsam; dünn

rarefi'a **VT** verdünnen **B** **VR** a se ~ sich verdünnen

rarefi'at **ADJ** verdünnt

rare'ori **ADV** selten

ra'risim **ADJ** selten; neobișnuit ungewohnt

rari'tate **F** Seltenheit f

ras **A** **ADJ** rasiert; brânză gerieben; lingură gestrichen **B** **N** Rasieren n; aparat n de ~ Rasierapparat m

'rasă **F** Rasse f

rasi'al **ADJ** rassisch; Rassen...; conflict n ~ Rassenkonflikt m

ra'sism **N** Rassismus m

ra'sist **A** **ADJ** rassistisch **B** **M,** ra'sistă **F** Rassist(in) m(f)

ra'sol **N** Suppenfleisch n; umg a da ~ pfuschen

ras'tel **N** Ständer m; raft Regal n; ~ pentru biciclete Fahrradständer m

'raster **N** TYPO Raster m

rașche'ta **VT** schaben

'rașpel **N** (Holz)Feile f

ra'ta **VT** verfehlen; umg verpatzen

'rată **F** Rate f; rată de creștere Wachstumsrate f; WIRTSCH rată lunară Monatsrate f

ra'tare **F** Verfehlung f; eșec Versagen n

ra'tat **A** **ADJ** verfehlt; missraten **B** **M,** ra'tată **F** Versager(in) m(f)

'rață **F** Rate f

ra'teu **N** Aussetzer m; mașină Fehlzündung f

ratifi'ca **VT** ratifizieren

ratifi'care **F** Ratifizierung f

'rating **N** TV Einschaltquote f

'rață **F** Ente f; rață Peking Pekingente f

'rație **F** Ration f

rațio'na **VI** denken

rațio'nal **ADJ** vernünftig

raționali'za **VT** rationalisieren

raționa'ment **N** Beweisführung f

rați'une **F** Vernunft f

ra'vagii NPL Verwüstung f; distrugere Zerstörung f

ra'zant ADJ rasant

'rază F Strahl m; MATH Radius m; Umkreis m; ~ de acţiune Reichweite f; ~ de soare Sonnenstrahl m; fig ~ de speranţă Lichtblick m; MED raze pl X Röntgenstrahlen pl

'razie F Razzia f

'razna ADV a umbla ~ herumirren; a o lua ~ davonlaufen; fig (vom Thema) abschweifen

răb'da VT ertragen, aushalten; leiden (de an/unter); ~ de foame/sete Hunger/Durst leiden

răb'dare F Geduld f

răbdă'tor ADJ geduldig

răbuf'ni VI ausbrechen; zgomot ertönen

răbuf'nire F Krach m; pocnet Knall m

ră'ceală F Kälte f; MED Erkältung f

ră'chită F (Korb)Weide f

ră'ci A VT abkühlen; sich erkälten B V/R a se ~ kalt werden

ră'cire F (Ab)Kühlung f; Erkältung f

ră'cit ADJ erkältet, verschnupft

'răcnet N Gebrüll n

răc'ni VI brüllen

ră'coare F Kühle f; a sta la ~ umg (im Knast) sitzen

răco'ri VR a se ~ kühl werden; sich abkühlen; sich erfrischen

răcori'toare F Erfrischung f; Erfrischungsgetränk n

răcori'tor ADJ erfrischend

răco'ros ADJ kühl

rădă'cină F Wurzel f; ~ pătrată Quadratwurzel f

rădăci'noase FPL Wurzelpflanzen fpl

rădăci'nos ADJ wurzelig; Wurzel...; legume fpl rădăcinoase Wurzelgemüse n

răfu'i VR a se ~ abrechnen; sich raufen

răfu'ială F Abrechnung f; răzbunare Vergeltung f

ră'gaz N Ruhe f, Muße f

'răget N Gebrüll n

răgu'şeală F Heiserkeit f

răgu'şi VI heiser werden

răgu'şit ADJ heiser

ră'mas N ~-bun Abschied m

rămă'şag N Wette f

rămă'şiţă F (Über)Rest m

ră'mâne VI bleiben; a ~ în urmă zurückbleiben

ră'mânere F ~ în urmă Rückstand m

rămu'ros ADJ mit vielen Zweigen; dens dicht

ră'ni VT verletzen

ră'nire F Verletzung f

ră'nit A ADJ verletzt B M, ră'nită F Verletzte(r) m/f(m); ~ grav Schwerverletzte(r) m

răpă'i VI rattern; despre ploaie prasseln

răpă'nos ADJ räudig

ră'pi VT rauben; entführen

ră'pire F Entführung f

răpi'tor ADJ Raub...; fig bezaubernd

răpo'sa VI versterben

răpo'sat A ADJ verstorben B M, răpo'sată F Verstorbene(r) m/f(m)

ră'pune VT umbringen; töten

ră'pus ADJ umgebracht; getötet

ră'ri VR a se ~ seltener werden; sich lichten

ră'sad N Setzling m

răsa'laltăieri ADV vorvorgestern

răsă'di VT einpflanzen; într-un alt loc/ghiveci umpflanzen

răsă'ri VI aufgehen; auftauchen

răsă'rit N Osten m

răsări'tean ADJ östlich

răs'coace A VT durchbacken B VR a se ~ despre fructe überreif werden; despre pâine anbrennen

răs'coală F Aufstand m

răsco'li VT durchwühlen; fig aufregen

răs'copt ADJ despre fructe überreif; despre pâine angebrannt

răscro'i VT ausschneiden

răs'cruce F Kreuzung f; fig Wendepunkt m

răscu'la VR a se ~ sich erheben; sich auflehnen

răscumpă'ra VT freikaufen

răscumpă'rare F Lösegeld n

răs'făţ N Verwöhnung f

răsfă'ţa VT verwöhnen

răsfă'ţat ADJ verwöhnt

răsfi'ra A VT zerstreuen; fir auftrennen B VR a se ~ sich zerstreuen; despre fire aufgehen

răsfi'rat ADJ getrennt; răzleţ vereinzelt

răsfo'i VT (durch)blättern

răs'frânge A VT widerspiegeln; îm-

R

brăcăminte umstülpen **B** V/R **a se ~** sich
widerspiegeln; *despre îmbrăcăminte* sich
umstülpen; *despre sunete* widerhallen

răs'frânt ADJ umgedreht; *despre îmbrăcăminte* umgestülpt

răs'păr N **în ~** gegen den Strich; *opus*
entgegengesetzt

răspân'di **A** V/T verbreiten **B** V/R **a se
~ herumgehen**

răspân'dire F Verbreitung f

răs'pântie F Kreuzweg m; *fig* Scheide-
weg m

răspi'cat ADJ klar (und deutlich)

răs'plată F Belohnung f

răsplă'ti V/T belohnen

răs poimâine ADV überübermorgen

răs'punde VI antworten (la auf); haften (la für); TEL abheben; **a ~ de ceva**
etw verantworten; **a ~ la întrebare** eine Frage beantworten; **a ~ pentru daune** für den Schaden aufkommen

răs'pundere F Verantwortung f; **pe ~
proprie** auf eigene Gefahr

răs'puns N Antwort f; TEL **~ telefonic**
Rückruf m

răspunză'tor ADJ verantwortlich

răspu'tere F **din răsputeri** mit Lei-
beskräften

răstălmă'ci V/T falsch auslegen; verdrehen

răstălmă'cire F Fehldeutung f; *a cuvintelor* Verdrehung f

răs'ti V/T anfahren

răstig'ni V/T kreuzigen

răstig'nire F Kreuzigung f

răs'timp N Zeitspanne f

răs'tit ADJ barsch, schroff

rădur'na **A** V/T umwerfen; verschütten **B** V/R **a se ~** umkippen; SCHIFF kentern

răstur'nare F (Um)Sturz m; SCHIFF
Kentern n

răsu'ci V/T verdrehen; winden

răsu'cire F Verdrehung f; Verwindung
f

răsu'fla VI (auf)atmen

răsu'flare F (Auf)Atmen n

răsu'flat ADJ abgestanden

răsu'na V/I ertönen

ră'sunet N Echo n

răşchi'ra **A** V/T spreizen; *fir* abwickeln
B V/R **a se ~** auseinandergehen; *despre*

fire sich abwickeln

ră'şină F Harz n

rătă'ci **A** V/T verlegen; herumirren **B**
V/R **a se ~** sich verirren

rătă'cire F Verirrung f

rătăci'tor ADJ rastlos

ră'ţoi M Enterich m

răţo'i [2] V/R **a se ~ la cineva** j-n anschnauzen

răd **A** ADJ schlecht; schlimm; böse;
übel **B** N Übel n; Böse(s) n; **~ de mare**
Seekrankheit f

răufăcă'tor M, **răufăcă'toare** F
Übeltäter(in) m(f)

răd'tate F Schlechtigkeit f

răută'cios ADJ boshaft

răuvoi'tor ADJ böswillig

rădvă'şi V/T durcheinanderbringen

rădvă'şit ADJ unordentlich

răză'toare F Reibeisen n

răz'bate VI durchdringen

răzbătă'tor ADJ durchdringend

răz'bi V/T durchdringen; überwältigen

răz'boi [1] N Krieg m; **~ civil** Bürgerkrieg
m; **~ mondial** Weltkrieg m; **~ nuclear**
Atomkrieg m

războ'i [2] *reg* V/R **a se ~** Krieg führen

răz'boinic **A** ADJ kriegerisch **B** M,
răz'boinică F Krieger(in) m(f)

răzbu'na V/R **a se ~** sich rächen

răzbu'nare F Rache f

răzbună'tor ADJ rachsüchtig

răzgân'di V/R **a se ~** es sich anders
überlegen

răzgân'dire F Meinungsänderung f

răz'leţ ADJ vereinzelt; *despre fiinţe* einsam

ră'zor N Rain m

răzo'ri V/T eingrenzen

răzu'i V/T abschaben

răzu'ire F Beseitigung f

răzvră'ti V/R **a se ~** sich auflehnen (**împotriva** gegen)

răzvră'tire F Rebellion f; *pe o navă*
Meuterei f

răzvră'tit **A** ADJ aufständisch **B** M,
răzvră'tită F Aufständische(r) m/f(m)

'râcă F Zank m; *umg* Zoff m

râcâ'i V/T *despre animale* herumwühlen;
despre oameni zerkratzen

râcâ'ială F Beschädigung f (*durch
Kratzer*)

'râde <u>VI</u> lachen; a ~ de ceva über etw lachen; a ~ de cineva j-n auslachen

râgâ'i <u>VI</u> rülpsen

'râie <u>F</u> Krätze f

râ'ios <u>ADJ</u> räudig

râ'ma <u>VI</u> herumwühlen

'râmâ <u>F</u> Regenwurm m

'rână <u>F</u> Seite f; animal Flanke f

'rânced <u>ADJ</u> ranzig

rânce'zi <u>VI</u> ranzig werden

rând <u>N</u> Reihe f; Zeile f; pe ~ der Reihe nach; în primul ~ erstens; cine e la ~? wer kommt dran?

rându'i <u>VT</u> (an)ordnen

rându'ialâ <u>F</u> Anordnung f, Ordnung f

rându'nicâ <u>F</u> Schwalbe f

râ'ni <u>VT</u> reinigen; grajd ausmisten

'rânjet <u>N</u> Grinsen n

rân'ji <u>VI</u> grinsen

rân'taş <u>N</u> GASTR Mehlschwitze f

'rânzâ <u>F</u> BIOL Kaumagen m

'râpâ <u>F</u> Schlucht f; a se duce de ~ zugrunde gehen

râs <u>A</u> <u>M</u> ZOOL Luchs m <u>B</u> <u>N</u> Lachen n

'râset <u>N</u> Gelächter n

râş'ni <u>VT</u> mahlen

'râşniţâ <u>F</u> (Hand)Mühle f; ~ de piper Pfeffermühle f

'rât <u>N</u> Schweineschnauze f

'râu <u>N</u> Fluss m

'râvnâ <u>F</u> Eifer m

râv'ni <u>VT</u> begehren

râv'nit <u>ADJ</u> begehrt; erwünscht

râzâ'reţ <u>ADJ</u> lachlustig

râzgâ'ia <u>VT</u> verwöhnen

râzgâ'iat <u>ADJ</u> verwöhnt

re <u>M</u> MUS d; ~ major D-Dur; ~ minor d-Moll

reabili'ta <u>A</u> <u>VT</u> rehabilitieren <u>B</u> <u>VR</u> a se ~ sich rehabilitieren

reabili'tare <u>F</u> Rehabilitation f

reacti'va <u>VT</u> reaktivieren

reacti'vare <u>F</u> Reaktivierung f

reac'tor <u>N</u> Reaktor m; NUKL ~ nuclear Kernreaktor m, Atomreaktor m

reactuali'za <u>VT</u> wieder aktuell machen

re'acţie <u>F</u> Reaktion f; ~ în lanţ Kettenreaktion f

reacţio'na <u>VI</u> reagieren; a nu ~ MED nicht ansprechbar sein

reacţio'nar <u>A</u> <u>ADJ</u> reaktionär <u>B</u> <u>M</u>,

reacţio'narâ <u>F</u> Reaktionär(in) m(f)

readap'ta <u>A</u> <u>VT</u> wieder anpassen <u>B</u> <u>VR</u> a se ~ sich wieder anpassen

reafir'ma <u>A</u> <u>VT</u> wieder behaupten <u>B</u> <u>VR</u> a se ~ sich wieder behaupten

reajus'ta <u>VT</u> wiedereinstellen

re'al <u>ADJ</u> wirklich; reell

rea'lege <u>VT</u> wiederwählen

rea'les <u>ADJ</u> wiedergewählt

realimen'ta <u>VT</u> wiederauffüllen

realimen'tare <u>F</u> Wiederauffüllen f

rea'lism <u>N</u> Realismus m

rea'list <u>ADJ</u> realistisch

reali'tate <u>F</u> Wirklichkeit f, Realität f

reali'za <u>VT</u> verwirklichen; realisieren; durchführen

reali'zabil <u>ADJ</u> realisierbar; executabil durchführbar

reali'zare <u>F</u> Leistung f, Errungenschaft f; Verwirklichung f; ~ supremâ Höchstleistung f

real'mente <u>ADV</u> tatsächlich; wirklich

reamba'la <u>VT</u> wiederverpacken

reamena'ja <u>VT</u> sanieren

reamin'ti <u>A</u> <u>VT</u> wieder erinnern <u>B</u> <u>VR</u> a se ~ sich wieder in Erinnerung rufen; sich wieder erinnern

reanga'ja <u>A</u> <u>VT</u> wiedereinstellen <u>B</u> <u>VR</u> a se ~ armatâ sich wieder verpflichten

reani'ma <u>VT</u> wiederbeleben

reani'mare <u>F</u> Wiederbelebung f; Intensivstation f

reapâ'rea <u>VI</u> wiedererscheinen

rearan'ja <u>VT</u> wieder ordnen

reasigu'ra <u>A</u> <u>VT</u> rückversichern <u>B</u> <u>VR</u> a se ~ sich rückversichern

reasigu'rare <u>F</u> Rückversicherung f

reaşe'za <u>A</u> <u>VT</u> wieder (hin)stellen <u>B</u> <u>VR</u> a se ~ sich wieder (hin)setzen

'reavân <u>ADJ</u> feucht; proaspât frisch

'reazem <u>N</u> Stütze f; fig Hilfe f

rebarba'tiv <u>ADJ</u> zurückstoßend; dezgustâtor abstoßend

rebe'gi <u>VI</u> erfrieren

rebe'git <u>ADJ</u> <u>1</u> gefroren <u>2</u> epuizat erschöpft

re'bel <u>A</u> <u>ADJ</u> <u>1</u> rebellisch <u>2</u> despre pâr widerspenstig <u>B</u> <u>M</u>, re'belâ <u>F</u> Rebell(in) m(f)

rebeli'une <u>F</u> Rebellion f

'rebus <u>N</u> Rätselspiel n

R

re'but N̄ Ausschussware f

recalci'trant ADJ widerspenstig

recali'bra V̄T wieder einstellen; TECH wieder eichen

recalifi'ca A V̄T umschulen B V̄R a se ~ sich umschulen lassen

recapitu'la V̄T wiederholen; zusammenfassen

recapitu'lare F̄ Wiederholung f; Zusammenfassung f

recă'dea V̄I zurückfallen

recă'dere F̄ Rückfall m; MED Rezidiv n

recăpă'ta V̄T zurückbekommen, wiederbekommen

recăsăto'ri V̄R a se ~ wieder heiraten

'rece ADJ kalt; kühl

recensă'mânt N̄ ~ (al populației) Volkszählung f

re'cent ADJ jüngste(r, s); neulich

recen'za V̄T rezensieren; ședință besprechen

recen'zent(ă) M/F Rezensent(in) m(f); critic Kritiker(in) m(f)

re'cenzie F̄ Rezension f

recep'ta V̄T empfangen

recep'tare F̄ Empfang m

recep'tiv ADJ empfänglich

recep'tor N̄ Empfänger m; TEL Hörer m; TEL ~ digital Digitalreceiver m

re'cepție F̄ Rezeption f; Empfang m

recepțio'na V̄T übernehmen; empfangen

recepțio'ner(ă) M/F Rezeptionist(in) m(f)

recesi'une F̄ 1 Rezession f 2 ASTRON Entfernung f

reche'ma fig V̄I sich (wieder) erinnern

reche'mare F̄ Rückruf m

re'chin M̄ Hai(fisch) m

rechi'zite FPL Schreibwaren fpl; ~ școlare Schulsachen pl

rechizi'toriu N̄ JUR Anklageschrift f

rechi'ziție F̄ Requisition f

rechizițio'na V̄T requirieren

reci'cla V̄T wiederverwerten; recyceln

reci'clare F̄ Wiederverwertung f; Recycling n

recidi'va V̄I rückfällig werden

reci'divă F̄ Rückfall m

recidi'vist A ADJ rückfällig B M̄, recidi'vistă F̄ Wiederholungstäter(in) m(f)

re'cif N̄ Riff n

recipi'ent N̄ Behälter m

reci'pisă F̄ Bescheinigung f

reci'proc ADJ gegenseitig

reciproci'tate F̄ Gegenseitigkeit f

recircu'la V̄T in einen Kreislauf bringen

recircu'lare F̄ ANAT Kreislauf m

reci'ta V̄T aufsagen, vortragen

reci'tal N̄ MUS Recital n

reci'ti V̄T wieder lesen, nachlesen

recla'ma A V̄T zurückfordern B V̄I reklamieren, sich beschweren

reclama'giu M̄ umg Stänkerer m, Stänkerin f

recla'mant(ă) M/F Kläger(in) m(f)

recla'mat(ă) M/F Angeklagte(r) f(m)

recla'mație F̄ Reklamation f, Beschwerde f

re'clamă F̄ Reklame f, Werbung f; ~ ascunsă Schleichwerbung f

reclă'di V̄T wiederaufbauen

recluzi'une F̄ 1 Isolation f 2 JUR Freiheitsentzug m

recognos'cibil ADJ erkennbar

recol'ta V̄T ernten

recol'tare F̄ recoltare de sânge Blutprobe f

re'coltă F̄ Ernte f; ziua f recoltei Erntedankfest n

recoman'da V̄T empfehlen

recoman'dabil ADJ empfehlenswert

recoman'dare F̄ Empfehlung f

recoman'dat ADJ scrisoare eingeschrieben

recoman'dată F̄ Einschreiben n

recompen'sa V̄T belohnen

recom'pensă F̄ Belohnung f; Finderlohn m

recom'pune A V̄T wieder zusammensetzen B V̄R a se ~ sich wieder zusammensetzen

reconcili'a V̄T & V̄R a (se) ~ (sich) versöhnen

reconcili'ere F̄ Versöhnung f

recondițio'na V̄T wiederinstandsetzen; renovare sanieren

recondițio'nare F̄ Recycling n

reconfir'ma V̄T wieder bestätigen

reconfor'tant ADJ belebend

reconside'ra V̄T reinterpretieren

reconsoli'da V̄T wieder befestigen

reconstitu'i $\overline{VT}$ rekonstruieren
recon'strucție $\overline{F}$ Wiederaufbau m
reconstru'i $\overline{VT}$ wiederaufbauen
recon'versie $\overline{F}$ Umgestaltung f
re'cord $\overline{N}$ Rekord m; **~ mondial** Weltrekord m
re'cordmen(ă) $\overline{M|F}$ Rekordler(in) m(f)
recore'la $\overline{VT}$ wiederverbinden
recre'a $\overline{VR}$ **a se ~** sich erholen
recrea'tiv $\overline{ADJ}$ erholsam
recre'ație $\overline{F}$ Pause f
recre'ere $\overline{F}$ Erholung f
recrudes'cență $\overline{F}$ Wiederausbruch m.
re'crut $\overline{M}$ Rekrut m
recru'ta $\overline{VT}$ MIL rekrutieren
rect $\overline{N}$ ANAT Enddarm m
rec'tal $\overline{ADJ}$ rektal
rectangu'lar $\overline{ADJ}$ rechtwinklig
rectifi'ca $\overline{VT}$ berichtigen
rectifi'care $\overline{F}$ Berichtigung f
recti'liniu $\overline{ADJ}$ geradlinig
'rector $\overline{M}$ Rektor m
recto'rat $\overline{N}$ Rektorat n
recuce'ri $\overline{VT}$ zurückerobern
re'cul $\overline{N}$ Rückstoß m
recu'la $\overline{VI}$ rückstoßen
recu'legere $\overline{F}$ Besinnung f, Andacht f; **moment** n **de ~** Gedenkminute f
recu'noaște $\overline{VT}$ anerkennen, (wieder)erkennen; gestehen
recu'noaștere $\overline{F}$ Anerkennung f; Geständnis n
recunoscă'tor $\overline{ADJ}$ dankbar; **a se arăta ~** sich erkenntlich zeigen
recunos'cut $\overline{ADJ}$ anerkannt
recunoș'tință $\overline{F}$ Dankbarkeit f
recupe'ra $\overline{VT}$ nachholen; zurückgewinnen
recupe'rabil $\overline{ADJ}$ verwertbar; *despre pagube* behebbar
recupera'tor $\overline{N}$ Rückgewinnung f
recu'rent $\overline{ADJ}$ wiederkehrend; **febră** f **~ă** Rückfallfieber n
re'curge $\overline{VI}$ **~ la** greifen zu
re'curs $\overline{N}$ Berufung f
recu'za $\overline{VT}$ ablehnen
recu'zită $\overline{F}$ Requisiten fpl
recvi'em $\overline{N}$ MUS, REL Requiem n; REL Totenmesse f
re'da $\overline{VT}$ wiedergeben
redac'ta $\overline{VT}$ verfassen, abfassen
re'dactor $\overline{M}$, **redac'toare** $\overline{F}$ Redak-

teur(in) m(f); **~ publicitar** Werbetexter m
re'dacție $\overline{F}$ Redaktion f
redefi'ni $\overline{VT}$ neu definieren; *renumi* umbenennen
redes'chidere $\overline{F}$ Wiedereröffnung f
redescope'ri $\overline{VT}$ wiederentdecken
redeve'ni $\overline{VI}$ wieder werden
redimensio'na $\overline{VT}$ neu (ab)messen
redin'gotă $\overline{F}$ Frack m
rediscu'ta $\overline{VT}$ wieder diskutieren
redistribu'i $\overline{VT}$ umverteilen
redobân'di $\overline{VT}$ zurückgewinnen
redre'sa $\overline{VT}$ aufrichten; *fig* ankurbeln
redre'sor $\overline{N}$ ELEK Gleichrichter m
re'duce $\overline{A}$ $\overline{VT}$ reduzieren; ermäßigen; verringern $\overline{B}$ $\overline{VR}$ **a se ~** schrumpfen
re'ducere $\overline{F}$ Ermäßigung f; **~ de grup** Gruppenermäßigung f; **~ pentru copii** Kinderermäßigung f; **reduceri de iarnă** Winterschlussverkauf m
reduc'tor $\overline{N}$ ELEK Reduktor m; **...(ver)minderer** m; **~ de presiune** Druckminderer m
re'ducție $\overline{F}$ **1** Verminderung f; *scădere* Rückgang m; *despre dureri* Linderung f **2** TECH Reduktionseinsatz m
redun'dant $\overline{ADJ}$ redundant; *nefolositor* überflüssig
redun'danță $\overline{F}$ Redundanz f; *belșug* Überfluss m
redupli'ca $\overline{VT}$ verdoppeln; LING reduplizieren
re'dus $\overline{ADJ}$ reduziert; *fig* beschränkt; **preț** n **~** ermäßigter Preis m
redu'tabil $\overline{ADJ}$ fürchterlich
reechili'bra $\overline{A}$ $\overline{VT}$ wieder ins Gleichgewicht bringen $\overline{B}$ $\overline{VR}$ **a se ~** sich wieder ins Gleichgewicht bringen
reedi'ta $\overline{VT}$ neu herausgeben
reedu'ca $\overline{VT}$ umschulen
reeșalo'na $\overline{VT}$ neu staffeln
reevalu'a $\overline{VT}$ neu bewerten
reexami'na $\overline{VT}$ nachprüfen
reexami'nare $\overline{F}$ Nachprüfung f
re'face $\overline{VT}$ wiederherstellen
re'facere $\overline{F}$ Wiederherstellung f
refe'rat $\overline{N}$ Referat n
refe'rendum $\overline{N}$ Referendum n; *votare* Abstimmung f
referenți'al $\overline{ADJ}$ referenziell; Referenz...; **listă** f **~ă** Referenzliste f

R

refe'ri _VR_ a se ~ la betreffen; sich beziehen auf

refe'rinţă _F_ Empfehlungsschreiben n

refe'rire _F_ Verweis m; Bezug m

referi'tor _ADJ_ bezüglich; ~ la aceasta diesbezüglich

reflec'ta _VT_ widerspiegeln; überlegen

reflec'tor _N_ Scheinwerfer m

reflectori'zant _ADJ_ triunghi n ~ Warndreieck n

re'flecţie _F_ Überlegung f

re'flex _N_ Reflex m

re'flexie _F_ **1** Reflexion f; Rückstrahlung f **2** reflecţie Betrachtung f

refle'xiv _ADJ_ rückbezüglich; GRAM reflexiv

reflexo'gen _ADJ_ masaj n ~ (Fuß)Reflexzonenmassage f

re'flux _N_ Ebbe f

refolo'si _VT_ wiederverwenden

refolo'sire _F_ Wiederverwendung f

refor'ma _A_ _VT_ reformieren; îmbunătăţi verbessern; MIL ausmustern _B_ _VR_ a se ~ sich wiederherstellen

reforma'tor _A_ _ADJ_ reformatorisch _B_ _M_, **reforma'toare** _F_ Reformator(in) m(f)

re'formă _F_ Reform f; ~ monetară Währungsreform f; ~ ortografică Rechtschreibreform f

reformu'la _VT_ umformulieren

refrac'ta _VT_ (Licht) brechen

refrac'tar _ADJ_ feuerfest **2** despre oameni nicht anpassungsfähig

re'fracţie _F_ (Strahlen)Brechung f

re'fren _N_ Refrain m

refrige'rare _F_ Tiefkühlung f

refugi'a _VR_ a se ~ flüchten; fliehen

refugi'at(ă) _MF_ Flüchtling m

re'fugiu _N_ Zuflucht f, Zufluchtsort m; Verkehrsinsel f

refu'la _VT_ verdrängen

refu'lare _F_ Verdrängung f

re'fuz _N_ Absage f, Weigerung f, Ablehnung f

refu'za _VT_ ablehnen; a ~ să facă ceva sich weigern, etw zu tun

re'gal _ADJ_ königlich

re'gat _N_ Königreich n; **Regatul Arabiei Saudite** Saudi-Arabien n

regă'si _A_ _VT_ wiederfinden _B_ _VR_ **1** a se ~ sich wiederfinden **2** fig wieder

zu sich kommen

regă'sire _F_ Wiederfinden n

regân'di _VT_ umdenken; reflecta überdenken

'rege _M_ König m

regene'ra _A_ _VT_ regenerieren; reînnoi erneuern _B_ _VR_ a se ~ sich regenerieren; reînnoi sich erneuern

regene'rabil _ADJ_ regenerierend; despre energie erneuerbar

re'gent _MF_ Regent(in) m(f)

re'genţă _F_ Regentschaft f

re'gesc _ADJ_ königlich

re'gie _F_ Regie f

re'gim _N_ POL Regime n; MED Diät f; ~ alimentar Kostform f; ~ de slăbire Reduktionskost f; ~ dietetic Schonkost f; a ţine un ~ eine Diät machen

regi'ment _N_ Regiment n

re'gină _F_ Königin f

regio'nal _ADJ_ regional; lokal

registra'tură _F_ Geschäftsstelle f

re'gistru _N_ Register n

regi'une _F_ Region f, Gebiet n; ~ de schi Skigebiet n

regi'za _VT_ Regie führen

regi'zor _M_, **regi'zoare** _F_ Regisseur(in) m(f); fig die Fäden ziehen

re'gla _VT_ regeln; TECH einstellen

reglemen'ta _VT_ regeln

regn _N_ ~ animal Tierreich n; ~ vegetal Pflanzenreich n

re'gres _N_ Rückschritt m

regre'sa _VI_ zurückgehen; decădea verkommen

regre'siv _ADJ_ rückschrittlich

re'gret _N_ Bedauern n

regre'ta _VT_ bedauern

regre'tabil _ADJ_ bedauerlich

regre'tat _ADJ_ verstorben

regru'pa _A_ _VT_ umgruppieren _B_ _VR_ a se ~ sich umgruppieren

regu'la _VT_ regulieren, regeln

regula'ment _N_ Vorschrift f; (Verkehrs)Ordnung f; ~ intern Hausordnung f

regulamen'tar _ADJ_ vorschriftsmäßig

regulari'tate _F_ Regelmäßigkeit f

regulari'za _VT_ regulieren

regu'lat _ADJ_ regelmäßig, gleichmäßig

regula'tor _A_ _N_ Regler m _B_ _ADJ_ regulierend

'regulă F̄ Regel f; ~ de circulaţie Verkehrsregel f; ~ de joc Spielregel f; ~ generală Faustregel f; de ~ in der Regel; în ~ in Ordnung

regurgi'ta V̄T erbrechen

rehidra'tare F̄ MED Wasserzufuhr f

reie'şi V̄I hervorgehen

reimpor'ta V̄T reimportieren

reinfec'ta V̄R a se ~ sich wieder infizieren

rein'serţie F̄ Wiedereingliederung f

reinstau'ra V̄T wiederherstellen

reinte'gra A V̄T reintegrieren B V̄R a se ~ sich reintegrieren

reinte'grare F̄ Reintegration f

reintro'duce V̄T wiedereinführen

reinves'ti V̄T reinvestieren

reinves'tit ADJ reinvestiert

reite'ra V̄T wiederholen

reîmbărbă'ta V̄T wieder ermutigen

reîmpădu'ri V̄T wieder aufforsten

reîmpădu'rire F̄ Wiederaufforstung f

reîmpăr'ţi V̄T wieder einteilen

reîmprospă'ta V̄T wieder auffrischen

reîncar'na V̄R a se ~ wieder auferstehen

reîncar'nare F̄ Reinkarnation f

reîncăl'zi V̄T wieder aufwärmen

reîncăr'ca V̄T wieder aufladen; armă nachladen

reîncăr'cabil ADJ wiederaufladbar

reîn'cepe V̄T & V̄I A V̄T fortsetzen B V̄I sich fortsetzen

reînfiin'ţa A V̄T neu gründen B V̄R a se ~ sich neu gründen

reînmatricu'la A V̄T wieder einschreiben B V̄R a se ~ sich wieder einschreiben

reînno'da A V̄T ❶ wieder verknoten ❷ relaţie festigen B V̄R a se ~ sich wieder verknoten

reînno'ire F̄ Erneuerung f

reîn'toarce V̄R a se ~ zurückkehren

reîntre'gire F̄ Wiedervereinigung f; ~a familiei Familienzusammenführung f

reînvi'a V̄I & V̄T A V̄I wiederaufleben B V̄T wiederaufleben lassen; MED wiederbeleben

re'jansă F̄ TEX Spitze f

reju'ca V̄R a se ~ noch einmal spielen

rejude'care F̄ Wiederaufnahme f eines Prozesses

relan'sa V̄I & V̄T A V̄I joc de cărţi setzen B V̄T SPORT zurückspielen

relan'sare F̄ Wiedereinführung f

re'laş N̄ Ruhetag m

rela'ta V̄T berichten

rela'tare F̄ Bericht m

rela'tiv ADJ relativ, verhältnismäßig; ~ la bezüglich

relativi'tate F̄ Abhängigkeit f; PHYS Relativität f; teoria f relativităţii Relativitätstheorie f

relativi'za V̄T relativieren

re'laţie F̄ Beziehung f; Auskunft f; ~ amoroasă Verhältnis n; relaţii comerciale (od de afaceri) Geschäftsbeziehungen pl; relaţii publice Öffentlichkeitsarbeit f

rela'xa V̄T & V̄R a (se) ~ entspannen

rela'xare F̄ Entspannung f

rela'xat ADJ entspannt

re'leu N̄ ELEK, TECH Relais n

rele'va V̄T betonen; sublinia hervorheben

rele'vant ADJ relevant; important bedeutend

rele'vanţă F̄ Relevanz f; importanţă Bedeutsamkeit f

rele'veu N̄ Bauplan m

re'licvă F̄ Relikt n; umg Überbleibsel n

reli'ef N̄ Relief n

relie'fa V̄T hervorheben

re'ligie F̄ Religion f

religi'os ADJ religiös; fromm

relu'a V̄T wieder aufnehmen

relu'are F̄ Wiederaufnahme f

remani'a V̄T umbilden

remani'ere F̄ Umbildung f

remar'ca A V̄T bemerken B V̄R a se ~ auffallen

remar'cabil ADJ bemerkenswert

re'marcă F̄ Feststellung f

remedi'a V̄T abhelfen, verbessern

remedi'ere F̄ Verbesserung f

re'mediu N̄ Mittel n

reminis'cenţă F̄ Erinnerung f

re'miză F̄ ❶ şah Remis n ❷ FIN Provision f ❸ şopron Schuppen

remode'la V̄T umformen

remon'ta A V̄T wiederaufbauen; fig beleben, stärken B V̄R a se ~ sich erholen, sich stärken

R

remor'ca <u>VT</u> abschleppen
re'morcă <u>F</u> Anhänger m
remor'cher <u>N</u> Schlepper m
remune'ra <u>VT</u> bezahlen
remune'raţie <u>F</u> Bezahlung f
remuş'care <u>F</u> Gewissensbisse pl
ren <u>M</u> Rentier n
re'nal <u>ADJ</u> Nieren...
re'naşte <u>VI</u> wiederaufleben
re'naştere <u>F</u> Wiederaufleben n
Re'naşterea <u>F</u> die Renaissance
rene'ga <u>VT</u> verraten
rene'gat <u>A</u> <u>ADJ</u> verräterisch <u>B</u> <u>M</u>, rene'gată <u>F</u> Verräter(in) m(f)
'renghi <u>N</u> Streich m; a juca cuiva un
~ul jemandem einen Streich spielen
reno'va <u>VT</u> renovieren
reno'vare <u>F</u> Renovierung f
ren'ta <u>VI</u> sich rentieren, sich lohnen
ren'tabil <u>ADJ</u> rentabel
rentabili'tate <u>F</u> WIRTSCH Rentabilität
f; Wirtschaftlichkeit f
rentabili'za <u>VT</u> rentabel machen
'rentă <u>F</u> (Kapital)Rente f
re'nume <u>N</u> Ruf m
renu'mit <u>ADJ</u> berühmt
renun'ţa <u>VI</u> ~ la verzichten auf; aufgeben
renun'ţare <u>F</u> Verzicht m
reordo'na <u>VT</u> umordnen
reorgani'za <u>VT</u> umgestalten
reorgani'zare <u>F</u> Umgestaltung f
reorien'ta <u>A</u> <u>VT</u> umorientieren <u>B</u> <u>VR</u>
a se ~ sich umorientieren
repa'ra <u>VT</u> reparieren; ausbessern;
wiedergutmachen
repa'raţie <u>F</u> Reparatur f
reparti'tor <u>N</u> Verteiler m
repar'tiţie <u>F</u> Verteilung f, Aufteilung f
reparti'za <u>VT</u> verteilen, aufteilen
repatri'a <u>A</u> <u>VT</u> POL repatriieren <u>B</u> <u>VR</u>
POL a se ~ sich repatriieren
repatri'ere <u>F</u> POL Repatriierung f
re'paus <u>N</u> Ruhe f; Rast f
repau'za <u>VR</u> a se ~ sich ausruhen
'repede <u>ADJ & ADV</u> schnell, rasch
re'per <u>N</u> Anhaltspunkt m
repe'ra <u>VT</u> ausfindig machen
repercusi'une <u>F</u> Folge f, Auswirkung
f
repercu'ta <u>VR</u> a se ~ sich auswirken
reper'toriu <u>N</u> Repertoire n

repe'ta <u>VT</u> wiederholen
repe'tent <u>M</u> Sitzenbleiber m
repe'tiţie <u>F</u> Wiederholung f; THEAT
Probe f; ~ generală Generalprobe f
repe'zeală <u>F</u> Eile f
repe'zi <u>VR</u> a se ~ la sich stürzen auf
repezi'ciune <u>F</u> Schnelligkeit f
replan'ta <u>VT</u> wieder einpflanzen
repli'a <u>VR</u> MIL a se ~ sich zurückziehen
repli'ca <u>VT</u> erwidern
'replică <u>F</u> Antwort f
repopu'la <u>VT</u> wieder bevölkern
re'port <u>N</u> la contabilitate Übertrag m
repor'ta <u>VT</u> o sumă übertragen
repor'taj <u>N</u> Reportage f; ~ exklusiv
Exklusivbericht m
re'porter(ă) <u>M/F</u> Reporter(in) m(f)
repre'salii <u>FPL</u> Repressalien pl
represi'une <u>F</u> Unterdrückung f
repre'siv <u>ADJ</u> unterdrückend
reprezen'ta <u>VT</u> darstellen; repräsentieren, vertreten; THEAT aufführen
reprezen'tant(ă) <u>M/F</u> Vertreter(in)
m(f); ~(ă) comercial(ă) Handelsvertre-
ter(in) m(f)
reprezen'tanţă <u>F</u> Vertretung f
reprezen'tare <u>F</u> Darstellung f
reprezenta'tiv <u>ADJ</u> repräsentativ; caracteristic charakteristisch
reprezen'taţie <u>F</u> Aufführung f, Vorstellung f
repri'ma <u>VT</u> unterdrücken
repri'mi <u>VT</u> wieder aufnehmen; zurückbekommen
re'priză <u>F</u> Halbzeit f
repro'ba <u>VT</u> missbilligen
repro'babil <u>ADJ</u> verwerflich
reproducă'tor <u>ADJ</u> reproduzierend
repro'duce <u>A</u> <u>VT</u> nachbilden; repro-
duzieren <u>B</u> <u>VR</u> a se ~ sich fortpflanzen
repro'ducere <u>F</u> Nachdruck m; Reproduktion f; Fortpflanzung f
reprofi'la <u>VT</u> umgestalten
reprogra'ma <u>VT</u> umplanen; reorgani-
za umorganisieren
re'proş <u>N</u> Vorwurf m
repro'şa <u>VT</u> vorwerfen
rep'tilă <u>F</u> Reptil n
republi'ca <u>VT</u> neu veröffentlichen
republi'can <u>A</u> <u>ADJ</u> republikanisch <u>B</u>
<u>M</u>, republi'cană <u>F</u> Republikaner(in)
m(f)

re'publica F Republik f; **Republica Moldova** Moldawien n
repudi'a VT zurückweisen; o idee, intenție verwerfen
repug'na VI anekeln
re'pulsie F Abneigung f
re'pune VT einrenken
re'punere F ~ în funcțiune Instandsetzung f
repur'ta VT davontragen
repu'tat ADJ angesehen
repu'tație F Ruf m
re'scrie VT umschreiben; copia abschreiben
resem'na VR a se ~ resignieren
resem'nare F Resignation f
resenti'ment N Abneigung f
rese'ta VT IT neu starten
rese'tare F IT Neustart m
resim'ți VT empfinden
resor'bi VR a se ~ MED resorbieren
re'sorbție F MED Resorption f; PHYS Absorption f
re'sort N Bereich m; TECH Feder f
resp. ABK (= respectiv) bzw. (beziehungsweise)
res'pect N Respekt m, Achtung f
respec'ta VT respektieren, achten; einhalten
respec'tabil ADJ angesehen
respec'tiv ADJ betreffende(r, s); beziehungsweise
respectu'os ADJ respektvoll
respingă'tor ADJ abstoßend, widerlich
res'pinge VT abstoßen; zurückweisen; ablehnen
respi'ra VI atmen
respi'rație F Atmung f, Atem m
res'piro N Erholung f
respon'sabil A ADJ verantwortlich B M, respon'sabilă F Verantwortliche(r) m/f(m); HANDEL Filialleiter(in) m(f)
responsabili'tate F Verantwortung f
rest N Rest(betrag) m; Überbleibsel n; a da ~ herausgeben
restabi'li VT wiederherstellen
res'tant ADJ rückständig
res'tanță F Nachprüfung f
restau'ra VT restaurieren
restau'rant N Restaurant n; ~ cu au-

toservire Selbstbedienungsrestaurant n
restau'rare F Restauration f; refacere Wiederherstellung f
restaura'tor M, restaura'toare F Restaurator(in) m(f)
restitu'i VT zurückgeben; (rück)erstatten
restitu'ire F Rückgabe f; Rückerstattung f
res'trânge VT einschränken
re'strâns ADJ eingeschränkt
restric'tiv ADJ einschränkend
res'tricție F Einschränkung f
restructu'rare F Neugestaltung f, Umgestaltung f
re'sursă F Ressource f; **resurse naturale** Bodenschätze pl
resusci'ta VT wiederbeleben; MED reanimieren
resusci'tare F Wiederbelebung f; MED Reanimation f
reșe'dință F (Wohn)Sitz m
re'șou N electric Wärmeplatte f; cu gaz Gaskocher m
re'tard A N Verzögerung f B ADJ INV verzögert
re'tenție F 1 Zurückhaltung f 2 despre un gaj Einbehaltung f 3 despre lichide Stauung f
rete'za VT abschneiden
reti'cent ADJ zurückhaltend
re'tină F Netzhaut f
retipă'rire F Nachdruck m
re'toric ADJ rhetorisch
re'torică F Rhetorik f
retoro'man A ADJ rätoromanisch B M, retoro'mană F Rätoromane m, Rätoromanin f
retorsi'une F Vergeltung f
re'tortă F Reagenzglas n; CHEM Retorte f
retrac'ta VT widerrufen
retrac'tabil ADJ widerrufbar
re'trage A VT zurückziehen B VR a se ~ zurücktreten; a. MIL sich zurückziehen
re'tragere F Rückzug m; Rücktritt m; ~ de pe cont Abbuchung f; ~ de pe piață Rückruf m
retrans'mite VT (eine Fernsehsendung) übertragen
retră'i VT wiedererleben; despre un dé-

R

jà-vu ein Déjà-vu haben
retră'ire <u>F̲</u> Wiedererleben *n*; Déjà-vu *n*
retribu'i <u>V̲T̲</u> entlohnen
retri'buţie <u>F̲</u> Entlohnung
retri'mite <u>V̲T̲</u> zurückschicken
retroac'tiv <u>ADJ</u> rückwirkend
retroce'da <u>V̲T̲</u> zurückgeben
retro'grad <u>ADJ</u> rückschrittlich
retrogra'da <u>A̲</u> <u>V̲T̲</u> zurücksetzen <u>B̲</u> <u>V̲i̲</u>
SPORT absteigen
retroproiec'tor <u>N̲</u> Tageslichtprojektor *m*
retrospec'tiv <u>ADJ</u> rückblickend
retroversi'une <u>F̲</u> Rückübersetzung *f*
retrovi'zor <u>N̲</u> Rückspiegel *m*
re'tur <u>N̲</u> Rückfahrt *f*
retur'na <u>V̲T̲</u> zurückgeben
retu'şa <u>V̲T̲</u> retuschieren; *îndrepta* ausbessern
retu'şat <u>ADJ</u> retuschiert; *îndreptat* ausgebessert
re'ţea <u>F̲</u> Netz *n*; ~ **de cablu** Kabelanschluss *m*; ~ **de metrou** U-Bahn-Netz *n*; ~ **de telefonie mobilă** Mobilfunknetz *n*
re'ţetă <u>F̲</u> Rezept *n*; ~ **de bucătărie** Kochrezept *n*
re'ţine <u>V̲T̲</u> zurückhalten, behalten, aufhalten; reservieren; abziehen
re'ţinere <u>F̲</u> Reservierung *f*; Abzug *m*; Hemmung *f*
reţi'nut <u>ADJ</u> zurückhaltend
reu'matic <u>ADJ</u> rheumatisch
reuma'tism <u>N̲</u> MED Rheuma *n*
reumatolo'gie <u>F̲</u> MED Rheumatologie *f*
reu'ni <u>A̲</u> <u>V̲T̲</u> (wieder)vereinigen <u>B̲</u> <u>V̲R̲</u>
a se ~ sich versammeln
reunifi'care <u>F̲</u> Wiedervereinigung *f*
reu'nit <u>ADJ</u> vereint; BIOL, LING, TECH zusammenhängend
reuni'une <u>F̲</u> Treffen *n*
reu'şi <u>A̲</u> <u>V̲i̲</u> gelingen <u>B̲</u> <u>V̲T̲</u> bestehen
reu'şită <u>F̲</u> Erfolg *m*
reuti'la <u>V̲T̲</u> neu bestücken
reutili'za <u>V̲T̲</u> wiederverwenden
reutili'zare <u>F̲</u> Wiederverwendung *f*
revacci'nare <u>F̲</u> Nachimpfung *f*
revalorifi'ca <u>V̲T̲</u> wiederverwerten
revalorifi'care <u>F̲</u> Wiederverwertung *f*
revan'şa <u>V̲R̲</u> **a se ~** sich revanchieren

re'vanşă <u>F̲</u> Revanche *f*
revăr'sa <u>V̲R̲</u> **a se ~** übertreten; *fig* durchströmen, durchfluten
revăr'sat <u>N̲</u> ~**ul zorilor** Morgengrauen *n*
revân'zare <u>F̲</u> Wiederverkauf *m*
revă'zut <u>ADJ</u> durchgesehen
reve'dea <u>V̲T̲</u> wiedersehen; durchsehen
reve'dere <u>F̲</u> Wiedersehen *n*; **la ~!** auf Wiedersehen!; TEL auf Wiederhören!
reve'la <u>V̲T̲</u> aufdecken
revela'tor <u>A̲</u> <u>N̲</u> FOTO Entwicklerflüssigkeit *f* <u>B̲</u> <u>ADJ</u> offenbarend
reve'laţie <u>F̲</u> Aufdeckung *f*; Offenbarung *f*
reveli'on <u>N̲</u> Silvesternacht *f*
revendi'ca <u>V̲T̲</u> fordern
revendi'care <u>F̲</u> Forderung *f*
reve'ni <u>V̲i̲</u> zurückkommen, wiederkommen
reve'nire <u>F̲</u> Rückkehr *f*
rev'ent <u>M̲</u> Rhabarber *m*
re'ver <u>N̲</u> **1** Aufschlag *m*; Revers *m/n* **2** *tenis (de masă)* Rückhand *f*
reverbe'ra <u>V̲T̲</u> (nach)hallend
reverbe'raţie <u>F̲</u> (Nach)Hall *m*
reve'renţă <u>F̲</u> **1** Verbeugung *f* **2** *veneraţie* Ehrfurcht *f*
reverenţi'os <u>ADJ</u> ehrfürchtig
reve'rie <u>F̲</u> Träumerei *f*
re'vers <u>N̲</u> Kehrseite *f*
rever'sibil <u>ADJ</u> umkehrbar; *pagubă* behebbar
revigo'ra <u>A̲</u> <u>V̲T̲</u> stärken <u>B̲</u> <u>V̲R̲</u> **a se ~** sich stärken
revigo'rare <u>F̲</u> Stärkung *f*
re'vinde <u>V̲T̲</u> weiterverkaufen
reviri'ment <u>N̲</u> (Ver)Besserung *f*
re'vistă <u>F̲</u> Zeitschrift *f*; Revue *f*
revitali'za <u>V̲T̲</u> auffrischen; *revigora* stärken
re'vizie <u>F̲</u> Überprüfung *f*
revizio'nist <u>A̲</u> <u>ADJ</u> revisionistisch <u>B̲</u>
<u>M̲</u>, **revizio'nistă** <u>F̲</u> Revisionist(in) *m(f)*
revi'zui <u>V̲T̲</u> durchsehen, revidieren
revizu'ire <u>F̲</u> Durchsicht *f*; Revision *f*
revo'ca <u>V̲T̲</u> widerrufen; rückgängig machen
revol'ta <u>A̲</u> <u>V̲T̲</u> empören <u>B̲</u> <u>V̲R̲</u> **a se ~** sich empören; sich auflehnen; aufbegehren

revol'tat ADJ empört
re'voltă F Aufstand m; Empörung f
revoltă'tor ADJ empörend
revo'luție F Revolution f
revoluțio'na VȚ revolutionieren
revoluțio'nar fig ADJ bahnbrechend
revol'ver N 1 Revolver m 2 ciocan pneumatic Presslufthammer m
revul'siv ADJ MED ableitend
reze'ma VȚ & VȚR a (se) ~ de (sich) lehnen an, (sich) anlehnen an
rezemă'toare F Lehne f
rezer'va VȚ reservieren
rezer'vat ADJ reserviert; zurückhaltend
rezer'vație F Reservat n; ~ naturală Naturschutzgebiet n
re'zervă F Reserve f; Vorbehalt m; fără ~ vorbehaltlos
rezer'vist M MIL Reservist m
rezer'vor N Behälter m; Tank m; ~ de benzină Benzintank m
rezi'da VȚ ~ în bestehen aus
rezi'dent A ADJ Assistenz...; medic ~ Assistenzarzt m B M, rezi'dentă F POL Resident(in) m(f)
rezi'dență F Residenz f
rezidenți'al ADJ residierend
rezidu'al ADJ verbleibend
re'ziduu N Rückstand m
rezili'a VȚ auflösen; kündigen
rezili'ere F Auflösung f; denunțare Kündigung f
rezis'ta VȚ a ~ la ceva einer Sache widerstehen
rezis'tent ADJ widerstandsfähig
rezis'tență F Widerstand m
rezo'luție F 1 Beschluss m 2 JUR, MED Auflösung f
rezol'va VȚ lösen
rezol'vare F Lösung f
rezo'nabil ADJ vernünftig
rezo'nanță F Resonanz f; despre un sunet Nachklang m
rezul'ta VȚ sich ergeben; hervorgehen
rezul'tat N Ergebnis n; MED ~ al analizelor Befund m; ~ al testului Testergebnis n; ~ provizoriu Zwischenergebnis n
rezu'ma A VȚ zusammenfassen B VȚR a se ~ sich beschränken
rezu'mat N Zusammenfassung f; Inhaltsangabe f

rezuma'tiv ADJ zusammenfassend
RF'G N ABK (= Republica Federală Germania) BRD f (Bundesrepublik Deutschland)
rica'na VȚ grinsen
ri'cin M Rizinus m; ulei n de ~ Rizinusöl n
rico'șa VȚ abprallen
rico'șeu N Richtungsänderung f; SPORT Abpraller m
'rictus N Grimasse f
rid N Falte f
ri'dat ADJ faltig; frunte zerfurcht
ridi'ca A VȚ (auf)heben, anheben; errichten; PFLEGE aufsetzen B VȚR a se ~ aufstehen; sich erheben; aufgehen; preț betragen
ridi'cat ADJ gehoben; despre prețuri erhöht; în poziție verticală stehend; despre voce hoch
ri'diche F Rettich m; Radieschen n
ri'dicol ADJ lächerlich
riduli'za VȚ verspotten
ri'gid ADJ starr; steif
rigidi'tate F Starrheit f; Steifheit f; ~ cadaverică Leichenstarre f
'riglă F Lineal n
ri'goare F Strenge f
rigu'ros ADJ streng
rigurozi'tate F Strenge f; asprime Härte f
ri'ma VȚ reimen
'rimă F Reim m
ri'mel N Wimperntusche f
Rin N Rhein m
rin'dea F Hobel m
rindelu'i VȚ hobeln
ring N 1 box (Box)Ring m 2 ~ (de dans) Tanzfläche f
ri'nichi M Niere f
ri'nită F Schnupfen m
rino'cer M Nashorn n
rinofarin'gită F (Virus)Grippe f
ripos'ta VȚ erwidern
ri'postă F Erwiderung f
risc N Risiko n
ris'ca VȚ riskieren
ris'cant ADJ gewagt
ri'sipă F Verschwendung f; ~ de energie Energieverschwendung f
risi'pi VȚ verschwenden; (ver)streuen
risi'pit ADJ verteilt; materiale, bani ver-

schwendet; *oameni, animale* vertrieben; *construcţii* eingestürzt
risipi'tor ADJ verschwenderisch
rit N̄ Ritus *m*
ritm N̄ Rhythmus *m*
'ritmic ADJ rhythmisch
ritmici'tate F̄ Rhythmik *f*
ri'tos ADV ausdrücklich
ritu'al A N̄ Ritual *n* B ADJ ritual
ritu'alic ADJ ritual
ri'val(ă) M(F) Rivale *m*, Rivalin *f*
rivali'tate F̄ Rivalität *f*
rivali'za V̄I rivalisieren; *concura* wetteifern
rive'ran ADJ Ufer...; *oraş n* ~ Uferstadt *f*
rivi'eră F̄ SPORT Wassergraben *m*
ri'zom M̄ Wurzelstock *m*; BOT Rhizom *n*
'roabă F̄ Schubkarre *f*
'roabă² F̄ *sclavă* Sklavin *f*
'roade V̄T nagen; *piele* aufreiben
'roată F̄ Rad *n*; ~ **de rezervă** Reservereifen *m*; ~ **din faţă** Vorderrad *n*; ~ **din spate** Hinterrad *n*; ~ **dinţată** Zahnrad *n*
rob A ADJ gefangen B M̄ *sclav* Sklave *m*
'robă F̄ Robe *f*
ro'bie F̄ Knechtschaft *f*; *sclavie* Sklaverei *f*
robi'net N̄ TECH Hahn *m*
ro'bot M̄ Roboter *m*; ~ **de bucătărie** Küchenmaschine *f*; ~ **(telefonic)** Anrufbeantworter *m*
robo'ti V̄I schwer arbeiten; *umg* schuften
roboti'za V̄T automatisieren
ro'bust ADJ kräftig
ro'cadă F̄ *şah* Rochade *f*
'rocă F̄ Gestein *n*
'rochie F̄ Kleid *n*; ~ **de seară** Abendkleid *n*
roco'co N̄ Rokoko *n*
rod N̄ Frucht *f*
ro'daj N̄ Einlaufen *n* (eines Motors)
ro'dare F̄ Einlaufen *n*
ro'deo N̄ Rodeo *m/n*
ro'di V̄I Früchte tragen
'rodie F̄ Granatapfel *m*
rodi'tor ADJ, **'rodnic** fruchtbar
rog bitte

rogo'jină F̄ Matte *f*
roi A N̄ Schwarm *m* B V̄I schwärmen
'roib A ADJ *despre cai* fuchsfarben B M̄ ZOOL Fuchs *m*
rol N̄ Rolle *f*; **rol principal** Hauptrolle *f*; **rol secundar** Nebenrolle *f*
'rolă F̄ Rolle *f*; TECH Walze *f*
rom N̄ Rum *m*
ro'man¹ N̄ Roman *m*; ~ **poliţist** Krimi *m*
ro'man² A ADJ römisch B M̄, **ro'mană** F̄ Römer(in) *m(f)*
romanci'er(ă) M(F) Romanautor(in) *m(f)*
ro'manic ADJ romanisch
roma'nist(ă) M(F) Romanist(in) *m(f)*
roma'nistică F̄ Romanistik *f*
ro'manş ADJ rätoromanisch
ro'manşă F̄ LING Rätoromanisch *n*
ro'mantic ADJ romantisch
roman'tism N̄ Romantik *f*
roman'ţa V̄T romantisieren
roman'ţat ADJ romantisiert
ro'mân A ADJ rumänisch B M̄, **ro'mâncă** F̄ Rumäne *m*, Rumänin *f*
româ'nesc ADJ, **româ'neşte** ADV rumänisch
Româ'nia F̄ Rumänien *n*
româ'nist(ă) M(F) Rumänist(in) *m(f)*
româ'nistică F̄ Rumänistik *f*
romb N̄ Raute *f*
'rombic ADJ rautenförmig
'romi MPL Roma *pl*
rond N̄ 1 Runde *f*; Rundbeet *n* 2 AUTO Kreisverkehr *m*
ronţă'i V̄T knabbern
'ropot N̄ Getrampel *n*; *despre ploaie* Geprassel *n*; *aplauze* Beifall *m*
ros ADJ abgetragen, abgenutzt
rosă'tură F̄ aufgeriebene Stelle *f*
'rosbif N̄ Roastbeef *n*
rost N̄ Sinn *m*; **a face** ~ verschaffen, beschaffen; **a lua la** ~ zur Rede stellen; **pe de** ~ auswendig
ros'ti V̄T aussprechen
ros'tire F̄ Aussprache *f*
rostogo'li V̄T & V/R **a (se)** ~ rollen
rostu'i V̄T 1 (ein)ordnen 2 *aprovizionare* versorgen 3 BAU Fugen verstreichen
roş'cat ADJ rothaarig
ro'şeaţă F̄ Röte *f*

ro'şi **A** Ⅵ rot werden **B** Ⅵ rot färben

roşi'atic ADJ rötlich

'roşie Ḟ Tomate f; ~ **cherry** Kirschtomate f

'roşu ADJ rot

rota'tiv ADJ drehbar

ro'taţie Ḟ Drehung f; **rotaţia pământului** Erdumdrehung f

ro'ti **A** Ⅵ drehen **B** ⅥR a se ~ kreisen

ro'tilă Ḟ Rädchen n

ro'tire Ḟ Drehen n; TECH Umdrehung f

roti'sor N̄ Drehspieß m

roti'şor N̄ drehbar; Dreh...; **scaun** n ~ Drehstuhl m

ro'tiţă Ḟ Rädchen n

roto'col N̄ **1** runde Scheibe f **2** rotaţie Drehung f

roto'fei ADJ rundlich; oameni mollig; fig aufgeblasen

ro'tondă Ḟ Rundbau m; cu o cupolă Kuppelbau m

ro'tor N̄ Rotor m

ro'tulă Ḟ Kniescheibe f

ro'tund ADJ rund

rotun'ji Ⅵ abrunden, aufrunden

rotun'jime Ḟ Rundung f

rotun'jit ADJ (ab)gerundet

'rouă Ḟ Tau m

roz ADJ rosa

ro'zariu N̄ Rosenkranz m

'roză Ḟ Rose f

roză'tor N̄ Nagetier n

ro'ze **A** N̄ Rosé m **B** ADJ INV rosé

ro'zetă Ḟ Rosette f

rozma'rin M̄ Rosmarin m

ru'barbă Ḟ Rhabarber m

rube'denie Ḟ Verwandtschaft f

rube'olă Ḟ Röteln pl

ru'bin N̄ Rubin m

rubi'niu ADJ rubinrot

'rublă Ḟ Rubel m

'rubrică Ḟ Rubrik f

'rucsac N̄ Rucksack m

'rudă Ḟ Verwandte(r) m, Angehörige(r) m; **rude** pl die Verwandten pl

ru'denie Ḟ Verwandtschaft f

rudi'ment N̄ Rudiment n

rudimen'tar ADJ rudimentär

'rufe FPL Wäsche f

rug N̄ Scheiterhaufen m

ru'ga **A** Ⅵ a ~ **pe cineva ceva** j-n um etw bitten **B** ⅥR a se ~ beten

'rugă Ḟ Bitte f; REL Gebet n

rugăci'une Ḟ Gebet n

rugă'minte Ḟ Bitte f

'rugbi N̄ Rugby n

ru'gină Ḟ Rost m

rugi'ni Ⅶ (ver)rosten

rugi'nit ADJ rostig

ru'gos ADJ rau

rui'na **A** Ⅵ ruinieren **B** ⅥR a se ~ herunterkommen

ru'ină Ḟ Ruine f; fig Ruin m

ruj N̄ **ruj (de buze)** Lippenstift m

ruje'olă Ḟ MED Masern pl

ru'la Ⅵ einrollen, (auf)rollen; FILM vorführen

ru'ladă Ḟ Roulade f

ru'laj N̄ Transportzeit f

ru'lat ADJ gerollt

ru'letă Ḟ **1** Maßband n **2** joc de noroc Roulette n

rul'ment M̄ Kugellager n; bani Geldumlauf m

ru'lotă Ḟ Wohnwagen m

ru'lou N̄ Rolle f; Rollladen m; ~ **compactor** Walze f

rume'ga Ⅵ (langsam) kauen; fig (hin und her) überlegen

rumegă'tor N̄ Wiederkäuer m

rume'guş N̄ Sägemehl n

'rumen ADJ rotbackig; alimente (braun) gebraten

rume'ni Ⅵ GASTR bräunen

ru'moare Ḟ Lärm m; Aufregung f

'rună Ḟ Rune f

'rundă Ḟ Runde f; ~ **finală** Endrunde f

'rupe **A** Ⅵ abreißen, (zer)reißen; (ab)brechen **B** ⅥR a se ~ (auseinander)brechen, abgehen, (ab)reißen, zerreißen

'rupere Ḟ (Zer)Brechen n; descompunere Zersetzung f; ~ **de nori** Wolkenbruch m

ru'pestru ADJ an/auf Felsen; **artă** f **rupestră** Höhlenmalerei f

ru'pie Ḟ Rupie f

rupt ADJ zerrissen, abgerissen; (ab)gebrochen

rup'tură Ḟ Riss m; Bruch m; MED ~ **de ligament** Bänderriss m; ~ **de muşchi** Muskelriss m

ru'ral ADJ Land..., ländlich

rus **A** ADJ russisch **B** M̄ Russe m

Ru'salii PL Pfingsten n

R

ru'sesc ADJ, ru'seşte ADV russisch

'Rusia F̲ Russland n

ru'soaică F̲ Russin f

'rustic ADJ rustikal

ruşi'na V̲R̲ a se ~ sich schämen

ruşi'nat ADJ verschämt, beschämt

ru'şine F̲ Schande f; a-ţi fi ~ sich schämen

ruşi'nos ADJ verlegen, schüchtern; schändlich

'rută F̲ Route f

ru'tean A̲ ADJ ruthenisch B̲ M̲, ru-'teancă F̲ Ruthene m, Ruthenin f

ruti'er ADJ Straßen..., Verkehrs...; accident n ~ Verkehrsunfall m; poliţie f ~ă Verkehrspolizei f

ruti'nat ADJ routiniert; priceput gekonnt

ru'tină F̲ Routine f

S

S ABK (= sud) S (Süden)

sa PRON sein(e), ihr(e)

S'A N̲ ABK (= societate pe acţiuni) AG f (Aktiengesellschaft)

sa'bat N̲ 1̲ Sabbat m 2̲ fig Lärm m

sa'batic ADJ Sabbat...; an m ~ Sabbatjahr n

'sabie F̲ Säbel m, Schwert n

sa'bot M̲ 1̲ Holzschuh m 2̲ TECH Bremsbacke f

sabo'ta V̲T̲ sabotieren

sabo'taj N̲ Sabotage f

sabo'tor M̲, sabo'toare F̲ Saboteur(in) m(f)

sa'brer M̲ Säbelfechter m

sac M̲ Sack m; ~ de dormit Schlafsack m; ~ de gunoi Müllbeutel m

saca'dat fig ADJ abgehackt

sacer'dot M̲ Priester m

sa'coşă F̲ Einkaufstasche f, Tragetasche f

sa'cou N̲ Sakko n, Jacke f

sa'cral ADJ 1̲ ANAT Kreuzbein...; regiune f ~ă Kreuzbeingegend f 2̲ REL sakral

sacrali'tate F̲ Heiligkeit f

sacrifi'ca V̲T̲ opfern

sacri'ficiu N̲ Opfer n

sacri'legiu N̲ Sakrileg n; pângărire Schändung f

'sacru ADJ heilig

sa'dea ADJ INV rein; sauber; despre culori einfarbig

'sadic ADJ sadistisch

sa'dism N̲ Sadismus m

sa'fari N̲ Safari f

sa'fir N̲ Saphir m

'saga F̲ Saga f

sa'gace ADJ INV scharfsinnig

sagaci'tate F̲ Scharfsinnigkeit f

sahari'an ADJ Sahara...; praf n ~ Saharastaub m

sa'ke N̲ Sake m

sala'hor M̲ Tagelöhner m

sa'lam N̲ Salami f, Wurst f

sala'mandră F̲ Salamander m

salari'at(ă) M̲(F̲) Angestellte(r) m/f(m)

sa'lariu N̲ Gehalt n; Lohn m; ~ brut Bruttogehalt n; ~ minim Mindestlohn m; ~ tarifar Tariflohn m

salari'za V̲T̲ bezahlen

sa'lată F̲ Salat m; ~ de cartofi Kartoffelsalat m; ~ de fructe Obstsalat m; ~ verde Kopfsalat m

salati'eră F̲ Salatschüssel f

'sală F̲ Saal m; ~ de aşteptare Wartesaal m; ~ de clasă Klassenzimmer n; ~ de conferinţe Konferenzraum m; ~ de curs Hörsaal m; ~ de forţă Geräteraum m; ~ de jocuri Spielhalle f; ~ de judecată (od tribunal) Gerichtssaal m; ~ de mese Speisesaal m; MED ~ de operaţie OP m, Operationssaal m; ~ de sport Turnhalle f; ~ de şedinţe Besprechungsraum m

'salbă F̲ Halskette f

sal'câm M̲ Akazie f

'salcie F̲ Weide f

'sale ADJ & POSS PR seine; ihre

sa'leu N̲ Salzstange f

sa'lin ADJ salzhaltig; Salz...; soluţie f ~ă Salzlösung f

sa'lină F̲ Saline f

salini'tate F̲ Salzgehalt m

sali'va V̲I̲ geifern; umg sabbern

sa'livă F̲ Speichel m

salmo'nele F̲PL Salmonellen pl

sa'lon F̲ ~ de cosmetică Kosmetiksalon m; ~ de manichiură Nagelstudio n; MED, PFLEGE ~ de spital Patientenzimmer n

salo'petă F̲ Arbeitsanzug m, Latzhose f; ~ de lucru Overall m

salt N̲ Sprung m

sal'tea F̲ Matratze f; ~ izolatoare Isomatte f; ~ pentru gimnastică Matte f; ~ pneumatică Luftmatratze f

saltim'banc M̲ Zirkuskünstler m; Clown m

salubri'tate F̲ 1 Sauberkeit f 2 serviciu public Müllabfuhr f

salubri'zare F̲ Säuberung f

sa'lubru ADJ gesund

sa'lut N̲ Gruß m

salu'ta V̲T̲ (be)grüßen

salu'tar ADJ gesund; despre alimente bekömmlich

sal'va V̲T̲ retten; IT speichern

salva'mar A̲ M̲ Rettungsschwimmer m B̲ N̲ Wasserwacht f

salva'mont N̲ Bergwacht f

sal'vare F̲ Rettung f; Rettungsdienst m, Notdienst m; Rettungswagen m

salva'tor M̲, salva'toare F̲ Retter(in) m(f)

'salve I̲N̲T̲ umg tschüss

salvgar'da V̲T̲ (be)schützen

'salvie F̲ Salbei m

samavolni'cie F̲ Willkür f

samo'var N̲ Samowar m

sam'sar M̲ Makler m

sana'toriu N̲ Sanatorium n

'sanchi I̲N̲T̲ sozusagen; quasi

sanctifi'ca V̲T̲ heiligsprechen

sancti'tate F̲ Heiligkeit f

sanctu'ar N̲ Kultstätte f; fig Zufluchtsort m

sancțio'na V̲T̲ sanktionieren; penaliza bestrafen

sancți'une F̲ Sanktion f

san'dale F̲P̲L̲ Sandalen pl

'sandviş N̲, 'sandvici N̲ Sandwich n, belegtes Brötchen n; ~ cu brânză Käsebrot n

sang'vin ADJ Blut...; circulație f ~ă Durchblutung f; grupă f ~ă Blutgruppe f

'sanie F̲ Schlitten m; ~ bob Bob m

sani'tar ADJ sanitär

san'scrit ADJ sanskritisch

santi'nelă F̲ Wache f

'sapă F̲ Hacke f

sara'fan N̲ (Über)Kleid n

sara'mură F̲ Salzlake f, Pökel m

sar'casm N̲ Sarkasmus m

sar'castic ADJ sarkastisch

'sarcină F̲ Last f; ELEK Ladung f; MED Schwangerschaft f; fig Aufgabe f; ~ de cercetare Forschungsauftrag m

sarco'fag N̲ Sarkophag m

sard A̲ ADJ sardisch B̲ M̲, 'sardă F̲ Sarde m, Sardin f

'sardă F̲ limbă Sardisch n

sar'dea F̲ Sardine f; sardele în ulei Ölsardinen pl

sar'donic ADJ râs höhnisch

'sare F̲ Salz n; ~ iodată Jodsalz n

sar'ma f GASTR Kohlroulade f, Krautwickel m

sar'mat A̲ ADJ sarmatisch B̲ M̲, sar'mată F̲ Sarmate m, Sarmatin f

sarsa'na F̲ Last f

sas M̲ Sachse m (aus Siebenbürgen)

sa'şiu ADJ a fi ~ schielen

sat N̲ Dorf n

sa'tanic ADJ satanisch; diabolic teuflisch

sata'nism N̲ Satansimus m

sa'târ N̲ Hackbeil m

sate'lit M̲ Satellit m; ~ de (tele)comunicații Nachrichtensatellit m

sa'tin N̲ Satin m

sati'nat ADJ satiniert

sa'tiră F̲ Satire f

sa'tiric ADJ satirisch

satiri'za V̲T̲ verspotten

satis'face V̲T̲ befriedigen

satis'facție F̲ Genugtuung f

satisfăcă'tor ADJ befriedigend

satisfă'cut ADJ zufrieden

sa'trap M̲ Satrap m; fig Gewaltherrscher m

satu'ra V̲T̲ sättigen

satu'rat ADJ gesättigt

satu'rație F̲ Sättigung f

saț N̲ Sättigung f; fig lehamite Überdruss m

sau K̲O̲N̲J̲ oder; ~ ... ~ entweder ... oder

sau'dit A̲ ADJ saudisch; saudi-arabisch B̲ M̲, sau'dită F̲ Saudi-Araber(in) m(f)

'saună Ē Sauna f
sa'vană Ē Savanne f
sa'vant M̄ Gelehrte(r) m
sava'rină Ē Savarin m mit Rum und Zuckersirup getränkter Kuchen
sa'voare Ē Geschmack m; fig Zauber m
savoni'eră Ē Seifenschale f
savu'ra V̄T̄ genießen
savu'ros ADJ köstlich; gustos schmackhaft
saxo'fon N̄ Saxofon n
saxofo'nist M̄ Saxofonist m
sa'xon A ADJ sächsisch B M̄, sa'xonă Ē Sachse m, Sächsin f
să KONJ dass; ca ~ damit; în loc ~ (an)statt dass
să'di V̄T̄ pflanzen
să'geată Ē Pfeil m
săgetă'tor M̄ a. ASTROL Schütze m
săi ADJ & POSS PR seine; ihre
să'laș N̄ Bleibe f; adăpost Unterschlupf f
sălășlu'i V̄I & V̄T̄ A V̄I hausen; locui wohnen B V̄T̄ Unterschlupf gewähren
săl'batic ADJ wild
sălbăti'ci V̄R̄ a se ~ animale ausgewildert werden; plante verwildern
sălbăti'cie Ē Wildnis f
sălbăti'ciune Ē 1 Wild n 2 eremit Einsiedler m
săl'ciu ADJ schal; stătut abgestanden
săl'ta V̄Ī hüpfen
să'mânță Ē Samen m; ~ de pin Pinienkern m
să-nă'tate Ē Gesundheit f
să-nă'tos ADJ gesund
săni'uș N̄ 1 Rodeln n 2 pantă Rodelbahn f
săni'uță Ē (Rodel)Schlitten m; a se da cu săniuța rodeln
să'pa V̄T̄ graben
săpă'ligă Ē Hacke f
săpă'tură Ē Ausgrabung f
săptămâ'nal A ADJ wöchentlich B N̄ Wochenzeitschrift f
săptă'mână Ē Woche f; săptămâna Patimilor Karwoche f
să'pun N̄ Seife f
săpu'neală Ē 1 Einseifung f 2 fig umg Anpfiff m
săpu'ni V̄T̄ einseifen; fig a ~ pe cineva

j-m den Kopf waschen
săpuni'eră Ē Seifenschale f
să'ra V̄T̄ salzen
să'rac A ADJ arm; ~ lipit bettelarm B M̄, să'racă Ē Arme(r) m/f(m)
să'rat ADJ salzig; gesalzen
sărăcăci'os ADJ ärmlich, armselig
sără'cie Ē Armut f
sărbă'toare Ē Feiertag m, Fest n; ~ de Crăciun Weihnachtsfest n
sărbăto'resc ADJ feierlich
sărbăto'ri V̄T̄ feiern
sărbăto'rit(ă) M̄F̄ Geburtstagskind n
sărbe'zi V̄R̄ a se ~ lapte versauern; vopsele verblassen; oameni abmagern
sărbe'zit ADJ kaputt; alimente schlecht
să'ri V̄T̄ überspringen, (auf)springen; auslassen
să'rit ADJ verrückt; umg schräg
să'ri'tor A ADJ 1 springend; Spring...; fântână f săritoare Springbrunnen m 2 grabnic eilig B M̄, sări'toare Ē Springer(in) m(f); ~ cu prăjina f Stabhochspringer m
sări'tură Ē Sprung m; SPORT ~ cu prăjina Stabhochsprung m; ~ în înălțime Hochsprung m; ~ în lungime Weitsprung m
săr'man ADJ arm
să'rut N̄ Kuss m; ~ de adio Abschiedskuss m
săru'ta V̄T̄ küssen
săru'tare Ē Kuss m
să'sesc ADJ sächsisch
să'soaică Ē Sächsin f (aus Siebenbürgen)
să'tean M̄, să'teancă Ē Dorfbewohner(in) m(f)
să'tesc ADJ dörflich, Dorf...
să'tul ADJ satt
sătu'ra A V̄T̄ sättigen B V̄R̄ a se ~ satt werden
săți'os ADJ sättigend
său M̄/N̄ sein(e)
săvâr'și V̄T̄ vollenden; begehen
săvâr'șire Ē Vollendung f; JUR Begehen n (einer Straftat)
sâcâ'i V̄T̄ piesacken; belästigen
sâcâi'tor ADJ störend; insistent aufdringlich
'sâmbăta ADV samstags
'sâmbătă Ē Samstag m; Sâmbăta Ma-

're Karsamstag _m_
'sâmbure M̅ Kern _m_
sân M̅ Brust _f_, Busen _m_
'sânge N̅ Blut _n_
sânge'ra V̅I̅ bluten
sânge'rare F̅ Blutung _f_
sânge'rete M̅ Blutwurst _f_
sânge'ros A̅D̅J̅ blutig
sârb A̅ A̅D̅J̅ serbisch B̅ M̅ Serbe _m_
sâr'besc A̅D̅J̅ serbisch
sâr'boaică F̅ Serbin _f_
sârguin'cios A̅D̅J̅ fleißig, emsig
sârgu'inţă F̅ Fleiß _m_, Emsigkeit _f_
'sârmă F̅ Draht _m_; ~ **ghimpată** Stacheldraht _m_
sâsâ'i V̅I̅ zischen; lispeln
'scabie F̅ Krätze _f_
sca'bros A̅D̅J̅ anstößig; _neruşinat_ unverschämt
sca'dent A̅D̅J̅ fällig
sca'denţă F̅ Fälligkeit _f_
sca'fandru M̅, sca'fandră F̅ Tau-
  cher(in) _m(f)_
scai M̅ Klette _f_
sca'iete M̅ Distel _f_
'scală F̅ Skala _f_
scalp N̅ Skalp _n_
scal'pel N̅ Skalpell _n_
scama'tor M̅ Zauberkünstler _m_
scamato'rie F̅ Kunststück _n_
'scamă F̅ Fussel _f/m_; _fir scurt_ Fädchen
  _n_
sca'na V̅T̅ MED durchleuchten, röntgen; IT scannen
sca'nare F̅ MED Durchleuchten _n_,
  Röntgen _n_; IT Scanning _n_
sca'nat A̅D̅J̅ MED durchleuchtet, ge-
  röntgt; IT gescannt
scan'da V̅T̅ skandieren
scan'dal N̅ Skandal _m_; Krawall _m_,
  Krach _m_
scandala'giu M̅, scandala'gioai-
  că F̅ Unruhestifter(in) _m(f)_; _pej, umg_
  Radaumacher(in) _m(f)_
scandali'za A̅ V̅T̅ empören B̅ V̅R̅ a
  se ~ sich empören
scanda'los A̅D̅J̅ skandalös; _ruşinos_
  schändlich
scandi'nav A̅ A̅D̅J̅ skandinavisch B̅
  M̅, scandi'navă F̅ Skandinavier(in)
  _m(f)_
Scandi'navia F̅ Skandinavien _n_

'scaner N̅ Scanner _m_
'scară F̅ Leiter _f_; Treppe _f_; GEOG Maßstab _m_; ~ **de incendiu** Feuertreppe _f_;
  ~ **de serviciu** Hintertreppe _f_; ~ **Richter**
  Richterskala _f_; ~ **rulantă** Rolltreppe _f_
scarla'tină F̅ Scharlach _m_
sca'toalcă F̅ Ohrfeige _f_; _umg_ Klatsche
  _f_
'scaun N̅ 1 Stuhl _m_; PFLEGE ~ **cu toa-**
  letă Toilettenstuhl _m_; ~ **pliant** Klappstuhl _m_; ~ **rulant** Rollstuhl _m_ 2 AUTO
  Sitz _m_; ~ **din faţă** Vordersitz _m_; ~ **pen-**
  tru copii Kindersitz _m_
scă'dea A̅ V̅T̅ herabsetzen; vermindern; MATH subtrahieren B̅ V̅I̅ fallen;
  sinken; abnehmen
scă'dere F̅ MATH Subtraktion _f_;
  WIRTSCH ~ **a cifrei de afaceri** Umsatzrückgang _m_; ~ **a natalităţiii** Geburtenrückgang _m_
scăfâr'lie F̅ Schädel _m_; _umg_ Rübe _f_
scălâmbă'ia V̅R̅ a se ~ Grimassen
  schneiden
scăl'da V̅R̅ a se ~ baden
scăl'dat N̅ Baden _n_; ~**ul interzis** Baden verboten
scă'mos A̅D̅J̅ fusselig; _pufos_ flauschig
scămo'şa V̅R̅ a se ~ fusseln
scă'pa A̅ V̅T̅ befreien, retten; verpassen; fallen lassen B̅ V̅I̅ davonkommen,
  entkommen; entfallen
scă'pare F̅ Rettung _f_; Ausweg _m_; ~
  din vedere Versehen _n_
scăpă'ra V̅I̅ & V̅T̅ A̅ V̅I̅ funken B̅ V̅T̅
  Funken schlagen; _chibrit_ anzünden; _fig_
  aufblitzen
scăpă'ta V̅I̅ 1 _soare, lună_ untergehen;
  ochi zufallen 2 _sărăci_ herunterkommen
scăpă'tat A̅ N̅ Sonnenuntergang _m_
  B̅ A̅D̅J̅ heruntergekommen
scărmă'na V̅T̅ 1 ausreißen 2 _fig umg_
  anschnauzen
scărpi'na V̅T̅ kratzen
scău'nel N̅ Hocker _m_
scâlci'at A̅D̅J̅ verformt; _fig_ entstellt
'scâncet N̅ Gewimmer _n_
'scândură[1] F̅ ~ **de călcat** Bügelbrett _n_
scârţ I̅N̅T̅ 1 knarr, quietsch 2 _umg_ was
  du nicht sagst!
scârţâ'it N̅ Knarren _n_; Quietschen _n_
scă'zut A̅D̅J̅ niedrig
scân'ci V̅I̅ wimmern; winseln

S

'scândură² F̅ Brett n
scân'te.ia V̅ī funkeln
scân'teie F̅ Funke m
scânteie'tor A̅D̅J̅ funkelnd
'scârbă F̅ Ekel m; a-ți fi ~ (de) sich
ekeln (vor)
scâr'bi V̅ī anekeln
scâr'bit A̅D̅J̅ angeekelt
scâr'bos A̅D̅J̅ ekelhaft
scârță'i V̅ī knarren, knirschen
scele'rat(ă) M̅F̅ Schurke m, Schurkin f
sce'nariu N̅ Drehbuch n
'scenă F̅ Bühne f; Szene f
sce'netă F̅ Einakter m
scenogra'fie F̅ Bühnenbild n
'sceptic A̅D̅J̅ skeptisch
'sceptru N̅ 1 Zepter n 2 fig Macht f
'schelă F̅ (Bau)Gerüst n
schelălă'i V̅ī kläffen
sche'let N̅ Skelett n
sche'matic A̅D̅J̅ schematisch
'schemă F̅ Schema n
scheu'na V̅ī winseln
schi N̅ Ski m; ~ de fond Langlauf m; ~
nautic Wasserski m
schi'a V̅ī Ski fahren
'schijă F̅ (Bomben)Splitter m
schi'lod M̅ Krüppel m
schilo'di A̅ V̅T̅ verstümmeln B̅ V̅R̅ a
se ~ sich verstümmeln
schimb N̅ Wechsel m; Austausch m,
(Um)Tausch m; (Arbeits)Schicht f; ~ de
experiență Erfahrungsaustausch m; ~
de focuri Schießerei f; ~ de informații
Informationsaustausch m; A̅U̅T̅O̅ ~ de
ulei Ölwechsel m; ~ (international) de
elevi Schüleraustausch m; F̅I̅N̅ ~ valutar Geldwechsel m; cu ~ul abwechselnd; în ~ hingegen
schim'ba A̅ V̅T̅ wechseln; austauschen, umtauschen, (ver)tauschen;
(ver)ändern; M̅E̅D̅, P̅F̅L̅E̅G̅E̅ a ~ pansamentul den Verband wechseln B̅ V̅R̅
a se ~ sich (ver)ändern; sich umziehen
schim'bare F̅ Veränderung f, Änderung f; Wandel m; M̅E̅D̅, P̅F̅L̅E̅G̅E̅ ~ a
pansamentului Verband(s)wechsel m;
~ climatică Klimawandel m; ~ de tendință Trendwende f
schimbă'tor A̅ A̅D̅J̅ veränderlich B̅
N̅ ~ de viteză Schalthebel m
schimono'si V̅R̅ a se ~ Grimassen

schneiden
schingiu'i V̅T̅ foltern
schi'or M̅, schi'oare F̅ Skifahrer(in)
m(f)
'schismă F̅ (Auf)Spaltung f
schit N̅ Kloster n
schi'ța V̅T̅ skizzieren
'schiță F̅ Skizze f
schizofre'nie F̅ Schizophrenie f
schizo'id A̅D̅J̅ schizophren
sci'atică F̅ Ischias m
scientolo'gie F̅ Scientology® f
scin'da A̅ V̅T̅ (auf)spalten; (auf)teilen
B̅ V̅R̅ a se ~ sich (auf)spalten; sich
(auf)teilen
scin'dare F̅, scizi'une F̅ Spaltung f
sclav(ă) M̅F̅ Sklave m, Sklavin f
sclava'gism N̅ Sklavenhaltergesell-
schaft f
scla'vie F̅ Sklaverei f
sclero'zat A̅D̅J̅ verkalkt
scle'roză F̅ Sklerose f
sclifo'si V̅R̅ a se ~ umg quengeln; a se
fandosi sich zieren
sclifo'sit A̅D̅J̅ zimperlich
scli'pi V̅ī glitzern, glänzen
scli'pire F̅ Glanz m
sclipi'tor A̅D̅J̅ glitzernd, glänzend
sclivi'sit A̅D̅J̅ 1 poliert; lucios glänzend
2 umg aufgebrezelt
'scoarță F̅ Rinde f; reg Teppich m;
(Buch)Deckel m
'scoate V̅T̅ herausnehmen; ausziehen,
(ab)ziehen; carte herausbringen; I̅T̅ a ~
la imprimantă drucken; a o ~ la capăt
es schaffen
sco'atere F̅ ~ la licitație Zwangsversteigerung f
sco'bi A̅ V̅T̅ aushöhlen; stochern (în
in) B̅ V̅R̅ a se ~ în nas in der Nase bohren
scobito'are F̅ Zahnstocher m
scocio'rî A̅ V̅T̅ 1 beobachten 2 fig
anfachen B̅ V̅R̅ a se ~ wühlen
sco'fală F̅ Großartigkeit f; folos Nutzen
m
scofâl'ci V̅R̅ a se ~ sich abmagern;
obiecte sich verformen
scofâl'cit A̅D̅J̅ abgemagert; obiecte verformt
'scoică F̅ Muschel f; ~ Saint-Jacques
Jakobsmuschel f

sco'lastic ADJ scholastisch

sco'lastică F Scholastik f

scoli'oză F MED Skoliose f

sconcs M Stinktier n

scon'ta VT ① vergünstigen; WIRTSCH skontieren ② fig erwarten

scop N Zweck m; cu ~ul de um zu; în ~ul zwecks

sco'pi VT kastrieren

scor N Spielstand m, Punktzahl f

'scorburǎ F Höhle f

scor'but N MED Skorbut m

scormo'ni VI wühlen; stöbern

scor'ni VT erfinden

scoro'ji VR a se ~ sich schälen; piele sich häuten

scoro'jit ADJ geschält; piele gehäutet

'scorpie F ① Skorpion m ② în basme mehrköpfiges Ungeheuer n; vrăjitoare Hexe f

scorpi'on M a. ASTROL Skorpion m

scorti'șoară F Zimt m

scor'țos ADJ ① steif ② BOT dickrindig

scotch® N Tesafilm® m

scoto'ci VT durchwühlen

'Scoția F Schottland n

scoți'an A ADJ schottisch B M, sco-ți'ană F Schotte m, Schottin f

'scrabble N Scrabble® n

'scrânciob N Holzschaukel f

scrân'teală F Verrenkung f; fig Ver-rücktheit f

scrân'ti A VT verrenken B VR a se ~ überschnappen

'scrâșnet N (Zähne)Knirschen n

scrâș'ni VI knirschen

'screme VR a se ~ sich anstrengen

scrib M Schreiber m

'scrie VT schreiben

'scriere F Schrift f, Werk n; ~ Braille Blindenschrift f

scrii'tor M, scrii'toare F Schriftstel-ler(in) m(f)

scrii'turǎ F Schreibstil m

scrije'li VT zerkratzen; tăietură einrit-zen

scrije'lit ADJ zerkratzt; tăietură geritzt

'scrimă F Fechten n

scrin N Kommode f

'scripcǎ F Geige f

'scripete M Flaschenzug m

'scripte FPL Schriftstücke npl

scrip'turǎ F Schrift f; Sfânta Scripturǎ Die Heilige Schrift

scris N Schrift f; ~ de mână Hand-schrift f; umg pej ~ urât Klaue f umg; mașinǎ f de ~ Schreibmaschine f; în ~ schriftlich

scri'soare F Brief m, Schreiben n; ~ de dragoste Liebesbrief m; ~ de șantaj Erpresserbrief m; ~ recomandatǎ Ein-schreiben n

'scroafǎ F Sau f

scrob N Rührei n

scro'bealǎ F (Wäsche)Stärke f

scro'bi VT stärken

scrot N Hodensack m; MED Skrotum n

scrum N Asche f

scrum'bie F Hering m

scrumi'erǎ F Aschenbecher m

'scrupul N Skrupel m; fǎrǎ ~e skrupel-los

scrupu'los ADJ gewissenhaft

scru'ta VT erforschen; examina unter-suchen

scru'tǎtor ADJ forschend

scru'tin N Wahlgang m

scu'ar N Grünfläche f; Square m

scu'fie F Haube f; Scufița Roșie f Rot-käppchen n

scufun'da A VT versenken B VR a se ~ (ver)sinken, untergehen; tauchen

scufun'dare F Tauchen n; GEOL Sen-kung f

scui'pa VT & VI spucken

scui'pat N Spucke f

scul N Fadenbündel n

scu'la A VT (auf)wecken B VR a se ~ aufstehen; aufwachen

'sculǎ F Werkzeug n

sculǎ'rie F Werkstatt f

sculp'ta VT formen; lemn schnitzen; cu o daltǎ meißeln

'sculptor M Bildhauer m; ~ în lemn Schnitzer m

sculp'turǎ F Bildhauerei f, Skulptur f

scump ADJ teuer

scum'pete F ① Verteuerung f ② co-moarǎ Schatz

scum'pi VT verteuern

scund ADJ niedrig; kleinwüchsig

'scurge VR a se ~ abfließen, heraus-fließen; verstreichen

'scurgere F Abfluss m; Ausfluss m

S

scur'ma _umg_ VII scharren
scurt ADJ kurz
scur'ta A VII abkürzen, (ver)kürzen B VIR a se ~ kürzer werden
scurtă'tură F Abkürzung f
scurtcircu'it N Kurzschluss m
scur'time F Kürze f
scurtme'traj N Kurzfilm m
scut N ⓵ (Schutz)Schild m; _fig_ Schutz m ⓶ _mască_ (Schutz)Maske f ⓷ _construcţie_ Stützkonstruktion f
'scutec N _a._ PFLEGE Windel f
'scuter N Motorroller m; ~ **electric** Autoskooter m
scu'ti VII befreien; _fig_ verschonen
scu'tit ADJ befreit; ~ **de impozit** steuerfrei
scutu'ra VII schütteln, rütteln
scutură'tură F Schütteln n
scu'za VII & VIR a (se) ~ (sich) entschuldigen
'scuză F Entschuldigung f
se PRON sich; ~ **zice** man sagt
'seamă F **de** ~ bedeutend; **de bună** ~ gewiss; **a fi de-o** ~ gleichaltrig sein; **a ţine seama** berücksichtigen; **a-şi da seama** einsehen, verstehen; **mai cu** ~ insbesondere
'seamăn _reg_ M Mitmensch m; **fără** ~ einzigartig
'seara ADVL abends
'seară F Abend m
'searbăd ADJ _alimente_ fad, geschmacklos; _oameni_ bleich; _fig_ langweilig
sec ADJ trocken
se'ca VII trockenlegen; austrocknen
sec. ABK (= secolul) Jh. (Jahrhundert)
se'cant ADJ überschneident
se'cantă F MATH Sekante f
se'cară F Roggen m
secătu'i VII & VII A VII erschöpfen B VII ausgehen
secătu'it ADJ erschöpft; ausgeschöpft
secă'tură F Taugenichts m
sece'ra VII mähen
'secerá F Sichel f; _seceriş_ Ernte f
sece'riş¹ N Getreideernte f
sece'riş² F Ernte(zeit) f
secesi'une F Abspaltung f
'secetă F Dürre f
sece'tos ADJ trocken; dürr
se'chelă F Folge f

seches'tra VII beschlagnahmen
se'chestru N Beschlagnahme f
'secol N Jahrhundert n
secon'da VII unterstüzen; MUS begleiten
se'cret A ADJ geheim B N Geheimnis n; ~ **de stat** Staatsgeheimnis n; **în** ~ heimlich
secre'ta VII MED ausscheiden, absondern
secre'tar(ă) MF Sekretär(in) m(f)
secretari'at N Sekretariat n
secreti'za VII verheimlichen
secreti'zat ADJ verheimlicht
secretoma'nie F Angst f vor Geheimnissen
se'creţie F Sekret n; Ausfluss m
sec'tant(ă) MF Sektenanhänger(in) m(f)
'sectă F Sekte f
sec'tor N Sektor m; ~ **de cale ferată** Bahnstrecke f; ~ **privat** Privatwirtschaft f
secto'rist M Polizist m (_eines Bezirks_)
'secţie F _a._ MED Abteilung f; Sektion f; MED **secţie de radiologie** Röntgenabteilung f; **secţie de terapie intensivă** Intensivstation f; **secţia de poliţie** Polizeiwache f
secţio'na A VII aufteilen B VIR a se ~ sich aufteilen
secţi'une F Abschnitt m, Schnitt m, Sektion f; ~ **transversală** Querschnitt m
se'cui M Szekler m
secu'lar ADJ ⓵ säkular ⓶ _laic_ weltlich
seculari'za VII verweltlichen
se'cund A NUM zweite(r) B N MUS zweite Stimme f
secun'da VII unterstützen; MUS begleiten
secun'dar ADJ nebensächlich
se'cundă F Sekunde f
se'cure F Axt f
secu'rist MF _Arbeiter(in) des rumänischen Sicherheitsdienstes_
securi'tate F Sicherheit f
sec'venţă F Sequenz f; _fig_ Serie f
secvenţi'al ADJ hintereinander; IT sequenziell
se'da VII ruhigstellen; MED sedieren
se'dat ADJ ruhiggestellt; MED sediert
seda'tiv N Beruhigungsmittel n

seden'tar <u>ADJ</u> sesshaft
sedenta'rism <u>N</u> Sesshaftigkeit f
sedi'ment <u>N</u> Bodensatz m
sedimen'ta <u>V/R</u> a se ~ sich ablagern
'sediu <u>N</u> Sitz m; ~ al guvernului Regierungssitz m
seducă'tor <u>A</u> <u>ADJ</u> verführerisch <u>B</u> <u>M</u>, seducă'toare <u>F</u> Verführer(in) m(f)
se'duce <u>V/T</u> verführen
se'ducție <u>F</u> Verführung f
seg'ment <u>N</u> Segment n; porțiune Abschnitt m
segmen'ta <u>V/T</u> (auf)teilen
segmen'tar <u>ADJ</u> zusammengesetzt
segmen'tat <u>ADJ</u> (auf)geteilt
segmen'tație <u>F</u> Aufteilung f; LING Segmentierung f
segre'ga <u>A</u> <u>V/T</u> abspalten <u>B</u> <u>V/R</u> a se ~ sich abspalten
segre'gare <u>F</u> Abspaltung f
seif <u>N</u> Tresor m
se'ism <u>N</u> Erdbeben n
se'ismic <u>ADJ</u> seismisch; Erdbeben...; regiune f ~ă Erdbebengebiet n
seismolo'gie <u>F</u> Seismik f
se'jur <u>N</u> Ferien pl; Urlaub m; ~ în străinătate Auslandsaufenthalt m
se'lect <u>ADJ</u> auserlesen
selec'ta <u>V/T</u> auswählen
selec'tiv <u>ADJ</u> auswählend; TECH trennscharf
selec'tor <u>N</u> TECH Wähler m; AGR Sortiermaschine f
se'lecție <u>F</u> Auswahl f
selecțio'na <u>V/T</u> auswählen
selecțio'nată <u>F</u> SPORT Auswahlmannschaft f
selecțio'ner(ă) <u>M(F)</u> Auswahltrainer(in) m(f)
sele'nar <u>ADJ</u> selenologisch; Mond...; calendar n ~ Mondkalender m
sema'for <u>N</u> (Verkehrs)Ampel f
semafori'za <u>V/T</u> eine Ampel f bauen
se'mantic <u>ADJ</u> LING semantisch
se'mantică <u>F</u> LING Semantik f
semă'na¹ <u>V/I</u> ähneln
semă'na² <u>V/T</u> AGR säen
semănă'toare <u>F</u> Sämaschine f
semănă'tură <u>F</u> Saat f
semestri'al <u>ADJ</u> halbjährlich
se'mestru <u>N</u> Semester n

se'meț <u>ADJ</u> stolz
semiauto'mat <u>ADJ</u> halbautomatisch
semicente'nar <u>N</u> halbes Jahrhundert n; serbare Fünfzigjahrfeier f
semicen'tral <u>ADJ</u> zentrumsnah
semi'cerc <u>N</u> Halbkreis m
semiconduc'tor <u>A</u> <u>N</u> ELEK Halbleiter m <u>B</u> <u>ADJ</u> halbleitend
semidecoman'dat <u>ADJ</u> teilweise begehbar
semi'doct <u>A</u> <u>ADJ</u> halbgebildet <u>B</u> <u>M</u>, semi'doctă <u>F</u> Halbgebildete(r) m/f(m)
semifi'nală <u>F</u> Halbfinale n
semi'fond <u>N</u> Mittelstrecke f
semiînăl'țime <u>F</u> mittlere Größe f
semi'lună <u>F</u> Halbmond m
semi'muscă <u>A</u> <u>ADJ INV</u> SPORT categorie f ~ Halbfliegengewicht n <u>B</u> <u>M</u> SPORT Halbfliegengewichtler m
semi'nal <u>ADJ</u> spermatogen; BOT Samen...; frunză f ~ă Samenpflanze f
semi'nar <u>N</u> Seminar n
semina'rist <u>M</u> Seminarteilnehmer m
semino'mad <u>ADJ</u> halbnomadisch
semin'ție <u>F</u> Stamm m; Familie f
semiobscuri'tate <u>F</u> Halbdunkel n
semio'log(ă) <u>M(F)</u> Semiologe m, Semiologin f
semiolo'gie <u>F</u> Zeichentheorie f; LING, PHIL Semiologie f
semi'otică <u>F</u> LING, PHIL Semiotik f
semiprepa'rat <u>A</u> <u>N</u> Vorgekochtes n <u>B</u> <u>ADJ</u> vorgekocht
se'mit <u>A</u> <u>ADJ</u> semitisch <u>B</u> <u>M</u>, se'mită <u>F</u> Semit(in) m(f)
se'mitic <u>ADJ</u> semitisch
semi'ton <u>N</u> MUS Halbton m
semitranspa'rent <u>ADJ</u> halbtransparent
semiu'șor <u>ADJ</u> categorie f semiușoară box Leichtgewicht n; haltere Federgewicht n
semivo'cală <u>F</u> LING Halbvokal m
semi'zeu <u>M</u> Halbgott m
semn <u>N</u> Zeichen n; ~ de carte Lesezeichen n; ~ de circulație Verkehrszeichen n; ~ de întrebare Fragezeichen n; ~ de viață Lebenszeichen n
sem'na <u>V/T</u> unterschreiben
sem'nal <u>N</u> Signal n; Zeichen n; ~ acustic Signalton m; ~ de alarmă BAHN

Notbremse f; ~ de start Startschuss m

semna'la V̄T̄ signalisieren; avertizare warnen

semnali'za V̄T̄ signalisieren; blinken

semnaliza'tor N̄ Blinker m

semnal'mente N̄P̄L̄ Personenbeschreibung f

semna'tar(ă) M̄F̄ Unterzeichner(in) m(f)

semnă'tură F̄ Unterschrift f

semnifi'ca V̄T̄ bedeuten

semnifi'cant M̄ LING Signifikant m

semnifi'cat N̄ LING Signifikat n

semnifica'tiv ADJ bezeichnend

semnifi'caţie F̄ Bedeutung f

se'nat N̄ Senat m

sena'tor M̄, sena'toare F̄ Senator(in) m(f)

senec'tute F̄ Alter n; fig Herbst m des Lebens

senega'lez A ADJ senegalesisch B M̄, senega'leză F̄ Senegalese m, Senegalesin f

se'nil ADJ altersschwach; fragil gebrechlich

senili'tate F̄ Altersschwäche f; fragilitate Gebrechlichkeit f

se'nin ADJ heiter

senină'tate F̄ Heiterkeit f; fig Ruhe f

seni'or A ADJ senior B M̄, seni'oară F̄ Senior(in) m(f)

sens N̄ Sinn m, Bedeutung f; Richtung f; ~ giratoriu Kreisverkehr m; ~ unic Einbahnstraße f; fără ~ sinnlos

sen'sibil ADJ empfindlich

sensibili'tate F̄ Sensibilität f; Empfindlichkeit f; ~ la lumină Lichtempfindlichkeit f

sensibili'za V̄T̄ sensibilisieren

senten'ţios ADJ entschieden; despre fraze gehaltvoll

senti'ment N̄ Gefühl n

sentimen'tal ADJ empfindsam; pej sentimental

senti'nelă F̄ Wache f

sen'tinţă F̄ Urteil n

sen'zaţie F̄ Gefühl n; Aufsehen n; ~ de vomă Brechreiz m; senzaţii tari Nervenkitzel m; a face ~ (großes) Aufsehen erregen

senzaţio'nal ADJ aufsehenerregend

senzi'tiv ADJ empfindlich; Sinnes...;

organ n ~ Sinnesorgan n

'senzor M̄ Sensor m

senzori'al ADJ sensorisch

senzu'al ADJ sinnlich

senzuali'tate F̄ Sinnlichkeit f

se'pală F̄ Kelchblatt n

sepa'ra V̄T̄ (ab)trennen

sepa'rabil ADJ (ab)trennbar

sepa'rat ADJ getrennt; einzeln

separa'tism N̄ Separatismus m

separa'tist A ADJ separatistisch B M̄, separa'tistă F̄ Separatist(in) m(f)

sepa'raţie F̄ Separation f; despărţire Trennung f; JUR ~ de bunuri Gütertrennung f

sepa'reu N̄ Separee n

'sepia A ADJ INV sepia(braun) B F̄ Sepiazeichnung f

'sepie F̄ Sepia f

sept N̄ Scheidewand f; ~ nasal Nasenscheidewand f

sep'tembrie M̄ September m

septentrio'nal ADJ nördlich; GEOG boreal

'septic ADJ mit Keimen mpl behaftet; MED septisch

septice'mie F̄ Blutvergiftung f

septuage'nar(ă) M̄F̄ Siebziger(in) m(f)

sepul'cral ADJ Grab...; Toten...; piatră f ~ă Grabstein m; linişte f ~ă Totenstille f

se'quoia M̄ Mammutbaum m

ser N̄ Serum n

se'rafic ADJ ❶ engelgleich ❷ fig unschuldig

sera'fim M̄ REL Seraph m

se'rai N̄ Serail n; palat Palast m

se'ral ADJ abendlich, Abend...

se'rată F̄ Tanzabend m

'seră F̄ Treibhaus n; efect n de ~ Treibhauseffekt m

ser'ba V̄T̄ feiern

ser'bare F̄ Feier f; ~ de Crăciun Weihnachtsfeier f; ~ populară Volksfest n

'Serbia F̄ Serbien n

sere'nadă F̄ Ständchen n

ser'gent M̄ MIL Unteroffizier m

seri'al N̄ Serie f, Mehrteiler m; TV ~ de televiziune Fernsehserie f

'seric ADJ Serum...; boală f ~ă Serumkrankheit f

sericicul'tură F̲ Seidenraupenzucht f

'serie F̲ Serie f, Reihe f; Folge f

serigra'fie F̲ Siebdruck m

se'ringă F̲ Spritze f

seri'os A̲D̲J̲ ernst

seriozi'tate F̲ Ernst m

serolo'gie F̲ MED Serologie f

seronega'tiv A̲D̲J̲ HIV-negativ

seropozi'tiv A̲D̲J̲ HIV-positiv

seroto'nină F̲ MED Serotonin n

serpen'tină F̲ Serpentine f

ser'tar N̲ Schublade f, Fach n

'serv M̲ Leibeigener m

'servă F̲ Leibeigene f

'server N̲ IT Server m; ~ de e-mail Mailserver m; ~ web Webserver m

ser'vi A̲ V̲T̲ (be)dienen; servieren B̲ V̲R̲ a se ~ sich bedienen

servi'abil A̲D̲J̲ zuvorkommend

'service N̲ ~ auto Werkstatt f; ~ auto autorizat Vertragswerkstatt f

ser'viciu N̲ Dienst m; Amt n; Stellung f; Bedienung f; Service m; ~ de cafea Kaffeeservice n; ~ de curierat Kurierdienst m; MED, PFLEGE ~ de îngrijiri medicale Pflegedienst m; ~ de urgenţă Notdienst m; servicii secrete Geheimdienst m

servi'etă F̲ Mappe f

ser'vil A̲D̲J̲ unterwürfig

servi'lism N̲ Unterwürfigkeit f

servi'tor M̲, servi'toare F̲ Diener(in) m(f); pentru treburi casnice Hausangestellte(r) f(m)

servi'tute F̲ 1 Knechtschaft f 2 JUR Grundlast f

servoco'mandă F̲ AUTO Servolenkung f

servodi'recţie F̲ AUTO Servolenkung f

servo'frână F̲ AUTO Bremskraftverstärker m

'servus I̲N̲T̲ servus

sesi'une F̲ Tagung f

sesi'za V̲T̲ bemerken; verstehen

set N̲ Satz m; set de date Datensatz m; set de lenjerie Garnitur f

se'ta V̲T̲ einstellen

se'tare F̲ Einstellung f

setave'raj N̲ Punktverhältnis n

'setcă F̲ Fischernetz n

'sete F̲ Durst m; mi-e ~ ich habe Durst

se'tos A̲D̲J̲ durstig

seu M̲ Talg m

'sevă F̲ BOT Saft m

se'ver A̲D̲J̲ streng

severi'tate F̲ Strenge f

se'vraj N̲ Abstillen n; privare Entzug m

sex N̲ Geschlecht n

sexage'nar(ă) M̲|F̲ Sechziger(in) m(f)

se'xist A̲D̲J̲ sexistisch

sexo'log(ă) M̲|F̲ Sexologe m, Sexologin f

sex'tet N̲ 1 MUS Sextett n 2 SPORT Gymnastik-/Volleyballmannschaft f

sex'tuplu A̲D̲J̲ sechsfach, sechsmal

sexu'al A̲D̲J̲ sexuell

sexuali'tate F̲ Sexualität f

se'zon N̲ Saison f; ~ de vârf Hochsaison f; ~ principal Hauptsaison f

sezoni'er A̲D̲J̲ Saison...; muncitor m ~ Saisonarbeiter m

Sf. A̲B̲K̲ (= Sfântul, Sfânta) St. (Sankt)

'sfadă F̲ Streit m; umg Krach m

'sfară F̲ Geruch m nach Verbranntem

sfat N̲ Rat(schlag) m

sfă'di V̲R̲ a se ~ sich streiten; umg sich krachen

sfără'ma V̲T̲ zerbrechen

sfărâmici'os A̲D̲J̲ brüchig

sfă'tos A̲D̲J̲ gesprächig

sfătu'i V̲T̲ (be)raten

sfânt A̲ A̲D̲J̲ heilig B̲ M̲, 'sfântă F̲ Heilige(r) m/f(m)

sfârâ'i V̲I̲ zischen; lemn knistern; insecte zirpen

sfârc N̲ Brustwarze f

sfâr'şi A̲ V̲T̲ beenden B̲ V̲R̲ a se ~ enden; aufhören

sfâr'şit N̲ Ende n; ~ al lumii Weltuntergang m; TV sfârşit de emisiune Sendeschluss m; ~ de săptămână Wochenende n; în ~ schließlich; în ~! endlich!

sfârte'ca V̲T̲ zerreißen

sfâşi'a V̲T̲ zerreißen, zerfleischen

'sfeclă F̲ Rübe f; ~ roşie Rote Rübe

sfe'cli V̲T̲ a o ~ umg einen Bock schießen

'sferă F̲ Kugel f

'sferic A̲D̲J̲ sphärisch; rotund kugelförmig

sfert N̲ Viertel n; SPORT ~ de finală Viertelfinale n; ~ de oră Viertelstunde f

'sfeşnic N̲ Kerzenständer m

sfi'ală F̲ Scheu f
sfi'da V̲T̲ herausfordern
sfi'dare F̲ Herausforderung f
sfidă'tor A̲D̲J̲ herausfordernd
sfi'i V̲R̲ **a se ~** sich scheuen
sfin'ţenie F̲ Heiligkeit f
sfin'ţi V̲T̲ weihen
sfin'ţit A̲D̲J̲ geweiht
sfinx M̲ Sphinx m
sfi'os A̲D̲J̲ scheu
'sfoară F̲ Bindfaden m, Schnur f; fig **a trage pe ~ pe cineva** j-n über den Tisch ziehen
sfo'rar M̲ Drahtzieher m
sforă'i V̲I̲ schnarchen
sforă'it N̲ Schnarchen n
sfor'ţare F̲ Anstrengung f; trudă Mühe f
sfrede'li V̲T̲ (durch)bohren
sfri'jit A̲D̲J̲ dürr
sfrun'tat A̲D̲J̲ frech
si M̲ MUS h; **si bemol** b; **~ major** H-Dur; **~ minor** h-Moll
si'aj N̲ Kielwasser n
sia'mez A̲ A̲D̲J̲ siamesisch B̲ M̲, **sia-meză** F̲ Siamese m, Siamesin
siberi'an A̲ A̲D̲J̲ sibirisch B̲ M̲, **sibe-ri'ană** F̲ Sibirier(in) m(f)
sibi'lic A̲D̲J̲ sibyllinisch; misterios rätselhaft
sic I̲N̲T̲ bäh
sicili'an A̲ A̲D̲J̲ sizilianisch B̲ M̲, **sici-li'ană** F̲ Sizilianer(in) m(f)
si'criu N̲ Sarg m
sic'tir I̲N̲T̲ umg **hai ~!** verschwinde!
sicti'rit A̲D̲J̲ umg sauer
'SIDA F̲ Aids m
si'def N̲ Perlmutt n
side'rat A̲D̲J̲ verdutzt
siderur'gie F̲ Stahlindustrie f
'sie P̲R̲O̲N̲ sich
si'estă F̲ Mittagsruhe f; Siesta f
'sieşi P̲R̲O̲N̲ sich selber/selbst
'sifilis N̲ MED Syphilis f
si'fon N̲ Sodawasser n
sigi'la V̲T̲ versiegeln
si'giliu N̲ Siegel n
'siglă F̲ Kürzel n
sigmo'id A̲D̲J̲ s-förmig
'sigur A̲D̲J̲ sicher
sigu'ranţă F̲ Sicherheit f; TECH Sicherung f; **centură** f **de ~** Sicherheitsgurt

m; **cu ~** sicherlich
si'hastru M̲ Einsiedler m
sihăs'trie F̲ Zurückgezogenheit f; fig Einsamkeit f
si'labă F̲ Silbe f
silabi'si V̲T̲ buchstabieren
'silă F̲ Widerwille m; **cu sila** zwangsweise
silenţi'os A̲D̲J̲ lautlos
silenţiozi'tate F̲ Lautlosigkeit f
si'li A̲ V̲T̲ zwingen B̲ V̲R̲ **a se ~** sich bemühen
sili'con N̲ Silikon n
si'linţă F̲ Bemühung f
sili'tor A̲D̲J̲ fleißig
'silnic A̲D̲J̲ muncă f **~ă** Zwangsarbeit f
silo'gism N̲ logischer Schluss m; PHIL Syllogismus m
si'loz N̲ Silo m od n
silu'etă F̲ Kontur f, Umrisse pl
silu'i V̲T̲ vergewaltigen
silu'ire F̲ Vergewaltigung f
'silvic A̲D̲J̲ Forst...
silvicul'tor M̲ Förster m
silvicul'tură F̲ Forstwirtschaft f
simandi'cos A̲D̲J̲ vornehm; lucruri edel
simbi'oză F̲ BIOL Symbiose f
sim'bol N̲ Symbol n
sim'bolic A̲D̲J̲ sinnbildlich; symbolisch
simboli'za V̲T̲ symbolisieren
si'metric A̲D̲J̲ symmetrisch
sime'trie F̲ Symmetrie f
sim'fonic A̲D̲J̲ sinfonisch
simfo'nie F̲ Sinfonie f
simi'gerie F̲ Feinbäckerei f
simi'lar A̲D̲J̲ gleichartig; asemănător ähnlich
similari'tate F̲ Gleichartigkeit f; asemănare Ähnlichkeit f
simili'tudine F̲ Zusammengehörigkeit f; asemănare Ähnlichkeit f
simpa'tetic A̲D̲J̲ geheimnisvoll
sim'patic A̲D̲J̲ sympathisch
simpa'tie F̲ Sympathie f
simpati'zant(ă) M̲F̲ Sympathisant(in) m(f)
simpati'zat A̲D̲J̲ beliebt
simplifi'ca V̲T̲ vereinfachen
sim'plism N̲ Einfachheit f; unilateralitate Einseitigkeit f
simpli'tate F̲ Einfachheit f; naivitate

Naivität f

'simplu A ADJ einfach B N SPORT Einzel n

simpozi'on N Symposium n; conferință Konferenz f

simp'tom N Symptom n

simpto'matic ADJ typisch; MED symptomatisch

simptomatolo'gie F MED Symptomatik f

simţ N Sinn m; Gefühl n; simţ al limbii Sprachgefühl n

sim'ţi VT fühlen

sim'ţire F fără ~ ohnmächtig

sim'ţit ADJ taktvoll

simţi'tor ADJ empfindlich; beträchtlich

simu'la VT simulieren

simu'lacru N Täuschung f

simu'lare F ~ de criză Stresstest m

simula'tor N Simulator m

simul'tan ADJ gleichzeitig

simultanei'tate F Gleichzeitigkeit f

sina'gogă F Synagoge f

si'napsă F BIOL Synapse f

'sincer ADJ aufrichtig

sinceri'tate F Aufrichtigkeit f

sinchi'si VR a nu se ~ de ceva sich nicht um etw scheren

sinco'pat ADJ LING, MUS synkopisch

sin'copă F LING, MED, MUS Synkope f

sin'cretic ADJ synkretistisch

sin'cronic ADJ synchron

sincro'nie F LING Synchronie f

sincroni'za VT synchronisieren

'sindic M Gewerkschaftsführer m

sindi'cal ADJ gewerkschaftlich

sindi'cat N Gewerkschaft f

sindro'fie F Familienfeier f

sin'drom N MED Syndrom n; ~ de deficienţă imunitară Immunschwächekrankheit f

'sine PRON sich

si'necdocă F LING Synekdoche f

sine'cură F mühelose Arbeit f

siner'gie F PSYCH Synergie f

sineste'zie F LING Synästhesie f

singu'lar N Singular m, Einzahl f

singulari'tate F Eigenheit f

'singur ADJ allein; selbst; einzige(r, s)

singu'ratic ADJ einsam

singură'tate F Einsamkeit f

sinis'trat A ADJ geschädigt B M, sinis'trată F Opfer n; JUR Geschädigte(r) m/f(m)

si'nistru ADJ unheimlich; düster

si'nod N REL Synode f

sinolo'gie F Sinologie f

sino'nim N Synonym n

si'nopsis N Übersicht f

si'noptic ADJ übersichtlich

sin'tactic ADJ LING syntaktisch

sintag'matic ADJ LING syntagmatisch

sin'tagmă F LING Syntamga n

sin'taxă F Syntax f

sin'tetic ADJ synthetisch

sinteti'za VT zusammenfassen; CHEM synthetisch herstellen

sinteza'tor A N J MUS Synthesizer m B ADJ zusammenfassend

sin'teză F Synthese f

sinu'cide VR a se ~ Selbstmord begehen

sinu'cidere F Selbstmord m

sinuci'gaş(ă) M|F Selbstmörder(in) m(f)

sinu'os ADJ 1 geschlängelt 2 fig unentschlossen

sinuozi'tate F Schlangenlinie f

'sinus N ANAT, MATH Sinus m

sinusoi'dal ADJ sinusförmig; Sinus...; curbă f ~ă Sinuskurve f

sinu'zită F Nebenhöhlenentzündung f

sio'nism N Zionismus m

si'renă F Sirene f

siri'an A ADJ syrisch B M, siri'ană F Syrer(in) m(f)

si'rop N Sirup m; ~ de tuse Hustensaft m

siro'pos ADJ 1 gust süßlich; consistenţă dickflüssig 2 fig pej schnulzig

sis'ta VT einstellen

sis'tem N System n; ~ de alarmă Alarmanlage f; AUTO ~ de navigaţie Navigationssystem n; IT ~ de operare Betriebssystem n; ~ imunitar Immunsystem n; ~ solar Sonnensystem n

siste'matic ADJ systematisch

sistemati'za VT systematisieren

'sistolă F MED Zusammenziehung f (des Herzmuskels), Systole f

'sită F Sieb n

'site N Internetseite f; Website f

situ'a VR a se ~ sich befinden

situ'at ADJ gelegen; bine ~ wohlha-

bend
situ'aţie F̅ Situation f, Lage f; Zustand m
'skateboard N̅ Skateboard n
slab ADJ schwach; mager; dünn
'slalom N̅ SPORT Slalom m; **~ uriaş** Riesenslalom m
'slană F̅ Speck m
slav A ADJ slawisch B M, **'slavă** F̅ Slawe m, Slawin f
'slavă F̅ Ruhm m
sla'vistică F̅ Slawistik f
sla'von ADJ slawonisch
slăbă'nog A ADJ schwächlich B M BOT Springkraut
slă'bi A V̅T schwächen; abnehmen B V̅I schwächer werden
slăbici'une F̅ Schwäche f
slă'nină F̅ Speck m
slă'vi V̅T rühmen, preisen
slă'vit ADJ verherrlicht; admirat bewundert
sle'i A V̅T fig erschöpfen B V̅R **a se ~** GASTR gerinnen
slin N̅ Schmutzschicht f
sli'nos ADJ schmutzig
slip F̅ **~ de baie** Badehose f
'slobod ADJ frei
slobo'zi V̅T freilassen
slo'gan N̅ Slogan m; POL Wahlspruch m; **~ publicitar** Werbeslogan m
sloi N̅ (Eis)Scholle f
slo'vac A ADJ slowakisch B M, **slo-'vacă** F̅ Slowake m, Slowakin f
Slo'vacia F̅ die Slowakei
'slovă F̅ umg scris Schrift f
slo'ven A ADJ slowenisch B M, **slo-'venă** F̅ Slowene m, Slowenin f
Slo'venia F̅ Slowenien n
slu'garnic ADJ unterwürfig
slu'gă F̅ Diener m
slugă'ri V̅I & V̅T A V̅I hart arbeiten; umg schuften; fig sich unterwerfen B V̅T bedienen
sluj N̅ INV **a face ~** câini Männchen machen; fig Angst machen
'slujbă F̅ Dienst m; Posten m; REL **~ (religioasă)** Gottesdienst m; **~ adiţională** Nebenjob m
slu'ji V̅I dienen
sluji'tor M, **slujito'are** F̅ Diener(in) m(f)

slut ADJ hässlich
slu'ţi V̅T verunstalten
smalt N̅ Email n
sma'rald N̅ Smaragd m
smălţu'i V̅T lasieren
smân'tână F̅ Sahne f, Schmand m, Rahm m
smârc N̅ Moor n; mlaştină Sumpf m
smead ADJ bräunlich
sme'renie F̅ Demut f
sme'rit ADJ demütig
smin'teală F̅ Verrücktheit f
smin'tit ADJ verrückt
smiorcă'i A V̅I schluchzen B V̅R **a se ~** weinen; scânci wimmern
'smirnă F̅ Myrrhe f
'smoală F̅ Teer m
smoc N̅ **~ (de pene)** Büschel n
smo'chină F̅ Feige f
'smoching N̅ Smoking m
smog N̅ Smog m
smo'li V̅T teeren
smoto'ci V̅T verhauen; umg verkloppen
SMS N̅ SMS f; **a trimite cuiva un ~** j-m eine SMS schicken
smu'ci V̅T zerren; abreißen, wegreißen
smuci'tură F̅ Ruck m
'smulge V̅T herausreißen, entreißen
SNCF'R ABK (= Societatea Naţională a Căilor Ferate Române) rumänische Eisenbahngesellschaft
'snoavă F̅ Schwank m
snob A ADJ pej snobistisch; îngâmfat überheblich B M, **'snoabă** F̅ pej Snob m
sno'bism N̅ pej Snobismus m; aroganţă Überheblichkeit
snop M Bündel n
sno'pi V̅T (ver)prügeln
'soacră F̅ Schwiegermutter f
'soare M Sonne f; **a sta la ~** sich sonnen
'soartă F̅ Schicksal n
'sobă F̅ Ofen m
so'bor N̅ REL Synode f
sobrie'tate F̅ Enthaltsamkeit f
'sobru ADJ nüchtern
soc M Holunder m
soci'abil ADJ gesellig
soci'al ADJ sozial, gesellschaftlich
soci'al-demo'crat ADJ sozialdemo-

kratisch

socia'lism N̄ Sozialismus m

socia'list A ADJ sozialistisch B M̄,
socia'listă F Sozialist(in) m(f)

sociali'za A V̄T̄ sozialisieren; WIRTSCH
verstaatlichen B V̄R̄ **a se ~** sich sozialisieren

sociali'zare F Sozialisierung f

socie'tate F Gesellschaft f; **~ comercială** Handelsgesellschaft f; **~ cu responsabilitate limitată** Gesellschaft mit beschränkter Haftung; **~ de asigurări** Versicherungsgesellschaft f; **~ în comandită** Kommanditgesellschaft f; **~ pe acțiuni** Aktiengesellschaft f

sociolo'gie F Soziologie f

'soclu N̄ Sockel m

soco'teală F Rechnung f; Rechenschaft f

soco'ti V̄T̄ berechnen, (aus)rechnen; vorhaben

soco'tit ADJ bedächtig

'socri MPL Schwiegereltern pl

'socru M̄ Schwiegervater m

'sodă F CHEM Soda f/n

'sodiu N̄ Natrium n

sodo'mie F Sodomie f

sodomi'za V̄T̄ Sodomie praktizieren

so'fa F Sofa n

so'fism N̄ Trugschluss m; greșeală Irrtum m

so'fist(ă) MF Sophist(in) m(f); pej Haarspalter(in) m(f)

sofisti'cat ADJ anspruchsvoll

'software N̄ IT Software f; **~ rău intenționat** Schadsoftware f

soi N̄ Gattung f; Art f, Sorte f; **soi de vin** Weinsorte f; **tot ~ul** allerlei

'soia F Soja(bohne) f

so'ios ADJ schmierig

sol¹ M̄ MUS g; **~ major** G-Dur; **~ minor** g-Moll

sol² N̄ Boden m, Erde f; SPORT Bodenturnen n

so'lar A ADJ Sonnen... B N̄ Treibhaus n

so'lariu N̄ Solarium n

'solă F Seezunge f

sold N̄ FIN Saldo m; **~ creditor** Guthaben n

sol'dat M̄ Soldat m

'soldă F Sold m

'solduri NPL Schlussverkauf m

'solemn ADJ feierlich

solemni'tate F Feierlichkeit f

sol'fegiu N̄ Solfeggio n

solici'ta V̄T̄ **a ~ ceva** um etw bitten; etw beantragen; **a ~ pe cineva** j-n um etw bitten

solici'tant(ă) MF Bittsteller(in) m(f)

solici'tare F Bewerbung f; Beanspruchung f; **~ de plată** Zahlungsaufforderung f

solici'tudine F Fürsorge f

so'lid ADJ fest; stark; dauerhaft

soli'dar ADJ solidarisch

solidari'tate F Solidarität f

solidari'za V̄R̄ **a se ~** sich solidarisieren; a se asocia sich zusammenschließen

solidifi'ca A V̄R̄ **a se ~** sich verfestigen; hart werden B V̄T̄ verfestigen

solidi'tate F ❶ Festigkeit f ❷ fig Zuverlässigkeit f

so'lie F Botschaft f; fig Zweck m

so'list(ă) MF Solist(in) m(f)

soli'tar ADJ einsam

soli'tudine F Einsamkeit f

'solniță F Salzstreuer m

'solo A N̄ MUS Solo n B ADJ INV einzeln

sol'stițiu N̄ Sonnenwende f

so'lubil ADJ löslich

so'luție F a. fig Lösung f; **~ pentru curățarea petelor** Fleckentferner m; **~ pentru lentile de contact** Kontaktlinsenmittel n; fig **~ provizorie** Notlösung f

soluțio'na V̄T̄ lösen

sol'vabil ADJ zahlungsfähig

solvabili'tate F Zahlungsfähigkeit f

sol'vent M̄ Lösungsmittel n

solz M̄ ZOOL Schuppe f

so'ma V̄T̄ auffordern; mahnen

soma'lez A ADJ somalisch B M̄, **soma'leză** F Somalier(in) m(f)

so'matic ADJ körperlich; Körper...; **celulă f ~ă** Körperzelle f

so'mație F **~ (de plată)** Mahnung f

som'brero N̄ Sombrero m

somi'eră F Lattenrost m

somi'tate F Berühmtheit f

somn A N̄ Schlaf m; **~ de după-amia-**

ză Mittagsschlaf m; **mi-e ~** ich bin schläfrig B M ZOOL Wels m

somnam'bul(ă) MF Schlafwandler(in) m(f)

somni'fer N Schlafmittel n

somno'lenţă F Schläfrigkeit f

somno'ros ADJ schläfrig

so'mon M ZOOL Lachs m; GASTR **~ afumat** Räucherlachs m

somptu'os ADJ prunkvoll

so'nar N TECH Sonar n

so'nată F MUS Sonate f

son'da VT bohren; erkunden

son'daj N Bohren n; Stichprobe f; **~ de opinie** Meinungsumfrage f

son'dare F **~ a opiniei publice** Meinungsforschung f

'**sondă** F Sonde f; Bohrturm m; MED **~ gastrică** Magensonde f

sone'rie F Klingel f

so'net N Sonett n

so'nor ADJ klangvoll; GRAM stimmhaft

sonori'tate F Wohlklang m

sonori'zare F Klangfülle f; GRAM Stimmhaftigkeit f

so'pran(ă) MF Sopranist(in) m(f)

'**soră** F Schwester f; **~ medicală** Krankenschwester f; **~ vitregă** Stiefschwester f

sorb N apă Wasserstrudel m; vânt Wirbelwind m; TECH Saugkorb m

sor'bi VT schlürfen

sor'did ADJ **1** schmutzig **2** fig hochinteressant

sor'ginte F Herkunft f; de apă Quelle f

so'roc N Frist f; termen Termin m

sor'ta VT sortieren

sor'tare F **~ a deşeurilor** Mülltrennung f

sorti'ment N Auswahl f

sor'tit ADJ vorbestimmt

'**sorţi** PL Los n; **a trage la ~** losen

sos N GASTR Soße f; **sos chilli** Chilisoße f; **sos de friptură** Bratensoße f; **sos de soia** Sojasoße f

so'si VI ankommen

so'sie F Doppelgänger m

so'sire F Ankunft f; SPORT Ziel n

so'sit N **bun ~** willkommen

so'te GASTR gedünstet

soţ M (Ehe)Mann m; **cu ~** gerade; **fără ~** ungerade

'**soţi** MPL Ehepaar n

so'ţie F (Ehe)Frau f

sovi'et N Sowjet m

sovi'etic ADJ sowjetisch

spa'sin M Fechter m; duelgiu Duellant m

'**spadă** F Degen m, Schwert n

spa'ghete FPL Spaghetti pl

'**spaimă** F Schreck(en) m

spali'er N **1** Pflanzengitter n **2** alee Durchgang m **3** SPORT Sprossenwand f

spa'nac N Spinat m

'**Spania** F Spanien n

spani'ol A ADJ spanisch B M, **spa'niolă** F Spanier(in) m(f)

spanio'loaică F umg Spanierin f

spa'ranghel M GASTR Spargel m

'**sparge** A VT zerbrechen, einbrechen, aufbrechen, durchbrechen; zerschlagen; spalten B VR **a se ~** (zer)brechen

'**spargere** F Einbruch m; **~ la bancă** Banküberfall m

spart ADJ zerbrochen; lemn gehackt; pământ löchrig; ziduri eingerissen

spar'tan A ADJ spartanisch B M, **spar'tană** F Spartaner(in) m(f)

spasm N Krampf m

spas'modic ADJ krampfhaft; MED spasmisch

'**spate** M Rücken m; Rückseite f; **din ~** Hinter...; **în (la) ~** hinten; **în ~le** hinter

spa'tulă F Spachtel m

spă'la VT (ab)waschen; dinţi putzen

spă'lare F Waschung f; MED Ausspülung f; fig **~ a creierului** Gehirnwäsche f; fig **~ de bani** Geldwäsche f

spă'lat N Waschen n; Wäsche f; **~ de vase** Abwasch m

spălăci VR **a se ~** verblassen

spălă'cit ADJ verwaschen

spălăto'rie F Wäscherei f; **~ cu autoservire** Waschsalon m

spărgă'tor M, **spărgă'toare** F Einbrecher(in) m(f); **~ n de gheaţă** Eisbre-

cher *m*; ~ **de grevă** Streikbrecher *m*
spăr'tură F̲ Bruch *m*; Riss *m*
spă'tar N̲ (Rücken)Lehne *f*
spân A̲D̲J̲ bartlos
spânzu'ra A̲ V̲T̲ (er)hängen; *a stran-gula* strangulieren B̲ V̲R̲ **a se** ~ sich (er)hängen; *a se strangula* sich strangulieren
spânzu'rare F̲ Erhängen *n*
spânzu'rat A̲D̲J̲ erhängt
spânzură'toare F̲ Galgen *m*
speci'al A̲D̲J̲ speziell, besondere(r, s); **în** ~ insbesondere
specia'list(ă) M̲F̲ Spezialist(in) *m(f)*, Fachmann *m*, Fachfrau *f*; ~(ă) **în IT** Computerspezialist(in) *m(f)*; ~(ă) **în științele naturii** Naturwissenschaft-ler(in) *m(f)*
speciali'tate F̲ Fach *n*
speciali'zare F̲ Fachausbildung *f*
'specie F̲ Art *f*, Gattung *f*
spe'cific A̲D̲J̲ spezifisch
specifi'ca V̲T̲ konkretisieren
specifi'cație F̲ Bestimmung *f*; *clasifi-care* Einteilung *f*
specifici'tate F̲ Eigenschaft *f*
speci'men N̲ Exemplar *n*
speci'os A̲D̲J̲ trügerisch
spec'tacol N̲ Aufführung *f*, Vorfüh-rung *f*; ~ **de casting** Castingshow *f*; ~ **de laser** Lasershow *f*; ~ **de seară** Spät-vorstellung *f*
spectacu'los A̲D̲J̲ eindrucksvoll; aufse-henerregend
specta'tor M̲, specta'toare F̲ Zu-schauer(in) *m(f)*
spec'tral A̲D̲J̲ spektral; Spektral...; **ana-liză** *f* ~ă Spektralanalyse *f*
'spectru N̲ [1] Spektrum *n* [2] *fig* Gefahr *f*
specu'la V̲I̲ spekulieren
specu'lant M̲F̲ Spekulant(in) *m(f)*
specula'tiv A̲D̲J̲ spekulativ; *teoretic* theoretisch
specu'lație F̲ Spekulation *f*
'speculă F̲ Spekulation *f*
spe'luncă F̲ *pej* Spelunke *f*
speo'log(ă) M̲F̲ Höhlenforscher(in) *m(f)*
speolo'gie F̲ Höhlenforschung *f*
spe'ra V̲T̲ & V̲I̲ hoffen (**ceva auf** etw)
spe'ranță F̲ Hoffnung *f*; ~ **de viață** Lebenserwartung *f*

speri'a V̲T̲ & V̲R̲ **a (se)** ~ erschrecken
sperie'toare F̲ Vogelscheuche *f*
sperie'tură F̲ Schreck *m*
speri'os A̲D̲J̲ ängstlich
sper'jur N̲ Meineid *m*
spermatozo'id M̲ Spermium *n*
'spermă F̲ Sperma *n*
spermi'cid N̲ Verhütungsmittel *n*; MED Spermizid *n*
spe'tează F̲ (Stuhl)Lehne *f*
spe'ti V̲R̲ **a se** ~ sich abrackern
'speță F̲ [1] Art *f* [2] JUR Fall *m*
spic N̲ Ähre *f*
spicu'i V̲T̲ ernten; *fig* zusammentragen
spin M̲ Dorn *m*
spi'nal A̲D̲J̲ ANAT spinal; Spinal...; **gan-glion** *m* ~ Spinalganglion *n*
spi'nare F̲ Rücken *m*
spi'nos A̲D̲J̲ dornig; *fig* heikel
spinte'ca A̲ V̲T̲ aufschlitzen; *injunghia* erstechen B̲ V̲R̲ **a se** ~ sich erstechen
spi'on M̲, spi'oană F̲ Spion(in) *m(f)*
spio'na V̲T̲ spionieren
spio'naj N̲ Spionage *f*
spira'lat A̲D̲J̲ spiralförmig
spi'rală F̲ Spirale *f*
'spiră F̲ Windung *f*
spiri'duș M̲ [1] Kobold *m* [2] *fig umg* Zappelphilipp *m*
'spirit N̲ Geist *m*; Sinn *m*; ~ **de echipă** Teamgeist *m*
spiri'tism N̲ Spiritismus *m*
spiritu'al A̲D̲J̲ geistig; geistreich
spiro'metru N̲ MED Spirometer *n*
spirt N̲ Spiritus *m*; ~ **denaturat** Brenn-spiritus *m*
spir'tos A̲D̲J̲ alkoholisch
spi'tal N̲ Krankenhaus *n*
spitali'za V̲T̲ einliefern; einweisen
spitali'zare F̲ Einlieferung *f*; Einwei-sung *f*
'spiță F̲ Speiche *f*
splai N̲ Flussdamm *m*
'splendid A̲D̲J̲ herrlich, prächtig
splen'doare F̲ Pracht *f*
splenecto'mie F̲ MED Splenektomie *f*
'splină F̲ Milz *f*
spo'i A̲ V̲T̲ [1] übertünchen [2] *metal protector* verzinnen [3] *pej* schminken B̲ V̲R̲ [1] **a se** ~ *fig* sich kultivieren [2] *pej* sich schminken

spo'ială E̅ Tünche f
spoli'a V̅T̅ berauben
spoli'ere E̅ Raub m
spondi'loză E̅ MED Spondylose f
spongi'os A̅D̅J̅ schwammig
spon'tan A̅D̅J̅ spontan; *neplanificat* ungeplant
spontanei'tate E̅ Spontaneität f
'sponzor M̅ Sponsor m
sponsori'za V̅T̅ sponsern
spor N̅ Zuwachs m, Zunahme f; Erfolg m
spo'radic A̅D̅J̅ vereinzelt
spo'ri A̅ V̅T̅ steigern B̅ V̅i̅ wachsen, steigen, zunehmen
spo'rire E̅ Zunahme f, Erhöhung f
spo'rit A̅D̅J̅ gesteigert
'spornic A̅D̅J̅ ergiebig
sporovă'i V̅i̅ plaudern; *umg* quatschen
sporovă'ială E̅ Plauderei f; *umg* Schwatz m
sport N̅ Sport m; ~ de iarnă Wintersport m; ~ nautic Wassersport m
spor'tiv A̅ A̅D̅J̅ sportlich B̅ M̅, spor'tivă E̅ Sportler(in) m(f)
sportivi'tate E̅ Sportlichkeit f; *fairplay* Fairness f
spot N̅ TV ~ publicitar Werbespot m
spove'danie E̅ Beichte f
spove'di A̅ se ~ beichten
spray N̅ Spray n; ~ de păr Haarspray n; ~ nazal Nasenspray n
sprân'ceană E̅ Augenbraue f
sprânce'nat A̅D̅J̅ mit buschigen Augenbrauen
spre P̅R̅Ă̅P̅ gegen; zu; nach
'sprijin N̅ Stütze f; Unterstützung f
spriji'ni V̅T̅ (unter)stützen
sprint N̅ Sprint m; SPORT Kurzstreckenlauf m; ~ final Endspurt m
sprin'ta V̅i̅ sprinten
'sprinten A̅D̅J̅ flink
sprin'ţar A̅D̅J̅ ➊ lebhaft; *sprinten* flink ➋ *fig* unbeständig
spulbe'ra A̅ V̅T̅ zerstören B̅ V̅R̅ a se ~ sich zerstreuen
spu'mant A̅ A̅D̅J̅ schaumig; *vin* n ~ Sekt m B̅ M̅ ~ de baie f Duschgel n
'spumă E̅ Schaum m; ~ de ras Rasierschaum m; ~ fixativă Schaumfestiger m; spuma mării Gischt f; ~ poliuretanică Schaumstoff m

spume'ga V̅i̅ schäumen; *fig* a ~ de furie vor Wut schäumen
spumi'eră E̅ Schaumlöffel m
spu'mos A̅D̅J̅ ➊ schaumig; Schaum...; vin n ~ Schaumwein m ➋ *fig* leidenschaftlich
'spune V̅T̅ sagen; nennen
spur'ca A̅ V̅T̅ ➊ beschmutzen; *alimente* verunreinigen ➋ *fig* schänden B̅ V̅R̅ a se ~ sich beschmutzen; REL sündigen; *excremente* ausscheiden
spur'cat A̅D̅J̅ beschmutzt; *fig* vulgär; *alimente* verunreinigt
'spută E̅ Auswurf m
SRL N̅ A̅B̅K̅ (= societate cu responsabilitate limitată) GmbH f (Gesellschaft mit beschränkter Haftung)
sta V̅i̅ sitzen; stehen; liegen; wohnen; (stehen) bleiben; halten; warten; a ~ jos sitzen; a ~ de vorbă sich unterhalten
sta'bil A̅D̅J̅ fest
stabi'li A̅ V̅T̅ festsetzen, festlegen; beschließen B̅ V̅R̅ a se ~ sich niederlassen
stabili'tate E̅ Stabilität f
stabili'zare E̅ Stabilisierung f
stabiliza'tor A̅ N̅ TECH Stabilisator m; FLUG Höhenflosse f B̅ A̅D̅J̅ stabilisierend
sta'bor N̅ Gericht der Sinti und Roma
sta'cană E̅ (Ton)Krug m
sta'chetă E̅ SPORT Latte f
staco'jiu A̅D̅J̅ scharlachrot
stadi'on N̅ Stadion n; ~ olimpic Olympiastadion n
'stadiu N̅ Stadium n; Zustand m
sta'fidă E̅ Rosine f
stafi'di V̅R̅ a se ~ schrumpfen; *piele* sich runzeln
sta'fie E̅ Gespenst n
'stagi'ar(ă) M̅(F̅) Praktikant(in) m(f); Referendar(in) m(f)
stagia'tură E̅ Praktikum n; MIL Wehrdienst m
'stagiu N̅ Praktikum n; Referendariat m
stagi'une E̅ Spielzeit f
stag'na V̅i̅ stocken
stag'nare E̅ Stillstand m
stal N̅ THEAT Parkett n
stalac'tită E̅ GEOL Stalaktit m
stalag'mită E̅ GEOL Stalagmit m

'stambă F 🔟 Kattun m 🔟 *umg* a se da în ~ sich lächerlich machen

sta'mină F BOT Staubblatt n

'stampă F Kupferstich m

stand N Stand m; ~ expoziţional Messestand m

'standard N Standard m

standardi'za VIT standardisieren; *unifica* vereinheitlichen

stani'ol N Alufolie f

'staniu N Zink n

star N 🔟 FILM Star m; ~ de cinema Filmstar m 🔟 SCHIFF Starboot n

sta're F Zustand m; Lage f; Stimmung f; ~ civilă Familienstand m; ~ excepţională (*od de criză*) Notstand m; MED, PFLEGE ~ generală Allgemeinzustand m; cu ~ wohlhabend; a fi în ~ imstande sein

'stareţ M Abt m

star'letă F *pej* Starlet n

'staroste M Zunftmeister m

start N Start m; ~ ratat Fehlstart m; a lua ~ul starten

'starter N ELEK Starter m

stas N ABK (= standard de stat) Standard m *des rumänischen Staates*

stat¹ N Staat m; ~ de drept constituţional Rechtsstaat m; ~ membru Mitgliedsland n; Statele *pl* Unite ale Americii die Vereinigten Staaten von Amerika

stat² N ~ în cap Kopfstand m

sta'tal ADJ staatlich

'static ADJ statisch

sta'tistică F Statistik f

sta'tiv N Ständer m; FOTO Stativ n

sta'tornic ADJ beständig

statorni'cie F Beständigkeit f

statu'a VIT festlegen; *decide* beschließen

statu'etă F Statuette f

sta'tuie F Statue f

sta'tură F Gestalt f

sta'tut N Statut n

statu'tar ADJ satzungsgemäß

'staţie F Haltestelle f; Station f; ~ de alimentare (*od benzină*) Tankstelle f; ~ de autobuz Bushaltestelle f; IT ~ de lucru Workstation f; ~ de metrou U-Bahn-Haltestelle f; ~ de tramvai Straßenbahnhaltestelle f

staţio'na VII stehen bleiben, halten

staţio'nar ADJ stillstehend; *constant* konstant

staţio'nare F ~a interzisă Halteverbot n

staţi'une F Station f; Kurort m; ~ balneară Badeort m; ~ climaterică Luftkurort m

'staul N Stall m

'stavilă F TECH Schütz n; *fig* Hindernis n

'stază F Stauung f; MED Stase f

stă'pân(ă) MF Besitzer(in) m(f); ~(ă) al casei Hausherr(in) m(f)

stăpâ'ni VIT & VIR a (se) ~ (sich) beherrschen

stăpâ'nire F Herrschaft f; ~ de sine Selbstbeherrschung f

stăru'i VII darauf beharren

stăru'inţă F Beharrlichkeit f

stărui'tor ADJ beharrlich

stătă'tor ADJ 🔟 (still)stehend 🔟 de sine ~ unabhängig

stă'tut ADJ abgestanden; dumpf

stăvi'lar N (Stau)Damm m

stăvi'li VIT eindämmen

stâl'ci VIT 🔟 (zer)quetschen 🔟 *fig* merkwürdig reden

stâlp M Pfahl m; Mast m; ELEK ~ de înaltă tensiune Hochspannungsmast m; ~ de poartă Torpfosten m

'stână F Almhütte f

'stâncă F Felsen m; ~ (în mare) Klippe f

stân'cos ADJ felsig

stâng ADJ linke(r, s)

'stânga F linke Hand f; POL Linke f; la ~ (nach) links

stân'gaci 🔟 ADJ unbehalfen 🔟 M, stân'gace F Linkshänder(in) m(f)

stângă'cie F Unbeholfenheit f

'stânjen M Klafter m/n

stânje'nel M BOT Schwertlilie f

stânje'ni VIT stören; verhindern

stânje'nit ADJ verlegen

stânjeni'tor ADJ hinderlich

stârc M Reiher m

stâr'ci 🔟 VIT zerdrücken 🔟 VIR a se ~ sich kauern

stâr'ni VIT hervorrufen

stâr'pi VIT ausrotten

stâr'pire F Ausrottung f

S

stârv N̄ Aas n

stea Ē Stern m; ~ **polară** Polarstern m

steag N̄ Fahne f, Flagge f

ste'gar M̄ Fahnenträger m

ste'jar M̄ Eiche f

'stelă Ē Grabsäule f

'stemă Ē Wappen n

steno'gramă Ē Stenogramm n

ste'noză Ē Verengung f; MED Stenose f

step N̄ Stepp(tanz) m

'stepă Ē Steppe f

ster M̄ Ster m

stereo'tip N̄ TYPO Druckplatte f

stereoti'pie Ē 🔢 TYPO Druckplattenherstellung f 🔢 MED Stereotypie f

ste'ril ADJ unfruchtbar

steri'let N̄ (Hormon)Spirale f

sterili'tate Ē Unfruchtbarkeit f; fig Unfähigkeit f

sterili'za V̄T sterilisieren

steriliza'tor N̄ Sterilisator m

ster'linǎ ADJ Sterling m

stern N̄ Brustbein n

sterp ADJ 🔢 unfruchtbar 🔢 fig trostlos

steto'scop N̄ Höhrrohr n; MED Stethoskop n

stewar'desă Ē Stewardess f, Flugbegleiterin f

'stick N̄ ~ USB USB-Stick m

sticks N̄ Salzstange n

'sticlă Ē Glas n; Flasche f; ~ **de lapte** Milchflasche f; ~ **nerecuperabilă** Einwegflasche f; ~ **returnabilă** Mehrwegflasche f

sticlă'rie Ē 🔢 Glaswaren fpl 🔢 fabrică Glasfabrik f; atelier Glaserei f

sti'clete M̄ Stieglitz m; umg Polizist m

'sti'cli V̄I glänzen; ochi funkeln

sti'clos ADJ glänzend; ochi funkelnd

sti'cluță Ē Fläschchen n

stig'mat N̄ 🔢 Brandmal n 🔢 BOT Narbe f

stigmati'za V̄T brandmarken

stih N̄ Vers m

stil N̄ Stil m; ~ **de viață** Lebensstil m

sti'lat ADJ wohlerzogen

sti'let N̄ Stilett n; pumnal Dolch m

sti'listic ADJ stilistisch

stilistici'an(ă) M̄F Stilist(in) m(f)

stili'za V̄T stilisieren

sti'lou N̄ Füller m

sti'ma V̄T verehren, achten

sti'mat ADJ verehrt, geehrt

'stimă Ē (Hoch)Achtung f; **cu** ~ hochachtungsvoll

'stimul M̄ Anreiz m

stimu'la V̄T anregen, anspornen; fördern

stimu'lant ADJ anregend

stimula'tor N̄ ~ **cardiac** Herzschrittmacher m

stimu'lent N̄ Ansporn m

stin'dard N̄ 🔢 Banner n 🔢 fig Feldlager n

stingă'tor N̄ Feuerlöscher m

'stinge 🅰 V̄T (aus)löschen; ELEK ausmachen 🅱 V̄R **a se** ~ ausgehen

'stingere Ē 🔢 (Aus)Löschung f 🔢 MIL Zapfenstreich m 🔢 moarte Tod m

'stingher ADJ einsam, vereinzelt

stinghe'ri V̄T stören; hemmen

stinghe'rit ADJ gehemmt

'stinghie Ē Leiste f

stins ADJ (aus)gelöscht; culoare blass

stipu'la V̄T festlegen

'stirpe Ē Anverwandte fpl

'stivă Ē Stapel m

stivu'i V̄T stapeln

stivui'tor M̄, stivui'toare Ē Gabelstaplerfahrer(in) m(f)

'stoarce V̄T auspressen; auswringen; fig erschöpfen

stoc N̄ Vorrat m

sto'ca V̄T lagern; IT (ab)speichern

sto'care Ē Lagerung f; IT (Ab)Speicherung f

'stofă Ē Stoff m; Begabung f

stog N̄ Schober m

stoi'cism N̄ Stoizismus m; calm Gleichmut m

stol N̄ Schwarm m, Schar f

sto'mac N̄ Magen m

stoma'tită Ē MED Stomatitis f

stomato'log(ă) M̄F Zahnarzt m, Zahnärztin f

stomatolo'gie Ē MED Stomatologie f

stop 🅰 N̄ (Verkehrs)Ampel f; Bremslicht n 🅱 INT halt; stopp

sto'pa V̄T stoppen

'stoper M̄ fotbal Vorstopper m

stor N̄ Vorhang m

storcă'tor N̄ (Wäsche)Schleuder f; ~ **de fructe** Saftpresse f; ~ **de lămâi** Zit

ronenpresse f
stor'ci $\overline{VT}$ auspressen
storco'şi $\overline{VT}$ auspressen
'**storno** $\overline{N}$ WIRTSCH Storno m/n
stors $\overline{ADJ}$ **1** ausgepresst **2** fig ausge-
laugt
stos $\overline{N}$ Name eines Kartenspiels
stra'bism $\overline{N}$ Schielen n; MED Strabis-
mus m
'**strachină** $\overline{F}$ Schüssel f (aus Ton/Kera-
mik)
'**stradă** $\overline{F}$ Straße f; ~ **cu sens unic** Einbahnstraße f; ~ **laterală** Seitenstraße f;
~ **principală** Hauptstraße f
strai $\overline{N}$ Kleidung f; umg Anziehsachen
pl
'**strajă** $\overline{F}$ Wache f
'**strană** $\overline{F}$ Chorgestühl n
strangu'la $\overline{VT}$ erwürgen
strangu'lare $\overline{F}$ **1** Strangulierung f **2**
MED Darmabschnürung f
'**straniu** $\overline{ADJ}$ seltsam, sonderbar
stras $\overline{N}$ Strass m
'**straşnic** $\overline{ADJ}$ streng; hart; umg tüchtig;
toll
strat $\overline{N}$ Schicht f; Beet n; ~ **de ozon**
Ozonschicht f
strata'gemă $\overline{F}$ Kriegslist f; Schachzug
m
stra'teg $\overline{M}$ Stratege m
stra'tegic $\overline{ADJ}$ strategisch
strate'gie $\overline{F}$ Strategie f
stratifi'ca $\overline{VT}$ schichten; depozita
ablagern **B** $\overline{VR}$ **a se** ~ sich schichten;
a se sedimenta sich ablagern
strato'sferă $\overline{F}$ METEO Stratosphäre f
stră'bate $\overline{VT}$ durchqueren; durchdringen; zurücklegen
stră'bun(ă) $\overline{M/F}$ Vorfahr(in) m(f)
străbu'nic(ă) $\overline{M/F}$ Urgroßvater m, Urgroßmutter f
străbu'nici $\overline{MPL}$ Urgroßeltern pl
stră'danie $\overline{F}$ Bemühung f
strădu'i $\overline{VR}$ **a se** ~ sich bemühen
strădu'inţă $\overline{F}$ Bemühung f
stră'fulge'ra $\overline{VT \& VI}$ **A** $\overline{VT}$ **1** verletzen
2 fig durchdringen **B** $\overline{VI}$ blitzen; fig
aufblitzen
stră'fund $\overline{N}$ Tiefe f
stră'in **A** $\overline{ADJ}$ fremd; ausländisch **B**
$\overline{M}$, **stră'ină** Fremde(r) m/f(m); Aus-
länder(in) m(f)

stră'ină'tate $\overline{F}$ Ausland n
stră'jer $\overline{M}$ Wächter m
stră'ju'i $\overline{VT \& VI}$ **A** $\overline{VT}$ bewachen **B** $\overline{VI}$
Wache f halten
stră'lu'ci $\overline{VI}$ glänzen; leuchten; scheinen
stră'lu'cire $\overline{F}$ Glanz m
stră'luci'tor $\overline{ADJ}$ glänzend
stră'moş $\overline{M}$, **stră'moaşă** $\overline{F}$ Vor-
fahr(in) m(f)
stră'mu'ta $\overline{VT}$ versetzen
stră'ne'pot $\overline{M}$, **stră'ne'poată** $\overline{F}$ Ur-
enkel(in) m(f)
stră'nut $\overline{N}$ Niesen n
stră'nu'ta $\overline{VI}$ niesen
stră'punge $\overline{VT}$ durchbohren, durchbrechen
stră'ro'mână $\overline{F}$ Urrumänische n
stră'şni'cie $\overline{F}$ **1** severitate Strenge f **2**
forţă Stärke f **3** grozăvie Abscheulich-
keit f
stră'vechi $\overline{ADJ}$ uralt
stră've'ziu $\overline{ADJ}$ durchsichtig
strâmb $\overline{ADJ}$ krumm; schief
strâm'ba **A** $\overline{VT}$ (ver)biegen; verziehen
B $\overline{VR}$ **a se** ~ Grimassen schneiden
strâmbă'tură $\overline{F}$ Grimasse f
strâmt $\overline{ADJ}$ eng, knapp; schmal
strâm'ta $\overline{VT}$ enger machen
strâm'toare $\overline{F}$ Engpass m; Meerenge
f; fig Klemme f
strâmto'ra $\overline{VT}$ einengen; bedrängen
strâmto'rat $\overline{ADJ}$ **a fi** ~ knapp bei Kasse sein
strângă'tor $\overline{ADJ}$ sparsam
'**strânge** **A** $\overline{VT}$ sammeln; zuziehen,
festziehen; drücken; zusammenlegen;
aufräumen; masă abräumen **B** $\overline{VR}$ **a
se** ~ sich versammeln; sich zusammenziehen
'**strângere** $\overline{F}$ **1** Sammlung f; adunare
Versammlung f **2** contractare Zusammenziehen **3** AGR Ernte f
strâns $\overline{ADJ}$ eng; fest
'**streaşină¹** $\overline{F}$ Dachrinne f
'**streaşină²** $\overline{F}$ **1** Vordach n **2** jgheab
Regenrinne f
strecu'ra **A** $\overline{VT}$ abseihen, filtern **B**
$\overline{VR}$ **a se** ~ sich einschleichen; durchsi-
ckern
strecură'toare $\overline{F}$ Sieb n; ~ **de ceai**
Teesieb m

S

strepe'zi V̄R *dinţi* a se ~ stumpf werden

strepto'coc M Streptokokke f

stres N Stress m

stre'sa V̄T stressen

stre'sant ADJ stressig

stri'a V̄T riefeln; *zgâria* einritzen

stri'at ADJ geriefelt; *zgâriat* gekratzt

stri'aţie F Rille f; *dungă* Streifen m

stri'ca A V̄T verderben; kaputt machen; beschädigen; schaden B V̄R a se ~ verderben; kaputtgehen; schlecht werden

stri'cat ADJ verdorben; kaputt

stricăci'une F Schaden m

strict ADJ streng

stric'teţe F Strenge f

stri'dent ADJ schrill; grell

'stridie F Auster f

stri'ga V̄T & V̄I rufen, schreien

'strigăt N Ruf m, Schrei m

stri'goi M Gespenst n

strin'gent ADJ dringend

stri'vi V̄T zerdrücken, zertreten, zerquetschen

strivi'tor ADJ 1 erdrückend 2 *fig* überwältigend

'strofă F Strophe f

strop M Tropfen m; ~ de ploaie Regentropfen m

stro'pi V̄T (be)spritzen; gießen

stropi'toare F Gießkanne f

structu'ra V̄T strukturieren; *divide* gliedern

structu'ral ADJ strukturell; Struktur...; **formulă f structurală** Strukturformel f

structura'lism N Strukturalismus m

structu'rat ADJ strukturiert

struc'tură F Struktur f; Aufbau m

'strugure M Traube f

strugu'rel M Träubchen n

'strună F Sehne f; MUS Saite f

strung N Drehbank f

strun'gar M Dreher m

stru'ni V̄T 1 zügeln 2 *tensiona* spannen

strun'ji V̄T drechseln

struţ M ZOOL Strauß m

stuc N Stuck m

stuca'tură F Stuckarbeit f

stu'dent(ă) M̄F̄ Student(in) m(f)

studen'ţesc ADJ studentisch, Studenten...

studi'a V̄T studieren; (er)forschen

studi'o N 1 Studio n; Atelier n; ~ (de film) Filmstudio n 2 *divan* Couch f

studi'os ADJ fleißig

'studiu N Studium n; Studie f; ~ la fără frecvenţă Fernstudium n

stuf N Schilf n

stufă'riş N Schilfdickicht n

stu'fiş N Gebüsch n

stu'fos ADJ buschig

stup N ~ (de albine) Bienenstock m

stu'par M Imker m

stupe'facţie F Bestürzung f

stupefi'a V̄T bestürzen; *uimi* erstaunen

stupefi'ant N Rauschgift n

stu'pid ADJ dumm

stupidi'tate F Dummheit f

stu'pină F Bienenzucht f

stu'poare F Bestürzung f

'SUA ĀBK (= Statele Unite ale Americii) USA (Vereinigten Staaten von Amerika)

su'av ADJ sanft; *delicat* zart

suavi'tate F Sanftheit f; *delicateţe* Zartheit f

sub P̄R̄Ā̄P̄ unter

subac'vatic ADJ Unterwasser...; **vehicul** n ~ Unterwasserfahrzeug n

subalimen'tat ADJ unterernährt

subal'tern(ă) M̄F̄ Untergebene(r) m/f(m)

suban'samblu N Baugruppe f

subapreci'a V̄T unterschätzen

subaren'da V̄T untermieten

suba'tomic ADJ PHYS subatomar

subca'pitol N Unterkapitel n

subcar'patic ADJ subkarpatisch

subchiri'aş(ă) M̄F̄ Untermieter(in) m(f)

subcomi'sar M Unterkommissar m

subconşti'ent N Unterbewusstsein n

subcul'tură F Subkultur f

subcuta'nat ADJ unter der Haut f; ANAT, MED subkutan

subdezvol'tat ADJ unterentwickelt

subdia'lect N Subdialekt m

subdivizi'une F Untereinheit f

subesti'ma V̄T unterschätzen

subevalu'a V̄T unterbewerten

subfe'bril ADJ leicht erhöht; MED subfebril

sub'grupă F̲ Untergruppe f
subia'cent A̲D̲J̲ unterhalb
subi'ect N̲ Stoff m; GRAM Subjekt n
subiec'tiv A̲D̲J̲ subjektiv
subiecti'vism N̲ Subjektivismus m
subiectivi'tate F̲ Subjektivität f
su'bit A̲D̲J̲ plötzlich
subîmpăr'ți V̲T̲ unterteilen
subînchiri'a V̲T̲ untervermieten
subînțe'lege A̲ V̲R̲ **a se ~** selbstverständlich sein B̲ V̲T̲ implizieren; *conține* beinhalten
subînțe'les A̲ N̲ Andeutung f; **a vorbi cu ~** andeutungsweise sprechen B̲ A̲D̲J̲ selbstverständlich
subju'ga V̲T̲ unterwerfen; unterdrücken
su'blim A̲D̲J̲ erhaben
sublimi'nal A̲D̲J̲ unterbewusst
sublini'a V̲T̲ unterstreichen; hervorheben
sublini'ere F̲ Unterstreichung f
sublocote'nent M̲ Unterleutnant m
subma'rin N̲ U-Boot n
submer'sibil A̲ N̲ Unterseeboot n B̲ A̲D̲J̲ unterseeisch
submi'na V̲T̲ untergraben
subofi'ter M̲ Unteroffizier m
sub'ordine F̲ Unterordnung f
subordo'na V̲T̲ unterordnen
subordo'nat A̲D̲J̲ unterstellt, untergeordnet
subpămân'tean A̲D̲J̲ unterirdisch
subpre'fect M̲ Unterpräfekt m
sub'regn N̲ BIOL Subregnum n
sub'scrie V̲T̲ unterschreiben
sub'scripție F̲ Verpflichtung f; WIRTSCH Subskription f
subsem'nat(ă) M̲F̲ Unterzeichner(in) m(f)
subsidi'ar A̲D̲J̲ unterstützend
sub'sol N̲ Kellergeschoss n
substan'tiv N̲ Substantiv n
sub'stanță F̲ Substanz f; Stoff m; **substanță anticorozivă** Rostschutzmittel m; **substanță toxică** Schadstoff m
substanți'al A̲D̲J̲ wesentlich
substitu'i V̲T̲ ersetzen
substi'tuție F̲ Substitution f
sub'strat N̲ Grundlage f; *sub alt strat* Untergrund m; CHEM, LING, PHIL Substrat n ② *fig* Hintergrund m

subsu'ma V̲T̲ ein-/unterordnen
subsu'oară F̲ Achsel(höhle) f
subte'ran A̲D̲J̲ unterirdisch
subter'fugiu N̲ Ausrede f; Ausflucht f
sub'text N̲ Subtext m
sub'til A̲D̲J̲ ① fein(fühlig) ② *complicat* kompliziert
subtili'tate F̲ ① Feinheit f ② *dificultate* Schwierigkeit f
subtili'za V̲T̲ ① verfeinern ② *fura umg* stibitzen
sub'titlu N̲ Untertitel m
subti'trare F̲ Untertitelung f
subti'trat A̲D̲J̲ mit Untertiteln
subtropi'cal A̲D̲J̲ subtropisch
subți'a A̲ V̲T̲ verdünnen B̲ V̲R̲ **a se ~** dünner werden
subți'ere F̲ ① Verdünnung f ② *fig* Verfeinerung f
subți'rime F̲ Dünnheit f
subți're A̲D̲J̲ dünn; schmal; schlank; *fig* fein
subu'man A̲D̲J̲ ① tierisch ② *fig* unterentwickelt
subuni'tar A̲D̲J̲ MATH echt
subuni'tate F̲ Untereinheit f
subur'ban A̲D̲J̲ vorstädtisch
subur'bie F̲ Vorort m
sub'venție F̲ Subvention f
subvenți'ona V̲T̲ subventionieren
subver'siv A̲D̲J̲ aufständisch
subzis'ta V̲I̲ ① (fort)bestehen ② *a se întreține* sich unterhalten
subzis'tență F̲ (Lebens)Unterhalt m
suc N̲ Saft m; **suc de fructe** Fruchtsaft m; **suc de lămâie** Zitronensaft m; **suc de mere** Apfelsaft m; **suc de portocale** Orangensaft m; **suc de roșii** Tomatensaft m
succe'da A̲ V̲I̲ (nach)folgen B̲ V̲R̲ **a se ~** aufeinanderfolgen
suc'ces N̲ Erfolg m; **cu ~** erfolgreich; **fără ~** erfolglos
succesi'une F̲ Nachfolge f; Reihenfolge f
succe'siv A̲D̲V̲L̲ nacheinander
succe'sor M̲, **succe'soare** F̲ Nachfolger(in) m(f)
suc'cint A̲D̲J̲ knapp, kurz gefasst
su'ci V̲T̲ (ver)drehen; verrenken
sucom'ba V̲I̲ ableben; *muri* sterben

S

sucur'sală F Zweigstelle f
sud N Süden m
su'da VIT schweißen
suda'nez A ADJ sudanesisch B M, **suda'neză** F Sudanese m, Sudanezin f
'sudic ADJ südlich
su'doare F Schweiß m
su'dor M Schweißer m
sudo'rific ADJ schweißtreibend
sudori'par ADJ Schweiß...; **glandă** f **~ă** Schweißdrüse f
su'dură F Schweißen n
sue'dez A ADJ schwedisch B M, **sue-'deză** F Schwede m, Schwedin f
Su'edia F Schweden n
sufe'ri VIT (er)leiden; vertragen, ertragen
sufe'rință F Leiden n; fig Leid n
sufici'ent ADJ genug; genügend
su'fix N Nachsilbe f; LING Suffix n
su'fla VIT blasen; wehen; atmen; flüstern
su'flare F Atem m; Hauch m
sufle'ca VIT hochkrempeln
su'fleor M Souffleur m
'suflet N Seele f
sufle'tesc ADJ seelisch
sufle'tist ADJ hilfsbereit
su'fleu N Auflauf m
'suflu N 1 Atem m 2 *adiere* Hauch m 3 *la o explozie* Druckwelle f 4 *fig* Ausdauer
sufo'ca VIT & VIR **a (se) ~** ersticken
sufo'cant ADJ stickig
sufrage'rie F Esszimmer n
su'fragiu N Wahlrecht n
su'gar(ă) MIF Säugling m
suga'tivă F Löschpapier n
'suge VIT saugen; lutschen
suge'ra VIT andeuten
su'gestie F Anregung f; *influență* Beeinflussung f
suges'tiv ADJ ausdrucksvoll
su'ghiț N Schluckauf m
sughi'ța VII einen Schluckauf haben; schluchzen
sugru'ma VIT erwürgen
su'i A VIT besteigen B VII & VIR **a (se) ~** hinaufsteigen, (ein)steigen
sui'cid N Selbstmord m
suici'dar ADJ suizidal

su'iș N Aufstieg m
su'ită F Suite f
sui'tor ADJ steigend
sul N Rolle f; Spule f; Walze f
'sulă F Ahle f
sulf N Schwefel m
sulime'ni A VIR **a se ~** sich schminken B VIT schminken
'suliță F 1 Lanze f; SPORT Speer m 2 fig Stich m
su'mar A ADJ zusammenfassend B N Inhaltsverzeichnis n
'sumă F Summe f; Betrag m; **~ globală** Pauschalbetrag m; **~ totală** Gesamtbetrag m
'sumbru ADJ dunkel; düster
sume'denie F (Un)Menge f
su'mete A VIT hochziehen; *mânecile* hochkrempeln B VIR **a se ~** sich hochkrempeln
'summit N POL Gipfeltreffen n
su'na A VII läuten; klinge(l)n; lauten B VIT TEL anrufen
sună'toare F Johanniskraut n
'sunet N Laut m; Klang m; LING **~ nazal** Nasal m
sune'tist M Toningenieur m
sun'nit A ADJ sunnitisch B M, **sun-'nită** F Sunnit(in) m(f)
su'pap A F Ventil n
'supă F GASTR Suppe f; Brühe f; **~ concentrată de carne** Bouillon f; **~ de pasăre** Hühnerbrühe f; **~ de pește** Fischsuppe f
supă'ra A VIT ärgern B VIR **a se ~** sich ärgern, böse werden
supă'rare F Ärger m
supă'rat ADJ böse; verärgert
supără'cios ADJ reizbar
supără'tor ADJ ärgerlich
su'perb ADJ herrlich, prächtig
super'cupă F SPORT Supercup m
superfici'al ADJ oberflächlich
superficiali'tate F Oberflächlichkeit f
super'fluu ADJ überflüssig
super'greu ADJ PHYS superschwer
superi'or A ADJ obere(r, s); überlegen B M, **superi'oară** F Vorgesetzte(r) m/f(m)
superiori'tate F Überlegenheit f
superla'tiv N Superlativ m

super'market N̄ Supermarkt m

super'novă F̄ ASTRON Supernova f

superpo'zabil ADJ stapelbar

super'sonic ADJ Überschall...; **avion** n ~ Überschallflugzeug n

super'stiție F̄ Aberglaube m

superstiți'os ADJ abergläubisch

supervi'za V̄T̄ überprüfen

su'peu N̄ Abendessen n

su'pin N̄ GRAM Supinum n

suple'ant(ă) M̄F̄ Stellvertreter(in) m(f)

su'plețe F̄ Geschmeidigkeit f

su'pliciu N̄ Qual f; Tortur f

supli'ment N̄ Beilage f; Zugabe f; Zuschlag m

suplimen'ta V̄T̄ ergänzen

suplimen'tar ADJ zusätzlich

supli'ni V̄T̄ vertreten

supli'nire F̄ Vertretung f

suplini'tor M̄, **suplini'toare** F̄ (Stell)Vertreter(in) m(f)

'suplu ADJ geschmeidig; schlank

su'port N̄ Stütze f; Gestell n; Unterlage f; Ständer m; ~ **pentru umbrele** Schirmständer m

supor'ta V̄T̄ vertragen, ertragen, aushalten; cheltuieli tragen

supor'tabil ADJ erträglich

su'porter(ă) M̄F̄ Anhänger(in) m(f)

supozi'tor N̄ MED, PFLEGE Zäpfchen n

supo'ziție F̄ Vermutung f

supraabun'dent ADJ überreichlich

supraaglome'rat ADJ überfüllt

supraalimen'tat ADJ gemästet

supraapreci'a V̄T̄ überschätzen

supraco'pertă F̄ Einband m

suprado'tat ADJ hochbegabt

supra'doză F̄ Überdosis f

suprae'lastic ADJ zusammenziehbar

supraesti'ma A V̄T̄ überschätzen B V̄R̄ **a se** ~ sich überschätzen

supraeta'ja V̄T̄ aufstocken

supraevalu'a V̄T̄ überbewerten

supra'față F̄ (Ober)Fläche f; SPORT **suprafață de pedeapsă** Strafraum m; ~ **locuibilă** Wohnfläche f; **suprafață portantă** Tragfläche f

supragreu'tate F̄ Übergewicht n

supraimpri'ma V̄T̄ überdrucken

suprain'fecție F̄ MED Superinfektion f

supraîncăl'zi V̄T̄ überhitzen

supraîncăr'ca V̄T̄ überladen

supralici'ta V̄Ī̄ überbieten

supranatu'ral ADJ übernatürlich

supra'nume N̄ Beiname m

supranu'meric ADJ überzählig

supranu'mit ADJ benannt

suprao'fertă F̄ Überbietung f

supraome'nesc ADJ übermenschlich

suprapopu'lat ADJ übervölkert

supra'preț N̄ Überpreis m

supra'pune A V̄T̄ übereinanderlegen B V̄R̄ **a se** ~ zusammenfallen, sich überlappen

suprapu'tere F̄ Superkraft f

suprarea'lism N̄ Surrealismus m

suprasatu'rat ADJ übersättigt

suprasolici'ta V̄T̄ überfordern

supra'taxă F̄ Nachzahlung f, Zuschlag m

supra'temă F̄ (Haupt)Thema n

suprave'ghea V̄T̄ überwachen; beaufsichtigen

suprave'ghere F̄ Überwachung f; Aufsicht f; ~ **copii** Kinderbetreuung f

supraveghe'tor M̄, **supraveghe'toare** F̄ Aufseher(in) m(f)

supraviețu'i V̄Ī̄ überleben

supraviețui'tor M̄, **supraviețui'toare** F̄ Überlebende(r) m/f(m)

su'prem ADJ oberste(r, s), höchste(r, s)

supre'mație F̄ Vorherrschaft f

supri'ma V̄T̄ beseitigen; weglassen

supri'mare F̄ Beseitigung f; abolire Abschaffung f

supt A ADJ abgemagert B N̄ 1̄ Säugen n 2̄ fig umg Saufen m

su'pune V̄T̄ & V̄R̄ **a (se)** ~ (sich) unterwerfen; (sich) unterordnen

su'punere F̄ Unterwerfung f

supu'ra V̄Ī̄ eitern

supu'rație F̄ Eiterung f

su'pus ADJ unterwürfig, gefügig

sur ADJ grau

su'râde V̄Ī̄ lächeln

su'râs N̄ Lächeln n

surâză'tor ADJ lächelnd

sur'cea F̄ Holzspan m

surcla'sa V̄T̄ übertreffen

surd ADJ taub; dumpf; GRAM stimmlos

sur'dină F̄ Dämpfer m

surdi'tate F̄ 1̄ Taubheit f 2̄ consoane Stimmlosigkeit f

surdo'mut ADJ gehörlos
suresci'tat ADJ überreizt
surfi'la V/T (um)säumen
'surfing N SPORT Surfen n
surghiu'ni VT verbannen
'surlă F **1** MUS Schalmei f **2** BIOL Schweineschnauze f **3** BAU kegelförmige Holzhütte f
surme'na VR a se ~ sich überarbeiten
surme'naj N Übermüdung f
surme'nat ADJ übermüdet
surmon'ta VT bewältigen; depăși überwinden
suro'gat N Ersatz m
sur'pa VR a se ~ einstürzen
sur'pare F Einsturz m
sur'plus N Überschuss m; FLUG ~ de greutate Übergepäck n
sur'prinde VT überraschen; ertappen
sur'prins ADJ überrascht
surprinză'tor ADJ überraschend
sur'priză F Überraschung f
'sursă F Quelle f; ~ de energie Energiequelle f
surve'ni V/I dazwischenkommen
sur'vol N Überflug m
survo'la VT überfliegen
sur'zenie F Taubheit f
sur'zi VI taub werden
sus ADV oben; de ~ obere(r, s); von oben; în ~ herauf, hinauf; nach oben; ~ menționat oben genannt
su'san N Sesam m
suscep'tibil ADJ empfindlich
susci'ta VT verursachen; provoca hervorrufen
susmenționat ADJ oben genannt
sus'pans N FILM Suspense f/m
sus'pect ADJ verdächtig
suspec'ta VT verdächtigen
suspen'da VT aufhängen; stilllegen; aufheben; aufschieben
suspen'dat ADJ hängend
sus'pensie F TECH Federung f
suspici'os ADJ misstrauisch
suspici'une F Misstrauen n; Verdacht m
sus'pin N Seufzer m
suspi'na VI seufzen
sus'trage A VT veruntreuen, unterschlagen; ablenken B VR a se ~ sich entziehen

susțină'tor M, **susțină'toare** F Anhänger(in) m(f)
sus'ține VT (unter)stützen; tragen; behaupten
sus'ținere F Unterstützung f; mentenanță Wartung f; apărare Abwehr f
susu'ra VI rauschen
'suta F hundertste(r, s)
su'tană F Talar m
'sută F A NUM hundert B F Hundert n; la ~ Prozent n; ~ la ~ hundertprozentig
'sutălea M/N hundertste(r, s)
suti'en N BH m
su'time F Hundertstel n
sutu'ra VT nähen
su'veică F Weberschiffchen n
suve'nir N Andenken n
suve'ran A ADJ souverän B M, **suve'rană** F Herrscher(in) m(f)
suverani'tate F Souveränität f
su'zetă F Schnuller m
'svastică F Hakenkreuz n
swa'hili A ADJ swahili B M/F Swahili m/f
'sweatshirt N Sweatshirt n

Ș

șa F Sattel m
șa. ABK (= și altele) u. a. (und andere)
șa'blon N Schablone f
șa'cal M Schakal m
'șagă F Scherz m
șah N Schach n; **șah mat** schachmatt
șa'hist(ă) M/F Schachspieler(in) m(f)
'șaibă F Scheibe f
'șaisprezece NUM sechzehn
'șaisprezecelea NUM sechzehnte(r)
șai'zeci NUM sechzig
șai'zecilea NUM sechzigste(r)
șal N Schal m
șa'lău M Zander m
'șale F Lendengegend f

'şaltăr N̄ ELEK Schalter m

şa'lupă F̄ Boot n

ş.a. m.d. ABK (= şi aşa mai departe) usw. (und so weiter)

şal'vari MPL Schalwar m

şa'man M̄ Schamane m

şam'panie F̄ Sekt m, Champagner m

şam'pon N̄ Shampoo n

şandra'ma F̄ Baracke f

şan'jabil ADJ austauschbar

'şansă F̄ Chance f; ~ **de promovare** Aufstiegschance f

şanso'netă F̄ Chansonnette f

şan'taj N̄ Erpressung f

şanta'ja V/T erpressen

şanta'jist(ă) M/F Erpresser(in) m(f)

şanti'er N̄ Baustelle f; ~ **naval** (Schiffs)Werft f

şanţ N̄ Graben m

'şapcă F̄ Mütze f

'şapte NUM sieben; ~ **mii** siebentausend; ~ **sute** siebenhundert

'şaptea F̄, 'şaptelea MN siebte(r, s)

'şaptesprezece NUM siebzehn

'şaptesprezecelea NUM siebzehnte(r)

şapte'zeci NUM siebzig

şapte'zecilea NUM siebzigste(r)

şa'radă F̄ Scharade f; *ghicitoare* Rätsel n

şar'ja V/I & V/T Ⓐ V/T übertreiben Ⓑ V/T angreifen

'şarjă F̄ ❶ Füllung f ❷ *atac* Angriff m ❸ *exagerare* Übertreibung f

şarla'tan M̄ Scharlatan m

şarla'tancă F̄ Scharlatanin f

şarlata'nie F̄ Scharlatenerie f

şarm N̄ Charme m; Liebreiz m

şar'mant ADJ charmant

şar'pantă F̄ Gerüst n

'şarpe M̄ Schlange f; ~ **veninos** Giftschlange f

'şase NUM sechs; ~ **mii** sechstausend; ~ **sute** sechshundert

'şasea F̄, 'şaselea MN sechste(r, s)

şa'siu N̄ Fahrgestell n

şa'ten ADJ braun

'şatră F̄ Lager n der Sinti und Roma

şă'galnic ADJ scherzhaft

şchiop ADJ lahm

şchio'păta V/I hinken

şchiopă'tat N̄ hinkend

'şcoală F̄ Schule f; ~ **de dans** Tanzschule f; ~ **particulară** Privatschule f; ~ **primară** Grundschule f; ~ **profesională** Berufsschule f; ~ **secundară** Sekundarschule f; ~ **specială** Förderschule f

şco'lar M̄, şcolă'riţă F̄ Schüler(in) m(f)

şcolari'zare F̄ Einschulung f; Schulung f

şcolă'resc ADJ ❶ schulmäßig; Schul...; **viaţa** f **şcolărească** Schulleben n ❷ *fig* unerfahren

şcolă'reşte ADV schulmäßig

şco'li Ⓐ V/T schulen Ⓑ V/R **a se** ~ sich schulen

şco'lit ADJ geschult

şe'dea V/I sitzen

şe'dere F̄ Aufenthalt m

şe'dinţă F̄ Sitzung f; JUR ~ **de judecată** Gerichtsverhandlung f

'şef(ă) M/F Chef(in) m(f), Leiter(in) m(f); **şef(ă) de guvern** Regierungschef(in) m(f); **şef(ă) de serviciu** Referent(in) m(f); **şef(ă) de stat** Staatsoberhaupt n

şe'ic M̄ Scheich m

şemi'neu N̄ Kamin m

şe'nilă F̄ Raupenkette f

şep'tar M̄ Siebener m *beim Kartenspiel*

şep'tel N̄ Viehbestand m

şep'tic M̄ *Kartenspiel mit der Sieben als wichtigste Karte*

şep'time F̄ Siebtel n

şerb M̄ Leibeigener m

şer'bet N̄ Sorbet n

şe'rif M̄ ❶ *in Arabia* Scherif m ❷ *in Anglia, SUA* Sheriff m

şer'paş M̄ Sherpa m

şerpă'rie F̄ Schlangengrube f

şerpu'i V/I sich schlängeln

şerpu'it ADJ geschlängelt

şerpui'tor ADJ schlängelig

şer'vet N̄ Serviette f

şerve'ţel N̄ (Papier)Serviette f

şes N̄ (Tief)Ebene f

şe'sar M̄ Sechser m

şe'sime F̄ Sechstel n

şest INT **pe** ~ heimlich

şeva'let N̄ Staffelei f

şeză'toare F̄ *Abendveranstaltung im Winter, bei der gearbeitet und erzählt wird*

Ş

şez'long N̄ Liegestuhl m
şe'zut N̄ Gesäß n
şfichiu'i V̄T peitschen; fig verspotten
şi A̱ KONJ und; ~ ... ~ sowohl ... als
auch Ḇ A̱DV auch; schon; ~ mai noch
mehr
şic A̱DJ schick
şica'na V̄T schikanieren
şi'cană F̱ Schikane f
şifo'na A̱ V̄T (zer)knittern Ḇ V̄R a se
~ knittern, knautschen
şifoni'er N̄ Kleiderschrank m
şi'it A̱ A̱DJ schiitisch Ḇ M̱, şi'ită F̱
Schiit(in) m(f)
'şiling M̱ Schilling m
'şină F̱ Schiene f, Gleis n
şin'drilă F̱ Schindel f
şin'şilă F̱ Chinchilla f/n
şinto'ism N̄ Schintoismus m
şip N̄ Stör m
'şipcă F̱ Latte f
'şipot N̄ 1 Quelle f 2 burlan Rinne f 3
vârtej Strudel m
şir N̄ Reihe f; fig Zusammenhang m; şir
de ghinioane Pechsträhne f
şi'rag N̄ Kette f
'şiră F̱ şira spinării Rückgrat n
şi'ret A̱ A̱DJ schlau Ḇ N̄ Schnur f;
Schnürsenkel m
şirete'nie F̱ Schlauheit f
şire'tlic N̄ List f
şi'roi N̄ Rinnsal n
şiru'i V̄I sich aufstellen
şist N̄ Schiefer m
'şlagăr N̄ Schlager m
'şlap M̱ umg Badeschlappe f
'şleahtă F̱ Bande f; pej, umg Meute f
'şleampăt A̱DJ schlampig
'şleau N̄ pe ~ ohne Umschweife, offen
şlefu'i V̄T schleifen; polieren
'şlem N̄ la bridge, taroc Schlemm m; la
tenis Grand Slam® m
'şlep N̄ Schleppkahn m
'şlibovită F̱ Slibowitz m
'şliţ N̄ Schlitz m; al pantalonilor Hosenschlitz m
'şmecher A̱ A̱DJ gerissen Ḇ M̱,
'şmecheră F̱ Schlaumeier(in) m(f)
şmeche'rie F̱ Schlauheit f; Betrug m;
Kniff m
'şmotru N̄ Zurechtweisung f; umg
Standpauke f

'şna'pan M̱ Betrüger m
'şniţel N̄ Schnitzel n; şniţel de porc
Schweineschnitzel n
şnur N̄ Schnur f
'şoaptă F̱ Geflüster n
'şoarece M̱ Maus f
'şobo'lan M̱ Ratte f
şoc N̄ Schock m
şo'ca V̄T schockieren
şo'cant A̱DJ schockierend; zguduitor erschütternd
şo'dou N̄ Getränk aus Eigelb, Zucker
und warmer Milch
şo'fa V̄I fahren; lenken
şo'fer M̱ Fahrer m, Chauffeur m; ~ de
autobuz Busfahrer m; ~ de cursă lungă Fernfahrer m; ~ de taxi Taxifahrer
m
şofe'rie F̱ Chauffieren n
şofe'riţă F̱ Fahrerin f; Chauffeurin f
şo'fran M̱ BOT Safran m
şoim M̱ ZOOL Falke m
şold N̄ Hüfte f
şo'ma V̄I arbeitslos sein
şo'maj N̄ Arbeitslosigkeit f; ~ de lungă durată Langzeitarbeitslosigkeit f; ~
în rândul tinerilor Jugendarbeitslosigkeit f; ~ parţial Kurzarbeit f
şo'mer(ă) M̱(F̱) Arbeitslose(r) m/f(m)
şomo'iog N̄ (Stroh)Bündel n
şo'pârlă F̱ Eidechse f
'şopot N̄ Rauschen n; oameni Geflüster
n
'şopron N̄ Schuppen m
şop'ti V̄T flüstern
şop'tit A̱DJ geflüstert
şori'car M̱ Dackel m
şori'cel M̱ kleine Maus f
şo'rici M̱ Schwarte f
şort N̄ Shorts pl
şorţ N̄ Schürze f
şos. A̱BK (= şoseaua) Landstraße f
şo'sea F̱ ~ (secundară) Landstraße f;
~ de centură Umgehungsstraße f
şo'setă F̱ Socke f
'şotie F̱ Streich m
şo'tron N̄ Himmel und Hölle Kinderspiel
şovă'i V̄I zögern; schwanken
şovă'ielnic A̱DJ mişcări unsicher; oameni unschlüssig
şovăi'tor A̱DJ zögerlich

șo'vin A ADJ chauvinistisch B M, șo-'vină F Chauvinist(in) m(f)

șovi'nism N Chauvinismus m

'șpaclu N Spachtel m

șpa'gat N Spagat m

'șpagă F Schmiergeld n

șpan N Span m

șpar'li VIT klauen; umg stibitzen

șpe'raclu N Dietrich m

șpiț N 1 Spitze f 2 BIOL Spitz m 3 TECH Meißel f

șpriț N Schorle f

șrap'nel N Schrapnellkugel f

'știu'lete M ~ (de porumb) Maiskolben m

'strand N Strandbad n; Freibad n

'strangu'la A VIT strangulieren B V/R a se ~ sich strangulieren

'streang N Strang m

'stren'gar M Schlingel m

'strudel N GASTR Strudel m; ~ cu me-re Apfelstrudel m

'sturlu'batic ADJ ausgelassen

'șubă F Pelzmantel m

'șubler N TECH Schieblehre f

'șubred ADJ morsch; baufällig; ge-brechlich

'șubre'zi V/R a se ~ morsch/gebrechlich werden

'șucă'ri A VIT ärgern B V/R a se ~ sich ärgern

'șu'etă F Plausch m

'șugu'băț ADJ scherzhaft

'șui ADJ umg klapprig

'șuier N Pfeifen n; păsări Zwitschern n

'șuie'ra VI pfeifen

'suncă F Schinken m

'șurub N Schraube f

'șuru'belniță F Schraubenzieher m

'șustă F Vereinbarung f; umg Deal m

'șușa'nea F schlechte Aufführung f

'șușo'teală F Geflüster n; ape, frunze Rauschen n

'șușo'ti VI flüstern; ape, frunze rau-schen

'șut N SPORT Schuss m

'șu'ta VIT schießen

'șu'ti VIT klauen; umg stibitzen

'șuț M Dieb m

'șu'viță F Strähne f

'șu'voi N Flut f; Strom m

'svab M BIOL Schabe f

'svaiter N Schweizer Käse m

'svă'boaică F Schwäbin f

ștab M 1 Chef m; umg Boss 2 ~-ofiter Stabsoffizier m

șta'chetă F Sprunglatte f

șta'fetă F 1 Stafette f 2 SPORT Staffel-lauf m

'știf N Steifleinen n

'știmpi'la VIT stempeln

ștam'pilă F Stempel m; ștampila poș-tei Poststempel m

ștand N (Verkaufs)Stand m

ștan'ța VIT stanzen; grava prägen

'șticăr N Stecker m

șter'gar reg N Handtuch n

șstergă'tor N ~ (de parbriz) Scheiben-wischer m

'șterge VIT abwischen; abtrocknen; durchstreichen; wegradieren; IT lö-schen; a o ~ sich aus dem Staub ma-chen, abhauen

 șterpe'li umg VIT klauen

 șters ADJ verwischt; fig ausdruckslos

ștersă'tură F Streichung f

'stevie F BOT Ampfer f

'ști wissen; kennen; können

știft N de lemn/metal (Holz-/Metall)Stift m

'știință F Wissenschaft f; Wissen n; științe juridice Rechtswissenschaft f; UNIV Jura pl; științe sociale Sozialwis-senschaften pl, Sozialkunde f; om de ~ Wissenschaftler m

'știin'țific ADJ wissenschaftlich

'știr M BOT Amarant m

'știrb ADJ zahnlos

'știr'bi A VIT 1 zerbrechen 2 fig schmälern B V/R a se ~ zerbrechen; a se toci sich abtragen

'știr'bire F Zerbrechen n

'știre F Nachricht f

Ș

T

ta ᶠˢᴳ dein(e)
ta'bac N̄ Tabak m
taba'cheră F̄ **1** Zigarettenetui n **2** *fereastră* Dachfenster n
ta'bagic ADJ nikotinabhängig
'tabără F̄ Lager n; **~ de vacanţă** Ferienlager n
ta'bel N̄ Tabelle f; Tafel f
tabe'lar ADJ tabellarisch
ta'belă F̄ Tabelle f
tabi'et N̄ Gewohnheit f
'tablă F̄ Blech n; Tafel f; **~ de materii** Inhaltsverzeichnis n; **~ de şah** Schachbrett n; **tabla înmulţirii** Einmaleins n
'table PL Backgammon n
ta'bletă F̄ Tablette f; IT **~ PC** Tablet-PC m
tablo'id A N̄ Boulevardzeitung f B ADJ TYPO Tabloid...; **format n ~** Tabloidformat n
ta'blou N̄ Gemälde n, Bild n; AUTO **~ de bord** Armaturenbrett n; **~ de comandă** Schaltpult n, Schalttafel f
ta'bu A N̄ Tabu n B ADJ tabu
tabu'ret N̄ Hocker m
tac N̄ Queue m/n
ta'câm N̄ Besteck n; Gedeck n
ta'chet M̄ TECH Schwinghebel m
tachi'na V̄T̄ necken
ta'cit ADJ stillschweigend
taci'turn ADJ schweigsam
ta'cla F̄ Plauderei f; umg Klatsch m
tact M̄ Takt m
'tactic ADJ taktisch
'tactică F̄ Taktik f
tactici'an(ă) M̄(F̄) Taktiker(in) m(f)
tacti'cos ADJ ausgeglichen
tac'til ADJ fühlbar; Tast...; **senzaţie ~ă** Tastsinn m
'tagmă F̄ Genossenschaft f; pej, umg Meute f
tahicar'die F̄ Herzrasen n; MED Tachykardie f
taho'metru N̄ Tacho(meter) m
tai'fas N̄ Plauderei f

tai'fun N̄ Taifun m
tai'ga F̄ Taiga f
'taină F̄ Geheimnis n
'tainic ADJ geheim
ta'ior N̄ (Damen)Kostüm n
ta'laz N̄ Woge f
talc N̄ Talk m
talci'oc N̄ Flohmarkt m
'tale F̄/NPL deine
ta'lent N̄ Begabung f
talen'tat ADJ begabt
'taler M̄ **1** Teller m **2** FIN Taler m **3** MUS Becken n **4** *balanţă* Waagschale f
'talger N̄ **1** Teller m **2** MUS Becken n
'taliban M̄ Taliban m
'talie F̄ Taille f; Statur f
talis'man N̄ Glücksbringer m
'talmeş-'balmeş N̄ Durcheinander n
ta'lon N̄ Coupon m
'talpă F̄ **~ (a piciorului)** Fußsohle f; **~ (de pantofi)** Schuhsohle f
ta'luz N̄ Böschung f; *pantă* Abhang m
ta'man umg ADV gerade, eben
tambu'rină F̄ Tamburin n
tam'pon N̄ Bausch m; BAHN Puffer m; **~ de vată** Wattebausch m
tampo'na V̄R̄ **a se ~** zusammenstoßen, zusammenprallen
tampo'nare F̄ Zusammenprall m
ta'natic ADJ MED, PSYCH thanatologisch
tanatolo'gie F̄ MED, PSYCH Thanatologie f
tanc N̄ MIL Panzer m; *recipient* Tank m; SCHIFF **~ petrolier** Öltanker m
tan'chist M̄ MIL Panzerjäger m
tan'dem N̄ Tandem n
tan'dreţe F̄ Zärtlichkeit f
'tandru ADJ zärtlich
tan'gaj N̄ SCHIFF Stampfen n
tan'gent ADJ berührend; MATH tangential
tan'genţă F̄ Berührung f; MATH Tangente f
tangenţi'al ADJ berührend; MATH tangential; *fig* streifend
tan'gibil ADJ **1** fühlbar **2** *fig* eindeutig
tan'gou N̄ Tango m
ta'nin N̄ Tannin n
'tanti F̄ umg Tantchen n
tanti'emă F̄ Tantieme f
ta'pa V̄T̄ toupieren; *fig* anpumpen

ta'paj N̄ Lärm m; Krach m

ta'pet N̄ Tapete f

tape'ta V̄T̄ **1** tapezieren **2** cu pesmet panieren

tape'tat ADJ tapeziert

tapi'sa V̄T̄ tapezieren; polstern

tapise'rie F̄ Wandteppich m; broderie Stickerei f

tapi'ța V̄T̄ polstern

tapi'țer M̄ Polsterer m

tapițe'rie F̄ **1** Polsterung f **2** atelier Polsterei f

ta'rabă F̄ Markttisch m

ta'raf N̄ Volksmusikgruppe f

tara'got N̄ Tárogató n

ta'rat ADJ unanständig

'tară F̄ **1** WIRTSCH Tara f **2** viciu Laster n

tar'div ADJ verspätet

'tare A ADJ stark; hart; zäh; laut B ADV sehr

'targă F̄ Tragbahre f

tar'hon M̄ Estragon m

ta'rif N̄ Tarif m; ~ de bază Grundgebühr f

tari'far ADJ Tarif...

tar'la F̄ Acker(boden) m

TA'ROM N̄ ABK (= Transporturile Aeriane Române) rumänische Fluggesellschaft

ta'rot N̄ Tarot n

'tartă F̄ ~ cu fructe Obstkuchen m

tar'tină F̄ belegtes Brötchen n

'tartor M̄ Höllenfürst m; fig Tyrann m

'tartru N̄ Zahnstein m

ta'sa A V̄T̄ zusammenpressen B V̄R̄ a se ~ sich verdichten

ta'sat ADJ verdichtet

tas'ta V̄T̄ eingeben

tasta'tură F̄ Tastatur f

'tastă F̄ Taste f; ~ de oprire Stopptaste f; IT ~ Enter Eingabetaste f; IT ~ Shift Umschalttaste f

ta'taie M̄ Großvater m; umg Opa m

'tată M̄ Vater m; ~-mare umg Opa m; ~ social Pflegevater m; ~ vitreg Stiefvater m; Tatăl Nostru REL Vaterunser n

tato'na V̄T̄ erkunden; sonda sondieren

tato'nare F̄ Erkundung f; sondare Sondierung f

tatu'a V̄T̄ tätowieren

tatu'aj N̄ Tätowierung f

'taur M̄ a. ASTROL Stier m

tau'rine F̄PL Rinder pl

tautolo'gie F̄ doppelte Wiedergabe f; LING Tautologie f

ta'van N̄ (Zimmer)Decke f

'tavă F̄ Tablett n; ~ de copt Backblech n

ta'vernă F̄ umg Kneipe f; pej Spelunke f

ta'xa V̄T̄ besteuern; abschätzen

taxa'tor M̄, taxa'toare F̄ Schaffner(in) m(f)

'taxă F̄ Gebühr f; ~ de autostradă Autobahnmaut f; ~ de parcare Parkgebühr f; ~ de protecție Schutzgeld n; ~ de utilizare Benutzungsgebühr f; ~ pe valoare adăugată Mehrwertsteuer f

ta'xi N̄ Taxi n

taxime'trist(ă) M̄F̄ Taxifahrer(in) m(f)

taxono'mie F̄ Taxonomie f

tăbă'car M̄ Gerber m

tăbă'ci V̄T̄ **1** gerben **2** fig verhauen

tăbă'rî V̄Ī herfallen (asupra über)

tă'blie F̄ Platte f; tablă Tafel f

tă'bliță F̄ Tafel f, Schild n

tă'cea V̄Ī schweigen

tă'cere F̄ Schweigen n; Stille f

tăci'une F̄ glühende Kohle f

tă'cut ADJ schweigsam; still

tăgădu'i V̄T̄ leugnen, bestreiten

tăi M̄PL deine

tă'ia A V̄T̄ abschneiden, aufschneiden, (zer)schneiden; schlachten; spalten; copac fällen; cărți de joc abheben B V̄R̄ a se ~ sich schneiden; GASTR gerinnen

tă'iere F̄ Schneiden n; Schlachten n

tăie'tură F̄ Einschnitt m, (Aus)Schnitt m; Schnittwunde f

tăie'ței M̄PL (Suppen)Nudeln fpl

tăinu'i V̄T̄ verheimlichen

tăi'nuit ADJ verheimlicht

tăinui'tor M̄, tăinui'toare F̄ Hehler(in) m(f)

tă'ios ADJ scharf

tăi'ței M̄PL (Suppen)Nudeln pl

tălmă'ci V̄T̄ dolmetschen; interpreta auslegen

tăl'pig M̄ (einfacher) Schuh m; sandală Sandale f

tămădu'i V̄T̄ heilen

tămădui'tor M̄, tămădui'toare F̄ Heiler(in) m(f)

T

tămâ'ia VI & VII **A** VIT **1** weihräuchern **2** fig schmeicheln **B** VII weihräuchern

tă'mâie F Weihrauch m

tămbă'lău N umg Klamauk m

tăp'şan N Hochebene f

tără'boi N Radau m

tără'găna VIT verzögern, hinausziehen

tără'gă'nat ADJ verzögert; voce, melodie gemächlich

tără'şenie F Unannehmlichkeit f; umg Schererei f

'tărâm N Gebiet n

tă'râţă F Kleie f

tăr'cat ADJ bunt; dungat gestreift

tă'rie F Stärke f, Kraft f

tă'tar **A** ADJ tatarisch **B** M, tătă'roaică F Tatar(in) m(f)

tău M/N SG dein(e)

tă'un M BIOL Bremse f

tăvă'leală F Strapaze f; fig a (o) duce la ~ robust sein

tăvă'li VIR a se ~ sich herumwälzen

tăvă'lug M Walze f

tâlc N Sinn m

tâl'har M Räuber m

tâlhă'ri VIT rauben

tâlhă'rie F Raub m

tâmp ADJ **1** blöd **2** obiecte abgenutzt

tâm'penie F Blödsinn m

tâm'pi VIR a se ~ verblöden

tâm'pit ADJ blöd

tâm'plar M Schreiner m

'tâmplă F Schläfe f

tâmplă'rie F Schreinerei f

'tânăr **A** ADJ jung **B** M, 'tânără F Jugendliche(r) m/f(m)

tândă'li umg VIR trödeln

tângu'i VIR a se ~ jammern

tângui'ală F Jammer m

tân'jală F Deichsel f

tân'ji VII erschlaffen; plante welken

tâ'râş ADV schleifend; fig beschwerlich

târâ'tor ADJ kriechend; Kriech...; plantă f târâtoare Kriechpflanze f

târâ'toare F Kriechtier n

târâ'tură F pej Lump m; pej, umg Schnepfe f

'târfă F Hure f

târg N **1** Markt m; ~ de Crăciun Weihnachtsmarkt m **2** Messe f; ~ de carte Buchmesse f

târgu'i VIR a se ~ feilschen

tâ'rî **A** VIT schleppen **B** VIR a se ~ kriechen

târnă'cop N Spitzhacke f

târşâ'i VIT schleppen

târ'ziu ADJ & ADV spät; cel ~ spätestens; într-un ~ nach einiger Zeit

te PRON dich

'teacă F **1** Scheide f **2** păstaie Hülse f

'teafăr ADJ wohlbehalten, heil

'teamă F Angst f; mi-e ~ ich habe Angst

teanc N Stoß m, Haufen m

'teapă F Art f; stare Stand m

'teasc N Weinpresse f

teat'ral ADJ theatralisch; fig unnatürlich

teatrali'tate F Theatralik f

teatrolo'gie F Theaterwissenschaft f

te'atru N Theater n; ~ de operă Opernhaus n; ~ de păpuşi Marionettentheater n; ~ în aer liber Freilichtbühne f; ~ radiofonic Hörspiel n

tec'tonic ADJ tektonisch

te'flon N Teflon® n

teflo'nat ADJ mit Teflon® beschichtet

tegu'ment N Haut f; BIOL, BOT Membran f

'tehnic ADJ technisch

'tehnică F Technik f; ~ nucleară Kerntechnik f

tehnici'an(ă) M/F Techniker(in) m(f); ~ medical medizinisch-technischer Assistent m, MTA m

tehno'crat(ă) M/F Technokrat(in) m(f)

tehno'log M Technologe m

tehno'logic ADJ technologisch

tehnolo'gie F Technologie f; ~ a informaţiei Informationstechnologie f; ~ de vârf Spitzentechnologie f; ~ înaltă Hightech n

tehnoredac'tare F Vorbereitung f; IT ~ computerizată Desktop-Publishing n, DTP n

tei M Linde f

te'ină F Tein n

te'ism N PHIL, REL Theismus m

tej'ghea F Theke f

tel N Schneebesen m

tele'cabină F Seilbahn f

teleco'mandă F Fernbedienung f

telecomuni'caţii FPL Telekommunikation f

teleconfe'rință F̲ Konferenzschaltung f

tele'feric N̲ (Draht)Seilbahn f

tele'fon N̲ Telefon n; ~ **fix** Festnetztelefon n; ~ **mobil** Mobiltelefon n; ~ **public cu cartelă** Kartentelefon n; ~ **SOS** Notrufsäule f; **a da un** ~ anrufen

telefo'na A̲ V̲T̲ anrufen B̲ V̲I̲ telefonieren

telefo'nie F̲ ~ **mobilă** Mobilfunk m; ~ **prin internet** Internettelefonie f

tele'genic A̲D̲J̲ telegen

teleghi'dat A̲D̲J̲ ferngesteuert, ferngelenkt

telegon'dolă F̲ Gondel(bahn) f

tele'gramă F̲ Telegramm n

telejur'nal N̲ (Fernseh)Nachrichten pl

tele'leică F̲ pej, umg Straßenmädchen n

tele'leu M̲ pej Streuner m

tele'mea F̲ Schafskäse m

teleno'velă F̲ Telenovela f

teleobiec'tiv N̲ Teleobjektiv n

telepa'tie F̲ Telepathie f

tele'scaun N̲ Sessellift m

tele'schi N̲ Skilift m

tele'scop N̲ Fernrohr n

tele'shopping N̲ Teleshopping n

telespecta'tor M̲, **telespecta'toare** F̲ Fernsehzuschauer(in) m(f)

tele'text N̲ Teletext m

televi'za V̲T̲ ausstrahlen

televizi'une F̲ Fernsehen n; ~ **digitală** Digitalfernsehen n; ~ **prin cablu** Kabelfernsehen n; ~ **prin satelit** Satellitenfernsehen n

televi'zor N̲ Fernseher m; ~ **color** Farbfernseher m

te'luric A̲D̲J̲ tellurisch

te'matic A̲D̲J̲ thematisch

te'matică F̲ Thematik f

'temă F̲ Thema n; (Haus)Aufgabe f

temă'tor A̲D̲J̲ 1 ängstlich 2 *înspăimântător* beängstigend

tem'bel A̲D̲J̲ nachlässig

'teme V̲R̲ **a se** ~ (sich) fürchten

te'mei N̲ Grund m, Grundlage f

te'meinic A̲D̲J̲ gründlich

temeini'cie F̲ Gründlichkeit f

teme'lie F̲ Fundament n

teme'rar A̲D̲J̲ kühn

'temere F̲ Angst f

temni'cer M̲ Gefängniswärter m

'temniță F̲ Gefängnis n

tempe'ra V̲T̲ mäßigen

tempera'ment N̲ Temperament n

tempe'rat A̲D̲J̲ gemäßigt

tempera'tură F̲ Temperatur f

'templu N̲ Tempel m

tempo'ral A̲D̲J̲ 1 zeitlich 2 ANAT Schläfen...; **os** n ~ Schläfenbein n

tempo'rar A̲D̲J̲ zeitweilig, vorübergehend

tempori'za V̲T̲ verzögern

temporiza'tor N̲ Zeitschaltuhr f

te'mut A̲D̲J̲ gefürchtet

ten N̲ Teint m

te'nace A̲D̲J̲ hartnäckig, zäh

tenaci'tate F̲ Hartnäckigkeit f, Zähigkeit f

tencu'i V̲T̲ verputzen

tencu'ială F̲ (Ver)Putz m

tendenți'os A̲D̲J̲ unsachlich

tendi'nită F̲ Sehnenentzündung f; MED Tendinitis f

ten'dință F̲ Tendenz f

ten'don N̲ ANAT Sehne f

te'nebră F̲ Finsternis f

tene'bros A̲D̲J̲ finster; fig trüb

teni'ază F̲ Bandwurmbefall m

'tenie F̲ Bandwurm m

'tenis N̲ Tennis n; ~ **de masă** Tischtennis n

tenis'men(ă) M̲F̲ Tennisspieler(in) m

te'nor M̲ Tenor m

tensio'metru N̲ MED, PFLEGE Blutdruckmessgerät n

tensio'na A̲ V̲T̲ spannen; straffen; fig beanspruchen B̲ V̲R̲ **a se** ~ sich strecken

tensi'une F̲ Spannung f; MED ~ **arterială** Blutdruck m; ELEK **înaltă** ~ Hochspannung f

ten'ta V̲T̲ verlocken

ten'tacul N̲ Tentakel m

tentacu'lar A̲D̲J̲ mit Tentakeln mpl

ten'tant A̲D̲J̲ anziehend

tenta'tivă F̲ Versuch m; ~ **de omor** Mordanschlag m

ten'tație F̲ Versuchung f

'tentă F̲ Mischung f

teodo'lit N̲ Höhenmesser m

teolo'gie F̲ Theologie f

teo'remă F̲ MATH Theorem n

teo'retic ADJ theoretisch

teoretici'an(ă) M(F) Theoretiker(in) m(f)

teo'rie F Theorie f

tera'cotă F Terrakotta n

terape'ut(ă) M(F) Therapeut(in) m(f); ~ naturist Heilpraktiker m

terape'utic ADJ therapeutisch

tera'pie F Therapie f

terasa'ment N (Um)Grabung f

te'rasă F Terrasse f

'terci N Brei m

terciu'i V/T zerdrücken; fig vernichten

tereben'tină F Terpentin(öl) n

te'ren N 1 Gelände n, Grundstück n; ~ de construcţie Bauplatz m 2 SPORT Feld n, Platz m; ~ de fotbal Fußballplatz m; ~ de golf Golfplatz m; ~ de sport Sportplatz m; ~ de tenis Tennisplatz m

te'restru ADJ irdisch; Erd...; glob n ~ Erdball m

terfe'li V/T a. fig beschmutzen

tergiver'sa V/T hinausschieben

te'ribil ADJ furchtbar, schrecklich

teribi'lism N Schrecklichkeit f

terifi'ant ADJ schrecklich

teritori'al ADJ territorial

teri'toriu N Gebiet n; ~ naţional Hoheitsgebiet n

ter'mal ADJ thermal; Thermal...; apă f ~ă Thermalwasser n

'termen A N Termin m, Frist f; ~ de înscriere Anmeldeschluss m; ~ de plată Zahlungsfrist f; ~ de valabilitate Haltbarkeitsdatum n; în ~ de innerhalb; la ~ termingemäß; pe ~ lung langfristig B M Ausdruck m; ~ de specialitate Fachausdruck m

'termic ADJ thermisch; Wärme...; agent m ~ Wärmeträger m

termi'na A VT beenden; fertig werden mit B VR a se ~ enden; ausgehen

termi'nal N FLUG ~ de plecări Abflughalle f

termi'nare F ~ a orelor Schulschluss m

termi'nat ADJ fertig

termi'naţie F Endung f

terminolo'gie F Terminologie f; limbaj de specialitate Fachsprache f

termocen'trală F Wärmekraftwerk n

termodi'namic ADJ thermodynamisch

termofi'care F Fernheizung f

termoizo'lant ADJ wärmedämmend

termoizo'laţie F Wärmedämmung f

termo'metru N Thermometer n

termo'pan N Thermopane® m

termorezis'tent ADJ hitzebeständig

'termos N Thermosflasche® f

termo'stat N Thermostat m

tern ADJ glanzlos; fig eintönig

ter'nar ADJ dreiteilig

te'roare F Terror m

tero'rism N Terrorismus m

tero'rist A ADJ terroristisch; atac n ~ Terroranschlag m B M, tero'ristă F Terrorist(in) m(f)

terori'za VT terrorisieren

ter'tip N Kniff m, Trick m

terţ A dritte(r) B M JUR Dritter m

ter'ţet N Terzett n

terţi'ar ADJ GEOL tertiär; eră f terţiară Tertiär n

'teslă F Hacke f

test N Test m; ~ de vedere Sehtest m; ~ HIV Aidstest m; ~ nuclear Atomtest m

tes'ta VT testen

testa'ment N Testament n

tes'tare F Prüfung f

'tester N Testgerät n

testimoni'al ADJ bezeugend

testoste'ron N Testosteron n

te'şit ADJ stumpf; rotunjit abgerundet

teşi'tură F Delle f

te'tanos N Tetanus m

teti'eră F Kopfstütze f

te'tină F Sauger m (von Babyflaschen)

tetra'edru N GEOM Tetraeder m

teu'ton A ADJ teutonisch B M, teu'tonă F Teutone m, Teutonin f

teu'tonic ADJ teutonisch

text N Text m

tex'tile FPL Textilien pl

textu'al ADJ wortwörtlich

tex'tură F 1 Aufbau m 2 TEX Gewebe n 3 fâşie de lipit Klebestreifen m

te'zaur N Schatz m

'teză F These f; Klausur(arbeit) f; UNIV ~ de doctorat Doktorarbeit f

te'zist ADJ (eine These) vertretend

ti'ară F̲ Tiara f

'tibia F̲ Schienbein n

tică'i v̲ı̲ ticken

tică'los A̲ ADJ niederträchtig B̲ M̲, tică'loasă F̲ Schuft m

ticălo'şie F̲ Gemeinheit f

ti'chet N̲ Ticket n

ticlu'i v̲t̲ a ~ ceva sich etw ausdenken

tic'si v̲t̲ vollstopfen

tic'sit ADJ voll(gestopft)

ti'fon N̲ Mull m

'tifos N̲ Typhus m

ti'gaie F̲ Pfanne f

ti'ghel N̲ Steppnaht f

tighe'li v̲t̲ mit einer Steppnaht f versehen

ti'grat ADJ getigert

'tigru M̲ Tiger m

'tihnă F̲ Bequemlichkeit f; Muße f

tih'ni v̲ı̲ behagen

'tijă F̲ ❶ Stängel m ❷ TECH Stange f

'tildă F̲ Tilde f

tim'bra v̲t̲ stempeln; scrisoare frankieren

tim'brat ADJ gestempelt; scrisoare fran-
kiert

'timbru N̲ ~ (poştal) Briefmarke f

'timid ADJ schüchtern

timidi'tate F̲ Schüchternheit f

ti'monă F̲ Steuer(rad) n

timoni'er M̲ Steuermann m

timo'ra v̲t̲ einschüchtern

timo'rat ADJ verängstigt

timp N̲ Zeit f; Wetter n; ~ liber Freizeit
f; în ~ ce während; la ~ rechtzeitig

tim'pan N̲ Trommelfell n; Pauke f

timpu'riu ADJ frühzeitig

tinc'tură F̲ Tinktur f

'tindă F̲ (Haus)Flur m

'tinde v̲ı̲ streben (spre nach)

'tine PRON dich

tine'resc ADJ jugendlich

tine'ret N̲ Jugend f; junge Leute pl

tine'reţe F̲ Jugend f

tini'chea F̲ Blech n

tinichi'giu M̲ Klempner m

tip M̲ Typ m; Kerl m; IT tip de fişiere
Dateityp m

ti'par N̲ (Buch)Druck m; a scrie de ~ in
Druckschrift schreiben

tipă'ri v̲t̲ drucken

tipări'tură F̲ Drucksache f

'tipic¹ ADJ typisch

ti'pic² N̲ Norm; regulă Regel f

tipi'car ADJ formalistisch; pej kleinlich

tipici'tate F̲ Eigenart f

tipi'za v̲t̲ typisieren; unifica vereinheitlichen

tipi'zat ADJ typisiert; unitar einheitlich

tipo'graf(ă) M̲F̲ (Buch)Drucker(in) m(f)

tipogra'fie F̲ Druckerei f

tipolo'gie F̲ Charakterisierung f;
PSYCH Typologie f

tip'sie F̲ Präsentierteller m

tip'til ADV unauffällig; a merge ~ auf
Zehenspitzen fpl gehen

tir N̲ SPORT Schießen n

ti'radă F̲ Tirade f; pej Redeschwall m

ti'raj N̲ Auflage f

ti'ran M̲ Tyrann m

ti'ranic ADJ tyrannisch

tira'nie F̲ Tyrannei f; Gewaltherrschaft
f

tirbu'şon N̲ Korkenzieher m

tiro'idă F̲ Schilddrüse f

tiroi'dită F̲ Schilddrüsenentzündung
f; MED Thyreoiditis f

ti'tan¹ N̲ CHEM Titan n

ti'tan² M̲ MYTH Titan m

titi'rez M̲ Kreisel m

'titlu N̲ Titel m; FIN ~ de creanţă
Schuldschein m; ~ principal Schlagzeile f; ~ri de valoare Wertpapiere pl

ti'tra v̲t̲ ❶ bestimmen; CHEM titrieren
❷ ziar, revistă betiteln

ti'trat ADJ ❶ diplomiert ❷ soluţii bestimmt; CHEM titriert

titu'lar A̲ ADJ berechtigt; membru ~
~ ordentliches Mitglied n B̲ M̲, titu-
'lară F̲ ❶ Amtsinhaber(in) m(f) ❷ JUR
Berechtigte(r) m/f(m) ❸ LIT Titelheld(in)
m(f)

titulari'za v̲t̲ zum Amtsinhaber ernennen

titulari'zare F̲ Ernennung f (zum
Amtsinhaber)

titula'tură F̲ Titulierung f

tiv N̲ Saum m

ti'vi v̲t̲ säumen

tiz(ă) M̲F̲ Namensvetter(in) m(f)

'toacă F̲ ❶ Läutebrett n ❷ REL Vesper f

toa'letă F̲ Toilette f; ~ de oaspeţi Gäste-WC n; ~ pentru bărbaţi Herrentoi-

lette f; **~ pentru femei** Damentoilette f

'toamna ADVL im Herbst

'toamnă F Herbst m

'toană umg F Laune f

'toarce V/I schnurren

'toartă F Henkel m

to'ast N Trinkspruch m

'toată INDEF PR FPL ganz

'toate F alle; **cu ~ că** obwohl

'tobă F Trommel f; Karo n; GASTR Presswurst f

tobo'gan N Rutschbahn f; **~ pe apă** Wasserrutschbahn f

tobo'șar M Trommler m

toc N Absatz m; **~ de ochelari** Brillenetui n

to'ca V/I hacken

to'cană F Ragout n

to'cat ADJ gehackt; **carne** f **~ă** Hackfleisch n

tocă'toare F Schredder m

tochi'tură F GASTR rumänisches Gericht aus Schweinefleisch mit Maisbrei, Ei und Käse

to'ci A V/I stumpf machen; abnutzen; umg pauken B V/R **a se ~** stumpf werden

toci'lar(ă) M/F (Messer)Schleifer(in) m(f); fig pej Streber(in) m(f)

tocilă'rie F (Messer)Schleiferei f

to'cit ADJ stumpf; abgenutzt

'tocmai ADV gerade, eben

toc'meală F Feilschen n

toc'mi V/R **a se ~** feilschen

'tofu N Tofu m

'togă F Toga f

'toi N Mitte f; **punct culminant** Höhepunkt m

to'iag N Stab m

tolă'ni V/R **a se ~** sich rekeln

'tolbă F JAGD Jagdtasche f

tole'ra V/I dulden

tole'rant ADJ tolerant

tole'ranță F Toleranz f

tolo'mac A ADJ umg pej trottelig B M, **tolo'macă** F umg pej Trottel(in) m(f)

tom N Band m

tom'bal ADJ Grab...; **piatră** f **~ă** Grabstein m

tombe'ron N Mülltonne f

'tombolă F Verlosung f

tom'natic ADJ herbstlich; fig flăcău m **~ alter** Junggeselle m

tomo'graf N Röntgengerät n

tomogra'fie F MED Tomografie f

ton A N Ton m, Klang m; TEL **ton de ocupat** Besetztzeichen n; **a da ~ul** den Ausschlag geben B M ZOOL Thunfisch m

to'naj N SCHIFF Tonnage f

tonali'tate F Tonalität f

'tonă F Tonne f

'toner N Toner m

to'netă F Verkaufsstand m

'tonic N Stärkungsmittel n

tonifi'ant ADJ stärkend

tonifi'ca A V/I stärken B V/R **a se ~** sich stärken

tonifi'ere F Stärkung f

tont ADJ dumm

'tonus N 1 Muskeltonus m 2 fig Kraft f

top¹ N Ries n

top² F **top muzical** Hitliste f

to'paz N Topas m

to'pi A V/I schmelzen B V/R **a se ~** schmelzen, zergehen; auftauen

'topică F LING Wortstellung f

topinam'bur M Topinambur f/m

topito'rie F Schmelzofen m; **fabrică** Schmelzerei f

topo'graf(ă) M/F Topograf(in) m(f)

topogra'fie F Topografie f

topome'trie F Landvermessung f

toponi'mie F Toponymie f

to'por N Axt f, Beil n

top'tan N **cu ~ul** in großer Anzahl f

to'race N Brustkorb m

torea'dor M Torero m; Stierkämpfer m

to'rent N Sturzbach m; fig Strom m

torenți'al ADJ strömend

to'rid ADJ heiß

tor'nadă F Wirbelsturm m

toro'peală F Schläfrigkeit f

tor'pedo N 1 **la mașini** Schottwand f 2 **la biciclete** Rücktrittbremse f 3 **salam** Wurstsorte aus Schweine- und Rindfleisch mit Speck

torpe'dou N Schottwand f

torpi'la V/I torpedieren; fig verhindern

tor'pilă F 1 Torpedo m 2 BIOL Zitterrochen m

tors N̄ **1** Spinnen n **2** *despre pisici* Schnurren n **3** *sculptură* Torso m

torsio'na V̄T̄ verdrehen B V̄R̄ a se ~ sich verdrehen

torsio'nat ADJ verdreht

torsi'une F̄ Verdrehung f

tort N̄ Torte f

tortu'ra V̄T̄ **1** foltern **2** *fig* stottern

tor'tură F̄ Folter f

'tortă F̄ Fackel f

torțio'nar A ADJ qualvoll B M̄ Folterer m

tos ADJ zahăr n ~ Kristallzucker m

tot A ADJ ganz; all(es); ~ așa ebenso; **peste** ~ überall B N̄ Ganze(s) n

to'tal A ADJ gesamt; völlig B N̄ Gesamtsumme f; **în** ~ insgesamt

totali'tar ADJ totalitär

totalita'rism N̄ Totalitarismus m

totali'tate F̄ Gesamtheit f

totali'za V̄T̄ zusammenzählen

total'mente ADV ganz; vollkommen

totdea'una ADV immer

to'tem N̄ Totem n

toto'dată ADV gleichzeitig

'totuna ADV gleich(gültig)

'totuși ADV trotzdem; jedoch

'toți M̄P̄L̄ alle

to'varăș(ă) M̄F̄ Gefährte m, Gefährtin f; *între comuniști* Genosse m, Genossin f; WIRTSCH Teilhaber(in) m(f); **~(ă) de călătorie** Mitfahrer(in) m(f); **~(ă) de viață** Lebensgefährte m, Lebensgefährtin f

'toxic ADJ giftig

toxici'tate F̄ Giftigkeit f

toxicolo'gie F̄ BIOL, MED Toxikologie f

toxico'man(ă) M̄F̄ Drogensüchtige(r) m/f(m)

toxiin'fecție F̄ ~ alimentară Lebensmittelvergiftung f

to'xină F̄ Giftstoff m; BIOL, MED Toxin n

toxoplas'moză F̄ MED Toxoplasmose f

tra'buc N̄ Zigarre f

trac N̄ Lampenfieber n

traca'sa V̄T̄ erzürnen

traca'sant ADJ erzürnend

t'racic ADJ thrakisch

traco'log(ă) M̄F̄ Thraker(in) m(f)

tract N̄ ANAT, MED Trakt m

trac'ta V̄T̄ **1** behandeln; *musafir* bewirten **2** *vehicul* abschleppen

trac'tor N̄ Traktor m

tracți'une F̄ Antrieb m; **forță f de ~** Zugkraft f; AUTO **~ integrală** Allradantrieb m; **~ pe față** Vorderradantrieb m; **~ pe spate** Hinterradantrieb m

tra'diție F̄ Tradition f

tradiție'nal ADJ traditionell

tradu'că'tor M̄, **traducă'toare** F̄ Übersetzer(in) m(f)

tra'duce V̄T̄ übersetzen

tra'ducere F̄ Übersetzung f

tra'fic N̄ **1** Verkehr m; **~ aerian** Flugverkehr m; **~ de mărfuri** Güterverkehr m; **~ local** Nahverkehr m **2** Handel m; **~ de droguri** Drogenhandel m

trafi'cant M̄ ~ de droguri Drogenhändler m

trafo'raj N̄ Laubsägearbeit f

'trage A V̄T̄ anziehen, aufziehen, nachziehen, (durch)ziehen; **~ cu urechea** lauschen B V̄Ī schießen C V̄R̄ a se ~ din abstammen von

trage'die F̄ Tragödie f

'tragere F̄ Schießen n; **~ la sorți** Verlosung f

'tragic ADJ tragisch

tragicome'die F̄ Tragikomödie f

tragi'comic ADJ tragikomisch

tra'hee F̄ Luftröhre f

trai N̄ Leben n

tra'iect N̄ Strecke f

traiec'torie F̄ Strecke f

'trainic ADJ dauerhaft

'traistă F̄ Tasche f

'tramă F̄ fig Intrige f

tramba'la A V̄R̄ a se ~ herumgehen; *umg* rumlatschen B V̄T̄ *umg* mitschleppen

trambu'lină F̄ Sprungbrett n; Sprungschanze f

tram'vai N̄ Straßenbahn f

tranchili'zant A N̄ Beruhigungsmittel n B ADJ beruhigend

tranda'fir M̄ Rose f

transal'pin ADJ transalpin

transa'tlantic ADJ transatlantisch

'transă F̄ Trance f

transbor'da V̄T̄ umladen

transcar'patic ADJ jenseits der Karpa-

T

ten

trans'cende $\overline{VT}$ überschreiten

transcen'dent $\overline{ADJ}$ übersinnlich; MATH, PHIL transzendent

transcen'denţă $\overline{F}$ Transzendenz f

tran'scrie $\overline{VT}$ abschreiben; eintragen; umschreiben

transcri'ere $\overline{F}$ **~ fonetică** Lautschrift f

tran'sfer $\overline{N}$ FIN Überweisung f

transfe'ra $\overline{VT}$ versetzen; FIN überweisen

transfe'rabil $\overline{ADJ}$ übertragbar

transfor'ma $\overline{VT}$ verwandeln, umwandeln

transfor'mare $\overline{F}$ Verwandlung f, Umwandlung f, Wandlung f; **~ structurală** Strukturwandel m

transforma'tor $\overline{N}$ Transformator m

transformaţio'nal $\overline{ADJ}$ LING transformationell

transfrontali'er $\overline{ADJ}$ grenzübergreifend

trans'fug(ă) $\overline{MF}$ Überläufer(in) m(f)

tran'sfuzie $\overline{F}$ Transfusion f; **~ de sânge** Bluttransfusion f

transgre'sa $\overline{VT}$ überschreiten

transgre'sare $\overline{F}$ Überschreitung f

transhu'manţă $\overline{F}$ Transhumanz f; Wanderschäferei f

Transil'vania $\overline{F}$ Siebenbürgen n

transilvă'nean $\overline{A}$ $\overline{ADJ}$ siebenbürgisch $\overline{B}$ $\overline{M}$, **transilvă'neancă** $\overline{F}$ Siebenbürger(in) m(f)

tran'slator $\overline{M}$, **tran'slatoare** $\overline{F}$ Dolmetscher(in) m(f)

trans'laţie $\overline{F}$ PHYS Translation f

translu'cid $\overline{ADJ}$ durchscheinend

transmi'sibil $\overline{ADJ}$ übertragbar

tran'smisie $\overline{F}$, **transmisi'une** $\overline{F}$ Übertragung f; **~ în direct** Direktübertragung f; **~ prin satelit** Satellitenübertragung f

tran'smite $\overline{VT}$ übertragen; ausrichten; **~ mai departe** IT weiterleiten

transmiţă'tor $\overline{N}$ TECH Transmitter m

transnaţio'nal $\overline{ADJ}$ länderübergreifend

transoce'anic $\overline{ADJ}$ Übersee...

transpa'rent $\overline{ADJ}$ durchsichtig

transpa'renţă $\overline{F}$ Transparenz f

transpi'ra $\overline{VI}$ schwitzen

transpi'raţie $\overline{F}$ Schweiß m

tran'splant $\overline{N}$ Verpflanzung f, Transplantation f

transplan'ta $\overline{VT}$ verpflanzen, transplantieren

tran'sport $\overline{N}$ Transport m; **mijloc** n **de ~** Verkehrsmittel n

tran'sporta $\overline{VT}$ transportieren

transpor'tor $\overline{N}$ $\overline{1}$ Fördergerät n $\overline{2}$ MIL Panzerwagen m

tran'spune $\overline{A}$ $\overline{VT}$ umsetzen $\overline{B}$ $\overline{VR}$ **a se ~ în situaţia cuiva** sich in die Lage von j-m versetzen

transsexu'al $\overline{A}$ $\overline{ADJ}$ transsexuell $\overline{B}$ $\overline{M}$, **transsexu'ală** $\overline{F}$ Transsexuelle(r) m/f(m)

transver'sal $\overline{ADJ}$ quer; diagonal

tran'şa $\overline{VT}$ $\overline{1}$ conflict bewältigen $\overline{2}$ carne tranchieren

tran'şant $\overline{ADJ}$ $\overline{1}$ entschlossen $\overline{2}$ opus gegensätzlich

'tranşă $\overline{F}$ Stück n, Abschnitt m

tran'şee $\overline{F}$ Schützengraben m

tran'zacţie $\overline{F}$ Transaktion f, Geschäft n

tranzacţio'nare $\overline{F}$ Durchführung f einer Transaktion

'tranzit $\overline{N}$ Transit m; trafic Durchgangsverkehr m

tranzi'tiv $\overline{ADJ}$ GRAM transitiv

tranzi'toriu $\overline{ADJ}$ vorübergehend

tran'ziţie $\overline{F}$ Übergang m; **~ energetică** Energiewende f

trap $\overline{N}$ Trab m

'trapă $\overline{F}$ $\overline{1}$ Falltür f $\overline{2}$ capcană Falle f $\overline{3}$ la maşini Schiebedach n

tra'pez $\overline{A}$ $\overline{N}$ GEOM, SPORT Trapez n $\overline{B}$ $\overline{M}$ ANAT Trapezmuskel m

trape'zist(ă) $\overline{MF}$ Trapezkünstler(in) m(f)

tras $\overline{ADJ}$ $\overline{1}$ gezogen $\overline{2}$ oameni ausgezehrt

tra'sa $\overline{VT}$ ziehen; (auf)zeichnen

tra'seu $\overline{N}$ Strecke f; **~ cu bicicleta** Fahrradtour f; **~ de drumeţie** Wanderweg m

tra'sor $\overline{N}$ $\overline{1}$ Reißnadel f $\overline{2}$ glonţ Leuchtkugel f

tra'ta $\overline{VT}$ a. MED behandeln, (ver)handeln; bewirten

tra'tabil $\overline{ADJ}$ behandelbar

trata'ment $\overline{N}$ a. MED Behandlung f; **~**

ambulator ambulante Behandlung; ~ medical ärztliche Behandlung
tra'tat N̄ POL Vertrag m; Abhandlung f
trata'tive F̄PL Verhandlungen pl
tra'tație F̄ Bewirtung f
trau'matic ADJ traumatisch
trauma'tism N̄ Trauma n
traumati'za V̄T̄ traumatisieren
traumati'zant ADJ traumatisierend
'traumă F̄ Trauma n
tra'valiu N̄ ❶ Tätigkeit f ❷ la naștere Wehen fpl
traver'sa V̄T̄ überqueren
tra'versă F̄ Schwelle f
traves'ti V̄R̄ a se ~ sich verkleiden
traves'tit M̄ Transvestit m
tră'da V̄T̄ verraten
tră'dare F̄ Verrat m
trădă'tor M̄, trădă'toare F̄ Verräter(in) m(f)
tră'gaci N̄ Abzug m (einer Waffe)
trăgă'tor M̄, trăgăto'are F̄ Schütze m, Schützin f; ~ de elită Scharfschütze m
tră'i V̄I̅ & V̄T̄ leben
trăi'nicie F̄ Haltbarkeit f
trăncă'neală F̄ Plauderei f; umg Schwatz m
trăncă'ni V̄I̅ schwatzen
tră'sătură F̄ ~ (de caracter) Zug m; ~ principală Grundzug m
trăs'naie F̄ Einfall m; umg Geistesblitz m
'trăsnet N̄ Blitz m, Donnerschlag m
trăs'ni V̄I̅ einschlagen
tră'sură F̄ Kutsche f
'trâmbiță reg F̄ Trompete f
trân'dăvi V̄I̅ faulenzen
'trântă F̄ Ringkampf m
trân'ti A̅ V̄T̄ umwerfen; zuschlagen; examen durchfallen lassen B̄ V̄R̄ a se ~ sich fallen lassen
'trântor fig M̄ Faulenzer m
'treabă F̄ Arbeit f; Angelegenheit f; de ~ anständig
'treacăt N̄ în ~ beiläufig
'treaptă F̄ Stufe f
treaz ADJ wach; nüchtern
trebălu'i V̄I̅ werkeln
trebu'i V̄/UNPERS ~e man muss (+ inf); es muss sein; ~e să plec (acasă) ich muss (nach Hause) gehen; ~e să se întâmple

ceva es muss etwas geschehen; ~e să vină imediat er/sie soll sofort kommen; ar ~ să fie deja acolo er/sie dürfte schon dort sein; ar ~ să fie pedepsit er/sie sollte bestraft werden; ar ~ să se potrivească das dürfte stimmen; asta ~e să se schimbe das muss anders werden; cât ~e să plătești? wie viel musst du ausgeben?; dacă ~e wenn es sein muss; îmi ~e ceva ich brauche etwas; nu ar fi ~t să facă asta das hätte er/sie nicht tun sollen; nu ~a! das wäre doch nicht nötig gewesen!
trebu'ință F̄ Notwendigkeit f
trecă'toare F̄ (Eng)Pass m
trecă'tor A̅ ADJ vorübergehend; vergänglich B̄ M̄, trecă'toare F̄ Passant(in) m(f)
'trece A̅ V̄I̅ vorbeigehen, vorbeifahren; vergehen; a-i ~ cuiva prin minte j-m in den Sinn kommen B̄ V̄T̄ überqueren; eintragen; examen bestehen
'trecere F̄ Durchgang m, Durchfahrt f, Durchreise f; Übergang m; ~ a frontierei Grenzübergang m; ~ de pietoni Zebrastreifen m; ~ pentru vehicule Durchfahrt f; ~a interzisă Durchgang verboten
tre'cut A̅ ADJ vergangen; vorbei B̄ N̄ Vergangenheit f
'treflă F̄ ❶ cărți de joc Kreuz n ❷ cusătură Kreuzstich m
trei NUM drei; ~ mii dreitausend; ~ sute dreihundert
'treia F̄ dritte(r, s)
treie'ra V̄T̄ dreschen
treie'rat A̅ N̄ Dreschen n B̄ ADJ gedroschen
'treilea MN dritte(r, s)
tre'ime F̄ Drittel n
'treisprezece NUM dreizehn
'treisprezecelea NUM dreizehnte(r)
trei'zeci NUM dreißig
trei'zecilea NUM dreißigste(r)
'tremă F̄ LING Trema n
tremu'ra V̄I̅ zittern
tremură'tor ADJ zittrig; ape unruhig
tren N̄ Zug m; ~ de mare viteză Hochgeschwindigkeitszug m; ~ de noapte Nachtzug m; ~ de persoane Personenzug m
tre'na V̄I̅ sich in die Länge ziehen

'trenă F̲ Schleppe f

trend N̲ Trend m

'trening N̲ Trainingsanzug m

trepă'da V̲I̲ hin und her laufen; *cai* traben

trepă'duş M̲ Nörgler m

trepi'da V̲I̲ 1 beben 2 *fig* sich aufregen

trepi'dant A̲D̲J̲ 1 bebend 2 *fig* aufregend

trepi'ed N̲ Stativ n

trep'tat A̲D̲J̲ allmählich

'tresă F̲ Litze f

tresă'ri V̲I̲ zusammenzucken

'trestie F̲ Schilf(rohr) n; ~ **de zahăr** Zuckerrohr n

tre'zi A̲ V̲T̲ (auf)wecken B̲ V̲R̲ a se ~ aufwachen

tre'zire F̲ Wachwerden n

tre'zit A̲D̲J̲ G̲A̲S̲T̲R̲ abgestanden

trezore'rie F̲ Staatskasse f

trezori'er M̲ Schatzmeister m

tri'a V̲T̲ sortieren

tri'adă F̲ Triade f

tri'aj N̲ B̲A̲H̲N̲ Rangieren n

triangu'lar A̲D̲J̲ dreieckig

tria'tlon N̲ Triathlon n

triatlo'nist(ă) M̲|F̲ Triathlet(in) m(f)

trib N̲ (Volks)Stamm m

tri'bal A̲D̲J̲ Stammes...; **conducător** ~ Stammesführer m

tri'bord M̲ S̲C̲H̲I̲F̲F̲ Steuerbord n

tribu'laţie F̲ Unruhe f

tri'bun M̲ (Volks)Tribun m

tribu'nal N̲ Gericht n, Gerichtshof m

tri'bună F̲ Tribüne f

tri'but N̲ Tribut m; *contribuţie* Abgabe

tribu'tar A̲D̲J̲ tributpflichtig; *fig* untergeben

'triceps M̲ A̲N̲A̲T̲ Trizeps m

trici'cletă F̲ Dreirad n

trico'lor A̲ A̲D̲J̲ dreifarbig B̲ N̲ Trikolore f; *drapelul românesc* rumänische Flagge f C̲ M̲ S̲P̲O̲R̲T̲ rumänische Mannschaft f

trico'ta V̲T̲ stricken

trico'taje N̲P̲L̲ Strickwaren pl

trico'tat A̲D̲J̲ gestrickt

trico'u N̲ T-Shirt n

tridimensio'nal A̲D̲J̲ dreidimensional

trie'nal A̲D̲J̲ dreijährig; *din trei în trei ani* alle drei Jahre

tri'ere F̲ Sortierung f

tri'foi N̲ Klee m

tri'gon N̲ 1 dreieckige Süßspeise aus Blätterteig mit Nüssen und Sirup 2 M̲E̲D̲ ~ **cerebral** Fornix m

trigono'metric A̲D̲J̲ trigonometrisch

tril N̲ M̲U̲S̲ Triller m

trilate'ral A̲D̲J̲ dreiseitig

tri'lingv A̲D̲J̲ dreisprachig

trili'on N̲ Billion f

trilo'gie F̲ Trilogie f

tri'mestru N̲ Trimester n

tri'mis M̲ Abgesandte(r) m; ~ **special** Sonderberichterstatter m

tri'mite V̲T̲ (ab)schicken, (ent)senden; *text* verweisen; a ~ **cuiva un e-mail** j-m mailen

tri'mitere F̲ Versand m; *text* Verweis m

trimo'tor N̲ dreimotoriges Flugzeug n

trini'tar A̲D̲J̲ R̲E̲L̲ trinitarisch

trini'tate F̲ R̲E̲L̲ Trinität f

'trio N̲ a. *umg* Trio n

trio'let N̲ Triolett n

tripar'tit A̲D̲J̲ dreiteilig

tri'pla A̲ V̲T̲ verdreifachen B̲ V̲R̲ a se ~ sich verdreifachen

tri'plet A̲ N̲ 1 drittes Exemplar n 2 M̲A̲T̲H̲ Tripel n B̲ M̲ Drilling m

tri'pletă F̲ 1 Tridem n, Tandem n für drei Radfahrer 2 S̲P̲O̲R̲T̲ Triplette f

'triplu A̲D̲J̲ dreifach

triplu'salt N̲ Dreifachsalto m

tri'pou N̲ Bar f; *umg* Kneipe f

trip'tic N̲ M̲A̲L̲ Triptychon n

triso'mie F̲ M̲E̲D̲ Trisomie f

trist A̲D̲J̲ traurig

tris'teţe F̲ Traurigkeit f

tri'şa V̲I̲ schwindeln; mogeln

tri'şor M̲ Falschspieler m; *fig* Betrüger m

tri'umf N̲ Triumph m

trium'fa V̲I̲ triumphieren (**asupra** über)

trium'fal A̲D̲J̲ triumphal; siegreich

triumfă'tor A̲D̲J̲ triumphierend

triumvi'rat N̲ Triumvirat n

tri'unghi N̲ Dreieck n; A̲U̲T̲O̲ ~ **reflectorizant** Warndreieck n

triunghiu'lar A̲D̲J̲ dreieckig

tri'vaccin N̲ dreiteiliger Impfstoff m; M̲E̲D̲ DTP-Impfstoff m

triva'lent ADJ CHEM dreiwertig
trivi ADJ unverschämt
triviali'tate F Unverschämtheit f
'troacă F Trog m
troc N Tausch(handel) m
tro'feu N Trophäe f
troglo'dit(ă) MF Höhlenbewohner(in)
tro'ian N Schneehaufen m
'troică F Troika f
troie'ni A VT beschneien B VR a se
~ sich einschneien
trolei'buz N Oberleitungsbus m
'troliu N Winde f
'trombă F de apă Wasserhose f; de
vânt Windhose f
trombo'cită F MED Thrombozyt m
trom'bon F Posaune f
trombo'ni umg VI lügen, schwindeln
trom'boză F MED Thrombose f
'trompă F Rüssel m; ~ uterină Eileiter
m
trom'petă F Trompete f
tron N Thron m
tro'na VI thronen; fig herrschen
tron'conic ADJ kegelförmig
tron'son N Abschnitt m
tropă'i VI trampeln, stampfen
'tropic N Wendekreis m
tropi'cal ADJ tropisch
'tropice NPL Tropen pl
tropo'sferă F METEO Troposphäre f
'tropot N Hufschlag m
'trosnet N Krach m
tros'ni VI krachen
tro'til N TNT n
troti'netă F Roller m
trotu'ar N Gehsteig m; a face ~ auf
den Strich gehen
truc N Trick m
tru'ca VT vortäuschen; umg tricksen
tru'caj N Täuschung f
tru'cat ADJ vorgetäuscht
'trudă F Mühe f
tru'di VR a se ~ sich abmühen
trufan'da F Frühobst n, Frühgemüse
n
tru'faş ADJ hochmütig
'trufă F Trüffel f; ~ neagră Schwarztrüffel f
tru'fie F Hochmut m
tru'ism N Binsenweisheit f
trunchi N Stamm m; Stumpf m; ANAT

Rumpf m; ~ de copac Baumstamm m
trun'chia VT abstumpfen; fig verstümmeln
trun'chiat ADJ abgestumpft; fig verstümmelt
trup N Körper m
'trupă F Truppe f
tru'pesc ADJ körperlich
'trupeş ADJ beleibt; umg pummelig
'trusă F ~ de bărbierit Rasierzeug n; ~
de cusut Nähzeug n; MED, PFLEGE ~ de
prim-ajutor Verband(s)kasten m; ~ de
toaletă Kulturtasche f
tru'sou N (Braut)Ausstattung f
trust N WIRTSCH Trust m
tu PRON du
tub N Tube f; Röhre f; tub de bambus
Bambusrohr n; tub de respiraţie
Schnorchel m
'tubă F Tuba f
tu'bercul M Knolle f ANAT, MED
Tuberkel f/m
tubercu'loză F Tuberkulose f
tubu'lar ADJ röhrenförmig
tubula'tură F Abzugsrohr n
'tuci N Gusseisen n; ceaun Kessel m
tuciu'riu ADJ dunkelhäutig
'tufă F Busch m
tufă'riş N Gebüsch n
tu'fiş N Gebüsch n
'tuia F Lebensbaum m
tul N Tüll m
tulbu'ra VT trüben; aufregen
tulbu'rare F Störung f; ~ a liniştii Ruhestörung f; ~ psihică psychische Störung f; POL tulburări pl Unruhen pl;
MED tulburări de circulaţie Kreislaufstörungen pl
tulbu'rat ADJ trüb fig aufgeregt
tulbură'tor ADJ beunruhigend
'tulbure ADJ trüb(e)
tulbu'rel A N Federweißer m B ADJ
vin federweiß; umg trüblich
tu'lei N Flaum m
tu'li VI a o ~ umg sich aus dem Staub
machen
'tulnic N volkstümliches Instrument,
ähnlich dem Alphorn
tul'pină F Stängel m; Stamm m
'tumbă F umg Purzelbaum m
tumefi'a VR a se ~ anschwellen
tumefi'at ADJ angeschwollen

tu'moare f̄ Tumor m, Geschwulst f

tu'mult N̄ Tumult m; fig Aufregung

tumultu'os ADJ 1 unruhig 2 abundent üppig

tun N̄ Kanone f

tu'na v̄ī donnern

'tunde v̄ī scheren; (ab)schneiden

tu'nel N̄ Tunnel m; ~ul de sub Canalul Mânecii Eurotunnel m

'tunet N̄ Donner m

tu'nică f̄ Uniformjacke f

tunisi'an A ADJ tunesisch B M̄, tunisi'ană f̄ Tunesier(in) m(f)

tuns A ADJ geschoren; geschnitten B N̄ Haarschneiden n; oaie Schur f

tun'soare f̄ Haarschnitt m

tu'peu N̄ Dreistigkeit f

tur N̄ Rundgang m, Rundreise f, Rundfahrt f; Runde f; tur de forță große Leistung f; tur de onoare Ehrenrunde f; ~ de oraș Stadtrundfahrt f; tur de o zi Tagestour f

tu'ra v̄ī hochdrehen

tu'rație f̄ Drehzahl f

'tură f̄ (Arbeits)Schicht f; ~ de după-amiază Spätdienst m; ~ de noapte Nachtschicht f

tur'ba v̄ī tollwütig werden; fig wütend werden

tur'ban N̄ Turban m

tur'bare f̄ Tollwut f

tur'bat ADJ tollwütig; fig wütend

'turbă f̄ Torf m

turbă'rie f̄ Torfmoor n

tur'bină f̄ Turbine f; ~ eoliană Windrad n

turbio'nar ADJ unruhig; cu vârtejuri wirbelig

turbu'lent ADJ ausgelassen; ape unruhig

turbu'lență f̄ Ausgelassenheit f; vârtej (Wasser)Strudel m

turc A ADJ türkisch B M̄ Türke m

tur'cesc ADJ türkisch

'Turcia f̄ Türkei f

tur'coaică f̄ Türkin f

tur'coaz ADJ INV türkis

tu'relă f̄ Panzerturm m

tu'rism N̄ Tourismus m

tu'rist(ă) M̄(F) Tourist(in) m(f)

'turlă f̄ Kirchturm m

'turmă f̄ Herde f

tur'men'ta A v̄R a se ~ sich betrinken B v̄ī verwirren

tur'men'tat ADJ betrunken

turn N̄ Turm m; ~ de observație Aussichtsturm m; ~ de televiziune Fernsehturm m

tur'na v̄ī gießen; einschenken; FILM drehen; umg anzeigen; ploaie schütten; a ~ cu găleata in Strömen regnen

tur'nă'tor M̄, turnă'toare f̄ 1 Gießer(in) m(f) 2 fig umg Wichtigtuer(in) m(f)

turnăto'rie f̄ 1 Gießerei f 2 fig Klage f

tur'neu N̄ Tournee f

tur'nir N̄ (Ritter)Turnier m

tur'nură f̄ 1 Wende f 2 LING Wortstellung f

'turtă f̄ (flacher) Kuchen m; ~ dulce Pfefferkuchen m, Lebkuchen m

tur'ti v̄ī platt drücken

turtu'rea f̄ Turteltaube f

turu'i v̄ī umg plappern

tus'cinci NUM alle fünf

'tuse f̄ Husten m; ~ convulsivă, reg ~ măgărească Keuchhusten m

tusla'ma f̄ Gericht aus Bein- und Bauchfleisch des Rindes

tus'patru NUM alle vier

tus'trei NUM alle drei

tuș N̄ Tusche f

tușave'raj N̄ SPORT Punktestand m

'tușă f̄ SPORT Seitenlinie f

tu'șeu N̄ Abtasten n; la pian Anschlag m

tu'și v̄ī husten

tuși'er M̄ SPORT Linienrichter m

tuși'eră f̄ Stempelkissen n

'tută f̄ pej, umg Plappermaul n

tute'lar ADJ vormundschaftlich

tu'telă f̄ Vormundschaft f

tu'tore M̄ Vormund m

tutu'i v̄ī duzen

tu'tun N̄ Tabak m

tutunge'rie f̄ Tabakladen m

T

ţam'bal N̄ MUS Hackbrett n

ţanc N̄ la ~ rechtzeitig

'ţandără F̄ Splitter m; Span m

ţap M̄ (Ziegen)Bock m; ţap sălbatic Steinbock m; fig ţap ispăşi'tor Sündenbock m

ţar M̄ Zar m

'ţară F̄ Land n; ~ de origine Herkunftsland n; ~ în curs de dezvoltare Entwicklungsland n; Ţara Galilor Wales; Ţara Românească hist Walachei f; Ţările pl de Jos die Niederlande pl

ţarc N̄ Gehege n; umg Laufstall m

ţa'rist ADJ Zaren...; familie f ~ă Zarenfamilie f

'ţaţă reg F̄ Tante f; pej Klatschtante f

ţăcă'ni A VĪ klappern B VR a se ~ umg überschnappen

ţăcă'nit umg ADJ übergeschnappt

ţă'ran M̄ Bauer m

ţă'rancă F̄ Bäuerin f

ţără'nesc ADJ bäuerlich, Bauern...

ţără'nime F̄ Bauernschaft f

ţă'rână reg F̄ Erde f

ţărm N̄ Ufer n, Küste f

ţă'ruş M̄ Pflock m, Pfahl m

'ţâfnă F̄ Überheblichkeit m; pej, umg Wichtigtuerei f

ţâf'nos ADJ schnippisch, zickig

ţânc M̄ Bürschchen n; umg Knirps m

ţân'ţar M̄ Mücke f, Moskito m

ţâr M̄ a. fig, umg Hering m

'ţâră F̄ Stückchen n; o ~ ein wenig

ţârâ'i VĪ tröpfeln; klingeln; greier zirpen

ţârâ'ita F̄ cu ~ so wenig wie möglich

ţâr'covnic M̄ Küster m

ţâş'ni VĪ hervorquellen; hervorspringen

'ţâţă reg F̄ Titte f

ţâ'ţână F̄ Türangel f

'ţeapă F̄ Stachel m; Spieß m

'ţeapăn ADJ steif, starr

'ţeastă F̄ Schädel m

'ţeavă F̄ Rohr n; armă Lauf m; ~ de scurgere Abflussrohr n

ţel N̄ Ziel n

'ţelină F̄ Sellerie m

ţe'pos ADJ stachelig

ţe'puşă F̄ Spitze f; BIOL, BOT Stachel m

ţe'sală F̄ 1 Striegel m 2 fig umg Haue f

ţesă'la VĪ striegeln

ţesă'lare F̄ Striegeln n

ţesă'toare F̄ Weberin f

ţesă'tor M̄ Weber m

ţesăto'rie F̄ Weberei f

ţesă'tură F̄ Gewebe n

'ţese VĪ weben; stopfen

ţest N̄ 1 pentru alimente Glocke f 2 carapace Panzer m

ţes'tos ADJ animale gepanzert; broască f ţestoasă Schildkröte f

ţe'sut N̄ BIOL Gewebe n

'ţeţe F̄ INV musca f ~ Tsetsefliege f

ţevă'rie F̄ Röhrenwerk n

ţi- dir

ţic'neală F̄ Wutausbruch m

ţic'ni VR a se ~ überschnappen

ţic'nit ADJ bescheuert

ţi'dulă F̄ Zettel m

'ţie PRON dir

ţi'gaie A F̄ Wollschaf n B ADJ wollig

ţi'gan(că) M̄F̄ neg! Zigeuner(in) m(f)

ţi'gară F̄ Zigarette f; ~ cu filtru Filterzigarette f; ~ de foi Zigarre f

ţigă'neşte ADV zigeunerhaft

ţigă'ni VR a se ~ umg herumfeilschen

'ţiglă F̄ (Dach)Ziegel m

ţiglă'rie F̄ Ziegelbrennerei f

ţii'toare F̄ Geliebte f; umg Flamme f

'ţine A VĪ halten; a ~ de gehören zu; a ~ la gernhaben; a ~ locul vertreten; a ~ minte sich merken; a ~ morţiş bestehen auf B VR a se ~ stattfinden; a se ~ bine sich gut halten; a se ~ de cuvânt sein Wort halten

'ţinere F̄ ~ de minte Gedächtnis n

ţin'găú M̄ Heranwachsender m; pej, umg Halbstarker m

ţin'tar A N̄ SPIEL Mühle f B M̄ ZOOL Birkenzeisig m

ţin'tat ADJ 1 mit Nägeln beschlagen 2 fig animale mit Blesse

'ţintă F̄ Ziel n; Zielscheibe f; TECH Nagel m; a se uita ~ la anstarren

ţin'ti VĪ zielen

țintu'i `VT` festnageln

ți'nut `N` Gebiet n, Gegend f

ți'nută `F` Haltung f; Kleidung f

ți'pa `VI` schreien

ți'par `M` Aal m

ți'păt `N` Schrei m

țipă'tor `ADJ` grell

ți'penie `F` **nici ~ de om** keine Sterbensseele f

'țiplă `F` Zellophan n

'țiteră `F` Zither f

ți'ței `N` Erdöl n

țiu'i `VI` zischen, pfeifen

țiu'it `N` Pfiff m

'țoale umg `FPL` Klamotten pl

'țoapă `F` pej Rüpel m; umg Rabauke m

țocă'i `A` `VT` küssen; umg (ab)knutschen `B` `VR` a se ~ sich küssen; umg sich (ab)knutschen

'țoi `N` Schnapsglas n

țol `A` `M` unitate de măsură Zoll m `B` `N` pătură (Bett)Decke f; covor Teppich m

țopă'i `VI` hüpfen

țopâr'lan(că) `MF` pej Rüpel m; umg Rabauke m, Rabaukin f

țu'ca `A` `VT` küssen `B` `VR` a se ~ sich küssen

țu'gui `N` Gipfel m

țugu'ia `A` `VT` spitzen `B` `VR` a se ~ spitz zulaufen

țugu'iat `ADJ` spitz, zugespitzt

'țuică `F` (Pflaumen)Schnaps m

țuică'reală `F` Trinken n (von Schnaps); umg Schnäpseln n

'țurcă `F` **1** Spiel mit Stöcken, ähnlich dem Baseball **2** căciulă Wollmütze f

'țurțur `M` Eiszapfen m

U

uce'nic `M` Lehrling m, Azubi m

uceni'cie `F` Lehre f

u'cide `VT` töten, ermorden

uci'gaș(ă) `MF` Mörder(in) m(f)

ucigă'tor `ADJ` mörderisch

u'cis `ADJ` ermordet

Ucra'ina `F` die Ukraine

ucrai'nean `A` `ADJ` ukrainisch `B` `M`, **ucrai'neană** `F` Ukrainer(in) m(f)

ud `ADJ` nass

u'da `A` `VT` nass machen; (be)gießen `B` `VR` a se ~ nass werden

U'E `F ABK` (= Uniunea Europeană) EU f (Europäische Union)

ufo'log `M` Ufologe m

ufolo'gie `F` Ufologie f

'uger `N` Euter n

ui'mi `VT` erstaunen

ui'mire `F` Erstaunen n

ui'mit `ADJ` erstaunt

uimi'tor `ADJ` erstaunlich

ui'ta `A` `VT` `A` `VT` vergessen `B` `VR` a se ~ schauen, gucken; a se ~ cruciș schielen; a se ~ fix anstarren; a se ~ la ansehen, (zu)sehen; a se ~ la televizor fernsehen

ui'tare `F` Vergessenheit f

uită'tură `F` Blick m

ui'tuc `ADJ` vergesslich

ul'cea `F` Töpfchen n

'ulcer `N` Geschwür n; ~ **gastric** Magengeschwür n

ulce'rație `F` Geschwür n

ulci'or `N` Krug m

u'lei `N` Öl n; ~ **de măsline** Olivenöl n; ~ **de soare** Sonnenöl n; ~ **mineral** Mineralöl n

ule'ios `ADJ` ölig; ölhaltig

'uliță `F` Gasse f

'uliu `M` Habicht m

ulm `N` Ulme f

ulteri'or `ADJ` nachträglich

'ultim `ADJ` letzte(r, s)

ultima'tiv `ADJ` nachdrücklich

ulti'matum `N` Frist f

ultracen'tral `ADJ` sehr zentral

ultragi'a `VT` (schwer) beleidigen

ul'traj `N` Beleidigung f

ultramo'dern `ADJ` sehr modern

ultrara'pid `ADJ` sehr schnell

ultra'scurt `ADJ` sehr kurz

ultrase'cret `ADJ` sehr geheim

ultrasen'sibil `ADJ` hochsensibel

ultrasonogra'fie `F` Ultraschalluntersuchung f

ultra'sunet `N` Ultraschall m

ultravio'let `ADJ` ultraviolett

u'lucă `F` scândură Brett n; gard Bretter-

zaun m
ulu'i V/T verblüffen
ulu'ială F Verblüffung f
ulu'it ADJ verblüfft
ului'tor ADJ verblüffend
u'man ADJ menschlich; human
uma'nism N Humanismus m
uma'nist(ă) M/F Humanist(in) m(f)
umani'tar ADJ humanitär
umani'tate F Menschheit f
umani'za A V/R a se ~ sich humanisieren B V/T humanisieren
'umăr N Schulter f
um'bla V/I gehen
umblă'tură F umg Lauferei f
um'brar N Sonnendach n
'umbră F Schatten m
um'brelă F (Regen)Schirm m; ~ de
soare Sonnenschirm m
um'bri V/I Schatten spenden
um'brit ADJ 1 schattig 2 fig sunete er-
loschen
um'bros ADJ schattig
umec'ta V/T benetzen
'umed ADJ feucht
ume'raş N Kleiderbügel m
ume'zeală F Feuchtigkeit f
ume'zi A V/T befeuchten, anfeuchten
B V/R a se ~ feucht werden
um'fla A V/T aufblasen, aufpumpen;
schwellen B V/R a se ~ anschwellen
um'flare F (An)Schwellung f
um'flat ADJ (an)geschwollen
umflă'tură F Geschwulst f; Schwellung f
umidifi'care F Befeuchtung f
umidi'tate F Feuchtigkeit f
u'mil ADJ demütig
umi'li V/T demütigen
umi'linţă F Demut f
umi'lire F Demütigung f
umili'tor ADJ demütigend
u'moare F Körpersäfte mpl
u'mor N Humor m; ~ negru Galgenhumor m; plin de ~ humorvoll
umo'ral ADJ MED humoral
umo'rist(ă) M/F Humorist(in) m(f)
umo'ristic ADJ humoristisch
'umple V/T füllen; stopfen
'umplere F Auffüllung f
um'plut ADJ gefüllt
umplu'tură F Füllung f

un M/N ein(e)
'una F ein(e); eins
una'nim ADJ einstimmig
unanimi'tate F Einstimmigkeit f
'unchi M Onkel m; ~ naş Patenonkel
m
'uncie F Unze f
'undă F Welle f; ~ medie Mittelwelle
f; ~ scurtă Kurzwelle f
'unde ADV & KONJ wo; wohin; de ~ woher
unde'va ADV irgendwo; irgendwohin
'undiţă F Angel f
undu'i V/I (auf)wallen
undu'ios ADJ wallend; fig sunete melodisch; fig oameni unschlüssig
undu'ire F Wallung f; fig Schwingung
f
u'nealtă F Werkzeug n, Gerät n
'unele F/NPL einige, manche
unel'ti V/I sich verschwören
unel'tire F ⟨meist pl⟩ Intrige f
unel'tor M, **unelti'toare** F Ver-
schwörer(in) m(f)
une'ori ADV manchmal
un'gar ADJ ungarisch
Un'garia F Ungarn n
'unge V/T streichen; a. fig schmieren;
(ein)ölen
'ungere F 1 Schmierung f 2 REL Sal-
bung f
unghi N Winkel m
'unghie F ANAT Nagel m; ~ de la mână Fingernagel m; ~ de la picior Fußnagel m
unghiu'lar ADJ winkelig; colţuros eckig
ungu'ent N Salbe f
'ungur M Ungar m
ungu'resc ADJ ungarisch
ungu'roaică F Ungarin f
u'ni A V/T verein(ig)en; verbinden B
ADJ einfarbig
'unic ADJ einzig; einmalig
unicame'ral ADJ Einkammer...; POL
sistem ~ Einkammersystem n
uni'cat N Unikat n
unici'tate F Einzigartigkeit f
uni'corn M Einhorn n
unidimensio'nal ADJ eindimensional
unifi'ca V/T vereinheitlichen
unifi'care F Zusammenfassen n
uni'form ADJ gleichförmig; einheitlich

U

uni'formă F̅ Uniform f
uniformi'tate F̅ Gleichförmigkeit f
uniformi'za V̅T̅ vereinheitlichen
uniformi'zare F̅ Vereinheitlichung f
uniformi'zat A̅D̅J̅ vereinheitlicht
'unii M̅P̅L̅ einige, manche
unilate'ral A̅D̅J̅ einseitig
unilaterali'tate F̅ Einseitigkeit f
uninomi'nal A̅D̅J̅ eindeutig; P̅O̅L̅ vot n
~ Mehrheitswahl f
unio'nist A̅D̅J̅ P̅O̅L̅ unionistisch
uniperso'nal A̅D̅J̅ L̅I̅N̅G̅ defektiv
u'nire F̅ Vereinigung f
uni'sex A̅D̅J̅ unisex
uni'son N̅ Einklang m
u'nit A̅D̅J̅ verein(ig)t
uni'tar A̅D̅J̅ einheitlich
unitari'an A̅D̅J̅ unitarisch
uni'tate F̅ 1 Einheit f; ~ de măsură
Maßeinheit f 2 I̅T̅ ~ (de disc) Laufwerk
n; ~ (de) CD CD-ROM-Laufwerk n; ~ de
stocare a datelor Datenträger m
uni'une F̅ Union f; Verband m; Verein
m; ~ monetară Währungsunion f; ~
vamală Zollunion f; Uniunea Europeană die Europäische Union
uni'vers N̅ Weltall n, Universum n
univer'sal A̅D̅J̅ universell; general allgemein; unversal valabil allgemeingül-
tig
univer'salii F̅P̅L̅ P̅H̅I̅L̅ Universalien fpl
universali'tate F̅ 1 Vielseitigkeit f 2
totalitate Gesamtheit f
universi'tar A̅D̅J̅ Universitäts...
universi'tate F̅ Universität f, Hochschule f; ~ populară Volkshochschule f
uni'voc A̅D̅J̅ eindeutig
uns A̅D̅J̅ schmierig; fettig
un'soare F̅ Schmiere f; Fett n
'unsprezece N̅U̅M̅ elf
'unsprezecea N̅U̅M̅, 'unsprezecelea N̅U̅M̅ elfte(r, s)
unsu'ros A̅D̅J̅ fettig, schmierig
unt N̅ Butter f; unt de arahide Erdnussbutter f
untde'lemn N̅ Öl n
unti'eră F̅ Butterdose f
un'tos A̅D̅J̅ butterig
un'tură F̅ Schmalz n
'unu N̅U̅M̅ eins
u'nul M̅|N̅ eine(r, s); der/die/das eine;
nici ~ keine(r, s); ~ după altul nachei-

nander; ~ lângă altul nebeneinander
'update N̅ I̅T̅ Update n
u'ra¹ V̅T̅ wünschen
'ura² I̅N̅T̅ hurra
ura'gan N̅ Orkan m
u'rale F̅P̅L̅ Jauchzer m
urangu'tan M̅ Orang-Utan m
u'raniu N̅ Uran n
u'rare F̅ (Glück)Wunsch m
u'rat N̅ (Glück)Wunsch m
u'ră F̅ Hass m
u'ră'tor M̅, u'ră'toare F̅ Sänger(in)
m(f) (von Weihnachtsliedern)
u'ră'tură F̅ (Segens)Spruch m
u'râ'cios A̅D̅J̅ widerwärtig; umg oameni
zickig
u'rât A̅D̅J̅ hässlich; verhasst; a-ți fi ~
sich langweilen
u'ră'țenie F̅ Hässlichkeit f
u'ră'ți A̅ V̅T̅ verunstalten B̅ V̅R̅ a se ~
hässlich werden
ur'ban A̅D̅J̅ städtisch
urba'nistică F̅ Städtebau m
urbani'tate F̅ Höflichkeit f
'urbe F̅ Stadt f
ur'ca A̅ V̅T̅ (be)steigen; erhöhen; steigern B̅ V̅R̅ a se ~ (ein)steigen
ur'care F̅ Steigung f; Einsteigen n
ur'cior N̅ 1 Krug m 2 M̅E̅D̅ Gerstenkorn n
ur'cuș N̅ Aufstieg m
'urdă F̅ 1 Molkenkäse m 2 B̅O̅T̅ Pfeil-
kresse f
urdi'na V̅I̅ veraltet
urdi'niș N̅ Flugloch n (am Bienenstock)
ur'doare F̅ umg Schlafsand m
u'reche F̅ Ohr n; Gehör n; Nadelöhr n
ure'chea V̅T̅ an den Ohren ziehen;
verhauen
ure'cheală F̅ umg Abreibung n
ure'chelniță F̅ 1 Ohrwurm m 2 B̅O̅T̅
Hauswurz f
u'ree F̅ C̅H̅E̅M̅, M̅E̅D̅ Harnstoff m
ure'mie F̅ M̅E̅D̅ Harnvergiftung f
ure'ter N̅ A̅N̅A̅T̅, M̅E̅D̅ Harnleiter m
urete'rită F̅ Harnleiterentzündung f;
M̅E̅D̅ Ureteritis f
u'retră F̅ A̅N̅A̅T̅, M̅E̅D̅ Harnröhre f
ure'trită F̅ Harnröhrenentzündung f;
M̅E̅D̅ Urethritis f
ur'gent A̅D̅J̅ dringend; eilig

urgen'ta V̄T̄ beschleunigen
ur'gentă F̄ Dringlichkeit f; spital n de ~ Unfallkrankenhaus n
ur'gie F̄ 1 Unglück 2 furie Zorn m
urgi'si V̄T̄ heimsuchen
urgi'sit A̱ḎJ̱ getroffen; de o boală befallen
uri'aş A̱ A̱ḎJ̱ riesig Ḇ M̱, uri'aşă F̄ Riese m, Riesin f
'uric A̱ḎJ̱ Harn...; acid m ~ Harnsäure f
uri'na V̄ī̱ urinieren
uri'nar A̱ḎJ̱ Harn...; MED blocaj n ~ Harnstauung f
u'rină F̄ a. MED, PFLEGE Urin m
u'rî V̄T̄ hassen
ur'la V̄ī̱ brüllen; heulen
'urlet Ṉ Geheul n
urm. A̱ḆḴ (= următoarele) f(f). (folgende)
ur'ma A̱ V̄T̄ befolgen; fortsetzen; şcoală besuchen; a ~ pe cineva j-m folgen; a ~ să ... müssen Ḇ V̱ī̱ folgen
u'rmare F̄ Folge f; Fortsetzung f; ca ~ infolge; drept ~ infolgedessen; prin ~ folglich
ur'maş(ă) M̱F̱ Nachfolger(in) m(f)
'urmă F̄ Spur f; Schluss m; ~ de frânare Bremsspur f; în ~ cu vor; în cele din ~ schließlich; la ~ zuletzt; pe ~ nachher
urmă'ri V̄T̄ (ver)folgen
urmă'rire F̄ Verfolgung f; ~ ca-n filme Verfolgungsjagd f
urmă'rit(ă) M̱F̱ Gesuchte(r) f(m)
urmări'tor M̱, urmări'toare F̄ Verfolger(in) m(f)
urmă'tor A̱ḎJ̱ folgende(r, s); nächste(r, s)
'urnă F̄ Urne f
ur'ni A̱ V̄T̄ wegrücken, wegschieben Ḇ V̱Ṟ a se ~ sich rühren
urocul'tură F̄ CHEM, MED Urinkultur f
urolo'gie F̄ Urologie f
urs M̱ Bär m; urs panda Panda(bär) m; ~ polar Eisbär m
ur'si V̄T̄ (vor)bestimmen
ur'sită F̄ Schicksal n
ursi'toare F̄ Schicksalsgöttin f
ur'soaică F̄ Bärin f
ursu'leţ M̱ Bärchen n; ~ (de pluş) Teddybär m
ur'suz A̱ḎJ̱ mürrisch

urti'carie F̄ Nesselsucht f
urugua'yan A̱ A̱ḎJ̱ uruguayisch Ḇ M̱, urugua'yană F̄ Uruguayer(in) m(f)
uru'ială F̄ Getreidekörner npl
ur'zeală F̄ 1 TEX Kette f 2 fig Intrige f
ur'zi V̄T̄ 1 einfädeln 2 fig anzetteln
ur'zică F̄ BOT Brennnessel f
us'ca A̱ V̄T̄ (ab)trocknen Ḇ V̱Ṟ a se ~ sich (ab)trocknen; trocken werden; verdorren
us'care F̄ (Aus)Trocknung f
us'cat A̱ A̱ḎJ̱ trocken; dürr; ausgedörrt Ḇ Ṉ (Fest)Land n
uscă'ciune F̄ Trockenheit f
uscă'tor Ṉ Trockner m; ~ (de păr) Haartrockner m; ~ de mâini Händetrockner m
uscă'torie F̄ Trockenkammer f
uscă'ţiv A̱ḎJ̱ hager
usten'silă F̄ Gerät n; Utensilien pl
ustu'ra V̱ī̱ jucken; brennen
ustură'tor A̱ḎJ̱ brennend; fig kränkend
ustu'rime F̄ Brennen n
ustu'roi M̱ Knoblauch m
usturo'iat A̱ḎJ̱ mit Knoblauch gewürzt
'uşă F̄ Tür f; uşa de intrare a casei Haustür f; uşă din spate Hintertür f; uşă glisantă Schiebetür f
uş'cheală F̄ umg Bummel m
uş'chi V̱Ṟ a se ~ verschwinden; umg verduften
uşi'er M̱ Türsteher m
u'şor A̱ḎJ̱ leicht
uşu'ra V̄T̄ erleichtern
uşu'rare F̄ Erleichterung f
uşu'ratic A̱ḎJ̱ leichtsinnig; femeie f ~ă Prostituierte f
uşură'tate F̄ Leichtsinn m
uşu'rinţă F̄ Leichtigkeit f; ~ de utilizare Benutzerfreundlichkeit f
'uter Ṉ Gebärmutter f
u'til A̱ḎJ̱ nützlich
uti'la V̄T̄ ausrüsten, ausstatten
uti'laj Ṉ Ausrüstung f
uti'lare F̄ Ausrüstung f
uti'lat A̱ḎJ̱ ausgerüstet
utili'tar A̱ḎJ̱ nützlich
utili'tate F̄ Nutzen m, Nützlichkeit f
utili'za V̄T̄ benutzen, verwenden
utili'zabil A̱ḎJ̱ einsatzfähig; folositor brauchbar

U

utili'zare F̲ Benutzung f, Verwendung f

utiliza'tor M̲, utilizato'are F̲ Anwender(in) m(f); *calculator* User(in) m(f); ~ **de scaun rulant** Rollstuhlfahrer m

u'topic A̲D̲J̲ utopisch

uto'pie F̲ Utopie f

uver'tură F̲ Ouvertüre f

uz N̲ Gebrauch m; **de ~ casnic** Haushalts...

u'za A̲ V̲T̲ gebrauchen; abnutzen B̲ V̲R̲ a se ~ verschleißen

u'zaj N̲ Verschleiß m; *folosire* Gebrauch m; *uzanță* Brauch m

u'zanță F̲ Brauch m

u'zat A̲D̲J̲ abgenutzt

u'zină F̲ Werk n, Fabrik f; ~ **de gaz** Gaswerk n

uzi'ta A̲ V̲T̲ anwenden B̲ V̲R̲ a se ~ angewendet werden

uzi'tat A̲D̲J̲ angewandt

uzu'al A̲D̲J̲ gebräuchlich, üblich

u'zură F̲ Abnutzung f, Verschleiß m

uzur'pa V̲T̲ usurpieren

uzur'pare F̲ Usurpierung f

uzurpa'tor M̲, uzurpa'toare F̲ Usurpator(in) m(f)

v. A̲B̲K̲ (= vezi) s. (siehe)

V A̲B̲K̲ (= vest) W (Westen)

va'cant A̲D̲J̲ frei

va'canță F̲ Ferien pl; **vacanță de Crăciun** Weihnachtsferien pl; **vacanță de primăvară** Osterferien pl; **vacanță de vară** Sommerferien pl

va'carm N̲ Lärm m

'vacă F̲ Kuh f

vac'cin N̲ Impfstoff m, Impfung f; ~ **antigripal** Grippeschutzimpfung f; ~ **antitetanic** Tetanusimpfung f

vacci'na V̲T̲ impfen

vacci'nare F̲ Impfung f

'vacuum N̲ Vakuum n

vacuu'mare F̲ Vakuumierung f

vad N̲ Flussbett n; *fig* Übergang m

vadră F̲ Eimer m

vag A̲D̲J̲ vage

vaga'bond M̲ Landstreicher m

vagabon'da V̲I̲ herumstrolchen

va'gin N̲ Scheide f, Vagina f

va'gon N̲ Waggon m, Wagen m; ~ **cușetă** Liegewagen m; ~ **de dormit** Schlafwagen m; ~ **de marfă** Güterwagen m; ~ **restaurant** Speisewagen m

vai I̲N̲T̲ weh(e)

'vaiet N̲ Geheul n; *umg* Gejammer n

'vajnic A̲ 1 energisch 2 *important* bedeutsam

val N̲ Welle f; ~ **de căldură** Hitzewelle f; **val de frig** Kältewelle f; ~ **de sudoare** Schweißausbruch m

va'labil A̲D̲J̲ gültig

valabili'tate F̲ Gültigkeit f; **termen de ~** Haltbarkeitsdatum n

va'lah A̲ A̲D̲J̲ walachisch B̲ M̲, va'lahă F̲ Walache m, Walachin f

'vale F̲ Tal n; **la ~** bergab

va'lență F̲ 1 CHEM Wertigkeit f 2 *fig* Fähigkeit f

valeri'ană F̲ Baldrian m

va'let M̲ Diener m; *carte de joc* Bube m

va'lid A̲D̲J̲ arbeitsfähig; gesund; JUR rechtskräftig

vali'da V̲T̲ JUR validieren

vali'dare F̲ Gültigkeitserklärung f

validi'tate F̲ Gültigkeit f

va'liză F̲ Koffer m

'valma *umg* F̲ **de-a ~** durcheinander

va'loare F̲ Wert m; ~ **de laborator** Laborwert m; ~ **limită** Grenzwert m; **de ~** wertvoll

valo'ra V̲I̲ wert sein

valorifi'ca V̲T̲ verwerten

valo'ros A̲D̲J̲ wertvoll

vals N̲ Walzer m

va'lută F̲ (Fremd)Währung f

'valvă F̲ Klappe f; TECH Ventil n

valvâr'tej A̲D̲V̲ stürmisch; *agitat* hektisch

va'mal A̲D̲J̲ Zoll...

'vamă F̲ Zoll m; Zollamt n

'vameș M̲ Zollbeamte(r) m

'vampă F̲ Vamp m

vam'pir M̲ Vampir m

vampi'rism N̲ Vampirismus m

van'dal **A** ADJ vandalisch, zerstörungswütig **B** M̄ *a. fig* Vandale *m*

vanda'lism N̄ Vandalismus *m*

vani'lat ADJ nach Vanille riechend/schmeckend

va'nilie F̄ Vanille *f*

vani'tate F̄ Eitelkeit *f*

vani'tos ADJ eitel

va'por N̄ Schiff *n*; ~ (cu aburi) Dampfer *m*

va'pori MPL Dampf *m*

vapori'za VR a se ~ verdampfen

vapori'zare F̄ Verdampfung *f*

vaporiza'tor N̄ Zerstäuber *m*

vapo'ros ADJ dunstig

var N̄ Kalk *m*

'vara ADVL im Sommer

'vară F̄ Sommer *m*

'vară F̄ Cousine *f*

'vargă F̄ Rute *f*

vari'a VT variieren, abwechseln

vari'abil ADJ veränderlich

vari'antă F̄ Variante *f*

vari'at ADJ verschiedenartig; abwechslungsreich

vari'ație F̄ Abwechslung *f*

va'rice FPL Krampfadern *pl*

vari'celă F̄ Windpocken *pl*

varie'tate F̄ Abart *f*; Vielfalt *f*

vari'olă F̄ MED Pocken *pl*

Var'șovia F̄ Warschau

varșovi'an **A** ADJ warschauisch **B** M̄, varșovi'ană F̄ Warschauer(in) *m(f)*

'varză F̄ Kohl *m*, Kraut *n*; ~ acră (murată) Sauerkraut *n*; ~ albă Weißkohl *m*; ~ de Bruxelles Rosenkohl *m*; ~ roșie Rotkohl *m*, Blaukraut *n*

vas N̄ Gefäß *n*; Schiff *n*; ~ de flori Vase *f*

vascu'lar ADJ Gefäß...; BIOL, MED vaskulär; sistem ~ Gefäßsystem *n*

vasculari'zat ADJ MED vaskulös

'vase NPL Geschirr *n*

vasă'zică ADV also, somit, das heißt

vasecto'mie F̄ MED Vasektomie *f*

vase'lină F̄ Vaselin *n*

vasoconstric'tor ADJ gefäßverengend

vasodilata'tor ADJ gefäßerweiternd

vast ADJ umfassend; weit

vasti'tate F̄ Weite *f*; întindere Ausdehnung *f*

'vată F̄ Watte *f*; ~ de sticlă Glasfaser *f*; ~ de zahăr Zuckerwatte *f*

vate'lină F̄ Watteline *f*

vat'man M̄ Straßenbahnfahrer *m*

'vatră F̄ Herd *m*; (Eltern)Haus *n*

'vază F̄ Vase *f*; Ansehen *n*; ~ de flori Blumenvase *f*

vă PRON euch; Ihnen; Sie

vă'dit ADJ offensichtlich

'văduv(ă) MĪF̄ Witwe(r) *f(m)*

vădu'vi VĪ & VĪ **A** VĪ Witwe(r) werden **B** zur/(zum) Witwe(r) machen

vădu'vie F̄ Witwenschaft *f*

văică'reală F̄ *umg* Gejammer *n*

văică'ri VR a se ~ jammern

văi'ta VR a se ~ jammern

văl N̄ Schleier *m*

vălmă'șeală F̄ **1** Wirrwarr *m|n*; *fig* Verwirrung *f* **2** încăierare Rauferei *f*

vălu'rit ADJ wellenartig

vămu'i VT verzollen

vă'paie F̄ Flamme *f*

văr M̄ Cousin *m*

vă'ratic ADJ sommerlich

văr'gat ADJ gestreift

văr'sa **A** VT verschütten, (aus)schütten; *umg* kotzen; *bani* einzahlen **B** VR a se ~ münden

văr'sare F̄ Mündung *f*

văr'sat N̄ ~-de-vânt Windpocken *pl*

vărsă'mânt N̄ Einzahlung *f*

vărsă'tor M̄ ASTROL Wassermann *m*

vărsă'tură F̄ Erbrechen *n*

văru'i VT tünchen, weißen

vătă'ma VT a ~ pe cineva j-m schaden

vătă'mare F̄ Schädigung *f*; ~ corporală Körperverletzung *f*

vătămă'tor ADJ schädlich

vătu'it ADJ gefüttert

văz N̄ Sehen *n*; Sehkraft *f*

văz'duh N̄ Luft *f*

vâjâ'i VĪ rauschen

vâl'toare F̄ (Wasser)Strudel *m*

'vâlvă F̄ Aufsehen *n*

vâlvă'taie F̄ lodernde Flamme *f*

vâl'voi ADJ INV zerzaust

vâ'na VT jagen

vâ'nat N̄ Wild *n*

'vână F̄ Vene *f*, Ader *f*

'vânăt ADJ dunkelblau, violett

V

vână'taie F̄ blauer Fleck m

'vânătă F̄ Aubergine f

vână'toare F̄ Jagd f; **~ de comori** Schnitzeljagd f

vână'tor M̄ Jäger m

vân'dut ADJ (aus)verkauft

vân'jos ADJ kräftig; fig widerstandsfähig

vânt N̄ Wind m; **~ din faţă** Gegenwind m; **~ din spate** Rückenwind m; **~ lateral** Seitenwind m

vân'tos ADJ windig

vântu'ra V̄T umfüllen; lichid umschütten; fig verschütten

vântu'rare F̄ Umfüllung f; lichide Umschüttung f; fig Unruhe f

vân'zare F̄ Verkauf m; **~ cu anticipaţie** Vorverkauf m; **~ de bilete** Kartenverkauf m; **~ directă** Direktverkauf m

vânză'tor M̄, **vânză'toare** F̄ Verkäufer(in) m(f); **~ ambulant** Straßenhändler m

vânzo'leală F̄ Unruhe n

vânzo'li V̄R a se **~** unruhig sein

vârco'lac M̄ Werwolf m

vârf N̄ Gipfel m; copac Wipfel m; SPORT **~ de atac** Mittelstürmer m

vâ'rî V̄T (hinein)stecken

'vârstă F̄ Alter n; mai **în ~** älter; cel mai **în ~** der älteste

'vârstnic ADJ alt

vâr'tej N̄ Wirbel m

vâr'tos ADJ stark, kräftig

vâsc N̄ Mistel f

vâs'cos ADJ zähflüssig

'vâslă F̄ Ruder n

vâs'li V̄T rudern

veac N̄ Jahrhundert n

ve'cernie F̄ REL Vesper f

'vechi ADJ alt

ve'chime F̄ Alter n

vechi'tură F̄ alter Gegenstand m

vechi'turi FPL Kram m

ve'cie F̄ Ewigkeit f

ve'cin(ă) M̄F Nachbar(in) m(f)

veci'nătate F̄ Nachbarschaft f

vec'tor M̄ 1 MATH, PHYS Vektor m 2 MED Krankheitsüberträger m

ve'dea V̄T sehen; a **~ de** sich kümmern um

ve'denie F̄ Vision f

ve'dere F̄ Anblick m, Blick m; Ansichtskarte f; **în ~a** im Hinblick auf

ve'detă F̄ Star m; **~ de muzică pop** Popstar m

vede'tism N̄ Ruhmsucht f

vege'ta V̄I vegetieren

vege'tal ADJ pflanzlich

vegetari'an A ADJ vegetarisch B M̄, **vegetari'ană** F̄ Vegetarier(in) m(f)

vegeta'tiv ADJ BIOL, MED vegetativ

vege'taţie F̄ Vegetation f

'veghe F̄ Wache f

ve'ghea V̄I wach bleiben

vehe'ment ADJ heftig

vehe'menţă F̄ Heftigkeit f

ve'hicul N̄ Fahrzeug n; **~ de teren** Geländewagen m; **~ spaţial** Raumschiff n

vehicu'la V̄T in Umlauf bringen

ve'iozâ F̄ Nachttischlampe f

ve'lar ADJ LING velar

'velă F̄ Segel n

velei'tar ADJ beanspruchend

velei'tate F̄ Anspruch m

ve'lin ADJ hârtie f **~ă** Velin n

velo'drom N̄ Velodrom n

ve'lur N̄ Velours n

ve'nal ADJ bestechlich

venali'tate F̄ Bestechlichkeit f

'venă F̄ Vene f

vene'ra V̄T verehren

vene'rabil ADJ ehrwürdig

vene'raţie F̄ Ehrfurcht f, Verehrung f

ve'neric ADJ boală f **~ă** Geschlechtskrankheit f

vene'tic(ă) M̄F Fremde(r) f(m)

ve'ni V̄I kommen; îmbrăcăminte a **~ cuiva** j-m stehen

ve'nin N̄ Gift n

veni'nos ADJ giftig

ve'nire F̄ Ankunft f

ve'nit N̄ Einkommen n; **~ anual** Jahreseinkommen n; **~ brut** Bruttoeinkommen n; **~ lunar** Monatseinkommen n

ven'til N̄ Ventil n

venti'la A V̄T lüften B V̄R fig a se **~** sich verbreiten

ventila'tor N̄ Ventilator m; Gebläse n

venti'laţie F̄ Lüftung f

ven'tral ADJ Bauch...; regiune f **~ă** Bauchgegend f

ven'tricul N̄ ANAT Ventrikel m

ventri'loc(ă) M̄F Bauchredner(in) m(f)

ven'tuză F̄ Saugnapf m; MED Schröpf-

glas *n*
veraci'tate F̲ Wahrhaftigkeit *f*
ve'randă F̲ Veranda *f*
verb N̲ Verb *n*
ver'bal ADJ **1** mündlich **2** LING verbal
verbali'za V̲T̲ ausdrücken; äußern
'verde ADJ grün; *fructe* unreif
ver'deață F̲ Grün *n*; GASTR Grünzeug *n*
ver'dict N̲ Urteil *n*
ver'gea F̲ Rute *f*; Stock *m*
verge'tură F̲ Schwangerschaftsstreifen *m*
ve'ridic ADJ glaubhaft
veridici'tate F̲ Glaubhaftigkeit *f*
verifi'ca V̲T̲ nachprüfen
verifi'care F̲ (Nach)Prüfung *f*
ve'rigă F̲ (Ketten)Glied *n*; *fig* Bindeglied *n*
veri'ghetă F̲ Ehering *m*
veri'șor M̲, **veri'șoară** F̲ Cousin(e) *m(f)*
veri'tabil ADJ echt
vermi'cid A̲ N̲ CHEM Vermizid *n* B̲ ADJ wurmtötend; CHEM vermizid
vermi'fug A̲ N̲ MED Vermizid *n* B̲ ADJ wurmtötend; MED vermizid
'vermut N̲ Wermutwein *m*
ver'nil ADJ INV hellgrün
verni'sa V̲T̲ versiegeln
verni'saj N̲ Vernissage *f*
ve'ros ADJ unehrlich
vero'simil ADJ glaubwürdig
verosimili'tate F̲ Glaubwürdigkeit *f*
vers N̲ Vers *m*
ver'sant N̲ Abhang *m*
ver'sat ADJ erfahren
versa'til ADJ unbeständig
versatili'tate F̲ Unbeständigkeit *f*
ver'set N̲ (Bibel)Vers *m*
versi'une F̲ Fassung *f*, Version *f*; ~ **originală** Originalfassung *f*; ~ **prescurtată** Kurzfassung *f*
'verso N̲ Rückseite *f*
verte'bral ADJ Wirbel...; **coloana** ~**ă** Wirbelsäule *f*
verte'brat N̲ Wirbeltier *n*
ver'tebră F̲ Wirbel *m*
verti'cal ADJ senkrecht, vertikal
vertigi'nos ADJ pfeilschnell; *umg* blitzschnell
ver'tij N̲ Gleichgewichtsstörung

'vervă F̲ Begeisterung *f*
ver'zui ADJ grünlich
'vesel ADJ fröhlich, lustig
ve'selă F̲ Geschirr *n*
vese'lie F̲ Fröhlichkeit *f*
vest N̲ Westen *m*; **de** ~ westlich
'vestă F̲ Weste *f*
'veste F̲ Nachricht *f*; **a da de** ~ benachrichtigen
ves'ti V̲T̲ verkünden
vesti'ar N̲ Garderobe *f*
vesti'bul N̲ Flur *m*, Diele *f*
'vestic ADJ westlich
ves'tigiu N̲ Überrest *m*; *urmă* Spur *f*
vestimen'tar ADJ Mode...; **design** *n* ~ Modedesign *n*
vestimen'tație F̲ Kleidung *f*
ves'tit ADJ berühmt
veș'mânt N̲ Kleidung *f*
'veșnic ADJ ewig
veș'nicie F̲ Ewigkeit *f*
'veșted ADJ welk, verwelkt
vește'ji V̲R̲ **a se** ~ verwelken
vete'ran M̲ Veteran *m*
veteri'nar(ă) M̲F̲ Tierarzt *m*, Tierärztin *f*
'veto N̲ Veto *n*; *protest* Einspruch *m*
'veveriță F̲ Eichhörnchen *n*
ve'xa V̲T̲ beleidigen
ve'zică F̲ ~ **(urinară)** Blase *f*; ~ **biliară** Galle *f*
ve'ziculă F̲ ANAT, MED Blase *f*
'via PRÄP über
vi'abil ADJ lebensfähig
via'duct N̲ Viadukt *m/n*
'viață F̲ Leben *n*; ~ **culturală** Kulturlandschaft *f*; ~ **de noapte** Nachtleben *n*
vi'bra V̲I̲ vibrieren
vi'brație F̲ Vibration *f*, Schwingung *f*
vicecampi'on(oană) M̲F̲ Vizemeister(in) *m(f)*
vice'consul M̲ Vizekonsul *m*
vicepreșe'dinte M̲, **vicepreșe'dintă** F̲ Vizepräsident(in) *m(f)*
vice'versa ADV umgekehrt
vici'a V̲T̲ **1** verpesten; *fig* verderben **2** JUR verhindern
vici'at ADJ **1** verpestet; *fig* verdorben **2** JUR ungültig
vici'os ADJ lasterhaft; *cerc n* ~ Teufelskreis *m*

V

vicisi'tudine F̲ Schicksalsschlag m

'viciu N̲ Laster n

vi'clean ADJ (hinter)listig; schlau

vicle'nie F̲ List f; Schlauheit f

vicle'şug N̲ List f; umg Gerissenheit f

'victimă F̲ Opfer n

victimi'za A̲ V̲T̲ zum Opfer machen
B̲ V̲R̲ a se ~ sich zum Opfer machen

vic'torie F̲ Sieg m

victori'os ADJ siegreich

vid A̲ ADJ leer B̲ N̲ Vakuum n

vidan'ja V̲T̲ entleeren

vidan'jor M̲ Kanalentleerer m

'video N̲ Video n; ~ în flux Livestream
m; ~ pe internet Internetvideo n

videocaseto'fon N̲ Videorekorder m

video'clip N̲ Videoclip m

video'tecă F̲ Videothek f

'vidră F̲ Otter m

'vie F̲ Weingarten m

Vi'ena F̲ Wien n

vie'nez A̲ ADJ wienerisch B̲ M̲, vie-
'neză F̲ Wiener(in) m(f)

viermă'nos ADJ wurmstichig

'vierme M̲ Wurm m; ~ de mătase Sei-
denraupe f

vies'par N̲ a. fig Wespennest n

'viespe F̲ Wespe f

vie'tate F̲, vieţui'toare F̲ Lebewesen n

vieţu'i V̲I̲ leben

'vifor N̲ Schneesturm m

vigi'lent ADJ wachsam

vigi'lenţă F̲ Wachsamkeit f

vi'goare F̲ Kraft f

vigu'ros ADJ kräftig; rüstig

vii'tor A̲ ADJ (zu)künftig; nächste(r, s)
B̲ N̲ Zukunft f

vii'tură F̲ Hochwasser n

vije'lie F̲ Sturm m

vijeli'os ADJ stürmisch

'vilă F̲ Villa f

vi'leag reg N̲ a da în ~ bekannt machen

vilegia'tură F̲ Sommerfrische f

vin N̲ Wein m; ~ alb Weißwein m; vin
fiert Glühwein m; ~ roşu Rotwein m;
~ spumant Sekt m

'vină F̲ Schuld f

'vinclu N̲ Winkel m; bară din oţel Win-
keleisen n

'vinde V̲T̲ verkaufen

vinde'ca A̲ V̲T̲ MED, PFLEGE heilen B̲
V̲R̲ a se ~ MED, PFLEGE (ver)heilen

vinde'care F̲ MED, PFLEGE Heilung f

vinde'cat ADJ MED, PFLEGE verheilt

'vindiac N̲ Windjacke f

vindica'tiv ADJ rachsüchtig

'vinerea ADVL freitags

'vineri F̲ Freitag m; Vinerea Mare Karfreitag m

vine'teală F̲ blauer Fleck m

vine'ţiu ADJ bläulich

vi'nicol ADJ Weinbau...; regiune f ~ă
Weinbaugebiet n

vi'nietă F̲ Vignette f

vi'nil N̲ CHEM Vinyl n

vino'vat ADJ schuldig

vinovă'ţie F̲ Schuld f

vi'oară F̲ Geige f

vi'oi ADJ lebhaft, munter

vioi'ciune F̲ Lebhaftigkeit f

vi'ol N̲ Vergewaltigung f

vio'la V̲T̲ vergewaltigen; lege übertreten

viola'ceu ADJ veilchenblau

vio'lare F̲ ~ de domiciliu Hausfriedensbruch m

vi'olă F̲ 1 MUS Bratsche f 2 BOT Veilchen

vio'lent ADJ heftig; gewaltsam

violen'ta V̲T̲ Gewalt antun

vio'lenţă F̲ Heftigkeit f, Gewalt f

vio'let ADJ violett

vio'letă F̲ Veilchen n

vio'lină F̲ Violine f

violon'cel N̲ Cello n

violonce'list(ă) M̲F̲ Cellist(in) m(f)

violo'nist(ă) M̲F̲ Violonist(in) m(f)

vio'rea F̲ Veilchen n

'viperă F̲ Natter f

vi'puşcă F̲ Litze f

vi'ra A̲ V̲I̲ AUTO einbiegen B̲ V̲T̲ FIN
überweisen

vi'raj N̲ Kurve f

vi'ral ADJ MED viral

vira'ment N̲ FIN Überweisung f

vi'ran teren n ~ unbebautes
Grundstück n

vir'gin ADJ jungfräulich; pădure f ~ă
Urwald m

virgini'tate F̲ Jungfräulichkeit f; fig
Reinheit f

'virgulă $\overline{F}$ Komma n
vi'ril $\overline{ADJ}$ männlich
virili'tate $\overline{F}$ Manneskraft f; potenţă Potenz f
vi'roză $\overline{F}$ Viruserkrankung f
virtu'al $\overline{ADJ}$ virtuell
virtuali'tate $\overline{F}$ Virtualität f
virtu'os $\overline{ADJ}$ tugendhaft
virtu'oz $\overline{M}$ Virtuose m
virtuozi'tate $\overline{F}$ Virtuosität f
vir'tute $\overline{F}$ Tugend f; în ~a kraft
viru'lent $\overline{ADJ}$ ❶ ansteckend ❷ fig vernichtend
viru'lenţă $\overline{F}$ Ansteckungsfähigkeit f
'virus $\overline{A}$ $\overline{N}$ MED Virus n/m $\overline{B}$ $\overline{M}$ ~ (pe calculator) (Computer)Virus n/m
vis $\overline{N}$ Traum m
vi'sa $\overline{VIT\ \&\ VII}$ träumen
vi'sare $\overline{F}$ Träumerei f
visă'tor $\overline{ADJ}$ verträumt; träumerisch
visce'ral $\overline{ADJ}$ Eingeweide...; cavitate f ~ă ANAT Eingeweidehöhle f
'viscere $\overline{FPL}$ Eingeweide npl
'viscol $\overline{N}$ Schneesturm m
visco'li $\overline{A}$ $\overline{VIT}$ verwehen $\overline{B}$ $\overline{VII}$ stürmen
viscozi'tate $\overline{F}$ Zähflüssigkeit f; CHEM, TECH Viskosität f
vişi'nată $\overline{F}$ Sauerkirschlikör m
'vişină $\overline{F}$ Sauerkirsche f
vişi'niu $\overline{ADJ}$ kirschrot
vi'tal $\overline{ADJ}$ lebenswichtig
vitali'tate $\overline{F}$ Lebenskraft f; Vitalität f
vita'mină $\overline{F}$ Vitamin n
vitami'niza $\overline{A}$ $\overline{VIT}$ mit Vitaminen anreichern $\overline{B}$ $\overline{VIR}$ a se ~ Vitamine zu sich nehmen
'vită $\overline{F}$ Rind n, Vieh n
vi'teaz $\overline{ADJ}$ tapfer
vite'jie $\overline{F}$ Tapferkeit f
vi'teză $\overline{F}$ Geschwindigkeit f; AUTO Gang m; ~ luminii Lichtgeschwindigkeit f; ~ maximă Höchstgeschwindigkeit f; ~ minimă Schrittgeschwindigkeit f
vitezo'man $\overline{M}$ pej, umg Raser m
vi'ticol $\overline{ADJ}$ Wein...
viticul'tor $\overline{M}$, viticul'toare $\overline{F}$ Winzer(in) m(f)
vi'traliu $\overline{N}$ bemaltes Kirchenfenster n
vi'trat $\overline{ADJ}$ verglast
'vitreg $\overline{ADJ}$ Stief...; fig ungünstig
vitre'gie $\overline{F}$ Bosheit f

vi'trină $\overline{F}$ Schaufenster n; Vitrine f
'viţă $\overline{F}$ Rebe f; ~ de vie Weinrebe f
vi'ţea $\overline{F}$ weibliches Kalb n; Färse f
vi'ţel $\overline{M}$ Kalb n
viu $\overline{ADJ}$ lebend(ig); lebhaft
vi'vace $\overline{ADJ\ INV}$ ❶ lebhaft ❷ plante langlebig
vivaci'tate $\overline{F}$ Lebhaftigkeit f
vi'za $\overline{VIT}$ zielen auf; fig abzielen auf
viza'vi $\overline{ADV}$ gegenüber
'viză $\overline{F}$ Visum n; ~ de ieşire Ausreisevisum n; ~ de intrare Einreisevisum n; ~ de tranzit Durchreisevisum n
vi'zibil $\overline{ADJ}$ sichtbar
vizibili'tate $\overline{F}$ Sicht f
vizi'eră $\overline{F}$ ❶ Visier n ❷ la uşă Türspion m
vizio'na $\overline{VIT}$ ansehen
vizio'nar $\overline{ADJ}$ ❶ voraussehend ❷ fantastic fantastisch
vizi'ta $\overline{VIT}$ besuchen; besichtigen
vizita'tor $\overline{M}$, vizita'toare $\overline{F}$ Besucher(in) m(f)
vi'zită $\overline{F}$ Besuch m; ~ la domiciliu Hausbesuch m; ~ medicală ärztliche Untersuchung f; MIL Musterung f; POL ~ oficială Staatsbesuch m
vizi'tiu $\overline{M}$ Kutscher m
vizi'une $\overline{F}$ Vision f
vi'zor $\overline{N}$ Sucher m; Guckloch n
vizu'al $\overline{ADJ}$ visuell; câmp n ~ Gesichtsfeld n
vizuali'za $\overline{VIT}$ veranschaulichen
vizu'ină $\overline{F}$ ZOOL Bau m, Höhle f
'vlagă $\overline{F}$ Kraft f
vlăgu'i $\overline{A}$ $\overline{VIT}$ ❶ erschöpfen ❷ într-o tăbăcărie gerben $\overline{B}$ $\overline{VIR}$ a se ~ sich erschöpfen
vlăgu'it $\overline{ADJ}$ erschöpft
vlăj'gan $\overline{M}$ Hüne m
vlăs'tar $\overline{N}$ Sprössling m
voal $\overline{N}$ Schleier m
voa'lat $\overline{ADJ}$ ❶ verhüllt ❷ sunete klanglos ❸ fotografii verschleiert
'voastră $\overline{FSG}$ euer, eure
'voastre $\overline{F/NPL}$ euer, eure
vocabu'lar $\overline{N}$ Wortschatz m; ~ de bază Grundwortschatz m
vo'cală $\overline{F}$ Vokal m
vo'caţie $\overline{F}$ Berufung f
'voce $\overline{F}$ Stimme f; IT ~ peste IP VoIP
vocife'ra $\overline{VII}$ schreien; fig toben

V

'vodă hist Ē Fürst m

'vogă Ē Modeerscheinung f

vo'i[1] Ⓐ V/T & V/I wollen Ⓑ V/AUX werden; *umg* **mă voi feri!** ich werde mich hüten!

voi[2] PRON ihr

vo'iaj N̄ Reise f; ~ **organizat** Pauschalreise f

voia'jor M̄, **voia'joare** Ē Reisende(r) m/f(m)

'voie Ē Wille m; Wunsch m; **a avea** ~ dürfen; **a da** ~ erlauben; **de bună** ~ freiwillig; **în** ~ ungestört

voie'vod hist M̄ Fürst m

voievo'dat hist N̄ Fürstentum n

voi'nic ADJ kräftig, stark

vo'inţă Ē Wille m

vo'ios ADJ fröhlich

voio'şie Ē Fröhlichkeit f

vo'it ADJ beabsichtigt

vol. ABK (= volumul) Bd. (Band)

vo'lan N̄ Steuer n, Lenkrad n; Rüsche f

vo'lant ADJ lose

vola'til ADJ CHEM flüchtig

volatili'za V/R **a se** ~ sich verflüchtigen

'volbură Ē ◼ *de vânt* Wirbelwind m; *de apă* Strudel m ◼ BOT Ackerwinde f

'volei N̄ SPORT Volleyball m; ~ **de plajă** Beachvolleyball m

vo'let M̄ FLUG, TECH Flügelklappe f

vo'leu N̄ SPORT Volley m

voli'tiv ADJ willentlich; Willens...; **act** ~ Willensakt m

vol'taj N̄ ELEK Spannung f

vo'lubil ADJ redegewandt

vo'lum N̄ Volumen n; Umfang m; *carte* Band m; ~ **de muncă** Pensum n, Arbeitsvolumen n

volumi'nos ADJ umfangreich; sperrig

volun'tar ADJ freiwillig

voluntari'at N̄ Ehrenamt n

volup'tate Ē ◼ Wollust f ◼ *plăcere* Freude f

voluptu'os ADJ wollüstig

vo'lută Ē ARCH Volute f

vo'ma V/I sich übergeben

'vomă Ē Erbrechen n

vomi'ta V/I sich übergeben

vop'sea Ē Farbe f; Anstrich m; ~ **de ulei** Ölfarbe f; ~ **fosforescentă** Leuchtfarbe f

vop'si V/T färben; (an)streichen

vopsi'tor M̄, **vopsi'toare** Ē Färber(in) m(f)

vopsito'rie Ē Färberei f

vo'race ADJ gefräßig

'vorbă Ē Wort n; Rede f; ~**-lungă** Schwätzer m; **vorbe goale** Geschwätz n; **a sta de** ~ sich unterhalten; **nici** ~**!** aber sicher!, selbstverständlich!

vorbă'reţ ADJ gesprächig

vorbă'rie Ē Gerede n

vor'bi V/I sprechen, reden

vor'bire Ē Rede f

vorbi'tor Ⓐ ADJ sprechend; *plăcut* wortreich Ⓑ M̄, **vorbi'toare** Ē Redner(in) m(f) Ⓒ N̄ Sprechzimmer n

'vostru M/N SG euer, eure

'voştri MPL eure

vot N̄ POL Stimme f; Abstimmung f; **vot împotrivă** Gegenstimme f; **vot pentru** Jastimme f

vo'ta V/T (ab)stimmen

vo'tant(ă) M/F Wähler(in) m(f)

'votcă Ē Wodka m

'vouă PRON ⟨dat⟩ euch

'vrabie Ē Spatz m, Sperling m

vrac N̄ Masse f

'vraci M̄ *umg* Arzt m; *vrăjitor* Hexer m

vraf N̄ Stapel m

'vraişte ADV durcheinander

'vrajă Ē Zauber m

'vrajbă Ē Streit m, Feindschaft f

vră'ji V/T bezaubern, (ver)zaubern

vrăji'toare Ē Hexe f

vrăji'tor M̄ Zauberer m

vrăj'maş Ⓐ ADJ feindlich Ⓑ M̄, **vrăj-'maşă** Ē Feind(in) m(f)

vrăjmă'şie Ē Feindseligkeit f

vrea V/T & V/MOD Ⓐ V/T wollen; **ce mai vrei?** was willst du mehr?; **ce vrei de fapt?** was willst du überhaupt?; **întreabă pe cine vrei** frag, wen du willst Ⓑ V/MOD ◼ wollen, möchten; **aş** ~ **să fiu ...** ich wollte, ich wäre ...; **ce** ~ **să însemne asta?** was soll das (heißen)?; **n-aş** ~ **să fiu în pielea lui** ich möchte nicht in s-r Haut stecken; **nu a vrut să-l vadă** er/sie wollte ihn nicht sehen; **unde vrei să te duci?** wo willst du hin?; ~**u să merg acasă** ich will nach Hause; **vrei să vii şi tu?** willst du mit? ◼ **a** ~ **să spună** meinen, sagen wollen;

ce vrei să spui? wie meinst du das?; ce vrei să spui cu asta? was meinst du damit?; știi ce ~u să spun du weißt, was ich meine; ~u să-ți spun ceva ich will dir mal was sagen

'vreasc N̄ Reisig n
'vrednic A̱D̲J̲ fleißig, tüchtig; würdig
vredni'cie F̱ Fleiß m
vrej N̄ Ranke f
'vreme F̱ Zeit f; Wetter n; umg ~ câinească Sauwetter n; ~ ploioasă Regenwetter n; de ~ ce da, weil; în ~ ce während
vreo A̱ INDEF PR irgendein(e) Ḇ A̱D̲V̲ ungefähr
vreo'dată A̱D̲V̲ je(mals)
vre'un A̱ ADJ & INDEF PR irgendein(e) Ḇ A̱D̲V̲L̲ ungefähr
vre'unul INDEF PR irgendeiner
'vrie F̱ FLUG Spiral-Sturzflug m
'vrută F̱ 1 Willen m 2 vrute și nevrute leere Worte npl
vu'i V̱Ī tosen
'vuiet N̄ Getöse n
vul'can M̱ Vulkan m
vul'canic A̱D̲J̲ vulkanisch
vulcani'zare F̱ Vulkanisierung f
vul'gar A̱D̲J̲ vulgär
vulgari'tate F̱ Schlichtheit f
vulgari'zare F̱ Vereinfachung f
vulne'rabil A̱D̲J̲ verletzbar, verwundbar
vulnerabili'tate F̱ Verwundbarkeit f
'vulpe F̱ Fuchs m
'vultur M̱ Adler m
'vulvă F̱ MED Vulva f

wa'lon A̱ A̱D̲J̲ wallonisch Ḇ M̱, wa'lonă F̱ Wallone m, Wallonin f
watt M̱ PHYS Watt n
'website F̱ IT Website f
'weekend N̄ Wochenende n
'western N̄ Western(film) m

'whisky N̄ Whisky m
'woofer N̄ TECH Subwoofer m

xeno'fob A̱D̲J̲ fremdenfeindlich
xenofo'bie F̱ Fremdenfeindlichkeit f
xe'non N̄ Xenon n
xero'copie F̱ Kopie f
'xerox N̄ Kopierer m
xero'xa V̱Ī kopieren
xilo'fon N̄ Xylofon n
xilogra'vură F̱ Holzschnitt m

'yachting N̄ Segelsport m
'yală F̱ Sicherheitsschloss n
'Yemen N̄ Jemen m
yeme'nit A̱ A̱D̲J̲ jemenitisch Ḇ M̱, yeme'nită F̱ Jemenit(in) m(f)
'yen M̱ Yen m
'yachting N̄ Segelsport m
'yală F̱ Sicherheitsschloss n
'Yemen N̄ Jemen m
'yesman M̱ pej Jasager m
'yoga F̱ Yoga n
yo'ghin M̱ Yogi m
yu'an M̱ Yuan m
'yucca F̱ Yucca f

Y

Z

za F̲ Kettenglied n
za'cuscă F̲ Sakuska f Vorspeise aus eingelegtem oder frischem Gemüse
za'dar N̲ în ~ vergebens
za'darnic ADV̲L̲ vergeblich
zaha'rină F̲ Süßstoff m
zahari'si V̲R̲ a se ~ kandieren; fig das Bewusstsein verlieren
za'harniță F̲ Zuckerdose f
'zahăr N̲ Zucker m; ~ de trestie Rohrzucker m; ~ pudră Puderzucker m; ~ vanilat Vanillezucker m
zam'bilă F̲ Hyazinthe f
zar N̲ Würfel m
'zare F̲ Horizont m; Ferne f
'zarvă F̲ Lärm m
zarza'vat N̲ Gemüse n; ~uri pentru supă Suppengrün n
'zarzăr M̲ Aprikosenbaum m
'zarzără F̲ Aprikose f
zaț N̲ 1 Kaffeesatz m 2 TYPO Schriftsatz m
ză'bală F̲ Kandare f
ză'bavă F̲ 1 Verspätung f 2 răgaz Pause 3 trecere de vreme Zeitvertreib m
zăbo'vi V̲I̲ bleiben, sich aufhalten
ză'brele FP̲L̲ Gitter n
zăcă'mânt N̲ Vorkommen n
ză'cea V̲I̲ liegen; din cauza unei boli siechen; în mormânt ruhen
zădărni'ci V̲T̲ vereiteln
ză'duf reg N̲ Schwüle f
ză'gaz N̲ Staudamm m
zăgăzu'i V̲T̲ 1 stauen 2 fig verhindern
ză'log N̲ Pfand n
ză'lud A̲D̲J̲ verwirrt; umg verrückt
zămis'li V̲T̲ zeugen
ză'natic A̲D̲J̲ benebelt
zăngă'ni V̲I̲ klirren
zăngă'nit N̲ Klirren n; umg Gerassel n
ză'padă F̲ Schnee m; ~ proaspătă Neuschnee m; ~ pufoasă Pulverschnee m; om m de ~ Schneemann m
zăpă'ceală F̲ Wirrwarr m; Verwirrung f

zăpă'ci V̲T̲ verwirren
zăpu'șeală F̲ Schwüle f
ză'ri V̲T̲ erblicken
'zău IN̲T̲ zău! meine Güte!; wirklich!
ză'voi N̲ (Fluss)Aue f
ză'vor N̲ Riegel m
zăvo'rî V̲T̲ verriegeln
zâmbă'reț A̲D̲J̲ lächelnd
'zâmbet N̲ Lächeln n
zâm'bi V̲I̲ lächeln
'zână F̲ Fee f
zâ'zanie F̲ Zwietracht f
zban'ghiu A̲D̲J̲ ochi schielend; oameni ausgelassen
'zbate V̲R̲ a se ~ zappeln; fig sich bemühen
zbânțu'i V̲R̲ a se ~ herumtollen; umg herumtoben
zbârci V̲R̲ a se ~ schrumpfen
zbârci'tură F̲ Runzel f
zbâr'li A̲ V̲R̲ a se ~ sich sträuben B̲ V̲T̲ durcheinanderbringen; fig ape și ființe aufwühlen
zbâr'lit A̲D̲J̲ zerzaust
zbârnâ'i V̲I̲ summen
zbengu'i V̲R̲ a se ~ herumtollen, herumtoben
zbie'ra V̲I̲ brüllen
'zbierăt N̲ Gebrüll n; strigat Schrei m
zbir M̲ pej Scherge m
zbor N̲ Flug m; SPORT ~ cu parapanta Paragliding m; ~ de legătură Anschlussflug m; ~ direct Direktflug m; ~ dus Hinflug m; ~ retur Rückflug m
'zbucium N̲ große Aufregung f
zbu'ra V̲I̲ fliegen
zbură'toare F̲ 1 fliegendes Tier n 2 BOT Weidenröschen n
zbură'tor A̲ M̲ Geist aus der rumänischen Mythologie B̲ A̲D̲J̲ fliegend
zbur'da V̲I̲ herumtollen
zbur'dalnic A̲D̲J̲ übermütig
zdra'hon M̲ Hüne m
'zdravăn A̲D̲J̲ stark, kräftig; gesund; fig tüchtig
zdrăngă'ni V̲I̲ klimpern, klirren
'zdreanță F̲ Lumpen m, Fetzen m
zdre'li V̲T̲ abschürfen
zdreli'tură F̲ Abschürfung f
zdrenţ̦ă'ros A̲D̲J̲ zerlumpt, zerfetzt
zdro'bi V̲T̲ zerschmettern, zerquet-

schen; *fig* vernichten

zdrobi'tor Ⓐ N̄ TECH Traubenmühle *f*
Ⓑ ADJ vernichtend; *fig* überwältigend;
hotărâtor entschieden

zdrunci'na V̄T erschüttern; rütteln

'zeamă F̄ Saft *m*; Brühe *f*

'zebră F̄ Zebra *n*; Zebrastreifen *m*

'zece NUM zehn; ~ **mii** zehntausend

'zecea F̄, **'zecelea** M̄N zehnte(r, s)

zeci'mal ADJ Dezimal...

ze'cime F̄ Zehntel *n*

zefle'mea F̄ Spott *m*

'zeghe F̄ Bauernkittel *m*

zeifi'ca V̄T als Gott verehren; vergöttlichen

ze'iță F̄ Göttin *f*

zel N̄ Eifer *m*

ze'los ADJ eifrig

ze'mos ADJ saftig

ze'nit N̄ ASTRON, *a. fig* Zenit *m*

zepe'lin N̄ Zeppelin *m*

zer N̄ Molke *f*

'zero N̄ Null *f*

'zestre F̄ Mitgift *f*

'zeu M̄ Gott *m*

zev'zec M̄ Trottel *m*

'zgardă F̄ Halsband *n*

zgâ'i V̄R a se ~ das Gesicht verziehen

zgâlța'i V̄T rütteln

zgândă'ri V̄T schüren; reizen

zgâr'cenie F̄ Geiz *m*

zgâr'ci¹ Ⓐ V̄R a se ~ sich zusammenziehen; *plante* eingehen Ⓑ V̄T zusammenziehen

'zgârci² N̄ ANAT Knorpel *m*

zgâr'cit Ⓐ ADJ geizig Ⓑ M̄, **zgâr'citã** F̄ Geizhals *m*

zgâri'a V̄T kratzen

'zgârie-'nori M̄ Wolkenkratzer *m*

zgârie'turã F̄ Kratzer *m*; Schürfwunde *f*

zglo'biu ADJ munter

'zgomot N̄ Lärm *m*; Geräusch *n*; ~ **de fond** Hintergrundgeräusch *n*

zgomo'tos ADJ geräuschvoll, lärmend

zgribu'li V̄R a se ~ (vor Kälte) zittern

zgripțu'roaicã F̄ bösartige Frau *f*; *pej* Hexe *f*

zgrunțu'ros ADJ klumpig; *suprafețe* rau

zgudu'i V̄T rütteln; erschüttern

zgudui'turã F̄ Ruck *m*; Erschütterung

f

'zgurã F̄ Schlacke *f*

zi F̄ Tag *m*; ~ **de naștere** Geburtstag *m*; ~ **de odihnã** Ruhetag *m*; ~ **de sãrbã-toare** Feiertag *m*; ~ **lucrãtoare** Wochentag *m*, Werktag *m*; **ziua îndrãgos-titilor** Valentinstag *m*; **Ziua Mamei** Muttertag *m*; **ziua nunții** Hochzeitstag *m*

zi'ar N̄ Zeitung *f*

zia'rist(ã) M̄F̄ Journalist(in) *m(f)*

zi'calã F̄, **zicã'toare** F̄ Sprichwort *n*

'zice V̄T sagen; **se ~** man sagt, es heißt

zid N̄ Mauer *f*

zi'dar M̄ Maurer *m*

zidã'rie F̄ Mauerwerk *n*

zi'di V̄T (zu)mauern; bauen

zig'zag N̄ Zickzack *m*

zili'er(ã) M̄F̄ Tagelöhner(in) *m(f)*

'zilnic ADJ täglich

'zimbru M̄ Wisent *m*

zimț M̄ Zacke *f*, Zahn *m*

zim'țat ADJ gezackt

zin'cat ADJ verzinkt

zis ADJ genannt

'ziua ADVL am Tag; tagsüber

'zloatã F̄ Schneeregen *m*

zlot M̄ Zloty *m*

zme'oaicã F̄ Ⓘ weibliches Wesen der rumänischen Mythologie, das das Böse verkörpert Ⓘ BOT Laserkraut *n*

zmeu M̄ Drache(n) *m*

'zmeurã F̄ Himbeere *f*

'zoaie F̄ Spülwasser *n*

zob N̄ Ⓘ Splitter *m* Ⓘ *grãunțe de ovãz* Haferkörner *npl*

zo'bi V̄T zerschlagen; *în bucãți* zerstückeln

zodi'ac N̄ Tierkreis *m*

'zodie F̄ Sternzeichen *n*

zo'nal ADJ Zonen...; **timp n ~** Zonenzeit *f*

'zonã F̄ Zone *f*; ~ **de liber schimb** Freihandelszone *f*; ~ **euro** Eurozone *f*; ~ **pentru nefumãtori** Nichtraucherzone *f*; ~ **pietonalã** Fußgängerzone *f*; MED **zona Zoster** Gürtelrose *f*

zoolo'gie F̄ Zoologie *f*; Tierkunde *f*

zoo'morf ADJ tiersymbolisch

zooteh'nie F̄ Tierwirtschaft *f*

zor N̄ Eile *f*; *umg* **a da ~** sich beeilen

zo'ri¹ Ⓐ V̄T antreiben Ⓑ V̄R a se ~ sich

Z

beeilen
'zori² MPL Morgendämmerung f
zornă'i VI klirren, rasseln
zu'grav M Maler m
zugră'vi VT (an)streichen, malen; fig schildern
zu'luf M (Haar)Locke f
zumză'i VT summen
'zumzet N Summen n
zurba'giu ADJ streitsüchtig; umg giftig
zurgă'lău M Glocke f
zur'liu ADJ ausgelassen; umg aufgedreht
zvăpă'iat ADJ ausgelassen

zvâc'ni VI inima rasen; ființe schnellen
zvâc'nire F Zuckung f
zvân'ta A VT 1 trocknen 2 fig zerstören B VR a se ~ trocknen
zvârco'li VR a se ~ sich winden; fig sich sträuben
zvârco'lire F Windung f
zvâr'li VT (weg)werfen, (weg)schmeißen
zvâr'lugă F ZOOL Steinbeißer m; fig flinker Mensch m
zvelt ADJ schlank
zvon N Gerücht n

Deutsch – Rumänisch

A¹, a $\overline{N}$ ① A, a *m; umg fig* **von A bis Z** de la cap la coadă ② MUS la *m*
A² $\overline{ABK}$ (= Autobahn) AUTO A
@ $\overline{N\ ABK}$ (= at) IT @, A rond *n*
Aal $\overline{M}$ țipar *m*
Aas $\overline{N}$ ① hoit *n* ② *umg pej* canalie *f*
AB $\overline{M\ ABK}$ (= Anrufbeantworter) TEL robot *m* telefonic
ab $\overline{A}$ PRÄP (începând) de (*od* din); **ab Berlin** de la Berlin; **ab Seite 5** de la pagina 5; HANDEL **ab Werk** direct din fabrică; **ab zehn Euro** de la zece euro; **ab zehn Uhr** de la ora zece; **Kinder ab sechs Jahren** copii de la șase ani; **von hier ab** de aici; **von jetzt ab** începând de acum $\overline{B}$ ADV **ab ins Bett!** la culcare!; **ab sein** a fi plecat; **ab und zu** din când în când; **links ab** la stânga
abartig ADJ *umg* ciudat
abbauen $\overline{VT}$ ① *Zelt* a demonta ② *verringern* a reduce
abbekommen $\overline{VT}$ ① (≈ *bekommen*) a obține ② *Schläge, Kratzer* a încasa ③ *Farbe* a scoate
abbestellen $\overline{VT}$ a decomanda
abbiegen $\overline{VI}$ *Straße* a coti; **nach links/rechts** ~ a coti la stânga/dreapta
Abbiegespur $\overline{F}$ pista pe care se înscrie o mașină pentru a coti
Abbildung $\overline{F}$ ilustrație *f*
abblenden $\overline{VI}$ *im Auto* a aprinde luminile de întâlnire
Abblendlicht $\overline{N}$ lumini *fpl* de întâlnire; **mit ~ fahren** a conduce cu luminile de întâlnire
abbrechen $\overline{A}$ $\overline{VT}$ a rupe; a întrerupe; *Gebäude* a demola; *aufhören* a înceta; **sich** (*dat*) **e-n Fingernagel** ~ a-și rupe o unghie $\overline{B}$ $\overline{VI}$ a se opri
abbremsen $\overline{VT\ \&\ VI}$ a frâna

abbrennen $\overline{A}$ $\overline{VT}$ a arde; *Feuerwerk* a aprinde $\overline{B}$ $\overline{VI}$ *Haus* a arde
abbringen $\overline{VT}$ a abate (**von etw** de la)
Abbruch $\overline{M}$ ① *Haus* demolare *f* ② *fig* întrerupere *f* ③ **e-r Sache** (*dat*) ~ **tun** a-i dăuna unui lucru
abbuchen $\overline{VT}$ **e-n Betrag vom Konto** ~ a retrage o sumă de pe cont
Abbuchung $\overline{F}$ retragere *f* de pe cont
Abc $\overline{N}$ ① ABC *n* ② *fig* noțiuni *fpl* elementare
abdrehen $\overline{A}$ $\overline{VT}$ *Wasser* a închide; *Licht* a stinge $\overline{B}$ $\overline{VI}$ *Schiff, Flugzeug* a schimba direcția
Abdruck¹ $\overline{M}$ (≈ *aus Gips bzw. Wachs*) amprentă *f*; *Spur* urmă *f*
Abdruck² $\overline{M}$ TYPO publicare *f*
abdrucken $\overline{VT}$ a imprima
abdrücken $\overline{A}$ $\overline{VT}$ **j-m die Luft** ~ a ruina pe cineva $\overline{B}$ $\overline{VI}$ (≈ *schießen*) a trage
Abend $\overline{M}$ seară *f*; **am** ~ seara; **der Heilige** ~ Ajunul Crăciunului; **gestern/heute** ~ aseară/diseară; **guten ~!** bună seara!; **morgen Abend** mâine seară; **zu** ~ **essen** a cina
Abendbrot $\overline{N}$ cină *f*
Abendessen $\overline{N}$ cină *f*; **nach/vor dem** ~ după/înainte de cină
Abendkasse $\overline{F}$ casă *f* de bilete
Abendkleid $\overline{N}$ rochie *f* de seară
Abendmahl $\overline{N}$ împărtășanie *f*
Abendrot $\overline{N}$ amurg *n*
abends ADV seara; **sieben Uhr** ~ șapte seara
Abendschule $\overline{F}$ școală *f* serală
Abenteuer $\overline{N}$ aventură *f*
abenteuerlich ADJ aventuros
Abenteuerspielplatz $\overline{M}$ parc *n* de aventură
Abenteurer(in) $\overline{M(F)}$ aventurier(ă) *m(f)*
aber $\overline{A}$ KONJ dar; **oder** ~ sau $\overline{B}$ PARTIKEL ~ **ja!** sigur că da!
Aberglaube(n) $\overline{M}$ superstiție *f*
abergläubisch ADJ superstițios

abfahren _VI_ a pleca (**nach** la)

Abfahrt _F_ **1** plecare f **2** _von Auto-bahn_ ieșire f

Abfahrtszeit _F_ ora f plecării

Abfall _M_ gunoi n; **radioaktive Abfälle** deșeuri npl radioactive

Abfalleimer _M_ pubelă f; **den ~ hin-ausbringen** a duce gunoiul

abfallen _VI_ **1** (≈ _sich ablösen_) a se des-prinde **2** _Gelände_ a coborî **3** _fig_ (≈ _üb-rig bleiben_) a rămâne **4** _Verbündete_ a renega (**von j-m** pe cineva) **5** _in der Leistung_ a fi mai slab (**gegenüber** de-cât)

abfällig _ADJ_ disprețuitor

abfangen _VT_ **1** _Brief, Meldung_ a inter-cepta; _Person_ a prinde **2** (≈ _wieder unter Kontrolle bringen_) a redresa

abfärben _VI_ a ieși la spălat; _fig_ **auf j-n ~** a influența pe cineva

abfertigen _VT_ _Pakete_ a expedia; FLUG **j-n ~** a face check in cuiva

Abfertigung _F_ _von Post_ expediere f; _des Gepäcks_ înregistrare f; _zollamtlich_ vămuire f; _bei der Pass-, Zollkontrolle_ control n

Abfertigungsschalter _M_ _am Flug-hafen_ ghișeu n de înregistrare; _beim Zoll_ ghișeu n vamal

abfinden _A_ _VT_ **j-n ~** a despăgubi pe cineva **B** _VR_ **sich mit etw ~** a se îm-păca cu ceva

Abfindung _F_ _Entschädigung_ despăgu-bire f; **j-m e-e ~ zahlen** a plăti cuiva o despăgubire

abfliegen _VI_ a decola

Abflug _M_ decolare f

Abflughalle _F_ terminal n de plecări

Abfluss _M_ scurgere f

Abflussrohr _N_ țeavă f de scurgere

abfragen _VT_ **1** a întreba **2** a exami-na

Abfuhr _F_ **1** (≈ _Abtransport_) evacuare f **2** (≈ _Zurückweisung_) respingere f; **j-m e-e ~ erteilen** a respinge pe cineva

abführen _A_ _VI_ MED, PFLEGE a purga; **~d wirken** a avea efect purgativ **B** _VT_ _Steuern, Gebühren_ a plăti; **j-n ~ lassen** a aresta pe cineva

Abführmittel _N_ purgativ n

abfüllen _VT_ a umple

Abgabe _F_ **1** predare f **2** _Steuer_ impo-zit n

abgasarm _ADJ_ puțin poluant

Abgase _PL_ gaze npl de eșapament

abgeben _A_ _VT_ _Gepäck, Schlüssel_ a preda (**bei** la); _Wärme_ a emite; _Erklä-rung, Urteil_ a da **B** _VR_ **sich mit etw ~** a se ocupa cu (od de) ceva; **sich mit j-m ~** a fi în relații cu cineva

abgebildet _VT_ **wie oben ~** ca în fi-gura de mai sus

abgehen _VI_ **1** _Knopf_ a se rupe **2** _Stra-ße_ a coti

abgelegen[1] _ADJ_ îndepărtat, izolat

abgelegen[2] _ADJ_ izolat

Abgeltung(s)steuer _F_ FIN _auf Kapi-talerträge_ impozit pe venituri provenite din dobânzi

abgemacht _ADJ_ stabilit; **~!** de acord!

Abgeordnete(r) _M(F)M_ deputat(ă) m(f)

abgepackt _ADJ_ ambalat

abgesehen _ADV_ **~ davon, dass ...** făcând abstracție de faptul că ...; **~ von** făcând abstracție de

abgestanden _ADJ_ _Luft_ stătut; **~es Bier** bere f răsuflată

abgetragen _ADJ_ _Kleidung_ uzat

abgewöhnen _A_ _VT_ **j-m etw ~** a dezvăța pe cineva de ceva **B** _VR_ **sich etw ~** a se dezobișnui de ceva

Abgrund _M_ a. _fig_ abis n

abgucken _umg_ _VT_ **etw bei** (od **von**) **j-m ~** SCHULE a copia ceva de la cine-va

abhalten _VT_ **1** _Versammlung_ a ține **2** **j-n von etw ~** a opri pe cineva de la ceva; **j-n davon ~, etw zu tun** a opri pe cineva să facă ceva

abhandenkommen _VI_ a dispărea

Abhang _M_ pantă f

abhängig _ADJ_ dependent (**von** de)

Abhängigkeit _F_ independență f; (≈ _Drogenabhängigkeit_) dependență f

abhärten _VT_ (& _VR_) (**sich**) ~ a (se) întă-ri (**gegen** contra)

abhauen _A_ _VT_ _abschlagen_ a doborî **B** _umg_ _VI_ _verschwinden_ a o șterge; **hau ab!** șterge-o!

abheben _A_ _VT_ _Geld, Telefonhörer_ a ri-dica **B** _VI_ _Flugzeug_ a decola; _beim Kar-tenspiel_ a tăia **C** _VR_ **sich von** (od **ge-**

gen) etw ~ a se distanţa de ceva

abheften _VT_ a îndosaria

abholen _VT_ a lua; **etw ~ lassen** a trimite pe cineva să ridice ceva

abhören _VT_ **1** _Schüler_ a examina **2** _Telefongespräch_ a intercepta **3** _Tonband etc_ a asculta

Abi _umg_ _N_ _umg_ bac _n_; **das Abi machen** _umg_ a-şi da bacul

Abitur _N_ bacalaureat _n_; **das ~ bestehen/haben/machen** a lua/avea/da bacalaureatul

Abiturprüfung _F_ examen _n_ de bacalaureat

Abiturzeugnis _N_ diplomă _f_ de bacalaureat

abkaufen _VT_ _fig_ **j-m etw ~** a da crezare cuiva

abklingen _VI_ _Schmerz_ a slăbi

abknicken _VT_ **1** (≈ _abbrechen_) a rupe **2** (≈ _knicken_) a îndoi

Abkommen _N_ acord _n_

abkoppeln _VT_ _Anhänger_ a decupla

abkühlen _A_ _VI_ a se răci _B_ _VT_ a răci _C_ _VR_ **sich ~** a se răcori

Abkühlung _F_ _a. fig_ răcire _f_

abkürzen _VT_ **1** _Weg_ a scurta **2** _Wort_ a prescurta

Abkürzung _F_ **1** _Wort_ prescurtare _f_ **2** _Weg_ scurtătură _f_

abladen _VT_ a descărca

Ablage _F_ _Aktenordnung_ arhivă _f_

ablassen _A_ _VT_ **1** _Flüssigkeiten_ a scurge; _Dampf_, _Luft_ a reduce **2** _Teich_, _Becken_ a goli _B_ _VI_ **von etw ~** a renunţa la ceva; **von j-m ~** a lăsa pe cineva în pace

Ablauf _M_ _von Ereignissen_ desfăşurare _f_

ablaufen _F_ **1** _abfließen_ a scurge **2** _Ereignisse_ a se desfăşura **3** _Pass_, _Milch_, _Frist_ a expira

ablecken _VT_ a linge

ablegen _A_ _VT_ a pune; _Kleider_ a scoate; _Gewohnheit_ a se dezvăţa de; _Prüfung_ a da; _Akten_ a arhiva _B_ _VI_ SCHIFF a ancora

ablehnen _VT_ **1** a refuza **2** _Antrag_ a respinge

Ablehnung _F_ **1** respingere _f_ **2** (≈ _Missbilligung_) dezaprobare _f_

ablenken _VT_ a distrage; **j-n von der Arbeit ~** a distrage pe cineva de la lu-

cru; **vom Thema ~** a da discuţiei o altă direcţie

Ablenkung _F_ distragere _f_

Ablenkungsmanöver _N_ diversiune _f_

ablesen _VT_ _Text_, _Gas_ a citi

abliefern _VT_ a livra

ablösen _A_ _VT_ **1** (≈ _loslösen_) a desprinde (**von de**) **2** (≈ _abwechseln_) a înlocui; **j-n in s-m Amt ~** a înlocui pe cineva în funcţie _B_ _VR_ **sich ~** (≈ _sich loslösen_) a se desprinde; (≈ _sich abwechseln_) a se alterna

Ablösung _F_ **1** _e-r Person_ înlocuire _f_ **2** (≈ _Loslösen_) desprindere _f_

abmachen _VT_ **1** _entfernen_ a scoate **2** _vereinbaren_ a conveni; **e-n Termin ~** a face o programare; **abgemacht!** de acord!; **das war abgemacht** asta a fost convenit

Abmachung _F_ convenţie _f_

abmagern _VI_ a slăbi

abmelden _A_ _VT_ _a. vom Verein_ a retrage; _Telefon etc_ a renunţa la; **ein Fahrzeug ~** a radia o maşină _B_ _VR_ **sich ~** _Wohnsitz_ a-şi anunţa schimbarea de domiciliu

Abmeldung _F_ _polizeilich_ a-şi anunţa schimbarea de domiciliu la autorităţile de înregistrare; _von Fahrzeugen_ radiere _f_; _e-s Telefons_ reziliere _f_

abmessen _VT_ a măsura

abnehmen _A_ _VT_ a lua; _Geld_ a ridica; _Führerschein_ a suspenda (**j-m cuiva**); _kaufen_ a cumpăra; **das nehme ich dir nicht ab** _nicht glauben_ nu te cred _B_ _VI_ a scădea; _schlanker werden_ a slăbi; TEL a răspunde

Abneigung _F_ aversiune _f_ (**gegen** faţă de)

abnutzen, **abnützen** _VT & VR_ (**sich**) **~** a (se) uza

Abo _umg_ _N_ → Abonnement

Abonnement _N_ abonament _n_

Abonnent(in) _M/F_ abonat(ă) _m(f)_

abonnieren _VT_ a se abona la; **auf etw** (_akk_) **abonniert sein** a fi abonat la ceva

abprallen _VI_ **von** (_od_ **an**) **etw** _dat_ ~ a ricoşa din (în) ceva

abputzen _VT_ a curăţa; PFLEGE **sich ~** a se curăţa

abraten V/I j-m von etw ~ a deconsilia pe cineva să facă ceva

abräumen V/T Tisch a strânge

abreagieren A V/T a-şi descărca; **seine schlechte Laune an etw/j-m** ~ a-şi descărca nervii pe ceva/cineva B V/R **sich** ~ (= sich beruhigen) a se descărca

abrechnen A V/T 1 (= abziehen) a deconta (**von din**) 2 als Abschlussrechnung a factura V/I a face socoteala 2 fig **mit j-m** ~ a se răfui cu cineva

Abrechnung F socoteală f; **die** ~ **machen** a face socoteala

abregen umg V/R **sich** ~ a se calma; **reg dich ab!** calmează-te!

Abreise F plecare f

abreisen V/I a pleca (**nach la**); **wieder** ~ a pleca din nou

abreißen A V/T Haus a demola; Blatt a rupe; **den Kontakt nicht** ~ **lassen** a nu întrerupe contactul B V/I Knopf etc a se rupe

abrufen V/T 1 Personen a chema 2 HANDEL a prelua 3 IT a accesa

abrunden V/T Zahl a rotunji

abrupt ADJ abrupt

abrüsten V/I & V/T a dezarma

Abrüstung F dezarmare f; **atomare** ~ dezarmare nucleară

abrutschen V/I a aluneca (**von de pe**)

ABS N ABK (= Antiblockiersystem) AUTO ABS n (antibreakingsystem)

Abs. ABK (= Absender) exp. (expeditor)

Absage F a. fig refuz m; **j-m e-e** ~ **erteilen** a refuza pe cineva

absagen A V/T a contramanda B V/I a se contramanda; **ich muss leider** ~ din păcate trebuie să contramandez

Absatz M 1 WIRTSCH desfacere f 2 Abschnitt alineat n; **e-n** ~ **machen** a face un alineat 3 am Schuh toc n

Absatzmarkt M debuşeu n

abscannen V/T Kode etc a scana

abschaffen V/T a desfiinţa

abschalten A V/T a întrerupe B V/I sich entspannen a se destinde

abschätzen V/T a estima

abscheulich ADJ oribil

abschicken V/T a trimite

abschieben V/T ausweisen a expulza; **j-n ins Ausland** ~ a expulza pe cineva

Abschiebung F ins Ausland expulzare f

Abschied M despărţire f; ~ **nehmen** a-şi lua rămas bun (**von j-m de la cineva**)

Abschiedskuss M sărut n de adio

abschießen V/T 1 Kugel, Pfeil a trage; Rakete a lansa 2 Wild, Vogel a împuşca; Flugzeug a dobori; Panzer a distruge

Abschlag M 1 (= Preisabschlag) reducere f 2 (= Vorschuss) avans n 3 FUSSBALL degajare f

abschlagen V/T 1 Putz a da jos; Äste a tăia 2 Angriff a respinge 3 Ball a degaja 4 Wunsch, Bitte a refuza

Abschlagszahlung F → Abschlag

abschlecken südd, österr V/T a linge

Abschleppdienst M AUTO serviciu n de tractare auto

abschleppen V/T a tracta

Abschleppseil N cablu n de tractare

Abschleppwagen M maşină f de tractare

abschließen V/T 1 Tür a închide 2 beenden, Vertrag a încheia

Abschluss M Ende încheiere f; **etw zum** ~ **bringen** a încheia ceva

Abschlussball M bal n de absolvire

Abschlussfeier F petrecere f de absolvire

Abschlussprüfung F examen n de absolvire

Abschlusszeugnis N diplomă f de absolvire

abschmecken V/T a potrivi de gust

abschminken V/R 1 **sich** ~ a se demachia 2 umg (= verzichten) **sich** (dat) **etw** ~ umg a-şi lua rămas bun de la ceva

abschnallen V/R **sich** ~ Sicherheitsgurt a decupla

abschneiden A V/T a tăia; **j-m den Weg** ~ a-i tăia drumul cuiva B V/I **gut** ~ a avea succes; **schlecht** ~ a nu avea succes

Abschnitt M im Text pasaj n

abschrauben V/T a deşuruba

abschrecken V/T a speria

abschreckend ADV descurajant

abschreiben V/T 1 a copia 2 WIRTSCH a deduce de la impozit

Abschrift F copie f

abschüssig ADJ abrupt
abschwächen VT a atenua
abschwellen VI MED a se dezumfla
absehbar ADJ **in ~er Zeit** într-un viitor apropiat
absehen A VT *Ende, Folgen* a prevedea B VI **von etw ~** a face abstracție de ceva
abseits PRÄP la o parte de
Abseits N SPORT ofsaid *n*; *fig* **im ~ stehen** a fi retras (*od* izolat)
absenden VT a expedia
Absender(in) MF expeditor *m*, expeditoare *f*
absetzen A VT *Glas* a pune jos; *Brille etc* a scoate; *aussteigen lassen* a lăsa; WIRTSCH a desface; MED *Medikament* a întrerupe B VR **sich ~** *sich entfernen* a se depărta
Absicht F intenție *f*; **mit (voller) ~** intenționat
absichtlich ADJ intenționat
absolut ADJ absolut
abspeichern VT IT a salva
absperren VT **1** *Straße* a închide **2** *Tür* a încuia
Absperrung F drum *n* barat
abspielen A VT *CD* a pune; SPORT **(den Ball)** a pasa (mingea) B VR **sich ~** a se petrece
absplittern VI *Holz* a despica; *Lack* a coji
Absprache F înțelegere *f* **(mit cu)**; *geheime* convenție *n*; **mit j-m e-e ~ treffen** a se pune de acord cu cineva
absprechen A VT **1** (≈ *verabreden*) a conveni **2** (≈ *aberkennen*) a retrage B VR **sich ~** a se pune de acord
abspringen *fig* VI a se retrage **(von etw** din ceva)
abspülen VT a clăti
abstammen VI a se trage **(von j-m** din cineva)
Abstammung F origine *f*
Abstand M distanță *f*; **~ halten** a păstra distanța; **mit ~** pe departe; **von etw ~ nehmen** a se distanța de ceva; **in regelmäßigen Abständen** la intervale regulate
abstauben VT **etw ~** a șterge praful de pe ceva
Abstecher M abatere *f* din drum; **e-n**

~ (nach ...) machen a face o deviere (la ...)
abstehen VI **1** (≈ *entfernt sein*) a sta la distanță **2** **~de Ohren** urechi clăpăuge
absteigen VI **1** *vom Rad etc* a se da jos **2** *in Gasthof* a descinde **(in** +*dat* în, la)
abstellen VT **1** *Auto* a parca **2** *ausschalten* a închide
Abstellkammer F, **Abstellraum** M debara *f*
abstempeln VT a ștampila; *fig* **j-n ~ als** (*od zu*) a eticheta pe cineva ca fiind
absterben VI *Pflanze* a muri; *Gliedma-ßen* a amorți
Abstieg M *vom Berg* coborâre *f*
abstimmen A VI a vota; **über etw** (*akk*) **~** a vota ceva B VT a potrivi **(auf** +*akk* cu); *Termine* a coordona; **aufeinander ~** a coordona; **etw auf etw** (*akk*) **~** a potrivi ceva cu ceva C VR **sich (mit j-m) ~** a se pune de acord (cu cineva)
Abstimmung F **1** (≈ *Wahl*) vot *n*; (≈ *Volksentscheid*) referendum *n* **2** (≈ *Harmonisierung*) armonizare *f*
abstoßen A VT **1** *Boot vom Ufer* a împinge **2** (≈ *beschädigen*) a deteriora **3** *fig* a dezgusta **4** HANDEL a vinde **5** MED a respinge B VR **sich ~ (von etw)** a se împinge (de la ceva)
abstoßend ADJ respingător
abstrakt ADJ abstract
abstreiten VT a nega
Abstrich M MED frotiu *n*; **~e machen** a face concesii
abstufen VT **1** *Gelände* a amenaja în trepte **2** *Farbtöne* a grada; *fig* a nuanța **3** (≈ *staffeln*) a eșalona **(nach** după)
abstumpfen VT *Person* a deveni insensibil (*od* indiferent) **(gegen** la)
Absturz M prăbușire *f*
abstürzen VI **1** a se prăbuși **2** IT a se bloca
absurd ADJ absurd
Abszess M abces *n*
abtasten VT a palpa
abtauen VT *Kühlschrank* a dezgheța
Abteil N BAHN compartiment *n*
abteilen VT a separa **(von** de); *durch e-e Wand* a despărți
Abteilung F **1** *Kaufhaus* raion *n* **2**

MED *Krankenhaus* secție f

Abteilungsleiter(in) M|F șef(ă) m(f) de departament

abtreiben A V|I MED a avorta B V|T MED **ein Kind** ~ a avorta; **von der Strömung abgetrieben werden** a fi dus de curent

Abtreibung F avort n

abtreten A V|T 1 *Schuhsohlen* a uza; *Absätze* a toci 2 *Schmutz von den Schuhen* a șterge B V|I 1 (≈ *zurücktreten*) a se retrage 2 THEAT a ieși de pe scenă C V|R **sich** (*dat*) **die Füße** ~ a se șterge pe picioare

abtrocknen A V|T a usca B V|R **sich** ~ a se șterge

abwählen V|T 1 **j-n** ~ a vota împotriva cuiva 2 **ein Schulfach** ~ a opta împotriva unei materii (*posibilitatea elevilor de liceu din Germania*)

abwandeln V|T a modifica

Abwart(in) M|F, *schweiz* administrator m/administratoare f *al unui imobil*

abwarten V|I a aștepta; ~, **bis ...** a aștepta până ...; **das bleibt abzuwarten** asta rămâne de văzut

abwärts ADV în jos

Abwasch M spălat n de vase; **den ~ machen** a spăla vasele

abwaschen V|T *Schmutz, Geschirr* a spăla

Abwasser N ape fpl reziduale

abwechseln V|I & V|R **(sich)** ~ a face cu schimbul

abwechselnd A ADJ alternativ B ADV în alternanță (**mit cu**)

Abwechslung F variație f; **zur** ~ pentru a varia

abwechslungsreich A ADJ variat B ADV într-un mod variat; **sich ~ ernähren** a avea un regim alimentar variat

Abwehr F 1 SPORT, MIL apărare f 2 MED imunitate f 3 *fig* (≈ *Ablehnung*) respingere f

Abwehrkraft F, **Abwehrkräfte** FPL imunitate f a organismului

Abwehrspieler M FUSSBALL apărător m

abweichen V|I 1 *vom Weg* a devia; *fig* a se îndepărta 2 (≈ *sich unterscheiden*) **von etw** ~ a se deosebi; **voneinander**

~ a diferi

Abweichung F 1 *vom Kurs* deviere f 2 (≈ *Unterschied*) diferență f

abweisen V|T a respinge

abweisend ADJ distant

abwerfen V|T 1 (≈ *herunterwerfen*) a arunca; *Hirsch* **das Geweih** ~ a-și schimba coarnele 2 (≈ *sich befreien von*) *Bürde* a se elibera de 3 *Spielkarte* a pune jos 4 *Ball ins Spielfeld* a trimite

abwerten V|T a devaloriza

abwesend ADJ absent

Abwesenheit F absență f

abwickeln V|T 1 a desfășura 2 (≈ *erledigen*) a rezolva; *Auftrag* a executa 3 (≈ *auflösen*) *Betrieb* a lichida

abwiegen V|T a cântări

abwimmeln *umg* V|T **j-n** ~ a se debarasa de cineva; *umg* a da papucii cuiva

abwischen V|T a șterge

abwürgen *umg* V|T 1 *Diskussion* a reteza 2 *Motor* a cala

abzahlen V|T a plăti

abzählen V|T a număra; **das Geld abgezählt bereithalten** a avea banii potriviți

Abzeichen N insignă f

abzeichnen V|T 1 a desena după un model 2 *Dokument* a semna

abziehen A V|T a trage; *Schlüssel, Bettzeug* a scoate; MATH a scădea; **e-m Pfirsich die Haut** ~ a decoji o piersică B V|I a se retrage

abzocken *umg* V|T a exroca

Abzug M 1 *Foto* copie f; **e-n ~ machen** a face o copie 2 *Betrag* scădere n

abzüglich PRÄP scăzând

Abzweig *schweiz* M *e-r Straße* bifurcație f

abzweigen A *umg* V|T *Geld* a deturna (**von de la**) B V|I *Straße* a se despărți (**von de**)

Abzweigung F bifurcație f

Accessoire N accesoriu n

Account M *od* N INTERNET cont n

ach INT of; **ach ja** *Einfall* ah; *sehnsüchtig, bedauernd* ah da!; *zweifelnd* ah da?; **ach so** a (*od* așa); **ach was!** *Überraschung* a (*od* ce spui)!; *Ärger* ei na!

Achse F axă f; *umg* **immer auf ~ sein** a fi mereu pe drum; **sich um s-e** (*od*

die eigene) ~ drehen a se învârti în jurul axei proprii

Achsel F 1 umăr m; **die ~n zucken** a da din umeri 2 *Achselhöhle* axilă f

acht NUM opt; **alle ~ Tage** o dată la opt zile; **er ist ~ (Jahre alt)** are opt ani; **in ~ Tagen** peste opt zile; *Uhrzeit* **um ~ (Uhr)** la (ora) opt; **zu ~ (sein)** (a fi) câte opt

Acht¹ F *Zahl* opt n

Acht² F (≈*Aufmerksamkeit*) **~ geben** → achtgeben; **etw außer ~ lassen** a trece cu vederea ceva; **sich vor etw/ j-m in ~ nehmen** a se feri de ceva/ci-neva

achte(r, s) NUM al optulea, a opta; → **dritte**

achteinhalb NUM opt și jumătate

Achtel N 1 optime f 2 *Wein etc* optime f de litru

achten A VT a respecta B VI a fi atent; **auf etw/j-n ~** a fi atent la ceva/ cineva; **ohne darauf zu ~, dass ...** fără a ține cont că ...

achtens ADV în al optulea rând

Achterbahn F trenuleț m zburător

achtgeben VI a fi atent; **auf etw/j-n ~** a fi atent la ceva/cineva

achthundert NUM opt sute

achtmal ADV de opt ori

Achtung A F atenție f; *Ehrfurcht* respect m; *umg* **alle ~!** cu tot respectul! B INT atenție!; *bei Durchsagen* **~, ~!** atenție, atenție!; SPORT **~, fertig, los!** pe locuri, fiți gata, start!

achtzehn NUM optsprezece

achtzehnte(r, s) NUM al optsprezece-lea, a optsprezecea; → **dritte**

achtzig NUM optzeci; **in den ~er Jah-ren** în anii optzeci

achtzigste(r, s) NUM al optzecilea, a optzecea

Acker M ogor n; **auf dem ~** pe câmp

Ackerbau M agricultură f

Acryl N acril n

Action *umg* F acțiune f

Actionfilm M film n de acțiune

Adapter M adaptor n

adden VT *Jugendsprache* INTERNET a adăuga

addieren VT a aduna

Addition F adunare f

Adel M nobilime f

adelig ADJ nobil

Adelige(r) M/F(M) nobil(ă) m(f)

Ader F arteră f

Adjektiv N adjectiv n

Adler M vultur m

adlig ADJ nobil

Administrator M, **Administrato-rin** IT administrator m, administratoa-re f

adoptieren VT a adopta

Adoption F adopțiune f

Adoptiveltern PL părinți mpl adop-tivi

Adoptivkind N copil m înfiat

Adrenalin N adrenalină f

Adressbuch N repertoar n de adrese

Adresse F adresă f; **dieses Restau-rant zählt zu den ersten ~n (der Stadt)** acest restaurant este unul din cele mai bune (din oraș)

adressieren VT a adresa (**an j-n** cui-va)

Advent M advent n

Adventskalender M calendar pen-tru cele 24 zile dinaintea Crăciunului

Adventszeit F perioada de 4 săptă-mâni dinaintea Crăciunului

Adverb N adverb n

Aerobic N aerobic n

Affäre F 1 afacere f; *umg* **sich (ge-schickt) aus der ~ ziehen** a ieși (cu abilitate) din încurcătură 2 *Liebesbezie-hung* relație f amoroasă

Affe M maimuță f; *umg* **ich glaub, mich laust der ~** rămân trăznit

Afrika N Africa n

Afrikaner(in) M(F) african(ă) m(f)

afrikanisch ADJ african

After M MED anus n

Aftershave N, **Aftershave-Loti-on** F loțiune f după ras

AG F ABK (= *Aktiengesellschaft*) SA f (societate pe acțiuni)

Agenda F agendă f; **auf der ~ stehen** a fi notat în agendă

Agent(in) M(F) agent(ă) m(f)

Agentur F agenție f

Aggression F agresiune f

aggressiv ADJ agresiv

Ägypten N Egipt n

Ägypter(in) M(F) egiptean(ă) m(f)

ägyptisch ADJ egiptean

ah INT *verwundert* a!; *freudig, genieße-risch* o!

äh INT *bei Sprechpausen* ă

aha INT aha; *überrascht, a. iron* o

Aha-Erlebnis N̄ revelație f

ähneln A V̄I a semăna cu B V̄R **sich ~** a se asemăna

ahnen V̄T a bănui

ähnlich ADJ asemănător; **j-m ~ sehen** a semăna cu cineva

Ähnlichkeit F̄ asemănare f; **mit j-m/etw ~ haben** a semăna cu cineva/ceva

ähnlichsehen *umg* V̄I **das sieht ihm ähnlich!** asta seamănă cu el

Ahnung F̄ bănuială f; **keine ~!** habar n-am!

ahnungslos ADJ fără habar

Aids N̄ sida f

aidskrank ADJ bolnav de sida

Aidstest M̄ test n HIV

Airbag M̄ AUTO airbag n

Airline F̄ companie f aeriană

Akademie F̄ academie f

Akademiker(in) M̄F̄ absolvent(ă) m(f) al unei universități

Akazie F̄ salcâm m

akklimatisieren V̄R **sich ~** a se aclimatiza

Akkord M̄ MUS, WIRTSCH acord n

Akku M̄ acumulator n

Akkusativ M̄ acuzativ n

Akne F̄ acnee f

Akt M̄ 1 *a.* THEAT act n 2 *Malerei* nud n

Akte F̄ document n; **etw zu den ~n legen** a încheia ceva

Aktenkoffer M̄ servietă f

Aktenordner M̄ dosar n

Aktentasche F̄ servietă f

Aktie F̄ acțiune f

Aktiengesellschaft F̄ societate f pe acțiuni

Aktienmarkt M̄ bursă f de valori

Aktienmehrheit F̄ majoritatea f acțiunilor

Aktion F̄ acțiune f; **in ~ treten** a intra în acțiune

Aktionär(in) M̄F̄ acționar(ă) m(f)

aktiv ADJ activ; **~ werden** a deveni activ; **~er Offizier** ofițer m activ

aktivieren V̄T a activa

Aktivität F̄ activitate f

aktualisieren V̄T a actualiza

Aktualität F̄ actualitate f

aktuell ADJ actual

Akupressur F̄ acupresură f

Akupunktur F̄ acupunctură f

Akustik F̄ acustică f

akustisch ADJ acustic

akut ADJ acut

AKW N̄ ABK (= Atomkraftwerk) centrală f nucleară

Akzent M̄ accent n; **ausländischer ~** accent n străin

akzeptabel ADJ acceptabil

akzeptieren V̄T a accepta

Alarm M̄ alarmă f; **~ schlagen** a trage un semnal de alarmă; **blinder ~** alarmă f falsă

Alarmanlage F̄ sistem n de alarmă

alarmieren V̄T a alarma

Albanien N̄ Albania f

albanisch ADJ albanez

albern ADJ stupid; **(das ist doch) ~es Geschwätz** (dar astea sunt) vorbe goale

Albtraum M̄ coșmar n

Album N̄ album n

Alge F̄ algă f

Algebra F̄ algebră f

Algerien N̄ Algeria f

Algerier(in) M̄F̄ algerian(ă) m(f)

algerisch ADJ algerian

Alibi N̄ alibi n

Alimente PL pensie f alimentară

Alkohol M̄ alcool n

alkoholfrei ADJ fără alcool

Alkoholiker(in) M̄F̄ alcoolic(ă) m(f)

alkoholisch ADJ alcoolic

Alkoholtest M̄ test n alcoolemie

All N̄ univers n

alle A INDEF PR toți, toate; **~ beide** amândoi; **~ zehn Minuten** din zece în zece minute B *umg* ADJ **zu Ende** terminat

Allee F̄ alee f

allein A ADJ singur; **alles ~ erledigen** a rezolva totul de unul singur; *umg* **die Schmerzen sind von ~ weggegangen** durerile au dispărut de la sine; **ganz ~** de unul singur; **jeder für sich ~** fiecare pentru sine B ADV numai;

der Gedanke ~ (*od* ~ **der Gedanke**) numai gândul

alleinerziehend ADJ monoparental; **~e Mutter** mamă f celibatară; **~er Vater** tată m celibatar

Alleinerziehende(r) M/F(M) persoană care își crește singură copiii

alleinstehend ADJ **1** Haus izolat **2** Person singur

allerbeste(r, s) NUM cel mai bun

allerdings ADV zwar ce-i drept; gewiss desigur; (≈ in der Tat) cu adevărat; **das ist ~ etwas anderes** asta este însă cu adevărat altceva

allererste(r, s) ADJ cel dintâi

Allergie F MED alergie f

Allergiepass M MED buletin de analize privind alergiile de care suferă cineva

Allergietest M MED test n alergologic

Allergiker(in) M(F) MED alergic(ă) m(f)

allergisch ADJ MED alergic (**gegen** la); **~ auf etw** (akk) **reagieren** a reacționa alergic la ceva

allerhand umg ADJ tot felul de; **das ist doch ~!** asta-i prea de tot!

Allerheiligen N sărbătoarea f tuturor sfinților

allerhöchste(r, s) ADJ cel mai înalt

allerhöchstens ADV maximum

allerlei ADJ de tot felul

allerletzte(r, s) ADJ cel din urmă

allerneueste(r, s) ADJ cel mai recent

allerwenigste(r, s) ADJ cel mai puțin

alles INDEF PR tot; **~ Gute!** felicitări!; **~ in allem** una peste alta

Alleskleber M lipici n universal

allgemein ADJ general; **~ bekannt** bine cunoscut; **~ verständlich** pe înțelesul tuturor; **im Allgemeinen** în general

Allgemeinarzt M, **Allgemeinärztin** F medic m generalist

Allgemeinbildung F cultură f generală

Allgemeinheit F majoritate f

Allgemeinzustand M MED, PFLEGE starea f generală

All-inclusive-Urlaub M TOURISMUS concediu n all inclusive

alljährlich ADJ anual

allmählich A ADJ treptat B ADV cu

timpul; umg (≈ langsam) **ich werde ~ müde** încep să obosesc

Allradantrieb M tracțiune f integrală

Alltag M cotidian n; **der graue ~** cotidianul cenușiu

alltäglich ADJ **1** cotidian **2** gewöhnlich obișnuit

allzu ADV prea; **~ sehr** prea mult

Alpen PL die ~ Alpii mpl

Alphabet N alfabet n

alphabetisch ADJ & ADV alfabetic

Alptraum M → Albtraum

als KONJ **1** vergleichend decât; **als ob** (od **wenn**) ca și cum; **größer als** mai mare decât; **mehr als hundert Personen** peste o sută de persoane; **nichts als** nimic decât **2** zeitlich când; **als Kind** pe când eram copil; **damals als ... atunci când ...**

also ADV deci; **~ bis heute Abend!** deci pe diseară!; **~, das Spiel geht so : ...** deci astea sunt regulile jocului: ...; **~ doch!** deci totuși!; **~ gut!** bine, fie!; **~, so eine Frechheit!** zău, așa o obrăznicie!; **~ so was!** zău, așa ceva!; **~, wenn du mich fragst** mă rog, dacă mă întrebi; **na ~!** ei vezi?

alt ADJ **1** vechi; **ein alter Bekannter** o veche cunoștință **2** Mensch, Tier bătrân; **ein vier Jahre altes Kind** un copil de patru ani; **vier Jahre älter** cu patru ani mai mare; **alt werden** a îmbătrâni; **sie ist zwanzig Jahre alt** ea are douăzeci de ani; **wie alt bist du?** câți ani ai?; **wie alt sind Sie?** ce vârstă aveți?

Altar M altar n

Altbau M clădire f cu arhitectură veche (od tradițională)

Altenheim N, **Altenpflegeheim** N PFLEGE cămin n pentru bătrâni (od pentru persoane vârstnice)

Altenpfleger(in) M(F) PFLEGE îngrijitor m/îngrijitoare f bătrâni

älter ADJ mai vechi; bei Personen mai în vârstă; bei Verwandtschaftsbezeichnungen mai mare; **~ werden** a îmbătrâni; **dieses Kleid macht dich ~** rochia asta te face să pari mai bătrână; **ein ~er Herr** un domn mai în vârstă; **meine ~e Schwester** sora mea mai mare

Alter N **1** vârstă f; **im ~ von 18 Jah-**

ren la vârsta de 18 ani; **er ist in mei-nem** ~ el este de vârsta mea **2** *hohes bătrânețe f;* **hohes** ~ vârstă înaintată
alternativ ADJ alternativ; **~e Energien** *fpl* energii *fpl* alternative; **~e Medizin** medicină alternativă
Alternative F alternativă f
altersdement ADJ MED **~ sein** a suferi de demență senilă
Altersdemenz F MED demență f senilă
Alterserscheinung F semn n de îmbătrânire
Altersgrenze F limită f de vârstă
Altersheim N cămin n pentru persoane vârstnice
Altersunterschied M diferență f de vârstă
älteste(r, s) ADJ cel mai vechi; *bei Personen* cel mai în vârstă; *bei Geschwistern* cel mai mare; **mein ~r Bruder** fratele meu cel mai mare
Altglas N sticlă f reciclabilă
Altglascontainer M container n pentru colectat sticlă
altklug ADJ precoce
altmodisch ADJ demodat
Altöl N ulei n rezidual; AUTO ulei n vechi
Altpapier N hârtie f reciclabilă
Altstadt F orașul n vechi
Alu *umg* N aluminiu n
Alufolie F folie f de aluminiu
Aluminium N aluminiu n
Alzheimer *umg* M, **Alzheimerkrankheit** F MED, PFLEGE boala f alzheimer
am PRÄP **am Bahnhof** la gară; **am Morgen** dimineața; **am 2. Januar** pe 2 ianuarie; **Frankfurt am Main** Frankfurt pe Main; **was gefällt ihm am besten?** ce-i place cel mai mult?
Amalgam N amalgam n
Amateur(in) M(F) amator m, amatoare f
ambulant ADJ MED **~e Behandlung** tratament n ambulatoriu
Ambulanz F **1** MED *Krankenwagen* ambulanță f **2** MED *in der Klinik* ambulatoriu n
Ameise F furnică f
amen ADV amin

Amerika N America f
Amerikaner(in) M(F) american(ă) m(f)
amerikanisch ADJ american
Amnestie F amnestie f
Amok M **~ laufen** crimă comisă cu arme de foc într-un acces de furie
Amokläufer(in) M(F) persoană care într-un acces de furie comite o crimă cu arme de foc trăgând orbește în jurul ei
Ampel F semafor n; **die ~ wird grün** semaforul e pe verde
amputieren VT a amputa
Amsel F mierlă f
Amt N **1** *Dienststelle* birou n **2** *Posten* funcție n; **im Amt sein** a fi în funcție; **von Amts wegen** din oficiu
amtlich ADJ oficial
Amtsblatt N Monitorul n Oficial
Amtszeichen N TEL ton n
amüsieren A VT a amuza B VR sich ~ a se amuza
an A PRÄP **an der Donau** la Dunăre; **an der Wand** pe perete; **an Ostern** de Paști; **nahe an** aproape de B PRÄP **an die Arbeit!** la lucru!; **an die Tür klopfen** a bate la ușă; *umg* **an die 30 Grad** fast în jur de 30 de grade; **ans Meer fahren** a pleca la mare C ADV **an sein** a fi deschis; **an (und für) sich** în fond; **die Heizung ist an** căldura merge; **von ... an** începând de ...
anal ADJ anal
analog ADJ analog
Analphabet(in) M(F) analfabet(ă) m(f)
Analyse F analiză f
analysieren VT a analiza
Anamnesebogen M MED fișă f de anamneză
Ananas F ananas m
Anarchie F anarhie f
Anarchist(in) M(F) anarhist(ă) m(f)
Anästhesie F MED anestezie f
Anbau M **1** AGR cultivare f **2** *Gebäude* anexă f
anbauen A VT **1** AGR a cultiva **2** BAU a construi (**an** +*akk* la) B VI BAU a construi
anbehalten VT a păstra
anbei ADV alăturat
anbieten A VT a oferi; **(j-m) etw ~** a-i oferi (cuiva) ceva B VR sich ~ a se

oferi

Anbieter(in) M̲F̲ furnizor m, furnizoare f

anbinden V̲T̲ a lega

Anblick M̲ privire f; **beim ~ von** la vederea +*gen*

anbraten V̲T̲ a rumeni

anbrechen A̲ V̲T̲ *Vorräte, Flasche* a începe; *Ersparnisse* a intra în B̲ V̲I̲ *der Tag bricht an* se crapă de ziuă; *die Nacht bricht an* se înnoptează

anbrennen A̲ V̲T̲ a aprinde; **angebrannt schmecken** a avea gust de ars B̲ V̲I̲ a se aprinde

anbringen V̲T̲ *befestigen* a fixa

anbrüllen *umg* V̲T̲ a zbiera

andauernd A̲D̲J̲ continuu

Andenken N̲ 1 amintire f; **als ~** ca amintire; **zum ~ an** +*akk* în amintirea +̲2̲ *Gegenstand* suvenir n

andere(r, -s) I̲N̲D̲E̲F̲ P̲R̲ altul; **~ Leute** alte persoane; **alles ~** tot restul; **alle ~n** toți ceilalți; **etwas ~s** altceva; **unter ~m** printre altele; **einer nach dem ander(e)n** unul după altul

andererseits A̲D̲V̲ pe de altă parte

ändern A̲ V̲T̲ a schimba; **etw an e-r Sache** (*dat*) **~** a schimba ceva la asta B̲ V̲R̲ **sich ~** a se schimba

andernfalls A̲D̲V̲ altminteri

anders A̲D̲V̲ & A̲D̲J̲ altfel; **~ aussehen als** a arăta altfel decât; **das muss ~ werden** asta trebuie să se schimbe; **es geht nicht ~** nu merge altfel; **ich konnte nicht ~** n-am putut face altfel; **irgendwo/nirgendwo ~** altundeva/nicăieri; **j-d anders** altcineva

andersgeartet A̲D̲J̲ diferit

andersherum A̲D̲V̲ invers

anderslautend A̲D̲J̲T̲ diferit; (≈*widersprüchlich*) contradictoriu

anderswo A̲D̲V̲ într-altă parte

anderthalb N̲U̲M̲ unu și jumătate; **~ Stunden** o oră și jumătate

Änderung F̲ schimbare f

andeuten V̲T̲ 1 (≈ *ahnen lassen*) a lăsa să se înțeleagă 2 *zeichnerisch* a schița

Andeutung F̲ aluzie f

Andorra N̲ Andora f

Andrang M̲ afluență f

andrehen V̲T̲ 1 *Radio, Heizung, Gas* a deschide 2 *umg* **j-m etw ~** *umg* a-i

băga cuiva ceva pe gât

androhen V̲T̲ **j-m etw ~** a amenința pe cineva cu ceva

aneinander A̲D̲V̲ **~ denken** a se gândi unul la altul; **sich ~ gewöhnen** a se obișnui unul cu altul

aneinanderbinden V̲T̲ a lega pe unul de altul

aneinanderfügen V̲T̲ a uni

aneinandergeraten V̲I̲ a se lua la ceartă (**mit** cu); *handgreiflich* a se lua la bătaie

Anekdote F̲ anecdotă f

anekeln V̲T̲ **j-n ~** a-i face scârbă cuiva

anerkannt A̲D̲J̲T̲ recunoscut

anerkennen V̲T̲ 1 a recunoaște 2 *würdigen* a stima; **ein paar ~de Worte sprechen** a spune câteva cuvinte de laudă

anfahren A̲ V̲T̲ *fahren gegen* a ciocni; *Ort* a intra în B̲ V̲I̲ a porni

Anfall M̲ M̲E̲D̲ acces n

anfallen A̲ V̲T̲ a ataca B̲ V̲I̲ *Arbeiten, Kosten* a apărea

anfällig A̲D̲J̲ predispus (**für** la)

Anfang M̲ început n; **~ Mai** la începutul lunii mai; **am ~** la început; **er ist ~ sechzig** e trecut de șaizeci de ani; (**mit etw**) **den ~ machen** a începe (cu ceva); **von ~ an** de la bun început

anfangen V̲T̲ & V̲I̲ a începe; **~ zu** +*inf* a începe să; **bei e-m Unternehmen ~** a începe lucrul la o întreprindere; **damit kann ich nichts ~** asta nu mă ajută cu nimic

Anfänger(in) M̲F̲ începător m, începătoare f; **in etw ~ sein** a fi începător la ceva

anfangs A̲D̲V̲ la început

anfassen V̲T̲ a apuca; **mit ~** a da o mână de ajutor

anfordern V̲T̲ a cere

Anforderung F̲ 1 cerință f (**von** de la) 2 *Anspruch* pretenție f; **hohe ~en an j-n/etw stellen** a avea mari pretenții de la cineva/ceva

Anfrage F̲ întrebare f

anfreunden V̲R̲ **sich mit j-m ~** a se împrieteni cu cineva; *fig* **sich mit etw ~** a se obișnui cu ceva

anfühlen V̲R̲ **sich hart ~** a se simți dur la palpat

Anführer(in) M(F) conducător *m*, conducătoare *f*

Anführungszeichen N̄ ghilimele *fpl*

Angabe F̄ indicație *f*; **~n** *pl* Auskunft informații *fpl*

angeben A V̄T̄ a indica; **etw beim Zoll ~** a declara ceva la vamă; **s-n Namen ~** a-și da numele B umg V̄Ī prahlen a se lăuda

Angeber(in) umg M(F) lăudăros *m*, lăudăroasă *f*

angeblich ADJ pretins

angeboren ADJ congenital

Angebot N̄ ofertă *f*; **~ und Nachfrage** cerere și ofertă

angebracht ADJ indicat

angebrannt ADJ ars; **es riecht ~** miroase a ars

angefressen ADJ umg (≈ verärgert) supărat

angehen A V̄T̄ a privi, a interesa; **das geht dich nichts an** asta nu te privește; **was mich angeht ...** în ceea ce mă privește ... B umg V̄Ī beginnen a începe

angehend ADJ în devenire

angehören V̄Ī e-r Sache (dat) ~ a face parte din ceva

Angehörige(r) M(F)(M) rudă *f*; **meine ~n** rudele mele

Angeklagte(r) M(F)(M) acuzat(ă) *m(f)*

Angel F̄ ☐ undiță *f*; **die ~ auswerfen** a arunca undița ☐ an der Tür balama *f*

Angelegenheit F̄ afacere *f*, chestiune *f*

Angelhaken M̄ cârlig *n* de undiță

angeln V̄T̄ & V̄Ī a pescui; **~ gehen** a merge la pescuit; **sich** (dat) **e-n reichen Mann ~** a pune mâna pe un bărbat bogat

Angelrute F̄ coadă *f* de undiță

angemessen ADJ potrivit

angenehm ADJ plăcut; **beim Vorstellen (sehr) ~!** încântat de cunoștință!

angenommen A ADJ aprobat B K̄Ō̄N̄J̄ **~, dass ...** presupunând că ...

angesehen ADJ stimat

angesichts PRÄP având în vedere

angespannt ADJ Lage tensionat; Arbeit intens

Angestellte(r) M(F)(M) salariat(ă) *m(f)*

angewiesen ADJ **auf j-n/etw ~ sein** a depinde de cineva/ceva

angewöhnen A V̄T̄ **j-m etw ~** a obișnui pe cineva cu ceva B V̄/R̄ **sich etw ~** a se obișnui cu ceva

Angewohnheit F̄ deprindere *f*

angezogen ADJ gut/schlecht ~ bine/prost îmbrăcat; **warm ~** îmbrăcat gros

Angina F̄ anghină *f*

Angler(in) M(F) pescar *m*

Angola N̄ Angola *f*

Angorawolle F̄ lână *f* de angora

angreifen V̄T̄ a ataca

Angreifer M̄ SPORT atacant *m*

Angriff M̄ atac *n*; **etw in ~ nehmen** a începe ceva

angriffslustig ADJ agresiv

Angst F̄ frică *f*; **~ bekommen** (od **kriegen**) a ți se face frică; **~ haben** a se teme (**vor** +dat de); **j-m ~ machen** a speria pe cineva; **schreckliche ~** frică groaznică; **um j-n ~ haben** a-ți fi teamă pentru cineva

Angsthase umg M̄ umg fricos *m*

ängstigen A V̄T̄ a speria B V̄/R̄ **sich ~** a se speria (**um, wegen** de, din cauza)

ängstlich ADJ ☐ fricos ☐ besorgt îngrijorat

angucken umg V̄T̄ a privi

anhaben V̄T̄ ☐ Kleidung a purta ☐ Radio etc a merge ☐ (≈ Schaden zufügen) **j-m** / **e-r Sache nichts ~ können** a nu putea dăuna cuiva / unei cauze

anhalten A V̄Ī a se opri; andauern a dura B V̄T̄ stoppen a opri; Atem a-și ține; **j-n zu etw ~** a pune pe cineva să facă ceva

Anhalter(in) M(F) autostopist(ă) *m(f)*; **per ~ fahren** a face autostopul

Anhaltspunkt M̄ indiciu *n* (**für** pentru)

anhand PRÄP pe baza; **~ von** pe baza de

Anhang M̄ ☐ e-s Buches etc anexă *f* ☐ (≈ Anhängerschaft) susținători *mpl* ☐ (≈ Verwandtschaft) rude *fpl*

anhängen V̄T̄ ☐ a atârna; umg unterschieben a pune cuiva ceva în cârcă ☐ BAHN Wagen a cupla ☐ Zusatz a adăuga

Anhänger M̄ ☐ AUTO remorcă *f* ☐

Schmuck pandantiv n

Anhänger(in) M|F adept(ă) m(f)

Anhängerkupplung F AUTO cârlig n de remorcare

anhänglich ADJ atașat, afectuos

anheben VT a ridica; *fig* a mări

Anhieb M **auf ~** pe loc

anhören A VT a asculta B VR **sich ~** a se auzi; **das hört sich gut an** asta sună bine

Anhörung F *im Parlament* consultare f

Animateur(in) M|F animator m, animatoare f

Anis M anason n

Anker M ancoră f; **~ werfen** (*od* **vor ~ gehen**) a arunca ancora; **vor ~ liegen** a fi ancorat

ankern VI a ancora

Anklage F JUR acuzare f, acuzație f; *Anklagevertretung* reprezentatul m acuzării; **gegen j-n ~ erheben** a acuza pe cineva

anklicken VT IT a selecta

anklopfen VI a bate (**an** +*akk* la)

ankommen VI ❶ a ajunge (**in** +*dat* la, în; **bist du gut (zu Hause) angekommen?** ai ajuns cu bine acasă? ❷ *Post* a veni ❸ **auf etw** (*akk*) **~** a depinde de; **darauf kommt es nicht an** nu despre asta e vorba; **es kommt darauf an** depinde de împrejurări (**ob dacă**) ❹ **gegen j-n/etw ~** a veni de hac cuiva / la ceva

ankreuzen VT a bifa

ankündigen VT (& VR) a anunța; **sich ~** a se anunța

Ankündigung F anunț n

Ankunft F sosire f

Ankunftszeit F ora f sosirii

anlächeln VT j-n **~** a zâmbi cuiva

Anlage F ❶ *Veranlagung* aptitudine f ❷ *Park* parc n ❸ *zu Brief etc* anexă f; **in der ~** în anexă ❹ FIN investiție f

Anlageberater(in) M|F consultant(ă) m(f)

Anlagekapital N FIN capital n de investiții

Anlass M **aus diesem ~** cu acest prilej; **bei offiziellen Anlässen** la ocazii oficiale

anlassen VT ❶ *Motor* a porni ❷ *Radio*

a deschide ❸ *Kleidung* a nu se dezbrăca de ❹ (≈ *erweisen*) **etw lässt sich gut/schlecht an** ceva se dovedește a fi bun/rău

Anlasser M AUTO demaror n

anlässlich PRÄP cu ocazia +*gen*

Anlauf M ❶ SPORT elan n; **~ nehmen** a-și lua avânt ❷ *fig* (≈ *Versuch*) încercare f

anlaufen VI ❶ a acosta; **angelaufen kommen** a veni în goană ❷ *Film* a rula ❸ *Fenster* a se aburi; **rot ~** a se înroși

anlegen A VT ❶ (≈ *positionieren*) **etw an etw ~** a pune ceva lângă ceva ❷ (≈ *beabsichtigen*) **es auf etw ~** a avea de gând ceva ❸ *Geld* a plasa ❹ (≈ *planvoll gestalten*) a amenaja ❺ MED, PFLEGE *Verband* a bandaja B VI SCHIFF a acosta C VR *umg* **sich mit j-m ~** a se certa cu cineva

Anlegestelle F debarcader n

anlehnen A VT a rezema (**an** +*akk* de); *Tür* a lăsa întredeschis B VR **sich ~** a se sprijini (**an** +*akk* de)

Anleitung F îndrumare f

Anliegen N *Wunsch* dorință f

Anlieger(in) M|F riveran(ă) m(f)

anlocken VT a atrage; *durch Köder* a momi

anlügen VT j-n **~** a minți pe cineva

anmachen VT ❶ TV, RADIO a deschide ❷ *Licht, Feuer* a aprinde ❸ *Salat* a asezona ❹ *umg* (≈ *aufreißen*) a agăța; *umg* **jmdn aufreißen** a agăța pe cineva

anmalen A VT a vopsi B VR *umg* **sich ~** (≈ *schminken*) a se farda

Anmeldeformular N formular n de înscriere

anmelden A VT a anunța; *Bedenken* **~** a avea dubii B VR **sich ~** a se înscrie; **sich polizeilich ~** a-și declara domiciliul

Anmeldeschluss M termen n de înscriere

Anmeldung F înscriere f; *beim Arzt* **nach vorheriger ~** cu programare

anmerken VT ❶ j-m **etw ~** a observa ceva la cineva; **sich** (*dat*) **nichts ~ lassen** a nu lăsa se observe nimic ❷ (≈ *bemerken*) **etw zu etw ~** a remarca ceva la ceva

annähernd ADV aproximativ

Annäherung F̅ apropiere f

Annäherungsversuche M̅P̅L̅ avansuri npl

Annahme F̅ **1** von Paket primire f **2** Billigung consimțire f **3** Vermutung presupunere f; **in der ~, dass ...** presupunând că ...

annehmbar A̅D̅J̅ acceptabil

annehmen V̅T̅ **1** (≈denken) a presupune **2** Gegenstand a primi; (≈billigen) a accepta

annullieren V̅T̅ a anula

anöden umg V̅T̅ a plictisi

anonym A̅D̅J̅ anonim

Anorak M̅ hanorac n

anordnen V̅T̅ **1** (≈befehlen) a comanda **2** (≈ordnen) a organiza

Anordnung F̅ **1** (≈Anweisung) organizare n **2** (≈Ordnung) ordin n **3** MED von Medikamenten prescriere f; **auf ~ des Arztes** pe bază de prescripție medicală

anorganisch A̅D̅J̅ anorganic

anpacken A̅ V̅T̅ a apuca B̅ V̅I̅ **mit ~** a ajuta

anpassen A̅ V̅T̅ a adapta (an +dat la) B̅ V̅R̅ **sich ~** a se adapta (an +dat la)

anpassungsfähig A̅D̅J̅ adaptabil

anpflanzen V̅T̅ a planta

anpöbeln umg V̅T̅ a molesta

anprobieren V̅T̅ a proba

Anrainer(in) M̅I̅F̅ vecin(ă) m(f)

anrechnen V̅T̅ **1** (≈gutschreiben, berücksichtigen) a considera; HANDEL, JUR a imputa **2** fig (≈würdigen) **j-m etw hoch ~** a aprecia (od prețui) ceva (mult) la cineva

Anrecht N̅ drept n (**auf** +akk la)

Anrede F̅ formulă f de adresare

anreden V̅T̅ **j-n ~** a se adresa cuiva

anregen V̅T̅ a stimula

anregend A̅D̅J̅ a. fig interesant

Anregung F̅ **1** imbold n **2** Vorschlag propunere f

Anreise F̅ **1** (≈Reise) călătorie f **2** (≈Ankunft) sosire f

anreisen V̅I̅ a sosi

Anreisetag M̅ ziua f sosirii

Anreiz M̅ imbold n

anrichten V̅T̅ **1** Speisen a aranja; **das Essen ~** a aranja mâncarea pe farfurii **2** Schaden a pricinui

Anruf M̅ apel n; **anonymer ~** apel anonim

Anrufbeantworter M̅ robot m

anrufen V̅T̅ TEL **j-n ~** a telefona cuiva

Anrufer(in) M̅I̅F̅ persoana care apelează la telefon

anrühren V̅T̅ **1** a atinge; fig **keinen Alkohol ~** a nu pune gura pe alcool **2** Kleister, Farben a amesteca

ans, = an das → an

Ansage F̅ Radio, TV prezentare f

ansagen V̅T̅ a anunța; umg **angesagt sein** a fi la modă

Ansager(in) M̅I̅F̅ RADIO, TV prezentator m, prezentatoare f

Ansatz M̅ **1** (≈Lösungsansatz) soluție f **2** (≈Beginn) început m

anschaffen A̅ V̅T̅ a achiziționa B̅ V̅R̅ **sich** (dat) **etw ~** a-și achiziționa ceva

anschauen V̅T̅ a se uita la

anschaulich A̅D̅J̅ clar; Beispiel, Bild ilustrativ

anscheinend A̅D̅V̅L̅ aparent; **~ ...** pesemne ...

anschieben V̅T̅ **könnten Sie mich mal ~?** AUTO mă ajutați să împing mașina, vă rog?

Anschlag M̅ **1** afiș n **2** Attentat atentat n

anschlagen A̅ V̅T̅ **1** Plakat a afișa **2** beschädigen a deteriora B̅ V̅I̅ wirken a prii C̅ V̅R̅ **sich** (dat) **den Kopf an etw** (akk) **~** a se lovi cu capul de ceva

anschließen A̅ V̅T̅ a se afilia (**an** +akk od +dat la); ELEK, TECH a conecta (**an** +akk la) B̅ V̅I̅ & V̅R̅ (**sich) an etw ~** Gebäude etc a se învecina cu C̅ V̅R̅ **sich ~** a se alătura (**j-m / einer Gruppe** cuiva / unei grupe); **sich j-s Meinung ~** a se alătura părerii cuiva

anschließend A̅D̅V̅L̅ imediat după

Anschluss M̅ **1** legătură f; fig **~ suchen** a căuta contact; **kein ~ unter dieser Nummer** TEL numărul format nu este alocat **2** (≈Abfolge) **im ~ an** în continuarea +gen

Anschlussflug M̅ zbor n de legătură

anschnallen A̅ V̅T̅ a încheia; Schlittschuhe a pune B̅ V̅I̅ & V̅R̅ **(sich) an etw ~** Sicherheitsgurt a cupla centura de siguranță

Anschnallpflicht F̅ obligație f de a purta centura de siguranță

anschneiden V/T Brot, Wurst a începe să tai; fig Frage a aborda

anschreiben V/T a scrie; **etw/j-n ~** a scrie ceva/cuiva; **etw an die Tafel ~** a scrie ceva la tablă

anschreien V/T a striga

Anschrift F adresă f

anschwellen V/I a se umfla

Ansehen N (≈Achtung) stimă f

ansehen A V/T 1 (≈betrachten) a se uita la; **sich** (dat) **etw ~** a se uita la ceva 2 erkennen **das sieht man ihm an** asta i se citește pe față 3 (≈halten für) **j-n/etw als etw ~** a lua pe cineva/ceva drept B V/R **sich (gegenseitig) ~** a se privi (reciproc)

ansetzen A V/T 1 Termin a fixa 2 zubereiten a pregăti 3 (≈hervorbringen) Fett ~ a se îngrășa; Rost ~ a prinde rugină 4 (≈veranschlagen) **3000 Euro für etw ~** a evalua ceva la 3000 de euro 5 (≈anfügen) a adăuga (**an** +akk la) B V/I anfangen a începe; **zur Landung ~** a se pregăti de aterizare

Ansicht F 1 Meinung opinie f 2 Anblick priveliște f; **meiner ~ nach** după părerea mea; **zur ~** spre examinare

Ansichtskarte F vedere f

ansonsten ADV în rest

Anspielung F aluzie f (**auf** +akk la)

ansprechbar ADJ 1 **nicht ~ sein** (≈beschäftigt sein) a fi ocupat; (≈geistig abwesend sein) a fi absent; Kranke a nu reacționa 2 (≈empfänglich) **für etw nicht ~ sein** a nu fi abordabil pentru ceva

ansprechen A V/T **etw ~** a aborda ceva; **j-n ~** a se adresa cuiva; gefallen a plăcea cuiva; **j-n um Hilfe ~** a cere ajutorul cuiva B V/I **auf etw ~** Patient a reacționa la ceva

ansprechend ADJ atrăgător

Ansprechpartner(in) M(F) persoană f de contact

anspringen V/I AUTO a porni

Anspruch M 1 pretenție f; (hohe) **Ansprüche haben/stellen** a avea pretenții (mari) 2 Recht drept n (**auf** +akk la); **auf etw** (akk) **~ erheben/haben** a avea pretenție la ceva; **in ~ nehmen** Zeit a lua; Versicherung, Hilfe a recurge la

anspruchslos ADJ 1 fără pretenții 2 bescheiden modest

anspruchsvoll ADJ pretențios

Anstalt F instituție f

Anstand M bună-cuviință f

anständig ADJ cuviincios

anstarren V/T a se uita fix la

anstatt PRÄP în loc de; **~ dass ...** în loc să ...; **~ zu ... +inf** în loc să ...

anstecken A V/T MED fig a molipsi; **j-n mit etw ~** a contamina pe cineva cu ceva B V/R **sich ~** a se molipsi (**bei** j-m de la cineva); **ich habe mich bei ihm angesteckt** m-am molipsit de la el

ansteckend ADJ molipsitor

Ansteckungsgefahr F pericol n de contagiune

anstehen V/I 1 in Schlange a sta la coadă 2 erledigt werden müssen a rămâne încă de rezolvat

ansteigen V/I → steigen

anstelle PRÄP în loc de; **~ von** în loc de

anstellen A V/T 1 Arbeit geben a angaja 2 machen a face; **was hast du wieder angestellt?** ce ispravă ai mai făcut?; umg **wie hast du das angestellt?** cum ai reușit să faci ispravă asta? 3 **etw ~** einschalten a da drumul cuiva; **etw an etw** (akk) **~** a pune ceva lângă ceva B V/R in e-r Schlange **sich (hinten) ~** a se așeza la rând (în spate); umg **sich (bei etw) dumm ~** a face pe prostul (la ceva); umg **stell dich nicht so an!** nu te prosti!

Anstieg M des Geländes urcuș n; des Wassers ridicare f; der Temperatur, des Umsatzes creștere f; des Preises mărire f

anstiften V/T Komplott a instiga 2 **j-n zu etw ~** a instiga pe cineva la ceva

Anstoß M 1 impuls n; **den ~ zu etw geben** a impulsiona ceva 2 **an etw** (dat) **~ nehmen** a se scandaliza de ceva; (≈Ärgernis) **(mit etw) bei j-m ~ erregen** a scandaliza pe cineva (cu ceva) 3 SPORT lovitură f de deschidere

anstoßen A V/T a ciocni; mit Fuß a da B V/I 1 mit Gläsern a ciocni (**auf etw** pentru ceva) 2 mit dem Fuß, Kopf **an etw** (akk) **~** a se lovi de ceva

Anstößer(in) M(F), schweiz vecin(ă)

m(f)

anstößig ADJ şocant

anstreichen VT **1** a vopsi **2** (≈*markieren*) a sublinia

anstrengen A **a** a obosi; **s-e Fantasie** ~ a-şi pune imaginaţia la contribuţie **B** VR **sich ~(, etw zu tun)** a-şi da silinţa (pentru a face ceva)

anstrengend ADJ obositor

Anstrengung F **1** (≈*Bemühung*) osteneală f; **große ~en machen, etw zu tun** a depune mari eforturi pentru a face ceva **2** (≈*Strapaze*) oboseală f

Ansturm M **1** asalt n (**auf** +*akk* asupra) **2** *fig von Kunden* năvală f (**auf** +*akk* pe)

Antarktis die ~ Antarctica f

Anteil M parte f (**an** +*dat* din); ~ **nehmen an** *sich interessieren* a arăta interes pentru; **geringen/großen** ~ **an etw** (*dat*) **haben** a avea o contribuţie mică/mare la ceva

Antenne F antenă f

anti..., Anti... IN ZSSGN anti...

Antialkoholiker(in) M(F) antialcoolic(ă) *m(f)*

antiautoritär ADJ antiautoritar

Antibabypille F pilulă f anticoncepţională

Antibiotikum N MED antibiotic n

Antiblockiersystem N AUTO sistem n de antiblocare a roţilor

antik ADJ antic

Antikörper M MED anticorp m

Antipathie F antipatie f

Antiquariat N anticariat n

Antiquitäten PL antichităţi fpl

Antiquitätenhändler(in) M(F) negustor m de antichităţi

antisemitisch ADJ antisemit

Antisemitismus M. antisemitism n

Antithrombosestrumpf M MED ciorapi antitrombotici mpl

Antivirenprogramm, Antivirusprogramm N IT program n antivirus

antörnen umg VT a euforiza

Antrag M **1** cerere f **2** ADMIN moţiune f; **e-n** ~ **stellen** a face o cerere

Antragsformular N → Antrag

Antragsteller(in) M(F) *a.* JUR solicitant(ă) *m(f)*

antreffen VT a întâlni

antreiben VT TECH a pune în mişcare; **j-n** ~ a îndemna pe cineva

antreten VT **e-e Stelle** ~ a-şi lua un post în primire; **e-e Reise** ~ a porni într-o călătorie; **gegen e-e Mannschaft** ~ a lupta contra unei echipe; **j-s Nachfolge** ~ a urma cuiva într-un post; **s-n Urlaub** ~ a-şi începe concediul; **zu e-m Wettkampf antreten** a participa la o competiţie

Antrieb M **1** TECH propulsie f **2** *Motivation* imbold n; **aus eigenem** ~ din proprie iniţiativă

antun VT **j-m etw** ~ a-i face cuiva un rău; **sich etw** ~ *Selbstmord begehen* a se sinucide

Antwort F răspuns n; ~ **geben** a da răspuns; **um** ~ **wird gebeten** rugăm răspundeţi

antworten VI a răspunde; **auf etw** ~ a răspunde la ceva; **j-m** ~ a răspunde cuiva

anvertrauen A VT **j-m etw** ~ a încredinţa ceva cuiva **B** VR **sich j-m** ~ a se confesa cuiva

anwachsen VI **1** *Pflanze* a creşte **2** (≈*zunehmen*) a se înmulţi

Anwalt M, **Anwältin** F avocat(ă) *m(f)*

anweisen VT *zuteilen* a repartiza (**j-m etw** cuiva ceva); **j-n** ~ a da indicaţii cuiva

Anweisung F instruire f; ~**en** pl instrucţiuni

anwenden VT **1** a folosi **2** *Gesetz, Regel* a aplica

Anwender(in) M(F) utilizator m, utilizatoare f

Anwendung F **1** folosire f **2** IT aplicaţie f, program n

anwesend ADJ prezent

Anwesende(r) M/F(M) prezentul m, prezenta m; **die ~n** persoanele fpl prezente

Anwesenheit F prezenţă f; **in** ~ **von** (*od* + *gen*) în prezenţa +*dat*

Anwesenheitsliste F listă f de prezenţă

anwidern VT a dezgusta

Anwohner(in) M(F) locatar(ă) *m(f)*

Anzahl F număr n; **e-e** ~ **(von)** Schü-

ler(n) un număr de elevi
anzahlen V̄T **100 Euro ~** a plăti ca
acont 100 de euro; **die Waschmaschine ~** a da un acont pentru mașina de
spălat
Anzahlung F̄ acont n
Anzeichen N̄ **1** semn n **2** MED simptom n
Anzeige F̄ **1** *Werbung* anunț n; **e-e ~
aufgeben** a da un anunț **2** *elektronisch
display* n **3** *bei Polizei* reclamație f; **~
erstatten** a depune plângere
anzeigen V̄T **j-n / e-n Autodiebstahl
bei der Polizei ~** a reclama la poliție
pe cineva / un furt de mașină
anziehen A V̄T **1** *Kleidung* a îmbrăca;
PFLEGE *Person* a îmbrăca **2** *Schraube* a
strânge **3** *Handbremse* a trage **4** (≈ *attraktiv sein*) a fi atractiv B V̄R **sich ~** a
se îmbrăca
anziehend ADJ atractiv
Anziehungskraft F̄ **1** PHYS forță f
de atracție **2** *fig* atracție f
Anzug M̄ costum n
anzünden V̄T **1** a aprinde **2** *Haus etc*
a da foc la
anzweifeln V̄T a pune la îndoială
Apartment N̄ garsonieră f
apathisch ADJ apatic
aper *südd, österr, schweiz* ADJ fără zăpa-
dă
Aperitif M̄ aperitiv n
Apfel M̄ măr n
Apfelbaum M̄ măr m (pom)
Apfelkuchen M̄ prăjitură f cu mere
Apfelmus N̄ piure n de mere
Apfelsaft M̄ suc n de mere
Apfelsine F̄ portocală f
Apfelsinensaft M̄ suc n de portoca-
le
Apfelstrudel M̄ ștrudel n cu mere
Apostel M̄ REL apostol m
Apostroph M̄ apostrof n
Apotheke F̄ farmacie f
apothekenpflichtig ADJ *Medika-
ment* care se vinde numai la farmacie
Apotheker(in) M̄F̄ farmacist(ă) m(f)
App F̄ IT app n, aplicație f
Apparat M̄ **1** aparat n **2** TEL telefon
n; **bitte bleiben Sie am ~!** rămâneți la
telefon, vă rog!
Appartement N̄ **1** (≈ *Hotel*) aparta-

ment n **2** *Wohnung* garsonieră f
Appell M̄ MIL, *fig* apel n
appellieren V̄I **an etw/j-n ~** a apela
la ceva/cineva
Appetit M̄ poftă f; **auf etw** (*akk*) **~ bekommen** a ți se face poftă de ceva;
auf etw (*akk*) **~ haben** a avea poftă
de ceva; **guten ~!** poftă bună!
appetitlich ADJ apetisant
applaudieren V̄I a aplauda (j-m pe
cineva)
Applaus M̄ aplauze npl
applizieren V̄T MED a administra
Aprikose F̄ caisă f
April M̄ aprilie m; → Juni
Aprilscherz M̄ păcăleală f de întâi
aprilie
apropos ADV apropo
Aquaplaning N̄ aquaplanare f
Aquarell N̄ acuarelă f
Aquarium N̄ acvariu n
Äquator M̄ ecuator m
Araber(in) M̄F̄ arab(ă) m(f)
Arabisch N̄ limba f arabă
arabisch ADJ arab; POL **Arabischer
Frühling** primăvara arabă
Arbeit F̄ **1** lucru n; **an die ~ gehen**
(*od* **sich an die ~ machen**) a porni la
lucru; **in die ~ gehen** a se duce la lu-
cru **2** *Stelle* loc n de muncă
arbeiten V̄I a lucra; **an etw** (*dat*) **~** a
lucra la ceva
Arbeiter(in) M̄F̄ muncitor m, munci-
toare f
Arbeiterklasse F̄ clasă f muncitoare
Arbeitgeber(in) M̄F̄ patron m, patroană f; **die ~** *pl* patronii
Arbeitnehmer(in) M̄F̄ angajat(ă)
m(f)
Arbeitsagentur F̄, **Arbeitsamt** N̄
agenție f de plasare a forței de muncă
Arbeitsbedingungen F̄P̄L̄ condiții
fpl de muncă
Arbeitserlaubnis F̄ permis n de
muncă
Arbeitsgemeinschaft F̄, **Ar-
beitsgruppe** F̄ echipă f de lucru
Arbeitskleidung F̄ haine fpl de lu-
cru
Arbeitsklima N̄ atmosferă f de lucru
(la locul de muncă)
Arbeitskraft F̄ **1** (≈ *Leistungsfähigkeit*)

randament f **2** _Person_ lucrător m; _in der Industrie_ muncitor m; **Arbeitskräfte** _pl_ braţe _npl_ de muncă

arbeitslos ADJ şomer; **sich ~ melden** a se declara şomer

Arbeitslose(r) M/F(M) şomer(ă) m(f)

Arbeitslosengeld N ajutor n de şomaj

Arbeitslosenversicherung F asigurare f pentru şomaj

Arbeitslosigkeit F şomaj n

Arbeitsplatz M loc n de muncă

Arbeitsspeicher M IT memorie f

Arbeitsstelle F loc n de muncă

Arbeitsunfähigkeit F incapacitate f de muncă

Arbeitsunfall M accident n de muncă

Arbeitsvermittlung F intermediere f de locuri de muncă

Arbeitsvertrag M contract f de muncă; **befristeter ~** contract n de muncă pe durată determinată; **unbefristeter ~** contract n de muncă pe termen nelimitat

Arbeitszeit F program n de lucru

Arbeitszeitverkürzung F reducere f a timpului de lucru

Arbeitszimmer N birou n

Archäologe M, **Archäologin** F arheolog(ă) m(f)

Archäologie F arheologie f

Architekt(in) M(F) arhitect(ă) m(f)

Architektur F arhitectură f

Archiv N arhivă f

archivieren V/T a arhiva

arg ADV _sehr_ foarte

Argentinien N Argentina f

Ärger M **1** supărare f **2** _stärker_ furie f **3** _Unannehmlichkeit_ neplăcere f; **~ bekommen** a avea neplăceri

ärgerlich ADJ **1** _zornig_ furios; **~ werden** a se supăra **2** _lästig_ enervant

ärgern A V/T a supăra B V/R **sich ~** a se supăra (**über** +_akk_ pe)

Argument N argument n

Argumentation F argumentaţie f

argumentieren V/I a argumenta

Arktis die **~** Arctica f

arm ADJ sărac; **arm an Rohstoffen/Vitaminen** sărac în materii prime / în vitamine; **j-n arm machen** a sărăci pe ci-

neva; **du Ärmster!** săracul de tine!

Arm M braţ n; _fig_ **j-m unter die Arme greifen** a sări în ajutorul cuiva

Armaturenbrett N AUTO, FLUG tablou n de bord

Armband N brăţară f

Armbanduhr F ceas n de mână

Armee F armată f

Ärmel M mânecă f; **die ~ hochkrempeln** a-şi sufleca mânecile

Ärmelkanal M Canalul Mânecii n

ärmellos ADJ fără mâneci

Armut F sărăcie f

Aroma N aromă f

aromatisch ADJ aromatic

arrangieren A V/T **1** _a._ MUS a aranja **2** _Fest_ a organiza B V/R **sich mit j-m ~** a se aranja cu cineva

arrogant ADJ arogant

Arroganz F aroganţă f

Arsch _vulg_ M fund n

arschkalt ADJ _sl_ ca dracu' de frig

Arschkarte _vulg_ F **die ~ ziehen** a avea ghinion

Art F **1** _Weise_ fel n; **auf diese Art (und Weise)** în acest mod; **e-e Art Sofa** un tip de canapea; GASTR **nach Art des Hauses** specialitatea casei **2** _Sorte_ gen n; **das ist nicht seine Art** nu este genul său **3** _bei Tieren_ specie f

Artenschutz M protecţie f a speciilor

Arterie F arteră f

artig ADJ _Kind_ cuminte

Artikel M articol n; GRAM **bestimmter/unbestimmter ~** articol hotărât/nehotărât

Artischocke F anghinare f

Artist(in) M(F) _Zirkus_ artist(ă) m(f) de circ; _Varieté_ artist(ă) m(f) de varieteu

Arznei F medicament n

Arzt M doctor m; **zum ~ gehen** a merge la doctor

Arzthelferin F asistentă f medicală

Ärztin F doctoriţă f

ärztlich ADJ medical; **~e Behandlung** tratament n medical

Arztpraxis F cabinet n medical

Asbest M azbest n

Asche F cenuşă f

Aschenbecher M scrumieră f

Aschermittwoch M Miercurea f Cenuşii

Asiat(in) M̄F̄ asiatic(ă) *m(f)*
asiatisch ADJ asiatic
Asien N̄ Asia *f*
Aspekt M̄ aspect *n*
Asphalt M̄ asfalt *n*
asphaltieren V̄T̄ a asfalta
aß → **essen**
Ass N̄ Spielkarte, TENNIS as *m*; *fig* geniu *n*
Assistent(in) M̄F̄ asistent(ă) *m(f)*
assistieren V̄Ī MED, PFLEGE **j-m** ~ a asista pe cineva (**bei etw** la ceva)
Ast M̄ creangă *f*
ästhetisch ADJ estetic
Asthma N̄ astmă *f*
Astrologe M̄, **Astrologin** F̄ astrolog *m*, astrologă *f*
Astrologie F̄ astrologie *f*
Astronaut(in) M̄F̄ astronaut(ă) *m(f)*
Astronomie F̄ astronomie *f*
Asyl N̄ asil *n*; **j-m** ~ **gewähren** a-i acorda cuiva azil
Asylantrag M̄ cerere *f* de azil
Asylbewerber(in) M̄F̄ solicitant(ă) *m(f)* la dreptul de azil politic
Atelier N̄ atelier *n*
Atem M̄ respirație *f*; **außer** ~ **sein** a fi fără suflu; **(tief)** ~ **holen** a respira (adânc)
atemberaubend ADJ palpitant
Atembeschwerden PL̄ dificultăți *fpl* respiratorii
atemlos ADJ 1 fără răsuflare 2 *voller Spannung* cu răsuflarea tăiată
Atemübung F̄ MED, PFLEGE exercițiu *n* de respirație; ~**en machen** a face exerciții de respirație
Atemzug M̄ răsuflare *f*; *fig* **in e-m** (*od* **im selben**) ~ dintr-o suflare
Atheist(in) M̄F̄ ateu *m*, atee *f*
Athen N̄ Atena *f*
Äthiopien N̄ Etiopia *f*
Athlet(in) M̄F̄ atlet(ă) *m(f)*
Atlantik M̄ **der** ~ Atlanticul *n*
Atlas M̄ atlas *n*
atmen V̄Ī & V̄Ī a respira
Atmosphäre F̄ atmosferă *f*
Atmung F̄ respirație *f*
Atom N̄ atom *m*
Atom... IN ZSSGN nuclear
atomar ADJ nuclear
Atombombe F̄ bombă *f* atomică

Atomenergie F̄ energie *f* nucleară
Atomgegner(in) M̄F̄ adversar(ă) *m(f)* al energiei nucleare
Atomkraftwerk N̄ centrală *f* nucleară
Atomkrieg M̄ război *n* nuclear
Atommüll *umg* M̄ deșeuri *npl* radioactive
Atomreaktor M̄ reactor *n* nuclear
Atomtest M̄ test *n* nuclear
Atomwaffe F̄ armă *f* atomică
atomwaffenfrei ADJ ~**e Zone** zonă liberă de arme nucleare
Atomwende F̄ NUKL renunțare *f* la energia nucleară
ätsch *kinderspr* ĪNT̄ sâc
Attachment N̄ IT anexă *f*
Attentat N̄ atentat *n* (**auf** +*akk* asupra)
Attentäter(in) M̄F̄ atentator *m*, atentatoare *f*
Attest N̄ MED adeverință *f*
Attraktion F̄ atracție *f*
attraktiv ADJ atractiv
Attrappe F̄ fals *n*
ätzend ADJ caustic
au ĪNT̄ aoleu; **au ja!** of, da!
aua *kinderspr, umg* ĪNT̄ vai
auch ADV 1 și; ~ **das noch!** asta mai lipsea!; ~ **noch** de asemenea; **ich** ~ și eu; **ich** ~ **nicht** nici eu; **oder** ~ sau și 2 *selbst, sogar* ba chiar și; ~ **wenn** ... chiar și dacă ...; **ist das** ~ **wahr?** chiar este adevărat? 3 *wirklich* evident 4 **wer/was** ~ **immer** indiferent cine/ce
Audienz F̄ audiență *f*
auf A PRÄP pe; **auf dem Weg/Tisch** pe drum/masă; **auf der Bank/Erde** pe bancă/pământ; **auf Deutsch** în germană; **auf e-r Insel** pe o insulă B PRÄP la, pe; **auf die Post®** / **e-e Party gehen** a merge la poștă / o petrecere; **auf diese Weise** în acest fel; **auf einmal** dintr-odată; *gleichzeitig* concomitent; **auf s-e Bitte (hin)** la rugămintea lui; **auf unbestimmte Zeit** pe timp nelimitat; **aufs Land fahren** a pleca la țară; **bis auf ihn** în afară de el; **ein Abgeordneter auf zehntausend Einwohner** un deputat la zece mii de locuitori; **etw auf den Tisch stellen** a pune ceva pe masă C KŌNJ **auf dass** ... ca să ... D ADV of-

fen deschis; *umg* **auf sein** a fi deschis; **auf geht's!** la drum!; **auf und ab** în sus şi-n jos; *nicht im Bett* **schon/noch auf sein** a fi deja/încă treaz

aufatmen VII a răsufla uşurat

Aufbau M **1** construcţie f **2** (≈ Gliederung) structură f

aufbauen A VII a construi B VII **auf etw** (dat) ~ a se baza pe ceva

Aufbaukost F PFLEGE dietă f pentru convalescenţă

aufbekommen VIT **1** *umg Tür, Schloss* a reuşi să descui **2** *Hausaufgaben* a primi pentru acasă

aufbewahren VIT a păstra; **kühl/trocken** ~ a păstra la rece / loc uscat

aufbleiben VII **1** *Tür, Laden etc* a rămâne deschis **2** *Mensch* a rămâne treaz

aufblenden VIT & VII *Scheinwerfer* a orbi

aufbrechen A VIT a rupe B VII a se sparge; *fortgehen* a pleca

Aufbruch M plecare f; **im** ~ **sein** a fi pe plecate

aufdecken VIT **1** *Bett* a da la o parte **2** *Spielkarte* a arăta **3** *fig* (≈ enthüllen) a dezvălui; *Intrige, Verbrechen* a descoperi

aufdrängen A VIT **j-m etw** ~ a băga cuiva ceva pe gât B VIR **sich j-m** ~ a se băga în sufletul cuiva

aufdringlich ADJ insistent

Aufdruck M imprimeu n

aufdrucken VIT a imprima (**auf etw** akk pe ceva)

aufdrücken VIT **1** *Tür* a împinge **2** *Pickel* a stoarce **3** *Siegel* a pune, a aplica

aufeinander ADV *übereinander* unul peste altul; ~ **achten** a avea grijă unul de celălalt

aufeinanderfolgen VII a se succeda

aufeinanderprallen VII a se ciocni unul de altul

Aufenthalt M **1** şedere f **2** *Zug* oprire f

Aufenthaltserlaubnis F, **Aufenthaltsgenehmigung** *umg* F permis n de şedere

Aufenthaltsraum M PFLEGE *e-s Heims* cameră de zi a unui cămin în

care se pot desfăşura diferite activităţi din timpul liber

Auferstehung F înviere f

aufessen VIT & VII a mânca tot

auffahren VII *Auto* a tampona (**auf** +akk din spate)

Auffahrt F **1** *am Haus* rampă f de acces **2** *Autobahn* drum n de acces

Auffahrunfall M tamponare f din spate

auffallen VII a frapa; **j-m** ~ a fi remarcat de cineva; **nicht** ~ a trece neobservat; **fiel dir nichts an ihm auf?** n-ai remarcat nimic la el?; **mir fiel auf, dass ...** am remarcat că ...

auffallend ADJ frapant; **sich** ~ **kleiden** a se îmbrăca strident

auffällig ADJ *Kleidung, Farbe* bătător la ochi

auffangen VIT **1** *Ball* a prinde **2** *Stoß* a para

auffassen VIT a interpreta; *begreifen* a înţelege; *erfassen* a concepe

Auffassung F opinie f, părere f; **der** ~ **sein, dass ...** a fi de părere că ...; **nach meiner** ~ după părerea mea

auffordern VIT **1** *befehlen* a cere **2** *bitten* a invita; **j-n** ~, **etw zu tun** a invita pe cineva să facă ceva

Aufforderung F invitaţie f (**zu** la); ADMIN cerere f

auffressen VIT a devora; *fig* a termina

auffrischen VIT *Kenntnisse* a împrospăta

aufführen A VIT THEAT a juca; *in einem Verzeichnis* a menţiona; *Beispiel* a da B VIR **sich** ~ *sich benehmen* a se comporta

Aufführung F THEAT reprezentaţie f

auffüllen VIT a umple

Aufgabe F **1** sarcină f **2** *in der Schule* temă f

Aufgang M *Treppe* scară f de intrare

aufgeben VIT **1** *verzichten auf* a renunţa la; **das Rauchen** ~ a se lăsa de fumat; **die Hoffnung** ~ a pierde speranţa; **sein Geschäft** ~ a-şi lichida afacerea; **gib's auf!** renunţă! **2** *Paket* a expedia **3** *Gepäck* a preda **4** *Inserat* a da; **e-e Anzeige** ~ a da un anunţ; **e-e Bestellung** ~ a da o comandă

aufgehen VII **1** *Sonne, Mond* a răsări

2 *Tür* a se deschide **3** *Vorhang* a se ridica **4** *fig* **plötzlich ging mir auf, was er gemeint hatte** deodată am înţeles ce a vrut să spună

aufgeklärt ADJ lămurit

aufgelegt ADJ **gut/schlecht ~ sein** a fi bine/prost dispus

aufgeregt ADJ **1** *positiv* emoţionat **2** *negativ* nervos

aufgeschlossen ADJ deschis

aufgeschmissen *umg* ADJ neajutorat

aufgliedern VIT a împărţi (**in** +*akk* în), (**nach** după)

aufgrund PRÄP **1** pe baza +*gen* **2** *wegen* din cauza +*gen*; **~ von** din cauza +*gen*

aufhaben A VIT *Hut etc* a purta B VIT *Geschäft* a avea deschis; **ab wann haben Sie auf?** la ce oră deschideţi?

aufhängen A VIT a agăţa B VIR **sich ~** a se spânzura

Aufhänger M **1** agăţătoare f **2** *fig* pretext (**für etw** pentru ceva)

aufheben VIT **1** *vom Boden* a ridica **2** *aufbewahren* a păstra; *fig* **gut/schlecht aufgehoben sein** a fi / nu fi în mâini bune

aufhetzen VIT a instiga (**gegen j-n** contra cuiva)

aufholen A VIT a prinde din urmă B VIT SPORT a recupera

aufhören VIT a înceta; **~, etw zu tun** a înceta să faci ceva; **mit etw ~** a înceta cu ceva; **ohne aufzuhören** fără încetare

aufklappen VIT a deschide

aufklären A VIT *Problem etc* a clarifica; **j-n ~** *sexuell* a face cuiva educaţia sexuală; **j-n über etw** (*akk*) **~** a instrui pe cineva despre ceva B VIR **sich ~** a se explica

Aufklärung F **1** *e-s Missverständnisses* lămurire f; *e-s Verbrechens* elucidare f **2** (=*Erklärung*) explicaţie f **3** HIST Iluminism *n*

Aufkleber M etichetă f autocolantă

aufkommen A VIT **1** *Zweifel* a fi cuprins de **2** **für den Schaden ~** a răspunde pentru daune B VIT **keine Zweifel über etw** (*akk*) **~ lassen** a nu lăsa nici un dubiu asupra

Aufladegerät N încărcător *n*

aufladen A VIR ELEK a încărca; *Fracht* **etw (auf etw) ~** a încărca ceva (în ceva) B VIR **sich ~** a se încărca

Auflage F **1** *Buch* ediţie f **2** *Bedingung* obligaţie f; **j-m zur ~ machen, etw zu tun** a obliga pe cineva să facă ceva

auflassen VIT **1** *Hut, Brille* a lăsa **2** *Tür* a lăsa deschis

Auflauf M **1** *Menschen* aglomeraţie f **2** *Speise* sufleu *n*

auflegen A VIT *CD* a pune B VIT TEL a închide; TEL (**den Hörer**) **~** a închide telefonul

aufleuchten VIT a luci

auflisten VIT IT a lista

auflockern A VIT **1** *Boden* a afâna **2** (≈*abwechslungsreich machen*) a diversifica **3** (≈*entspannen*) a destinde B VIR **sich ~** *Bewölkung* a se risipi

auflösen A VIT *in Flüssigkeit* a dizolva B VIR **sich ~** *in Flüssigkeit* a se dizolva; **der Stau hat sich aufgelöst** ambuteiajul s-a risipit

Auflösung F **1** *von Rätsel* dezlegare f **2** *von Bildschirm* rezoluţia f ecranului

aufmachen A VIT a deschide; *Kleidung* a se descheia la B VIR **sich ~** a pleca la drum

aufmerksam ADJ atent; **auf j-n/etw ~ werden** a remarca pe cineva/ceva; **j-n auf etw ~ machen** a atrage atenţia cuiva asupra unui lucru; **j-n auf j-n ~ machen** a atrage atenţia cuiva asupra cuiva

Aufmerksamkeit F atenţie f; **e-e kleine ~** o mică atenţie

aufmuntern VIT **1** *ermutigen* a încuraja **2** *aufheitern* a înveseli

Aufnahme F **1** FOTO fotografie f **2** *in Verein* primire f **3** MED *in Krankenhaus* internare f **4** *auf Tonband etc* înregistrare f

Aufnahmeantrag M cerere f de înregistrare

aufnahmefähig ADJ *geistig* receptiv (**für** pentru)

Aufnahmeprüfung F examen *n* de admitere

Aufnahmetaste F buton *n* de înregistrare

aufnehmen VIT **1** MED *in Kranken-*

haus a interna **2** *Musik, in Liste* a înregistra; **etw in sein Programm ~** a introduce ceva în program **3** *beginnen* a începe; **mit j-m Kontakt ~** a lua legătura cu cineva **4** *(≈erfassen)* **wie hat er die Nachricht aufgenommen?** cum a primit el știrea?

aufpassen V̲T̲ **1** *aufmerksam sein* a fi atent **2** *vorsichtig sein* a fi precaut; **auf e-n/j-n ~** a avea grijă de ceva/cineva; **bitte ~!** atenție!; **pass mal auf!** fii atent!

Aufprall M̲ impact *n* (**auf** +akk od +dat asupra)

aufprallen V̲I̲ **auf etw ~** a se izbi de ceva

Aufpreis M̲ supliment *n* la preț

aufpumpen V̲T̲ a umfla

Aufputschmittel N̲ stimulent *n*

aufraffen V̲T̲ **1** *sich ~* *(≈mit Mühe aufstehen)* a se redresa **2** *fig sich ~,* **etw zu tun** a-și aduna puterile pentru a face ceva

aufräumen V̲T̲ a face ordine în

aufrecht A̲D̲J̲ ̲&̲ ̲A̲D̲V̲ drept; **~ stehen** a sta drept

aufregen A̲ V̲T̲ a agita; *ärgern* a enerva **B** V̲R̲ *sich ~* a se enerva

aufregend A̲D̲J̲ pasionant

Aufregung F̲ enervare *f*; **j-n in ~** *(akk)* **versetzen** a enerva pe cineva

aufreißen V̲T̲ **1** *Tüte* a rupe; **die Augen / den Mund ~** a căsca ochii/gura **2** *Tür* a deschide brusc

aufrichten A̲ V̲T̲ **1** a îndrepta; **den Oberkörper ~** a-și îndrepta bustul **2** *fig (≈trösten)* a consola **B** V̲R̲ *sich ~* a se îndrepta; *fig (≈wieder Mut fassen)* a se redresa

aufrücken V̲I̲ **1** *(≈vorrücken)* a înainta; *(≈aufschließen, im Dienstgrad)* a avansa **2** *fig (≈befördert werden)* a fi promovat (**in** +akk în)

Aufruf M̲ **1** F̲L̲U̲G̲ apel *n* **2** *öffentlicher* proclamație *f*

aufrufen V̲T̲ **1** *auffordern* a chema (**zu** la) **2** *Namen* a striga **3** F̲L̲U̲G̲ a anunța **4** I̲T̲ *Programm* a lansa în execuție

aufrunden V̲T̲ a rotunji

aufs, = auf das → **auf**

aufsagen V̲T̲ a recita

aufsammeln V̲T̲ a aduna

aufsässig A̲D̲J̲ răzvrătit

Aufsatz M̲ **1** compunere *f* **2** articol *n*; **e-n ~ schreiben** a scrie o compunere

aufschieben V̲T̲ **1** *verschieben* a amâna **2** *Tür* a împinge

Aufschlag M̲ **1** *auf Preis* majorare *f* **2** *Tennis* serviciu *n*; **~ haben** a avea serviciu

aufschlagen A̲ V̲T̲ **1** *(≈öffnen)* a deschide; **Seite 21 ~** a deschide la pagina 21 **2** *Zelt* a întinde **3** *(≈hinzurechnen)* H̲A̲N̲D̲E̲L̲ **auf e-e Ware zwanzig Cent ~** a mări prețul unui produs cu douăzeci de cenți **B** V̲I̲ S̲P̲O̲R̲T̲ a servi; *(≈aufprallen)* (**auf etw** dat od akk) a se lovi (de ceva) **C** V̲R̲ *sich (dat)* **das Knie ~** a se lovi la genunchi

aufschließen V̲T̲ ̲&̲ ̲V̲I̲ a descuia; S̲P̲O̲R̲T̲ **zu j-m ~** a se alătura cuiva

aufschlussreich A̲D̲J̲ relevant (**für etw** pentru ceva); *(≈lehrreich)* instructiv

aufschnappen V̲T̲ **1** *(≈auffangen)* a prinde **2** *umg fig Wort* a prinde din zbor

aufschneiden A̲ V̲T̲ a tăia; *in Scheiben* a felia **B** V̲I̲ *angeben* a se lăuda

Aufschnitt M̲ mezeluri *npl* feliate

aufschreiben V̲T̲ a nota; **sich** *dat* **etw ~** a-și nota ceva

Aufschrift F̲ *Etikett* etichetă *f*

Aufschub M̲ **1** *Verzögerung* întârziere *f* **2** *Vertagung* amânare *f*

aufschütteln V̲T̲ *Kissen* a scutura

Aufsehen N̲ senzație *f*; **(großes) ~ erregen** a face senzație

Aufseher(in) M̲/F̲ supraveghetor *m*, supraveghetoare *f*

aufsetzen A̲ V̲T̲ **1** a așeza; *auf e-e Unterlage* a pune; P̲F̲L̲E̲G̲E̲ *Kranken* a ridica; **den Fuß ~** a pune piciorul **2** *Brille, Hut* a pune **3** *Dokument* a redacta **B** V̲I̲ *Flugzeug* a ateriza **C** V̲R̲ *sich ~* a se ridica

Aufsicht F̲ supraveghere *f*; **(die) ~ haben** a avea controlul; **unter ärztlicher ~ stehen** a fi sub control medical

aufsperren V̲T̲ *aufschließen* a descuia

aufspielen A̲ V̲I̲ *(≈Musik machen)* a cânta **B** *umg pej* V̲R̲ *sich (vor j-m)* a-și da aere (în fața cuiva); **sich als Held ~** a face pe eroul

aufspringen $\overline{VI}$ **1** a sări (**auf** +akk în, pe) **2** hochspringen a sări în sus **3** sich öffnen a se deschide brusc

Aufstand $\overline{M}$ răscoală f

aufstapeln $\overline{VT}$ a stivui

aufstehen $\overline{VI}$ **1** a se ridica; **beim Aufstehen** la sculare **2** Tür a sta deschis

aufsteigen $\overline{VI}$ **1** Ballon, Rauch, Flugzeug a se ridica **2** aufs Rad, Pferd, zum Gipfel a se urca (**auf etw** akk pe ceva) **3** beruflich, SPORT a avansa (**zu** în) **4** geh fig Angst a crește

aufstellen $\overline{A}$ $\overline{VT}$ **1** aufrecht stellen a așeza în poziție verticală **2** hinstellen a pune **3** Liste, Programm a întocmi; e-e **Behauptung** ~ a face o afirmație **4** Rekord a stabili **5** fig **gut aufgestellt sein** a fi bine poziționat **B** $\overline{VR}$ **sich** ~ a se poziționa

Aufstellung $\overline{F}$ **1** amplasare f **2** e-r Mannschaft formație f

Aufstieg $\overline{M}$ **1** am Berg urcuș n **2** beruflich avansare f **3** im Sport a promovare f

Aufstiegschance $\overline{F}$ **1** im Beruf posibilitate f de promovare; SPORT șansă f de promovare

aufstoßen $\overline{A}$ $\overline{VT}$ **1** Tür etc a împinge **2** sich (dat) das Knie etc ~ a se răni la genunchi **B** $\overline{VI}$ Säugling a râgâi **C** $\overline{VI}$ umg fig **etw stößt j-m auf** ceva impresionează neplăcut pe cineva

Aufstrich $\overline{M}$ aliment n tartinabil

aufstützen $\overline{A}$ $\overline{VT}$ a sprijini (**auf** +akk pe, de) **B** $\overline{VR}$ **sich mit den Ellbogen** ~ a se sprijini cu coatele (**auf** +akk de)

auftanken $\overline{VT}$ **1** Auto a face plinul **2** Flugzeug a alimenta rezervoarele

auftauchen $\overline{VI}$ a apărea

auftauen $\overline{A}$ $\overline{VT}$ Speisen a decongela **B** $\overline{VI}$ a se topi; fig Person a se înviora

aufteilen $\overline{VT}$ **1** (≈verteilen) a împărți **2** (≈einteilen) a împărți (**in Gruppen** akk pe grupe)

Auftrag $\overline{M}$ **1** WIRTSCH comandă f **2** Arbeit lucrare f **3** Aufgabe sarcină f; **etw in** ~ **geben** a comanda ceva; **im** ~ **von** din însărcinarea; **j-m den** ~ **erteilen, etw zu tun** a însărcina pe cineva cu ceva

auftragen $\overline{VT}$ **1** Farbe a aplica (**auf**

etw pe ceva); Salbe a unge (**auf etw** pe ceva); umg **dick** ~ a exagera **2** Aufgabe **j-m etw** ~ a-i comanda cuiva ceva **3** Essen a servi

Auftragsbestätigung $\overline{F}$ confirmare f a comenzii

auftreiben umg $\overline{VT}$ (≈ausfindig machen) a găsi; umg a face rost

auftreten $\overline{VI}$ **1** a păși **2** Problem a apărea; (≈in Erscheinung treten) **als** ... ~ a se prezenta ca ...

Auftritt $\overline{M}$ **1** THEAT apariție f **2** fig Szene scenă f

aufwachen $\overline{VI}$ a se trezi

aufwachsen $\overline{VI}$ a crește

Aufwand $\overline{M}$ **1** efort n; **mit geringem** ~ cu puțin efort **2** Kosten cheltuieli fpl

aufwändig $\overline{ADJ}$ costisitor

aufwärmen $\overline{A}$ $\overline{VT}$ a reîncălzi **B** $\overline{VI}$ **sich** ~ a se încălzi

aufwärts $\overline{ADV}$ în sus; **es geht** ~ merge spre bine

aufwärtsgehen $\overline{V/UNPERS}$ **es geht aufwärts** wirtschaftlich se ameliorează; gesundheitlich merge spre bine

aufwecken $\overline{VT}$ a deștepta

aufweichen $\overline{A}$ $\overline{VT}$ a înmuia **B** $\overline{VI}$ a se înmuia

aufwendig $\overline{ADJ}$ → aufwändig

aufwischen $\overline{VT}$ **1** a șterge cu cârpa **2** Fußboden a spăla

aufzählen $\overline{VT}$ a enumera

Aufzählung $\overline{F}$ enumerare f

aufzeichnen $\overline{VT}$ **1** a desena **2** schriftlich a însemna **3** auf DVD etc a înregistra; e-e **Sendung** ~ a înregistra o emisiune

Aufzeichnung $\overline{F}$ **1** schriftlich însemnare f; **sich** (dat) ~**en machen** a-și lua notițe **2** Film, Hörfunk înregistrare f

aufzeigen $\overline{VT}$ a demonstra

aufziehen $\overline{A}$ $\overline{VT}$ **1** (≈öffnen) a ridica **2** Uhr a întoarce **3** Kind a crește **B** $\overline{VI}$ Gewitter a se apropia

Aufzug $\overline{M}$ **1** Fahrstuhl lift n **2** THEAT act n

Auge $\overline{N}$ ochi m; **ein** ~ **auf** j-n/etw **werfen/haben** a supraveghea pe cineva/ceva; **ein** ~ **zudrücken** a închide un ochi; **ein blaues** ~ **haben** a avea un ochi vânăt; **etw im** ~ **behalten** a nu pierde din vedere ceva; **etw im** ~

haben a avea ceva în vedere; **ins ~ fallen** (od **springen**) a sări în ochi; **mit einem blauen ~ davonkommen** a scăpa ușor; **blaue ~n haben** a avea ochi albaștri; **die ~n offen halten** a ține ochii deschiși; **große ~n machen** a face ochi mari; **gute/schlechte ~n haben** a avea vederea bună/proastă; **hast du keine ~n im Kopf?** ce, ești orb?; **in meinen ~n** în ochii mei; **j-m schöne ~n machen** a face cuiva ochi dulci; **j-n aus den ~n verlieren** a pierde pe cineva din vedere; **j-n/etw nicht aus den ~n lassen** a nu scăpa din ochi pe cineva/ceva; **mit eigenen ~n** cu proprii ochi; **unter vier ~n** între patru ochi
Augenarzt M̲, **Augenärztin** F̲ oftalmolog(ă) m(f)
Augenblick M̲ clipă f; **e-n ~, bitte!** du-Form un moment, te rog!; Sie-Form un moment, vă rog!; **im ~** momentan; **in dem ~, wo** ... în momentul în care ...; **in diesem ~** în acest moment
augenblicklich A̲ ADJ̲ 1 (= unverzüglich) nemijlocit 2 (= gegenwärtig) pe loc B̲ ADV̲ 1 (= sofort) imediat 2 (= zurzeit) în prezent
Augenbraue F̲ sprânceană f
Augenfarbe F̲ culoarea f ochilor
Augenhöhe F̲ **in ~** la nivelul ochilor, fig Gespräch, Partnerschaft **auf ~** pe picior de egalitate
Augenlid N̲ pleoapă f
Augenmaß N̲ fig **ein gutes ~ haben** a fi clarvăzător; fig **ein schlechtes ~ haben** a nu fi clarvăzător
Augenoptiker(in) M̲I̲F̲ optician(ă) m(f)
Augentropfen P̲L̲ picături fpl pentru ochi
Augenzeuge M̲, **Augenzeugin** F̲ martor(ă) m(f) ocular(ă)
August M̲ august m; → Juni
Auktion F̲ licitație f
Aula F̲ aulă f
Au-pair-Mädchen N̲ îngrijitoare f au-pair
aus A̲ PRÄP̲ 1 de la, din; **aus Berlin kommen** a veni de la Berlin; **aus dem Haus gehen** a ieși din casă; **aus Liebe/Versehen/Wut** din dragoste/greșeală/mânie; **der Zug aus Bukarest** trenul de la București; **von mir aus** din partea mea 2 aus dem Innern von din adâncul 3 **aus Angst** de frică B̲ ADV̲ 1 beendet gata; **aus sein** Veranstaltung a se termina; Licht a fi stins; Heizung a fi închis; **das Kino ist um zehn Uhr aus** filmul se termină la ora zece; **den Schalter auf "aus" stellen** a închide comutatorul; **jetzt ist alles aus** acum s-a terminat totul; **zwischen uns ist es aus** între noi s-a terminat 2 beabsichtigen **auf etw aus sein** a urmări ceva 3 ausgehen **hen a ieși în oraș
Aus N̲ Tennis Aus! aut!; SPORT **ins Aus gehen** (od **rollen**) a ieși în aut
ausarbeiten V̲T̲ a întocmi; Vortrag, Richtlinien a elabora
ausatmen V̲I̲ a expira
ausbauen V̲T̲ 1 Haus, Straße a consolida, a extinde 2 Motor etc a demonta
ausbessern V̲T̲ 1 a repara 2 Kleidung a petici
ausbeulen V̲T̲ 1 Kotflügel a îndrepta 2 Hose etc a lărgi (prin purtare)
ausbeuten V̲T̲ a exploata
Ausbeutung F̲ exploatare f
ausbilden V̲T̲ a instrui, a forma; **sich zur** (od **als**) **Krankenschwester** etc ~ **lassen** a urma o școală de asistent medical
Ausbildung F̲ formație f profesională
Ausblick M̲ priveliște f
ausbrechen V̲I̲ 1 entfliehen a evada 2 Krieg, in Gelächter a izbucni; **in Tränen ~** a izbucni în lacrimi
ausbreiten A̲ V̲T̲ a întinde; **mit ausgebreiteten Armen** cu brațele întinse B̲ V̲R̲ **sich ~** a se întinde
Ausbreitung F̲ răspândire f
Ausbruch M̲ 1 Vulkan erupție f 2 Gefühle izbucnire f 3 von Gefangenen evadare f 4 **bei ~ des Krieges** la izbucnirea războiului
ausbrüten V̲T̲ 1 a cloci 2 umg pej Pläne a coace
ausbürgern V̲T̲ a expatria
Ausbürgerung F̲ expatriere f
auschecken V̲I̲ a face check-out
Ausdauer F̲ 1 perseverență f 2 SPORT rezistență f
ausdehnen A̲ V̲T̲ 1 a întinde 2 fig Macht a extinde B̲ V̲R̲ **sich ~** a se ex-

tinde

ausdenken Ⓐ VͣT **die Folgen sind nicht auszudenken** urmările sunt inimaginabile Ⓑ VͣR **sich etw ~** a-şi imagina ceva

Ausdruck Ⓜ 1 expresie f 2 IT pagină f scoasă la imprimantă; **etw zum ~ bringen** a exprima ceva; **zum ~ kommen** a se exprima

ausdrucken VͣT IT a imprima

ausdrücken Ⓐ VͣT 1 formulieren a exprima; **etw in Worten/Zahlen ~** a exprima ceva în cuvinte/cifre; **anders ausgedrückt** altfel spus 2 Zigarette a stinge 3 Zitrone etc a stoarce Ⓑ VͣR **sich ~** a se exprima

ausdrücklich Ⓐ ADJ categoric Ⓑ ADV în mod expres

Ausdrucksweise F̱ mod n de exprimare

auseinander ADV separat; **~ schreiben** a scrie despărţit

auseinanderbrechen Ⓐ VͣT a rupe Ⓑ VͣI 1 a se rupe 2 fig Freundschaft a se rupe; Ehe a se desface

auseinandergehen VͣI a se despărţi

auseinanderhalten VͣT a despărţi

auseinandernehmen VͣT a demonta

auseinanderreißen VͣT a rupe în bucăţi

auseinandersetzen VͣR **sich ~** sich beschäftigen a se ocupa (**mit de**, **cu**); im Gespräch klären a se explica (**mit cu**)

Auseinandersetzung F̱ 1 confruntare f 2 Streit controversă f

Ausfahrt F̱ ieşire f; **~ frei halten** nu blocaţi ieşirea

ausfallen VͣI 1 (≈ nicht stattfinden) a nu mai avea loc; **der Unterricht fällt heute aus** in der Uni astăzi nu se ţin cursurile; in der Schule astăzi nu se ţin orele 2 (≈ nicht funktionieren) a nu funcţiona 3 Strom a se opri 4 (≈ verlorengehen) **mir ist ein Zahn ausgefallen** mi-a căzut un dinte 5 Beschaffenheit **groß/klein ~** Kleidung a-ţi fi mare/mic; **gut/schlecht ~** a ieşi bine/rău

ausfindig ADV **~ machen** a depista

ausflippen umg VͣI a-şi ieşi din sărite

Ausflug Ṃ excursie f

Ausflugsziel N̄ ţinta f excursiei

Ausfluss Ṃ MED secreţie f

ausfragen VͣT a interoga

Ausfuhr F̱ 1 export n 2 MED export n de medicamente; **die Ein- und ~ bilanzieren** a deconta importul şi exportul

ausführen VͣT 1 verwirklichen a realiza 2 Aufgabe a îndeplini 3 Person, Hund a scoate la plimbare 4 WIRTSCH a exporta 5 darlegen a expune

Ausfuhrgenehmigung F̱ licenţă f de export

ausführlich ADJ detaliat

Ausfuhrverbot N̄ interdicţie f de export

ausfüllen VͣT Fragebogen etc a completa

Ausgabe F̱ 1 Geld cheltuială f 2 Buch ediţie f

Ausgang Ṃ 1 ieşire f 2 Ende sfârşit n 3 Ergebnis rezultat n

Ausgangsbasis F̱ punct n de plecare

Ausgangspunkt Ṃ punct n de plecare

ausgeben Ⓐ VͣT 1 austeilen a împărţi 2 Geld a cheltui; **einen ~ face cinste**; **wie viel musst du ~?** cât trebuie să plăteşti? Ⓑ VͣR **sich für** (od **als**) **j-n/etw ~** a se da drept cineva/ceva

ausgebucht ADJ complet vândut; **der Flug ist ~** zborul este complet vândut

ausgefallen ADJ ungewöhnlich extravagant

ausgeglichen ADJ echilibrat; Klima temperat

ausgehen VͣI 1 abends, Resultat haben a ieşi; **auf Eroberungen/Entdeckungen ~** a porni la cuceriri/explorat 2 Benzin, Kaffee etc a se termina 3 Haare a cădea 4 Feuer, Licht etc a se stinge; **ihr geht die Luft aus** ea nu mai are aer 5 **davon ~, dass ...** a porni de la ideea că ...; **von etw/j-m ~** a porni de la ceva/cineva

ausgelassen ADJ zburdalnic

ausgeleiert ADJ uzat

ausgenommen KONJ cu excepţia

ausgerechnet ADV tocmai; **~ du** tocmai tu

ausgeschildert ADJ indicat

ausgeschlafen ADJ refăcut, odihnit
ausgeschlossen ADJ exclus
ausgeschnitten ADJ *Kleid* tief (od weit) ~ decoltată adânc
ausgesprochen **A** ADJ absolut perfect **B** ADV pronunțat; ~ gut deosebit de bine
ausgewogen ADJ echilibrat
ausgezeichnet ADJ excelent; ~! excepțional!
ausgiebig ADVL **1** *essen* din belșug **2** *schlafen* pe săturate
ausgießen VT **1** *Getränk* a turna tot **2** *Gefäß* a goli
Ausgleich M̄ compensare f; *verschiedener Interessen* împăcare f; **als** (od **zum**) ~ **für** drept compensație pentru; SPORT **den** ~ **erzielen** a egala
ausgleichen **A** VT a echilibra; **e-e Rechnung** ~ a plăti o notă **B** VI SPORT a egala **C** VR **sich** ~ a se echilibra
Ausgleichstor N̄, **Ausgleichstreffer** M̄ gol n egalizator
ausgraben VT *a. fig* a dezgropa; ARCH a săpa
Ausgrabung F̄ dezgropare f; ~en pl săpături fpl arheologice
Ausgrenzung F̄ excludere f
Ausguss M̄ **1** *Spüle* chiuvetă f **2** *Abfluss* canal n
aushalten VT a suporta; **den Vergleich mit j-m/etw** ~ a rezista la comparația cu cineva/ceva; **nicht auszuhalten sein** a fi de nesuportat
aushändigen VT *j-m etw* ~ a înmâna cuiva ceva
Aushang M̄ anunț n, aviz n; **e-n** ~ **machen** a pune un anunț
aushängen **A** VT **1** *Bekanntmachung* a anunța, a înștiința **2** *Tür* a scoate din balamale **B** VI *Bekanntmachung* a fi afișat
aushelfen VI *j-m* ~ a ajuta pe cineva; *j-m mit etw* ~ a ajuta pe cineva cu ceva
Aushilfe F̄ persoană f care lucrează temporar undeva
Aushilfskraft F̄ personal n necalificat
ausholen VI **1** *zum Schlag* a-și lua avânt **2** *fig beim Erzählen* **weit** ~ a o lua de departe

auskennen VR **sich in** (od **mit**) **etw gut** ~ a se pricepe bine la ceva; **ich kenne mich hier nicht aus** la asta nu mă pricep
auskommen VI **mit etw** ~ a ieși la capăt cu ceva; **mit j-m gut/schlecht** ~ a se înțelege bine/rău cu cineva; **ohne etw/j-n** ~ **können** a se descurca fără ceva/cineva
Auskunft F̄ **1** informație f; *j-m* (**über etw**) ~ **geben** (od **erteilen**) a da cuiva o informație (despre ceva) **2** TEL informații fpl
Auskunftsschalter M̄ ghișeu n de informații
auskurieren VT a vindeca
auslachen VT *j-n* ~ a râde de cineva
ausladen VT **1** *Gepäck etc* a descărca **2** *Gast* a contramanda
Auslage F̄ vitrină f; ~n pl *Kosten* cheltuieli fpl
Ausland N̄ străinătate f; **im/ins** ~ în străinătate
Ausländer(in) M/F străin(ă) m(f)
ausländerfeindlich ADJ xenofob
Ausländerfeindlichkeit F̄ xenofobie f
ausländisch ADJ străin
Auslandsaufenthalt M̄ sejur n în străinătate
Auslandsgespräch N̄ convorbire f internațională
Auslandsmarkt M̄ piață f externă
Auslandsschutzbrief M̄ poliță f de asigurare pentru străinătate
auslassen VT **1** a sări peste; *Wut, Ärger* a-și vărsa (**an** +*dat* pe); **e-e Gelegenheit** ~ a pierde o ocazie
auslaufen VI **1** *Flüssigkeit* a se scurge **2** *Schiff* a porni în larg **3** *Vertrag* a expira
auslegen VT **1** *Waren* a expune **2** *Geld* a avansa **3** *Text* a interpreta
Ausleihe F̄ **1** (≈*Ausleihen*) împrumut n **2** (≈*Ort*) ghișeu n de împrumut
ausleihen VT **1** (≈*verleihen*) *j-m* **etw** ~ a împrumuta ceva (cuiva) **2** (≈*entleihen*) (**sich** *dat*) **etw** (**von j-m**) ~ a lua ceva cu împrumut (de la cineva)
auslesen VT *Buch* a citi (tot); **er hat das Buch in einem Tag ausgelesen** (el) a citit toată cartea într-o zi

ausliefern V/T 1 Waren a furniza 2 Verbrecher a preda; **an ein anderes Land** a extrăda (**an** +akk în)

ausloggen V/I (& V/R) IT **sich ~** a se deconecta

auslosen V/T a trage la sorți

auslösen V/T 1 Explosion, Alarm a declanșa 2 hervorrufen a provoca

Auslöser M FOTO declanșator n

ausmachen V/T 1 Licht, Feuer a stinge 2 Radio a închide 3 Termin a fixa 4 **das macht mir nichts aus** asta nu mă deranjează; **macht es dir etwas aus, wenn ...?** te deranjează dacă ...?

ausmalen A V/T 1 a colora 2 fig Erlebnisse a-și imagina B V/R **sich** (dat) **etw ~** a-și imagina ceva

Ausmaß N dimensiune f

ausmessen V/T a măsura

Ausnahme F excepție f; **e-e ~ (bei j-m) machen** a face o excepție (la cineva); **mit ~ von** (od + gen) cu excepția; **ohne ~** fără excepție

ausnahmslos ADJ & ADV fără excepție

ausnahmsweise ADV în mod excepțional

ausnutzen V/T a se folosi de

auspacken V/T a despacheta

auspfeifen V/T a huidui

ausprobieren V/T a încerca

Auspuff M eșapament n

auspumpen V/T 1 Wasser a pompa 2 Keller a evacua

ausquartieren V/T **j-n ~** a scoate pe cineva din spațiul locativ

ausradieren V/T 1 a șterge 2 fig pej Stadt etc a șterge de pe fața pământului

ausrasten umg fig V/I TECH a se desprinde, a se rupe; (≈ durchdrehen) a înnebuni umg; **sie ist völlig ausgerastet** (ea) și-a pierdut complet nervii

ausrauben V/T a jefui

ausräumen V/T 1 a goli 2 Bedenken a înlătura

ausrechnen V/T a calcula

Ausrede F pretext n

ausreden A V/I a termina de vorbit B V/T **j-m etw ~** a scoate cuiva ceva din cap

ausreichen V/I a ajunge

ausreichend ADJ a. Schulnote sufi-cient

Ausreise F plecare f în străinătate; **bei der ~ aus Rumänien** la ieșirea din România

Ausreiseerlaubnis, Ausreisegenehmigung F permis n de ieșire din țară

ausreisen V/I a pleca în străinătate

Ausreisevisum N viză f de ieșire

ausrenken V/T a-și luxa; **sich** (dat) **den Arm ~** a-și luxa brațul

ausrichten V/T Botschaft a transmite; **j-m (liebe) Grüße ~** a transmite cuiva (calde) salutări; **könnten Sie ihm bitte ~, dass ...?** ați putea să-i transmiteți, vă rog, că ...?

ausrotten V/T Lebewesen a extermina; Unsitte, Aberglaube a elimina

ausrufen V/T über Lautsprecher a anunța

Ausrufezeichen N semn n de exclamație

ausruhen V/I (& V/R) **sich ~** a se odihni

ausrüsten V/T a echipa (**mit** cu); mit Werkzeugen a utila .

Ausrüstung F echipament n

ausrutschen V/I a aluneca

Ausrutscher umg M 1 (mică) eroare f 2 fig (≈ Fauxpas) gafă f

Aussage F 1 (≈ Feststellung) constatare f 2 JUR mărturie f; **die ~ verweigern** a refuza depunerea mărturiei; **e-e ~ machen** a depune mărturie 3 e-s Kunstwerks mesaj n

aussagen V/T 1 (≈ ausdrücken) a exprima 2 JUR a depune mărturie (**gegen j-n** contra cuiva)

ausschalten V/T 1 a închide 2 fig a elimina

Ausschau F **~ halten** a se uita (**nach** după)

ausscheiden A V/T MED a secreta B V/I a ieși (**aus etw** din ceva); SPORT a fi eliminat

ausschimpfen V/T a certa

ausschlafen V/I (& V/R) (**sich**) **~** a dormi pe săturate; **gut ausgeschlafen sein** a fi dormit pe săturate

Ausschlag M 1 MED eczemă f; **~ haben** a avea o erupție; **ich bekomme ~ davon** de la asta fac erupție 2 **den ~ geben** a da tonul

ausschlagen A $\overline{\text{V/T}}$ *Zahn* a scoate; *Einladung* a refuza B $\overline{\text{V/I}}$ *Pferd* a da din copite

ausschlaggebend $\overline{\text{ADJT}}$ hotărâtor

ausschließen $\overline{\text{V/T}}$ a exclude

ausschließlich A $\overline{\text{ADV}}$ exclusiv B $\overline{\text{PRÄP}}$ cu excepția

ausschneiden $\overline{\text{V/T}}$ a decupa (**aus** din)

Ausschnitt $\overline{\text{M}}$ **1** *Teil* fragment *n* **2** *von Kleid* decolteu *n* **3** *aus Zeitung* tăietură *f*

ausschreiben $\overline{\text{V/T}}$ **1** *Wort etc* a scrie **2** *e-e Stelle* ~ a scoate un post la concurs

Ausschreitungen $\overline{\text{PL}}$ acte *npl* de violență

Ausschuss $\overline{\text{M}}$ **1** (≈ *Kommission*) comisie *f* **2** (≈ *fehlerhafte Ware*) rebut *n*

ausschütten $\overline{\text{V/T}}$ **1** *Flüssigkeit* a vărsa **2** *Gefäß* a deșerta

Aussehen $\overline{\text{N}}$ **1** (≈ *Gesichtsausdruck*) expresie *f* **2** (≈ *Äußeres*) apariție *f*

aussehen $\overline{\text{V/I}}$ a arăta; ~ **wie** a arăta ca; **gut** ~ a arăta bine; **krank** ~ a părea bolnav; **es sieht schlecht aus** nu-i a bună

außen $\overline{\text{ADV}}$ afară; *umg* **etw/j-n außen vor lassen** a exclude ceva / pe cineva; **nach** ~ în afară; **von** ~ de (*od* din) afară

Außenbordmotor $\overline{\text{M}}$ motor *n* suspendat; **Boot mit** ~ barcă cu motor suspendat

Außendienst $\overline{\text{M}}$ **im** ~ **tätig sein** a lucra pe teren

Außendienstmitarbeiter(in) $\overline{\text{M(F)}}$ (≈ *Handelsvertreter*) comis *m* voiajor

Außenminister(in) $\overline{\text{M(F)}}$ ministru *m* de externe

Außenpolitik $\overline{\text{F}}$ politică *f* externă

Außenseite $\overline{\text{F}}$ parte *f* exterioară

Außenseiter(in) $\overline{\text{M(F)}}$ neadaptat(ă) *m(f)*

Außenspiegel $\overline{\text{M}}$ oglindă *f* exterioară

außer A $\overline{\text{PRÄP}}$ cu excepția; ~ **Atem** cu sufletul la gură; ~ **Betrieb** scos din funcțiune; ~ **sich sein** a-și ieși din fire (**vor** de); **nichts** ~ nimic în afară de B $\overline{\text{KONJ}}$ numai; ~ **dass** afară de cazul în care; **wir kommen,** ~ **wenn es regnet** venim, afară de cazul în care plouă

außerdem $\overline{\text{ADV}}$ în afară de aceasta

äußere(r, s) $\overline{\text{ADJ}}$ exterior

außergewöhnlich A $\overline{\text{ADJ}}$ neobișnuit B $\overline{\text{ADV}}$ extraordinar

außerhalb $\overline{\text{PRÄP}}$ în afara

äußerlich $\overline{\text{ADJ}}$ exterior; **nur zur ~en Anwendung!** numai pentru uz extern!

äußern A $\overline{\text{V/T}}$ a-și exprima B $\overline{\text{V/R}}$ **sich** ~ a se pronunța (**zu, über** asupra)

außerordentlich $\overline{\text{ADJ}}$ extraordinar

außerplanmäßig $\overline{\text{ADJ}}$ neplanificat

äußerst $\overline{\text{ADV}}$ extrem

äußerste(r, s) $\overline{\text{ADJ}}$ maxim

Äußerung $\overline{\text{F}}$ afirmație *f*; **~en** *pl* afirmații

aussetzen A $\overline{\text{V/T}}$ *Kind, Tier* a abandona; *Belohnung* a oferi; **j-n e-r Sache** ~ a expune pe cineva la ceva; **ich habe nichts daran auszusetzen** nu am nimic de obiectat B $\overline{\text{V/I}}$ *Pause machen* a se întrerupe; **einmal** ~ *beim Spiel* a sta pe tușă

Aussicht $\overline{\text{F}}$ **etw in** ~ **haben** a avea ceva în perspectivă; **j-m etw in** ~ **stellen** a promite cuiva ceva

aussichtslos $\overline{\text{ADJ}}$ fără perspectivă

Aussichtspunkt $\overline{\text{M}}$ punct *n* de observație

Aussichtsturm $\overline{\text{M}}$ turn *n* de observație

ausspannen A $\overline{\text{V/I}}$ *sich erholen* a se destinde B $\overline{\text{V/T}}$ *umg fig* **j-m etw** ~ a-i șterpeli cuiva ceva; *umg fig* **j-m j-n** ~ a-i sufla cuiva pe cineva

aussperren $\overline{\text{V/T}}$ **sich** ~ a se încuia pe afară

ausspionieren $\overline{\text{V/T}}$ a spiona

Aussprache $\overline{\text{F}}$ **1** *von Wörtern* pronunție *f* **2** *Gespräch* explicație *f*

Ausspracheangabe $\overline{\text{F}}$ indicații *fpl* de pronunție

aussprechen A $\overline{\text{V/T}}$ a pronunța B $\overline{\text{V/R}}$ **sich** ~ a se pronunța (**über** +*akk* asupra); **sich mit j-m** ~ a se explica cu cineva C $\overline{\text{V/I}}$ *zu Ende sprechen* a termina de vorbit

ausspucken $\overline{\text{V/T \& V/I}}$ a scuipa

ausspülen $\overline{\text{V/T}}$ a clăti, a spăla

Ausstand $\overline{\text{M}}$ grevă *f*; **in den** ~ **treten** a intra în grevă

Ausstattung $\overline{\text{F}}$ **1** *Ausrüstung* echipament *n* **2** *Einrichtung* amenajare *f*

ausstehen A V̄T̄ a îndura; **j-n/etw nicht ~ können** a nu putea suferi pe cineva/ceva B V̄I (≈ *fehlen*) **die Antwort steht noch aus** nu avem încă un răspuns

aussteigen V̄I a coborî; **aus dem Bus/Zug ~** a coborî din autobuz/tren; **aus e-m Projekt ~** a se retrage dintr--un proiect

ausstellen V̄T̄ 1 a expune 2 *Scheck* a emite 3 *Pass* a elibera

Ausstellung F̄ expoziție f

Ausstellungsgelände N̄ parc n expoziții

Ausstellungsraum M̄ spațiu n de expoziție

aussterben V̄I a dispărea

Ausstieg M̄ 1 coborâre f 2 *fig* ieșire f

ausstrahlen V̄T̄ 1 a radia 2 *Programm* a transmite

Ausstrahlung F̄ *einer Person* carismă f

ausstrecken A V̄R̄ **sich ~** a se întinde B V̄T̄ *Hand* a întinde (**nach** după)

aussuchen V̄T̄ a alege; (**sich** *dat*) **etw ~** a(-și) alege ceva

Austausch M̄ schimb n; **im ~ für** (*od* **gegen**) în schimbul

austauschen V̄T̄ a face schimb (**gegen** de); *fig* a schimba; (≈ *auswechseln*) a înlocui

Austauschschüler(in) M̄Ḟ elev care participă la un program de schimb de experiență cu o școală din străinăte

austeilen V̄T̄ a împărți

Auster F̄ stridie f

Austernpilz M̄ păstrăv m de fag

austragen V̄T̄ *Post* a distribui

Australien N̄ Australia f

Australier(in) M̄Ḟ australian(ă) m(f)

australisch ADJ australian

austreten A V̄T̄ 1 *Schuhe* a scâlcia 2 *Weg* a bate; *Treppe* a toci 3 *Zigarette* a strivi B V̄I 1 (≈ *Wärme, Gas*) a ieși (**aus etw** din ceva) 2 (≈ *Flüssigkeit*) a se scurge (**aus** din) 3 (≈ *zur Toilette gehen*); **darf ich mal ~?** pot să ies (la toaletă)?

austrinken V̄T̄ a bea tot

austrocknen A V̄T̄ a usca B V̄I MED a se usca

ausüben V̄T̄ a practica

Ausverkauf M̄ 1 lichidare f de stoc 2 solduri *fpl*; **etw im ~ kaufen** a cumpăra ceva la solduri

ausverkauft ADJ 1 *Karten* nu mai sunt bilete; **die Vorstellung ist ~** spectacolul este vândut complet 2 *Artikel* epuizat

Auswahl F̄ ofertă f (**an** +*dat* de); **zur ~ stehen** a fi la alegere

auswählen V̄T̄ a alege

Auswanderer M̄ emigrant m

auswandern V̄I a emigra

Auswanderung F̄ emigrare f

auswärtig ADJ extern; **Auswärtiges Amt** Ministerul n de Externe

auswärts ADV în (*od* spre) afară; **~ essen** a lua masa în oraș; **von ~** din exterior

Auswärtsspiel N̄ joc n în deplasare

auswechseln V̄T̄ a înlocui

Auswechselspieler(in) M̄Ḟ jucător m, jucătoare f de rezervă

Ausweg M̄ ieșire f

ausweichen V̄I a ocoli; **j-m / e-r Sache ~** e evita pe cineva/ceva

Ausweis M̄ legitimație f

ausweisen A V̄T̄ a expulza B V̄R̄ **sich ~** a se legitima

Ausweiskontrolle F̄ control n al actelor de identitate

Ausweispapiere PL acte *npl* de identitate

auswendig ADV pe dinafară; **etw ~ lernen** a învăța ceva pe dinafară

auswerten V̄T̄ *Statistik, Fragebogen* a evalua

auswinden *bes südd, schweiz* V̄T̄ a stoarce

auswirken V̄R̄ **sich ~** a avea efect (**auf** +*akk* asupra); **sich positiv ~** a avea efect pozitiv

Auswirkung F̄ (≈ *Folge*) urmare f (**auf** +*akk* asupra); (≈ *Wirkung*) efect n; (≈ *Rückwirkung*) efect n retroactiv

auswischen V̄T̄ a șterge

auswringen V̄T̄ a stoarce

auswuchten V̄T̄ AUTO a echilibra

Auswurf M̄ MED expectorare f

auszahlen A V̄T̄ *Summe* a achita; *Person* a plăti B V̄R̄ **sich ~** a merita

auszeichnen A V̄T̄ *ehren* a distinge; *in Geschäft* a evidenția B V̄R̄ **sich ~** a

B

se distinge

Auszeit F̲ SPORT time-out n

ausziehen A̲ V̲T̲ *Kleidung* a dezbrăca; PFLEGE *Person* a dezbrăca; (**sich** *dat*) **die Schuhe ~** a se descălţa B̲ V̲R̲ **sich ~** a se dezbrăca; **sich nackt ~** a se dezbrăca la piele C̲ V̲I̲ *aus e-r Wohnung* a se muta

Auszubildende(r) M̲/F̲/M̲ ucenic(ă) m(f)

Auszug M̲ 1 (≈ *Textauszug*) extras n; (≈ *Kontoauszug*) extras n de cont 2 *aus e-r Wohnung* mutare f

authentisch A̲D̲J̲ autentic

Auto N̲ maşină f; **~ fahren** a conduce

Autoatlas M̲ atlas n rutier

Autobahn F̲ autostradă f

Autobahnauffahrt F̲ intrare f pe autostradă

Autobahnausfahrt F̲ ieşire f din autostradă

Autobahngebühr F̲ taxă f de autostradă

Autobahnkreuz N̲ intersecţie f de autostrăzi

Autobahnring M̲ centură f de autostrăzi

Autobombe F̲ maşină f capcană

Autofähre F̲ bac n

Autofahrer(in) M̲/F̲ şofer(iţă) m(f)

Autofahrt F̲ drum n cu maşina

autogen A̲D̲J̲ **~es Training** antrenament n autogen

Autogramm N̲ autograf n

Autokino N̲ cinema n Drive in

Automarke F̲ marcă f de automobil

Automat M̲ automat n

Automatik F̲ AUTO automatică f; **ein Auto mit ~** o maşină cu cutie de viteză automată

Automatikschaltung F̲ cutie f de viteză automată

Automatikwagen M̲ maşină f cu cutie de viteză automată

automatisch A̲D̲J̲ automat

Automechaniker(in) M̲/F̲ mecanic m auto

autonom A̲D̲J̲ autonom

Autonomie F̲ autonomie f

Autonummer F̲ număr n de înmatriculare

Autopilot M̲ FLUG pilot m automat

Autor(in) M̲/F̲ autor m, autoare f

Autoradio N̲ radio n de maşină

Autoreifen M̲ pneu n

Autoreisezug M̲ autotren n

Autorennen N̲ cursă f de automobile

autoritär A̲D̲J̲ autoritar

Autorität F̲ autoritate f

Autoschlüssel M̲ cheie f de la maşină

Autoskooter M̲ scuter n electric

Autotür F̲ portieră f

Autounfall M̲ accident n de maşină

Autoverleih M̲, **Autovermietung** F̲ agenţie f de închiriat maşini

Autowaschanlage F̲ instalaţie f de spălat auto

Autowerkstatt F̲ atelier n auto

Autozubehör N̲ accesorii npl de automobil

Avocado F̲ avocado n

Axt F̲ topor n

Azubi *umg* M̲ ucenic m

B

B, b N̲ 1 B, b m 2 MUS si m bemol

Baby N̲ sugar m; **ein ~ erwarten** a aştepta un copil

Babybett N̲ pat n pentru sugari

Babyfläschchen N̲ biberon n

Babynahrung F̲ hrană f pentru sugari

Babypause *umg* F̲ concediu n pentru îngrijirea copilului

Babyphon N̲ aparat n supraveghere bebeluş

babysitten *umg* V̲I̲ a face babysitting

Babysitter(in) M̲/F̲ babysitter m/f

Bach M̲ pârâu n

Backblech N̲ tavă f de copt

Backbord N̲ babord n

Backe F̲ obraz m; *umg* **au ~!** fir-ar să fie!

backen V̲T̲ a coace

Backenzahn M̲ măsea f

Bäcker(in) M̲F̲ brutar *m*, brutăreasă *f*

Bäckerei F̲ brutărie *f*

Backform F̲ tavă *f* de copt, formă *f* de copt

Backhähnchen N̲, **Backhendl** *österr* N̲ pui *m* fript

Backofen M̲ cuptor *n*

Backpulver N̲ praf *n* de copt

Backrohr *südd, österr* N̲, **Backröhre** F̲ cuptor *n*

Backshop M̲ magazin *n* cu produse de panificație si patiserie

Backstein M̲ cărămidă *f*

Backwaren P̲L̲ produse *npl* de patiserie

Bad N̲ **1** baie *f*; **ein Bad nehmen** a face o baie **2** *Schwimmbad* bazin *n* de înot

Badeanzug M̲ costum *n* de baie

Badehose F̲ slip *n*

Badekappe F̲ cască *f* de baie

Bademantel M̲ halat *n* de baie

Bademeister(in) M̲F̲ supraveghetor *m*, supraveghetoare *f* la un bazin de înot

Bademütze F̲ cască *f* de baie

baden V̲I̲ a face baie; **~ gehen** a face baie

Baden-Württemberg N̲ Baden-Württemberg *n*

Badeort M̲ stațiune *f* balneară

Badetuch N̲ prosop *n*

Badewanne F̲ cadă *f*

Badezeug N̲ echipament *n* de baie

Badezimmer N̲ baie *f*

Badminton N̲ badminton *n*

baff *umg* A̲D̲J̲ **~ sein** *umg* a fi paf

Bafög *umg* N̲ suport financiar acordat de stat studenților care dispun de mijloace financiare reduse

Bagger M̲ excavator *n*

Baggersee M̲ lac *n* artificial

Bahn F̲ **1** *Zug* tren *n*; **Deutsche ~ căile** ferate germane; **mit der ~ fahren** a călători cu trenul **2** *Strecke* pistă *f*

BahnCard® F̲ abonament anual cu tarif redus pe căile feratel

Bahnfahrt F̲ călătorie *f* cu trenul

Bahnhof M̲ gară *f*; **am ~** la gară

Bahnlinie F̲ linie *f* de cale ferată

Bahnpolizei F̲ poliție *f* f feroviară

Bahnsteig M̲ peron *n*

Bahnstrecke F̲ sector *n* de cale ferată

Bahnübergang M̲ pasaj *n* de nivel

Bahre F̲ targă *f*

Bakterie F̲ bacterie *f*

Balance F̲ echilibru *n*; **die ~ halten** a păstra echilibru; **die ~ verlieren** a pierde echilibru

balancieren A̲ V̲T̲ a balansa B̲ V̲I̲ a se balansa

bald A̲D̲V̲ curând; **~ darauf** curând după aceea; **bis ~!** pe curând!; **so ~ wie möglich** cât de curând posibil; *umg* **wirds ~?** mai durează mult?

baldigst A̲D̲V̲ foarte curând

Balkan M̲ Balcani *pl*

Balken M̲ bârnă *f*

Balkendiagramm N̲ grafic *n* bară

Balkon M̲ balcon *n*

Ball M̲ **1** minge *f*; **am ~ bleiben** a rămâne pe fază; **den ~ abgeben** a da mingea mai departe **2** *Tanz* bal *n*

Ballast M̲ **1** balast *n* **2** *fig* povară *f*

Ballaststoffe M̲P̲L̲ fibre *fpl* alimentare

ballen V̲T̲ *fig* **geballte Energie** *etc* energie acumulată

Ballett N̲ balet *n*

Ballettschule F̲ școală *f* de balet

Ballon M̲ balon *n*

Ballspiel N̲ joc *n* cu mingea

Ballungsgebiet N̲ aglomerare *f* urbană

Baltikum N̲ **das ~** Țările *fpl* Baltice

Bambus M̲, **Bambusrohr** N̲ tub *n* de bambus

banal A̲D̲J̲ banal

Banane F̲ banană *f*

band → **binden**

Band A̲ M̲ *Buch* volum *n* B̲ N̲ *aus Stoff* panglică *f*; *Tonband* bandă *f*; A̲N̲A̲T̲ ligament *n*; **etw auf ~ aufnehmen** a înregistra ceva pe bandă C̲ F̲ *Musikgruppe* formație *f*

Bandage F̲ bandaj *n*

Bande¹ F̲ *a. fig* bandă *f*

Bande² F̲ B̲I̲L̲L̲A̲R̲D̲ dungă *f*

Bänderriss M̲ M̲E̲D̲ ruptură *f* de ligament

bändigen V̲T̲ *Tiere* a domestici; *Kind* a potoli; *fig* a calma

Bandit M̲ bandit *m*

Bandscheibe F̲ A̲N̲A̲T̲ disc *n* interver-

tebral
Bandscheibenvorfall M̅ hernie f de disc
Bandwurm M̅ tenie f
Bank F̅ (Sitzbank) u. FIN bancă f
Bankangestellte(r) M̲F̲/F̲M̲ funcţionar(ă) m(f) de bancă
Bankautomat M̅ bancomat n
Bankkarte F̅ carte f bancară
Bankkaufmann M̅, **Bankkaufrau** F̅ funcţionar m de bancă, funcţionară f de bancă
Bankkonto N̅ cont n bancar
Bankleitzahl F̅ cod n al băncii
Banknote F̅ bancnotă f
bankrott ADJ falimentar
Bankrott M̅ a. fig faliment n; **~ machen** a da faliment; → bankrottgehen
bankrottgehen V̅I̅ a bancruta
Banküberfall M̅ spargere f la bancă
bannen V̅T̅ (≈ bezaubern) a fermeca; Gefahr a evita; **wie gebannt** ca vrăjit
bar ADJ numerar; **bares Geld** bani cash; **in bar** cash; **etw (in) bar bezahlen** a plăti cash; **50 Euro bar auf die Hand** 50 euro în mână
Bar F̅ bar n
Bär M̅ urs m; ASTRON **der Große/Kleine Bär** Ursa Mare/Mică
barbarisch ADJ barbar
barfuß ADV desculţ
barg → bergen
Bargeld N̅ bani npl cash
bargeldlos ADJ & ADV prin virament (od cec); **~er Zahlungsverkehr** operaţii de plată fără numerar
Barkeeper M̅, **Barmann** M̅ barman m
Barock N̅/M̅ baroc n
barock ADJ baroc
Barometer N̅ barometru n
Barren M̅ a. SPORT bare fpl
Barriere F̅ barieră f
Barrikade F̅ baricadă f; umg fig **auf die ~n gehen** a protesta, a lupta (**für** pentru)
barsch ADJ răstit
Barsch M̅ biban m
Barscheck M̅ cec n plătibil în numerar
Bart M̅ barbă f; **e-n ~ haben** a avea

barbă; **mit ~** cu barbă
bärtig ADJ bărbos
Barzahlung F̅ plată f în numerar
Basar M̅ **1** im Orient bazar n **2** zu Wohltätigkeitszwecken bazar n în scopuri de binefacere
Baseball M̅ baseball n
Basel N̅ Basel
Basilikum N̅ busuioc n
Basis F̅ bază f
Baske M̅ basc m
Baskenland N̅ Ţara f Bascilor
Baskenmütze F̅ bască f
Basketball M̅ baschetbal n
baskisch ADJ basc
Bass M̅ bas m; im Lautsprecher **die Bässe** pl başii
basteln V̅T̅ & V̅I̅ a bricola; **an etw** (dat) **~** a meşteri la ceva
bat → bitten
Batterie F̅ baterie f
Bau M̅ **1** construcţie f; **auf dem Bau arbeiten** a lucra în construcţii **2** (≈ Gebäude) construcţii fpl
Bauarbeiten PL **1** lucrări fpl de construcţie **2** Straßenbau lucrări fpl stradale
Bauarbeiter M̅ muncitor m constructor
Bauch M̅ burtă f; **e-n ~ bekommen/haben** a face/avea burtă; umg **sich** (dat) **den ~ vollschlagen** a se îndopa
Bauchlandung umg F̅ FLUG aterizare f pe burtă
Bauchnabel M̅ buric n
Bauchschmerzen PL dureri fpl de burtă; **~ haben** a avea dureri de burtă
Bauchspeicheldrüse F̅ pancreas n
bauen A̅ V̅T̅ **1** a construi; umg **e-n Unfall ~** a face un accident **2** Person **gut gebaut** bine făcut; **kräftig gebaut sein** a avea o constituţie puternică B̅ V̅I̅ fig **auf etw/j-n ~** a conta pe ceva/cineva
Bauer[1] M̅ ţăran m
Bauer[2] N̅/M̅ (≈ Vogelkäfig) colivie f
Bäuerin F̅ ţărancă f
bäuerlich ADJ ţărănesc
Bauernhaus N̅ casă f ţărănească
Bauernhof M̅ gospodărie f ţărănească
baufällig ADJ dărăpănat

Bauindustrie F̲ industria f construcțiilor

Baujahr N̲ anul m construcției; **der Wagen ist ~ 2010** anul de fabricație al mașinii este 2010

Baum M̲ copac m

Baumarkt M̲ magazin n de materiale de construcții și finisări

baumeln umg V̲I̲ **die Beine ~ lassen** a bălăbăni picioarele

Baumhaus N̲ căsuță f din copac

Baumstamm M̲ trunchi n de copac

Baumwolle F̲ bumbac n

Bauplatz M̲ teren n de construcție

Bausparvertrag M̲ contract n de economisire-creditare

Baustein M̲ 1 für Haus piatră f de construcție 2 Spielzeug cub n de construit

Baustelle F̲ 1 șantier n 2 bei Straßenbau lucrări fpl stradale

Bauunternehmer(in) M̲F̲ antreprenor m, antreprenoare f de construcții

Bauwerk N̲ construcție f; **berühmtes ~** construcție celebră

Bayer(in) M̲F̲ bavarez(ă) m(f)

bay(e)risch A̲D̲J̲ bavarez

Bayern N̲ Bavaria f

beabsichtigen V̲T̲ a intenționa; **~, etw zu tun** a intenționa să faci ceva; **beabsichtigt** intenționat

beachten V̲T̲ 1 Aufmerksamkeit schenken a da atenție 2 Vorschrift etc a respecta; **nicht ~** a nu lua în seamă

beachtlich A̲D̲J̲ remarcabil

Beachtung F̲ von Vorschriften respectare f; (≈ Aufmerksamkeit) atenție f; **e-r Sache** (dat) **~ schenken** a acorda atenție unui lucru

Beachvolleyball M̲ volei n de plajă

Beamer M̲ IT videoproiector n

Beamte(r) M̲, **Beamtin** F̲ funcționar(ă) m(f)

beängstigend A̲D̲J̲ înfricoșător

beanspruchen V̲T̲ 1 a revendica 2 Zeit, Platz a lua; **j-n ~** a solicita pe cineva

beanstanden V̲T̲ 1 a obiecta 2 Ware a reclama

Beanstandung F̲ reclamație f

beantragen V̲T̲ a solicita

beantworten V̲T̲ a răspunde la

bearbeiten V̲T̲ 1 a prelucra 2 CHEM a trata 3 Fall a lucra la

beatmen V̲T̲ **j-n ~** a face cuiva respirație artificială

beaufsichtigen V̲T̲ a supraveghea

beauftragen V̲T̲ **j-n mit etw ~** a însărcina pe cineva cu ceva

beben V̲I̲ 1 Erde a se cutremura 2 geh vor Erregung a tremura (**vor** + dat de)

Becher M̲ 1 pahar n fără picior 2 für Joghurt, Eis etc cupă f

Becken N̲ 1 a. ANAT bazin n 2 Spüle chiuvetă f

bedächtig A̲D̲J̲ fără grabă

bedanken V̲R̲ **sich bei j-m für etw ~** a-i mulțumi cuiva pentru ceva

Bedarf M̲ necesitate f (**an** de); **bei ~** la nevoie; (**je**) **nach ~** după nevoie

bedauerlich A̲D̲J̲ regretabil

bedauern V̲T̲ 1 a regreta; **~, dass ...** a regreta că ... 2 bemitleiden a compătimi

bedauernswert A̲D̲J̲ regretabil

bedeckt A̲D̲J̲ 1 acoperit 2 Himmel înnorat

bedenken V̲T̲ a cumpăni

Bedenken P̲L̲ 1 Zweifel îndoieli fpl; **~ gegen** rezerve față de 2 Skrupel scrupule npl; **ohne ~** fără dubii

bedenklich A̲D̲J̲ 1 problematic 2 Zustand îngrijorător

bedeuten V̲T̲ a însemna; **das hat nichts zu ~** asta nu înseamnă nimic; **j-m viel ~** a-i fi cuiva important

bedeutend A̲D̲J̲ însemnat

Bedeutung F̲ 1 semnificație f 2 importanță f; **von ~ sein für** a fi important pentru

bedienen A̲ V̲T̲ a servi; Maschine a manevra B̲ V̲R̲ **sich ~ beim Essen** a se servi

Bedienung F̲ 1 serviciu n 2 Kellner chelner m, chelneriță f

Bedienungsanleitung F̲ instrucțiuni fpl de folosire

Bedienungshandbuch N̲ manual n de utilizare

Bedingung F̲ condiție f; **unter der ~, dass ...** cu condiția ca ...; **unter diesen ~en** în aceste condiții

bedingungslos A̲D̲J̲ necondiționat

B

bedrängen VT a presa (**mit** cu); (≈ bestürmen) a asalta; (≈ bedrücken) a apăsa

bedrohen VT a ameninţa

bedrohlich ADJ ameninţător

Bedrohung F ameninţare f

bedrücken VT & V/UNPERS a apăsa

Bedürfnis N nevoie f; **das ~ haben** (od **verspüren**) **zu** +inf a simţi nevoia să

beeilen VR **sich ~** a se grăbi

beeindrucken VT a impresiona

beeindruckend ADJ impresionant

beeinflussen VT a influenţa

beeinträchtigen VT a leza, a afecta

beenden VT a termina

beerdigen VT a înmormânta

Beerdigung F înmormântare f

Beere F boabă f de fruct

Beet N strat n (de flori)

befahl → **befehlen**

befahrbar ADJ **1** carosabil **2** SCHIFF navigabil

befahren **A** VT Straße a circula **B** ADJ **stark ~** intens circulat

Befehl M **1** ordin n; **auf ~** (akk) **von** la porunca **2** IT comandă f

befehlen VT **j-m ~, etw zu tun** a porunci cuiva să facă ceva

befestigen VT **1** a fixa; **etw an etw** (dat) **~** a fixa ceva de ceva **2** **mit** Schnur, Seil a lega strâns

befeuchten VT a umezi

befiehlt → **befehlen**

befinden **A** VI **für richtig ~** a considera ceva ca fiind corect **B** VR **sich ~** a se afla

befohlen → **befehlen**

befolgen VT a urma

befördern VT **1** a transporta; Post a duce **2** im Rang a avansa

Beförderung F **1** transport n **2** beruflich promovare f

befragen VT a chestiona; Zeugen a interoga

Befragung F sondaj n de opinie

befreien **A** VT **1** a. fig a elibera (**aus, von** din) **2** von Steuern, vom Militärdienst a fi scutit **B** VR **sich ~** a se elibera (**aus, von** din)

Befreiung F **1** eliberare f (**von** de) **2** von Steuern, vom Militärdienst scutire f

befreunden VR → **anfreunden**

befreundet ADJ **~ sein** a fi prieten (**mit** j-m cu cineva)

befriedigen **A** VT a mulţumi **B** VR **sich** (**selbst**) **~** a se masturba

befriedigend ADJ **1** satisfăcător **2** Schulnote ≈ satisfăcător

Befriedigung F satisfacţie f

befristet ADJ temporar

befruchten VT a fecunda

Befruchtung F BIOL inseminare f; **künstliche ~** inseminare artificială

Befund M **1** constatare f **2** MED rezultat n al analizelor

befürchten VT a se teme de

befürworten VT a recomanda

begabt ADJ talentat

Begabtenförderung F promovare f a talentelor

Begabung F talent n

begann → **beginnen**

begegnen VI **1** (≈ treffen) a întâlni (j-m pe cineva) **2** a preîntâmpina (**einer Sache** o chestiune)

Begegnung F a. SPORT întâlnire f

begehen VT **1** Straftat a comite **2** Jubiläum etc a serba

begehrt ADJ cerut, căutat

begeistern **A** VT a entuziasma **B** VR **sich für etw ~** a se entuziasma pentru ceva

begeistert ADJ entuziasmat; **von j-m/etw ~ sein** a fi entuziasmat de cineva/ceva

Begeisterung F entuziasm f; (≈ Leidenschaft) pasiune f

Beginn M început n; **zu ~** la început

beginnen VT a începe; **mit etw ~** a începe cu ceva

beglaubigen VT ADMIN a legaliza; **amtlich ~** a legaliza prin notariat; **beglaubigte Abschrift** copie legalizată

Beglaubigung F autentificare f

begleiten VT a însoţi; **j-n nach Hause ~** a însoţi pe cineva acasă

Begleiter(in) M(F) însoţitor m, însoţitoare f

Begleitung F **1** însoţire f; **in ~ ihres Mannes** în compania soţului ei **2** MUS acompaniament n

beglückwünschen VT a felicita (**zu** cu ocazia)

begnügen VR **sich mit etw ~** a se

mulțumi cu ceva

begonnen → **beginnen**

begraben $\overline{VT}$ a îngropa; **e-n Streit ~** a îngropa un litigiu; **s-e Hoffnungen ~** a-și îngropa speranțele

Begräbnis $\overline{N}$ înmormântare f

begreifen $\overline{VT}$ a înțelege; (≈ betrachten) **etw als etw ~** a înțelege ceva ca pe ceva

begreiflich $\overline{ADJ}$ de înțeles

Begrenzung $\overline{F}$ îngrădire f

Begriff $\overline{M}$ noțiune f; **im ~ sein, etw zu tun** a fi pe punctul de a face ceva; umg **schwer von ~ sein** a fi greu de cap

begründen $\overline{VT}$ (≈ Grund angeben) a justifica (**mit** prin); (≈ rechtfertigen) a justifica; **begründet Vorwurf, Kritik** îndreptățit; **sachlich begründet sein** justificat

Begründung $\overline{F}$ motivație f

begrüßen $\overline{VT}$ a saluta

Begrüßung $\overline{F}$ Empfang primire f festivă

begünstigen $\overline{VT}$ a favoriza

Begünstigung $\overline{F}$ **1** favorizarea f (+ gen); (≈ Vorteil) avantaj n **2** JUR favorizare f

begutachten $\overline{VT}$ fachlich a expertiza; umg a privi cu atenție

behaart $\overline{ADJ}$ păros

behaglich $\overline{ADJ}$ Ort agreabil; Stimmung, Gefühl plăcut

behalten $\overline{VT}$ **1** a reține **2** im Gedächtnis a ține minte; **etw für sich ~** a păstra un secret

Behälter $\overline{M}$ recipient n

behandeln $\overline{VT}$ a trata; **der ~de Arzt** medicul care tratează

Behandlung $\overline{F}$ tratament n

Behandlungszimmer $\overline{N}$ MED cabinet n medical

beharrlich $\overline{ADJ}$ perseverent

behaupten $\overline{A}$ $\overline{VT}$ a afirma $\overline{B}$ $\overline{VR}$ **sich ~** a se afirma

Behauptung $\overline{F}$ afirmație f

beheben $\overline{VT}$ Schäden a repara; Missstände a înlătura

beheizen $\overline{VT}$ a încălzi

beherrschen $\overline{A}$ $\overline{VT}$ Situation, Instrument a stăpâni; Gefühle a-și stăpâni $\overline{B}$ $\overline{VR}$ **sich ~** a se stăpâni

Beherrschung $\overline{F}$ stăpânire f; **s-e ~ verlieren** a-și pierde stăpânirea de sine

behilflich $\overline{ADJ}$ **j-m ~ sein** a fi de ajutor cuiva; **kann ich Ihnen ~ sein?** pot să vă fiu de ajutor?

behindern $\overline{VT}$ Sicht a împiedica

behindert $\overline{ADJ}$ cu handicap, cu dizabilități

Behinderte(r) $\overline{M[F(M)]}$ persoană f cu handicap; **geistig ~** persoană f cu handicap mintal

behindertengerecht $\overline{ADJ}$ cu facilități pentru persoane cu handicap; **~e Hotels/Toiletten** pl hotele/toalete cu facilități pentru persoane cu handicap

Behörde $\overline{F}$ autorități fpl

bei $\overline{PRÄP}$ la; neben lângă; **bei der Post®️ arbeiten** a lucra la poștă; **bei e-m Unfall** la un accident; **beim Fahren** la condus; **beim Friseur** la frizer; **bei Nacht** noaptea; **bei Nebel** pe ceață; **bei uns** la noi; **das steht bei Goethe** așa stă scris la Goethe; **etw bei sich haben** a avea ceva asupra sa; umg **nicht ganz bei sich sein** a nu fi în apele sale

beibehalten $\overline{VT}$ a menține

beibringen $\overline{VT}$ **j-m etw ~** a învăța pe cineva ceva

Beichte $\overline{F}$ spovedanie f; **zur ~ gehen** a merge la spovedanie

beichten $\overline{A}$ $\overline{VI}$ a se spovedi $\overline{B}$ $\overline{VT}$ a mărturisi; **j-m etw ~** a-i mărturisi cuiva ceva

beide $\overline{INDEF PR}$ amândoi; **~s** și una și alta; **alle ~** amândoi; **keiner von ~n** nici unul (od altul)

beieinander $\overline{ADV}$ împreună; **dicht** (od **nahe**) **~** foarte aproape unul de altul

Beifahrer(in) $\overline{M[F]}$ persoană f care stă în dreapta șoferului

Beifahrersitz $\overline{M}$ loc n de lângă șofer

Beifall $\overline{M}$ aplauze npl; **~ finden** a fi aplaudat; **~ klatschen** a aplauda

beige $\overline{ADJ}$ bej

Beigeschmack $\overline{M}$ iz n; **e-n bitteren ~ haben** a avea un gust amar

Beihilfe $\overline{F}$ **1** finanzielle alocație f **2** JUR complicitate f (**zu** la)

Beil $\overline{N}$ topor n; (≈ Hackbeil) satâr n

Beilage $\overline{F}$ **1** GASTR garnitură f **2** zur Zeitung supliment n

B

beiläufig A ADJ *Bemerkung* în treacăt B ADV întâmplător

beilegen VT 1 (≈ *beifügen*) a adăuga 2 *Streit* a regla

Beileid N condoleanțe *fpl*; **mein herzliches** (*od* **aufrichtiges**) **~** condoleanțele mele

beiliegend ADJT & ADVL anexat

beim, = **bei dem → bei**

Bein N picior *n*; *umg fig* **etw auf die ~e stellen** a pune ceva pe picioare; **sich auf die ~e machen** a o porni la drum

beinah(e) ADV aproape

beinahe ADV aproape; **er wäre ~ ertrunken** el era cât pe ce să se înece

beinhalten VT a conține

Beipackzettel M prospect *n*

Beiried N österr (≈ *Roastbeef*) roast beef *n*, rosbif *n*

beirren VT a induce în eroare

beiseite ADV deoparte

Beispiel N exemplu *n*; **j-m ein ~ geben** a-i da cuiva un exemplu; **sich** (*dat*) **an j-m ein ~ nehmen** a lua un exemplu de la cineva; **zum ~** de exemplu

beispielsweise ADV de exemplu

beißen A VT a mușca B VI *Rauch* a înțepa C V/R **die Farben ~ sich** culorile nu se potrivesc

beißend ADJT *Kälte, Geruch* înțepător; *Kritik* mușcător

Beitrag M 1 contribuție *f* 2 *für Mitgliedschaft* cotizație *f*

beitragen VT & VI a contribui (**zu** la); **zu etw ~** a contribui la ceva

beitreten VI a adera (+*dat* la)

Beitritt M aderare *f* (**zu** la)

bejahen VT 1 *Frage* a răspunde afirmativ 2 *fig* (≈ *befürworten*) a aproba

bekämpfen VT a combate

Bekämpfung F combatere *f*

bekannt ADJ cunoscut; **~ geben** (*od* **machen**) a face cunoscut; **~ werden** a deveni cunoscut; **das ist mir ~** asta-mi e cunoscut; **j-n mit j-m ~ machen** a prezenta pe cineva cuiva; **mir ist ~, dass ...** îmi este cunoscut că ...; **mit j-m ~ sein** a cunoaște pe cineva

Bekannte(r) M/F(M) cunoscut(ă) *m(f)*; **ein ~r von mir** un cunoscut de-al meu

bekanntgeben VT → **bekannt**

bekanntlich ADV după cum se știe

Bekanntschaft F cunoștință *f*; **j-s ~ machen** a face cunoștința cuiva

bekennen A VT a mărturisi B V/R **sich schuldig ~** a se recunoaște vinovat; **sich zu e-m Verbrechen ~** a recunoaște o crimă; **sich zu j-m ~** a recunoaște deschis de a fi de partea cuiva; **sich zum Christentum ~** a se declara creștin

Bekenntnis N mărturisire *f*; (≈ *Religion*) credință *f*

beklagen V/R **sich ~** a se plânge

Bekleidung F îmbrăcăminte *f*

bekommen A VT a primi; *Zug* a prinde; **den Zug nicht mehr ~** a nu mai prinde trenul; **e-e Erkältung ~** a răci; *mit pperf* **etw geschenkt ~** a primi ceva cadou; *mit* „**zu**" + *inf* **etw zu essen ~** a primi ceva de mâncare; **sie bekommt ein Kind** așteaptă un copil; **vieles zu sehen ~** a vedea multe; *im Geschäft* **was ~ Sie?** cu ce vă putem servi?; **wie viel ~ Sie dafür?** cât vă datorez?; **wo bekommt man ...?** unde pot găsi ...? B VI **j-m** (**gut**) **~** a-i prii cuiva; **wir ~ schon** *bedient werden* ni s-a luat comanda deja

bekömmlich ADJ digerabil; **leicht ~** ușor de digerat; **schwer ~** greu de digerat

beladen VT a încărca

Belag M strat *n*

belagern VT *a. fig* a asedia

Belagerung F *a. fig* asediu *f*

belanglos ADJ neimportant

belasten VT 1 a încărca 2 *fig mit Sorgen* a împovăra 3 *Konto* a debita 4 JUR a învinovăți

belästigen VT 1 a deranja 2 *sexuell* a hărțui

Belästigung F deranj *n*; **sexuelle ~** hărțuire *f* sexuală

Belastung F *a. fig* povară *f*; TECH încărcătură *f*; **außergewöhnliche ~en** *Steuer* cheltuieli *fpl* excepționale

belebt ADJT animat

Beleg M 1 chitanță *f* 2 *Beweis* document *n*

belegen VT 1 *Brot* a face tartine 2 *Platz* a rezerva 3 *Kurs, Vorlesung* a

frecvenţa **4** *beweisen* a dovedi
Belegschaft F̲ colectiv *n*
belegt A̲D̲J̲ **1** TEL ocupat **2** *Hotel*
complet; **~es Brötchen** tartină *f;* **der
Platz ist ~** locul este ocupat
beleidigen V̲T̲ **1** a insulta **2** *kränken*
a jigni
beleidigt A̲D̲J̲ jignit; (*≈gekränkt*) rănit
Beleidigung F̲ insultă *f*
beleuchten V̲T̲ a (i)lumina
Beleuchtung F̲ iluminaţie *f*
Belgien N̲ Belgia *f*
Belgier(in) M̲F̲ belgian(ă) *m(f)*
belgisch A̲D̲J̲ belgian
Belichtungsmesser M̲ exponome-
tru *n*
Belieben N̲ **(ganz) nach ~** după plac
beliebig A̲ A̲D̲J̲ oarecare; **jeder ~e**
oricare B̲ A̲D̲V̲ **~ lange/viel** oricât de
lung/mult
beliebt A̲D̲J̲ popular; **sich bei j-m ~
machen** a câştiga simpatia cuiva
beliefern V̲T̲ a aproviziona
bellen V̲I̲ a lătra
belohnen V̲T̲ a răsplăti (**für** pentru)
Belohnung F̲ răsplată *f*
Belüftung F̲ aerisire *f*
belügen V̲T̲ **j-n ~** a minţi pe cineva
bemängeln V̲T̲ a critica
bemerkbar A̲D̲J̲ **sich ~ machen** a se
face remarcat
bemerken V̲T̲ **1** *wahrnehmen* a observa **2** *sagen* a semnala
bemerkenswert A̲D̲J̲ remarcabil
Bemerkung F̲ remarcă *f*
bemitleiden V̲T̲ a compătimi
bemühen V̲R̲ **sich ~** a se strădui;
(*≈erlangen wollen*) **sich um etw ~** a se
strădui pentru ceva; (*≈sich kümmern*)
sich um j-n ~ a încerca să câştigi pe
cineva
Bemühung F̲ osteneală *f*
benachbart A̲D̲J̲ învecinat; **e-e ~e Familie** familie din vecini
benachrichtigen V̲T̲ a informa
benachteiligen V̲T̲ a dezavantaja
Benehmen N̲ comportare *f;* **kein ~
haben** a fi prost crescut
benehmen V̲R̲ **sich ~** a se comporta
beneiden V̲T̲ **j-n um etw ~** a invidia
pe cineva pentru ceva
Beneluxstaaten M̲P̲L̲ **die ~** Statele

din Benelux
benommen A̲D̲J̲ ameţit
benoten V̲T̲ a da note; **s-e Klassenarbeit ist mit "gut" benotet worden** (el)
a primit o notă bună pentru lucrarea
de control
benötigen V̲T̲ a avea nevoie de; **be-
nötigt werden** a fi necesar
benutzen V̲T̲ a folosi
Benutzer(in) M̲F̲ utilizator *m,* utilizatoare *f*
benutzerfreundlich A̲D̲J̲ *a.* IT uşor
de utilizat
Benutzerfreundlichkeit F̲ utilizare *f* facilă; IT uşurinţă *f* de utilizare
Benutzerhandbuch N̲ manual *n* de
utilizare
Benutzerkennung F̲ **1** parolă *f* **2**
nume *n* utilizator
Benutzerkonto N̲ IT cont *n* utilizator
Benutzername M̲ numele *n* utiliza-
torului
Benutzeroberfläche F̲ IT spaţiu *n*
de lucru
Benutzung F̲ utilizare *f*
Benutzungsgebühr F̲ taxă *f* de utilizare
Benzin N̲ benzină *f*
Benzinkanister M̲ canistră *f* de benzină
Benzinpumpe F̲ pompă *f* de benzină
Benzintank M̲ rezervor *n* de benzină
beobachten V̲T̲ a observa
Beobachtung F̲ observare *f;* **unter ~
stehen** a fi sub observaţie
bequem A̲D̲J̲ comod; **machen Sie es
sich ~!** faceţi-vă comod!
Bequemlichkeit F̲ comoditate *f*
beraten A̲ V̲T̲ a sfătui; **gut/schlecht
~ sein** a fi bine/rău sfătuit B̲ V̲I̲ (**über
etw** *akk*) **~** a se sfătui (despre ceva) C̲
V̲R̲ **sich mit j-m ~** a se sfătui cu cineva
Berater(in) M̲F̲ consilier(ă) *m(f)*
Beratung F̲ **1** consfătuire *f* **2** *beim
Arzt* consultaţie *f*
berauben V̲T̲ **j-n ~** a jefui pe cineva
berauschend A̲D̲J̲ îmbătător; *fig*
ameţitor; *umg* **nicht gerade ~** nu tocmai încântător
berechnen V̲T̲ a calcula
berechnend *pej* A̲D̲J̲ calculat

B

berechtigen V̄T̄ a îndreptăți (**zu** +*dat* la); ~ (**zu**) a îndreptăți (la)

berechtigt ADJ îndreptățit; **zu etw** ~ **sein** a fi îndreptățit la ceva

bereden V̄T̄ *besprechen* a discuta

Bereich M̄ domeniu *n*

bereichern A V̄T̄ *a. fig* a îmbogăți B V̄R̄ **sich** ~ a se îmbogăți

bereisen V̄T̄ a călători prin

bereit ADJ gata; ~ **sein, etw zu tun** a fi gata să faci ceva; **sich** ~ **machen** a se pregăti

bereiten V̄T̄ 1 a pregăti 2 *Kummer* a pricinui

bereithalten V̄T̄ a avea pregătit

bereitlegen V̄T̄ a pune la îndemână

bereits ADV deja

Bereitschaft F̄ dispoziție *f*; ~ **haben** *Arzt* a avea serviciu de urgență

Bereitschaftsdienst M̄ MED serviciu *n* de urgență; ~ **haben** MED a avea serviciu de urgență

bereitstehen V̄I a sta la dispoziție

bereitstellen V̄T̄ **etw für j-n** ~ a pune ceva la dispoziția cuiva

bereitwillig ADJ binevoitor

bereuen V̄T̄ a regreta

Berg M̄ munte *m*; **in die ~e fahren** a pleca la munte

bergab ADV la vale; ~ **gehen/fahren** a merge la vale

bergauf ADV la deal; ~ **gehen/fahren** a merge la deal

Bergbahn F̄ cale *f* ferată de munte

bergen V̄T̄ *retten* a salva

Bergführer(in) M̄/F̄ ghid *m* montan

Berghütte F̄ cabană *f*

bergig ADJ muntos

Bergschuh M̄ bocanc *m* de munte

Bergsteigen N̄ alpinism *n*

Bergsteiger(in) M̄/F̄ alpinist(ă) *m(f)*

Bergtour F̄ excursie *f* în munți

Bergung F̄ 1 *Rettung* salvare *f* 2 *von Fahrzeugen* recuperare *f*

Bergwacht F̄ salvamont *n*

Bergwerk N̄ mină *f*

Bericht M̄ raport *n*; MED raport *n* medical; ~ **erstatten** a raporta

berichten A V̄T̄ a raporta (**von** +*dat* despre); **j-m etw** ~ a raporta cuiva ceva B V̄I **über etw** (*akk*) ~ a raporta despre ceva

Berichterstatter(in) M̄/F̄ reporter(ă) *m(f)*

berichtigen V̄T̄ a rectifica

Berlin N̄ Berlin

Berliner M̄ GASTR ~ (**Pfannkuchen**) gogoașă

Berliner(in) M̄/F̄ berlinez(ă) *m(f)*

Bern N̄ Berna

Bernhardiner M̄ *Hunderasse* câine *m* Saint Bernard

Bernstein M̄ chihlimbar *n*

berüchtigt ADJ rău famat

berücksichtigen V̄T̄ a lua în considerație

Beruf M̄ meserie *f*; **was sind Sie von** ~? ce sunteți de profesie?

berufen A V̄T̄ a numi; **j-n zum Vorsitzenden** ~ a numi pe cineva președinte B V̄R̄ **sich** ~ a se referi (**auf** +*akk* la)

beruflich ADJ profesional; ~ **erfolgreich sein** a avea succes în meserie

Berufsausbildung F̄ pregătire *f* profesională

Berufsschule F̄ școală *f* profesională

Berufsschüler(in) M̄/F̄ elev(ă) *m(f)* de la școală profesională

berufstätig ADJ în câmpul muncii

Berufstätige(r) M̄/F̄(M) persoană *f* în câmpul muncii; **die ~n** *pl persoanele care lucrează, care au un loc de muncă*

Berufsverkehr M̄ trafic *n* la orele de vârf

Berufung F̄ 1 UNIV; **eine ~ zum Professor erhalten** a fi numit profesor 2 *innere* vocație *f* 3 JUR recurs *n*, apel *n*; ~ **einlegen** (*od* **in die ~ gehen**) a face recurs 4 **unter ~** (*dat*) **auf** referindu-se la

beruhigen A V̄T̄ a calma B V̄R̄ **sich** ~ *Mensch, Situation* a se calma

Beruhigung F̄ calmare *f*; **zur ~** pentru calmare

Beruhigungsmittel N̄ calmant *n*

berühmt ADJ celebru

berühren V̄T̄ a atinge; **das hat mich seltsam berührt** mi-a lăsat o impresie ciudată

Berührung F̄ *a. fig* atingere *f*

besänftigen V̄T̄ a calma

Besatzung F̄ 1 MIL ocupație *f* 2

SCHIFF, FLUG echipaj n
besaufen umg V/R sich ~ a se îmbăta
beschädigen V/T a deteriora
beschaffen V/T a face rost de ceva; **sich** (dat)
etw ~ a-şi face rost de ceva
beschäftigen A V/T j-n ~ a da de lucru cuiva B V/R sich mit etw ~ a se
ocupa cu ceva
beschäftigt ADJ ocupat
Beschäftigung F 1 Beruf muncă f 2
Tätigkeit ocupaţie f
beschämen V/T a umili
beschatten V/T fig a fila
Bescheid M răspuns n; **j-m ~ geben**
(od sagen) a da răspuns cuiva; **über**
etw ~ wissen a fi la curent cu ceva
bescheiden ADJ modest
Bescheidenheit F modestie f
bescheinigen V/T a atesta
Bescheinigung F adeverinţă f
bescheißen vulg V/T a fraieri (um cu)
Bescherung F 1 zu Weihnachten ofe-
rirea f cadourilor de Crăciun 2 umg
iron **das ist ja e-e schöne ~!** frumoasă
treabă!
bescheuert umg ADJ tâmpit
beschimpfen V/T a insulta
Beschiss M **das ist ~** vulg asta este
fraiereală
beschissen vulg ADJ fraierit
beschlagnahmen V/T a sechestra
beschleunigen V/T & V/I a accelera
Beschleunigung F acceleraţie f
Beschleunigungsspur F bandă f
de accelerare
beschließen A 1 a decide; **~, etw**
zu tun a decide să faci ceva 2 beenden
a încheia
Beschluss M hotărâre f; **e-n ~ fassen**
a lua o hotărâre
beschränken A V/T a limita (**auf**
+akk la) B V/R sich ~ a se limita (**auf**
+akk la)
Beschränkung F limitare f
beschreiben V/T a descrie
Beschreibung F descriere f; **jeder ~**
spotten asta întrece orice limită
beschuldigen V/T a acuza (+gen de);
j-n e-r Sache (gen) ~ a acuza pe cineva
de ceva
Beschuldigung F acuzaţie f
beschützen V/T a apăra (**vor** +dat de)

Beschwerde F reclamaţie f; **~n** pl
MED Leiden suferinţă f; indispoziţie f;
welche ~n haben Sie? ce suferinţe
aveţi?
beschweren V/R sich ~ a se plânge
beschwerlich ADJ dificil
beschwichtigen V/T a împăca, a calma
beschwipst umg ADJ cherchelit
beschwören V/T 1 JUR a jura; eidlich
a depune un afidavit 2 (≈ bitten) a im-
plora 3 Schlange a îmblânzi; Geister a
invoca; Vergangenheit a evoca
beseitigen V/T 1 Flecken a scoate 2
Problem a rezolva
Beseitigung F 1 înlăturare f 2 von
Müll colectare f
Besen M mătură f
besessen ADJ obsedat; **von e-r Idee**
~ sein a fi obsedat de o idee
besetzen V/T a ocupa
besetzt ADJ a. TEL ocupat; Zug, Flugzeug **voll ~** plin
Besetztzeichen N TEL ton n de ocupat
besichtigen V/T a vizita
Besichtigung F vizitare f
besiegen V/T a învinge
besinnen V/R sich ~ (≈ sich erinnern) a-
-şi aminti (**auf** etw akk de ceva); (≈ zur
Vernunft kommen) a deveni rezonabil;
(≈ überlegen) a reflecta; **sich anders ~**
a se răzgândi
Besinnung F **die ~ verlieren** a-şi
pierde cunoştinţa; **wieder zur ~ kom-**
men a-şi veni în fire; fig a-şi reveni
Besitz M 1 posesie f 2 Eigentum proprietate f
besitzen V/T 1 a poseda 2 Eigenschaft
a avea
Besitzer(in) M(F) proprietar(ă) m(f)
besitzergreifend ADJ posesiv
besoffen umg ADJ beat
besondere, besonderer, beson-
deres ADJ deosebit; (≈ außergewöhnlich) excepţional; **im Besonderen** în
special; **nichts Besonderes** nimic deosebit
besondere(r, s) ADJ deosebit; **nichts**
Besonderes nimic deosebit
Besonderheit F particularitate f
besonders ADV îndeosebi; **ganz ~** cu

totul deosebit

besorgen $\overline{VT}$ a procura

Besorgnis $\overline{F}$ îngrijorare f; **~ erregend** → **besorgniserregend**

besorgniserregend $\overline{ADJ}$ îngrijorător

besorgt $\overline{ADJ}$ **1** (≈sorgenvoll) îngrijorat, neliniștit; **über etw** (akk) **~ sein** a fi îngrijorat de ceva **2** (≈fürsorglich) grijuliu, prevenitor (**um cu**)

Besorgung $\overline{F}$ **~en machen** a face cumpărături

besprechen $\overline{VT}$ a discuta

Besprechung $\overline{F}$ **1** convorbire f **2** Konferenz conferință f

Besprechungsraum $\overline{M}$, **Besprechungszimmer** $\overline{N}$ sală f de ședințe (od conferințe)

besser $\boxed{A}$ $\overline{ADJ}$ mai bun $\boxed{B}$ $\overline{ADV}$ mai bine; **~ gesagt** mai bine spus; **es geht ihm ~** îi merge mai bine

bessern $\overline{VT (\& V/R)}$ **sich ~** a se îmbunătăți; Mensch a se însănătoși

Besserung $\overline{F}$ **gute ~!** însănătoșire grabnică!

beständig $\overline{ADJ}$ Wetter stabil

Bestandteil $\overline{M}$ parte f componentă; **sich in s-e ~e auflösen** a se dezintegra în părțile componente

bestätigen $\boxed{A}$ $\overline{VT}$ a confirma $\boxed{B}$ $\overline{V/R}$ **sich ~** a-și confirma

Bestätigung $\overline{F}$ confirmare f

Bestattung $\overline{F}$ înmormântare f

Bestattungsinstitut $\overline{N}$ pompe fpl funebre

beste(r, s) cel mai bun, cea mai bună; **~n Dank!** mulțumesc mult; **am ~n** cel mai bine; **das Beste** cel mai bine; **das Beste wäre, wir ... cel** mai bine ar fi să ...; Person **der Beste** cel mai bun; Person **die Beste** cea mai bună; **ich will nur dein Bestes** eu nu-ți vreau decât binele; **sein Bestes tun** a face tot posibilul

bestechen $\overline{VT}$ a mitui

Bestechungsgeld $\overline{N}$ mită f

Besteck $\overline{N}$ tacâm n

bestehen $\boxed{A}$ $\overline{V/I}$ **1** (≈existieren) a exista; **~ aus** a fi compus din; **~ bleiben** a se menține **2** (≈beharren) **~ auf** a insista asupra; **darauf ~, dass ...** a insista să ... $\boxed{B}$ $\overline{VT}$ Prüfung a lua

bestellen $\overline{VT}$ **1** a comanda **2** reservieren a rezerva **3** Grüße a transmite (j-m cuiva); **bestell deiner Mutter schöne Grüße von mir** transmite calde salutări mamei tale din partea mea

Bestellnummer $\overline{F}$ număr n de comandă

Bestellschein $\overline{M}$ bon n de comandă

Bestellung $\overline{F}$ comandă f; **e-e ~ aufgeben** a face o comandă

bestenfalls $\overline{ADV}$ în cel mai bun caz

bestens $\overline{ADV}$ cât se poate de bine

Besteuerung $\overline{F}$ impozitare f; **von Genussmitteln** accizá f

Bestform $\overline{F}$ SPORT; formă f maximă; umg forma f cea mai bună; **in ~** în formă maximă; umg în forma cea mai bună

bestimmen $\boxed{A}$ $\overline{VT}$ **1** entscheiden a decide **2** Regeln a stabili **3** ernennen a desemna **4** vorsehen a destina (**für** pentru) $\boxed{B}$ $\overline{V/I}$ **über etw** (akk) **~** a decide ceva

bestimmt $\boxed{A}$ $\overline{ADJ}$ anumit; (≈gewiss) hotărât $\boxed{B}$ $\overline{ADV}$ sigur; **das weiß ich ganz ~** știu asta cu siguranță

Bestimmung $\overline{F}$ **1** Verordnung decizie f **2** Zweck scop n

Bestimmungsland $\overline{N}$ țară f de destinație

Best.-Nr. $\overline{ABK}$ (= Bestellnummer) număr de comandă

bestrafen $\overline{VT}$ a pedepsi

bestrahlen $\overline{VT}$ **1** a iradia **2** MED a face radioterapie

Bestrahlung $\overline{F}$ **1** (≈Sonnenbestrahlung) radiație f **2** MED radioterapie f

bestreiken $\overline{VT}$ **e-n Betrieb ~** a face grevă într-o întreprindere

bestreiten $\overline{VT}$ leugnen a nega; **das lässt sich nicht ~** asta nu se poate contesta

Bestseller $\overline{M}$ bestseller n

Besuch $\overline{M}$ vizită f; **~ haben** a avea o vizită; **bei j-m zu ~ sein** a fi în vizită la cineva; **er kommt zu uns zu ~** el vine la noi în vizită; **j-m e-n ~ machen** a vizita pe cineva

besuchen $\overline{VT}$ **1** a vizita **2** Schule a frecventa **3** Kino, Konzert a merge la

Besucher(in) $\overline{M/F}$ vizitator m, vizitatoare f

Besuchszeit F̲ ore fpl de vizitare

betätigen Ⓐ V̲T̲ a acționa Ⓑ V̲R̲ **sich ~** a activa; **sich politisch ~** a se angaja în viața politică

betäuben V̲T̲ MED a anestezia

Betäubung F̲ anestezie f; **örtliche ~** anestezie f locală

Betäubungsmittel N̲ narcotic n

Bete F̲ **Rote ~** sfeclă f roșie

beteiligen Ⓐ V̲T̲ **j-n an etw** (dat) **~** a coopta pe cineva la ceva Ⓑ V̲R̲ **sich an etw ~** a participa la ceva

Beteiligung F̲ participare f

beten V̲I̲ a se ruga; **zu Gott ~** a se ruga la Dumnezeu

beteuern V̲T̲ a susține

Beton M̲ beton n

betonen V̲T̲ a accentua

Betonung F̲ accentuare f

Betracht M̲ **außer ~ lassen** a nu lua în considerație; **in ~ kommen** a intra în discuție; **in ~ ziehen** a lua în considerație

betrachten V̲T̲ a privi; **~ als** a considera; **so betrachtet** așa văzut

beträchtlich A̲D̲J̲ considerabil

Betrag M̲ sumă f

betragen Ⓐ V̲T̲ Summe a se ridica la Ⓑ V̲R̲ **sich ~** a se comporta

betreffen V̲T̲ a se referi la; **was mich betrifft** în ceea ce mă privește

betreffend A̲D̲J̲ referitor la

betreiben V̲T̲ ⓵ Gewerbe a exercita; Politik a face; **ein Geschäft ~** a desfășura o activitate comercială; **Studien ~** a studia ⓶ (≈vorantreiben) a urgenta ⓷ **mit Strom betrieben werden** operează pe bază de curent electric

Betreiber(in) M̲F̲ operator m, operatoare f

betreten¹ A̲D̲J̲ Ⓐ A̲D̲J̲ Person încurcat; Schweigen penibil Ⓑ A̲D̲V̲ **er schwieg ~** el a tăcut încurcat

betreten² V̲T̲ ⓵ Zimmer etc a intra în ⓶ Fläche a păși; **Betreten verboten** Trecerea oprită; **die Bühne ~** a ieși pe scenă

betreuen V̲T̲ ⓵ Kind a îngriji; PFLEGE alte Leute a îngriji ⓶ Reisegruppe a însoți ⓷ Arbeitsgebiet a îndruma

Betreuer(in) M̲F̲ ⓵ Pfleger îngrijitor

m, îngrijitoare f ⓶ einer Reisegruppe însoțitor m, însoțitoare f

Betreuung F̲ von Kindern grijă f; PFLEGE von alten Leuten grijă f

Betrieb M̲ ⓵ Unternehmen întreprindere f ⓶ Treiben mișcare f ⓷ Funktion **außer ~** scos din funcțiune; **in ~ (setzen)** (a pune) în funcțiune

betrieblich A̲D̲J̲ operațional

Betriebsanleitung F̲ instrucțiuni fpl de folosire

betriebsbereit A̲D̲J̲ gata de funcționare

Betriebsferien P̲L̲ concediu n anual (al unei întreprinderi)

Betriebsklima N̲ climat n de lucru în întreprindere; **hier herrscht ein gutes ~** climatul de lucru al acestei întreprinderi e bun

Betriebskosten P̲L̲ cheltuieli fpl de exploatare

Betriebsleiter(in) M̲F̲ manager m responsabil

Betriebsleitung F̲ conducerea f întreprinderii

Betriebsrat M̲ comitet n de întreprindere

Betriebssystem N̲ IT sistem n de operare

Betriebswirtschaft F̲ Administrarea f Afacerilor

betrinken V̲R̲ **sich ~** a se îmbăta

betroffen A̲D̲J̲ afectat

Betrug M̲ fraudă f

betrügen V̲T̲ Partner a înșela; **j-n um etw ~** a înșela pe cineva cu ceva

Betrüger(in) M̲F̲ escroc m, escroacă f

betrunken A̲D̲J̲ beat

Bett N̲ pat n; **das ~ machen** a face patul; umg **mit j-m ins ~ gehen** a se culca cu cineva; **zu** (od ins) **~ gehen** a merge la culcare

Bettbezug M̲ față f de plapumă

Bettdecke F̲ ⓵ plapumă f ⓶ Tagesdecke cuvertură f de pat

betteln V̲I̲ a cerși (**um etw ceva**)

Bettenlager N̲ priciuri npl

bettlägerig A̲D̲J̲ MED, PFLEGE bolnav la pat

Bettlaken N̲ cearșaf n

Bettler(in) M̲F̲ cerșetor m, cerșetoare f

B

Bettruhe F MED, PFLEGE odihnă f la pat
Betttuch N cearșaf n
Bettwäsche F lenjerie f de pat
Bettzeug N așternut n
beugen A VT a îndoi B VR **sich** ~ a se supune (+*dat* la); **sich aus dem Fenster** ~ a se apleca pe fereastră
Beule F 1 *Schwellung* cucui n 2 *umflatură* f; *Auto* ~n **haben** a avea lovituri
beunruhigen A VT a neliniști B VR **sich** ~ a se neliniști
beunruhigend ADJ neliniștitor
beunruhigt ADJ neliniștit
beurteilen VT 1 a aprecia 2 JUR a judeca
Beute F pradă f
Beutel M pungă f
bevölkern VT *a. fig* a popula (**mit** cu)
Bevölkerung F populație f
Bevölkerungsexplosion F explozie f; demografică
bevollmächtigt ADJ ~ **sein** a fi împuternicit
bevor KONJ înainte ca
bevorstehen VI a fi iminent; **unmittelbar** ~ a fi iminent
bevorzugen VT a prefera
bewachen VT a păzi
bewahren VT 1 (≈ *erhalten*) a păstra 2 (≈ *schützen*) a apăra (**vor** + *dat* de)
bewähren VR **es hat sich als … bewährt** s-a dovedit a fi …
Bewährung F JUR termen n de încercare; (≈ *Bewährungsfrist*) termen n de eliberare condiționată; **Strafe** f **mit** ~ pedeapsă f cu suspendare
bewältigen VT a învinge; *Vergangenheit* a depăși
bewegen A VT a mișca; **j-n dazu** ~, **etw zu tun** a determina pe cineva să facă ceva B VR **sich** ~ a se mișca
beweglich ADJ 1 mobil; *Feiertag* cu dată schimbătoare; **der** ~e **Besitz** bunul n mobil 2 *geistig* mobil
Bewegung F mișcare f; **sich in** ~ **setzen** a se pune în mișcare
Bewegungsmelder M proiector n cu senzori de mișcare
Bewegungsübung F MED, PFLEGE exercițiu n de mișcare; ~**en machen** a face exerciții de mișcare

Beweis M dovadă f
beweisen VT a dovedi
bewerben VR **sich um etw** ~ a aplica pentru ceva; **sich bei e-r Firma** ~ a aplica pentru un post
Bewerbung F candidatură f
Bewerbungsgespräch N interviu n pentru angajare
Bewerbungsschreiben N cerere f de înscriere pentru angajare
Bewerbungsunterlagen PL dosar n de acte pentru înscriere la un post
bewerten VT a evalua
Bewertung F *a.* SPORT, SCHULE evaluare f
bewilligen VT a aproba
bewirken VT a produce
bewog, bewogen → bewegen
bewohnen VT a locui în
Bewohner(in) M|F locuitor m, locuitoare f
bewölkt ADJ înnorat
Bewölkung F înnorare f
bewundern VT a admira
bewundernswert ADJ demn de admirat
Bewunderung F admirație f
bewusst ADJ conștient; **sich** (*dat*) **e-r Sache** (*gen*) ~ **sein/werden** a fi/deveni conștient de ceva; **sich** (*dat*) **etw** ~ **machen** a-și conștientiza ceva
bewusstlos ADJ inconștient; MED ~ **werden** a-și pierde cunoștința
Bewusstlosigkeit F inconștiență f
Bewusstsein N conștiință f; **das** ~ **verlieren** a-și pierde cunoștința; **wieder zu** ~ **kommen** a-și recăpăta cunoștința
bezahlen A VT a plăti; **sich bezahlt machen** a fi rentabil B VR **bitte** ~! plata, vă rog!
Bezahlung F plată f
bezaubernd ADJ fermecător
bezeichnen A VT 1 a marca 2 *nennen* a denumi; **näher** ~ a specifica B VR **als Architekt** ~ a fi architect
bezeichnend ADJ caracteristic (**für** pentru); (≈ *aufschlussreich*) relevant
Bezeichnung F 1 marcare f 2 *Name* denumire f
beziehen A VT 1 *Haus* a se instala în 2 *Zeitung* a fi abonat la 3 (≈ *überzie-*

B

hen) **das Bett frisch ~** a schimba așternutul **4** (*≈übertragen*) **etw auf sich** *(akk)* **~** a raporta ceva la propria persoană **5** (*≈einnehmen*) **e-n Standpunkt ~** a lua poziție **B** V̅R̅ **sich auf etw ~** a se referi la ceva

Beziehung F̅ *Verbindung, Verhältnis* legătură *f*; **~en haben** *vorteilhaft* a avea relații; **e-e feste ~ haben** a avea o legătură (de dragoste) stabilă; **gute ~en zu j-m haben** a avea relații bune cu cineva; **in ~ zu etw stehen** a fi în legătură cu ceva; **in dieser ~** în această privință

beziehungsweise A̅D̅V̅ **1** respectiv **2** *genauer gesagt* adică

Bezirk M̅ *district n*

Bezug M̅ **1** *Überzug* husă *f* **2** *von Kopfkissen* față *f* **3** FIN *pl* **Bezüge** venit **4** *Verweis* **~ nehmen auf +akk** a se referi la ceva; **in ~ auf** referitor la

bezüglich P̅R̅Ä̅P̅ privitor la

bezweifeln V̅T̅ a se îndoi de; **~, dass ...** a se îndoi că ...

BH M̅ A̅B̅K̅ (= Büstenhalter) *sutien n*

Bibel F̅ *biblie f*

Biber M̅ *castor m*

Bibliothek F̅ *bibliotecă f*

Bibliothekar(in) M̅F̅ bibliotecar(ă) *m(f)*

biblisch A̅D̅J̅ *biblic*; *fig* **~es Alter** vârstă *f* matusalemică

biegen A̅ V̅T̅ a îndoi **B** V̅I̅ **um die Ecke ~** a coti la colț **C** V̅R̅ **sich ~** a se îndoi

biegsam A̅D̅J̅ *a. fig* flexibil

Biegung F̅ *îndoitură f*

Biene F̅ *albină f*

Bienenstich M̅ *înțepătură f de albină*

Bienenstock M̅ *stup n de albine*

Bier N̅ *bere f*; **e-e Flasche ~** o sticlă de bere; **ein ~, bitte!** o bere, vă rog!; **helles ~** bere *f* blondă; **dunkles ~** bere *f* neagră

Biest *umg pej* N̅ *Tier* fiară *f*; *umg Mensch* bestie *f*

bieten A̅ V̅T̅ a oferi; *Geld* **j-m etw (für etw) ~** a-i oferi cuiva ceva (pentru ceva); **wer bietet mehr?** cine oferă mai mult? **B** V̅R̅ **wenn sich die Gelegenheit bietet** dacă se ivește ocazia

Bikini M̅ *bikini m*

Bilanz F̅ *bilanț n*

bilanzieren V̅T̅ a deconta

bilateral A̅D̅J̅ *bilateral*

Bild N̅ **1** *imagine f*; **ein ~ des Jammers** o imagine dezolată **2** *Gemälde* *tablou n* **3** *fotografie f* **4** (*≈ klare Vorstellung*) **sich** *(dat)* **ein ~ von etw machen** a-și face o părere despre ceva; **(über etw/j-n) im ~e sein** a fi informat (despre ceva/cineva)

Bilddatei F̅ IT *fișier n imagine*

bilden A̅ V̅T̅ a forma; *ausmachen* a constitui; **ein Ganzes ~** a constitui un întreg **B** V̅R̅ **sich ~** *entstehen* a se forma; *lernen* a se instrui

Bilderbuch N̅ *carte f cu poze*

Bilderrahmen M̅ *ramă f de tablou*

Bildfläche *umg fig* F̅ **auf der ~ erscheinen** a apărea; **von der ~ verschwinden** *sich* a dispărea

Bildhauer(in) M̅F̅ sculptor(iță) *m(f)*

bildlich A̅D̅J̅ vizual; *Ausdruck* în sens figurat

Bildschirm M̅ *ecran n*; **am ~ arbeiten** a lucra la calculator

Bildschirmschoner M̅ *protector n de ecran*

bildschön A̅D̅J̅ superb; **eine ~e Frau** o femeie superbă

Bildung F̅ *Wissen* cultură *f*; **~ haben** a fi cultivat

Billard N̅ *biliard n*; **~ spielen** a juca biliard

Billett *österr* N̅N̅ **1** (*≈ Fahr-, Eintrittskarte*) *bilet n* **2** *österr* (*≈ Glückwunschkarte*) *felicitare f*

billig A̅D̅J̅ *ieftin*; **~er** mai ieftin

billigen V̅T̅ a aproba

Billigflieger M̅ *linie f aeriană low cost*

Billigflug M̅ *zbor n low cost*

bin → **sein**

Binde F̅ **1** *bandaj n* **2** *Damenbinde* *tampon n igienic*

Bindehautentzündung F̅ *conjunctivită f*

Bindemittel N̅ MAL, BAU *liant n*; GASTR *gelifiant n*

binden A̅ V̅T̅ *a. Soße* a lega; **fester ~** a lega mai strâns **B** V̅R̅ **sich ~** a se lega

Bindestrich M̅ *cratimă f*

Bindfaden M̲ sfoară f; *umg* **es regnet Bindfäden** plouă cu găleata
Bindung F̲ *Skibindung* legătură f; *Liebesbeziehung* **e-e ~ eingehen** a începe o relație (de dragoste)
Bio *umg* F̲ bio n *umg*
Bio- *in Zusammensetzungen* bio
Biochemie F̲ biochimie f
Bioei N̲ HANDEL ou n ecologic
Biogasanlage F̲ ÖKOL instalație f de biogaz
Biogemüse *umg* N̲ legumă f bio
Biografie F̲ biografie f
biografisch ADJ biografic
Biographie F̲, **biographisch** ADJ → Biografie, biografisch
Biohaus *umg* N̲ casă f ecologică
Biokost F̲ alimente *npl* biologice
Biokraftstoff M̲ biocombustibil n
Bioladen *umg* M̲ magazin n cu produse bio
Biologe M̲, **Biologin** F̲ biolog m, biologă f
Biologie F̲ biologie f
biologisch ADJ biologic; **~ abbaubar** biodegradabil
Biomasse F̲ deșeu n organic
biometrisch ADJ biometric
Biomüll M̲ deșeuri *npl* organice
Bioprodukt N̲ produs n biologic
Biosphäre F̲ biosferă f
Biotechnik F̲, **Biotechnologie** F̲ biotehnologie f
Biotonne F̲ pubelă f pentru deșeuri organice
Biotop N̲/M̲ biotop n
Biotreibstoff M̲ biocombustibil m
birgt → bergen
Birke F̲ mesteacăn m
Birne F̲ 1 pară f 2 ELEK bec n
bis A PRÄP 1 *zeitlich* până la; **bis bald/ gleich!** pe curând!; **bis morgen** până (*od* pe) mâine; **in zwei bis drei Tagen** în două-trei zile; **von ... bis ... de ... până ... 2** *räumlich* până la; **bis dahin** până acolo; **bis hierher** până aici 3 **bis auf** *ausgeschlossen* în afară de; **bis auf Weiteres** pentru moment B KONJ până ce (*od* când); **warten, bis ...** a aștepta până ...; (*≈zwischen*) **zehn bis zwölf Personen** zece, douăsprezece persoane

Bischof M̲ episcop m
bisher ADV până acum; **wie ~** ca până acum
biss → beißen
Biss M̲ mușcătură f
bisschen INDEF PR **ein ~** *+subst* puțin; **ein kleines ~ Salz** puțină sare
Bissen M̲ îmbucătură f; *umg fig* **ein fetter ~** o afacere grasă; **mir blieb der ~ im Hals(e) stecken** mi-a rămas o îmbucătură în gât
bissig ADJ care mușcă; **Vorsicht, ~er Hund!** atenție, câine rău!
bist → sein
Bit N̲ IT bit m
bitte INT te (*od* vă) rog; **~ (schön)** *od* **(sehr)!** *als Antwort auf danke* poftiți!; **(hier) ~!** poftiți vă rog!; *am Telefon* **ja, ~?** da, vă rog?; **kannst du ~ ...?** ai putea, te rog ...?; **(wie) ~?** cum ați spus?
Bitte F̲ rugăminte f; **ich hätte eine ~ (an Sie/dich)** aș avea o rugăminte (la dumneavoastră/la tine)
bitten VT & VI a ruga (**um etw** ceva); *zum Tanz* **darf ich ~?** dansați, vă rog?; **j-n ~, etw zu tun** a ruga pe cineva să facă ceva; **wenn ich ~ darf** dacă permiteți
bitter ADJ amar; **~ schmecken** a avea gust amar; **das ist ~** asta e amar
Blackout M̲ PSYCH black-out n
Blähungen PL balonări *fpl*
Blamage F̲ (*≈Ungeschick*) stângăcie f; (*≈Schande*) rușine f
blamieren A VR **sich ~** a se face de râs B VT **j-n ~** a blama pe cineva
blanchieren VT a opări
blank A ADJ 1 (*≈glänzend*) strălucitor 2 *umg* (*≈abgewetzt*) răpciugit 3 (*≈unbedeckt*) gol 4 (*≈rein, pur*) curat 5 *umg* **völlig ~ sein** a fi pe drojdie B ADV **~ putzen** a lustrui
Blank M̲ *od* N̲ IT spațiu n
Blase F̲ 1 bășică f 2 ANAT vezică f urinară
blasen VT a sufla
Blasenentzündung F̲ MED cistită f
Blasenkatheter M̲ MED, PFLEGE cateter n vezical
blass ADJ palid; **~ werden** a deveni palid
Blässe F̲ paloare f

Blatt N̄ foaie f
blättern Vᵢ a frunzări (**in** +*dat* în)
Blätterteig M̄ aluat n franţuzesc
Blattsalat M̄ salată f verde
blau ADJ **1** albastru; **~es Auge** ochi n învineţit; **~er Fleck** vânătaie f **2** *umg betrunken* beat criţă **3** GASTR fiert
Blaubeere F̄ afină f
Blaue(s) N̄ albastru n; *umg* **das ~ vom Himmel herunterlügen** a înşira (la) gogoşi; *umg fig* **ins ~ hinein** la întâmplare
Blaukraut *südd, österr* N̄ varză f roşie
Blaulicht N̄ girofar n
blaumachen Vᵢ a chiuli
Blauschimmelkäse M̄ brânză f cu mucegai
Blazer M̄ sacou n
Blech N̄ tinichea f
Blechdose F̄ *für Konserve* cutie f de conservă
Blechschaden M̄ AUTO avarie f la caroserie
Blei N̄ plumb n
bleiben Vᵢ a rămâne; **~ lassen** a se lăsa păgubaş; **sitzen/liegen/stehen ~** a rămâne aşezat/culcat / în picioare; TEL **~ Sie am Apparat!** rămâneţi la telefon!; **das bleibt unter uns** asta rămâne a rămâne între noi; **wo bleibst du denn (so lange)?** da ce-a durat atâta pâna ai venit?
bleich ADJ palid
bleichen Vₜ a decolora; **sich** (*dat*) **die Haare ~ lassen** a-şi decolora părul
bleifrei ADJ *Benzin* fără plumb
Bleistift M̄ creion n
Blende F̄ **1** OPT, FOTO diafragmă f **2** FILM obturare f progresivă **3** *im Auto* parasolar n
blenden Vₜ *a. fig pej* a orbi **B** Vᵢ a orbi; *fig pej* a arunca praf în ochi
blendend A ADJT strălucit; *fig minunat* **B** ADVL **mir geht es ~** îmi merge minunat
Blick M̄ privire f; **auf den ersten ~** la prima vedere; **den ~ senken** a lăsa privirea în jos; **e-n ~ auf etw werfen** a arunca o privire pe ceva; **j-n/etw im ~ haben** a avea pe cineva/ceva în vedere; **mit ~ auf** +*akk* cu vedere la
blicken Vᵢ a privi; **auf j-n/etw ~** a pri-

vi la cineva/ceva; **sich ~ lassen** a-şi face apariţia
blies → **blasen**
blind ADJ orb; **~er Alarm** alarmă f falsă
Blinddarm M̄ apendice n
Blinddarmentzündung F̄ apendicită f
Blinde(r) M/F(M) nevăzător m, nevăzătoare f; *umg* **da sieht doch ein ~r** asta vede şi un orb
Blindenhund M̄ câine-călăuză m pentru nevăzători
Blindenschrift F̄ scriere f Braille
blinken Vᵢ **1** *Stern, Lichter* a sclipi **2** AUTO a semnaliza
Blinker M̄ AUTO semnalizator n
blinzeln Vᵢ a clipi (din ochi); *als Zeichen* a face semn cu ochiul
Blitz M̄ **1** fulger n; **vom ~ erschlagen werden** a fi lovit de fulger **2** FOTO bliţ n
Blitzableiter M̄ paratrăsnet n
blitzen A V/UNPERS **es blitzt** fulgeră **B** Vₜ *in e-r Radarfalle* **geblitzt werden** a fi înregistrat (de radar)
Blitzlicht N̄ flash n
Block M̄ **1** *zum Schreiben* caiet n studenţesc **2** *Häuserblock* bloc n
Blockade F̄ blocadă f
blocken Vₜ **1** SPORT a bloca **2** *südd (≈ bohnern)* a lustrui
Blockflöte F̄ blockflöte n
blockieren A Vₜ a bloca **B** Vᵢ *Räder* a se bloca
blöd(e) ADJ prost; *umg* **das ist zu ~!** asta e prea tâmpit!; **so ein ~er Kerl!** ce tâmpit!; **so eine ~e Kuh!** ce dobitoacă!; **so was Blödes!** *umg* ce tâmpenie!
Blödsinn *umg* M̄ tâmpenie f; **~ machen** a se prosti
Blog N̄ IT blog n
bloggen Vᵢ IT a scrie pe blog
Blogger(in) M(F) IT blogger m
blond ADJ blond
Blondine F̄ blondină f
bloß A ADJ *unbedeckt* gol; **mit ~em Auge** cu ochiul liber **B** ADV doar; **ich habe ihn ~ berührt** l-am atins doar; **tu das ~ nicht!** nu cumva să faci asta!; **wenn ich ~ daran denke** numai când

B

mă gândesc la asta
bluffen *umg* VT & VI a blufa
blühen VI ❶ a înflori ❷ *fig* a prospera
Blume F ❶ floare f ❷ *vom Wein* buchet n
Blumenkohl M conopidă f
Blumenladen M florărie f
Blumenstrauß M buchet n de flori
Blumentopf M ghiveci n de flori
Blumenvase F vază f de flori
Bluse F bluză f
Blut N sânge n; **das hat viel böses ~ gemacht** asta a produs multă supărare; **das liegt mir im ~** asta mi-e în sânge
Blutbad N baie f de sânge
Blutbild N MED hemogramă f
Blutdruck M MED tensiune f arterială; **~ messen** a măsura tensiunea arterială; **zu niedrigen/hohen ~ haben** a avea tensiunea arterială prea mică/mare
Blutdruckmessgerät N MED, PFLEGE tensiometru n
Blüte F floare f; **in voller ~ stehen** a fi în floare
bluten VI a sângera
Blütenblatt N petală f
Blütenstaub M polen n
Bluterguss M MED hematom n
Bluterkrankheit F MED hemofilie f
Blutgruppe F MED grupă f sanguină; **ich habe ~ 0 positiv** am grupa de sânge 0 pozitiv
blutig ADJ ❶ sângerând ❷ GASTR în sânge
Blutorange F portocală f roșie
Blutprobe F MED recoltare f de sânge
Blutspende F donare f de sânge
Bluttransfusion F MED transfuzie f de sânge
Blutung F MED hemoragie f; **innere ~** hemoragie internă
Blutvergiftung F MED septicemie f
Blutwurst F sângerete n
Blutzucker M MED glicemie f; **~ messen** a măsura glicemia
BLZ ABK (= Bankleitzahl) cod bancar
BMX-Rad N bicicletă f BMX
Bö F rafală f
Bob M sanie f bob
Bock M ❶ țap m; *umg fig* **~ haben** a

avea chef; *umg fig* **ich hab keinen ~ (drauf)** *umg* n-am nici un chef (de asta) ❷ SPORT capră f
bocken VI ❶ a fi încăpățânat ❷ *umg fig Motor* a nu porni
bockig ADJ încăpățânat
Bockwurst F cârnat de vită sau porc servit într-o chiflă cu muștar
Boden M ❶ pământ n; *umg* **am ~ zerstört sein** a fi la pământ; **zu ~ fallen** a cădea la pământ; *Boxen* **zu ~ gehen** a fi pus la podea ❷ *Fußboden* podea f ❸ *von Meer, Fass* fund n ❹ *Dachspeicher* pod n
bodenlos ADJ ❶ fără fund ❷ *fig* imaginabil
Bodenpersonal N personal n terestru
Bodenschätze MPL resurse fpl naturale
Bodensee M **der ~** Lacul n Constanța
Body *umg* M MODE body n
Bodybuilding N culturism n
bog → biegen
Bogen M ❶ Biegung curbă f ❷ *in der Architektur, Waffe* arc n ❸ *Instrument* arcuș n ❹ *Papier* coală f
Bohne F fasole f; **dicke ~n** fasole boabe; **grüne/weiße ~n** *pl* fasole f verde/boabe
Bohnenkaffee M cafea f boabe
bohren A VT a fora B VI **in der Nase ~** a se scobi în nas
Bohrer M burghiu f
Bohrmaschine F bormașină f
Boiler M boiler n
Boje F geamandură f
Bolivien N Bolivia f
Bolzen M bolț n
bombardieren VT *a. fig* a bombarda **(mit cu)**
Bombe F bombă f
Bombenanschlag M, **Bombenattentat** N atentat n cu bomba **(auf +akk asupra)**
Bombenerfolg *umg* M *umg* succes n monstru
bombensicher *umg* ADJ (≈gewiss) absolut sigur; *Alibi* perfect; **das ist ~** asta e absolut sigur
Bon M ❶ *Kassenzettel* bon n ❷ *Gutschein* tichet n

Bonbon N bomboană f
Bonus M bonus n
Bonuspunkt M HANDEL bonus n
Bookmark F/N IT bookmark n
Boot N barcă f
booten V/T IT pornire f a calculatorului
Bootsverleih M închiriere f bărci
Bord M **an ~** la bord; **an ~ gehen** a se urca pe vapor; **von ~ gehen** Schiff a părăsi vaporul; Flugzeug a coborî din avion; **über ~ werfen** fig a renunța
Bordcomputer M computer n de bord
Bordell N bordel n
Bordkarte F FLUG carte f de îmbarcare
Bordstein M bordură f a trotoarului
Bordsteinkante F bordură f
borgen V/T **j-m etw ~** a împrumuta ceva cuiva; **sich etw ~** a lua cu împrumut ceva
Börse F bursă f
Börsenmakler(in) M/F broker m
bösartig ADJ **1** răutăcios **2** MED malign
Böschung F pantă f
böse ADJ **1** supărat; **bist du mir ~?** ești supărat pe mine?; **j-m** (od **auf j-n**) **~ sein** a fi supărat pe cineva **2** zornig mânios; **~ werden** a se supăra
boshaft ADJ rău
Bosheit F răutate f
Bosnien(-Herzegowina) N Bosnia-Herțegovina
Bosnier(in) M/F bosniac(ă) m(f)
bosnisch ADJ bosniac
Boss umg M șef m; e-r Bande cap m
böswillig ADJ răuvoitor
bot → **bieten**
botanisch ADJ **~er Garten** grădină f botanică
Bote M, **Botin** F **1** (≈ Überbringer) mesager m, mesageră f **2** berufsmäßige(r) curier m
Botschaft F **1** veste f **2** POL ambasadă f
Botschafter(in) M/F ambasador m, ambasadoare f
Bouillon F supă f concentrată de carne
Bowle F crușon n
Box F **1** (≈ Pferdebox, Autobox) remorcă

f pentru transportat cai **2** Behälter cutie f **3** (≈ Lautsprecherbox) boxă f
boxen V/T & V/I a boxa
Boxer(in) M/F SPORT boxer m
Boxershorts PL boxeri mpl
Boxkampf M meci n de box
Boygroup F grup n vocal alcătuit din băieți tineri
Boykott M boicot n
boykottieren V/T a boicota
brach → **brechen**
Branche F branșă f
Branchenverzeichnis N Pagini fpl Aurii
Brand M incendiu n; **etw in ~ stecken** a incendia ceva; **in ~ geraten** a lua foc
Brandanschlag M incediu n premeditat (**auf** +akk la)
Brandenburg N Bundesland Brandenburg
brandneu umg ADJ nou-nouț
Brandstifter(in) M/F incendiator m, incendiatoare f
Brandstiftung F incendiere f premeditată
Brandung F resac n
Brandwunde F arsură f
brannte → **brennen**
Brasilianer(in) M/F brazilian(ă) m(f)
brasilianisch ADJ brazilian
Brasilien N Brazilia f
braten V/T **1** in der Pfanne a prăji **2** im Ofen a frige la cuptor **3** auf dem Rost a frige la grătar
Braten M friptură f
Bratensoße F sos n de friptură
Brathähnchen N pui m fript
Bratkartoffeln FPL cartofi mpl fierți sau cruzi rumeniți în tigaie
Bratpfanne F tigaie f
Bratwurst F cârnat m
Brauch M obicei n
brauchbar ADJ folositor (**für** pentru)
brauchen A V/T (≈ benötigen) a avea nevoie de (**für, zu** pentru, la); **das braucht (seine) Zeit** asta durează un timp B V/I (≈ müssen) **ihr braucht es nicht zu tun** nu e nevoie să faceți asta
brauen V/T a prepara bere
Brauerei F fabrică f de bere
braun ADJ maro; **~ gebrannt** bronzat
bräunen V/T **sich ~** a se bronza

braunhaarig ADJ brunet
Braunkohle F lignit m
Brause F ① (≈ Dusche) duş n ② (≈ Limonade) limonadă gazoasă f ③ (≈ Brausepulver) pudră f efervescentă
brausen V/I ① Sturm, Meer a vui ② Fahrzeuge a hurui, a vâjâi ③ (≈ duschen) a face duş
Braut F mireasă f
Bräutigam M mire m
brav ADJ ascultător
bravo INT bravo
BRD ABK (= Bundesrepublik Deutschland) **die BRD** Republica Federală Germania f
brechen Ⓐ V/I a rupe; **e-n Rekord ~** a bate un record; **sich den Arm ~** a-şi fractura braţul Ⓑ V/I a se rupe; **erbrechen** a voma Ⓒ V/R Licht **sich ~** a se refracta
Brechreiz M senzaţie f de vomă
Brei M terci n; umg **um den (heißen) ~ herumreden** a vorbi ocolind subiectul
breit ADJ larg, lat; **~ gefächert** variat; **zwei Meter ~** lăţime de doi metri
Breite F ① lăţime f, lărgime f ② GEOG latitudine f; **der ~ nach** după lăţime
Breitengrad M grad m de latitudine
breitmachen V/R **sich ~** Stimmung etc a se răspândi; Person a se întinde
Bremen N Bremen
Bremsbelag M garnitură f de frână
Bremse[1] F frână f; **auf die Bremse treten** a frâna
Bremse[2] F ZOOL tăun m
bremsen V/I & V/I a frâna
Bremsflüssigkeit F lichid n de frână
Bremsleuchte F, **Bremslicht** N lumină f de frână
Bremslicht N lampă f de frână
Bremspedal N pedală f de frână
Bremsspur F urmă f de frânare
Bremsweg M distanţă f de frânare
brennbar ADJ inflamabil; **leicht ~** uşor inflamabil
brennen V/I a arde; **das Licht ~ lassen** a lăsa lumina să ardă; **mir ~ die Augen** mă ustură ochii; **es brennt!** arde!
Brennholz N lemne npl de foc
Brennnessel F urzică f

Brennpunkt M ① focal f ② fig centru n
Brennspiritus M spirt n denaturat
Brennstab M NUKL bară f de combustibil
Brennstoff M combustibil n
Brett N scândură f; **Schwarzes ~** afişier n
Brezel F covrig m
bricht → brechen
Brief M scrisoare f; umg **blauer ~** scrisoare de concediere
Brieffreund(in) M/F prieten(ă) m(f) prin corespondenţă
Briefkasten M cutie f de scrisori
Briefkopf M antet n
Briefmarke F timbru n poştal
Brieföffner M cuţit n pentru deschis corespondenţa
Briefpapier N hârtie f de scrisori
Brieftasche F portofel n
Briefträger(in) M/F poştaş m, poştăriţă f
Briefumschlag M plic n
briet → braten
brillant ADJ briliant
Brille F ochelari mpl; **e-e ~** nişte ochelari
Brillenetui N toc n de ochelari
bringen V/I ① a aduce; **~ Sie mir bitte noch ein Bier!** aduceţi-mi, vă rog, o bere; **j-n nach Hause ~** a conduce pe cineva acasă ② veranlassen **etw mit sich ~** a aduce ceva; **etw zum Kochen ~** a pune ceva să fiarbă; **j-n dazu ~, etw zu tun** a determina pe cineva să facă ceva ③ erreichen **es zu etwas ~** a reuşi ceva în viaţă ④ RADIO, TV a transmite
Brise F briză f
Brite M, **Britin** F britanic(ă) m(f)
britisch ADJ britanic
Brocken M bucată f; **ein paar ~** câteva cuvinte
Brokkoli M brocoli m
Brombeere F mură f
Bronchitis F bronşită f
Bronze F bronz n
Brosche F broşă f
Broschüre F broşură f
Brösel österr M/N fărâmitură f
Brot N pâine f; **e-e Scheibe ~** o felie

B

de pâine
Brotaufstrich M̲ aliment n tartinabil
Brotbackautomat M̲ TECH cuptor n
de pâine electric
Brötchen N̲ chiflă f; **belegtes ~** tarti-
nă
Brotzeit F̲ **1** Pause pauză f de masă
2 Essen gustare n; **~ machen** a lua o
gustare
Browser M̲ IT browser n
Bruch M̲ **1** a. MED fractură f; **in die
Brüche gehen** a se face praf; **zu ~ ge-
hen** a se sparge **2** MATH fracție f
brüchig ADJ fărâmicios
Bruchteil M̲ a. fig fracțiune f
Bruchzahl F̲ fracție f
Brücke F̲ pod n
Brückentag M̲ zi-punte f
Bruder M̲ frate m
Brühe F̲ **1** Suppe consommé n **2** pej
Getränk zeamă f
Brühwürfel M̲ cub n de supă
brüllen V̲I̲ Mensch a răcni
brummen A̲ V̲T̲ Lied a fredona B̲ V̲I̲
a mormăi; Fliege bâzâi; Motor a dudui;
umg fig **mir brummt der Kopf** îmi bu-
buie capul
Brunnen M̲ fântână f
Brüssel N̲ Bruxelles
Brust F̲ piept n; **aus voller ~** din tot
pieptul; SPORT **100 m ~** 100 m crawl;
Brüste pl sâni
Brustbeutel M̲ portofel n pentru
agățat la gât
Brustschwimmen N̲ înot n bras
Brüstung F̲ parapet n
Brustwarze F̲ mamelon n
brutal ADJ brutal
Brutalität F̲ brutalitate f
brutto ADV bruto
Bruttoeinkommen N̲ venit n brut
Bruttogehalt N̲, **Bruttolohn** M̲
salariu n brut
Bruttosozialprodukt N̲ produs n
social brut
Bub M̲ băiat m
Bube M̲ Karten valet m
Buch N̲ carte f; HANDEL **Bücher** cărți
fpl de contabilitate
Buche F̲ fag m
buchen V̲T̲ Flug etc a rezerva
Bücherei F̲ bibliotecă f publică

Bücherregal N̲ raft n
Bücherschrank M̲ bibliotecă f
Buchhalter(in) M̲F̲ contabil(ă) m(f)
Buchhandlung F̲ librărie f
Buchmesse F̲ târg n de carte
Büchse F̲ **1** cutie f; (≈ Konservenbüchse) cutie f de conserve **2** Schusswaffe
pușcă f
Buchstabe M̲ literă f; **großer/kleiner
~** literă majusculă/minusculă
buchstabieren V̲T̲ a silabisi
buchstäblich ADV literalmente
Bucht F̲ golf n
Buchung F̲ rezervare f
Buchungsbestätigung F̲ confir-
mare f de rezervare
Buckel M̲ **1** MED gibozitate f; **e-n ~
haben** a avea o cocoașă **2** umg (≈ Rücken) spinare f **3** umg (≈ Wölbung) cur-
bură f; (≈ kleiner Hügel) movilă f
bücken V̲R̲ sich **~** a se apleca
Buddhismus M̲ budism n
Bude F̲ **1** auf Markt tarabă f **2** umg
Wohnung locuință f; **Leben in die ~
bringen** a aduce (puțină) viață
Büfett N̲ **kaltes/warmes ~** bufet n re-
ce/cald
Büffel M̲ bivol m
büffeln umg V̲T̲ & V̲I̲ umg a toci (la o
materie)
Bug M̲ **1** SCHIFF proră f; FLUG bot n **2**
beim Rind mușchi m din umăr
Bügel M̲ für Kleider umeraș n
Bügelbrett N̲ scândură f de călcat
Bügeleisen N̲ fier n de călcat
Bügelfalte F̲ dungă f
bügelfrei ADJ neșifonabil
bügeln V̲T̲ a călca
Bühne F̲ scenă f; **die ~ betreten** a in-
tra pe scenă; umg **etw über die ~
bringen** a duce ceva la bun sfârșit
Bühnenbild N̲ scenografie f
Bukarest N̲ București mpl
Bulgare M̲ bulgar m
Bulgarien N̲ Bulgaria f
Bulgarin F̲ bulgăroaică f
bulgarisch ADJ bulgăresc
Bulgarisch N̲ limba f bulgară
Bulgur M̲ GASTR bulgur n
Bulimie F̲ bulimie f
Bulle M̲ **1** taur m **2** umg Polizist cur-
can m

B

Bumerang M̄ bumerang n
bummeln V̄ī **❶** umherschlendern a hoinări **❷** trödeln a tândăli
Bummelstreik M̄ grevă f de zel
bumsen A vulg V̄T sexuell a fute vulg **B** V̄ī vulg sexuell a se culca cu cineva; an e-e Tür a izbi (an +akk in); **gegen etw ~** a se izbi de ceva
Bund¹ M̄ **❶** uniune f **❷** Organisation confederaţie f; ligă f; in Deutschland **Bund und Länder** guvernul federal şi guvernele regionale; MIL umg **beim Bund sein** a face serviciul militar
Bund² N̄ od M̄ Schlüssel, Radieschen etc legătură f
Bündel N̄ a. fig mănunchi n; Stroh şomoiog n
Bundesagentur F̄ **~ für Arbeit** oficiul federal pentru ocuparea braţelor de muncă
Bundeskanzler(in) M̄F̄ cancelar(ă) m(f) federal(ă)
Bundesland N̄ land n federal
Bundesliga F̄ SPORT Bundesliga f
Bundesminister(in) M̄F̄ ministru m federal
Bundespolizei F̄ poliţie f federală
Bundespräsident(in) M̄F̄ preşedinte m federal, preşedintă f federală
Bundesrat¹ M̄, **Bundesrätin** F̄ schweiz Person consilier m federal, consilieră f federală
Bundesrat² N̄ consiliu n federal
Bundesregierung F̄ guvern n federal
Bundesrepublik F̄ republică f naţională; **~ Deutschland** Republica f Federală Germania
Bundesstraße F̄ drum n federală
Bundestag M̄ parlament n federal
Bundesversammlung F̄ a. schweiz adunare f federală
Bundeswehr F̄ **die ~** forţele fpl armate ale Republicii Federale Germania
Bündnis N̄ alianţă f
Bungalow M̄ bungalou n
Bungeejumping N̄, **Bungeespringen** N̄ bungee jumping n
Bunker M̄ **❶** MIL buncăr n; (≈Luftschutzbunker) adăpost f **❷** umg (≈Gefängnis) zdup n
bunt ADJ **❶** pestriţ; **etw ~ bemalen** a

colora ceva **❷** Programm etc amestecat
Buntstift M̄ creion n colorat
Burg F̄ cetate f
Bürger(in) M̄F̄ cetăţean(ă) m(f)
Bürgerbüro N̄ ADMIN birou n de informare pentru cetăţeni
Bürgerinitiative F̄ iniţiativă f cetăţenească
Bürgerkrieg M̄ război n civil
bürgerlich ADJ cetăţenesc; **das ~e Recht** dreptul n civil
Bürgermeister(in) M̄F̄ primar m, primăriţă f
Bürgerrecht N̄ drept n civil
Bürgerrechtler(in) M̄F̄ activist(ă) m(f) pentru drepturile civile
Bürgersteig M̄ trotuoar n
Büro N̄ birou n
Büroangestellte(r) M̄F̄(M̄) funcţionar(ă) m(f) birou
Büroarbeit F̄ muncă f de birou
Büroklammer F̄ agrafă f pentru acte
Bürokratie F̄ birocraţie f
bürokratisch ADJ birocratic
Bursche M̄ **❶** flăcău m; **toller ~** un tip grozav **❷** pej individ m
Bürste F̄ perie f
bürsten V̄T a peria
Bus M̄ autobuz n
Busbahnhof M̄ autogară f
Busch M̄ tufiş n
Büschel N̄ smoc n; (≈Federbüschel) smoc n de pene
Busen M̄ sân m
Busfahrer(in) M̄F̄ şofer(iţă) m(f) de autobuz
Bushaltestelle F̄ staţie f de autobuz
Businessclass F̄ FLUG business class n
Businessplan M̄ WIRTSCH plan n de afaceri
Busreise F̄ călătorie f cu autobuzul
Buße F̄ **❶** REL pocăinţă f; **~ tun** a se pocăi **❷** JUR penitenţă f
büßen V̄T & V̄ī a ispăşi; **für etw ~** a ispăşi pentru ceva
Bußgeld N̄ amendă f
Büste F̄ bust n
Büstenhalter M̄ sutien n
Busverbindung F̄ legătură f între liniile de autobuze
Butter F̄ unt n; **mit ~ bestreichen** a

unge cu unt
Butterbrot N̄ tartină f cu unt
Buttermilch F̄ lapte n bătut
Button M̄ IT buton n
Byte N̄ IT byte m
bzw. ABK (= beziehungsweise) respectiv

C

C, c N̄ **1** C, c m **2** MUS do m
ca. ABK (= circa) cca. (circa)
Cabrio N̄ mașină f decapotabilă
Café N̄ cafenea f
Cafeteria F̄ bufet n
Call-Center N̄ centru n de apel
campen V/I a campa
Camper(in) M(F) persoană care face vacanța cu cortul
Camping N̄ camping n
Campingbus M̄ mașină f rulotă
Campingplatz M̄ loc n de camping
Caravan M̄ (≈ Wohnwagen) (mașină) caravană f
Carsharing N̄ AUTO modalitate de a închiria temporar și partaja (cu vecini, prieteni, necunoscuți) un autotorism
Cartoon M/N desen n animat
Cashewkern M̄, **Cashewnuss** F̄ nucă f de caju
Castingshow F̄ spectacol n de casting
CD F̄ ABK (= Compact Disc) CD n
CD-Brenner M̄ inscriptor n de CD
CD-Laufwerk N̄ unitate f CD
CD-Player M̄ CD-player n
CD-ROM F̄ CD-rom n
CD-ROM-Laufwerk N̄ unitate f de CD
CDU F̄ ABK (= Christlich-Demokratische Union) Uniunea Creștin-Democrată
Cello N̄ violoncel n
Celsius 20 Grad ~ 20 grade celsius
Cent M̄ Eurocent cent m
Champagner M̄ șampanie f
Champignon M̄ ciupercă f șampi-

nion
Chance F̄ șansă f; **die ~n stehen gut** avem noroc
Chancengleichheit F̄ egalitate f de șanse
Chaos N̄ haos n
Chaot(in) M̄ **1** (≈ unordentlicher Mensch) persoană f (foarte) dezordonată **2** (≈ Randalierer) huligan m
chaotisch ADJ haotic
Charakter M̄ caracter n; **~ haben** a avea caracter
charakterisieren V/T a caracteriza
charakteristisch ADJ caracteristic (**für** pentru)
charmant ADJ șarmant
Charterflug M̄ zbor n charter
Charterflugzeug N̄ avion n de curse charter
Charts PL **in den ~ sein** a fi pe lista hiturilor (od șlagărelor)
Chassis N̄ AUTO șasiu n
Chat M̄ IT chat m
Chatgroup F̄ IT grup n de chat
Chatpartner(in) M(F) IT partener m de chat, parteneră f de chat
Chatroom M̄ IT spațiu n de conversație (od chat)
chatten V/I IT a conversa pe internet
Chauvi umg pej M̄ șovin m, șovină f
checken V/T **1** überprüfen a controla **2** umg verstehen a pricepe
Check-in M̄ FLUG check-in n
Check-in-Schalter M̄ FLUG ghișeu n de check-in
Checkliste F̄ listă f de verificare
Cheeseburger M̄ GASTR cheeseburger m
Chef(in) M(F) șef(ă) m(f)
Chefarzt M̄, **Chefärztin** F̄ medic m șef
Chemie F̄ chimie f
Chemikalie F̄ **~n** pl chimicale fpl
Chemiker(in) M(F) chimist(ă) m(f)
chemisch ADJ chimic; **~e Reinigung** curățătorie f chimică
Chemotherapie F̄ chimioterapie f
Chile N̄ Chile
Chilisoße F̄ GASTR sos n chilli
chillen V/I Jugendsprache a lenevi; (≈ sich erholen, entspannen) umg a se destinde

China N̄ China f
Chinese M̄, Chinesin F̄ chinez m,
chinezoaică f
chinesisch ADJ chinezesc
Chip M̄ IT cip n; (≈Kartoffelchip) ~s pl
cartofi mpl chips
Chipkarte F̄ card n de cip
Chips PL Kartoffelchips cipsuri npl
Chirurg(in) M̄F̄ MED medic m chirurg
chirurgisch ADJ MED chirurgical
Chlor N̄ clor n
chlorfrei ADJ fără clor
Cholesterin N̄ colesterol n
Chor M̄ cor m
Christ(in) M̄F̄ creștin(ă) m(f)
Christbaum M̄ pom m de Crăciun
Christdemokrat(in) M̄F̄ creștin-de-
mocrat(ă) m(f)
Christentum N̄ creștinism n
Christi Himmelfahrt F̄ Înălțarea f
Christkind N̄ în unele țări catolice și
protestante figură simbolică a Sărbă-
torii Craciunului, reprezentată printr-
un copil cu aripi și cu aureolă, echiva-
lentul lui Moș-Craciun
christlich ADJ creștin
Christus M̄ Hristos; vor ~ (od Christi
Geburt) înainte de Hristos
Chrom N̄ crom n
Chromosom N̄ BIOL cromozom n
Chronik F̄ cronică f
chronisch ADJ cronic
chronologisch ADJ cronologic
circa ADV circa
City F̄ centrul n orașului
Clementine F̄ clementină f
clever umg ADJ inteligent
Clip M̄ 1 (≈Videoclip) videoclip n 2
(≈Ohrclip) cercel m clips
Clique 1 pej clică f 2 (≈Freundes-
kreis) gașcă f
Cloud F̄ IT nor m informatic, infonor
m
Cloud-Computing N̄ IT teleprocesa-
re f
Clown M̄ clovn m
Club M̄ club n
CO₂-Ausstoß M̄ ÖKOL eines Autos etc
emisie f de CO2
CO₂-Bilanz F̄ ÖKOL bilanț (energetic)
pentru emisie de CO2
CO₂-neutral ADJ ÖKOL CO2 neutru

Cockpit N̄ carlingă f
Cocktail M̄ cocteil n
Code M̄ cod n
Cognac® M̄ coniac® n
Cola F̄ coca-cola f
Comeback N̄ revenire f; (s)ein ~ fei-
ern a-și celebra revenirea
Comic M̄ bandă f desenată
Computer M̄ calculator n; am ~ ar-
beiten a lucra la calculator
computergesteuert ADJ asistat
Computerkriminalität F̄ criminali-
tate f informatică
Computerprogramm N̄ program n
de computer
Computerspezialist(in) M̄F̄ specia-
list(ă) m(f) în IT (od service calculatoa-
re)
Computerspiel N̄ joc n pe calcula-
tor
Computertisch M̄ măsuță f de cal-
culator
Computervirus M̄ virus n pe calcu-
lator
Container M̄ container n
Cookie N̄ IT cookie n
cool umg ADJ 1 super 2 Person fleg-
matic
Copyshop M̄ magazin specializat în
fotocopii
Cord M̄ catifea f reiată
Corner österr, schweiz M̄ FUSSBALL lo-
vitură f de la colț
Couch F̄ canapea f
Couchtisch M̄ masă f joasă
Countdown M̄N̄ numărătoare f inver-
să
Coupé N̄ AUTO mașină f coupe
Coupon M̄ cupon n
Cousin(e) M̄F̄ văr m, verișoară f
Couvert schweiz N̄ (≈Briefumschlag)
plic n
Cover N̄ copertă f; CD-Hülle plic n
Cowboy M̄ cowboy m
Crack M̄ SPORT sportiv m de mare suc-
ces
Cracker M̄ GASTR biscuit m cracker
Creme F̄ a. MED, PFLEGE cremă f
Crew F̄ echipaj n
Croissant N̄ GASTR croasant n
CSU F̄ ABK (= Christlich-Soziale Union)
Uniunea Creștin-Socială

CT N̄ ABK (= Computertomogramm)
MED computertomograf n
Cup M̄ 1 SPORT cupă f 2 beim BH cupă f
Curry NM curry m
Currywurst F̄ cârnat n cu curry
Cursor M̄ IT cursor n
Cyberspace M̄ spațiu n virtual creat pe internet

D

D, d N̄ 1 D, d m 2 MUS re m
da A ADV 1 dort acolo; da drüben acolo dincolo; da entlang de-alungul; da oben/unten sus/jos; da, wo aici (od acolo), unde; das Buch da cartea aia 2 hier aici; da bin ich! iată-mă!; da, bitte! poftiți, vă rog!; da sein a fi prezent; da ist/sind ... aici e/sunt ...; ich bin gleich wieder da mă întorc îndată; ist jemand da? e cineva aici?; ist noch Brot da? mai este pâine? 3 dann atunci 4 verstärkend nichts da! nu discutăm! B KONJ deoarece
dabei ADV 1 anwesend; bei etw ~ sein a lua parte la ceva 2 bei dieser Sache; ~ fällt mir ein ... cu ocazia asta îmi vine idea ...; es bleibt ~ rămâne cum ne-am înțeles; ich finde nichts ~ nu am nici o obiecție 3 beschäftigt; er war gerade ~ zu gehen tocmai se pregătea să plece 4 obwohl, doch cu toate că, deși; ... und ~ hat er gar keine Ahnung ... și când te gândești că n-are habar
dabeihaben V/T er hat seine Schwester dabei a adus-o și pe sora lui; ich habe kein Geld dabei nu am bani la mine
dableiben V/I a rămâne
Dach N̄ acoperiș n; kein ~ über dem Kopf haben a nu avea un acoperiș deasupra capului
Dachboden M̄ pod n
Dachgepäckträger M̄ portbagaj n

pe capota mașinii
Dachgeschoss, Dachgeschoß österr N̄ mansardă f
Dachrinne F̄ jgheab n de acoperiș
Dachs M̄ bursuc m
dachte → denken
Dackel M̄ șoricar m
dadurch A ADV räumlich prin; deshalb astfel B KONJ ~, dass ... prin faptul că ...
dafür ADV 1 pentru aceasta; ~ habe ich 50 Euro bezahlt am plătit 50 de euro pentru asta; ~ ist er ja da pentru asta se și află aici; er kann nichts ~ n-are nici o vină 2 als Ersatz în schimb 3 (≈ pro sein) ich bin ~ zu bleiben sunt pentru a rămâne 4 (≈ in Anbetracht dessen) ~, dass sie so jung ist pentru faptul că este așa de tânără
dagegen ADV 1 împotrivă; ich bin ~, dass ... sunt împotrivă să ...; ich habe nichts ~ n-am nimic împotrivă 2 im Vergleich damit față de
daheim ADV acasă
daher ADV 1 räumlich de acolo 2 Ursache de aceea; das kommt ~, dass ... asta se trage de la faptul că ...
dahin ADV räumlich încolo; bis ~ zeitlich până atunci; örtlich până acolo
dahinten ADV în spate(le)
dahinter ADV în spate
dahinterkommen V/I a descoperi
damals ADV atunci; seit ~ de atunci
Dame F̄ doamnă f; ~ spielen a juca dame; junge ~ tânără doamnă; meine ~n und Herren doamnelor și domnilor
Damenbinde F̄ bandaj n igienic
Damenkleidung F̄ îmbrăcăminte f pentru femei
Damentoilette F̄ toaletă f pentru femei
damit A ADV cu (od prin) aceasta; genug ~! ajunge cu asta!; was meint sie ~? ce vrea să spună cu asta? B KONJ ca să
Damm M̄ 1 dig n 2 Staudamm baraj n 3 Bahndamm rambleu n
Dämmerung F̄ 1 am Morgen zori mpl 2 am Abend amurg n
Dampf M̄ abur m
Dampfbad N̄ baie f de aburi
Dampfbügeleisen N̄ fier n de căl-

cat cu aburi

dampfen _V/i_ a scoate aburi

dämpfen _VT_ **1** a amortiza **2** GASTR a fierbe înăbușit

Dampfer _M_ vapor _n_ cu aburi; _umg_ **auf dem falschen ~ sein** a se înșela

Dampfkochtopf _M_ oală _f_ de fiert sub presiune

danach _ADV_ **1** după aceea; **am Tag ~** în ziua următoare **2** _demgemäß_ conform cu; **~ sieht es aus** așa pare să fie; **mir ist nicht ~** nu am poftă de asta

Däne _M_ danez _m_

daneben _ADV_ **1** alături **2** _außerdem_ pe lângă aceasta; **völlig ~** _umg_ alăturea cu drumul

danebengehen _V/i_ **1** _Schuss, Schlag_ a nu își nimeri ținta **2** _umg fig_ a nu reuși

Dänemark _N_ Danemarca _f_

Dänin _F_ daneză _f_

dänisch _ADJ_ danez

Dänisch _N_ limba _f_ daneză

dank _PRÄP_ datorită

Dank _M_ mulțumire _f_; **j-m ~ sagen** a mulțumi cuiva; **vielen ~!** mulțumesc mult!

dankbar _ADJ_ recunoscător

danke _INT_ mulțumesc; **~, gerne!** mulțumesc, cu plăcere!; **~, gleichfalls!** mulțumesc la fel!; **nein ~!** nu, mulțumesc!

danken _VT & V/i_ a mulțumi; **j-m für etw ~** a mulțumi cuiva pentru ceva; **nichts zu ~!** n-aveți pentru ce!

dann _ADV_ **1** _zeitlich_ **bis ~!** pe mai târziu! **2** _modal_ atunci; **~ eben nicht** atunci nu; (≈ _unter diesen Umständen_) **nur ~, wenn** ... numai atunci dacă ...

daran _ADV_ _a. räumlich_ lângă; **es liegt ~, dass** ... asta este din cauză că ...

darauf _ADV_ **1** _räumlich_ deasupra **2** _zeitlich_ **am Tag ~** în ziua următoare **3** _mit Verben_ **es kommt ~ an, ob** ... depinde dacă ...; **ich freue mich ~** abia aștept

darauffolgend _ADJT_ _Tag, Jahr_ următor

daraus _ADV_ **mach dir nichts ~!** nu-ți face sânge rău!

darf(st) → **dürfen**

darin _ADV_ înăuntru; **das Problem liegt ~, dass** ... problema constă în faptul că ...

Darm _M_ intestin _n_

Darmkrebs _M_ cancer _n_ de colon

darstellen _VT_ **1** a reprezenta **2** _beschreiben_ a descrie

Darsteller(in) _M/F_ actor _m_, actriță _f_

Darstellung _F_ **1** reprezentație _f_ **2** _Beschreibung_ descriere _f_

darüber _ADV_ **1** _räumlich_ deasupra **2** _mit Verben_ despre; **denken Sie ~ nach!** mai gândiți-vă! **3** (≈ _mehr_) mai mult; **~ hinaus** în afară de asta

darum _ADV_ de aceea; **es geht ~, dass** ... e vorba de faptul că ...

darunter _ADV_ **1** _räumlich_ dedesubt; **~ liegen** a fi dedesubt **2** (≈ _dazwischen_) între **3** (≈ _weniger_) mai puțin; **5 Grad und ~** 5 grade și mai puțin **4** _mit Verben_ **~ leiden** a suferi din cauza; **was verstehst du ~?** ce înțelegi prin asta?

darunterfallen _VT/i_ a include

das **A** ART das Kind copilul; **das kleine Kind** copilul mic; **vier Euro das Kilo** patru euro kilogramul **B** DEM PR acesta, aceasta; **das Auto da** mașina aceasta; **das heißt** asta înseamnă; **das sind die Nachbarn** aceștia sunt vecinii **C** REL PR care; **das Auto, das er kauft** mașina pe care o cumpără

dasjenige DEM PR → **derjenige**

dass KONJ că; **es sei denn, ~** ... doar dacă ...

dasselbe DEM PR același lucru; **~ tun** a face același lucru; **das ist ~** asta e același lucru

Datei _F_ IT fișier _n_

Dateianhang _M_ IT fișier _n_ anexat

Dateiformat _N_ IT format _n_ de fișier

Dateimanager _M_ IT manager _m_ de fișiere

Dateipfad _M_ IT cale _f_ de acces fișier

Dateityp _M_ IT format _n_ (_od_ tip _n_) de fișiere

Daten _PL_ date _fpl_; **technische ~** date tehnice

Datenautobahn _F_ autostradă _f_ informațională

Datenbank _F_ bancă _f_ de date

Datenklau _M_ _umg_ (≈ _Datendiebstahl_) furt _n_ de date (personale)

Datenmissbrauch M̲ utilizare f nepermisă a datelor

Datensatz M̲ IT set n de date

Datenschutz M̲ protecţie f a datelor

Datenträger M̲ unitate f de stocare a datelor

Datenverarbeitung F̲ prelucrare f a datelor

Dativ M̲ dativ n

Dattel F̲ curmală f

Datum N̲ dată f; **welches ~ haben wir heute?** ce dată e azi?

Dauer F̲ durată f; **auf die ~** pe durată; **für die ~ von zwei Jahren** pe o durată de doi ani

Dauerauftrag M̲ FIN standing order n

dauerhaft ADJ durabil

Dauerkarte F̲ abonament n

Dauerlauf M̲ jogging n

dauern V̲I̲ a dura; **es hat lange gedauert, bis …** a durat mult până când …

dauernd ADJT & ADVL permanent; **unterbrich mich nicht ~** nu mă tot întrerupe

Dauerwelle F̲ permanent n

Daumen M̲ degetul n mare (al mâinii); fig **j-m die ~ halten** (od **drücken**) a ţine pumnii cuiva

Daunen P̲L̲ puf m

Daunendecke F̲ plapumă f de puf

davon ADV din (od de od despre) asta; **~ habe ich nichts gehört** n-am auzit nimic despre asta; **das kommt ~, wenn …** asta se trage de la faptul că …; **ich hätte gerne ein Kilo ~** aş dori un kilogram din asta; **was hältst du ~?** ce părere ai despre asta?

davonlaufen V̲I̲ a fugi; **j-m ~** a fugi de cineva

davor ADV **1** räumlich în faţă **2** zeitlich înainte; **ich habe Angst ~** mi-e frică de asta

dazu ADV **1** zusätzlich în plus; **ich möchte Reis ~** doresc orez pe lângă asta; **und ~ noch** şi pe lângă asta încă **2** zu dieser Sache pentru asta; **~ fähig sein, etw zu tun** a fi capabil să faci ceva; **wie kam es ~?** cum s-a ajuns la asta?; **was sagst du ~?** ce spui despre asta?

dazugehören V̲I̲ a face parte din

dazukommen V̲I̲ a se adăuga la; **kommt noch etwas dazu?** mai vine ceva la asta?

dazwischen ADV **1** räumlich între **2** zeitlich între timp

dazwischenkommen V̲I̲ a interveni; **mir ist etwas dazwischengekommen** a intervenit ceva la mine

Deal umg M̲ afacere f

dealen umg V̲I̲ a face trafic

Dealer(in) umg M̲I̲F̲ traficant(ă) m(f)

Debatte F̲ dezbatere f (**über** +akk despre)

Deck N̲ punte f; **an ~** pe punte

Decke F̲ **1** Bettdecke pătură f; umg **unter e-r ~ stecken** sunt cu toţii înţeleşi **2** Tischdecke faţă f de masă **3** Zimmerdecke tavan n; umg **an die ~ gehen** a se înfuria

Deckel M̲ capac n

decken A̲ V̲T̲ a acoperi; **den Tisch ~** a pune masa B̲ V̲R̲ **sich ~** Interessen a se potrivi; Aussagen a coincide

Deckung F̲ **1** (≈ Schutz) adăpost n; **in ~ (akk) gehen** a se pune la adăpost **2** HANDEL acoperire f; Versicherung garanţie f; e-s Schecks provizie f; des Bedarfs acoperire f **3** BOXEN gardă f; e-s Spielers marcaj m; (≈ Verteidigung) apărare f

Decoder M̲ decodificator n

defekt ADJ defect

defensiv ADJ defensiv

Defibrillator M̲, **Defi** umg M̲ MED defibrilator n

definieren V̲T̲ a defini

Definition F̲ definiţie f

Defizit N̲ deficit n

Deflation F̲ deflaţie f

deftig ADJ Preise piperat; **ein ~es Essen** o masă grea

dehnbar ADJ extensibil

dehnen A̲ V̲T̲ a întinde B̲ V̲R̲ **sich ~** a se întinde

Deich M̲ dig n

dein(e) POSS PR al tău, a ta; **~e** pl ai tăi, ale tale; **e-r ~er Freunde** unul din prietenii tăi; am Briefschluss **Dein Karl** al tău, Karl

deinetwegen ADV **1** wegen dir din cauza ta **2** dir zuliebe de dragul tău

deinstallieren $\overline{VT}$ IT a dezinstala
Deko $\overline{F\ ABK}$ (= Dekoration) *umg* împodobire *f*
Dekolleté $\overline{N}$ decolteu *n*
dekomprimieren $\overline{VT}$ IT a decomprima
Dekoration $\overline{F}$ decorare *f*
dekorativ $\overline{ADJ}$ decorativ
dekorieren $\overline{VT}$ a împodobi (**mit** cu); *mit Orden* a decora (**mit** cu)
Dekubitus $\overline{M}$ MED decubit(us) *n*
Delegation $\overline{F}$ delegație *f*
Delegierte(r) $\overline{M/F/M}$ delegat(ă) *m(f)*
Delfin $\overline{M}$ delfin *m*
delikat $\overline{ADJ}$ delicat
Delikatesse $\overline{F}$ delicatesă *f*
Delikt $\overline{N}$ delict *n*
Delle *umg* $\overline{F}$ teșitură *f*
Delphin $\overline{M}$ delfin *m*
dement $\overline{ADJ}$ MED dement
dementieren $\overline{VT}$ a dezminți
Demenz $\overline{F}$ MED demență *f*
demnächst $\overline{ADV}$ în curând
Demo *umg* $\overline{F}$ demonstrație *f*
Demokrat(in) $\overline{M/F}$ democrat(ă) *m(f)*
Demokratie $\overline{F}$ democrație *f*
demokratisch $\overline{ADJ}$ democratic
demolieren $\overline{VT}$ a demola
Demonstrant(in) $\overline{M/F}$ demonstrant *m*
Demonstration $\overline{F}$ demonstrație *f*
demonstrieren $\overline{VT}$ a demonstra
Den Haag $\overline{N}$ Haga *f*
denkbar $\overline{A}$ $\overline{ADJ}$ posibil; *das ist* ~ asta este posibil $\overline{B}$ $\overline{ADV}$ ~ **einfach** cât se poate de simplu
denken $\overline{A}$ $\overline{VT}$ a gândi; *sich (dat) etw* ~ a-și imagina ceva; *wer hätte das gedacht?* cine și-ar fi imaginat asta? $\overline{B}$ $\overline{VI}$ a gândi; *an j-n/etw* ~ a se gândi la cineva/ceva; *denk an den Kaffee!* nu uita de cafea!; *woran denkst du?* la ce te gândești?
Denkmal $\overline{N}$ monument *n*
Denkmalschutz $\overline{M}$ *unter* ~ *stehen* a fi monument ocrotit
denkwürdig $\overline{ADJ}$ memorabil
Denkzettel $\overline{M}$ *j-m e-n* ~ *verpassen* a-i da cuiva o lecție
denn $\overline{A}$ $\overline{KONJ}$ căci $\overline{B}$ $\overline{ADV}$ *es sei* ~, *dass ...* decât dacă ...; *ist das* ~ *so schwierig?* este oare așa de greu?;

was ist ~? dar ce e? $\overline{C}$ $\overline{PARTIKEL}$ **mehr** ~ **je** mai mult ca oricând
dennoch $\overline{KONJ\ \&\ ADV}$ cu toate acestea
denunzieren $\overline{VT}$ a denunța (**bei** la)
Deo $\overline{N}$, **Deodorant** $\overline{N}$ deodorant *n*
Deoroller $\overline{M}$ deodorant *n* cu bilă
Deospray $\overline{N}$ deodorant *n* spray
deplatziert $\overline{ADJT}$ deplasat
Deponie $\overline{F}$ groapă *f* de gunoi
deponieren $\overline{VT}$ a depune; *Müll* a depozita
Depot $\overline{N}$ $\boxed{1}$ HANDEL, FIN depozit *n* bancar $\boxed{2}$ (= *Lager*) depozit *n*
Depp *umg* $\overline{M}$ prostănac *m*
Depression $\overline{F}$ depresiune *f*; *an* ~**en leiden** a suferi de depresiuni
deprimieren $\overline{VT}$ *das deprimiert mich* asta mă deprimă; **deprimiert sein** a fi deprimat
der $\overline{A}$ $\overline{ART}$ **der Mann** omul *m*; **der arme Mann** bietul om; **der Vater der Schauspielerin** tatăl *m* actriței; **ich habe es der Kundin geschickt** am trimis asta clientei $\overline{B}$ $\overline{REL\ PR}$ care; **er war der erste, der es erfuhr** el a fost primul care a aflat asta; **jeder, der ... fiecare, care ...**
derart $\overline{ADV}$ așa; ~, **dass** în așa fel încât
derartig $\overline{ADJ}$ astfel de; **ein ~er Fehler** o astfel de greșeală
derb $\overline{ADJ}$ $\boxed{1}$ (≈ *fest, kräftig*) robust; (≈ *widerstandsfähig*) rezistent $\boxed{2}$ (≈ *grob*) grosolan; *Worte, Witze* vulgar
dergleichen $\overline{DEM\ PR}$ nichts ~ nimic de acest fel
derjenige $\overline{DEM\ PR}$ ~ acela; ~, **der ...** acela care ...; **dasjenige** acela; **diejenige** acea; **diejenigen** *pl* aceia
dermaßen $\overline{ADV}$ în așa măsură
derselbe $\overline{DEM\ PR}$ același
deshalb $\overline{ADV}$ de aceea; ~ **frage ich** de aceea întreb
Design $\overline{N}$ design *n*
Designer(in) $\overline{M/F}$ designer *m*
Designerbaby $\overline{N}$ *umg* designer-baby *m* (*bebeluș programat genetic*)
Designermode $\overline{F}$ modă *f* de design
Desinfektionsmittel $\overline{N}$, **Desinfektionslösung** $\overline{F}$ MED, PFLEGE dezinfectant *n*
desinfizieren $\overline{VT}$ a dezinfecta
desinteressiert $\overline{ADJT}$ dezinteresat (**an**

+ *dat* de)

Desktop-Publishing N̄ IT tehnoredactare f computerizată

desorientiert ADJ dezorientat

Dessert N̄ desert *n*; **zum/als ~** ca desert

destilliert ADJT distilat

desto KONJ cu cât mai; **je eher, ~ besser** cu cât mai devreme, cu atât mai bine

deswegen ADV de aceea

Detail N̄ detaliu *n*; **ins ~ gehen** a intra în amănunt

Detektiv(in) M/F detectiv(ă) *m(f)*

deuten A V̄T a explica B V̄I **auf etw** (*akk*) ~ a indica ceva

deutlich ADJ clar; **~ schreiben** a scrie cîteț

deutsch ADJ german; **~-rumänisch** german-român

Deutsch N̄ limba f germană; **auf** (*od* **in**) ~ în germană; **~ lernen/sprechen** a învăța/vorbi germana; **ins ~e übersetzen** a traduce în germană

Deutsche(r) M/F/M neamț *m*, nemțoaică f

Deutschkurs M̄ curs *n* de limba germană

Deutschland N̄ Germania f

Deutschlehrer(in) M/F profesor *m*/ profesoară f de germană

Deutschunterricht M̄ *Schulstunde* oră f de germană

Devise F̄ deviză f

Devisen P̄L FIN devise *npl*

Devisenkurs M̄ curs *n* valutar

Dezember M̄ decembrie *m*; → **Juni**

dezent ADJ decent

Dezimeter M̄ decimetru *m*

d. h. A̅B̅K (= *das heißt*) adică

Dia N̄ diapozitiv *n*

Diabetes M̄ MED diabet *n*

Diabetiker(in) M/F MED diabetic(ă) *m(f)*

Diagnose F̄ MED diagnostic *n*; **e-e ~ stellen** a pune un diagnostic

Diagnostik F̄ MED diagnostic *n*

diagonal ADJ diagonal; *umg* **~ lesen** a citi în diagonală

Diagonale F̄ diagonală f

Dialekt M̄ dialect *n*

Dialog M̄ dialog *n*; IT fereastră f de di-

alog

Dialogfeld N̄ IT casetă f de dialog

Dialyse F̄ dializă f

Diamant M̄ diamant *n*

Diaprojektor M̄ proiector *n* pentru diapozitive

Diät F̄ dietă f; **e-e ~ machen** a ține un regim

dich PERS PR, **Dich** *im Brief* 🛙 te 🛂 *betont* pe tine; **für ~** pentru tine; **er sieht ~ nicht** el nu te vede

dicht A ADJ 🛙 *Nebel* des 🛂 *Verkehr* intens 🛭 ADJ 🛙 (≈ *nah*) aproape de/lângă 🛂 (≈ *fest verschlossen*) **~ sein** a fi etanș 🛭 (≈ *eng*) **~ bevölkert** (*od* **besiedelt**) dens populat

dichten V̄T & V̄I (≈ *schreiben*) a scrie; *Verse* a scrie versuri

Dichter(in) M/F poet(ă) *m(f)*

Dichtung F̄ 🛙 poezie f 🛂 TECH garnitură f

dick ADJ gros, gras; **~ machen** a îngrășa; **~(er) werden** a se îngrășa; *umg* **j-n/etw ~ haben** a fi sătul de cineva/ ceva; **sich ~ anziehen** a se îmbrăca gros

Dickdarm M̄ intestin *n* gros

Dickkopf *umg* M̄ *umg* căpos *m*

dickköpfig *umg* ADJ încăpățânat

Dickmilch F̄ lapte *n* bătut

die A ART SG **die Frau** femeia f; **die schöne Frau** femeia frumoasă 🛭 ART P̄L **die Frauen** femeile *fpl* 🛯 REL PR care; **sie war die erste, die erfuhr** ea a fost prima care a aflat asta

Dieb(in) M/F hoț *m*, hoață f

diebisch A ADJ hoțește 🛭 ADV **sich ~ freuen** a avea o bucurie răutăcioasă

Diebstahl M̄ furt *n*

Diebstahlsicherung F̄ alarmă f contra furtului

diejenige DEM PR aceea; **~, die** *relativ* aceea care; **~n** *pl* aceia, acelea

Diele F̄ vestibul *n*

dienen V̄I a servi (**j-m** cuiva), (**als** drept); *beim Militär* a servi; **j-m zu etw ~** a-i folosi cuiva ceva; **womit kann ich ~?** cu ce pot fi de folos?; **damit ist mir nicht gedient** asta nu-mi foloseşte

Diener M̄ servitor *m*

Dienerin F̄ servitoare f

Dienst M̄ servici n; **~ haben** (od **im ~ sein**) a fi la serviciu; **außer ~** pensionat; **der öffentliche ~** serviciul n public; **j-m e-n ~ erweisen** a-i face cuiva un serviciu

Dienstag M̄ marți f; → Mittwoch

dienstags ADV marțea

Dienstalter N̄ vechime f

diensthabend ADJ **der ~e Arzt** medicul m de serviciu (od gardă)

Dienstleistung F̄ prestare f de serviciu

dienstlich ADJ oficial; **er ist ~ unterwegs** este plecat în interes de serviciu

Dienstplan M̄ listă f de serviciu

Dienstreise F̄ deplasare f în interes de serviciu

Dienststelle F̄ serviciu n

Dienststunden FPL ore fpl de serviciu

Dienstwagen M̄ mașină f de serviciu

Dienstzeit F̄ ore fpl de serviciu

Dienstzimmer N̄ MED, PFLEGE cameră f de serviciu

dies → diese

diesbezüglich ADJ & ADV referitor la aceasta

diese(r, s) DEM PR **1** acest, aceasta; **~r Mann** acest bărbat; **~s Haus** această casă; **~s Mädchen** această fată **2** pl aceștia, acestea; **~ Leute** acești oameni

Diesel M̄ AUTO diesel n

dieselbe DEM PR aceeași; **~n** pl aceiași, aceleași

Dieselmotor M̄ motor n diesel

Dieselöl N̄ motorină f

diesig ADJ cețos

diesmal ADV de această dată

Dietrich M̄ șperaclu n

Differenz F̄ diferență f

digital ADJ digital

Digitalfernsehen N̄ televiziune f digitală

Digitalkamera F̄ aparat n foto digital

Digital Native M̄ INTERNET nativi mpl digitali, copii mpl ai erei digitale

Digitalreceiver M̄, **Digitaldecoder** M̄, **Digitalempfänger** M̄ TV receptor n digital

Digitaluhr F̄ ceas n digital

Diktat N̄ dictare f

Diktator M̄ dictator m, dictatoare f

Diktatur F̄ dictatură f

diktieren V̄T̄ a dicta

Dill M̄ mărar m

Dimension F̄ dimensiune f

Dimmer M̄ variator n de intensitate de lumină

DIN ABK (= Deutsche Industrienorm) **DIN A4-Format** format n A4

Ding N̄ lucru n; umg fig **das ist nicht mein ~** asta nu e treaba mea; fig **der Stand der ~e** starea de fapt; fig **vor allen ~en** înainte de toate

Dings, Dingsbums, Dingsda umg M̄ od F̄ od N̄ **1** (≈ Ding) treabă f **2** Person **der ~(bums)** umg nea cutare; **die (Frau) ~(da)** umg madam cutare

Dinkel M̄ alac m

Dino umg M̄, **Dinosaurier** M̄ dinozaur m

Dip M̄ GASTR (sos) dip n

Diplom N̄ diplomă f

Diplom(in) M̄F̄ diplomat(ă) m(f)

Diplomatie F̄ a. fig diplomație f

diplomatisch ADJ a. fig diplomatic

Diplom-Ingenieur(in) M̄F̄ inginer(ă) m(f) diplomat(ă)

Diplom-Kauffrau F̄, **Diplom-Kaufmann** M̄ comerciant(ă) m(f) diplomat(ă)

dir PERS PR, **Dir** im Brief **1** îți, ți-; **wie geht es dir?** cum îți merge? **2** betont ție; **ein Freund von dir** un prieten de-al tău; **mit dir** cu tine

direkt A ADJ direct; **~e Verbindung** legătură f directă B ADV direct; **~ am Bahnhof** chiar la gară

Direktflug M̄ zbor n direct

Direktor(in) M̄F̄ director m, directoare f

Direktübertragung F̄ transmisie f directă

Direktverkauf M̄ vânzare f directă

Direktwerbung F̄ publicitate f directă

Dirigent(in) M̄F̄ dirijor m, dirijoare f

dirigieren V̄T̄ & V̄Ī a dirija

Dirndl N̄ Trachtenkleid rochie f tradițională germană și austriacă

Discjockey M̄ disc-jockey m

Disco → Disko

Discothek F̲ discotecă f
Diskette F̲ dischetă f
Diskettenlaufwerk N̲ disk drive n
Disko umg F̲, **Diskothek** F̲ discotecă f
Diskothek F̲ discotecă f
diskret ADJ discret
diskriminieren V̲T̲ a discrimina
diskriminierend ADJT discriminatoriu
Diskriminierung F̲ discriminare f
Diskus M̲ SPORT discurs n
Diskussion F̲ discuţie f; **etw zur ~ stellen** a aborda o temă
Diskussionsforum N̲ IT forum n de discuţii
Diskuswerfen N̲ aruncarea f discului
diskutieren V̲T̲ & V̲I̲ a discuta (**über** +akk despre)
Display N̲ display n
disqualifizieren A V̲T̲ a descalifica B V̲R̲ **sich ~** a se descalifica
Distanz F̲ distanţă f
Distel F̲ ciulin m
Disziplin F̲ disciplină f
diszipliniert ADJT disciplinat
dividieren V̲T̲ a împărţi (**durch** +akk la); **8 dividiert durch 2 ist 4** 8 împărţit la 2 face 4
Division F̲ împărţi f
DJ M̲ ABK (= Diskjockey) disc-jockey m
doch A ADV **1** als Antwort **das ist nicht wahr! - ~!** asta nu e adevărat! - ba da! **2** betont **er kommt ~?** vine totuşi?; **sie hat es ~ gemacht** a făcut-o totuşi **3** unbetont **du weißt ~, dass ...** doar ştii că ...; **ja ~!** sigur că da!; **warte ~!** aşteaptă puţin! B KON̲J̲ aber totuşi
Dock N̲ doc n
Doktor M̲ doctor m; **~ der Philosophie/Rechte** doctor în filosofie / ştiinţe juridice; **Herr ~!** domnule doctor!
Doktorarbeit F̲ teză f de doctorat, lucrare f de doctorat
Dokument N̲ document n
Dokumentarfilm M̲ film n documentar
Dokumentation F̲ documentaţie f; MED, PFLEGE documentaţie f medicală
dokumentieren V̲T̲ a documenta
Dollar M̲ dolar m
dolmetschen V̲I̲ a traduce; **~ (bei)** a

traduce (la)
Dolmetscher(in) M̲F̲ translator m, translatoare f
Dom M̲ catedrală f
Domain F̲ IT domeniu n
dominant ADJ a. BIOL dominant
Domino N̲ Spiel domino n
Dominostein M̲ Spielstein piesă f de domino
Donau F̲ **die ~** Dunărea f
Döner M̲ ABK → Dönerkebab
Dönerkebab m chebab n
Donner M̲ tunet n
donnern V̲/UNPERS̲ a tuna; **es donnert** tună
Donnerstag M̲ joi f; → Mittwoch
donnerstags ADV joia
doof umg ADJ prost
dopen V̲T̲ a se dopa
Doping N̲ dopaj n, doping n
Dopingkontrolle F̲ control n antidoping
Doppel N̲ **1** duplicat n **2** SPORT dublu n
Doppelbett N̲ pat n dublu
Doppel-CD F̲ CD dublu n
Doppeldecker M̲ autobuz n supraetajat
Doppelgänger(in) M̲F̲ sosie f
Doppelhaus N̲ casă f duplex
Doppelklick M̲ IT dublu clik n
doppelklicken V̲I̲ IT a da un dublu clic (**auf** +akk pe)
Doppelname M̲ nume n dublu
Doppelpunkt M̲ două puncte n
Doppelstunde F̲ oră f dublă
doppelt A ADJ dublu B ADV **~ so viel** dublu
Doppelzimmer N̲ cameră f cu două paturi
Dorf N̲ sat n
Dorn M̲ spin m; fig **er ist mir ein ~ im Auge** nu pot să-l sufăr
Dorsch M̲ morun m (în stadiu juvenil)
dort ADV acolo; **~ drüben** dincolo; **von ~ aus** de acolo
dorthin ADV într-acolo
Dose F̲ doză f
Dosenbier N̲ bere f la cutie
Dosenmilch F̲ lapte m condensat
Dosenöffner M̲ deschizător n de conserve

Dosieraerosol N̄ MED aerosol m cu dozator
Dosis F̄ doză f
Dotter M̄ gălbenuş n
Double N̄ FILM cascador m
down umg ADJ ~ **sein** umg a fi la pământ
Download M̄N̄ IT descărcare f
downloaden V̄T̄ IT a descărca, a downloada
Downloadshop M̄ IT downloadshop n
Downsyndrom N̄ MED sindromul n Down
Dozent(in) M̄F̄ docent(ă) m(f)
Dr. ABK (= Doktor) dr. (doctor)
Drache M̄ balaur m
Drachen M̄ Spielzeug zmeu m
Drachenfliegen N̄ deltaplanism n
Draht M̄ sârmă f; umg **auf ~ sein** a fi pe fază
Drahtseilbahn F̄ funicular n
Drainage F̄ MED drenaj n
Drama N̄ dramă f
dramatisch ADJ dramatic
dran umg **bleib ~!** TEL nu închide!; an e-m Gerücht etc **da ist was ~** e ceva adevărat la asta; **wer ist ~?** Spiel cine e la rând?; TEL cine e la telefon?
dranbleiben umg V̄i̇̄ am Telefon a aştepta; **bleiben Sie bitte dran!** aşteptaţi, va rog!
drang → dringen
Drang M̄ **1** (≈ Druck) apăsare f **2** (≈ Antrieb) imbold f (nach de a +inf); (≈ Bedürfnis) nevoie f
drängeln umg V̄T̄ & V̄i̇̄ a îmbrânci
drängen A V̄T̄ **1** schieben a împinge **2** antreiben a zori; **j-n ~, etw zu tun** a presa pe cineva să facă ceva B V̄i̇̄ eilig sein a fi urgent; **die Zeit drängt** timpul presează C V̄R̄ **sich ~** a se îmbulzi
drankommen V̄i̇̄ **wer kommt dran?** cine e la rând?
drauf umg ADV ~ **und dran sein, etw zu tun** a fi pe punctul de a face ceva; **gut/schlecht ~ sein** a fi bine/prost dispus
draufkommen V̄i̇̄ a pricepe; **ich komme nicht drauf** nu-mi vine în cap
draus umg → daraus
draußen ADV afară

Dreck M̄ murdărie f; umg **j-n wie den letzten ~ behandeln** a trata pe cineva ca pe ultimul gunoi; umg **sich um jeden ~ kümmern** a se ocupa de fiecare rahat
dreckig ADJ murdar
Drehbuch N̄ scenariu n
drehen A V̄T̄ Kopf a întoarce; Zigarette a răsuci; Film a turna B V̄R̄ um Achse **sich ~** a se întoarce; a se învârti; handeln von **sich ~ um** a fi vorba de
Drehtür F̄ uşă f turnantă
Drehung F̄ rotaţie f; **e-e ganze ~** o rotaţie completă; **e-e halbe ~** jumătate de rotaţie
Drehzahlmesser M̄ contor m de ture
drei N̄ŪM̄ trei; ~ **viertel voll** pe trei sferturi plin; **es ist ~ viertel neun** este nouă fără un sfert
Drei F̄ trei m
Dreibettzimmer N̄ cameră f cu trei paturi
dreidimensional ADJ tridimensional
Dreieck N̄ triunghi n
dreieckig ADJ triunghiular
dreifach ADJ întreit
dreihundert N̄ŪM̄ trei sute
Dreikönigstag M̄ Bobotează f
dreimal ADV de trei ori
Dreirad N̄ tricicletă f
Dreisatz M̄, **Dreisatzrechnung** F̄ calcul m cu regula de trei simple
dreispurig ADJ AUTO cu trei benzi de circulaţie
dreißig N̄ŪM̄ treizeci; **etwa/rund ~ (Personen)** aproximativ treizeci (de persoane)
dreißigste(r, s) N̄ŪM̄ al treizecilea, a treizecea; → dritte
dreist ADJ umg neruşinat
dreitausend N̄ŪM̄ trei mii
Dreiviertelstunde F̄ trei sferturi npl de oră
dreizehn N̄ŪM̄ treisprezece
dreizehnte(r, s) N̄ŪM̄ al treisprezecelea, a treisprezecea; → dritte
Dreizimmerwohnung F̄ apartament n cu trei camere
Dressing N̄ sos n (pentru salată)
dribbeln V̄i̇̄ SPORT a dribla
Drilling M̄ ~**e** pl tripleţi mpl
drin ADV înăuntru; fig **das ist (nicht) ~**

asta (nu) merge

dringen VI *Wasser, Kälte* a pătrunde (**durch** prin, **in** +*akk* în); **auf etw ~** a cere insistent ceva

dringend ADV, **dringlich** urgent; **etw ~ benötigen** a avea nevoie urgentă de ceva

drinnen ADV înăuntru

dritt ADV **wir sind zu ~** suntem în trei

dritte(r, s) NUM al treilea, a treia; **am ~n Oktober** pe trei octombrie; *Fernsehen* **im ~n Programm** pe programul trei; JUR **e-m Dritten gegenüber** față de o terță persoană

Drittel N treime f

drittens ADV în al treilea rând

Droge F drog n; **~n** pl droguri npl; **unter ~n** (*dat*) **stehen** a fi sub influența drogurilor

drogenabhängig ADJ, **drogen-süchtig** dependent de droguri

Drogensüchtige(r) M/F(M) dependent(ă) m(f) de droguri

Drogerie F drogherie f

drohen VI a amenința (**j-m** pe cineva); **einzustürzen / zu ersticken ~** a fi în pericol de a se dărâma/sufoca; **j-m (mit etw) ~** a amenința pe cineva (cu ceva)

drohend ADJ amenințător

dröhnen VI *Motor* a bubui

Drohung F amenințare f

drosseln VT *Einfuhr, Geschwindigkeit* a reduce; *Motor* a încetini; *Gas, Heizung* a face mai mic

drüben ADV dincolo

drüber *umg* ADV → darüber

Druck M ① tipăritură f ② *fig Belastung* presiune f; **j-n unter ~ setzen** a exercita presiune asupra cuiva; **unter ~ stehen** a fi sub presiune ③ *Presse* **im ~ sein** a fi sub tipar

Druckbuchstabe M literă f de tipar; **in ~n schreiben** a scrie cu litere de tipar

drucken VT & VI ① a tipări ② IT a scoate la imprimantă

drücken A VT ① a apăsa, a presa; **j-m etw in die Hand ~** a-i vârî cuiva ceva în mână ② *Knopf* a capsa ③ (≈*umarmen*) **etw an sich** (*akk*) **~** a apăsa ceva la piept; **j-n an sich** (*akk*) **~** a

strânge pe cineva la piept ④ *fig Preise* a strica B VI **auf etw** (*akk*) **~** a apăsa pe ceva C VR **sich vor etw ~** a se eschiva de la ceva

drückend ADJ apăsător

Drucker M IT imprimantă f

Druckerei F tipografie f

Druckfehler M greșeală f de tipar

Druckgeschwür N MED, PFLEGE ulcer n de decubit

Druckknopf M capsă f

Druckschrift F **in ~ schreiben** a scrie de tipar

Druckverband M MED, PFLEGE pansament n compresiv; **den ~ abnehmen** a debandaja pansamentul compresiv

drum *umg* ADV ① → darum ② **um etw ~ herum** în jurul a ceva; **das ganze Drum und Dran** cu tot ceea ce ține de

drunten ADV dedesubt

drunter *umg* ADV → darunter

Drüse F glandă f

Dschungel M junglă f

DSL N ABK (= Digital Subscriber Line) TEL, IT linie f de abonat digitală, DSL n

DTP N ABK (= Desktop-Publishing) IT tehnoredactare f computerizată

du PERS PR, **Du** *im Brief* tu; **bist du es?** tu ești?; **wir sind per Du** ne tutuim

Dübel M diblu n

ducken VR **sich ~** a se ghemui; *zum Schutz* a se piti

Dudelsack M cimpoi n

Duell N duel n

Duett N duet n; **im ~** în duet

Duft M parfum n

duften VI a mirosi plăcut; **nach etw ~** a mirosi a ceva

dulden VT a tolera

dumm ADJ prost; *umg* **j-n für ~ verkaufen** a lua pe cineva drept idiot; **sich ~ stellen** a face pe prostul

dummerweise ADV prostește; (≈*durch misslichen Zufall*) printr-o coincidență nefericită

Dummheit F prostie f

Dummkopf M prostănac m

dumpf ADJ ① *Ton* înfundat ② *Erinnerung* vag ③ *Schmerz* surd

Düne F dună f

düngen VT **mit Mist** a îngrășa

Dünger M îngrăşământ n

dunkel ADJ **1** întunecat; **es ist ~** e întuneric; **es wird ~** se întunecă; **im Dunkeln** în întuneric **2** *fig* neclar; **im Dunkeln tappen** a bâjbâi; **sich ~ erinnern** a-şi aminti vag (**an** +*akk* de)

dunkelblau ADJ albastru închis

dunkelblond ADJ blond închis

dunkelhaarig ADJ brunet

Dunkelheit F întuneric n

dünn ADJ **1** subţire; **~ besiedelt** puţin populat **2** *Kaffee* slab

Dunst M **1** abur **2** *Nebel* ceaţă f

dünsten VT GASTR a fierbe înăbuşit

dunstig ADJ ceţos

Dur N MUS major n; **in G-Dur** în sol major

durch **A** PRÄP prin; **~ die Stadt gehen** a merge prin oraş; **~ Europa reisen** a călători prin Europa; *umg* **~ und ~** complet; **das ganze Jahr ~** în tot cursul anului; **geteilt ~ zwei** împărţit la doi; **quer ~** prin **B** ADV GASTR bine fript; **mit etw ~ sein** a fi gata cu ceva; **darf ich bitte ~?** îmi permiteţi să trec, vă rog?

durcharbeiten **A** VT *ausarbeiten* a elabora **B** VI a lucra neîntrerupt **C** VR **sich ~** a-şi face cu greu un drum (**durch etw prin**); *fig* a înainta cu greu (**durch etw prin ceva**)

durchaus ADV absolut; **~ nicht** nicidecum

durchblättern VT a răsfoi

Durchblick *umg* M **den ~ haben** a avea perspectiva de ansamblu; **(überhaupt) keinen ~ haben** a nu înţelege (absolut) nimic

durchblicken VI **1** a privi; *fig* **etw ~ lassen** a lăsa să se înţeleagă ceva **2** *umg verstehen* a pricepe; *umg* **da blicke ich nicht durch** asta nu pricep

Durchblutung F circulaţie f sangvină

durchbrennen VI *mit j-m/etw* a şterge-o; **die Sicherung ist durchgebrannt** s-a ars siguranţa

durchdacht ADJ cumpănit; **gut ~** bine chibzuit

durchdrehen **A** VT *Fleisch* a toca **B** VI *Räder* a se învârti; *umg nervlich* a-şi pierde minţile

durcheinander **A** *umg* ADJ *verwirrt* confuz **B** ADV alandala

durcheinanderbringen VT **etw/j-n ~** a zăpăci ceva / pe cineva

durcheinanderreden VI a vorbi toţi deodată

Durchfahrt F trecere f pentru vehicule

Durchfall M MED diaree f

durchfallen VI *im Examen* a pica

durchfragen VR **sich ~** a întreba în dreapta şi-n stânga

durchführen VT a realiza

Durchgang M trecere f

durchgebraten ADJ bine fript

durchgefroren ADJ îngheţat bocnă

durchgehen VI a trece (**durch etw** prin ceva)

durchgehend ADJ & ADVL *Zug etc* direct; **~ geöffnet** deschis non stop

durchhalten **A** VI a rezista până la capăt **B** VT *Tempo* a ţine; **etw ~ bis zum Schluss** a suporta ceva până la capăt

durchkommen VI **1** a răzbi **2** *Patient* a scăpa cu bine **3** TEL a obţine legătura

durchlassen VT **j-n ~** a lăsa pe cineva să treacă

Durchlauf M IT; **den ~ eines Programms starten** a porni programul

durchlesen VT a citi până la capăt

durchmachen VT **1** a pătimi **2** *Entwicklung* a parcurge

Durchmesser M diametru n

durchnehmen VT a parcurge

durchqueren VT a străbate

Durchreise F trecere f; **auf der ~** în trecere

durchreißen VT a rupe în două

Durchsage F anunţ n

durchschauen VT **j-n ~** a citi intenţiile cuiva

durchschlafen VI a dormi fără întrerupere

Durchschlag M **1** (≈*Kopie*) copie f **2** GASTR sită f

durchschneiden VT a tăia în două

Durchschnitt M medie f; **im ~** în medie

durchschnittlich ADJ **1** mediu **2** *gewöhnlich* obişnuit

Durchschnittsnote F̲ notă f medie
Durchschrift F̲ copie f
durchsehen A̲ V̲T̲ flüchtig a parcurge în fugă; *prüfend* a se uita cu atenție; *Post* a citi B̲ V̲I̲ (≈*hindurchsehen*) a privi prin ceva
durchsetzen A̲ V̲T̲ a impune B̲ V̲R̲ **sich ~** *Erfolg haben* a reuși; *sich behaupten* a se impune
durchsichtig A̲D̲J̲ transparent
durchstehen V̲T̲ a rezista
durchstellen V̲T̲ TEL **j-n ~** a face legătura cuiva
durchstreichen V̲T̲ a șterge (cu o linie)
durchsuchen V̲T̲ a cerceta amănunțit
Durchsuchung F̲ *polizeilich* percheziție f
durchwachsen A̲D̲J̲ **1** *Fleisch* cu grăsime **2** *umg* (≈*mal gut, mal schlecht*) așa si așa
Durchwahl F̲ număr n de interior
durchwählen V̲I̲ TEL a face
durchziehen V̲T̲ *Plan* a duce până la capăt
dürfen V̲M̲O̲D̲ *etw tun* **~** a fi permis să faci ceva; *darf ich?* se poate?; *darf ich bitten? Tanz* îmi permiteți să vă invit?; *das darf man nicht!* asta nu e voie!; *das dürfte stimmen* ar trebui să se potrivească; *er dürfte schon dort sein* ar trebui să fie deja acolo; *was darf es sein?* ce-ați dori?; *wenn ich fragen darf* dacă pot întreba
dürr A̲D̲J̲ *mager* slab
Dürre F̲ secetă f
Durst M̲ sete f; **~ haben** a-ți fi sete
durstig A̲D̲J̲ însetat; **~ sein** a-ți fi sete
Dusche F̲ duș n; **e-e kalte ~** un duș rece
duschen A̲ V̲I̲ a face duș B̲ V̲T̲ PFLEGE *Kind, Kranken* a dușa C̲ V̲R̲ **sich ~** a face duș
Duschgel N̲ gel n de duș
Duschvorhang M̲ perdea f de duș
Düse F̲ TECH duză f
Düsenflugzeug N̲ avion n cu reacție
düster A̲D̲J̲ sumbru
Dutzend N̲ duzină f; *pl* **~e von ...** (≈*viele*) zeci de
duzen A̲ V̲T̲ a tutui B̲ V̲R̲ **sich ~** a se

tutui
DVD F̲ A̲B̲K̲ (= Digital Versatile Disk) DVD n
DVD-Laufwerk N̲ inscriptor n de DVD
DVD-Player M̲ DVD-player n
DVD-Rekorder M̲ DVD-recorder n
dynamisch A̲D̲J̲ dinamic
Dynamit N̲ dinamită f; **mit ~ sprengen** a dinamita
Dynamo M̲ dinam n

E

E, e N̲ **1** E, e m **2** MUS mi m
Ebbe F̲ reflux n; **~ und Flut** flux și reflux
eben A̲ A̲D̲J̲ neted B̲ A̲D̲V̲ **1** (≈*gerade*) tocmai; **~ etw angefangen haben** a fi început tocmai ceva **2** (≈*nun einmal*) **das ist ~ so** asta este
Ebene F̲ **1** câmpie f **2** MATH, TECH plan n **3** *fig* nivel n; **auf politischer ~** la nivel politic
ebenfalls A̲D̲V̲ **1** asemenea **2** *als Antwort* de asemenea; **danke, ~!** mulțumesc la fel!
ebenso A̲D̲V̲ tot așa; **~ groß wie** la fel de mare ca; **~ viel** (*od* **sehr**) **wie** la fel de mult ca; **~ wenig wie** la fel de mic ca; **es geht mir ~** și mie îmi merge la fel
E-Book N̲ carte f electronică
E-Brief M̲ (≈*E-Mail*) poștă f electronică
EC M̲ A̲B̲K̲ (= Eurocity-Zug) tren n Eurocity
E-Card F̲ (≈*elektronische Grußkarte*) carte f poștală virtuală
Echo N̲ ecou n
echt A̲D̲J̲ *Leder, Gold* veritabil; *umg* **~ jetzt?** chiar acum?; **ein ~er Verlust** o adevărată pierdere
Eck *südd, österr* N̲ *a.* SPORT colț n; **übers Eck** după colț
EC-Karte F̲ ≈ card n bancar
Eckball M̲ SPORT lovitură f de la colț

Ecke F colț n; **an der ~** în (od la) colț; **gleich um die ~** chiar după colț; umg **an allen ~n und Enden** peste tot

eckig ADJ colțuros; **~e Klammer** paranteză f dreaptă

Eckstoß M SPORT lovitură f de la colț

Economyclass F clasă f economică, economyclass n

Economyklasse F clasă f economică

Ecuador N Ecuador n

edel ADJ a. Wein nobil; Metall prețios

Edelstein M nestemată f

Editor M IT editor m

Efeu M iederă f

Effekt M efect n

effektiv A ADJ (≈ wirksam) eficace; (≈ tatsächlich) efectiv B ADV efectiv

egal ADJ **~ wie teuer** indiferent cât de scump; **das ist ~** asta e totuna

Egoismus M egoism n

Egoist(in) M/F egoist(ă) m(f)

egoistisch ADJ egoist

egozentrisch ADJ egocentric

eh A INT hei B ADV 1 bes südd, österr (≈ sowieso) oricum 2 **seit eh und je** de când lumea și pământul

ehe KONJ înainte ca (od de)

Ehe F căsătorie f; Kind **aus erster Ehe** din prima căsătorie

Ehebruch M adulter n

Ehefrau F soție f

ehemalig ADJ anterior

ehemals ADV altădată

Ehemann M soț m

Ehepaar N pereche f căsătorită

eher ADV 1 (≈ früher) mai înainte; **je ~, desto besser** cu cât mai repede, cu atât mai bine 2 (≈ lieber) mai degrabă 3 (≈ wahrscheinlicher) **das ist ~ möglich** asta-i mai degrabă posibil

Ehering M verighetă f

Ehre F onoare f

ehren V/T a onora; Briefanfang **Sehr geehrter Herr X, ...** Stimate domnule X, ...

ehrenamtlich ADJ benevol

Ehrenbürger(in) M/F cetățean(ă) m(f) de onoare

Ehrengast M oaspete m de onoare

Ehrenrunde F tur n de onoare; **e-e ~ drehen** SPORT a face un tur de onoare; SCHULE iron a rămâne repetent

Ehrenwort N **~!** pe cuvânt de onoare!

Ehrgeiz M ambiție f

ehrgeizig ADJ ambițios; **~ sein** a fi ambițios

ehrlich ADJ cinstit; **~ gesagt** sincer vorbind; **wenn ich ~ bin** ca să fiu sincer

Ehrlichkeit F (≈ Aufrichtigkeit) sinceritate f; (≈ Rechtschaffenheit) cinste f

Ei N ou n; **Eier legen** a se oua; umg **sich** (dat) **gleichen wie ein Ei dem anderen** a semăna ca două picături de apă; umg **wie aus dem Ei gepellt** ca scos din cutie; sl **Eier** ouă

Eiche F stejar m

Eichel F ghindă f

Eichhörnchen N veveriță f

Eid M jurământ n; **e-n Eid leisten** (od **ablegen**) a depune jurământ; **unter Eid aussagen** a declara sub jurământ

Eidechse F șopârlă f

Eierbecher M păhărel n pentru ouă

Eierschale F coajă f de ou

Eierstock M ovar n

Eieruhr F ceas n pentru fiert ouă

Eifer M zel n; stärker ardoare f; (≈ Überstürzung) grabă f; **im ~ des Gefecht(e)s** în focul acțiunii

Eifersucht F gelozie f; **aus ~** din gelozie

eifersüchtig ADJ gelos (**auf** +akk pe)

Eiffelturm M turnul n Eiffel

eifrig A ADJ zelos; (≈ fleißig) harnic B ADV cu zel

Eigelb N gălbenuș n

eigen ADJ 1 propriu; **auf ~e Verantwortung** pe proprie răspundere; **das habe ich mit ~en Augen gesehen** asta am văzut cu ochii mei 2 typisch caracteristic (**j-m** pentru cineva)

eigenartig ADJ ciudat

Eigenfinanzierung F autofinanțare f

Eigenheim N locuință f proprietate personală

Eigenkapital N capital n propriu

Eigenname M nume n propriu

Eigenschaft F însușire f; **in s-r ~ als** în calitatea sa de

eigensinnig ADJ încăpățânat

eigentlich A ADJ adevărat; **das ~e**

Problem problema adevărată **B** ADV în fond, de fapt; **was ist das ~?** ce-i asta de fapt?; **weißt du ~, dass ...?** știi de fapt că ...?

Eigentor N SPORT autogol n; **ein ~ schießen** a. fig a(-și) marca un autogol

Eigentum N proprietate f

Eigentümer(in) M/F proprietar m, proprietăreasă f

Eigentumswohnung F locuință f proprietate personală

eignen V/T **sich ~ für** a fi potrivit pentru; **er würde sich als Lehrer ~** (el) s-ar potrivi ca profesor

Eile F grabă f; **in (großer) ~ sein** a fi în (mare) grabă

eilen V/I dringend sein a fi urgent; **es eilt nicht** nu e grabă

eilig ADJ grăbit; **es ~ haben** a fi grăbit

Eimer M găleată f; umg **im ~ sein** a fi stricat

ein¹ **A** ART un, o; **ein Haus** o casă; **ein Mann** un bărbat; **eine Frau** o femeie; **eines Tages** într-o bună zi **B** NUM **1** un m/n, una f; **es ist ein Uhr** este ora unu **2** unul m/n, una f; **eins von beiden** una din două **C** INDEF PR **der eine oder (der) andere** unul sau altul

ein² ADV **1** nicht mehr ein und aus wissen a nu depășit de situație; **bei j-m ein und aus gehen** a fi de-al casei **2** Herd, Licht aprins **3** Radio, CD-Spieler, Fernseher on

einander PRON reciproc

einarbeiten V/T **j-n ~** a familiariza pe cineva cu o muncă nouă; **sich in etw ~** a se familiariza cu ceva

einatmen V/I a inspira

Einbahnstraße F stradă f cu sens unic

Einband M copertă f

einbauen V/T a monta

Einbauküche F bucătărie f modulată

Einbauschrank M dulap n încorporat

Einbettzimmer N cameră f pentru o persoană

einbiegen V/I a coti (in +akk în); **nach links/rechts ~** a coti la stânga/dreapta

einbilden V/R **sich etw ~** a-și imagina ceva

Einbildung F **1** (≈Fantasie) imagina-

tie f **2** (≈ Überheblichkeit) înfumurare f

einbrechen V/I a comite o spargere (in +akk la)

Einbrecher(in) M/F spărgător m, spărgătoare f

Einbrenne bes südd, österr F GASTR rântaș n

einbringen V/T Gewinn a aduce

Einbruch M Haus spargere f; **bei ~ der Dunkelheit** la căderea nopții

einbürgern **A** V/T **j-n ~** JUR a acorda cetățenia cuiva **B** V/R **sich ~** Sitten a se încetățeni

Einbürgerung F încetățenire f

Einbürgerungstest M test n pentru obținerea cetățeniei

einchecken V/I a face check-in

eincremen V/T & V/R **(sich) ~** a (se) unge cu cremă

eindecken **A** V/T umg **j-n mit Arbeit ~** a încărca pe cineva cu treabă **B** V/R **sich ~** a se aproviziona (mit cu)

eindeutig ADJ clar

eindringen V/I a pătrunde (cu forța) (in +akk în)

Eindruck M impresie f; **den ~ haben, dass ...** a avea impresia că ...; **großen ~ auf j-n machen** a face o impresie puternică asupra cuiva; **unter dem ~ von** sub impresia +gen

eindrucksvoll ADJ impresionant

eine(r, s) INDEF PR unul, una; **~r meiner Freunde** unul dintre prietenii mei; **ist er ~r von euch?** este (el) unul dintre voi?

eineiig ADJ **~e Zwillinge** gemeni mpl monozigoți

eineinhalb NUM unu și jumătate

einerseits ADV pe de o parte

Ein-Euro-Job M, **Eineurojob** umg M munca remunerată cu 1 euro, care poate fi prestată exklusiv de persoanele deținătoare de ajutor social

Eineurostück N monedă f de un euro

einfach **A** ADJ simplu; **~e Fahrkarte** bilet n dus **B** ADV simplu; **es ist ~ so** chiar așa e

Einfahrt F intrare f auto; Aufschrift **~ frei halten** rugăm nu parcați

Einfall M idee f

einfallen V/I **1** Licht a cădea **2** (≈ein-

stürzen) a se prăbuși **3** (≈ *Idee haben*)
sich etw ~ lassen a avea o idee; **mir ist eingefallen, dass ...** mi-a venit în minte că ...
Einfamilienhaus N̄ vilă f
einfarbig ADJ uni
Einfluss M̄ influență f; **großen ~ haben** (*od* **ausüben**) **auf** +*akk* a avea mare influență asupra
einfrieren V̄T̄ a congela
einfügen A V̄T̄ a introduce B V̄R̄ **sich ~** a se integra (**in** +*akk* în)
Einfügetaste F̄ tasta f insert
Einfuhr F̄ import n
Einfuhrbestimmungen P̄L̄ dispoziții fpl referitoare la import
einführen V̄T̄ a importa; **~de Worte** npl cuvinte npl introductive
Einfuhrgenehmigung F̄ licență f de import
Einfuhrland N̄ țară f importatoare
Einführung F̄ import n
Einführungspreis M̄ preț n de lansare
Einfuhrzoll M̄ taxă f de import
Eingabe F̄ I̱T̄ intrare f
Eingabefehler M̄ eroare f de introducere
Eingabetaste F̄ I̱T̄ tastă f enter
Eingang M̄ intrare f
Eingangsdatum N̄ data f primirii
eingeben V̄T̄ I̱T̄ a introduce
eingebildet ADJ încrezut
eingeboren ADJ indigen
eingehen A V̄I̱ I̱ *Sendung, Geld* a sosi **2** *Pflanze* a muri **3** *Tier* a fi pe cale de dispariție **4** *Stoff* a intra la apă **5** (≈ *berücksichtigen*) **auf etw ~** a consimți la ceva; **auf j-n ~** a accepta părerea cuiva B V̄T̄ I̱ *Vertrag* a încheia **2** *Risiko* a-și asuma **3** **e-e Wette ~** a face un pariu
eingelegt ADJ *in Essig* murat
eingemeinden V̄T̄ a încorpora
eingeschaltet ADJ I̱ *Licht* aprins **2** *Radio, TV* deschis
eingeschnappt *umg* ADJ (≈ *beleidigt*) a fi vexat
eingeschneit ADJ înzăpezit
eingewöhnen V̄R̄ **sich ~** a se obișnui (**in** +*akk* în)
eingießen V̄T̄ a turna

eingreifen V̄I̱ a interveni
Eingriff M̄ intervenție f
einhalten V̄T̄ *Frist* a respecta
einhängen A V̄T̄ a agăța; *Tür* a prinde în balamale B V̄R̄ **sich bei j-m ~** a se agăța de cineva
einheimisch ADJ autohton
Einheimische(r) M̄/F̄(M̄) localnic(ă) m(f); pl **die ~n** autohtonii pl
Einheit F̄ unitate f; **e-e ~ bilden** a forma o unitate
einheitlich ADJ unitar
Einheitspreis M̄ preț n unitar
einholen V̄T̄ I̱ *Vorsprung aufholen* a ajunge din urmă **2** *Rat, Erlaubnis* a cere
einhundert NŪM o sută
einig ADJ **sich ~ sein** a fi de acord (**über** +*akk* asupra); **sich ~ werden** a cădea de acord
einige INDEF PR unii; **~ hundert Euro** câteva sute de euro; **nach ~r Zeit** după un timp; **es gibt ~s zu tun** e mult de făcut
einigen V̄R̄ **sich ~** a se pune de acord (**auf, über** +*akk* asupra)
einigermaßen ADV într-o oarecare măsură
Einigung F̄ I̱ *e-s Landes* unificare f **2** (≈ *Verständigung*) înțelegere f
Einkauf M̄ cumpărătură f; **Einkäufe machen** a face cumpărături
einkaufen V̄T̄ a cumpăra; **~ gehen** a merge la cumpărături
Einkaufsbummel M̄ plimbare f prin oraș pentru a face cumpărături; **e-n machen** a merge la shopping
Einkaufswagen M̄ cărucior n pentru cumpărături
Einkaufszentrum N̄ centru n comercial
Einkaufszettel M̄ listă f de cumpărături
einklemmen V̄T̄ a strânge, a încleșta
Einkommen N̄ venit n
einladen V̄T̄ I̱ a invita; **j-n zum Essen ~** a invita pe cineva la masă; **ich lade dich ein** *ich bezahle* te invit **2** *Gegenstände* a încărca
Einladung F̄ invitație f
Einlass M̄ intrare f; **~ ab 18 Uhr** se poate intra începând de la ora 18

einlassen V/R **sich auf etw** ~ a se implica în ceva; *pej* **sich mit j-m** ~ a se înhăita cu cineva

Einlauf M MED clismă *f*

einleben V/R **sich** ~ a se adapta

einlegen VT 🚹 GASTR a pune la murat 🔁 *Film* a pune; **den ersten Gang** ~ a băga în viteza întâi

einleiten VT a introduce

Einleitung F introducere *f*

einlesen V/T IT a încărca

einleuchtend ADJ evident

einliefern VT **ins Krankenhaus** a interna

einloggen V/I (& V/R) IT **sich** ~ a se conecta

einlösen VT 🚹 *Scheck, Gutschein* a încasa 🔁 *Versprechen* a respecta

einmal A ADV 🚹 o dată; **~ im Jahr** o dată pe an; **auf ~** deodată; *gleichzeitig* concomitent; **noch ~** încă o dată 🔁 *früher* odată; **warst du schon ~ in Berlin?** ai fost vreodată în Berlin? 🔢 *in Zukunft* cândva B PARTIKEL **nicht ~** nici măcar

Einmaleins N tabla *f* înmulțirii; *fig* cunoștințe *fpl* elementare

einmalig ADJ 🚹 *einmal geschehend* unic 🔁 *toll* grozav

einmischen V/R **sich** ~ a se amesteca (**in** +*akk* în)

Einnahme F *Geld* venit *n*

einnehmen VT 🚹 MED *Medikament* a lua 🔁 *Geld* a încasa 🔢 (*=gewinnen*) *fig* **j-n für sich** ~ a câștiga pe cineva de partea sa

einordnen A VT a rândui; *Akten* a clasifica B V/R **sich** ~ AUTO a se înscrie pe o bandă de circulație; **sich rechts/ links** ~ a se înscrie pe dreapta/stânga

einpacken VT 🚹 a împacheta 🔁 *Geschenk* a ambala

einparken V/I a parca

Einparkhilfe F AUTO **elektronische ~** senzori *npl* de parcare

einpflanzen VT a planta; MED a implanta

einplanen VT a planifica

einprägen V/T **sich etw** ~ a-și întipări ceva în minte

einprogrammieren V/T IT a programa

einrahmen V/T a înrăma

einräumen V/T 🚹 *Bücher, Geschirr* a aranja 🔁 *zugestehen* a acorda, a admite

einreden A V/T **j-m etw** ~ a convinge pe cineva de ceva B V/I **auf j-n** ~ a convinge pe cineva C V/R **sich** (*dat*) **etw** ~ a-și băga în cap ceva

einreiben V/T (& V/R) **(sich) mit etw** ~ a (se) frecționa cu ceva

Einreise F *intrare f* într-o țară

Einreisebestimmungen PL condiții *fpl* de intrare într-o țară

Einreiseerlaubnis F permis *n* de intrare

einreisen V/I a intra într-o țară

Einreiseverbot N interdicție *f* de intrare

Einreisevisum N viză *f* de intrare

einreißen A V/T 🚹 *Papier etc* a deșira 🔁 (*=niederreißen*) a dărâma B V/I 🚹 a se rupe, a se destrăma 🔁 *fig Unsitte, Gewohnheit* a se instala

einrenken V/T 🚹 MED a pune la loc 🔁 *umg fig* a se aranja B *umg* V/R **das wird sich schon wieder** ~ asta se va aranja

einrichten A V/T 🚹 *Wohnung* a mobila 🔁 (*=möglich machen*) **das lässt sich ~** asta se poate aranja B V/T **auf etw** (*akk*) **eingerichtet sein** a fi pregătit pentru ceva C V/R **in Haus sich** ~ a se instala

Einrichtung F 🚹 *Wohnung* mobilier *n* 🔁 *Institution* instituție *f*; **öffentliche ~** instituție publică

eins NUM unu; umg ~ a clasa întâi; SPORT **~ zu** ~ unu la unu; *Uhrzeit* **es ist halb** ~ este douăsprezece și jumătate; **wir haben ~ zu null gewonnen/ verloren** am câștigat/pierdut cu unu la zero

Eins F unu *m*

einsam ADJ singuratic; **sich ~ fühlen** a se simți singur

Einsamkeit F singurătate *f*

einsammeln V/T a colecta

Einsatz M 🚹 *Armee* intervenție *f* 🔁 *Polizei, Arzt* acțiune *f* 🔢 *Spiel* miză *f*; **unter ~ des Lebens** cu riscul vieții

einscannen V/T a scana

einschalten A V/T 🚹 *Licht* a aprinde 🔁 *Radio, TV* a deschide B V/R **sich** ~ a

se implica (**in** +*akk* în)
Einschaltquote F̄ cifră f de audienţă
einschätzen V̄T̄ a aprecia; **falsch ~** a aprecia greşit
einschenken V̄T̄ a turna
einschicken V̄T̄ a trimite
einschiffen V̄R̄ **sich ~** a se îmbarca
einschlafen V̄İ a adormi; **mir ist der Arm eingeschlafen** mi-a amorţit braţul
einschlagen A V̄T̄ *Fenster* a sparge; *Weg, Richtung* a apuca pe B V̄İ *Blitz* a trăzni; **auf j-n ~** a da în cineva
einschließen A V̄T̄ 1 a închide 2 *fig beinhalten* a cuprinde B V̄R̄ **sich ~** a se închide
einschließlich ADV inclusiv; **bis ~ Freitag** până vineri inclusiv
einschmeicheln V̄R̄ **sich bei j-m ~** a intra în graţiile cuiva
Einschnitt M̄ 1 (≈ *Kerbe,*) MED incizie f 2 *fig* (≈ *Wende*) schimbare
einschränken V̄T̄ a îngrădi
Einschränkung F̄ restricţie f; (≈ *Vorbehalt*) rezerve *fpl*; **ohne ~** fără restricţii
einschreiben V̄R̄ **sich ~** a se înscrie
Einschreiben N̄ scrisoare f recomandată; **etw per ~ schicken** a trimite ceva recomandat
einschüchtern V̄T̄ a intimida
Einschulung F̄ şcolarizare f
einsehen V̄T̄ 1 *Fehler* a recunoaşte 2 *Akten* a vedea, a examina
einseifen V̄T̄ 1 a săpuni 2 *umg fig* a linguşi
einseitig ADJ 1 unilateral; **~ begabt** dotat unilateral; **~ beurteilen** a judeca în mod unilateral 2 POL pârtinitor
einsenden V̄T̄ a expedia
Einsendeschluss M̄ dată f limită
einsetzen A V̄T̄ (≈ *hineinsetzen*) a pune; PFLEGE *Gebiss* a băga; (≈ *verwenden*) a folosi B V̄İ (≈ *beginnen*) a începe C V̄R̄ **sich für etw/j-n ~** a interveni pentru ceva/cineva
Einsicht F̄ înţelegere f; **zu der ~ kommen, dass ...** a junge la convingerea, că ...
einspeichern V̄T̄ IT a stoca
einsperren V̄T̄ a închide
einspringen V̄İ a ţine locul (**für j-n** cuiva)

Einspruch M̄ obiecţie f (**gegen** contra); **gegen etw ~ erheben** (*od* **einlegen**) a ridica obiecţii contra
einspurig ADJ AUTO cu o singură bandă
einstecken V̄T̄ a introduce
einsteigen V̄İ *Auto* a se sui, a se urca (**in** +*akk* în); *fig* **~ in** +*akk* a intra în
einstellen A V̄T̄ *Radio, TV* a regla; *in Firma* a angaja B V̄R̄ **sich auf etw ~** a se aştepta la ceva; **sich auf j-n ~** a se adapta cuiva
Einstellung F̄ *Haltung* atitudine f
Einstieg M̄ *in einen Wagen, Bus, Zug* suire f (**in** +*akk* în); *fig* intrare f (**in** +*akk* în)
einstimmig ADJ MUS pe o voce; *fig* în unanimitate
Einstimmigkeit F̄ unanimitate f
Einstufung F̄ clasificare f
einstürzen V̄İ a se prăbuşi
eintägig ADJ de o zi
eintauschen V̄T̄ a schimba (**gegen** contra)
eintausend NUM o mie
einteilen V̄T̄ a împărţi (**in** +*akk* în)
eintönig ADJ monoton
Eintopf M̄ mâncare f din legume şi carne
Eintrag M̄ (≈ *Eintragung*) înscriere f; (≈ *Wörterbucheintrag*) înregistrare f
eintragen A V̄T̄ *in eine Liste* a înscrie B V̄R̄ **sich ~** a se înscrie
Eintragung F̄ *in e-e Liste* înscriere f; *in Bücher* adnotare f; (≈ *Vermerk*) observaţie f; (≈ *Notiz*) notiţă f
eintreffen V̄İ *ankommen* a sosi (**in** +*dat* la)
eintreten V̄İ 1 (≈ *hereinkommen*) a intra 2 (≈ *sich ereignen*) a se întâmpla 3 (≈ *sich einsetzen*) **für etw ~** a interveni pentru ceva
Eintritt M̄ intrare f; **~ frei** intrarea liberă
Eintrittskarte F̄ bilet n de intrare
Eintrittspreis M̄ preţ n de intrare
einverstanden A ADJ **mit etw ~ sein** a fi de acord cu ceva B ADV de acord
Einwand M̄ obiecţie f
Einwanderer M̄, **Einwanderin** F̄ imigrant(ă) *m(f)*

E

einwandern ⅥI a imigra
Einwanderung F̄ imigrare f
Einwanderungsland N̄ țară f de imigrație
Einwanderungspolitik F̄ politică f de imigrație
einwandfrei ADJ ireproșabil
Einwegflasche F̄ sticlă f nerecuperabilă
Einwegverpackung F̄ ambalaj n de unică folosință
einweichen ⅥT a înmuia
einweihen ⅥT a inaugura; **j-n in etw** (akk) **~** a inița pe cineva în ceva
Einweihung F̄ inaugurare f
einweisen ⅥT **1** in e-e Arbeit a inița (**in** +akk **în**) **2** in ein Heim etc a trimite; **in e-e Heilanstalt ~** a trimite într-un sanatoriu; **in ein Krankenhaus ~** a interna într-un spital
einwenden ⅥT a obiecta
einwerfen ⅥT **1** Bemerkung a replica **2** Brief a pune la cutie **3** Geld a introduce
einwickeln ⅥT **1** a înfășura **2** umg a linguși
Einwohner(in) M̄F̄ locuitor m, locuitoare f
Einwohnermeldeamt N̄ birou n de evidență a populației
Einwurf M̄ **1** fantă f **2** SPORT aruncare f de la margine
Einzahl F̄ singular n
einzahlen ⅥT a depune (**auf ein Konto** într-un cont)
Einzelbett N̄ pat n de o persoană
Einzelfahrkarte M̄ bilet n pentru o singură călătorie
Einzelgänger(in) M̄F̄ singuratic(ă) m(f)
Einzelhandel M̄ comerț n cu amănuntul
Einzelhändler(in) M̄F̄ comerciant m individual
Einzelheit F̄ detaliu n
Einzelkind N̄ **sie ist (ein) ~** ea este singură la părinți
einzeln A ADJ separat; **im Einzelnen** în detaliu; **jeder Einzelne** fiecare în parte B ADV separat; **~ angeben** a specifica; **~ eintreten** intrați pe rând
Einzelzimmer N̄ cameră f de o persoană

soană
einziehen A ⅥT Bauch a suge; Erkundigungen a aduna B ⅥI in ein Haus a se muta
einzig A ADJ singur; **kein ~er** nici unul B ADV numai; **das ~ Richtige** singurul lucru corect
einzigartig ADJ fără pereche
Einzug M̄ intrare f (**in** +akk **în**)
Eis N̄ **1** gheață f **2** Speiseeis înghețată f; **Eis am Stiel** înghețată pe băț
Eisbahn F̄ patinoar n
Eisbär M̄ urs m polar
Eisbecher M̄ cupă f de înghețată
Eisberg M̄ aisberg n
Eiscafé N̄ → Eisdiele
Eiscreme F̄ înghețată f
Eisdiele F̄ local n în care se vinde înghețată
Eisen N̄ fier n
Eisenbahn F̄ cale f ferată
eisern ADJ a. fig de fier
Eisfach N̄ congelator n
eisgekühlt ADJ de la gheață
Eishockey N̄ hochei n pe gheață
eisig ADJ a. fig de gheață
Eiskaffee N̄ café-frapé n
eiskalt ADJ rece ca gheața
Eiskunstlauf M̄ patinaj n artistic
eislaufen ⅥI a patina
Eisläufer(in) M̄F̄ patinator m, patinatoare f
Eisprung M̄ BIOL ovulație f
Eisschnelllauf(en) M̄N̄ patinaj-viteză n
Eisstadion N̄ patinoar n
Eistee M̄ ceai n rece
Eiswürfel M̄ cub n de gheață
Eiszapfen M̄ țurțur m
Eiszeit F̄ eră f glaciară
eitel ADJ vanitos
Eiter M̄ MED puroi n
eit(e)rig ADJ MED purulent
eitern ⅥI MED a supura
Eiweiß N̄ **1** albuș n **2** BIOL proteină f
Eizelle F̄ ovul n
Ekel[1] M̄ (≈ Widerwille) scârbă f (**vor** + dat **de**); (≈ Übelkeit) greață f; **~ erregend** → widerlich
Ekel[2] umg N̄ (≈ widerlicher Mensch) mizerabil m; **du ~!** scârbă!
ekelhaft ADJ scârbos, oribil; **~ riechen**

a mirosi oribil; **~ schmecken** a avea
gust oribil
ekelig ADJ → eklig
ekeln V/R **sich ~** a-ți fi scârbă (**vor** +*dat*
de)
EKG N ABK (= Elektrokardiogramm)
MED EKG *n* (electrocardiogramă)
eklig A ADJ (≈*ekelhaft*) scârbos; *umg*
(≈*gemein*) mizerabil B ADV 1 (≈*ekelhaft*) scârbos 2 *umg* (≈*sehr*) dezgustător
Ekzem N MED eczemă *f*
elastisch ADJ elastic; *fig* flexibil
Elch M ZOOL elan *m*
Elefant M elefant *m*
elegant ADJ elegant
Eleganz F eleganță *f*
Elektriker(in) M/F electrician(ă) *m(f)*
elektrisch ADJ electric; **~ geladen** în-
cărcat cu electricitate
Elektrizität F electricitate *f*
Elektroauto N automobil *n*; electric
Elektrogerät N aparat *n* electric
Elektrogeschäft N magazin *n* de
electrice
Elektroherd M mașină *f* de gătit
electrică
Elektromobilität F (≈*Mobilität durch
Elektrofahrzeuge*) mobilitate *f* electrică
Elektromotor M electromotor *n*
Elektronik F electronică *f*
elektronisch ADJ electronic; **~e Da-
tenverarbeitung** procesarea electroni-
că a datelor
Elektrorasierer M aparat *n* de ras
electric
Elektrotechnik F electrotehnică *f*
Element N element *n*
elend ADJ jalnic; **sich ~ fühlen** a se
simți mizerabil
Elend N mizerie *f*
Elendsviertel N cartier *n* marginali-
zat
Elf F 1 spiriduș *m* 2 SPORT echipă *f* de
fotbal
elf NUM unsprezece
Elfenbein N fildeș *m*
Elfmeter M SPORT lovitură *f* de la 11
metri
Elfmeterschießen N lovitură *f* de la
11 metri
elfte(r, s) NUM al unsprezecelea, a

unsprezecea; → dritte
Ell(en)bogen M cot *n*
Elsass N Alsacia *f*
elsässisch ADJ alsacian
Elster F coțofană *f*
Eltern PL părinți *mpl*
Elternabend M ședință *f* cu părinții
Elternhaus N casă *f* părintească; *fig*
familie *f*
Elternteil M **ein ~** unul din părinți
Elternzeit F *etwa* concediu *n* parental
EM F ABK (= Europameisterschaft) CE *n*
(campionat european)
E-Mail F e-mail *n*, poștă *f* electronică;
j-m e-e EMail schicken a trimite cuiva
un e-mail; **j-m etw per EMail schicken**
a trimite cuiva ceva prin e-mail
E-Mail-Account M *od* N IT cont *n* e-
-mail
E-Mail-Adresse F adresă *f* de e-mail
e-mailen V/T a trimite prin e-mail
Emanzipation F emancipare *f*
emanzipiert ADJ emancipat
Embargo N embargo *n*
Embryo M embrion *m*
Emigrant(in) M/F emigrant(ă) *m(f)*
Emigration F emigrație *f*
emigrieren V/I a emigra
Emoticon N IT (≈*Smiley*) emotigramă
f
Emotion F emoție *f*
emotional ADJ emoțional
empfahl → empfehlen
empfand → empfinden
Empfang M recepție *f*; **den ~ (e-r Sache) bestätigen** a confirma primirea
(unui lucru); **in ~ nehmen** a lua în primire
empfangen V/T a primi
Empfänger(in) M/F destinatar(ă) *m(f)*
Empfängnisverhütung F măsuri
fpl anticoncepționale
Empfangsbescheinigung F,
Empfangsbestätigung F confirmare *f* de primire
empfehlen A V/T a recomanda B V/I
j-m ~, etw zu tun a recomanda cuiva
să facă ceva C V/R **es empfiehlt sich
zu** +*inf* se recomandă să
empfehlenswert ADJ recomandabil
Empfehlung F recomandare *f*; **auf ~
von ...** la recomandarea +*dat*

empfinden V/T a simți
empfindlich ADJ sensibil; ~ auf etw
(akk) reagieren a reacționa sensibil la
ceva; ~ kalt extrem de rece
empfing → empfangen
empfunden → empfinden
empört ADJT revoltat
Empörung F indignare f
Endausscheidung F SPORT finală f
Ende N sfârșit n; ~ Mai la sfârșit de
mai; am ~ la sfârșit; am ~ der Welt la
capătul lumii; umg am ~ sein a fi la
pământ; ein ~ haben a avea un sfârșit;
etw zu ~ führen (od bringen) a duce
ceva la sfârșit; kein ~ nehmen a nu
se mai sfârși; sie ist ~ zwanzig se
apropie de treizeci de ani; zu ~ gehen
a se termina; zu ~ sein s-a sfârșit
Endeffekt M im ~ în cele din urmă
enden V/I a se sfârși; der Zug endet
hier aici este capătul liniei
Endergebnis N rezultatul n final
endgeil ADJ Jugendsprache foarte mișto
endgültig ADJ definitiv
Endivie F salată f verde creață
endlich ADV în sfârșit
endlos A ADJ nesfârșit B ADV nesfârșit; ~ lang nefârșit de lung
Endoskopie F MED endoscopie f
Endrunde F SPORT rundă f finală
Endspiel N finală f
Endspurt M SPORT sprint n final
Endstation F stație f terminus, capăt
n
Endung F terminație f
Energie F energie f
Energiebedarf M necesar n de ener-
gie
Energiemix M mix n energetic
Energiequelle F sursă f de energie
energiesparend ADJT cu consum
mic de energie
Energiesparlampe F bec n econo-
mic
Energieverbrauch M consum n de
energie
Energieverschwendung F risipă f
de energie
Energieversorgung F aproviziona-
re f cu energie electrică
Energiewende F POL, ÖKOL tranziție

f energetică
energisch ADJ energic
eng ADJ 1 îngust; fig das darfst du
nicht so eng sehen nu lua asta așa în
serios 2 Kleidung strâmt 3 fig Verhältnis apropiat; eng befreundet sein a fi
prieten apropiat
engagieren A V/T a angaja B V/R
sich ~ a se angaja (für în)
Engel M înger m
England N Anglia f
Engländer(in) M|F| englez m, engle-
zoaică f
englisch ADJ englezesc; GASTR ~ (gebraten) în sânge
Englisch N limba f engleză; ~ lernen
a învăța limba engleză; auf (od in) ~
pe engleză
Enkel(in) M|F|, Enkelkind N nepot
m, nepoată f; pl die ~ (od ~kinder) ne-
poții
enorm ADJ enorm
Entbindung F MED naștere f
entdecken V/T a descoperi
Entdeckung F descoperire f
Ente F rață f; umg lahme ~ încet ca
un melc
enterben V/T a dezmoșteni
Entertainer(in) M|F| animator m, ani-
matoare f
Enter-Taste F tastă f enter
entfernen A V/T a îndepărta B V/R
sich ~ a se îndepărta
entfernt ADJT (în)depărtat; 15 km von
X ~ la 15 km depărtare de X; weit ~
foarte departe
Entfernung F depărtare f; aus der ~
de la distanță; in e-r ~ von la o distanță de
entführen V/T a răpi
Entführer(in) M|F| (=von Personen) ră-
pitor m, răpitoare f; (≈ Flugzeugentfüh-
rer) persoană care deturnează un avion
Entführung F răpire f
entgegen ADV & PRÄP 1 räumlich spre,
în întâmpinare 2 im Gegensatz zu contra, împotriva
entgegengehen V/I j-m ~ a-i ieși
cuiva în întâmpinare
entgegengesetzt ADJT opus
entgegenkommen V/I j-m ~ a veni

în întâmpinarea cuiva; *fig* a veni cuiva în ajutor

entgegenkommend ADJ **1** *Verkehr* în sens contrar **2** *fig* binevoitor

entgegnen V/T a replica

entgehen V/I **sich ~ lassen:** a nu lăsa să-ți scape ceva; **das ist mir entgangen** asta mi-a scăpat

entgeistert ADJ uluit

entgleisen V/I a deraia

enthalten A V/T a conține; **es ist im Preis ~** este inclus în preț B V/R **sich der Stimme ~** a se abține de la vot

Enthaltung F (≈ *Stimmenthaltung*) abținere f

Enthüllung F dezvăluire f

enthusiastisch A ADJ entuziast B ADV entuziast

entkoffeiniert ADJ fără cofeină

entkommen V/I a scăpa; **(aus)** a scăpa (din); **j-m / e-r Sache** (*dat*) **~** a scăpa de cineva/ceva

entkorken V/T a destupa

entladen A V/T a descărca B V/R **~** ELEK a se descărca; *Gewitter* a se declanșa

entlang PRÄP **den Fluss ~** de-a lungul râului

entlarven V/T a demasca

entlassen V/T **1** *Arbeiter* a concedia **2** MED *Patienten* a externa

Entlassung F concediere f; MED *aus dem Krankenhaus* externare f

entlasten V/T **j-n ~** *Arbeit abnehmen* a ajuta pe cineva

Entlastung F ușurare f; JUR disculpare f

entmutigen V/T a descuraja

entnehmen V/T **1** a lua **(aus** +*dat* din) **2** *schließen* a deduce **(aus** +*dat* din)

entpacken V/T IT a decomprima

entrahmt ADJ *Milch* degresat

Entrecote N GASTR antricot n

entrüstet ADJ **über etw ~ sein** a fi indignat de ceva; **über j-n ~ sein** a fi indignat pe cineva

Entrüstung F indignare f

entschädigen V/T a compensa

Entschädigung F compensație f

entscheiden A V/T & V/I a decide; **über etw ~** a decide asupra unui lucru B V/R **sich für etw ~** a se decide pen-

tru ceva; **das entscheidet sich morgen** asta se decide mâine

entscheidend ADJ hotărâtor

Entscheidung F hotărâre f, decizie f; **e-e ~ treffen** (*od* **fällen**) a lua o hotărâre

entschließen V/R **sich ~** a se hotărî **(zu etw** la ceva, pentru ceva)

entschlossen A ADJ hotărât; **~ sein, etw zu tun** a fi hotărât să faci ceva; **fest ~** ferm hotărât B ADV **kurz ~** decizie luată spontan

Entschluss M hotărâre f; **den ~ fassen zu** +*inf* a lua hotărârea să

entschuldigen A V/T a scuza B V/R **sich bei j-m für** (*od* **wegen**) **etw ~** a se scuza la cineva pentru ceva C V/I **~ Sie!** scuzați!; *Frage, Bitte* **~ Sie bitte,** ... scuzați-mă vă rog, ...; **entschuldige!** scuză-mă!

Entschuldigung F scuză f; **~!** scuzați, vă rog!; **j-n um ~ bitten** a cere scuze cuiva

Entsetzen N groază f

entsetzlich ADJ îngrozitor; *umg* **~ dumm** îngrozitor de prost

entsorgen V/T *Abfall* eliminare; *durch Verbrennung* incinerare

entspannen V/R **sich ~** a se destinde

Entspannung F destindere f

entsprechen V/I **1** a corespunde **2** *Wunsch* a satisface **3** (≈ *gleich sein*) **sich ~** a corespunde

entsprechend A ADJ corespunzător B PRÄP conform cu

entstehen V/I a lua naștere; **aus etw ~** a lua naștere din ceva

Entstehung F apariție f

enttäuschen V/T a dezamăgi; **von j-m enttäuscht sein** a fi dezamăgit de cineva

Enttäuschung F dezamăgire f

entweder KONJ **~ ... oder ...** sau ... sau ...

entwerfen V/T **1** *Möbel, Kleider* a schița **2** *Plan* a proiecta

entwerten V/T *Fahrschein* a composta

Entwerter M compostor n

entwickeln A V/T a dezvolta B V/R **sich ~** a se dezvolta

Entwicklung F dezvoltare f; *Jugendlicher* **in der ~ sein** a fi în formare

Entwicklungshelfer(in) M(F) lucrător m umanitar, lucrătoare f umanitară

Entwicklungshilfe F ajutor n pentru dezvoltare

Entwicklungsland N ţară f în curs de dezvoltare

Entwurf M **1** proiect n **2** *Skizze* schiţă f

Entziehungskur F *für Drogensüchtige* cură f de dezintoxicare; *für Alkoholiker* cură f de dezalcoolizare

entziffern V/T a descifra; *Code* a decoda

entzippen V/T IT a decomprima

entzückend ADJ încântător

entzückt ADJ încântat (*über* +akk de)

Entzug M **1** *des Führerscheins* anulare f; *e-s Rechts, von Drogen* retragere f **2** (≈ *Entziehungskur*) cură f de dezintoxicare

Entzugserscheinung F ~en haben a avea simptome de dezintoxicare

entzünden A V/T a aprinde B V/I sich ~ MED a se inflama

entzündet ADJ MED inflamat

Entzündung F MED inflamaţie f

E-Pass M (≈ *Reisepass mit biometrischen Daten*) paşaport n electronic

Epidemie F epidemie f

Epilepsie F epilepsie f

Episode F episod n

Epoche F epocă f; ~ machen a fi revoluţionar, a deschide noi drumuri

er PERS PR el; **er ist's** el este; **wo ist mein Mann? - er ist ...** unde este soţul meu? - este ...

erbärmlich A ADJ jalnic; (≈ *unzureichend*) deplorabil; *pej* (≈ *gemein*) abject; *umg* (≈ *sehr groß*) teribil B ADV jalnic; ~ frieren a îngheţa teribil

Erbe A M moştenitor m; **j-n zum ~n einsetzen** a desemna pe cineva ca moştenitor B N moştenire f

erben V/T a moşteni; **etw (von j-m) ~** a moşteni ceva (de la cineva)

Erbin F moştenitoare f

erblich ADJ ereditar

erbrechen V/T & V/R MED (sich) ~ a vomita

Erbrechen N MED vărsătură f; *umg fig* **bis zum ~** până la refuz

Erbschaft F moştenire f; **e-e ~ machen** a primi o moştenire

Erbse F mazăre f; **grüne ~n** mazăre verde

Erbteil N parte f de moştenire

Erdachse F axa f pământului

Erdanziehung F gravitaţie f

Erdapfel *österr* M cartof m

Erdbeben N cutremur n

Erdbeere F căpşună f

Erdbeereis N îngheţată f de căpşuni

Erdbeerkuchen M prăjitură f cu căpşuni

Erdbeermarmelade F marmeladă f de căpşuni

Erdboden M sol n; **dem ~ gleichmachen** a face una cu pământul; **wie vom ~ verschluckt** parcă a fost înghiţit de pământ

Erde F **1** pământ n **2** (≈ *Boden*) sol n; **auf die ~ fallen** a cădea la pământ; **auf die ~ werfen** a arunca pe pământ; **unter der ~** sub pământ **3** (≈ *Welt*) **auf der ~** pe pământ

erden V/T ELEK legare la pământ

Erderwärmung F încălzire f globală

Erdgas N gaz n metan

Erdgeschoss N parter n

Erdkunde F geografie f

Erdnuss F arahidă f

Erdnussbutter F unt n de arahide

Erdoberfläche F suprafaţa f pământului

Erdöl N petrol n

erdrosseln V/T a strangula

erdrücken V/T *a. fig* a strivi

Erdrutsch M alunecare f de teren

Erdteil M continent n

erdulden V/T *Leiden* a suporta; (≈ *hinnehmen müssen*) a accepta

Erdumdrehung F rotaţia f pământului

Erdumlaufbahn F orbita f terestră

ereignen V/R sich ~ a se întâmpla

Ereignis N eveniment n

Erektion F erecţie f

erfahren A V/T a afla B ADJ cu experienţă

Erfahrung F experienţă f; **mit j-m/etw gute/schlechte ~en machen** a face o experienţă bună/proastă cu cineva/ceva

Erfahrungsaustausch M schimb n

de experiență

erfassen V/T 🖿 *a. fig* a cuprinde 🖪 IT a stoca 🖪 (≈*begreifen*) a pricepe 🖪 (≈*einbeziehen*) a include; **zahlenmäßig ~** a aduna numeric

Erfassung F *Statistik* statistică f; IT colectare f a datelor

erfinden V/T a inventa

Erfinder(in) M/F inventator m, inventatoare f

erfinderisch ADJ (≈*findig*) ingenios

Erfindung F invenție f

Erfolg M reușită f, succes n; **~ haben** a avea succes; **~ versprechend** cu perspectiva de a avea succes; **viel ~!** mult succes!

erfolglos ADJ fără succes; **~ bleiben** a nu avea succes

erfolgreich ADJ cu succes

Erfolgsaussichten FPL posibilitate f de a avea succes

Erfolgserlebnis N experiență f încununată de succes

erforderlich ADJ necesar

erforschen V/T a cerceta

erfragen V/T a întreba

erfreuen 🅰 V/T a bucura; **erfreut sein über** +*akk* a se bucura de; **sehr erfreut!** încântat! 🅱 V/R **sich ~ an** +*dat* a avea bucurie de

erfreulich ADJ îmbucurător

erfreulicherweise ADV din fericire

erfrieren V/I a îngheța

erfrischen 🅰 V/T a răcori 🅱 V/R **sich ~** a se răcori

erfrischend ADJ/T răcoritor

Erfrischung F *Getränk* băutură f răcoritoare

Erfrischungstuch N șervețel f răcoritor

erfüllen 🅰 V/T *Pflicht, Wunsch* a îndeplini 🅱 V/R **sich ~** a se împlini

Erfüllung F îndeplinire f; **in ~ gehen** a se îndeplini

ergänzen 🅰 V/T a completa 🅱 V/R **sie ~ sich** se completează

Ergänzung F completare f

ergeben 🅰 V/T a avea ca rezultat; **das ergibt keinen Sinn** asta n-are niciun sens 🅱 V/I **die Umfrage hat ~, dass ... din** sondaj rezultă că ... 🅲 V/R **sich ~** (≈*zur Folge haben*) a rezulta (**aus**

din); **daraus ergibt sich, dass ... din** asta rezultă că ...; **es hat sich so ~** așa s-a întâmplat; **wenn es sich ergibt** dacă se nimerește 🅳 ADJ devotat

Ergebnis N rezultat n; **zu keinem ~ führen** a nu duce la nicun rezultat

ergehen 🅰 V/I **etw über sich** (*akk*) **~ lassen** a îndura ceva 🅱 V/R **sich in Vorwürfen ~** a aduce acuzații 🅲 V/UNPERS **es ist ihm schlecht ergangen** (lui) i-a mers rău; **wie ist es dir ergangen?** cum ți-a mers?

ergreifen V/T 🖿 a prinde 🖪 *Maßnahme* a lua 🖪 *rühren* a impresiona; **e-n Beruf ~** a îmbrățișa o carieră

ergriffen 🅰 PPERF → ergreifen 🅱 ADJ mișcat; **tief ~** adânc mișcat

erhalten V/T 🖿 a primi 🖪 *bewahren* a păstra; **gut ~ sein** a fi bine păstrat

erhältlich ADJ **~ bei ...** se găsește la ...; **in Rot/Blau ~** se găsește pe roșu/albastru

erhängen 🅰 V/T a agăța 🅱 V/R **sich ~** a se spânzura

erheben 🅰 V/T 🖿 *Glas, Hand, Stimme* a ridica 🖪 *Steuern* a percepe 🖪 *Daten* a colecta 🖪 *fig* **etw zum Prinzip ~** a face un principiu din ceva 🅱 V/R **sich ~** a se ridica; (≈*rebellieren*) a se revolta (**gegen** contra)

erheblich ADJ considerabil

erhitzen V/T a încălzi tare

erhöhen 🅰 V/T a înălța; **die Preise ~** a ridica prețurile 🅱 V/R **sich ~** a se ridica

erholen V/R **sich ~** a se odihni

erholsam ADJ odihnitor

Erholung F odihnă f

erinnern 🅰 V/T a aminti (**an** +*akk* de); **j-n an etw/j-n ~** a aminti cuiva de ceva/cineva; **j-n daran ~, etw zu tun** a aminti cuiva să facă ceva 🅱 V/R **sich ~** a-și aminti (**an** +*akk* de); **wenn ich mich recht erinnere** dacă îmi amintesc bine

Erinnerung F amintire f; **j-n/etw (noch) gut in ~** (*dat*) **haben** a-și aminti bine de cineva/ceva; **zur ~ an** +*akk* în amintirea

erkälten V/R **sich ~** a răci

erkältet ADJ răcit; **(stark) ~ sein** a fi (foarte) răcit

Erkältung F răceală f

erkennen ⒜ V̅T̅ **1** a recunoaște **2** *verstehen* a înțelege ⒝ V̅i̅ zu ~ **geben** a lăsa să se înțeleagă

erkenntlich A̅D̅J̅ **sich ~ zeigen** a se arăta recunoscător

Erkenntnis F̅ *Fähigkeit, Vorgang* percepție f; PHIL cunoaștere f; *Ergebnis, oft pl* rezultate npl

erklären ⒜ V̅T̅ a explica ⒝ V̅R̅ **sich ~** a se explica; **sich mit etw einverstanden ~** a se arăta de acord cu ceva

Erklärung F̅ **1** explicație f **2** *Äußerung* declarație f; **e-e ~ (zu etw) abgeben** a da o declarație (despre ceva)

erkundigen V̅R̅ **sich ~** a se informa (**nach** despre); **sich nach dem Weg ~** a se informa despre drum

erlauben ⒜ V̅T̅ a permite ⒝ V̅R̅ **j-m ~, etw zu tun** a-i permite cuiva să facă ceva ⒞ V̅R̅ **sich etw ~** a-și permite ceva

Erlaubnis F̅ permisiune f; **j-n um ~ bitten** a cere permisiunea cuiva

Erläuterung F̅ lămurire f

erleben V̅T̅ **1** a avea o trăire deosebită **2** *Schlimmes* a păți; *umg* **dann kannst du was ~!** ai să vezi tu!

Erlebnis N̅ întâmplare f importantă (în viața cuiva)

erledigen ⒜ V̅T̅ a rezolva ⒝ V̅R̅ **sich ~** a se rezolva

erledigt A̅D̅J̅ **1** rezolvat; *umg* **schon ~!** s-a rezolvat! **2** *umg* *erschöpft* extenuat

erleichtert A̅D̅J̅ ușurat; **~ aufatmen** a respira ușurat

erlöschen V̅i̅ *a. fig* a stinge; *Firma* a se dizolva; *Frist* a expira

ermahnen V̅T̅ a admonesta

Ermahnung F̅ avertisment f

ermäßigt A̅D̅J̅ redus; **zu ~en Preisen** la preț redus

Ermäßigung F̅ reducere f

ermitteln ⒜ V̅T̅ a descoperi ⒝ V̅i̅ JUR a investiga; JUR **gegen j-n ~** a face cercetări asupra cuiva

Ermittlung F̅ **1** *durch Befragung* anchetă f; *durch Berechnung* determinare f, stabilire f; *von Sachverhalten* investigație f **2** *e-s Täters* identificare f **3** JUR **~en** investigații fpl

ermöglichen V̅T̅ a face posibil; **j-m**

~, etw zu tun a înlesni cuiva să facă ceva

ermorden V̅T̅ a omorî

ermüdend A̅D̅J̅ obositor

ermuntern V̅T̅ **zu etw ~** a încuraja la ceva

ermutigen V̅T̅ a încuraja

ernähren ⒜ V̅T̅ a hrăni ⒝ V̅R̅ **sich ~ von** a se hrăni cu

Ernährung F̅ hrană f

Ernährungsberater(in) M̅/F̅ nutriționist(ă) m(f)

ernennen V̅T̅ a numi; **j-n zu seinem Nachfolger ~** a numi pe cineva ca urmaș

erneuerbar A̅D̅J̅ regenerabil

erneuern V̅T̅ a înnoi

ernst A̅D̅J̅ serios; **j-n/etw ~ nehmen** a lua pe cineva/ceva în serios; **ich meine es ~** vorbesc serios

Ernst M̅ seriozitate f; **allen ~es** cu toată seriozitatea; **das ist mein ~** vorbesc serios; **der ~ der Lage** gravitatea situației; **im ~** serios; **im ~?** serios?; **ist das Ihr ~?** vorbiți serios?

ernsthaft A̅D̅J̅ serios

Ernte F̅ recoltă f

Erntedankfest N̅ ziua f recoltei

ernten V̅T̅ a recolta

erobern V̅T̅ a cuceri

Eroberung F̅ cucerire f

eröffnen ⒜ V̅T̅ **1** a deschide **2** *feierlich* a inaugura ⒝ V̅R̅ **sich ~** a se deschide

Eröffnung F̅ deschidere f

erotisch A̅D̅J̅ erotic

erpressen V̅T̅ a șantaja; **j-n (mit etw) ~** a șantaja pe cineva (cu ceva); **von j-m etw ~** a obține ceva de la cineva prin șantaj

Erpresser(in) M̅/F̅ șantajist(ă) m(f)

Erpresserbrief M̅ scrisoare f de șantaj

Erpressung F̅ șantaj n

erraten V̅T̅ a ghici

erregen V̅T̅ **1** *sexuell* a excita **2** *ärgern* a enerva

Erreger M̅ MED agent m patogen

Erregung F̅ *a. sexuell* excitare f; (≈*Aufregung*) agitație f; MED stimulare f

erreichbar A̅D̅J̅ **er ist telefonisch (nicht) ~** (nu) poate fi găsit la telefon;

E

(zu Fuß) leicht ~ uşor accesibil (pe jos)
erreichen V̄T̄ **1** a da de; **bei j-m etw ~** a obține ceva de la cineva; **j-n telefonisch ~** a găsi pe cineva la telefon **2** *Zug* a prinde

Ersatz M̄ **1** *Entschädigung* despăgubire f; **als ~** în schimb; **j-m ~ für etw leisten** a despăgubi pe cineva pentru ceva **2** *Mensch* înlocuitor m

Ersatzdienst M̄ → Zivildienst
Ersatzfrau F̄ înlocuitoare f
Ersatzmann M̄ înlocuitor m; SPORT jucător m de rezervă
Ersatzreifen M̄ roată f de rezervă
Ersatzspieler(in) M̄F̄J̄ jucător m, jucătoare f de rezervă
Ersatzteil N̄ piesă f de schimb
erschaffen V̄T̄ a crea
erscheinen V̄Ī **1** a apărea **2** *wirken* a părea
erschießen **A** V̄T̄ a. MIL a împuşca **B** V̄R̄ **sich ~** a se împuşca
erschöpft ADJ epuizat
Erschöpfung F̄ epuizare f
erschrak → erschrecken
erschrecken **A** V̄T̄ a speria **B** V̄Ī a se speria **C** V̄R̄ **sich ~** a se speria
erschreckend ADJ înspăimântător
erschrocken ADJ speriat
erschwinglich ADJ accesibil
ersetzen V̄T̄ **1** a înlocui; **X durch Y ~** a înlocui pe X cu Y **2** *Schaden* a despăgubi
Ersparnis F̄ **1** *an Platz, Zeit etc* economie f **2** *an Geld* **~se** pl economii fpl
erst ADV **1** întâi **2** *nur* abia; **~ gestern** abia ieri; **~ morgen** abia mâine; **~ recht** tocmai de aceea; **~ recht nicht** abia atunci nu; **es ist ~ 10 Uhr** este abia ora 10
erstatten V̄T̄ *Kosten* a rambursa; **Anzeige gegen j-n ~** a depune plângere contra cuiva; **Bericht ~** a face o dare de seamă
erstaunen **A** V̄T̄ a mira **B** V̄Ī a se mira (**über** *+akk* de)
erstaunlich ADJ surprinzător
erstaunt ADJ uimit (**über** *+akk* de)
erstbeste(r, s) ADJ primul venit
erste(r, s) NUM primul, prima; **auf den ~n Blick** la prima vedere; **zum ~n Mal** pentru a treia oară; **er wurde Erster** a

ieșit primul
erstechen V̄T̄ a înjunghia
erstellen V̄T̄ **1** *Gebäude* a construi **2** *Plan, Liste* a întocmi
erstens ADV mai întâi
Erstgespräch N̄ MED, PFLEGE primă convorbire f
ersticken V̄Ī a se sufoca; **in Arbeit ~** a nu-şi vedea capul de treabă
erstklassig ADJ de cea mai bună calitate
erstmals ADV mai întâi
erstrecken V̄R̄ **sich ~** a se întinde (**über** peste)
ertappen **A** V̄T̄ a surprinde **B** V̄R̄ **sich bei etw ~** a se surprinde la ceva
erteilen V̄T̄ *Rat, Erlaubnis* a da
Ertrag M̄ câştig n
ertragen V̄T̄ a suporta; **nicht zu ~** de nesuportat
erträglich ADJ suportabil
Ertragslage F̄ poziţie f financiară
ertrinken V̄Ī a se îneca
erwachsen ADJ adult
Erwachsene(r) M̄F̄M̄ adult(ă) m(f)
erwähnen V̄T̄ a menţiona
erwärmen **A** V̄T̄ a încălzi **B** V̄R̄ **sich ~** a se încălzi; *fig* **sich für etw ~** a se entuziasma pentru ceva
Erwärmung F̄ încălzire f; **globale ~** ÖKOL încălzire f globală
erwarten V̄T̄ a aştepta; **ein Kind ~** a aştepta un copil; **von ihm ist nicht viel zu ~** de la el nu se poate aştepta mult
erweitern **A** V̄T̄ a extinde; PHYS, MED a dilata **B** V̄R̄ **sich ~** a se extinde
Erweiterung F̄ extindere f
erwerben V̄T̄ a achiziţiona
erwerbstätig ADJ în câmpul muncii
Erwerbstätige(r) M̄F̄M̄ angajat(ă) m(f)
erwidern V̄T̄ **1** a replica **2** *Gruß* a răspunde la
erwischen *umg* V̄T̄ a prinde; **ihn hats erwischt** l-a prins
erwünscht ADJ dorit
erwürgen V̄T̄ a sugruma
Erz N̄ minereu n
erzählen V̄T̄ a povesti (**j-m etw** cuiva ceva); **j-m von etw ~** a povesti cuiva ceva

E

Erzähler(in) M(F) povestitor m, povestitoare f

Erzählung F̲ povestire f

erzeugen V̲T̲ a produce

Erzeugerland N̲ ţară f producătoare

Erzeugnis N̲ produs m

erziehen V̲T̲ a educa; **schlecht erzogen sein** a fi prost crescut

Erzieher(in) M(F) 🔢 *im Kindergarten* educator m, educatoare f 🔢 *von Jugendlichen* pedagog(ă) m(f)

Erziehung F̲ educaţie f

erzwingen V̲T̲ a forţa; **ein Geständnis ~** a stoarce o mărturisire (**von de** la); *Gefühle* **sich nicht ~ lassen** a nu se putea comanda

es P̲E̲R̲S̲ P̲R̲ 🔢 *unbestimmtes Subjekt* **es gibt ...** există (*od* este) ...; **es ist offensichtlich, dass ...** e evident că ...; **es ist warm/kalt/schön** e cald/rece/frumos; **es klingelt** sună; **es regnet** plouă; **ich bin es** eu sunt 🔢 *unbestimmtes Objekt* **ich habe es satt** m-am săturat; **ich hoffe es** sper asta 🔢 *einleitend* **es spielt das Orchester** cântă orchestra

Escape-Taste F̲ tasta f escape

Esel M̲ măgar m

Eselsbrücke *umg* F̲ (≈ *Gedächtnisstütze*) formulă f mnemotehnică

Eselsohr *umg* N̲ semn de carte realizat prin îndoirea colţului paginii

Eskimo M̲ eschimos m

eskortieren V̲T̲ a escorta

esoterisch A̲D̲J̲ esoteric

Espresso M̲ espresso n

essbar A̲D̲J̲ comestibil

Essecke F̲ spaţiu (în sufragerie) unde se serveşte masa

essen V̲T̲ & V̲I̲ a mânca; **~ gehen** a ieşi la masă în oraş; **chinesisch** *etc* **~ gehen** a mânca chinezeşte *etc* la restaurant; **kalt/warm ~** a mânca rece/cald; **was gibt's zu ~?** ce e de mâncare?; **zu Abend ~** a cina; **zu Mittag ~** a lua prânzul

Essen N̲ 🔢 *Mahlzeit* masă f; **j-n zum ~ einladen** a invita pe cineva la masă 🔢 *Nahrung* hrană f

Essig M̲ oţet n; **~ und Öl** oţet şi ulei

Esslöffel M̲ lingură f

Esstisch M̲ masă f de sufragerie

Esszimmer N̲ sufragerie f

Este M̲, Estin F̲ estonian(ă) m(f)

Estland N̲ Estonia n

estnisch A̲D̲J̲ estonian

Estnisch N̲ limba f estonă

Etage F̲ etaj n; **auf der ersten ~** la primul etaj

Etagenbett N̲ paturi npl suprapuse

Etappe F̲ etapă f

ethisch A̲D̲J̲ etic

ethnisch A̲D̲J̲ etnic

E-Ticket N̲ für Flüge, Messen bilet n electronic

Etikett N̲ etichetă f

etliche I̲N̲D̲E̲F̲ P̲R̲ câţiva, câteva

Etui N̲ toc n

etwa A̲D̲V̲ cam; **bist du ~ krank?** eşti cumva bolnav?; **~ zehn Pfund** aproximativ cinci kilograme; **in ~** cam

etwas A̲ I̲N̲D̲E̲F̲ P̲R̲ ceva; *ein wenig* puţin; **~ Neues** ceva nou; **~ Salz** un pic de sare; **~ zu essen** ceva de mâncare; **sonst noch ~?** mai doriţi ceva? B̲ A̲D̲V̲ puţin, ceva mai; **~ mehr** ceva mai mult

EU F̲ A̲B̲K̲ (= Europäische Union) UE f (Uniunea Europeană)

euch P̲E̲R̲S̲ P̲R̲ 🔢 vă, v- 🔢 *betont* vouă 🔢 vă *akk*

euer(e) P̲O̲S̲S̲ P̲R̲ al vostru, a voastră; **~e** pl ai voştri, ale voastre; *am Briefschluss* **Euer Thomas** al dumneavoastră

EU-Erweiterung F̲ POL extinderea f UE

EU-Kommissar(in) M(F) POL comisar m UE

EU-Kommission F̲ POL comisia f europeană

EU-Land N̲ ţară f UE

Eule F̲ bufniţă f; **~n nach Athen tragen** a vinde castraveţi grădinarului

EU-Mitgliedsstaat M̲ POL stat n membru UE

euretwegen A̲D̲V̲ 🔢 *wegen euch* din cauza voastră 🔢 *euch zuliebe* de dragul vostru

Euro M̲ euro m

Eurocent M̲ eurocent m

Eurocity M̲ tren n Eurocity

Euroland N̲ POL ţară f a Uniunii Europene

Euronorm F̲ normă f europeană

Europa N̲ Europa f

Europaabgeordnete(r) M(F)M deputat(ă) *m(f)* european(ă)

Europäer(in) M̲F̲ european(ă) *m(f)*

europäisch A̲D̲J̲ european; **die Europäische Union** Uniunea *f* Europeană

Europameister(in) M̲F̲ campion *m* european, campioană *f* europeană

Europameisterschaft F̲ campionat *n* european

Europaparlament N̲ parlament *n* european

Europapolitik F̲ politică *f* europeană

Europarat M̲ consiliul *n* Europei

Europawahlen F̲P̲L̲ alegeri *fpl* europarlamentare

europaweit A̲D̲J̲ în întreaga Europă

Europol F̲ Europol

Eurotunnel M̲ tunelul *n* Canalului Mânecii

Eurozone F̲ zonă *f* euro

EU-Verfassung F̲ P̲O̲L̲ constituția *f* UE

evakuieren V̲T̲ a evacua

evangelisch A̲D̲J̲ evanghelic

Eventlocation F̲ locație *f* pentru petreceri

eventuell A̲D̲J̲ eventual

ewig A̲D̲J̲ veșnic; *umg* ~ **dauern** durează *o* veșnicie; **sie hat** ~ **gebraucht** i-a trebuit o grămadă de vreme

Ewigkeit F̲ veșnicie *f*

Ex... I̲N̲ Z̲S̲S̲G̲N̲ ex-

exakt A̲D̲J̲ exact; ~ **um 14 Uhr** exact la ora 14

Examen N̲ examen *n*; **ein** ~ **ablegen** (*od* **machen**) a da un examen

Exemplar N̲ exemplar *n*

Exil N̲ exil *n*; **ins** ~ **gehen** a merge în exil; **ins** ~ **schicken** a trimite în exil

Existenz F̲ existență *f*; **sich** (*dat*) **e-e** ~ **aufbauen** a-și clădi o existență

Existenzminimum N̲ subzistență *f*

existieren V̲I̲ a exista

exklusiv A̲D̲J̲ exclusiv

Exklusivbericht M̲ reportaj *n* exclusiv

exotisch A̲D̲J̲ exotic

Expedition F̲ expediție *f*

Experiment N̲ experiment *n*

experimentieren V̲I̲ a face experimente (**mit etw** cu ceva)

Experte M̲, **Expertin** F̲ expert(ă) *m(f)*

explodieren V̲I̲ a exploda

Explosion F̲ explozie *f*

Export M̲ export *n*

Exporteur(in) M̲F̲ exportator *m*, exportatoare *f*

exportieren V̲T̲ a exporta

Exportland N̲ țară *f* exportatoare

Expressionismus M̲ expresionism *n*

extra A̲D̲V̲ **1** *speziell* special **2** *gesondert* separat **3** *absichtlich* într-adins

Extra N̲ A̲U̲T̲O̲ extra-uri *npl*

extrafein A̲D̲J̲ G̲A̲S̲T̲R̲ extrafină

Extrawurst F̲ *er will immer* **e-e** ~ **gebraten haben** (el) vrea mereu sa fie favorizat

extrem A̲D̲J̲ extrem

Extrem N̲ extremă *f*; **von e-m** ~ **ins andere fallen** a cădea dintr-o extremă într-alta

Extremist M̲ extremist *f*

extremistisch A̲D̲J̲ extremist

extrovertiert A̲D̲J̲ extrovertit

exzellent A̲D̲J̲ excelent

Exzess M̲ exces *n*; **etw bis zum** ~ **treiben** a face ceva până la exces

Eyeliner M̲ creion *n* dermatograf

EZB F̲ A̲B̲K̲ (= Europäische Zentralbank) banca *f* centrală europeană

F, f N̲ **1** F, f *m/n* **2** M̲U̲S̲ fa *m*

f N̲ M̲U̲S̲ fa

fabelhaft A̲D̲J̲ fabulos

Fabrik F̲ fabrică *f*; H̲A̲N̲D̲E̲L̲ **ab** ~ direct din fabrică

Fabrikarbeiter(in) M̲F̲ muncitor *m*/ muncitoare (în fabrică) *f*

Fabrikat N̲ produs *n* fabricat; (≈ *Marke*) marcă *f*

Facebook® N̲ I̲T̲ Facebook *m*; I̲T̲ **bei** (*od* **auf**) ~ **sein** a fi pe Facebook

Fach N̲ **1** compartiment *n* **2** *Schulfach, Gebiet* materie *f*, specialitate *f*; **vom** ~ **sein** a fi de specialitate

Fachabitur N̲ bacalaureat tehnic/

profesional

Facharzt M̅, **Fachärztin** F̅ medic m specialist

Fachausdruck M̅ termen n de specialitate

Fachausschuss M̅ comisie f de specialitate

Fachbuch N̅ carte f de specialitate

Fächer M̅ evantai n

Fachfrau F̅, **Fachmann** M̅ specialist(ă) m(f)

Fachgebiet N̅ domeniu n de specialitate

Fachgeschäft N̅ magazin n specializat

Fachhochschule F̅ universitate de științe aplicate

Fachmann M̅ specialist m

Fachwerkhaus N̅ construcție f cu lemnărie aparentă

Fachwort N̅ → Fachausdruck

Fackel F̅ făclie f

fad(e) ADJ **1** *Speise* fără gust, fad **2** (≈ *langweilig*) plictisitor, anost

Faden M̅ fir n; **den ~ verlieren** a pierde firul; MED **die Fäden ziehen** a trage sforile; *fig* **roter ~** firul conducător

Fagott N̅ fagot m

fähig ADJ capabil (**zu** de)

Fähigkeit F̅ capacitate f

fahnden V̅/̅I̅ **nach j-m ~** a da pe cineva în urmărire

Fahndung F̅ urmărire f

Fahne F̅ steag n

Fahrbahn F̅ parte f carosabilă

Fähre F̅ bac n

fahren A V̅/̅T̅ steuern a conduce; *befördern* a transporta; **j-n ~** a conduce pe cineva (cu mașina) B V̅/̅I̅ a merge; *abfahren* a pleca; **50 km/h ~** a conduce cu 50 km/h; **mit dem Auto / dem Fahrrad / der Bahn ~** a merge cu mașina/bicicleta/trenul

Fahrer(in) M̅(F̅) șofer m, șoferiță f

Fahrerflucht F̅ fugă f de la locul accidentului

Fahrerlaubnis F̅ ADMIN autorizație f (*od* permis n) de conducere

Fahrersitz M̅ locul n șoferului

Fahrgast M̅ pasager(ă) m(f)

Fahrgeld N̅ bani mpl pentru biletul de călătorie

Fahrkarte F̅ bilet n de călătorie; **einfache ~** bilet dus

Fahrkartenautomat M̅ automat n pentru bilete

Fahrkartenschalter M̅ ghișeu n de bilete

Fahrkosten P̅L̅ cheltuieli pl de transport

fahrlässig ADJ neglijent

Fahrlehrer(in) M̅(F̅) instructor m/instructoare f auto

Fahrplan M̅ mersul n trenurilor

Fahrpreis M̅ prețul n biletului

Fahrprüfung F̅ examen n de conducere auto

Fahrrad N̅ bicicletă f

Fahrradfahrer(in) M̅(F̅) biciclist(ă) m(f)

Fahrradschloss N̅ lacăt n de bicicletă

Fahrradständer M̅ *am Rad* picior n de sprijin; *Gestell* rastel n pentru biciclete

Fahrradtour F̅ circuit n (*od* traseu n) cu bicicleta

Fahrradverleih M̅ centru f de închiriat biciclete

Fahrradweg M̅ pistă f de biciclete

Fahrschein M̅ bilet n de călătorie

Fahrscheinautomat M̅ automat n pentru bilete

Fahrscheinentwerter M̅ compostor n de bilete

Fahrscheinkontrolle F̅ control n de bilete

Fahrschule F̅ școală f de conducători auto

Fahrschüler(in) M̅(F̅) cursant(ă) m(f) la școala auto

Fahrspur F̅ bandă f de circulație

Fahrstuhl M̅ lift n

Fahrstunde F̅ oră f de conducere auto

Fahrt F̅ **1** *das Fahren* mers n cu mașina; *Strecke* rută f; **auf der ~ nach Hamburg** pe drum spre Hamburg; **gute ~!** drum bun!; **nach drei Stunden ~** după un drum de trei ore **2** *Reise* călătorie f

Fährte F̅ urmă f; *fig* **auf der falschen ~ sein** a fi pe drumul greșit

Fahrtkosten P̅L̅ costuri npl de călătorie

Fahrverbot N̄ ~ **erhalten** a ți se ridica permisul de conducere

Fahrzeug N̄ vehicul n

Fahrzeugbrief M̄ cartea f de identitate a mașinii

Fahrzeughalter(in) M/F posesor m/ posesoare f a mașinii

Fahrzeugpapiere PL actele npl mașinii

Fahrzeugschein M̄ talon n

fair ADJ corect; ~ **sein gegenüber** a fi corect față de

Fairness F̄ corectitudine f, echitate f

Faktor M̄ factor m

Fakultät F̄ facultate f

Falke M̄ șoim m

Fall M̄ a. Grammatik caz n; **auf jeden** ~ (od **auf alle Fälle**) în orice caz; **auf keinen** ~ în nici un caz; **für den** ~, **dass** ... în cazul în care ...; **im schlimmsten** ~(**e**) în cel mai rău caz; **in diesem** ~(**e**) în acest caz; **(nicht) der** ~ **sein** a (nu) fi cazul

Falle F̄ cursă f; **in die** ~ **gehen** a cădea în cursă; fig **j-m e-e** ~ **stellen** a-i întinde cuiva o cursă

fällen V̄T̄ **1** Baum a tăia **2** Entscheidung a lua

fallen V̄ī a cădea; zeitlich **auf e-n Sonntag** etc ~ a cădea într-o duminică; ~ **lassen** a scăpa

fällig ADJ scadent; ~ **werden** a deveni scadent

falls KONJ în caz că; ~ **nicht** în caz că nu

Fallschirm M̄ parașută f; **mit dem** ~ **abspringen** a sări cu parașuta

Fallschirmspringen N̄ parașutism n

Fallschirmspringer(in) M/F parașutist(ă) m(f)

falsch ADJ fals, greșit; TEL **ich bin** ~ **verbunden** am greșit numărul

fälschen V̄T̄ a falsifica

Fälscher(in) M/F falsificator m, falsificatoare f

Falschfahrer(in) M/F șofer(iță) m(f) care circulă pe contrasens

Falschgeld N̄ bani npl falși

Fälschung F̄ fals n

Falte F̄ **1** cută f; ~**n werfen** a face cu-

te **2** Gesicht rid n

falten V̄T̄ a plia

faltig ADJ Haut ridat

Familie F̄ familie f; **e-e** ~ **gründen** a întemeia o familie

Familienangehörige(r) M/F(M) membru m/membră f al/a familiei

Familienbetrieb M̄ întreprindere f familială

Familienname M̄ nume n de familie

Familienstand M̄ stare f civilă

Familienunternehmen N̄ → Familienbetrieb

Familienvater M̄ părinte m de familie

Fan M̄ fan m

fanatisch ADJ fanatic

Fanclub M̄ fan club n

fand → finden

fangen V̄T̄ **1** a prinde **2** Fisch a pescui

Fantasie F̄ fantezie f; (≈ Vorstellung) ~**n** viziuni fpl

fantasieren V̄ī **1** a visa (**von** la); allein stehend a-și imagina **2** im Fieber a halucina **3** (≈ Unsinn reden) a spune prostii

fantastisch ADJ fantastic

Farbbild N̄ fotografie f color

Farbe F̄ culoare f

färben V̄T̄ a colora

farbenblind ADJ daltonist

Farbfernseher M̄ televizor n color

Farbfilm M̄ a. FOTO film n color

Farbfoto N̄ fotografie f color

farbig ADJ colorat

Farbkopierer M̄ aparat n de fotocopiat color

farblos ADJ incolor, fără culoare; fig plictisitor

Farbstift M̄ creion n colorat

Farbstoff M̄ colorant n

Farbton M̄ nuanță f (de culoare)

Färbung F̄ Vorgang vopsire f; Eigenschaft colorit n; fig tentă f

Fasan M̄ fazan m

Fasching M̄ carnaval n

Faschingsdienstag M̄ marțea f de lăsata-secului

Faschist(in) M/F fascist(ă) m(f)

faschistisch ADJ fascist

Faser F̄ fibră f

Fass N̄ butoi n; **Bier** n **vom ~** bere la butoi

Fassade F̄ a. fig fațadă f

fassen A V̄T̄ **1** *ergreifen* a cuprinde **2** *begreifen* a înțelege; **nicht zu ~!** de neconceput! **3** *festnehmen* a prinde **4** *enthalten* a conține B̄ V̄Ī an etw (akk) ~ a atinge ceva C̄ V̄R̄ sich (wieder) ~ a-și veni (din nou) în fire

Fassung F̄ **1** Brille ramă f **2** Lampe fasung n **3** Text versiune f **4** Beherrschung cumpăt n; **die ~ verlieren** a-și pierde cumpătul; **j-n aus der ~ bringen** a scoate pe cineva din sărite

fassungslos ADJ stupefiat

fast ADV aproape; **~ nichts** aproape nimic

fasten V̄Ī a posti

Fastenzeit F̄ perioadă f de post

Fastnacht F̄ lăsata-secului f

faszinieren V̄T̄ a fascina

faul ADJ **1** Mensch leneș **2** Obst usw. putrezit; **~er Zahn** dinte stricat; fig **~e Ausrede** pretext n; fig **da ist etwas ~** aici e ceva putred

faulen V̄Ī a putrezi

faulenzen V̄Ī a lenevi

Faulenzer(in) M̄(F̄), pej leneș(ă) m(f)

Faulheit F̄ lenevie f

Faust F̄ pumn m; fig **das passt wie die ~ aufs Auge** ca nuca în perete; fig **etw auf eigene ~ tun** a face ceva pe cont propriu; fig **mit der ~ auf den Tisch hauen** a bate cu pumnul în masă

Fausthandschuh M̄ mănușă f cu un singur deget

Faustregel F̄ regulă f generală (od empirică)

Fax N̄ fax n

faxen V̄T̄ a trimite un fax

Faxgerät N̄ aparat n de fax

Faxnummer F̄ număr n de fax

FCKW ABK (= Fluorchlorkohlenwasserstoffe) CFC fpl (= clorofluorocarburi)

FCKW-frei ADJ fără CFC

FDP F̄ ABK (= Freie Demokratische Partei) Partidul Liber Democrat (din Germania)

Feber österr M̄ februarie m; → Juni

Februar M̄ februarie m; → Juni

fechten V̄Ī a face scrimă (**mit dem Degen** cu spada)

Fechten N̄ scrimă f

Feder F̄ **1** pană f **2** TECH arc n **3** Schreibfeder peniță f

Federball M̄ **1** Spiel badminton n **2** Ball fluturaș m de badminton

federn A V̄T̄ Matratze a pune pe arcuri; Auto **gut gefedert** cu suspensie bună B̄ V̄Ī a fi elastic

Federung F̄ suspensie f

fegen A V̄T̄ a mătura B̄ V̄Ī Wind a bate, a sufla

Fehlanzeige umg F̄ (≈ nichts) **~!** nici pomeneală!

Fehlen N̄ lipsă f; (≈ Abwesenheit) absență f

fehlen V̄Ī̄ & V̄/UNPERS̄ a lipsi; **ihr ~ noch zwei Punkte** (ei) îi mai lipsesc două puncte; **du fehlst mir** îmi lipsești; **es fehlt an …** lipsește …

Fehler M̄ **1** greșeală f; **e-n ~ machen** a face o greșeală **2** TECH defect n

Fehlermeldung F̄ IT eroare f

Fehlersuche F̄ IT detectare f a erorilor; **beim Reparieren** detectare f a defectelor

Fehlgeburt F̄ avort n; **e-e ~ haben** a suferi un avort

Fehlstart M̄ start n greșit (od ratat)

Feier F̄ sărbătoare f

Feierabend M̄ terminarea lucrului f; **~ machen** a înceta lucrul; **nach ~** după terminarea lucrului

feierlich ADJ solemn

feiern V̄T̄ a sărbători; **das wird gefeiert** asta trebuie sărbătorit

Feiertag M̄ zi f de sărbătoare; **gesetzlicher/kirchlicher ~** sărbătoare legală/religioasă; **schöne ~e!** Sărbători fericite!

feig(e) ADJ laș

Feige F̄ smochină f

Feigling M̄ laș m

Feile F̄ pilă f

feilen V̄T̄ **1** a pili; **sich** (dat) **die Fingernägel ~** a-și pili unghiile **2** fig an e-m Text **~** a șlefui un text

feilschen pej V̄Ī **um etw ~** a se târgui pentru ceva

fein ADJ fin; umg (≈ schön) **~!** fain!; **e-e ~e Sache** o treabă bună; **alles nur vom Feinsten** totul de cea mai bună

calitate
Feind(in) M(F) duşman(ă) *m(f)*
feindlich ADJ duşmănos; **j-m ~ gesinnt sein** a duşmăni pe cineva
Feindschaft F duşmănie *f*; **in ~ leben mit** a trăi în duşmănie cu
feindselig ADJ ostil
feinfühlig ADJ sensibil
Feinheit F fineţe *f*; *fig a.* subtilitate *f*
Feinkost F delicatese *fpl*
Feinschmecker(in) M(F) gourmet *m* (*amator, cunoscător de mâncăruri şi băuturi fine*)
Feinstaub M particule *fpl* fine
Feinwaschmittel N detergent *n* pentru rufărie fină
Feld N **1** câmp *n*; **auf freiem ~(e)** în câmp deschis **2** MIL *fig* **das ~ räumen** a părăsi terenul **3** *Schach* pătrat *n* **4** SPORT teren *n*
Feldsalat M salată *f* de câmp
Feldweg M drum *n* de ţară
Felge F jantă *f*
Fell N blană *f*; **mit ~ gefüttert** căptuşit cu blană
Fels M, **Felsen** M stâncă *f*
felsig ADJ stâncos
feminin ADJ **1** GRAM feminin **2** *pej* (≈ *unmännlich*) efeminat
Feminismus M feminism *n*
Feministin F feministă *f*
feministisch ADJ feminist
Fenchel M fenicul *m*
Fencheltee M ceai *n* de fenicul
Fenster N fereastră *f*
Fensterbrett N pervaz *n*
Fensterladen M oblon *n*
Fensterplatz M loc *n* la fereastră
Fensterscheibe F geam *n*
Ferien PL vacanţă *f*; **~ haben** a avea vacanţă
Ferienhaus N casă *f* de vacanţă
Ferienjob M job *n* de vacanţă
Ferienkurs M curs *n* pe perioada vacanţei
Ferienlager N tabără *f* de vacanţă
Ferienort M localitate *f* de vacanţă
Ferienwohnung F locuinţă *f* de vacanţă
Ferkel N purcel *m* de lapte
fern ADJ departe; **von ~** de departe
Fernbedienung F telecomandă *f*
Ferne F depărtare *f*; **aus der ~** din depărtare
ferner ADV mai departe
Fernfahrer(in) M(F) şofer(iţă) *m(f)* de cursă lungă
Fernflug M zbor *n* la mare distanţă
Ferngespräch N TEL convorbire *f* telefonică interurbană
ferngesteuert ADJT teleghidat
Fernglas N binoclu *n*
fernhalten *geh* **A** V/T **j-n von j-m/etw ~** a ţine pe cineva departe de cineva/ ceva **B** V/R **sich von j-m/etw ~** a se ţine departe de cineva/ceva
Fernheizung F termoficare *f*
Fernlicht N faza *f* mare
fernliegen *geh* V/I a fi străin de; **es liegt mir fern zu** *+inf* departe de mine gândul de a / să *+inf/+ Konjunktiv*
Fernrohr N lunetă *f*; ASTRON telescop *n*
fernsehen V/I a se uita la televizor
Fernsehen N televiziune *f*; **im ~** la televizior
Fernseher M televizor *n*
Fernsehfilm M film *n* TV (*od* de televiziune)
Fernsehkanal M canal *n* TV
Fernsehprogramm N program *n* TV
Fernsehsender M post *n* TV (*od* de televiziune)
Fernsehsendung F emisiune *f* TV (*od* de televiziune)
Fernsehserie F serial *n* TV
Fernsehturm M turn *n* TV
Fernsehzuschauer(in) M(F) telespectator *m*, telespectatoare *f*
Fernsteuerung F telecomandă *f*; *fig* teleghidare *f*
Ferse F călcâi *n*; *fig* **j-m (dicht) auf den ~n sein** a fi pe urmele cuiva
fertig ADJ gata; **~ machen** (*od* **stellen**) a termina; **auf die Plätze, ~, los!** pe locuri, fiţi gata, start!; *fig* **mit j-m/etw ~ werden** a termina cu cineva/ceva
fertigbringen V/T **es ~ zu** *+inf* a reuşi să *+Konjunktiv*
Fertiggericht N produs *n* culinar cumpărat gata gătit
Fertighaus N casă *f* prefabricată
fertigmachen V/T **j-n ~** *kritisieren* a

face praf pe cineva; *körperlich erledigen* a termina pe cineva

Fertigprodukt N̄ produs *n* finit

fesch *umg bes österr* ADJ (≈ *hübsch*) drăguț, fercheș; (≈ *nett*) drăguț, amabil

Fessel F̄ **1** (≈ *Stricke*) legături *fpl*; (≈ *Ketten*) lanțuri *npl*, cătușe *fpl*; **j-m ~n anlegen** *fig* a înlănțui (*od* a captiva) pe cineva **2** ANAT **~n** *pl* glezne *fpl*

fesseln V̄T̄ **1** a lega (**an** +*akk* de); *Tier* a priponi **2** *fig* **j-n ~** a captiva pe cineva; **ans Bett gefesselt sein** a zăcea la pat

fest ADJ **1** solid; *Schraube* **~ anziehen** a strânge bine un șurub; (**mit j-m**) **~ befreundet sein** a fi foarte bun prieten (cu cineva) **2** *Gehalt* fix **3** *Schuhe* solid **4** *Schlaf* adânc

Fest N̄ serbare *f*; **frohes ~!** Sărbători fericite!

festbinden V̄T̄ a lega strâns (**an** +*dat* de)

Festessen N̄ banchet *n*; **am Heiligabend, zu Silvester** masă *f* festivă

Festgeld N̄ FIN depozit *n* la termen

festhalten A V̄T̄ a ține strâns B V̄R̄ **sich ~** a se ține strâns (**an** +*dat* de)

Festival N̄ festival *n*

Festland N̄ uscat *n*

festlegen A V̄T̄ a fixa B V̄R̄ **sich** (**auf etw** *akk*) **~** a se angaja (la ceva)

festlich ADJ festiv; **~ gekleidet** îmbrăcat festiv

festmachen V̄T̄ a fixa; *Gegenstand* **~** (**an** + *dat*) a fixa de ceva

Festnahme F̄ arestare *f*

festnehmen V̄T̄ a aresta

Festnetz N̄ rețea *f* telefonică fixă; **ruf mich auf dem ~ an** sună-mă pe fix

Festnetzanschluss M̄ TEL post *n* de telefon fix

Festnetznummer F̄ TEL număr *n* de telefon fix

Festnetztelefon N̄ telefon *n* fix

Festplatte F̄ IT hard-disc *n*

Festpreis M̄ preț *n* fix

festschrauben V̄T̄ a înșuruba strâns

festsetzen A V̄T̄ a fixa B V̄R̄ **sich ~** a se fixa

Festspiele NPL festival *n*

feststehen V̄T̄ a fi stabilit; **so viel steht fest ...** sigur e că ...

feststellen V̄T̄ a constata

Feststellung F̄ constatare *f*; (≈ *Ermittlung*) stabilire *f*

Festtag M̄ (zi *f* de) sărbătoare *f*

Festung F̄ fortăreață *f*

Feta M̄ GASTR brânză *f* feta

Fete *umg* F̄ petrecere *f*

fett ADJ gras; **~ gedruckt** tipărit cu caractere grase; **~e Jahre** *npl* ani îmbelșugați

Fett N̄ grăsime *f*; BIOL **die ~e** grăsimi

fettarm ADJ cu conținut redus de grăsimi; **~ essen** a mânca cu conținut redus de grăsimi

fettig ADJ unsuros

Fetzen M̄ petic *n*; *fig* bucată *f*; *e-s Gesprächs* crâmpei *n* de discuție; *umg* (**arbeiten,**) **dass die ~ fliegen** (a lucra) pe brânci

feucht ADJ umed

Feuchtbiotop N̄M̄ zonă *f* umedă

Feuchtigkeit F̄ umiditate *f*

Feuer N̄ foc *n*; **~ (an)machen/fangen** a face/lua foc; *umg* **~ und Flamme für j-n/etw sein** a se înflăcăra pentru cineva/ceva; *umg* **hast du ~?** ai un foc?; *fig* **mit dem ~ spielen** a se juca cu focul

Feueralarm M̄ alarmă *f* de incendiu

feuerfest ADJ refractar; **~e Form** vas *n* rezistent la foc

Feuerlöscher M̄ extinctor *n*

Feuermelder M̄ avertizor *n* de incendiu

feuern A V̄T̄ **1** *umg* (≈ *entlassen*) a da afară; **gefeuert werden** a fi dat afară; a fi pus pe liber **2** *umg* (≈ *werfen*) a azvârli B V̄T̄ **1** *mit Holz, Kohle* a face foc **2** MIL a trage cu arma (**auf** +*akk* în)

Feuertreppe F̄ scară *f* de incendiu

Feuerversicherung F̄ asigurare *f* de incendiu

Feuerwehr F̄ pompieri *mpl*; **die ~ alarmieren** a chema pompierii

Feuerwehrauto N̄ mașină *f* de pompieri

Feuerwehrmann M̄ pompier *m*

Feuerwerk N̄ foc *n* de artificii

Feuerzeug N̄ brichetă *f*

Fichte F̄ molid *m*

Fieber N̄ febră *f*; **~ haben** a avea febră; **~ messen** a lua temperatura

fieberhaft ADJ cu febră; *a. fig* febril

Fieberthermometer N̄ termometru n

fiel → **fallen**

fies umg ADJ **1** mizerabil **2** Mensch antipatic

Figur F̄ **1** figură f **2** einer Frau siluetă f **3** Schach piesă f; fig **e-e gute/ schlechte ~ machen** a face impresie bună/rea

Filet N̄ GASTR file n

Filiale F̄ filială f

Film M̄ film n; umg **er ist beim ~** el lucrează în cinematografie

Filmaufnahme F̄ filmare f

Filmemacher(in) M(F) regizor m,/regizoare f (de film), cineast(ă) m(f)

filmen V̄T a filma

Filmkamera F̄ cameră f de filmat

Filmmusik F̄ muzică f de film

Filmschauspieler(in) M(F) actor m/ actriță f de cinema

Filmstar M̄ star n de cinema

Filmstudio N̄ studio n de film

Filmtablette F̄ MED comprimat n filmat

Filter M̄ filtru n

Filterkaffee M̄ cafea f filtru

filtern V̄T a filtra

Filtertüte F̄ hârtie f de filtru

Filterzigarette F̄ țigară f cu filtru

Filz M̄ fetru n

Finale N̄ SPORT finală f

Finanzamt N̄ administrație f financiară

Finanzen FPL finanțe fpl

finanziell ADJ financiar; **~e Sorgen haben** a avea griji materiale

finanzieren V̄T a finanța

Finanzkrise F̄ criză f financiară

Finanzminister(in) M̄ ministru m de finanțe

finden A V̄T **1** a găsi; **Arbeit ~** a găsi de lucru; **Freude daran ~ zu** +inf a avea bucurie de **2** meinen a considera; **etw gut/schlecht ~** a găsi că ceva e bun/rău B V̄I **nach Hause ~** a găsi drumul spre casă

Finderlohn M̄ recompensă f pentru aducerea unui obiect găsit

fing → **fangen**

Finger M̄ deget n; **~ breit** gros de-un deget; **~ weg!** jos mâinile!; **der kleine**

~ degetul mic

Fingerabdruck M̄ amprentă f digitală; **genetischer ~** amprentă f genetică

Fingernagel M̄ unghie f de la mână

Finne M̄, **Finnin** F̄ finlandez(ă) m(f)

finnisch ADJ finlandez

Finnisch N̄ limba f finlandeză

Finnland N̄ Finlanda f

finster ADJ întunecat; **~ dreinschauen** a privi cu un aer sumbru; **im Finstern** pe întuneric

Finsternis F̄ întuneric n

Firewall F̄ IT firewall n

Firma F̄ firmă f

Firmung F̄ REL confirmare f

Fisch M̄ pește m; ASTROL **~e** pește m; umg fig **weder ~ noch Fleisch sein** a nu fi nici cal, nici măgar

fischen V̄T & V̄I a pescui; fig **etw aus etw ~** a pescui ceva din ceva; **im Trüben ~** a pescui în ape tulburi

Fischer(in) M(F) pescar m, pescăriță f

Fischerboot N̄ barcă f pescărească

Fischfang M̄ pescuit n

Fischfilet N̄ file n de pește

Fischgericht N̄ fel n de mâncare pe bază de pește

Fischgräte F̄ os n de pește

Fischhändler(in) M(F) negustor m, negustoreasă f de pește

Fischmarkt M̄ piață f de pește

Fischstäbchen NPL batoane npl de pește

Fischsuppe F̄ supă f (od ciorbă f) de pește

Fisole österr F̄ fasole f

fit ADJ în formă; **sich fit halten** a se menține în formă

Fitness F̄ fitness n

Fitnesscenter N̄, **Fitnessstudio** N̄ centru n de fitness

fix ADJ fix; **fix und fertig** erschöpft a fi la pământ; **fixe Kosten** pl cheltuieli fixe

fixieren V̄T **1** a. MED, PFLEGE, FOTO a fixa **2** PSYCH **fixiert sein auf** +akk a fi fixat pe

FKK F̄ ABK (= Freikörperkultur) nudism n

FKK-Strand M̄ plajă f pentru nudiști

flach ADJ **1** plat; **sich ~ hinlegen** a se întinde **2** Teller întins **3** Gewässer puțin adânc **4** Schuh fără toc

Flachbildschirm M̲ ecran n plat

Fläche F̲ suprafață f

Flächenmaß N̲ măsură f de suprafață

Flachland N̲ câmpie f șes n

flackern V̲I̲ a pâlpâi

Fladen M̲ **1** GASTR lipie f **2** (≈ *Kuhfladen*) baligă f

Flädlisuppe *schweiz* F̲ supă f cu tăieței din clătite

Flagge F̲ drapel n

Flair N̲ fler n

flambiert A̲D̲J̲ flambat

Flamme F̲ flacără f; **auf kleiner ~ kochen** a găti la foc mic; **in ~n aufgehen** a lua foc

Flasche F̲ sticlă f; **e-e ~ Wein** o sticlă de vin

Flaschenöffner M̲ deschizător n de sticle

Flaschenpfand N̲ garanție f pentru sticlă

Flaschenzug M̲ TECH scripete n

Flatrate F̲ IT, TEL abonament n cu acces nelimitat

flattern V̲I̲ a fâlfâi

Flaute F̲ **1** SCHIFF calm n **2** WIRTSCH stagnare f

flechten V̲T̲ a împleti; **Zöpfe ~** a împleti cozi

Fleck M̲ pată f; **blauer ~** vânătaie f

Fleckenferner M̲ soluție f pentru curățarea petelor

fleckig A̲D̲J̲ pătat

Fledermaus F̲ liliac m

Fleisch N̲ carne f

Fleischbrühe F̲ bulion n

Fleischer(in) M̲(F̲) măcelar m, măcelăreasă f

Fleischerei F̲ măcelărie f

fleischfressend A̲D̲J̲ carnivor

Fleischklößchen N̲, **Fleischküchle** N̲, **Fleischla(i)berl** *österr* N̲ perișoară f

Fleiß M̲ hărnicie f; *beharrlicher* sârguință f; (≈ *Eifer*) zel n; *sprichw* **ohne ~ kein Preis** după faptă, și răsplată

fleißig A̲D̲J̲ harnic; **~ üben/lernen** a exersa/învăța cu hărnicie

flexibel A̲D̲J̲ flexibil

flexibilisieren V̲T̲ *Arbeitszeit etc* a flexibiliza; (≈ *lockern*) *Bestimmungen etc* a

relaxa

Flexibilität F̲ flexibilitate f; *fig a.* suplețe f

flicken V̲T̲ a cârpi

Flickzeug N̲ trusă f de bicicletă

Flieder M̲ liliac m

Fliege F̲ muscă f; *fig* **keiner ~ etw zuleide tun** a nu-i face rău nici unei muște; *fig* **zwei ~n mit e-r Klappe schlagen** a împușca doi iepuri dintr-un foc

fliegen V̲I̲ a zbura; *mit einem Flugzeug reisen* a călători cu avionul; **von der Schule ~** a zbura din școală

fliehen V̲I̲ a fugi (**aus** din); *Gefangener* a evada (**aus** din); **vor j-m/etw ~** a fugi de cineva/ceva; **ins Ausland ~** a fugi în străinătate

Fliese F̲ dală f; *Stein* dală f de gresie; **einen Raum mit ~n auslegen** a pune faianță (*od* gresie) într-o cameră

Fließband N̲ bandă f rulantă; **am ~ arbeiten** a lucra la bandă

fließen V̲I̲ a curge; **~ durch/in** +*akk* a curge prin/în

fließend A̲D̲J̲ **~es Wasser** apă f curgătoare; **~ Rumänisch sprechen** a vorbi fluent românește

Fließheck N̲ AUTO fastback n

flimmern V̲I̲ *Stern* a licări; *Bild* a pâlpâi; *Luft* a tremura, a vibra; **es flimmert mir vor den Augen** mă ia cu amețeală

Flipchart F̲ flipchart n

Flipflop(s) M̲(P̲L̲) *Sandale(n)* flip-flops mpl

Flipper M̲, **Flipperautomat** M̲ flipper n, pinball n

Flirt M̲ flirt n

flirten V̲I̲ a flirta

Flitterwochen P̲L̲ lună f de miere

flitzen *umg* V̲I̲ a țâșni; *umg* a o zbughi

Flocke F̲ fulg m

flog → **fliegen**

floh → **fliehen**

Floh M̲ purice m

Flohmarkt M̲ talcioc n

Flop *umg* M̲ eșec n; **ein totaler ~ sein** *umg* a fi un eșec total

Floskel F̲ platitudine f, loc n comun; *abgedroschene* formulare-șablon f

floss → **fließen**

Floß N̄ plută f

Flosse F̄ aripioară f

Flöte F̄ flaut n; **~ spielen** a cânta la flaut

flott A ADJ 1 umg (≈rasch) rapid, iute; *Musik* antrenant; *Gang* sprinten 2 umg (≈schick) şic; (≈attraktiv) nostim, vesel 3 (≈lebenslustig) plin de viaţă 4 **wieder ~ sein** *Schiff* a fi din nou pe linia de plutire; *Fahrzeug* a fi din nou pe roate B umg ADV iute; **~ gekleidet sein** a fi îmbrăcat şic

Flotte F̄ flotă f

Fluch M̄ 1 blestem n 2 *Kraftausdruck* înjurătură f

fluchen V̄ī a înjura; **auf j-n/etw ~** a înjura pe cineva/ceva

Flucht F̄ fugă f; **die ~ ergreifen** a o lua la fugă

Fluchtauto N̄ maşina f cu care s-a fugit de la faţa locului

flüchten V̄ī a fugi **(vor** +dat de)

flüchtig ADJ fugar

Flüchtling M̄ refugiat(ă) m(f)

Flüchtlingskrise F̄ criza f refugiaţilor

Flug M̄ zbor n; **die Zeit vergeht (wie) im ~(e)** timpul zboară

Flugbahn F̄ traiectorie f

Flugbegleiter(in) M̄F̄ steward(esă) m(f)

Flugblatt N̄ flyer n

Flügel M̄ 1 aripă f 2 MUS pian n cu coadă

Fluggast M̄ pasager(ă) m(f)

Fluggesellschaft F̄ companie f de transport aerian

Flughafen M̄ aeroport n

Fluglotse M̄ controlor m al navigaţiei aero

Flugnummer F̄ număr n de zbor

Flugplan M̄ orar n aero

Flugplatz M̄ aerodrom n

Flugreise F̄ călătorie f cu avionul

Flugschein M̄, **Flugticket** N̄ bilet n de avion

Flugschreiber M̄ FLUG înregistrator n de zbor

Flugsteig M̄ poartă f de îmbarcare

Flugticket N̄ bilet n de avion

Flugverbindung F̄ legătură f de linii aeriene

Flugverkehr M̄ trafic n aerian

Flugzeit F̄ durată f a zborului

Flugzeug N̄ avion n; **mit dem ~** cu avionul

Flugzeugentführung F̄ deturnare f

Fluor N̄ fluor n

Flur M̄ coridor n

Fluss M̄ râu n

Flussbett N̄ albie f (od matcă f) de râu

Flussdiagramm N̄ IT ordinogramă f

flüssig ADJ 1 lichid 2 FIN disponibil

Flüssigkeit F̄ lichid n

flüstern V̄T & V̄I a şopti

Flut F̄ flux n; **die ~ setzt ein** începe fluxul

Flutlicht N̄ lumina f reflectoarelor

föderalistisch ADJ federalist

Föderation F̄ federaţie f

Fohlen N̄ mânz n

Föhn M̄ uscător n de păr, föhn n

föhnen V̄T *Haare* a usca cu föhnul

Folge F̄ 1 urmare f; **~n haben** a avea urmări; **etw zur ~ haben** a avea ceva ca urmare 2 *Serie* episod n

folgen V̄ī 1 a urma (j-m pe cineva); **auf j-n/etw ~** a urma cuiva / la ceva; *fig* **j-m ~ können** a înţelege raţionamentul cuiva; **wie folgt** după cum urmează 2 (≈gehorchen) a asculta (j-m de cineva) 3 (≈resultieren) **daraus folgt, dass ...** din asta rezultă că ...

folgend ADJT următor; **im Folgenden** în cele ce urmează

folgendermaßen ADV în felul următor

folgerichtig ADJ logic

folglich KONJ & ADV prin urmare

Folie F̄ folie f

Folklore F̄ folclor n

Folter F̄ tortură f; *fig* chin n; *fig* **j-n auf die ~ spannen** a chinui pe cineva

foltern V̄T a chinui

Fön® → **Föhn**

Fonds M̄ FIN fond n

Fondue N̄ fondue f

fordern V̄T a cere; **etw von j-m ~** a cere ceva de la cineva

fördern V̄T a promova

Förderschule M̄ şcoală f specială (od ajutătoare)

Förderung F̲ 🔢 *von Bodenschätzen* extracție f 🔢 *von Talenten, Beziehungen* încurajare f; *der Kunst, Wissenschaft* promovare f; *durch e-n Sponsor* sponzorizare f

Forderung F̲ 🔢 cerință f 🔢 *rechtmäßig* revendicare f

Förderunterricht M̲ învățământ n special

Forelle F̲ păstrăv m; GASTR ~ **(nach) Müllerin(art)** păstrăv meuniere

Form F̲ formă f; **die ~ wahren** a păstra aparențele; **in guter ~ sein** a fi în formă bună

formal A̲D̲J̲ & A̲D̲V̲ formal

Formalität F̲ formalitate f

Format N̲ format n; **~ haben** a avea nivel

formatieren V̲T̲ IT a formata

Formatierung F̲ IT formatare f

Formblatt N̲ ADMIN formular n

Formel F̲ formulă f; SPORT ~ **1** Formula 1

formell A̲ A̲D̲J̲ formalist, protocolar B̲ A̲D̲V̲ ceremonios

formen V̲T̲ a forma

förmlich A̲D̲J̲ formal

formlos A̲D̲J̲ fără formalisme

Formular N̲ formular n; **ein ~ ausfüllen** a completa un formular

formulieren V̲T̲ a formula

Formulierung F̲ formulare f

forschen V̲I̲ a cerceta

Forscher(in) M̲F̲ cercetător m, cercetătoare f

Forschung F̲ cercetare f

Forschungsauftrag M̲ sarcină f de cercetare

Forschungsgebiet N̲ domeniu n de cercetare

Förster(in) M̲F̲ silvicultor m, silvicultoare f

fort A̲D̲V̲ plecat; **~ sein** a fi plecat; **in e-m ~** incontinuu; **und so ~** și așa mai departe; **weit ~** departe de tot

fortbewegen V̲R̲ **sich ~** a se deplasa

Fortbildung F̲ perfecționare f

fortfahren V̲I̲ 🔢 *weitermachen* a continua; **~, etw zu tun** a continua să faci ceva 🔢 *wegfahren* a pleca

fortgehen V̲I̲ a pleca

fortgeschritten A̲D̲J̲ avansat; **Kurs**

für Fortgeschrittene curs n pentru avansați

fortpflanzen V̲R̲ **sich ~** BIOL a se reproduce, a se înmulți; PHYS a se propaga, a se răspândi

Fortpflanzung F̲ 🔢 BIOL reproducere f, înmulțire f 🔢 PHYS propagare f, răspândire f

Fortschritt M̲ progres n; **~e machen** a face progrese

fortschrittlich A̲D̲J̲ progresist

fortsetzen V̲T̲ (& V̲R̲) a continua

Fortsetzung F̲ continuare f; **~ folgt** va urma

Foto N̲ fotografie f; **auf dem ~** în fotografie; **ein ~ von j-m/etw machen** a fotografia pe cineva/ceva

Fotoalbum N̲ album n foto

Fotoapparat M̲ aparat n de fotografiat

Fotobuch N̲ carte f foto (*od de fotografie*)

Fotogalerie F̲ bes INTERNET (≈*Fotostrecke*) galerie f foto

fotogen A̲D̲J̲ fotogen

Fotograf(in) M̲F̲ fotograf(ă) m(f)

Fotografie F̲ fotografie f

fotografieren V̲T̲ a fotografia

Fotohandy N̲ TEL telefon n mobil cu cameră foto

Fotokopie F̲ fotocopie f

fotokopieren V̲T̲ a fotocopia

Fotomontage F̲ fotomontaj n

Fotostrecke F̲ bes INTERNET galerie f foto

Foul N̲ fault n (**an** + *dat* la)

foulen V̲T̲ a faulta

Foyer N̲ foaier n

Fr. A̲B̲K̲ (= Frau) dna (= doamna)

Fracht F̲ încărcătură f

Frachtbrief M̲ scrisoare f de trăsură; SCHIFF conosament n

Frachter M̲ cargobot n

Frack M̲ frac n

Frage F̲ întrebare f; **eine ~ der Zeit** o chestiune de timp; **eine ~ stellen** a pune o întrebare; **ohne ~** fără discuție

Fragebogen M̲ formular n

fragen A̲ V̲T̲ a întreba; **j-n etw** (*od* **nach etw**) **~** a întreba ceva pe cineva B̲ V̲R̲ **sich ~** a se întreba

Fragezeichen N̲ semn n de întrebare

fraglich ADJ **1** (≈ *unsicher*) îndoielnic; **es ist ~, ob ... e** îndoielnic, dacă ... **2** (≈ *betreffend*) respectiv, în cauză

fragwürdig ADJ discutabil

Fraktion F **1** POL fracţiune f grup n parlamentar **2** (≈ *Sondergruppe*) grup n

Fraktionszwang M disciplină f de vot

Fraktur F MED fractură f

Franken M (**Schweizer**) ~ franc m elveţian

frankieren VT a franca

Frankreich N Franţa f

Franzose M, **Französin** F francez m, franţuzoaică f

französisch ADJ francez, franţuzesc; ~ **essen** a mânca franţuzeşte

Französisch N limba f franceză; ~ **lernen/verstehen** a învăţa/înţelege limba franceză; **auf** (*od* **in**) ~ pe franceză; **fließend** ~ **sprechen** a vorbi curent franceza

fraß → **fressen**

Frau F **1** femeie f **2** (≈ *Ehefrau*) soţie f; **zur** ~ **nehmen** a lua de soţie **3** (≈ *Anrede*) doamnă

Frauenarzt M, **Frauenärztin** F medic m ginecolog

Frauenbeauftragte F însărcinată cu protecţia drepturilor femeii

Frauenhaus N centru (*de adăpostire*) pentru femei abuzate

Fräulein N domnişoară f

frech ADJ obraznic

Frechheit F obrăznicie f; **so eine ~!** ce obrăznicie!

Freeware F IT freeware n

frei ADJ liber; ~**er Mitarbeiter** colaborator m extern; **ein ~er Tag** o zi liberă; **Zimmer** ~ camere libere; **im Freien** în aer liber

Freibad N ştrand n

freibekommen A VT **j-n** ~ a obţine eliberarea cuiva; **e-n Tag** ~ a primi o zi liberă (*de la serviciu*) B *umg* VR a primi liber

Freiberufler(in) M(F) liber-profesionist(ă) m(f)

freiberuflich ADJ liber-profesionist

Freiburg N *in der Schweiz* Fribourg n; ~ **im Breisgau** Freiburg im Breisgau

freigeben VT a elibera; *Preise, Wechselkurse* a liberaliza; **einen Artikel** ~ a autoriza publicarea unui articol; **für den Verkehr** ~ a deschide circulaţiei; **j-m** (**e-n Tag**) ~ a da cuiva (o zi) liber(ă); *Film* **freigegeben ab 18 Jahren** interzis minorilor sub 18 ani

freig(i)ebig ADJ generos

freihaben *umg* A VT **zwei Tage** ~ a avea două zile libere B VI a avea liber; **in der Dienststelle** a nu fi de serviciu

Freihandelszone F zonă f de liber schimb

freihändig ADJ & ADV cu mâna liberă; *Rad fahren* a merge cu bicicleta fără a ţine ghidonul cu mâna

Freiheit F libertate f; **sich** (*dat*) **die ~ nehmen, etw zu tun** a-şi lua libertatea de a face ceva

Freikarte F bilet n gratuit

freilassen VT a elibera; **gegen Kaution** ~ a elibera pe cauţiune

freilich ADV fireşte

Freilichtbühne F teatru n în aer liber

Freilichtmuseum N muzeu n în aer liber

freimachen A VT a franca B V/R **sich von etw** ~ *Vorurteile etc* a se elibera de ceva

freinehmen VT **sich einen Tag** ~ a-şi lua o zi liberă

Freisprechanlage F handsfree n

freisprechen VT JUR a achita; *fig* **j-n von e-m Verdacht** ~ a scoate pe cineva de sub suspiciune

Freispruch M achitare f

Freistoß M lovitură f liberă

Freitag M vineri f; → **Mittwoch**

freitags ADV vinerea

freiwillig ADJ voluntar

Freiwillige(r) M/F(M) voluntar(ă) m(f); MIL (*rezervist*) voluntar m

Freizeichen N TEL ton n

Freizeit F timp n liber; **in der ~** în timpul liber

Freizeitbeschäftigung F ocupaţie f în timpul liber

Freizeitpark M *Vergnügungspark* parc n de distracţii

Freizeitprogramm N program n în timpul liber

Freizügigkeit F **1** generozitate f, frivolitate f **2** EU **~ von Waren/Personen** liberă circulație f a mărfurilor/persoanelor

fremd ADJ străin; **in e-r Stadt ~ sein** a fi străin într-un oraș; **j-m ~ sein** a-fi cuiva străin

Fremde(r) M/F(M) Unbekannte(r) necunoscut(ă) m(f); Person aus einer anderen Gegend străin(ă) m(f)

Fremdenfeindlichkeit F xenofobie f

Fremdenführer(in) M/F ghid(ă) m(f)

Fremdenverkehr M turism n

Fremdenverkehrsamt N birou n de turism

Fremdenzimmer N cameră f de oaspeți (od hotel)

Fremdsprache F limbă f străină

Fremdsprachenkenntnisse PL cunoștințe fpl de limbi străine

Fremdsprachenkorrespondent(in) M/F secretar(ă) care stăpânește una sau mai multe limbi străine

Fremdwort N cuvânt n străin

Frequenz F RADIO frecvență f

fressen V/T **1** Tier a mânca **2** Mensch a înfuleca

Fressnapf M bol n, castron n

Freude F bucurie f; **an etw** (dat) **~ haben** a avea bucurie la ceva; **j-m mit etw ~ machen** (od **bereiten**) a-i face cuiva o bucurie cu ceva; **vor ~ de bucurie**; **zu meiner großen ~** spre marea mea bucurie

freuen A V/T a bucura; **es freut mich, dass ...** mă bucur că ... B V/R **sich ~** a se bucura (**über** +akk de); **sich auf etw ~** a se bucura de ceva

Freund(in) M/F prieten(ă) m(f); **gute ~e sein** a fi bun prieteni; **kein ~ von etw sein** a nu se da în vânt după ceva

Freundeskreis M cerc n de prieteni

freundlich ADJ **1** prietenos; **so ~ sein zu** +inf a avea amabilitatea să **2** Wohnung plăcut

freundlicherweise ADV prietenește

Freundschaft F prietenie f; **mit j-m ~ schließen** a lega prietenie cu cineva

freundschaftlich ADJ prietenesc, amical

Freundschaftsspiel N meci n ami-

cal

Frieden M pace f; umg **lass mich in ~! lasă-mă în pace!**

Friedensbewegung F mișcare f pentru pace

Friedensnobelpreis M premiu n Nobel pentru pace

Friedenspolitik F politică f de pace

Friedhof M cimitir n

friedlich ADJ pașnic; **auf ~em Wege** pe cale pașnică

frieren V/T & V/I a îngheța; **ich friere** (od **es friert mich**) mi-e frig

Frikadelle F chiftea f

Frisbee® N, **Frisbeescheibe** F frisbee n

frisch ADJ proaspăt; **~ gestrichen** proaspăt vopsit; **~e Wäsche** lenjerie f curată; **sich ~ machen** a se aranja

Frische F prospețime f

Frischhaltefolie F folie f transparentă

Frischkäse M brânză f proaspătă

Friseur(in) M/F, **Frisör(in)** M/F für Frauen coafor m, coafeză f; für Männer frizer(iță) m(f)

frisieren A V/T Haare a coafa; umg fig a aranja B V/R **sich ~** a se coafa

frisst → fressen

Frist F termen m; **die ~ ist abgelaufen** termenul a expirat; **eine ~ einhalten** a respecta un termen; **innerhalb e-r ~ von acht Tagen** în termen de opt zile; **j-m e-e ~ setzen** a-i fixa cuiva un termen

fristgemäß, fristgerecht ADJ & ADV conform termenului

fristlos ADJ & ADV fără preaviz

Frisur F **1** Mann frizură f **2** Frau coafură f

Frittate österr F GASTR fâșie f de clătită

Frittatensuppe österr F supă cu fâșii de clătite

Fritten umg FPL GASTR cartofi mpl prăjiți

Fritteuse F friteuză f

frittieren V/T a prăji în multă grăsime încinsă

froh ADJ bucuros; **~ sein zu** +inf bzw. **dass ...** a fi bucuros să ...; **~e Feiertage!** sărbători fericite!; **~e Ostern!** Hristos a învăt!; **~e Weihnachten!** Crăciun fericit!

fröhlich ADJ vesel

fromm ADJ cuvios, pios; *iron* **~er Wunsch** dorință deșartă

Fronleichnam Corpus Christi n

Front F̲ a. METEO, *fig* front n; BAU fațadă f; **an der ~** pe front; *fig* **gegen j-n/etw ~ machen** a face front împotriva cuiva / a ceva; *fig* **die ~en haben sich verhärtet** disensiunile s-au adâncit

fror → frieren

Frosch M̲ broască f

Frost M̲ ger n; **bei ~** la ger

Frostschutzmittel N̲ antigel n

Frottee N̲ frotir n

Frucht F̲ fruct n; **Früchte tragen** a da roade

Fruchtaufstrich M̲ gem n, jeleu n de fructe

fruchtbar ADJ fertil

Fruchteis N̲ înghețată f de fructe

fruchtig ADJ cu gust de fructe

Fruchtsaft M̲ suc n de fructe

Fruchtsalat M̲ salată f de fructe

früh ADJ devreme; **~ genug** din vreme; **heute ~** azi dimineață; **morgen ~** mâine dimineață; **um fünf Uhr ~** la ora cinci dimineață

Frühaufsteher(in) M/F persoană f matinală; **~ sein** a fi matinal

Frühdienst M̲ serviciu n de dimineața

früher ADJ A̲ ADJ **1** timpuriu; **~ oder später** mai devreme sau mai târziu; **in ~en Zeiten** pe vremuri; **wie ~** ca înainte **2** *ehemalig* străvechi; **ihr ~er Mann** fostul ei soț B̲ ADV mai înainte

frühestens ADV cel mai devreme

Frühjahr N̲, **Frühling** M̲ primăvară f; **im ~** la primăvară

Frühlingsrolle F̲ pachet n de primăvară

Frühstück N̲ mic dejun n; **vor/nach dem ~** înainte de / după micul dejun

frühstücken V/I a lua micul dejun

Frühstücksbüfett N̲ mic dejun n cu bufet

frühzeitig ADJ din vreme

Fruktose F̲ CHEM fructoză f

Fruktoseintoleranz F̲ CHEM intole-

ranța f la fructoză

Frust *umg* M̲ frustrare f

frustrieren V/T a frustra

frustrierend ADJ frustrant

frustriert ADJ frustrat

Fuchs M̲ vulpe f

fühlen A̲ V/T a simți B̲ V/R **sich ~** a se simți; **sich nicht wohl ~** a nu se simți bine

fuhr → fahren

führen A̲ V/T a conduce; **die Geschäfte ~** a conduce afacerile B̲ V/I a (con)-duce; SPORT **(mit 1:0) ~** a conduce (cu 1:0); **zu etw ~** a duce la ceva; *fig* **das führt zu nichts** asta nu duce la nimic

Führer(in) M/F **1** *e-r Gruppe* conducător m, conducătoare f **2** *für Touristen* ghid m, ghidă f **3** *Buch* ~ m ghid n

Führerschein M̲ permis n de conducere; **den ~ machen** a face școala de șoferi

Führung F̲ **1** *Leitung* conducere f; **unter der ~ von** sub conducerea **2** *Besichtigung* ghid m **3** SPORT **in ~ liegen** a se afla în frunte

füllen A̲ V/T a umple B̲ V/R **sich ~** a se umple

Füller M̲, **Füllfederhalter** M̲ stilou n

Füllung F̲ umplutură f

fummeln *umg* V/I **1** **an** (*od* **in) etw** (*dat*) **~** a bâjbâi după ceva **2** *sexuell* a pipăi

Fund M̲ obiect n găsit; **archäologischer ~** descoperire f arheologică

Fundament N̲ **1** BAU fundament n; **das ~ legen** a pune fundamentul **2** *fig* temelie f, bază f

Fundamentalismus M̲ REL fundamentalism n; POL extremism n

Fundbüro N̲ birou n de obiecte găsite

Fundsachen PL obiecte npl găsite

fünf NUM cinci

Fünf F̲ cinci m

fünfhundert NUM cinci sute

fünfmal ADV de cinci ori

fünftausend NUM cinci mii

fünfte(r, s) NUM al cincilea, a cincea; → dritte

Fünftel N̲ cincime f

fünftens ADV în al cincilea rând

fünfzehn $\overline{\text{NUM}}$ cincisprezece

fünfzehnte(r, s) $\overline{\text{NUM}}$ al cincisprezecelea, a cincisprezecea; → dritte

fünfzig $\overline{\text{NUM}}$ cincizeci; **etwa** (*od* **rund**) **~ (Personen)** circa cincizeci (de persoane)

fünfzigste(r, s) $\overline{\text{NUM}}$ al cincizecilea, a cincizecea

Funk $\overline{\text{M}}$ radio *n*; **über ~** la radio

Funke $\overline{\text{M}}$ scânteie *f*; *fig* **kein ~ Hoffnung/Ehrgeiz** *etc* nici urmă de speranță/ambiție *etc*

funkeln $\overline{\text{Vi}}$ a sclipi

funken $\overline{\text{A}}$ $\overline{\text{Vi}}$ a scânteia, a transmite prin radio $\overline{\text{B}}$ *umg fig* $\overline{\text{V/UNPERS}}$ **es hat gefunkt** (≈ *sie haben sich verliebt*) și-au căzut unul altuia cu tronc; (≈ *es hat Krach gegeben*) s-a lăsat cu scandal *umg*; **es hat bei ihr gefunkt** *umg* ea s-a prins

Funkgerät $\overline{\text{N}}$ aparat *n* de radioemisie

Funkspruch $\overline{\text{M}}$ mesaj *n* radio

Funktion $\overline{\text{F}}$ funcție *f*

funktionieren $\overline{\text{Vi}}$ a funcționa

Funktionstaste $\overline{\text{F}}$ tastă *f* de funcție

für $\overline{\text{PRÄP}}$ pentru; **das ist e-e Sache für sich** asta e o treabă în sine; **das ist für dich** asta e pentru tine; **Tag für Tag** zi de zi; **was für (ein) …?** ce fel de …?

Furcht $\overline{\text{F}}$ groază *f*; **~ haben** a-ți fi frică; **j-m ~ einflößen** a înfricoșa pe cineva

furchtbar $\overline{\text{ADJ}}$ groaznic; *umg* **~ dumm/schwierig** groaznic de prost/dificil

fürchten $\overline{\text{A}}$ $\overline{\text{Vi}}$ **ich fürchte, dass …** mi-e teamă că … $\overline{\text{B}}$ $\overline{\text{V/R}}$ **sich ~** a se teme (**vor** +*dat* de)

fürchterlich $\overline{\text{ADJ}}$ îngrozitor

füreinander $\overline{\text{ADV}}$ unul pentru altul

fürs, = für das → für

Fürst(in) $\overline{\text{M(F)}}$ prinț *m*, prințesă *f*

Fürstentum $\overline{\text{N}}$ principat *n*

Fusion $\overline{\text{F}}$ fuziune *f*

Fuß $\overline{\text{M}}$ laba *f* piciorului; **zu Fuß** pe jos; **zu Fuß gehen** a merge pe jos; **auf eigenen Füßen stehen** a fi pe propriile picioare

Fußabdruck $\overline{\text{M}}$ urmă *f*; **ökologischer ~ auf CO_2 bezogen** amprentă *f* ecologică

Fußball $\overline{\text{M}}$ fotbal *n*; **~ spielen** a juca fotbal

Fußballfan $\overline{\text{M}}$ microbist *m od* suporter *m* (de fotbal)

Fußballmannschaft $\overline{\text{F}}$ echipă *f* de fotbal

Fußballplatz $\overline{\text{M}}$ teren *n* de fotbal

Fußballspiel $\overline{\text{N}}$ meci *n* de fotbal

Fußballspieler(in) $\overline{\text{M(F)}}$ fotbalist(ă) *m(f)*

Fußballtrainer(in) $\overline{\text{M(F)}}$ antrenor *m*/antrenoare *f* de fotbal

Fußballverein $\overline{\text{M}}$ club *n* de fotbal

Fußboden $\overline{\text{M}}$ podea *f*

Fußgänger(in) $\overline{\text{M(F)}}$ pieton *m*

Fußgängerüberweg $\overline{\text{M}}$ trecere *f* de pietoni

Fußgängerzone $\overline{\text{F}}$ zonă *f* pietonală

Fußgelenk $\overline{\text{N}}$ gleznă *f*

Fußmatte $\overline{\text{F}}$ ștergător *n* de picioare

Fußnagel $\overline{\text{M}}$ unghie *f* de la picior

Fußpilz $\overline{\text{M}}$ micoză *f* la degetele de la picioare

Fußsohle $\overline{\text{F}}$ talpă *f* a piciorului

Fußspitze $\overline{\text{F}}$ vârf *n* al piciorului

Fußtritt $\overline{\text{M}}$ pas *m*; **j-m einen ~ geben** a-i da cuiva un picior

Fußweg $\overline{\text{M}}$ $\boxed{1}$ drum *n* pietonal $\boxed{2}$ *Pfad* potecă *f*

futsch *umg* $\overline{\text{ADJ}}$ (≈ *kaputt*) terminat, dus; (≈ *weg*) dus

Futter[1] nutreț *n*; **Futter geben** a hrăni

Futter[2] $\overline{\text{N}}$ *Kleidung* căptușeală *f*

füttern[1] $\overline{\text{Vi}}$ a hrăni; **ein Baby ~** a hrăni un bebeluș

füttern[2] $\overline{\text{Vi}}$ MODE a căptuși (**mit** cu); **mit Pelz** a îmblăni

Futternapf $\overline{\text{M}}$ bol *n* (*od* castron *n*) pentru animale

G

G, g $\overline{N}$ **1** G, g m/n **2** MUS sol m

g ABK MUS sol m

G-20-Staat(en) M(Pl) POL stat(e) G20 n(pl)

gab → geben

Gabe F **1** dar n **2** Begabung talent n

Gabel F furculiță f

Gabelstapler M stivuitor n

Gabelung F bifurcație f

gaffen pej V/i a se holba, a căsca gura

Gag M gag n

Gage F gaj n

gähnen V/i a căsca

Galerie F galerie f

Galgen M spânzurătoare f

Galgenfrist F termen n ultim (od de grație)

Galgenhumor M umor n negru

Galle F vezică f biliară

Gallenstein M calcul m biliar

Galopp M galop n; **im ~** în galop

galoppieren V/i a galopa

galt → gelten

gammeln umg V/i a hoinări

Gang M **1** (≈ Bewegung) mers n **2** (≈ Flur) culoar n; **auf dem ~** pe culoar **3** AUTO viteză f; **den ersten ~ einlegen** a băga în viteza întâi **4** GASTR fel n de mâncare **5** (≈ Ablauf) **etw in ~ bringen** a pune ceva în mișcare; **im ~(e) sein** a fi în curs de

gängig ADJ **1** (≈ üblich) curent, uzual **2** Produkt, Artikel căutat, cerut

Gangschaltung F schimbator n de viteză

Gangway F FLUG scara f avionului

Gans F gâscă f; fig **dumme ~** o proastă

Gänseblümchen $\overline{N}$ bănuț m

Gänsehaut F piele f de găină; **e-e ~ bekommen** a ți se face pielea găină

ganz A ADJ tot; **~ Europa** toată Europa; **den ~enTag** toată ziua; **sein ~es Geld** toți banii lui; umg (≈alle) **die ~en Leute** toată lumea B ADV foarte,

de tot; **~ schön viel** foarte mult; **es hat mir ~ gut gefallen** mi-a plăcut destul de mult

Ganze(s) $\overline{N}$ tot n, întreg n; umg **aufs ~ gehen** a risca totul; **es geht ums ~** e totul în joc

ganztägig ADJ care ține toată ziua; **~ geöffnet** deschis toată ziua

Ganztagsbeschäftigung F post n de lucru cu normă întreagă

Ganztagsschule F școală în care elevii au cursuri dimineața și după-masa

gar A ADJ gekocht fiert; gebraten fript B ADV **gar nicht/nichts/keiner** deloc / nimic / nici unul; **gar nicht schlecht** deloc rău

Garage F garaj n

Garantie F garanție f; **ein Jahr ~ haben** a avea garanție un an; **mit/ohne ~** cu/fără garanție

garantieren A V/t a garanta; **(j-m) etw ~** a garanta ceva (cuiva) B V/i **für j-n/etw ~** a garanta pentru cineva/ceva

garantiert umg fig ADVL **das ist ~ gelogen** asta-i sută la sută minciună

Garderobe F garderobă f

Garderobenständer M cuier n

Gardine F perdea f

gären A V/i a fermenta, a dospi B V/UNPERS fig **es gärt im Volk** lumea e agitată

Garn $\overline{N}$ fir n

Garnele F crevete m

garnieren V/t a garnisi

Garnitur F **1** set n; (≈ Möbelgarnitur) ansamblu n (od garnitură f) de mobilă; (≈ Wäschegarnitur) set n de lenjerie **2** umg fig **die erste ~** cei mai buni

Garten M grădină f; **botanischer ~** grădina botanică; **im ~ arbeiten** a lucra în grădină

Gärtner(in) M(F) grădinar m, grădinăreasă f

Gärtnerei F grădinărit n

Garzeit F timpul n de fierbere

Gas $\overline{N}$ gaz n; **Gas geben** AUTO a accelera; fig a da bătaie

Gasanzünder M aprinzător n de gaz

Gasheizung F încălzire f cu gaze

Gasherd M aragaz n

Gaskocher M aragaz n de campanie

Gasmaske $\overline{F}$ mască f de gaze
Gaspedal $\overline{N}$ accelerator n
Gasse $\overline{F}$ stradă f îngustă
Gassi umg **(mit dem Hund)** ~ **gehen** a scoate câinele la plimbare
Gast $\overline{M}$ musafir m, oaspete m; **bei j-m zu** ~ **sein** a fi în vizită la cineva; **ungebetener** ~ musafir nepoftit
Gästebett $\overline{N}$ pat n pentru musafiri
Gästebuch $\overline{N}$ carte f de oaspeți
Gästehaus $\overline{N}$ pensiune f
Gäste-WC $\overline{N}$ baie f (od toaletă f) de oaspeți
Gästezimmer $\overline{N}$ cameră f pentru musafiri
Gastfamilie $\overline{F}$ familie f gazdă
gastfreundlich $\overline{ADJ}$ ospitalier
Gastfreundschaft $\overline{F}$ ospitalitate f
Gastgeber(in) $\overline{MF}$ gazdă f
Gasthaus $\overline{N}$, **Gasthof** $\overline{M}$ pensiune f
gastieren $\overline{VI}$ a da reprezentații, a juca (în turneu)
Gastland $\overline{N}$ țară f gazdă
Gastritis $\overline{F}$ gastrită f
Gastronomie $\overline{F}$ gastronomie f
Gastspiel $\overline{N}$ SPORT joc n în deplasare
Gaststätte $\overline{F}$ restaurant n
Gaswerk $\overline{N}$ uzină f de gaz
Gattung $\overline{F}$ BIOL, KUNST gen n
Gaumen $\overline{M}$ cerul n gurii
Gauner(in) $\overline{MF}$ pej escroc m, escroacă f; umg fig (≈gerissener Mensch) șmecher(ă) m(f)
Gebäck $\overline{N}$ **1** produse npl de panificație **2** Kekse fursecuri npl
gebannt $\overline{ADJ}$ **(wie)** ~ fascinat
Gebärde $\overline{F}$ gest n
gebären $\overline{VI}$ a naște; **geboren werden** a se naște
Gebärmutter $\overline{F}$ uter f
Gebäude $\overline{N}$ clădire f
geben $\overline{A}$ $\overline{VI}$ a da (j-m etw ceva cuiva) $\overline{B}$ $\overline{V/UNPERS}$ **es gibt** există, este; **das gibt's nicht!** asta nu se poate!; **was gibt's?** ce e?
Gebet $\overline{N}$ rugăciune f
gebeten $\overline{PPERF}$ → bitten
Gebiet $\overline{N}$ **1** regiune f **2** Fachgebiet specialitate f; **auf diesem** ~ în acest domeniu
gebildet $\overline{ADJ}$ cultivat
Gebirge $\overline{N}$ masiv n muntos

Gebiss $\overline{N}$ **1** dantură f **2** künstlich proteză f dentară
gebissen $\overline{PPERF}$ → beißen
Gebläse $\overline{N}$ ventilator n
geblieben $\overline{PPERF}$ → bleiben
geblümt $\overline{ADJ}$ înflorat
gebogen $\overline{A}$ $\overline{PPERF}$ → biegen $\overline{B}$ $\overline{ADJ}$ Schnabel, Nase, Hörner încovoiat; Linie, Gegenstand curb
geboren $\overline{ADJ}$ născut; Mädchenname ~e născută
geborgen $\overline{ADJ}$ protejat
Geborgenheit $\overline{F}$ protecție f, siguranță f
Gebot $\overline{N}$ **1** REL poruncă f; **die Zehn** ~**e** cele zece porunci **2** bei Versteigerung ofertă f; höheres supralicitare f **3** fig **es ist ein** ~ **der Vernunft zu** +inf este o cerință a rațiunii să + Konjunktiv
gebracht $\overline{PPERF}$ → bringen
gebrannt $\overline{PPERF}$ → brennen
Gebrauch $\overline{M}$ **1** uz n; e-s Wortes, e-r List folosire f; **von etw** ~ **machen** a face uz (od a se servi) de ceva; **von e-m Recht** a uza de ceva; **etw in** (od **im**) ~ **haben** a se servi de ceva; **vor** ~ **schütteln** a se agita înainte de folosire **2** (≈ Brauch) obicei n datină f
gebrauchen $\overline{VI}$ a folosi; **zu nichts zu** ~ **sein** a nu servi la nimic
gebräuchlich $\overline{ADJ}$ uzual; Wort des folosit; **nicht mehr** ~ **sein** ieșit din uz
Gebrauchsanleitung $\overline{F}$, **Gebrauchsanweisung** $\overline{F}$ mod n de întrebuințare
gebraucht $\overline{ADJ}$ folosit, uzat; **etw** ~ **kaufen** a cumpăra ceva second hand
Gebrauchtwagen $\overline{M}$ mașină f rulată
gebrochen $\overline{A}$ $\overline{PPERF}$ → brechen $\overline{B}$ $\overline{ADJ}$ **1** seelisch distrus **2** Lichtstrahl refractat; Linie frânt; fig Stimme stins **3** Sprache stricat $\overline{C}$ $\overline{ADVL}$ ~ **Englisch sprechen** a vorbi stricat engleză
Gebrüll $\overline{N}$ **1** e-s Löwen răgete npl; e-s Rindes a. mugete npl **2** (≈Geschrei) urlete npl, răcnete npl **3** (≈Grölen) zbierete npl
Gebühr $\overline{F}$ taxă f
Gebühreneinheit $\overline{F}$ TEL unitate f
Gebührenerhöhung $\overline{F}$ majorare f de taxe
gebührenfrei $\overline{ADJ}$ scutit de taxe

G

gebührenpflichtig ADJ supus unor taxe

gebunden A PPERF → binden B ADJT CHEM, TYPO, fig legat (**an** +akk de); **an s-e Familie a.** ataşat (**an** +akk de); **an Regeln dependent** (**an** +akk de); **Preise fix**

Geburt F naştere f; **bei s-r ~** la naşterea sa; **von ~ an blind** orb din naştere

Geburtenrate F rată f a natalităţii

Geburtenrückgang M scădere f a natalităţii

Geburtsanzeige F certificat n medical constatator al naşterii declarare f a naşterii

Geburtsdatum N data f naşterii

Geburtsjahr N anul n naşterii

Geburtsname M nume n avut la naştere

Geburtsort M locul n naşterii

Geburtstag M zi f de naştere, aniversare f; **alles Gute zum ~!** la mulţi ani de ziua de naştere!; **sie hat heute ~** e ziua ei astăzi

Geburtstagsfeier F aniversare f a zilei de naştere

Geburtstagsgeschenk N cadou n de aniversare

Geburtstagskind hum N sărbătorit(ă) m(f)

Geburtstagsparty F petrecere f de aniversare

Geburtsurkunde F certificat n de naştere

Gebüsch N tufiş n

gedacht PPERF → denken

Gedächtnis N memorie f; **aus dem ~** din memorie; **im ~ behalten** a ţine minte; **j-m etw ins ~ (zurück)rufen** a-i aminti cuiva despre ceva

Gedanke M gând n; **in ~n versunken sein** a fi adâncit în gânduri; **j-s ~n lesen** a citi gândurile cuiva; **sich über etw ~n machen** a-şi face gânduri despre ceva; **sich um j-n/etw ~n machen** a-şi face gânduri despre cineva/ceva

gedankenlos ADJ nechibzuit, distrat

Gedankenstrich M linie f de pauză

Gedeck N 1 tacâm n 2 Menü meniu n

gedeihen VII 1 Pflanze, Kind a creşte,

a se dezvolta; Wirtschaft a prospera 2 (=fortschreiten) a progresa

Gedenkstätte F loc n comemorativ

Gedicht N poezie f; **ein ~ aufsagen** a recita o poezie

Gedränge N înghesuială f, îmbulzeală f; fig zeitlich **ins ~ kommen** a fi în criză de timp

Geduld F răbdare f; **die ~ verlieren** a-ş pierde răbdarea; **(mit j-m) ~ haben** a avea răbdare (cu cineva); **mit s-r ~ am Ende sein** a fi la capătul răbdarii

gedulden VR **sich ~** a avea răbdare

geduldig ADJ răbdător

geehrt ADJ **sehr ~e Damen und Herren!** mündlich doamnelor şi domnilor!; schriftlich stimate doamne, stimaţi domni!

geeignet ADJ potrivit; **Bewerber ~ sein** a fi potrivit

Gefahr F pericol n; **~ laufen zu** +inf a fi în pericol de a; **auf die ~ hin, alles zu verlieren** cu riscul de a pierde tot; **auf eigene ~** pe răspundere proprie

gefährden VT a periclita; **(ernstlich) gefährdet sein** a fi (serios) periclitat

gefährlich ADJ periculos

gefallen VII **j-m ~** a-i place cuiva; **es gefällt mir** îmi place; **sich** (dat) **etw ~ lassen** a accepta ceva; pej **sich** (dat) **in e-r Rolle ~** a se complace într-un rol

Gefallen M amabilitate f; **j-m e-n ~ tun** a face cuiva un serviciu

Gefälligkeit F 1 (=Hilfsbereitschaft) serviabilitate f 2 (=Gefallen) serviciu n

gefälligst umg ADV **machen Sie ~ die Tür zu!** fiţi bun şi închideţi uşa!; **halt ~ den Mund!** ţine-ţi te rog gura! te rog să taci!

gefangen A PPERF → fangen B ADJT prins, capturat; (=in Haft) deţinut, încarcerat; **~ halten** Häftling a ţine în închisoare, a ţine sub arest; Geisel a sechestra; Tier a ţine în captivitate; **~ nehmen** a prinde, a captura

Gefangene(r) M/F/M prizonier(ă) m(f)

Gefangenschaft F prizonierat n; **in ~ geraten** a cădea prizonier

Gefängnis N închisoare f; **im ~ sein** (od sitzen) a sta la închisoare; **j-n zu zwei Jahren ~ verurteilen** a condamna pe cineva la doi ani de închisoare

Gefängnisstrafe $\underline{F}$ pedeapsă f cu închisoarea

Gefäß $\underline{N}$ **1** recipient n **2** ANAT vas n

gefasst $\underline{ADJ}$ calm; **auf etw ~ sein** a se aştepta la ceva

Gefecht $\underline{N}$ luptă f; **außer ~ setzen** fig a scoate din luptă

geflogen $\underline{PPERF}$ → fliegen

Geflügel $\underline{N}$ păsări fpl de curte

gefragt $\underline{ADJ}$ cerut; **sehr ~ sein** a fi foarte căutat

Gefrierbeutel $\underline{M}$ pungă f pentru congelat

gefrieren $\underline{VI}$ a îngheţa, a se congela

Gefrierfach $\underline{N}$ congelator n

Gefrierpunkt $\underline{M}$ PHYS punct n de îngheţ; (≈Nullpunkt) punct n zero; **unter dem ~** sub zero

Gefrierschrank $\underline{M}$ congelator n (dulap)

Gefriertruhe $\underline{F}$ ladă f frigorifică

gefroren $\underline{PPERF}$ → frieren, gefrieren

Gefühl $\underline{N}$ sentiment n

gefühllos $\underline{ADJ}$ insensibil, nepăsător (**gegenüber** faţă de)

gefühlvoll $\underline{A}$ $\underline{ADJ}$ sensibil, sentimental $\underline{B}$ $\underline{ADV}$ cu mult sentiment

gefunden $\underline{PPERF}$ → finden

gegangen $\underline{PPERF}$ → gehen

gegebenenfalls $\underline{ADV}$ în cazul dat

gegen $\underline{PRÄP}$ contra; **~ j-n/etw sein** a fi contra cuiva/ceva; **~ sieben Uhr** spre ora şapte; **Mittel etwas ~ Husten** ceva contra tusei

Gegend $\underline{F}$ ţinut n; **hier in der ~** aici prin apropiere

gegeneinander $\underline{ADV}$ unul contra altuia

Gegenfahrbahn $\underline{F}$ contrasens n

Gegenfrage $\underline{F}$ contraîntrebare f, întrebare f (ca răspuns) la altă întrebare; **e-e ~ stellen** a pune o contraîntrebare; **mit e-r ~ antworten** a răspunde la o întrebare printr-o altă întrebare

Gegenleistung $\underline{F}$ contraserviciu n; **als ~** în schimb, ca şi contraserviciu

Gegenmaßnahme $\underline{F}$ contramăsură f; POL a. măsură f de retorsiune

Gegenmittel $\underline{N}$ antidot n

Gegensatz $\underline{M}$ antagonism n, contrast n; **im ~ zu** spre deosebire de

gegensätzlich $\underline{ADJ}$ opus, contrar;

Meinungen divergent

Gegenseite $\underline{F}$ parte f opusă; JUR parte f adversă; fig adversar(ă) m(f)

gegenseitig $\underline{ADJ}$ reciproc; **sich ~ helfen** a se ajuta reciproc

Gegenseitigkeit $\underline{F}$ reciprocitate f; **auf ~ beruhen** a se baza pe reciprocitate

Gegenstand $\underline{M}$ **1** obiect n **2** Thema subiect n

Gegenstimme $\underline{F}$ **1** bei e-r Wahl vot n contra (od împotrivă); **ohne ~** fără voturi contra **2** (≈gegenteilige Meinung) părere f contrară, obiecţie f

Gegenteil $\underline{N}$ contrariu n; **das ~ ist der Fall** ba din contră; **im ~** din contra

gegenteilig $\underline{ADJ}$ contrar

gegenüber $\underline{PRÄP}$ **1** faţă de; **das Haus ~** casa de vizavi **2** zu j-m vizavi de; **mir ~** faţă de mine

gegenüberstellen fig $\underline{VT}$ a confrunta

Gegenverkehr $\underline{M}$ circulaţie f în sens opus

Gegenwart $\underline{F}$ prezent n; **in s-r ~** în prezenţa sa

gegenwärtig $\underline{A}$ $\underline{ADJ}$ (≈jetzig) actual, prezent $\underline{B}$ $\underline{ADV}$ în prezent

Gegenwind $\underline{M}$ a. SCHIFF vânt n din faţă

gegessen $\underline{PPERF}$ → essen

Gegner(in) $\underline{M(F)}$ adversar(ă) m(f)

gegnerisch $\underline{ADJ}$ a. SPORT advers; MIL inamic

gegolten $\underline{PPERF}$ → gelten

Gehackte(s) $\underline{N}$ carne f tocată

Gehalt $\underline{A}$ $\underline{M}$ conţinut n $\underline{B}$ $\underline{N}$ salariu n

Gehaltsabrechnung $\underline{F}$ fişă f de salariu

Gehaltserhöhung $\underline{F}$ mărire f de salariu

Gehaltsgruppe $\underline{F}$ categorie f de salarizare

gehässig $\underline{ADJ}$ duşmănos, ostil

Gehässigkeit $\underline{F}$ duşmănie f; bes Äußerung răutate f

Gehäuse $\underline{N}$ **1** e-r Uhr etc carcasă f; TECH carter n **2** (≈Schneckengehäuse) cochilie f **3** von Obst cotor n

geheim $\underline{ADJ}$ secret n; **etw vor j-m ~ halten** a ţine ceva secret; **streng ~**

$\underline{G}$

strict secret

Geheimdienst M̲ servicii npl secrete

Geheimnis N̲ secret n; **ein ~ aus etw machen** a face un secret din ceva; **vor j-m keine ~se haben** a nu avea secrete față de cineva

geheimnisvoll A̲D̲J̲ misterios; **~ tun** a face pe misterios

Geheimnummer F̲ număr n secret

Geheimtipp umg M̲ pont n

Geheimzahl F̲ cod n pin

gehemmt A̲D̲J̲T̲ Person inhibat

gehen A̲ V̲I̲ a merge; **auf die andere Seite ~** a merge pe partea cealaltă; **nach links/rechts ~** a merge la stânga/dreapta; Fenster **nach Norden ~** a da spre nord; **sich ~ lassen** a se lăsa dus; **das geht nicht** asta nu merge; (≈ hineinpassen) **das geht nicht in meinen Koffer** asta nu intră în valiza mea; **das geht zu weit** asta-i prea de tot; **geht das?** merge?; **wie geht dieses Spiel?** cum se joacă jocul acesta? **B̲** V̲/U̲N̲P̲E̲R̲S̲ (≈ funktionieren) **es geht** merge; (≈ möglich sein) **es geht merge**; **es geht mir gut/schlecht** îmi merge bine/rău; **es geht nicht anders** nu merge altfel; **es geht um ...** e vorba de ...; **darum geht es doch gar nicht** dar nu e deloc vorba despre asta; **es wird schon ~** o să meargă; **wenn es nach mir ginge** dacă ar fi după mine; **wie geht es (dir)?** cum (îți) merge?; **wie geht es Ihnen?** cum vă merge? **worum geht's denn?** dar despre ce e vorba?

Gehirn N̲ creier n

Gehirnerschütterung F̲ comoție f cerebrală

Gehirnwäsche F̲ spălare f a creierului

gehoben P̲P̲E̲R̲F̲ → heben **A̲** A̲D̲J̲T̲ **1** Stil elevat **2** Stimmung bun; Stellung înalt; Güter **für den ~en Bedarf** de lux

geholfen P̲P̲E̲R̲F̲ → helfen

Gehör N̲ auz n; **ein gutes ~ haben** a avea auz bun

gehorchen V̲I̲ a asculta (j-m de cineva)

gehören A̲ V̲I̲ a aparține (j-m cuiva); **das gehört nicht hierher** asta n-are nimic de-a face cu asta; **er gehört zu**

unserer Familie el aparține familiei noastre; **wem gehört das Buch?** a cui e cartea? **B̲** V̲/U̲N̲P̲E̲R̲S̲ **das gehört sich nicht** asta nu se cade; **wie es sich gehört** cum se cuvine

gehörig A̲ A̲D̲J̲ **1** als Besitz care aparține **2** als Teil **zu etw ~** care se referă la ceva, care face parte din ceva **3** (≈ gebührend) necesar, cuvenit **4** umg (≈ tüchtig, kräftig) zdravăn **B̲** umg A̲D̲V̲ (≈ gebührend, kräftig) cum se cuvine, zdravăn; (≈ enorm) extrem de

gehörlos A̲D̲J̲ surdomut

gehorsam A̲ A̲D̲J̲ ascultător, docil **B̲** A̲D̲V̲ cu supunere, respectuos

Gehorsam M̲ ascultare f, supunere f

Gehsteig M̲ trotuar n

Gehstock M̲ baston n

Gehweg M̲ trotuar n

Geier M̲ etwa vultur m; umg **weiß der ~!** naiba știe!

Geige F̲ vioară f

Geiger(in) M̲F̲ violonist(ă) m(f)

geil A̲D̲J̲ **1** toll umg mișto **2** lüstern libidinos

Geisel F̲ ostatic(ă) m(f)

Geiselnehmer(in) M̲F̲ răpitor m, răpitoare f

Geist M̲ **1** spirit n; **der Heilige ~** Sfântul Duh; umg **j-m auf den ~ gehen** a călca pe cineva pe nervi; umg **s-n ~ aufgeben** a-și da duhul **2** Gespenst fantomă f

Geisterfahrer(in) M̲F̲ șofer(iță) m(f) care circulă pe contrasens

geistesabwesend A̲D̲J̲ distrat, absent

Geistesgegenwart F̲ prezență f de spirit

geistesgegenwärtig A̲ A̲D̲J̲ inspirat **B̲** A̲D̲V̲ cu prezență de spirit

geistesgestört A̲D̲J̲ alienat, nebun

geisteskrank A̲D̲J̲ alienat mintal

geistig A̲ A̲D̲J̲ **1** (≈ verstandesmäßig) spiritual, intelectual; P̲S̲Y̲C̲H̲ mintal; (≈ spirituell) spiritual; **~e Arbeit** muncă intelectuală **2** **~e Getränke** npl băuturi spirtoase **B̲** A̲D̲V̲ **~ behindert** handicapat mintal; **~ unbeweglich** limitat

Geistliche(r) M̲ preot m, popă m

Geiz M̲ zgârcenie f

Geizhals M̲ zgârcit(ă) m(f)

geizig ADJ zgârcit

Gejammer umg N. bocete npl; umg văicăreală f

gekannt PPERF → kennen

geklungen PPERF → klingen

gekonnt A PPERF → können B ADJ iscusit; (≈geschickt) abil, cu pricepere

gekränkt ADJ jignit, ofensat

Gel N gel n

Gelächter N hohot n de râs; in ~ ausbrechen a izbucni în hohote de râs

geladen A PPERF → laden B ADJ ~ sein a fi furios (auf +akk pe)

gelähmt ADJ paralizat

Gelände N teren n

Geländer N 1 Treppe balustradă f 2 Brücke parapet n

Geländewagen M vehicul n de teren

gelang → gelingen

gelangen VI a ajunge (zu/nach la/in); zu Reichtum ~ a face avere

gelassen ADJ calm

Gelassenheit F degajare f

Gelatine F gelatină f

geläufig ADJ obișnuit; (≈vertraut) familiar, cunoscut; das ist mir (nicht) ~ (nu) sunt familiarizat cu aceasta

gelaunt ADJ gut/schlecht ~ sein a fi bine/prost dispus

Gelb N galben n; die Ampel steht auf ~ semaforul e pe galben

gelb ADJ galben; ~ werden a (se) îngălbeni

gelblich ADJ gălbui

Geld N bani mpl; ~er bani; sein ~ wert sein a merita banii

Geldangelegenheit F chestiune f de bani, afacere f

Geldanlage F investiție f

Geldautomat M bancomat n

Geldbeutel M, Geldbörse F portofel n

Geldbuße F amendă f

geldgierig ADJ lacom, avid de bani

Geldinstitut N instituție f financiară (od bancară)

Geldmittel NPL mijloace npl financiare

Geldschein M bancnotă f

Geldstrafe F amendă f

Geldstück N monedă f

Geldumtausch M schimb n valutar

Geldwäsche umg fig F spălare f de bani

Geldwechsel M schimb n valutar

Gelee N/M jeleu n; Fleisch aspic n; in ~ în aspic

gelegen A PPERF → liegen B ADJ 1 örtlich așezat, situat; am Wald ~ așezat la marginea pădurii 2 (≈passend) convenabil; zeitlich potrivit; das kommt (mir) gerade ~ asta-mi vine bine, îmi convine; du kommst sehr ~ vii la momentul potrivit

Gelegenheit F ocazie f; ~ haben zu +inf a avea ocazia să; bei (dieser/nächster) ~ cu ocazia (asta/următoare); bei passender ~ la ocazia potrivită; j-m ~ geben zu +inf a-i da cuiva ocazia să

Gelegenheitskauf M chilipir n

gelegentlich A ADJ ocazional B ADV câteodată

Gelenk N articulație f

gelernt ADJ (≈von Beruf) calificat, de meserie

Geliebte(r) M/F(M) amant(ă) m(f); weitS. iubit(ă) m(f)

gelingen VI a reuși; es gelingt mir, etw zu tun îmi reușește să fac ceva

gelogen PPERF → lügen

gelten A VI/T (≈wert sein) a valora B VI 1 (≈gültig sein) a fi valabil; etw ~ lassen a accepta ceva; das gilt nicht asta nu e valabil 2 (≈gehalten werden) ~ als (od für) a trece drept; s-e Ansicht gilt viel părerea sa contează mult 3 (≈darauf ankommen) es gilt zu +inf este vorba să

Geltung F 1 (≈Gültigkeit) valabilitate f; (keine) ~ (für etw/j-n) haben a (nu) fi valabil (pentru ceva/cineva) 2 (≈Wirkung) valoare f; etw zur ~ bringen a pune ceva în valoare; zur ~ kommen a fi pus în valoare, a ieși în evidență; sich (dat) ~ verschaffen a se impune

gelungen A PPERF → gelingen B ADJ (≈ansprechend) reușit

gemächlich ADJ liniștit, încet

Gemälde N pictură f, tablou n

gemäß PRÄP conform cu

gemein ADJ 🔢 (≈ niederträchtig) josnic; **~er Kerl** un tip abject; umg **das ist ~!** asta-i abject! 🔢 (≈ allgemein) **der ~e Mann** omul obișnuit

Gemeinde F comună f 🔢 REL parohie f

Gemeinheit F 🔢 josnicie f 🔢 (≈ Eigenschaft, Handlung) ticăloșie f

gemeinnützig ADJ de utilitate publică

gemeinsam ADJ împreună

Gemeinsamkeit F 🔢 Eigenschaft afinitate f, punct n comun 🔢 (≈ Verbundenheit) comuniune f

Gemeinschaft F comunitate f

gemessen A PPERF → messen B ADJT Haltung ponderat, solemn; in **~em Abstand** păstrând distanța cuvenită

Gemisch N a. AUTO amestec n

gemischt ADJT amestecat

Gemüse N legume fpl

Gemüsehändler(in) MF negustor m de legume și zarzavaturi

gemustert ADJT cu model

gemütlich ADJ 🔢 confortabil 🔢 Abend plăcut; **mach es dir ~** fă-te comod

Gen N genă f

genannt PPERF → nennen

genau A ADJ exact; **die ~e Zeit** ora exactă 🔢 ADV exact, cu precizie; **~!** exact!; **~ genommen** în sens strict; **~er gesagt** mai precis; **es mit etw ~ nehmen** a face ceva cu meticulozitate

Genauigkeit F 🔢 (≈ Exaktheit) exactitate f, precizie f 🔢 (≈ Sorgfalt) minuțiozitate f

genauso ADV chiar așa; **~ gut/viel** chiar așa de bine/mult

genehmigen VT a aproba; **sich etw ~** a-și îngădui ceva

Genehmigung F aprobare f

Generaldirektor(in) MF director m general, directoare f generală

Generalkonsulat N consulat n general

Generalprobe F repetiție f generală

Generation F generație f

generell ADJ general

genetisch ADJ genetic

Genf N Geneva f

Genfer ADJ genevez; **der ~ See** Lacul Geneva (od Leman)

Genforschung F (cercetare) f genetică f

genial ADJ genial

Genick N ceafă f

Genie N geniu n

genieren VR **sich ~** a se jena

genießbar ADJ consumabil; (≈ essbar) comestibil; (≈ noch trinkbar) potabil

genießen VT a savura; **sein Leben ~** a se bucura de viață

Genitiv M genitiv n

Genmanipulation F manipulare f genetică

genmanipuliert ADJT manipulat genetic

genommen PPERF → nehmen

genoss → genießen

Genossenschaft F (societate) f cooperativă f

Gentechnik F inginerie f genetică

gentechnisch A ADJ genetic B ADV **~ verändert** modificat genetic

Gentest M test n genetic

genug ADV destul; **~ Geld haben** a avea destui bani; **es ist ~** ajunge

genügen VI a-i ajunge (j-m cuiva); **danke, das genügt** mulțumesc, ajunge; **es genügt zu** +inf ajunge să

genügend A ADJT destul, suficient B ADVL destul de, suficient de; **~ Geld** bani destui (od suficienți)

Genuss M 🔢 savurare f; **mit ~** cu plăcere 🔢 Zusichnehmen consum n

geöffnet ADJ deschis

Geografie F geografie f

geografisch ADJ geografic

Geologie F geologie f

geometrisch ADJ geometric

Gepäck N bagaj n

Gepäckabfertigung F FLUG (ghișeu n de) înregistrare f a bagajelor

Gepäckannahme F zur Aufbewahrung (ghișeu n de) păstrare f a bagajelor; zur Beförderung (ghișeu n de) expediere f a bagajelor

Gepäckaufbewahrung F magazie f de păstrare a bagajelor

Gepäckausgabe F (ghișeu n de) eliberare f a bagajelor

Gepäckband N bandă f pentru baga-

je
Gepäckkontrolle F control n al bagajelor
Gepäckstück N bagaj n
Gepäckträger M **1** *Person* hamal m **2** *am Fahrrad* portbagaj n
Gepäckwagen M cărucior n pentru bagaje
gepflegt ADJ îngrijit; **sich ~ ausdrücken** a se exprima îngrijit
Gerade F MATH dreaptă f; SPORT linie f dreaptă; BOXEN directă f
gerade A ADJ **1** drept; *fig* **für etw ~ stehen** a-și asuma răspunderea pentru ceva **2** *Zahl* par, cu soț B ADV **1** *genau* precis **2** *eben* tocmai; **~ (in dem Augenblick), als ...** tocmai (atunci) când ...; **~ weil** tocmai pentru că; **nicht ~ leicht** nu tocmai ușor; **warum ~ ich?** de ce tocmai eu? **3** *zeitlich* **jetzt tut er es ~** acum chiar că o face
geradeaus ADV drept înainte
geradewegs ADV direct, de-a dreptul
gerannt PPERF → rennen
Gerät N **1** ELEK aparatură f; **elektrische ~e** aparate electrice **2** *Radio, TV* aparat n
geraten VII **an j-n ~** a nimeri peste cineva; **außer sich** *(akk od dat)* **~** a-și ieși din fire; **gut/schlecht ~** a o nimeri bine/prost; **in etw ~** a intra în ceva
Geräteraum M sală f de forță (*od* aparate); *Werkzeuge* magazie f de scule
Gerätturnen N gimnastică f artistică (*od* la aparate)
geräuchert ADJ afumat
geräumig ADJ încăpător
Geräusch N zgomot n
gerecht ADJ drept
Gerechtigkeit F dreptate f
Gerede *umg pej* N vorbărie f; *umg* trăncăneală f; (*≈Klatsch*) bârfe fpl; **ins ~ kommen** a intra în gura lumii
gereizt ADJ iritat
Gericht¹ N *Essen* fel n de mâncare
Gericht² N **1** JUR tribunal n; REL **das Jüngste Gericht** Judecata de Apoi
gerichtlich A ADJ judiciar, juridic; *Medizin* legal B ADV de judecată; **gegen j-n ~ vorgehen** a intenta cuiva un proces
Gerichtshof M curte f de justiție

Gerichtssaal M sală f de judecată (*od* tribunal)
Gerichtsverfahren N procedură f judiciară
Gerichtsverhandlung F proces n, ședință f de judecată
gering ADJ puțin; **von ~em Wert** de valoare redusă
geringfügig ADJ neînsemnat
gerinnen VII *Blut* a se coagula; *Milch* a se închega
Gerippe N **1** ANAT schelet n **2** *fig* (*≈Gliederung*) structură f
gerissen A PPERF → reißen B *umg* ADJ (*≈schlau*) viclean; *umg* șmecher
Germknödel *südd, österr* M găluscă dulce, umplută cu gem și presărată cu mac
gern(e) ADV bucuros; **~(e) geschehen!** cu plăcere!; **~(e) mögen** a-ți plăcea; **~(e) tun** a face cu plăcere; **ich hätte ~(e) ... aș dori ...**
gernhaben VII a-ți fi drag
gerötet ADJ înroșit, roșu
Gerste F orz n
Gerstenkorn N *am Auge* urcior n
Geruch M miros n
Gerücht N zvon n; **ein ~ verbreiten** (*od* **in die Welt setzen**) a răspândi un zvon; **es geht das ~, dass ...** umblă zvonul că ...
gerufen PPERF → rufen
gerührt ADJ *seelisch* impresionat
Gerümpel N vechituri fpl
Gerüst N schelă f
gesalzen A PPERF → salzen B ADJ sărat
gesamt ADJ **1** tot **2** *Summe* total
Gesamtbetrag M suma f totală
Gesamtschule F grup n școlar
gesandt PPERF → senden
Gesang M cântat n; *Fach* canto n
Gesäß N șezut n
Geschäft N afacere f; **ein ~ abschließen** a încheia o afacere
geschäftlich A ADJ de afaceri B ADV **~ unterwegs sein** a călători pentru afaceri
Geschäftsbeziehungen FPL relații fpl comerciale (*od* de afaceri)
Geschäftsfrau F femeie f de afaceri
Geschäftsführer(in) MIF manager m

Geschäftsführung F ◆ management n ◆ Personen direcţiune f
Geschäftsleitung F conducere f a unei firme
Geschäftsleute PL oameni mpl de afaceri
Geschäftsmann M om m de afaceri
Geschäftsreise F călătorie f de afaceri
Geschäftsschluss M oră f de închidere (a magazinului, biroului)
Geschäftszeiten PL program n de lucru
geschah → geschehen
geschehen VI a se întâmpla; **als wäre nichts** ~ ca şi cum nu s-ar fi întâmplat nimic; **es muss etwas** ~ trebuie să se întâmple ceva; **was auch** ~ **mag** orice s-ar întâmpla; **das geschieht ihm (ganz) recht** aşa-i trebuie; **es geschieht dir nichts** nu ţi se întâmplă nimic
gescheit ADJ (≈klug) inteligent, deştept; (≈vernünftig) rezonabil; **ich kann daraus nicht** ~ **werden** nu înţeleg nimic din asta
Geschenk N cadou n; **j-m ein** ~ **machen** a-i face cuiva un cadou
Geschenkgutschein M cupon n cadou
Geschenkpapier N hârtie f de cadouri
Geschichte F istorie f; **in die** ~ **eingehen** a intra în istorie
geschichtlich ADJ istoric
Geschicklichkeit F îndemânare f, abilitate f; (≈Fingerfertigkeit) dexteritate f
geschickt ADJ îndemânatic
geschieden ADJ divorţat
geschieht → geschehen
Geschirr N veselă f; ~ **spülen** a spăla vasele
Geschirrspüler M, **Geschirrspülmaschine** F maşină f de spălat vase
Geschirrspülmittel N detergent m de vase
Geschirrtuch N cârpă f de şters vase
geschlagen A PPERF → schlagen B ADJT **e-e** ~**e Stunde** o oră întreagă
Geschlecht N ◆ sex n; hum **das schwache/starke** ~ sexul slab/tare ◆

GRAM gen n
Geschlechtskrankheit F boală f venerică
Geschlechtsverkehr M raport n sexual
geschlossen ADJ închis
Geschmack M gust n; **auf den** ~ **kommen** a da de gustul; **das ist nicht mein** ~ asta nu e pe gustul meu; **(e-n guten)** ~ **haben** a avea gust (bun); **nach meinem** ~ după gustul meu
geschmacklos ADJ fără gust; **es wäre** ~ **zu** +inf ar fi lipsit de gust să
Geschmack(s)sache F chestiune f de gust; **das ist** ~ asta e o chestiune de gust
geschmackvoll ADJ cu gust
geschmeidig ADJ flexibil, suplu
geschmissen PPERF → schmeißen
Geschnetzelte(s) N GASTR tocăniţă f
geschnitten PPERF → schneiden
Geschöpf N creatură f
Geschoss N Stockwerk etaj n
Geschrei N strigăte npl, ţipete npl; gălăgie f; e-r Menge strigăte npl; **mit lautem** ~ cu multă gălăgie; **ein großes** ~ **erheben** a ţipa cât îţi ţine gura
geschrieben PPERF → schreiben
geschützt ADJ păzit
Geschwätz N umg pej N pălăvrăgeală f; leeres vorbe fpl goale; endloses trăncăneală f
geschwätzig ADJ vorbăreţ
geschweige KONJ ~ **(denn)** necum
geschwiegen PPERF → schweigen
Geschwindigkeit F viteză f; **mit großer (od hoher)** ~ cu viteză mare
Geschwindigkeitsbegrenzung F limitare f a vitezei
Geschwister PL fraţi mpl şi surori fpl
geschwollen ADJ umflat
Geschworene(r) M/F(M) jurat(ă) m(f)
Geschwulst F tumoare f
Geschwür N abces n
Geselchte(s) südd, österr N afumătură f, carne f afumată
Geselle M, **Gesellin** F ◆ (≈Handwerksgeselle) calfă f ◆ umg tip(ă) m(f), băiat m, fată f
gesellig ADJ sociabil
Gesellschaft F societate f; **j-m** ~ **leisten** a-i ţine companie cuiva

Gesellschafter(in) M(F) **1** HANDEL asociat(ă) m(f); **stiller ~** comanditar m **2 ein glänzender ~ sein** a străluci în societate

gesellschaftlich ADJ social

Gesellschaftsordnung F ordine f socială

Gesellschaftsschicht F pătură f socială

Gesellschaftssystem N sistem n social

gesessen PPERF → sitzen

Gesetz N lege f; **ein ~ verabschieden** a promulga o lege; **es ist ein ungeschriebenes ~, dass ...** e o lege nescrisă că ...; **nach dem ~** după lege

Gesetzbuch N cod n, culegere f de legi; **Bürgerliches ~** cod civil

gesetzlich ADJ legal; **~er Feiertag** sărbătoare f legală

gesetzwidrig ADJ ilegal

Gesicht N față f; **j-m etw (glatt) ins ~ sagen** a-i spune direct în față cuiva ceva; fig **sein wahres ~ zeigen** a-și arăta adevărata față

Gesichtsausdruck M expresie f (a feței)

Gesichtscreme F cremă f de față

Gesichtspunkt M punct n de vedere; **unter diesem ~** din acest punct de vedere

Gesichtswasser N apă f de față

gespannt ADJ încordat; **ich bin ~, ob ... sunt** curios dacă ...

Gespenst N fantomă f

gesperrt ADJ Straße închis pentru circulație

gesponnen PPERF → spinnen

Gespräch N discuție f, convorbire f; **das ~ auf etw (akk) bringen** a aduce vorba despre ceva; **mit j-m ein ~ (über etw) führen** a purta o discuție cun cineva (despre ceva)

gesprächig ADJ vorbăreț

Gesprächspartner(in) M(F) partener(ă) m(f) de discuție; TEL interlocutor m, interlocutoare f

gesprochen PPERF → sprechen

gesprungen PPERF → springen

Gestalt F **1** formă f; **(feste) ~ annehmen** a lua formă concretă **2** Aussehen înfățișare f

gestalten A VT Leben, Freizeit a organiza; (≈ anordnen) a aranja; Produkt a modela, a concepe; schöpferisch a crea, a realiza; (≈ formen) a forma, a alcătui **B** VR **sich ~** (≈ sich darbieten) a se prezenta, a se arăta

Gestaltung F des Lebens, der Freizeit, e-s Abends organizare f; e-s Raumes decorare f; (≈ Konzeption) concepție f; schöpferische realizare f, creare f

gestanden A PPERF → stehen, gestehen **B** ADJT (≈ routiniert) cu multă experiență; **ein ~er Mann** un bărbat cu experiență

Geständnis N a. JUR mărturisire f; **ein ~ ablegen** a mărturisi, a-și recunoaște faptele

Gestank M duhoare f

gestatten VT a permite; **~ Sie, dass ...?** permiteți să ...?

Geste F gest n

gestehen VT & VI a mărturisi; **offen gestanden, ...** sincer spus ...

Gestein N rocă f

Gestell N **1** TECH șasiu n **2** (≈ Brillengestell) ramă f (pentru ochelari) **3** (≈ Regal) etajeră f; (≈ Wäschegestell) uscător n (de rufe); (≈ Bock) capră f

gestern ADV ieri; **~ Abend** aseară; **~ früh** ieri dimineață

gestochen A PPERF → stechen **B** ADJT Handschrift foarte citeț, foarte lizibil **C** ADVL **~ scharf** foarte clar, precis

gestohlen PPERF → stehlen

gestorben PPERF → sterben

gestört ADJT deranjat

gestreift ADJ Stoff în dungi

Gestrüpp N hățiș n, mărăciniș n; fig nur hățiș n

gestunken PPERF → stinken

Gesuch N cerere f, petiție f

gesund ADJ sănătos; **bleib ~!** rămâi cu bine!; **wieder ~ werden** a se însănătoși

Gesundheit F sănătate; **~ !** noroc!; **auf j-s ~ trinken** a bea în sănătatea cuiva

gesundheitlich A ADJ sanitar **B** ADV **wie geht es ~?** cum merge cu sănătatea?

Gesundheitspfleger M(F) infirmier(ă) m(f)

gesundheitsschädlich ADJ dăunător sănătății
Gesundheitswesen N (sistem n de) sănătate f publică
Gesundheitszeugnis N certificat n de sănătate
gesundschreiben VɪT MED **j-n ~** a elibera cuiva un certificat de sănătate
gesungen PPERF → singen
gesunken PPERF → sinken
getan PPERF → tun
Getränk N băutură f
Getränkeautomat M automat n de băuturi
Getränkekarte F listă f de băuturi
Getreide N cereale fpl
getrennt ADJ separat; **~ zahlen** a plăti separat; **wir leben ~** trăim despărțiți
Getriebe N AUTO cutie f de viteze
getrieben PPERF → treiben
getrocknet ADJ uscat
getroffen PPERF → treffen
getrunken PPERF → trinken
Getto N ghetou n
Getue umg pej N fandoseală f
Gewächs N **1** (≈ Pflanze) plantă f **2** (≈ Weinsorte) soi n de vin **3** MED excrescență f, tumoră f
gewachsen A PPERF → wachsen[1] B ADJ **j-m ~ sein** a se putea măsura cu cineva; **e-r Sache** (dat) **~ sein** a fi capabil (od în stare) de a face un lucru
Gewächshaus N seră f
gewagt ADJ **1** (≈ kühn) riscant, riscat **2** (≈ freizügig) îndrăzneț
Gewähr F garanție f; **für etw ~ leisten** a garanta ceva; **ohne ~** fara garanție
gewähren A VɪT **1** (≈ zugestehen) a acorda; **j-m Einlass ~** a permite cuiva să intre **2** (≈ bieten) a oferi B VɪI **j-n ~ lassen** a lăsa pe cineva în voia lui
Gewalt F **1** Macht putere f; **mit aller ~** cu orice preț; **höhere ~** forță f majoră **3** Gewalttätigkeit violență f; **~ anwenden** a folosi forța; **mit ~ öffnen** a deschide cu forța
Gewaltherrschaft F tiranie f, despotism n
gewaltig ADJ enorm
gewaltlos A ADJ non(-)violent B ADV fără violență

gewaltsam A ADJ Tod violent; Trennung, Vertreibung forțat B ADV cu forța; Tür etc **~ öffnen** a deschide cu forța, a forța
gewalttätig ADJ violent, brutal
Gewaltverbrechen N crimă f, faptă f criminală; (≈ Bluttat) omor n
gewandt ADJ **1** priceput **2** körperlich sprinten
gewann → gewinnen
Gewässer N apă f, ape fpl; **stehende/ fließende ~** ape stătătoare/curgătoare
Gewebe N **1** Stoff țesătură f **2** BIOL țesut n
Gewehr N pușcă f
Geweih N coarne pl de cerb
gewellt ADJ Haar ondulat
Gewerbe N **1** industrie f mică **2** Beruf meserie f
Gewerbegebiet N zonă f industrială și comercială
Gewerbeschein M licență f
gewerblich ADJ comercial
Gewerkschaft F sindicat n
Gewerkschaft(l)er(in) M/F **1** Funktionär lider m sindical **2** Mitglied sindicalist(ă) m(f), membru m/membră f de sindicat
gewerkschaftlich A ADJ sindical B ADV **~ organisiert sein** a fi organizat în sindicat
gewesen PPERF → sein
Gewicht N a. fig greutate f; **ein ~ von fünf Kilo haben** a avea o greutate de cinci kilograme; fig **e-r Sache** (dat) **~ beimessen** a-i da importanță unui lucru
Gewinn M câștig n; **~ bringen** a aduce câștig; **aus etw ~ ziehen** a trage folos din ceva
Gewinnbeteiligung F participare f la profit (od câștig)
gewinnbringend ADJ HANDEL profitabil; fig rentabil, lucrativ
gewinnen VɪT a câștiga
Gewinner(in) M/F câștigător m, câștigătoare f
Gewinnspanne F marjă f de profit (od câștig)
gewiss A ADJ sigur B ADV cu siguranță
Gewissen N conștiință f; **ein gutes/**

schlechtes ~ haben a avea conștiința curată/încărcată; **etw auf dem ~ haben** a avea ceva pe conștiință; **j-n auf dem ~ haben** a avea pe cineva pe conștiință

gewissenhaft ADJ conștiincios

gewissenlos ADJ & ADV lipsit de scrupule, fără conștiință

Gewissensbisse MPL remușcări fpl; **sich** (dat) **wegen etw ~ machen** a avea remușcări dintr-o cauză

gewissermaßen ADV oarecum, întrucâtva

Gewissheit F certitudine f; **sich** (dat) **über etw** (akk) **~ verschaffen** a se convinge de ceva

Gewitter N furtună f

gewöhnen A VT j-n an j-n/etw ~ a obișnui pe cineva cu cineva/ceva B VR **sich an j-n/etw ~** a se obișnui cu cineva/ceva

Gewohnheit F obișnuință f; **aus ~** din obișnuință; **sich** (dat) **etw zur ~ machen** a-și face un obicei din ceva

gewöhnlich A ADJ obișnuit B ADV de obicei; **wie ~** ca de obicei

gewohnt ADJ obișnuit; **etw ~ sein** a fi obișnuit cu ceva

Gewölbe N boltă f

gewonnen PPERF → gewinnen

geworben PPERF → werben

geworden PPERF → werden

geworfen PPERF → werfen

Gewürz N condiment n

Gewürzgurke F castravecior m murat (od în oțet)

gewürzt ADJ condimentat

gewusst PPERF → wissen

Gezeiten PL maree f

Gezeitenenergie F energie f a mareelor

gezielt A ADJT țintit, orientat precis B ADVL cu un scop precis; **j-n ~ ansprechen** a aborda pe cineva cu un scop precis

gezogen PPERF → ziehen

gezwungen A PPERF → zwingen B ADJT Lächeln etc forțat, silit

Ghetto N ghetou n

gib(t) → geben

Gicht F gută f

Gier F lăcomie f (**nach** după); (≈ Fress-

gier a.) hămeseală f; (≈ Geldgier) lăcomie f de bani

gierig ADJ lacom

gießen A VT a turna B V/UNPERS umg **es gießt** toarnă

Gießkanne F stropitoare f

Gift N otravă f

giftig ADJ otrăvitor

Giftmüll M deșeuri npl toxice

Giftpilz M ciupercă f otrăvitoare

Giftschlange F șarpe m veninos

Gigabyte N gigabyte m

gigantisch ADJ gigantic; Unternehmen uriaș; Erfolg a. enorm

Gigawatt N ELEK gigawatt m

gilt → gelten

ging → gehen

Gipfel M 1 vârf n 2 POL summit n

Gipfelkonferenz F POL conferință f în cadrul unui summit

Gipfeltreffen N summit n

Gips M MED ghips n

Gipsbein umg M picior n în ghips

Gipsverband M bandaj n de ghips

Giraffe F girafă f

Girokonto N cont n curent

Gischt MF F spuma f mării

Gitarre F ghitară f; **elektrische ~** ghitară electrică

Gitarrist(in) MF ghitarist(ă) m(f)

Gitter N gratie f

Glanz M luciu n; von Metall, Haar a. strălucire f; von Perlen, Augen strălucire f

glänzen VT a străluci

glänzend ADJ 1 strălucitor 2 fig strălucit; **mir geht es ~** îmi merge de minune

Glanzleistung F performanță f strălucită; iron o adevărată performanță

Glas N 1 sticlă f 2 für Getränke pahar n; **aus e-m ~ trinken** a bea dintr-un pahar

Glascontainer M tomberon n pentru sticlă

gläsern ADJ de sticlă; Blick sticlos

Glasfaser F fibră f de sticlă; zur Isolierung a. vată f de sticlă

glasieren VT GASTR a glasa; TECH Keramik a glazura

glasig ADJ a. fig sticlos

Glasscheibe F geam n

Glassplitter M̄ ciob n de sticlă

Glasur F̄ glasură f

glatt ADJ 1 neted 2 rutschig alunecos

Glatteis N̄ polei n

glattgehen umg V̄Ī a merge ca pe roate

Glatze F̄ chelie f; **e-e ~ bekommen** a cheli; **e-e ~ haben** a avea chelie

Glaube M̄ 1 (≈ religiöse Überzeugung) credință f (**an** +akk în); **der ~ an Gott** credința în Dumnezeu 2 (≈ innere Gewissheit) convingere f (**an** +akk că); **in gutem ~n handeln** a acționa de bună credință; **j-m ~n schenken** a acorda cuiva încredere; **j-n im ~n lassen, dass ...** a lăsa pe cineva să creadă că ...

glauben V̄T̄ & V̄Ī a crede (**an** +akk în); **j-m ~** a crede pe cineva

glaubhaft A ADJ credibil, verosimil; (≈ überzeugend) convingător B ADV verosimil; (≈ überzeugend) convingător

gläubig ADJ REL credincios

Gläubiger(in) M̄/F̄ HANDEL creditor m, creditoare f

glaubwürdig A ADJ credibil, verosimil B ADV demn de încredere

gleich A ADJ 1 egal; **vier mal drei (ist) ~ zwölf** patru ori trei fac doisprezece; **das Gleiche** același lucru 2 vergleichbar asemănător 3 unverändert la fel; **~ bleiben** a rămâne la fel; **~ groß/alt** la fel de înalt/bătrân B ADV 1 unmittelbar imediat; **~ danach** (od **danach**) imediat după aceea 2 sofort chiar; **~ daneben/gegenüber/heute** chiar lângă/vizavi/astăzi 3 **bis ~!** pe curând!

gleichalt(e)rig ADJ de aceeași vârstă

gleichberechtigt ADJT cu drepturi egale

Gleichberechtigung F̄ egalitate f în drepturi

gleichen V̄Ī **j-m / einer Sache ~** a semăna cu cineva/ceva

gleichfalls ADV (de) asemenea; (**danke**) **~!** (mulțumesc) asemenea!

Gleichgewicht N̄ a. fig echilibru n; **aus dem ~ bringen** a dezechilibra; **aus dem ~ kommen** a se dezechilibra; **im ~** echilibrat, în stare de echilibru

gleichgültig ADJ indiferent; **das ist mir ~** (asta) îmi e egal

Gleichheit F̄ egalitate f

gleichmäßig ADJ egal

Gleichstand M̄ egalitate f

Gleichstellung F̄ egalitate f; **soziale ~** asimilare f

gleichwertig ADJ echivalent; **Gegner** pe măsură

gleichzeitig ADJ concomitent

Gleis N̄ linie f; **auf ~ acht einlaufen** sosește pe linia a opta

gleiten V̄Ī a aluneca

Gleitschirm M̄ deltaplan n

Gleitschirmfliegen N̄ deltaplanare f

Gleitschutz M̄ AUTO antiderapant n

Gleitzeit F̄ orar n de lucru flexibil

Gletscher M̄ ghețar m

glich → gleichen

Glied N̄ 1 membru n 2 Penis penis m 3 Kette verigă f

gliedern A V̄T̄ (≈ unterteilen) a împărți, a diviza (**in** +akk în); (≈ anordnen) a organiza, a repartiza; (≈ strukturieren) a structura B V̄R̄ **sich ~** a fi împărțit (**in** +akk în)

Gliederung F̄ (≈ Unterteilung) împărțire f, divizare f; (≈ Anordnung) organizare f, repartizare f; (≈ Struktur) structurare f; **e-s Buches, Aufsatzes** structură f

glitschig ADJ alunecos

glitt → gleiten

Glitzern N̄ scânteiere f, sclipire f

glitzern V̄Ī a sclipi

global ADJ 1 (≈ weltweit) mondial, universal 2 (≈ umfassend) global, general

Globalisierung F̄ globalizare f

Globus M̄ glob m

Glocke F̄ clopot n

Glockenspiel N̄ carillon n

Glotze umg F̄ teve n, teleu n

glotzen umg V̄Ī a se holba

Glück N̄ 1 fericire f; **zum ~** din fericire; **zu meinem ~** spre norocul meu 2 **durch Zufall** noroc n; **~ bringend** aducător de noroc; **~ haben** a avea noroc; **viel ~!** mult noroc!

glücklich ADJ fericit; **j-n ~ machen** a face fericit pe cineva

glücklicherweise ADV din fericire

Glückspilz umg M̄ norocos m, norocoasă f

Glückssache F̄ chestie f de noroc

Glücksspiel N̄ joc n de noroc

Glückstag M̄ zi f norocoasă

Glückwunsch M̄ felicitare f; **herzlichen ~ zum Geburtstag!** felicitări călduroase de ziua ta!

Glückwunschkarte F̄ felicitare f

Glühbirne F̄ bec n

glühen V̄/ī a arde mocnit

Glühwein M̄ vin n fiert

Glühwürmchen N̄ licurici m

Glut F̄ (≈ Holzglut, Kohlenglut) jar n, jăratic n; (≈ Hitze) arşiță f, dogoare f

Gluten N̄ CHEM gluten n

Glutenunverträglichkeit F̄ MED intoleranţă n la gluten

GmbH F̄ ABK (= Gesellschaft mit beschränkter Haftung) SRL f (societate cu răspundere limitată)

Gnade F̄ îndurare f, milă f; **um ~ bitten** a cere îndurare; **keine ~ kennen** a fi neîndurător; **~ vor Recht ergehen lassen** a se îndura de cineva

Gnadenfrist F̄ termen m de graţie

gnadenlos ADJ nemilos

gnädig A ADJ (≈ milde) indulgent, îngăduitor; pej (≈ gönnerhaft) protector B ADV cu indulgenţă

Gokart M̄ cart n, kart n

Gold N̄ aur n

Goldbarren M̄ lingou n de aur

golden ADJ de (od din) aur

Goldfisch M̄ peştişor m auriu

goldig ADJ drăguţ; Kind drăgălaş

Goldmedaille F̄ medalie f de aur

Goldschmied M̄ bijutier m

Golf[1] M̄ golf n; **Persischer Golf** Golful Persic

Golf[2] N̄ golf n

Golfplatz M̄ teren n de golf

Golfschläger M̄ crosă f

Golfstaaten MPL ţări fpl (od state npl) din Golf

Golfstrom M̄ Curentul Golfului m, Gulf Stream m

Gondel F̄ 1 gondolă f 2 Seilbahn cabină f

Gong M̄ gong n

gönnen V̄/ī j-m etw ~ a nu invidia pe cineva pentru ceva; **sich etw ~** a-şi permite ceva

googeln® V̄/ī a căuta pe Google; einen Namen ~ a căuta un nume pe Google

goss → gießen

gotisch ADJ gotic

Gott M̄ Dumnezeu m; **an ~ glauben** a crede în Dumnezeu; **der liebe ~** bunul Dumnezeu; **die griechischen Götter** zeii greci; **mein ~!** Dumnezeule!; **um ~es willen!** ferească Dumnezeu!

Gottesdienst M̄ slujbă f religioasă

Göttin F̄ zeiţă f

göttlich ADJ a. fig divin, dumnezeiesc

Grab N̄ mormânt n; **sich dat sein eigenes ~ schaufeln** a-şi săpa singur groapa

graben V̄/ī a săpa

Graben M̄ groapă f

Grabmal N̄ mormânt n, monument n funerar

Grabstein M̄ piatră f de mormânt

Grad M̄ grad n; **akademischer ~** grad academic; **wir haben 30 ~** sunt 30 de grade; **im höchsten ~e** în cel mai înalt grad; Verbrennungen, Gleichung **ersten/ zweiten ~es** de gradul întâi / al doilea

Graf M̄ conte m

Grafik F̄ grafică f

Grafiker(in) M/F graficia(ă) m(f)

Grafikkarte F̄ IT placă f grafică

Gräfin F̄ contesă f

grafisch ADJ grafic

Gramm N̄ gram n

Grammatik F̄ gramatică f

Granat M̄ MINER granat n

Granatapfel M̄ rodie f

Granate F̄ obuz n; (≈ Handgranate) grenadă f

Granit M̄ granit n

grantig umg südd, österr ADJ ursuz, morocănos, arţăgos

Grapefruit F̄ grepfrut n

Graphik F̄ → Grafik

grapschen umg A V̄/ī a înşfăca, a înhăţa B V̄/ī **nach etw ~** a înşfăca ceva, a apuca ceva cu lăcomie

Gras N̄ iarbă f

grässlich ADJ oribil

Grat M̄ 1 e-s Bergs creastă f 2 TECH bavură f

Gräte F̄ os n de peşte

Gratin N̄ GASTR gratin n

gratis ADV gratis

Gratisprobe F̄ mostră f gratuită

Grätsche F poziție f cu picioarele depărtate

Gratulation F felicitare f

gratulieren V/I j-m **(zu etw)** ~ a felicita pe cineva (pentru ceva); **(ich) gratuliere!** felicitări!

grau ADJ gri; **~e Haare** păr alb; **~ werden** a deveni gri

Graubrot N pâine f integrală

Graubünden N Cantonul Grisunilor n

Gräuel geh M **1** (≈ Gräueltat) grozăvie f, atrocitate f **2** (≈ etw Abstoßendes) oroare f; **das/er ist mir ein** ~ am oroare de ceva/el

Grauen N groază f (**vor** + dat de), spaimă f (**vor** + dat de); **ein Bild des ~s** ceva înspăimântător

grauenhaft, grauenvoll ADJ îngrozitor, odios; umg fig cumplit, oribil

grauhaarig ADJ cărunt

grausam ADJ crunt

Grausamkeit F **1** Wesensart cruzime f **2** Tat faptă f crudă

gravierend ADJT grav

graziös ADJ grațios

greifen VI a apuca (**nach etw** ceva); **um sich** ~ a se extinde

grell ADJ Licht orbitor

Gremium N comisie f

Grenze F graniță f; **alles hat s-e** ~n totul are o limită; **die** ~ **zu Rumänien** granița cu România

grenzen VI a se învecina (**an** +akk cu)

grenzenlos A ADJ (≈ uneingeschränkt) nelimitat; Macht, Geduld, Vertrauen imens, nemăsurat; Bewunderung infinit; pej (≈ maßlos) peste măsură B ADV nemăsurat

Grenzkontrolle F control n la frontieră

Grenzübergang M **1** Stelle punct n de frontieră **2** Aktion trecere f a frontierei

grenzüberschreitend ADJT transfrontalier

Grenzwert M valoare f limită; MATH a. limită f

grenzwertig ADJ umg (≈ gerade noch erträglich) la limită

Grieche M grec m

Griechenland N Grecia f

Griechin F grecoaică f

griechisch ADJ grecește

Griechisch N limba f greacă

Grieß M griș m

griff → greifen

Griff M **1** Tür etc mâner n **2** (≈ Bewegung) apucătură f; **im** ~ **haben** a fi stăpân pe situație **3** SPORT priză f

griffbereit ADJ la îndemână

Grill M grătar n

Grille F ZOOL greier m

grillen VI a frige la grătar

Grillfest N serbare câmpenească la care se fac grătare

Grillkohle F cărbune n pentru grătar și camping

Grimasse F grimasă f, strâmbătură f; **~n schneiden** a face grimase, a se strâmba

Grinsen N rânjet n

grinsen VI a rânji

Grippe F gripă f

Grippeschutzimpfung F vaccin n antigripal

grob ADJ grosolan; **in ~en Umrissen** (od **Zügen**) în linii mari

Grönland N Groenlanda f

Groschen M HIST österr groș m; umg (≈ Zehnpfennigstück) monedă f de zece pfenigi; umg fig **der** ~ **ist gefallen** umg (m)i-a picat fisa

groß ADJ **1** mare; **j-n** ~ **ansehen** a privi pe cineva cu mirare; **wie** ~ **ist ...?** cât de mare e ...?; **im Großen und Ganzen** în ansamblu **2** Person înalt; ~ **werden** a crește; (≈ älter) **mein ~er Bruder** fratele meu mai mare

Großaktionär(in) M/F acționar(ă) m(f) mare

großartig ADJ grandios

Großaufnahme F prim-plan n

Großbritannien N Marea Britanie f

Großbuchstabe M majusculă f

Größe F **1** mărime f **2** Kleider, Körper mărime f **3** Schuhe număr n

Großeltern PL bunici mpl

Größenwahn M grandomanie f, megalomanie f

größenwahnsinnig ADJ grandoman, megaloman

größer ADJ **1** mai mare; ~ **machen** Schrift, Loch etc a mări; ~ **werden** Lebe-

wesen, Unzufriedenheit a creşte, a spori;
Arbeitslosigkeit, Schulden, Bevölkerung a.
a se mări; *Familie, Firma, Stadt* a se ex-
tinde 2 (≈*ziemlich groß*) destul de ma-
re; *Summe* destul de ridicat
Großfamilie F̲ familie f extinsă
Großformat N̲ format n mare
Großhandel M̲ comerţ n angro
Großhändler(in) M̲F̲ angrosist(ă)
m(f)
Großmarkt M̲ piaţă f angro
Großmaul *umg* N̲ *umg* lăudăros(ă)
m(f), fanfaron m, fanfaroană f
Großmutter F̲ bunică f
Großonkel M̲ *Bruder des Großvaters*
frate m al bunicului; *Bruder der Großmutter* frate m al bunicii
Großraum M̲ aglomerare f urbană
Großraumbüro N̲ birou n (de tip)
open-space
großschreiben V̲T̲ a scrie cu majuscule
Großstadt F̲ metropolă f
Großtante F̲ *Schwester des Großvaters*
soră f a bunicului; *Schwester der Großmutter* soră f a bunicii
größte A̲D̲J̲ cel mai mare, cea mai mare; **der ~ Teil (der Gäste)** majoritatea
(invitaţilor)
größtenteils A̲D̲V̲ în cea mai mare
parte, în principal
Großvater M̲ bunic m
großziehen V̲T̲ a creşte
großzügig A̲D̲J̲ generos
Großzügigkeit F̲ 1 (≈*Freigebigkeit*)
mărinimie f, generozitate f; (≈*Toleranz*)
largheţe f de spirit 2 (≈*Weiträumigkeit*)
caracter n spaţios
grotesk A̲D̲J̲ grotesc
Grotte F̲ grotă f
grub → **graben**
Grübchen N̲ gropiţă f
Grube F̲ 1 groapă f 2 *Bergwerk* mină
f
grübeln V̲I̲ a medita, a cugeta (**über**
etw *akk* la ceva)
grüezi *schweiz* I̲N̲T̲ (≈*guten Morgen*) bună dimineaţa; (≈*guten Tag*) bună ziua;
(≈*guten Abend*) bună seara
Grün N̲ 1 *Farbe* verde n; **die Ampel**
steht auf ~ semaforul e (pe) verde;
umg **das ist dasselbe in ~** e acelaşi lu-

cru; *umg* **e totuna** 2 *Pflanzen* verdeaţă
f
grün A̲D̲J̲ verde; **~ werden** a se înverzi;
~er Salat salată f verde
Grünanlagen F̲P̲L̲ spaţii npl verzi
Grund M̲ 1 *Ursache* motiv n; **~ haben**
zu +*inf* a avea motiv să; **auf ~ von** pe
baza; **aus diesem ~** din acest motiv;
aus gesundheitlichen Gründen din
motive de sănătate; **aus welchem ~?**
din ce motiv?; **im ~e (genommen)** în
fond; **ohne ~** fără motiv 2 *Erdboden*
pământ n
Grundausbildung F̲ 1 MIL pregătire f militară de bază 2 *musikalische*
~ educaţie f muzicală de bază
Grundbesitz M̲ proprietate f funciară
gründen A V̲T̲ a fonda; **etw auf etw**
(*akk*) ~ a fonda ceva pe baza a ceva
B V̲R̲ **sich auf etw** (*akk*) ~ a se baza
pe ceva
Gründer(in) M̲F̲ fondator m, fondatoare f
Grundfläche F̲ *e-r Wohnung* suprafaţă f; MATH bază f
Grundgebühr F̲ tarif n de bază
Grundgesetz N̲ lege f fundamentală;
(≈*Verfassung*) constituţie f
Grundkapital N̲ capital n de bază
Grundkenntnisse F̲P̲L̲ cunoştinţe fpl
de bază
Grundlage F̲ bază f, fundament n;
auf der ~ von pe baza; **jeder ~ entbehren** a fi complet neîntemeiat
grundlegend A̲D̲J̲ de bază, fundamental
gründlich A̲D̲J̲ temeinic
grundlos A A̲D̲J̲ nefondat, nemotivat
B A̲D̲V̲ fără motiv
Grundnahrungsmittel N̲ aliment
n de bază
Gründonnerstag M̲ Joia Mare f
Grundrecht N̲ drept n fundamental
Grundriss M̲ 1 plan n 2 *Lehrbuch*
compendiu n (+*akk* de)
Grundsatz M̲ principiu n
grundsätzlich A̲D̲J̲ principial; **sie
kommt ~ zu spät** vine în mod obişnuit
prea târziu
Grundschule F̲ şcoală f primară
Grundschüler(in) M̲F̲ elev(ă) m(f) de
şcoală primară

G

Grundschullehrer(in) M̄F̄ învățător m, învățătoare f
Grundstück N̄ teren m
Gründung F̄ înființare f
Grundwasser N̄ apă f subterană (od freatică)
Grundwasserspiegel M̄ nivel n al apei subterane, pânză f freatică
Grundwortschatz M̄ vocabular n de bază
Grundzahl F̄ număr n cardinal
Grundzug M̄ trăsătură f principală; **Grundzüge der Wirtschaftspolitik** caracteristici ale politicii economice
Grüne(s) N̄ 🔳 Farbe verde n 🔳 (≈ Natur) natură f; **im ~n** în mijlocul naturii; **ins ~ fahren** a pleca la iarbă verde
Grüne(r) M̄F̄(M̄) POL membru m al partidului ecologist, membră f a partidului ecologist; **die ~n** ecologiștii mpl
Grünfläche F̄ spațiu n verde
grünlich ADJ verzui
Grünspan M̄ cocleală f
Gruppe F̄ grup n
Gruppenarbeit F̄ muncă f în grup
Gruppenermäßigung F̄ reducere f de grup
Gruppenreise F̄ călătorie f în grup
grus(e)lig ADJ înfiorător
gruseln V̄T̄ & V̄Ī mir (od mich) **gruselt** mă îngrozesc, mă trec fiori
Gruß M̄ salut n; **e-n schönen ~ von mir!** multe salutări din partea mea; **herzliche Grüße** salutări călduroase; **j-m von j-m Grüße bestellen** (od ausrichten) a transmite salutări cuiva din partea cuiva; **viele Grüße** multe salutări; **mit freundlichen Grüßen** cu stimă
grüßen V̄T̄ a saluta; **Sabine lässt (euch) ~** Sabine (vă) transmite salutări; **grüß deine Mutter von mir** salut-o pe mama ta din partea mea; umg **grüß dich!** te salut
Guatemala N̄ Guatemala f
gucken V̄T̄ a se uita; **böse/freundlich ~** a se uita urât/prietenos; **guck mal!** ia uita-te!
Gugelhupf südd, österr M̄ guguluf n, gugelhupf n
Guinea N̄ Guineea f
Gulasch N̄ gulaș n
Gully M̄N̄ gură f de canal

gültig ADJ valabil
Gültigkeit F̄ valabilitate f; **~ haben** a fi valabil
Gummi[1] M̄ od N̄ cauciuc n; umg (≈ Kondom) capișon n
Gummi[2] M̄ (≈ Radiergummi) radieră f
Gummi(band) N̄ elastic n
Gummibärchen N̄ ursuleț m gumat
Gummiboot N̄ barcă f de cauciuc
Gummistiefel M̄ cizmă f de cauciuc
Gunst F̄ favoare f; **die ~ der Stunde nutzen** a profita de ocazie; **zu s-n ~en** în favoarea lui
günstig ADJ 🔳 favorabil 🔳 Preis avantajos
gurgeln V̄Ī a face gargară
Gurke F̄ castravete m; **saure ~** castravete murat
Gurt M̄ centură f
Gürtel M̄ curea f
Gürtelrose F̄ zona f Zoster
Guru M̄ a. fig guru m
Guss M̄ 🔳 TECH turnare f, fontă f; fig **wie aus e-m ~** dintr-o bucată 🔳 umg (≈ Regenguss) răpăială f; aversă f 🔳 GASTR glazură f
Gut N̄ 🔳 (≈ Besitz) bun n, avere f; fig proprietate f, bun n 🔳 (≈ Landgut) moșie f (od proprietate f) funciară; (≈ Gutshof) fermă f 🔳 (≈ Transportgut) marfă f
gut 🅰 ADJ bun; **du hast es gut!** da bine îți merge!; **es ist gut** (od wie gut), **dass du gekommen bist** e bine că ai venit; **es wäre gut, wenn ...** ar fi bine dacă ...; **es wird noch alles gut werden** va fi totul bine; **seien Sie so gut und ...** fiți așa de amabil și ...; **gute Reise!** călătorie plăcută; **die gute alte Zeit** vremurile bune de altădată; **alles Gute!** viel Glück! noroc!; **zum Geburtstag** cele bune! 🅱 ADV bine; **gut gehen** a merge bine; **gut gemeint** bine intenționat; **gut singen/tanzen** etc a cânta/înnota etc bine; **gut so!** e bine așa!; **das gefällt mir gut** asta-mi place mult; **es geht ihm gut** îi merge bine; **etw gut können** a putea ceva bine; **mach's gut!** rămâi cu bine!; **mir ist nicht gut** nu-mi e bine; **schon gut!** bine, e în ordine!; **so gut wie alles/nichts** aproape tot/nimic
Gutachten N̄ expertiză f

Gutachter(in) M͡F expert(ă) m(f)
gutartig ADJ MED benign
Gutdünken N̄ **nach (meinem** etc) ~ după părerea (mea etc)
Güte F̄ **1** e-r Person bunătate f; umg **ach du meine ~!** Dumnezeule! **2** e-r Ware calitate f; **erster ~** de mâna întâi
Güter PL mărfuri fpl
Güterbahnhof M̄ gară f de mărfuri
Gütergemeinschaft F̄ comuniune f de bunuri
Gütertrennung F̄ separație f de bunuri
Güterverkehr M̄ trafic n de mărfuri
Güterzug M̄ mărfar n
gutgläubig ADJ & ADV de bună-credință
Guthaben N̄ sold n creditor
gütig **A** ADJ bun, amabil **B** ADV binevoitor
gutmachen V̄T Fehler a îndrepta; Versäumtes, Verlust a despăgubi, a repara
gutmütig ADJ blând
Gutschein M̄ bon n
gutschreiben V̄T j-m e-n Betrag ~ a trece o sumă în contul cuiva
Gutschrift F̄ Betrag credit n; Bescheinigung confirmare f a unei plăți în cont
guttun V̄I j-m ~ a face bine cuiva
Guyana N̄ Guyana f
Gymnasiast(in) M͡F 5.–8. Klasse elev(ă) m(f) de gimnaziu; ab 9. Klasse elev(ă) m(f) de liceu
Gymnasium N̄ 5.–8. Klasse gimnaziu n; ab 9. Klasse liceu n; **humanistisches** (od **altsprachliches**) **~** liceu cu profil uman; **mathematisch-naturwissenschaftliches ~** liceu cu profil real; **neusprachliches ~** liceu cu profil limbi moderne
Gymnastik F̄ gimnastică f
Gymnastikball M̄ SPORT, PFLEGE minge f de gimnastică
Gynäkologe M̄, **Gynäkologin** F̄ medic m ginecolog
Gyros N̄ GASTR gyros n

H

H, h N̄ **1** H, h m/n **2** MUS si m
h ABK MUS si

Haar N̄ păr m; (≈ die Haare) **das ~** părul; **blonde ~e** (od **blondes ~**) **haben** a avea păr blond; umg **dabei stehen einem die ~e zu Berge** ți se face părul măciucă; **sich die ~e schneiden lassen** a se tunde; **sich in die ~e kriegen** umg a se lua de păr
Haarbürste F̄ perie f de păr
Haarfarbe F̄ culoare f de păr
Haarfestiger M̄ fixativ n (de păr)
Haargel N̄ gel n de păr
haargenau umg ADJ foarte exact, precis
Haargummi N̄ elastic n de păr
Haarnadelkurve F̄ curbă f în ac de păr
haarscharf ADV **1** (≈ klar) foarte limpede; (≈ genau) foarte precis **2** (≈ ganz dicht, nah) exact lângă
Haarschnitt M̄ frisură f
Haarspange F̄ agrafă f
Haarspray N̄ spray n de păr
haarsträubend ADJ **1** (≈ entsetzlich) cumplit, îngrozitor **2** (≈ unerhört) revoltător; (≈ unglaublich) incredibil
Haartrockner M̄ uscător n de păr
haben V̄T a avea; **Angst/Hunger ~** a-ți fi frică/foame; **es gut ~** a-ți merge bine; **Ferien ~** a avea vacanță; **hätten Sie etwas dagegen, wenn …?** ați avea ceva împotrivă dacă …?; **ich hätte gerne …** aș dori …; **nichts von etw ~** a nu avea nimic din ceva; **was hast du denn?** dar ce ai?; **welches Datum ~ wir heute?** ce dată e azi?
Haben N̄ WIRTSCH credit n
Habenseite F̄ HANDEL parte f a creditului
Habenzinsen MPL dobândă f pasivă
Habgier F̄ lăcomie f
habgierig ADJ lacom
Habicht M̄ uliu m
Hachse F̄ GASTR ciolan n; umg hum pl

~n picioare npl, **ciolane** npl
Hackbrett N ⒈ GASTR tocător n ⒉ MUS ţambal n
Hacke F ⒈ im Garten sapă f ⒉ Ferse călcâi n
hacken VT & VI ⒈ GASTR a toca ⒉ Holz a tâia, a sparge
Hacker(in) M/F IT hacker m
Hackfleisch N carne f tocată
Hacksteak N chiftea f plată prăjită
Hafen M port n
Hafenanlagen FPL instalaţii fpl portuare
Hafenpolizei F poliţie f portuară
Hafenrundfahrt F tur n de port cu vaporul
Hafenstadt F oraş n portuar
Hafenviertel N cartier n portuar
Hafer M ovăz n
Haferflocken PL fulgi npl de ovăz
Haft F arest n; **in ~** a fi arestat
haftbar ADJ răspunzător
Haftbefehl M mandat n (od ordin n) de arestare
haften[1] VI JUR a se lipi (**an** +dat de); **haften für** a răspunde pentru
haften[2] VI (≈kleben) **im Gedächtnis haften bleiben** a rămâne întipărit în memorie
Häftling M deţinut m
Haftnotiz F Post-it® n
Haftpflichtversicherung F asigurare f de răspundere civilă
Haftung F responsabilitate f, garanţie f
Hagebutte F măceaşă f
Hagel M grindină f
hageln V/UNPERS **es hagelt** plouă cu grindină
Hahn M ⒈ cocoş m ⒉ Wasserhahn robinet n
Hähnchen N pui m
Hai(fisch) M rechin m
Häkchen N ⒈ (≈kleiner Haken) cârlig n mic ⒉ auf e-r Liste bifă f
Haken M cârlig n; **die Sache hat e-n ~** treaba asta are un clenci
Hakenkreuz N im Nationalsozialismus zvastică f
halb ADJ jumătate n; **~ eins** douăspreze-ce şi jumătate; **~ ..., ~ ...** jumate ..., jumate ...; **~ leer/voll** pe jumătate

gol/plin; **~ so viel (wie)** pe jumătate (din); **es ist ~ so schlimm** (od **wild**) nu e chiar aşa de rău; **auf ~em Weg** la jumătatea drumului; **eine ~e Stunde** o jumătate de oră
Halbe F eine ~ **(Bier)** o halbă de bere
halbfett ADJ Käse semidegresat; Druck aldin
Halbfinale N semifinală f
halbieren VT a înjumătăţi
Halbinsel F peninsulă f
Halbjahr N semestru n
Halbkreis M semicerc n
Halbkugel F emisferă f, semisferă f
Halbmond M semilună f
Halbpension F demipensiune f
Halbschuh M pantof m
halbtags ADV **~ arbeiten** a lucra jumătate de normă
halbwegs ADV oarecum
Halbzeit F SPORT repriză f
Halde F BERGB haldă f; fig **auf ~ liegen/produzieren** a fi/produce pe stoc
half → **helfen**
Hälfte F jumătate f; **Kinder zahlen die ~** copiii plătesc pe jumătate; **zur ~ fertig** pe jumate gata
Halfter N/M für Pferde căpăstru n
Halle F hală f
Hallenbad N piscină f acoperită
hallo INT bună
Halm M (≈Getreidehalm) pai n; (≈bes Grashalm) fir n
Halogenlampe F lampă f cu halogen
Hals M gât n; umg **~ über Kopf** în mare grabă; **j-m um den ~ fallen** a-i cădea cuiva de gât; **sich** (dat) **den ~ brechen** a-şi rupe gâtul; umg **es hängt mir zum ~(e) heraus** m-am săturat până peste cap; umg **sich** (dat) **j-n/etw vom ~(e) schaffen** a se debarasa de cineva/ceva
Halsband N Hund zgardă f
Halsentzündung F inflamaţie f a gâtului
Halskette F lănţişor n, colier n
Hals-Nasen-Ohren-Arzt M, **Hals--Nasen-Ohren-Ärztin** F medic m orelist
Halsschmerzen PL dureri fpl de gât; **~ haben** a avea dureri de gât

Halstuch N̄ eşarfă f

halt A INT stop B ADV **es ist ~ so asta-i situaţia!**

Halt M̄ **1** (≈Anhalten) oprire f **2** innerer echilibru n, stabilitate f **3** (=Festhalten) **den ~ verlieren** a-şi pierde echilibrul

haltbar ADJ durabil; **mindestens ~ bis ... expiră la ...**

Haltbarkeit F̄ von Material durabilitate f; von Lebensmitteln conservare f

Haltbarkeitsdatum N̄ termen n de valabilitate (od expirare)

Haltegriff M̄ PFLEGE mâner n de siguranţă (od susţinere)

halten A V̄T a ţine; **~ für** a considera drept; **den Kopf unter Wasser ~** a ţine capul sub apă; **eine Rede ~** a ţine o cuvântare; **es für gut ~ zu** +inf bzw. **dass ...** a considera că e bine să ...; **in der Hand ~** a ţine în mână; **Unterricht ~** a ţine cursuri; **viel/nichts von j-m ~** a avea / a nu avea consideraţie faţă de cineva; **Essen warm ~** a ţine la cald; **was ~ Sie davon?** ce părere aveţi despre asta? B V̄I stehen bleiben a se opri; Kleidung **lange ~** a ţine mult; **halt (mal)!** stai (un pic)!; **Halten verboten** parcarea interzisă C V̄R **sich ~ frisch** bleiben a se păstra proaspăt; **sich an j-n/etw ~** a se ţine de cineva/ceva; **sich an die Vorschriften ~** a se ţine de reguli; Körper **sich aufrecht ~** a se ţine drept; These etc **sich nicht ~ lassen** a nu ţine; (≈bleiben) **sich rechts/ links ~** a ţine dreapta/stânga

Haltestelle F̄ staţie f

Halteverbot N̄ oprirea f interzisă

haltmachen V̄I a se opri; um zu rasten a face o pauză; fig **vor nichts ~** a nu se lăsa oprit de nimic

Haltung F̄ **1** Körper ţinută f; **~ bewahren** a păstra ţinuta **2** Einstellung atitudine f

Hamburg N̄ Hamburg m

Hamburger M̄ GASTR hamburger m

hämisch ADJ răutăcios; Ton, Worte sarcastic

Hammelfleisch N̄ carne f de berbec

Hammer M̄ ciocan n; fig umg **das ist der ~!** asta-i culmea!

Hämorr(ho)iden PL hemoroizi mpl

Hampelmann M̄ marionetă f; umg fig pej paiaţă f

Hamster M̄ hârciog m

Hand F̄ mână f; **~ in ~ gehen** a merge mână în mână; **~ und Fuß haben** a avea cap şi coadă; **auf der ~ liegen** a fi evident; **aus erster ~** direct de la sursă; **e-e ~ wäscht die andere** o mână spală pe alta; **etw in der ~ halten** a ţine ceva în mână; **etw in die ~ nehmen** a lua ceva în mână; **j-m die ~ geben** a-i da cuiva mâna; **j-m freie ~ lassen** a-i da cuiva mâna liberă; **j-n an die ~ nehmen** a lua pe cineva de mână; **j-s rechte ~ sein** a fi mâna dreaptă a cuiva; **linke/rechte ~** mâna stângă/ dreaptă; **unter der ~** pe sub mână; **von der ~ in den Mund leben** a trăi de azi pe mâine; **von ~ zu ~** din mână-n mână; **alle Hände voll zu tun haben** a fi extrem de ocupat; **bei j-m in guten Händen sein** a fi pe mâini bune la cineva; **in die Hände klatschen** a aplauda; **mir sind die Hände gebunden** mâinile îmi sunt legate; auf Briefen **zu Händen (von)** în atenţia; umg **zwei linke Hände haben** a avea două mâini stângi

Handarbeit F̄ Schulfach lucru n manual; **~ sein** a fi lucru de mână

Handball M̄ handbal n

Handbesen M̄ măturică f

Handbremse F̄ frână f de mână

Handbuch N̄ manual n

Händchen N̄ mânuţă f; umg **~ halten** a se ţine de mână; umg **ein ~ für etw haben** a se pricepe la ceva

Handcreme F̄ cremă f de mâini

Handel M̄ comerţ n; **~ treiben** a face comerţ

handeln A V̄I a acţiona; **mit etw ~** a face comerţ cu ceva; Buch etc **von etw ~** a fi vorba despre ceva B V̄I/UNPERS **es handelt sich um ...** este vorba despre ...

Handelsabkommen N̄ convenţie f comercială

Handelsbank F̄ bancă f comercială

Handelsbeziehungen FPL raporturi npl comerciale

Handelsbilanz F̄ **1** e-s Landes balanţă f comercială; **passive/aktive ~ ba-**

H

lanță comercială deficitară/activă (*od* excedentară) **2** *e-r Firma* bilanț *n* comercial

handelseinig ADJ (**mit j-m**) **~ sein/ werden** a fi/cădea de acord (cu cineva)

Handelsgesellschaft F societate *f* comercială; **offene ~** societate comercială deschisă

Handelskammer F cameră *f* de comerț

Handelsklasse F categorie *f*

Handelsschranken FPL bariere *fpl* comerciale

Handelsschule F școală *f* de comerț

handelsüblich ADJ uzual, corespunzător uzanțelor comerciale; *Format, Bezeichnung* comercial

Handelsvertreter(in) M/F reprezentant(ă) *m(f)* comercial(ă)

Handelsware F marfă *f* din comerț

Händetrockner M uscător *n* de mâini

Handfeger M măturică *f*

handfest ADJ *Beweis etc* solid, palpabil; *Mahlzeit* consistent; *Streit, Skandal* mare; *Prügelei* serios; *Lüge* sfruntat

Handfläche F palmă *f*

handgearbeitet ADJ făcut de mână

Handgelenk N încheietura *f* mâinii

handgemacht ADJ lucrat de mână

Handgepäck N bagaj *n* de mână

Handgranate F grenadă *f* de mână

Handheld M/N IT dispozitiv *n* portabil

Handicap N SPORT, *fig* handicap *n*

Händler(in) M/F negustor *m*, negustoreasă *f*

handlich ADJ ușor de mânuit

Handlung F acțiune *f*

Handout N handout *n*

Handschelle F cătușă *f*; **j-m ~n anlegen** a-i pune cuiva cătușele

Handschellen PL cătușe *fpl*

Handschrift F scris *n* de mână

handschriftlich A ADJ manuscris, scris de mână B ADV **etw ~ hinzufügen** a adăuga ceva în scris

Handschuh M mănușă *f*

Handschuhfach N torpedo *n*

Handspiel N FUSSBALL henț *n*

Handtasche F poșetă *f*, geantă *f*

Handtuch N prosop *n*; *fig* **das ~ werfen** a abandona (ceva)

Handwerk N meserie *f*; **sein ~ verstehen** a-și cunoaște meseria

Handwerker M meseriaș *m*

Handy N telefon *n* mobil

Handynummer F număr *n* al telefonului mobil

Hang M **1** *Abhang* pantă *f* **2** *fig* înclinație *f*

Hängematte F hamac *n*

hängen A VII a atârna; **~ bleiben** a se împotmoli; **an der Wand/Decke ~** a fi atârnat pe perete / de tavan B VIT *Kleider* **in den Schrank ~** a atârna în dulap C VIR **sich an j-n/etw ~** a se agăța de cineva/ceva

hänseln VIT a lua peste picior, a zeflemisi

Hantel F halteră *f*

hantieren VII **mit etw ~** a mânui (*od* manipula) ceva

hapern V/UNPERS (≈ *nicht klappen*) **es hapert mit etw** merge greu cu ceva; (≈ *mangeln*) **es hapert an etw** lipsește ceva

Happen M înghițitură *f* (de mâncare); **e-n ~ essen** a lua o gură de mâncare, a pune ceva în gură

Happy End N happy-end *n*; **gibt's ein/kein ~?** (nu) se termină cu bine?

Happy Hour F happy hour *n/f*

Hardware F IT hardware *n*

Harfe F harpă *f*

Harke F greblă *f*

harmlos ADJ inofensiv

Harmonie F MUS, *fig* armonie *f*

harmonisch ADJ armonios

harmonisieren VIT MUS, *fig* a armoniza

Harn M urină *f*

Harnblase F vezică *f* urinară

hart ADJ *a. fig* tare, dur; **~ arbeiten** a lucra din greu; **~ bleiben** a rămâne tare; *Ei* **~ gekocht** tare; **~ werden** a se întări; **~ zu j-m sein** a fi dur cu cineva; *Unglück, Krankheit* **es hat ihn ~ getroffen** l-a lovit tare

Härte F **1** duritate *f*; *fig a.* severitate *f*; *e-s Urteils, e-r Maßnahme* asprime *f*; *e-s Aufpralls* violență *f* **2** *e-r Person* duritate *f* (**gegenüber j-m** față de cineva); (≈ *Zähigkeit, Ausdauer*) rezistență *f* **3** *Jugendsprache* **das ist die ~!** *positiv* as-

ta-i super!; *negativ* e naşpa de tot!
hartnäckig ADJ tenace; *Kälte, Gerücht*
sich ~ halten a persista
Harz N̄ răşină *f*
Haschisch M̄N̄ haşiş *n*
Hase M̄ iepure *m*
Haselnuss F̄ alună *f*
Hass M̄ ură *f* (**auf** +akk pe)
hassen V̄T̄ a urî
hässlich ADJ urît; **~ aussehen** a arăta
oribil
hast → **haben**
Hast F̄ (≈ *Eile*) grabă *f*; (≈ *Überstürzung*)
repezeală *f*; **ohne ~** fără grabă
hastig ADJ grăbit
hat → **haben**
hatte, hätte → **haben**
Haube F̄ **1** scufie *f*; *e-r Tracht* bonetă
f; *umg hum* **j-n unter die ~ bringen** a
mărita pe cineva **2** ZOOL moţ *n* **3**
(≈ *Motorhaube*) capotă *f* **4** (≈ *Trocken-
haube*) cască *f* pentru uscat părul
hauchdünn ADJ foarte subţire
hauchen V̄T̄ & V̄Ī a sufla; *fig* *Worte* a
şopti
hauen **A** V̄T̄ a bate; KUNST **in Stein ~**
a sculpta în piatră **B** V̄Ī (≈ *stoßen*) (**mit
etw**) **gegen etw ~** a lovi (cu ceva) în
ceva
häufen **A** V̄T̄ a aduna (**auf** +akk pe) **B**
V̄R̄ **sich ~** (≈ *sich anhäufen*) a se aduna,
a se îngrămădi; *fig* *Fälle* a se înmulţi
Haufen M̄ grămadă *f*; **ein ~ Geld** viel
Geld o grămadă de bani
haufenweise *umg* ADV *umg* cu grămada; **~ Geld verdienen** *umg* a câştiga
bani cu grămada
häufig **A** ADJ des **B** ADV adesea
Haupt *geh* N̄ **1** (≈ *Kopf*) cap *n*; **erhobe-
nen ~es** cu capul sus **2** *fig* (≈ *Führer*)
şef *m*, conducător *m*
Hauptbahnhof M̄ gară *f* centrală
Hauptdarsteller(in) M̄F̄ FILM,
THEAT actor *m* principal, actriţă *f* prin-
cipală
Haupteingang M̄ intrare *f* principa-
lă
Häuptelsalat *südd, österr* M̄ lăptucă *f*
Hauptfach N̄ materie *f* principală
Hauptfigur F̄ personaj *n* principal;
fig a. protagonist(ă) *m(f)*
Hauptfilm M̄ film *n*

Hauptgang M̄ GASTR fel *n* (de mân-
care) principal
Hauptgericht N̄ fel *n* principal
Hauptgeschäftszeit F̄ ore *fpl* de
vârf
Hauptgewinn M̄ câştig *n* principal
Häuptling M̄ căpetenie *f*
Hauptperson F̄ personaj *n* principal,
LIT erou *m*, eroină *f*, protagonist(ă)
m(f); **sie will immer die ~ sein** ea vrea
sa fie mereu în centrul atenţiei
Hauptquartier N̄ cartier *n* general
Hauptreisezeit F̄ sezon *n* (turistic)
de vârf
Hauptrolle F̄ rol *n* principal; **die ~
spielen** a juca rolul principal
Hauptsache F̄ lucru *n* principal; *umg*
~, du bist hier important e că eşti aici
hauptsächlich ADV în primul rând
Hauptsaison F̄ sezon *n* principal
Hauptsatz M̄ propoziţie *f* principală
Hauptschule F̄ ≈ şcoală *f* de nouă
ani
Hauptstadt F̄ capitală *f*
Hauptstraße F̄ stradă *f* principală
Hauptverkehrszeit F̄ oră *f* de vârf
Haus N̄ casă *f*; **aus dem ~ gehen** a ie-
şi din casă; HANDEL **frei ~** gratuit; **ins
~ liefern** a livra la domiciliu; **volles/
leeres ~** o casă plină/goală; **nach/zu
~e** acasă; **j-n nach ~e bringen** a con-
duce (*od* însoţi) pe cineva acasă; **nach
~e gehen** a merge acasă; **zu ~e blei-
ben** a rămâne acasă
Hausapotheke F̄ farmacie *f* de acasă
Hausarbeit F̄ muncă *f* casnică
Hausarzt M̄, **Hausärztin** F̄ medic
m de familie
Hausaufgabe F̄ lecţie *f*
Hausbesetzer(in) M̄F̄ squatter *m*
Hausbesetzung F̄ squatterizare *f*
Hausbesitzer(in) M̄F̄ propietar *m*,
propietăreasă *f*
Hausbesuch M̄ vizită *f* la domiciliu
Häuschen N̄ **1** (≈ *kleines Haus*) căsuţă
f; *umg* **(ganz) aus dem ~ sein** a nu mai
avea stare; *vor Freude* a-şi ieşi din minţi
de bucurie **2** *umg* (≈ *Toilette*) veceu *n*
Hausflur M̄ vestibul *n*
Hausfrau F̄ casnică *f*
Hausfriedensbruch M̄ violare *f* de

domiciliu

hausgemacht ADJT de casă

Haushalt M 🚹 menaj n; **den ~ führen** a conduce menajul; **ein ~ mit fünf Personen** o casă cu cinci persoane 🔋 POL buget n

Haushaltsgeld N bani mpl de menaj

Haushaltsplan M buget n

Haushaltswaren FPL articole npl de menaj

Hausherr M 🚹 (≈ Familienoberhaupt) stăpân m al casei; (≈ Gastgeber) gazdă f 🔋 (≈ Besitzer) proprietar m

Hausierer M vânzător m ambulant

häuslich ADJ a. Person casnic

Hausmann M bărbat m casnic

Hausmannskost F bucătărie f tradițională

Hausmeister M administrator m de imobil

Hausmittel N leac n de casă

Hausnummer F număr n al casei

Hausordnung F regulament m intern

Hausschlüssel M cheie f a casei

Hausschuh M papuc m

Hausse F WIRTSCH creștere f la bursă

Hausstauballergie F MED alergie f la praful din casă

Haustier N animal n de casă

Haustür F ușă f de intrare a casei

Hauswirtschaft F menaj n; Lehrfach economie f casnică

Haut F piele f; **auf der faulen ~ liegen** a trândăvi; **aus der ~ fahren** a-și ieși din fire; **ich möchte nicht in s-r ~ stecken** n-aș vrea să fiu în pielea lui; **nur noch ~ und Knochen sein** a fi piele și oase; **sich in s-r ~ nicht wohl fühlen** a nu se simți în largul său

Hautarzt M, **Hautärztin** F dermatolog(ă) m(f)

Hautausschlag M eczemă f

Hautcreme F cremă f de piele

hauteng ADJ mulat

Hautfarbe F culoarea f pielii

Haxe südd F → Hachse

Hebamme F moașă f

Hebebühne F AUTO platformă f ridicătoare

Hebel M manetă f

heben A VT a ridica B VR **sich ~** a se ridica

hebräisch ADJ ebraic

Hecht M știucă f

Hechtsprung M SPORT Turnen săritură f peștelui (od cu corpul întins); Schwimmen plonjon n

Heck N 🚹 AUTO spatele m mașinii 🔋 SCHIFF pupă f

Heckantrieb M tracțiune f pe spate

Hecke F gard n viu

Heckenschütze M franctiror m

Heckflosse F AUTO coadă f de rândunică

Heckklappe F ușă f portbagaj cu deschidere verticală

Heckscheibe F geam n din spate

Heer N a. fig armată f

Hefe F drojdie f

Hefeteig M aluat n cu drojdie

Heft N 🚹 caiet n 🔋 einer Zeitschrift număr n

heften A VT 🚹 mit Reißzwecken a prinde (**an** +akk de); mit Heftklammern a capsa (**an** +akk împreună cu) 🔋 MODE a însăila 🚹 Buch **geheftet** broșat B VR **sich auf j-n/etw ~** Blick, Augen a rămâne fixat pe cineva/ceva

Hefter M 🚹 (≈ Heftmaschine) capsator n 🔋 → Schnellhefter

heftig ADJ violent; Person **~ werden** a deveni violent

Heftklammer F agrafă f de capsat

Heftpflaster N plasture n adeziv

Heftzwecke F piunezä f

Hehler(in) M(F) tăinuitor m, tăinuitoare f

Hehlerei F tăinuire f

Heide F câmpie f

Heidelbeere F afină f

heidnisch ADJ păgân

heikel ADJ 🚹 Angelegenheit delicat 🔋 wählerisch pretențios

heil ADJ 🚹 sănătos; fig **die ~e Welt** lumea ideală 🔋 geheilt vindecat; **wieder ~ sein** a fi din nou sănătos

Heiland M REL Mântuitor m

heilbar ADJ vindecabil

heilen A VT a vindeca B VI a se vindeca

heilfroh umg ADJ tare bucuros, ușurat

heilig ADJ sfânt; der Heilige Abend Ajunul Crăciunului; der **~e Paulus** Sfântul Pavel; **die Heiligen Drei Köni-**

ge *mpl* cei trei crai de la Răsărit; **mein Schlaf ist mir ~** somnul meu mi-e sfânt

Heiligabend M ajunul m Crăciunului

Heilige(r) M/F(M) sfânt(ă) m(f)

Heiligenschein M a. fig nimb n

Heiligtum N sanctuar n

Heilkräuter NPL plante fpl medicinale

Heilmittel N leac n; (≈Medikament) medicament n

Heilpraktiker(in) M(F) bioterapeut(ă) m(f)

heilsam ADJ salutar

Heilung F vindecare f, însănătoșire f

heim ADV acasă

Heim N cămin n

Heimarbeit F muncă f la domiciliu

Heimat F patrie f; **in meiner ~** în țara mea

Heimatanschrift F adresă f de domiciliu

Heimathafen M port n de ataș (od origine)

heimatlos ADJ apatrid, fără patrie

Heimatort M loc n natali

Heimatstadt F oraș n natal

Heimatvertriebene(r) M/F(M) strămutat(ă) m(f) (forțat)

Heimfahrt F drumul n (cu un vehicol) spre casă; **auf der ~** pe drumul spre casă

heimgehen V/i a merge acasă

heimisch ADJ **1** Bevölkerung autohton; **sich ~ fühlen** a se simți ca acasă **2** Tiere, Pflanzen local

Heimkehr F (re)întoarcere f acasă (od în patrie); **bei s-r ~** la întoarcerea lui

heimkehren V/i a se întoarce acasă

heimlich A ADJ tainic B ADV pe ascuns

Heimreise F călătorie f spre casă; **auf der ~** la întoarcerea acasă

Heimspiel N SPORT joc n pe teren propriu

heimtückisch ADJ Person, Handlung viclean, perfid; Krankheit insidios; stärker mișelesc

Heimweg M drumul n spre casă; **auf dem ~ sein** a fi în drum spre casă

Heimweh N dor n de casă (od țară); **~ haben** a-ți fi dor de casă (od țară)

Heirat F căsătorie f

heiraten V/i a se căsători (j-n cu cineva)

Heiratsantrag M cerere f în căsătorie; **j-m einen ~ machen** a cere pe cineva în căsătorie

Heiratsanzeige F **1** (≈Heiratsannonce) anunț n matrimonial **2** (≈Vermählungsanzeige) anunț n de căsătorie

Heiratsurkunde F certificat n de căsătorie

heiser ADJ răgușit

Heiserkeit F răgușeală f

heiß ADJ fierbinte; **es ist ~** e fierbinte; **mir ist ~** mi-e cald

heißen A V/i **1** a se numi; **wie ~ Sie?** cum vă numiți?; **ich heiße Anne** mă numesc Anne **2** bedeuten a însemna; **das will nichts ~** asta nu înseamnă nimic; **was soll das (denn) ~?** ce înseamnă asta?; **das heißt** se spune; **wie heißt das auf Rumänisch?** cum se spune asta pe românește? B V/UNPERS **man sagt es heißt, (dass) ...** se spune (od zice) că

Heißhunger umg M foame f de lup (**auf** +akk de); fig a. poftă f teribilă (**auf** +akk de)

heiter ADJ **1** vesel **2** Wetter senin

Heiterkeit F (≈Fröhlichkeit) voioșie f; (≈Belustigung) ilaritate f

heizen V/T & V/i a încălzi

Heizkissen M MED pernă f electrică

Heizkörper M radiator n

Heizöl N păcură f

Heizung F încălzire f

Hektar N hectar n

Hektik F agitație f

hektisch ADJ agitat

Held(in) M(F) erou m, eroină f

heldenhaft ADJ eroic

Heldin F eroină f

helfen A V/i a ajuta (j-m bei etw pe cineva la ceva); Medikament gegen (od bei) Zahnschmerzen ~ a ajuta la durerile de dinți; **kann ich Ihnen ~?** vă pot ajuta?; **das hilft nichts** nu ajută la nimic B V/UNPERS **es hilft nichts, du musst ...** n-ai încotro, trebuie ...

Helfer(in) M(F) ajutor m, ajutoare f; **freiwilliger ~** voluntar m

hell ADJ luminos; **es wird ~** se luminează; **ein ~er Kopf** o persoană inteli-

gentă
hellblau ADJ albastru-deschis
hellblond ADJ blond-deschis
hellhörig ADJ ∎ *Wohnung* cu izolare
fonică insuficientă ∎ *Person* atent
Hellseher(in) M(F) ghicitor *m*, ghicitoare *f*
hellwach ADJ (complet) treaz; *umg fig*
(≈ *aufgeweckt*) isteț, ager
Helm M cască *f*
Hemd N cămașă *f*
hemmen VT ∎ *Bewegung* a frâna; *Entwicklung, Prozess* a încetini; TECH a opri;
fig (≈ *behindern*) a împiedica ∎ PSYCH a
inhiba
Hemmung F inhibiție *f*
hemmungslos A ADJ necontrolat;
(≈ *skrupellos*) lipsit de scrupule B ADV
fără reținere; (≈ *skrupellos*) fără scrupule
Hendl N *bayrisch, österr* pui *m* de găină; GASTR pui *m* fript
Hengst M armăsar *n*
Henkel M toartă *f*
Henne F găină *f*
Heparin N MED heparină *f*
Heparinspritze F MED injecție *f* cu
heparină
Hepatitis F MED hepatită *f*
her ADV her damit!: ia dă încoace!; *das
ist zehn Jahre* her au trecut zece ani
de atunci; *hier* her încoace; *von der
Form etc* her din punct de vedere al
formei *etc*
herab ADV *von oben* ~ de sus
herablassend ADJ condescendent
herabsehen VI *auf j-n* ~ a privi pe
cineva de sus
herabsetzen VT *Preis* a reduce; *zu
herabgesetztem Preis* la preț redus
heran ADV *nur* ~! *Du* apropie-te!; *Sie*
apropiați-vă!; (*dicht*) *an etw* (*akk*) ~
(foarte) aproape de ceva
herangehen VI ∎ *an etw/j-n* ~ a se
apropia de ceva/cineva ∎ *fig an ein
Problem etc* ~ a aborda o problemă
herankommen VI *a se* apropia (*an
+akk de*); *die Dinge an sich* (*akk*) ~ *lassen* a lăsa lucrurile să vină de la sine
heranwachsen VI a crește
herauf ADV *von unten* ~ de jos în sus
heraufkommen VI a urca, a veni
(în) sus

heraus ADV afară
herausbekommen VT ∎ *Geld* a primi rest ∎ *Rätsel* a dezlega; *etw aus
j-m* ~ a scoate ceva de la cineva
herausbringen VT ∎ (≈ *nach außen
bringen*) a scoate afară ∎ (≈ *veröffentlichen*) a publica; *fig etw/j-n groß* ~ a
promova intens ceva / pe cineva ∎
Wort a scoate *umg* ∎ *umg* → herausbekommen
herausfinden VT a descoperi
herausfordern VT a provoca; *j-n zu
etw* ~ a provoca pe cineva la ceva
Herausforderung F provocare *f*
herausgeben VT *veröffentlichen* a publica; *j-m zwei Euro* ~ a da cuiva rest
doi euro
heraushalten A VT (≈ *nach außen
halten*) a ține în afară; *umg fig* (≈ *nicht
verwickeln*) a nu băga (*aus* în), a ține
deoparte (*aus de*) B VR *umg sich aus
etw* ~ a nu se băga în ceva
herauskommen VI a ieși; *mit e-m
neuen Produkt* ~ a scoate (pe piață)
un nou produs; *dabei kommt nichts
heraus* nu te alegi cu nimic din asta
herausnehmen A VT *etw* (*aus etw*)
~ a scoate ceva (din altceva); *umg j-m
den Blinddarm* ~ a scoate cuiva apen-
dicele B *umg* VR *sich* (*dat*) *etw* ~ a-și
permite ceva
herausstellen VR *sich* ~ a se dovedi
(*als ca*)
heraussuchen VT a căuta (*aus* în), a
alege (*aus din*)
herausziehen VT a scoate
herb ADJ ∎ *im Geschmack* acrișor, aspru; *Wein sec* ∎ *fig Enttäuschung* amar;
Schönheit, Wesen auster, distant; *Kritik*
sever
herbeiführen VT *Ereignis, Niederlage,
Tod* a cauza, a provoca; *Entscheidung* a
determina
Herbergsmutter F directoare *f* de
hostel
Herbergsvater M director *m* de hostel
Herbst M toamnă *f*; *im* ~ în toamnă
Herbstanfang M început *n* de toamnă
Herbsttag M zi *f* de toamnă
Herd M mașină *f* de gătit

Herde F̲ cireadă f

herein A̲D̲V̲ înăuntru; ~! intraţi!

hereinfallen V̲ı̲ auf etw ~ a se păcăli cu ceva

hereinkommen V̲ı̲ **1** a intra înăuntru **2** umg fig Waren a sosi; Geld a intra

hereinlegen umg fig V̲ı̲ j-n ~ umg a păcăli pe cineva

Herfahrt F̲ auf der ~ la venirea încoace

herfallen V̲ı̲ über j-n ~ a sări (od tăbărî) pe cineva; über etw (akk) ~ a se repezi la ceva; fig pej a se năpusti pe ceva

Hergang M̲ mers n al evenimentelor

hergeben V̲ı̲ (≈reichen) a da; (≈weggeben) a preda; wieder ~ a reda; fig sich für etw ~ a se preta la ceva

Hering M̲ scrumbie f

herkommen V̲ı̲ a veni încoace; wo kommen Sie her? de unde sunteţi?

Herkunft F̲ origine f; e-r Ware provenienţă f

Herkunftsland N̲ ţară f de origine

Heroin N̲ heroină f

heroinsüchtig A̲D̲J̲ dependent de heroină

Herpes M̲ herpes n

Herr M̲ **1** domn m; ~ Doktor domnule doctor; ~ Horn Horn; domnul Horn; ~ über etw sein a avea ceva sub control; e-r Sache ~ werden a stăpâni o situaţie; meine ~en! domnilor! **2** Gott Domnul m

Herrenrad N̲ bicicletă f pentru bărbaţi

Herrentoilette F̲ toaletă f de bărbaţi

herrichten V̲ı̲ a aranja; wieder ~ a aranja din nou

Herrin F̲ stăpână f, doamnă f

herrlich A̲D̲J̲ splendid

Herrschaft F̲ domnie f; unter j-s ~ stehen a fi sub dominaţia cuiva; meine ~en! doamnelor şi domnilor

herrschen V̲ı̲ a domni; es herrscht ... domneşte ...

herrschend A̲D̲J̲ **1** POL conducător, la putere **2** fig Meinung predominant; Ordnung stabilit; die augenblicklich ~e Stimmung atmosfera actuală

Herrscher(in) M̲F̲ **1** POL suveran m;

(≈Monarch) monarh m **2** fig stăpân(ă) m(f)

herstellen V̲ı̲ a produce

Hersteller(in) M̲F̲ producător m, producătoare f

Herstellung F̲ fabricare f

herüber A̲D̲V̲ încoace

herüberkommen V̲ı̲ hierher a veni încoace; über etw (akk) ~ a trece pe deasupra a ceva

herum A̲D̲V̲ anders ~ invers; du hast den Pulli falsch ~ an ţi-ai pus puloverul invers; im Kreis ~ în cerc; um ... ~ în jurul ...

herumführen A̲ V̲ı̲ j-n in e-r Stadt ~ a-i arăta cuiva un oraş; j-n um etw ~ ganz herum a înconjura ceva cu cineva; um ein Hindernis a ocoli ceva cu cineva B̲ V̲ı̲ Weg etc um etw ~ a ocoli ceva; ganz herum a înconjura ceva

herumgehen V̲ı̲ ziellos a umbla, a se plimba; (≈die Runde machen) a se răspândi; (≈herumgereicht werden) a circula; umg Zeit a trece; um etw ~ um ein Hindernis a ocoli ceva; um e-e Statue etc a merge în jurul a ceva

herumkommen V̲ı̲ um etw nicht ~ a nu putea evita ceva

herumkriegen umg V̲ı̲ **1** Zeit a omorî **2** (≈überreden) a convinge; sexuell a avea, a seduce

herumlaufen V̲ı̲ **1** ziellos a hoinări; (≈gehen) a merge, a se plimba **2** um etw ~ a înconjura ceva **3** umg fig barfuß / im Bademantel ~ a umbla descult / în halat de baie

herumliegen umg V̲ı̲ Gegenstände a zăcea (în dezordine); Papier a fi împrăştiat peste tot

herumschlagen umg V̲R̲ sich mit j-m/Problem ~ a se chinui cu cineva / cu nişte probleme

herumsprechen V̲R̲ sich ~ a se împrăştia vorba

herumstehen V̲ı̲ um etw/j-n ~ a sta în jurul a ceva/cuiva; umg (untätig) ~ a sta gură-cască

herumtreiben V̲R̲ sich ~ a hoinări

herunter A̲D̲V̲ ~ mit euch! jos cu voi!

herunterfallen V̲ı̲ a cădea; mir ist die Gabel heruntergefallen mi-a căzut furculiţa

H

heruntergekommen ADJ decăzut
herunterhandeln V/T a negocia
herunterkommen V/I **1** (= nach unten kommen) a cobori, a veni în jos **2** fig (= verkommen) a ajunge în mizerie; moralisch, beruflich a decădea; Unternehmen a. a se ruina; Gebäude a se degrada, a se deteriora **3** umg fig **vom Alkohol ~** a renunța la alcool, a se lăsa de băut
herunterladen V/T IT a descărca
herunterspielen umg V/T **1** Musikstück a executa repede (od mecanic) **2** fig Angelegenheit a bagateliza; Risiken etc a subaprecia, a minimaliza
hervorbringen V/T a produce
hervorheben V/T a scoate în evidență
hervorragend ADJ excelent
hervorrufen V/T a provoca
hervortun V/R **sich mit/als etw ~** a ieși în evidență cu/drept ceva
Herz N **1** inimă f; **alles, was das ~ begehrt** tot ce-și dorește inima; **ein ~ und e-e Seele sein** a fi trup și suflet; **j-m sein ~ ausschütten** a-și vărsa sufletul cuiva; **sich** (dat) **ein ~ fassen** a-și face curaj; **das kommt von ~en** asta vine din inimă; **das liegt mir am ~en** asta îmi stă pe inimă; **etw auf dem ~en haben** a avea ceva pe inimă; **schweren ~ens** cu inima grea; **sich etw zu ~en nehmen** a pune ceva la suflet; **von ganzem ~en** din toată inima **2** Karten cupă f
Herzanfall M atac n cardiac
Herzbeschwerden PL afecțiune f cardiacă
Herzfehler M angeborener malformație f congenitală cardiacă; erworbener leziune f cardiacă
herzhaft ADJ Essen bine condimentat
Herzinfarkt M infarct n cardiac
Herzklopfen N palpitație f; **mit ~** cu palpitații; **starkes ~ haben** a avea palpitații puternice
herzkrank ADJ bolnav de inimă
herzlich ADJ **1** inimos; **~ willkommen!** bine ați venit; **j-m ~ danken** a mulțumi călduros cuiva; **~en Dank!** mulțumiri călduroase; **~en Glückwunsch!** sincere felicitări! **2** Empfang

cordial
Herzlichkeit F cordialitate f
herzlos ADJ lipsit de inimă
Herzog(in) M/F duce m, ducesă f
Herzogtum N ducat n
Herzschlag M bătaie f a inimii
Herzschrittmacher M stimulator n cardiac
Hessen N Hessa f
hessisch ADJ din Hessa
heterosexuell ADJ heterosexual
Hetze F grabă f
hetzen A V/T **die Hunde auf j-n ~** a asmuți câinii asupra cuiva **B** V/I a grăbi; pej **gegen j-n ~** a asmuți contra cuiva **C** V/R **sich ~** a se grăbi
Heu N fân n
Heuchelei F ipocrizie f, prefăcătorie f
heucheln A V/T a simula **B** V/I a se preface
Heuchler(in) M/F ipocrit m, ipocrită f
heuer ADV anul acesta
heulen V/I a urla; umg **es ist zum Heulen** iți vine să urli
heurig südd, österr, schweiz ADJ din anul acesta
Heuschnupfen M alergie f la fân
Heuschrecke F lăcustă f
heute ADV astăzi, azi; **~ Abend/Nacht/früh** diseară / la noapte / azi dimineață; **~ in einem Monat** de azi într-o lună; **bis ~** până astăzi; **sie hat bis ~ nicht bezahlt** (ea) n-a plătit până azi; **von ~ auf morgen** de azi pe mâine
heutig ADJ **die ~e Zeitung** ziarul de azi; **die ~e Generation** generația de azi
heutzutage ADV în zilele noastre
Hexe F vrăjitoare f
hexen V/I a face minuni; umg **ich kann doch nicht ~!** n-am cum să fac minuni!
Hexenschuss M lumbago n
hey umg INT hei; Grußformel salut
hi umg INT salut, servus, ciao
hieb → hauen
Hieb M lovitură f, tăietură f; umg pl **~e** (= Schläge) bătaie f chelfăneală f
hielt → halten
hier ADV aici; **~ (nimm)!** poftim (ia)!; **~ entlang** pe aici; **~ ist/sind ...** aici este/

sunt; TEL ~ ist Radu aici e Radu; ~ oben aici sus; ~ und da ici şi colo; umg das/der ~ ăsta; umg die ~ asta; dies Buch ~ cartea asta; ich bin nicht von ~ nu sunt de aici; von ~ aus de aici

Hierarchie F̄ ierarhie f
hierbleiben V̄I a rămâne aici
hierher ADV încoace; das gehört nicht ~ locul ăstuia/ăsteia nu e aici
hierhin ADV încoace; bis ~ până aici
hierlassen V̄T a lăsa aici
hiermit ADV prin aceasta; ~ erkläre ich prin aceasta declar
hiesig ADJ local
hieß → heißen
Hi-Fi-Anlage F̄ sistem n hi-fi
Highlight N̄ punct n culminant
Hightech N̄ tehnologie f înaltă
Hightech-Industrie F̄ industrie f de înaltă tehnologie
Hilfe F̄ ajutor n; Erste ~ leisten a da primul ajutor; j-m zu ~ kommen (oq eilen) a sări în ajutorul cuiva; j-n um ~ bitten a-i cere ajutorul cuiva; mit ~ von cu ajutorul; um ~ rufen a striga după ajutor; (zu) ~! ajutor!
hilflos ADJ neajutorat
Hilfsarbeiter(in) M̄F̄ muncitor m necalificat, muncitoare f necalificată
hilfsbereit ADJ săritor
Hilfskraft F̄ personal n auxiliar
Hilfsmittel N̄ mijloc n ajutător
hilft → helfen
Himbeere F̄ zmeură f
Himmel M̄ cer n; am ~ pe cer; aus heiterem ~ din senin; das schreit (oq stinkt) zum ~ asta e strigător la cer; REL im ~ în cer; unter freiem ~ sub cerul liber; um ~s willen! ferească Dumnezeu!
Himmelbett N̄ pat n cu baldachin
Himmelfahrt F̄ (Christi) ~ Înălțarea Domnului f; Mariä ~ Adormirea Maicii Domnului f
Himmelsrichtung F̄ punct n cardinal; fig aus allen ~en din toate părțile
himmlisch ADJ celest
hin ADV încolo; hin und her încolo și-ncoace; hin und wieder din când în când; hin und zurück dus și-ntors; bis zur Mauer hin până la zid

hinab ADV în jos
hinauf ADV în sus; bis zum Gipfel ~ până la vârf
hinauffahren V̄I, **hinaufgehen** V̄I a merge în sus
hinaufgehen V̄I a urca, a merge în sus; fig a urca
hinaus ADV afară; ~! afară!; zum Fenster ~ pe fereastră
hinausgehen V̄I a ieşi afară; Fenster, Tür auf den Hof ~ a da spre curte; fig über etw ~ a depăși ceva
hinauslaufen V̄I a fugi afară
hinausschieben V̄T verschieben a amâna
hinauswerfen V̄T **1** Gegenstand a arunca afară **2** umg fig j-n ~ bes am Arbeitsplatz a da afară pe cineva; bes Mieter, Gast a da pe cineva afară din casă
hinauswollen V̄I **1** umg a vrea să iasă afară **2** fig auf etw (akk) ~ a urmări ceva; hoch ~ a avea ambiții mari
hinauszögern A V̄T a tergiversa B V̄R sich ~ a întârzia
hinbringen V̄T ich bringe dich hin te duc acolo
hindern V̄T j-n daran ~, etw zu tun a împiedica pe cineva să facă ceva
Hindernis N̄ piedică f
Hinduismus M̄ hinduism n
hindurch ADV prin; die ganze Nacht ~ toată noaptea; das ganze Jahr ~ tot anul
hinein ADV înăuntru; bis in den Mai ~ până-n (luna) mai; nur ~! da intrați!
hineingehen V̄I a intra
hineinpassen V̄I a intra
hinfahren A V̄I cu un vehicul a merge într-acolo B V̄T a duce
Hinfahrt F̄ ducere f; auf der ~ la ducere
hinfallen V̄I a cădea
Hinflug M̄ zbor n dus
hing → hängen
Hingabe F̄ **1** (≈ Aufopferung) devotament n **2** (≈ Leidenschaft) pasiune f
hingehen V̄I a merge; ~ zu a merge la; wo gehst du hin? unde te duci?
hingerissen ADJT → hinreißen
hinhalten V̄T j-n ~ a duce cu vorba pe cineva

H

hinhauen *umg* **A** V/T **1** *Arbeit* a lăsa baltă **2** (≈*hinschmeißen*) a trânti, a azvârli **B** V/I *fig* (≈*klappen, richtig sein*) a merge, a ieși **C** V/R **sich ~** a se trânti (în pat); (≈*schlafen gehen*) a trage pe dreapta

hinken V/I a șchiopăta; **leicht ~** a șchiopăta ușor

hinkommen V/I **1** (≈*kommen*) a ajunge (**zu etw** la ceva), (**zu j-m** la cineva); **wie kommt man hin?** cum se ajunge acolo?; *fig* **wo kämen wir hin, wenn ...?** unde ajungem, dacă ...? **2** **wo ist meine Tasche hingekommen?** *umg* pe unde s-a rătăcit geanta mea? **3** *umg* (≈*hingehören*) a fi la locul lui/ei; **wo kommt das hin?** unde se pune asta? **4** *umg* (≈*auskommen*) **mit etw ~** a se descurca cu ceva **5** *umg* (≈*stimmen*) a fi corect, a corespunde

hinkriegen V/T a realiza

hinlegen **A** V/T a pune; PFLEGE *Person, Kranken* a culca; **j-m den ~** a depune ceva pentru cineva **B** V/R **sich ~** a se întinde

hinnehmen V/T a accepta

Hinreise F ducere f; **auf der ~** la ducere

hinreißen V/T **1** (≈*begeistern*) a entuziasma; **von etw hingerissen sein** a fi entuziasmat de ceva; **von j-m hingerissen sein** a fi fermecat de cineva **2** **sich zu e-r Bemerkung ~ lassen** a nu-și putea reprima o remarcă

hinreißend ADJ încântător, captivant

hinrichten V/T a executa

Hinrichtung F execuție f

hinsetzen V/R **sich ~** a se așeza

Hinsicht F **in dieser/jeder ~** în această/orice privință; **in politischer ~** din punct de vedere politic

hinsichtlich PRÄP având în vedere

Hinspiel N SPORT meci n tur

hinstellen **A** V/T a așeza **B** V/R **sich (hinten) ~** a se așeza (în spate)

hinten ADV în spate; **~ im Saal** în fundul sălii; **~ stehen** a sta în spate; **nach ~** înapoi; **von ~** din spate; **weiter ~** mult în spate

hinter PRÄP după; **etw ~ sich bringen** a rezolva ceva; **gleich ~ Köln** imediat după Köln

Hinterachse F ax n din spate

Hinterbein N picior n din spate

Hinterbliebene(r) M/F(M) urmaș(ă) m(f)

hintere(r, s) ADJ cel din spate

hintereinander ADV unul după altul; **dreimal ~** de trei ori la rând

Hintergedanke M gând n ascuns

hintergehen V/T **j-n ~** a păcăli pe cineva

Hintergrund M fundal n; **im ~** pe fundal; *fig* **sich im ~ halten** a se ține deoparte

hinterhältig ADJ prefăcut

hinterher ADV în urmă

hinterherlaufen V/I **j-m / e-r Sache ~** a alerga după cineva/ceva; *umg fig* a umbla după cineva/ceva

Hinterhof M curte f din spate

Hinterkopf M ceafă f

Hinterland N hinterland n

hinterlassen V/T a lăsa în urmă; **j-m eine Nachricht ~** a lăsa cuiva un mesaj

hinterlegen V/T **etw bei j-m ~** a lăsa ceva la cineva

Hinterlist F viclenie f, perfidie f

hinterlistig viclean, perfid

Hintermann M **1** *mein* ~ persoana f din spatele mea **2** *fig* (≈*Drahtzieher*) sforar m, persoană f din umbră

Hintern *umg* M fund n

Hinterrad N roata f din spate

Hinterradantrieb M tracțiune f pe spate

Hinterseite F parte f din spate

hinterste(r, -s) ADJ ultim; **in der ~n Reihe** în ultimul rând

Hinterteil N parte f posterioară

Hintertreppe F scară f de serviciu

Hintertür F ușă f din spate

hinterziehen V/T a frauda; **Steuern ~** a comite evaziune fiscală

hintun *umg* V/T a pune

hinüber ADV dincolo

hinunter ADV în jos

hinunterbringen V/T **etw ~** a duce jos ceva

hinuntergehen V/I a coborî

hinunterschlucken V/T *a. fig* a înghiți

hinweg ADV **1** *räumlich* **über etw**

(akk) ~ peste ceva; fig **über unsere Köpfe** (od **uns**) ~ peste capul nostru 🔁 zeitlich **über Jahre** ~ timp de ani de zile

Hinweg M̅ ducere n; **auf dem ~** la ducere

hinwegkommen V̅I̅ **über etw** (akk) ~ a trece peste ceva; **ich komme darüber nicht hinweg** nu pot să trec peste asta

hinwegsetzen V̅R̅ **sich über etw ~** a nu ține seamă de ceva

Hinweis M̅ indicație f

hinweisen V̅T̅ **j-n auf etw ~** a face pe cineva atent asupra unui lucru

hinwerfen A V̅T̅ a arunca pe jos; umg Arbeit etc a lăsa baltă B V̅R̅ **sich ~** a se arunca (pe jos)

hinwollen umg V̅I̅ a vrea să meargă undeva; **wo willst du hin?** unde te duci?

hinziehen A V̅T̅ **1** etw zu sich (dat) ~ a trage ceva înspre sine; fig **ich fühle mich zu ihm hingezogen** mă simt atrasă de el **2** (≈in die Länge ziehen) a tergiversa B V̅I̅ (≈umziehen) a se muta, a se stabili C V̅R̅ **sich ~ 1** (≈sich in die Länge ziehen) a se tărăgăna **2** räumlich a se întinde (**bis nach** până la)

hinzu A̅D̅V̅ la asta

hinzufügen V̅T̅ a adăuga

hinzukommen V̅I̅ **1** (≈sich anschließen) a se alătura **2** überraschend a interveni **3** Dinge a se adăuga; **es kommt noch hinzu, dass ...** în plus ..., pe deasupra ...

Hip-Hop M̅ MUS hip-hop n

Hirn N̅ creier n

Hirnhautentzündung F̅ meningită f

hirnrissig umg A̅D̅J̅ țicnit; Idee tâmpit

Hirsch M̅ cerb m

Hirse F̅ mei n

Hirte M̅ cioban m

hissen V̅T̅ a ridica

Historiker(in) M̅/F̅ istoric m

historisch A̅D̅J̅ istoric

Hit M̅ MUS șlagăr m

Hitliste F̅, **Hitparade** F̅ top n muzical

Hitparade F̅ listă f a hiturilor chart n;

als Sendung parada f hiturilor

Hitze F̅ temperatură f înaltă; **bei dieser ~** pe căldura asta; **bei schwacher ~ kochen** a găti ceva la foc mic

hitzebeständig A̅D̅J̅ rezistent la temperatură înaltă

hitzefrei A̅D̅J̅ SCHULE **~ haben** a fi scutit de școală din cauza caniculei

Hitzewelle F̅ val n de căldură

hitzig A̅D̅J̅ Temperament focos, iute la fire; (≈erregt) înverșunat; Debatte aprins

Hitzschlag M̅ insolație f

HIV N̅ ABK sida f

HIV-infiziert A̅D̅J̅T̅ infectat cu HIV

HIV-negativ A̅D̅J̅ seronegativ

HIV-positiv A̅D̅J̅ seropozitiv

H-Milch F̅ lapte m UHP

hob → heben

Hobby N̅ hobby n

Hobel M̅ rindea f

hoch A̅D̅J̅ **1** înalt; **~ entwickelt/qualifiziert** foarte dezvoltat/calificat; **~ soll sie leben!** (od **sie lebe ~!**) mulți ani trăiască!; **das ist mir zu ~** asta mă depășește; **etw ~ und heilig versprechen** a promite ceva solemn; MATH **vier ~ fünf** patru la puterea a cincea; **zwei Meter ~ sein** a fi înalt de doi metri; **wie ~ ist die Summe?** la cât se ridică suma?; MUS **das hohe C** do din octava a treia; **hohe Ansprüche stellen** a avea pretenții mari **2** Alter înaintat **3** Fieber ridicat

Hoch N̅ METEO înaltă presiune f

hochachtungsvoll A̅D̅V̅ in Briefen cu stimă

hochbegabt A̅D̅J̅ supradotat

Hochbetrieb M̅ **es herrscht ~** domnește mare agitație

Hochdeutsch N̅ limba f germană literară

Hochdruck M̅ **1** METEO înaltă presiune f **2** MED hipertensiune f **3** umg fig **mit** (od **unter**) **~ arbeiten** a lucra febril

Hochdruckgebiet N̅ → Hoch

hochfahren A V̅T̅ **den Computer** ~ a porni calculatorul B V̅I̅ **1** a merge (**nach Hamburg** la Hamburg) **2** fig erschrocken a tresări, a zvâcni; aufbrausend a se înfuria

Hochform F̅ plină formă f; **in ~ sein**

a fi în plină formă
Hochgebirge N̄ zonă f alpină
hochgehen V̄Ī 1 *Person, Ballon* a urca; *Vorhang* a se ridica 2 *umg* (≈*explodieren*) a sări în aer; **etw ~ lassen** a arunca ceva în aer 3 *fig Preise* a creşte 4 *umg* (≈*wütend werden*) a exploda *umg* 5 *Spionagenetz etc* a deconspira
Hochgeschwindigkeitszug M̄ tren *n* de mare viteză
Hochhaus N̄ bloc *n*
hochheben V̄T a ridica
hochinteressant ADJ extrem de interesant
hochklappen V̄T a plia în sus, a ridica
hochkommen *umg* V̄Ī 1 (≈*heraufkommen*) a urca 2 *aus dem Magen* a veni înapoi; *fig* **es kommt mir hoch, wenn ich das sehe** îmi vine rău, când văd una ca asta 3 *fig wirtschaftlich etc* a prospera; **wieder ~** *Land* a se redresa; *Kranker* a-şi reveni 4 *fig beruflich* a reuşi
hochladen V̄T IT (≈*ins Internet stellen*) a uploada, a încărca
Hochland N̄ podiş *n*, platou *n*
hochmodern ADJ ultramodern
hochmütig ADJ orgolios
hochnäsig ADJ încrezut
Hochrechnung F̄ estimare f, evaluare f
Hochsaison F̄ sezon *n* de vârf
Hochschulabschluss M̄ diplomă f universitară; **mit ~** cu diplomă universitară
Hochschule F̄ universitate f
hochschwanger ADJ în ultimele luni de sarcină
Hochsommer M̄ miezul *n* verii
Hochspannung F̄ 1 ELEK înaltă tensiune f 2 *fig* încordare f, înfrigurare f
Hochspannungsmast M̄ stâlp *m* de înaltă tensiune
Hochsprung M̄ săritură f în înălţime
höchst ADV în cel mai înalt grad; **~ selten** extrem de rar
Hochstapler(in) M̄/F̄ escroc *m*, escroacă f, impostor *m*, impostoare f
höchste(r, s) ADJ cel mai înalt
höchstens ADV cel mult
Höchstgeschwindigkeit F̄ viteza f

maximă; (**zulässige**) ~ viteza maximă (permisă)
Höchstleistung F̄ SPORT record *n*; *fig* realizare f (*od* performanţă f) supremă; *e-s Motors* putere f maximă
höchstpersönlich ADV în persoană
Höchstpreis M̄ preţ *n* maxim
Höchststand M̄ nivel *n* maxim
höchstwahrscheinlich ADV cu cea mai mare probabilitate
Hochtour F̄ **auf ~en laufen** TECH a merge la turaţie maximă; *fig* a se desfăşura cu viteză maximă
Hochwasser N̄ 1 apă f mare 2 *Überschwemmung* inundaţie f
hochwertig ADJ de calitate înaltă; *Nahrungsmittel* bogat
Hochzahl F̄ exponent *m*
Hochzeit F̄ nuntă f; **silberne/goldene/diamantene ~** nunta de argint/aur/diamant
Hochzeitsfeier F̄ nuntă f
Hochzeitsnacht F̄ noaptea f nunţii
Hochzeitsreise F̄ călătorie f de nuntă
Hochzeitstag M̄ ziua f nunţii
hochziehen A V̄T PFLEGE *Person, Kranken* a ridica; *Gegenstand* a. a trage în sus B V̄R **sich ~** a se ridica
Hocke F̄ aşezare f pe vine; (≈*Hocksprung*) săritură f cu genunchii îndoiţi înspre piept; **in die ~ gehen** a se lăsa pe vine
hocken A V̄Ī 1 (≈*kauern*) a se aşeza pe vine 2 *umg* (≈*sitzen*) a şedea B V̄R **sich ~** *südd* (≈*sich setzen*) a se aşeza
Hocker M̄ taburet *n*
Hockey N̄ hochei *n*
Hoden M̄ testicul *n*
Hof M̄ 1 (≈*Innenhof*) curte f 2 (≈*Bauernhof*) fermă f 3 (≈*Königssitz*) **bei** (*od* am) **Hofe** la curte; **e-r Frau den Hof machen** a face curte unei femei
hoffen V̄T & V̄Ī a spera (**auf** +*akk* la); **ich hoffe es** sper
hoffentlich ADV să sperăm; **~!** să sperăm!; **~ nicht!** să sperăm că nu!
Hoffnung F̄ speranţă f; **die ~ haben zu** +*inf* a avea speranţa că; **j-m** (*dat*) **~(en) machen** a face cuiva speranţe; **sich** (*dat*) **~(en) machen** a-şi face speranţe

hoffnungslos ADJ fără speranță; ~ **verliebt** îndrăgostit fără speranță; *fig* **ein ~er Fall** un caz disperat

hoffnungsvoll ADJ **1** (≈ *zuversichtlich*) plin de speranțe, încrezător **2** (≈ *vielversprechend*) promițător

höflich ADJ politicos

Höflichkeit F politețe *f*; **aus ~** din politețe

hohe → hoch

Höhe F înălțime *f*; **auf der ~ von** a fi la înălțime; *umg* **das ist (doch) die ~!** asta-i culmea!; **in die ~ treiben** *Preise* a scumpi; **in ~ von** în valoare de

Hoheitsgebiet N teritoriu *n* național

Höhenangst F frică *f* de înălțime

Höhepunkt M **1** punct *n* culminant; **auf dem ~ der Diskussion** a punctul culminant al discuției **2** *sexuell* orgasm *n*

höher ADJ mai sus; **fünf Meter ~ sein als** a fi cu cinci metri mai înalt decât

hohl ADJ găunos, gol; **~ klingen** a suna a gol

Höhle F peșteră *f*; *fig* **sich in die ~ des Löwen wagen** a se băga în gura lupului

Hohlmaß N măsură *f* de capacitate; *Gefäß* cană *f* gradată

Hohn M batjocură *f*, sarcasm *n*, dispreț *n*; **e-r Sache** (dat) **zum ~** în ciuda unui lucru; *fig* **das ist der reinste ~** e curată bătaie de joc

höhnisch A ADJ batjocoritor, disprețuitor B ADV **~ lachen/grinsen** a râde/rânji batjocoritor

Hokuspokus M **1** (≈ *Zauberei*) scamatorie *f* **2** (≈ *Zauberformel*) hocus-pocus *n*, abracadabra *n* **3** *pej* (≈ *Drum und Dran*) vrăjeală *f*

holen VT a aduce; **Hilfe / die Polizei- holen** a chema ajutor/poliția; **j-n/etw ~ lassen** a trimite după cineva/ceva

Holland N Olanda *f*

Holländer(in) MF olandez(ă) *m(f)*

holländisch ADJ olandez

Holländisch N limba *f* olandeză

Hölle F iad *n*; *umg* **da war die ~ los** a fost un iad; *umg* **j-m das Leben zur ~ machen** a-i face cuiva viața insuportabilă

Höllenlärm *umg* M *umg* hărmălaie *f* cumplită

höllisch A ADJ **1** (≈ *der Hölle*) infernal, drăcesc **2** *fig Schmerzen etc* atroce **3** *umg fig* (≈ *groß*) *Angst* cumplit; *Lärm, Tempo* teribil B *umg* ADV infernal; *umg* infernal, teribil; **man muss dabei ~ aufpassen** trebuie să ai o grijă teribilă

Hologramm N hologramă *f*

holperig ADJ *Weg* cu gropi

Holunder M soc *m*

Holz N lemn *n*; **aus ~** din lemn; *fig* **aus dem gleichen / aus anderem ~ geschnitzt sein** a fi / a nu fi plămădit din același aluat

Holzboden M dușumea *f* de lemn

hölzern ADJ din lemn

holzig ADJ lemnos

Holzkohle F mangal *n*

Holzweg *fig* M **auf dem ~ sein** a se înșela

Homebanking N internet (*od* online) banking *n*

Homepage F **1** homepage *n* **2** pagina *f* gazdă

Homo-Ehe *umg* F căsătorie *f* gay

homogen ADJ omogen

Homöopathie F homeopatie *f*

homöopathisch ADJ homeopatic

Homosexualität F homosexualitate *f*

homosexuell ADJ homosexual

Honig M miere *f*

Honigmelone F pepene *m* galben

Honorar N onorariu *n*

Hopfen M hamei *m*

hörbar ADJ auzibil

Hörbuch N carte *f* audio

horchen V/i a asculta (**an der Tür** la ușă)

Horde F (≈ *Schar*) bandă *f*, hoardă *f*; *von Kindern* ceată *f*, bandă *f*

hören VT **1** a auzi; **j-n kommen ~** a auzi venind pe cineva; **schlecht** (*od* **schwer**) **~** a auzi prost; **von sich ~ lassen** a da semn de viață; **ich habe gehört, dass ...** am auzit că ...; **ich habe schon viel von Ihnen gehört** am auzit multe lucruri despre dumneavoastră **2** *Radio, Musik* a asculta **3** *gehorchen* **auf j-n ~** a asculta de cineva; *Hund* **auf den Namen Felix ~** a răspunde la numele Felix

Hörer M 🔟 *Person* auditor m 🔼 (≈ *Telefonhörer*) receptor m

Hörerin F auditoare f

Hörgerät N proteză f auditivă

Horizont M orizont n; **am ~** la orizont; **das geht über meinen ~** asta mă depășește; **s-n ~ erweitern** a-și lărgi orizontul

horizontal ADJ orizontal

Hormon N hormon m

Horn N 🔟 ZOOL corn n; *umg fig* **sich** (*dat*) **die Hörner abstoßen** a-și face de cap în tinerețe; *umg fig* **s-m Ehemann Hörner aufsetzen** *umg* a pune coarne soțului 🔼 *Material* corn n 🔼 MUS corn m; *umg fig* **in das gleiche ~ stoßen** a fi de aceeași părere

Hörnchen N *Gebäck* corn(uleț) n

Hornhaut F 🔟 bătătură f 🔼 *des Auges* cornee f

Hornisse F viespe f mare și veninoasă

Horoskop N horoscop n

Horror M oroare f, groază f; **e-n ~ vor etw** (*dat*) **haben** a avea oroare de ceva

Horrorfilm M film n de groază (*od* horror)

Hörsaal M sală f de curs

Hörspiel N piesă f de teatru radiofonic

Hort M (≈ *Kinderhort*) after school n

Hose F pantalon m; **kurze ~** pantalon m scurt; **in die ~ machen** a face în pantaloni; *umg* **in die ~(n) gehen** a eșua

Hosenanzug M costum n

Hosenschlitz M șliț n

Hosentasche F buzunar n de la pantalon

Hosenträger PL bretele fpl

Hotdog M hotdog m

Hotel N hotel n; **in welchem ~ seid ihr?** la ce hotel stați?

Hoteldirektor(in) M/F director m/directoare f de hotel

Hotelgewerbe N industrie f hotelieră

Hotelkette F rețea f de hoteluri

Hotelverzeichnis N listă f de hoteluri

Hotelzimmer N cameră f de hotel

Hotline F hotline n

Hotspot M IT *Einwahlpunkt* hotspot n

HTML F ABK (= Hypertext Mark-up Language) IT HTML n

hübsch ADJ drăguț; **sich ~ machen** *Frau* a se face frumoasă

Hubschrauber M elicopter m

Hubschrauberlandeplatz M heliport n

huckepack *umg* ADV **~ tragen/nehmen** a duce/lua în cârcă

Huf M copită f

Hufeisen N potcoavă f

Hüfte F șold n

Hüftschmerzen PL **ich habe ~** mă doare șoldul

Hügel M colină f

hügelig ADJ deluros

Huhn N găină f; **gebratenes ~** pui fript

Hühnchen N pui m

Hühnerauge N bătătură f

Hühnerbrühe F supă f de pasăre

Hühnerstall M coteț n de găini

Hülle F învelitoare f; *fig* **in ~ und Fülle** în abundență

Hülse F 🔟 BOT păstaie f 🔼 *e-r Patrone* tub n de cartuș 🔼 (≈ *Filmhülse*) tub n

human ADJ uman

humanitär ADJ umanitar

Hummel F bondar m

Hummer M homar m

Humor M umor n; (Sinn für) ~ **haben** a avea simțul umorului

humorlos ADJ lipsit de umor

humorvoll ADJ plin de umor

humpeln V/I a șchiopăta

Hund M câine m; **Vorsicht, bissiger ~!** Atenție! Câine rău!; **~e, die bellen, beißen nicht** câinele care latră, nu mușcă

Hundefutter N hrană f pentru câini

Hundehütte F cușcă f pentru câine

Hundeleine F lesă f

hundemüde *umg* ADJ *umg* rupt de oboseală

Hundert[1] F *Zahl* o sută f

Hundert[2] N 🔟 *Menge* sută f; **etwa** (*od* **rund**) **~** (**Personen**) aproximativ (*od* în jur de) o sută (de persoane) 🔼 *Einheit* sută f; **~e** *pl* (≈ *mehrere Hundert*) sute fpl; **vier** *etc* **vom ~** patru la sută; **zu**

~en cu sutele; **es geht in die ~e** e de ordinul sutelor, se ajunge la câteva sute

hundert NUM o sută

hundertjährig ADJ *Person, Jubiläum* centenar; *Dinge* secular; (≈ *hundert Jahre lang*) de o sută de ani

hundertmal ADV de o sută de ori

hundertprozentig ADJ & ADV sută la sută

hundertste(r, s) NUM al o sutălea, a o suta

Hundertstel N sutime f

hunderttausend NUM o sută de mii

Hündin F cățea f

Hunger M foame f; **~ bekommen** a ți se face foame; **~ haben** a-ți fi foame; **~ leiden** a suferi de foame; *fig* **vor ~ sterben** a muri de foame

hungern VI a flămânzi

Hungersnot F foamete f

Hungerstreik M greva f foamei; **in den ~ treten** a intra în greva foamei

hungrig ADJ flămând

Hupe F claxon n

hupen VI a claxona

hüpfen VI a țopăi

Hürde F *a. fig* obstacol f

Hure F 1 prostituată f 2 *vulg* curvă f

hurra INT ura

huschen VI a trece repede și fără zgomot; *a. fig* a se furișa; **über etw** (*akk*) **~** a trece pe furiș peste ceva

husten VI a tuși

Husten M tuse f; **~ haben** a tuși

Hustenanfall M acces n de tuse

Hustenbonbon N pastilă f contra tusei

Hustensaft M sirop n de tuse

Hut M pălărie f; (**vor j-m**) **den Hut ziehen** a scoate pălăria în fața cuiva

hüten A VT a păzi; **das Bett ~** a fi la pat B VR **sich ~** a se păzi (**vor** de); **sich ~, etw zu tun** a se păzi să faci ceva; *umg* **ich werde mich ~!** mă voi feri!

Hütte F cabană f

Hyäne F *a. fig* hienă f

Hydrant M hidrant m

Hygiene F igienă f

hygienisch ADJ igienic

Hymne F imn n

Hype M 1 *Werbung* zarvă f publicitară 2 *Täuschung* cacealma f

Hyperlink M IT hyperlink n

Hypertext M IT hypertext n, hipertext n

Hypnose F hipnoză f; **unter ~ stehen** a se afla sub hipnoză

hypnotisieren VT a hipnotiza

Hypothek F ipotecă f; *fig* povară f; **e-e ~ aufnehmen** a lua un credit ipotecar; **mit e-r ~ belasten** a ipoteca; *fig* a împovăra

Hypothese F ipoteză f

Hysterie F isterie f

hysterisch ADJ isteric; **~er Anfall** criză de isterie

I, i N I, i *m/n*

i INT *Abscheu* ptiu!; *umg* **i bewahre!** nici vorbă!; *umg* **i wo!** (da) de unde!

IC M ABK (= Intercityzug) intercity n

ICE M ABK (= Intercityexpresszug) intercity n express

ich PERS PR eu; **ich bin's** eu sunt; **ich Idiot!** prostul de mine!; **ich nicht** eu nu; **hier bin ich!** aici sunt!

Icon N IT pictogramă f

ideal ADJ ideal; **~ gelegen** plasat ideal

Ideal N ideal n

Idee F idee f; **e-e (fixe) ~ haben** a avea o idee (fixă)

identifizieren VT a identifica; **sich mit etw/j-m ~** a se identifica cu ceva/cineva

identisch ADJ identic

Identität F identitate f

Idiot(in) M(F) idiot m, idioată f; *umg* **so ein ~!** ce idiot!

idiotisch ADJ idiot

Idol N idol n

Idylle F idilă f

idyllisch ADJ idilic

Igel M arici m

igitt(igitt) *umg* INT ptiu!

Iglu M/N iglu n

ignorieren V/T a ignora

ihm PERS PR ① ii, -i; **ich gebe ihm Bescheid** îi dau de ştire; **wie geht es ihm?** cum îi merge? ② betont lui; **ein Freund von ihm** un prieten de-al lui

ihn PERS PR ① îl, -l; **ich sehe ihn** îl văd ② betont pe el

ihnen PERS PR ① le; **er gibt ~ das Buch** el le dă (lor) cartea; **wie geht es ~?** cum le merge? ② betont lor; **ein Freund von ~** un prieten de-al lor

Ihnen PERS PR ① vă, v-; **kann ich ~ helfen?** pot să vă ajut?; **wie geht es ~?** cum vă merge? ② betont dumneavoastră; **ein Freund von ~** un prieten de-al dumneavoastră

ihr A PERS PR voi; betont vostru, voastre; **ihr seid's** voi sunteţi B PERS PR ① îi; betont ei; **ein Freund von ihr** un prieten de-al ei; **er gibt ihr das Buch** el îi dă (ei) cartea; **wie geht es ihr?** cum îi merge ei?

ihr(e) A POSS PR al/a ei; **ihre** pl ai/ale ei B POSS PR al/a lor; **ihre** pl ai/ale lor

Ihr(e) A POSS PR al/a dumneavoastră; **Ihre** pl ai/ale dumneavoastră B POSS PR a/ai dumneavoastră; **Ihre** pl ai/ale dumneavoastră

ihretwegen ADV (≈ wegen ihr) din cauza ei, pentru ea; (≈ wegen ihnen) din cauza lor, pentru ei; in der Anrede **Ihretwegen** din cauza (od pentru) dumneavoastră

Ikone F icoană f

illegal ADJ ilegal

Illusion F iluzie f

Illustration F ilustraţie f; **zur ~** pentru a ilustra

Illustrierte F revistă f

im PRÄP **im Bett** în pat; **im Bus/Zug** în autobuz/tren; **im Fernsehen/Radio** la televizor/radio; **im Januar** în ianuarie; **im Stehen** în picioare

Image N imagine f

Imbiss M gustare f

Imbissbude F bufet n express

immer ADV mereu; **~ besser/schlimmer** tot mai bine/rău; **~ mehr** tot mai mult; **~ noch (nicht)** încă (nu); **~ weniger** tot mai puţin; **~ wenn ich ... de** câte ori eu ...; **~ wieder** tot mereu;

für ~ pentru totdeauna; **was/wer/wo/wann (auch) ~** orice/oricine/oriunde/oricând

immerhin ADV oricum; **das ist ~ etwas** asta e oricum ceva

immerzu ADV tot mereu

Immigrant(in) M/F imigrant(ă) m(f)

Immission F ÖKOL imisie f

Immobilien PL bunuri npl imobiliare

Immobilienmakler(in) M/F agent(ă) m(f) imobiliar(ă)

immun ADJ imun (**gegen** la)

Immunschwäche F deficienţă f imunitară

Immunschwächekrankheit F sindrom n de deficienţă imunitară

Immunsystem N sistem n imunitar

impfen V/T a vaccina

Impfpass M buletin n de vaccinuri

Impfstoff M vaccin n

Impfung F vaccinare f

imponieren V/I a impune (**j-m** cuiva)

Import M import n

Importeur(in) M/F importator m, importatoare f

importieren V/T a importa

impotent ADJ impotent

Impressionismus M impresionism n

improvisieren V/T & V/I a improviza

Impuls M PHYS, PSYCH, fig impuls n

imstande ADJ **~ sein, etw zu tun** a fi capabil să faci ceva

in A PRÄP în; **in die Schule gehen** a merge la şcoală; **in die Stadt fahren** a merge în oraş; **ins Ausland** în străinătate B PRÄP a. zeitlich în; **während** în timpul; **innerhalb** în cursul; **der Beste in der Klasse** cel mai bun din clasă; **in den Ferien** în vacanţă; **in der Schule** la şcoală; **in der Stadt** în oraş; **in dieser Farbe** în această culoare; **in drei Tagen** în trei zile; **in ganz Europa** în toată Europa; **in meinem ganzen Leben** în toată viaţa mea; **in meinem Zimmer** în camera mea; **Dienstag in einer Woche** marţea viitoare; **heute in acht Tagen** de azi în opt zile; **noch in dieser Woche** în această săptămână încă; **im Rumänischen** în româneşte C ADV **in sein** fig a fi la modă

inbegriffen ADJ & ADV inclusiv

indem KONJ **sie gewann, ~ sie mo-**

gelte ea câştigă trişând
Inder(in) M̲F̲ indian(ă) *m(f)* din India
Index M̲ **1** WIRTSCH, MATH indice *m*
2 (≈ *Verzeichnis*) index *n*
Indianer(in) M̲F̲ indian(ă) *m(f)* din
America
indianisch A̲D̲J̲ indian american
Indien N̲ India *f*
indirekt A̲D̲J̲ indirect
indisch A̲D̲J̲ indian (din India)
indiskutabel A̲D̲J̲ inadmisibil
Individualist(in) M̲F̲ individualist *m*,
individualistă *f*
individuell A̲D̲J̲ individual
Individuum N̲ individ(ă) *m(f)*
Industrie F̲ industrie *f*
Industriestaat M̲ stat *n* industrializat
(*od* dezvoltat)
Industrie- und Handelskammer
F̲ Cameră *f* de Comerţ şi Industrie
ineinander A̲D̲V̲ unul într-altul
ineinanderfließen V̲I̲ a se con-
topi; *Flüssigkeiten, Farben* a se amesteca
Infarkt M̲ infarct *n* cardiac
Infektion F̲ infecţie *f*
Infektionskrankheit F̲ boală *f* in-
fecţioasă
Infinitiv M̲ GRAM infinitiv *n*
infizieren A̲ V̲T̲ a infecta B̲ V̲R̲ **sich**
~ a se infecta
Inflation F̲ inflaţie *f*
inflationär A̲D̲J̲ inflaţionist
Inflationsrate F̲ rata *f* inflaţiei
Info *umg* F̲ informaţie *f*
infolge P̲R̲Ä̲P̲ în urma, din cauza
infolgedessen A̲D̲V̲ în consecinţă
Infomaterial *umg* N̲ material *n* in-
formativ
Informatik F̲ informatică *f*
Informatiker(in) M̲F̲ informatician(ă)
m(f)
Information F̲ informaţie *f*; **zu Ih-**
rer ~ pentru informaţia dumneavoastră
Informationsaustausch M̲ schimb
n de informaţii
Informationsschalter M̲ ghişeu *n*
de informaţii
Informationstechnologie F̲ tehnologie *f* a informaţiei
Informationszentrum N̲ centru *n*

de informaţii
informativ A̲D̲J̲ informativ, instructiv
informieren A̲ V̲T̲ a informa (**über**
+akk despre) B̲ V̲R̲ **sich ~** a se informa
(**über** *+akk despre*)
infrage A̲D̲V̲ **das kommt nicht ~** asta
nu intră în discuţie; **etw ~ stellen** a
pune ceva în discuţie
Infrastruktur F̲ infrastructură *f*
Infusion F̲ MED, PFLEGE perfuzie *f*
Ingenieur(in) M̲F̲ inginer(ă) *m(f)*
Ingwer M̲ ghimber *m*
Inhaber(in) M̲F̲ **1** patron *m*, patroană *f* **2** *einer Lizenz* deţinător *m*, deţină-
toare *f*
inhalieren V̲T̲ MED, PFLEGE a inhala
Inhalt M̲ **1** conţinut *n* **2** *eines Buchs*
etc cuprins *n*
inhaltlich A̲ A̲D̲J̲ după conţinut B̲
A̲D̲V̲ din punct de vedere al conţinutu-
lui
Inhaltsangabe F̲ sumar *n*
Inhaltsverzeichnis N̲ tablă *f* de
materii
Initiativbewerbung F̲ *auf eine Ar-*
beitsstelle candidatură *f* (*od* aplicare *f*)
spontană
Initiative F̲ iniţiativă *f*; **die ~ ergrei-**
fen a lua iniţiativa
Injektion F̲ injecţie *f*
injizieren V̲T̲ a injecta
inklusive A̲D̲V̲ & P̲R̲Ä̲P̲ inclusiv
inkompatibel A̲D̲J̲ *a.* IT incompatibil
inkonsequent A̲D̲J̲ inconsecvent
Inkontinenz F̲ incontinenţă *f*
Inkrafttreten N̲ intrare *f* în vigoare
Inland N̲ POL, WIRTSCH ţară *f*; **im ~** în
interiorul ţării
Inlandflug M̲ zbor *n* intern
Inlandsflug M̲ zbor *n* intern
Inlandsgespräch N̲ convorbire *f* internă
Inliner P̲L̲, **Inlineskates** P̲L̲ patine
fpl pe role
inlineskaten V̲I̲ a se da cu rolele, a
face rolling
innehalten V̲I̲ a se opri, a face o
pauză
innen A̲D̲V̲ înăuntru
Innenarchitekt(in) M̲F̲ arhitect(ă)
m(f) de interioare

Innenhof M̅ curte f interioară
Innenminister(in) M̅F̅ ministru m de interne
Innenpolitik F̅ politică f internă
Innenseite F̅ parte f interioară
Innenspiegel M̅ oglindă f retrovizoare
Innenstadt F̅ centrul n orașului
Innentasche F̅ buzunar n interior
Innenwand F̅ perete m interior
innerbetrieblich A̅D̅J̅ din interiorul întreprinderii
innere(r, s) A̅D̅J̅ ◨ interior ◪ *im Körper* intern
Innere(s) N̅ interior n
innerhalb P̅R̅Ä̅P̅ ◨ în decurs de; ~ **kurzer Zeit** în scurt timp ◪ *räumlich* înăuntru
innerlich A̅D̅J̅ interior
innerste(r, s) A̅D̅J̅ cel mai profund
innig A̅ A̅D̅J̅ ◨ (≈*tief empfunden*) profund; *Freundschaft* sincer, adânc; *Wunsch* arzător ◪ (≈*sehr eng*) intim; **ein ~es Verhältnis zu j-m haben** a avea o legătură intimă (*od* strânsă) cu cineva B̅ A̅D̅V̅ **sich ~ lieben** a se iubi profund
Innovation F̅ inovație f
innovativ A̅D̅J̅ inovator
Innung F̅ breaslă f, corporație f
inoffiziell A̅D̅J̅ neoficial
in petto *umg* **etw ~ haben** a avea un as în mânecă
in puncto P̅R̅Ä̅P̅ ~ **Geld/Autos** *etc* în ce privește banii/mașinile *etc*
Input M̅I̅N̅ I̅T̅ input n, intrare f
ins, = in das → **in**
Insasse M̅, **Insassin** F̅ ◨ A̅U̅T̅O̅ pasager(ă) m(f) ◪ *Gefängnis* deținut(ă) m(f)
insbesondere A̅D̅V̅ mai ales
Inschrift F̅ inscripție f
Insekt N̅ insectă f
Insektenstich M̅ înțepătură f de insectă
Insel F̅ insulă f
Inserat N̅ anunț n publicitar
insgeheim A̅D̅V̅ pe ascuns
insgesamt A̅D̅V̅ în total
Insider(in) M̅F̅ inițiat(ă) m(f)
insofern K̅O̅N̅J̅ ~ **als** în măsura în care
insolvent A̅D̅J̅ insolvabil, insolvent
Insolvenz F̅ insolvabilitate f, insol-

venţă f
Inspektor(in) M̅F̅ ◨ *Beamter* inspector m ◪ *Prüfer* inspector m, inspectoare f
Installateur(in) M̅F̅ ◨ *Klempner* instalator m, instalatoare f ◪ *Elektroinstallateur* electrician(ă) m(f)
Installation F̅ instalație f; I̅T̅ instalare f
installieren V̅T̅ I̅T̅ a instala
instand A̅D̅V̅ ~ **halten/setzen** a întreține/repara (*od* repune în funcțiune)
Instandhaltung F̅ întreținere f
Instandsetzung F̅ reparare f, repunere f în funcțiune
Instanz F̅ ◨ (≈*Stelle für Entscheidungen*) autoritate f ◪ J̅U̅R̅ instanță f; **in erster ~** în primă instanță
Instinkt M̅ instinct n
instinktiv A̅D̅J̅ instinctiv
Institut N̅ institut n
Institution F̅ instituție f
institutionell A̅D̅J̅ instituțional
Instrument N̅ instrument n; **ein ~ spielen** a cânta la un instrument
Insulin N̅ M̅E̅D̅ insulină f
Insulinspritze F̅ M̅E̅D̅ injecție f cu insulină
inszenieren V̅T̅ ◨ T̅H̅E̅A̅T̅, F̅I̅L̅M̅ a pune în scenă, a regiza; *fig* a înscena ◪ *pej* a provoca, a stârni
Inszenierung F̅ T̅H̅E̅A̅T̅ montare f
intakt A̅D̅J̅ intact
Integration F̅ integrare f
integrieren V̅T̅ a integra
intellektuell A̅D̅J̅ intelectual
intelligent A̅D̅J̅ inteligent
Intelligenz F̅ inteligență f; **künstliche ~** inteligență artificială
Intelligenzquotient M̅ coeficient m de inteligență
Intelligenztest M̅ test n de inteligență
intensiv A̅D̅J̅ ◨ temeinic ◪ *Gefühl, Schmerz* profund
Intensivkurs M̅ curs m intensiv
Intensivpflege F̅ îngrijire f intensivă
Intensivstation F̅ secție f de terapie intensivă
interaktiv A̅D̅J̅ interactiv
Intercity® M̅ intercity n
Intercityexpress® M̅, **Interci-**

tyexpresszug M̅ tren Intercityexpress

interessant ADJ interesant

Interesse N̅ interes n; **an etw** (dat) od **für etw** (akk) **~ haben** a fi interesat de ceva; **aus ~** din interes; **es liegt in deinem ~ zu** +inf este în interesul tău să

interessieren V̅R̅ **sich ~** a se interesa (für de); **es interessiert mich, ob ...** mă interesează dacă ...

interessiert A ADJT **an etw** (dat) **~ sein** a fi interesat de ceva B ADVL **~ zuschauen** a privi cu interes

Interface N̅ IT interfață f

Internat N̅ internat n

international ADJ internațional

Internet N̅ IT internet n; **im ~** în internet; **im ~ surfen** a naviga

Internetadresse F̅ IT adresă f de internet

Internetanschluss M̅ IT legătură f de internet

Internetauktion F̅ IT licitație f pe internet

Internetcafé N̅ IT internet café n

Internetfirma F̅ IT firmă f online

Internetforum N̅ IT forum n pe internet

Internethandel M̅ IT comerț n pe internet

Internethandy N̅ TEL, IT telefon n mobil cu conexiune de internet

Internetprovider M̅ IT provider m (od furnizor m) de internet

Internetseite F̅ IT pagină f pe internet

Internetsurfer(in) M̅(̅F̅)̅ IT internaut(ă) m(f)

Internettelefonie F̅ IT telefonie f prin internet

Internetvideo N̅ IT video n pe internet

Internetzugang M̅ IT acces n la internet

Internist(in) M̅(̅F̅)̅ internist(ă) m(f)

Interpretation F̅ interpretare f

interpretieren V̅T̅ a interpreta (als ca)

Interrailkarte F̅ BAHN bilet n de tren Interrail

Intervall N̅ interval n

Interview N̅ interviu n

interviewen V̅T̅ **j-n ~** a lua cuiva un interviu

intim ADJ intim

intolerant ADJ intolerant

Intoleranz F̅ intoleranță f

intramuskulär ADJ MED, PFLEGE intramuscular

Intranet N̅ intranet n

intravenös ADJ MED, PFLEGE intravenos

Intrige F̅ intrigă f

introvertiert ADJ introvertit

Intuition F̅ intuiție f

intus umg ADV **etw ~ haben** (≈begriffen) a fi priceput ceva; (≈verzehrt) a fi înghițit ceva; **e-n ~ haben** umg a fi luat ceva la bord, a fi pilit

Invalide M̅ invalid m

Invasion F̅ invazie f

Inventar N̅ inventar n; (≈Einrichtungsgegenstände a.) mobilier n

investieren V̅T̅ a investi

Investition F̅ investiție f

inwiefern ADV, **inwieweit** în ce măsură

inzwischen ADV între timp

IOK N̅ ABK (= Internationales Olympisches Komitee) COI n (Comitetul Olimpic Internațional)

iPad® N̅ IT iPad n

IP-Adresse F̅ ABK (= Internetprotokolladresse) IT adresă f IP

iPhone® N̅ IT iPhone n

iPod® M̅ iPod n

i-Punkt M̅ punct n pe i

IQ M̅ ABK (= Intelligenzquotient) IQ n

Irak M̅ der ~ Irak n; **im ~** în Irak

Iran M̅ der ~ Iran n; **im ~** în Iran

Ire M̅ irlandez m

irgend ADV **~ so ein Idiot** un idiot oarecare; **wenn ~ möglich** dacă este cumva posibil

irgendein PRON, **irgendeine(r, s)** (un, o) oarecare; **ohne ~ Hilfsmittel** fără nicun mijloc ajutător

irgendetwas INDEF PR ceva

irgendjemand INDEF PR cineva

irgendwann ADV cândva

irgendwas umg → irgendetwas

irgendwer → irgendjemand

irgendwie ADV cumva

irgendwo ADV undeva

irgendwoher ADV de undeva
irgendwohin ADV undeva; (≈ gleichgültig wohin) oriunde
Irin F irlandeză f
irisch ADJ irlandez
Irland N Irlanda f
Ironie F ironie f
ironisch ADJ ironic; **~ werden** a deveni ironic
irre ADJ **1** nebunesc **2** (≈ toll) grozav
3 (≈ sehr)
Irre(r) M/F(M) nebun(ă) m(f); umg **ein armer ~r** un biet nebun
irreführen VT a induce în eroare;
sich durch etw ~ lassen a se lăsa înșe-
lat de ceva
irreführend ADJT înșelător
irren A VI a greși; **Irren ist menschlich** a greși este omenește **B** V/R **sich
~** a se înșela; **wenn ich mich nicht irre** dacă nu mă înșel
irritieren VT (≈ verwirren) a deconcer-
ta, a tulbura; (≈ ärgern) a irita
irrsinnig ADJ nebunesc
Irrtum M greșeală f; **e-n ~ begehen** a
comite o greșeală
irrtümlich A ADJ eronat **B** ADV din
greșeală
Ischias M sciatică f
ISDN N ABK (= Integrated Services Digital Network) ISDN n
Islam M Islam n
islamisch ADJ islamic
Island N Islanda f
Isländer(in) M/F(M) islandez(ă) m(f)
isländisch ADJ islandez
Isolation F a. ELEK, POL izolare f;
(≈ Wärmeisolation, Schallisolation a.) izo-
lație f; (≈ Isoliermaterial) material n izo-
lant
Isolierband N bandă f izolatoare
isolieren VT a. ELEK a izola
Isolierung F → Isolation
Isomatte F saltea f termică
Israel N Israel n
Israeli M/F israelian(ă) m(f)
israelisch ADJ israelian
iss, isst → essen
ist → sein
IT F ABK (= Informationstechnologie) IT
n
Italien N Italia f

Italiener(in) M/F italian m, italiancă f
italienisch ADJ italian
Italienisch N limba f italiană; **~ ler-
nen/sprechen** a învăța/vorbi limba italiană; **auf** (od **in**) **~** pe italiană
IWF M ABK (= Internationaler Währungsfonds) FMI n

J

J, j N J, j m/n
ja PARTIKEL da; **ja?** am Telefon alo?; **ja
doch!** (od **aber ja!**) da sigur!; einleitend
ja, wer kommt denn da! ia te uită cine vine!; **da sag ich ja** tocmai asta
spun; **das ist ja furchtbar** asta-i groaznic; **du weißt ja** știi doar; **ich glaube
ja** cred că da; **sag's ihr ja nicht!** nu
cumva să-i spui
Ja N da m; **mit Ja antworten** a răspunde afirmativ; **mit Ja stimmen** a vota
pentru; **zu etw Ja sagen** a consimți la
ceva
Jacht F iaht n
Jachthafen M port n de iahturi
Jacke F jachetă f
Jackett N sacou n
Jagd F vânătoare f; **auf die ~ gehen** a
merge la vânătoare
jagen A VI a vâna **B** VT a vâna; verfolgen a urmări
Jäger M vânător m
Jahr N an m; **~ für ~** de an de an; **das ~
1945** anul 1945; **das neue ~** noul an;
ein halbes ~ o jumătate de an; **im** (od
pro) **~** pe an; **in diesem ~** (od **dieses
~**) în acest an; **im ~(e) 1948** în anul
1948; **Alter mit fünfzig ~en** la cincizeci
de ani; **seit ~en** de ani de zile; **zwanzig ~ alt sein** a avea douăzeci de ani
jahrelang A ADJ de ani de zile, îndelungat; **~e Erfahrung** experiență îndelungată **B** ADV ani de zile; (≈ seit Jahren) de ani de zile
Jahresabschluss M HANDEL bilanț n
de sfârșit de an

Jahresausgleich M̲ FIN regularizare f anuală

Jahreseinkommen N̲ venit(uri) n(pl) anual(e)

Jahrestag M̲ aniversare f

Jahresmarkt F̲ an m

Jahreszeit F̲ anotimp n

Jahrgang M̲ *Wein* anul m de recoltare; **der ~ 1989** *Personen* generația 1989

Jahrhundert N̲ secol n; **im 17. ~** în secolul al 17-lea

jährlich A̲D̲J̲ anual

Jahrmarkt M̲ târg m

Jahrtausend N̲ mileniu n

Jahrzehnt N̲ deceniu n

jähzornig A̲D̲J̲ irascibil

Jakobsmuschel F̲ scoică f Saint-Jacques

Jalousie F̲ jaluzea f

Jamaika N̲ Jamaica f

Jammer M̲ 1 (≈ *Elend*) jale f; **es ist ein ~** e mare păcat; *umg* te-apucă jalea 2 (≈ *Wehklagen*) plânset n

jämmerlich A̲D̲J̲ jalnic

jammern V̲/I̲ a se văita; *unzufrieden sein* a se plânge (**über** +*akk* de)

jammerschade *umg* A̲D̲J̲ **es ist ~** e mai mare păcatul (**um** de)

Jänner *österr* M̲ → Januar

Januar M̲ ianuarie m; **am 1. ~** pe 1 ianuarie; **Berlin, den 11. ~ 2016** Berlin, 11 ianuarie 2016; **heute ist der 5. ~** astăzi este 5 ianuarie; **im ~** în ianuarie

Japan N̲ Japonia f

Japaner(in) M̲/F̲ japonez(ă) m(f)

japanisch A̲D̲J̲ japonez

Jastimme F̲ POL vot n pentru

jaulen V̲/I̲ a scheuna

Jause *österr* F̲ gustare f

jawohl A̲D̲V̲ desigur

Jazz M̲ jazz n

je A̲D̲V̲ 1 vreodată; *mit komp* **je ..., desto** (*od* **um so**) **... cu ... cu atât ...;** **je mehr, desto besser** cu cât mai mult cu atât mai bine; **je nach** în funcție de; **je nachdem** după cum e cazul; **ach je!** ah vai! 2 *jeweils* (de) câte; **die kosten je e-n Euro** costă fiecare un euro

Jeans F̲ blugi *mpl*

Jeansjacke F̲ geacă f de blugi

jede(r, s) A̲ U̲N̲B̲E̲S̲T̲I̲M̲M̲T̲E̲S̲ Z̲A̲H̲L̲W̲O̲R̲T̲ fiecare; **~n Augenblick** în orice clipă; **~s**

Mal de fiecare dată; **bei ~m Wetter** pe orice vreme B̲ I̲N̲D̲E̲F̲ P̲R̲ fiecare; **~r von euch** fiecare dintre voi

jedenfalls A̲D̲V̲ în orice caz

jederzeit A̲D̲V̲ oricând

jedesmal A̲D̲V̲ de fiecare dată

jedoch K̲O̲N̲J̲ dar

jemals A̲D̲V̲ vreodată

jemand I̲N̲D̲E̲F̲ P̲R̲ cineva; **~ anders** altcineva

jene(r, s) D̲E̲M̲ P̲R̲ acel(a), ace(e)a

Jenseits N̲ REL **das ~** lumea f cealaltă; **im ~** pe lumea cealaltă

jenseits P̲R̲Ä̲P̲ dincolo de; **~ des Rheins** dincolo de Rin

Jerusalem N̲ Ierusalim n

Jesus M̲ Isus m; **~ Christus** Isus Hristos (*od* Cristos) m

jetzig A̲D̲J̲ actual

jetzt A̲D̲V̲ acum; **~ gleich** chiar acum; **bis ~** până acum; **erst ~** abia acum; **von ~ an** de acum înainte

jeweils A̲D̲V̲ **~ zwei zusammen** câte doi; **zu ~ 5 Euro** la 5 euro fiecare

Jh. A̲B̲K̲ (= *Jahrhundert*) sec. (secol)

JH A̲B̲K̲ (= *Jugendherberge*) ho(s)tel n pentru tineret

Job M̲ job n

jobben *umg* V̲/I̲ a lucra temporar

Jod N̲ iod n

Jodsalz N̲ sare f iodată

Joga M̲/N̲ yoga f

joggen V̲/I̲ a face jogging

Jogginganzug M̲ trening n

Jogginghose F̲ pantaloni *mpl* de jogging

Joghurt M̲ *od* N̲ iaurt n

Johannisbeere F̲ coacăză f

Joint *umg* M̲ țigară f care conține hașiș sau marihuană

Jo-Jo N̲ *Spiel* yo-yo n

Joker M̲ joker n

jonglieren V̲/T̲ & V̲/I̲ a jongla

Jordanien N̲ Iordania f

Journalist(in) M̲/F̲ jurnalist(ă) m(f)

Joystick M̲ IT joystick n

Jubel M̲ bucurie f entuziastă; **in ~ ausbrechen** a exulta, a manifesta o mare bucurie

jubeln V̲/I̲ a jubila

Jubiläum N̲ jubileu n; **fünfzigjähriges ~** aniversarea de cincizeci de ani

jucken A $\overline{VT\ \&\ V/i}$ **1** es juckt mich mă mănâncă; **ihm juckt der Kopf** îl mănâncă pielea capului **2** (≈ *interessieren*) **denkst du, das juckt mich?** crezi tu că asta mă interesează? B $\overline{V/R}$ **sich ~** a se scărpina

Juckreiz $\overline{M}$ mâncărime *f*

Jude $\overline{M}$ evreu *m*

Jüdin $\overline{F}$ evreică *f*

jüdisch $\overline{ADJ}$ evreiesc

Judo $\overline{N}$ judo *n*

Jugend $\overline{F}$ tineret *n*; **von ~ an** (*od* **auf**) din tinerețe

Jugendarbeitslosigkeit $\overline{F}$ șomaj *n* în rândul tinerilor

jugendfrei $\overline{ADJ}$ *Film* de audiență generală

Jugendherberge $\overline{F}$ hotel *n* pentru tineret

Jugendherbergsausweis $\overline{N}$ legitimație *f* pentru hotel de tineret

Jugendkriminalität $\overline{F}$ delincvență *f* juvenilă

jugendlich $\overline{ADJ}$ tineresc

Jugendliche(r) $\overline{M/F(M)}$ tânăr(ă) *m(f)*, adolescent(ă) *m(f)*; **die ~n haben** ist der Zutritt verboten accesul interzis minorilor

Jugendliche $\overline{PL}$ tineri *mpl*

Jugendschutz $\overline{M}$ protecția *f* minorului (*od* copilului)

Jugendstil $\overline{M}$ Jugendstil *n*, Art Nouveau *n*

Jugendzentrum $\overline{N}$ centru *n* de tineret

Jugoslawien $\overline{N}$ HIST Iugoslavia *f*

Juli $\overline{M}$ iulie *m*; → **Juni**

jung $\overline{ADJ}$ tânăr; **sich ~ fühlen** a se simți tânăr; GASTR **~e Erbsen** mazăre extra fină; **die ~en Leute** tinerii

Junge $\overline{M}$ băiat *m*

Junge(s) $\overline{N}$ ZOOL pui *m*; **~ pl werfen** a făta

jünger $\overline{ADJ}$ **1** mai tânăr; *bei Verwandtschaftsbezeichnungen* mai mic; **mein ~er Bruder** fratele meu mai mic; **sie ist ein Jahr ~ als ich** e cu un an mai mică decât mine **2** (≈ *relativ jung*) destul de tânără **3** *zeitlich* **~en Datums** de dată mai recentă

Jungfrau $\overline{F}$ *a.* ASTROL fecioară *f*; **die ~ Maria** Fecioara Maria

Junggeselle $\overline{M}$ holtei *m*

jüngste $\overline{ADJ}$ **1** cea mai tânără; **meine ~ Schwester** sora mea cea mai mică; **unser Jüngster** mezinul nostru **2** (≈ *letzte*) ultim; REL **das Jüngste Gericht** Judecata de Apoi

Juni $\overline{M}$ iunie *m*; **am 2. ~** pe 2 iunie; **Anfang/Ende ~** la început/sfârșit de iunie; **im ~** în iunie; **letzten/nächsten ~** în iunie anul trecut/viitor; **Mitte ~** la mijlocul lui iunie

Junior $\overline{M}$ (≈ *Sohn*) junior *m*; HANDEL fiu *m* al patronului

Juniorchef $\overline{M}$ HANDEL fiu *m* al patronului

Junkie $\overline{M}$ *sl* junkie *m*, drogat *m*

Junkmail $\overline{F}$ IT spam *n*

Jura[1] $\overline{M}$ **1** GEOL jurasic *n* **2** GEOG Jura *f*

Jura[2] $\overline{M}$ științe *fpl* juridice; **~ studieren** a studia dreptul

Jurist(in) $\overline{M/F}$ jurist(ă) *m(f)*

juristisch $\overline{ADJ}$ juristic; **~e Fakultät** facultatea de drept

Jury $\overline{F}$ juriu *n*

Jus *bes österr, schweiz* $\overline{N}$ → **Jura**[2]

Justiz $\overline{F}$ justiție *f*

Justizminister(in) $\overline{M/F}$ ministru *m* de justiție

Juwel $\overline{N}$ bijuterie *f*

Juwelier(in) $\overline{M/F}$ bijutier *m*

Jux *umg* $\overline{M}$ glumă *f*, poznă *f*

K

K, k $\overline{N}$ K, k *m/n*

Kabarett $\overline{N}$ cabaret *n* (political); *Bühne* teatru *n* de cabaret

Kabarettist(in) $\overline{M/F}$ artist(ă) *m(f)* de cabaret

Kabel $\overline{N}$ cablu *n*

Kabelanschluss $\overline{M}$ rețea *f* de cablu

Kabelfernsehen $\overline{N}$ televiziune *n* prin cablu; **~ haben** a avea televiziune prin cablu

Kabeljau $\overline{M}$ cod *m*

kabellos ADJ IT, TEL fără fir
Kabine F̱ cabină f
Kabinett Ṉ **1** *Raum* cabinet n; POL guvern n, consiliu n de miniştri **2** GASTR *vin de primul nivel de calitate al vinurilor de calitate cu proprietăţi speciale*
Kachel F̱ placă f de faianţă
Kachelofen M̱ sobă f de faianţă
Kacke SĹ F̱ sĺ căcat m
Kadaver M̱ cadavru n
Käfer M̱ gândac m
Kaff Ṉ cuib n de provincie
Kaffee M̱ cafea f; ~ **kochen** a face cafea; ~ **trinken** a bea cafea
Kaffeebohne F̱ bob n de cafea
Kaffeefilter M̱ hârtie f de filtru pentru cafea
Kaffeekanne F̱ cafetieră f
Kaffeemaschine F̱ maşină f de cafea
Kaffeepause F̱ pauză f de cafea
Kaffeetasse F̱ ceaşcă f de cafea
Käfig M̱ **1** cuşcă f **2** *für Vogel* colivie f
kahl ADJ **1** *Kopf* chel **2** *Landschaft* golaş
Kahn M̱ luntre f
Kai M̱ chei n
Kairo Ṉ Cairo n
Kaiser(in) M(F) împărat m, împărăteasă f
Kaiserreich Ṉ imperiu n împărăţie f
Kaiserschmarren *österr, südd* M̱ GASTR *clătite dulci rupte, cu stafide*
Kaiserschnitt M̱ MED cezariană f
Kajak Ṉ caiac n
Kajüte F̱ cabină f
Kakao M̱ **1** cacao f **2** *Getränk* cacao f cu lapte
Kaktee F̱, **Kaktus** M̱ cactus m
Kalb Ṉ viţel m
Kalbfleisch Ṉ carne f de viţel
Kalbsbraten M̱ friptură f de viţel
Kalender M̱ calendar n; *fig* **im ~ rot anstreichen** a însemna în calendar
Kalifornien Ṉ California f
Kalk M̱ **1** var n **2** MED calciu n
Kalkulation F̱ HANDEL, *fig* calcul n
Kalorie F̱ calorie f
kalorienarm ADJ cu calorii puţine
kalt ADJ rece; ~ **duschen** a face duş rece; *Getränk* ~ **stellen** a pune la rece;

Speisen etc ~ **werden** a se răci; **es ist** ~ **e frig; mir ist** ~ mi-e frig; ~**e Füße haben** a-ţi fi frig la picioare
kaltblütig ADJ cu sânge rece
Kälte F̱ frig n; **vor** ~ **zittern** a tremura de frig
Kältewelle F̱ val n de frig
Kaltfront F̱ METEO front n rece
kaltlassen V̱Ṯ **das lässt mich kalt** asta mă lasă rece
Kaltmiete F̱ chirie cu cheltuieli (de întreţinere) neincluse
Kaltstart M̱ AUTO, IT pornire f la rece
Kalzium Ṉ calciu n
kam → **kommen**
Kamel Ṉ cămilă f
Kamera F̱ FILM aparat n de filmat; FOTO aparat n de fotografiat
Kamerad(in) M(F) camarad m, camaradă f
Kameradschaft F̱ camaraderie f
Kamerafrau F̱, **Kameramann** M̱ cameraman m
Kameramann M̱ cameraman m
Kamerun Ṉ Camerun n
Kamille F̱ muşeţel n
Kamillentee M̱ ceai n de muşeţel
Kamin M̱ **1** *außen* coş n **2** *innen* şemineu n
Kamm M̱ pieptene n; **alles über e-n ~ scheren** a pune totul într-o oală
kämmen V̱Ṯ (& V/R) a pieptăna; **sich ~** a se pieptăna; **sich die Haare ~** a-şi pieptăna părul
Kammer F̱ **1** *Raum* cămăr(uţ)ă f **2** JUR, POL, TECH cameră f **3** ANAT ventricul n
Kampagne F̱ campanie f
Kampf M̱ luptă f; **j-m den ~ ansagen** a declara război cuiva
kämpfen V̱I̱ a lupta (**für/um** pentru); **mit dem Schlaf ~** a lupta cu somnul; **mit den Tränen ~** a lupta cu lacrimile
Kämpfer(in) M(F) MIL combatant(ă) m(f); *a. fig* luptător m, luptătoare f
Kampfsport M̱ arte fpl marţiale
kampieren V̱I̱ a campa
Kanada Ṉ Canada f
Kanadier(in) M(F) canadian m, canadiană f
kanadisch ADJ canadian
Kanal M̱ canal n; GEOG **der** ~ Canalul

Mânecii

Kanalinseln FPL die ~ Insulele Canalului fpl

Kanalisation F canalizare f

Kanaltunnel M tunelul n de sub Canalul Mânecii

Kanarienvogel M canar m

kanarisch ADJ canarian; **die Kanarischen Inseln** fpl Insulele Canare fpl

Kandidat(in) MF candidat(ă) m(f)

Kandidatur F candidatură f (**auf** +akk la)

kandidieren VI a candida

Kandis(zucker) M zahăr n candel

Känguru N cangur m

Kaninchen N iepure m de casă

Kanister M canistră f

kann → können

Kännchen N căniță f; **ein ~ Kaffee/Tee** o porție dublă de cafea/ceai

Kanne F cană f

kannte → kennen

Kanone F 1 MIL tun n 2 fig SPORT etc as m 3 umg (≈ Revolver) pistol n, parapel n 4 umg **unter aller ~** sub orice critică

Kante F muchie f

Kantine F cantină f

Kanton M canton n

Kanu N canoe f; ~ **fahren** a face canoe

Kanzel F amvon n

Kanzlei F POL cancelarie f; e-s Anwalts cabinet n; e-s Notars birou n

Kanzler(in) MF cancelar(ă) m(f)

Kanzleramt N 1 Posten cancelariat n funcție f de cancelar 2 Dienststelle cancelariat n

Kanzlerkandidat(in) MF candidat m la funcția de cancelar, candidată f la funcția de cancelar

Kap N cap n

Kapazität F (≈ Fassungs-, Leistungsvermögen) capacitate f; (≈ Könner a.) somitate f

Kapelle F capelă f

Kaper F caperă f

kapieren umg VT & VI a pricepe

Kapital N capital n; fig **aus etw ~ schlagen** a trage foloase de pe urma a ceva

Kapitalanlage F investiție f de capi-

tal

Kapitalertrag(s)steuer F impozit n pe venitul din capital

Kapitalflucht F exod n de capital

Kapitalgesellschaft F societate f de capital

kapitalisieren VT a capitaliza

Kapitalismus M capitalism n

Kapitalist(in) MF capitalist m, capitalistă f

kapitalistisch ADJ capitalist

Kapitalmarkt M piață f de capital

Kapitän M căpitan m

Kapitel N capitol n

Kapitulation F a. fig capitulare f

kapitulieren VI a. fig a capitula (**vor** + dat în fața)

Kappe F 1 Mütze șapcă f 2 Verschluss capac n

Kapsel F capsulă f

kaputt umg ADJ stricat; müde terminat; ~ **machen** a strica

kaputtgehen VI a se strica

kaputtlachen umg VR **sich** ~ a se strica de râs

Kapuze F glugă f

Karaffe F carafă f

Karambolage F umg (≈ Zusammenstoß) ciocnire f, coliziune f

Karamell M caramel n

Karaoke N karaoke n

Karat N carată f

Karate N carate fpl

Kardinal M cardinal m

Kardinalzahl F număr n cardinal

Karfiol österr M conopidă f

Karfreitag M Vinerea f Mare

karg A ADJ Lohn mizer; Boden sărăcăcios, neroditor; Mahl frugal B ADV ~ **bemessen** modest, cu parcimonie

Karibik F Meer Marea Caraibilor f; Inseln Insulele Antile fpl

karibisch ADJ caraibean

kariert ADJT în carouri

Karies F carie f

Karikatur F caricatură f

Karneval M carnaval n; ~ **feiern** a sărbători carnavalul

Kärnten N Carintia f

Karo N 1 pătrat n 2 Karten caro n

Karosserie F caroserie f

Karotte F morcov m

Karpaten PL die ~ Carpații mpl

Karpfen M crap m

Karre F 1 (≈ *Gefährt*) car n; *kleine* căruță f; (≈ *Gepäckkarre*) cărucior n; (≈ *Schubkarre*) roabă f; umg fig **die ~ aus dem Dreck ziehen** a scoate din necaz 2 umg (≈ *Auto*) troacă f

Karren M *j-n vor s-n ~ spannen* a se servi de cineva pentru propriile interese; → **Karre**

Karriere F carieră f; **~ machen** a face carieră

Karsamstag M Sâmbăta Mare f

Karte F 1 Spielkarte carte f de joc; **~n spielen** a juca cărți; fig **mit offenen ~n spielen** a juca cu cărțile pe masă 2 Landkarte hartă f 3 Speisekarte meniu n 4 Eintrittskarte, Fahrkarte bilet n 5 SPORT **gelbe/rote ~** cartonașul galben/roșu

Kartei F cartotecă f

Karteikarte F fișă f de cartotecă

Karteikasten M fișier n

Kartell N cartel n

Kartellamt N autoritate f antitrust

Kartenspiel N joc n de cărți

Kartentelefon N telefon n cu cartelă

Kartenverkauf M vânzare f de bilete

Kartenvorverkauf M vânzarea f a biletelor în prealabil

Kartoffel F cartof m

Kartoffelbrei M piure n de cartofi

Kartoffelchips MPL chipsuri npl de cartofi

Kartoffelpüree N → **Kartoffelbrei**

Kartoffelsalat M salată f de cartofi

Karton M 1 carton n 2 Schachtel cutie f

Karussell N carusel n

Karwoche F săptămâna f Patimilor

Kaschmir M TEX cașmir n

Käse M brânză f

Käsebrot N sandviș n cu brânză

Käsefondue N fondue f

Käsekuchen M prăjitură f cu brânză de vaci

Käseplatte F platou n cu brânzeturi

Kaserne F cazarmă f

Kasino N Spielkasino cazinou n

Kasperl(e)theater N teatru n de păpuși

Kasse F casă f; umg **j-n zur ~ bitten** a solicita bani de la cineva; umg **knapp bei ~ sein** a fi strâmtorat

Kasseler N, **Kasseler Rippenspeer** M GASTR costiță afumată și sărată de porc

Kassenarzt M, **Kassenärztin** F medic m în contract cu Casa de Asigurări

Kassenbestand M disponibil n din casă

Kassenbon M, **Kassenzettel** M bon n

Kassenzettel M bon n

Kassette F casetă f

Kassettenrekorder M casetofon n

kassieren VII a încasa

Kassierer(in) MF casier(ă) m(f)

Kastanie F castană f

Kästchen N casetă f; *auf Formularen etc* căsuță f

Kasten M ladă f

kastrieren VT a castra

Katalog M catalog n

Katalysator M AUTO catalizator n

katastrophal ADJ catastrofal

Katastrophe F catastrofă f

Kategorie F categorie f

kategorisch ADJ categoric

Kater M motan m; umg **einen ~ haben** a fi mahmur

Kathedrale F catedrală f

Katheter N MED, PFLEGE cateter n

Katholik(in) MF catolic(ă) m(f)

katholisch ADJ catolic

Katze F pisică f; umg **die ~ im Sack kaufen** a vinde pielea ursului din pădure

Katzensprung umg M **es ist nur ein ~ (von hier)** e la o aruncătură de băț (de aici)

kauen VT & VI a mesteca; **an den Nägeln ~** a-și roade unghiile

kauern A a sta ghemuit (la pământ) B VR **sich ~** a se ghemui la pământ, a se tupila

Kauf M cumpărătură f; **in ~ nehmen** a accepta; **zum ~ anbieten** a oferi spre vânzare

kaufen VT a cumpăra

Käufer(in) MF cumpărător m, cumpărătoare f

K

Kauffrau F̲ comerciantă f

Kaufhaus N̲ magazin n universal

Kaufkraft F̲ putere f de cumpărare

Kaufmann M̲ comerciant m

Kaufpreis M̲ preț n de cumpărare

Kaufvertrag M̲ contract n de vânzare-cumpărare

Kaugummi M̲ gumă f de mestecat

kaum A̲D̲V̲ abia; **es ist ~ zu glauben** aproape ca nu-i de crezut

Kaution F̲ cauțiune f

Kaviar M̲ caviar n

KB N̲, **Kbyte** N̲ A̲B̲K̲ (= Kilobyte) KB m (kilobyte)

Kebab M̲ chebab n

Kegel M̲ **1** popic n; umg **mit Kind und ~** cu cățel și purcel **2** MATH con n

Kegelbahn F̲ popicărie f

kegeln V̲I̲ a juca popice

Kehle F̲ gâtlej n; **aus voller ~** a striga din rărunchi

Kehlkopf M̲ laringe n

kehren¹ V̲I̲ (≈ wenden) a întoarce; **j-m den Rücken ~** a-i întoarce cuiva spatele; **das Oberste zuunterst ~** a întoarce cu susul în jos **B** V̲R̲ **sich nicht an etw** (akk) **~** a nu-i păsa de ceva; fig **in sich** (akk) **gekehrt** închis în sine

kehren² V̲I̲ fegen a mătura

Kehrseite F̲ **1** (≈ Rückseite) dos n; e-s Stoffes fața f cealaltă; fig Schattenseite revers n; fig **die ~ der Medaille** reversul medaliei **2** hum (≈ Gesäß) popou n

Keil M̲ zum Spalten pană f; zum Unterlegen cală f

Keilriemen M̲ curea f (de transmisie) trapezoidală

Keim M̲ BIOL, MED, fig germen m; **etw im ~ ersticken** a înăbuși ceva în fașă

keimen V̲I̲ a germina; a. fig a încolți

keimfrei A̲D̲J̲ aseptic; Nahrungsmittel sterilizat

Keimzelle F̲ BIOL gamet m; fig germene m

kein(e, er, es) I̲N̲D̲E̲F̲ P̲R̲ nici unul, nici una; **ich habe ~ Geld** nu am bani; **~er von ihnen** nici unul din ei; **ich will ~s davon** nu vreau pe nici unul din astea

keinerlei A̲D̲J̲ niciun fel de

keinesfalls A̲D̲V̲ în niciun caz

keineswegs A̲D̲V̲ nicidecum

keinmal A̲D̲V̲ niciodată

Keks M̲ biscuit n; **j-m auf den ~ gehen** umg a călca pe cineva pe nervi

Kelle F̲ **1** (≈ Schöpfkelle) polonic n **2** (≈ Maurerkelle) mistrie f **3** des Verkehrspolizisten baston n reflectorizant

Keller M̲ pivniță f

Kellner(in) M̲F̲ chelner m, chelneriță f

Kenia N̲ Kenya f

kennen V̲I̲ (& V̲R̲) a cunoaște; **sich ~** a se cunoaște; **wir ~ uns seit Jahren** ne cunoaștem de ani de zile

kennenlernen A̲ V̲I̲ **j-n ~** a face cunoștință cu cineva **B** V̲R̲ **sich ~** a face cunoștință

Kenner(in) M̲F̲ cunoscător m, cunoscătoare f (von de)

Kenntnis F̲ cunoștință f; **~ von etw haben** a avea cunoștință de ceva; **etw zur ~ nehmen** a lua cunoștință de ceva; **j-n von etw in ~ setzen** a informa pe cineva despre ceva; **~se** pl cunoștințe fpl

Kennwort N̲ parolă f

Kennzeichen N̲ **1** caracteristică f; Pass **besondere ~** semne particulare **2** AUTO număr n de înmatriculare

kennzeichnen V̲I̲ a marca; beschreibend a caracteriza

kentern V̲I̲ a se răsturna

Keramik F̲ ceramică f

Kerl M̲ tip m; **blöder ~** un tâmpit

Kern M̲ Obst sâmbure m; **zum ~ der Sache kommen** a intra în miezul problemei

Kernenergie F̲ energie f atomică

kerngesund A̲D̲J̲ sănătos tun

Kernkraftgegner(in) M̲F̲ protestatar m împotriva energiei nucleare, protestatară f împotriva energiei nucleare

Kernkraftwerk N̲ centrală f atomică

Kernreaktor M̲ reactor n nuclear

Kerntechnik F̲ tehnică f nucleară

Kerze F̲ **1** lumânare f **2** Zündkerze bujie f

Kerzenlicht N̲ lumină f de lumânare; **bei ~ essen** a cina la lumina lumânărilor

Kerzenständer M̲ sfeșnic n

Kessel M̲ **1** (≈ Wasserkessel) ceainic n **2** (≈ Dampfkessel, Heizkessel) cazan n **3**

GEOG **căldare** f
Ketchup M̄ *od* N̄ ketchup n
Kette F̄ lanț n; **e-e ~ bilden** a forma
un lanț; **e-e ~ von Ereignissen** o lanț
de evenimente; (≈ *Fessel*) **~n** *pl* lanțuri
Kettenreaktion F̄ *a. fig* reacție f în
lanț
keuchen V̄ī a gâfâi
Keuchhusten M̄ tuse f convulsivă
Keule F̄ GASTR pulpă f
Keyboard N̄ MUS keyboard n; IT tasta-
tură f
Kfz N̄ ABK (**Kraftfahrzeug**) automobil n
Kfz-Brief M̄ cartea f de identitate a
mașinii
Kfz-Steuer F̄ impozit n pe mașină
Kfz-Werkstatt F̄ service (auto) n
kg ABK (≈ Kilogramm) kg
KG F̄ ABK → **Kommanditgesellschaft**
Kichererbse F̄ năut n
kichern V̄ī a chicoti
Kick *umg* V̄ī **1** FUSSBALL șut n lovitură
f cu piciorul **2** (≈ *Nervenkitzel*) fior m
Kickboard N̄ trotinetă f
kicken *umg* **A** V̄T̄ **den Ball ins Tor ~**
a trimite mingea în poartă **B** V̄ī a juca
fotbal
kidnappen V̄T̄ a răpi
Kidnapper(in) M̄(F̄) răpitor m, răpi-
toare f
Kiefer **A** M̄ maxilar n **B** F̄ pin m
Kieferchirurg(in) M̄(F̄) chirurg m or-
todont
Kiel M̄ SCHIFF chilă f
Kies M̄ pietriș n
Kiesel, **Kieselstein** M̄ piatră f ro-
tundă de râu
Kieselstein M̄ pietricică f
kiffen *umg* V̄ī a fuma iarbă
killen *umg* V̄T̄ a lichida, a curăța
Killer *umg* M̄ killer m
Kilo N̄ kilogram n
Kilobyte N̄ kilobyte n
Kilogramm N̄ kilogram n
Kilometer M̄ kilometru m
Kilometerstand M̄ kilometraj n
Kilometerzähler M̄ kilometraj n
Kilowatt N̄ kilowatt m
Kind N̄ copil m; **das ~ beim Namen
nennen** a spune lucrurilor pe nume;
das ~ mit dem Bade ausschütten a
sări peste cal; **kleines ~** copil mic;

von ~ auf (*od* an) de mic copil
Kinderarzt M̄, **Kinderärztin** F̄ medic m pediatru
Kinderausweis M̄ act n de identita-
te al copilului
Kinderbetreuung F̄ supraveghere f
copii
Kinderbett N̄ pat n de copil
Kinderbuch N̄ carte f pentru copii
Kinderermäßigung F̄ reducere f
pentru copii
Kinderfahrkarte F̄ bilet n cu tarif
redus pentru copii
Kinderfreibetrag M̄ FIN plafon n de
scutire de taxe pentru familiile cu copii
kinderfreundlich ADJ *Mensch* căruia
îi plac copiii; *Möbel, Hotel* adaptat pen-
tru copii
Kindergarten M̄ grădiniță f
Kindergärtner(in) F̄ educatoare f
Kindergeld N̄ alocație f pentru copii
Kinderkrankheit F̄ boală f de copii;
fig pl **~en** boli *fpl* de copii
Kinderkrippe F̄ creșă f
Kinderlähmung F̄ poliomelită f
kinderlieb ADJ iubitor de copii
Kindermädchen N̄ bonă f
Kindersitz M̄ scaun n pentru copil
Kinderspiel N̄ joc n de copii; *fig* floa-
re f la ureche
Kindertagesstätte F̄ grădăniță f cu
orar normal
Kinderteller M̄ *im Restaurant* porție f
pentru copii
Kinderwagen M̄ cărucior n
Kinderzimmer N̄ camera f copilului
Kindheit F̄ copilărie f; **von ~ an** din
copilărie
kindisch ADJ copilărește; **sich ~ be-
nehmen** a se purta copilărește
Kindle® M̄ *E-Book-Reader* kindle
(ebook reader) n
kindlich ADJ copilăros
Kinn N̄ bărbie f
Kino N̄ cinema n; **ins ~ gehen** a merge la cinema
Kiosk M̄ chioșc n
Kipferl *österr* N̄ corn n
Kippe *umg* F̄ *Zigarettenstummel* muc n
de țigară; *umg* **auf der ~ stehen** a fi
pe muche de cuțit
kippen **A** V̄T̄ **1** (≈ *neigen, stürzen*) a

K

răsturna 2 (≈ *schütten*) a vărsa; *umg* **einen ~** a da pe gât 1 *umg* (≈ *zurückziehen*) a șterge; (≈ *absetzen*) a zbura 3 Vɪɪ a sta să cadă, a se clătina; ÖKOL **der See ist gekippt** echilibrul biologic al lacului este distrus

Kirche F̲ biserică f; **in die ~ gehen** a merge la biserică

Kirchenchor M̲ cor n de biserică

Kirchhof M̲ cimitir n

kirchlich A ADJ bisericesc, religios; **~e Trauung** cununie f religioasă B ADV **sich ~ trauen lassen** a se cununa la biserică

Kirchturm M̲ turnul n bisericii

Kirmes F̲ chermeză f iarmaroc n

Kirschbaum M̲ cireș m

Kirsche F̲ cireașă f

Kirschtomate F̲ roșie f cherry

Kissen N̲ pernă f

Kissenbezug M̲ față f de pernă

Kiste F̲ ladă f

KITA F̲ ABK (= Kindertagesstätte) grădăniță f cu orar normal

Kitsch M̲ kitsch n

kitschig ADJ de prost gust

Kittel M̲ *a.* MED, PFLEGE halat n

kitz(e)lig ADJ gâdilicios; *fig Frage, Angelegenheit* delicat

kitzeln Vɪ̄ & Vɪɪ a gâdila

Kiwi F̲ kiwi n

Klacks *umg* M̲ (≈ *Klecks*) pată f; *fig* nimic n, fleac n; **ein ~ Sahne** un pic de frișcă; *fig* **das ist nur ein ~** e doar un fleac

Klage F̲ 1 plângere f; **keinen Grund zur ~ haben** a nu avea niciun motiv de a se plânge 2 JUR acțiune f; JUR **~ erheben** a depune plângere

klagen Vɪ̄ 1 a se plânge (**über** +akk **de**) 2 JUR a da în judecată

kläglich ADJ *Zustand* lamentabil

klamm ADJ *Wäsche* umed (și rece); *Finger* înțepenit de frig

Klammer F̲ 1 *Büroklammer* agrafă f 2 *Wäscheklammer* cârlig n 3 TYPO **eckige/runde/spitze ~** paranteze drepte/rotunde/ascuțite; **in ~n** în paranteză

Klammeraffe M̲ IT A n rond

klammern Vɪ̄ **sich ~** a se agăța (**an** +akk **de**)

Klamotte *umg* F̲ 1 **~n** (≈ *Kleider*) țoa-

le fpl 2 THEAT *pej* farsă f

klang → klingen

Klang M̲ sunet n

Klappbett N̲ pat n pliant

Klappe F̲ 1 *e-s Briefumschlages, e-r Trompete*, (≈ *Taschenklappe*) clapă f; TECH *a.* clapetă f; ANAT, BIOL valvulă f 2 FILM clachetă f 3 *sl* (≈ *Mund*) gură f *sl*; **halt die ~!** *umg* ține-ți gura!; *umg* **e-e große ~ haben** *sl* a avea gură mare

klappen Vɪ̄ 1 (≈ *gelingen*) a reuși; **es hat gut geklappt** a reușit cu bine; **es hat nicht geklappt** n-a reușit; **es wird schon ~** va merge 2 *Bewegung nach oben/unten ~* a deschide în sus/jos

klappern Vɪ̄ a zdrăngăni

Klappstuhl M̲ scaun n pliant

klar ADJ clar; **alles ~?** e totul în ordine?; **das ist mir ~** (asta) mi-e clar; **sich im Klaren sein** a fi edificat (**über** +akk asupra)

klären A Vɪ̄ *Problem, Frage* a clarifica B Vɪʀ **sich ~** *Problem, Frage* a se rezolva

Klarheit F̲ *a. fig* claritate f, limpezime f; **sich** (dat) **über etw** (akk) **~ verschaffen** a se lămuri în legătură cu ceva

Klarinette F̲ clarinet n

klarkommen Vɪ̄ **mit etw ~** a se descurca cu ceva; **mit j-m ~** a se înțelege bine cu cineva

klarmachen Vɪ̄ a lămuri; *umg* **j-m etw ~** a clarifica cuiva ceva; *umg* **sich etw ~** a-și clarifica ceva

Klarsichtfolie F̲ folie f transparentă

Klarsichtpackung F̲ ambalaj n transparent

klarstellen Vɪ̄ a clarifica

klasse *umg* A ADJ grozav, super; **(das ist) ~!** (asta-i) super! B ADV grozav

Klasse F̲ clasă f; *umg* **das ist (ganz) große ~!** asta-i grozav!; **erster ~ reisen** a călători cu clasa întâi; SCHULE **in der ersten ~ sein** a fi în clasa întâi

Klassenarbeit F̲ test n; *umg* **e-e ~ in Mathe schreiben** a scrie un test la matematica

Klassenkamerad(in) M(F) coleg m de clasă, colegă f de clasă

Klassenzimmer N̲ sală f de clasă

Klassik F̲ clasicism n

klassisch ADJ clasic
Klatsch M *Gerede* bârfă f
klatschen V/I **1** *Hände* a bate din palme **2** *reden* a bârfi
klatschnass ADJ ud până la piele
Klaue F **1** gheară f; *fig* **in j-s ~n** (*akk*) **geraten** a nimeri în ghiarele cuiva **2** *umg Schrift* scris n urât
klauen *umg* VT & V/I a şterpeli
Klausel F clauză f
Klausur F **1** (≈ *Prüfungsarbeit*) lucrare f scrisă de examen **2** REL clauzură f; *fig* recluziune f
Klavier N pian n; **~ spielen** a cânta la pian
Klebeband N bandă f adezivă
kleben A VT a lipi (**an, auf** +*akk* pe) B V/I a se lipi
Kleber *umg* M lipici n
Klebestift M lipici n stick
klebrig ADJ lipicios
Klebstoff M lipici n
kleckern *umg* V/I a face pete (**auf** +*akk* pe)
Klecks M pată f
Klee M trifoi m
Kleeblatt N BOT frunză f de trifoi; *fig* trio n
Kleid N rochie f; **~er** *pl Kleidung* haine fpl
Kleiderbügel M umeraş n
Kleiderschrank M dulap n de haine
Kleiderständer M cuier n
Kleidung F îmbrăcăminte f
Kleidungsstück N haină f
klein ADJ mic; *umg* **~ anfangen** a începe de jos; **~ kariert** *Muster* cu carouri mici; *Mensch* limitat; **~ schneiden** a tăia mărunt; **als ich noch ~ war** când eram încă mic; **ein ~ wenig** puţin de tot; *umg beim Bezahlen* **haben Sie es ~?** aveţi mărunt?; **von ~ auf** de mic copil; **~er Finger** degetul n mic; **mein ~er Bruder** fratele meu cel mic
Kleinanzeige F anunţ n publicitar
Kleinbuchstabe M literă f mică
Kleinbus M microbuz n
Kleingedruckte(s) *fig* N **das ~** ce e scris cu litere mici
Kleingeld N mărunţiş n
Kleinigkeit F bagatelă f; **eine ~ essen** a gusta ceva

Kleinkind N copil m mic
Kleinkram *umg* M fleacuri npl
kleinlich ADJ (≈ *übergenau*) tipicar; (≈ *engstirnig*) limitat, mărginit; (≈ *nicht großzügig*) meschin
kleinschreiben VT a scrie cu litere mici
Kleinstadt F orăşel n
Kleinwagen M maşină f din clasa mică
Klementine F clementină f
Klemme F **1** TECH clemă f, pensă f **2** ELEK bornă f **3** *umg fig* **in der ~ sein** *umg* a fi la ananghie; **j-m aus der ~ helfen** a scoate pe cineva din încurcătură
klemmen A VT a înţepeni, a prinde B V/I a fi înţepenit; **die Schublade klemmt** sertarul s-a înţepenit C V/R **sich** (*dat*) **die Finger in der Tür ~** a-şi prinde degetele în uşă; *umg fig* **sich hinter etw** (*akk*) **~** a se ţine serios de ceva
Klempner(in) M(F) instalator m, instalatoare f
klettern V/I a se căţăra
Klettverschluss® M bandă f adezivă velcro arici m
klicken V/I IT (**auf etw**) **~** a clica (ceva)
Klient(in) M(F) client(ă) m(f)
Klima N climă f
Klimaanlage F aer n condiţionat; **mit ~** cu aer condiţionat
klimafreundlich ADJ ÖKOL fără efect negativ asupra climei
Klimakatastrophe F catastrofă f climatică
klimaneutral ADJ ÖKOL neutru climatic
Klimaschutz M protecţie f a climei
klimatisiert ADJ cu aer condiţionat
Klimawandel M schimbare f climatică
Klinge F lamă f
Klingel F sonerie f
klingeln V/I a suna; PFLEGE **nach.j-m ~** a suna după cineva; **es klingelt** sună
Klingelton M *e-s Handys* sonerie f
klingen V/I a suna; **das klingt, als ob … ** sună ca şi cum …
Klinik F clinică f
Klinke F clanţă f

K

klipp *umg* ADV ~ **und klar** desluşit, foarte limpede

Klippe F stâncă f în mare; *fig* dificultate f

Klischee *fig* N clişeu n

Klistier N MED, PFLEGE clistir n, clismă f

klitzeklein *umg* ADJ foarte mic

Klo *umg* N closet n; **aufs Klo müssen** a avea nevoie la toaletă

klobig ADJ *Gegenstand* masiv; *fig Person* grosolan, greoi

Klobrille F colac n de toaletă

klonen VT a clona

Klopapier *umg* N hârtie f igienică

klopfen VI a bate; **es klopft** bate la uşă

Kloß M găluşcă f

Kloster N mănăstire f

Klotz M (= *Hackklotz*) butuc m a. *fig*; (= *Holzklotz a.*) buştean m a. *fig*; *umg* **j-m ein ~ am Bein sein** a fi o povară pentru cineva

Klub M club n

Kluft F (= *Spalte*) crăpătură f (**zwischen** + *dat* între), prăpastie f (**zwischen** + *dat* între); *fig* prăpastie f, fisură f

klug ADJ inteligent

Klugheit F inteligenţă f

km ABK (= Kilometer) km

km/h ABK (= Kilometer pro Stunde) km/h

knabbern VT & VI a ronţăi (**an** +*dat* din)

Knäckebrot N pâine f uscată feliată

knacken VT *Nüsse, Auto* a sparge

knackig *umg* ADJ **1** *Apfel etc* crocant **2** *fig* (= *attraktiv*) atractiv, sexy

Knall M pocnet n; *umg* **e-n ~ haben** a avea o ţicneală

knallen VI a pocni; *umg* **j-m eine ~** a-i trage una cuiva

knallrot *umg* ADJ roşu aprins, roşu ca focul

knapp ADJ strâmt; ~ **bei Kasse sein** a fi strâmtorat; ~ **zwei Stunden** mai puţin de două ore

Knast *umg* M puşcărie f

Knäuel MN **1** *Garn, Wolle* ghem m **2** *von Menschen* grămadă f

knauserig *umg* ADJ *umg* cărpănos

knautschen A VT a mototoli, a şifo-

na B VI a se şifona

Knautschzone F zonă f deformabilă

Knebel M căluş n

knebeln VT **j-n** ~ a pune cuiva un căluş în gură; *fig* a astupa cuiva gura

kneifen A VT & VI a ciupi, a pişca; **j-n** (*od* **j-m**) **in den Arm** ~ a ciupi pe cineva de braţ B *umg* VI (= *sich drücken*) a trage chiulul (**vor** + *dat* de la) *umg*

Kneifzange F cleşte m de tăiat sârmă pensetă f

Kneipe *umg* F crâşmă f

Knete *umg* F *Geld* parale fpl, euroi mpl *umg*

kneten VT a frământa

knicken VT **1** *Zweig* a rupe **2** *Papier* a îndoi

Knie N genunchi m; **auf die ~ fallen** a cădea în genunchi; **j-n auf ~n bitten** a ruga pe cineva în genunchi

Kniebeuge F genuflexiune f

Kniegelenk N articulaţia f genunchiului

Kniekehle F poplitee f

knien A VI a îngenunchia B VR **sich** ~ a îngenunchia

Kniescheibe F rotulă f

Knieschoner M, **Knieschützer** M apărătoare f pentru genunchi

Kniestrumpf M ciorap m trei sferturi, ciorap m până la genunchi

kniff → **kneifen**

Kniff M **1** (= *Kneifen*) pişcătură f **2** (= *Trick*) truc n, tertip n **3** *im Stoff* pliu n

kniff(e)lig ADJ delicat, complicat

knipsen VT **1** FOTO a fotografia **2** *Fahrkarte* a composta

knirschen VI **1** a scrâşni; **mit den Zähnen** ~ a scrâşni din dinţi **2** *Schnee* a scârţâi

knistern VI *Feuer* a trosni; *Seide, Papier* a fâşâi, a foşni

knittern VI a se şifona

Knoblauch M usturoi n

Knoblauchpresse F presă f de usturoi

Knoblauchzehe F căţel m de usturoi

Knöchel M gleznă f

Knochen M os n; *umg* **sich bis auf die ~ blamieren** a se face de ruşine

in ultimul hal
Knochenbruch M̄ fractură f de os
Knochenmark N̄ măduvă f osoasă
Knödel M̄ găluşcă f
Knopf M̄ nasture m
Knopfdruck M̄ apăsare f pe buton
Knopfloch N̄ butonieră f
Knorpel M̄ cartilaj n
Knospe F̄ boboc m
knoten V̄T̄ a înnoda
Knoten M̄ 1 nod n 2 MED nodul n
Know-how N̄ know-how n
Knüller umg M̄ film, articol etc. de succes, care face senzaţie
Knüppel M̄ 1 ciomag n bâtă f; (≈ Polizeiknüppel) baston n de cauciuc 2 FLUG manşă f; AUTO levier n
knurren V̄Ī 1 Hund a mârâi 2 Magen a ghiorăi
knusprig ADJ crocant
knutschen umg V̄Ī a dezmierda
Knutschfleck umg M̄ semn n pe gât
k. o. ADJ & ADV 1 SPORT k.o.; **j-n ~ schlagen** a face pe cineva k.o. 2 fig la pământ
Koalition F̄ coaliţie f
Koalitionspartner M̄ partener m de coaliţie
Koalitionsregierung F̄ guvern n de coaliţie
Koch M̄ bucătar m
Kochbuch N̄ carte f de bucate
kochen A V̄T̄ a găti; **Essen ~** a găti; **Kaffee/Tee ~** a face cafea/ceai; **was kochst du heute?** ce găteşti astăzi? B V̄Ī a fierbe
Köchin F̄ bucătăreasă f
Kochlöffel M̄ lingură f de gătit
Kochnische F̄ chicinetă f
Kochplatte F̄ plită f
Kochrezept N̄ reţetă f de bucătărie
Kochtopf M̄ oală f
Kode M̄ cod n
Köder M̄ momeală f
Koffein N̄ cafeină f
koffeinfrei ADJ fără cafeină
Koffer M̄ valiză f; **die ~ packen** a face bagajele
Kofferraum M̄ AUTO portbagaj n
Kognak M̄ coniac® n
Kohl M̄ varză f
Kohle F̄ 1 cărbune n; **(wie) auf glü-**

henden ~n sitzen a sta ca pe ace 2 umg Geld bani mpl
Kohlehydrat N̄ hidrat m de carbon
Kohlendioxid N̄ bioxid m de carbon
Kohlenhydrat N̄ hidrat m de carbon
Kohlensäure F̄ acid n carbonic; Mineralwasser **ohne ~** fără gaz
Kohletablette F̄ pastilă f de cărbune
Kohlrabi M̄ gulie f
Kokain N̄ cocaină f
Kokosnuss F̄ nucă f de cocos
Koks M̄ 1 (≈ Kohlenkoks) cocs n 2 Jargon (≈ Kokain) coca f
Kolben M̄ 1 TECH piston n 2 (≈ Destillierkolben) alambic n 3 am Gewehr pat n de armă crosă f 4 (≈ Maiskolben) ştiulete m 5 umg (≈ dicke Nase) nas n borcănat trompă f
Kolik F̄ colică f
Kollaps M̄ colaps n
Kollege M̄, **Kollegin** F̄ coleg(ă) m(f)
kollektiv ADJ colectiv
Köln N̄ Köln m
Kolonie F̄ colonie f
Kolonne F̄ coloană f; **~ fahren** a merge în coloană
kolossal ADJ colosal; umg fig a. fantastic
Kolumbien N̄ Columbia f
Kolumne F̄ TYPO şpalt n coloană f; e-r Zeitung cronică f
Koma N̄ comă f; **im ~ liegen** a fi în comă
Kombi M̄ AUTO brec n
Kombination F̄ combinaţie f
kombinieren V̄T̄ a combina
Komet M̄ cometă f
Komfort M̄ confort n; **mit allem ~** cu tot confortul
komfortabel ADJ confortabil
Komik F̄ comic n
Komiker(in) M̄(F̄) comic(ă) m(f)
komisch ADJ 1 comic 2 umg seltsam ciudat
Komitee N̄ comitet n
Komma N̄ virgulă f; **drei ~ fünf** trei virgulă cinci
kommandieren V̄T̄ & V̄Ī a comanda
Kommanditgesellschaft F̄ societate f în comandită
Kommando N̄ 1 (≈ Befehl, Befehlsge-

walt) comandă *f*, conducere *f*, ordin *n*
2 *Abteilung* detașament *n*, comando *n*
kommen VI **1** a veni; **aus Bukarest ~** a veni de la București; **gelaufen ~** a veni în fugă; **von etw ~** a veni de la ceva; **(wieder) zu sich** (*dat*) **~** a-și veni în fire; **zu etw ~** a găsi (în sfârșit) timp să faci ceva; **daher kommt es, dass ...** de aici vine faptul că ...; **die Vase kommt auf den Tisch** vasul vine pe masă; **wie kommst du nur darauf?** cum de îți vine ideea asta? **2** *ankommen* a sosi **3** *Wendungen* **komm, gib her!** hai, dă încoace!; **was auch ~ mag** indiferent ce se va întâmpla; **wie komme ich nach ...?** cum ajung la ...?; **wie kommt es, dass ...?** cum se face că ...?; **wie weit bist du mit deiner Arbeit gekommen?** în ce stadiu te afli cu lucrul?
kommend ADJ venind; **in den ~en Jahren** în anii următori
Kommentar M comentar *n*
kommentieren VT a comenta
Kommerz *pej* M comerț *n*
kommerziell ADJ comercial
Kommilitone M, **Kommilitonin** F coleg(ă) *m(f)* de studiu
Kommissar(in) M(F) comisar(ă) *m(f)*
Kommission F comisie *f*
Kommode F scrin *n*
Kommunalwahl F alegeri *fpl* locale
Kommune F comună *f*
Kommunikation F comunicație *f*
Kommunikationsmittel NPL mijloace *npl* de comunicare
Kommunion F KATH comuniune *f*; **zur ~ gehen** a se împărtăși
Kommunismus M comunism *n*
Kommunist(in) M(F) comunist(ă) *m(f)*
kommunistisch ADJ comunist
Komödie F comedie *f*; *fig* **~ spielen** a juca teatru
kompakt ADJ compact
Kompass M busolă *f*
kompatibel ADJ compatibil
Kompatibilität F *a.* IT compatibilitate *f* (**mit** cu)
Kompensation F compensație *f*
kompensieren VT a compensa (**durch, mit** prin, cu)
kompetent ADJ competent

Kompetenz F competență *f*
komplett ADJ complet; *umg* **das ist ~er Wahnsinn** asta e nebunie totală
komplex ADJ complex
Komplex M complex *n*; (≈ *Gebäudekomplex, Fragenkomplex a.*) ansamblu *n*
Komplikation F complicație *f*
Kompliment N compliment *n*; **j-m ein ~ machen** a-i face cuiva un compliment
Komplize M complice *m*
kompliziert ADJ complicat
Komplott N complot *n*; **ein ~ schmieden** a urzi un complot
Komponente F (≈ *Bestandteil*) componentă *f*; *fig* (≈ *Aspekt a.*) element *n*, aspect *n*
komponieren VT & VI a compune
Komponist(in) M(F) compozitor *m*, compozitoare *f*
Kompost M compost *n*
Komposthaufen M grămadă *f* de compost
Kompott N compot *n*
Kompresse F compresă *f*
Kompressionsstrümpfe PL PFLEGE ciorapi medicinali *mpl*
komprimieren VT *a.* IT a comprima
Kompromiss M compromis *n*; **e-n ~ schließen** a face un compromis
Kondensmilch F lapte *n* condensat
Kondition F SPORT condiție *f* fizică; **keine ~ haben** a nu avea condiție fizică
Konditor(in) M(F) cofetar *m*, cofetară *f*
Konditorei F cofetărie *f*
Kondom N prezervativ *n*
Konferenz F conferință *f*
Konferenzraum M sală *f* de conferințe
Konfession F confesiune *f*
Konfetti N confetti *fpl*
Konfiguration F *a.* IT configurație *f*
Konfirmand(in) M(F) REL confirmand *m*, confirmandă *f*
Konfirmation F REL confirmație *f*
Konfitüre F dulceață *f*
Konflikt M conflict *n*
konfrontieren VT a confrunta
konfus ADJ (≈ *verworren*) confuz, neclar; *Person* încurcat, zăpăcit

Kongo M̄ Congo n
Kongress M̄ congres n
König(in) M̄F̄ rege m, regină f
Königin F̄ regină f; ZOOL a. matcă f
königlich ADJ regesc
Königreich N̄ regat n
Konjunktion F̄ conjuncție f
Konjunktur F̄ conjunctură f
konkav ADJ concav
konkret ADJ concret
Konkurrent(in) M̄F̄ concurent m, concurentă f
Konkurrenz F̄ concurență f; **außer ~** fără concurență; **j-m ~ machen** a-i face cuiva concurență
konkurrenzfähig ADJ competitiv
Konkurs M̄ faliment n; **in ~ gehen** (od **~ machen**) a da (od a intra în) faliment
können A V/MOD a putea; **schwimmen ~** a ști să înoți; **das kann sein** s-ar putea; **das kann nicht sein** asta nu se poate; **umg du kannst mich mal!** poți să mă pupi undeva!; **es kann sein, dass ...** e posibil să ...; **ich kann nicht kommen** nu pot veni; **man kann nie wissen** nu se poate ști niciodată B V/T **ich kann nichts dafür** n-am nici o vină; **~ Sie Deutsch?** știți germana?
konnte → **können**
konsequent ADJ consecvent
Konsequenz F̄ **1** (≈ *Folgerichtigkeit*) consecvență f **2** (≈ *Folge*) consecință f, urmare f; **die ~en aus etw ziehen** a suporta consecințele a ceva
konservativ ADJ a. MED conservator
Konserve F̄ conservă f
Konservenbüchse F̄, **Konservendose** F̄ cutie f de conserve
Konservendose F̄ cutie f de conserve
konservieren V/T a conserva
Konservierungsmittel N̄ conservant n
Konsil N̄ MED consult n medical
Konsolidierung F̄ consolidare f
Konsonant M̄ consoană f
konstituieren A V/T a constitui B V/R **sich ~** a se constitui
konstruieren V/T a construi, a clădi; *fig* a inventa, a fabrica
Konstruktion F̄ construcție f

konstruktiv ADJ constructiv
Konsul(in) M̄F̄ consul m
Konsulat N̄ consulat n
Konsum M̄ consum n
Konsument(in) M̄F̄ consumator m, consumatoare f
konsumieren V/T a consuma
Kontakt M̄ contact n; **mit j-m ~ aufnehmen** a lua contactul cu cineva
kontaktfreudig ADJ sociabil
Kontaktlinsen PL lentile fpl de contact
Kontaktlinsenmittel N̄ OPT soluție f pentru lentile de contact
Kontext M̄ context n
Kontinent M̄ continent n
kontinuierlich *geh* ADJ continuu
Konto N̄ cont n
Kontoauszug M̄ extras n de cont
Kontoinhaber(in) M̄F̄ deținătorul m/deținătoarea f contului
Kontonummer F̄ număr n de cont
Kontostand M̄ situația f contului
Kontra N̄ contra m; **j-m ~ geben** a contrazice pe cineva; *umg fig* a contra pe cineva
Kontrast M̄ contrast n
Kontrolle F̄ control n; **außer ~ geraten** a-și pierde controlul; **etw unter ~ haben** a ține ceva sub control
Kontrolleur(in) M̄F̄ controlor m, controloare f
kontrollieren V/T a controla
Konventionalstrafe F̄ JUR clauză f penală
konvertierbar ADJ convertibil
konvertieren A V/T FIN, IT a converti B V/I REL a se converti (**zu** la)
konvex ADJ convex
Konzentration F̄ concentrare f
Konzentrationslager N̄ HIST lagăr n de concentrare
konzentrieren V/R **sich ~** a se concentra (**auf** +akk la)
konzentriert A ADJT concentrat B ADVL cu concentrare
Konzept N̄ concept n; **aus dem ~ kommen** a pierde firul; **j-n aus dem ~ bringen** a face pe cineva să piardă firul
Konzern M̄ concern n
Konzert N̄ concert n

Konzertsaal M̅ sală f de concert
Kooperation F̅ cooperare f
kooperativ A̅D̅J̅ cooperativ
kooperieren V̅/̅I̅ a coopera
koordinieren V̅/̅T̅ a coordona
Kopf M̅ cap n; **~ hoch!** capul sus!;
auf dem ~ stehen a sta în cap; den
~ schütteln a da din cap; den ~ verlieren a-şi pierde capul; ein kluger ~
o persoană inteligentă; im ~ rechnen
a socoti în cap; j-m den ~ verdrehen
a-i suci cuiva capul; j-m geht etw
durch den ~ a-i trece cuiva ceva prin
cap; nicht auf den ~ gefallen sein a
nu fi căzut în cap; umg nicht (ganz)
richtig im ~ sein a nu fi (chiar) în ordine cu capul; pro ~ de persoană;
sich (dat) den ~ (über etw akk) zerbrechen a-şi bate capul cu ceva; sich
(dat) etw aus dem ~ schlagen a-şi
scoate ceva din cap; sich (dat) etw in
den ~ setzen a-şi pune ceva în cap;
(um) e-n ~ größer sein als j-d a fi
cu un cap mai mare decât cineva;
von ~ bis Fuß din cap până-n picioare; das geht mir nicht aus dem ~ asta nu-mi iese din cap; das will mir
nicht in den ~ (gehen) asta nu poate
să-mi intre în cap
Kopfball M̅ FUSSBALL cap n
Kopfende N̅ cap(ăt) n (de sus); des
Bettes căpătâi n
Kopfhörer M̅ cască f audio
Kopfkissen N̅ pernă f
Kopfrechnen N̅ calcul n mintal
Kopfsalat M̅ salată f verde
Kopfschmerzen P̅L̅ dureri fpl de cap;
~ haben a avea dureri de cap
Kopfsprung M̅ săritură f cu capul în
jos
Kopfstand M̅ stat n în cap
Kopfstütze F̅ tetieră f
Kopfteil N̅ PFLEGE capul n patului
Kopftuch N̅ basma f
Kopfweh umg N̅ → Kopfschmerzen
Kopie F̅ copie f
kopieren V̅/̅T̅ a copia
Kopierer M̅, **Kopiergerät** N̅ copia-
tor n
Kopilot M̅ copilot m
Koralle F̅ coral n
Koran M̅ coran n

Korb M̅ coş n; j-m e-n ~ geben a ex-
pedia pe cineva
Körbchen N̅ beim BH cupă f
Kord M̅ catifea f cord
Korea N̅ Coreea f
Kork M̅ plută f
Korken M̅ dop n
Korkenzieher M̅ tirbuşon n
Korn N̅ 1️⃣ grăunte n 2️⃣ (≈ Getreide) ce-
reale npl
Kornblume F̅ albăstrea f
Körper M̅ corp n
Körperbau M̅ conformaţie f
Körperbehinderte(r) M̅/̅F̅(̅M̅)̅ handi-
capat m fizic persoană f cu handicap
fizic, handicapată f fizic persoană f cu
handicap fizic
körperlich A̅D̅J̅ corporal
Körperpflege F̅ îngrijire f corporală
Körperteil M̅ parte f a corpului
Körperverletzung F̅ vătămare f
corporală
korrekt A̅D̅J̅ corect
Korrektur F̅ corectură f; ~ lesen a fa-
ce corectura
Korrespondent(in) M̅/̅F̅ corespon-
dent(ă) m(f)
Korrespondenz F̅ corespondenţă f
Korridor M̅ coridor n, culoar n; POL
coridor n
korrigieren V̅/̅T̅ a corecta
korrupt A̅D̅J̅ corupt
Korsika N̅ Corsica f
Kortison N̅ cortizon m
koscher A̅D̅J̅ GASTR kosher; umg fig
nicht ~ nu e kosher
Kosename M̅ nume n de alint
Kosmetik F̅ cosmetică f
Kosmetikerin F̅ cosmeticiană f
Kosmetiksalon M̅ salon n de cosmetică (od înfrumuseţare)
kosmisch A̅D̅J̅ cosmic
Kosmos M̅ cosmos n
Kost F̅ hrană f
kostbar A̅D̅J̅ preţios
kosten[1] V̅/̅T̅ a costa; viel/wenig (Geld)
kosten a costa mult/puţin; was (od
wie viel) kostet ...? ce (od cât) costă
...?
kosten[2] V̅/̅T̅ (≈ probieren) a gusta
Kosten P̅L̅ cheltuieli fpl; auf j-s ~ pe
contul cuiva; auf s-e ~ kommen a-şi

scoate cheltuielile

kostendeckend ADJ care acoperă costurile, rentabil

Kostenerstattung F rambursare f (*od* restituire f) a cheltuielilor

Kostenexplosion F explozie f a costurilor

kostengünstig ADJ avantajos (ca preţ)

kostenlos ADJ gratis

kostensparend ADJT care economiseşte costuri

Kostenvoranschlag M deviz n

Kostform F MED, PFLEGE regim m alimentar

köstlich ADJ delicios; **sich ~ amüsieren** a se amuza grozav

Kostprobe F mostră f

kostspielig ADJ costisitor

Kostüm N ① *Damenkostüm* taior n ② THEAT costum n

Kot M excremente npl

Kotelett N cotlet n

Kotflügel M AUTO aripă f a maşinii

kotzen *vulg* VⁱI a borî; **es ist zum Kotzen!** ce rahat!

Krabbe F crab m

krabbeln VⁱI a merge de-a buşilea

Krach M ① *Lärm* zgomot n; **~ machen** a face zgomot ② *Streit* scandal n; **mit j-m ~ haben** a avea scandal cu cineva

krachen VⁱI & V/UNPERS ① a face zgomot, a pocni, a trosni; *Eis, Balken, Zwieback* a trosni, a pârâi; *Holz etc im Feuer, Schuss a.* a trosni, a bubui; *Knallkörper* a pocni ② (≈*zusammenstürzen*) *Eis, Balken* a se rupe, a se frânge ③ *umg Fahrzeug* **gegen etw ~** a se trosni de ceva

Kracherl *österr* N limonadă f

Kraft F putere f; *körperliche* forţă f; **aus eigener ~** cu forţe proprii; **mit letzter ~** cu ultimele puteri; **mit vereinten Kräften** cu forţe reunite; **in ~ treten** a intra în vigoare; *fig* **treibende ~** motorul; *fig* **was in meinen Kräften steht** ce-mi stă în putere; **wieder zu Kräften kommen** a prinde din nou puteri; *fig* **das geht über meine Kräfte** asta îmi depăşeşte puterile

Kraftausdruck M înjurătură f

Kraftfahrer(in) M|F| ADMIN conducător *m* auto, conducătoare *f* auto

Kraftfahrzeug N autovehicul n

Kraftfahrzeugbrief M cartea f de identitate a maşinii

Kraftfahrzeugschein M certificat npl de înmatriculare

Kraftfahrzeugsteuer F impozit n pe maşină

Kraftfahrzeugversicherung F asigurare f de maşină

kräftig ADJ ① puternic; *Körper* **~ gebaut sein** a avea o constituţie robustă ② *Essen* hrănitor

kraftlos ADJ slab, neputincios

Kraftprobe F măsurare f a forţelor

Kraftstoff M combustibil n

Kraftwerk N centrală f electrică

Kragen M guler n; **j-n beim ~ packen** a lua pe cineva de guler; *umg* **mir platzt gleich der ~** mai e puţin şi-mi sare ţandăra

Krähe F cioară f

Kralle F ghiară f

Kram *umg* M ① (≈*Zeug*) catrafuse fpl ② (≈*Angelegenheit*) treabă f, afacere f; **das passt mir nicht in den ~** asta nu-mi convine; **mach doch deinen ~ alleine!** descurcă-te singur!

Krampf M crampă f

Krampfadern PL varice fpl

krampfhaft Ⓐ ADJ MED convulsiv; *fig Bemühungen etc* îndârjit, înverşunat Ⓑ ADV *fig* cu înverşunare; **sich ~ bemühen** a se strădui cu înverşunare (**zu** + *inf* să + *Konjunktiv*)

Kran M macara f

Kranich M cocor m

krank ADJ & ADV bolnav; **~ werden** a se îmbolnăvi

Kranke(r) M|F(M) bolnav(ă) m(f)

kränken VⁱI a jigni

Krankenakte F MED, PFLEGE dosar n medical

Krankengeschichte F MED, PFLEGE istoric n medical

Krankengymnastik F PFLEGE gimnastică f medicală

Krankenhaus N spital n; **im ~ liegen** a fi în spital; **j-n in ein ~ einliefern** a interna pe cineva într-un spital

Krankenkasse F Casa f de Asigurări de Sănătate

Krankenpfleger(in) M|F| infirmier

K

_m_, infirmieră _f_

Krankenschwester F̲ asistentă _f_ medicală

Krankenversicherung F̲ asigurare _f_ de boală; **private ~** asigurare privată de sănătate

Krankenwagen M̲ ambulanță _f_

krankhaft ADJ patologic

Krankheit F̲ boală _f_

krankmelden V̲R̲ **sich ~** a se anunța bolnav

krankschreiben V̲T̲ **j-n ~** a acorda cuiva concediu medical

Kränkung F̲ jignire _f_

Kranz M̲ coroană _f_

krass A̲ ADJ _Unterschied_ izbitor; _Gegensatz_ enorm; _Fehler_ flagrant, grosolan; _Jugendsprache_ **(voll) ~** (≈_toll_) (super) cool; (≈_schlimm_) nașpa B̲ ADV **sich ausdrücken** frust

Krater M̲ crater _n_

kratzen A̲ V̲T̲ a zgâria; **das kratzt mich nicht** asta nu mă zgârie B̲ V̲R̲ **sich ~** a se scărpina

Kratzer M̲ zgârietură _f_

kraulen A̲ V̲I̲ _schwimmen_ a înota craul B̲ V̲T̲ _Rücken, Hund_ a scărpina

Kraut N̲ _Kohl_ varză _f_

Kräuter P̲L̲ verdețuri _fpl_

Kräutertee M̲ ceai _n_ de plante

Krawall M̲ 1̲ (≈_Aufruhr_) scandal _n_; _stärker_ revoltă _f_ 2̲ _umg_ (≈_Lärm_) zarvă _f_ tărăboi _n_

Krawatte F̲ cravată _f_

kreativ ADJ creativ

Kreativität F̲ creativitate _f_

Kreatur F̲ creatură _f_

Krebs M̲ 1̲ ZOOL rac _m_ 2̲ MED, ASTROL cancer _n_; **~ erregend** (_od_ **erzeugend**) cancerigen

krebserregend, krebserzeugend ADJT cancerigen

Krebsforschung F̲ oncologie _f_

krebskrank ADJ bolnav de cancer

Krebsvorsorge F̲ depistare _f_ (precoce) a cancerului

Kredit M̲ credit _n_; **auf ~** pe credit; **einen ~ aufnehmen** a lua un credit; **j-m e-n ~ gewähren** a-i da cuiva un credit

Kreditinstitut N̲ instituție _f_ de credit

Kreditkarte F̲ card _n_ de credit

kreditwürdig ADJ solvabil

Kreide F̲ cretă _f_; **bei j-m in der ~ stehen** a fi dator cuiva

Kreis M̲ 1̲ cerc _n_; **im engsten/kleinen ~(e)** în cerc restrâns/mic; **in politischen ~en** în cercuri politice; **sich im ~(e) drehen** a se învârti în cerc; **weite ~ der Bevölkerung** cercuri largi ale populației 2̲ _Bezirk_ județ _n_

Kreisel M̲ titirez _n_

kreisen V̲I̲ a se învârti (**um** în jurul); _Raubvogel, Flugzeug_ a se roti; _Flasche, Blut_ a circula; _fig_ **um etw ~** _Diskussion, Gedanken_ a se învârti în jurul a ceva

kreisförmig ADJ circular, în formă de cerc

Kreislauf M̲ MED circulație _f_

Kreislaufkollaps M̲ colaps _n_

Kreislaufstörungen P̲L̲ tulburări _fpl_ de circulație

Kreißsaal M̲ sala _f_ de nașteri

Kreisverkehr M̲ sens _n_ giratoriu

Kren _österr_ M̲ hrean _n_

Kresse F̲ năsturel _m_

Kreta N̲ Creta _f_

Kreuz N̲ 1̲ cruce _n_; **das Rote ~** Crucea Roșie 2̲ ANAT șale _fpl_; **mir tut das ~ weh** mă dor șalele 3̲ _Karten_ treflă _f_

kreuzen A̲ V̲T̲ 1̲ a încrucișa 2̲ BIOL a hibridiza (**mit cu**) B̲ V̲I̲ SCHIFF a încrucișa; **gegen den Wind ~** a naviga în volte C̲ V̲R̲ **sich ~** a se întretăia

Kreuzfahrt F̲ croazieră _f_

Kreuzigung F̲ crucificare _f_

Kreuzotter F̲ viperă _f_

Kreuzschmerzen P̲L̲ dureri _fpl_ de șale

Kreuzung F̲ intersecție _f_

Kreuzweg M̲ REL Drumul Crucii _n_

Kreuzworträtsel N̲ cuvinte _npl_ încrucișate

Kreuzzug M̲ _a. fig_ cruciadă _f_

kriechen V̲I̲ a se târî

Krieg M̲ război _n_; **~ führen** a purta război; **den ~ erklären** a declara război; **der Kalte ~** Războiul Rece; **im ~** în război; **in den ~ ziehen** a pleca la război

kriegen _umg_ V̲T̲ a căpăta; **Hunger ~** a ți se face foame; **was ~ Sie?** ce doriți dumneavoastră?; **der kriegt es mit mir zu tun** (ăsta) o să aibă de-aface cu mine; **sie kriegt ein Kind** ea așteaptă un copil

Kriegsdienstverweigerer M obiector m de conștiință

Kriegsverbrechen N crimă f de război

Krimi umg M **1** Buch roman n polițist **2** Film film n polițist

Kriminalität F criminalitate f; **organisierte ~** criminalitate organizată

Kriminalpolizei F poliție f judiciară

kriminell ADJ criminal

Kriminelle(r) M/F(M) criminal m, criminală f

Kripo F ABK (= Kriminalpolizei) PJ f (Poliția Judiciară)

Krippe F **1** Weihnachtskrippe iesle f **2** Kinderkrippe creșă f

Krise F criză f

kriseln V/UNPERS **es kriselt** sunt probleme

Krisenmanagement N gestionare f a situațiilor de criză

krisensicher ADJ WIRTSCH Beruf, Branche ferit de criză; Arbeitsplatz rezistent la criză; Investition rezistent la criză

Krisenstab M celulă f de criză

Kristall M MINER cristal n

Kriterium N criteriu n (für pentru)

Kritik F critică f; **an etw/j-m ~ üben** a critica ceva / pe cineva; umg **unter aller ~** sub orice critică

Kritiker(in) M(F) critic m

kritisch ADJ critic; **etw ~ betrachten** a privi ceva critic

kritisieren V/T a critica

kritzeln V/T & V/I a mâzgâli

Kroate M, **Kroatin** F croat(ă) m(f)

Kroatien N Croația f

kroatisch ADJ croat

kroch → kriechen

Krokette F crochetă f

Krokodil N crocodil m

Krone F coroană f

krönen V/T a încorona; fig a încununa; **j-n zum Kaiser ~** a încorona ca împărat

Kronprinz M prinț m moștenitor

Krönung F încoronare f; fig încununare f, culme f

Kronzeuge M, **Kronzeugin** F martor m principal martoră f principală

Kröte F broască f râioasă

Krücke F cârjă f; **an ~n gehen** a merge cu cârje

Krug M Bierkrug cană f

Krümel M firmitură f

krumm ADJ strâmb; **~e Beine** npl picioare npl strâmbe

krümmen A V/T a îndoi, a strâmba **B** V/R **sich ~** a se încovoia, a se strâmba

Kruste F crustă f

Kruzifix N crucifix n

Kuba N Cuba f

Kübel M **1** ghiveci n **2** Eimer găleată f

Kubikmeter M metru m cubic

Küche F bucătărie f; **kalte ~** mâncare rece

Kuchen M prăjitură f

Kuchenform F formă f pentru prăjituri

Kuchengabel F furculiță f pentru desert

Küchenmaschine F robot n de bucătărie

Küchenpapier N șervete fpl pentru bucătărie

Küchenschrank M dulap n de vase

Kuckuck M cuc m; **(das) weiß der ~!** naiba știe!

Kufe F (≈ Schlittenkufe, Flugzeugkufe) tălpig n patină f; (≈ Schlittschuhkufe) lamă f

Kugel F **1** a. Billard bilă f **2** SPORT greutate f

kugelrund ADJ rotund, sferic

Kugelschreiber M pix n

Kugelstoßen N aruncarea f greutății

Kuh F vacă f

kühl ADJ a. fig rece; **~ lagern** a pune la rece; **~ werden** se răcorește

Kühlbox F geantă f frigorifică

kühlen V/T a răci

Kühler M AUTO radiator n

Kühlerhaube F AUTO mască f (pentru radiator)

Kühlmittel N AUTO lichid n de răcire

Kühlschrank M frigider n

Kühltasche F geantă f frigorifică

Kühltruhe F ladă f frigorifică

Kuhmilch F lapte n de vacă

kühn ADJ îndrăzneț

K

Kuhstall M̲ grajd n de vaci
Küken N̲ pui m de găină
Kuli umg M̲ Kugelschreiber pix n
Kulisse F̲ culisă f; fig hinter den ~n în spatele culiselor
Kult M̲ cult n
Kultfilm M̲ film n cult
kultig ADJ Jugendsprache trendy, la modă
Kultur F̲ cultură f
Kulturaustausch M̲ schimb n cultural
Kulturbeutel M̲ trusă f cu articole de toaletă
kulturell ADJ cultural
Kulturlandschaft F̲ peisaj n cultural (od cultivat); fig viață f culturală
Kulturtasche F̲ trusă f de toaletă
Kulturzentrum N̲ centru n cultural
Kultusminister(in) M̲F̲ ministru m al Educației Naționale
Kümmel M̲ chimen n
Kummer M̲ griji fpl; j-m ~ machen a face griji cuiva
kümmerlich ADJ **1** (≈ schwächlich) plăpând, firav **2** (≈ arm) sărăcăcios, de plâns **3** pej (≈ nicht ausreichend) jalnic, mizer
kümmern V̲R̲ sich um j-n/etw ~ a se ocupa de cineva/ceva; das kümmert mich nicht de asta nu-mi pasă
Kumpel umg M̲ tovarăș m
kündbar ADJ Vertrag reziliabil; Stellung revocabil; Wohnung al cărei/cărui contract poate fi reziliat; Arbeitnehmer, Mieter care poate fi dat afară
Kunde M̲ client m
Kundendienst M̲ serviciu n pentru clienți
Kundenkarte F̲ card n de client
Kundennummer F̲ cod n client
Kundgebung F̲ manifestație f
kündigen A̲ a-și da demisia; j-m ~ a concedia pe cineva B̲ V̲T̲ Abonnement, Wohnung a renunța la; s-e Stellung ~ a-și da demisia
Kündigung F̲ **1** Arbeitsverhältnis concediere f **2** Vertrag reziliere f
Kündigungsschutz M̲ protecție f împotriva concedierii nejustificate
Kundin F̲ clientă f
Kundschaft F̲ clientelă f

künftig ADJ viitor
Kunst F̲ artă f; die bildende ~ arte vizuale; die schönen Künste arte frumoase
Kunstausstellung F̲ expoziție f de artă
Kunstdünger M̲ îngrășământ n chimic
Kunstfaser F̲ fibră f sintetică
Kunstgewerbe N̲ artă f decorativă
Kunstleder N̲ imitație f de piele
Künstler(in) M̲F̲ artist(ă) m(f)
künstlerisch ADJ artistic; ~ wertvoll sein a avea valoare artistică
Künstlername M̲ pseudonim n
künstlich ADJ artificial
Kunstsammlung F̲ colecție f de artă
Kunststoff M̲ material n sintetic
Kunststück N̲ (≈ Glanzleistung) tur n de forță; (≈ Geschicklichkeitskunststück) scamatorie f; (≈ Zauberkunststück) truc n scamatorie f; umg das ist kein ~ nu e mare lucru (od scofală)
Kunstturnen N̲ gimnastică f artistică
Kunstwerk N̲ operă f de artă
Kupfer N̲ cupru n
Kuppel F̲ cupolă f
kuppeln V̲i̲ a cupla
Kupplung F̲ ambreiaj n; die ~ treten a apăsa pe ambreiaj
Kur F̲ MED cură f; e-e Kur machen a urma un tratament într-o localitate balneoclimaterică
Kür F̲ TURNEN exercițiu n liber ales; EISKUNSTLAUF program n liber
Kurbel F̲ manivelă f
Kürbis M̲ dovleac m
Kurgast M̲ persoană f venită la cură
Kurier(in) M̲F̲ curier m, curieră f
Kurierdienst M̲ serviciu n de curierat
kurieren V̲T̲ a. fig a vindeca (von de)
Kurort M̲ localitate f balneoclimaterică
Kurs M̲ a. FIN curs n; an e-m ~ teilnehmen a lua parte la un curs; einen ~ besuchen a frecventa un curs; hoch im ~ stehen a fi la mare modă
Kursanstieg M̲ creștere f a cursului
Kursbuch N̲ mers n al trenurilor
Kursgewinn M̲ Wertpapiere beneficiu

n din valori mobile; *Devisen* beneficiu *n* din diferențele de schimb valutar

Kursleiter(in) M/F docent(ă) *m(f)*

Kursteilnehmer(in) M/F cursant(ă) *m(f)*

Kurve F curbă *f*; **die ~ kriegen** a depăși o situație dificilă

kurvenreich ADJ cu multe curbe

kurz ADJ scurt; **~ angebunden** pe scurt; **~ danach/vorher** puțin după/înainte; **~ hinter Paris** puțin după Paris; **~ und bündig** scurt și cuprinzător; **es ist ~ nach/vor drei (Uhr)** este puțin după/înainte de (ora) trei; **kannst du ~ kommen?** poți să vii puțin?; **in ~er Zeit** în scurt timp; **vor Kurzem** de curând; **bis vor Kurzem** până de curând

Kurzarbeit F șomaj *n* parțial

kurzarbeiten V/I a fi în șomaj parțial

Kurzarbeiter(in) M angajat *m* în șomaj parțial, angajată *f* în șomaj parțial

kurzärmelig ADJ cu mânecă scurtă

Kürze F scurtime *f*; *zeitlich a.* concizie *f*; **in ~** în curând; **in aller ~** foarte pe scurt

Kürzel N *Stenografie* semn *n*; *(≈ Abkürzung)* abreviere *f*, siglă *f*

kürzen V/T a scurta

kürzer ADJ & ADV mai scurt; **~ machen** a scurta; **den Kürzeren ziehen** a trage un loz necâștigător

kurzerhand ADV fără ezitare

Kurzfassung F versiune *f* prescurtată

Kurzfilm M film *n* de scurt metraj

kurzfristig ADJ & ADV *von kurzer Dauer* de scurtă durată; **das Konzert wurde ~ abgesagt** concertul a fost contramandat în ultimul moment

Kurzgeschichte F schiță *f*

kürzlich ADV de curând; **erst ~** tocmai de curând

Kurzschluss M scurtcircuit *n*

kurzsichtig ADJ miop

Kurzsichtigkeit F MED, *fig* miopie *f*

Kurztrip M excursie *f* de scurtă durată

Kürzung F *e-s Kleids, Texts* scurtare *f*; *der Ausgaben* reducere *f*, diminuare *f*; 2 MATH simplificare *f*

Kurzurlaub M concediu *n* de câteva zile

Kurzwahl F TEL apelare *f* rapidă

Kurzzeitgedächtnis N memorie *f*

de scurtă durată

kusch(e)lig ADJ *Stoff* catifelat, moale; *Kissen, Wolle* moale

kuscheln A V/I a se ghemui, a se cuibări B V/R **sich ~** a se ghemui, a se cuibări (**an** *+akk* lângă), (**in** *+akk* în)

Kuscheltier N animal *n* de pluș

Kusine F verișoară *f*

Kuss M sărut *n*; **j-m e-n ~ geben** a săruta pe cineva

Küsschen N sărut *n* mic; *umg* pupic *m*

küssen A V/T a săruta; **j-m die Hand ~** a săruta mâna cuiva B V/R **sich ~** a se săruta

Küste F coastă *f*

Küstenwache F paza *f* de coastă

Kutsche F trăsură *f*

Kuvert N plic *n*

Kuvertüre F GASTR glazură *f* de ciocolată

Kuwait N Kuweit *n*, Kuwait *n*

KZ N ABK (= Konzentrationslager) lagăr *n* de concentrare

L

L, l N L, l *m/n*

labern *umg pej* A V/T **dummes Zeug ~** a vorbi prostii B V/I *umg* a pălăvrăgi

labil ADJ labil

Labor N laborator *n*

Laborwert M MED valoare *f* de laborator

Labyrinth N labirint *n*

Lachanfall M acces *n* de râs; **er bekam e-n ~** a avut un acces de râs

lächeln V/I a zâmbi

Lächeln N zâmbet *n*

lachen A V/I a râde; **da gibt es nichts zu ~** nu-i nimic de râs aici; **du hast gut ~** îți dă mâna să râzi B V/T **Tränen ~** a râde cu lacrimi

Lachen N râs(et) *n*; **in lautes ~ ausbrechen** a izbucni în râs; **sich vor ~ biegen** a se strâmba de râs

lächerlich ADJ ridicol; **sich ~ machen** a se face de râs

Lachs M somon m

Lack M lac n

lackieren V/T a lăcui; **sich** dat **die Nägel ~** a-şi face unghiile cu lac

Ladegerät N încărcător n

laden V/T a. IT a încărca; fig **die Schuld auf sich** (akk) ~ a lua vina asupra sa

Laden M magazin n

Ladendieb(in) M/F hoţ m/hoaţă f de magazine

Ladendiebstahl M furt n din magazine

Ladenpreis M preţ n de magazin preţ n de vânzare cu amănuntul

Ladenschluss M (ora f de) închidere f a magazinului

Ladestation F ELEK, AUTO staţie f de încărcare (od alimentare)

Ladung F a. SCHIFF încărcătură f

lag → liegen

Lage F situaţie f; **in der ~ sein, zu** +inf a fi în situaţia de a se; **versetzen Sie sich in meine ~** puneţi-vă în situaţia mea

Lageplan M plan n de situaţie (od ansamblu)

Lager N ▪ 1 lagăr n ▪ 2 Ferienlager tabără f ▪ 3 WIRTSCH depozit n

Lagerbestand M stoc n, inventar n; **den ~ aufnehmen** a face inventarul

Lagerfeuer N foc n de tabără

Lagerhalle F hală f de depozitare

Lagerhaltung F depozitare f

lagern V/T a depozita; PFLEGE Kranken a poziţiona

Lagerung F depozitare f, înmagazinare f; PFLEGE poziţionare f

Lagerungskissen N PFLEGE pernă f de poziţionare

lahm ADJ ▪ 1 paralizat ▪ 2 umg energielos fără vlagă

lähmen V/T MED a paraliza; **halbseitig gelähmt** hemiplegic; fig **vor Schreck wie gelähmt** paralizat de frică

lahmlegen V/T a paraliza, a bloca

Lähmung F paralizie f; **halbseitige ~** hemiplegie

Laib M corp n

Laiberl österr N ▪ 1 Brot **ein ~ Brot** o pâine (mică) ▪ 2 Fleisch chiftea f

Laie M profan m

Laken N cearşaf n

Lakritze F lemn n dulce

Laktose F CHEM lactoză f

laktosefrei ADJ Lebensmittel fără lactoză

Laktoseunverträglichkeit F, **Laktoseintoleranz** F intoleranţă f la lactoză

Lametta N beteală f

Lamm N miel m

Lammkeule F pulpă f de miel

Lammkotelett N cotlet n de miel

Lampe F lampă f

Lampenfieber N trac n; **~ haben** a avea trac

Lampenschirm M abajur n

Lampion M lampion n

Land N ţară f; REL **das Gelobte/Heilige ~** Ţara Făgăduinţei/Sfântă; **ein Stück ~** o bucată de pământ; **an ~ gehen** a acosta; **auf dem ~ la ţară**; **auf dem ~ wohnen** a locui la ţară; **aufs ~ ziehen** a se muta la ţară; (wieder) **~ sehen** a ajunge la liman

Landebahn F pistă f de aterizare

landen V/I a ateriza; **im Gefängnis ~** a ajunge în închisoare

Länderspiel N meci n internaţional

Landesgrenze F frontieră f

Landeskunde F studiu n al culturii şi civilizaţiei unei ţări

Landesregierung F guvern n al unui land federal

Landeswährung F moneda f naţională

Landhaus N casă f de ţară

Landkarte F hartă f

Landkreis M ADMIN district n rural

ländlich ADJ rural

Landschaft F peisaj n

Landsmann M conaţional m

Landstraße F drum n interurban (od naţional), şosea f

Landstreicher(in) M/F vagabond m, vagaboandă f

Landung F aterizare f

Landungsbrücke F, **Landungssteg** M debarcader n

Landwirt(in) M/F agricultor m, agricultoare f

Landwirtschaft F agricultură f

landwirtschaftlich ADJ agricol

Landzunge F limbă f de pământ

lang ADJ lung; **drei Jahre ~** timp de trei ani; **gleich ~ sein** a fi la fel de lung; **hier ~!** pe aici!; **20 Meter ~** lung de 20 de metri; **ein zwei Meter ~er Tisch** o masă lungă de doi metri; **~e Zeit** timp îndelungat

langärmelig ADJ cu mânecă lungă

lange ADV mult timp; **es ist ~ her, dass wir uns gesehen haben** a trecut mult timp de când nu ne-am văzut; **ich bleibe nicht ~** nu rămân mult; **schon ~** de mult; **wie ~ sind Sie schon hier?** de când sunteți aici?

Länge F lungime f; **der ~ nach** de-a lungul; **e-e ~ von drei Metern haben** a avea o lungime de trei metri; **sich in die ~ ziehen** Prozess, Verfahren a se prelungi

langen umg VII ausreichen a ajunge; greifen **nach dem Salz ~** a se întinde după sare; **das langt bis morgen** asta ajunge până mâine; **mir langt's!** m-am săturat!

Längengrad M grad n de longitudine

Längenmaß N măsură f de lungime

länger ADV & ADV **1** räumlich mai lung; **~ machen** MODE a lungi; **~ werden** a se lungi **2** zeitlich mai lung; (≈ziemlich lang) destul de lung; **~e Zeit** pentru mai mult timp; **ein Tag ~** (cu) o zi în plus

Langeweile F plictiseală f

langfristig ADJ & ADV pe termen lung

Langlauf M schi n de fond

länglich ADJ lunguieț, alungit

längs A PRĂP de-a lungul B ADV în lung(ime)

langsam ADJ încet; **~ aber sicher** încet dar sigur; **~er fahren** a conduce mai încet

Langschläfer(in) MF somnoros m, somnoroasă f

längst ADV **das ist ~ fertig** asta-i de mult gata; **sie sollte ~ da sein** (ea) trebuia să fie de mult aici

Langstreckenflug M zbor n la mare distanță

langweilen A VII a plictisi B VR **sich ~** a se plictisi

langweilig ADJ plictisitor; **mir ist es ~** mă plictisesc

Langzeitarbeitslosigkeit F șomaj n de lungă durată

Lappen M cârpă f

läppisch umg ADJ ridicol; Person a. ne-rod

Laptop M laptop n

Lärm M gălăgie f; fig **viel ~ um nichts** mult zgomot pentru nimic

Lärmbekämpfung F combatere f a zgomotului

Lärmbelästigung F poluare f sonoră (od fonică)

Lärmschutz M protecție f fonică (od împotriva zgomotului)

Larve F **1** ZOOL larvă f **2** (≈Maske) mască f

las → lesen

Lasagne PL GASTR lasagna f

lasch A ADJ **1** (≈kraftlos) moale, flasc **2** (≈wirkungslos) ineficace **3** (≈nicht streng) lax, permisiv B ADV handhaben etc cu laxism, cu prea multă permisivitate

Lasche F an Schuhen limbă f; MODE clapă f

Laser M laser n

Laserdruck M IT imprimare f laser

Laserdrucker M IT imprimantă f cu laser

Lasershow F spectacol n de laser

Laserstrahl M rază f laser

lassen VII **1** (≈zulassen, unterlassen) a lăsa; **j-n ins Haus ~** a lăsa pe cineva să intre în casă; **lass das!** lasă asta! **2** (≈veranlassen) a dispune **3** (≈zugestehen) **j-m etw ~** a-i acorda cuiva ceva; **das muss man ihr ~** trebuie să-i recunoaștem această calitate **4** Wendungen mit Infinitiv: **den Arzt holen ~** a chema medicul; **sich die Haare schneiden ~** a se tunde; **das lässt sich nicht beschreiben** asta nu se poate descrie; **der Stoff lässt sich gut waschen** materialul aceasta se spală bine; **lass/lasst uns gehen!** hai să mergem!

lässig ADJ neglijent; **~ gekleidet** îmbrăcat neglijent

Last F **1** încărcătură f; HANDEL **~en** în contul cuiva **2** fig **j-m zur ~ fallen** a cădea pe cuiva

Laster A N̄ păcat n B umg M̄ Lkw camion n

lästern V/I über j-n ~ a bârfi pe cineva

lästig ADJ deranjant; **j-m ~ fallen** a deranja pe cineva

Lastkraftwagen M̄ camion n

Last-Minute-Angebot N̄ ofertă f last-minute

Last-Minute-Flug M̄ zbor n last-minute

Last-Minute-Reise excursie f last-minute

Last-Minute-Urlaub M̄ vacanță f last-minute

Lastschrift F̄ înregistrare f de debit

Lastwagen M̄ camion n

Latein N̄ limba f latină; **~ lernen** a învăța limba latină; fig **mit s-m ~ am Ende sein** a nu mai avea nicio soluție

Lateinamerika N̄ America Latină f

lateinisch ADJ latin; **~e Schrift** scris latin

Laterne F̄ felinar n

latschen umg V/I a merge; (≈schlendern) a se plimba, a-și târî picioarele

Latte F̄ 1 stinghie f 2 SPORT ștachetă f 3 Fussball bară f transversală

Latz M̄, **Lätzchen** N̄ bavetă f

Latzhose F̄ salopetă f

lau ADJ călduț

Laub N̄ frunziș n

Lauch M̄ praz n; **eine Stange ~** un fir de praz

Lauchzwiebel F̄ ceapă f verde

Lauf M̄ alergare f; **im ~ der Zeit** de-a lungul timpului; **im ~e des Monats** în cursul lunii; **s-n Tränen freien ~ lassen** a-și da frâu liber lacrimilor

Laufbahn F̄ carieră f

laufen V/I 1 a merge; **~ lassen** a lăsa sa meargă; **Schlittschuh ~** a patina; umg **das Geschäft läuft gut/schlecht** afacerea merge bine/răú; **das Kind lernt ~** copilul învață să meargă; umg **die Sache ist gelaufen** treaba e consumată; **mir läuft die Nase** îmi curge nasul; **was läuft im Kino?** ce film rulează la cinema?; **wie läuft's so?** cum mai merge? 2 rennen a alerga

laufend ADJ **am ~en Band** pe bandă rulantă; **auf dem Laufenden sein** a fi

la curent; **j-n auf dem Laufenden halten** a ține pe cineva la curent

Läufer(in) M̄/F̄ alergător m, alergătoare f

Laufmasche F̄ fir n care fuge; **ihr Strumpf hat e-e** ~ ciorapul are un fir dus

Laufsteg M̄ estradă f

Laufwerk N̄ IT unitate f de disc

Laufzeit F̄ FIN, JUR durată f de valabilitate; **ein Kredit mit dreimonatiger ~** un credit pe trei luni

Laune F̄ dispoziție f; **bei ~ sein** a fi bine dispus; **gute/schlechte ~ haben** a fi în bună/proastă dispoziție

launenhaft ADJ capricios; Mensch a. cu toane; Wetter a. instabil

launisch ADJ capricios

Laus F̄ păduche m

lauschen V/I 1 (≈zuhören) a asculta atent 2 (≈horchen) a trage cu urechea; **an der Tür ~** a asculta la ușă

laut A ADJ & ADV tare; **~ denken/lesen/sprechen** a gândi/citi/vorbi cu voce tare B PRÄP conform cu

Laut M̄ sunet n; **keinen ~ von sich geben** a nu scoate niciun sunet

lauten V/I a fi, a suna, a spune; **wie lautet die Antwort?** care este răspunsul?

läuten V/T & V/I & V/UNPERS a suna

lauter ADV (≈nichts als, nur) numai, doar; **das sind ~ Lügen** astea-s numai minciuni; (≈viele) **hier sind ~ Bücher/Papiere** aici sunt o grămadă de cărți/hârtii

lautlos ADJ silențios, fără zgomot

Lautschrift F̄ transcriere f fonetică

Lautsprecher M̄ difuzor m

Lautstärke F̄ volum n; **mit voller ~** cu volum maxim

lauwarm ADJ călduț

Lava F̄ lavă f

Lavendel M̄ lavandă f

Lawine F̄ avalanșă f

leasen V/T a lua în leasing

leben V/I a trăi; **nur für j-n/etw ~** a trăi numai pentru cineva/ceva; **sein eigenes Leben ~** a-și trăi viața proprie; **von ... ~** a trăi din ...; **hier lebt es sich gut** aici se trăiește bine; **leb(e) wohl!** rămâi cu bine!; **wie lange ~ Sie**

schon hier? de când locuiți aici?
Leben N̄ viață f; **~ in etw** (akk) **bringen** a anima ceva; **am ~ bleiben/sein** a rămâne/fi în viață; **ins ~ rufen** a înființa; **j-m das ~ retten** a-i salva cuiva viața; **mein ganzes ~ lang** toată viața mea; umg **nie im ~!** niciodată; **sich** (dat) **das ~ nehmen** a-și lua viața; **um ~ und Tod gehen** e o problemă de viață și de moarte
lebend ADJ viu
lebendig ADJ & ADV **1** viu; **bei ~em Leibe begraben/verbrannt werden** a fi înmormântat/ars de viu **2** Stadt animat
Lebenserwartung F̄ speranță f de viață
Lebensfreude F̄ poftă f (od bucurie f) de viață
Lebensgefahr F̄ pericol n de moarte; **unter ~** cu riscul vieții
lebensgefährlich ADJ extrem de periculos
Lebensgefährte M̄, **Lebensgefährtin** F̄ tovarăș(ă) m(f) de viață
Lebenshaltungskosten PL cheltuieli fpl necesare traiului
lebenslänglich ADJ pe viață
Lebenslauf M̄ curiculum n vitae
Lebensmittel N̄ aliment n
Lebensmittelgeschäft N̄ magazin n alimentar
Lebensmittelvergiftung F̄ toxiinfecție f alimentară
lebensmüde ADJ sătul (od obosit) de viață
lebensnotwendig ADJ vital
Lebensqualität F̄ calitate f a vieții
Lebensretter(in) M/F salvator m, salvatoare f
Lebensstandard M̄ nivel n de trai
Lebensstil M̄ stil n de viață
Lebensunterhalt M̄ existență f, subzistență f; **s-n ~ verdienen** a-și câștiga existența
Lebensversicherung F̄ asigurare f pe viață
Lebenszeichen N̄ semn n de viață
Leber F̄ ficat m
Leberfleck M̄ pată f hepatică
Leberpastete F̄ pate n de ficat
Leberwurst F̄ lebărvurșt n

Lebewesen N̄ ființă f; BIOL organism n
lebhaft ADJ **1** animat **2** Kind vioi **3** Diskussion însuflețit
Lebkuchen M̄ turtă f dulce
leblos ADJ fără viață
Leck N̄ e-s Behälters crăpătură f, gaură f; e-s Schiffs spărtură f
lecken V/I schlecken a linge; **an etw** (dat) **~** a linge ceva; s/ **leck mich!** pupă-mă undeva!
lecker ADJ gustos
Leder N̄ piele f
ledig ADJ necăsătorit
leer ADJ **1** gol; **~ ausgehen** a rămâne cu mâinile goale **2** unbewohnt nelocuit
Leere F̄ a. fig gol n, vid n
leeren A V/T a goli; **den Briefkasten ~** a goli cutia poștală B V/R **sich ~** a se goli
Leerlauf M̄ AUTO mers n în gol
Leerung F̄ golire f; des Briefkastens vidare f
legal ADJ legal
Legastheniker(in) M/F dislexic m, dislexică f
legen A V/T a pune; **etw an s-n Platz ~** a pune ceva la locul său B V/R **sich ~** a se calma; Wind a se potoli; **sich schlafen ~** a se duce la culcare
Legende F̄ legendă f
leger ADJ lejer
Leggings PL colanți mpl
Legislative F̄ putere f legislativă
legitim ADJ legitim
Lehm M̄ lut n
Lehne F̄ **1** Armlehne braț npl **2** Rückenlehne spetează f
lehnen A V/T a se rezema (**an** +akk de) B V/I a fi (od sta) rezemat (**an** +akk de) C V/R **sich an etw** (akk) **~** a se rezema de ceva; **sich aus dem Fenster ~** a se apleca pe fereastră
Lehrbuch N̄ manual n
Lehre F̄ **1** învățătura f **2** Ausbildung ucenicie f; **in die ~ gehen** a intra în ucenicie
lehren V/T **j-n etw ~** a învăța pe cineva ceva
Lehrer(in) M/F **1** profesor m, profesoară f **2** Grundschule învățător m, învățătoare f

Lehrgang M curs n
Lehrling M ucenic m
Lehrplan M programă f școlară
lehrreich ADJ plin de învățăminte
Lehrstelle F loc n de ucenic
Leibwächter M bodyguard m gardă f de corp
Leiche F cadavru n; *fig* **über ~n gehen** a călca peste cadavre
Leichenwagen M mașină f mortuară
leicht ADJ ușor; **~ gekleidet/verletzt** îmbrăcat/rănit ușor; **~ verderblich/verständlich** ușor de digerat/înțeles; **~ zu** +*inf* ușor de; **es ist ganz ~** e foarte ușor; **es ~ haben** a-ți fi ușor; **es sich ~ machen** a-și face viața ușoară; **~er machen** a facilita; **das ist ~er gesagt als getan** ușor de zis greu de făcut
Leichtathletik F atletism n
leichtfallen V/I **j-m ~** a-i veni ușor cuiva; **es fällt mir leicht zu** +*inf* îmi vine ușor să
Leichtigkeit F 1 ușurință f; **mit ~** cu ușurință 2 *e-r Bewegung* sprinteneală f
leichtnehmen VT a lua ușor; **nehmen Sie es leicht!** *umg* nu vă necăjiți din cauza asta!
Leichtsinn M nesocotință f
leichtsinnig ADJ nesocotit
leid ADJ **etw ~ sein** a fi sătul de ceva
Leid N suferință f; **j-m ein ~ zufügen** a-i cauza cuiva o suferință
leiden A a suferi (**an, unter** +*dat* de, din cauza) B VT **ich kann ihn nicht ~** nu pot să-l sufăr
Leiden N 1 suferință f 2 *Krankheit* boală f
Leidenschaft F pasiune f
leidenschaftlich ADJ pasionat; **etw ~ gern tun** a face ceva cu pasiune
leider ADV din păcate
leidtun VI **es** (*od* **das**) **tut mir leid, dass ...** îmi pare rău că ...; **er tut mir leid** îmi pare rău pentru el
leihen VT **j-m etw ~** a împrumuta ceva cuiva; **sich etw von j-m ~** a împrumuta ceva de la cineva
Leihwagen M mașină f închiriată
Leim M clei n
Leine F 1 frânghie f 2 *Hundeleine* lesă f; *Hund* **an der ~ führen** a duce de lesă

Leinen N pânză f de in
Leinwand F ecran n
leise ADJ silențios; încet; **mit ~r Stimme** cu voce joasă
Leiste F 1 stinghie f 2 ANAT regiunea f inghinală
leisten VT 1 a efectua 2 *vollbringen* a realiza; **j-m Gesellschaft ~** a-i ține tovărășie cuiva; **sich etw ~** *gönnen* a-și permite ceva; **ich kann es mir nicht ~** nu-mi pot permite
Leistenbruch M hernie n inghinală
Leistung F 1 realizare f 2 *Sport* performanță f 3 TECH putere f
leistungsfähig ADJ productiv, performant; *Person* eficient, capabil; *Motor* puternic
Leistungsträger(in) M/F motor n al unei echipe
Leitartikel M editorial n
leiten VT *a.* ELEK a conduce; **sich von etw ~ lassen** a se lăsa condus de ceva
Leiter F scară f
Leiter(in) M/F șef(ă) m(f)
Leitlinie F *auf Straßen* linie f întreruptă; *fig* directivă f; POL **~n** *pl* directive *pl*
Leitplanke F parapet n
Leitung F 1 conducere f; **die ~ von etw haben** a avea conducerea +*dat*; *Orchester* **unter der ~ von** sub conducerea 2 TEL linie f; **eine lange ~ haben** *umg* a pricepe greu 3 TECH conductă f
Leitungswasser N apă f de la robinet
Lektion F lecție f; *fig* **j-m e-e ~ erteilen** a-i da cuiva o lecție
Lektüre F lectură f
lenken VT a conduce; **das Gespräch auf etw ~** a aduce vorba de ceva; **j-s Aufmerksamkeit auf etw ~** a îndrepta atenția cuiva asupra unui lucru
Lenker M *von Fahrrad, Motorrad* ghidon n
Lenkrad N volan n
Lenkradschloss N antifurt n
Lenkstange F ghidon n
Lenkung F *e-s Autos* direcție f; *fig* (≈*Ausrichtung*) orientare f
Leopard M leopard m
Lepra F lepră f
Lerche F ciocârlie f

lernen V̄T̄ & V̄Ī a învăța; **aus etw ~** a învăța din ceva; **e-n Beruf ~** a învăța o meserie; **etw über etw ~** a învăța ceva despre ceva; **Rumänisch ~** a învăța limba română

Lesbe umg F̄, **Lesbierin** F̄ lesbiană f

lesbisch ADJ lesbian

Lesebestätigung F̄ IT confirmare f de citire

Lesegerät N̄ IT aparat n de citit, cititor m

lesen V̄T̄ a citi; **genau/flüchtig ~** a citi atent / pe fugă; **j-s Gedanken ~** a citi gândurile cuiva

Leser(in) M̄F̄ cititor m, cititoare f

Leserbrief M̄ [1] scrisoare f a cititorului / [2] **~e** Rubrik scrisori fpl de la cititori

Lese-Rechtschreib-Schwäche F̄ PSYCH, MED dislexie f

leserlich ADJ citeț

Lesezeichen N̄ semn n de carte

Lette M̄, **Lettin** F̄ leton(ă) m(f)

lettisch ADJ leton

Lettisch N̄ limba f letonă

Lettland N̄ Letonia f

letzte(r, s) ADJ ultimul; **~ Woche** săptămâna f trecută; **in ~r Zeit** în ultimul timp; **zum ~n Mal** pentru ultima oară

letztens ADV vor Kurzem recent

Leuchte F̄ far n

leuchten V̄Ī a lumina; **j-m ~** a-i lumina cuiva

leuchtend ADJ strălucitor, luminos; Farben viu; fig strălucit; **ein ~es Beispiel** un exemplu strălucit

Leuchter M̄ candelabru n

Leuchtfarbe F̄ vopsea f fosforescentă (od fluorescentă)

Leuchtstift M̄ marker n

Leuchtstoffröhre F̄ tub n cu neon

Leuchtturm M̄ far n

leugnen V̄T̄ a nega; **es lässt sich nicht ~, dass ...** nu se poate nega că ...

Leukämie F̄ leucemie f

Leute P̄L̄ lume f; **alle ~** toată lumea; **die feinen ~** lumea bună; **viele ~** multă lume; **20 ~** 20 de oameni

Lexikon N̄ lexicon n

libanesisch ADJ libanez

Libanon M̄ Liban n

Libelle F̄ libelulă f

liberal ADJ liberal

Libyen N̄ Libia f

Libyer(in) M̄F̄ libian m, libiană f

libysch ADJ libian

Licht N̄ lumină f; **~ machen** a aprinde lumina; **ans ~ kommen** a ieși la lumină; **das ~ anmachen/ausmachen** a aprinde/stinge lumina; **etw gegen das ~ halten** a ține ceva contra luminii; **j-n hinters ~ führen** a înșela pe cineva; umg **da ging mir ein ~ auf** mi s-a aprins becul

Lichtblick M̄ rază f de speranță

lichtempfindlich ADJ sensibil la lumină, fotosensibil

Lichtempfindlichkeit F̄ sensibilitate f la lumină

Lichtgeschwindigkeit F̄ viteză f a luminii

Lichthupe F̄ semnalizare f prin faruri

Lichtjahr N̄ an m lumină

Lichtmaschine F̄ dinam n

Lichtschalter M̄ comutator n

Lichtschranke F̄ barieră f luminoasă

Lichtschutzfaktor M̄ factor m de protecție solară

Lichtung F̄ luminiș n

Lid N̄ pleoapă f

Lidschatten M̄ fard n de pleoape

lieb ADJ [1] drag; **j-n ~ haben** a iubi pe cineva; **j-n/etw ~ gewinnen** a îndrăgi pe cineva/ceva; **das ist ~ von dir** asta-i drăguț din partea ta; **es wäre mir ~, wenn ...** mi-ar conveni dacă ...; **~e Freunde** dragi prieteni; **~e Grüße** cu drag; Brief **Lieber Herr X, ...** Dragă domnule X, ... [2] artig cuminte

Liebe F̄ dragoste f; **~ auf den ersten Blick** dragoste la prima vedere; **aus ~ zu s-r Mutter** din dragoste pentru mama lui; **in ~** cu dragoste; **meine große ~** marea mea iubire

lieben [A] V̄T̄ a iubi; **es ~, etw zu tun** a-ți plăcea să faci ceva [B] V̄R̄ **sich ~** a se iubi

liebenswert ADJ fermecător, atrăgător

liebenswürdig ADJ amabil; **das ist sehr ~ von Ihnen** asta e foarte amabil din partea dumneavoastră

lieber ADV mai degrabă; **~ nicht** mai bine nu; **etw ~ tun** a prefera (să facă)

ceva; **was ist dir ~?** ce preferi?
Liebesbrief M̄ scrisoare f de dragoste
Liebeskummer M̄ suferință f sentimentală
Liebespaar N̄ pereche n de îndrăgostiți
liebevoll ADJ plin de afecțiune
Liebhaber M̄ *Geliebter* iubit m
lieblich ADJ *Wein* dulce
Liebling M̄ preferat m
liebste(r, s) ADJ cel mai drag
liebsten ADV **am ~** cel mai mult
Liechtenstein N̄ Liechtenstein n
Lied N̄ cântec n; *umg* **es ist immer dasselbe** (*od* **das alte**) **~** mereu același lucru
lief → laufen
Lieferant(in) M/F furnizor m, furnizoare f
liefern V/T **1** a furniza **2** *Beweis* a aduce
Lieferschein M̄ bon n de livrare
Lieferung F̄ livrare f; **~ nach Hause** livrare la domiciliu
Lieferwagen M̄ autocamionetă f
Liege F̄ **1** *beim Arzt* masă f de consultație **2** *Gartenliege* șezlong n
liegen V/I **1** a sta întins; **~ bleiben** *Mensch* a rămâne culcat; *Dinge* a rămâne nerezolvat; **~ lassen** *vergessen* a uita; *Stadt* **am Fluss ~** a fi pe malul râului; **nach Süden ~** a da spre sud; **das Zimmer liegt zur Straße** camera dă spre stradă; *fig* **die Entscheidung liegt bei ihm** decizia îi aparține; **es ~ viele Bücher auf dem Tisch** pe masă sunt multe cărți; **es liegt Schnee** e zăpadă **2** (=*zurückzuführen sein*) **an j-m/etw ~** a ține de cineva/ceva; **woran liegt es, dass ...?** care e cauza că ...? **3** (=*wichtig sein*) **mir liegt daran, dass ...** îmi e important să ...
Liegestuhl M̄ șezlong n
Liegestütz M̄ flotare f
Liegewagen M̄ BAHN cușetă f
lieh → leihen
ließ → lassen
Lift M̄ **1** lift n **2** *Skilift* teleschi n
Liga F̄ ligă f
Likör M̄ lichior n
lila ADJ mov
Lilie F̄ crin m

Limette F̄ limettă f
Limit N̄ limită f
Limo *umg* F̄, **Limonade** F̄ limonadă f
Limone F̄ lămâie f verde
Limousine F̄ limuzină f
Linde F̄ tei m
lindern V/T a alina
Lineal N̄ riglă f
Linie F̄ linie f; *fig* **auf der ganzen ~** pe toată linia; *umg* **auf die ~ achten** a fi atent la siluetă
Linienflug M̄ cursă f regulată
Linienflugzeug N̄, **Linienmaschine** F̄ avion n de linie
liniert ADJ liniat
Link M̄ IT link f
Linke F̄ stânga f; POL **die ~** Stânga
linke(r, s) ADJ stâng; **auf der ~n Seite** pe partea stângă
Linke(r) M/F(M) POL persoană f de stânga; **die ~n** cei mpl de stânga
links ADV la stânga; **~ abbiegen** a coti la stânga; **~ oben** pe stânga sus; **~ von** la stânga de
Linksextremismus M̄ extremism n de stânga
Linkshänder(in) M/F stângaci m, stângace f
linksherum ADV spre stânga
linksradikal ADJ de extrema stângă
Linse F̄ **1** lentilă f **2** GASTR linte f
Lipgloss N̄ glos n pentru buze
Lippe F̄ buză f
Lippenstift M̄ ruj n de buze
liquidieren V/T HANDEL, *a. fig* *töten* a lichida
lispeln V/I a vorbi peltic
Lissabon N̄ Lisabona f
List F̄ viclenie f
Liste F̄ listă f; **auf die schwarze ~ setzen** a pune pe lista neagră
listig ADJ viclean, șiret
Litauen N̄ Lituania f
Litauer(in) M/F lituanian(ă) m(f)
litauisch ADJ lituanian
Litauisch N̄ limba f lituaniană
Liter M̄ litru m; **zwei ~ Milch** doi litri de lapte
literarisch ADJ literar
Literatur F̄ literatură f; **schöne ~** beletristică

Litfaßsäule F stâlp m de afişaj
Litschi F BOT litchi n
litt → leiden
Liturgie F liturghie f
live ADV, ADJ TV în direct
Livesendung F emisiune f în direct
Livestream M IT video n în flux
Lizenz F licenţă f
Lkw M ABK (= Lastkraftwagen) camion n
Lkw-Maut F taxă f de drum pentru camioane
Lob N laudă f
Lobby F lobby n
loben VT a lăuda
lobenswert ADJ lăudabil
Loch N gaură f
lochen VT a găuri
Locher M perforator n
Locke F buclă f
Lockenstab M ondulator n
Lockenwickler M bigudiu n
locker ADJ **1** Person lejer **2** Schraube slăbit; Seil ~ **lassen** a slăbi; Schraube ~ **sitzen** lărgit **3** Zahn mobil
lockerlassen umg VI **nicht** ~ a nu se lăsa, a insista
lockern A VT a slăbi B VR **sich** ~ Schraube a se slăbi; Zahn a se mişca
lockig ADJ buclat
Löffel M lingură f; **einen** ~ **Zucker zugeben** a adăuga o lingură de zahăr
log → lügen
Loge F THEAT lojă f
Logik F logică f
logisch ADJ logic
Lohn M salariu n; fig răsplată f
lohnen A VT **es lohnt die Mühe** merită efortul B VR **sich** ~ a merita; **es lohnt sich (nicht)** (nu) merită
Lohnerhöhung F mărire f de salariu
Lohnsteuer F impozit n pe salariu
Lohnsteuerjahresausgleich M regularizare f anuală a impozitului pe venit
Lohnsteuerkarte F fişă f fiscală
Lok F → Lokomotive
Lokal N local n
Lokomotive F locomotivă f
London N Londra f
Lorbeerblatt N foaie f de dafin
los ADV desprins; **los!** dă-i drumul!; **auf**

die Plätze – fertig – los! pe locuri, fiţi gata, start!; **hier ist nichts los** aici nu se întâmplă mare lucru; **was ist los?** ce se întâmplă?
Los N **das große Los ziehen** a trage lozul cel mare; **durchs Los entscheiden** a se hotărî prin tragerea la sorţi; geh **ein schweres Los haben** a avea o soartă grea
löschen VT **1** Feuer a stinge **2** Durst a potoli; **den Durst** ~ a-şi potoli setea **3** IT a şterge
Löschtaste F IT tastă f de ştergere
lose ADJ Schraube nestrâns; ~ **Blätter** foi fpl volante; ~ **Reden** vorbe goale
Lösegeld N răscumpărare f
losen VI a trage la sorţi
lösen A VT **1** a desface **2** Handbremse a elibera **3** Problem a rezolva **4** Fahrkarte a cumpăra B VR **sich** ~ a se desprinde, a se desface
losfahren VI a porni cu un vehicul
losgehen VI **1** a porni; **auf j-n** ~ a se năpusti pe cineva **2** anfangen a începe
loslassen VT etw ~ a da drumul la ceva
loslegen umg VI a se porni; umg a-şi da drumul
löslich ADJ solubil
losmachen VT (& V/R) (sich) ~ a (se) desprinde; fig sich ~ **von** a se desprinde de, a se elibera de
Lösung F soluţie f
Lösungsmittel N solvent n
loswerden VT etw ~ a scăpa de ceva
Lot N BAU fir n cu plumb; SCHIFF sondă f; MATH perpendiculară f; **das Lot fällen** a coborî perpendiculara; **nicht im Lot sein** a nu sta bine cu sănătatea; fig a nu fi în regulă; fig **wieder ins Lot bringen** a readuce în ordine
Lotion F loţiune f
Lotse M SCHIFF pilot m; fig călăuză f
Lotterie F loterie f
Lotto N ~ **spielen** a juca la loto
Lottoschein M bilet n loto
Lottozahlen FPL numere npl loto
Löwe M a. ASTROL leu m
Löwenzahn M păpădie f
Löwin F leoaică f
loyal ADJ loial
Luchs M linx m

Lücke F̲ gol n
lud → laden
Luft F̲ aer n; **keine ~ bekommen** a nu mai avea aer; **in die ~ fliegen** a zbura în aer; **tief ~ holen** a respira adânc; **es liegt etw in der ~** plutește ceva în aer
Luftballon M̲ balon n
luftdicht A̲D̲J̲ ermetic
Luftdruck M̲ presiunea f atmosferică
lüften V̲T̲ a aerisi
Luftfahrt F̲ navigație f aeriană
Luftfeuchtigkeit F̲ umiditatea f aerului
Luftfracht F̲ fraht n aerian
Luftgewehr N̲ pușcă f cu aer comprimat
Luftkurort M̲ stațiune f climaterică
Luftlinie 500 km ~ 500 km în linie dreaptă
Luftloch N̲ F̲L̲U̲G̲ gol n de aer
Luftmatratze F̲ saltea f pneumatică
Luftpost F̲ poștă f aeriană; **mit** (od **per**) ~ cu poșta aeriană
Luftpumpe F̲ pompă f pneumatică
Luftröhre F̲ trahee f
Lüftung F̲ ventilație f
Luftverschmutzung F̲ poluarea f aerului
Luftwaffe F̲ aviație f militară
Luftzug M̲ curent m de aer
Lüge F̲ minciună f
lügen V̲I̲ a minți; umg **er lügt wie gedruckt** minte de stinge
Lügner(in) M̲(F̲) mincinos m, mincinoasă f
Lumpen M̲ 1 (=Lappen) cârpă f 2 pej (=zerlumpte Kleider) zdrențe fpl
Lunge F̲ plămân m; **eiserne ~** plămân de oțel
Lungenbraten österr M̲ file n de vită
Lungenentzündung F̲ pneumonie f
Lungenkrebs M̲ cancer n pulmonar
Lupe F̲ lupă f; **etw unter die ~ nehmen** fig a cerceta ceva mai de aproape
Lust F̲ poftă f; ~ **auf etw haben** a avea poftă de ceva; ~ **haben, etw zu tun** a avea poftă să faci ceva
lustig A̲D̲J̲ amuzant; **sich über j-n/etw ~ machen** a-și bate joc de cineva/ceva
lustlos A̲D̲J̲ fără chef

lutschen V̲T̲ &̲ V̲I̲ a suge
Lutscher M̲ acadea f
Luxemburg N̲ Luxemburg n
Luxemburger(in) M̲(F̲) luxemburghez(ă) m(f)
luxemburgisch A̲D̲J̲ luxemburghez
luxuriös A̲D̲J̲ luxos
Luxus M̲ lux n
Luxushotel N̲ hotel n de lux
Luzern N̲ Lucerna f
Lymphdrüse F̲ ganglion n limfatic
Lymphknoten M̲ nod n limfatic
lynchen V̲T̲ a linșa
Lyrik F̲ lirică f

M

M, m N̲ M, m m/n
machbar A̲D̲J̲ realizabil
machen A̲ V̲T̲ a face; **das Bett ~** a face patul; **einen Fehler ~** a face o greșeală; **einen Kurs ~** a face un curs; **eine Pause ~** a face o pauză; **ein Foto ~** a face o poză; **etw aus/mit etw ~** a face ceva din/cu ceva; **j-n glücklich ~** a face pe cineva fericit; **noch einmal ~** a face încă o dată; **Urlaub ~** a face concediu; **das macht nichts** nu face nimic; umg **mach dir nichts draus!** nu-ți face probleme; **(nun) mach schon!** (hai) grăbește-te!; **was machst du?** ce faci?; beruflich ce meserie ai?; **was** (od **wie viel**) **macht das?** kostet cât face asta?; **2 mal 2 macht 4** doi ori doi fac patru **B̲** V̲R̲ **sich an die Arbeit ~** a se apuca de lucru; **sich hübsch ~** a se face frumoasă; **wenn es sich ~ lässt** dacă se poate face
Macho umg M̲ macho m
Macht F̲ putere f; **an der ~ sein** a fi la putere; **die ~ der Gewohnheit** puterea obișnuinței; **die ~ ergreifen** a lua puterea
Machthaber(in) M̲(F̲) deținător m al puterii, deținătoare f a puterii
mächtig A̲ A̲D̲J̲ puternic; **e-r Sprache**

(gen) ~ **sein** a poseda o limbă (străină)
B umg ADV sehr enorm; ~ **schreien** a
țipa din toate puterile
Machtkampf M luptă f pentru putere
machtlos ADJ neputincios
Machtprobe F probă f (od dovadă f)
de forță
Macke umg F **1** (≈Tick) tic n manie f
2 (≈Fehler) defect n meteahnă f
Mädchen N fată f; **junges** ~ fată tânără; **kleines** ~ fetiță; fig ~ **für alles**
fată la toate
Mädchenname M numele n de fată
Made F larvă f
Mädel umg N fată f
Mafia F mafie f
mag → mögen
Magazin N Zeitschrift revistă f
Magen M stomac n; **auf nüchternem**
~ pe stomacul gol; **schwer im ~ liegen** a-ți cădea greu la stomac; umg
mir knurrt der ~ îmi ghioräie stomacul
Magenbeschwerden PL deranja-
ment n stomacal
Magen-Darm-Infektion F infecție
f gastro-intestinală
Magengeschwür N ulcer n
Magenschmerzen PL dureri fpl de
stomac; ~ **haben** a avea dureri de stomac
Magensonde F MED sondă f gastrică
(od stomacală)
mager ADJ slab; **~(er) werden** a slăbi;
~es Fleisch carne slabă
Magermilch F lapte n degresat
Magerquark M brânză f de vaci de-
gresată
Magersucht F anorexie f
magersüchtig ADJ anorectic
Magie F magie f
magisch ADJ magic
Magnet M magnet n
magnetisch ADJ a. fig magnetic
Mahagoni N mahon m, acaju m
mähen VT **den Rasen** ~ a tunde iarba
mahlen VT a măcina
Mahlzeit F masă f; umg ~! poftă bună!
Mähne F a. fig hum coamă f
mahnen VT a admonesta; **j-n an etw**

(akk) ~ **a-i** aminti cuiva ceva; HANDEL
j-n ~ a avertiza pe cineva; **j-n schrift-
lich** ~ a soma pe cineva în scris
Mahnung F Mahnbrief somație f de
plată
Mai M mai m; → Juni
Maifeiertag M sărbătoarea f de întâi
mai
Maiglöckchen N lăcrămioară f
Maikäfer M cărăbuș m
Mail F IT mail n; **j-m eine ~ schicken** a
trimite cuiva un mail
Mailbox F IT căsuță f poștală de mail
mailen VT/I IT **j-m** ~ a trimite cuiva un
mail; **j-m etw** ~ a-i trimite cuiva ceva
prin mail
Mailserver M IT server n de e-mail
Mais M porumb m
Maiskolben M știulete m de porumb
Majestät F maiestate f; Anrede (**Eure**)
~ Maiestatea Voastră
Majonäse F → Mayonnaise
Majoran M măghiran m
Make-up N machiaj n
Makkaroni PL macaroane fpl
Makler(in) M(F) Immobilien agent(ă)
m(f) imobiliar(ă)
Makrele F macrou n
Makro N IT macro n
mal ADV **mal sehen!** să vedem!; **guck
mal!** ia uită-te!; **nicht mal** nici măcar;
vier mal drei ist zwölf 4 ori 3 fac 12;
warte mal! stai puțin!; **zeig mal!** ia
arată!
Mal N dată f; **das nächste Mal** data
viitoare; **ein paar Mal** de câteva ori;
jedes Mal de fiecare dată; **zum ersten
Mal** prima dată
Malbuch N carte f de colorat
malen VT/I a picta
Maler(in) M(F) pictor m, pictoriță f
Malerei F pictură f
malerisch ADJ pitoresc
Malkasten M set n de culori pentru
pictat
Mallorca N Mallorca f
Malta N Malta f
Malteser(in) M(F) maltez(ă) m(f)
maltesisch ADJ maltez
Malz N malț n
Malzbier N bere f de malț
Mama F mamă f

M

man INDEF PR se; *im Rezept* **man nehme**
... se ia ...; **man sagt, dass** ... se spune că ...; **wie schreibt man das?** cum
se scrie asta?

Management N̄ management *n*

managen *umg* V̄T̄ **etw ~** a reuşi să
faci ceva

Manager(in) M̄F̄ manager *m*

manche(r, s) INDEF PR 1 câte unul, câte una 2 unii, unele *pl*

manchmal ADV câteodată

Mandant(in) M̄F̄ client(ă) *m(f)*

Mandarine F̄ mandarină *f*

Mandel F̄ 1 migdală *f* 2 ANAT amig-
dală *f*

Mandelentzündung F̄ amigdalită *f*

Mangel M̄ 1 *Fehlen* lipsă *f* (**an** +*dat* de);
aus ~ an Zeit/Geld/Beweisen din lipsă
de timp/bani/dovezi 2 *Fehler* deficien-
tă *f*

mangelhaft ADJ 1 *Ware* defectuos 2
Schulnote ≈ insuficient

Mango F̄ mango *n*

Mangold M̄ BOT mangold *m*

Manier F̄ 1 (≈ *Art u. Weise*) mod *n*, fel
n 2 (≈ *Benehmen*) **~en** *pl* maniere *fpl*;
keine ~en haben a nu avea maniere

Manieren PL maniere *fpl*

Maniküre F̄ manichiură *f*

Manipulation F̄ manipulare *f*

manipulieren V̄T̄ a manipula

Mann M̄ bărbat *m*; *alter ~* un bătrân;
der ~ auf der Straße omul de pe stradă; *pro ~* de persoană

Männchen N̄ ZOOL mascul *m*

Mannequin N̄ manechin *n*

männlich ADJ 1 *a.* BIOL bărbătesc 2
LING masculin

Mannschaft F̄ 1 SPORT echipă *f* 2
SCHIFF, FLUG echipaj *n*

Manöver N̄ manevră *f*

Mansarde F̄ mansardă *f*

Manschettenknopf M̄ buton *n* de
manşetă

Mantel M̄ 1 *Winter* palton *n* 2 *Frühjahr* pardesiu *n*

Manteltarif M̄, **Manteltarifver-
trag** M̄ JUR *convenţie colectivă (în
privinţa condiţiilor de muncă, a conce-
diilor etc.)*

Manuskript N̄ manuscris *n*; *e-r Rede
etc* text *n*

Mappe F̄ 1 *Tasche* servietă *f* 2 *Akten-
mappe* mapă *f*

Maracuja F̄ maracuja *f*

Marathon M̄ maraton *n*

Märchen N̄ poveste *f*, basm *n*

Margarine F̄ margarină *f*

Marienkäfer M̄ buburuză *f*

Marihuana N̄ marihuana *f*

Marille *österr* F̄ caisă *f*

Marine F̄ flotă *f*

marinieren V̄T̄ a marina

Marionette F̄ *a. fig* marionetă *f*

Mark[1] N̄ 1 *Knochenmark* măduvă *f* 2
Fruchtmark pulpă *f*

Mark[2] *hist* F̄ marcă *f*; **Deutsche Mark**
marca germană

Marke F̄ 1 *Warensorte* marcă *f* 2 *Briefmarke* timbru *n* 3 *Essenmarke* bon *n*

Markenartikel M̄ produs *n* (*od* articol *n*) de marcă *od* de calitate (superioară)

Markenzeichen N̄ 1 HANDEL marcă
f 2 *fig* particularitate *f*, caracteristică *f*

Marketing N̄ marketing *n*

markieren V̄T̄ a marca

Markierung F̄ marcaj *n*

Markise F̄ marchiză *f*

Markt M̄ piaţă *f*; **auf den ~ bringen** a
oferi pe piaţă

Markthalle F̄ hală *f*

Marktplatz M̄ piaţă *f*

Marktwirtschaft F̄ economie *f* de
piaţă

Marmelade F̄ marmeladă *f*

Marmor M̄ marmură *f*

Marmorkuchen M̄ chec *n* marmorat

Marokkaner(in) M̄F̄ marocan *m*,
marocană *f*

marokkanisch ADJ marocan

Marokko N̄ Maroc *n*

Marone F̄ castană *f* comestibilă

Mars M̄ ASTRON, MYTH Marte *m*

Marsch M̄ marş *n*

marschieren V̄Ī a mărşălui, a merge

Marsmensch M̄ marţian *m*

Märtyrer(in) M̄F̄ martir(ă) *m(f)*

Marxismus M̄ marxism *n*

marxistisch ADJ marxist

März M̄ martie *m*; → **Juni**

Marzipan N̄ marţipan *n*

Masche F̄ 1 (≈ *Schlinge*) ochi *n*; *fig*
şmecherie *f* 2 *umg* (≈ *Trick*) şiretlic *n*,

tertip *n* **3** **die neueste ~** ultimul tertip

Maschine *F* **1** aparat *n*; **etw mit der ~ schreiben** a scrie ceva la maşină **2** *Flugzeug* avion *n*

maschinell **A** *ADJ* mecanic **B** *ADV* **~ hergestellt** făcut la maşină

Maschinenbau *M* construcţie *f* de maşini

Maschinengewehr *N* mitralieră *f*

Masern *PL* pojar *n*

Maske *F* mască *f*; **die ~ fallen lassen** a se demasca

maskieren **A** *VT* a masca; *fig* a disimula, a camufla; (≈*verkleiden*) a deghiza (**als în**) **B** *VR* **sich ~** a se masca; *fig* a camufla, a se ascunde; (≈*sich verkleiden*) a se deghiza (**als în**)

maskulin *ADJ* masculin

maß → **messen**

Maß[1] *N* măsură *f*; **nach Maß** după măsură

Maß[2] *F* *Bier* **eine Maß** un litru de bere

Massage *F* masaj *n*

Massaker *N* masacru *n*

Masse *F* masă *f*; **die breite ~** masa

Maßeinheit *F* unitate *f* de măsură

massenhaft *ADJ & ADV* în masă

Massenkarambolage *F* carambolaj *n* în lanţ

Massenmedien *PL* masmedia *fpl*

massenweise *ADV* în masă

Masseur(in) *M(F)* masor *m*, maseză *f*

maßgebend *ADJ* *Faktor* determinant; (≈*entscheidend*) decisiv; *Person, Buch* de referinţă; *Kreise* competent

maßgeblich **A** *ADJ* decisiv **B** *ADV* decisiv, hotărâtor; **~ an etw** (*dat*) **beteiligt sein** a participa decisiv la ceva

maßgeschneidert *ADJT* *a. fig* croit pe măsură

massieren *VT* a masa

mäßig *ADJ* moderat

massiv *ADJ* masiv; **~ gebaut** construit masiv

maßlos *ADJ* fără măsură

Maßnahme *F* *a.* PFLEGE măsură *f*; **~n treffen** (*od* **ergreifen**) a lua măsuri

Maßstab *M* **1** scară *f*; **im ~** (**von**) **1:5** la scara 1:5 **2** *fig* criteriu *n*; **e-n anderen ~ anlegen** a impune alte criterii; **j-n/etw zum ~ nehmen** a lua pe cineva/ceva ca exemplu

Mast *M* stâlp *m*

Matchball *M* minge *f* de meci

Material *N* material *n*

Materialismus *M* materialism *n*

materialistisch *ADJ* materialist

Materie *F* materie *f*

materiell **A** *ADJ* **1** *Hilfe, Vorteil* material **2** *pej Person* materialist **B** *ADV* **~ eingestellt sein** a fi materialist

Mathe *umg F* mate *f*

Mathematik *F* matematică *f*

Matinee *F* matineu *n*

Matratze *F* saltea *f*

Matrose *M* marinar *m*

Matsch *M* **1** *Schlamm* noroi *n* **2** *Schnee* fleşcăială *f*

matschig *umg ADJ* **1** (≈*breiig*) terciuit; *Frucht* mălăieţ **2** (≈*schlammig*) mocirlos; *Weg* noroios **3** *durch Schnee* acoperit de zăpadă fleşcăită

matt *ADJ* **1** istovit **2** FOTO fără luciu **3** *Schach* mat

Matte *F* **1** rogojină *f* **2** *Fußmatte* preş *n* **3** SPORT saltea *f* pentru gimnastică

Matterhorn *das* **~** vârful Matterhorn

Matura *F* bacalaureat *n*

Mauer *F* zid *n*; **die Chinesische ~** Marele Zid Chinezesc

Maul *N* bot *n*; **ein großes ~ haben** a avea gură mare; *umg* **halt's ~!** ţine-ţi gura!

Maulkorb *M* botniţă *f*

Maultier *N* catâr *m*

Maulwurf *M* cârtiţă *f*

Maurer *M* zidar *m*

Maus *F* **1** şoarece *m* **2** IT mouse *n*

Mausefalle *F* capcană *f* de şoareci

Mausklick *M* IT mouseclick *n*

Mauspad *N* IT mousepad *n*

Maustaste *F* IT butonul *n* mouse-ului; **linke/rechte ~** butonul stâng/drept al mouse-ului

Maut *F* taxă *f* de trecere

Mautgebühr *F* taxă *f* stradală

mautpflichtig *ADJ* cu taxă stradală obligatorie

Mautstelle *F* gheretă *f* pentru încasarea taxelor stradale

Mautstraße *F* (auto)stradă *f* cu taxă

maximal *ADJ* maximum; **~ vier Leute** maximum patru persoane

maximieren *VT* a maxim(al)iza

M

Mayonnaise F̲ maioneză f
Mazedonien N̲ Macedonia f
MB N̲, **Mbyte** N̲ ABK (= Megabyte) MB m (megabyte)
Mechanik F̲ mecanică f
Mechaniker(in) M̲F̲ mecanic m
mechanisch A̲D̲J̲ mecanic
Mechanismus M̲ mecanism n
Mechatronik F̲ mecatronică f
meckern umg V̲I̲ schimpfen a cârti
Mecklenburg-Vorpommern N̲ Mecklenburg - Pomerania Inferioară n
Medaille F̲ medalie f
Medaillon N̲ a. GASTR medalion n
Medien P̲L̲ media fpl
Medienkompetenz F̲ educație f în domeniul mass-media
Medienlandschaft F̲ peisaj n mediatic
medienwirksam A̲D̲J̲ cu efect mediatic
Medikament N̲ medicament n; PFLEGE **ein ~ verabreichen** a administra un medicament
Medikamentenallergie F̲ MED alergie f la medicamente
Meditation F̲ meditație f
meditieren V̲I̲ a medita
Medium N̲ **1** media f; **elektronische Medien** medii electronice; **die Neuen Medien** noile medii **2** (≈ Träger, a. Esoterik) mediu n
medium A̲D̲J̲ GASTR fript pe jumătate
Medizin F̲ **1** medicină f **2** Arznei medicament n
Medizinball M̲ minge f medicinală
medizinisch A̲D̲J̲ medical
Meer N̲ mare f; **am ~** la mare
Meerenge F̲ strâmtoare f
Meeresfrüchte P̲L̲ fructe npl de mare
Meeresspiegel M̲ nivelul n mării
Meerrettich M̲ hrean m
Meerschweinchen N̲ cobai m
Megabyte N̲ megabyte n
Mehl N̲ făină f
Mehlspeise F̲ prăjitură f
mehr I̲N̲D̲E̲F̲ PR & ADV mai mult; **~ als ...** mai mult decât; **~ oder weniger** mai mult sau mai puțin; **~ will ich nicht ausgeben** nu vreau să cheltuiesc mai mult; **etwas ~** ceva mai mult; **fünf Euro ~** cinci euro mai mult; **immer ~**

tot mai mult; **immer ~ Leute** tot mai multă lume; **nicht ~** zeitlich nu mai; **(nicht) ~ als 5 Minuten** (nu) mai mult de 5 minute; **nichts ~** nimic; **nie ~** niciodată; **noch ~ ...** mai mult ...; **um so ~, als** cu atât mai mult cu cât; **was willst du ~?** ce mai vrei?; **wenn Sie ~ darüber wissen wollen** dacă vreți să știti mai mult despre asta
Mehrbettzimmer N̲ cameră f cu mai multe paturi
mehrdeutig A̲D̲J̲ ambiguu
mehrere I̲N̲D̲E̲F̲ PR mai mulți, mai multe
mehrfach A̲D̲J̲ de mai multe ori
Mehrfachstecker M̲ ștecher n multiplu
Mehrfamilienhaus N̲ casă f cu mai multe apartamente
Mehrheit F̲ majoritate f; **in der ~ sein** a fi în majoritate
mehrmals A̲D̲V̲ de mai multe ori
Mehrparteiensystem N̲ pluripartism n
mehrsprachig A̲D̲J̲ poliglot
mehrstellig A̲D̲J̲ Zahl cu mai multe cifre
mehrstöckig A̲D̲J̲ cu mai multe etaje
mehrtägig A̲D̲J̲ pe mai multe zile
Mehrwegflasche F̲ sticlă f returnabilă (od reutilizabilă)
Mehrwertsteuer F̲ taxă f pe valoare adăugată
Mehrzahl F̲ **1** majoritate f **2** Plural plural n
meiden V̲T̲ a evita
Meile F̲ milă f
mein(e) P̲O̲S̲S̲ PR al meu, a mea; **~e** pl ai mei, ale mele
meinen V̲T̲ a crede; **~, dass ...** a crede că ...; (≈ gesinnt sein) **es gut mit j-m ~** a dori binele cuiva; **meinst du?** crezi?; **was meinst du damit?** ce vrei să spui cu asta?; **was meinst du dazu?** ce crezi tu despre asta?; **wie du meinst** cum crezi; **wie meinst du das?** ce vrei să spui?
meinetwegen A̲D̲V̲ **1** wegen mir din partea mea **2** mir zuliebe de dragul meu; **~!** din partea mea!
Meinung F̲ părere f; **j-s ~ sein** a fi de părerea cuiva; **meiner ~ nach** după

M

pärerea mea; **mit j-m einer ~ sein** a fi de aceeaşi părere cu cineva; **s-e ~ ändern/sagen** a-şi schimba/spune părerea

Meinungsaustausch M̄ schimb n de opinii

Meinungsforschung F̄ sondare f (od cercetare f) a opiniei publice

Meinungsumfrage F̄ sondaj n de opinie

Meinungsverschiedenheit F̄ diferend n, dezacord n

Meise F̄ piţigoi m; umg fig **e-e ~ haben** a nu fi în toate minţile

meist ADV de cele mai multe ori

meiste DER & INDEF PR **der/die/das ~ ...** cel/cea mai ...; **die ~ Zeit** în cea mai mare parte a timpului; **am ~n** cel mai mult; **die ~n** cei mai mulţi

meistens ADV de cele mai multe ori

Meister(in) M(F) a. SPORT maestru m, maestră f

Meisterprüfung F̄ im Handwerk examen n de maistru (od meşter)

Meisterschaft F̄ SPORT campionat f

Meisterwerk N̄ capodoperă f

Melanzani österr PL vinete fpl

Meldebehörde F̄ birou n de evidenţă a populaţiei

melden A V/T a raporta; **j-m etw ~** a raporta ceva cuiva B V/R **sich ~ Schule** a ridica mâna; am Telefon a răspunde; **sich bei j-m ~** a se prezenta la cineva

Meldepflicht F̄ obligaţie f de înregistrare (od prezentare)

Meldung F̄ **1** Nachricht ştire f **2** Bericht raport n

melken V/T a mulge

Melodie F̄ melodie f

Melone F̄ pepene m

Menge F̄ **1** cantitate f; **e-e ganze ~** ... o grămadă de ... **2** Menschenmenge mulţime f

Mengenangabe F̄ indicare f a cantităţilor

Meniskus M̄ menisc m

Mensa F̄ cantină f studenţească

Mensch M̄ om m; pl **~en** oameni; **~!** bewundernd oh!; verärgert of!; **jeder ~** fiecare om; **kein ~** nimeni; **~en verachtend** inuman

Menschenmenge F̄ mulţime f

Menschenrechte PL drepturile npl omului

menschenscheu ADJ nesociabil, timid

Menschenseele F̄ suflet n (de om); **es war keine ~ da** nu era nimeni acolo; umg nu era nici ţipenie de om

Menschenverstand M̄ **gesunder ~** bun simţ n

Menschheit F̄ omenire f

menschlich ADJ omenesc

Menstruation F̄ menstruaţie f

Mentalität F̄ mentalitate f

Menü N̄ a. IT meniu n

Merkblatt N̄ foaie f informativă

merken V/T bemerken a remarca; **sich** (dat) **etw ~** a reţine ceva; **der Fehler ist kaum zu ~** greşeala abia se remarcă; **~ Sie sich** (dat) **, dass ...** reţine-ţi că ...

Merkmal N̄ caracteristică f; **besondere ~e** caracteristici speciale

merkwürdig ADJ ciudat

Messbecher M̄ pahar n gradat

Messe F̄ târg n de mostre; REL slujbă f religioasă

Messegelände N̄ teren n al târgului de mostre

Messehalle F̄ pavilion n expoziţional

messen A V/T a măsura; MED, PFLEGE Temperatur, Puls a. a lua B V/R **sich mit j-m ~** a se măsura cu cineva

Messer N̄ cuţit n; fig **auf des ~s Schneide stehen** a fi pe muche de cuţit

Messestand M̄ stand n expoziţional

Messgerät N̄ instrument n de măsură

Messing N̄ alamă f

Messinstrument N̄ → Messgerät

Messung F̄ măsurătoare f; TECH măsurare f

Metall N̄ metal n

metallisch ADJ metalic

Metastase F̄ metastază f

Meteor M̄ meteor m

Meteorit M̄ meteorit m

Meteorologe M̄, **Meteorologin** F̄ meteorolog(ă) m(f)

Meter M̄ metru m; **vier ~ breit** lat de patru metri

Metermaß N̄ metru n (de croitorie/măsurat)

M

Methode F̲ metodă f
Metzger(in) M̲F̲ măcelar(ă) m(f)
Metzgerei F̲ măcelărie f
Mexikaner(in) M̲F̲ mexican m, mexicană f
mexikanisch A̲D̲J̲ mexican
Mexiko N̲ Mexic n
Mexiko-Stadt F̲ Ciudad de Mexico n
MEZ F̲ A̲B̲K̲ (= mitteleuropäische Zeit) ora f Europei Centrale
miauen V̲I̲ a mieuna
mich P̲E̲R̲S̲ P̲R̲ **1** mă, m- **2** betont mine; **er mag ~** mă place; **ohne ~** fără mine
mick(e)rig A̲D̲J̲ umg Mensch firav, pricăjit, slăbănog; Sache mărunt, derizoriu
mied → meiden
Miene F̲ expresie f
mies umg A̲D̲J̲ mizerabil
Miesmuschel F̲ midie f
Mietauto N̲ maşină f închiriată
Miete F̲ chirie f; **zur ~ wohnen** a locui cu chirie
mieten V̲T̲ a închiria
Mieter(in) M̲F̲ chiriaş(ă) m(f)
Mietshaus N̲ casă f de raport
Mietvertrag M̲ contract n de închiriere
Mietwagen M̲ maşină f închiriată
Mietwohnung F̲ locuinţă f cu chirie
Mieze **1** umg (≈ Katze) mâţă f **2** umg (≈ Mädchen) fetişcană f
Migräne F̲ migrenă f
Migrant(in) M̲F̲ (≈ Einwanderer) imigrant m, imigrantă f; S̲O̲Z̲I̲O̲L̲ migrant m, migrantă f
Mikro umg N̲ microfon n
Mikrochip M̲ I̲T̲ microcip n
Mikroelektronik F̲ microelectronică f
Mikrofon N̲ microfon n
Mikroskop N̲ microscop n
Mikrowelle F̲, **Mikrowellenherd** M̲ cuptor n cu microunde
Milch F̲ lapte m
Milchflasche F̲ sticlă f de lapte; für den Säugling biberon n
Milchkaffee M̲ cafea f cu lapte
Milchprodukte N̲P̲L̲ produse npl lactate
Milchpulver N̲ lapte m praf
Milchreis M̲ orez n cu lapte
Milchschokolade F̲ ciocolată f cu lapte

Milchstraße F̲ A̲S̲T̲R̲O̲N̲ Calea Lactee f
Milchzahn M̲ dinte m de lapte
mild A̲D̲J̲ blând
mildern V̲T̲ Schmerz a alina, a uşura; Worte, Kritik a tempera, a îndulci; Strafe a atenua; J̲U̲R̲ **~de Umstände** mpl circumstanţe fpl atenuante
Milieu N̲ mediu n ambiant (od social); fig a. climat n; B̲I̲O̲L̲ mediu n
Militär N̲ armată f; **zum ~ gehen** a merge la armată
Militärdienst M̲ serviciu n militar
Militärdiktatur F̲ dictatură f militară
militärisch A̲D̲J̲ militar
Milliardär(in) M̲F̲ miliardar m, miliardară f
Milliarde F̲ miliard n
Milligramm N̲ miligram n
Milliliter M̲N̲ mililitru m
Millimeter M̲ milimetru m
Million F̲ milion n
Millionär(in) M̲F̲ milionar(ă) m(f)
Millionenstadt F̲ oraş n cu unul sau mai multe milioane de locuitori
Milz F̲ splină f
Mimik F̲ mimică f
Minderheit F̲ minoritate f
Minderheitsregierung F̲ guvern n minoritar
minderjährig A̲D̲J̲ minor
Minderjährige(r) M̲F̲(M̲) minor(ă) m(f)
minderwertig A̲D̲J̲ inferior
Minderwertigkeitskomplex M̲ complex n de inferioritate
Mindest... I̲N̲ Z̲S̲S̲G̲N̲ minimal, minimum
mindeste(r, s) A̲D̲J̲ cel mai puţin
mindestens A̲D̲V̲ cel puţin
Mindesthaltbarkeitsdatum N̲ termen n de valabilitate minimă
Mindestlohn M̲ salariu n minim
Mine F̲ mină f
Mineral N̲ **1** Stoff mineral n **2** südd, österr → Mineralwasser
Mineralöl N̲ ulei n mineral
Mineralwasser N̲ apă f minerală
Minibar F̲ minibar n
Minigolf N̲ minigolf n
minimal A̲D̲J̲ minimal
Minimum N̲ minimum n
Minirock M̲ minijupă f

Minister(in) M(F) ministru *m*, ministră *f*

Ministerium N minister *n*

Ministerrat M consiliu *n* de miniștri

minus ADV minus; **zehn Grad ~** minus zece grade

Minuspunkt M punct *n* negativ (*od* minus)

Minuszeichen N semn *n* minus

Minute F minut *n*; **auf die ~** la fix; **in letzter ~** în ultimul moment

Minze F mentă *f*

mir PERS PR **1** îmi, -mi **2** *betont* mie; *umg* **mir nichts, dir nichts** din senin

mischen A VT a amesteca B VR **sich ~** a se amesteca (**in** +*akk* în)

Mischmasch *umg* M talmeș-balmeș *n*, mișmaș *n*, amestecătură *f*

Mischung F amestec *n* (**aus** din)

miserabel *umg* ADJ (= jämmerlich) lamentabil; (= armselig) jalnic; *Wetter* prost, groaznic; **ich fühle mich ~** mă simt mizerabil; *umg* mă simt oribil

missachten VT a ignora

missbilligen VT a dezaproba

Missbrauch M abuz *n*; **sexueller ~** abuz *n* sexual

missbrauchen VT a abuza de

Misserfolg M insucces *n*

Missgeschick N ghinion *n*

missglücken VI *Versuch* a nu reuși; *Plan* a eșua; *Kuchen* a rata; **es ist ihm missglückt** nu i-a reușit

misshandeln VT a maltrata

Misshandlung F maltratare *f*

Missionar(in) M(F) misionar *m*, misionară *f*

misslingen VI a eșua

misst → messen

misstrauen VI **j-m ~** a nu se încrede în cineva

Misstrauen N neîncredere *f*

misstrauisch ADJ neîncrezător

Missverständnis N neînțelegere *f*

missverstehen VT a înțelege greșit

Misswirtschaft F gestionare *f* defectuoasă

Mist M gunoi *n*; *umg* **~ bauen** a face o tâmpenie; *umg* **so ein ~!** ce porcărie!

Mistel F vâsc *n*

mit A PRÄP cu; **mit Bleistift schreiben** a scrie cu creionul; **mit dem Zug** cu trenul; **mit der Kreditkarte bezahlen** a plăti cu cartea de credit; **mit der Post®** cu poșta; **mit j-m gehen** a merge cu cineva; **mit Tränen in den Augen** cu lacrimi în ochi; **mit 10 Jahren** la vârsta de 10 ani; **ein Teller mit Obst** o farfurie cu fructe; **komm mit mir vino** cu mine B ADV *umg* **mit zu den besten Schülern zählen** a face parte din cei mai buni elevi; **willst du mit?** vrei să vii și tu?

Mitarbeit F colaborare *f*; **unter ~ von ...** cu colaborarea

Mitarbeiter(in) M(F) colaborator *m*, colaboratoare *f*

mitbekommen *umg* VT *verstehen* a pricepe

mitbenutzen VT a folosi în comun

Mitbestimmung F participare *f*; *im Betrieb* cogestiune *f*

Mitbewohner(in) M(F) colocatar(ă) *m(f)*

mitbringen VT a aduce cu sine

Mitbringsel N mică atenție *f*

miteinander ADV împreună

Mitesser M coș *n*

mitfahren VI **mit j-m ~** a călători cu cineva

Mitfahrer(in) M(F) tovarăș(ă) *m(f)* de călătorie

mitgeben VT a da la plecare; **j-m etw ~** a-i da cuiva ceva la plecare

Mitgefühl N compasiune *f*

mitgehen VI a însoți

Mitglied N membru *m*

Mitgliedsausweis M card *n* de membru

Mitgliedsland N, **Mitgliedsstaat** M stat *n* membru

mithilfe PRÄP cu ajutorul

mitkommen VI **kommst du mit ins Kino?** vii și tu la cinema?

mitkriegen *umg* VT → mitbekommen

Mitleid N milă *f*; **~ erregend** a face milă; **aus ~** mit din milă pentru; **mit j-m ~ haben** a-ți fi milă de cineva

mitleidig ADJ milos

mitmachen A VI a participa (**bei** la) B VT *umg* **das mache ich nicht mit** jocul ăsta nu-l fac

mitnehmen VT a lua cu sine; *Pizza*

M

etc **zum Mitnehmen** de luat
mitreden Ⓐ V̱Ṯ *fig* **ein Wort mitzure-den haben** a avea un cuvânt de spus Ⓑ V̱I̱ a participa la discuție
mitschreiben V̱Ṯ a lua notițe
Mitschuld F̱ complicitate *f* (**an** + *dat* la)
Mitschüler(in) M̱(F̱) *selbe Klasse* coleg(ă) *m(f)* de clasă; *selbe Schule* coleg(ă) *m(f)* de școală
mitsingen V̱Ṯ & V̱I̱ a cânta împreună
mitspielen V̱I̱ a participa la un joc
Mitspracherecht Ṉ drept *n* de opinie
Mittag M̱ prânz *n*; **am** (*od* **über**) ~ la prânz; **heute/morgen** ~ azi/mâine la prânz; (**zu**) ~ **essen** a lua prânzul
Mittagessen Ṉ masă *f* de prânz; **vor/nach dem** ~ înainte de / după prânz
mittags A̱ḎV̱ la prânz; **es ist 12 Uhr** ~ este 12 la prânz
Mittagspause F̱ pauză *f* de prânz
Mittagsschlaf M̱ somn *n* de după-amiază
Mitte F̱ mijloc *n*; ~ **Juni** la mijlocul lui iunie; **in der** ~ în mijloc; **in unserer** ~ în mijlocul nostru
mitteilen V̱Ṯ j-m etw a comunica cuiva ceva
Mitteilung F̱ comunicare *f*
Mittel Ṉ ❶ mijloc *n*; **öffentliche** ~ *pl* transportul în comun; **mit allen** ~n cu orice mijloc ❷ MED remediu *n* (**gegen** contra)
Mittelalter Ṉ evul *n* mediu; **im** ~ în evul mediu
mittelalterlich A̱ḎJ̱ medieval
Mittelamerika Ṉ America *f* Centrală
Mitteleuropa Ṉ Europa *f* Centrală
Mittelfeld Ṉ SPORT mijlocul *n* terenului
Mittelfeldspieler M̱ FUSSBALL mijlocaș *m*
Mittelfinger M̱ degetul *n* mijlociu
mittelgroß A̱ḎJ̱ de mărime (*od* înălțime) mijlocie
mittelmäßig A̱ḎJ̱ mediocru
Mittelmeer Ṉ **das** ~ marea Mediterană
Mittelmeerländer ṈP̱Ḻ țări *fpl* mediteraneene
Mittelohrentzündung F̱ otită *f*

Mittelpunkt M̱ centru *n*; **im** ~ **stehen** a fi în centrul atenției
mittels P̱ṞÄ̱P̱ cu ajutorul
Mittelschule *schweiz* F̱ liceu *n*
Mittelstürmer M̱ SPORT atacant *m*, vârf *n* de atac
Mittelwelle F̱ undă *f* medie
mitten A̱ḎV̱ ❶ *Zeit* ~ **in der Nacht / im Winter** în mijlocul nopții/iernii ❷ *Ort* ~ **auf der Straße** în mijlocul străzii; ~ **in** (+ *dat*) în mijlocul; ~ **unter ihnen** în mijlocul lor
Mitternacht F̱ miezul-nopții *n*; **um** ~ la miezul-nopții
mittlere(r, s) A̱ḎJ̱ mijlociu
mittlerweile A̱ḎV̱ între timp
Mittwoch M̱ miercuri *f*; **diesen/letzten/nächsten** ~ miercurea asta/trecută/viitoare; **jeden** ~ în fiecare miercuri
mittwochs A̱ḎV̱ miercurea
mixen V̱Ṯ a amesteca cu mixerul
Mixer M̱ *Gerät* mixer *n*
MMS F̱ A̱ḆḴ (= Multimedia Messaging Service) TEL *Nachricht* MMS *n*; **j-m e-e MMS schicken** a trimite cuiva un MMS
mobben V̱Ṯ a hărțui
Mobbing Ṉ *Arbeitsplatz* hărțuire *f* la locul de muncă; *Schule* hărțuire *f* în școală
Möbel Ṉ mobilă *f*; **die** ~ *pl* mobilă *f*
Möbelwagen M̱ mașină *f* pentru transportat mobilă
mobil A̱ḎJ̱ ❶ (=*beweglich*) mobil; IT ~**es Internet** internet *n* mobil; MIL ~ **machen** a mobiliza ❷ *umg* (=*rüstig*) sprinten
Mobilfunk M̱ telefonie *f* mobilă
Mobilfunknetz Ṉ rețea *f* de telefonie mobilă
Mobilisation F̱ MED, PFLEGE mobilizare *f*
mobilisieren V̱Ṯ *a*. MED, PFLEGE a mobiliza; *fig a.* a întruni, a convoca
Mobiltelefon Ṉ (telefon *n*) mobil *n*
möblieren V̱Ṯ a mobila
möbliert A̱ḎJ̱ ~**es Zimmer** cameră *f* mobilată
mochte, möchte → mögen
Mode F̱ modă *f*; **aus der** ~ **kommen** a ieși din modă; (**in**) ~ **sein** a fi la modă; **mit der** ~ **gehen** a fi în ton cu moda
Model Ṉ fotomodel *n*

Modell N̄ model n
Modellbau M̄ modelism n
Modem N̄ IT modem n
Modenschau F̄ parada f modei
Moderator(in) M̄/F̄ moderator m, moderatoare f
moderieren V̄T̄ a modera
modern ADJ modern
modernisieren V̄T̄ a moderniza
Modeschmuck M̄ bijuterii fpl fantezie
Modeschöpfer(in) M̄/F̄ creator m de modă, creatoare f de modă
modisch ADJ modern
Modul N̄ IT, TECH modul n
Mofa N̄ motoretă f
mogeln V̄Ī a trișa
mögen A V̄/MOD das mag sein se poate; **mag sein, dass ... se poate că ...; man auch immer sagen mag** egal ce se spune; **ich möchte ... aş dori ... B V̄T̄ ich mag diesen Menschen** imi place acest om; **ich mag ein Buch** imi place o carte; **lieber ~ a** prefera; **möchtest du lieber Tee oder Kaffee?** preferi ceai sau cafea?; **was möchten Sie?** ce doriți?
möglich ADJ posibil; **sobald wie ~ cât** de repede posibil; **so schnell/gut** etc **wie ~ cât** de repede/bine etc posibil; **alles Mögliche tun, um zu +**inf a face tot posibilul pentru a
möglicherweise ADV posibil că
Möglichkeit F̄ posibilitate f; **es besteht die ~, dass ...** este posibil să ...
möglichst A ADV 1 (≈so weit wie möglich) atât cât se poate 2 (≈wenn möglich) dacă se poate, pe cât posibil B SUBST **ich werde mein Möglichstes tun** voi face tot ce-mi stă în putință
Mohn M̄ mac n
Möhre F̄, **Mohrrübe** F̄ morcov m
Moldau F̄ die ~ Fluss Vâltava f; Region in Rumänien Moldova f
Moldawien N̄ Republica f Moldova
Moldawier(in) M̄/F̄ moldovean m, moldoveancă f
moldawisch ADJ moldovean
Molekül N̄ moleculă f
Molkerei F̄ centru n de colectarea şi prelucrarea laptelui
Moll N̄ MUS minor n

mollig ADJ durduliu
Moment M̄ moment n; **einen ~ bitte!** un moment, vă rog!; **im ~** în prezent; **in diesem ~** în acest moment
momentan ADJ momentan
Monarchie F̄ monarchie f
Monat M̄ lună f; **im ~ Mai** în luna mai; **pro** (od **im**) **~** pe lună; **sie ist im dritten ~** e în luna a treia
monatlich ADJ lunar; **~e Zahlung** plată lunară
Monatseinkommen N̄ venit n lunar
Monatskarte F̄ abonament n lunar
Monatsrate F̄ rată f lunară
Mönch M̄ călugăr m
Mond M̄ lună f
Mondfinsternis F̄ eclipsă f de lună
Mondlandung F̄ aselenizare f, aterizare f pe lună
Mondschein M̄ clar n de lună
Monitor M̄ IT monitor n
Monolog M̄ monolog n
Monopol N̄ monopol n (**auf +**akk pe)
monoton ADJ monoton
Monster N̄ monstru m
Montag M̄ luni f; **heute ist ~, der 5. Oktober** astăzi e luni, 5 octombrie; → Mittwoch
Montage F̄ TECH, FOTO, FILM montaj n
Montageband N̄ bandă f (rulantă), linie f de asamblare
montags ADV lunea; → mittwochs
Montenegro N̄ Muntenegru m
Monteur M̄ montor m
montieren V̄T̄ a monta
Monument N̄ monument n
Moor N̄ mlaştină f
Moos N̄ muşchi m
Moped N̄ motoretă f
Moral F̄ morală f
moralisch ADJ moral
Mord M̄ omor n; **e-n ~ begehen** a comite un omor
Mordanschlag M̄ atentat n (**auf +**akk împotriva), tentativă f de omor (**auf +**akk asupra)
Mörder(in) M̄/F̄ ucigaş(ă) m(f)
mörderisch umg ADJ ucigător; umg infernal; Hitze, Kälte înfiorător, crunt; Kälte cumplit, groaznic; Geschwindigkeit

M

teribil

morgen $\overline{ADV}$ mâine; **~ früh** mâine dimineață; **~ in acht Tagen** de mâine în opt zile; **bis ~!** pe mâine

Morgen $\overline{M}$ dimineață *f*; **am (frühen) ~ dimineața (devreme); guten ~!** bună-dimineața!; **heute ~** astăzi dimineață

Morgengrauen $\overline{N}$ zori *mpl*

Morgenmantel $\overline{M}$ halat *n* de casă

Morgenmuffel *umg* $\overline{M}$ *persoană prost dispusă dimineața după trezire*

morgens $\overline{ADV}$ dimineața; **um 3 Uhr ~** la ora 3 dimineața; **von ~ bis abends** de dimineață până seara

Morphium $\overline{N}$ morfină *f*

Mosaik $\overline{N}$ *a.* fig mozaic *n*

Mosambik $\overline{N}$ Mozambic *n*

Moschee $\overline{F}$ moschee *f*

Mosel $\overline{F}$ Mosela *f*

Moskau $\overline{N}$ Moscova *f*

Moskito $\overline{M}$ țânțar *m*

Moslem $\overline{M}$, **Moslime** $\overline{F}$ musulman(ă) *m(f)*

moslemisch $\overline{ADJ}$ musulman

Most $\overline{M}$ **1** must *n* **2** *Apfelwein* cidru *n*

Motel $\overline{N}$ motel *n*

Motiv $\overline{N}$ **1** (≈ *Beweggrund*) motiv *n*; **für** *Verbrechen* mobil *n* **2** MUS, MAL motiv *n*.

motivieren $\overline{V/T}$ a motiva

Motor $\overline{M}$ motor *n*

Motorboot $\overline{N}$ barcă *f* cu motor

Motorenöl $\overline{N}$ ulei *n* de motoare

Motorhaube $\overline{F}$ capotă *f*

Motorrad $\overline{N}$ motocicletă *f*

Motorradfahrer(in) $\overline{M(F)}$ motociclist(ă) *m(f)*

Motorroller $\overline{M}$ scuter *n*

Motorschaden $\overline{M}$ pană *f* de motor

Motte $\overline{F}$ molie *f*

Motto $\overline{N}$ motto *n*

motzen *umg* $\overline{V/I}$ *umg* a se lamenta, a bombăni

Mountainbike $\overline{N}$ mountainbike *n*

Mousse $\overline{F}$ GASTR mousse *n*

Möwe $\overline{F}$ pescăruș *m*

Mozzarella $\overline{M}$ mozzarella *f*

MP3-Player $\overline{M}$ MP3-player *n*

MRT $\overline{F\ ABK}$ (= *Magnetresonanztomografie*) MED TRM *n* (tomografie prin rezonanță magnetică)

MTA $\overline{F\ ABK}$ (= *medizinisch-technische Assistentin*) MED tehnician *m* medical

Mücke $\overline{F}$ țânțar *m*

Mückenstich $\overline{M}$ înțepătură *f* de țânțar

müde $\overline{ADJ}$ obosit; **~ werden** a obosi; (≈ *überdrüssig*) **e-r Sache** (*gen*) **~ sein** a se fi săturat de ceva

Müdigkeit $\overline{F}$ oboseală *f*

Müesli *schweiz* $\overline{N}$ → **Müsli**

muffig $\overline{ADJ}$ mucegăit; **~ riechen** a mirosi a mucegai

Mühe $\overline{F}$ osteneală *f*; **der ~ wert sein** a merita osteneala; **keine ~ scheuen** a nu precupeți niciun efort; **sich** (*dat*) **die ~ machen zu** +*inf* a-și da osteneala să; **sich** (*dat*) **(mit etw) ~ geben** a-și da osteneala (cu ceva); **sich** (*dat*) **~ geben zu** +*inf* a-și da osteneala să

mühelos $\overline{ADV}$ ușor, fără osteneală

Mühle $\overline{F}$ moară *f*

mühsam $\overline{ADJ}$, **mühselig** *geh* $\overline{ADJ}$ greu, anevoios; (≈ *ermüdend*) obositor

Müll $\overline{M}$ gunoi *n*; **etw in den ~ werfen** a arunca ceva la gunoi

Müllabfuhr $\overline{F}$ serviciul *n* de salubritate

Müllbeutel $\overline{M}$ sac *m* de gunoi (*od* menajer)

Mullbinde $\overline{F}$ fașă *f*

Mülldeponie $\overline{F}$ depozit *n* de gunoi

Mülleimer $\overline{M}$ pubelă *f*

Müllkippe $\overline{F}$ groapă *f* de gunoi

Müllmann $\overline{M}$ gunoier *m*

Mülltonne $\overline{F}$ ladă *f* de gunoi

Mülltrennung $\overline{F}$ sortare *f* a deșeurilor (*od* gunoiului)

Müllwagen $\overline{M}$ mașină *f* de gunoi

mulmig *umg* $\overline{ADJ}$ *Situation* riscant, periculos; **mir ist ~** nu mi-e bine

multikulturell $\overline{ADJ}$ multicultural

Multimillionär(in) $\overline{M(F)}$ multimilionar *m*, multimilionară *f*

Multiplikation $\overline{F}$ înmulțire *f*, multiplicare *f*

multiplizieren $\overline{V/T}$ a înmulți (**mit** cu)

Multivitaminsaft $\overline{M}$ suc *n* multivitaminizat

Mumie $\overline{F}$ mumie *f*

Mumps $\overline{M}$ oreion *m*

München $\overline{N}$ München *n*

Mund $\overline{M}$ gură *f*; **halt den ~!** ține-ți

gura!; **j-m nach dem ~(e) reden** a-i cânta cuiva în strună; **in aller ~e sein** a fi pe buzele tuturor
Mundart F̲ dialect n
münden V̲I̲ a se vărsa (**in** +akk în)
Mundgeruch M̲ miros n al gurii; **~ haben** a-ți mirosi gura
Mundharmonika F̲ muzicuță f
mündig A̲D̲J̲ **1** major; **~ werden** a deveni major **2** fig responsabil
mündlich A̲D̲J̲ oral
Mundpflege F̲ igienă f orală
Mundschutz M̲ mască f de protecție
Mündung F̲ **1** e-s Flusses vărsare f **2** e-r Feuerwaffe gură f; e-s Rohres a. orificiu n
Mundwasser N̲ apă f de gură
Munition F̲ muniție f
munter A̲D̲J̲ **1** voios **2** lebhaft vioi
Münze F̲ monedă f; pl **~n** monezi; fig **j-m etw mit gleicher ~ heimzahlen** a plăti cuiva ceva cu aceeași monedă
Münzwechsler M̲ automat n de schimbat bani
Mürb(e)teig M̲ aluat n fraged
murmeln V̲I̲ & V̲I̲ a murmura
Murmeltier N̲ marmotă f; umg **schlafen wie ein ~** a dormi buștean
mürrisch A̲D̲J̲ urăcios
Mus N̲ aus Obst magiun n; (≈ Püree) pireu n, piure n
Muschel F̲ **1** ZOOL scoică f **2** Schale cochilie f
Museum N̲ muzeu n
Musical N̲ musical n
Musik F̲ muzică f
musikalisch A̲D̲J̲ muzical
Musiker(in) M̲I̲F̲ muzician(ă) m(f)
Musikinstrument N̲ instrument n muzical
musizieren V̲I̲ a face muzică
Muskat M̲ nucșoară f
Muskel M̲ mușchi m
Muskelkater M̲ febră f musculară; **~ haben** a avea febră musculară
Muskelriss M̲ ruptură f de mușchi
Muskelzerrung F̲ întindere f de mușchi
Muskulatur F̲ musculatură f
muskulös A̲D̲J̲ mușchiulos
Müsli N̲ cereale fpl uscate
Muslim(in) M̲I̲F̲ musulman(ă) m(f)

muss → müssen
Muss N̲ **das ist ein ~** asta este neapărat necesar
müssen V̲/M̲O̲D̲ a trebui; **du musst es nicht tun** nu e nevoie să faci asta; **er müsste schon längst hier sein** ar fi trebuit ca ea să fie de mult aici; **es muss sein** trebuie; **ich muss jetzt gehen** trebuie să plec acum; **ich muss mal** am nevoie la toaletă; **ich muss nach Hause** trebuie să plec acasă; **man muss** +inf trebuie; **wenn es sein muss** dacă trebuie; **wir ~ Ihnen leider mitteilen, dass ...** vă aducem la cunoștință că, din păcate ...
Muster N̲ **1** model n **2** Stoff eșantion n **3** Warenprobe mostră f
mustern V̲/T̲ **1** (≈betrachten) a examina, a măsura (din cap până în picioare) **2** Rekrut **gemustert werden** a efectua vizita medicală în vederea recrutării
Musterung F̲ **1** (≈Prüfung) examen n **2** von Rekruten vizită f medicală
Mut M̲ curaj n; **den Mut verlieren** (od **sinken lassen**) a-și pierde curajul; **j-m Mut machen** (od **zusprechen**) a-i face curaj cuiva; **nur Mut!** curaj!
mutig A̲D̲J̲ curajos
mutlos A̲D̲J̲ descurajat
Mutprobe F̲ probă f de curaj
Mutter[1] F̲ mamă f; **e-e werdende ~** o viitoare mamă
Mutter[2] F̲ TECH piuliță f
mütterlich A̲D̲J̲ matern
Muttermal N̲ aluniță f
Muttermilch F̲ lapte n de mamă
Mutterschaftsurlaub M̲ concediu n de maternitate
Muttersprache F̲ limbă f maternă
Muttertag M̲ ziua f mamei
Mutti F̲ mămică f
mutwillig A̲D̲J̲ cu rea voință
Mütze F̲ **1** șapcă f **2** Winter căciulă f
MwSt. A̲B̲K̲ (≈ Mehrwertsteuer) TVA n

M

N

N[1], **n** N̄ n *m*

N[2] ABK (= Nord[en]) N (Nord)

na *umg* INT *auffordernd, beschwichtigend* ei; *neugierig* ei; **na, dann nicht!** ei atunci nu!; **na endlich/warte!** ei, în sfârșit!/ei, stai tu (că-ți arăt eu tie!); **na gut** (*od* **schön**) bine, fie; **na so was!** se poate!; **na und?** ei și?; **na, wie gehts?** hei, ce mai faci?

Nabel M̄ buric *n*

Nabelschnur F̄ cordon *n* ombilical

nach PRÄP **1** *zeitlich* după; **~ und ~** încetul cu încetul; **~ zwei Stunden** după două ore; **es ist fünf ~ sechs** este șase și cinci; *fig* **~ wie vor** la fel, tot așa **2** *Richtung* spre; **~ Berlin/Rumänien** spre Berlin/România; **~ Hause** acasă; **~ oben/unten** în sus/jos; **~ rechts/links** la dreapta/stânga; **~ vorne/hinten** înainte/înapoi; **der Größe ~** după mărime; **der Zug ~ Berlin** trenul *n* de Berlin **3** (≈ *laut*) după, conform cu

nachahmen V̄T a imita

Nachahmung F̄ imitare *f*; *Produkt* contrafacere *f*

Nachbar(in) M|F vecin(ă) *m(f)*

Nachbarschaft F̄ vecinătate *f*; **in der ~** în apropiere, în vecini

nachbestellen V̄T & V̄I a comanda ulterior

nachblicken V̄I **j-m ~** a privi în urma cuiva

nachdem KONJ după ce; **je ~, ob ...** în funcție de, dacă ...; **je ~ (wie)** de-pinde de (cum)

nachdenken V̄I a reflecta (**über** +*akk* la)

nachdenklich ADJ gânditor; **das machte mich sehr ~** m-a pus pe gânduri

nachdrücklich A ADJ energic B ADV *verlangen etc* răspicat

nacheinander ADV **1** unul după altul; **zweimal ~** de două ori la rând **2** *reflexiv* **sich ~ sehnen** a se dori unul pe altul

Nacherzählung F̄ redare *f*; SCHULE repovestire *f*

nachfahren V̄I **j-m ~** a merge (cu un vehicul) în urma cuiva

Nachfolger(in) M|F urmaș(ă) *m(f)*

nachforschen V̄I a investiga

Nachforschung F̄ cercetare *f*, in-vestigație *f*; **~en über j-n/etw anstellen** a face cercetări despre cineva/ceva

Nachfrage F̄ WIRTSCH cerere *f*

nachfragen V̄I a se informa

nachfüllen V̄T a reumple

Nachfüllpackung F̄ pachet *n* de reumplere

nachgeben V̄I a ceda (**j-m** cuiva)

nachgehen V̄I **1** a urma (**j-m** pe cineva) **2** *erforschen* a cerceta (**einer Sache** ceva); **die Uhr geht (10 Minuten) nach** ceasul merge (cu 10 minute) în urmă

Nachgeschmack M̄ gust *n* care ra-mâne în gură; *fig* **e-n bitteren ~ hinterlassen** a lăsa un gust amar

nachgiebig ADJ **1** *Material* elastic, flexibil **2** *Person* care cedează ușor, în-găduitor

nachhaltig ADJ rezistent; *Entwicklung* durabil

Nachhauseweg M̄ drum *n* spre ca-să; **auf dem ~** pe drumul spre casă

nachher ADV după aceea; **bis ~!** pe mai târziu!

Nachhilfe F̄ meditație *f*

Nachhilfestunden FPL, **Nachhilfeunterricht** M̄ ore *fpl* de meditație

nachholen V̄T a recupera

nachkommen V̄I a veni mai târziu; **einer Bitte ~** a îndeplini o rugăminte

Nachlass M̄ **1** (≈ *Hinterlassenschaft*) moștenire *f*; *literarischer* operă *f* postu-mă **2** (≈ *Ermäßigung*) reducere *f*

nachlassen A V̄T *Summe* a scădea; **vom Preis etwas ~** a lăsa din preț, a reduce prețul B V̄I **1** *Fieber, Schmerz* a ceda **2** *Regen, Wind* a slăbi **3** *leistungsmäßig* a scădea

nachlässig ADJ neglijent

Nachlässigkeit F̄ neglijență *f*

nachlaufen V̄I **j-m** *od* **e-r Sache ~** a se ține de cineva/după ceva

nachliefern V̄T a livra ulterior

nachmachen V̄T̄ a imita
Nachmittag M̄ după-amiază f; **heute** ~ azi după-masă; **am** ~ după-amiază; **morgen/gestern** ~ mâine/ieri după-amiază

nachmittags ĀDV̄ după-amiaza; **um 3 Uhr** ~ la ora 3 după-amiaza
Nachnahme F̄ per ~ contra ramburs
Nachname M̄ numele n de familie
nachprüfen V̄T̄ a controla
Nachprüfung F̄ **1** (≈ Überprüfung) control n **2** SCHULE reexaminare f
nachrechnen V̄T̄ a recalcula
Nachricht F̄ veste f; RADIO, TV pl ~en știri
Nachrichten P̄L̄ RADIO, TV știri fpl
Nachrichtensatellit M̄ satelit m de comunicații
Nachrichtensprecher(in) M̄(F̄) prezentator m/prezentatoare f de știri
Nachsaison F̄ extrasezon n; TOURISMUS **in der** ~ în extrasezon
nachschauen Ā V̄i j-m ~ a se uita după cineva B̄ V̄T̄ prüfen a controla
nachschicken V̄T̄ a trimite ulterior
nachschlagen Ā V̄T̄ & V̄i Wort a căuta; **in e-m Buch** ~ a răsfoi într-o carte B̄ V̄i j-m ~ a lovi pe cineva care se depărtează
Nachschub M̄ MIL rezervă f
Nachschulung F̄ AUTO verpflichtend bei bestimmten Verkehrsvergehen reșcolarizare f
nachsehen V̄T̄ **1** (≈ prüfen) a controla; **in e-m Buch** ~ a căuta într-o carte **2** (≈ nachsichtig sein) j-m etw ~ a îngădui cuiva ceva
Nachspeise F̄ desert n
nachspionieren V̄i j-m ~ a spiona pe cineva
nachsprechen V̄T̄ & V̄i j-m (etw) ~ a repeta (spusele) cuiva
nächstbeste ĀDJ̄ Reihenfolge următor; **der** ~ ... in der Qualität cel mai apropiat calitativ; (≈ beliebig) următorul disponibil; **wir nehmen das** ~ **Hotel** mergem la următorul hotel din apropiere

nächste(r, s) ĀDJ̄ **1** următorul **2** räumlich apropiat; ~ **Woche** săptămâna viitoare
Nacht F̄ noapte f; **gute** ~! noapte bună!; **in der** ~ noaptea; **morgen/gestern** ~ mâine/ieri noapte; **zur** ~ noaptea; **es ist** ~ este noapte; **es wird** ~ se înnoptează
Nachtdienst M̄ im Krankenhaus gardă f; ~ **haben** a lucra în tură de noapte
Nachteil M̄ dezavantaj n; **die Sache hat e-n** ~ chestiunea aceasta are un dezavantaj; **zum** ~ **von** în dezavantajul +gen
nachteilig Ā ĀDJ̄ dezavantajos B̄ ĀDV̄ **sich** ~ **auswirken für** a avea efecte dezavantajoase pentru
Nachtessen südd, schweiz N̄ → Abendessen
Nachtflug M̄ zbor n de noapte
Nachthemd N̄ cămașă f de noapte
Nachtisch M̄ desert n
Nachtklub M̄ club n de noapte
Nachtleben N̄ viață f de noapte
Nachtmahl österr N̄ → Abendessen
nachtragen V̄T̄ **1** (≈ hinterhertragen) j-m etw ~ a aduce cuiva mai târziu ceva **2** (≈ später eintragen) a nota ulterior **3** fig j-m etw ~ a purta ranchiună cuiva
nachtragend ĀDJ̄ ~ **sein** a fi ranchiunos
nachträglich ĀDJ̄ ulterior; ~ **alles Gute zum Geburtstag!** la mulți ani cu întârziere!
nachts ĀDV̄ noaptea
Nachtschicht F̄ tură f de noapte
Nachttisch M̄ noptieră f
Nachtzug M̄ tren n de noapte
nachvollziehbar ĀDJ̄ de înțeles
nachvollziehen V̄T̄ Gedanken etc a înțelege
Nachweis M̄ dovadă f
nachweisen V̄T̄ **1** (≈ beweisen) a dovedi; Fehler a indica **2** CHEM a demonstra
Nachwort N̄ postfață f
Nachwuchs M̄ urmaș m
nachzahlen V̄T̄ a plăti suplimentar
nachzählen V̄T̄ a număra încă o dată

N

Nachzahlung F̲ plată f ulterioară
nachziehen A̲ V̲T̲ **1** (≈ hinterherziehen) a trage după sine; Fuß a târî **2** (≈ nachzeichnen) a retuşa (o linie), a întări (o linie); Augenbrauen a contura **3** Schraube a strânge din nou B̲ V̲I̲ **1** (≈ hinterherziehen) **j-m ~** a merge în urma cuiva **2** umg (≈ mithalten) a ţine pasul (cu cineva)
Nachzügler(in) M̲I̲F̲ codaş(ă) m(f)
Nacken M̲ ceafă f
Nackenstütze F̲ spetează f
nackt A̲D̲J̲ gol; **sich ~ ausziehen** a se dezbrăca în pielea goală; **~ baden** a înota în pielea goală
Nadel F̲ ac n
Nagel M̲ **1** cui n **2** Fingernagel unghie f
Nagelfeile F̲ pilă f de unghii
Nagellack M̲ ojă f
Nagellackentferner M̲ solvent n pentru lac de unghii
nageln V̲T̲ a bate în cuie
nagelneu umg A̲D̲J̲ nou-nouţ
Nagelschere F̲ forfecuţă f de unghii
Nagelstudio N̲ salon n de manichiură
nagen V̲I̲ a. fig a roade (**an etw** dat ceva)
Nager M̲, **Nagetier** N̲ rozătoar n
nah(e) A̲D̲J̲ apropiat; **nah bei** (od **an**) aproape de; **nah(e) daran sein zu** +inf a fi pe punctul de a; **den Tränen nahe sein** a fi cât pe-aci să plângă
Nähe F̲ apropiere f; **in der ~ von** în apropiere de; **ganz in der ~** chiar în apropiere; **in s-r ~** aproape de el, alături de el; **aus der ~** de aproape, din apropiere
nahegehen V̲I̲ **j-m ~** a fi afectat de
naheliegen V̲I̲ a fi evident
nähen V̲T̲ a coase
näher A̲D̲J̲ mai aproape; **die ~e Umgebung** împrejurimile fpl; **~e Einzelheiten** detalii mai amănunţite; **j-n ~ kennen** a cunoaşte pe cineva mai îndeaproape
Naherholungsgebiet N̲ regiune f de recreare în împrejurime (a unui oraş)
näherkommen A̲ V̲I̲ jetzt kommen

wir der Sache schon näher acum ne apropiem de adevăr B̲ V̲R̲ **durch dieses Ereignis sind sie sich hergekommen** în urma acestei întâmplări s-au împrietenit
nähern V̲R̲ **sich j-m / einer Sache ~** a se apropia de cineva/ceva
nahezu A̲D̲V̲ aproape
nahm → **nehmen**
Nähmaschine F̲ maşină f de cusut
Nahost Orientul Apropiat
nahrhaft A̲D̲J̲ hrănitor
Nahrung F̲ hrană f
Nahrungskette F̲ lanţ n trofic
Nahrungsmittel N̲ aliment n
Naht F̲ **1** cusătură f; umg fig **aus allen Nähten platzen** a sta să-i plesnească haina **2** MED sutură f
Nahverkehr M̲ trafic n local
Nahverkehrszug M̲ tren n pesonal pe distanţă scurtă
Nähzeug N̲ trusă f de cusut
naiv A̲D̲J̲ naiv
Naivität F̲ naivitate f
Name M̲ nume n; **wie ist Ihr ~?** cum vă numiţi?; **dem ~n nach kennen** a cunoaşte după nume; **im ~n** +gen în numele
Namensschild N̲ **1** an Türen tăbliţă f cu numele locatarului **2** an Kleidung etichetă f personalizată (pentru haine); auf Tischen card n de masă (festivă)
Namenstag M̲ onomastică f
nämlich A̲D̲V̲ anume; **er war ~ krank** din cauză că (el) era bolnav
nannte → **nennen**
Napf M̲ castron n
Narbe F̲ cicatrice f
Narkose F̲ MED narcoză f
Narr M̲ (≈ Tor) nebun m; (≈ Hofnarr) bufon m; **j-n zum ~en halten** a lua pe cineva de prost
narrensicher umg A̲D̲J̲ Handhabung infailibil; Gerät care funcţionează absolut sigur
närrisch A̲D̲J̲ **1** (≈ verrückt) nebun (**nach** după) **2** (≈ karnevalistisch) caraghios
Narzisse F̲ narcisă f
Nasal M̲ PHON sunet n nazal
naschen V̲T̲ & V̲I̲ a ciuguli; **von etw ~** a ciuguli din ceva; **gern ~** a ciuguli cu

placere

Nase F̲ nas n; **mir läuft die ~** îmi curge nasul; **e-e feine ~ haben** a avea un nas fin; **aus der ~ bluten** a sângera din nas; umg **auf die ~ fallen** a pierde; umg **die ~ voll haben** a fi sătul pâna în gât (de ceva); umg **s-e ~ in alles stecken** (el) îşi bagă nasul în toate, (el) se amestecă în toate; umg **der Bus ist mir vor der ~ wegfahren** autobuzul mi-a plecat de sub nas; umg (≈ Person) **pro ~** de persoană

naselang umg A̲D̲V̲ **alle ~** mereu, în fiecare clipă

Nasenbluten N̲ hemoragie f nazală

Nasenloch N̲ nară f

Nasenspitze F̲ vârful n nasului

Nasenspray M̲N̲ spray n nazal

Nasentropfen P̲L̲ picături fpl de nas

Nashorn N̲ rinocer m

nass A̲D̲J̲ ud; **~ machen** a uda; **~ werden** a se uda

Nässe F̲ umezeală f

nässen V̲I̲ Wunde a supura

Nastuch schweiz, südd N̲ batistă f

Nation F̲ naţiune f

national A̲D̲J̲ naţional

Nationalelf F̲ echipă f naţională de fotbal

Nationalfeiertag M̲ zi f naţională

Nationalhymne F̲ imn n naţional

Nationalität F̲ cetăţenie f

Nationalmannschaft F̲ echipă f naţională

Nationalpark M̲ parc n naţional

Nationalrat schweiz, österr, M̲ Gremium Consiliul n Naţional

Nationalsozialismus M̲ Nazism n, Naţional-socialism

nationalsozialistisch A̲D̲J̲ nazist

NATO F̲ A̲B̲K̲ (= North Atlantic Treaty Organization) NATO n

Natur F̲ natură f; **in der freien ~** în aer liber; **von ~ (aus)** din fire

Naturfreund(in) M̲(F̲) prieten(ă) m(f) al/a naturii

Naturheilkunde F̲ medicină f naturistă

Naturkost F̲ alimente fpl ecologice

Naturkostladen M̲ magazin n cu produse bio

natürlich A̲ A̲D̲J̲ natural B̲ A̲D̲V̲ bi-

neînţeles; **aber ~!** bineînţeles!; **~ nicht!** bineînţeles că nu!; **~ kam er nicht** bineînţeles că (el) nu a venit

Naturpark M̲ parc n natural

Naturschutz M̲ protecţia f naturii; **unter ~ stehen** a fi pus sub protecţie ecologică

Naturschutzgebiet N̲ rezervaţie f naturală

naturtrüb A̲D̲J̲ nefiltrat

Naturwissenschaft F̲ ştiinţele fpl naturii; **~en** ştiinţele fpl naturii

Naturwissenschaftler(in) M̲(F̲) specialist(ă) m(f) în ştiinţele naturii, naturalist(ă) m(f)

naturwissenschaftlich A̲D̲J̲ privitor la ştiinţele naturii

Navi umg N̲ A̲B̲K̲ (= Navigationssystem) sistem n de navigaţie

Navigation F̲ navigare f; I̲T̲ navigare f (pe Internet)

Navigationsgerät N̲ aparat n de navigaţie; A̲U̲T̲O̲ aparat GPS n

Navigationssystem N̲ A̲U̲T̲O̲ sistem n de navigaţie

navigieren V̲I̲ a naviga; I̲T̲ a naviga pe Internet

Nazi M̲ nazist m

n. Chr. A̲B̲K̲ (= nach Christus) d. Hr. (după Hristos)

Nebel M̲ ceaţă f; **bei ~** pe ceaţă

nebelig A̲D̲J̲ ceţos

Nebelscheinwerfer M̲ far n de ceaţă

Nebelschlussleuchte F̲ lumini fpl de ceaţă

neben P̲R̲Ä̲P̲ 1 lângă 2 außer pe lângă

nebenan A̲D̲V̲ lângă; **das Haus ~** casa de alături

Nebenanschluss M̲ T̲E̲L̲ linie f secundară

nebenbei A̲D̲V̲ pe lângă; **~ gesagt** în treacăt fie zis

Nebeneffekt M̲ efect n secundar

nebeneinander A̲D̲V̲ alături

nebeneinanderlegen, nebeneinandersetzen, nebeneinanderstellen V̲T̲ a aşeza alături

Nebenfach N̲ materie f secundară

Nebenfluss M̲ afluent m

Nebengeräusch N̲ R̲A̲D̲I̲O̲ zgomot n parazit; T̲E̲L̲ zgomot n de fond

N

nebenher ADV alături de asta; (≈ außerdem) în afară de aceasta

Nebenjob umg M umg slujbă f adiţională

Nebenkosten PL cheltuieli fpl de întreţinere

Nebenrolle F rol n secundar

Nebensache F lucru m fără importanţă, fleac n; **das ist völlig ~** este un fleac, este un lucru lipsit de importanţă

nebensächlich ADJ neimportant

Nebensaison F extrasezon n

Nebensatz M propoziţie f secundară

Nebenstelle F **1** (≈ Filiale) filială f **2** TEL interior n

Nebenstraße F drum n lăturalnic

Nebenwirkung F MED, PHARM efect n secundar

Nebenzimmer N cameră f alăturată

neblig ADJ ceţos

necken VT (& VR) a tachina

Neffe M nepot m

negativ ADJ negativ

Negativ N FOTO negativ n

nehmen VT a lua; *Medikament* a lua; **den Bus/Zug** a lua autobuzul/trenul; **etw an sich** ~ a prelua ceva; **etw auf sich** ~ a-şi asuma răspunderea pentru ceva; **etw zu sich** ~ a lua ceva; **etw/ j-n ernst** ~ a lua în serios ceva / pe cineva; **streng genommen** strict vorbind; **er ist hart im Nehmen** (el) este rezistent

Neid M invidie f; umg **vor** ~ **platzen** a plesni de invidie

neidisch ADJ invidios

neigen **A** VT a înclina **B** VI **zu etw** ~ a tinde spre ceva; **dazu** ~ **zu** +inf a avea tendinţa de a **C** VR **sich** ~ a se înclina; *Person* **sich nach vorn** ~ a se apleca

Neigung F **1** înclinaţie f **2** fig tendinţă f; **die** ~ **haben zu** +inf a avea tendinţa de a

Nein N nu n, negare f, refuz n; ~ **sagen** a spune nu; fig a refuza; **mit** ~ **stimmen** a vota negativ, a vota contra

nein PART nu

Nektarine F nectarină f

Nelke F garoafă f

nennen **A** VT a numi; **nach j-m ge-** nannt werden a fi numit după cineva; umg **und so was nennt sich mein Freund!** şi tu te declari a fi prietenul meu! **B** VR **sich** ~ a se numi

Neonazi M neonazist m

Neonlicht N lumină f de neon

Nerv M nerv m; **die** ~**en behalten/ verlieren** a-şi ţine/pierde firea; **mit den** ~**en am Ende sein** a fi enervat la culme; umg **sie geht mir auf die** ~**en** (ea) mă calcă pe nervi

nerven VT **j-n** ~ umg a călca pe cineva pe nervi; **das nervt!** mă enervază!

Nervenkitzel umg M senzaţii fpl tari

Nervensäge umg F umg persoană f enervantă

Nervenzusammenbruch M colaps n nervos

nervös ADJ nervos; ~ **machen** a irita

Nervosität F nervozitate f

Nest N cuib n; umg **sich ins gemachte** ~ **setzen** a profita de munca altuia

nett ADJ drăguţ; **sei so** ~ **und ...!** fii atât de drăguţ şi ...!

netto ADV neto

Netz N **1** plasă n **2** TEL reţea f; **ich habe kein** ~ nu am acoperire **3** fig reţea f; **soziales** ~**(werk)** reţea socială

Netzanschluss M racordare f la reţea

Netzgerät N ELEK alimentator n

Netzhaut F retină f

Netzwerk N ELEK, IT, fig reţea f; **soziales** ~ reţea de socializare

Netzwerkadministrator(in) M(F) IT administrator m/administratoare f de reţea

netzwerken VI a realiza/a administra o reţea de socializare

neu ADJ nou; **was gibt es Neues?** ce mai e nou?; **das ist mir neu** asta n-am ştiut-o; **die neuesten Nachrichten** ultimele ştiri fpl; **neu eröffnen/machen** a redeschide/înnoi

Neubau M construcţie f nouă

Neubaugebiet N zonă n (rezidenţială) nou construită

neuerdings ADV de curând

Neuerung F inovaţie f

Neugeborene(s) N nou-născut m

Neugier F curiozitate f

neugierig ADJ curios (**auf** +akk de); **ich**

bin ~, ob ... sunt curios dacă ...
Neuheit F̅ noutate f
Neuigkeit F̅ noutate f
Neujahr N̅ Anul n Nou; **prosit ~!** la mulți ani!
neulich ADV recent
Neuling M̅ începător m, novice m
Neun F̅ nouă f; *umg* **ach, du grüne ~e!** *umg* Dumnezeule mare!
neun NUM nouă
neunhundert NUM nouă sute
neunmal ADV de nouă ori
neunt ADV câte nouă; **zu ~ sein** a fi nouă (persoane)
neuntausend NUM nouă mii
neunte(r, s) NUM al nouălea, a noua; **der ~ Juli** nouă iulie; → **dritte**
Neuntel N̅ a noua parte f
neuntens ADV a noua oară, în al nouălea rând
neunzehn NUM nouăsprezece
neunzehnte(r, s) NUM al nouăsprezecelea, a nouăsprezecea; → **dritte**
neunzig NUM nouăzeci
Neunzigerjahre PL **in den ~n** în anii nouăzeci
Neurodermitis F̅ neurodermită f
Neurologe M̅, **Neurologin** F̅ neurolog(ă) m(f)
Neurose F̅ nevroză f
neurotisch ADJ neurotic
Neuschnee M̅ zăpadă f proaspătă
Neuseeland N̅ Noua Zeelandă f
Neuseeländer(in) M̅F̅ neozeelandez(ă) m(f)
neuseeländisch ADJ neozeelandez
Neustart M̅ IT resetare f
neutral ADJ neutru
Neutralität F̅ neutralitate f
neuwertig ADJ ca nou
Neuzeit F̅ epocă f modernă
Neuzugang M̅ **1** *im Krankenhaus* internare f **2** *von Waren* primire f; *e-r Bibliothek* intrare f
Newsgroup F̅ IT grup n de știri
Newsletter M̅ IT buletin n informativ
nicht ADV nu; **er kommt ~** el nu vine; **gar ~** deloc; **~ mehr** nu mai; **noch ~** încă nu; **~ einmal** nici măcar; **ich auch ~** nici eu
Nichte F̅ nepoată f
Nichtraucher(in) M̅F̅ nefumător m,

nefumătoare f; **ich bin ~ (eu)** sunt nefumător
Nichtraucherzone F̅ zonă f pentru nefumători
Nichtregierungsorganisation F̅ organizație f neguvernamentală
Nichts N̅ **1** nimic n; **(wie) aus dem ~ auftauchen** a apărea (ca) din senin; **er steht vor dem ~** nu are nici o perspectivă **2** *pej* (≈*Mensch*) nulitate f, persoană neînsemnată
nichts INDEF PR nimic n; **~ and(e)res** nimic altceva; **ich habe ~ gesagt** n-am spus nimic; **macht ~!** nu face nimic!; *umg* **~ da!** nimic!
Nichtschwimmer(in) M̅F̅ persoană f care nu știe să înoate
nichtssagend ADJ nesemnificativ
nicken V̅I̅ a da din cap că da
Nickerchen N̅ ațipeală f
nie ADV niciodată; **nie mehr** niciodată; **er kam nie wieder** (el) n-a mai venit niciodată; **noch nie da gewesen** a nu fi fost niciodată până acum
nieder ADV *niedrig* jos
niedergeschlagen ADJ abătut
niederknien V̅I̅ a îngenunchia; **vor j-m ~** a îngenunchia în fața cuiva
Niederlage F̅ înfrângere f
Niederlande PL Olanda f, Țările *fpl* de Jos
Niederländer(in) M̅F̅ olandez(ă) m(f)
niederländisch ADJ olandez
Niederländisch N̅ limba f olandeză
Niederlassung F̅ WIRTSCH filială f
niederlegen V̅T̅ **1** a depune **2** *fig Waffen* a depune; **sein Amt / die Arbeit ~** a demisiona dintr-o funcție/ dintr-un post **3** *etw schriftlich* ~ a depune în scris ceva
Niedersachsen N̅ Saxonia Inferioară
Niederschlag M̅ precipitații *fpl*
niederträchtig ADJ josnic
niedlich ADJ drăguț
niedrig ADJ jos
niemals ADV niciodată
niemand INDEF PR nimeni; **es war ~ da** nu era nimeni acolo; **ich habe ~en gesehen** n-am văzut pe nimeni; **~ ander(e)s/mehr** nimeni altul/altcineva
Niemandsland N̅ țara f nimănui, ținut n neexplorat

N

Niere F̲ rinichi *m*
Nierenstein M̲ calcul *m* renal
nieseln V̲/UNPERS a burnița
Nieselregen M̲ burniță *f*
niesen V̲I̲ a strănuta
Niete F̲ 1 *Los* loz *n* necâștigător 2 *pej Mensch* nulitate *f*
Nigeria N̲ Nigeria *f*
Nikolaus M̲ *Gestalt* Sfântul *m* Nicolae
Nikotin N̲ nicotină *f*
nikotinarm A̲D̲J̲ cu conținut scăzut de nicotină
Nilpferd N̲ hipopotam *m*
nimm, nimmt → nehmen
nippen V̲I̲ a sorbi (**an** +*dat* din)
nirgends A̲D̲V̲, **nirgendwo** nicăieri
Nische F̲ nișă *f*
Niveau N̲ nivel *n*; (**kein**) **~ haben** a (nu) avea clasă
nobel A̲D̲J̲ 1 *umg* (≈*freigebig*) generos 2 *umg* (≈*luxuriös*) sofisticat; *Haus, Einrichtung etc* nobil
Nobelpreis M̲ premiul *n* Nobel
noch A̲ A̲D̲V̲ încă, mai; **~ am selben Tag** încă în aceeași zi; **~ besser/mehr** și mai bine/mult; **~ einmal** încă o dată; **~ nicht** încă nu; **~ nie** niciodată până acum; **immer ~** încă; **~ ein Bier, bitte** încă o bere, vă rog; **wer kommt ~?** cine mai vine?; **wie heißt sie ~?** cum o cheamă deci? B̲ K̲O̲N̲J̲ **weder ... ~ ... nici ... nici ...**
nochmal(s) A̲D̲V̲ încă o dată
Nockerl *bes österr* N̲ găluscă *f*; **Salzburger ~n** suflеu *n* dulce (*desert tradițional din Salzburg*)
Nominativ M̲ nominativ *n*
Nonne F̲ călugăriță *f*
nonstop A̲D̲V̲ non-stop, continuu, fără întrerupere
Nonstopflug M̲ zbor *n* fără oprire, zbor *n* non-stop
Nonstop-Flug M̲ zbor *n* non-stop
Nordafrika N̲ Africa *f* de Nord
Nordamerika N̲ America *f* de Nord
Norddeutschland N̲ Germania *f* de Nord
Norden M̲ Nord *n*; **im ~ (von)** în nord(ul)
Nordeuropa N̲ Europa *f* de Nord
Nordic Walking N̲ S̲P̲O̲R̲T̲ Nordic Walking *n*

Nordirland N̲ Irlanda *f* de Nord
nördlich A̲D̲J̲ la nord; **~ von** la nord de
Nordosten M̲ Nord-Est *n*
Nordpol M̲ Polul *m* Nord
Nordrhein-Westfalen N̲ Renania *f* de Nord-Westfalia
Nordsee F̲ **die ~** Marea *f* Nordului
Nordwesten M̲ Nord-Vest *n*
Nordwind M̲ vântul *n* de nord
nörgeln V̲I̲ a cârcoti
Norm F̲ normă *f*
normal A̲D̲J̲ normal; *umg* **er ist nicht (ganz) ~** (el) nu (prea) e zdravăn
Normalbenzin N̲ benzină *f* standard
normalerweise A̲D̲V̲ în mod normal
Norovirus M̲ *od* N̲ M̲E̲D̲ norovirus *f*
Norwegen N̲ Norvegia *f*
Norweger(in) M̲(F̲) norvegian(ă) *m(f)*
norwegisch A̲D̲J̲ norvegian
Not F̲ nevoie *f*; **zur Not** la nevoie; **in Not geraten/sein** a intra/fi la necaz
Notar M̲ notar *m*
Notarzt M̲, **Notärztin** F̲ medic *m* de urgență
Notaufnahme F̲ urgență *f*
Notausgang M̲ ieșire *f* în caz de pericol
Notbremse F̲ semnal *n* de alarmă; **die ~ ziehen** a trage semnalul de alarmă
Notdienst M̲ serviciu *m* de urgență
notdürftig A̲D̲J̲ provizoriu
Note F̲ 1 *Schule* notă *f* 2 M̲U̲S̲ notă *f*; **ganze ~** notă întreagă; **halbe ~** jumătate de notă
Notebook N̲ I̲T̲ laptop *n*
Notfall M̲ *a.* M̲E̲D̲ urgență *f*; **im ~** în caz de urgență; **für den ~** pentru orice eventualitate
notfalls A̲D̲V̲ la nevoie
notgeil A̲D̲J̲ *sl pej bes. sexuell* super excitat
notieren V̲I̲ a nota; **sich** *dat* **etw ~** a-și nota ceva
Notierung F̲ F̲I̲N̲ cotare *f*
nötig A̲D̲J̲ necesar; **etw ~ haben** a avea nevoie de ceva; **es ist ~ zu** +*infl* **dass ...** este necesar a/să ...; **wenn ~** în caz de nevoie; **das wäre doch nicht ~ gewesen!** nu trebuia!

Notiz $\overline{F}$ notiță f; sich (dat) ~en machen a-și lua notițe
Notizblock $\overline{M}$ carnețel n de notițe
Notizbuch $\overline{N}$ carnet n
Notlage $\overline{F}$ ananghie f
Notlandung $\overline{F}$ aterizare f forțată
Notlösung $\overline{F}$ soluție f provizorie
Notruf $\overline{M}$ apel n de urgență
Notrufklingel $\overline{F}$ MED, PFLEGE buton n de panică
Notrufnummer $\overline{F}$ număr n de urgență
Notrufsäule $\overline{F}$ telefon n SOS
Notstand $\overline{M}$ ◘ stare f de criză ◙ POL stare f excepțională
Notwehr $\overline{F}$ legitimă apărare f
notwendig $\overline{ADJ}$ necesar
Notwendigkeit $\overline{F}$ nevoie f
Nougat $\overline{M}$ od $\overline{N}$ nugat n
Novelle $\overline{F}$ nuvelă f
November $\overline{M}$ noiembrie m; → Juni
Nr. $\overline{ABK}$ (= Nummer) nr. (număr)
Nu $\overline{M}$ im Nu într-o clipită
Nuance $\overline{F}$ nuanță f
nüchtern $\overline{ADJ}$ ◘ nicht betrunken treaz ◙ mit leerem Magen nemâncat și nebăut; MED ~ bleiben a fi pe stomacul gol
Nudel $\overline{F}$ ~n pl paste f făinoase
Nudeln $\overline{PL}$ tăiței mpl
Nudelsalat $\overline{M}$ salată f din paste făinoase
Nugat → Nougat
nuklear $\overline{ADJ}$ nuclear
null $\overline{NUM}$ zero; ~ Grad zero grade; 3 Grad unter ~ trei grade sub zero; ~ Komma zwei zero virgulă doi; eins zu ~ unu la zero
Null $\overline{F}$ zero n; umg in ~ Komma nichts într-o clipită, cât ai zice pește; umg er ist e-e ~ (el) este un nimeni
Nullpunkt $\overline{M}$ punct n zero; umg fig auf dem ~ sein a fi la pământ
Nulltarif $\overline{M}$ zum ~ gratis
Nullwachstum $\overline{N}$ creștere f zero
Nummer $\overline{F}$ număr n; umg er ist e-e komische ~ (el) este un ciudat
nummerieren $\overline{V/T}$ a numerota
Nummernschild $\overline{N}$ AUTO plăcuță f cu numărul de înmatriculare
nun $\overline{ADV}$ acum; von nun an de acum

înainte
nur $\overline{ADV}$ numai; nicht nur ..., sondern auch ... nu numai ..., ci și ...; alle, nur er nicht toți, în afară de el; alles, nur das nicht! toate, numai asta nu!; nur zu! haide!; geh/warte nur! mergi!/așteaptă!; er soll nur kommen! să vină numai el!; was soll ich nur sagen? ce mai pot spune?; so viel ich nur kann numai atât cât pot eu
Nuss $\overline{F}$ nucă f; fig e-e harte ~ o chestiune dificilă
Nussbaum $\overline{M}$ nuc m
Nussknacker $\overline{M}$ cleşte m de nuci
Nüsslisalat schweiz $\overline{M}$ fetică f
Nussschokolade $\overline{F}$ ciocolată f cu alune
Nüster $\overline{F}$ nară f
Nutte umg $\overline{F}$ prostituată f
nütze $\overline{ADJ}$ zu nichts ~ sein a nu fi bun de nimic
nutzen, nützen $\overline{A}$ $\overline{V/T}$ ◘ AGR, TECH a exploata ◙ profita de ocazie $\overline{B}$ $\overline{V/I}$ (j-m [zu etw]) ~ a folosi (cuiva [la ceva]); nichts ~ a nu folosi la nimic; das nützt nicht viel asta nu foloseşte la mare lucru; was nützt es, dass ...? la ce ajută să +inf
Nutzen $\overline{M}$ ◘ folos n ◙ Gewinn profit n
Nutzer(in) $\overline{M(F)}$ ADMIN client(ă) m(f); IT utilizator m, utilizatoare f
nützlich $\overline{ADJ}$ folositor; sich ~ machen a fi de folos (cuiva)
nutzlos $\overline{ADJ}$ inutil
Nylon® $\overline{N}$ nailon n

O¹, o $\overline{N}$ o n o m
o $\overline{INT}$ o; o doch/Gott/ja/nein! ba da!/ o, Doamne!/o, da!/ ba nu!
O² $\overline{ABK}$ (= Ost[en]) E (Est)
Oase $\overline{F}$ oază f
ob $\overline{KONJ}$ dacă; als ob ca şi cum; ob er

noch da ist? dacă (el) mai este acolo?; **und ob!** şi încă cum!

obdachlos ADJ fără adăpost

Obdachlose(r) M/F(M) vagabond *m*, vagaboandă *f*

oben ADV sus; **links/rechts** ~ în stânga/dreapta sus; **siehe** ~ vezi mai sus; ~ **genannt** sus-numit, sus-menţionat; **nach** ~ în sus; **von** ~ **bis unten** de sus până jos; **da** ~ acolo sus; *umg* ~ **ohne** topless

obendrein ADV pe deasupra, în plus, pe lângă asta

Ober M ospătar *m*

Oberarm M braţ *n*

Oberbürgermeister M primar *m* general

obere(r, s) ADJ superior

Oberfläche F suprafaţă *f*; *fig* **an der** ~ **bleiben** a rămâne la suprafaţă

oberflächlich ADJ superficial

Obergeschoss N etaj *n*

oberhalb PRÄP deasupra

Oberhaupt N conducător *m*

oberirdisch ADJ aerian; ELEK suprateran

Oberkörper M bust *n*; **den** ~ **frei machen** a se dezbrăca până la brâu

Oberlippe F buza *f* de sus

Obers *österr* smântână *f*

Oberschenkel M coapsă *f*

Oberschicht F strat *n* superior

Oberseite F parte *f* superioară

Oberst M colonel *m*

oberste(r, s) ADJ cel mai de sus

Oberteil N parte *f* de sus

Oberweite F circumferinţa *f* bustului

Objekt N obiect *n*

objektiv ADJ obiectiv

Objektiv N obiectiv *n*

Oblate F **1** REL azimă *f* **2** GASTR foaie *f* de napolitană

obligatorisch ADJ obligatoriu

Oboe F oboi *n*

Obst N fructe *npl*

Obstbaum M pom *m* fructifer

Obstkuchen M prăjitură *f* cu fructe

Obstsalat M salată *f* de fructe

obszön ADJ obscen

obwohl KONJ cu toate că

Ochs *südd, österr, schweiz* M → Ochse

Ochse M bou *m*

ocker ADJ ocru

öd(e) ADJ pustiu

oder KONJ sau; ~ **aber** sau; **er kommt doch,** ~? (el) vine, nu-i aşa?

Ofen M **1** sobă *f* **2** *Backofen* cuptor *n*

Ofenkartoffel F cartof *m* la cuptor

offen ADJ **1** deschis; **halb** ~ deschis pe jumătate; ~ **stehen** a sta deschis; ~ **bleiben** (*od* lassen) a lăsa deschis; **das Geschäft hat/ist** ~ magazinul este deschis **2** *aufrichtig* sincer; ~ **gesagt** (*od* **gestanden**) sincer vorbind **3** *Stelle* vacant

offenbar ADJ, **offensichtlich** pesemne

Offenheit F sinceritate *f*

offensichtlich A ADJ evident, vădit, neîndoielnic B ADV clar, limpede

offensiv ADJ ofensiv

öffentlich ADJ public; ~ **bekannt machen** a face public

Öffentlichkeit F public *n*; **an die** ~ **bringen** a da publicităţii

Öffentlichkeitsarbeit F relaţii *fpl* publice

Offerte F HANDEL ofertă *f*

offiziell ADJ oficial

Offizier M ofiţer *m*

offline ADV IT offline

öffnen A VT a deschide B V/R **sich** ~ a se deschide

Öffner M deschizător *n*

Öffnung F deschidere *f*

Öffnungszeiten PL program *n* de lucru

oft ADV des; **wie oft?** cât de des?

öfter ADV **1** ~, *geh* des Öfteren mai des, adeseori **2** ~ **als** mai des decât

öfter(s) ADV adesea

oh INT ah

ohne PRÄP fără; ~ **Weiteres** fără discuţie; ~ **dass** ... fără să ...; ~ **mich!** fără mine!; *umg* **das ist nicht (ganz)** ~ nu este (chiar) uşor

Ohnmacht F MED leşin *n*; **in** ~ **fallen** a leşina

ohnmächtig ADJ leşinat; ~ **werden** a leşina

Ohr N ureche *f*; **j-m etw ins Ohr flüstern** a-i şopti cuiva ceva la ureche; *fig*

die **Ohren spitzen** a ciuli urechile;
umg **viel um die Ohren haben** a avea
multe pe cap; *umg* **halt die Ohren
steif!** fii atent!
Ohrenarzt M̱, **Ohrenärztin** F̱ medic *m* orelist
Ohrenschmerzen P̱Ḻ ~ **haben** a
avea dureri de urechi
Ohrentropfen P̱Ḻ picături *fpl* pentru
urechi
Ohrfeige F̱ palmă *f*
Ohrläppchen Ṉ lob *m*
Ohropax® Ṉ antifoane *npl*
Ohrring M̱ cercel *m*
oje(mine) I̱ṈṮ vai(, Doamne)
o. k., O. K. *umg* A̱ḆḴ → **okay**
okay *umg* I̱ṈṮ bine
Ökobauer(in) M̱F̱ agricultor *m* ecolo-
gic, agricultoare *f* ecologică
Ökoei Ṉ H̱A̱ṈḎE̱Ḻ ou *n* ecologic
Ökoladen M̱ magazin *n* cu produse
ecologice
Ökologie F̱ ecologie *f*
ökologisch A̱ḎJ̱ ecologic
ökonomisch A̱ḎJ̱ economic
Ökostrom M̱ W̱I̱ṞṮS̱C̱H̱ energie *f* elec-
trică ecologică
Ökosystem Ṉ sistem *n* ecologic
Oktober M̱ octombrie *m*; → **Juni**
Öl Ṉ ulei *n*; A̱U̱ṮO̱ **das Öl wechseln** a
schimba uleiul; *fig* **Öl ins Feuer gießen**
a pune paie pe foc
Oldie *umg* M̱ hit *n*; *Film* film clasic;
Lied hit vechi, şlagar de neuitat
Öldruck M̱ A̱U̱ṮO̱ presiune *f* a uleiului
Oldtimer M̱ automobil *n* de epocă
ölen V̱Ṯ a gresa
Ölfarbe F̱ vopsea *f* de ulei
Ölfilter M̱ filtru *n* de ulei
Ölgemälde Ṉ pictură *f* în ulei
Ölheizung F̱ încălzire *f* cu păcură
ölig A̱ḎJ̱ **1** uleios, uleiat, lubrifiat **2** *fig
pej* slinos
Olive F̱ măslină *f*
Olivenbaum M̱ măslin *m*
Olivenöl Ṉ ulei *n* de măsline
Ölpest F̱ poluare *f* a mediului cu ţiţei
Ölsardine F̱ sardea *f* în ulei
Öltanker M̱ tanc *n* petrolier
Ölwechsel M̱ schimb *n* de ulei
Olympiade F̱ olimpiadă *f*
Olympiastadion Ṉ stadion *n* olim-

pic
olympisch A̱ḎJ̱ olimpic
Oma F̱, **Omi** F̱ bunică *f*, buni *f*
Omelett Ṉ, **Omelette** F̱ omletă *f*
Omnibus M̱ autobuz *n*
Onkel M̱ unchi *m*
online A̱ḎV̱ IT online; **das habe ich ~
gekauft** am cumparat asta de pe Inter-
net
Onlinebanking Ṉ servicii *npl* banca-
re online
Onlinedienst M̱ serviciu *n* online
Onlineportal Ṉ IT portal *n* online
Onlineshop M̱ magazin *n* online
Onlineticket Ṉ **1** *für Eintrittskarten*
bilet *n* de intrare online **2** *für Fahrkar-
ten* bilet *n* de călătorie online
OP M̱ A̱ḆḴ (= Operationssaal) M̱E̱Ḏ sală *f*
de operaţie
Opa M̱, **Opi** M̱ bunic *m*
Open-Air-... în aer liber
Open-Air-Konzert Ṉ concert *n* în
aer liber
Oper F̱ operă *f*
Operation F̱ M̱E̱Ḏ operaţie *f*
Operationssaal M̱ M̱E̱Ḏ sală *f* de
operaţii
Operette F̱ operetă *f*
operieren V̱Ṯ M̱E̱Ḏ a opera; **sich ~
lassen** a-şi face operaţie, a se supune
unei operaţii
Opernglas Ṉ binoclu *n*
Opernhaus Ṉ teatru *n* de operă
Opernsänger(in) M̱F̱ cântăreţ *m*/
cântăreaţă *f* de operă
Opfer Ṉ **1** sacrificiu *n*; **ein ~ bringen**
a face un sacrificiu **2** *Person* victimă *f*
opfern **A** V̱Ṯ a sacrifica **B** V̱Ṟ **sich
(für j-n/etw) ~** a se sacrifica (pentru ci-
neva/ceva)
OP-Hemd Ṉ M̱E̱Ḏ, P̱F̱ḺE̱G̱E̱ halat *n* chirurgical steril
Opium Ṉ opiu *n*
Opposition F̱ opoziţie *f*
Oppositionspartei F̱ partid *n* de
opoziţie
Optiker(in) M̱F̱ optician *m(f)*
optimal A̱ḎJ̱ optim
Optimismus M̱ optimism *n*
Optimist(in) M̱F̱ optimist(ă) *m(f)*
optimistisch A̱ḎJ̱ optimist
optisch A̱ḎJ̱ optic; **~e Täuschung** ilu-

O

zie f optică

oral ADJ MED oral

orange ADJ portocaliu

Orange F portocală f

Orangensaft M suc n de portocale

Orchester N orchestră f

Orchidee F orhidee f

Orden M **1** (≈ *Mönchsorden etc*) ordin n monahal (*od* călugăresc), congregație f; **in e-n ~ eintreten** a intra într-un ordin călugăresc **2** (≈ *Auszeichnung*) ordin n; **j-m e-n ~ verleihen** a acorda cuiva un ordin

ordentlich ADJ ordonat; **e-e ~e Leistung** o realizare bună

Ordinalzahl F numeral n ordinal

ordinär ADJ vulgar

Ordination F österr (≈ *Sprechstunde*) consultație f; (≈ *Arztpraxis*) cabinet n medical

ordnen VT a ordona

Ordner M *Aktenordner* biblioraft n

Ordnung F ordine f; **in ~!** e în ordine!; **in ~ bringen/halten/sein** a face/păstra/fi ordine; **es ist alles wieder in ~** totul e din nou în ordine; **ich finde es nicht in ~, dass** nu mi se pare în ordine, să; umg **er ist in ~** el este în ordine

Oregano M oregano n

Organ N organ n

Organisation F organizație f

organisch ADJ organic

organisieren A VT **1** a organiza **2** umg (≈ *beschaffen*) a face rost B V/R **sich ~** a se organiza

Organismus M organism n

Organspender(in) M(F) donator m/ donatoare f de organe

Orgasmus M orgasm n

Orgel F orgă f

Orgie F orgie f

Orient **der (Vordere) ~** Orientul (Apropiat)

orientalisch ADJ oriental

orientieren V/R **sich ~** a se orienta; **sich an etw/j-m ~** a se orienta după ceva/cineva

Orientierung F orientare f; **die ~ verlieren** a se dezorienta, a pierde simțul orientării; **zur ~** pentru orientare

orientierungslos ADJ dezorientat, zăpăcit, năuc, haihui, fără țintă

Orientierungssinn M simțul n orientării

original ADJ echt original

Original N original n

Originalfassung F versiune f originală

originell ADJ original

Orkan M uragan n

Ort M **1** loc n; **vor Ort** la fața locului; **an Ort und Stelle (sein)** (a fi) la fața locului **2** *Ortschaft* localitate f

orten VT a localiza

Orthografie F ortografie f

Orthopäde M, **Orthopädin** F ortoped m, medic m ortoped

örtlich ADJ local; MED **~ betäuben** a anestezia local

Ortsangabe F indicare f a locului

Ortschaft F localitate f

Ortsgespräch N TEL convorbire f telefonică locală

Ortsnetz N TEL rețea f telefonică locală

Ortstarif M TEL tarif n telefonic local

Ortszeit F ora f locală

Öse F TECH inel n

Ostdeutschland N Germania f de Est

Osten M est n; **der Ferne/Mittlere/Nahe ~** Orientul Îndepărtat/Mijlociu/Apropiat; **im ~ (von)** în estul

Osterei N ou n de Paște

Osterferien PL vacanță f de primăvară

Osterglocke F BOT narcisă f galbenă

Osterhase M iepuraș m de Paște

Ostermontag M lunea f Paștelui

Ostern N Paște m; **an** (*od* **zu**) **~ de** Paște; **frohe ~!** Hristos a înviat!

Österreich N Austria f

Österreicher(in) M(F) austriac(ă) m(f)

österreichisch ADJ austriac

Ostersonntag M duminica f Paștelui

Osteuropa N Europa f de Est

Ostküste F Coasta f de Est

östlich ADJ estic; **~ von** la est de

Ostsee F **die ~** Marea f Baltică

Ostwind M vânt n din est

out umg ADJ **out sein** a fi out

Outfit N (≈ *Kleidung*) ținută f; umg țoa-

le fpl; (≈ Ausrüstung) echipament n
Output M̄/N̄ IT, WIRTSCH output n
oval ADJ oval
Overall M̄ salopetă f
Overheadprojektor M̄ retroproiector n
Ozean M̄ ocean n; der Pazifische ~ Oceanul n Pacific
Ozon N̄ ozon n
Ozonloch N̄ gaura f din stratul de ozon
Ozonschicht F̄ strat n de ozon
Ozonwert M̄ valoarea f concentrației de ozon

P

P, p N̄ p m
paar INDEF PR ein ~ câțiva, câteva; ein ~ Mal de câteva ori; ein ~ Äpfel câteva mere
Paar N̄ pereche f; ein ~ Schuhe o pereche de pantofi
paarmal ADV ein ~ de câteva ori
paarweise ADJ & ADV câte doi, perechi-perechi
Pacht F̄ arendă f
pachten V̄/T̄ a lua în arendă
Pächter(in) M̄/F̄ arendaș(iță) m(f)
Päckchen N̄ pachețel n; ein ~ Zigaretten un pachet de țigări
Packen M̄ pachet n mare, balot n
packen V̄/T̄ ▪ Koffer, Paket a împacheta ▪ ergreifen a apuca (an +dat de)
Packpapier N̄ hârtie n de împachetat
Packstation F̄ POSTWESEN punct n de colectare a coletelor
Packung F̄ pachet n
Packungsbeilage F̄ indicații fpl terapeutice
Pädagoge M̄, Pädagogin F̄ pedagog(ă) m(f)
pädagogisch ADJ pedagogic
Paddel N̄ padelă f
Paddelboot N̄ caiac n
paddeln V̄/T̄ a vâsli cu padele

paffen umg A V̄/T̄ a fuma B V̄/Ī a pufăi; umg a pufni
Paket N̄ pachet n
Paketzustellung F̄ predare f a pachetelor la adresa destinatarului
Pakistan N̄ Pakistan n
Pakt M̄ pact n; e-n ~ (mit j-m) schließen aîncheia un pact (cu cineva)
Palast M̄ palat n
Palästina N̄ Palestina f
Palästinenser(in) M̄/F̄ palestinian(ă) m(f)
palästinensisch ADJ palestinian
Palatschinke österr F̄ clătită f
Palette F̄ a. fig paletă f
Palme F̄ palmier m; die Goldene ~ Palmierul de Aur
Palmsonntag M̄ Duminică f de Florii
Pampelmuse F̄ grepefrut n
pampig umg ADJ (≈ dreist) obraznic umg; (≈ unfreundlich) ostil
Panade F̄ GASTR panadă f
Panda(bär) M̄ urs m panda
Pangasius M̄ Speisefisch pangasius m
Pangasiusfilet N̄ file n de pangasius
panieren V̄/T̄ a pana, a pregăti (un aliment) pané
paniert ADJ pané
Panik F̄ panică f; in ~ (akk) geraten a intra în panică; umg nur keine ~! fără panică!
Panikmache umg pej F̄ provocare f de panică
panisch ADJ panicat
Panne F̄ pană f; e-e ~ haben a avea o pană
Pannendienst M̄, Pannenhilfe F̄ serviciu n de depanare
Panorama N̄ panoramă f
Panther M̄ panteră f
Pantoffel M̄ papuc m; umg fig er steht unter dem ~ (el) stă sub papucul nevestei
Panzer M̄ MIL tanc n
Panzerschrank M̄ casă f de bani blindată
Papa M̄ tătic m
Papagei M̄ papagal m
Papaya F̄ papaya n
Papi umg kinderspr M̄ tătic m
Papier N̄ hârtie f; ~e pl documente npl

Papiergeld N̲ bancnotă f
Papierkorb M̲ coş n de hârtii
Papiertaschentuch N̲ batistă f de hârtie
Papiertonne F̲ container n de hârtii
Papierzufuhr F̲ IT alimentare f cu hârtie
Pappbecher M̲ pahar n din carton
Pappe F̲ carton n
Pappel F̲ plop m
Pappkarton M̲ cutie f de carton
Pappmaschee N̲ papier mâché n
Pappteller M̲ farfurie f din carton
Paprika M̲ boia f
Paprikaschote F̲ ardei m
Papst M̲ papă m
päpstlich ADJ papal, pontifical; *fig* ~er sein als der Papst a fi mai catolic decât papa
Parade F̲ paradă f
Paradeiser *österr* M̲ roşie f
Paradies N̲ rai n
paradiesisch ADJ din rai; *fig* încântător
Paragliding N̲ zbor n cu parapanta
Paragraf M̲ paragraf n
parallel ADJ paralel; ~ **laufen** a avea loc în acelaşi timp
Parallele F̲ paralelă f
Parallelstraße F̲ stradă f paralelă
Parasit M̲ parazit m
parat ADJ etw ~ haben a avea ceva la îndemână
Pärchen N̲ pereche f
Parfum N̲, **Parfüm** N̲ parfum n
Parfümerie F̲ parfumerie f
parfümieren A̲ V̲T̲ a parfuma B̲ V̲R̲ sich ~ a se parfuma
Paris N̲ Paris n
Park M̲ parc n
Parkbank F̲ bancă f (în parc)
parken V̲I̲ a parca; **Parken verboten** parcarea interzisă
Parkett N̲ ❶ parchet n ❷ THEAT rândurile npl de la parter
Parkgebühr F̲ taxă f de parcare
Parkhaus N̲ parcaj n etajat
parkieren *schweiz* → parken
Parklücke F̲ loc n de parcare între două maşini
Parkplatz M̲ parcaj n
Parkscheibe F̲ disc n de parcare

Parkschein M̲ bilet f de parcare
Parkscheinautomat M̲ aparat n de taxat parcarea
Parkuhr F̲ parcometru n
Parkverbot N̲ parcarea f interzisă; **im ~ stehen** a opri în zonă de parcare interzisă
Parlament N̲ parlament n; **Europäisches ~** Parlamentul European
Parlamentarier(in) M̲F̲ parlamentar(ă) m(f)
parlamentarisch ADJ parlamentar
Parlamentswahlen F̲P̲L̲ alegeri f parlamentare
Parmesan M̲ parmezan n
Parodie F̲ parodie f (**auf** +akk despre)
Parodontose F̲ parodontoză f
Parole F̲ ❶ *Demonstration* parolă f ❷ MIL parolă f
Partei F̲ partid n
parteiisch ADJ părtinitor
parteilos ADJ fără partid, independent
Parteitag M̲ congres n al partidului
Partie F̲ partidă f; **mit von der ~ sein** a lua parte la ceva, a participa la ceva
Partitur F̲ MUS partitură f
Partizip N̲ participiu n; **~ Präsens/Perfekt** participiu prezent/perfect
Partner(in) M̲F̲ partener(ă) m(f)
Partnerschaft F̲ parteneriat n
Partnerstadt F̲ oraş n înfrățit
Party F̲ petrecere f
Partyservice M̲ catering n
Pass M̲ ❶ paşaport n ❷ GEOG pas n ❸ SPORT pasă f
Passage F̲ pasaj n
Passagier(in) M̲F̲ pasager(ă) m(f)
Passamt N̲ serviciu n de paşapoarte
Passbild N̲ fotografie f tip paşaport
passen V̲I̲ ❶ a se potrivi (**j-m** cuiva); **zu etw ~** a se potrivi la ceva; **zu j-m ~** a se potrivi cu cineva; **dieser Termin passt mir nicht** programarea aceasta nu se potriveşte (planurilor mele) ❷ *Ersatzteil, Schlüssel* a se potrivi
passend ADJ *Schlüssel, Worte* potrivit; *Geld* **es ~ haben** a avea banii potriviţi
Passfoto N̲ fotografie f pentru paşaport
passieren A̲ V̲I̲ a se întâmpla; **bei dem Unfall ist mir nichts passiert** nu mi s-a întâmplat nimic în accident;

was ist passiert? ce s-a întâmplat? B VT *Grenze* a trece

passiv ADJ pasiv

Passkontrolle F controlul *n* paşapoartelor

Passwort N parolă *f*

Paste F pastă *f*

Pastete F pateu *n*

Pastinake F păstârnac *m*

Pastor(in) M|F 1 pastor *m* 2 *orthodox* preot *m*

Patchworkfamilie F familie *f* reîntemeiată

Pate M naş *m*

Patenkind N fin(ă) *m(f)*

Patenonkel M unchi *m* naş

Patent N patent *n*; **ein ~ anmelden** a înregistra un patent

Patentante F matuşă *f* naşă

patentieren VT a patenta

Patient(in) M|F MED, PFLEGE pacient(ă) *m(f)*

Patientenkurve F MED, PFLEGE grafic *n* al pacienţilor

Patientenzimmer N MED, PFLEGE salon *n* de spital

Patin F naşă *f*

patriotisch ADJ patriotic

Patrone F cartuş *n*

patschnass ADJ ud leoarcă

Pauke F timpan *n*

pauken *umg* A VT a toci, a buchisi, a învăţa pe de rost B VI a lovi, a bate

Pauker *umg* M timpanist *m*, toboşar *m*

pauschal ADJ 1 *Kosten* global 2 *allgemein* pauşal

Pausch(al)betrag M, **Pauschale** F sumă *f* globală

Pauschalpreis M preţ *n* pauşal

Pauschalreise F voiaj *n* organizat (în al cărui preţ sunt incluse toate cheltuielile)

Pause F 1 pauză *f*; **e-e ~ machen** a face o pauză 2 *Schule* recreaţie *f*

Pausenbrot N mâncare *f* la pachet (pentru pauză); *in der Schule, nachmittags* pachet *n* pentru şcoală

pausenlos A ADJ neîntrerupt, continuu B ADV neîntrerupt, neîncetat

Pavian M pavian *m*

Pavillon M pavilion *n*

Pay-TV N post *n* TV cu plată

Paywall F IT (≈ *Bezahlschranke auf Website*) abonament *n* digital

Pazifik M **der ~** Oceanul *n* Pacific

PC M ABK (= Personal Computer) calculator *n*; **am PC arbeiten** a lucra pe calculator

PDF-Datei F IT fişier *n* în format PDF

Pech *umg* N ghinion *n*; **~ haben** a avea ghinion

Pechsträhne F şir *n* de ghinioane

Pechvogel M ghinionist *m*

Pedal N pedală *f*

Pediküre F pedichiură *f*

peinlich ADJ penibil; **~ genau** exagerat de meticulos; **der Fehler war ihm ~** greşeala îi era penibilă

Peitsche F bici *n*

Peking N Peking *n*

Pekingente F GASTR raţă Peking

Pelle *reg* F 1 *von Kartoffeln, Obst* coajă *f*; *umg* **j-m auf die ~ rücken** a deranja pe cineva; *umg* **j-m nicht von der ~ gehen** a sta pe capul cuiva 2 (≈ *Wurstpelle*) pieliţă *f*

pellen VT *reg* a curăţa de coajă, a (des)coji; *Kartoffeln* a curăţa (de coajă); *Eier* a curăţa de coajă, a (des)coji

Pellkartoffeln PL cartofi *mpl* fierţi în coajă

Pelz M blană *f*

pelzig ADJ *Zunge* încărcat

Pelzmantel M palton *n* de blană

Pendel N pendul *n*; *e-r Uhr* pendul *n*

pendeln VI *Zug, Person* a face naveta

Pendelverkehr M navetă *f*

Pendler(in) M|F navetist(ă) *m(f)*

penibel ADJ pedant, riguros, exact

Penis M penis *n*

Penizillin N penicilină *f*

pennen *umg* VI a dormi, a trage un pui de somn

Penner(in) *umg pej* M|F (≈ *Stadtstreicher*) vagabond *m*, vagaboandă *f*; *umg* boschetar *m*, boschetară *f*

Pension F 1 *für Gäste* pensiune *f* 2 *Ruhestand* pensie *f*

Pensionär(in) M|F pensionar(ă) *m(f)*

pensionieren VT a pensiona, a scoate la pensie (pe cineva); **pensioniert** pensionat; ieşit la pensie

Pensionierung F pensionare *f*

Pensum N̄ **1** normă f, volum de muncă **2** (≈ *Lehrstoff*) temă f
Peperoni F̄ ardei m iute
per PRÄP cu, pe, prin, la; **per Schiff** cu vaporul; **mit j-m per du sein** a fi pertu cu cineva; HANDEL **per Stück** la bucată
Perfekt N̄ GRAM perfect compus
perfekt ADJ perfect
Perfektion F̄ perfecțiune f
Periode F̄ **1** perioadă f **2** *Menstruation* menstruație f
Peripherie F̄ *e-r Stadt* periferie f, suburbie f; IT periferie f
Peripheriegerät N̄ IT dispozitiv n periferic
Perle F̄ perlă f; *umg fig* **~n vor die Säue werfen** a strica orzul pe gâște
Perlmutt N̄ sidef n
perplex *umg* ADJ (≈*verwirrt*) perplex, dezorientat; (≈*verblüfft*) perplex, uimit
Person F̄ persoană f; **in ~** în persoană; **ein Tisch für drei ~en** o masă pentru trei persoane
Personal N̄ personal n
Personalabteilung F̄ serviciu n personal
Personalausweis M̄ carte f de identitate
Personalien PL date fpl personale
Personal Trainer(in) MF̄ SPORT antrenor m personal, antrenoare f personală
Personenschaden M̄ daune fpl fizice
Personenwaage F̄ cântar n personal
Personenzug M̄ tren n de persoane
persönlich ADJ personal; **ich ~** ... eu personal ...; **es ~ nehmen** a se simți vizat
Persönlichkeit F̄ personalitate f; **e-e starke ~ haben** a avea o personalitate puternică
Perspektive F̄ perspectivă f
Peru N̄ Peru n
Perücke F̄ perucă f
pervers ADJ pervers
Pessimist(in) MF̄ pesimist(ă) m(f)
pessimistisch ADJ pesimist
Pest F̄ ciumă f; *umg* **j-n/etw wie die ~ hassen** a urî pe cineva/ceva de moarte
Petersilie F̄ pătrunjel m

Petition F̄ petiție f
Petroleum N̄ petrol n
Petze *pej* F̄ *Schülersprache umg* pârâcios m; pârâcioasă f
petzen *umg pej* V̄I a turna, a denunța, a trăda; *umg* pârî
Pfad M̄ cărare f
Pfadfinder(in) MF̄ cercetaș(ă) m(f)
Pfahl M̄ stâlp m
Pfalz **die ~** Palatinatul Rinului
Pfand N̄ amanet n, garanție (pentru ambalaj) f; **diese Flasche kostet (kein) ~** pentru sticla aceasta (nu) se plătește garanție
pfänden V̄T a sechestra
Pfandflasche F̄ sticlă f returnabilă
Pfanne F̄ tigaie f
Pfannkuchen M̄ **1** clătită f **2** *Krapfen* gogoașă f
Pfarrei F̄ parohie f
Pfarrer(in) MF̄ preot m
Pfau M̄ păun m
Pfeffer M̄ piper n; **schwarzer/weißer ~** piper negru/alb
Pfefferminze F̄ mentă f
Pfefferminztee M̄ ceai n de mentă
Pfeffermühle F̄ râșniță f de piper
Pfefferstreuer M̄ piperniță f
Pfeife F̄ **1** fluier n **2** *zum Rauchen* pipă f; **~ rauchen** a pipa
pfeifen V̄I a fluiera; *umg* **auf etw** (akk) **~** a nu-i păsa de ceva
Pfeil M̄ săgeată f; **~ und Bogen** arc și săgeată; **e-n ~ abschießen** a trage cu o săgeată
Pfeiler M̄ pilon n
Pferd N̄ cal m; **zu ~e** călare
Pferderennen N̄ concurs n de cai
Pferdeschwanz M̄ coadă f de cal
Pferdestall M̄ grajd n de cai
Pferdestärke F̄ cal m putere
pfiff → **pfeifen**
Pfiff M̄ **1** (≈*Pfeifen*) fluierătură f; *auf e-r Pfeife* fluierătură n din fluier **2** *umg* (≈*Reiz*) farmec n; **mit ~** cu șmecherie
Pfifferling M̄ burete m galben
pfiffig ADJ șiret, șmecher
Pfingsten N̄ Rusalii fpl; **an** (od **zu**) **~** de Rusalii
Pfingstferien PL vacanță f de Rusalii
Pfingstmontag M̄ Lunea f Rusaliilor

Pfingstsonntag M̄ Duminica f Rusaliilor
Pfirsich M̄ piersică f
Pflanze F̄ plantă f
pflanzen V̄T̄ a planta
pflanzlich ADJ vegetal
Pflaster N̄ **1** plasture n **2** *Straßenpflaster* pavaj n; *umg fig* **Berlin ist ein teures ~** viaţa e scumpă la Berlin
Pflaume F̄ prună f; **getrocknete ~** prună uscată
Pflege F̄ îngrijire f
Pflegeaufbauplan M̄ PFLEGE plan n de recuperare şi îngrijire
pflegebedürftig ADJ PFLEGE care necesită îngrijire
Pflegebedürftige(r) M/F/M PFLEGE persoană f care necesită îngrijire
Pflegediagnose F̄ PFLEGE diagnostic n de îngrijire, diagnostic n de nursing
Pflegedienst M̄ **1** MED, PFLEGE serviciu n de îngrijiri medicale; **ambulanter ~** serviciu de îngrijiri medicale la domiciliu **2** TECH, AUTO service n auto
Pflegedokumentation F̄ PFLEGE documentaţie f de îngrijiri medicale
Pflegeeltern P̄L̄ părinţi f sociali
Pflegekind N̄ copil m aflat în plasament
Pflegekraft F̄ PFLEGE îngrijitor m, îngrijitoare f
pflegeleicht ADJ care poate fi întreţinut/ îngrijit uşor
Pflegemaßnahme F̄ PFLEGE măsură f de îngrijire
Pflegemutter F̄ mamă f socială
pflegen A V̄T̄ a îngriji B V̄Ī **sich ~** a se îngriji
Pflegeplanung F̄ PFLEGE plan n de îngrijire, plan n de nursing
Pfleger(in) M/F PFLEGE infirmier(ă) m(f)
Pflegevater M̄ tată m social
Pflicht F̄ datorie f; **es ist meine ~, zu** +*inf* este de datoria mea să; **s-e ~ tun/ erfüllen** a-şi face/îndeplini datoria
pflichtbewusst ADJ cu simţul datoriei, conştiincios
Pflichtbewusstsein N̄ conştiinciozitate f
Pflichtfach N̄ materie f obligatorie, disciplină f obligatorie

Pflichtversicherung F̄ asigurare f obligatorie
pflücken V̄T̄ a culege
Pflug M̄ plug n
pflügen V̄T̄ a ara
Pforte F̄ poartă f
Pförtner(in) M/F portar m, portăreasă f
Pfosten M̄ stâlp m
Pfote F̄ labă f
pfui! ĪNT̄ ptiu!
Pfund N̄ **1** *Währung* liră f **2** *Gewicht* jumătate f de kilogram
Pfusch *umg* M̄ **1** greşeală f; *umg* lucru n de mântuială, cârpăceală **2** *österr* (= *Schwarzarbeit*) muncă f la negru, muncă f nedeclarată
pfuschen *umg* V̄Ī a lucra de mântuială
Pfütze F̄ băltoacă f
Phänomen N̄ fenomen n
Phantasie F̄ → Fantasie
phantastisch ADJ → fantastisch
Phase F̄ fază f
Philosoph(in) M/F filozof m, filozoafă f
Philosophie F̄ filozofie f
Photo N̄ → Foto
pH-Wert M̄ valoarea f ph
Physik F̄ fizică f
physikalisch ADJ de fizică, fizic
Physiker(in) M/F fizician(ă) m(f)
physisch ADJ fizic
Pianist(in) M/F pianist(ă) m(f)
Pickel M̄ MED coş n
pick(e)lig ADJ cu coşuri
Pickerl *umg österr* N̄ **1** (= *Aufkleber*) abţibild n, etichetă f autocolantă **2** *zur Autobahnbenutzung* rovinietă f
Picknick N̄ picnic n
picknicken V̄Ī a face picnic
Picknickkorb M̄ coş n de picnic
piepen V̄Ī *Küken* a piui; *Spatzen* a ciripi
piepsen V̄Ī a piui
Piepton M̄ semnal n acustic
piercen V̄T̄ a face piercing; **sich ~ lassen** a-şi face piersing
Piercing N̄ piercing n
Pik N̄ pică f
pikant ADJ picant
pikiert ADJT ofensat (**über etw** *akk* de

ceva)

piksen *umg* V̲T̲ & V̲I̲ a înțepa

Pilger(in) M̲F̲ pelerin(ă) *m(f)*

Pilgerfahrt F̲ pelerinaj *n*

pilgern V̲I̲ **1** a merge în pelerinaj (**nach la**) **2** *umg fig* a se plimba

Pille F̲ **1** pilulă *f* **2** *Antibabypille* anticoncepțional *n*; **sie nimmt die ~** (ea) ia pilula anticoncepțională; *umg* **die ~ danach** pilula de a doua zi

Pilot(in) M̲F̲ pilot *m*

Pils N̲ bere *f* Pilsner

Pilz M̲ **1** ciupercă *f*; **wie ~e aus der Erde schießen** a răsări ca ciupercile după ploaie **2** *umg MED* ciupercă *f* (parazită)

Pilzerkrankung F̲ MED, PFLEGE *umg* micoză *f*

PIN F̲ codul *n* pin

pingelig *umg* A̲D̲J̲ pedant

Pinguin M̲ pinguin *m*

Pinie F̲ pin *m*

Pinienkern M̲ sămânță *f* de pin

pink A̲D̲J̲ roz

pinkeln *umg* V̲I̲ a urina

PIN-Nummer *umg* F̲ → PIN

Pinnwand F̲ panou *n* de afișaj din plută

Pinsel M̲ pensulă *f*

Pinzette F̲ pensetă *f*

Pipapo *umg* N̲ **mit allem ~** *umg* cu toate fleacurile

Pipi *kinderspr* N̲ pipi *n*; **~ machen** a face pipi

Pirat(in) M̲F̲ **1** pirat *m* **2** POL membru *m* al Partidului Piraților

Piratenpartei F̲ POL Partidul *n* Piraților

Piraterie F̲ piraterie *f*, jaf pe mare; HANDEL piraterie *f*

Pistazie F̲ fistic *n*

Piste F̲ *Ski* pistă *f*; **auf die ~ gehen** a o face lată

Pistole F̲ pistol *n*; *fig* **j-m die ~ auf die Brust setzen** a constrânge pe cineva; **wie aus der ~ geschossen** ca din pușcă

Pixel N̲ IT pixel *m*

Pizza F̲ pizza *f*

Pizzeria F̲ pizzerie *f*

Pkw M̲ A̲B̲K̲ (= Personenkraftwagen) autoturism *n*

Plage F̲ **1** chin *n*, nenorocire *f*, pacoste *f* **2** (≈ *Landplage*) calamitate *f*, plagă *f*

plagen A̲ V̲T̲ a chinui B̲ V̲R̲ **sich (mit etw) ~** a se chinui (cu ceva); *umg* a îndura (ceva)

Plakat N̲ afiș *n*; **~e (an)kleben** a lipi afișe

Plakette F̲ plachetă *f*; (≈ *Abzeichen*) plachetă *f* (comemorativă)

Plan M̲ plan *n*; **alles läuft nach ~** totul se desfășoară conform planului; **auf dem ~ stehen** a fi planificat

Plane F̲ prelată *f*

planen V̲T̲ a plănui; **wie geplant** așa cum a fost planificat

Planet M̲ planetă *f*

Planetarium N̲ planetariu *n*

Planke F̲ scândură *f*

planlos A̲D̲J̲ & A̲D̲V̲ fără plan, nechibzuit; (≈ *aufs Geratewohl*) la întâmplare, fără un scop precis

planmäßig A̲D̲J̲ & A̲D̲V̲ *Ankunft* conform planului

Planschbecken N̲ bazin *n* de baie (pentru copii mici)

planschen V̲I̲ a se bălăci

Plantage F̲ plantație *f*

plantschen V̲I̲ a se bălăci

Planung F̲ planificare *f*; **in der ~ sein** a fi în faza de planificare

Planwirtschaft F̲ economie planificată

plappern *umg* V̲T̲ & V̲I̲ a trăncani; *pej* a flecări

Plastik A̲ N̲ *Kunststoff* plastic *n* B̲ F̲ sculptură *f*

Plastikfolie F̲ folie *f* de plastic

Plastiktüte F̲ pungă *f* de plastic

Platin N̲ platină *f*

plätschern V̲I̲ a susura

platt A̲D̲J̲ **1** plat **2** *Reifen* dezumflat; **einen Platten haben** a avea o pană de cauciuc

Platte F̲ **1** placă *f* **2** *Schallplatte* disc *n* **3** GASTR platou *n*; **kalte ~** platou cu hrană rece

Plattenspieler M̲ picup *n*

Plattform F̲ platformă *f*

Plattfuß M̲ platfus *n*

Platz M̲ loc *n*; **ist dieser ~ frei?** este liber locul acesta?; **nehmen Sie ~!** luați loc!; **j-m ~ machen** a face loc cuiva; **(nicht) an s-m ~ sein** a (nu) se afla la locul său; *fig* **fehl am ~e sein** a fi deplasat; **den zweiten ~ belegen** a ocupa locul al doilea

Platzanweiser(in) M̲F̲ plasator *m*, plasatoare *f*

Plätzchen N̲ ≈ fursec *n*

platzen V̲I̲ a plesni; **vor Neugier/Wut ~** a plesni de curiozitate/mânie

platzieren A̲ V̲T̲ a plasa B̲ V̲R̲ SPORT **sich ~ als ...** a se plasa pe locul ...

Platzkarte F̲ bilet *n* cu loc rezervat

Platzregen M̲ aversă *f*

Platzreservierung F̲ rezervare *f* (de loc)

Platzwunde F̲ rană *f* deschisă

plaudern V̲I̲ a sta la taifas

Playlist F̲ IT listă *f* de redare

pleite *umg* A̲D̲J̲ falit; **~ sein** a fi falit

Pleite F̲ faliment *n*

pleitegehen V̲I̲ a da faliment

Plombe F̲ *Zahn* plombă *f*

plombieren V̲T̲ a plomba

plötzlich A̲ A̲D̲J̲ brusc B̲ A̲D̲V̲ pe neașteptate

plump A̲D̲J̲ 1̲ (*dick*), *Lüge, Fälschung* grosolan 2̲ (≈ *schwerfällig*) greoi 3̲ (≈ *ungeschickt*) stângaci

plumpsen *umg* **auf den Boden** a cădea cu zgomot; *ins Wasser* a cădea cu zgomot în apă, a plescăi

plündern V̲T̲ a jefui; *Stadt* a devasta

Plural M̲ plural *n*

Plus N̲ 1̲ (≈ *Überschuss*) (sur)plus *n*, prisos *n*, excedent *n* 2̲ MATH plus *n* 3̲ *fig* (≈ *Vorteil*) avantaj *n*

plus A̲D̲V̲ plus; **fünf ~ sieben ist zwölf** cinci cu șapte fac doisprezece; **zehn Grad ~** zece grade plus

Plüsch M̲ pluș *n*

Plüschtier N̲ jucărie *f* de pluș

Pluspunkt M̲ punct *n* (pozitiv); *Vorteil* avantaj *n*

PLZ A̲B̲K̲ (= *Postleitzahl*) cod poștal

Po *umg* M̲ fund *n*

pochen *geh* V̲I̲ 1̲ (≈ *klopfen*) a bate (**an** +*akk*), (**gegen** în); *Herz* a bate 2̲ *fig* **auf etw** (*akk*) **~** a se prevala de ceva

Pocken P̲L̲ variolă *f*

Pockenschutzimpfung F̲ vaccin *n* antivariolic

Podcast M̲ IT podcast *n*

Podest M̲N̲ 1̲ (≈ *Podium*) podium *n* 2̲ (≈ *Treppenabsatz*) podest *n*

Podium N̲ podium *n*

Podiumsdiskussion F̲ discuție *f* publică

poetisch A̲D̲J̲ poetic

Pointe F̲ poantă *f*

Pokal M̲ cupă *f*

Pokalspiel N̲ partidă *n* de campionat

Poker N̲M̲ pocher *n*

pokern V̲I̲ a juca pocher

Pol M̲ pol *n*; *fig* **der ruhende Pol** (persoană) cu efect calmant și liniștitor asupra celorlalți

Polarkreis M̲ cerc *n* polar; **nördlicher/südlicher ~** cercul polar de nord/sud

Polarstern M̲ stea *f* polară

Pole M̲ polonez *m*

Polen N̲ Polonia *f*

Police F̲ poliță *f*

polieren V̲T̲ a lustrui

Polin F̲ poloneză *f*

Politesse F̲ polițistă *f*

Politik F̲ politică *f*

Politiker(in) M̲F̲ politician(ă) *m(f)*

politisch A̲D̲J̲ politic; **~ korrekt** corect politic

Polizei F̲ poliție *f*; **bei der ~** la poliție; **zur ~ gehen** a merge la poliție

Polizeibeamte(r) M̲, **Polizeibeamtin** F̲ agent(ă) *m(f)* de poliție

Polizeikontrolle F̲ control *n* exercitat de poliție

Polizeirevier N̲, **Polizeiwache** F̲ secție *f* de poliție

Polizeischutz M̲ protecție *f* acordată de poliție

Polizeiwache F̲ post *n* de poliție

Polizist(in) M̲F̲ polițist(ă) *m(f)*

Pollen M̲ polen *n*

polnisch A̲D̲J̲ polonez

Polnisch N̲ limba *f* poloneză

Polohemd N̲ cămașă *f* polo

Polster N̲ 1̲ (≈ *Polsterung*) tapițerie *f* 2̲ (≈ *Polsterauflage*) saltea *n* pentru șezlong; (≈ *Kissen*) pernă *f* 3̲ *fig* economie *f*, agoniseală

Polterabend M̲ petrecere *f* în ajunul nunții

Polyp M̲ MED polip *m*

Pommes (frites) PL cartofi *mpl* prăjiți
Pony A M *Frisur* breton *n* B N *Pferd* ponei *m*
Pool M 🔟 fond *n* 🔢 WIRTSCH grup *n* de interese, asociație *f* de firme
Popcorn N floricele *fpl* de porumb
pop(e)lig ADJ (≈ *armselig*) jalnic; *umg* jerpelit; (≈ *gewöhnlich*) banal
Popgruppe F grup *n* de muzică pop
Popmusik F muzică *f* pop
Popo *umg* M șezut *n*, fund *n*; *umg* popou *n*
Popstar M vedetă *f* de muzică pop
populär ADJ popular
Pore F por *m*
Porno M film *n* porno
Pornografie F pornografie *f*
Porree M praz *m*; **eine Stange ~** un fir de praz
Portal N IT portal *n*
Portemonnaie N portmoneu *n*
Portfolio N 🔟 FIN portofoliu *n* 🔢 SCHULE portofoliu *n*; SCHULE **ein ~ anlegen** a întocmi un portofoliu
Portier M portar *m*
Portion F porție *f*
Porto N porto *n*
portofrei ADJ & ADV franco, scutit de taxe poștale
Porträt N portret *n*
Portugal N Portugalia *f*
Portugiese M, **Portugiesin** F portughez(ă) *m(f)*
portugiesisch ADJ portughez
Portugiesisch N limba *f* portugheză
Portwein M vin *n* de Porto
Porzellan N porțelan *n*
Posaune F trombon *n*
Position F poziție *f*
positiv ADJ pozitiv
Post® N poștă *f*; **zur ~**® **gehen** a merge la poștă; **elektronische ~** poștă electronică
Postamt N oficiu *n* poștal
Postbote M, **Postbotin** F poștaș *m*, poștăriță *f*
Posten M post *n*
Poster N afiș *n*
Postfach N căsuță *f* poștală
Postkarte F carte *f* poștală
Postleitzahl F codul *n* poștal
Postsparbuch N carnet *n* de econo-

mii la poștă
Poststempel M ștampila *f* poștei
postwendend ADVL 🔟 rapid, imediat 🔢 *fig* acușica
Postwurfsendung F imprimate *fpl*
Potenz F 🔟 MATH putere *f* 🔢 (≈ *Manneskraft*) potență *f*
potthässlich *umg* ADJ *umg* foarte urât
Powidl *österr* M GASTR magiun *n* de prune
Pracht F pompă *f*, bogăție *f*, splendoare *f*, lux *n*
prächtig ADJ magnific, splendid
Prachtstück *umg* N obiect *n* minunat, exemplar *n* minunat
Prädikat N 🔟 GRAM predicat *n* 🔢 (≈ *Zensur*) notă *f*, calificativ *n*
Prag N Praga *f*
prägen VT TECH a ștanța, a matrița; *Papier, Stoff* a imprima; *fig* a influența; *Wort* a cizela; **Münzen ~** a bate monedă
prahlen VI a se făli (**mit** cu)
Praktikant(in) MF practicant(ă) *m(f)*
Praktikum N practică *f*
praktisch ADJ practic; **~er Arzt** medic *m* generalist
Praline F pralină *f*
prall ADJ umflat; *Körperteile* plin; **in der ~en Sonne** în plin soare
prallen VI a se izbi (**gegen/auf/an etw** *akk* de ceva)
Prämedikation F MED premedicație *f*
Prämie F primă *f*
Präparat N MED preparat *n*
Präsens N prezent *n*
Präsentation F prezentare *f*
Präservativ N prezervativ *n*
Präsident(in) MF președinte *m*, președintă *f*
prasseln VI *Regen* a răpăi; *Feuer* a trosni
Praxis F 🔟 practică *f*; **in der ~** în practică; (e-e Idee) **in die ~ umsetzen** a pune (o idee) în practică 🔢 MED cabinet *n* medical
präzis(e) ADJ precis
predigen VT & VI a predica
Predigt F predică *f*; **e-e ~ halten** a predica

Preis M̲ preţ n; **zum halben ~** la jumătate de preţ; **um jeden ~** cu orice preţ; **der Große ~ von ...** Marele Premiu al ...

Preisausschreiben N̲ concurs n cu premii

Preiselbeere F̲ merişor n (de munte)

preisen V̲T̲ a lăuda

Preiserhöhung F̲ scumpire f

Preisfrage F̲ **1** (≈ Preisaufgabe) întrebare f cu premiu **2** (≈ Geldfrage) chestiune f de preţ

preisgekrönt A̲D̲J̲T̲ premiat

preisgünstig A̲D̲J̲ convenabil (ca preţ)

Preisliste F̲ listă f de preţuri

Preisnachlass M̲ rabat n

Preisrätsel N̲ concurs n de cuvinte încrucişate cu premii, intergramă f cu premii

Preisschild N̲ etichetă f cu preţul mărfii

Preissenkung F̲ ieftinire f

Preisträger(in) M̲(F̲) laureat(ă) m(f)

Preisvergleich M̲ comparaţie f de preţuri

preiswert A̲D̲J̲ ieftin

prellen V̲T̲ **1** Ball a lovi (puternic) **2** MED a contuziona **3** fig (≈ betrügen) a înşela, a escroca; **j-n um etw ~** a înşela pe cineva cu/la ceva

Prellung F̲ contuzie f

Premiere F̲ premieră f

Premierminister(in) M̲(F̲) prim-ministru m

Presse F̲ presă f

Pressefreiheit F̲ libertate f a presei

Pressekonferenz F̲ conferinţă f de presă

Pressemeldung F̲, **Pressemitteilung** F̲ comunicat n de presă

pressen V̲T̲ a presa

preußisch A̲D̲J̲ prusac, prusian

prickeln V̲I̲ a pişca

Priester M̲ preot m

prima umg A̲D̲J̲ grozav; **das ist ~!** asta-i grozav!; **ein ~ Kerl** un tip grozav

Primararzt M̲, **Primarärztin** österr F̲ medic m primar

Primarschule schweiz F̲ şcoală f primară

primitiv A̲D̲J̲ primitiv

Prinz M̲ prinţ m

Prinzessin F̲ prinţesă f

Prinzip N̲ principiu n; **im ~** în principiu; **aus ~** din principiu

prinzipiell A̲D̲J̲ în principiu

Prise F̲ **e-e ~ Salz** un pic de sare, un vârf de cuţit de sare

privat A̲D̲J̲ privat; **j-n ~ sprechen** a purta o discuţie privată cu cineva; **~ versichert** a avea asigurare (de sănătate) privată

Privatadresse F̲ adresă f privată

Privatangelegenheit F̲ chestiune f personală

Privatbesitz M̲ avere f personală

Privateigentum N̲ proprietate f privată

Privatgespräch N̲ discuţie f privată; TEL convorbire (telefonică) f particulară

Privatgrundstück N̲ teren n proprietate particulară

privatisieren V̲T̲ a privatiza

Privatsache F̲ chestiune f particulară

Privatschule F̲ şcoală f particulară

Privatstunde F̲ oră f particulară

Privatunterricht M̲ lecţie f particulară

Privatwirtschaft F̲ sector n privat

Privileg N̲ privilegiu n

pro P̲R̲Ä̲P̲ pe; **pro Tag** pe zi

Pro N̲ **das Pro und Kontra** pro şi contra

Probe F̲ **1** probă f; **zur** (od **auf**) **~** de probă; **j-n auf die ~ stellen** a pune pe cineva la încercare **2** THEAT repetiţie f

Probealarm M̲ exerciţiu n de alarmă

Probefahrt F̲ proba f maşinii

proben V̲T̲ & V̲I̲ THEAT a face repetiţie

probeweise A̲D̲J̲ & A̲D̲V̲ de probă

Probezeit F̲ perioadă f de probă

probieren V̲T̲ & V̲I̲ **1** a încerca **2** Speise a gusta **3** Wein a degusta

probiotisch A̲D̲J̲ bes Joghurt probiotic

Problem N̲ problemă f; **kein ~** nici o problemă

problematisch A̲D̲J̲ problematic

problemlos A̲ A̲D̲J̲ fără probleme, fără dificultăţi; Kind cuminte B̲ A̲D̲V̲ verlaufen etc fără probleme, fără dificultăţi

Produkt N̲ produs n

Produktion F̲ producţie f

produktiv A̲D̲J̲ productiv

Produktivität F̲ productivitate f

P

produzieren V/T a produce
professionell ADJ profesional; *fachmännisch* profesionist
Professor(in) M(F) profesor *m*, profesoară *f*
Profi M profesionist *m*
Profil N profil *n*; **im ~** în profil
profilieren V/R **sich ~** a se profila
Profit M profit *n*
profitieren V/I a profita (**von** de)
Prognose F prognoză *f*
Programm N a. IT, TV program *n*
programmieren V/T a programa
Programmierer(in) M(F) programator *m*, programatoare *f*
Programmkino N cinematograf *n* de repertoriu
Projekt N proiect *n*
Projektion F proiecție *f*
Projektmanagement N WIRTSCH management *n* al proiectului
Projektor M proiector *n*
Prokurist(in) M(F) procurist(ă) *m(f)*
Promenade F promenadă *f*
Promille N alcoolemie *f*; **2,5 ~** 2,5 la mie
Promillegrenze F limita *f* permisă de alcoolemie
prominent ADJ proeminent
Prominente(r) M(F)N celebritate *f*
Prominenz F protipendadă *f*
prompt A ADJ prompt, expeditiv, operativ B ADV prompt, grabnic, imediat, neîntârziat, operativ; *umg* (≈*erwartungsgemäß*) conform așteptărilor
Pronomen N pronume *n*
Propaganda F propagandă *f*
Propeller M elice *f*, propulsor *n*
Prophet(in) M(F) profet(esă) *m(f)*; *fig* vizionar(ă) *m*
prophezeien V/T a proroci, a prezice
Prophylaxe F MED profilaxie *f*
proppenvoll *umg* ADJ ticsit
Prosektur F MED secție *f* de patologie
prosit! INT, **prost!** noroc!; **prosit Neujahr!** la mulți ani!
Prospekt M prospect *n*
prost *umg* → **prosit!**
Prostituierte F prostituată *f*
Protein N BIOL, CHEM proteină *f*
Protest M protest *n*; **aus ~** (**gegen**) din protest (împotriva)

Protestant(in) M(F) protestant(ă) *m(f)*
protestantisch ADJ protestant
protestieren V/I a protesta (**gegen** contra)
Prothese F MED, PFLEGE proteză *f*
Protokoll N protocol *n*; **~ führen** a scrie un protocol; **zu ~ geben** a consemna în protocol
Protokollführer(in) M(F) protocolist *m*
protzen *umg* V/I a se lăuda (**mit etw** cu ceva); *umg* a-și da aere
protzig *umg* ADJ înfumurat, încrezut; (≈*luxuriös*) pretențios, șic
Proviant M provizii *fpl* (de drum)
Provider M IT provider *m*
Provinz F provincie *f*
Provision F comision *n*
provisorisch ADJ provizoriu
Provokation F provocare *f*
provozieren V/T a provoca
Prozedur F procedură *f*
Prozent N procent *n*
Prozentsatz M procentaj *n*
Prozess M a. JUR proces *n*; **e-n ~ führen** a se afla în curs de judecată; **j-m den ~ machen** a face proces cuiva; *umg* **mit j-m/etw kurzen ~ machen** a isprăvi repede cu cineva/ceva
Prozession F procesiune *f*
Prozessor M IT procesor *n*
prüde ADJ pudic
prüfen V/T **1** a examina (**in** + *dat* la) **2** *nachprüfen* a controla
Prüfer(in) M(F) examinator *m*, examinatoare *f*; TECH, HANDEL controlor *m*/ controloare *f* de calitate
Prüfung F **1** examen *n*; **mündliche/ schriftliche ~** examen oral/scris **2** *Überprüfung* control *n*
Prügel M **1** (≈*Knüppel*) bâtă *f*, ciomag *n* **2** **~ bekommen** (*od* **beziehen**) a lua bătaie, a lua de coajă
Prügelei F încăierare *f*
prügeln A V/T a bate B V/R **sich ~** a se bate
PS A ABK (= Pferdestärke) CP (cal-putere) B ABK (= Postskriptum) P.S. (post-scriptum)
pst INT **1** (≈*Ruhe!*) pst, șt, st **2** (≈*he!*) ei
Psychiater(in) M(F) psihiatru *m*, psihiatră *f*

psychisch ADJ psihic
Psychoanalyse F psihanaliză f
Psychologe M, **Psychologin** F psiholog(ă) m(f)
Psychologie F psihologie f
psychologisch ADJ psihologic
psychosomatisch ADJ psihosomatic
Psychotherapie F psihoterapie f
Pubertät F pubertate f
Publikum N public n
Pudding M budincă f
Pudel M pudel m
Pudelmütze F căciuliță f (tricotată) din lână cu moț
Puder M pudră f
Puderzucker M zahăr n pudră
Puffer M TECH amortizor n; BAHN tampon n
Pulli M, **Pullover** M pulover n
Puls M MED, PFLEGE puls n; **j-m den ~ fühlen** a lua pulsul cuiva
Pulsader F arteră f
Pult N pupitru n
Pulver N pulbere f
Pulverkaffee M cafea f ness
Pulverschnee M zăpadă f pufoasă
pumm(e)lig umg ADJ grăsuț, durduliu, rotofei
Pumpe F pompă f
pumpen V/T a pompa; umg (=ausleihen) **etw von j-m ~** a lua ceva cu împrumut de la cineva
Pumps PL pantofi mpl cu toc înalt
Punk M 🔟 Musik muzică f punk 🔢 Mensch punkist(ă) m(f)
Punkt M punct n; **~ zwei Uhr** fix la ora două; **~ für ~** punct cu punct; **schwacher/toter/wunder ~** punct slab/mort/nevralgic; **der springende ~** în esență; **es auf den ~ bringen** a se exprima scurt și la obiect
punktieren V/T 🔟 a puncta; **punktierte Linie** linie f punctată 🔢 MED a puncționa
pünktlich ADJ punctual; **~ kommen** a sosi la fix
Pünktlichkeit F punctualitate
Punsch M punci n
Pupille F pupilă f
Puppe F păpușă f
pur ADJ pur
Püree N piure n

pürieren V/T a pasa; **pürierte Kost** f alimente pasate
Purzelbaum M rostogolire f peste cap; umg tumbă f; **e-n ~ schlagen** a se rostogoli peste cap, a face o tumbă
Puste umg F răsuflare f, respirație f, suflu n; **außer ~ sein** a rămâne fără suflare; **mir geht die ~ aus** mi se taie respirația
pusten V/T & V/I a sufla
Pute F curcă f
Puter M curcan m
Putsch M lovitură f de stat
Putz M Mörtel mortar n
putzen V/T a curăța; Schuhe a face; **sich die Nase ~** a se șterge la nas; **sich die Zähne ~** a se spăla pe dinți; **~ gehen** a lucra ca femeie de serviciu
Putzfrau F femeie f de serviciu
putzig umg ADJ nostim, drăguț
Putzlappen M cârpă f
Putzmittel N detergent m
Puzzle N puzzle n
Pyjama M pijama f
Pyramide F piramidă f
Pyrenäen PL **die ~** Munții mpl Pirinei

Q, q N q m
QR-Code® M (= Quick-Response-Code) IT cod n QR
Quadrat N pătrat n
quadratisch ADJ pătrat
Quadratmeter M metru m pătrat
Qual F chin n; **die ~ der Wahl** a fi greu de decis; **für j-n e-e ~ sein** a fi un chin pentru cineva
quälen A V/T a chinui B V/R **sich ~** a se chinui
quälend ADJ chinuitor, torturant, obsedant; Sorgen obsedant; Schmerz chinuitor
Quälerei F chinuială f
Quali M ABK (= qualifizierender Hauptschulabschluss) SCHULE *certifi-*

cat de absolvire a şcolii "Hauptschule"
Qualifikation F̲ calificare f; (≈ *Befähigung*) abilitate f
qualifizieren V̲R̲ **sich ~** a se califica (**für** pentru)
Qualität F̲ calitate f
Qualitätskontrolle F̲ control n de calitate
Qualitätsmanagement N̲ management n al calităţii
Qualitätssicherung F̲ asigurare f a calităţii
Qualle F̲ meduză f
Qualm M̲ fum n gros
qualmen V̲I̲ a scoate fum (gros)
Quantität F̲ cantitate f
Quarantäne F̲ carantină f
Quark M̲ brânză f de vaci
Quartal N̲ cvartal n
Quartett N̲ cvartet n
Quartier N̲ locuinţă f provizorie
Quarz M̲ cuarţ n
Quatsch *umg* M̲ prostie f, tâmpenie f; **das ist ~!** este absurd!, este o prostie!
quatschen *umg* V̲I̲ a trăncăni
Quecksilber N̲ mercur n
Quelle F̲ izvor n; *umg fig* **an der ~ sitzen** a se afla la sursă
quellen V̲I̲ *Wasser etc* a izvorî (**aus** din)
Quellensteuer F̲ impozit n cu reţinere la sursă
quengeln *umg* V̲I̲ *umg* a se plânge, a cere insistent tânguindu-se; (≈ *nörgeln*) a cicăli *umg*
quer A̲D̲V̲ transversal; **~ gestreift** dungat transversal
Quere F̲ **j-m in die ~ kommen** a face/a crea dificultăţi cuiva
querfeldein A̲D̲V̲ de-a dreptul
Querflöte F̲ flaut n
Querformat N̲ format n transversal
querlegen V̲R̲ *umg fig* **sich ~** a se pune de-a curmezişul, a bara
Querschnitt M̲ secţiune f transversală
querschnitt(s)gelähmt A̲D̲J̲T̲ paraplegic
Querschnitt(s)lähmung F̲ paraplegie f
Querstraße F̲ stradă f transversală
quetschen V̲T̲ **1** a strivi **2** MED a contuziona; **sich** (*dat*) **die Finger ~** a-

-şi strivi degetele
Quetschung F̲ MED contuzie f
quieken V̲I̲ *Schwein* a guiţa; *Maus* a chiţăi; *umg* a ţipa (strident)
quietschen V̲I̲ **1** *Tür* a scârţâi **2** *Bremsen* a scrâşni
quillt → **quellen**
Quirl M̲ **1** GASTR tel n **2** *umg fig* persoană f exuberantă
quirlig A̲D̲J̲ exuberant
quitt A̲D̲J̲ **~ sein** a fi chit
Quitte F̲ gutuie f
quittieren V̲T̲ a achita
Quittung F̲ chitanţă f
Quiz N̲ concurs n de întrebări şi răspunsuri
quoll → **quellen**
Quote F̲ cotă f

R

R, r N̲ r m
Rabatt M̲ rabat n
Rabbi, Rabbiner M̲ rabin m
Rabe M̲ corb m
rabiat A̲D̲J̲ **1** (≈ *gewalttätig*) brutal; (≈ *roh*) crud **2** (≈ *wütend*) furios, rabiat, turbat
Rache F̲ răzbunare f; **aus ~ für etw** ca răzbunare pentru ceva
Rachen M̲ gâtlej n
rächen V̲R̲ **sich für etw an j-m ~** a se răzbuna pe cineva pentru ceva
rachsüchtig A̲D̲J̲ răzbunător, vindicativ
Rad N̲ **1** roată f; **unter die Räder kommen** a decădea; *Pfau, a.* SPORT **ein Rad schlagen** a face roata **2** *Fahrrad* bicicletă f; **(mit dem) Rad fahren** a merge cu bicicleta
Radar M̲ *od* N̲ radar n
Radarkontrolle F̲ control n radar
Radau *umg* M̲ scandal n, tărăboi n
radeln *umg* V̲I̲ a merge cu bicicleta
Radfahrer(in) M̲F̲ biciclist(ă) m(f)
Radfahrweg M̲ pistă f de bicicletă

Radi *österr, südd* M̄ ridiche f
radieren V̄T̄ a șterge
Radiergummi M̄ gumă f (de șters)
Radieschen N̄ ridiche f
radikal ADJ radical
Radikale(r) M/F(M) POL radical m, radicală f
Radikalismus M̄ radicalism n
Radio N̄ radio n; **im ~** la radio; **~ hören** a asculta la radio
radioaktiv ADJ radioactiv
Radioaktivität F̄ radioactivitate f
Radiologe M̄, **Radiologin** F̄ radiolog(ă) m(f)
Radiosender M̄ post n de radio
Radiowecker M̄ radio-deșteptător n
Radius M̄ MATH rază f
Radler(in) M(F) (bi)ciclist(ă) m(f)
Radlerhose F̄ pantalon m (scurt) tip sport pentru bicicliști
Radrennen N̄ cursă f de ciclism
Radrennfahrer(in) M(F) ciclist(ă) m
Radtour F̄ excursie f cu bicicleta
Radweg M̄ pistă f pentru bicicliști
raffen V̄T̄ **1** (**an sich** *akk*) **~** a acapara ceva; a-și însuși ceva **2** *Kleid* a drapa, a ridica
raffiniert ADJT rafinat
Ragout N̄ tocană f
Rahm M̄ smântână f
rahmen V̄T̄ a înrăma
Rahmen M̄ cadru n; **im ~ bleiben** a rămâne în limitele; **aus dem ~ fallen** a ieși din comun
Rahmenbedingungen F̄PL condții fpl, factori fpl determinanți
Rakete F̄ rachetă f
Rallye F̄ raliu n
RAM N̄ ABK (= random access memory) IT RAM n
rammen V̄T̄ **1** a bate **2** *Fahrzeug* a izbi; *von hinten* a împinge; (*seitlich*) **~** a lovi (lateral)
Rampe F̄ rampă f
Ramsch M̄ **1** *pej* (*≈ Plunder*) nimicuri fpl, mărunțișuri fpl; *umg* vechituri fpl **2** HANDEL rebut n
ran *umg* ADV (**jetzt aber**) **ran!** (acum) hai!; haide!; hai repede!; **ran an die Arbeit!** la treabă!; → **heran**
Rand M̄ margine f; **bis an den** (*od* **zum**) **~ până la margine; am ~e der**

Verzweiflung sein a fi la limita disperării; **am ~e erwähnen** a menționa în paranteză
randalieren V̄Ī a face scandal
Randgruppe F̄ grup n marginalizat; (**soziale**) **~n** comunitate f marginalizată (social)
rang → **ringen**
Rang M̄ **1** rang n; **ersten ~es** de prim rang; **alles, was ~ und Namen hat** toate persoanele importante **2** THEAT balcon n
rangehen *umg* V̄Ī *umg* a răspunde la telefon; *bei der Arbeit* a trata o problemă/chestiune *umg*
Rangordnung F̄ ierarhie f
rannte → **rennen**
Ranzen M̄ raniță f
ranzig ADJ râncd; **~ werden** a râncezi
Rap M̄ MUS rap n
rappen V̄Ī MUS a cânta rap
Rapper(in) M(F) MUS raper m
Raps M̄ rapiță f
rar ADJ rar
Rarität F̄ raritate f
rasant ADJ razant; **~ fahren** a conduce cu viteză foarte mare
rasch ADJ rapid
rascheln V̄Ī a foșni
rasen V̄Ī **1** a goni; **gegen einen Baum ~** a intra cu mare viteză într-un copac **2** *toben* a goni, a alerga nebunește; **vor Wut ~** a turba de furie
Rasen M̄ gazon n
rasend **A** ADJT **1** *Geschwindigkeit* furtunos **2** (*≈wütend*) furios; (*≈wahnsinnig*) turbat, nebun; **~ werden** a turba, a înnebuni; **j-n ~ machen** a înnebuni pe cineva **3** *Schmerz* groaznic; *Beifall* frenetic, furtunos; **~e Zahnschmerzen** *mpl* dureri de dinți/măsele groaznice **B** *umg* ADVL grozav; **etw ~ gern tun** a face ceva cu bucurie grozavă
Rasenmäher M̄ mașină f de tuns iarba
Raser *umg* M̄ vitezoman m; *Autofahrer* șofer m cu mania vitezei
Rasierapparat M̄ aparat n de ras; **elektrischer ~** aparat de ras electric
Rasiercreme F̄ cremă f de ras
rasieren **A** V̄T̄ a rade **B** V̄R̄ **sich ~** a se rade

R

Rasierer M̄ aparat n electric de ras
Rasierklinge F̄ lamă f de ras
Rasiermesser N̄ brici n
Rasierpinsel M̄ pămătuf n
Rasierschaum M̄ spumă f de ras
Rasierwasser N̄ loțiune f aftershave
raspeln V̄T a răzui
Rasse F̄ rasă f
Rassismus M̄ rasism n
Rassist(in) M̄F̄ rasist(ă) m(f)
rassistisch ADJ rasist
Rast F̄ popas n; **~ machen** a face popas
Rastalocken FPL codițe fpl rasta
Rastplatz M̄ loc n de popas; *an Autobahnen* parcare f pe autostradă
Raststätte F̄ restaurant n pe autostradă
Rasur F̄ bărbierit n
Rat M̄ sfat n; **auf j-s Rat** (*akk*) la sfatul cuiva; **j-m e-n Rat geben** a da cuiva un sfat; **j-n um Rat fragen** a cere sfatul cuiva; **j-n zu Rate ziehen** a cere sfatul cuiva
Rate F̄ rată f; **etw auf ~n kaufen** a cumpăra ceva în rate
raten V̄T & V̄I ◨ a ghici; **rate mal!** ia ghicește!; *umg iron* **dreimal darfst du ~** ai trei încercări la dispoziție (să ghicești); *umg* **das rätst du nie!** nu vei ghici niciodată! ◨ *empfehlen* a sfătui (**j-m** pe cineva); **j-m ~, etw zu tun** a sfătui pe cineva să facă ceva
Ratenzahlung F̄ plată f în rate
Rathaus N̄ primărie f
ratifizieren V̄T a ratifica
Ratingagentur F̄ FIN agenție f de rating
Ration F̄ rație f
rational ADJ a. MATH rațional
rationalisieren V̄T a raționaliza
Rationalisierung F̄ raționalizare f
rationell ADJ rațional
ratlos ADJ derutat
ratsam ADJ preferabil
ratschen *umg bes südd, österr* V̄I a turui, a trăncăni
Ratschlag M̄ sfat n
Rätsel N̄ ◨ enigmă f ◨ *Rätselaufgabe* ghicitoare f
rätselhaft ADJ enigmatic
Ratte F̄ șobolan m

rattern V̄I Ⓐ V̄I *Maschinengewehr* a răpăi; *Motor* a hurui Ⓑ V̄I *Wagen* a trepida
rau ADJ aspru
Raub M̄ jaf n
rauben V̄T a jefui; *fig* **j-m etw ~** *Schlaf usw.* a răpi cuiva ceva
Räuber(in) M̄F̄ hoț m, hoață f
Raubkatze F̄ felină f
Raubkopie F̄ copie f pirat
Raubmord M̄ jaf n cu asasinat
Raubtier N̄ animal n de pradă
Raubüberfall M̄ atac n banditesc
Rauch M̄ fum n; *fig* **sich in ~ auflösen** a dispărea
rauchen V̄T & V̄I & V̄I/UNPERS a fuma; **Rauchen verboten!** fumatul interzis!
Raucher(in) M̄F̄ fumător m, fumătoare f
Räucherlachs M̄ somon m afumat
räuchern V̄T a afuma
Räucherstäbchen N̄ bețișor n parfumat
rauchig ADJ afumat
Rauchmelder M̄ detector n de fum
Rauchverbot N̄ interdicție f de fumat
Rauchwolke F̄ nor m de fum
rauf *umg* → herauf, hinauf
Raufbold M̄ bătăuș m
raufen V̄I (& V̄R) **(sich) ~** a se încăiera
Rauferei F̄ bătaie f, încăierare f
rauh ADJ → rau
Raum M̄ ◨ spațiu n ◨ *Platz* loc n ◨ *Zimmer* încăpere f; *fig* **etw im ~ stehen lassen** a lăsa ceva nerezolvat
räumen V̄T ◨ *Ort* a evacua ◨ *wegräumen* a goli
Raumfähre F̄ navă f spațială
Raumfahrt F̄ astronautică f
räumlich ADJ local; OPT în spațiu; (≈ *dreidimensional*) tridimensional
Raumschiff N̄ navă f spațială
Raumstation F̄ stație f orbitală
Raupe F̄ omidă f
Raureif M̄ chiciură f, promoroacă f
raus ADV **~ (mit dir/Ihnen)!** afară!; → heraus, hinaus
Rausch M̄ beție f ușoară; **einen ~ haben** (*od* kriegen) a se chercheli; **s-n ~ ausschlafen** a dormi pentru a-și reveni din beție

rauschen V/i **1** *Bach* a susura **2** *Blätter* a foşni
Rauschgift N̄ drog n
Rauschgifthändler M̄ comerciant m de stupefiante
rauschgiftsüchtig ADJ dependent de stupefiante
Rauschgiftsüchtige(r) M/F(M) toxicoman(ă) m(f)
rausfliegen *umg* V/i a fi dat afară
rauskriegen *umg* V/T **1** (≈ *erfahren*) a afla **2** *Rätsel* a desluşi
räuspern V/R *sich* ~ a-şi drege glasul
rausschmeißen *umg* V/T a concedia
Raute F̄ romb n
Rave M̄ *Party* rave n
Raver(in) M/F(M) raver m
Razzia F̄ razie f
Reagenzglas N̄ eprubetă f
reagieren V/i a reacţiona (**auf** +akk la)
Reaktion F̄ reacţie f
Reaktor M̄ reactor n
real ADJ real
Realeinkommen N̄ venit n real
realisieren V/T *verwirklichen* a realiza
Realist(in) M/F(M) realist(ă) m
realistisch ADJ realist
Realität F̄ realitate f
Realschule F̄ şcoală f reală
Rebe F̄ viţă f de vie
Rebell(in) M/F(M) rebel(ă) m
rebellieren V/i a se răzvrăti
Rebhuhn N̄ potârniche f
Rechenaufgabe F̄ problemă f de aritmetică
Rechenfehler M̄ eroare f de calcul
Rechenschaft F̄ (j-m) ~ **über etw** (akk) **ablegen** a da cuiva socoteală pentru ceva; **j-m (über etw** akk) ~ **schuldig sein** a fi cuiva dator cu ceva; **j-n (für etw) zur** ~ **ziehen** a trage pe cineva socoteală (pentru ceva)
Rechenschaftsbericht M̄ dare f de seamă
Rechenzentrum N̄ centru n de calcul
Rechnen N̄ calcul n; SCHULE aritmetică f
rechnen A V/T a socoti; (≈ *veranschlagen*) er rechnet 50 Euro die Stunde (el) câştigă 50 de euro pe oră; **er rechnet mich zu seinen Freunden** (el) mă

considiă prietenul său **B** V/i a socoti; (≈ *erwarten*) **mit etw** ~ a se aştepta la ceva; (≈ *sich verlassen*) **auf j-n** ~ a conta pe cineva **C** V/R *sich* ~ a renta
Rechner M̄ *Computer* calculator n
Rechnung F̄ **1** socoteală f; *fig* **Ihre ~ geht nicht auf** (ei) nu-i iese socoteala **2** WIRTSCH factură f; **etw in ~ stellen** a pune ceva la socoteală; **das geht auf meine ~** asta merge pe socoteala mea **3** *Restaurant* nota f de plată; **die ~, bitte!** plata, vă rog!
Rechnungshof M̄ curte f de conturi
recht ADJ **1** bine; **ich weiß nicht** ~ nu ştiu prea bine **2** *richtig, passend* potrivit; **mir soll's** ~ **sein** n-am nimic împotrivă **3** ~ **haben** a avea dreptate; **das geschieht ihm** ~ aşa-i trebuie; ~ **gut** destul de bine; **es j-m** ~ **machen** a-i face cuiva pe plac; **das ist mir (nicht)** ~ (nu) îmi convine; **ganz** ~! exact!; **ich glaub, ich hör nicht** ~! nu îmi vine să-mi cred urechilor; **jetzt erst** ~ (nicht) acum chiar că (nu); **Sie kommen gerade** ~ (Dumneavoastră) veniţi exact la timp; **das geht nicht mit ~en Dingen** zu aici nu-i lucru curat; **zur ~en Zeit** la timp
Recht N̄ drept n; **mit (od zu)** ~ pe drept; **im** ~ **sein** a avea dreptate; **mit welchem** ~? cu ce drept?; **das** ~ **haben, etw zu tun** a avea dreptul de a face ceva
Rechte F̄ **1** mâna f dreaptă; **zur ~n** la dreapta **2** POL aripa f de dreapta; POL **die** ~ dreapta
rechte(r, s) ADJ dreptul n; **auf der ~n Seite** pe partea dreaptă
Rechteck N̄ dreptunghi n
rechteckig ADJ dreptunghiular
rechtfertigen V/T (& V/R) a justifica; *sich* ~ a se justifica
Rechtfertigung F̄ justificare f
rechthaberisch ADJ autoritar
rechtlich ADJ legal
rechtmäßig ADJ legitim
rechts ADV la dreapta; ~ **abbiegen** a coti spre dreapta; ~ **von** la dreapta de; ~ **oben** pe partea dreapta sus
Rechtsanwalt M̄, **Rechtsanwältin** F̄ avocat(ă) m(f)
Rechtsaußen M̄ SPORT extremă f

dreaptă

Rechtschreibfehler M̲ greșeală f ortografică

Rechtschreibprogramm N̲ IT program n de corectare ortografică

Rechtschreibreform F̲ reformă f ortografică

Rechtschreibung F̲ ortografie f

Rechtsextremismus M̲ extremism n de dreapta

rechtsextremistisch A̲D̲J̲ extremist de dreapta

Rechtshänder(in) M̲F̲ dreptaci m, dreptace f

rechtsherum A̲D̲V̲ la dreapta împrejur

Rechtsprechung F̲ jurisprudență f

rechtsradikal A̲D̲J̲ de extremă dreapta

Rechtsschutzversicherung F̲ asigurare f pentru asistență juridică

Rechtsstaat M̲ stat n de drept constituțional

Rechtsstreit M̲ proces n, litigiu n; *weitS.* procedură f, demers n

Rechtsverkehr M̲ circulație f pe dreapta

Rechtsweg M̲ cale f judiciară; **den ~ beschreiten** a se adresa justiției

rechtswidrig A̲D̲J̲ ilegal

rechtwinklig A̲D̲J̲ dreptunghiular

rechtzeitig A̲D̲V̲ la timp

recyceln V̲T̲ a recicla

Recycling N̲ reciclare f

Redakteur(in) M̲F̲ redactor m, redactoare f

Redaktion F̲ redacție f

Rede F̲ cuvântare f; **langer ~ kurzer Sinn** pe scurt; **e-e ~ halten** a ține o cuvântare; **davon kann keine ~ sein** nu poate fi vorba despre asta; **danach kam die ~ auf** +*akk* apoi a venit vorba de; **das ist nicht der ~ wert** nu merită discuția

reden V̲I̲ a vorbi; **sie ~ nicht mehr miteinander** ei nu mai vorbesc unul cu altul; **du hast gut ~** ți-e ușor să vorbești; **viel von sich** (*dat*) **~ machen** a atrage atenția asupra sa; **mit sich** (*dat*) **~ lassen** a fi rezonabil

Redensart F̲ expresie f; **sprichwörtliche ~** zicătoare f

Redewendung F̲ expresie f idiomatică

Redner(in) M̲F̲ orator m, oratoare f

Rednerpult N̲ pupitru n

Reduktionskost F̲ regim n de slăbire

reduzieren V̲T̲ a reduce; **sich ~** a se reduce

Reeder M̲ armator m

Reederei F̲ companie f armatorială

reell A̲D̲J̲ **1** *Preis* realizabil; *Firma* promițător **2** (≈ *wirklich*) real **3** MATH **~e Zahlen** fpl numere reale

Referat N̲ referat n; **ein ~ halten** a ține un referat (**über** +*akk* despre)

Referendar(in) M̲F̲ (≈ *Lehramt*) profesor m/profesoară f stagiar(ă); JUR magistrat(ă) m(f) stagiar(ă)

Referent(in) M̲F̲ **1** (≈ *Vortragende(r)*) referent(ă) m(f) **2** *e-r Abteilung* șef(ă) m(f) de serviciu

Referenzen P̲L̲ referințe fpl

reflektieren V̲T̲ *Licht* a reflecta

Reflex M̲ reflex n

Reform F̲ reformă f

Reformhaus® N̲ magazin n cu produse netratate chimic și dietetice

reformieren V̲T̲ a reforma

reformiert A̲D̲J̲ *bes schweiz* REL reformat

Refrain M̲ refren n

Regal N̲ raft n

Regel F̲ **1** regulă f; **in der ~** de regulă; **es ist die ~, dass …** regula este de a …; *umg* **nach allen ~n der Kunst** conform tuturor regulilor **2** MED menstruație f

Regelleistung F̲ MED *der Krankenkassen* serviciu n medical de bază

regelmäßig A̲D̲J̲ regulat

regeln V̲T̲ a reglementa

regelrecht **A** A̲D̲J̲ **1** după toate regulile, regulat **2** *fig* (≈ *wirklich*) (cu) adevărat **B** A̲D̲V̲ potrivit, conform

Regelung F̲ reglementare f

Regen M̲ ploaie f; **bei/im ~** pe/în ploaie

Regenbogen M̲ curcubeu n

Regenmantel M̲ manta f de ploaie

Regenschauer M̲ aversă f

Regenschirm M̲ umbrelă f

Regentropfen M̲ strop m de ploaie,

picătură f de ploaie
Regenwald M̅ pădure f tropicală
Regenwasser N̅ apă f de ploaie
Regenwetter N̅ vreme f ploioasă
Regenwurm M̅ râmă f
Regenzeit F̅ anotimp n ploios
Regie F̅ regie f; **~ führen** a face regie; **unter der ~ von ...** sub regia +gen; **in eigener ~** în regie proprie
regieren V̅/T̅ 1 a guverna 2 Herrscher a domni; **über j-n/etw ~** a conduce pe cineva/ceva
Regierung F̅ guvern n; **an die ~ kommen** a fi ales la guvernare; **eine ~ bilden** a forma un guvern
Regierungschef M̅ șef m de guvern
Regierungsrat M̅ schweiz Gremium guvern n al unui canton
Regierungssitz M̅ sediu n al guvernului
Regierungssprecher(in) M̅/F̅ purtător m/purtătoare f de cuvânt al guvernului
Regimekritiker(in) M̅/F̅ disident(ă) m(f)
Region F̅ regiune f
regional A̅D̅J̅ regional
Regisseur(in) M̅/F̅ regizor m, regizoare f
Register N̅ 1 (≈ Verzeichnis) tablă f de materii; ADMIN registru n 2 e-s Buches cuprins n 3 MUS registru n; fig **alle ~ ziehen** a folosi toate mijloacele
Registerkarte F̅ IT filă f
registrieren V̅/T̅ 1 (≈ eintragen) a înscrie, a înregistra 2 fig a observa
Regler M̅ TECH regulator n
regnen V̅/U̅N̅P̅E̅R̅S̅ a ploua; **es regnet** plouă
regnerisch A̅D̅J̅ ploios
Regress M̅ JUR acțiune n de regres, acțiune f de despăgubire
regresspflichtig A̅D̅J̅ răspunzător de regres, obligat să garanteze
regulär A̅D̅J̅ normal
regulieren V̅/T̅ a regla
Reh N̅ căprioară f
Reibe F̅ răzătoare f
reiben A̅ V̅/T̅ 1 a freca; **sich** (dat) **die Hände ~** a-și freca mâinile 2 GASTR a rade (pe răzătoare) B̅ V̅/R̅ fig **sich an j-m ~** a căuta cuiva pricină

Reibung F̅ 1 (≈ Reiben) frecare f; PHYS frecare f, fricțiune f 2 fig pl **~en** neplăceri fpl, dificultăți fpl
reibungslos A̅D̅J̅ & A̅D̅V̅ fără dificultăți
reich A̅D̅J̅ bogat; **~ machen/werden** a face/deveni bogat; **~ geschmückt** împodobit
Reich N̅ imperiu n
reichen A̅ V̅/T̅ Salz, Hand a da; Essen a servi; **j-m die Hand ~** a întinde cuiva mâna B̅ V̅/I̅ 1 (≈ sich erstrecken) a se întinde (**bis până**) 2 (≈ genügen) a ajunge; **das reicht** ajunge; **jetzt reichts (mir) aber!** destul!
reichhaltig A̅D̅J̅ substanțial
reichlich A̅D̅J̅ 1 abundent 2 Essen copios
Reichtum M̅ bogăție f
Reichweite F̅ distanță f accesibilă; fig rază f de acțiune; **etw in ~ haben** a avea ceva la îndemână
reif A̅D̅J̅ copt; umg **~ für die Insel sein** a fi mort de oboseală; **~ werden** a se coace
Reif M̅ promoroacă f
Reife F̅ maturitate f; **mittlere ~** absolvirea a 10 clase în cadrul unei școli cu profil specializat
reifen V̅/I̅ 1 a se coace 2 fig a se maturiza
Reifen M̅ 1 cerc n 2 AUTO pneu n
Reifendruck M̅ presiunea f pneurilor
Reifenpanne F̅ pană f de cauciuc
Reifenwechsel M̅ schimbarea f pneurilor
Reihe F̅ rând n; **wer ist an der ~?** cine e la rând?; **der ~ nach** pe rând; **der ~ nach erzählen** a înșira; **sich in e-r ~ aufstellen** a se alinia; fig **aus der ~ tanzen** a se comporta în mod neconvențional
Reihenfolge F̅ ordine f; **in alphabetischer ~** în ordine alfabetică
Reihenhaus N̅ casă-tip f (dintr-un șir de case)
reimen V̅/T̅ (& V̅/R̅) (sich) **~** a rima (**auf** +akk cu)
rein¹ umg → herein, hinein
rein² A̅D̅J̅ curat; **~e Seide/Wolle** mătase/lână pură; umg **das ist der ~ste Wahnsinn** asta e nebunie curată
Reinfall umg M̅ păcăleală f, eșec n;

R

Film, Reise etc fiasco n; **glatter ~** eșec total

reinfallen *umg fig* VI **auf etw ~** a se păcăli cu ceva

reinhauen *umg* A VTI **j-m e-e ~** *umg* a trage o lovitură cuiva B VI *beim Essen* a înfuleca

Reinheit F curățenie f

reinigen VT a curăța; **chemisch ~** a curăța chimic

Reinigung F 1 curățire f; **chemische ~** curățire chimică 2 *Geschäft* curățătorie f chimică

Reinigungsmittel N detergent m

reinlegen *umg* VT a păcăli, a înșela

Reis M orez n

Reise F călătorie f; **e-e ~ machen** a face o călătorie; **auf~n sein** a fi plecat în călătorie

Reiseandenken N suvenir n de călătorie

Reiseapotheke F trusă f cu medicamente pentru voiaj

Reisebüro N agenție f de voiaj

Reisebus M autocar n

Reiseführer M 1 ghid m 2 *Buch* ghid n

Reiseführerin F ghidă f

Reisegepäck N bagaj n

Reisegruppe F grup n de turiști

Reiseleiter(in) M/F ghid(ă) m(f)

reisen VI a călători; **durch ein Land ~** a călători printr-o țară

Reisende(r) M/F(M) călător m, călătoare f

Reisepass M pașaport n

Reisescheck M cec n de călătorie

Reisetasche F geantă f de voiaj

Reiseveranstalter M firmă f care organizează călătorii

Reiseversicherung F asigurare f de călătorie

Reiseziel N destinație f

reißen A VT a smulge (**aus den Händen** din mâini); **etw an sich** (*akk*) **~** a acapara ceva, a lua ceva cu forța B VI *Papier, Seil* a se rupe C VR *fig* **sich (nicht) um etw/j-n ~** a (nu) se bate pentru ceva/cineva, a (nu) se da în vânt după ceva/cineva

reißerisch ADJ de senzație

Reißnagel M piuneză f

Reißverschluss M fermoar n

Reißzwecke F piuneză f

Reiten N călărie f

reiten VI a călări; **auf e-m Pferd ~** a călări un cal

Reiter(in) M(F) călăreț m, călăreață f

Reitpferd N cal m de călărie

Reitstall M grajd n pentru cai de călărie

Reitstiefel M cizmă f de călărie

Reiz *fig* M farmec n; **e-n (großen) ~ auf j-n ausüben** a avea (mare) putere de atracție asupra cuiva

reizbar ADJ irascibil, iritabil

reizen VT 1 a irita; **in gereiztem Ton** pe un ton iritat 2 *verlocken* a fermeca

reizend ADJ fermecător

Reizung F MED iritație f

reizvoll ADJ 1 plin de farmec, încântător 2 (*= interessant*) interesant

Reklamation F reclamație f

Reklame F reclamă f

reklamieren VT & VI a reclama

Rekord M record n; **e-n ~ aufstellen/halten** a stabili/deține un record

relativ ADJ relativ

Religion F religie f

religiös ADJ religios

Reling F balustradă f

Remis N remiză f

Remoulade F remuladă f

rempeln *umg* VT a lovi; FUSSBALL *etc* a înghionti

Renaissance F **die ~** Renașterea f

Rendite F rentă f, rendită f

Rennbahn F (*≈ Pferderennbahn*) hipodrom n; (*≈ Radrennbahn*) velodrom n; (*≈ Autorennbahn*) autodrom n

rennen VI a alerga

Rennen N cursă n

Renner *umg* M atracție f

Rennfahrer(in) M(F) pilot m de curse, femeie f pilot de curse

Rennpferd N cal m de curse

Rennrad N bicicletă f de curse

renommiert ADJ renumit

renovieren VT a renova

Renovierung F renovare f

rentabel ADJ rentabil

Rentabilität F rentabilitate f

Rente F pensie f; **in ~ gehen/sein** a ieși/fi la pensie

Rentenversicherung f̲ asigurare f de pensie

Rentier N̲ ren m

rentieren V̲R̲ **sich** ~ a merita

Rentner(in) M̲F̲ pensionar(ă) m(f)

Reparatur f̲ reparație f

Reparaturwerkstatt f̲ AUTO atelier n de reparații

reparieren V̲T̲ a repara

Reportage f̲ reportaj n

Reporter(in) M̲F̲ reporter(ă) m(f)

repräsentieren A̲ V̲T̲ a reprezenta B̲ V̲I̲ a se prezenta conform rangului

Republik f̲ republică f

republikanisch A̲D̲J̲ republican

Reservat N̲ rezervație f (naturală)

Reserve f̲ rezervă f; umg **j-n aus der ~ locken** a provoca pe cineva

Reservekanister M̲ canistră f de rezervă

Reserverad N̲ roată f de rezervă

reservieren V̲T̲ a rezerva; **e-n Platz / ein Zimmer ~** a rezerva un loc / o cameră

Reservierung f̲ rezervare f

resignieren V̲I̲ a se resemna

resolut A̲D̲J̲ rezolut, ferm

Resolution f̲ rezoluție f, hotărâre f, decizie f

Respekt M̲ respect n; **vor j-m/etw ~ haben** a respecta pe cineva/ceva; **sich** (dat) ~ **verschaffen** a se impune

respektieren V̲T̲ a respecta

respektlos A̲D̲J̲ lipsit de respect, ireverențios, nerespectuos

respektvoll A̲D̲J̲ respectuos

Ressource f̲ resursă f

Rest M̲ rest n; umg fig **j-m den ~ geben** a da cuiva lovitura de grație

Restaurant N̲ restaurant n

restaurieren V̲T̲ a restaura

Restbestand M̲ an Waren sold n

restlich A̲D̲J̲ rămas

restlos A̲D̲V̲ complet; umg ~ **glücklich** fericit pe deplin

retten A̲ V̲T̲ a salva B̲ V̲R̲ **sich** ~ a se salva

Retter(in) M̲F̲ salvator m, salvatoare f

Rettich M̲ ridiche f

Rettung f̲ salvare f; fig **letzte ~** ultimul mijloc de scăpare

Rettungsboot N̲ barcă f de salvare

Rettungsdienst M̲ serviciu n de salvare

Rettungsmannschaft f̲ echipaj n de salvare

Rettungsring M̲ colac m de salvare

Rettungsschirm M̲ 1 FLUG parașută f 2 fig POL, EU pachet n de salvare a monedei euro

Rettungswagen M̲ ambulanță f

Reue f̲ căință f

Revanche f̲ revanșă f

revanchieren V̲R̲ **sich (bei j-m für etw)** ~ positiv a se revanșa (față de cineva pentru ceva)

Revier N̲ 1 (≈ Jagdrevier) ocol n silvic 2 (≈ Polizeirevier) sector n 3 ZOOL teritoriu n 4 fig (≈ Bereich) domeniu n

Revision f̲ revizie f; JUR revizuire f; ~ **einlegen** (od in die ~ gehen) a solicita revizuirea

Revolte f̲ revoltă f

revoltieren V̲I̲ **(gegen j-n/etw)** ~ a se revolta împotriva cuiva/unui lucru

Revolution f̲ revoluție f; **die Französische ~** Revoluția franceză

revolutionär A̲D̲J̲ revoluționar

Revolutionär(in) M̲F̲ revoluționar(ă) m(f)

Revolver M̲ revolver n

Rezept N̲ rețetă f

rezeptfrei A̲D̲J̲ & A̲D̲V̲ fără rețetă

Rezeption f̲ recepție f

rezeptpflichtig A̲D̲J̲ pe bază de rețetă

R-Gespräch N̲ TEL convorbire f cu taxă inversă

Rhabarber M̲ revent m

Rhein M̲ **der** ~ Rinul n

Rheinland N̲ Renania f

Rheinland-Pfalz N̲ Renania-Palatinat f

Rheuma N̲ reumatism n

rhythmisch A̲D̲J̲ ritmic

Rhythmus M̲ ritm n

richten A̲ V̲T̲ ordnen a aranja; Blick a--și îndrepta **(auf** +akk **către/aupra);** Brief, Bitte a adresa **(an** +akk **către) B̲** V̲R̲ **sich nach j-m/etw** ~ a se orienta după cineva/ceva; **sich auf etw** (akk) ~ a se îndrepta spre ceva

Richter(in) M̲F̲ judecător m, judecătoare f

R

Richterskala F̲ scară f Richter
Richtgeschwindigkeit F̲ viteză f maximă orientativă
richtig ADJ exact; *sehr* foarte; **~!** exact!; **(es) für ~ halten zu** +inf a considera (ceva) a fi corect; **der ~e Mann/Ort** omul/locul potrivit
richtigstellen V̲T̲ a rectifica
Richtlinie F̲ directivă f
Richtpreis M̲ preţ n orientativ
Richtung F̲ direcţie f; **in ~ ...** în direcţia ...; **in entgegengesetzter ~** în direcţia opusă; **nach allen ~en** în toate direcţiile
rieb → reiben
riechen A̲ V̲I̲ a mirosi; **gut/schlecht ~** a mirosi bine/urât; **nach etw ~** a mirosi a ceva; **aus dem Mund ~** a-i mirosi gura B̲ V̲T̲ **etw ~** a mirosi ceva; *umg fig* **j-n nicht ~ können** a nu putea suferi pe cineva
rief → rufen
Riegel M̲ ❶ zăvor n ❷ *Schokolade* baton n
Riemen M̲ ❶ curea f; *langer, schmaler* cordon n; (≈*Tragriemen, Gewehrriemen*) curea f de transmisie; *umg fig* **sich am ~ reißen** a rezista, a se ţine tare ❷ (≈*Ruder*) vâslă f
Riese M̲ uriaş m
rieseln V̲I̲ *Tropfen* a picura; *Sand* a curge; *Wasser* a susura, a clipoci
Riesenerfolg *umg* M̲ succes n uriaş
riesengroß ADJ gigantic
Riesenhunger *umg* M̲ foame f de lup
Riesenrad N̲ roată f gigantică
Riesenslalom M̲ slalom n uriaş
riesig ADJ enorm; **ich habe mich ~ gefreut** (eu) m-am bucurat enorm
riet → raten
Riff N̲ recif n
Rille F̲ şănţuleţ n, jgheab n; *der Schallplatte* ril n
Rind N̲ vită f
Rinde F̲ ❶ scoarţă f ❷ *Brot, Käse* coajă f
Rinderbraten M̲ friptură f de vacă
Rinderwahn(sinn) M̲ boala f vacii nebune
Rindfleisch N̲ carne f de vită
Ring M̲ ❶ inel n; TURNEN **~e** *pl* inele

❷ *Straße* linie f de centură
Ringbuch N̲ biblioraft n
ringen A̲ V̲T̲ **die Hände ~** a-şi frânge mâinile B̲ V̲I̲ ❶ (≈*kämpfen*) a lupta **(mit** cu) SPORT a practica luptele ❷ *fig* a (se) lupta **(mit** cu); **nach Atem ~** a gâfâi; *stärker* a se sufoca
Ringfinger M̲ inelar n
rings ADV în jur; **~ um** în jurul
ringsherum ADV de jur împrejur
Rinne F̲ (≈*Abflussrinne*) canal n; *in der Straße* conductă f; (≈*Dachrinne*) streaşină f
rinnen V̲I̲ ❶ a curge ❷ *südd* (≈*undicht sein*) a curge
Rinnstein M̲ şanţ n (de scurgere)
Rippchen N̲ GASTR cotlet n
Rippe F̲ coastă f
Risiko N̲ risc n; **auf eigenes ~** pe riscul propriu
Risikofaktor M̲ factor m de risc
Risikogruppe F̲ grup n vulnerabil
riskant ADJ riscant
riskieren V̲T̲ a risca
riss → reißen
Riss M̲ ❶ ruptură f; **~e bekommen** a (se) crăpa ❷ *in der Mauer* crăpătura f
rissig ADJ cu fisuri
ritt → reiten
Ritter M̲ cavaler m
Ritual N̲ ritual n
Rivale M̲, **Rivalin** F̲ rival(ă) m(f)
Rivalität F̲ rivalitate f
Roaming N̲ TEL roaming n
Robbe F̲ focă f
robben V̲I̲ a se târî
Roboter M̲ robot m
robust ADJ robust
roch → riechen
Rock[1] M̲ MUS rock n
Rock[2] M̲ fustă f
Rockmusik F̲ muzică f rock
Rocksänger(in) M̲(F̲) cântăreţ m/cântăreaţă f de rock
Rodelbahn F̲ pistă f pentru săniuţe
rodeln V̲I̲ a se da cu săniuţa
Roggen M̲ secară f
Roggenbrot N̲ pâine f de secară
roh ADJ ❶ crud ❷ *grob* grosolan
Rohbau M̲ construcţie f la roşu
Rohkost F̲ alimentaţie f vegetariană pe bază de crudităţi

Rohr N̄ tub n, ţeavă f
Röhrchen N̄ für Medikamente canulă f; beim Alkoholtest ins ~ blasen umg a sufla în fiolă
Röhre F̄ 🔳 tub n; umg fig in die ~ gucken a rămâne cu ochii în soare 🔳 Backröhre cuptor n
Rohrzucker M̄ zahăr n de trestie
Rohstoff M̄ materie f primă
Rollator M̄ PFLEGE rolator n (dispozitiv de deplasare cu rotile)
Rolle F̄ 🔳 rulou n 🔳 THEAT rol n; e-e ~ spielen a juca un rol; fig aus der ~ fallen a face o gafă
rollen A V̄T̄ a rostogoli; das R ~ a rula sunetul r 🔳 V̄Ī a se rostogoli; etw ins Rollen bringen a pune ceva în mişcare
Rollenspiel N̄ joc n de rol
Roller M̄ für Kinder trotinetă f
Rollerskates P̄L̄ patine fpl pe role
Rollkragen M̄ guler n rulat
Rollkragenpullover M̄ pulover n cu guler rulat
Rollladen M̄ jaluzea f
Rollo N̄ stor n, rulou n
Rollschuh M̄ patină f cu rotile; ~ laufen a merge pe patine cu rotile
Rollstuhl M̄ scaun n rulant
Rollstuhlfahrer(in) M̄(F̄) utilizator m/ utilizatoare f de scaun rulant
rollstuhlgerecht ADJ prevăzut pentru cărucioare rulante
Rolltreppe F̄ scară f rulantă
Rom N̄ Roma; sprichw alle Wege führen nach Rom toate drumurile duc la Roma
ROM N̄ ABK (= read-only memory) IT ROM
Roma P̄L̄ r(r)omi mpl
Roman M̄ roman n
romanisch ADJ Sprache ARCH romanic; Land, Volk, Kultur romanic
Romantik F̄ romantism n
romantisch ADJ romantic
Römer M̄ 🔳 Bewohner roman m 🔳 Weinglas cupă f de vin
römisch ADJ roman
röntgen V̄T̄ a face o radiografie a +gen, a examina radiologic
Röntgenabteilung F̄ secţie f de radiologie

Röntgenaufnahme F̄, Röntgenbild N̄ radiografie f
Röntgenstrahlen M̄P̄L̄ raze fpl Roentgen, raze fpl X
rosa ADJ roz
rosafarben, rosafarbig, rosarot ADJ roz, de culoare roz
Rosé M̄ Wein roze n
Rose F̄ trandafir m
Rosenkohl M̄ varză f de Bruxelles
Rosenmontag M̄ Lunea f Trandafirilor
Rosé(wein) M̄ vin n rosé
rosig A ADJ 🔳 (≈ rosa) roz 🔳 fig îmbujorat, trandafiriu; Zukunft, Lage roz, optimist 🔳 ADV uns geht es nicht gerade ~ nu ne merge prea bine
Rosine F̄ stafidă f
Rosmarin M̄ rozmarin m
Rost M̄ 🔳 rugină f 🔳 zum Braten grătar n
Rostbraten M̄ friptură f înăbuşită
Rostbratwurst F̄ cârnat m la grătar
rosten V̄Ī a rugini
rösten V̄T̄ a prăji
rostfrei ADJ inoxidabil
Rösti P̄L̄ GASTR chiftele f de cartofi
rostig ADJ ruginit
Röstkartoffeln F̄P̄L̄ cartofi mpl prăjiţi
Rostschutzmittel N̄ substanţă f anticorozivă
Rot N̄ roşu n; bei Rot über die Ampel fahren a trece pe roşu; die Ampel steht auf (od zeigt) Rot semaforul este pe roşu
rot ADJ roşu; rot werden a se înroşi; Rote Karte SPORT cartonaşul n roşu; Rote Bete sfeclă f roşie; das Rote Kreuz Crucea f Roşie
Röteln P̄L̄ MED rubeolă f
röten V̄R̄ sich ~ a se înroşi
rothaarig ADJ roşcat
rotieren V̄Ī a roti
Rotkohl M̄, Rotkraut N̄ varză f roşie
rötlich ADJ roşiatic; Haar roşcat
Rotwein M̄ vin n roşu
Rotz M̄ muci mpl
Roulade F̄ GASTR ruladă f; vom Kalb ruladă f din carne de viţel
Route F̄ rută f
Router M̄ IT router n

R

Routine F̲ rutină f
Routineuntersuchung F̲ control n de rutină
Rowdy M̲ bătăuș m
Rübe F̲ sfeclă f; **Gelbe ~** morcov m; **Rote ~** sfeclă f roșie
rüber umg ADV → herüber, hinüber
Rubin M̲ rubin m
Ruck M̲ smucitură f; (≈ Stoß) izbitură f, împingere f; umg fig **sich** (dat) **e-n ~ geben** a se hotărî, a se decide
ruckartig A̲ ADJ brusc, neașteptat, smucit B̲ ADV brusc, deodată
rückbestätigen V̲T̲ Flug a confirma
Rückblende F̲ FILM insert n retrospectiv
Rückblick M̲ retrospecție f (**auf** +akk asupra)
rückdatieren V̲T̲ a antedata
rücken V̲I̲ a mișca; **näher ~** a veni mai aproape; **zur Seite ~** a (se) da într-o parte
Rücken M̲ spate n; fig **hinter j-s ~** fără știrea cuiva; fig **j-m den ~ kehren** a întoarce spatele cuiva; fig **j-m den ~ stärken** a ajuta pe cineva; fig **j-m in den ~ fallen** a ataca pe cineva pe la spate
Rückenlehne F̲ spătar n
Rückenmark N̲ măduva f spinării
Rückenschmerzen P̲L̲ dureri fpl de spate
Rückenschwimmen N̲ înot n pe spate
Rückenwind M̲ vânt n din spate
rückerstatten V̲T̲ a restitui
Rückerstattung F̲ restituire f
Rückfahrkarte F̲ bilet n retur
Rückfahrt F̲ întoarcere f
Rückfall M̲ recidivă f
rückfällig ADJ Straftäter recidivist; Suchtkranker recidivist; **~ werden** a deveni recidivist; a repeta aceeași greșeală
Rückflug M̲ zbor n retur
Rückfrage F̲ cerere f (reînnoită)
Rückgabe F̲ restituire f
Rückgang M̲ regres n; der Geschäfte regres n; (≈ Abnahme) scădere f
rückgängig ADJ **~ machen** a anula
Rückgrat N̲ coloana f vertebrală; fig **~ haben** a avea tărie de caracter

Rückkehr F̲ întoarcere f
Rücklicht N̲ lumini fpl de la spate
Rückmeldung F̲ **1** an der Universität reînregistrare f **2** (≈ Feedback) răspuns n; in E-Mails etc **danke für die ~** (vă) mulțumesc pentru răspuns
Rückreise F̲ drum n de întoarcere
Rückruf M̲ **1** TEL răspuns f telefonic **2** HANDEL retragere f de pe piață
Rucksack M̲ rucsac n
Rückschlag M̲ întorsătură f nefavorabilă
Rückschritt M̲ pas m înapoi
Rückseite F̲ verso n
Rücksicht F̲ considerație f; **(keine) ~ auf j-n/etw nehmen** a (nu) lua pe cineva/ceva în considerare; **mit/ohne ~ auf** +akk ținând/neținând seama de
rücksichtslos ADJ lipsit de scrupule
rücksichtsvoll ADJ plin de atenție
Rücksitz M̲ bancheta f din spate
Rückspiegel M̲ oglindă f retrovizoare
Rückspiel N̲ SPORT retur n
Rückstand M̲ **1** FIN întârziere f **2** (≈ Rest) rest n; CHEM reziduu n **3** (≈ Zurückbleiben) restanță f; **(mit etw) im ~ sein** a fi restant (cu ceva); **er ist mit seiner Miete zwei Monate im ~** el are restanță la plata chiriei pe două luni
Rücktritt M̲ **1** vom e-m Amt retragere f, demisie f; von e-m Vertrag reziliere f; **s-n ~ erklären** a-și da demisia **2** beim Fahrrad frână f de picior
Rückvergütung F̲ restituire f, compensare f
rückwärts ADV înapoi
rückwärtsfahren V̲I̲ a concuce (un autovehicul) cu spatele, a da înapoi
Rückwärtsgang M̲ marșarier n
rückwärtsgehen V̲I̲ a merge de-a-ndărătelea, a merge cu spatele; fig (≈ Rückschritte machen) a regresa
Rückweg M̲ drum n de întoarcere; **auf dem ~** la întoarcere
Rückzahlung F̲ rambursare f
Rückzieher M̲ **1** FUSSBALL foarfecă f **2** umg fig **e-n ~ machen** a se retrage
Ruder N̲ **1** vâslă f; fig **aus dem ~ laufen** a ieși de sub control **2** Steuer câr-

mä f

Ruderboot N̄ barcă f cu vâsle

rudern V̄T̄ & V̄Ī a vâsli

Ruf M̄ 1 strigăt n 2 Ansehen reputație f; **e-n guten/schlechten Ruf haben** a avea o reputație bună/proastă

rufen V̄T̄ a chema; **j-n ~** a chema pe cineva; **die Polizei ~** a chema poliția; **ein Taxi ~** a chema un taxi

Rufnummer F̄ număr n de telefon

Rugby N̄ rugbi n

Rüge F̄ dojană f; **j-m e-e ~ erteilen** a dojeni pe cineva

Ruhe F̄ 1 liniște f; **~!** liniște!; **lass mich in ~!** lasă-mă în pace!; umg **immer mit der ~!** ia-o încetișor!; (**die**) **~ bewahren** a păstra liniște(a); (**die**) **~ weghaben** a fi calmul în persoană; **er lässt sich nicht aus der ~ bringen** (el) nu se lasă intimidat 2 Ausruhen odihnă f

ruhen V̄Ī a se odihni; (≈liegen) **~ auf** (+ dat) a se culca pe +akk

Ruhepause F̄ pauză f

Ruhestand M̄ pensie f; **im ~ sein** a fi la pensie; **in den ~ gehen** a ieși la pensie

Ruhestörung F̄ tulburare f a liniștii; **nächtliche ~** tulburare a liniștii în timpul nopții

Ruhetag M̄ zi f de odihnă

ruhig ĀDJ̄ liniștit; **~ schlafen** a dormi liniștit; **sich ~ verhalten** a sta liniștit; **du könntest ~ (ein)mal** +inf a-i putea și tu măcar (odată)

Ruhm M̄ glorie f

Rührei N̄ scrob n

rühren Ā V̄T̄ 1 umrühren a amesteca 2 innerlich a mișca B̄ V̄R̄ **sich ~** a se mișca

rührend ĀDJ̄ înduioșător

Rührteig M̄ GASTR aluat n de chec

Rührung F̄ emoție f, înduioșare f

Ruin M̄ ruină f, dezastru n; **er steht vor dem ~** el se află la un pas de dezastru

Ruine F̄ ruină f

ruinieren Ā V̄T̄ a ruina B̄ V̄R̄ **sich ~** a se ruina

rülpsen V̄Ī a râgâi

Rülpser umg M̄ râgâială f, eructație f

rum umg → herum

Rum M̄ rom n

Rumäne M̄ român m

Rumänien N̄ România f

Rumänin F̄ româncă f

rumänisch ĀDJ̄ românesc

Rumänisch N̄ limba f română; **wie heißt das auf ~?** cum se cheamă asta pe românește?

rumkriegen umg V̄T̄ 1 Zeit a petrece (timpul) 2 (≈überreden) a convinge

Rummel M̄ 1 Trubel agitație f; **e-n großen ~ um etw machen** a face mare zarvă pentru ceva 2 Jahrmarkt forfotă f

Rummelplatz M̄ bâlci n

Rumpf M̄ ANAT trunchi n

rümpfen V̄T̄ **die Nase ~** a strâmba din nas; (**über etw** akk) **die Nase ~** a strâmba din nas de ceva

rumtreiben umg V̄R̄ **sich ~** a-și petrece timpul

rund Ā ĀDJ̄ rotund; **das ist eine ~e Sache** asta e o treabă reușită B̄ ĀDV̄ etwa aproximativ; **~ um** împrejurul; fig **alles ~ ums Haus/Kochen** totul despre casă/gătit

Rundbrief M̄ scrisoare f circulară

Runde F̄ 1 Rundgang tur n; **die ~ machen** a face rondul; umg fig **über die ~n kommen** a se descurca 2 Bier rând n

Rundfahrt F̄ circuit n turistic

Rundfunk M̄ radiodifuziune f; **im ~** la radio

Rundfunksender M̄ post n de radiodifuziune

Rundgang M̄ tur n; **e-n ~ durch etw machen** a da o raită prin ceva

rundgehen umg V̄/UNPERS̄ **es geht rund** (≈es ist viel los) este aglomerat; (≈es geht hoch her) e mare distracție

rundherum ĀDV̄ 1 (≈ringsum) de jur împrejur 2 (≈völlig) în întregime; **~ glücklich** fericit pe deplin

rundlich ĀDJ̄ rotunjor; Person grăsuț, durduliu; bes Kind dolofan

Rundreise F̄ călătorie f în circuit

Rundschreiben N̄ circulară f

runter umg → herunter, hinunter

runterhauen umg V̄T̄ **j-m e-e ~** umg a trage o palmă cuiva, a pălmui pe ci-

R

neva

runterkommen V/I umg **komm mal wieder runter!** *beruhige dich!* calmează-te odată!

runzeln A V/T Stirn a încreți; **die Stirn ~** a se încrunta B V/R **sich ~** a se zbârci

Rüpel M bădăran m, mitocan m

ruppig ADJ Person, Benehmen nepoliticos, grosolan, necioplit; Ton nepoliticos

Ruß M funingine f

Russe M rus m

Rüssel M **1** Elefant trompă f **2** Schwein rât n

rußen V/I a face funingine

Rußfilter M AUTO filtru n de particule

Russin F rusoaică f

russisch ADJ rusesc

Russland N Rusia f

rüstig ADJ robust, vânjos, voinic

Rüstung F **1** (= Aufrüstung) înarmare f **2** (= Ritterrüstung) armură f

Rüstungsindustrie F industrie f de armament

Rutsch M **guten ~ (ins neue Jahr)!** un an bun!

Rutschbahn F, **Rutsche** F tobogan n

rutschen V/I **1** a aluneca; umg **rutsch mal ein Stück!** dă-te mai încolo! **2** AUTO a derapa

rutschig ADJ alunecos

rütteln A V/T a zgudui B V/I an etw (dat) ~ a zdruncina ceva; fig **daran ist nicht zu ~** nu se poate modifica

S¹, s N S m

s. ABK (= siehe) vezi

S² ABK (= Süden) S (Sud)

S. ABK (= Seite) p(ag). (pagină)

Saal M sală f

Saarland das ~ landul Saar

Saat F semănătură f

Sabbat M sabat n

Sabotage F sabotaj n

sabotieren V/T a sabota

Sachbearbeiter(in) M(F) funcționar(ă) m(f); **die zuständige ~in** funcționara responsabilă

Sachbuch N carte f de specialitate

Sache F lucru n; fig **in ~n ...** în privința ...; **in eigener ~** în nume propriu; **ganz/nicht bei der ~ sein** a fi /a nu fi atent (la ceva); **das ist so e-e ~** e o chestiune dificilă; **es ist beschlossene ~, dass ...** s-a decis, că ...; **zur ~ kommen** a ajunge la obiect; **das tut nichts zur ~** nu are nici o legătură cu asta

Sachgebiet N domeniu n de specialitate, disciplină f

Sachlage F situație f

sachlich ADJ obiectiv

sächlich ADJ neutru

Sachschaden M daune fpl materiale

Sachse M, **Sächsin** F **1** saxon(ă) m(f) **2** aus Siebenbürgen sas m, săsoaică f

Sachsen N Saxonia f

Sachsen-Anhalt N Saxonia-Anhalt n

sächsisch ADJ **1** saxon **2** aus Siebenbürgen săsesc

sacht(e) ADV încet

Sachverständige(r) M(F(M)) expert(ă) m(f)

Sack M sac m

Sackgasse F fundătură f

Sadist(in) M(F) sadic(ă) m(f)

sadistisch ADJ sadic, crud

säen V/T a semăna

Safari F safari n

Safe M seif n

Safran M șofran m

Saft M suc n; **im eigenen ~ schmoren** a fierbe în suc propriu

saftig ADJ zemos

Saftpresse F storcător n de fructe

Sage F legendă f

Säge F ferăstrău n

Sägemehl N rumeguș n

sagen V/T a spune; **wie sagt man ... auf Rumänisch?** cum se spune ... pe românește?; **j-m etw ~** a spune cuiva ceva; **wie gesagt** așa cum am spus; **unter uns gesagt** între noi fie vorba; **sag mal, ...** ia spune, ...; **was Sie nicht ~!** nu mai spuneți!; **was ich (noch) ~**

wollte ce am (mai) vrut să spun; **er hat hier nichts zu ~** (el) nu e de luat în seamă; **sie hat das Sagen** ea deține controlul; **was sagst du dazu?** ce spui de asta?; **was wollen Sie damit ~?** ce vreți să spuneți cu aceasta?; **wenn ich so ~ darf** dacă pot să spun așa

sägen V/T a tăia cu ferăstrăul

sagenhaft A ADJ legendar; umg fig (≈toll) minunat B umg ADV (≈sehr) splendid

sah → sehen

Sahara F Sahara f

Sahne F 1 smântână f 2 Schlagsahne frișcă f

Saison F 1 sezon n 2 THEAT stagiune f

saisonal ADJ sezonier

Saisonarbeiter(in) M(F) sezonier(ă) m(f)

Saite F coardă f

Saiteninstrument N instrument n de coarde

Sakko N sacou n

Sakristei F sacristie f

Salamander M salamandră f

Salami F salam n

Salat M salată f; **gemischter/grüner ~** salată asortată / din legume verzi; umg fig **da haben wir den ~!** na, belea!

Salatschüssel F castron n de salată

Salbe F alifie f

Salbei M salvie f

Saldo M sold n; **per ~** rest de plată

Salmonellen PL salmonele fpl

salopp ADJ 1 degajat; pej golănesc; (≈lässig) neconformist 2 Ausdruck relaxat, degajat, destins

Salsa F salsa f

Salto M salt n

Salz N sare f

Salzburg N Salzburg n

salzen V/T a săra

salzig ADJ sărat

Salzkartoffel F cartof m fiert (în apă sărată)

Salzkartoffeln PL cartofi mpl fierți

Salzstangen PL sticksuri npl (cu sare)

Salzstreuer M solniță f

Salzwasser N apă f cu sare

Samen M 1 sămânță f 2 Sperma sper-

mă f

Sammelband M antologie f

Sammelmappe F mapă f de archivare

sammeln A V/T 1 Briefmarken a colecționa 2 Geld a face chetă 3 Beweise a strânge B V/R **sich ~** a se aduna

Sammler(in) M(F) colecționar(ă) m(f)

Sammlung F 1 Kunst colecție f 2 Geld colectă f

Samstag M sâmbătă f; → Mittwoch

samstags ADV sâmbăta

samt PRÄP împreună (cu)

Samt M catifea f

sämtlich INDEF PR total, complet; **~e** pl toate, complete; **~e Werke** npl **von X** operele complete ale lui X

Sanatorium N sanatoriu n

Sand M nisip n; fig **j-m ~ in die Augen streuen** a arunca praf în ochi cuiva; fig **im ~e verlaufen** a se pierde

Sandale F sandală f

Sandbank F banc n de nisip

Sandburg F castel n de nisip

sandig ADJ nisipos

Sandkasten M ladă f cu nisip

Sandstein M gresie f

Sandstrand M plajă f de nisip

sandte → senden

Sanduhr F clepsidră f

sanft ADJ blând; **~e Geburt** naștere ușoară

sang → singen

Sänger(in) M(F) cântăreț m, cântăreață f

sanieren V/T a asana

Sanierung F modernizare f

sanitär ADJ sanitar

Sanitäter(in) M(F) sanitar(ă) m(f)

sank → sinken

Sanktion F sancțiune f

sanktionieren V/T a sancționa

Sardelle F anșoa n

Sardine F sardea f, sardină f

Sardinien N Sardinia f

Sarg M sicriu n

saß → sitzen

Satellit M satelit m

Satellitenfernsehen N televiziune f prin satelit

Satellitenfoto N fotografie f din satelit

S

Satellitenfunk M̅ transmisie f prin satelit

Satellitenschüssel umg F̅ antenă f parabolică

Satire F̅ satiră f

satirisch ADJ satiric

satt ADJ ~ **sein** a fi sătul; ~ **machen** a sătura; fig **ich bin es** ~ **zu** +inf sunt sătul până-n gât de

Sattel M̅ şa f; fig **fest im** ~ **sitzen** a fi stăpân pe situaţie

satteln V̅T̅ a înşeua

Sattelschlepper M̅ autotractor n cu semiremorcă

satthaben V̅T̅ etw ~ a se sătura de ceva

sättigend ADJ săţios

Satz M̅ **1** propoziţie f **2** Sprung săritură f **3** Tennis set n

Satzung F̅ statut n

Satzzeichen N̅ semn n ortografic

Sau F̅ scroafă f; umg **das ist unter aller Sau** asta este sub orice critică; umg **j-n zur Sau machen** a face pe cineva albie de porci; umg **die Sau rauslassen** a o face lată

sauber ADJ curat; ~ **machen** a face curat; iron ~**e Arbeit** halal treabă!

Sauberkeit F̅ curăţenie f

säubern V̅T̅ a curăţa

Sauce F̅ sos n

Saudi-Arabien N̅ Regatul n Arabiei Saudite

sauer ADJ acru; **saurer Regen** ploaie acidă; umg ~ **reagieren** a se supăra; umg ~ **sein** a fi supărat

Sauerkraut N̅ varză f acră

säuerlich ADJ acrişor

Sauerrahm M̅ smântână f

Sauerstoff M̅ oxigen n

saufen V̅T̅ & V̅I̅ **1** a bea **2** umg a beţivi; ~ **wie ein Loch** a bea de stinge

Säufer(in) M̅(F̅) beţiv(ă) m(f)

saugen A V̅T̅ a suge; Staub ~ a aspira B V̅I̅ a suge; **an etw** (dat) ~ a suge la ceva

Säugetier N̅ mamifer n

Säugling M̅ sugar m

saukalt umg ADJ al naibii de frig; **es ist** ~ este al naibii de frig

Säule F̅ coloană f

Saum M̅ tiv n

Saumagen M̅ GASTR **(Pfälzer)** ~ preparat tradiţional din stomac de porc umplut cu carne, cartofi şi condimente

säumen V̅T̅ MODE a tivi, a coase tiv

Sauna F̅ saună f; **in die** ~ **gehen** a merge la saună

Säure F̅ acid m

Saurier M̅ saurian m

sausen V̅I̅ **1** Geschoss a şuiera **2** Mensch a fugi foarte repede; Auto, Zug a vui

Sauwetter sl N̅ vreme f câinească

Saxofon N̅ saxofon n

Saxophon N̅ → Saxofon

S-Bahn® F̅ tren n electric regional

S-Bahn-Station F̅ staţie f de tren orăşenesc

Scampi PL scampi mpl; GASTR lungustină f

scannen V̅T̅ & V̅T̅ a scana

Scanner M̅ scanner n

schäbig ADJ jerpelit **2** fig meschin

Schablone F̅ **1** şablon n; (≈ Malschablone) şablon n **2** fig calapod n

Schach N̅ şah n; ~ **spielen** a juca şah; umg fig **in** ~ **halten** a ţine (pe cineva) în şah

Schachbrett N̅ tablă f de şah

Schachfigur F̅ figură f de şah

schachmatt ADJ şahmat

Schachspiel N̅ **1** şah n **2** (≈ Schachpartie) partidă f de şah

Schacht M̅ **1** BERGBAU puţ n de mină **2** (≈ Aufzugsschacht) puţ n pentru ascensor; (≈ Luftschacht) coloană f de ventilaţie

Schachtel F̅ cutie f; **e-e** ~ **Zigaretten** un pachet de ţigări; umg pej **alte** ~ **babornişă**

schade ADJ ~! păcat!; **wie** ~(, **dass** ...)! ce păcat (că ...)!; **zu** ~ **für etw sein** a fi păcat de ceva

Schädel M̅ craniu n

Schädelbruch M̅ fractură f craniană

schaden V̅I̅ a dăuna; **j-m** / **e-r Sache** ~ a dăuna cuiva / la ceva; **das schadet nichts** asta nu strică

Schaden M̅ pagubă f; **einen** ~ **verursachen** a provoca

Schadenersatz M̅ despăgubire f; **(j-m für etw)** ~ **leisten** a plăti (cuiva)

despăgubire (pentru ceva)

Schadenfreiheitsrabatt M̲ JUR bonus n al primei de asigurare în cazul neproducerii accidentelor, reducere f a primei de asigurare în cazul neproducerii accidentelor

Schadenfreude F̲ bucurie f răutăcioasă (de necazul altuia)

schadenfroh ADJ răutăcios

Schadensfall M̲ caz n de deteriorare/defectare

schadhaft ADJ defect

schädigen V̲T a dăuna

schädlich ADJ dăunător

Schädling M̲ dăunător n

Schadsoftware F̲ IT software n rău intenționat

Schadstoff M̲ substanță f toxică

schadstoffarm ADJ cu toxicitate redusă

Schadstoffbelastung F̲ poluare f

schadstofffrei ADJ netoxic, nepoluant

Schaf N̲ oaie f; fig **das schwarze ~ sein** a fi oaia neagră

Schäfer M̲ cioban m

Schäferhund M̲ câine m ciobănesc

schaffen A̲ V̲T 1 erschaffen a crea; **sie ist dafür wie geschaffen** (ea) este predestinată pentru asta 2 Platz, Ordnung a face 3 bewältigen a reuși; **es ~** a reuși; **es ~, etw zu tun** a reuși să facă ceva; **das schaffst du nie!** nu vei reuși asta niciodată!; **er hat es geschafft** (el) a reușit B̲ umg V̲I arbeiten a lucra; **j-m zu ~ machen** a-i da cuiva bătaie de cap

Schaffner(in) M̲F̲ conductor m, conductoare f

Schafskäse M̲ brânză f de oaie

schal ADJ fad, fără gust; (≈ abgestanden) învechit; fig banal, anost

Schal M̲ șal n

Schale F̲ 1 von Obst, Kartoffeln coajă f; umg **sich in ~ werfen** a se îmbrăca elegant 2 Geschirr bol n

schälen A̲ V̲T a coji B̲ V̲R **sich ~** a se coji

Schall M̲ sunet n

Schalldämpfer M̲ amortizor n de zgomot; AUTO tobă n de eșapament

schalldicht ADJ izolat acustic

Schallgeschwindigkeit F̲ viteză f a sunetului

Schallmauer F̲ barieră f a sunetului; **die ~ durchbrechen** a depăși bariera sunetului

Schallplatte F̲ disc n

Schalotte F̲ arpagic n

schalten A̲ V̲T ELEK a conecta B̲ V̲I AUTO a schimba viteza; **auf „aus" ~** a închide; **in den ersten Gang ~** a schimba în viteza întâi

Schalter M̲ 1 ELEK comutator n 2 Post, Bank ghișeu n

Schalterstunden F̲P̲L ore fpl de serviciu la ghișeu

Schalthebel M̲ levier n al schimbătorului de viteze

Schaltjahr N̲ an m bisect

Schaltung F̲ 1 ELEK circuit n electric; **integrierte ~** circuit integrat 2 (≈ Gangschaltung) cutie f de viteze

Scham F̲ rușine f

schämen V̲R **sich für** (od wegen) **etw ~** a-i fi rușine pentru ceva; **schäm dich!** să-ți fie rușine!

schamlos ADJ nerușinat

Schande F̲ rușine f; **es ist e-e ~** e mai mare rușinea

Schar F̲ grup n; von Vögeln stol n, cârd n; in **~en** în grupuri

scharenweise ADV în grupuri, grupuri-grupuri

scharf ADJ 1 Messer ascuțit; **das ~e S s** dur; fig **auf j-n/etw ~ sein** a râvni la cineva/ceva 2 Essen picant; **~ würzen** a condimenta picant 3 FOTO clar

Schärfe F̲ 1 ascuțime f 2 FOTO claritate f

Scharfschütze M̲ trăgător m de elită

scharfsinnig ADJ ager

Scharlach M̲ scarlatină f

Scharnier N̲ balama f

Schaschlik N̲ frigăruie f

Schatten M̲ umbră f; **30 Grad im ~** 30 de grade la umbră; **e-n ~ werfen** a face umbră; fig **j-n/etw in den ~ stellen** a lăsa pe cineva/ceva în umbră; fig **über s-n ~ springen** a reuși imposibilul

Schattenkabinett N̲ guvern n fantomă

schattig ADJ umbros

Schatz M comoară f

schätzen VIT ◼ a evalua ◻ hochschätzen a aprecia

Schätzung F estimare f, evaluare f

schätzungsweise ADV cu aproximație

Schau F ◼ (≈ Ausstellung) expoziție f; fig etw zur ~ stellen a expune ceva ◻ (≈ Vorführung) prezentare f; show n; j-m die ~ stehlen a eclipsa pe cineva, a pune pe cineva în umbră

schauen VI a privi; **schau, schau!** ia priveşte!; **auf etw** (akk) ~ a privi ceva; fig **nach j-m/etw** ~ a căuta pe cineva/ceva

Schauer M ◼ fior m ◻ Regen aversă f

schauerlich ADJ oribil

Schaufel F lopată f

schaufeln VIT a săpa

Schaufenster N vitrină f

Schaufensterbummel M raită n pe la vitrinele magazinelor

Schaukel F leagăn n

schaukeln VIT ◼ a se legăna ◻ mit Schaukel a se da în leagăn

Schaukelstuhl M balansoar n

Schaulustige(r) M/F(M) curios m, curioasă f

Schaum M ◼ spumă f; GASTR **zu ~ schlagen** a bate spumă ◻ Seifenschaum clăbuc n

Schaumbad N baie f cu spumă

schäumen VI a face spumă

Schaumfestiger M fixativ n

Schaumstoff M burete m, spumă f poliuretanică

Schaumwein M vin n spumant

Schauplatz M loc n al acțiunii

Schauspiel N piesă f de teatru

Schauspieler(in) M(F) actor m, actriță f

Scheck M cec n

Scheckkarte F card n bancar

Scheibe F ◼ felie f ◻ Fensterscheibe geam n

Scheibenwischer M ştergător n de parbriz

Scheich M şeic m

Scheide F ANAT vulvă f

scheiden ◻ VIT e-e Ehe ~ a divorța ◻ VI aus dem Dienst/Amt ~ a demisiona dintr-un serviciu / dintr-o funcție ◼ VR sich ~ lassen a divorța

Scheidung F divorț n; **die ~ einreichen** a înainta acțiune de divorț

Schein M ◼ aparență f ◻ Geld bancnotă f

scheinbar ◻ ADJ aparent ◼ ADV în aparență

scheinen VI ◼ Sonne străluci; **die Sonne scheint** soarele străluceşte ◻ den Anschein haben a părea; **mir scheint, (dass)** ... (mie) mi se pare (că) ...; **wie es scheint** aşa cum pare a fi

scheinheilig ADJ ipocrit, fățarnic, mincinos

Scheinwerfer M ◼ reflector n ◻ AUTO far n

Scheinwerferlicht N lumină f de reflector; AUTO lumini fpl de întâlnire

Scheiße F vulg rahat n; ~ **bauen** a intra în încurcătură

scheißegal vulg ADJ **das ist mir ~** mi-e absolut egal

scheißen vulg VI a se căca

Scheitel M cărare f; **vom ~ bis zur Sohle** din cap până-n picioare

Scheiterhaufen M rug n

scheitern VI a eşua (**an** +dat din cauza)

schellen VI & V/UNPERS a suna; **es schellt** se sună

Schelm M ştrengar m; **kleiner ~** ştrengar mic

Schema N schemă f; umg pej **nach ~ F** după şablon

schematisch ADJ schematic

Schemel M taburet n, scăunel n

Schenkel M coapsă f

schenken VIT j-m etw ~ a face cuiva ceva cadou; **etw geschenkt bekommen** a primi ceva cadou; umg billige Ware **das ist ja geschenkt!** e aproape pe gratis!

Scherbe F ciob n; sprichw **~n bringen Glück** cioburile aduc noroc

Schere F foarfecă f; e-e ~ o foarfecă

Scherenschnitt M decupaj n din hârtie

Scherereien PL neplăceri fpl

Scherz M glumă f; ~ **beiseite!** fără glumă!; **im** (od zum) ~ în glumă scherzen V̅I̅ a glumi; **damit ist nicht zu ~** cu asta nu-i de glumit

Scherzfrage F̅ ghicitoare f

scheu A̅D̅J̅ timid; *Pferd* **~ machen** a speria

scheuchen V̅T̅ a alunga, a goni; *umg* **j-n aus dem Haus ~** a alunga pe cineva din casă

scheuen A̅ V̅R̅ **sich ~ vor** a se da în lături de la B̅ V̅I̅ *Pferd* a se speria

scheuern V̅I̅ a freca; **j-m eine ~** *umg* a-i trage cuiva o palmă

Scheune F̅ șură f

scheußlich A̅D̅J̅ oribil

Schi → Ski

Schicht F̅ 1 strat n 2 *Arbeitsschicht* tură f; **~ arbeiten** a lucra în ture 3 schimb n

Schichtarbeit F̅ muncă f în schimburi

Schichtwechsel M̅ schimb n de tură

schick A̅D̅J̅ șic

schicken A̅ V̅T̅ a trimite (**j-m, an j-n** cuiva) B̅ V̅R̅ **sich ~** *umg sich beeilen* a se grăbi; **das schickt sich nicht** nu se cuvine

Schicksal N̅ destin n; **j-n s-m ~ überlassen** a lăsa pe cineva în voia sorții; *umg* **das ist ~** așa a fost să fie

Schicksalsschlag M̅ lovitură f a sorții

Schiebedach N̅ acoperiș n glisant, trapă f

schieben V̅T̅ a împinge; **die Schuld auf j-n ~** a da vina pe cineva

Schiebetür F̅ ușă f glisantă

Schiebung *umg* F̅ 1 **mit Waren** contrabandă f (**mit cu**) 2 (≈ *Mogelei*) înșelăciune f; (**das ist**) **~!** *umg* (asta este) hoție!

schied → scheiden

Schiedsgericht N̅ JUR curte f de arbitraj; SPORT comisie f de arbitraj

Schiedsrichter(in) M̅/F̅ arbitru m, arbitră f

Schiedsspruch M̅ hotărâre f a comisiei de arbitraj

schief A̅D̅J̅ strâmb; **~ hängen/stehen** a atârna/sta strâmb

schiefgehen *umg* V̅I̅ a ieși prost

schielen V̅I̅ a se uita cruciș; *umg fig* **nach etw ~** a trage cu coada ochiului la ceva

schien → scheinen

Schienbein N̅ tibia f

Schiene F̅ 1 MED atelă f 2 BAHN șină f

schienen V̅T̅ MED a imobiliza cu atele

schier A̅ A̅D̅J̅ curat, limpede B̅ A̅D̅V̅ (≈ *fast*) aproape; **~ unmöglich** aproape imposibil

schießen A̅ V̅T̅ a trage; *umg* **ein paar Fotos ~** a face câteva fotografii; **ein Tor ~** a marca un gol B̅ V̅I̅ a trage cu arma (**auf** *+akk* în); **er schoss aus dem Haus** (el) a tras cu arma din casă; *Preise* **in die Höhe ~** a crește rapid; **die Tränen schossen ihr in die Augen** (ei) i-au venit lacrimile în ochi

Schießerei F̅ schimb npl de focuri

Schiff N̅ vapor n

Schiffbruch M̅ naufragiu n; **~ erleiden** a naufragia; *fig* a eșua

Schiffbrüchige(r) M̅/F̅(M̅) naufragiat m, naufragiată f

Schifffahrt F̅ navigație f

Schiffsfahrt F̅ călătorie f cu vaporul; *Ausflug* plimbare f cu vaporul

Schiffsreise F̅ călătorie f cu vaporul

Schikane F̅ șicană f

schikanieren V̅T̅ a șicana

Schild N̅ 1 scut n 2 *Verkehrsschild* indicator n

Schilddrüse F̅ glanda f tiroidă

schildern V̅T̅ a descrie

Schilderung F̅ descriere f

Schildkröte F̅ broască f țestoasă

Schilf N̅, Schilfrohr N̅ trestie f

schillern V̅I̅ a sclipi, a luci

Schimmel M̅ 1 mucegai n 2 *Pferd* cal m bălan

schimmelig A̅D̅J̅ mucegăit

schimmeln V̅I̅ a mucegăi

Schimmelpilz M̅ ciupercă f de mucegai

Schimmer M̅ (≈ *Schein*) rază f; (≈ *Glanz*) sclipire f; *umg fig* **keinen blassen ~ von etw haben** a nu avea habar de ceva

Schimpanse M̅ cimpanzeu m

schimpfen V̅I̅ a certa (**mit j-m** pe cineva)

Schimpfwort N̅ insultă f

Schinken M̅ șuncă f; **gekochter/ro-**

S

her ~ şuncă fiartă/uscată

Schirm M̄ **1** umbrelă f **2** Sonnenschirm umbrelă f de soare **3** (≈Bildschirm) monitor; umg **etw (nicht) auf dem ~ haben** a (nu) se gândi la ceva

Schirmherr(in) M̄F̄ protector m, protectoare f

Schirmmütze F̄ şapcă f

Schirmständer M̄ suport n pentru umbrele

Schiss sl M̄ ~ **haben** umg a-i fi frică (cuiva)

schizophren ADJ schizofrenic

Schlacht F̄ bătălie f; **die ~ bei** (od **von**) ... bătălia de la ...; **sich** (dat) **e-e ~ liefern** a se război (cu cineva)

schlachten V̄T̄ a tăia (animale)

Schlachter(in) M̄F̄ măcelar m

Schlachtfeld N̄ câmp n de bătălie/luptă

Schlaf M̄ somn n; **im ~** în somn; fig **etw im ~ können** a şti ceva la perfecţie

Schlafanzug M̄ pijama f

Schlafcouch F̄ canapea-pat f

Schläfe F̄ tâmplă f

schlafen V̄Ī a dormi; **schlaf gut!** somn uşor!; **tief und fest ~** a dormi adânc; ~ **gehen** a merge la culcare; umg **mit j-m ~** a se culca cu cineva

schlaff ADJ kraftlos fără vlagă; ~ **werden** a se moleşi

Schlafgelegenheit F̄ loc n de dormit

schlaflos ADJ fără somn, nedormit; MED insomniac; ~**e Nacht** noapte nedormită; ~**e Nächte haben** a avea nopţi nedormite

Schlaflosigkeit F̄ insomnie f

Schlafmittel N̄ somnifer f

Schlafmütze umg F̄ **1** (≈Langschläfer) somnoros m **2** (≈Tranfunzel) adormit m

schläfrig ADJ somnoros; ~ **sein** a fi somnoros; **ich werde ~** mi se face somn

Schlafsack M̄ sac m de dormit

Schlaftablette F̄ somnifer n

Schlafwagen M̄ vagon n de dormit

schlafwandeln V̄Ī a umbla în somn, a fi somnambul

Schlafwandler(in) M̄F̄ somnam-

bul(ă) m(f)

Schlafzimmer N̄ dormitor n

Schlag M̄ lovitură f; umg fig **auf e-n ~** dintr-o lovitură; fig ~ **auf** ~ una după alta; fig **ein ~ ins Gesicht** o lovitură în obraz; **wie vom ~ getroffen sein** a fi trăsnit ca din senin

Schlagader F̄ arteră f

Schlaganfall M̄ apoplexie f

schlagartig ADJ brusc

schlagen A V̄T̄ a lovi; Sahne a bate; **e-n Nagel in die Wand** ~ a bate un cui în perete; **ein Bein übers andere** ~ a sta picior peste picior; **es hat (gerade) zwölf Uhr geschlagen** (doar ce) s-a făcut ora prânzului B V̄Ī Herz, Uhr a bate; **um sich** ~ a bate C V̄R̄ **sich** ~ a se bate; **sich tapfer** ~ a răzbate

Schlager M̄ **1** MUS şlagăr n; umg hit n **2** (≈Verkaufsschlager) marfă f de succes

Schläger M̄ **1** Tennis rachetă f **2** Golf crosă f

Schlägerei F̄ încăierare f

Schlagersänger(in) M̄F̄ cântăreţ m/cântăreaţă f de şlagăre

schlagfertig A ADJ prompt şi la obiect B ADV ~ **antworten** a răspunde prompt şi la obiect

Schlagobers österr N̄, **Schlagrahm** südd M̄ → Schlagsahne

Schlagsahne F̄ frişcă f

Schlagzeile F̄ titlu n principal

Schlagzeug N̄ baterie f

Schlamm M̄ noroi n

Schlamperei umg F̄ (≈Nachlässigkeit) neglijenţă f; (≈Unordentlichkeit) dezordine f

schlampig umg ADJ neglijent

schlang → schlingen

Schlange F̄ **1** şarpe m **2** von Menschen coadă f; ~ **stehen** a sta la coadă

schlank ADJ suplu; Kleidung ~ **machen** a arăta (pe cineva) suplu

schlapp ADJ fără vlagă

schlappmachen V̄Ī umg a începe tini (din cauza oboselii), a rămâne în urmă

schlau ADJ şiret; umg **aus etw/j-m nicht ~ werden** a nu înţelege nimic/pe nimeni

Schlauch M̄ furtun n; umg **auf dem ~**

stehen a nu avea nici o idee
Schlauchboot N̄ barcă f pneumatică
Schlaufe F̄ *am Gürtel* gaică f; *am Ski-stock, Schirm* agățătoare f
schlecht ADJ rău; **immer ~er** din ce în ce mai rău; **(das ist) nicht ~!** (asta) nu-i rău!; **mir ist ~** mi-e rău; **es geht ihm ~** *gesundheitlich* (lui) îi merge rău; (≈*ungenießbar*) **~ werden** a se altera; **~ bezahlt/gelaunt** prost plătit/dispus; **es sieht ~ aus** nu arată bine; **das kann ich ~ sagen** nu pot spune asta; **morgen geht es ~** mâine nu se poate; **mehr ~ als recht** defectuos
schlechtmachen V̄T̄ j-n ~ a ponegri pe cineva
schlecken *südd, österr* A V̄T̄ *Eis* a linge; *Milch* a bea cu zgomot B V̄i̱ ▯ **an etw** (*dat*) **~** a linge ceva ▮ (≈*naschen*) a gusta
schleichen A V̄i̱ ▯ *heimlich* a merge pe furiș (**in** +*akk* în); *leise* a merge tiptil; **heimlich aus etw ~** a ieși pe furiș din ceva ▮ (≈*langsam fahren*) a conduce lent B V̄R̄ **sich ~** a se furișa; **sich heimlich aus etw ~** a se strecura pe furiș din ceva
Schleichwerbung F̄ reclamă f ascunsă
Schleier M̄ văl n
schleierhaft ADJ misterios; **das ist mir ~** e un mister pentru mine
Schleife F̄ fundă f
schleifen[1] V̄T̄ ▯ (≈*schärfen*) a ascuți ▮ (≈*glätten*) a lustrui; *Glas, Edelsteine* a șlefui ▮ *mil* (≈*drillen*) j-n ~ a freca pe cineva, a face cuiva instrucție la cataramă
schleifen[2] A V̄T̄ ▯ (≈*nachziehen*) a târî; *umg fig* a chinui ▮ *mil Festung etc* a nimici, a face una cu pământul B V̄i̱ (**auf dem Boden**) *pământul/podeaua*; *umg fig* **etw ~ lassen** a lăsa ceva la voia întâmplării
Schleim M̄ MED flegmă f
Schleimhaut F̄ mucoasă f
schleimig ADJ ▯ mucos, cleios; *Fisch etc* alunecos, mâzgos ▮ *fig pej* lingușitor
schlemmen V̄i̱ a huzuri
schlendern V̄i̱ a hoinări
schleppen A V̄T̄ ▯ a căra ▮ SCHIFF

a remorca B V̄R̄ **sich ~** a se târî
Schlepplift M̄ teleschi n
Schleswig-Holstein N̄ Schleswig-Holstein n
Schleuder F̄ ▯ centrifugă f ▮ *für Wäsche* storcătoare f
schleudern A V̄T̄ a azvârli; *Auto* **aus e-r Kurve geschleudert werden** a fi aruncat din curbă B V̄i̱ ▯ *Wäsche* a stoarce ▮ AUTO a derapa; **ins Schleudern kommen** a derapa
Schleuderpreis *umg* M̄ preț n derizoriu
Schleudersitz M̄ scaun n catapultabil
schleunigst ADV ▯ (≈*schnell*) iute ▮ (≈*sofort*) imediat
Schleuse F̄ ecluză f
schlich → **schleichen**
schlicht ADJ simplu
Schlichter(in) M̄/F̄ împăciuitor m, împăciuitoare f; *durch Schiedsspruch* mediator m, mediatoare f
schlief → **schlafen**
schließen A V̄T̄ ▯ a închide; *Vertrag* a încheia; **j-n in die Arme ~** a strânge pe cineva în brațe ▮ (≈*schlussfolgern*) **etw aus etw ~** a deduce ceva din ceva B V̄i̱ ▯ *Tür, Fenster, Dose* a închide ▮ (≈*schlussfolgern*) **von sich** (*dat*) **auf andere ~** a trage concluzii despre alții pornind de la propria persoană C V̄R̄ **sich ~** a se închide
Schließfach N̄ BAHN casetă f de bagaje
schließlich ADV ▯ în fine ▮ *immerhin, doch* doar
Schließung F̄ încheiere f; *e-r Versammlung* închidere f
schliff → **schleifen**[1]
schlimm ADJ ▯ rău; **~er** mai rău; **~er werden** a se înrăutăți; **das Schlimmste** cel mai rău ▮ *schwerwiegend* grav; **um so ~er!** cu atât mai rău!; **und was (noch) ~er ist** și (cu atât) mai grav este faptul că; **das ist nicht so ~** nu e nimic grav
schlimmstenfalls ADV în cel mai rău caz
Schlinge F̄ ▯ (≈*Schlaufe*) buclă f ▮ *zum Tierfang* laț n ▮ MED laț n, eșarfă f
schlingen A V̄T̄ **etw um etw ~** a în-

colăci ceva în jurul a ceva; **zu e-m Knoten ~** a înoda B̄ V̄Ī a înghiți cu lăcomie, a hălpăi C̄ V̄R̄ **sich um etw ~** a se încolăci în jurul a ceva

Schlips M̄ cravată f

Schlitten M̄ sanie f; **~ fahren** a se da cu săniuța

Schlittschuh M̄ patină f; **~ laufen** a patina

Schlittschuhläufer(in) M̄F̄ patinator m, patinatoare f

Schlitz M̄ fantă f

schloss → **schließen**

Schloss N̄ 1 *Türschloss* lacăt n 2 *Bau* castel n

Schlosser(in) M̄F̄ lăcătuș(ă) m(f)

schlottern V̄Ī *Knie* a tremura; *vor Angst, Kälte* a dârdâi (**vor** + dat de); *Kleider* a atârna

Schlucht F̄ prăpastie f, râpă f

schluchzen V̄Ī a plânge cu sughițuri

Schluck M̄ înghițitură f; **ein ~ Wasser** o înghițitură de apă; **ein ~ Kaffee** o înghițitură de cafea

Schluckauf M̄ sughiț n

schlucken V̄T̄ & V̄Ī a înghiți

Schluckimpfung F̄ vaccin n pe cale bucală

schlug → **schlagen**

schlüpfen V̄Ī a se strecura (**in** +akk în); **aus dem Ei ~** a ieși din găoace; **in den / aus dem Mantel ~** a se îmbrăca cu paltonul/ a se dezbrăca de palton

Schlüpfer M̄ chilot m

schlürfen V̄T̄ a sorbi

Schluss M̄ 1 sfârșit n; **am** (*od* **zum**) **~** la sfârșit; **~ damit!** termină cu asta!; **mit j-m ~ machen** a o termina cu cineva 2 *Folgerung* concluzie f; **Schlüsse aus etw ziehen** a trage concluzii din ceva

Schlüssel M̄ cheie f

Schlüsselanhänger M̄ breloc n

Schlüsselbein N̄ claviculă f

Schlüsselbund M̄ legătură f de chei

Schlüsseldienst M̄ serviciu n de multiplicări chei

Schlüsselfrage F̄ întrebare f cheie

Schlüsselloch N̄ gaura f cheii

Schlüsselstellung F̄ poziție-cheie f

Schlussfolgerung F̄ concluzie f

schlüssig ADJ 1 *Argument* logic; *Be-*

weis concludent 2 **sich** (*dat*) **~ sein** a fi sigur; **sich** (*dat*) **~ werden** a se decide (**etw zu tun** să facă ceva)

Schlusslicht N̄ lumini fpl de la spate

Schlusspfiff M̄ fluier n final

Schlussstrich fig **e-n ~ unter etw** (*akk*) **ziehen** a termina cu ceva

Schlussverkauf M̄ solduri npl

schmal ADJ îngust

Schmalz N̄ unturå f

schmalzig umg pej ADJ sentimental

Schmand M̄ reg GASTR smântână

Schmarotzer M̄ a. fig pej parazit m

Schmarr(e)n M̄ 1 südd, österr GASTR clătite fpl austriece 2 umg (≈*Unsinn*) prostii fpl

schmatzen V̄Ī a plescăi

schmecken A̱ V̄Ī a avea gust (**nach etw** de ceva); **gut ~** a avea gust bun; **schmeckt's?** e bun?; **mir schmeckt es** mie îmi place; **lasst es euch ~!** poftă bună! B̄ V̄T̄ **etw ~** a gusta ceva

Schmeichelei F̄ măgulire f, complimentare f

schmeichelhaft ADJ măgulitor

schmeicheln V̄Ī **j-m ~** a flata pe cineva

schmeißen umg V̄T̄ a azvârli; **e-e Party ~** a da o petrecere; **e-e Runde Bier ~** a face cinste cu un rând de bere; **mit Geld um sich ~** a arunca banii cu amândouă mâinile, a risipi banii

schmelzen A̱ V̄T̄ a topi B̄ V̄Ī a se topi

Schmelzkäse M̄ brânză f topită

Schmerz M̄ durere f; **~en haben** a avea dureri

schmerzen V̄Ī & V̄T̄ a durea

Schmerzensgeld N̄ daune fpl pentru o vătămare fizică

schmerzhaft ADJ, **schmerzlich** dureros

Schmerzmittel N̄ analgezic n

Schmerztablette F̄ calmant n

Schmetterling m fluture m

Schmied M̄ fierar m

schmieden V̄T̄ a forja; *fig* **Pläne ~** a făuri planuri

schmieren A̱ V̄T̄ a mâzgăli (**auf** +akk pe ceva); *Brote* a unge; **Butter aufs Brot ~** a unge pâinea cu unt; *umg* **das läuft wie geschmiert** merge strună B̄

V̱I̱ *unsauber schreiben* a scrie neciteț
Schmiergeld *umg* Ṉ mită f
schmierig ADJ soios
Schmierpapier Ṉ ciornă f
Schminke F̱ fard n
schminken A̱ V̱Ṯ a machia Ḇ V̱Ṟ **sich** ~ a se farda
Schmirgelpapier Ṉ hârtie f abrazivă
schmiss → schmeißen
schmollen V̱I̱ a fi îmbufnat
schmolz → schmelzen
schmoren V̱Ṯ & V̱I̱ 1 GASTR a frige înăbușit 2 *umg fig* **in der Sonne** ~ a se prăji la soare
Schmuck M̱ 1 bijuterie f 2 *Verzierung* ornamentație f
schmücken A̱ V̱Ṯ a orna Ḇ V̱Ṟ **sich** ~ **(mit)** a se machia (cu)
Schmuckstück Ṉ bijuterie f; *fig* giuvaer n
schmudd(e)lig *umg pej* ADJ jegos
Schmuggel M̱ contrabandă f
schmuggeln A̱ V̱Ṯ a introduce prin contrabandă Ḇ V̱I̱ a face contrabandă
Schmuggler(in) M̱F̱ contrabandist(ă) m(f)
schmunzeln V̱I̱ a zâmbi pe sub mustață
schmusen *umg* V̱I̱ a dezmierda, a giuguli; **mit j-m** ~ a se giuguli cu cineva, a se drăgosti cu cineva
Schmutz M̱ murdărie f; *fig* **j-n/etw in den** ~ **ziehen** a împroșca pe cineva/ceva cu noroi, a defăima pe cineva/ceva
schmutzig ADJ murdar; ~ **werden** a se murdări
Schnabel M̱ cioc n
Schnalle F̱ cataramă f
schnallen V̱Ṯ 1 a încătărăma, a fixa în curele; **etw enger/weiter** ~ a fixa mai strâns/mai larg în curele 2 *umg fig* (≈*begreifen*) a pricepe
Schnäppchen *umg* Ṉ chilipir n
schnappen A̱ V̱Ṯ *fangen* a înhăța Ḇ V̱I̱ **nach Luft** ~ a-și trage răsuflarea; *Tier* **nach etw** ~ a înhăța ceva
Schnappschuss M̱ FOTO instantaneu n
Schnaps M̱ rachiu n
schnarchen V̱I̱ a sforăi
schnaufen V̱I̱ a gâfâi

Schnauze F̱ *a. umg Mund* bot n; **(halt die)** ~! (ține-ți) gura!; **die** ~ **(von etw) voll haben** a fi sătul (de ceva)
schnäuzen V̱Ṟ **sich** ~ a-și sufla nasul
Schnecke F̱ melc m
Schneckenhaus Ṉ cochilie f
Schneckentempo *umg* Ṉ **im** ~ în ritm de melc; foarte încet
Schnee M̱ zăpadă f; *umg fig* ~ **von gestern** nimic nou; GASTR **zu** ~ **schlagen** a bate spumă
Schneeball M̱ bulgăre m de zăpadă
Schneeballschlacht F̱ bătălie f cu bulgări de zăpadă
Schneebesen M̱ GASTR tel n, bătător m
Schneebrille F̱ ochelari mpl de zăpadă
Schneeflocke F̱ fulg m de zăpadă
Schneeglöckchen Ṉ ghiocel m
Schneeketten P̱Ḻ AUTO lanțuri npl antiderapante
Schneemann M̱ om m de zăpadă
Schneematsch M̱ fleșcăială f
Schneepflug M̱ plug n de zăpadă
Schneeregen M̱ lapoviță f
schneesicher ADJ *Gebiet* cu zăpadă garantată
Schneesturm M̱ viscol n
Schneetreiben Ṉ viscol n
schneeweiß ADJ alb ca zăpada
Schneewittchen Ṉ Albă ca zăpada f
schneiden V̱Ṯ a tăia; **in Scheibe** ~ a tăia în felii; **sich die Haare** ~ **lassen** a se tunde; *Kleid* **eng/weit geschnitten** croit strâmt/larg Ḇ V̱Ṟ **sich** ~ a se tăia
Schneider(in) M̱F̱ croitor m, croitoreasă f
Schneidersitz M̱ poziție f șezând turcește; **im** ~ în poziție șezând turcește
Schneidezahn M̱ incisiv m
schneien V̱/UNPERS̱ **es schneit** ninge
schnell ADJ repede; **nicht so** ~! nu așa de repede!; **mach** ~! grăbește-te!; ~ **fahren** a conduce mașina cu viteză mare
Schnelle F̱ 1 → Schnelligkeit 2 *umg* **auf die** ~ în grabă
Schnellhefter M̱ dosar n
Schnelligkeit F̱ rapiditate f

S

Schnellimbiss M̲ bufet n expres

schnellstens A̲D̲V̲ cât mai urgent, pe cât de repede posibil

Schnellstraße F̲ șosea f pentru circulație rapidă

Schnellzug M̲ (tren) accelerat n

Schnickschnack umg M̲ **1** wertloser fleac n **2** (≈ Geschwätz) sporovăială f

Schnipsel M̲/N̲ bucățică f de hârtie (tăiată)

schnitt → schneiden

Schnitt M̲ tăietură f; im ~ în medie; der goldene ~ Secțiunea de aur

Schnitte F̲ **1** (≈ Scheibe) felie f **2** (≈ bestrichene Brotschnitte) tartină f

schnittig A̲D̲J̲ gata de recoltat; Auto elegant

Schnittkäse M̲ brânză f feliată

Schnittlauch M̲ fire npl de arpagic

Schnittmuster N̲ MODE tipar n

Schnittstelle F̲ IT interfață f

Schnittwunde F̲ tăietură f

Schnitzel N̲ șnițel n

Schnitzeljagd F̲ vânătoare f de comori

schnitzen V̲T̲ & V̲I̲ a sculpta în lemn

Schnitzer M̲ **1** (≈ Holzschnitzer) sculptor m în lemn, cioplitor m **2** umg (≈ Fehler) greșeală f

Schnorchel M̲ tub n de respirație

schnorcheln V̲I̲ a înota cu tub de respirație

Schnörkel M̲ **1** beim Schreiben întortochere f, înfloritură f **2** BAU ornament n

schnorren V̲T̲ & V̲I̲ a cerși; etw bei (od von) j-m ~ umg a cerși cuiva ceva

schnüffeln V̲I̲ an etw ~ a adulmeca ceva

Schnüffler(in) umg M̲(F̲) **1** spion m, spioană f **2** von Drogen drogat(ă) m(f)

Schnuller M̲ suzetă f

Schnupfen M̲ guturai n; e-n ~ bekommen a se alege cu un guturai

schnuppern V̲T̲ & V̲I̲ etw (od an etw dat) ~ a adulmeca ceva

Schnur F̲ șnur n

schnüren V̲T̲ a lega

schnurlos A̲D̲J̲ Telefon fără fir; ~es Telefon telefon fără fir

Schnurrbart M̲ mustață f

schnurren V̲I̲ Katze a toarce

Schnürsenkel M̲ șiret n

schob → schieben

Schock M̲ șoc n; unter ~ stehen a fi sub șoc

schocken umg V̲T̲ a șoca

schockieren V̲T̲ a șoca

Schokolade F̲ ciocolată f

Schokoriegel M̲ baton n de ciocolată

schon A̲D̲V̲ deja; ~ wieder iarăși; ~ heute/morgen deja azi/mâine; ~ gut! e în regulă!; warst du ~ einmal da? ai fost vreodată acolo?; verstärkend du wirst ~ sehen! lasă, că o să vezi tu!; (≈ ohnehin) das ist ~ teuer genug și așa e destul de scump; einräumend das ist ~ wahr, aber ... asta-i adevărat, dar ...; umg (≈ endlich) nun komm ~! hai odată!; umg es wird ~ wieder (werden) o sa fie bine; abwertend was weißt du ~ (davon)! ce știi tu (despre asta)!

schön A̲D̲J̲ frumos; ~e Grüße an ...! multe salutări ...!; ~es Wochenende! un sfârșit de săptămână plăcut!; ~ dick/warm/weich cât se poate de gros/cald/moale; ~, dass du da bist ce bine, că ești aici; das Schöne daran ist, dass ... partea fumoasă e că ...; iron das wäre ja noch ~er! asta mai lipsea!; umg (alles) gut und ~, aber ... (toate) bune și frumoase, dar ...; das ist ~ von Ihnen este foarte frumos din partea dumneavoastră; umg sich ~ machen a se găti; Wetter wieder ~ werden a se înfrumuseța

schonen A̲ V̲T̲ a menaja B̲ V̲R̲ sich ~ a se menaja

Schönheit F̲ frumusețe f

Schonkost F̲ regim n dietetic

Schöpfer M̲ (≈ Erschaffer) creator m; (≈ Gott) Creator m

Schöpfung F̲ creație f

Schoppen M̲ pahar n de vin de un sfert de litru

Schorf M̲ **1** crustă f **2** MED escară f

Schorle F̲ șpriț n

Schornstein M̲ coș n

Schornsteinfeger M̲ coșar m

schoss → schießen

Schoß M̲ poală f; **auf dem ~** în poală; *Kind* **auf den ~ nehmen** a lua în poală

Schote F̲ păstaie f

Schotte M̲, **Schottin** F̲ scoțian(ă) m(f)

Schotter M̲ **1** (≈Geröll) pietriș n **2** BAU pietriș n, prundiș f; BAHN balast n

Schottin F̲ scoțiană f

schottisch ADJ scoțian

Schottland N̲ Scoția f

schraffieren VT a hașura

schräg ADJ oblic; **~ gegenüber (von)** pe partea diagonal opusă; **~ über die Straße gehen** a traversa strada de-a curmezișul; umg **ein ~er Vogel** un om ciudat

Schrägstrich M̲ linie f de fracție

Schramme F̲ zgârietură f

schrammen A̲ VT a zgâria B̲ V/R **sich** (dat) **die Hand ~** a se zgâria la mână (**an etw** dat de ceva)

Schrank M̲ dulap n

Schranke F̲ barieră f; **j-n in s-e ~n (ver)weisen** a pune pe cineva la punct

Schraube F̲ șurub n; umg fig **bei ihm ist e-e ~ locker** îi lipsește o doagă

schrauben A̲ VT a înșuruba; fig **in die Höhe ~** a ridica B̲ V/R **sich in die Höhe ~** a-și da importanță

Schraubenschlüssel M̲ cheie f pentru șuruburi

Schraubenzieher M̲ șurubelniță f

Schraubverschluss M̲ capac n înșurubat

Schreck M̲, **Schrecken** M̲ spaimă f; **e-n ~ bekommen** a trage o sperietură; **j-m einen ~ einjagen** a speria pe cineva; umg **ach du ~!** vai de mine!

Schrecken M̲ (≈Schreck) sperietură f, spaimă f; (≈Entsetzen) stupoare f; (≈Angst) frică f; **mit dem ~ davonkommen** a scăpa cu teama

schreckhaft ADJ sperios

schrecklich ADJ îngrozitor; **wie ~!** ce îngrozitor!; umg **ein ~er Mensch** un om groaznic

Schreckschraube umg F̲ nașpetă f

Schrei M̲ strigăt n; umg fig **der letzte ~** ultimul răcnet

Schreibblock M̲ blocnotes n

schreiben VT & V/I a scrie; **wie schreibt man ...?** cum se scrie ...?;

richtig/falsch ~ a scrie corect/greșit; **Wort mit ß ~** a scrie cu s dur

Schreiben N̲ scrisoare f

schreibfaul ADJ leneș la scris

Schreibfehler M̲ greșeală f de ortografie

Schreibmaschine F̲ mașină f de scris; **mit der ~ schreiben** a scrie la mașina de scris

Schreibschrift F̲ scris n de mână

Schreibschutz M̲ IT protejare f la scriere

Schreibtisch M̲ birou n

Schreibwarengeschäft N̲, **Schreibwarenladen** M̲ papetărie f

schreien VT & V/I a striga; **nach etw ~** a striga după ceva; umg **das ist zum Schreien!** e nemaipomenit de caraghios!

Schreiner(in) M/F tâmplar m

Schreinerei F̲ atelier n de tâmplărie

schreiten geh V/I **1** a păși; **im Zimmer auf und ab ~** a păși de colo colo prin cameră **2** fig **zu etw ~** a trece la ceva, a se apuca de ceva

schrie → schreien

schrieb → schreiben

Schrift F̲ scris n; **die Heilige ~** Scriptură; **in kyrillischer ~** scris cu litere chirilice

schriftlich ADJ scris; **die ~e Prüfung** examenul scris; **könnte ich das bitte ~ haben?** ați putea să-mi dați asta în scris?

Schriftsprache F̲ limbaj n scris

Schriftsteller(in) M/F scriitor m, scriitoare f

schrill ADJ Stimme, Ton, Schrei ascuțit; Lachen strident

schritt → schreiten

Schritt M̲ pas m; **~ für ~** pas cu pas; fig **den ersten ~ machen** a face primul pas; fig **mit etw ~ halten** a ține pasul cu ceva; Auto (im) **~ fahren** a merge la pas

Schrittgeschwindigkeit F̲ viteză f minimă

Schrittmacher M̲ MED stimulator n cardiac

schrittweise A̲ ADJ pas cu pas B̲ ADV pas cu pas

schroff ADJ abrupt

S

Schrott M̲ fier n vechi n; **e-n Wagen zu ~ fahren** a face mașina praf (într-un accident)
Schrotthändler M̲ negustor m de fier vechi
schrubben V̲T̲ a freca
schrumpfen V̲I̲ **1** a se strânge; TECH a se micșora; *Früchte* a se zbârci **2** *fig* (≈*abnehmen*) a descrește; *Einnahmen* a se diminua; *Kapital* a scădea, a se reduce
Schubkarren M̲ roabă f
Schublade F̲ sertar n
schubsen V̲T̲ a împinge
schüchtern A̲D̲J̲ timid
schuf → schaffen
schuften *umg* V̲I̲ a munci din greu
Schuh M̲ pantof m; **hohe ~e** ghete; **sich** (*dat*) **die ~e anziehen/ausziehen** a se încălța/descălța; *umg fig* **j-m etw in die ~e schieben** a da vina pe cineva
Schuhcreme F̲ cremă f de ghete
Schuhgeschäft N̲ magazin n de încălțăminte
Schuhgröße F̲ număr n la pantofi; ~ **39 haben** a avea mărimea 39 la pantofi; **welche ~ haben Sie?** ce mărime purtați la pantofi?
Schuhkarton M̲ cutie f de pantofi
Schuhlöffel M̲ încălțător n
Schuhsohle F̲ talpă f de pantofi
Schulabschluss M̲ diplomă f de absolvire a unui ciclu școlar
Schulanfang M̲ *nach den Ferien* începere f a școlii; *am Morgen* începere f a orelor de curs
Schulbuch N̲ manual n școlar
Schulbus M̲ autobuz n școlar
schuld A̲D̲J̲ **wer ist ~ daran?** a cui e vina?; **er ist ~** el e vinovat
Schuld F̲ **1** vină f; **an etw** (*dat*) ~ **haben** a fi vinovat de ceva; **es ist meine ~ este** vina mea; **j-m die ~ für etw geben** a da vina pe cineva pentru ceva; **die ~ auf j-n schieben** a da vina pe cineva **2** FIN datorie f; **~en haben/machen** a avea/face datorii
schulden V̲T̲ **j-m etw** ~ a-i datora ceva cuiva
Schuldenberg *umg* M̲ munte m de datorii

Schuldenfalle *umg* F̲ FIN capcană f a datoriilor; **aus der ~ herauskommen** a scăpa din capcana datoriilor
schuldenfrei A̲D̲J̲ fără datorii, neîndatorat, liber de datorii; *Haus* neipotecat
Schuldenkrise F̲ FIN, POL criză f a datoriilor suverane
schuldig A̲D̲J̲ **1** vinovat; **für ~ erklären** (*od* ~ **sprechen**) a declara vinovat (pe cineva) **2** dator; **j-m etw ~ sein** a-i fi cuiva îndatorat cu ceva
Schuldige(r) M̲/̲F̲/̲M̲ vinovat m, vinovată f
Schuldschein M̲ adeverință f asupra unei datorii, obligație f; *privatrechtlicher* titlu n de creanță
Schule F̲ școală f; **höhere ~** școală medie; **in die** (*od zur*) ~ **gehen** a merge la școală; **in die ~ kommen** a merge la școală
Schüler(in) M̲/̲F̲ elev(ă) m(f)
Schüleraustausch M̲ schimb n (internațional) de elevi
Schulfach N̲ materie f
Schulferien P̲L̲ vacanță f școlară
schulfrei A̲D̲J̲ ~ **haben** a avea liber de la școală
Schulfreund(in) M̲/̲F̲ prieten(ă) m(f) de școală
Schulheft N̲ caiet n
Schulhof M̲ curte f a școlii
Schuljahr N̲ an m școlar
Schulkenntnisse P̲L̲ ~ **in Französisch** cunoștințe fpl elementare în limba franceză
Schulklasse F̲ clasă f
Schulleiter(in) M̲/̲F̲ director m/directoare f de școală
Schulranzen M̲ ghiozdan n
Schulsachen F̲P̲L̲ obiecte npl școlare; *für Grundschule* rechizite fpl școlare fpl
Schulschluss M̲ terminare f a orelor
Schulstunde F̲ oră f
Schultasche F̲ → Schulranzen
Schulter F̲ umăr m; **mit den ~n zucken** a da din umeri; *fig* **j-m die kalte ~ zeigen** a întoarce spatele cuiva; *fig* **etw auf die leichte ~ nehmen** a trata ceva cu ușurință
Schulterblatt N̲ omoplat n
schulterlang A̲D̲J̲ *Haar* lung până la

umeri

Schultertasche F̲ geantă f de umăr

Schultüte F̲ con din carton colorat, umplut cu dulciuri și mici cadouri, dăruit de părinți bobocilor în prima zi de școală

Schulung F̲ școlarizare f

Schulweg M̲ drum n spre școală

Schulzeit F̲ ani npl de școală

Schulzeugnis N̲ diplomă f școlară

schummeln umg V̲i̲ a trișa

Schund pej umg M̲ lucru n fără valoare; umg deșeu n, rebut n; Roman, Film prostie f

Schuppe F̲ solz n; **~n** pl im Haar mătreață f

Schuppen M̲ **◻** für Wagen, Geräte magazie f **◼** umg (≈ Lokal) bar n

Schuppenflechte F̲ psoriazis m

schürfen A̲ V̲i̲ Gold etc a exploata B̲ V̲R sich (die Haut) ~ a se zgâria la piele

Schürfwunde F̲ zgârietură f

Schürze F̲ șorț n

Schuss M̲ împușcătură f; **mit einem ~ Wodka** cu un strop de vodcă; umg fig **der ~ ging nach hinten los** a avut efecte nedorite; umg fig **weit vom ~ sein** a fi departe de primejdie

Schüssel F̲ castron n

Schusswaffe F̲ armă f de foc

Schuster(in) M̲F̲ cizmar m

Schutt M̲ dărâmături fpl; (≈ Bauschutt) moloz n; **~ abladen verboten!** Aruncarea molozului este interzisă!

Schüttelfrost M̲ frisoane npl

schütteln A̲ V̲i̲ a scutura; **vor Gebrauch ~** a se agita înainte de întrebuințare B̲ V̲R sich (vor Lachen) ~ a se tăvăli de râs

schütten V̲i̲ a vărsa; **sich (dat) Saft über die Hose ~** a-și vărsa suc pe pantaloni; umg **es schüttet** plouă cu găleata

Schutz M̲ protecție f (vor de); **j-n (vor j-m/etw) in ~ nehmen** a lua pe cineva sub protecție (împotriva cuiva / a ceva); **vor j-m/etw ~ suchen** a căuta protecție împotriva cuiva / a ceva

Schutzblech N̲ AUTO aripă f

Schutzbrief M̲ AUTO document n de liberă trecere

Schütze M̲ **◻** țintaș m **◼** ASTROL săgetător m

schützen A̲ V̲T̲ **j-n vor etw ~** a apăra pe cineva de ceva; **das schützt vor Kälte** protejează de frig; **vor Nässe/ Licht ~!** a se feri de umezeală/lumină! B̲ V̲R sich (vor etw/j-m) ~ a se apăra de ceva/cineva

Schutzengel M̲ înger m păzitor

Schutzgeld N̲ taxă f de protecție

Schutzhelm M̲ cască f de protecție

Schutzimpfung F̲ vaccinare f

Schutzumschlag M̲ copertă f de protecție, supracopertă f

schwabb(e)lig umg A̲D̲J̲ Körperteil flasc, moale; Pudding gelatinos

Schwabe M̲, **Schwäbin** F̲ șvab m, șvabă f

schwäbisch A̲D̲J̲ șvab

schwach A̲D̲J̲ slab; **~ werden** a slăbi; **schwächer werden** a deveni mai slab; **~ besucht sein** a avea puțini clienți; **sich nur ~ wehren** a opune o slabă rezistență

Schwäche F̲ slăbiciune f

Schwächeanfall M̲ criză f de slăbiciune

schwächen V̲T̲ a slăbi; fig a discredita

Schwachsinn M̲ **◻** MED tulburare f psihică **◼** umg (≈ Unsinn) absurditate f

schwachsinnig A̲D̲J̲ MED bolnav psihic; umg (≈ unsinnig) absurd

Schwachstelle F̲ punctul n slab

schwafeln umg V̲T̲ & V̲i̲ a spune bazaconii, a trăcăni

Schwager M̲ cumnat m

Schwägerin F̲ cumnată f

Schwalbe F̲ rândunică f

Schwall M̲ șuvoi m; fig potop m, torent m/n

schwamm → schwimmen

Schwamm M̲ burete m; umg fig **~ drüber!** să nu mai vorbim despre asta!

Schwammerl bayrisch M̲N̲ österr burete m

schwammig A̲D̲J̲ **◻** spongios **◼** fig (≈ aufgedunsen) umflat **◼** fig pej (≈ unklar) confuz

Schwan M̲ lebădă f; umg hum **mein lieber ~!** la naiba!

S

schwang → schwingen
schwanger ADJ gravidă; **im vierten Monat ~ sein** a fi gravidă în luna a patra
Schwangere F gravidă f
Schwangerschaft F graviditate f
Schwangerschaftsabbruch M întrerupere f provocată a sarcinii
Schwangerschaftstest M test n de graviditate
schwanken VI **1** Mensch a se clătina **2** zögern a ezita **3** Boot a se legăna **4** Temperatur a varia
Schwankung F **1** fluctuație f; fig variație f **2** (≈ Veränderung) schimbare f; der Preise oscilație f
Schwanz M **1** coadă f; umg fig **den ~ einziehen** a pleca cu coada între picioare **2** vulg penis m
schwänzen umg VT umg a chiuli
Schwarm M **1** Insekten roi m **2** Vögel stol n
schwärmen VI **für j-n/etw ~** a adora pe cineva/ceva; **von j-m / e-r Sache ~** a lăuda pe cineva/ceva
Schwarz N negru n
schwarz ADJ negru; **~ auf weiß** negru pe alb; **mir wurde ~ vor den Augen** mi s-a făcut negru înaintea ochilor; **das Schwarze Meer** Marea f Neagră
Schwarzarbeit F muncă f la negru
schwarzarbeiten VI a munci clandestin, a munci la negru
Schwarzarbeiter M muncitor m clandestin, muncitor m la negru
Schwarzbrot N pâine f neagră
Schwarze(s) N **1** Farbe negru n; **ins ~ treffen** a nimeri la țintă/la fix; fig a da gol **2** **das kleine ~** mica rochie neagră
schwarzfahren VI a călători fără bilet
Schwarzfahrer(in) M(F) călător m clandestin, călătoare f clandestină
Schwarzgeld N bani mpl negri
schwarzhaarig ADJ brunet
Schwarzhandel M trafic n (mit de)
Schwarzmarkt M **auf dem ~** pe piața neagră
schwarzsehen VI **1** TV a urmări clandestin emisiunile de televiziune **2** (≈ pessimistisch sein) a vedea totul în

negru, a fi pesimist
Schwarztrüffel F BOT, GASTR trufă f neagră
Schwarzwald M Pădurea f Neagră
schwarz-weiß ADJ alb-negru
Schwarz-Weiß-Film M FOTO film n (fotografic) alb-negru; FILM film n alb-negru
schwatzen, schwätzen VT & VI a sta la taifas; pej a bârfi (**über** +akk pe)
Schwätzer(in) M(F), pej bârfitor m, bârfitoare f
schweben VI a plana; fig **in Gefahr** (+dat) **~** a se afla în primejdie; JUR **~des Verfahren** procedură pendinte
Schwede M suedez m
Schweden N Suedia f
Schwedin F suedeză f
schwedisch ADJ suedez
Schwedisch N limba f suedeză
Schwefel M sulf n
schweigen VI a tăcea; **die ~de Mehrheit** majoritatea tăcută; **ganz zu ~ von ...** ca să nu mai vorbim de ...
Schweigen N tăcere f; **zum ~ bringen** a reduce la tăcere; **sein ~ brechen** a rupe tăcerea
schweigsam ADJ tăcut
Schwein N porc m; umg (≈ Mensch) **armes ~** sărmanul; umg (≈ Mensch) **kein ~** nimeni; umg **~ haben** a avea noroc porcesc
Schweinebraten M friptură f de porc
Schweinefleisch N carne f de porc
Schweinegrippe F gripa f porcină
Schweinerei umg F **1** (≈ Schmutz) porcărie f, murdărie f **2** fig (≈ Gemeinheit) porcărie f, josnicie f **3** (≈ Zote, unanständige Handlung) porcărie f, glumă f obscenă
Schweineschnitzel N șnițel n de porc
Schweiß M transpirație f; **in ~ gebadet sein** a fi transpirat leoarcă; **ihm steht der ~ auf der Stirn** îi curge sudoarea pe frunte
Schweißband N **1** im Hut bandă f absorbantă (în interiorul pălăriei) **2** am Arm manșetă f absorbantă
schweißen VT TECH a suda
schweißgebadet ADJ scăldat în su-

doare, lac de apă

Schweiz F̄ die ~ Elveția f

Schweizer ADJ elvețian; ~ *Käse* brânză f elvețiană; (≈ *Emmentaler*) brânză f Emmental

Schweizer(in) M/F elvețian m, elvețiancă f

Schweizerdeutsch N̄ limba f germană elvețiană

schweizerisch ADJ elvețian

Schwelle F̄ prag n

schwellen V/I MED a se inflama

Schwellenland N̄ țară f în curs de dezvoltare

Schwellung F̄ inflamație f

schwenken V/T ① *Hut, Fahne* a flutura; TECH a vira; *Kamera* a roti ② (≈ *spülen*) a clăti ⑤ V/I **nach links** ~ a coti la stânga

schwer ADJ ① greu; ~ **arbeiten** a munci din greu; ~ **bestrafen** a penaliza sever; ~ **beladen/beschädigt/bewaffnet** încărcat/lovit/înarmat greu; ~ **verständlich** greu de înțeles; **zwei Kilo** ~ **sein** a cântări două kilograme; *umg* **sie ist** ~ **in Ordnung** (ea) este foarte de treabă ② *schwierig* dificil; ~ **verdaulich** indigest; **es j-m** ~ **machen** a-i îngreuna cuiva situația; **es** ~ **mit j-m/etw haben** a avea greutăți cu cineva/ceva ③ *Krankheit* grav; ~ **krank/verletzt** (*od* **verwundet**) grav bolnav/rănit; ~ **verunglücken** a suferi un accident grav

Schwerbehinderte(r) M/F(M) persoană f handicapată (grav)

schwerfällig ADJ greoi

Schwergewicht N̄ ① SPORT categorie f grea ② *fig* accent n, atenție f principală

schwerhörig ADJ ~ **sein** a nu auzi bine

Schwerkraft F̄ gravitație f

Schwerpunkt M̄ ① PHYS centru n de gravitație ② *fig* centru n

Schwert N̄ sabie f

Schwerverbrecher(in) M/F criminal(ă) m(f)

Schwerverletzte(r) M/F(M) rănit m grav, rănită f grav

schwerwiegend ADJ/T grav, fatal, serios, sever

Schwester F̄ ① soră f ② (≈ *Krankenschwester*) soră f medicală

Schwesternzimmer N̄ *im Krankenhaus* sală f pentru asistente și surori medicale

schwieg → schweigen

Schwiegereltern PL socri mpl

Schwiegermutter F̄ soacră f

Schwiegersohn M̄ ginere m

Schwiegertochter F̄ noră f

Schwiegervater M̄ socru m

schwierig ADJ dificil

Schwierigkeit F̄ dificultate f; **in ~en geraten** a întâmpina dificultăți; **in ~en sein** a se afla în dificultate; **j-m ~en machen** a-i face cuiva greutăți

Schwimmbad N̄ piscină f

Schwimmbecken N̄ bazin n de înot

schwimmen V/I ① a înota; ~ **gehen** a merge la înot ② *Sachen* a pluti

Schwimmer(in) M/F înotător m, înotătoare f

Schwimmflossen PL labe fpl

Schwimmflügel M̄ aripioară f de înot

Schwimmreifen M̄ colac n de înot

Schwimmweste F̄ centură f de salvare

Schwindel M̄ ① *Betrug* escrocherie f ② MED amețeală f; ~ **erregend** amețitor

schwindelfrei ADJ fără frică de înălțime

schwind(e)lig ADJ **leicht schwindelig werden** a avea o amețeală ușoară; **mir ist/wird (es) schwindelig** (eu) am amețeli/amețesc

schwindeln ① *umg* V/T & V/I a ameți ⑤ V/UNPERS **mir (od mich) schwindelt** amețesc; ~**de Höhe** înălțime amețitoare

schwingen ① V/T *hin u. her* a agita; *Fahne* a flutura; *Keule* a învârti ⑤ V/I *hin u. her*, *Pendel* a oscila; *Saite* a vibra ⓒ V/R **sich auf sein Fahrrad** ~ a se sui pe bicicletă; **sich über die Mauer** ~ a sări zidul; *Vogel* **sich in die Luft** ~ a-și lua zborul

Schwips M̄ **einen** ~ **haben** *umg* a fi pilit

schwitzen V/I a transpira

schwoll → schwellen

S

schwören V̄T̄ & V̄Ī a jura; *fig* **auf etw/ j-n ~** a se încrede orbește în ceva/cineva

schwul A̅D̅J̅ homosexual

schwül A̅D̅J̅ sufocant; **es ist ~ e** zăpușeală

Schwulenbar F̄ bar n de homosexuali

Schwule(r) *umg* M̄ homosexual m; *umg pej* poponar m

Schwung M̄ **1** avânt n; **~ holen** a lua avânt **2** *fig* elan n; **in ~ kommen** a-și intra în mână; *umg* **etw in ~ bringen** a pune ceva în mișcare

schwungvoll A̅D̅J̅ plin de elan

Schwur M̄ jurământ n

Science-Fiction F̄ science-fiction n

sechs N̄U̅M̄ șase

Sechs F̄ șase m

Sechserpack M̄ pachet n de șase bucăți

sechshundert N̄U̅M̄ șase sute

sechsmal A̅D̅V̄ de șase ori

sechst A̅D̅V̄ **zu ~ (sein)** (a fi) câte șase

sechstausend N̄U̅M̄ șase mii

sechste(r, s) N̄U̅M̄ al șaselea, a șasea; → dritte

Sechstel N̄ șesime f

sechstens A̅D̅V̄ în al șaselea rând

sechzehn N̄U̅M̄ șaisprezece

sechzehnte(r, s) N̄U̅M̄ al șaisprezecelea, a șaisprezecea; → dritte

sechzig N̄U̅M̄ șaizeci

sechzigste(r, s) N̄U̅M̄ al șaizecilea, a șaizecea

Secondhandladen M̄ magazin n cu lucruri second-hand

See **1** F̄ mare f; **an der See** la mare **2** M̄ lac n; **am See** la lac

Seehund M̄ focă f

seekrank A̅D̅J̅ **~ sein** a avea rău de mare

Seekrankheit F̄ rău n de mare

Seele F̄ suflet n; **aus tiefster ~** din adâncul sufletului; **Sie sprechen mir aus der ~** sunt întru totul de acord; **das tut mir in der ~ weh** mă doare sufletul

Seeleute P̄L̄ marinari mpl

seelisch A̅D̅J̅ sufletesc

Seeluft F̄ aer n de mare

Seemacht F̄ putere f maritimă

Seemann M̄ marinar m

Seemeile F̄ milă f marină

Seemöwe F̄ pescăruș m

Seenot F̄ primejdie f pe mare

Seeräuber M̄ pirat m, corsar m

Seereise F̄ croazieră f

Seerose F̄ nufăr m

Seezunge F̄ limbă f de mare

Segel N̄ velă f

Segelboot N̄ barcă f cu vele

Segelfliegen N̄ planorism n

Segelflugzeug N̄ planor n

segeln V̄Ī a naviga cu vele

Segelschiff N̄ velier n

Segen M̄ binecuvântare f

segnen V̄T̄ **1** R̄E̅L̄ a binecuvânta **2** *fig* **mit etw gesegnet sein** a fi înzestrat cu ceva

sehbehindert A̅D̅J̅ **~ sein** a avea deficiențe de vedere

Sehen N̄ vedere f; **j-n vom ~ kennen** a cunoaște pe cineva din vedere

sehen **1** V̄T̄ a vedea; **kann ich das mal ~?** pot să văd asta?; *umg* **lass mal ~!** ia să văd!; **na, siehst du** ei, vezi; *umg* **sieh mal einer an!** ia te uită la el!; *Verweis* **siehe ... vezi ...; ich habe sie kommen ~** am văzut-o venind; *umg fig* **ich kann ihn nicht mehr ~** nu îl mai pot suferi **2** V̄Ī **gut/schlecht ~** a vedea bine/ rău; **nach etw/j-m ~** a avea grijă de ceva/cineva; **in den Spiegel ~** a privi în oglindă **3** V̄R̄ **sich ~** a se vedea; **wir ~ uns morgen!** ne vedem mâine!; **sich ~ lassen (können)** a se (putea) arăta

sehenswert A̅D̅J̅ demn de văzut, remarcabil

Sehenswürdigkeit F̄ obiectiv n turistic

Sehne F̄ tendon f

sehnen V̄R̄ **sich nach etw/j-m ~** a-i fi dor de ceva/cineva

Sehnsucht F̄ dor n

sehnsüchtig A̅D̅J̅ plin de dor

sehr A̅D̅V̄ foarte; **~ viel** foarte mult; **zu ~** prea mult; **wie ~** cât de mult; **so ~, dass ...** atât de mult, încât ...

Sehtest M̄ test n de vedere

seicht A̅D̅J̅ puțin adânc

Seide F̄ mătase f

seidig A̅D̅J̅ mătăsos

Seife F̄ săpun n
Seifenblase F̄ balon n de săpun; *fig* iluzie f
Seifenoper *pej* F̄ soap opera f
Seifenschale F̄ săpunieră f
Seil N̄ frânghie f
Seilbahn F̄ funicular n
sein A V̄i ▪1 a fi; (≈ *stammen*) **von** (*od* **aus**) ... ≈ a fi din ...; **ich bin aus Deutschland** (eu) sunt din Germania; **ich bin's!** eu sunt!; *umg* **ist was?** ce s-a întâmplat?; *umg* **Empfinden mir ist nicht nach Feiern** (eu) nu am chef de distracție; **sie ist Rumänin** (ea) este româncă; **was/wer ist das?** ce/cine este acesta?; **es sind 20° C** sunt 20° C; **fünf und zwei sind sieben** cinci și cu doi fac șapte; **das kann ≈** e posibil; **lass das ≈!** las-o baltă!; **muss das ≈?** trebuie?; **was darf es ≈?** ce doriți?; **das wär's!** cam atât! ▪2 *mit zu + inf* **das Haus ist zu verkaufen** casa e de vânzare ▪B V̄/aux **sie ist gelaufen** ea a fugit; **wir sind gegangen** noi am plecat
sein(e) poss pr al său/lui, a sa/lui; **≈e** *pl* ale sale/lui; **das ist ≈e Tasche** asta este geanta sa (lui)
seinetwegen adv ▪1 *wegen ihm* din cauza sa/lui ▪2 *ihm zuliebe* de dragul lui
seit A präp de; **er ist ≈ Montag hier** el este de luni aici; **er ist ≈ einer Woche hier** el este de o săptămână aici ▪B konj de când; **~ ich ihn kenne, ...** de când îl cunosc, ...
seitdem A adv de atunci ▪B konj de când
Seite F̄ ▪1 parte f; **von/nach allen ~n** din/în toate părțile; **von ~n** *+gen* din partea *+gen*; **auf der einen ≈ ...**, **auf der anderen (Seite) ...** pe de o parte ..., pe de altă parte ...; **zur ~ gehen** (*od* **treten**) a se da deoparte; **j-m zur ~ stehen** a fi alături de cineva; **auf j-s ~ sein** (*od* **stehen**) a fi de aceeași părere cu cineva; **etw zur ~ legen** a pune ceva deoparte ▪2 *Buch* pagină f; **auf ~ 102** la pagina 102; TEL **Gelbe ~n®** Pagini Aurii
Seitensprung M̄ escapadă f (amoroasă)
Seitenstechen N̄ junghi n intercostal

Seitenstraße F̄ stradă f laterală
Seitenstreifen M̄ acostament n
seitenverkehrt adj cu laturile inversate
Seitenwind M̄ vânt n lateral
seither adv de atunci
seitlich adj lateral
Sekretär(in) M̄/F̄ secretar(ă) m(f)
Sekretariat N̄ secretariat n
Sekt M̄ vin n spumant
Sekte F̄ sectă f
Sektglas N̄ pahar n de șampanie
Sekundarschule *schweiz* F̄ școală f secundară
Sekundarstufe F̄ **~ I/II** învățământ n liceal
Sekunde F̄ secundă f; *Uhr* **auf die ≈ genau gehen** a pleca exact la ora stabilită
Sekundenkleber M̄ lipici n instant
Sekundenzeiger M̄ secundar n
selbe dem pr aceeași; **zur ~n Zeit** la aceeași oră
selber *umg* dem pr → **selbst**
selbst A dem pr **ich ≈** eu însumi; **du ≈** tu însuți; **er ≈** el însuși; **von ≈** de la sine; *als Gegenfrage* **und ≈?** tu?; **er spricht mit sich ≈** el vorbește de unul singur; **das versteht sich von ≈** asta se înțelege de la sine; **~ gemacht** făcut în casă ▪B adv chiar; **~ ich weiß das** chiar și eu știu asta; **~ wenn ...** chiar și atunci când ...
selbständig adj → **selbstständig**
Selbstauslöser M̄ FOTO autodeclanșator n
Selbstbedienung F̄ autoservire f
Selbstbedienungsrestaurant N̄ restaurant n cu autoservire
Selbstbefriedigung F̄ onanie f
Selbstbeherrschung F̄ stăpânire f de sine
Selbstbeteiligung F̄ *einer Versicherung* participare f personală
selbstbewusst adj conștient de propria valoare
Selbstbewusstsein N̄ aplomb n, îndrăzneală f
Selbsthilfegruppe F̄ grupă f de autoterapie
selbstklebend adj autocolant
Selbstkritik F̄ autocritică f

S

selbstkritisch ADJ autocritic

Selbstlaut M̅ vocală f

Selbstmord M̅ sinucidere f; ~ **begehen** a se sinucide

Selbstmörder(in) M̅F̅ sinucigaş(ă) m(f)

selbstmordgefährdet ADJT suicidar

Selbstmordversuch M̅ încercare f de sinucidere

selbstsicher ADJ sigur de sine

selbstständig ADJ independent; *nicht pflegebedürftig* care se bizuie pe propriile sale forţe; **ich bin ~** *arbeitend* sunt Persoană Fizică Autorizată; **sich ~ machen** a deveni Persoană Fizică Autorizată

Selbstständigkeit F̅ autonomie f

selbsttätig ADJ automat

Selbstversorger(in) M̅F̅ *persoană care se autoaprovizionează singură*

selbstverständlich A ADJ firesc B ADV subînţeles; **das ist ~** se înţelege de la sine

Selbstverständlichkeit F̅ certitudine f; **das ist e-e ~** aceata este o certitudine

Selbstverteidigung F̅ autoapărare f

Selbstvertrauen N̅ încredere f în sine

selig ADJ 1 (*≈ glücklich*) fericit 2 REL preafericit, beatificat 3 (*≈ gestorben*) răposat

Sellerie M̅ ţelină f

selten ADJ rar; **es kommt ~ vor, dass ... se** întâmplă rar să ...; **höchst ~** extrem de rar

Seltenheit F̅ raritate f

seltsam ADJ ciudat; **~ schmecken/riechen** a avea un gust/miros ciudat

Semester N̅ semestru n

Semesterferien PL vacanţă f între semestre

Seminar N̅ seminar n

Semmel F̅ chiflă f; *umg* **weggehen wie warme ~n** a se vinde ca pâinea caldă

Semmelbrösel PL pesmet m

Senat M̅ senat n

senden V̅T̅ 1 a trimite 2 RADIO, TV a transmite

Sender M̅ RADIO, TV post n (de emisie)

Sendeschluss M̅ sfârşit n de emisiune

Sendung F̅ 1 trimitere f 2 RADIO, TV emisiune f; *Jargon* **auf ~ sein** a se afla sub influenţa drogurilor

Senf M̅ muştar n; *umg fig* **s-n ~ dazugeben** a-şi da cu părerea

senior ADJ Herr L. ~ domnul L. senior

Senior(in) M̅F̅ persoană f în vârstă; *pl* **die ~en** persoanele în vârstă

Seniorenpass M̅ legitimaţie f pentru persoane în vârstă

Seniorenwohnheim N̅ azil n de bătrâni, cămin n de bătrâni

senken A V̅T̅ *Kopf* a-şi pleca; *Preise* a coborî; *Fieber* a face să scadă B V̅R̅ **sich ~** *Boden* a se cufunda

senkrecht ADJ vertical

Sensation F̅ senzaţie f

sensationell ADJ senzaţional

sensibel ADJ sensibil

sentimental ADJ sentimental

separat ADJ separat

September M̅ septembrie m; → Juni

Serbe M̅ sârb m

Serbien N̅ Serbia f

Serbin F̅ sârboaică f

serbisch ADJ sârbesc

Serie F̅ serie f

seriell ADJ IT serial

seriös ADJ serios

Serpentine F̅ serpentină f

Server M̅ IT server n

Service A M̅ service n B N̅ *Geschirr* serviciu n

servieren V̅T̅ a servi

Serviette F̅ şerveţel n

Servolenkung F̅ AUTO servocomandă f

servus *süd, österr* INT servus

Sesam M̅ susan m

Sessel M̅ fotoliu n

Sesselbahn F̅, **Sessellift** M̅ telescaun n

Set N̅/M̅ 1 (*≈ Satz*) set n 2 (*≈ Platzdeckchen*) şerveţ n (decorativ) de masă

setzen A V̅T̅ a aşeza B V̅R̅ **sich ~** a se aşeza; **sich ins Auto ~** a se aşeza în maşină; **~ Sie sich doch!** luaţi loc!

Seuche F̅ epidemie f

seufzen V̅I̅ & V̅T̅ a ofta

Seufzer M̄ oftat n, suspin n

Sex M̄ sex n

sexistisch ADJ sexist

Sexualität F̄ sexualitate f

sexuell ADJ sexual

sfr ABK (= Schweizer Franken) franci elvețieni

Shampoo N̄ șampon n

Shareware F̄ IT shareware n

Sherry M̄ vin n de Jeres

Shifttaste F̄ tastă f Shift

Shitstorm umg M̄ IT shitstorm n

shoppen V̄I a face cumpărături; **~ gehen** a merge la cumpărături, a merge la shopping

Shopping N̄ shopping n

Shoppingmeile F̄ mall n

Shoppingtour F̄ tur n de oraș asociat cu mersul la cumpărături; **auf ~** (akk) **gehen** a face un tur de oraș asociat cu mersul la cumpărături

Shorts PL șort n

Show F̄ show n

Shuttle N̄, **Shuttlebus** M̄ shuttlebus n

Sibirien N̄ Siberia f

sich PRON **1** își; **er wäscht / sie waschen ~ die Hände** el/ei își spală mâinile **2** se; **er kämmt / sie kämmen ~** el/ei se piaptănă **3** bei ~ asupra sa; **für ~** pentru sine; **an und für ~** propriu-zis; **mit ~ bringen** a aduce cu sine **4** Höflichkeitsform vă; **denken Sie nur an ~?** vă gândiți numai la dumneavoastră?

sicher ADJ sigur (**vor** +dat față de); **(aber) ~!** sigur că da!; **aus ~er Quelle** din sursă sigură; **er wird ~ kommen** el va veni cu siguranță; **~ auftreten** a fi sigur pe sine

Sicherheit F̄ siguranță f; **mit (einiger) ~** în mod (aproape) cert; **in ~** (akk) **bringen** a pune (akk) în siguranță

Sicherheitsabstand M̄ distanța f de siguranță

Sicherheitsgurt M̄ centură f de siguranță

sicherheitshalber ADV pentru siguranță

Sicherheitslücke F̄ IT etc vulnerabilitate f a securității (informaționale)

Sicherheitsnadel F̄ ac n de siguran-

tă

Sicherheitsrat M̄ der UNO Consiliu n de Securitate

Sicherheitsvorkehrung F̄ măsură f de siguranță

sicherlich ADV cu siguranță

sichern V̄T a asigura; **sich** (dat) **etw ~** a-și asigura ceva

Sicherung F̄ ELEK siguranță f; **die ~ ist durchgebrannt** s-a ars siguranța

Sicht F̄ **1** vedere f **2** (≈ Sichtweite) vizibilitate f; **auf kurze/lange ~** pe termen scurt/lung; **in ~** în câmpul vizual **3** (≈ Sichtweise) punct de vedere; **aus meiner ~** din punctul meu de vedere

sichtbar ADJ vizibil

sichtlich ADJ evident

Sichtweite F̄ vizibilitate f; **in ~** în câmpul vizual; **außer ~** în afara câmpului vizual

sie PERS PR **1** ea **2** pe ea akk sg **3** ei nom pl **4** pe ei akk pl; **die ist sie ja** uite-o; **da sind sie ja** uite-i; **ich kenne sie** Frau o cunosc; mehrere Personen îi/le cunosc

Sie PERS PR **1** dumneavoastră; **j-n mit Sie anreden** a se adresa cuiva cu "dumneavoastră" **2** dumneavoastră nom pl **3** pe dumneavoastră akk sg **4** pe dumneavoastră akk pl

Sieb N̄ sită f

sieben NUM șapte

Siebenbürgen N̄ Ardeal n, Transilvania f

Siebenbürger(in) M(F) ardelean m, ardeleancă f, transilvănean m, transilvăneancă f

siebenbürgisch ADJ ardelenesc, transilvănean

siebenhundert NUM șapte sute

siebenmal ADV de șapte ori

siebentausend NUM șapte mii

siebt ADV zu ~ (sein) (a fi) câte șapte

siebte(r, s) NUM al șaptelea, a șaptea; → dritte

Siebtel N̄ șeptime f

siebtens ADV în al șaptelea rând

siebzehn NUM șaptesprezece

siebzehnte(r, s) NUM al șaptesprezecelea, a șaptesprezecea; → dritte

siebzig NUM șaptezeci

siebzigste(r, s) NUM al șaptezecelea,

S

a şaptezecea

Siedlung F̲ colonie f

Sieg M̲ victorie f

Siegel N̲ sigiliu n

siegen V̲T̲ a învinge; **über j-n** ~ a învinge pe cineva

Sieger(in) M̲(F̲) învingător m, învingătoare f

Siegerehrung F̲ festivitate f de premiere

sieht → sehen

siezen V̲T̲ **j-n** ~ a se adresa cuiva cu „dumneavoastră"

Signal N̲ semnal n

Signatur F̲ 🔟 (≈ Unterschrift, Namenszug) semnătură f; **elektronische** ~ semnătură f electronică 🔢 (≈ Bibliothekssignatur) cod n de identificare

signieren V̲T̲ a semna; Autor a da autograf

Silbe F̲ silabă f; fig **etw mit keiner** ~ **erwähnen** a nu sufla o vorbă despre ceva

Silbentrennung F̲ despărţire f în silabe

Silber N̲ argint n

Silberhochzeit F̲ nuntă f de argint

Silbermedaille F̲ medalie f de argint

silbern A̲D̲J̲ 🔟 (≈ aus Silber) de argint 🔢 (≈ silberfarben) argintiu

Silhouette F̲ siluetă f

Silikon N̲ silicon n

Silvester N̲, **Silvesterabend** M̲ revelion n

simpel A̲D̲J̲ simplu

simsen umg A̲ V̲T̲ (≈ per SMS mitteilen) a scrie mesaje SMS; **j-m etw** ~ xa scrie cuiva un mesaj SMS B̲ V̲I̲ (≈ e-e SMS senden) **(j-m)** ~ a trimite (cuiva) un mesaj SMS

simultan A̲D̲J̲ simultan

Sinfonie F̲ simfonie f

Sinfonieorchester N̲ orchestră f simfonică

singen V̲T̲ & V̲I̲ a cânta; **falsch** ~ a cânta fals

Single M̲ celibatar m

Singular M̲ singular n

sinken V̲I̲ a scădea; **auf den** (od zu) **Boden** ~ a scufunda în pământ; moralisch **tief gesunken sein** a decădea

Sinn M̲ sens n; **im eigentlichen/enge-**

ren/übertragenen/weiteren ~(e) în sens propriu/strict/figurat/larg; **der** ~ **des Lebens** sensul vieţii; **das hat keinen** ~ asta nu are nici un sens; umg ~ **machen** a avea rost; **ohne** ~ **und Verstand** fără nici o noimă; **es kam mir in den** ~, **dass ...** mi-a trecut prin minte să ...; ~ **für etw haben** a avea înclinaţie spre ceva; **in j-s** ~**e handeln** a acţiona în interesul cuiva; **der sechste** ~ al şaselea simţ

Sinnesorgan N̲ organ n senzorial

sinngemäß A̲ A̲D̲J̲ fidel înţelesului B̲ A̲D̲V̲ **etw** ~ **wiedergeben** a reda ceva păstrând sensul exact

sinnlich A̲D̲J̲ senzorial

Sinnlichkeit F̲ senzualitate f

sinnlos A̲D̲J̲ fără sens

sinnvoll A̲D̲J̲ judicios

Sintflut F̲ potop n; umg **nach uns die** ~! după noi, potopul!

Sirene F̲ sirenă f

Sirup M̲ sirop n

Sitte F̲ 🔟 Benehmen datină f; ~**n und Gebräuche** datini şi obiceiuri 🔢 (≈ Moral) **(gute)** ~**n** bună-credinţă f

Situation F̲ situaţie f

Sitz M̲ scaun n; Kleidung **e-n guten** ~ **haben** a şedea bine

sitzen V̲I̲ a şedea; umg ~ **bleiben** a rămâne repetent; umg **j-n** ~ **lassen** a lăsa repetent pe cineva; Geübtes **das muss** ~ trebuie (să fie) învăţat la perfecţie

Sitzgelegenheit F̲ loc n de şezut

Sitzplatz M̲ loc n

Sitzung F̲ şedinţă f

Sitzungsperiode F̲ sesiune f (a parlamentului)

Sitzungsprotokoll N̲ raport n al şedinţei

Sitzungssaal M̲, **Sitzungszimmer** N̲ sală f de şedinţe

Sizilien N̲ Sicilia f

Skala F̲ scală f

Skandal M̲ scandal n

skandalös A̲D̲J̲ scandalos

Skandinavien N̲ Scandinavia f

skandinavisch A̲D̲J̲ scandinav

Skateboard N̲ skateboard n; ~ **fahren** a merge pe skateboard

skaten V̲I̲ 🔟 (≈ Skateboard fahren) a merge cu skateboardul 🔢 (≈ inlineska-

ten) a merge cu rolele
Skelett N̄ schelet n
skeptisch ADJ sceptic
Ski M̄ schi n; **Ski laufen** (*od* **fahren**) a schia
Skianzug M̄ costum n de schi
Skibrille F̄ ochelari mpl de schi
Skifahren N̄ schiat n
Skifahrer(in) M̄/F̄ schior m, schioare f
Skigebiet N̄ regiune f de schi n
Skikurs M̄ curs n de schi
Skilanglauf M̄ schi n de fond
Skiläufer(in) M̄/F̄ schior m, schioare f
Skilehrer(in) M̄/F̄ instructor m de schi
Skilift M̄ teleschi n
Skinhead M̄ skinhead m
Skischuh M̄ bocanc m de schi
Skispringen N̄ săritură f la schi
Skistiefel M̄ clăpar m
Skistock M̄ băț n de schi
Skiurlaub M̄ concediu n de schi
Skizze F̄ schiță f
skizzieren V̄T a schița
Sklave M̄ sclav m; *fig* rob m
Skonto M̄ *od* N̄ discount n
Skorpion M̄ *a.* ASTROL scorpion
Skrupel M̄ scrupul n
skrupellos ADJ & ADV fără scrupule
Skulptur F̄ sculptură f
skypen V̄I (= *den Internetdienst Skype®
nutzen*) a comunica prin intermediul
platformei Skype®, a vorbi pe Skype®
Slalom M̄ slalom n
Slawe M̄, **Slawin** F̄ slav(ă) m(f)
slawisch ADV slav
Slip M̄ slip n
Slipeinlage F̄ tampon n igienic
Slowake M̄ slovac m
Slowakei F̄ Slovacia f
Slowakin F̄ slovacă f
slowakisch ADJ slovac
Slowakisch N̄ limba f slovacă
Slowene M̄ sloven m
Slowenien N̄ Slovenia f
Slowenin F̄ slovenă f
slowenisch ADJ sloven
Slowenisch N̄ limba f slovenă
Slum M̄ slum n, cartier n sărac
Smartphone N̄ TEL smartphone n
Smiley N̄ IT emoticon n
Smog M̄ smog n
Smogalarm M̄ alertă f de poluare (cu

smog)
Smoking M̄ smoking n
SMS F̄ ABK (= Short Message Service)
sms n; **j-m eine SMS schicken** a-i trimite cuiva un sms
Snowboard N̄ snowboard n
so ADV așa; **so ein Mann** așa un bărbat;
so ein Pech! ce ghinion!; **ach so!**
aha!; **und so weiter** și așa mai departe; **so ... wie ...** așa ... ca ...; **so weit
sein** a fi așa de departe; **so ist es!** așa
este!; **das erfährt er so oder so** el va
afla în orice caz despre aceasta; **das
kam so:** ... s-a întâmplat în felul următor: ...; *umg* **so e-r/e-e/eins** așa un/o/
un; **so etwas** așa ceva; **so groß/sehr**
atât de mare/mult; **so viel/wenig (wie
möglich)** cât de mult/puțin (posibil);
doppelt so viel de două ori mai mult
decât; **es geht ihm so weit ganz gut**
îi merge destul de bine; **so an die fünf
Euro** în jur de cinci euro; **oder so ähnlich** sau cam așa ceva; **Golf, Segeln,
Tennis und so** golf, sport nautic, tenis
sau așa ceva; **die Dinge so lassen,
wie sie sind** a lăsa lucrurile așa cum
sunt; *umg* **das schaffe ich auch so** voi
reuși chiar și-așa; *bei Zitaten* ..., **so
der Minister** ..., a declarat minis-
trul ...; *erstaunt* **so?** așa?; *meist iron*
so, so! așa, va să zică!; **so ziemlich**
aproximativ; **ich habe das nur so gesagt** (eu) am spus doar așa (într-o doa-
ră); *Aufforderung* **so hör doch!** dar ascultă!
sobald KONJ îndată ce
Socke F̄ șosetă f; *umg* **sich auf die ~n
machen** a șterge putina
Sockel M̄ soclu n
sodass KONJ așa încât; ..., ~ *konsekutiv*
așa ..., încât; *final* ca să
Sodbrennen N̄ arsuri fpl la stomac
soeben ADV tocmai
Sofa N̄ canapea f
sofern KONJ în măsura în care
soff → **saufen**
sofort ADV imediat; **ich bin ~ fertig**
sunt gata imediat
Softeis N̄ înghețată f la cornet
Softie *umg* M̄ om m moale, mămăligă
f
Software F̄ IT software n

S

sog → saugen

sogar ADV (ba) chiar

sogenannt ADJ așa-zis

Sohle F talpă f

Sohn M fiu m; BIBEL **der verlorene ~** fiul rătăcit

Soja F soia f

Sojasoße F sos n de soia

Sojasprossen PL germeni mpl de soia

solange KONJ atâta timp cât

Solarenergie F energie f solară

Solarium N solariu n

Solarzelle F panou n solar

solche(r, s) PRON un astfel; **~ Sachen** astfel de lucruri; **~ mit ~ Kopfschmerzen** am așa niște dureri de cap

Soldat M soldat m

solidarisch ADJ solidar; **sich mit j-m ~ erklären** a se solidariza cu cineva

solide ADJ solid

Solist(in) M(F) solist(ă) m(f)

Soll N FIN debit n

sollen V/MOD a trebui; **das hätte er nicht tun ~** (el) nu ar fi trebuit să facă asta; **der Brief soll auf die Post®** plicul trebuie dus la poștă; **du solltest besser nach Hause gehen** mai bine te-ai duce acasă; **er soll abgereist sein** (el) ar trebui să fie plecat; **er soll sofort kommen** (el) trebuie să vină imediat; **man sollte ihn bestrafen** ar trebui să fie pedepsit; **er soll sehr krank sein** se pare că (ea) e foarte bolnavă; **soll das für mich sein?** și asta este pentru mine?; **was soll das (heißen)?** ce vrea să însemne asta?; umg **was solls?** ce naiba?; **wenn es regnen sollte ...** dacă se întâmplă să plouă ...; **wie soll das nur weitergehen?** ce se va întâmpla de acum încolo?

Sollzinsen MPL dobânzi fpl pentru depozite bancare

solo ADJ & ADV **1** MUS solo **2** umg singur, neînsoțit

Solo N solo n

Sommer M vară f; **im ~** vara

Sommeranfang M început n de vară

Sommerfahrplan M mersul n trenurilor pe vară

Sommerferien PL vacanța f de vară

sommerlich ADJ văratic

Sommerpause F pauză/vacanță f de vară

Sommerreifen M pneu n de vară

Sommerschlussverkauf M vânzare la sfârșitul sezonului de vară

Sommersprossen PL pistrui mpl

Sommerzeit F oră f de vară; **auf ~** (akk) **umstellen** a trece la ora de vară

Sonder... IN ZSSGN special

Sonderangebot N ofertă f specială; **im ~** la ofertă

sonderbar ADJ straniu

Sondermüll M deșeuri npl toxice

sondern KONJ ci; **nicht nur ..., ~ auch** nu numai ..., ci și

Sonderpreis M preț n redus

Sonnabend M sâmbătă f; → Mittwoch

sonnabends ADV sâmbăta

Sonne F soare m

sonnen V/R **sich ~** a sta la soare

Sonnenaufgang M răsărit n

Sonnenblume F floarea f soarelui

Sonnenbrand M arsură f de soare; **einen ~ haben** a căpăta o arsură de soare

Sonnenbrille F ochelari mpl de soare

Sonnencreme F cremă f de soare

Sonnendeck N punte f principală

Sonnenenergie F energie f solară

Sonnenfinsternis F eclipsă f de soare

Sonnenkollektor M panou n solar termic

Sonnenlicht N lumină f a soarelui

Sonnenöl N ulei n de soare

Sonnenschein M rază f de soare; **bei ~** la lumina soarelui

Sonnenschirm M umbrelă f de soare

Sonnenstich M insolație f

Sonnenstrahl M rază f solară

Sonnensystem N sistem n solar

Sonnenuhr F ceas n solar

Sonnenuntergang M apus n

sonnig ADJ însorit; **es ist ~** este însorit

Sonntag M duminică f; → Mittwoch

sonntags ADV duminica

Sonografie F ecografie f

sonst ADV **1** altfel; **wie ~** cum altfel;

wer (denn) ~? (atunci) cine altcineva?; *umg* ~ **was/wie/wo** cine ştie ce/cine/unde **2** *außerdem* în afară de asta; ~ **noch etwas?** mai doriţi ceva?; ~ **nichts** nimic altceva; **haben Sie** ~ **noch Fragen?** (dumneavoastră) mai aveţi întrebări?

sooft KONJ atât de des (ca)

Sopran M sopran *n*

Sopranistin F soprană *f*

Sorge F grijă *f*; **sich** ~n **machen** a-şi face griji (**um** pentru); **dafür** ~ **tragen, dass** ... a avea grijă să

sorgen A VI **für** j-n/etw ~ a avea grijă de cineva/ceva; **dafür** ~, **dass** ... a se îngriji de ... B VR **sich** ~ a fi îngrijorat (**um** din cauza)

Sorgfalt F grijă *f*

sorgfältig ADJ grijuliu

sorglos ADJ **1** (≈ *unbekümmert*) lipsit de griji **2** (≈ *nicht sorgfältig*) neatent

Sorte F fel *n*; FIN ~n *pl* devize *pl*

sortieren VT a sorta; **nach Größe/Farben** ~ a sorta după mărime/culoare

sosehr KONJ ~ **ich es bedaure** pe cât de mult regret

Soße F sos *n*

Soundkarte F IT placă *f* de sunet

Soundtrack M muzică *f* de film

Souvenir N amintire *f*

Souveränität F suveranitate *f*

soviel KONJ ~ **ich weiß** după câte ştiu

sowie KONJ aşa ca

sowieso ADV oricum; *umg* **das** ~! în orice caz!

sowohl KONJ ~ ... **als auch** atât ... cât

sozial ADJ social

Sozialamt N oficiu *n* de asistenţă socială

Sozialdemokrat(in) M(F) social-democrat(ă) *m(f)*

Sozialhilfe F ajutor *n* social

Sozialismus M socialism *n*

Sozialist(in) M(F) socialist(ă) *m(f)*

sozialistisch ADJ socialist

Sozialkunde F ştiinţe *fpl* sociale

Sozialpädagoge M, **Sozialpädagogin** F pedadog *m* social, pedagogă *f* socială

Sozialpolitik F politică *f* socială

Sozialprodukt N produs *n* intern brut

Sozialstaat M stat *n* social

Sozialversicherung F asigurare *f* socială

Sozialwohnung F locuinţă *f* socială

Soziologie F sociologie *f*

sozusagen ADV ca să zicem aşa

Spaghetti PL spaghete *fpl*

Spalt M crăpătură *f*; **kleiner** crăpătură *f*; (≈ *Türspalt*) întredeschizătură *f*

Spalte F **1** fisură *f* **2** *im Text* coloană *f*

spalten A VT a despica; *fig* a dezbina B VR **sich** ~ a se despica

Spaltung F **1** CHEM descompunere *f*; NUKL fisiune *f* **2** *fig* separare *f*; *e-r Partei* sciziune *f*

Spam M/N IT spam *n*

Spamfilter M IT filtru *n* antispam

Spam-Mail F IT mesaj *n* electronic nesolicitat

spammen VI IT a trimite mesaje spam

Spammer M IT expeditor *m* de mesasje spam

Spamming N IT expediere *f* de mesaje spam

Späne PL aşchii *fpl*

Spange F agrafă *f*

Spanien N Spania *f*

Spanier(in) M(F) spaniol(ă) *m(f)*

spanisch ADJ spaniol

Spanisch N limba *f* spaniolă

spann → **spinnen**

spannen A VT (≈ *straffen*) a întinde B VR **sich** ~ a se întinde, a se încorda

spannend ADJT captivant

Spannung F *a*. ELEK tensiune *f*; **unter** ~ **stehen** a sta sub tensiune; **mit** ~ **erwarten** a aştepta cu nerăbdare

Sparbuch N carnet *n* de economii

Sparbüchse F, **Spardose** F puşculiţă *f*

sparen VT & VI a economisi; **an allem** ~ a-şi reduce toate cheltuielile

Spargel M sparanghel *m*

Sparkasse F casă *f* de economii

Sparkonto N cont *n* de economii

sparsam ADJ econom; ~ **leben** a trăi modest; ~ **mit etw umgehen** a fi econom la ceva

Sparschwein N puşculiţă *f*

Spaß M glumă *f*; **viel** ~! distracţie plăcută!; **aus** (*od* **zum**) ~ din glumă; ~ **an**

etw (dat) **haben** a se bucura de ceva; **es macht mir ~** îmi face plăcere

spät ADJ târziu; **wie ~ ist es?** cât e ceasul?; **es ist/wird ~** este / se face târziu; **zu ~** prea târziu; **zu ~ kommen** a sosi prea târziu

Spätdienst M tură f de după-amiază

Spaten M cazma f

später ADJ mai târziu; **bis ~!** pe mai târziu!

spätestens ADV cel mai târziu

Spätvorstellung F spectacol n de seară

Spatz M vrabie f

Spätzle PL GASTR tăiței tradiționali din sudul Germaniei

spazieren V/I **~ gehen** a merge la plimbare

Spaziergang M plimbare f

SPD F ABK (= Sozialdemokratische Partei Deutschlands) Partidul n Social Democrat din Germania

Specht M ciocănitoare f

Speck M slănină f; umg **~ ansetzen** a se îngrășa

Spedition F întreprindere f de transporturi

Speiche F spiță f (de roată)

Speichel M salivă f

Speicher M **1** Dachboden pod n **2** IT memorie f

Speicherkapazität F IT capacitate f de stocare

Speicherkarte F IT plăcuță f de memorie

Speicherleistung F IT performanța f de stocare

speichern V/T **1** a înmagazina **2** IT a salva

Speicherplatz M IT spațiu n de stocare

Speicherung F **1** von Waren depozitare f **2** von Wärme acumulare f; von Strom acumulare f **3** von Informationen acumulare f, strângere f; IT von Daten stocare f, memorare f; von Texten culegere f, strângere f, colecționare f

Speise F **1** Gericht fel n de mâncare **2** Nahrung hrană f

Speisekarte F meniu n

Speiseraum M sală f de mese, sufragerie f

Speiseröhre F esofag n

Speisesaal M sală f de mese

Speisewagen M vagon n restaurant

Spektakel umg M **1** (≈ Lärm) tărăboi n, gălăgie f **2** (≈ Streit) ceartă f

Spekulation F speculație f

spekulieren V/I **1** umg fig **auf etw** (akk) **~** a conta pe ceva **2** HANDEL a face speculă (**mit cu**); **an der Börse ~** a face speculații la bursă **3** (≈ mutmaßen) a face speculații (**über** +akk despre)

Spende F donație f

spenden V/T a dona

Spender(in) M|F donator m, donatoare f

spendieren V/T **j-m etw ~** a face cinste cuiva cu ceva

Sperma N spermă f

Sperre F baraj n

sperren △ V/T Straße, Grenze a închide; Konto a bloca; **in den Keller ~** a băga în beci **B** V/R **sich ~** a se împotrivi

sperrig ADJ voluminos

Sperrmüll M gunoaie/deșeuri npl voluminoase

Sperrstunde F ora f închiderii

Sperrung F **1** e-r Straße închidere f **2** von Gas, Strom oprire f **3** fig FIN închidere f; e-s Schecks blocare f; von Zahlungen suspendare f

Spesen PL cheltuieli fpl

Spezi[1] M, **Spezl** südd, österr M umg (≈ Kumpel) amic m

Spezi®[2] umg M băutură răcoritoare preparată din cola și limonadă

Spezialgebiet N specialitate f

spezialisieren V/R **sich ~** a se specializa (**auf** +akk în)

Spezialist(in) M|F specialist(ă) m(f)

Spezialität F specialitate f

speziell ADJ special

spicken △ V/T **1** GASTR a împăna **2** umg fig Rede **gespickt mit ...** împănat cu ... **B** umg V/I (≈ abschreiben) a copia (**bei j-m** de la cineva)

Spickzettel umg M fițuică f, copiuță f

Spiegel M oglindă f

Spiegelbild N imagine f în oglindă; fig reflectare f

Spiegelei N ochiuri npl

spiegelglatt ADJ *Straße* extrem de alunecos

spiegeln A VT a oglindi B VR (*≈glänzen*) a luci, a străluci 2 (*≈wie ein Spiegel wirken*) a fi lucios ca oglinda C VR **sich ~** a se oglindi; *fig* a se lăuda

Spiegelung F 1 *von Licht* reflectare f; PHYS reflexie f 2 (*≈Spiegelbild*) oglindire f

spiegelverkehrt ADJ invers

Spiel N 1 joc n; **auf dem ~ stehen** a fi în joc; **aufs ~ setzen** a pune în joc; *fig* **mit j-m leichtes ~ haben** a infrânge pe cineva cu ușurință 2 SPORT meci n

Spielautomat M automat n pentru jocuri de noroc

spielen VT & VI a juca; **Karten/Tennis ~** a juca cărți/tenis; **(auf der) Geige / (auf dem) Klavier ~** a cânta la vioară/pian; **mit Puppen ~** a se juca cu păpușile; **den Hamlet ~** a juca rolul lui Hamlet; (*≈vorgeben*) **den Kranken ~** a se preface bolnav

Spieler(in) M(F) jucător m, jucătoare f

Spielfeld N teren n

Spielfilm M film n artistic

Spielhalle F sală f de jocuri

Spielkarte F carte f de joc

Spielkasino N cazinou n

Spielkonsole F IT consolă f de jocuri

Spielplatz M loc n de joacă

Spielregel F regulă f de joc; **sich an die ~n halten** a respecta regulile jocului

Spielsachen PL jucării fpl

Spielstand M scor n

Spielverderber(in) M(F) *persoană care strică cheful altora de joc*

Spielzeug N jucărie f

Spieß M GASTR frigăruie f; **am ~** la frigare; *umg fig* **den ~ umdrehen** a plăti cu aceeași monedă

Spießer *umg pej* M, **Spießerin** M *umg* mic-burghez m, mic-burgheză f

spießig ADJ mic-burghez

Spinat M spanac n

Spinne F păianjen m

spinnen VT 1 a toarce 2 *fig umg* a aiura; **du spinnst!** aiurezi!

Spinnennetz N pânză f de păianjen

Spinnwebe F păienjeniș n

Spion M 1 (*≈Agent*) spion m 2 *in der Tür* vizor n

Spionage F spionaj n

spionieren VI a spiona

Spionin F spioană f

Spirale F 1 *a.* MED spirală f

Spirituosen PL băuturi fpl spirtoase

Spiritus M spirt n

Spital *bes österr, schweiz* N spital n

spitz ADJ ascuțit

spitze *umg* → **klasse**

Spitze F 1 vârf n; *fig* **die Dinge auf die ~ treiben** a împinge lucrurile la extrem; SPORT **an der ~ stehen** a se afla în top; *umg* **einsame ~ sein** a fi inegalabil 2 *Bemerkung* înțepătură f 3 *Gewebe* dantelă f

Spitzel M informator m

spitzen VT *Bleistift* a ascuți

Spitzenkandidat(in) M(F) candidat(ă) m(f) aflat pe primele locuri

Spitzenreiter M SPORT campion m; FUSSBALL lider m; *fig in der Hitparade* persoană f aflată pe primul loc (într--un clasament)

Spitzentechnologie F technologie f de vârf

Spitzer M ascuțitoare f

Spitzname M poreclă f

Splitter M (*≈Holz*) așchie f; (*≈Glas*) ciob n; (*≈Granat*) schijă f

splittern VI 1 (*≈zerbrechen*) a se sparge; *Holz* a se despica 2 (*≈Splitter bilden*) a plesni

sponsern VT a sponsoriza

Sponsor(in) M(F) sponsor m

spontan ADJ spontan

Sport M sport n; **~ treiben** a face sport

Sportart F disciplină f sportivă

Sportbekleidung F îmbrăcăminte f de sport

Sportgeschäft N magazin n de articole sportive

Sporthalle F hală f de sport

Sportlehrer(in) M(F) profesor m/profesoară f de sport

Sportler(in) M(F) sportiv(ă) m(f)

sportlich ADJ sportiv

Sportplatz M teren n de sport

Sportverein M club n sportiv

Sportwagen M mașină f sport

Spott M̲ batjocură f
spottbillig A̲D̲J̲ la un preț derizoriu
spotten V̲I̲ a-și bate joc (**über** +*akk* de)
spöttisch A̲D̲J̲ batjocoritor
sprach → **sprechen**
Sprache F̲ limbă f; **in rumänischer ~** în limba română; **die ~ auf etw/j-n bringen** a aduce în discuție ceva / pe cineva; **etw zur ~ bringen** a aduce vorba despre ceva; *umg* **heraus mit der ~!** haide, vorbește!
Sprachenschule F̲ școală f de limbi străine
Spracherkennung F̲ I̲T̲ program n de recunoaștere a textului
Sprachfehler M̲ greșeală f de exprimare
Sprachführer M̲ ghid n de conversație
Sprachgefühl N̲ simț n al limbii
Sprachkenntnisse F̲P̲L̲ cunoștințe fpl de limbă; **ihre rumänischen ~** cunoștințele ei de limbă română
Sprachkurs M̲ curs n de limbă
Sprachlabor N̲ laborator n lingvistic
sprachlos A̲D̲J̲ (≈*wortlos*) mut; (≈*verblüfft*) stupefiat
Sprachunterricht M̲ curs n de limbă
sprang → **springen**
Spray N̲ spray n
Sprechanlage F̲ interfon n
Sprechblase F̲ bulă f de text
sprechen A̲ V̲T̲ a vorbi; **~ Sie Deutsch?** vorbiți germana?; **kann ich bitte Frau Funke ~?** aș putea să vorbesc cu doamna Funke? B̲ V̲I̲ **kann ich bitte mit Thorsten ~?** *am Telefon* aș putea să vorbesc cu Thorsten?; **über Politik/Kunst ~** a discuta despre politică/artă; **gut/schlecht von j-m ~** a vorbi pe cineva de bine/rău; **auf etw/j-n zu ~ kommen** a aduce vorba de ceva/cineva; *fig* **was spricht (denn) dafür/dagegen?** (și) ce argumente susțin/neagă această teorie?
Sprecher(in) M̲(F̲) **1** T̲V̲, R̲A̲D̲I̲O̲ crainic(ă) m(f) **2** *Wortführer* purtător m de cuvânt
Sprechstunde F̲ *Arzt* oră f de consultație; **~ haben** a oferi consultații
Sprechzimmer N̲ cabinet n de con-

sultație
spreizen V̲T̲ *Beine, Finger* a depărta; *Flügel* a întinde
sprengen V̲T̲ **1** a dinamita; **in die Luft ~** a arunca în aer **2** *Garten* a stropi
Sprengstoff M̲ explozibil n
spricht → **sprechen**
Sprichwort N̲ proverb n
Springbrunnen M̲ fântână f arteziană
springen V̲I̲ **1** a sări; *Ampel* **auf Rot ~** a se schimba în roșu; *umg fig* **100 Euro ~ lassen** a pune 100 euro la bătaie **2** *Glas* a crăpa
Springform F̲ G̲A̲S̲T̲R̲ formă f de copt ajustabilă
sprinten V̲I̲ a sprinta
Sprit *umg* M̲ benzină f
Spritze F̲ M̲E̲D̲ seringă f; *Injektion* injecție f; **j-m e-e ~ geben** a face cuiva o injecție
spritzen A̲ V̲I̲ a stropi; **mit Wasser ~** a stropi cu apă B̲ V̲T̲ M̲E̲D̲ a injecta; **j-n nass ~** a uda pe cineva
Spritzer M̲ **1** (=*Farbspritzer*) picătură f **2** (≈ *kleine Menge*) strop m
spröde A̲D̲J̲ **1** *Material* casant; *Haut, Haar, Lippen* aspru **2** *fig Person* năzuros; *Thema* rigid
Spross M̲ B̲O̲T̲ lăstar m
Sprossenwand F̲ S̲P̲O̲R̲T̲ perete m de cățărat
Spruch M̲ maximă f
Sprudel M̲ apă f minerală gazoasă
sprudeln V̲I̲ a țâșni
Sprühdose F̲ atomizor n
sprühen V̲I̲ a pulveriza
Sprung M̲ **1** săritură f; *umg* **auf dem ~ sein** a fi gata (de ceva); *umg* **j-m auf die Sprünge helfen** a ajuta pe cineva să-și aducă aminte; *umg* **nur auf e-n ~ bei j-m vorbeikommen** a vizita pe cineva în trecere **2** *Riss* crăpătură f
Sprungbrett N̲ trambulină f
Sprungschanze F̲ trambulină f la schi
Sprungturm M̲ turn n pentru sărituri
Spucke F̲ salivă f; *umg* **ihm blieb die ~ weg** (lui) i-a luat piuitul
spucken V̲T̲ ̲&̲ ̲V̲I̲ a scuipa
Spuk M̲ fantomă f, stafie f; *fig* plăs-

muire *f*

spuken V/I *Geist* a bântui; **hier spukt es** aici bântuie stafii; *Gedanke* **in j-s Kopf ~** a bântui (o idee) în mintea cuiva

Spülbecken N̄ chiuvetă *f* de spălat vase

Spule F̄ mosor *n*; *e-r Nähmaschine* bobină *f*

Spüle F̄ chiuvetă *f* de spălat vase

spülen V/T **1** *Geschirr* a spăla **2** *Toilette* a trage apa; **ans Ufer gespült werden** a fi aruncat la mal (de valuri)

Spülmaschine F̄ mașină *f* de spălat vase

Spülmittel N̄ detergent *m* de vase

Spülraum M̄ spălător *n*

Spültuch N̄ lavetă *f*

Spülung F̄ **1** WC scurgere *f* **2** *für Haare* balsam *n*

Spur F̄ **1** urmă *f*; **j-m | e-r Sache auf die ~ kommen** a se afla pe urmele cuiva / unui lucru; *umg* **keine** (*od* **nicht die**) **~!** nici gând! **2** (*= Fahrbahn*) bandă *f* de circulație; **die ~ wechseln** a schimba banda de circulație

spüren V/T a simți; **etw zu ~ bekommen** a resimți urmările unei împrejurări; **von Mitleid war nichts zu ~** nu se simțea nici urmă de milă

Spürhund M̄ câine-polițist *m*

spurlos ADV fără urmă

Spurt M̄ sprint *n*

Spyware F̄ IT program *n* spion

Squash N̄ squash *n*

Staat M̄ stat *n*; **die ~en** Statele Unite ale Americii

staatlich ADJ statal; **~ geprüft** cu certificat de absolvire

Staatsangehörige(r) M/F(M) cetățean *m*, cetățeană *f*

Staatsangehörigkeit F̄ cetățenie *f*; **doppelte ~** dublă cetățenie

Staatsanwalt M̄, **Staatsanwältin** F̄ procuror *m*

Staatsbesuch M̄ vizită *f* oficială

Staatsbürger(in) M(F) cetățean(ă) *m(f)*; **er ist deutscher ~** el este cetățean german

Staatsbürgerschaft F̄ cetățenie *f*

Staatsgeheimnis N̄ secret *n* de stat; *umg fig* taină *f*

Staatsmann M̄ om *m* politic

Staatsoberhaupt N̄ șef *m* de stat

Stab M̄ baston *n*

Stäbchen N̄ *Essstäbchen* bețișoare *npl*

Stabhochsprung M̄ săritură *f* cu prăjina

stabil ADJ stabil

Stabilität F̄ stabilitate *f*

Stabilitätsprogramm N̄ POL, WIRTSCH program *n* de stabilizare

stach → stechen

Stachel M̄ **1** BOT ghimpe *m* **2** *von Insekten* ac *n*

Stachelbeere F̄ agrișă *f*

Stacheldraht M̄ sârmă *f* ghimpată

stachelig ADJ țepos

Stadion N̄ stadion *n*

Stadium N̄ stadiu *n*

Stadt F̄ oraș *n*; **in die ~ fahren** a merge (cu un vehicul) în oraș

Stadtbibliothek F̄ Bibliotecă *f* Orășenească

Stadtbummel M̄ plimbare *f* prin oraș

Städtebau M̄ urbanistică *f*

Städtepartnerschaft F̄ înfrățire *f* între orașe

Stadtführer M̄ *Buch* ghid *n*

Stadtführung F̄ tur *n* de oraș cu ghid

städtisch ADJ orășenesc

Stadtmauer F̄ ziduri *npl* orașului

Stadtmitte F̄ centru *n*

Stadtpark M̄ parcul *n* orașului

Stadtplan M̄ planul *n* orașului

Stadtrand M̄ periferie *f*

Stadtrundfahrt F̄ turul *n* orașului

Stadtteil M̄ zonă *f* a orașului

Stadtverwaltung F̄ administrație *f* orășenească

Staffel F̄ **1** FLUG escadrilă *f* **2** (*= Staffellauf*) ștafetă *f*

staffeln A V/T a așeza în trepte B V/R **sich ~** a se clasifica

Stagnation F̄ stagnare *f*

stagnieren V/I a stagna

stahl → stehlen

Stahl M̄ oțel *n*; **aus ~** de oțel; **Nerven aus ~ haben** a avea nervi de oțel

Stall M̄ **1** grajd *n* **2** *für Pferde* staul *n*

Stamm M̄ trunchi *n*

Stammaktie F̄ acțiune *f* ordinară, ac-

S

ţiune f comună

Stammbaum M̄ arbore m genealogic; *von Tieren* pedigriu m

stammeln V̄T̄ & V̄Ī a se bâlbâi

stammen V̄Ī ~ **aus** (*od* **von**) a (pro)veni din

Stammgast M̄ client m fidel

Stammkneipe *umg* F̄ cârciumă f frecventată cu regularitate de cineva

Stammkunde M̄, **Stammkundin** F̄ client(ă) m(f) fidel(ă)

Stammtisch M̄ masă f rezervată unui grup de clienți fideli

stand → **stehen**

Stand M̄ **1** (≈ *Stehen*) stare f; **der ~ der Dinge** starea lucrurilor; **etw auf den neuesten ~ bringen** a actualiza ceva; *fig* **e-n schweren ~ haben** a fi într-o situaţie grea **2** (≈ *Messestand*) stand n

Standard M̄ standard n

Ständer M̄ suport n; *sl* **e-n ~ haben/kriegen** a avea/obţine o erecţie

Ständerat *schweiz* M̄ **1** *Gremium* Consiliu n Federal al Elveţiei **2** *Mitglied* membru m al Consiliului Federal al Elveţiei

Standesamt N̄ oficiu n de stare civilă

standesamtlich ADJ prin oficiul stării civile; *Trauung* civil

standhaft A ADJ constant, statornic, neclintit, ferm B ADV **~ bleiben** a rămâne ferm (pe poziţie)

standhalten V̄Ī a ţine piept, a rezista; **j-m** | **e-r Sache ~** a rezista cuiva/la ceva

ständig ADJ permanent

Standlicht N̄ lumină f de poziţie

Standort M̄ **1** poziţie f **2** *einer Firma* sediu n

Standpunkt M̄ punct n de vedere

Standspur F̄ bandă f de refugiu (în caz de nevoie)

Stange F̄ **1** bară f; *umg* **Kleider** *npl* **von der ~** îmbrăcăminte f convenţională; *umg fig* **bei der ~ bleiben** a persevera **2** *Zigaretten* cartuş n

Stängel M̄ tulpină f

stank → **stinken**

Stapel M̄ **1** stivă f; *SCHIFF* **vom ~ laufen** a lansa **2** *Papier* teanc n

stapeln A V̄T̄ a stivui B V̄R̄ **sich ~** a

se aduna teanc

Star M̄ **1** *ZOOL* graur m **2** *Filmstar* vedetă f; *MED* **grauer ~** cataractă f; **grüner ~** glaucom n

starb → **sterben**

stark ADJ **1** tare; *Jugendsprache* **echt ~** grozav **2** *mächtig* puternic; **~ regnen** a ploua intens; **~ rauchen** a fuma intensiv **3** *Verkehr* intens

Stärke F̄ **1** forţă f **2** *starke Seite* partea f forte **3** *Wäschestärke* scrobeală f

stärken A V̄T̄ **1** a întări **2** *Wäsche* a scrobi B V̄R̄ **sich ~** a se întări

Stärkung F̄ **1** *der Gesundheit* întărire f, întremare f, înzdrăvenire f; *der Position, Macht* întărire f, fortificare f **2** (≈ *Imbiss*) gustare f

starr ADJ **1** *Blick* fix **2** *steif* rigid; **~ vor Schreck** încremenit de groază

starren V̄Ī a privi fix; **auf etw** (*akk*) **~** a privi ţintă (*akk*) la ceva

Start M̄ **1** start n; *fig* **an den ~ gehen** a merge la linia de start **2** *FLUG* decolare f **3** *AUTO* demarare f

Startbahn F̄ pistă f de decolare

starten V̄Ī **1** a porni **2** *FLUG* a decola **3** *AUTO* a demara

Starterlaubnis F̄ **1** *FLUG* permisiune f de decolare **2** *SPORT* permisiune f de participare

Startschuss M̄ *SPORT* semnal n de start; *fig* **den ~ zu** (*od* **für**) **etw geben** a da semnalul de începere pentru ceva

Startseite F̄ *IT* pagină f principală

Start-up N̄, **Start-up-Unternehmen** N̄ *WIRTSCH* lansare f

Station F̄ **1** staţie f **2** *im Krankenhaus* secţie f

stationär ADJ staţionar; **~e Behandlung** tratament n cu internare

Statistik F̄ statistică f

statistisch ADJ statistic

Stativ N̄ stativ n

statt KON̄J în loc; **~ zu arbeiten** în loc să lucreze

stattdessen ADV în loc de

stattfinden V̄Ī a avea loc

Statue F̄ statuie f

Statut N̄ statut n

Stau M̄ *AUTO* ambuteiaj n

Staub M̄ praf n; **~ wischen** a şterge praful; **~ saugen** a aspira praful; *umg*

sich aus dem ~(e) machen a o şterge
staubig ADJ prăfuit
staubsaugen V/I & V/T a aspira praful
Staubsauger M aspirator n (de praf)
Staudamm M baraj n
stauen V/T Wasser a opri; Fluss a ză-
găzui; Blut a opri B V/R sich ~ Wasser a
se acumula; Menschenmenge a se îngrămădi; Hitze a se acumula; Verkehr a se
opri; Blut a se acumula
staunen VI a se mira (über +akk de);
~d uimit; umg da staunst du, was?
eşti surprins, nu?
Staunen N mirare f, uimire f; j-n in ~
versetzen a uimi pe cineva; ich komme aus dem ~ nicht (mehr) heraus
am rămas cu gura căscată
Stausee M lac n de acumulare
Steak N biftec n
stechen A V/T Insekt a înţepa B V/I
mit etw in etw (akk) ~ a introduce ceva în ceva; sich (dat od akk) in den Finger ~ a se înţepa la deget
stechend ADJ Schmerz puternic
Stechmücke F ţânţar m
Steckbecken M ploscă f (pentru bol-
navi)
Steckbeckenspüle F maşină f de
spălat ploştile bolnavilor
Steckbrief M semnalmente npl
Steckdose F priză n
stecken A V/T a băga (in +akk în) B
V/I sich befinden a se afla; der Schlüssel
steckt im Schloss cheia este în broască; ~ bleiben a se împotmoli; umg wo
steckt er? unde e?; umg wo hast du
nur gesteckt? pe unde ai fost?; umg
fig wer steckt dahinter? cine se ascunde în spatele acestui lucru?
Stecker M ştecăr n
Stecklaken N PFLEGE alezã f, cear-
ceaf n absorbant
Stecknadel F ac n de gămălie; umg
fig e-e ~ im Heuhaufen suchen a căuta
ta acul în carul cu fân
Steg M Bootssteg pasarelă f
stehen V/I 🔢 (≈ aufrecht) a sta (în picioare) 🔢 (≈ sich befinden) a se afla 🔢
~ bleiben a se opri; wo sind wir
~ geblieben? unde am rămas?; ~ lassen a lăsa; alles ~ und liegen lassen
a abandona totul; etw steht j-m gut

a-i veni cuiva ceva (bine); was steht in
dem Brief? ce scrie în scrisoare?; wie
steht's? SPORT cât e scorul?; fig das
Geschäft steht und fällt mit ihm suc-
cesul afacerii depinde numai de el; fig
zu j-m ~ a apăra pe cineva; so wie
die Dinge ~ aşa cum stau lucrurile;
Zeiger auf 3 Uhr ~ a arăta ora 3; Ampel, Signal etc. auf Rot ~ a fi pe roşu,
a indica culoarea roşie; FIN die Aktien
~ auf +dat valoarea acţiunilor se află
la ...; wie stehst du dazu? ce părere
ai despre aceasta?; eine weiße Taube
steht für Frieden porumbelul alb sim-
bolizează pace; wie steht's um ihn?
care este situaţia lui?; wie steht's mit
Ihrer Gesundheit? cum staţi cu sănătatea?; fig auf etw/j-n ~ a-i plăcea ceva / de cineva
Stehlampe F lampadar n
stehlen A V/T a fura; j-m etw ~ a fura
cuiva ceva; umg er kann mir gestohlen bleiben (mie) nu-mi pasă de el B
V/R sich aus dem Haus ~ a se furişa
din casă
Stehplatz M loc n în picioare
Stehtrainer M PFLEGE aparat pentru
fixarea în poziţie verticală a pacienţilor imobilizaţi la pat
Steiermark F Stiria f
steif ADJ rigid; ~ werden a înţepeni;
Sahne ~ schlagen a bate frişca
steigen V/I 🔢 nach oben a se urca;
aufs Fahrrad/Pferd ~ a se urca pe bi-
cicletă/cal; ins Auto/Flugzeug ~ a se
urca în maşină/avion 🔢 nach unten a
coborî; aus dem Auto/Zug/Flugzeug
~ a coborî din maşină/tren/avion; vom
Fahrrad/Pferd ~ a coborî de pe bici-
cletă/cal 🔢 klettern a se căţăra (auf
+akk pe)
steigern A V/T a spori B V/R sich ~ a
se ambala
Steigerung F 🔢 urcare f, ridicare f;
der Furcht, Spannung intensificare f;
(≈ Leistungssteigerung) creştere f 🔢
GRAM grad n de comparaţie
Steigung F pantă f
steil ADJ abrupt; ~ ansteigen a urca în
pantă abruptă
Steilhang M povârniş n
Stein M piatră f; fig mir fällt ein ~

vom Herzen mi-a căzut o piatră de pe inimă; *fig* **den ~ ins Rollen bringen** a pune ceva în mişcare
Steinbock M̲ ▮ ţap *m* sălbatic ▰ ASTROL capricorn *n*
Steinbruch M̲ carieră *f* de piatră
steinhart A̲D̲J̲ tare ca piatra
steinig A̲D̲J̲ pietros
Steinpilz M̲ hrib *m*, mânătarcă *f*
steinreich *umg* A̲D̲J̲ putred de bogat
Steinschlag M̲ căderi *fpl* de piatră
Steinzeit F̲ Epoca *f* pietrei
Stelle F̲ ▮ loc *n*; **auf der ~** pe loc; **an deiner ~** în locul tău; **an erster ~ stehen** a se afla pe primul loc; **etw an die ~ von etw setzen** a înlocui ceva cu ceva; *fig* **e-e schwache ~** un punct vulnerabil ▰ *Arbeitsstelle* serviciu *n*; **e-e freie ~** un post liber ▱ *Textstelle* pasaj *n*
stellen A̲ V̲T̲ a pune; **in Rechnung ~** a pune la socoteală; **infrage ~** a pune sub semnul întrebării; *Radio* **leiser/lauter ~** a da mai încet/tare; **den Wecker auf sieben Uhr ~** a pune ceasul deşteptător să sune la ora şapte; **ganz auf sich** (*akk*) **gestellt** a fi pe cont propriu B̲ V̲R̲ **sich dumm/tot/taub/schlafend ~** a se preface prost/mort/surd/ adormit; **sich der Kritik ~** a face faţă criticilor; **sich der Polizei ~** a se preda poliţiei
Stellenabbau M̲ reducere *f* de personal
Stellenangebot N̲ ofertă *f* de serviciu
Stellengesuch N̲ cerere *f* de angajare
Stellenvermittlung F̲ oficiu *n* de plasare a forţei de muncă
stellenweise A̲D̲V̲ pe alocuri
Stellplatz M̲ loc *n* de parcare rezervat
Stellung F̲ ▮ poziţie *f*; **zu j-m/etw ~ nehmen** a lua poziţie pentru cineva/ ceva ▰ *berufliche* poziţie *f* profesională
Stellungnahme F̲ ▮ (*≈Meinung*) punct *n* de vedere, părere *f*, opinie *f* ▰ *Äußerung* declaraţie *f*
stellvertretend A̲D̲J̲ suplinitor, adjunct; **~er Vorsitzender** director adjunct
Stellvertreter(in) M̲I̲F̲ locţiitor *m*, locţiitoare *f*

stemmen A̲ V̲T̲ ▮ *Gewicht, Last* a ridica ▰ (*≈drücken*) a propti (**gegen** în) B̲ V̲R̲ **sich gegen etw ~** a se rezema de ceva; *fig* a se împotrivi la ceva
Stempel M̲ ştampilă *f*; **e-r Sache s-n ~ aufdrücken** a influenţa semnificativ un lucru
stempeln V̲T̲ & V̲I̲ a ştampila
Steppdecke F̲ pătură *f* matlasată, plapumă *f*
Sterbehilfe F̲ eutanasie *f*
sterben V̲I̲ a muri; *umg fig* **sie ist für mich gestorben** (ea) nu mai există pentru mine; **im Sterben liegen** a fi pe moarte
sterblich A̲D̲J̲ muritor
Stereoanlage F̲ instalaţie *f* stereo
steril A̲D̲J̲ steril
sterilisieren V̲T̲ a steriliza
Stern M̲ stea *f*; *Restaurant* **mit drei ~en** de trei stele; *umg fig* **das steht noch in den ~en** a fi incert; *umg fig* **unter keinem guten ~ stehen** a fi lipsit de noroc
Sternbild N̲ constelaţie *f*
Sternchen N̲ ▮ TYPO asterisc *n* ▰ (*≈Filmsternchen*) starletă *f*
Sternschnuppe F̲ stea *f* căzătoare
Sternwarte F̲ observator *n* astronomic
Sternzeichen N̲ zodiac *n*
stets A̲D̲V̲ mereu
Steuer[1] N̲ AUTO volan *n*; **sich ans** (*od* **hinters**) **Steuer setzen** a se aşeza la volan; *fig* **das Steuer fest in der Hand haben** a ţine frâiele bine în mâini
Steuer[2] F̲ FIN impozit *n*
Steuerberater(in) M̲I̲F̲ consultant(ă) *m*(*f*) fiscal
Steuerbord N̲ tribord *n*
Steuererklärung F̲ declaraţie *f* de impunere
steuerfrei A̲D̲J̲ neimpozabil
Steuerfreibetrag M̲ sumă *f* neimpozabilă
Steuerhinterziehung F̲ evaziune *f* fiscală
Steuerknüppel M̲ FLUG manetă *f*
steuern V̲T̲ ▮ *Auto* a conduce ▰ *Flugzeug* a pilota
steuerpflichtig A̲D̲J̲ impozabil
Steuerrad N̲ AUTO volan *n*; SCHIFF ti-

monä *f*

Steuersatz M̲ cotă *f* de impozitare

Steuersenkung F̲ reducere *f* de impozit

Steuerung F̲ TECH mecanism *n* de comandă

Steuerungstaste F̲ IT tastă *f* Ctrl (control)

Steuervorauszahlung F̲ plată *f* anticipată a impozitului

Steuerzahler(in) M̲F̲ contribuabil(ă) *m(f)*

Steward M̲, **Stewardess** F̲ steward (-esă) *m(f)*

Stich M̲ 🔢 *Insektenstich* înțepătură *f* 🔢 *Messerstich* lovitură *f* de cuțit 🔢 *Sonnenstich* insolație *f* 🔢 *beim Nähen* împunsătură *f*; *fig* **es gab ihr einen ~ (ins Herz)** (ei) i-a băgat un spin (în inimă) 🔢 *Kupferstich* gravură *f* 🔢 *sprichw* **j-n im ~ lassen** a părăsi pe cineva la ananghie; **sein Gedächtnis ließ ihn im ~** memoria i-a jucat feste

stichhaltig ADJ convingător, întemeiat, valabil, plauzibil

Stichprobe F̲ mostră *f*, probă *f*; STATISTIK eșantion *n*

sticht → stechen

Stichtag M̲ termen *m*

Stichwort N̲ 🔢 *im Wörterbuch* cuvânt-titlu *n* 🔢 THEAT replică *f*

sticken V̲T̲ & V̲I̲ a broda

Sticker M̲ abțibild *n*, etichetă *f* (autocolantă)

Stickerei F̲ broderie *f*

stickig ADJ sufocant

Stickstoff M̲ azot *n*

Stiefbruder M̲ frate *m* vitreg

Stiefel M̲ cizmă *f*

Stiefeltern P̲L̲ părinți *mpl* vitregi

Stiefkind N̲ 🔢 copil *m* vitreg 🔢 *fig* ghinionist *m*, persoană vitregită de noroc

Stiefmutter F̲ mamă *f* vitregă

Stiefmütterchen N̲ BOT panseluță *f*

Stiefschwester F̲ soră *f* vitregă

Stiefvater M̲ tată *m* vitreg

stieg → steigen

Stiege F̲ *österr* scară *f*

stiehlt → stehlen

Stiel M̲ 🔢 mâner *n* 🔢 BOT tijă *f*; **ein Eis am ~** o înghețată pe băț

Stier M̲ *a.* ASTROL taur *m*

Stierkampf M̲ coridă *f*

stieß → stoßen

Stift M̲ *zum Schreiben* creion *n*

stiften V̲T̲ 🔢 *Kloster, Schule* a ctitori; *Orden, Sekte* a institui 🔢 *Geld* a dona; *Preis* a fonda 🔢 (≈ *schaffen*) a crea; *Frieden* a împăca; *Zwietracht* a învrăjbi

Stifter(in) M̲F̲ fondator *m*, fondatoare *f*; (≈ *Spender*) creator *m*, creatoare *f*

Stil M̲ stil *n*

still ADJ liniștit; **~es Wasser** apă plată; **seid ~!** liniște!; **es wurde ~** s-a făcut liniște

Stille F̲ (≈ *Schweigen*) tăcere *f*; (≈ *Ruhe*) liniște *f*; (≈ *Friede*) calm *n*; **in der ~ der Nacht** în liniștea nopții; **in aller ~** *Hochzeit, Beisetzung* în cea mai mare taină

stillen V̲T̲ *Kind* a alăpta

stilllegen V̲T̲ *Betrieb* a închide; *Eisenbahnstrecke* a scoate din funcțiune

Stillstand M̲ încetare *f*, stagnare *f*, oprire *f*; **zum ~ bringen** *Maschine, Blutung* a opri; *Verkehr* a opri

stillstehen V̲I̲ 🔢 (≈ *anhalten*) a sta pe loc; *Maschine* a se opri; *Verkehr* a se opri 🔢 (≈ *sich nicht rühren*) a sta nemișcat

Stimmband N̲ coardă *f* vocală

Stimmbruch M̲ schimbare *f* a vocii; **im ~ sein** a i se schimba vocea

Stimme F̲ voce *f*; **s-e ~ abgeben** a vota; **mit lauter/leiser ~** cu voce tare/slabă

stimmen 🅰 V̲T̲ MUS a acorda 🅱 V̲I̲ 🔢 **das stimmt** asta așa e; **da stimmt etwas nicht** ceva nu e în regulă acolo; **stimmt es, dass ...?** nu-i așa că ...; **stimmt's?** așa-i?; **stimmt so!** *beim Bezahlen* mulțumesc! 🔢 POL **für/gegen j-n ~** a vota pentru cineva / împotriva cuiva

Stimmgabel F̲ diapazon *n*

stimmhaft ADJ LING sonor

stimmlos ADJ 🔢 fără glas 🔢 LING surd

Stimmrecht N̲ drept *n* de vot

Stimmung F̲ dispoziție *f*; **gute ~** atmosferă *f* bună; **in ~ kommen** a prinde chef

Stimmzettel M̲ buletin *n* de vot

stinken V̲I̲ a mirosi urât (**nach** a); **es**

S

stinkt miroase urât; *umg* **mir stinkts!** nu-mi place!

stinklangweilig *umg* ADJ foarte plictisitor

stinknormal *umg* ADJ normal, obișnuit

Stipendiat(in) M(F) stipendiat(ă) m(f)

Stipendium N bursă f, stipendiu n

stirbt → sterben

Stirn F frunte f; **die ~ runzeln** a încreți funtea; *fig* **j-m / e-r Sache die ~ bieten** a înfrunta pe cineva / un lucru

Stirnband N bandă f de frunte

Stirnhöhlenentzündung F sinuzită f

stöbern *umg* V/I **in etw** (dat) **~** a scotoci prin ceva

stochern V/I **in etw** (dat) **~** a scormoni în ceva; **im Feuer ~** a zgândări focul; **in den Zähnen ~** a se scobi în dinți

Stock¹ M **1** (≈ Ast) băț n **2** (≈ Spazierstock) baston n

Stock² M Stockwerk etaj n

Stockbett N paturi npl etajate

Stöckelschuh M pantof m cu toc (înalt); **~e** pantofi mpl cu tocuri (înalte)

stocken V/I (≈ stillstehen), a. Herz, Atem a se opri; Verkehr a se încetini; Gespräch, Verhandlungen a stagna; beim Sprechen a șovăi, a se bâlbâi; **ihm stockte der Atem** lui i s-a tăiat respirația

stocksauer *umg* ADJ foarte supărat, șucărit; *umg* șucărit (**auf j-n** pe cineva)

Stockwerk N etaj n; **im ersten ~ la** etajul întâi

Stoff M **1** material n **2** Materie materie f

Stofftier N animal n de pluș

Stoffwechsel M metabolism n

stöhnen V/I a geme

Stollen M **1** BERGBAU galerie f **2** (≈ unterirdischer Gang) tunel n **3** an Sportschuhen crampoane npl **4** GASTR aluat n dospit cu stafide, migdale și citrice glasate

stolpern V/I a se împiedica; *fig* **über ein Wort ~** a da peste un cuvânt

stolz ADJ mândru (**auf** +akk de)

Stolz M mândrie f; **er ist der ~ s-s Vaters** (el) este mândria tatălui său

stopfen A V/I **1** MODE a țese, a cârpi

2 (≈ hineinstopfen) **etw in etw** (akk) **~ 3** Loch a îndesa ceva în ceva **4** (≈ füllen) Pfeife a umple; *umg* **gestopft voll** îndopat B V/I **1** MED a constipa **2** *umg* (≈ sättigen) a îndopa

stopp INT stop

Stopp M **1** (≈ Anhalten) oprire f **2** (≈ Unterbrechung) sistare f

stoppen A V/I anhalten a se opri B V/T Auto a opri; Zeit a cronometra

Stopplicht N AUTO lumini fpl de frână

Stoppschild N indicator n de oprire obligatorie

Stopptaste F tastă f de oprire, buton n de oprire

Stoppuhr F cronometru n

Stöpsel M dop n

Storch M barză f

stören a deranja; **bitte nicht ~!** vă rugăm nu deranjați!; **störe ich?** deranjez?; **stört es dich, wenn ...?** te deranjează dacă ...?; **lassen Sie sich nicht ~!** nu vă deranjați!

stornieren V/T a anula

Stornierung F stornare f

Stornierungsgebühr F taxă f de stornare

Storno M/N storno n

störrisch ADJ Person recalcitrant; Esel încăpățânat; *fig* Haar îndărătnic

Störung F **1** deranjament n; **verzeihen Sie die ~** scuzați deranjul **2** TECH defecțiune f tehnică **3** Radio paraziți mpl **4** MED pl **~en** tulburări

Stoß M **1** ghiont n; **j-m e-n ~ versetzen** a da brânci cuiva **2** Stapel teanc n

Stoßdämpfer M amortizor n (de șoc)

stoßen A V/T a împinge B V/I (≈ grenzen) **an etw** (akk) **~** a se învecina cu ceva; **gegen etw** (akk) **~** a se izbi de ceva; **auf j-n/etw ~** a descoperi ceva / pe cineva C V/R **sich ~** a se lovi

Stoßstange F bară f de protecție

stößt → stoßen

Stoßzahn M ZOOL colț n

Stoßzeit F perioadă f de vârf

stottern V/T & V/I a se bâlbâi

Str. ABK (≈ Straße) str.

strafbar ADJ pedepsibil; stärker culpabil; **sich ~ machen** a se face pasibil de pedeapsă

Strafe F [1] pedeapsă f; **zur ~ (für ...)** ca pedeapsă (pentru ...); **unter ~ stellen** a sancţiona (cu pedeapsă) [2] *Geldstrafe* amendă f

strafen VT a pedepsi

straff ADJ (bine) întins; **~ spannen** a întinde bine

straffällig ADJ ADMIN delincvent; **~ werden** a-şi atrage o pedeapsă

straffen A VT [1] a întinde; *Haut* a netezi [2] *Text* a scurta B VR **sich ~** *Seil* a se încorda; *Körper* a se îndrepta

Strafmandat N amendă f

Strafraum M suprafaţă f de pedeapsă

Strafrecht N drept n penal

Strafsache F cauză f penală

Strafstoß M lovitură f de pedeapsă

Straftat F delict n, infracţiune f

Strafzettel M înştiinţare f de amendă

Strahl M [1] rază f [2] *Wasser* jet n

strahlen VI [1] a străluci; **~d weiß** alb strălucitor; **vor Glück/Freude ~** a radia de fericire/bucurie

Strahler M [1] (≈ *Heizstrahler*) radiator f electric [2] (≈ *Lichtstrahler*) corp n de iluminat

Strahlung F PHYS, NUKL radiaţie f

Strähne F şuviţă f

stramm A ADJ [1] (≈ *straff*) întins; *Kleider* stâns [2] (≈ *kräftig*) voinic [3] *Haltung* smirnă B ADV [1] **~ sitzen** *Kleidung* a sta strâns; → **strammstehen** [2] *umg* **~ marschieren** a merge în marş forţat

strammstehen VI a sta drepti

Strampelanzug M costumaş n (pentru bebeluşi)

strampeln VI a da din picioare

Strand M ştrand n; **am ~** la ştrand

Strandcafé N cafenea f situată pe plajă

Strapaze F efort n mare

strapazieren VT [1] *Material* a purta mult [2] *Person* a obosi

strapazierfähig ADJ rezistent

Straßburg N Strasbourg n

Straße F [1] *in der Stadt* stradă f; **auf der ~** pe stradă; **über die ~ gehen** a traversa strada; *umg* **j-n auf die ~ setzen** a lăsa pe cineva pe drumuri [2] (≈ *Fahrstraße*) şosea f

Straßenarbeiten PL lucrări fpl stradale

Straßenbahn F tramvai n

Straßenfest N petrecere f de cartier

Straßenglätte F polei n

Straßenkarte F hartă f rutieră

Straßenrand M marginea f drumului

Straßenschild N plăcuţă f indicatoare

Straßensperre F blocare f a străzii

Straßenverhältnisse NPL stare f a căilor rutiere

Straßenverkehrsordnung F regulament n de circulaţie rutieră

Strategie F strategie f

strategisch ADJ strategic

sträuben A VT *Haare, Federn, Fell* azbârli B VR **sich ~** *Haare, Federn, Fell* a se zbârli; *fig* a se împotrivi + *dat*

Strauch M tufă f

Strauchtomate F roşie f pe vrej

Strauß M [1] *Blumen* buchet n [2] ZOOL struţ m

Streber(in) M(F), *pej* ambiţios m, ambiţioasă f; *in der Schule* tocilar m, tocilară f

Strecke F [1] *Entfernung* BAHN distanţă f [2] *Route* traiect n; *umg fig* **auf der ~ bleiben** a abandona

strecken A VT *Körperteil* a întinde B VR **sich ~** a se întinde

Streich M poznă f; **dummer/lustiger ~** prostie/năzbâtie f; **j-m e-n ~ spielen** a-i juca cuiva o festă

streicheln VT & VI a mângâia

streichen A VT [1] *anmalen* a vopsi; **frisch gestrichen!** proaspăt vopsit! [2] *Brote* a unge [3] *Name* a şterge [4] *Flug* a anula B VI **mit der Hand über etw** *(akk)* **~** a mângâia ceva

Streichholz N chibrit n

Streichholzschachtel F cutie f de chibrituri

Streichinstrument N instrument n cu coarde şi arcuş

Streichkäse M brânză f de întins pe pâine

Streichung F [1] *im Text* tăiere f [2] (≈ *Wegfall*) ştergere f

Streife F patrulă f

streifen A VT [1] (≈ *berühren*) a atinge; **sein Blick streifte mich** el m-a privit în treacăt [2] *fig Thema* a atinge în treacăt

█ *Ärmel* **in die Höhe ~** a sufleca **B** **VII**
(≈ *umherstreifen*) a hoinări

Streifen **M 1** fâșie *f* **2** *im Stoff* dungă
f

Streifenwagen **M** mașină *f* de poliție

Streik **M** grevă *f*; **in den ~ treten** a intra în grevă

Streikbrecher **M** spărgător *m* de
grevă

streiken **VII** a face grevă

Streikposten **M** pichet *n* de grevă

Streikrecht **N** drept *n* la grevă

Streit **M** ceartă *f* (**um** pentru); **mit j-m
~ anfangen** a se lua la ceartă cu cine-
va

streiten **VII & V/R** a se certa; **(sich) mit
j-m (um etw) ~** a se certa cu cineva
(pe ceva)

Streitgespräch **N** dispută *f*, controversă *f*

streng **ADJ** **1** sever **2** *Regeln* strict; **~
genommen/verboten** strict vorbind/in-
terzis; **~ bestrafen** a pedepsi aspru; **j-n
~ bewachen** a păzi foarte bine pe cineva

Stress **M** stres *n*; **unter ~ stehen** a se
afla sub stres

stressen **V/t** a stresa

stressig *umg* **ADJ** stresant

Stresstest **M** FIN simulare *f* de criză

streuen **V/t** **1** a presăra; **Zucker auf
den Kuchen ~** a presăra zahăr peste
prăjitură **2** *bei Glatteis* **die Straße ~** a
arunca cu sare pe stradă

strich → *streichen*

Strich **M** linie *n*; *fig* **unter dem ~ ca**
rezultat; *umg fig* **j-m e-n ~ durch die
Rechnung machen** a strica cuiva soco-
telile; *umg* **auf den ~ gehen** a face
trotuarul

Strichcode **M** cod *n* de bare

Strichkode **M** cod *n* de bare

Strichmännchen **N** omuleț schițat
din liniuțe

Strichpunkt **M** punct și virgulă *n*

Strick **M** frânghie *f*; *umg fig* **wenn alle
~e reißen** în cel mai rău caz

stricken **V/t & V/i** a tricota

Strickjacke **F** jachetă *f* tricotată

Stricknadel **F** andrea *f*

strikt **ADJ** strict; **~ gegen etw sein** a fi

strict împotriva unui lucru

String **M** *umg* (≈ *Stringtanga*) chilot *m*
șnur

String(tanga) **M** tanga *m*

Strippe *umg* **F** șnur *n*, sfoară *f*; **j-n an
der ~ haben** *umg* a vorbi la telefon
cu cineva

Striptease **M** strip-tease *n*

stritt → *streiten*

strittig **ADJ** controversat

Stroh **N** paie *npl*

Strohhalm **M** pai *n* (de băut)

Strohhut **M** pălărie *f* de paie

Strom **M** **1** fluviu *n*; *fig* **gegen den ~
schwimmen** a se opune curentului; *fig*
mit dem ~ schwimmen a se adapta
împrejurărilor; **in Strömen** cu găleata
2 ELEK curent *n*

Stromausfall **M** pană *f* de curent

strömen **VII 1** a curge **2** *Menschenmenge* a se revărsa

Stromkreis **M** circuit *n* electric

stromlinienförmig **ADJ** aerodina-
mic

Stromschlag **M** electrocutare *f*

Stromschnelle **F** cataractă *f*, cascadă *f*

Strömung **F** curent *n*

Stromzähler **M** contor *n* electric

Strophe **F** strofă *f*

Strudel **M** **1** vârtej *n* **2** *Gebäck* ștrudel
n

Struktur **F** structură *f*

Strukturwandel **M** transformare *f*
structurală

Strumpf **M** ciorap *m*

Strumpfhose **F** ciorap-chilot *m*

Stube **F** **1** cameră *f*; **die gute ~** cameră de primire a oaspeților **2** MIL dormitor *n*

Stück **N** **1** bucată *f*; **5 Euro pro ~** 5
euro bucata; **ein ~ Fleisch/Kuchen/
Seife** o bucată de carne/prăjitură/să-
pun; **in ~e reißen/schneiden** a rupe/
tăia în bucăți; **am ~** la bucată; *umg*
das ist (ja) ein starkes ~! ce obrăznicie! **2** *einer Sammlung* MUS, THEAT piesă *f*

Student(in) **M/F** student(ă) *m(f)*

Studentenausweis **M** legitimație *f*
de student

Studentenfutter **N** mix *n* de nuci

studențesc

Studentenwohnheim N̄ cămin n studențesc

Studienabschluss M̄ diplomă f de absolvire

Studienfach N̄ disciplină f de studiu

Studienfahrt F̄ călătorie f de studii

Studienplatz M̄ loc n la facultate

studieren V̄T̄ a studia

Studio N̄ **1** TV, FILM studio n **2** e-s *Künstlers* atelier n de artă

Studium N̄ studiu n

Stufe F̄ treaptă f; **j-n mit j-m auf e-e** (*od* **die gleiche**) **~ stellen** a se pune pe aceeași treaptă cu cineva

Stuhl M̄ scaun n; MED *Stuhlgang* scaun n, defecație f; **der Heilige ~** Sfântul Scaun; *fig* **zwischen zwei Stühlen sitzen** a alerga după doi iepuri deodată; *umg* **das hat mich fast vom ~ gehauen** m-a luat prin surprindere

Stuhlprobe F̄ MED probă f de materii fecale

stumm ADJ mut

Stummel M̄ (≈ *Bleistift*) capăt n; (≈ *Kerze, Zigarette*) muc n

Stummfilm M̄ film n mut

stumpf ADJ *Messer* tocit

stumpfsinnig ADJ **1** *Mensch, Blick* indiferent, apatic, indolent **2** *Arbeit* stupid, absurd

Stunde F̄ **1** oră f; **e-e halbe ~** o jumătate de oră; **e-e ~ lang** timp de o oră **2** *Unterricht* lecție f

Stundenkilometer M̄ **50 ~** 50 kilometri pe oră

stundenlang ADJ ore întregi

Stundenlohn M̄ plată n la oră

Stundenplan M̄ orar n

Stundenzeiger M̄ orar n, ac n mic al ceasului

stündlich ADV din oră în oră; (≈ *in der Stunde*) **dreimal ~** de trei ori pe oră

Stuntgirl N̄ cascadoare f

Stuntman M̄ cascador m

Stupsnase F̄ nas n cârn

stur ADJ încăpățânat

Sturm M̄ furtună f

stürmen **A** V̄T̄ a asalta; **die Fans stürmten die Bühne** fanii au luat scena cu asalt **B** V̄Ī **es stürmt** s-a dezlănțuit furtuna

Stürmer(in) M̄F̄ SPORT înaintaș(ă) m(f)

Sturmflut F̄ maree f înaltă de furtună

stürmisch ADJ **1** furtunos **2** *Liebhaber* pasionat

Sturmwarnung F̄ alarmă f la apropierea unei furtuni

Sturz M̄ cădere f

stürzen **A** V̄T̄ a doborî; **den König ~** a răsturna monarhia **B** V̄Ī a cădea **C** V̄R̄ **sich ~** a se năpusti (**auf** +*akk* asupra)

Sturzhelm M̄ cască f de protecție

Stute F̄ iapă f

Stütze F̄ sprijin n

stutzen[1] V̄T̄ *Hecke, Bart* a tunde; *Flügel* a scurta; *Schwanz* a tăia, a reteza

stutzen[2] V̄Ī (≈ *innehalten*) a rămâne uimit

stützen **A** V̄T̄ (≈ *abstützen, unterstützen*) a sprijini; *mit Balken* a propti; *fig* a susține cu dovezi **B** V̄R̄ **sich auf etw** (*akk*) **~** a se sprijini de ceva; *fig* a se baza pe ceva

Styropor® N̄ polistiren n expandat

subjektiv ADJ subiectiv

subkutan ADJ MED subcutanat

Substantiv N̄ substantiv n

Substanz F̄ substanță f; *umg fig* **j-m an die ~ gehen** a stoarce de puteri pe cineva

subtrahieren V̄T̄ a scădea

Subvention F̄ subvenție f

subventionieren V̄T̄ a subvenționa

Suche F̄ căutare f (**nach j-m/etw** a cuiva/de ceva); **auf der ~ nach etw sein** a fi în căutare de ceva; **auf die ~ nach j-m/etw gehen** (*od* **sich auf die ~ nach j-m/etw machen**) a pleca în căutarea cuiva / unui lucru

suchen **A** V̄T̄ a căuta; *umg fig* **du hast da nichts zu ~** (tu) nu ai ce căuta acolo **B** V̄Ī **nach etw/j-m ~** a căuta ceva / pe cineva

Sucher M̄ FOTO vizor n

Suchmaschine F̄ IT motor n de căutare

Sucht F̄ **1** patimă f **2** MED dependență f

süchtig ADJ toxicoman; **~ machen** a da dependență

Süchtige(r) M̄F̄M̄ toxicoman(ă) m(f)

Sud M̄ **1** GASTR suc n propriu **2**

(≈ *Extrakt*) decoct n
Südafrika N̄ Africa f de Sud
Südamerika N̄ America f de Sud
Süddeutschland N̄ Germania f de Sud
Süden M̄ sud n; **im ~ (von)** în sud(ul)
Südeuropa N̄ Europa f de Sud
südlich ADJ la sud; **~ von** la sud de
Südosten M̄ sud-est n
Südpol M̄ Polul m Sud
Südwesten M̄ sud-vest n
Südwind M̄ vânt n din sud
Sülze F̄ piftie f
Summe F̄ sumă f
summen A V̄T̄ a fredona B V̄Ī *Insekt* a zumzăi
Sumpf M̄ mlaștină f
sumpfig ADJ mlăștinos
Sünde F̄ păcat n
Sündenbock *umg* M̄ țap m ispășitor
Sünder(in) M̄F̄ păcătos m, păcătoasă f
sündigen V̄Ī a păcătui
super *umg* ADJ grozav
Super N̄ *Benzin* super n
Superlativ M̄ superlativ n
Supermacht F̄ superputere f
Supermann *umg* M̄ superman m, supraom m
Supermarkt M̄ supermarket n
superschnell *umg* ADJ extrem de repede
Suppe F̄ supă f
Suppengrün N̄ zarzavaturi npl pentru supă
Suppenkelle F̄ polonic n
Suppenlöffel M̄ lingură f de supă
Suppenteller M̄ supieră f
Suppenwürfel M̄ cub n de supă (concentrat)
Suppositorium N̄ MED supozitor n
Surfbrett N̄ planșă f de surf
surfen V̄Ī a practica surfingul; **im Internet ~** a naviga pe internet
Surfer(in) M̄F̄ surfist(ă) m(f)
Surrealismus M̄ suprarealism n
Sushi N̄ sushi n
suspekt ADJ suspect, dubios, îndoielnic
süß ADJ dulce; **süß riechen** a mirosi dulce; **süß schmecken** a avea gust dulce

süßen V̄T̄ a îndulci
Süßigkeiten P̄L̄ dulciuri npl
Süßkartoffel F̄ cartof n dulce
süßsauer ADJ dulce-acru
Süßspeise F̄ desert n
Süßstoff M̄ zaharină f
Süßwasser N̄ apă n dulce
SUV M̄ *od* N̄ ABK (≈ sport utility vehicle) AUTO SUV n
Sweatshirt N̄ sweatshirt n
Swimmingpool M̄ piscină f
Symbol N̄ simbol n
symbolisch ADJ simbolic
symbolisieren V̄T̄ a simboliza
Symbolleiste F̄ IT bară f de instrumente
Symmetrie F̄ simetrie f
symmetrisch ADJ simetric
Sympathie F̄ simpatie f
sympathisch ADJ simpatic; **j-n ~ finden** a găsi că cineva e simpatic
Symphonie F̄ simfonie f
Symptom N̄ simptom n
Synagoge F̄ sinagogă f
synchron ADJ sincronic
synchronisieren V̄T̄ TECH sincroniza; *Film* a dubla
synchronisiert ADJ *Film* dublat
Synonym N̄ sinonim n
Syntax F̄ sintaxă f
Synthese F̄ sinteză f
Synthesizer M̄ MUS sintetizator n
synthetisch ADJ sintetic
Syrer(in) M̄F̄ sirian(ă) m(f)
Syrien N̄ Siria f
syrisch ADJ sirian
System N̄ sistem n; **~ haben** a se baza pe un anumit sistem
systematisch ADJ sistematic
systematisieren V̄T̄ a sistematiza
Systemfehler M̄ IT eroare f de sistem

S

T

T, t N̄ T, t m/n

Tabak M̄ tutun n

Tabakladen M̄ tutungerie f

tabellarisch ADJ & ADV în formă de tabel

Tabelle F̄ tabel n

Tablet M̄ IT tabletă f

Tablet-PC M̄, **Tabletcomputer** M̄ tabletă f PC

Tablett N̄ a. PFLEGE tavă f

Tablette F̄ MED pastilă f

Tablettendose F̄ MED, PFLEGE dozator n de medicamente

Tablettenportionierer M̄ MED, PFLEGE organizator n de medicamente

tabu ADJ interzis, tabu

Tabu N̄ tabu n

Tabulator M̄ IT tabulator m

Tabulatortaste F̄ IT tasta f Tab(ulator)

Tacho(meter) M̄ AUTO tahometru n

tadellos ADJ ireproșabil

tadeln V/T a mustra

Tafel F̄ ◆ *Schild* panou n ◆ *in der Schule* tablă f ◆ *Tisch* masă f; **eine ~ Schokolade** o tabletă de ciocolată

Tag¹ N̄ IT tag n

Tag² M̄ zi f; **guten Tag!** bună ziua!; **schönen Tag!** o zi bună!; **am** *(od bei)* **Tag** ziua; **am folgenden** *(od nächsten)* **Tag** în ziua următoare, a doua zi; **am Tag darauf** în ziua următoare; **am Tag davor** *(od zuvor)* cu o zi în urmă; **den ganzen Tag (über)** toată ziua; **eines Tages** într-o zi; **heute in acht Tagen** de azi în opt zile; **in vierzehn Tagen** peste patrusprezece zile; **pro Tag** pe zi; **Tag und Nacht** zi și noapte; *fig* **schwarzer Tag** zi neagră; **es ist Tag** este zi; **es wird Tag** se crapă de ziuă; **sie hat ihre Tage** (ea) are ciclul; **was ist heute für ein Tag?** ce zi este astăzi?

Tagebuch N̄ jurnal n

tagelang ADJ zile întregi

tagen A V/I *Versammlung* a se întruni în ședință ◆ B geh V/UNPERS (≈ *dämmern*) **es tagt** se face ziuă

Tagesablauf M̄ curs n al zilei

Tagesausflug M̄ excursie f de o zi

Tagescreme F̄ cremă f de zi

Tageskarte F̄ ◆ *Fahrkarte* bilet n valabil pentru o zi ◆ GASTR meniul n zilei

Tageslicht N̄ lumina f zilei; **bei ~** la lumina zilei

Tageslichtprojektor M̄ retroproiector n

Tagesordnung F̄ ordinea f de zi; **auf der ~ stehen** a se afla pe ordinea de zi

Tagesordnungspunkt M̄ punct n pe ordinea de zi

Tagesschau F̄ TV telejurnal n

Tagestour F̄ tur n de o zi

Tageszeit F̄ oră f din zi; **zu jeder ~** la orice oră din zi

Tageszeitung F̄ cotidian n

täglich ADJ zilnic

tagsüber ADV în timpul zilei

Tagung F̄ congres n

Taille F̄ talie f

Takt M̄ ◆ MUS măsură f; **im ~ (bleiben)** (a rămâne) în tact ◆ *fig* tact n

Taktgefühl N̄ tact n

Taktik F̄ tactică f

taktisch ADJ tactic

taktlos ADJ lipsit de tact

Tal N̄ vale f

Talent N̄ talent n

talentiert ADJ talentat

Talisman M̄ talisman n

Talkshow F̄ talkshow n

Talstation F̄ stație f din aval/din vale

Tampon M̄ tampon n

TAN F̄ (= *Transaktionsnummer*) FIN TAN n, număr n de tranzacție

Tandem N̄ tandem n

Tang M̄ algă f marină

Tango M̄ tangou n

Tank M̄ AUTO rezervor n

Tankanzeige F̄ indicator n de benzină

Tankdeckel M̄ capacul n rezervorului de benzină

tanken V/T & V/I a pune benzină; *fig* **neue Kräfte ~** a aduna forțe noi

Tanker M̄ petrolier n

Tankstelle F̄ stație f de benzină

Tankwart(in) M/F vânzător m/vânzătoare f la o stație de benzină

Tanne F brad m

Tannenbaum M brad m; (≈ Weihnachtsbaum) brad/pom m de Crăciun

Tannenzapfen M con n de brad

Tante F mătușă f

Tanz M dans m

tanzen V/T & V/I a dansa

Tänzer(in) M/F dansator m, dansatoare f

Tanzfläche F ring n de dans

Tanzkurs M curs n de dans

Tanzlehrer(in) M/F profesor m/profesoară f de dans

Tanzschule F școală f de dans

Tanzstunde F lecție f de dans

Tapete F tapet n

tapezieren V/T a tapeta

tapfer ADJ curajos

Tapferkeit F curaj n, vitejie f

Tarif M tarif n

Tarifautonomie F autonomie f a partenerilor sociali

Tariferhöhung F majorare/creștere f a tarifelor

Tarifkonflikt M conflict n în legătură cu negocierea acordurilor colective

Tariflohn M salariu n tarifar

Tarifparteien FPL, **Tarifpartner** MPL parteneri mpl sociali

Tarifrunde F, **Tarifverhandlungen** FPL negociere f a acordurilor colective

Tarifvertrag M contract n de salarizare colectiv

tarnen V/T (& V/R) (sich) ~ a (se) deghiza (als în), a (se) camufla

Tarnung F camuflaj n

Tasche F 1 geantă f; etw aus eigener ~ bezahlen a plăti ceva din banii proprii 2 Hosentasche buzunar n 3 Einkaufstasche sacoșă f

Taschenbuch N ediție f de buzunar

Taschendieb(in) M/F hoț m/hoață f de buzunar

Taschengeld N bani npl de buzunar

Taschenlampe F lanternă f

Taschenmesser N briceag n

Taschenrechner M calculator n de buzunar

Taschentuch N batistă f

Tasse F ceașcă f; e-e ~ Kaffee o ceașcă de cafea; umg fig nicht alle ~n im Schrank haben a nu fi în toate mințile, a-i lipsi o doagă

Tastatur F tastatură f

Taste F clapă f

tasten V/I a pipăi; nach etw ~ a bâjbâi după ceva

tat → tun

Tat F faptă f; auf frischer Tat ertappen a prinde (pe cineva) asupra faptului, a prinde (pe cineva) în flagrant delict; gute Tat faptă bună; in der Tat cu adevărat

Täter(in) M/F făptaș(ă) m(f)

tätig ADJ 1 (≈ berufstätig) în activitate; ~ sein als/in (+ dat) a lucra ca; ~ werden a intra în acțiune 2 Vulkan activ

Tätigkeit F activitate f

Tatort M locul n crimei

tätowieren V/T a tatua

Tätowierung F tatuaj n

Tatsache F fapt n; ~ ist, dass ... realitatea este că ...; j-n vor vollendete ~n stellen a pune pe cineva în fața faptului împlinit

tatsächlich A ADJ real B ADV realmente

Tattoo M/N tatuaj n

Tau A N funie f B M rouă f

taub ADJ surd; auf e-m Ohr ~ sein a nu auzi cu o ureche

Taube F porumbel m

Taubheit F 1 (≈ Gehörlosigkeit) surditate f 2 der Gliedmaßen amorțeală f

taubstumm ADJ surdomut

tauchen A V/T a cufunda B V/I a se (s)cufunda

Tauchen N înot n subacvatic

Taucher(in) M/F scafandru m, scafandră f

Taucheranzug M costum n de scafandru

Taucherbrille F ochelari npl de scafandru

Tauchkurs M curs m de sport subacvatic

tauen V/I a se dezgheța; es taut se dezgheață

Taufe F botez n

taufen V/T a boteza; katholisch ge-

tauft sein a fi botezat catolic

Taufpate M̲, **Taufpatin** F̲ naş(ă) m(f) de botez

taugen V̲i̲ **zu** (od **für**) etw ~ a fi potrivit pentru ceva

Tausch M̲ schimb n

tauschen V̲T̲ a schimba; **mit j-m ~** a face schimb cu cineva; **Schicht** ~ a schimba tura

täuschen A̲ V̲T̲ & V̲i̲ a înşela; **wenn mich nicht alles täuscht** ... dacă nu mă înşel ... B̲ V̲R̲ **sich** ~ a se înşela

täuschend A̲D̲J̲ înşelător

Täuschung F̲ amăgire f; **optische** ~ iluzie f optică

Tausend[1] F̲ *Zahl* mie f

Tausend[2] B̲ **1** *Einheit* mie f; **(fünf) vom** ~ (cinci) la mie **2** ~e pl **von** ... (≈ *Unmengen*) mii de ...; **zu ~en** cu miile; → **Hundert**[2]

tausend N̲U̲M̲ o mie; ~ **Dank!** mii de mulţumiri!

Tausendfüß(l)er M̲ miriapod n

tausendmal A̲D̲V̲ de o mie de ori

tausendste(r, s) N̲U̲M̲ al miilea, a mia

Tausendstel N̲ miime f

Tauwetter N̲ a. *fig* dezgheţ n

Taxi N̲ taxi n

Taxifahrer(in) M̲(F̲) şofer(iţă) m(f) de taxi

Taxistand M̲ staţie f de taxiuri

Team N̲ echipă f

Teamarbeit F̲ muncă f în echipă

teamfähig A̲D̲J̲ ~ **sein** a avea spirit de echipă

Teamgeist M̲ spirit n de echipă

Technik F̲ tehnică f; **auf dem neuesten Stand der** ~ tehnică de ultimă generaţie

Techniker(in) M̲(F̲) tehnician(ă) m(f)

technisch A̲D̲J̲ tehnic; ~ **begabt/unmöglich** talentat/imposibil din punct de vedere tehnic

Techno M̲ M̲U̲S̲ muzică f tehno

Technologie F̲ tehnologie f

Technologiepark M̲ parc n ştiinţific şi tehnologic

Teddy(bär) M̲ ursuleţ m de pluş

Tee M̲ ceai n; **Tee kochen/trinken** a face/bea ceai

Teebeutel M̲ plic n de ceai

Teekanne F̲ ceainic f pentru servit ceaiul

Teelöffel M̲ linguriţă f

Teenager M̲, **Teenie** *umg* M̲ teenager m, adolescent(ă) m(f)

Teer M̲ gudron n

teeren V̲T̲ a gudrona

Teesieb N̲ strecurătoare f de ceai

Teetasse ¯ ceaşcă f de ceai

Teich M̲ iaz n

Teig M̲ aluat n

Teigwaren P̲L̲ paste fpl făinoase

Teil M̲ od N̲ parte f; **zum großen** ~ în mare parte; **zum größten** ~ în cea mai mare parte; **zum** ~ în parte

teilbar A̲D̲J̲ a. M̲A̲T̲H̲ divizibil

Teilchen N̲ **1** (≈ *kleines Stück*) părticică f **2** N̲U̲K̲L̲ particulă f **3** *Gebäck* prăjitură f mică

teilen a împărţi; **sich** (dat) **etw mit j-m** ~ a împărţi ceva cu cineva; **20 durch 4** ~ **20** împărţit la 4

Teilkaskoversicherung F̲ asigurare f CASCO parţială

Teilnahme F̲ participare f

teilnehmen V̲i̲ a lua parte (**an** +dat la)

Teilnehmer(in) M̲(F̲) participant(ă) m(f)

teils A̲D̲V̲ ~ ..., ~ ... în parte ..., în parte ...

Teilung F̲ **1** a. M̲A̲T̲H̲, B̲I̲O̲L̲ împărţire f, diviziune f; separare f **2** (≈ *Aufteilung*) repartizare f

teilweise A̲D̲V̲ parţial

Teilzahlung F̲ plată f eşalonată

Teilzeitarbeit F̲ muncă f cu orar redus

Telefon N̲ telefon n; **ans** ~ **gehen** a răspunde la telefon; **schnurloses** ~ telefon fără fir

Telefonanruf M̲, **Telefonat** N̲ apel n telefonic

Telefonanschluss M̲ racordare f la reţeaua telefonică

Telefonauskunft F̲ informaţii fpl telefonice

Telefonbuch N̲ carte f de telefon

Telefongebühren P̲L̲ taxe fpl telefonice

Telefongespräch N̲ convorbire f telefonică

telefonieren V̲i̲ a telefona; **mit j-m ~**

T

a vorbi cu cineva la telefon
telefonisch ADJ telefonic
Telefonnummer F număr n de telefon
Telefonrechnung F factură f de telefon
Telefonzelle F cabină f telefonică
Telegramm N telegramă f
Telekommunikation F telecomunicații fpl
Teleobjektiv N teleobiectiv n
Teleskop N telescop n
Telko F (= Telefonkonferenz) teleconferință f
Teller M farfurie f; **flacher/tiefer ~** farfurie f întinsă/adâncă
Tempel M templu n
Temperament N temperament n; **~ haben** a fi plin de viață
temperamentvoll ADJ plin de temperament
Temperatur F temperatură f; **Person (erhöhte) ~ haben** a avea temperatură (ridicată)
Temperaturkontrolle F MED, PFLEGE măsurare f a temperaturii
Tempo N _Geschwindigkeit_ viteză f; umg **(nun aber) ~!** (păi hai) repede!
Tempolimit N limită f de viteză
Tempotaschentuch® umg N șervețel n, batistă f de hârtie
Tendenz F tendință f; FIN **steigende/fallende** (od **rückläufige**) **~** tendință ascendentă/descendentă
Tennis N tenis n
Tennisball M minge f de tenis
Tennisplatz M teren n de tenis
Tennisschläger M rachetă f de tenis
Tennisspiel N joc n de tenis; meci n de tenis; partidă f de tenis
Tennisspieler(in) M(F) jucător m/jucătoare f de tenis
Tenor M tenor m
Teppich M covor n; umg fig **auf dem ~ bleiben** a rămâne cu picioarele pe pământ, a fi realist; umg fig **etw unter den ~ kehren** a ascunde ceva sub covor, a pune batista pe țambal
Teppichboden M mochetă f
Termin M **1** termen n **2** _Arzttermin etc_ programare f; **sich** (dat) **e-n ~ geben lassen** a-și face o programare

Terminal N FLUG terminal n
Terminkalender M agendă f
Terrasse F terasă f
Terror M teroare f; **~ machen** a învrăjbi
Terroranschlag M atac n terorist
terrorisieren VT a teroriza
Terrorismus M terorism n
Terrorismusbekämpfung F luptă f împotriva terorismului
Terrorist(in) M(F) terorist(ă) m(f)
Terrornetz N rețea f teroristă
Terrornetzwerk N rețea f teroristă
Tesafilm® M scotch® n
Tessin N Ticino n
Test M test n
Testament N testament n; **das Alte/Neue ~** Vechiul/Noul Testament
testen VT a testa
Testergebnis N rezultat n al testului
Tetanus M tetanos n
Tetanusimpfung F vaccinare f antitetanică
teuer ADJ scump; **~ bezahlen** a plăti scump; **teurer werden** a se scumpi
Teufel M diavol m; umg **auf ~ komm raus** cu orice preț
Teufelskreis M cerc n vicios
teuflisch A ADJ **1** (= _bösartig_) diabolic **2** (≈ _groß_) infernal, îngrozitor **B** umg ADV teribil, infernal
Text M text n
Textbaustein M IT modul n
texten VI (& VT) **1** MUS a scrie texte (_pentru muzică ușoară_) **2** WERBUNG a redacta texte publicitare
Texter(in) M(F) **1** MUS textier m/f **2** → Werbetexter
Textilien PL textile fpl
Textmarker M marker n
Textverarbeitung F procesare f de text
Thailand N Thailanda f
thailändisch ADJ thailandez
Theater N teatru n; **ins ~ gehen** a merge la teatru; umg fig **so ein ~!** ce scandal!
Theaterkarte F bilet n de teatru
Theaterkasse F casă f de bilete
Theaterstück N piesă f de teatru
Theke F tejghea f
Thema N temă f

Theologie F̲ teologie f

theoretisch A̲D̲J̲ teoretic

Theorie F̲ teorie f

Therapeut(in) M̲(̲F̲)̲ terapeut(ă) m(f)

Therapie F̲ terapie f

Thermalbad N̲ stațiune f balneo-termală

Thermometer N̲ termometru n

Thermosflasche® F̲ termos n

Thermostat M̲ termostat n

These F̲ teză f

Thriller M̲ thriller n

Thrombose F̲ MED tromboză f

Thron M̲ tron n

Thunfisch M̲ ton m

Thurgau M̲ Turgovia f

Thüringen N̲ Turingia f

Thymian M̲ cimbru m

Tick M̲ MED tic n; **ein nervöser ~** un tic nervos

ticken V̲I̲ a ticăi; umg fig **du tickst wohl nicht richtig** te-ai țăcănit

Ticket N̲ bilet n

tief A̲D̲J̲ 1 adânc; **der Teich ist 6 m ~** iazul are 6 m adâncime; **~ atmen/beeindrucken/eindringen/graben** a respira/impresiona/pătrunde/săpa adânc; **~ liegen** a se afla la adâncime; **~ greifend/liegend** curprinzător/profund; **~ unten im Wald** în adâncul pădurii; **~ unten** la mare adâncime; fig **~er Schlaf** somn adânc; **~er Teller** farfurie adâncă 2 Ton grav; **~e Stimme** voce joasă; **etwas ~er singen** a cânta ceva într-un registru mai jos

Tief N̲ METEO depresiune f atmosferică

Tiefdruck M̲ METEO presiune n joasă

Tiefdruckgebiet N̲ → Tief

Tiefe F̲ adâncime f

Tiefgarage F̲ parcaj n subteran

tiefgekühlt A̲D̲J̲ congelat

Tiefkühlfach N̲ congelator n (raft)

Tiefkühltruhe F̲ congelator n f

Tiefpunkt fig M̲ stare f de descurajare maximă

Tiefstand M̲ nivel n (deosebit de) scăzut

Tier N̲ animal n; umg fig **hohes ~** mare grangur

Tierarzt M̲, **Tierärztin** F̲ medic m veterinar

Tiergarten M̲ grădină f zoologică

Tierhandlung F̲ magazin n de animale

Tierheim N̲ adăpost n pentru animale

tierisch A̲ A̲D̲J̲ 1 (≈ vom Tier) de animal, animalic 2 fig (≈ tierhaft) bestial, brutal 3 umg (≈ sehr groß) îngrozitor B̲ umg A̲D̲V̲ (≈ sehr) groaznic

Tiermedizin F̲ medicină f veterinară

Tierpark M̲ grădină f zoologică

Tierquälerei F̲ maltratare f a animalelor

Tierschutz M̲ protecția f animalelor

Tierschutzverein M̲ asociație f pentru protecția animalelor

Tierversuch M̲ experiențe fpl pe animale

Tiger M̲ tigru m

tilgen V̲T̲ Schulden a amortiza

Tilgung F̲ eradicare f; amortizare f; rambursare f

Timing N̲ timing n

Tinte F̲ cerneală f

Tintenfisch M̲ caracatiță f

Tintenkiller® M̲ pic n, creion/stilou n de șters cerneala

Tipp M̲ indiciu n; **j-m e-n ~ geben** a vinde cuiva un pont

tippen umg V̲I̲ 1 (≈ leicht berühren) **an** (od **gegen**) **etw** (akk) ~ a atinge ceva (cu degetul) 2 (≈ Maschine schreiben) a bate 3 (≈ wetten) a paria, a miza

Tippfehler umg M̲ greșeală f de tipar

tipptopp umg A̲D̲J̲ & A̲D̲V̲ (≈ sauber) tip-top, lună; fig perfect

Tirol N̲ Tirol n

Tisch M̲ masă f; **den ~ (ab)decken** a pune/strânge masa; **vom ~ aufstehen** a se ridica de la masă; fig POL **runder ~** masă rotundă, masă de tratative; umg fig **etw unter den ~ fallen lassen** a desconsidera ceva; umg fig **Problem vom ~ sein** a ieși din discuție

Tischdecke F̲ față f de masă

Tischfußball M̲ fotbal n de masă

Tischler(in) M̲(̲F̲)̲ tâmplar m

Tischtennis N̲ tenis n de masă

Tischtennisschläger M̲ paletă f de tenis de masă

Titel M̲ titlu n; **akademischer ~** titlu academic

Titelbild N̲ frontispiciu n

Titelseite F̲ e-r Zeitschrift copertă f;

T

e-r Zeitung prima pagină f

Titelverteidiger(in) M/F deținător m/deținătoare f a titlului

tja INT mda, de

Toast M felie f de pâine prăjită

Toastbrot N pâine f de toast

toasten V/T GASTR a prăji

Toaster M prăjitor n de pâine

toben V/I **1** vor Wut a spumega (de furie) **2** (≈lärmen) a face gălăgie **3** die Kinder sind durch den Garten getobt copiii au făcut tărăboi prin curte **4** Wind a vâjâi; Meer a vui; Schlacht a se dezlănțui

Tochter F fiică f

Tod M moarte f; umg sich zu Tode langweilen a se plictisi de moarte; umg sich zu Tode schämen a muri de rușine

Todesopfer N victimă f

Todesstrafe F pedeapsă f cu moartea

Todesurteil N condamnare f la moarte

Todfeind(in) M/F dușman(ă) m(f) de moarte

todkrank ADJ bolnav pe moarte

tödlich ADJ mortal

todmüde umg ADJ mort de oboseală

todsicher umg **A** ADJ absolut sigur **B** ADV fără nicio îndoială

Tofu M tofu n

Toilette F toaletă f; auf die ~ gehen a merge la toaletă

Toilettenpapier N hârtie f igienică

Toilettenstuhl M PFLEGE scaun n cu toaletă

tolerant ADJ tolerant

Toleranz F toleranță f

toll umg ADJ (≈großartig) grozav; das hast du ~ gemacht bravo!, foarte bine!; e-e ~e Geschichte o întâmplare senzațională

Tollwut F turbare f

tollwütig ADJ turbat

Tomate F roșie f

Tomatenmark N bulion n

Tomatensaft M suc n de roșii

Tombola F tombolă f

Ton¹ M sunet n; MUS, a. fig den Ton angeben a da tonul; ein halber Ton un semiton; keinen Ton herausbrin-

gen a nu scoate un sunet

Ton² M Lehm lut m

Tonband N **1** Band bandă f magnetică **2** umg Gerät magnetofon n

tönen V/T Haare a nuanța

Tonne F **1** Fass butoi n **2** Gewicht tonă f

Tontechniker(in) M/F inginer m de sunet

Tönung F nuanță f

Tool N IT tool n, utilitar n

Toolbox F IT toolbox n, pachet n de utilitare

Top N MODE top n

Topf M oală f; fig alles in e-n ~ werfen a le pune pe toate în aceeași oală, a încurca lucrurile

Töpferei F olărie f

Tor N **1** poartă f **2** SPORT gol n; ein Tor schießen a marca un gol

Torf M turbă f

Torhüter M portar m

Torjäger(in) M/F golgheter(ă) m(f)

torkeln umg V/I a se împletici, a umbla pe două cărări

Torpfosten M stâlp m de poartă

Torschütze M autor m al unui gol

Torte F tort n

Torwart M portar m

tot ADJ mort; toter Winkel unghiul n mort; das Tote Meer Marea Moartă; sich tot stellen a se preface mort

total ADJ total

totalitär ADJ totalitar

Totalschaden M avarie f totală

totärgern umg V/R sich ~ a fi negru de supărare

Tote(r) M/F/M mort m, moartă f

töten V/T a ucide; getötet werden a fi ucis

Totenkopf M craniu n

totlachen V/R sich ~ a muri de râs

Totschlag M omor n

totschlagen V/T a omorî (prin lovire)

Tour F tur n; auf ~en kommen a accelera; fig auf vollen ~en laufen a funcționa la capacitate maximă

Tourismus M turism n

Tourist(in) M/F turist(ă) m(f)

Touristeninformation F informare f turistică

Touristenklasse F clasa f economic/

economy

Tournee F̲ turneu n; **auf ~ gehen** a merge în turneu

Trab M̲ trap n; **im ~ (reiten)** (a călări) la trap

traben V̲I̲ a merge la trap

Tracht F̲ port n popular

Tradition F̲ tradiție f

traditionell A̲D̲J̲ tradițional

traf → treffen

Trafik österr F̲ tutungerie f

tragbar A̲D̲J̲ portabil

träge A̲D̲J̲ leneș

tragen A̲ V̲T̲ **1** a duce; BAU **~de Wand** zid de susținere; **bei sich** (dat) **~** a purta (cu sine) **2** Brille, Kleidung a purta; **getragene Kleidung** haine purtate B̲ V̲I̲ **(voll) zum Tragen kommen** a se aplica (în întregime)

Träger M̲ **1** an Kleidung bretea f **2** BAU suport n; (≈ Balken) grindă f

Tragetasche F̲ sacoșă f

Tragfläche F̲ FLUG aripă f, suprafață f portantă

tragisch A̲D̲J̲ tragic; umg **das ist (doch) nicht so ~** nu e (chiar) așa de grav; umg **etw ~ nehmen** a lua ceva prea în serios

Tragödie F̲ tragedie f

Trainer(in) M̲F̲ antrenor m, antrenoare f

trainieren A̲ V̲T̲ a antrena B̲ V̲I̲ a se antrena

Training N̲ antrenament n

Trainingsanzug M̲ trening n

Traktor M̲ tractor n

Tram südd, schweiz F̲ tramvai n

Trambahn F̲ tramvai n

trampen V̲I̲ a face autostopul

Tramper(in) M̲F̲ autostopist(ă) m(f)

Trampolin N̲ trambulină f

Träne F̲ lacrimă f; **mir kommen die ~n** îmi dau lacrimile; iron **mă apucă plânsul**

tränen V̲I̲ a lăcrima

Tränengas N̲ gaz n lacrimogen

trank → trinken

Transfer M̲ transfer n

Transfusion F̲ transfuzie f

transgen A̲D̲J̲ transgenic

Transparent N̲ pancartă f

Transparenz F̲ a. fig transparență f

Transplantation F̲ transplant n

transplantieren V̲T̲ a transplanta

Transport M̲ transport n

transportieren V̲T̲ a transporta

Transvestit M̲ travestit m

trat → treten

Tratsch umg M̲ bârfă f; pălăvrăgeală f

tratschen umg V̲I̲ a bârfi; a pălăvrăgi

Traube F̲ **1** einzelne Beere boabă f de strugure **2** ganze Frucht (ciorchine m de) strugure n

Traubensaft M̲ suc n de struguri

Traubenzucker M̲ glucoză f

trauen A̲ V̲T̲ (≈ verheiraten) a cununa; **sich ~ lassen** a se căsători B̲ V̲I̲ (≈ vertrauen) **j-m (nicht) ~** a (nu) avea încredere în cineva; **s-n Augen/Ohren nicht ~** a nu-și crede ochilor/urechilor C̲ V̲R̲ (≈ wagen) **sich ~ zu** +inf a îndrăzni să, a se încumeta să; **sie traut sich nicht ins Wasser** (ea) nu îndrăznește să intre în apă

Trauer F̲ doliu n; in Todesanzeigen **in tiefer/stiller ~** cu adâncă tristețe / cu tristețe mută

Trauerfeier F̲ funeralii fpl

trauern V̲I̲ **um j-n ~** a purta doliu după cineva; **um** (od über) **etw ~** a jeli după ceva

Traum M̲ vis n; **e-n ~ haben** a avea un vis; **ein ~ von e-m Haus** o casă de vis

träumen V̲T̲ & V̲I̲ a visa; **etw Schönes ~** a visa ceva frumos; **von etw ~** a visa la ceva

Träumer(in) M̲F̲ visător m, visătoare f; fig a. utopist m, utopistă f

traumhaft A̲D̲J̲ **1** (≈ wie im Traum) de vis **2** umg (≈ sehr schön) fantastic

traurig A̲D̲J̲ trist; **~ machen/werden** a întrista / a se întrista

Traurigkeit F̲ tristețe f

Trauschein M̲ certificat n de căsătorie

Trauung F̲ cununie f; **kirchliche ~** căsătorie f religioasă, cununie f; **standesamtliche ~** căsătorie f civilă

Trauzeuge M̲, **Trauzeugin** F̲ martor(ă) m(f) la cununie

Travellerscheck M̲ cec n de călătorie

Treff umg M̲ **1** (≈ Begegnung) întâlnire

f; (≈ *Verabredung*) rendez-vous *n* 🔢
→ Treffpunkt

treffen Ⓐ V̲T̲ begegnen a întâlni; *Entscheidung* a lua; *kränken* a răni; **j-n am Bein ~** a lovi pe cineva la picior; **das hat mich tief getroffen** asta m-a jignit profund Ⓑ V̲I̲ **auf j-n/etw** (*akk*) **~** a întâlni pe cineva/ceva Ⓒ V̲R̲ **sich ~** a se întâlni; **sich mit j-m ~** a se întâlni cu cineva; **das trifft sich gut** se potrivește bine

Treffen N̲ întâlnire *f*
Treffer M̲ lovitură *f* în plin
Treffpunkt M̲ loc *n* de întâlnire
treiben Ⓐ V̲T̲ 🔢 a mâna 🔢 (≈ *drängen*) **etw auf die Spitze ~** a împinge ceva la extrem 🔢 (≈ *tun*) a face; **was treibst du so?** ce mai faci?, cu ce te ocupi? 🔢 *Sport* a practica Ⓑ V̲I̲ *auf dem Wasser* a pluti; *Pflanzen* a înmuguri Ⓒ V̲R̲ *fig* **sich ~ lassen** a se mișca, a înainta

Treiber M̲ 🔢 JAGD hăitaș *m* 🔢 IT driver *n*
Treibgas N̲ *in Spraydosen* gaz *n* propulsor
Treibhaus N̲ seră *f*
Treibhauseffekt M̲ efect *n* de seră
Treibstoff M̲ carburant *n*
Trekkingbike N̲, **Trekkingrad** N̲ bicicletă *f* de trekking
Trend M̲ (≈ *Tendenz*) tendință *f* (**zu** de), trend (de) *n*; (≈ *Mode*) modă *f*; **im ~** în trend, la modă
Trendfarbe F̲ (≈ *Modefarbe*) culoare *f* la modă
Trendwende F̲ schimbare *f* de tendință
trennen Ⓐ V̲T̲ a separa; **Müll ~** a separa gunoiul Ⓑ V̲R̲ **sich ~** a se despărți (**von** de)
Trennung F̲ despărțire *f*
Treppe F̲ scară *f*; **auf der ~** pe scară
Treppenhaus N̲ casa *f* scărilor
Tresor M̲ seif *n*
Tretboot N̲ hidrobicicletă *f*
treten Ⓐ V̲T̲ **j-n ~** a-i da cuiva un picior Ⓑ V̲I̲ **an etw** (*akk*) **~** a se duce la ceva; **ans Fenster ~** a se duce la fereastră; **auf etw** (*akk*) **~** a călca pe ceva; **j-m auf den Fuß ~** a călca pe cineva pe picior; *fig* a mustra pe cineva
treu A̲D̲J̲ fidel; **sich ~ bleiben** a-și ră-

mâne fidel; **e-r Sache ~ bleiben** a rămâne fidel unui lucru
Treue F̲ fidelitate *f*; **j-m die ~ halten** a fi fidel cuiva
treulos A̲D̲J̲ infidel; neloial
Tribüne F̲ tribună *f*
Trichter M̲ pâlnie *f*
Trick M̲ șiretlic *n*
Trickfilm M̲ film *n* de desene animate
tricksen *umg* V̲T̲ *umg* a aranja, a truca
trieb → treiben
Trieb M̲ 🔢 instinct *n* 🔢 BOT mlădiță *f*
Triebwerk N̲ FLUG propulsor *n*
triefen V̲I̲ a fi leoarcă (**von** de); *umg fig pej* **von** (*od* **vor**) **etw** (*dat*) **~** a da pe dinafară de ceva; **~d nass** ud leoarcă
Trikot N̲ tricou *n*
Trillerpfeife F̲ fluier *n*
trinkbar A̲D̲J̲ 🔢 buvabil 🔢 *Wasser* potabil
trinken V̲T̲ a bea; **aus der Flasche ~** a bea din sticlă; **was möchten Sie ~?** ce doriți să beți?
Trinker(in) M̲F̲ băutor *m*, băutoare *f*; *Alkoholiker* alcoolic(ă) *m*
Trinkgeld N̲ bacșiș *n*
Trinkwasser N̲ apă *f* potabilă
Trio N̲ MUS „ a. fig trio *n*
Trip M̲ 🔢 *umg* (≈ *Reise*) escapadă *f*, trip *n* 🔢 *Jargon* (≈ *Drogenrausch*) trip *n* 🔢 *umg* doză *f*; *umg* **auf dem religiösen** *etc* **~ sein** a o lua pe panta religiei
tritt → treten
Tritt M̲ 🔢 pas *n* 🔢 *Fußtritt* (lovitură *f* de) picior *n*; **j-m e-n ~ versetzen** a da cuiva un picior
Triumph M̲ triumf *n*
triumphieren V̲I̲ a triumfa (**über** +*akk* asupra)
trivial A̲D̲J̲ trivial
trocken A̲D̲J̲ uscat; **~ aufbewahren** a (se) păstra la loc uscat; *fig* **~er Humor** umor sec
Trockenheit F̲ uscăciune *f*, secetă *f*
trocknen Ⓐ V̲T̲ a usca Ⓑ V̲I̲ a se usca
Trockner M̲ *Wäschetrockner* uscător *n*
Trödel *umg* M̲ vechituri *fpl*
Trödelmarkt M̲ talcioc *n*
trödeln *umg* V̲I̲ a tândăli
Troika F̲ POL troică *f*
Trojaner M̲ IT (virus) troian *m*

Trommel F̲ tobă f
Trommelfell N̲ timpan n
trommeln V̲I̲ a bate toba
Trompete F̲ trompetă f; **(die) ~ bla-sen** a sufla în trompetă
Tropen P̲L̲ (zona F de la) tropice npl; **in den ~** la tropice
Tropf M̲ MED, PFLEGE aparat n de per-fuzie; **am ~ hängen** a face perfuzie
tröpfeln V̲/UNPERS a picura; **es tröpfelt** picură
tropfen V̲I̲ Wasserhahn a picura
Tropfen M̲ picătură f, MED picături fpl; **das ist ein ~ auf den heißen Stein** e prea puțin, este o picătură-n vânt
Tropfsteinhöhle F̲ peșteră f cu sta-lactite și stalagmite
Trophäe F̲ trofeu n
tropisch A̲D̲J̲ tropical
Trost M̲ consolare f; **j-m ~ zuspre-chen** a consola pe cineva
trösten A̲ V̲T̲ a consola B̲ V̲R̲ **sich ~** a se consola
trostlos A̲D̲J̲ dezolant
Trostpreis M̲ premiu n de consolare
Trott M̲ 1 Gangart trap m egal 2 umg pej (≈ Routine) rutină f; **in den alten ~ verfallen** a reintra în rutină
Trottel umg M̲ prost m, idiot m
Trotz M̲ încăpățânare f, obstinație f; **j-m / e-r Sache zum ~** în ciuda cuiva/a ceva
trotz P̲R̲Ä̲P̲ în ciuda; **~ allem** cu toate acestea
trotzdem A̲D̲V̲ totuși
trotzig A̲D̲J̲ încăpățânat
trüb(e) A̲D̲J̲ 1 Himmel acoperit; **es ist ~(e)** este înnorat 2 Flüssigkeit tulbure 3 fig sumbru
Trubel M̲ învălmășeală f, agitație f
trüben A̲ V̲T̲ 1 (≈ trübe machen) a tul-bura; (≈ glanzlos machen) a lua luciul 2 (≈ beeinträchtigen) a deranja B̲ V̲R̲ **sich ~** Flüssigkeit a se tulbura; Glas, Silber, Spiegel a-și pierde luciul; Blick a se în-cețoșa
Trüffel F̲ trufă f
trug → tragen
trügerisch A̲D̲J̲ înșelător
Truhe F̲ ladă f
Trümmer P̲L̲ dărâmături fpl; **in ~n lie-gen** a se afla în ruină

Trumpf M̲ atu n; **~ spielen** a valorifi-ca un avantaj
Trunkenheit F̲ **~ am Steuer** stare f de ebrietate la volan
Trupp M̲ ceată f; (≈ Arbeitstrupp) briga-dă f; MIL detașament n
Truppe F̲ 1 trupă f; THEAT, ZIRKUS a. companie f 2 MIL (≈ Streitkräfte) forțe fpl armate
Truthahn M̲ curcan m
tschau umg I̲N̲T̲ ceau
Tscheche M̲ ceh m
Tschechien N̲ Cehia f
Tschechin F̲ cehoaică f
tschechisch A̲D̲J̲ cehește
Tschechisch N̲ limba f cehă
Tschetschenien N̲ Cecenia f
tschüs(s) I̲N̲T̲ pa
T-Shirt N̲ tricou n
Tube F̲ tub n; umg fig **auf die ~ drü-cken** a da viteză
Tuberkulose F̲ tuberculoză f
Tuch N̲ 1 Kopftuch basma f 2 Hals-tuch fular n 3 Staubtuch cârpă f de praf
tüchtig A̲D̲J̲ 1 capabil 2 fleißig harnic; **ein ~er Esser** un mare mâncău; **~ es-sen** a mânca zdravăn
tückisch A̲D̲J̲ Person perfid, fățarnic, viclean; Sache insidios, trădător
Tugend F̲ virtute f
Tulpe F̲ lalea f
Tumor M̲ tumoare f
Tumult M̲ 1 (≈ Lärm) vacarm n, tu-mult n 2 (≈ Aufruhr) agitație f; **stärker** răscoală f
tun V̲T̲ & V̲I̲ A̲ V̲T̲ 1 a face; **(etw) zu tun haben** a avea (ceva) de făcut; an-tun **j-m etw tun** a-i face cuiva ceva rău; **mit etw/j-m nichts zu tun haben** a nu avea nimic de-a face cu ceva/ci-neva; **so tun, als ob ...** a face așa ca și cum ...; **das tut man nicht** asta nu se face; **der Hund tut dir nichts** câine-le nu-ți face nimic; **du tust** (bzw. tä-test) **gut daran, zu** +inf ai face bine să 2 legen a pune B̲ V̲R̲ **es tut sich etw** se întâmplă ceva, se face ceva
Tuner M̲ tuner n
Tunesien N̲ Tunisia f
Tunesier(in) M̲/F̲ tunisian(ă) m(f)
tunesisch A̲D̲J̲ tunisian

T

Tunnel M̲ tunel n
tupfen V̲T̲ **1** (≈ betupfen) a tampona
(uşor) **2** (≈ tüpfeln) a puncta, a acoperi
cu puncte
Tür F̲ uşă f; **von Tür zu Tür gehen** a
merge din uşă în uşă; umg **zwischen
Tür und Angel** înainte de plecare, în
ultima clipă; umg **mit der Tür ins Haus
fallen** a o spune direct, a o spune pe
şleau; **Weihnachten steht vor der Tür**
Crăciunul bate la uşă
Turbo M̲ (≈ Turboolader) turbocompre-
sor n; AUTO turbo n
turbulent A̲D̲J̲ turbulent
Türke M̲ turc m
Türkei F̲ **die** ~ Turcia f
Türkin F̲ turcoaică f
türkis A̲D̲J̲ turcoaz
türkisch A̲D̲J̲ turcesc
Türklinke F̲ clanţă f
Turm M̲ turn n
Turnen N̲ gimnastică f; (≈ Turnunter-
richt) oră f de gimnastică
turnen V̲I̲ a face gimnastică
Turner(in) M̲F̲ gimnast(ă) m(f)
Turnhalle F̲ sală f de sport
Turnier N̲ SPORT competiţie f sportivă
Turnschuh M̲ pantof m de gimnasti-
că
Türschild N̲ plăcuţă f cu numele lo-
catarului
Türschloss N̲ lacăt n
Tusche F̲ tuş n
Tussi umg F̲ tipă f
Tüte F̲ pungă f; umg fig **das kommt
nicht in die** ~! în nici un caz!
TÜV M̲ A̲B̲K̲ (= Technischer Überwa-
chungsverein) AUTO ITP n (Inspecţia
Tehnică Periodică)
twittern V̲I̲ (≈ den Internetdienst Twit-
ter® nutzen) a utiliza Twitter
Typ M̲ tip m; umg **sie ist nicht mein
Typ** (ea) nu este genul meu de femeie
typisch A̲D̲J̲ tipic (**für** pentru); ~
deutsch/Mann tipic german/bărbătesc
Tyrann(in) M̲F̲ tiran(ă) m(f)
tyrannisch A̲D̲J̲ tiranic
tyrannisieren V̲T̲ a tiraniza

U

U, u N̲ U, u m/n
u. a. A̲B̲K̲ (= unter anderem) printre altele
U-Bahn F̲ metrou n
U-Bahnhof M̲ staţie f de metrou
U-Bahn-Netz N̲ reţea f de metrou
U-Bahn-Station F̲ staţie f de metrou
übel A̲D̲J̲ rău; ~ **riechen** a mirosi urât;
~ **riechend** urât mirositor; **j-m etw** ~
nehmen a lua cuiva ceva în nume de
rău; **mir ist** (od **wird**) ~ mi-e rău; umg
nicht ~**!** nu-i rău!; (≈ verwerflich) **e-e
üble Geschichte** o întâmplare oribilă
Übelkeit F̲ greaţă f
üben V̲T̲ a exersa; **mit geübter Hand**
cu mână pricepută
über A̲ P̲R̲Ä̲P̲ **1** räumlich peste +akk,
deasupra +dat; Route prin; ~ **die Brücke gehen** a trece podul; ~ **die Straße
gehen** a traversa strada; ~ **Köln nach
Bonn fahren** a merge cu maşina la
Bonn (cu trecere) prin Köln **2** zeitlich
după, peste, în; peste, deasupra; ~
Nacht peste noapte; ~ **Weihnachten/
Ostern** în timpul sărbătorilor de Cră-
ciun/Paşti **3** Rang, Reihe deasupra, de-
după; ~ **alles** mai presus de toate; ~ **j-m
stehen** a fi plasat peste cineva **4** andere Bedeutungen: ~ **e-n Bekannten**
despre o cunoştinţă; **sprechen** ~ a vorbi despre; **ein Buch/Film** ~ ... o carte /
un film despre ...; **ein Scheck** ~ **500 €**
un cec în valoare de peste 500 €; **das
geht** ~ **meine Kräfte** asta este peste
puterile mele **B** A̲D̲V̲ (≈ mehr als) mai
mult de; ~ **dreißig Jahre alt sein** a
avea peste treizeci de ani; ~ **und** ~ în
întregime; **den ganzen Tag** ~ întreaga
zi
überall A̲D̲V̲ pretutindeni
Überangebot N̲ ofertă f excedentară
(**an** + dat de)
überanstrengen V̲R̲ **sich** ~ a se sur-
mena
überarbeiten A̲ V̲T̲ Text a prelucra

B V/R sich ~ a se extenua
überbacken V/T gratinat
überbelichten V/T a supraexpune
überbelichtet ADJ FOTO supraexpus
überbewerten V/T a supraestima, a supraaprecia
überbieten V/T a depăși; **j-n um hundert Euro ~** a oferi o sută de euro mai mult decât cineva
Überbleibsel N rămășiță f
Überblick M **1** privire f de ansamblu; **den ~ verlieren** a pierde privirea de ansamblu; **sich** (dat) **e-n ~ verschaffen** a-și face o privire de ansamblu **2** Darstellung expozeu n (**über** +akk despre)
überbringen V/T a aduce
überbrücken V/T Gegensätze a concilia; Zeit a trece
überdacht ADJ acoperit
überdenken V/T a chibzui, a cumpăni; Probleme (**nochmals**) ~ a cumpăni (din nou)
überdimensional ADJ supradimensionat
Überdosis F supradoză f
überdreht umg fig ADJ surescitat; seltsam, bizarr ciudat
überdurchschnittlich ADJ ieșit din comun
übereilen V/T etw ~ a precipita ceva
übereinander ADV unul peste altul
übereinanderschlagen V/T Beine a încrucișa
Übereinkommen N, **Übereinkunft** F acord n (**über** +akk de), convenție (asupra) f
übereinstimmen V/I a fi de acord; **mit j-m** (**in etw** dat) ~ a fi de acord cu cineva (în privința unui lucru)
überfahren V/T j-n a călca (cu un vehicul)
Überfahrt F traversare f
Überfall M atac n
überfallen V/T **1** j-n a ataca; fig **j-n mit** (**s-n**) **Fragen** ~ a lua pe cineva prin surprindere cu întrebările (sale) **2** Bank a da o spargere
überfliegen V/T **1** Text a parcurge în grabă **2** im Flugzeug a survola
Überfluss M abundență f (**an** + dat de); (≈ Fülle) belșug n (**an** + dat de); **im ~** (**vorhanden sein**) (a fi) din belșug;

zu allem ~ în plus, colac peste pupăză
überflüssig ADJ de prisos; **sich ~ vorkommen** a se simți de prisos
überfluten V/T a inunda
überfordern V/T j-n a suprasolicita; **überfordert sein** a fi suprasolicitat; **sich überfordert fühlen** a se simți suprasolicitat
überführen V/T **1** Leiche a transporta **2** Verbrecher a dovedi
Überführung F Brücke viaduct n
überfüllt ADJ ticsit
Übergabe F predare f; PFLEGE Dienstübergabe predarea f serviciului
Übergang M trecere f
Übergangszeit F perioadă f de tranziție
übergeben **A** V/T a preda **B** V/R sich ~ a se preda
übergehen[1] V/I **1** ~ **zu** a trece la; **dazu ~, etw zu tun** a începe să facă ceva **2** Besitz **auf j-n ~** a trece în proprietatea cuiva; **in Privatbesitz ~** a trece în proprietate privată **3** (≈ sich verwandeln) ~ **in** +akk a se transforma în; **in Fäulnis/Verwesung ~** a intra în putrefacție **4** (≈ überfließen) **die Augen gingen ihm über** i-au dat lacrimile **5** (≈ sich mischen) **ineinander ~** a se amesteca
übergehen[2] V/T **1** Dinge (≈ nicht beachten) a trece cu vederea, a omite; (≈ hinweggehen über) a trece peste; **etw mit Stillschweigen ~** a trece sub tăcere **2** Person a ignora, a omite
übergeordnet ADJ supraordonat, superior; GRAM Satz regent, supraordonat
Übergepäck N FLUG surplus n de greutate
übergeschnappt umg ADJ țicnit, sărit de pe fix
Übergewicht N supragreutate f
überglücklich ADJ extrem de fericit
überhaupt ADV ~ **nicht** nicidecum; **was willst du ~?** (ce vrei de fapt?
überheblich ADJ arogant
überholen V/T **1** AUTO a depăși **2** TECH a revizui
Überholspur F bandă f de depășire
überholt ADJ învechit
Überholverbot N depășirea f inter-

U

zisă
überhören <u>VT</u> a nu auzi
überladen <u>VT</u> a supraîncărca
überlassen <u>VT</u> es j-m ~, (zu *+inf*) a lăsa în grija cuiva să; **j-m etw ~** a lăsa (*od ceda*) cuiva ceva; **sich** (*dat*) **selbst ~ sein** a lăsa pe cineva să se descurce singur
überlastet <u>ADJ</u> *Person, Netz, etc* supraîncărcat, suprasolicitat
Überlastung <u>F</u> supraîncărcare *f*; TEL *a.* suprasolicitare *f*
überlaufen[1] <u>ADJ</u> asaltat (**von j-m** de cineva); *Gegend* aglomerat, ticsit; *Arztpraxis, Beruf* suprasolicitat
überlaufen[2] <u>VI</u> *Gefäß* a deborda; **die Milch ist übergelaufen** laptele a dat în foc
überleben <u>VT</u> a supraviețui; *fig* **du wirst es ~** (tu) vei trece de asta
Überlebende(r) <u>M/F(M)</u> supraviețuitor *m*, supraviețuitoare *f*
überlegen <u>A</u> <u>VT</u> a se gândi la; **es sich** (*dat*) **anders ~** a se răzgândi; **sich** *dat* **etw ~** a se gândi la ceva; **überleg dir das gut!** gândește-te bine! <u>B</u> <u>VI</u> a se gândi <u>C</u> <u>ADJ</u> superior
Überlegung <u>F</u> reflecție *f*; **nach langer ~** după o îndelungată chibzuință
überlisten <u>VT</u> a înșela, a păcăli
übermäßig <u>ADJ</u> excesiv
übermorgen <u>ADV</u> poimâine
übermüdet <u>ADJ</u> extenuat
übernächste <u>ADJ</u> **an der ~n Haltestelle** la a doua stație; **~s Jahr** peste doi ani; **der ~ Platz** al doilea loc de aici; **am ~n Tag** peste două zile, poimâine; *in der Warteschlange* **ich bin der Übernächste** eu sunt al doilea la rând
übernachten <u>VI</u> a rămâne peste noapte (**bei j-m** la cineva)
Übernachtung <u>F</u> cazare *f*; **~ und Frühstück** cazare și micul dejun
Übernahme <u>F</u> *von Kosten, Verantwortung, e-s Falls* preluare *f*; *e-r Idee* adoptare *f*
übernehmen <u>A</u> <u>VT</u> <u>1</u> *Arbeit* a prelua <u>2</u> *Verantwortung* a-și asuma <u>B</u> <u>VR</u> **sich ~** a exagera
Überproduktion <u>F</u> supraproducție *f*
überprüfen <u>VT</u> a verifica, PFLEGE a controla

Überprüfung <u>F</u> verificare *f*
überqueren <u>VT</u> a traversa
überraschen <u>VT</u> a surprinde; **vom Regen überrascht werden** a fi surprins de ploaie
überraschend <u>ADJ</u> surprinzător
überrascht <u>ADJ</u> surprins
Überraschung <u>F</u> surpriză *f*; **was für e-e ~!** vai ce surpriză!
überreden <u>VT</u> a convinge; **j-n zu etw ~** a convinge pe cineva de ceva
überreichen <u>VT</u> a înmâna
überrumpeln <u>VT</u> a lua prin surprindere
überschätzen <u>VT</u> a supraestima
überschlagen <u>A</u> <u>VT</u> *berechnen* a face un calcul rapid <u>B</u> <u>VR</u> AUTO **sich ~** a se răsturna
überschneiden <u>VR</u> **sich ~** a se întretăia
Überschrift <u>F</u> titlu *n*
Überschuss <u>M</u> surplus *n*, excedent *n*
überschwemmen <u>VT</u> a inunda; *fig a.* a copleși; *völlig* a acoperi (cu apă)
Überschwemmung <u>F</u> inundație *f*
Übersee **aus ~** de peste ocean; **in** (*od* **nach**) **~** peste ocean
übersehen <u>VT</u> *nicht bemerken* a nu observa
übersetzen <u>VT</u> a traduce (**aus** din, **in** *+akk* în)
Übersetzer(in) <u>M(F)</u> traducător *m*, traducătoare *f*
Übersetzung <u>F</u> traducere *f*
Übersicht <u>F</u> <u>1</u> privire *n* generală; **die ~ verlieren** a pierde privirea de ansamblu <u>2</u> *Zusammenfassung* rezumat *n*
übersichtlich <u>ADJ</u> clar
überspielen <u>VT</u> <u>1</u> *Schwächen* a disimula, a masca <u>2</u> *Kassette* a trage peste
überspringen <u>VT</u> *Hindernis* a sări peste; *fig a.* a omite
überstehen <u>VT</u> *durchstehen* a rezista la; **das wäre überstanden!** am scăpat și de asta!
überstimmen <u>VT</u> a învinge cu majoritate de voturi
Überstunde <u>F</u> oră *f* suplimentară; **~n machen** a face ore suplimentare
Überstunden <u>PL</u> ore *fpl* suplimentare
überstürzen <u>A</u> <u>VT</u> a precipita; **über-**

stürzt abreisen a pleca în pripă **B** V/R
sich ~ *Ereignisse* a se precipita
überstürzt ADJ pripit
übertönen V/T *Lärm etc* a acoperi (un zgomot)
Übertrag M HANDEL report *n*
übertragbar ADJ **1** transmisibil **2** MED contagios; **die Fahrkarte ist (nicht) ~** biletul (nu) este transmisibil
übertragen[1] ADJ *Wort* **in ~er Bedeutung** în sens figurat
übertragen[2] **A** V/T *Krankheit* RADIO, TV a transmite **B** V/R **sich ~** a se transmite
Übertragung F **1** *e-s Besitzes, Rechtes* transfer *n*; JUR *a.* cesiune *f*; *von Befugnissen, der Vollmacht* delegație *f* **2** (≈ Übersetzung) traducere *f* **3** MED *e-r Krankheit* transmitere *f*; *von Blut* transfuzie *f* **4** RADIO, TV transmisie *f*
übertreffen V/T a întrece (**an la**)
übertreiben V/T a exagera
Übertreibung F exagerare *f*
übertreten V/I **1** SPORT a depăși linia **2** (≈ wechseln) **zu j-m ~** a trece de partea altcuiva; **zum Islam/Katholizismus** *etc* **~** a se converti la islam/catolicism
übertrieben ADJ exagerat
überwachen V/T a supraveghea
Überwachung F supraveghere *f*
Überwachungsbogen M MED, PFLEGE fișă *f* de supraveghere
überwältigen V/T **1** *Gegner* a învinge **2** *fig* (≈ beeindrucken) a copleși
überwältigend ADJ **1** *Anblick* copleșitor, nemaipomenit; *Erfolg* covârșitor; *iron* **nicht (gerade) ~** *umg* nu prea grozav **2** *Mehrheit* zdrobitor
überweisen V/T **1** *Geld* a vira **2** *Patienten* a trimite; MED **j-n zu e-m Facharzt ~** a da cuiva trimitere la un medic specialist
Überweisung F virament *n*
Überweisungsformular N formular *n* de virament
überwiegend ADJ predominant; **~e Mehrheit** majoritatea covârșitoare
überwinden **A** V/T *Bedenken, Misstrauen* a învinge; *Hindernis, Schwierigkeit* a depăși; *Angst, Ekel* a învinge **B** V/R **sich ~** a te convinge (**etw zu tun**

să faci ceva), a face un efort (pentru a face ceva)
überzeugen V/T a convinge; **j-n von etw ~** a convinge pe cineva de ceva; **sich von etw ~** a se convinge de ceva
überzeugt ADJ convins; **(sehr) von sich ~ sein** a fi (foarte) plin de sine
Überzeugung F convingere *f*; **der ~ sein, dass …** a avea convigerea că …
überziehen[1] V/T *Jacke etc* a îmbrăca
überziehen[2] V/T **1** *Konto* a depăși; **die Konferenz (um 5 Minuten) überziehen** a depăși (cu 5 minute) timpul alocat conferinței; **sein Konto um 80 Euro überziehen** a ridica o sumă de bani cu 80 de euro mai mare decât suma conținută de contul bancar **2** *das Bett frisch überziehen* a schimba lenjeria la pat
üblich ADJ obișnuit; **das ist so ~** așa se obișnuiește; **wie ~** ca de obicei
U-Boot N submarin *n*, submersibil *n*
übrig ADJ rămas; **~ bleiben/haben/sein** a rămâne/avea/fi de prisos; **~ lassen** a lăsa; *fig* **etw ~ haben für** a simpatiza; *fig* **es blieb mir nichts anderes ~, als zu** +*inf* nu-mi mai rămăsese nimic altceva de făcut decât să; **ist noch Brot ~?** a mai rămas ceva pâine?; **alles Übrige** tot restul; **das Übrige** restul; **im Übrigen** de altfel
übrigens ADV de altfel
übrighaben *fig* V/T **etw/nichts ~ für** a avea simpatie pentru / a nu avea nicio simpatie pentru
Übung F exercițiu *n*; **aus der ~ kommen** a-și pierde dexteritatea
Ufer N mal *n*
Ufo N ABK (= unbekanntes Flugobjekt) OZN *n*, obiect *n* zburător neidentificat
UFO N ABK (= unbekanntes Flugobjekt) OZN *n* (obiect zburător neidentificat)
Uhr F **1** *Instrument* ceas *n*; **meine Uhr geht richtig** ceasul meu merge bine; *umg* **rund um die Uhr** 24 de ore din 24, fără întrerupere, permanent **2** *Uhrzeit* oră *f*; **um siebzehn Uhr** la ora șaptesprezece; **um wie viel Uhr?** la ce oră?; **wie viel Uhr ist es?** cât e ceasul?; **es ist ein/vier Uhr (dreißig)** este ora unu/patru (și jumătate)
Uhrzeiger M ac *n* de ceas, limbă *f* de

U.

ceas

Uhrzeigersinn M̲ im / **entgegen dem ~** în sensul/în sensul opus acelor de ceas

Uhrzeit F̲ oră f; **nach der ~ fragen** a întreba cât este ceasul; **haben Sie die (genaue) ~?** știți cumva ora (exactă)?

Uhu M̲ ZOOL bufniță f

Ukraine F̲ **die ~** Ucraina f

Ukrainer(in) M̲F̲ ucrainean(ă) m(f)

ukrainisch A̲D̲J̲ ucrainean

UKW A̲B̲K̲ (= Ultrakurzwelle) undă f ultrascurtă

Ultimatum N̲ ultimatum n; **ein ~ stellen** a da un ultimatum (**j-m** cuiva)

Ultraschall M̲ ultrasunet n

um A̲ P̲R̲Ä̲P̲ **1** örtlich în jurul; **um ... (herum)** de jur împrejur(ul) ...; **er kam um die Ecke** (el) a venit de după colț **2** zeitlich la; **um 1 Uhr** la ora 1; **um wie viel Uhr?** la ce oră? **3** modal **um die Hälfte größer** de jumătate de ori mai mare; **um jeden Preis** cu orice preț **4** (≈ ungefähr) **um (die) 50 Euro** în jur de 50 de euro; cam 50 de euro; **um die Mittagszeit (herum)** în jurul prânzului, cam pe la ora prânzului B̲ A̲D̲V̲ (≈ vorüber) **die Pause ist um** pauza s-a terminat C̲ K̲O̲N̲J̲ **um zu** pentru a

umarmen V̲/̲T̲ a îmbrățișa

Umbau M̲ transformare f

umbauen V̲/̲T̲ a transforma

umbenennen V̲/̲T̲ a redenumi

umbinden V̲/̲T̲ Tuch a lega

umblättern V̲/̲I̲ & V̲/̲T̲ a întoarce pagina

umbringen A̲ V̲/̲T̲ a omorî B̲ V̲/̲R̲ **sich ~** a se omorî, a se sinucide

umbuchen V̲/̲T̲ **1** Reise, Flug a modifica rezervarea **2** FIN a transfera de pe un cont pe altul

Umbuchung F̲ **1** e-r Reise, e-s Fluges modificare f rezervării **2** FIN transfer n de pe un cont pe altul

umdrehen A̲ V̲/̲T̲ a întoarce B̲ V̲/̲R̲ **sich ~** a se întoarce

Umdrehung F̲ rotire f

Umfahrung F̲ **1** (≈ Umleitung) deviere f, ocolire f **2** (≈ Umgehungsstraße) drum n de ocolire

umfallen V̲/̲I̲ a cădea; **tot ~** a cădea mort

Umfang M̲ **1** Größe întindere f **2**

Menge volum n; **in großem ~** într-o proporție mare; **in vollem ~** în întregime

umfangreich A̲D̲J̲ cuprinzător

Umfrage F̲ sondaj n de opinie

Umgang M̲ **1** relații fpl sociale; companie f; **mit j-m ~ haben** (od pflegen) a frecventa pe cineva **2** mit Werkzeug, Geld, Menschen mânuire/manipulare f (**mit a**)

umgänglich A̲D̲J̲ sociabil

Umgangssprache F̲ limbaj n familiar

umgangssprachlich A̲D̲J̲ în limbaj familiar

umgeben A̲ V̲/̲T̲ a împrejmui (**mit** cu); **~ von j-m/etw** înconjurat de cineva/ ceva B̲ V̲/̲R̲ **sich ~** a se înconjura (**mit** de)

Umgebung F̲ împrejurimi fpl

umgehen[1] V̲/̲I̲ **1** Hindernis a evita **2** Gesetz a eluda **3** fig vermeiden a evita

umgehen[2] V̲/̲I̲ **mit etw umgehen** a umbla cu ceva; **mit j-m gut umgehen können** a ști să se poarte bine cu cineva

umgehend A̲D̲V̲ imediat

Umgehungsstraße F̲ șosea f de centură

umgekehrt A̲D̲J̲ **1** invers, contrar; **und ~** și vice versa; **im ~en Fall(e)** în caz(ul) contrar **2** dimpotrivă

umhören V̲/̲R̲ **sich ~** a se informa (în dreapta și în stânga)

umkehren V̲/̲I̲ a întoarce

umkippen A̲ V̲/̲T̲ a răsturna B̲ V̲/̲I̲ a se răsturna; umg ohnmächtig werden a leșina

Umkleidekabine F̲ cabină f

Umkleideraum M̲ vestiar n

umkommen V̲/̲I̲ **1** (bei etw) **~** a muri (în urma a ceva) **2** umg fig **vor Hitze ~** umg a muri de cald

Umkreis M̲ împrejurimi fpl, rază f, întindere f; **im ~ von zehn Metern** pe o rază de zece metri

umlagern V̲/̲T̲ PFLEGE a schimba poziția bolnavului

Umland N̲ împrejurimi fpl

Umlauf M̲ **1** ASTRON revoluție f **2** ADMIN (≈ Rundschreiben) circulară f **3** (≈ Kreislauf, Zirkulation) circulație f; **im**

~ sein a circula; *nur Geld* a avea curs; **in ~ bringen** a pune în circulație; *nur Geld* a emite; *Falschgeld* a introduce, a răspândi; *Gerücht a.* a lansa

Umlaufbahn f̲ ASTRON orbită f

Umlaut v̲t̲ LING umlaut n

umlegen v̲t̲ 🚹 *Kette* a pune în jurul 🚺 *Kragen* a răsfrânge; *Hebel* a schimba poziția/direcția 🚼 (≈*zum Liegen bringen*) a culca; (≈*fällen*) a doborî 🚻 *umg fig* (≈*ermorden*) *umg* a lichida 🚽 *Termin* a muta (**auf** +*akk* pe) 🚾 *Kosten* a repartiza (**auf** +*akk* pe)

umleiten v̲t̲ *Verkehr* a devia

Umleitung f̲ deviere f

umrechnen v̲t̲ a converti (**in** +*akk* în)

Umrechnungskurs m̲ curs n de schimb

Umriss m̲ contur n; **etw in groben ~en schildern** a descrie ceva în linii mari

umrühren v̲t̲ a amesteca

ums, **= um das** → **um**

Umsatz m̲ cifră f de afaceri

Umsatzrückgang m̲ scădere f a cifrei de afaceri

Umsatzsteigerung f̲ creștere f a cifrei de afaceri

Umsatzsteuer f̲ impozit n pe cifra de afaceri

umschalten A v̲t̲ 🚹 ELEK a comuta 🚺 *Maschine* a inversa mersul B v̲i̲ RADIO a schimba postul; TV *a.* a schimba canalul; RADIO, TV **wir schalten um nach Berlin** dăm legătura la Berlin

Umschalttaste f̲ tasta f Shift

umschauen → **umsehen**

Umschlag m̲ 🚹 *Buch* învelitoare f 🚺 *Brief* plic n

umschlagen A v̲t̲ 🚹 *Kragen* a răsfrânge; *Ärmel* a sufleca 🚺 *Buchseite* a întoarce 🚼 HANDEL a transborda B v̲i̲ *Wetter, Meinung* a se schimba (brusc); *Wind, Glück* a se întoarce; **in Gewalt** (*akk*) **~** a se transforma în violență

umschreiben A v̲t̲ 🚹 (≈*anders ausdrücken*) a reda prin perifrază

umschulen A v̲t̲ 🚹 *Schulkind* a înscrie la o altă școală 🚺 *Berufstätige* a (se) recalifica B v̲i̲ a se recalifica (**auf** +*akk* pe post de / ca)

Umschulung f̲ recalificare f

Umschwung *fig* m̲ schimbare f bruscă; POL răsturnare f

umsehen v̲r̲ **sich ~** a se uita (**nach** după); **sich an e-m Ort ~** a se orienta într-un loc

umsetzen A v̲t̲ 🚹 *an e-e andere Stelle* a deplasa, a muta dintr-un loc în altul; *Pflanzen* a transplanta, a răsădi; *auf e-n anderen Arbeitsplatz* a atribui un alt loc (de muncă) 🚺 (≈*anders setzen*) a schimba locul 🚼 (**in die Tat**) a pune în practică; a realiza 🚻 *Waren* a vinde, a desface B v̲r̲ **sich ~** (≈*den Platz wechseln*) a se așeza altundeva

umso k̲o̲n̲j̲ cu atât mai; **~ größer** cu atât mai mare; **~ mehr** cu atât mai mult

umsonst a̲d̲v̲ 🚹 *vergeblich* inutil 🚺 *gratis* gratis

Umstand m̲ împrejurare f; **unter Umständen** eventual; **unter keinen Umständen** în nici un caz; **in anderen Umständen sein** a fi însărcinată; **j-m Umstände machen** a deranja pe cineva

umständlich a̲d̲j̲ complicat

umsteigen v̲i̲ a schimba (trenul *etc*)

umstellen A v̲t̲ 🚹 (≈*woanders hinstellen*) a muta din loc 🚺 (≈*anders anordnen*) a rearanja 🚼 *Hebel* a schimba poziția; *Uhr* a schimba ora 🚻 (≈*anpassen*) **etw ~ auf** +*akk* a adapta ceva la B v̲i̲ (≈*übergehen zu*) **~ auf** +*akk* a trece la; WIRTSCH a se reorienta înspre C v̲r̲ **sich ~** a se adapta (**auf** +*akk* la); **ich musste mich ~** a trebuit să mă adaptez / reorientez

Umstellung f̲ schimbare f

umstritten a̲d̲j̲ controversat

umstrukturieren v̲t̲ a restructura

Umtausch m̲ schimb n; **... sind vom ~ ausgeschlossen** ... nu se mai schimbă

umtauschen v̲t̲ a schimba

Umweg m̲ ocol n; **auf ~en** pe ocolite

Umwelt f̲ mediu n înconjurător

Umweltbelastung f̲ poluarea f mediului înconjurător

umweltbewusst a̲d̲j̲ responsabil față de mediu

umweltfreundlich a̲d̲j̲ ecologic, nepoluant; *Produkt a.* cu impact redus

U

asupra mediului

Umweltkatastrophe F̲ catastrofă f ecologică

Umweltmanagement N̲ management n de mediu

Umweltpapier N̲ hârtie f reciclată

Umweltpolitik F̲ politică f de mediu

Umweltschäden MPL daune f de mediu

Umweltschutz M̲ protecţia f mediului înconjurător

Umweltschützer(in) M(F) ecologist(ă) m(f)

Umweltverschmutzung F̲ poluare f (a mediului înconjurător)

umweltverträglich ADJ nepoluant

Umweltzerstörung F̲ distrugere f degradare f a mediului înconjurător

umwerfen V̲/T̲ a răsturna; *fig a.* a da peste cap

umwerfend *umg fig* ADJT fantastic, uluitor

umziehen Ⓐ V̲/T̲ **j-n** ~ a schimba pe cineva de haine Ⓑ V̲/I̲ a se muta Ⓒ V̲/R̲ **sich** ~ a se schimba

Umzug M̲ **1** *Festzug* procesiune f **2** *Wohnung* mutare f

UN PL ABK (= United Nations) *Vereinte Nationen* **die UN** Naţiunile Unite *fpl*

unabhängig ADJ independent; ~ **von ... independent** de ...; **von j-m** ~ **sein** a fi independent de cineva

Unabhängigkeit F̲ independenţă f

unabsichtlich ADJ neintenţionat

unangenehm ADJ neplăcut; ~ **werden** a deveni neplăcut; **es ist mir sehr ~, dass** este foarte penibil pentru mine să

unannehmbar ADJ inacceptabil

Unannehmlichkeit F̲ neplăcere f, necaz n; **~en bekommen** a avea neplăceri / necazuri

Unannehmlichkeiten PL neplăceri *fpl*

unanständig ADJ necuviincios

unappetitlich ADJ neapetisant

unauffällig ADJ discret; *Äußeres* şters

unaufhörlich Ⓐ ADJ neîncetat, continuu Ⓑ ADV neîncetat, încontinuu

unaufmerksam ADJ neatent; (≈ *zerstreut*) distrat

unausgeglichen ADJ neechilibrat;

capricios

unausstehlich ADJ insuportabil

unbeabsichtigt ADJ neintenţionat

unbedeutend ADJ neînsemnat

unbedingt ADJ neapărat

unbefangen Ⓐ ADJ **1** (≈ *unparteiisch*) imparţial **2** (≈ *natürlich*) natural; (≈ *ungehemmt*) necomplexat *umg* Ⓑ ADV **1** sincer, natural **2** *umg* fără complexe

unbefriedigend ADJ nesatisfăcător

unbefristet ADJ **~es Arbeitsverhältnis** contract n de muncă nelimitat

unbegabt ADJ netalentat

unbegrenzt ADJ nelimitat

unbegründet ADJ nefondat; nejustificat

unbehandelt ADJ *Lebensmittel, Infektion* netratat

unbeholfen ADJ stângaci, neajutorat; (≈ *plump*) greoi

unbekannt ADJ necunoscut; **das ist mir** ~ asta nu cunosc; JUR **Anzeige** f **gegen Unbekannt (erstatten)** (a depune) plângere împotriva unei persoane necunoscute

Unbekannte(r) M/F(M) necunoscut m, necunoscută f; MATH ~ f necunoscută f

unbeliebt ADJ impopular

unbemerkt ADV neobservat; ~ **bleiben** a rămâne neobservat

unbequem ADJ incomod

unberechenbar ADJ **1** incalculabil **2** (≈ *sprunghaft*) imprevizibil

unbeschreiblich Ⓐ ADJ indescriptibil; (≈ *außerordentlich*) extraordinar Ⓑ ADV (≈ *sehr*) extrem, nespus

unbeständig ADJ schimbător

unbestimmt ADJ **1** incert **2** GRAM nehotărât

unbewacht ADJ *Person* nesupravegheat; *Parkplatz* nepăzit

unbewaffnet ADJ neînarmat; dezarmat

unbeweglich Ⓐ ADJ (≈ *nicht zu bewegen*) imobil; *Feiertag* cu dată fixă; *Miene* impasibil; (≈ *steif*) ţeapăn, bâţos; *geistig* inflexibil Ⓑ ADV ~ **dastehen** a fi de neclintit

unbewohnt ADJ nelocuit; (≈ *leer stehend*) gol, pustiu

unbewusst ADJ inconştient

unbezahlbar ADJ **1** (≈ *unerschwing-*

lich) inaccesibil; *Preis* exorbitant **2** *fig*
(≈ *unersetzlich*) **~ sein** a fi neprețuit; *fig
hum* **du bist einfach ~!** ești de milioane!

unbrauchbar ADJ inutilizabil

uncool *umg* ADJ *umg* nașpa; **das ist ja
voll ~!** asta-i nașpa de tot!

und KONJ și; **und so weiter** și așa mai
departe; **(immer) größer und größer**
din ce în ce mai mare; **na und?** ei și?

undankbar ADJ nerecunoscător

Undankbarkeit F nerecunoștință *f*

undefinierbar ADJ indefinibil, nede-
finibil

undenkbar ADJ inimaginabil

undeutlich ADJ neclar

undicht ADJ neetanș; **e-e ~e Stelle** o
porțiune neetanșă

undurchsichtig ADJ **1** opac **2** *fig
Charakter* impenetrabil; *Geschäfte* dubios

uneben ADJ inegal

unecht ADJ *Schmuck etc* fals

unehrlich ADJ necinstit; neloial; (≈ *unaufrichtig*) nesincer, fals

uneinig ADJ în dezacord (**mit j-m** cu
cineva), (**in** + *dat*), (**über** +*akk* asupra)

unempfindlich ADJ **1** (≈ *gefühllos*)
insensibil (**gegenüber** la) **2** (≈ *widerstandsfähig*) rezistent, robust

unendlich ADJ infinit; **~ klein** extrem
de mic

Unendlichkeit F infinit *n*; imensitate
f; eternitate *f*, veșnicie *f*

unentbehrlich ADJ indispensabil

unentgeltlich ADJ gratis

unentschieden **A** ADJ **1** indecis,
nehotărât; *Frage* nerezolvat, deschis;
(≈ *noch schwebend*) incert **2** SPORT egal
B ADV SPORT **~ spielen** a face egal, a
termina la egalitate

Unentschieden N SPORT egalitate *f*

unerfahren ADJ neexperimentat, novice

unerfreulich ADJ neplăcut

unerhört ADJ **1** (≈ *unglaublich*) ne-
maiauzit, incredibil **2** (≈ *sehr groß*) nemaipomenit, extraordinar

unerlässlich ADJ indispensabil

unerlaubt **A** ADJ nepermis, interzis;
(≈ *illegal*) ilegal, ilicit **B** ADV fără permisiune, ilegal

unerreichbar ADJ inaccesibil (**für**
pentru)

unersetzlich ADJ de neînlocuit; *Verlust* ireparabil

unerträglich ADJ insuportabil

unerwartet ADJ neașteptat; **das
kommt für mich ~** nu m-am așteptat
la asta

unerwünscht ADJ nedorit

unfähig ADJ incapabil; **~ sein, etw zu
tun** a fi incapabil de a face ceva

unfair ADJ incorect

Unfall M accident *n*

Unfallflucht F (infracțiunea de) pără-
sire *f* a locului accidentului

Unfallort M loc *n* al accidentului

Unfallstation F post *n* de prim ajutor

Unfallstelle F loc *n* al accidentului

Unfallversicherung F asigurare *f*
contra accidentelor

unfreiwillig ADJ **1** (≈ *unbeabsichtigt*)
involuntar **2** (≈ *erzwungen*) silit, forțat

unfreundlich ADJ neprietenos

unfruchtbar ADJ nefertil; *a. fig* steril,
sterp

Ungar(in) M(F) ungur *m*, unguroaică *f*

ungarisch ADJ unguresc

Ungarisch N limba *f* maghiară

Ungarn N Ungaria *f*

ungebildet ADJ incult

Ungeduld F nerăbdare *f*

ungeduldig ADJ nerăbdător; **~ werden** a deveni nerăbdător

ungeeignet ADJ nepotrivit (**für** pentru)

ungefähr ADJ aproximativ; **~ dreißig**
cam treizeci; **so ~** cam așa

ungefährlich ADJ nepericulos

ungeheuer ADJ enorm

Ungeheuer N monstru *m*

ungehorsam ADJ neascultător

ungekündigt ADJ **in ~er Stellung
sein** a fi în continuare angajat

ungelernt ADJ *Arbeiter* necalificat

ungemütlich ADJ neconfortabil

ungenau **A** ADJ **1** *Angabe* inexact;
Wert, Messung a. imprecis **2** *Erinnerung, Vorstellung* vag, nesigur **B** ADV
1 vag, inexact **2** *arbeiten* neglijent

ungenießbar ADJ **1** *Essen* de nemâncat **2** *Getränk* de nebăut

U

ungenügend ADJ insuficient
ungepflegt ADJ neîngrijit
ungerade ADJ *Zahl* impar
ungerecht ADJ nedrept
ungerechtfertigt ADJ nejustificat
Ungerechtigkeit F nedreptate f
ungern ADV fără plăcere; **ich tue das ~** îmi displace să fac asta
ungeschickt ADJ neîndemânatic
ungeschminkt ADJ nemachiat; *fig* nefardat, sincer
ungesetzlich ADJ ilegal
ungestört **A** ADJ liniștit; nestingherit **B** ADV în liniște; nestingherit
ungesund ADJ nesănătos; **Rauchen ist ~** fumatul este nociv
ungewiss ADJ nesigur; **j-n (über etw** *akk***) im Ungewissen lassen** a lăsa pe cineva în incertitudine cu privire la ceva
ungewöhnlich ADJ neobișnuit; **~ schön** neobișnuit de frumos
ungewohnt ADJ *Anblick, Umgebung, Arbeit* neobișnuit, insolit
Ungeziefer N dăunători *mpl* (insecte și rozătoare)
unglaublich ADJ incredibil
ungleich ADJ **1** *Kampf, Bedingungen* inegal **2** (*≈verschieden*) diferit; (*≈unähnlich*) neasemănător
Unglück N **1** nenorocire f; **das bringt ~** asta aduce ghinion; **zu allem ~** nenorocire **2** *Unfall* accident n
unglücklich ADJ nefericit; **~ verliebt** a fi nefericit în dragoste; **(sich) ~ machen** a (se) nenoroci
unglücklicherweise ADV din nefericire
ungültig ADJ nevalabil; **für ~ erklären** a declara nevalabil
ungünstig ADJ nefavorabil; **im ~sten Falle** în caz nefavorabil
ungut ADJ **ich habe ein ~es Gefühl dabei** am un sentiment ciudat în legătură cu asta; **nichts für ~!** fără supărare!
unheilbar ADJ incurabil
unheimlich ADJ **1** înspăimântător; **das ist mir ~** asta mă înspăimântă **2** (*≈sehr*) *umg* foarte; *umg* **~ viel** foarte mult
unhöflich ADJ nepoliticos

unhygienisch ADJ antiigienic, neigienic
Uni *umg* F universitate f
Uniform F uniformă f
uninteressant ADJ neinteresant, fără interes
uninteressiert ADJ indiferent
Union F uniune f; **Europäische ~** Uniune Europeană
Universität F universitate f
Universum N univers n
Unkenntnis F necunoaștere f
unklar ADJ neclar; **j-n im Unklaren lassen** a lăsa pe cineva într-o situație neclară
unkompliziert ADJ necomplicat; (*≈einfach*) simplu
Unkosten PL cheltuieli *fpl*; *umg* **sich in ~ (***akk***) stürzen** a face cheltuieli mari
Unkraut N buruiană f
unkritisch ADJ *Bericht* necritic
unleserlich ADJ ilizibil
unlogisch ADJ ilogic
Unmenge F cantitate imensă f (**von/an +** *dat* de)
unmenschlich ADJ **1** inuman; *Tat* monstruos **2** *umg Anstrengung* supraomenesc
unmissverständlich ADJ fără echivoc
unmittelbar ADJ nemijlocit; **~ vor** +*dat bzw.* +*akk* imediat înaintea; **~ bevorstehen** a se afla în iminenta apropiere
unmöbliert ADJ nemobilat
unmöglich ADJ imposibil; **ich kann es ~ tun** este imposibil să fac asta; *pej* **sich ~ benehmen** a se comporta sub orice critică
unnötig ADJ inutil
UNO F ABK (= United Nations Organization) ONU n (Organizația Națiunilor Unite)
unordentlich ADJ dezordonat
Unordnung F dezordine f; **in ~ bringen** a face dezordine; **in ~ geraten** a se dezorganiza
unparteiisch **A** ADJ imparțial **B** ADV fără părtinire, în mod imparțial
unpassend ADJ nepotrivit
unpersönlich ADJ nepersonal

unpraktisch ADJ nepractic
unpünktlich ADJ **1** (≈ verspätet) întârziat **2** (≈ nie pünktlich) Person nepunctual
unrasiert ADJ neras
unrecht ADJ ~ **haben** a nu avea dreptate; **j-m ~ geben/tun** a-i da/face cuiva dreptate
Unrecht N nedreptate f; **im ~ sein** a nu avea dreptate; **zu ~** pe nedrept
unregelmäßig ADJ neregulat
unreif ADJ **1** Obst necopt **2** Person imatur
unrentabel ADJ nerentabil
unrichtig ADJ (≈ falsch) greşit, incorect; (≈ ungenau) inexact
Unruhe F **1** (≈ Besorgnis) nelinişte f; (≈ Nervosität) nervozitate f **2** (≈ Trubel) agitaţie f; (≈ Lärm) zgomot n **3** (≈ Unfrieden) **~n** pl tulburări fpl publice; **~ stiften** a provoca ceartă
unruhig ADJ neliniştit; **~ werden** a se nelinişti
uns PERS PR **1** ne, ni; betont nouă; → dir **2** ne; betont pe noi; **mit uns** cu noi; → dich
unschädlich ADJ Mittel inofensiv; **~ machen** a face inofensiv, a neutraliza
unscharf ADJ FOTO neclar
unschlüssig ADJ nehotărât
Unschuld F nevinovăţie f
unschuldig ADJ nevinovat; **~ verurteilt werden** a fi condamnat nevinovat
unselbstständig ADJ **1** Mensch: in s-m Tun lipsit de independenţă; **er ist ~** nu e pe picioarele lui / nu e suficient de independent **2** ADMIN **~e Arbeit** activitate salariată
unser(e) POSS PR nostru, noastră; **~e** pl noştri, noastre
unseretwegen ADV **1** wegen uns din cauza noastră **2** uns zuliebe de dragul nostru
unseriös ADJ neserios
unsicher ADJ nesigur; **~ fahren** a conduce maşina nesigur; umg fig hum **die Stadt ~ machen** a o face lată
Unsicherheit F nesiguranţă f
unsichtbar ADJ invizibil
Unsinn M absurditate f, prostie f; **~ machen/reden** a face/vorbi prostii; **das ist blanker ~** este curată prostie

unsinnig ADJ absurd
unsozial ADJ antisocial
unsportlich ADJ **1** nesportiv **2** → unfair
unsterblich ADJ nemuritor; **~ verliebt** îndrăgostit pentru totdeauna
unsympathisch ADJ antipatic; **er ist mir ~** (el) mi-e antipatic
untätig ADJ inactiv, fără ocupaţie; (≈ müßig) leneş
untauglich ADJ inapt (zu, für pentru)
unten ADV jos; **da/rechts/weiter ~** acolo / la dreapta / mai jos; **nach/von ~** în/de jos; **von ~ nach oben** de jos în sus; **~ erwähnt** menţionat mai jos; **auf Seite 10 ~** în partea de jos a paginii a 10-a
unter PRÄP sub; **~ anderem** printre altele; **~ den Zuschauern** printre spectatori; **~ uns (gesagt)** între noi (fie zis); **Kinder ~ acht Jahren** copii sub opt ani; Unterordnung **~ j-m stehen** a fi subordonat cuiva
Unterarm M antebraţ n
Unterbewusstsein N inconştient n
unterbezahlt ADJ Arbeit, Arbeitskraft plătit prost/necorespunzător
unterbieten VT **1** j-n / die Konkurrenz **~** a vinde la un preţ mai mic decât altcineva/ concurenţa **2** bes SPORT Rekord a bate
unterbrechen VT a întrerupe
Unterbrechung F întrerupere f; **ohne ~** fără întrerupere
unterbringen VT Gast a găzdui
unterdrücken VT Volk a asupri
untere(r, s) ADJ cel de jos
untereinander ADV **1** räumlich unul sub altul **2** gegenseitig reciproc
unterentwickelt ADJ subdezvoltat
unterernährt ADJ subnutrit
Unterführung F pasaj n subteran
Untergang M **1** (≈ v. Sonne, Mond) apus n **2** e-s Schiffs naufragiu n **3** fig (≈ Zugrundegehen) năruire f, prăbuşire f; e-s Reichs declin n, decădere f
untergehen VI **1** Sonne a apune **2** Schiff a se scufunda
Untergeschoss N subsol n
Untergewicht N greutate f subnormală
Untergrund M **1** MAL fond n **2** BAU

U

subsol *n*, fundație *f* **3** fig, POL clandestinitate *f*

Untergrundbahn F̅ metrou *n*

unterhalb PRÄP dedesubt

Unterhalt M̅ întreținere *f*; **für j-s ~ aufkommen** a plăti pensie alimentară cuiva

unterhalten A̲ V̅T̅ *Person, Gebäude* a întreține B̲ V̅R̅ **sich ~** a se întreține; *sich amüsieren* a se distra

unterhaltsam A̲D̲J̲ distractiv, amuzant

Unterhaltung F̅ **1** *Gespräch* conversație *f* **2** *Vergnügen* distracție *f*

Unterhemd N̅ maiou *n*

Unterhose F̅ chilot *n*

unterirdisch A̲D̲J̲ subteran

Unterkiefer M̅ maxilar *n* inferior

unterkommen V̅i̅ **1** (≈ *Unterkunft finden*) a găsi cazare **2** umg (≈ *Stellung finden*) a găsi un loc de muncă

unterkriegen umg V̅T̅ **sich nicht ~ lassen** a nu se da bătut; **lass dich nicht ~!** nu te lăsa!, nu te da bătut!

Unterkunft F̅ cazare *f*; **~ und Verpflegung** cazare și masă

Unterlage F̅ suport *n*; **~n** pl documente *npl*

unterlegen A̲D̲J̲ **ich bin ihr ~** sunt mai slab decât ea, e mai puternică decât mine; **j-m (zahlenmäßig) ~ sein** a fi inferior (numeric) față de cineva

Unterleib M̅ abdomen *n*

Untermiete F̅ **zur ~ wohnen** a locui ca subchiriaș

Untermieter(in) M̅(F̅) subchiriaș(ă) *m(f)*

unternehmen V̅T̅ a întreprinde

Unternehmen N̅ întreprindere *f*

Unternehmensberater(in) M̅(F̅) consultant(ă) *m(f)* de firmă

Unternehmer(in) M̅(F̅) **1** antreprenor *m*, antreprenoare *f* **2** patron *m*, patroană *f*

unternehmungslustig A̲D̲J̲ întreprinzător

Unterricht M̅ **1** învățământ *n*; **~ geben/haben/nehmen** a da/avea/lua lecții; **im ~** la ore **2** *Schulstunde* oră *f* (de curs)

unterrichten V̅T̅ a preda; **j-n in etw**

~ a-i preda ceva cuiva; (≈ *informieren*) j-n über (od von) etw ~ a informa pe cineva despre ceva

Unterrichtsfach N̅ materie *f* de învățământ, disciplină *f* de învățământ

Unterrichtsstunde F̅ oră *f* de predare; lecție *f*

unterschätzen V̅T̅ a subestima

unterscheiden A̲ V̅T̅ a distinge B̲ V̅R̅ **sich ~** a se deosebi

Unterscheidung F̅ diferențiere *f*

Unterschenkel M̅ gambă *f*

Unterschicht F̅ pătură *f* (socială) de jos

Unterschied M̅ diferență *f*; **feiner ~** o nuanță; **im ~ zu** spre deosebire de

unterschiedlich A̲D̲J̲ diferit

unterschlagen V̅T̅ **1** (≈ *veruntreuen*) a deturna, a delapida **2** *Nachricht* a ascunde, a suprima; *Brief* intercepta

unterschreiben V̅T̅ a semna

Unterschrift F̅ semnătură *f*

Untersetzer M̅ suport *n*

unterste(r, s) A̲D̲J̲ cel mai de jos

unterstellen V̅T̅ **1** (≈ *unterordnen*) a subordona **2** fig **j-m böse Absichten ~** a suspecta pe cineva de intenții rele **3** (≈ *annehmen*) a presupune; **er hat mir eine Lüge unterstellt** a insinuat că l-am mințit

unterstellen¹ A̲ V̅T̅ a așeza dedesubt B̲ V̅R̅ **sich unterstellen** a se adăposti

unterstellen² V̅T̅ **1** (≈ *vermuten*) a presupune; **er hat mir unterstellt, dass ...** (el) m-a acuzat pe nedrept de, (el) mi-a imputat că ... **2** (≈ *unterordnen*) a (se) subordona

unterstreichen V̅T̅ a sublinia

unterstützen V̅T̅ a sprijini; *a.* PFLEGE *helfen* a ajuta

Unterstützung F̅ sprijin *n*

untersuchen V̅T̅ **1** MED a examina **2** JUR a ancheta

Untersuchung F̅ **1** MED examinare *f* **2** JUR anchetă *f*

Untersuchungshaft F̅ detenție *f* preventivă

Untertasse F̅ farfurioară *f*; **fliegende ~** farfurie zburătoare

untertauchen A̲ V̅T̅ a (se) scufunda B̲ V̅i̅ **1** a (se) da la fund **2** fig *in der*

Menge a dispărea; **untergetaucht sein** a fi ascuns

Unterteil N̄ parte f de jos

unterteilen V̄T̄ a subdiviza (**in** +*akk* in)

Untertitel M̄ *Film* subtitlu *n*; **mit rumänischen ~n** cu subtitrare în română

untertreiben V̄T̄ a minimaliza, a bagateliza

untervermieten V̄T̄ a subînchiria

Unterwäsche F̄ lenjerie f de corp

unterwegs ĀDV̄ pe drum; **vier Tage ~ sein** a fi pe drum timp de patru zile

Unterwelt F̄ **1** MYTH infern *n* **2** (≈ *Verbrecherwelt*) lume f interlopă

unterzeichnen V̄T̄ a semna

untreu ĀDJ̄ necredincios; **j-m ~ werden** a deveni necredincios cuiva; **s-n Prinzipien ~ werden** a-și încălca propriile principii

untypisch ĀDJ̄ atipic (**für** pentru)

unüberlegt ĀDJ̄ necugetat

unübersehbar ĀDJ̄ **1** (≈ *offenkundig*) evident **2** (≈ *sehr groß*) imens, nemăsurat

unübersichtlich ĀDJ̄ neclar

unüblich ĀDJ̄ neobișnuit

ununterbrochen Ā ĀDJ̄ neîncetat **B** ĀDV̄ întruna

unveränderlich ĀDJ̄ invariabil; (≈ *beständig*) constant, fix

unverantwortlich ĀDJ̄ iresponsabil

unverbesserlich ĀDJ̄ incorigibil

unverbindlich ĀDJ̄ fără garanție

unvereinbar ĀDJ̄ incompatibil (**mit** cu)

unvergesslich ĀDJ̄ de neuitat

unverheiratet ĀDJ̄ necăsătorit

unverletzt ĀDJ̄ teafăr, nevătămat

unvermeidlich ĀDJ̄ inevitabil

unvernünftig ĀDJ̄ nerezonabil

unverschämt ĀDJ̄ nerușinat

Unverschämtheit F̄ nerușinare f

unverständlich ĀDJ̄ de neînțeles; **es ist mir ~, wie ...** nu pot înțelege cum ...

unverzüglich ĀDJ̄ neîntârziat

unvollendet ĀDJ̄ neterminat

unvollständig ĀDJ̄ incomplet

unvorbereitet Ā ĀDJ̄ nepregătit, improvizat **B** ĀDV̄ **1** (≈ *ohne Vorbereitung*) pe nepregătite **2** (≈ *unversehens*) pe

neașteptate, deodată

unvorhergesehen ĀDJ̄ imprevizibil

unvorsichtig ĀDJ̄ imprudent

unvorstellbar Ā ĀDJ̄ inimaginabil **B** ĀDV̄ (≈ *sehr*) de neînchipuit, extraordinar

unwahrscheinlich ĀDJ̄ neverosimil

Unwetter N̄ furtună f

unwichtig ĀDJ̄ neimportant

unwiderstehlich ĀDJ̄ irezistibil

unwillkürlich ĀDJ̄ instinctiv, automat; (≈ *ungewollt*) involuntar

unwohl ĀDV̄ **mir ist ~** (*od* **ich fühle mich ~**) *körperlich* nu mă simt bine; (≈ *unbehaglich*) mă simt stânjenit

unzählig ĀDJ̄ nenumărat

unzerbrechlich ĀDJ̄ incasabil

unzertrennlich ĀDJ̄ nedespărțit

unzufrieden ĀDJ̄ nemulțumit

Unzufriedenheit F̄ nemulțumire f

unzugänglich ĀDJ̄ inaccesibil

unzumutbar ĀDJ̄ care nu se poate pretinde

unzurechnungsfähig ĀDJ̄ JUR iresponsabil (penal)

unzuverlässig ĀDJ̄ pe care nu te poți baza

Update N̄ IT update *n*

Upgrade N̄ IT upgrade *n*

upgraden V̄T̄ IT *Programm etc* a face upgrade

Upload M̄ IT upload *n*

uploaden V̄T̄ IT a uploada

üppig ĀDJ̄ *Vegetation* luxuriant; *Haarwuchs* abundent; *Mahl* copios; *Körperformen* corpolent, planturos

uralt ĀDJ̄ **1** *Person* foarte bătrân **2** *Sache* străvechi

Uran N̄ uraniu *n*

Uraufführung F̄ premieră f mondială

Ureinwohner(in) M̄F̄ autohton(ă) *m(f)*, băștinaș(ă) *m(f)*; *bes Australiens* aborigen(ă) *m(f)*; **die ~** *pl* primii locuitori

Urenkel(in) M̄F̄ strănepot *m*, strănepoată f; **die ~** *pl* strănepoții

Urgroßmutter F̄ străbunică f

Urgroßvater M̄ străbunic *m*

Urheber(in) M̄F̄ autor *m*, autoare f

Urheberrecht N̄ drept *n* de autor

Urin M̄ *a.* MED, PFLEGE urină f

Urinprobe F̄ MED, PFLEGE analiză f de

urină
Urkunde F̲ document n
Urlaub M̲ concediu n; **~ auf dem Bauernhof** concediu la fermă; **~ haben** a avea concediu; **in ~ fahren/sein** a pleca/fi în concediu
Urlauber(in) M̲F̲ persoană f aflată în concediu
Urlaubsanschrift F̲ adresă f de contact în vacanță
Urlaubsfoto N̲ poză f din vacanță
Urlaubsgeld N̲ primă f de vacanță
Urlaubsort M̲ loc n de concediu
Urlaubsreise F̲ călătorie f de vacanță
Urlaubszeit F̲ perioadă f de concediu
Urne F̲ urnă f
Urologe M̲, **Urologin** F̲ medic m urolog
Ursache F̲ cauză f; **keine ~!** pentru nimic!
Ursprung M̲ origine f; **s-n ~ in etw** (dat) **haben** a proveni din ceva, a-și avea originea în ceva
ursprünglich A̲D̲J̲ inițial
Urteil N̲ **1** judecată f; **sich** (dat) **ein ~ (über etw/j-n) bilden** a-și face o părere proprie (despre ceva/cineva) **2** JUR sentință f
urteilen V̲I̲ a judeca; **~ Sie selbst** apreciați dumneavoastră; **nach ihrer Miene zu ~,** ... judecând după mimica ei ...
Urwald M̲ junglă f
USA P̲L̲ SUA npl
USB M̲ A̲B̲K̲ (= Universal Serial Bus) IT USB n, magistrală serială universală
USB-Anschluss M̲ IT port n USB
USB-Kabel N̲ IT cablu n USB
USB-Stick M̲ IT stick n USB
User(in) M̲F̲ IT utilizator m, utilizatoare f
User Account M̲ od N̲ IT cont n de utilizator
usw. A̲B̲K̲ (= und so weiter) ș.a. m.d. (și așa mai departe)
Utopie F̲ utopie f
utopisch A̲D̲J̲ utopic
UV-Strahlen M̲P̲L̲ raze fpl ultraviolete/UV

V

V, v N̲ V, v m/n
vage A̲D̲J̲ vag
Vagina F̲ vagin n
Vakuum N̲ PHYS vid n; fig a. gol n
vakuumverpackt A̲D̲J̲ ambalat în vid
Valentinstag M̲ ziua f îndrăgostiților
Vampir M̲ vampir m
Vandalismus M̲ vandalism n
Vanille F̲ vanilie f
Vanilleeis N̲ înghețată f de vanilie
Vanillezucker M̲ zahăr n vanilat
Variante F̲ variantă f
Vase F̲ vază f
Vater M̲ tată m; REL **der Heilige ~** Tatăl Sfânt; **wie der ~, so der Sohn** așa tată, așa fiu
Vaterland N̲ patrie f
väterlich A̲D̲J̲ patern
Vatertag M̲ Ziua Tatălui f
Vaterunser N̲ Tatăl Nostru n
Vatikan M̲ Vatican n
V-Ausschnitt M̲ decolteu n în formă de V
v. Chr. A̲B̲K̲ (= vor Christus) î. Hr. (înainte de Hristos)
vegan A̲ A̲D̲J̲ vegan B̲ A̲D̲V̲ **sich ~ ernähren** a fi vegan
Veganer(in) M̲F̲ vegan(ă) m(f)
Veganismus M̲ veganism n
Vegetarier(in) M̲F̲ vegetarian(ă) m(f)
vegetarisch A̲D̲J̲ vegetarian
Vegetation F̲ vegetație f
Velo schweiz N̲ bicicletă f
Vene F̲ venă f
Venedig N̲ Veneția f
Ventil N̲ ventil n
Ventilator M̲ ventilator n
verabreden A̲ V̲T̲ **etw ~** a stabili ceva B̲ V̲I̲ **ich bin schon verabredet am** deja o întâlnire fixată C̲ V̲R̲ **sich ~** -și da întâlnire (**mit j-m** cu cineva)
Verabredung F̲ întâlnire f; **e-e ~ mit j-m haben** a avea o întâlnire cu cineva
verabreichen V̲T̲ MED, PFLEGE a ad-

ministra, a da

verabschieden Ⓐ V̄T̄ Gesetz a promulga Ⓑ V̄R̄ sich ~ a-și lua rămas bun

verachten V̄T̄ a disprețui

Verachtung Ⓕ dispreț n

verallgemeinern V̄T̄ a generaliza

veraltet ADJ învechit, ieșit din uz; (≈ überholt) desuet, depășit

Veranda Ⓕ verandă f

verändern Ⓐ V̄T̄ a schimba Ⓑ V̄R̄ sich ~ a se schimba; **sich beruflich ~** a face o schimbare în plan profesional

Veränderung Ⓕ schimbare f

veranlagen V̄T̄ FIN j-n ~ a taxa pe cineva

veranlassen V̄T̄ anordnen a da dispoziție; **j-n zu etw ~** a îndemna pe cineva la ceva

veranstalten V̄T̄ a organiza

Veranstalter(in) M̄(F̄) organizator m, organizatoare f

Veranstaltung Ⓕ manifestare f

verantworten Ⓐ V̄T̄ a răspunde de Ⓑ V̄R̄ sich für etw ~ a se justifica pentru ceva

verantwortlich ADJ răspunzător (für pentru); **j-n für etw ~ machen** a trage pe cineva la răspundere pentru ceva

Verantwortung Ⓕ răspundere f (für pentru); **die ~ tragen/übernehmen** a purta / a-și asuma răspunderea

verantwortungslos ADJ fără simțul răspunderii

verantwortungsvoll ADJ ❶ Aufgabe de răspundere ❷ Person responsabil

verarbeiten V̄T̄ ❶ (≈ als Material verwenden) a utiliza (**zu etw la**); (≈ bearbeiten) a transforma, a prelucra; IT a procesa; **gut/schlecht verarbeitet** bine/ prost finisat ❷ psychisch, geistig a asimila a elabora ❸ Nahrung a digera

verärgern V̄T̄ a supăra

verärgert ADJ supărat (**wegen** din cauza)

verarschen umg V̄T̄ j-n ~ a-și bate joc de cineva

verausgaben V̄R̄ sich ~ physisch a se extenua, a se istovi

Verb N̄ verb n

Verband M̄ ❶ asociație f ❷ MED, PFLEGE pansament n; **einen ~ anlegen** a pansa, a pune un pansament

Verband(s)kasten M̄ MED, PFLEGE trusă f de prim-ajutor

Verband(s)wechsel M̄ MED, PFLEGE schimbare f a pansamentului

Verband(s)zeug N̄ MED, PFLEGE materiale npl de pansat, pansament n

verbergen V̄T̄ a ascunde (**vor** +dat de); **j-m etw ~** a ascunde ceva de cineva

verbessern Ⓐ V̄T̄ ❶ a îmbunătăți ❷ (≈ berichtigen) a corecta Ⓑ V̄R̄ sich ~ a se îndrepta, a se corecta

Verbesserung Ⓕ ❶ îmbunătățire f ❷ Berichtigung corectare f

verbeugen V̄R̄ sich ~ a se închina / a face o plecăciune (**vor** j-m în fața cuiva)

Verbeugung Ⓕ plecăciune f

verbiegen Ⓐ V̄T̄ a îndoi Ⓑ V̄R̄ sich ~ a se îndoi

verbieten V̄T̄ a interzice; **j-m ~, etw zu tun** a interzice cuiva să facă ceva

verbilligt ADJ ieftinit

verbinden V̄T̄ ❶ a lega; **mit Kosten verbunden sein** a fi costisitor ❷ TEL **können Sie mich mit ... ~?** puteți să-mi faceți legătura cu ...? ❸ (≈ assoziieren) a asocia ❹ MED a pansa; **j-m die Augen ~** a lega pe cineva la ochi Ⓑ V̄R̄ sich ~ a se uni

verbindlich ADJ obligatoriu

Verbindlichkeit Ⓕ ❶ von Gesetzen obligativitate f ❷ (≈ Höflichkeit) amabilitate f afabilitate f ❸ HANDEL **~en** pl obligații fpl, pasive fpl

Verbindung Ⓕ legătură f; **mit j-m in ~ stehen/treten** a fi/intra în legătură cu cineva; **mit j-m ~ aufnehmen** a lua legătura cu cineva; **sich mit j-m in ~ setzen** a se pune în legătură cu cineva

verbittert ADJ înăcrit

verblassen V̄T̄ ❶ Tinte, Schrift a se decolora; Stoff a. a se spălăci ❷ fig Erinnerung a păli, a se șterge

verblüffen V̄T̄ & V̄T̄ a ului, a năuci, a stupefia; **sie verblüffte mit ihrer Leistung** rezultatele ei au fost uluitoare

verblühen V̄T̄ a se ofili

verbluten V̄T̄ a-și pierde tot sângele; fig a se stinge

verborgen Ⓐ PPERF → verbergen Ⓑ ADJ ascuns; **im Verborgenen** pe ascuns; **es ist Ihnen sicher nicht ~ ge-blieben, dass ...** ați observat desigur că ...

Verbot N̄ interdicție f

verboten ADJ interzis; **Rauchen ~** fumatul interzis

verbrannt ADJ ars

Verbrauch M̄ consum n

verbrauchen V̄T̄ a consuma

Verbraucher(in) M̄/F̄ consumator m, consumatoare f

Verbraucherschutz M̄ protecție f a consumatorului

Verbraucherzentrale F̄ asociație f pentru protecția consumatorilor

verbrechen V̄T̄ **1** umg hum **was hat er denn schon wieder verbrochen?** ce prostie a mai făcut și de data asta? **2** umg hum Kunstwerk, Gedicht a comite

Verbrechen N̄ crimă f; **ein ~ begehen** a comite o crimă

Verbrecher(in) M̄/F̄ infractor m, infractoare f

verbreiten A V̄T̄ a răspândi B V̄R̄ **sich ~** a se răspândi

Verbreitung F̄ răspândire f

verbrennen A V̄T̄ & V̄Ī a arde; **es riecht verbrannt** miroase a ars B V̄R̄ **sich (die Hand) ~** a se arde (la mână), a se frige (la mână)

Verbrennung F̄ ardere f

verbringen V̄T̄ Zeit a petrece; **s-e Zeit mit etw ~** a-și petrece timpul cu ceva

verbünden V̄R̄ **sich ~** a se alia (mit cu)

verbunden PPERF TEL **Sie sind falsch ~** ați greșit numărul

Verbündete(r) M̄/F̄(M̄) aliat m, aliată f

Verdacht M̄ bănuială f; **~ schöpfen** a intra la bănuială, a deveni bănuitor; **in ~ haben/geraten** a bănui/deveni suspect

verdächtig ADJ suspect; **sich ~ machen** a da de bănuit; **das kommt mir ~ vor** mi se pare suspect

Verdächtige(r) M̄/F̄(M̄) suspect m, suspectă f

verdächtigen V̄T̄ a suspecta

verdammt umg ADJ blestemat; **~ (noch mal)!** ei drăcie!

verdanken V̄T̄ j-m etw ~ a-i datora ceva cuiva

verdattert umg ADJ năuc, uluit

verdauen V̄T̄ & V̄Ī a. fig a digera

Verdauung F̄ digestie f

Verdeck N̄ AUTO acoperiș n

verdecken V̄T̄ a acoperi; (≈dem Blick entziehen) a ascunde

verderben A V̄T̄ a strica; **sich den Magen ~** a-și strica stomacul; **sich die Augen ~** a-și strica vederea B V̄Ī Lebensmittel a se strica

verdienen V̄T̄ **1** a câștiga; abs **gut ~** a câștiga bine **2** moralisch a merita

Verdienst A M̄ câștig n B N̄ merit n

verdoppeln A V̄T̄ a dubla B V̄R̄ **sich ~** a se dubla

Verdopp(e)lung F̄ a. fig dublare f

verdorben PPERF → verderben

verdrängen V̄T̄ **1** Wasser a deplasa **2** aus e-r Stellung a izgoni, a da la o parte **3** (≈ersetzen) a înlocui; (≈schrittweise) a îndepărta **4** PSYCH a refula

verdrehen V̄T̄ **1** a (ră)suci **2** Augen a da peste cap

verdreifachen V̄T̄ (& V̄R̄) **(sich) ~** a (se) tripla

verdünnen V̄T̄ a dilua

verdunsten V̄Ī a se evapora

verdursten V̄Ī a muri de sete

verdutzt ADJ uimit, perplex

verehren V̄T̄ a venera

Verehrer(in) M̄/F̄ admirator m, admiratoare f

vereidigen V̄T̄ a lua jurământul

Verein M̄ asociație f; **eingetragener ~** asociație înregistrată (la Registrul Comerțului)

vereinbar ADJ compatibil/conciliabil (mit cu)

vereinbaren V̄T̄ a stabili; **sich (nicht) mit etw ~ lassen** a (nu) se potrivi cu ceva

vereinbart ADJ convenit; **zum ~en Zeitpunkt** la ora convenită; **wie ~** după cum am convenit

Vereinbarung F̄ înțelegere f; **e-e ~ treffen** a ajunge la o înțelegere; **nach ~** în urma unei înțelegeri

vereinfachen V̄T̄ a simplifica

Vereinfachung F̄ simplificare f

vereinheitlichen V̄T̄ a uniformiza, a

standardiza

Vereinheitlichung F̲ uniformizare f, standardizare f

vereinigen A V̲T̲ a uni B V̲R̲ **sich ~** a se uni

vereinigt A̲D̲J̲T̲ unit; **(die) Vereinigte(n) Arabische(n) Emirate** npl Emirate(le) Arabe Unite npl; **(die) Vereinigte(n) Staaten** mpl **(von Amerika)** State(le) Unite npl (ale Americii)

Vereinigung F̲ 🄵 unire f 🄶 Verein asociație f

vereist A̲D̲J̲T̲ Straße, Piste cu polei

vererben A V̲T̲ 🄵 Besitz a lăsa moștenire (j-m etw ceva cuiva), a lega 🄶 BIOL a transmite ereditar B V̲R̲ **sich ~** BIOL a se transmite ereditar **(auf j-n cuiva)**

verfahren A V̲I̲ a proceda B V̲R̲ **sich ~** a greși drumul

Verfahren N̲ 🄵 procedeu n 🄶 JUR procedură f

verfallen A V̲I̲ 🄵 (≈ kaputt gehen) a se dărăpăna 🄶 (≈ auslaufen) a expira 🄷 (≈ erliegen) a se prăbuși B A̲D̲J̲ 🄵 Gebäude dărăpănat 🄶 Fahrkarte etc expirat

Verfallsdatum N̲ dată f de expirare

verfärben V̲R̲ **sich ~** a se decolora

verfassen V̲T̲ a scrie; Text a. a redacta; Gedicht a. a compune

Verfasser(in) M̲/̲F̲ autor m, autoare f

Verfassung F̲ 🄵 POL constituție f 🄶 **in guter ~ sein** a fi în formă

verfassungswidrig A̲D̲J̲ anticonstituțional, neconstituțional

verfaulen V̲I̲ a putrezi

verfehlen V̲T̲ a greși

verfilmen V̲T̲ a ecraniza

Verfilmung F̲ ecranizare f

verfliegen A V̲I̲ 🄵 (≈ vorbeigehen) Zeit, Zorn a trece 🄶 (≈ sich verflüchtigen) Duft a dispărea, a se volatiliza B V̲R̲ **sich ~** FLUG a se rătăci, a greși ruta

verfluchen V̲T̲ a blestema

verflucht umg → verdammt

verfolgen V̲T̲ 🄵 a urmări; **etw weiter ~** a urmări ceva în continuare; **j-n auf Schritt und Tritt ~** a urmări pe cineva pas cu pas; **dieser Gedanke verfolgt mich** gândul acesta mă urmărește 🄶 POL a persecuta

Verfolgung F̲ a. fig urmărire f; politische persecuție f; **die ~ aufnehmen** a

porni în urmărire

Verfolgungsjagd F̲ urmărire f, vânătoare f; mit Autos umg urmărire f ca-n filme

Verfolgungswahn M̲ PSYCH manie f a persecuției

verfügbar A̲D̲J̲ disponibil

verfügen V̲I̲ **über etw ~** a dispune de ceva

Verfügung F̲ j-m etw zur **~ stellen** a-i pune cuiva ceva la dispoziție; **j-m zur ~ stehen** a-i sta cuiva la dispoziție

verführen V̲T̲ 🄵 (≈ verleiten) a ispiti **(zu la)** 🄶 sexuell a seduce

verführerisch A̲D̲J̲ ispititor

vergammelt A̲D̲J̲ Lebensmittel stricat; Gebäude dărăpănat; Person, Kleidung șleampăt

vergangen A̲D̲J̲ trecut; **~e Woche** săptămâna trecută

Vergangenheit F̲ trecut n

Vergaser M̲ AUTO carburator n

vergaß → vergessen

vergeben V̲T̲ 🄵 **j-m ~** a-i ierta cuiva **(etw ceva)** 🄶 (≈ geben) a da, a distribui, a repartiza; umg **schon ~ sein** a fi deja într-o relație

vergebens A̲D̲V̲ zadarnic; **es war ~** a fost în zadar

vergeblich A̲D̲J̲ zadarnic

vergehen A V̲I̲ a trece; fig **vor** (+ dat) **~** a muri de; **vor Furcht ~** a muri de frică; **mir ist der Appetit vergangen** mi-a pierit pofta de mâncare B V̲R̲ **sich an j-m ~** a abuza sexual de cineva

Vergehen N̲ delict n

vergessen A V̲T̲ a uita; umg **das kannst du ~!** (od **vergiss es!**) lasă!, nu mai contează! B V̲R̲ **sich ~** a-și pierde cumpătul

vergesslich A̲D̲J̲ uituc

vergeuden V̲T̲ a irosi; **Zeit ~** a pierde vremea

vergewaltigen V̲T̲ a viola

Vergewaltigung F̲ viol n

vergewissern V̲R̲ **sich einer Sache ~** a se convinge de un lucru

vergiften A V̲T̲ a otrăvi B V̲R̲ **sich ~** a se otrăvi

Vergiftung F̲ otrăvire f

Vergissmeinnicht N̲ nu-mă-uita f

Vergleich M̲ 🄵 comparație f; **im ~**

V

mit (*od* zu) în comparaţie cu **2** JUR compromis *n*

vergleichbar ADJ comparabil (**mit cu**)

vergleichen V/T a compara (**mit cu**)

vergleichsweise ADV prin comparaţie, comparativ

vergnügen V/R **sich mit etw ~** a se distra cu ceva

Vergnügen N distracţie *f*; **mit (dem größten) ~** cu (cea mai mare) plăcere; **viel ~!** distracţie plăcută!; **es ist mir ein ~** plăcerea este de partea mea

Vergnügungspark M parc *n* de distracţii

vergoldet ADJ aurit

vergriffen ADJ epuizat

vergrößern A V/T a mări B V/R **sich ~** a se mări

Vergrößerung F **1** mărire *f*, creştere *f*, augmentare *f* **2** FOTO, OPT mărire *f*

Vergrößerungsglas N lupă *f*

Vergünstigung F (≈ *Ermäßigung*) reducere *f*; *steuerliche, soziale* avantaj *n*

Vergütung F **1** plată *f*, remuneraţie *f*, rambursare *f* **2** *Summe* indemnizaţie *f*

verhaften V/T a aresta

Verhaftung F arestare *f*

verhalten V/R **sich ~** a se comporta

Verhalten N comportare *f*

verhaltensgestört ADJ care prezintă tulburări comportamentale

Verhältnis N **1** *Größenverhältnis* raport *n*; **im ~ zu** în raport cu; **in keinem ~ stehen (zu)** a nu avea nici o legătură (**cu**) **2** *persönliches* relaţie (**zu cu**); **ein gutes ~ zu j-m haben** a fi în relaţii bune cu cineva; **über s-e ~se leben** a cheltui mai mult decât câştigă **3** *Liebesverhältnis* relaţie *f* amoroasă

verhältnismäßig ADV relativ

verhandeln A V/T a negocia B V/I **über etw** (*akk*) **~** a negocia ceva

Verhandlung F negociere *f*; **~en** *pl* tratative *pl*

verhandlungssicher ADJ *in Bezug auf Sprachkenntnisse* în măsură să poarte o negociere

verharmlosen V/T a minimaliza

verhätscheln V/T *Kind* a răsfăţa; *umg* a cocoloşi

verheilen V/I MED, PFLEGE a se vindeca

verheilt ADJ MED, PFLEGE vindecat

verheimlichen V/T **j-m etw ~** a ascunde cuiva ceva

verheiratet ADJ căsătorit

verhexen V/T a vrăji; *umg fig* **es ist wie verhext!** parcă-i blestemat!

verhindern V/T a împiedica; **verhindert sein** a fi împiedicat

Verhör N interogatoriu *n*

verhören A V/T a interoga B V/R **sich ~** a auzi greşit

verhungern V/I a muri de foame; *umg fig* **am Verhungern sein** a fi înfometat

verhüten V/T a preveni

Verhütung F **1** prevenire *f* **2** (≈ *Empfängnisverhütung*) contracepţie *f*

Verhütungsmittel N anticoncepţional *n*

verirren V/R **sich ~** a se rătăci

Verjährung F JUR prescripţie *f*

Verjährungsfrist F JUR termen *m* de prescripţie

verkabeln V/T TV a cabla; **verkabelt sein** a fi cablat

verkalkt ADJ **1** MED calcificat, sclerozat *a. fig*; *Person* senil; *umg* ramolit **2** *Waschmaschine* cu depuneri de calcar

Verkauf M vânzare *f*; **zum ~ stehen** a fi de vânzare

verkaufen A V/T a vinde; **j-m etw** (*od* **etw an j-n**) **~** a vinde cuiva ceva; **zu ~** de vânzare B V/R **sich (gut/schlecht) ~** a se vinde bine/prost

Verkäufer(in) M(F) vânzător *m*, vânzătoare *f*

Verkehr M **1** circulaţie *f*; **aus dem ~ ziehen** a scoate din circulaţie; **öffentlicher ~** transport în comun; **stockender ~** circulaţie bară la bară **2** *Sex* contact *n* sexual **3** *Kontakt* contact *n*

verkehren V/I *Bus etc* a circula; **in e-m Haus ~** a frecventa o casă; **mit j-m ~** a fi în relaţii cu cineva

Verkehrsampel F semafor *n*

Verkehrsamt N oficiu *n* de turism

verkehrsberuhigt ADJ **~e Zone** zonă *f* cu trafic limitat

Verkehrschaos N trafic *n* haotic

Verkehrsfunk M informaţii *fpl* din

trafic transmise prin radio

Verkehrsinsel F̄ refugiu n

Verkehrskontrolle F̄ control n de poliție

Verkehrsmeldung F̄ infotrafic n

Verkehrsmittel N̄ mijloc n de transport; **öffentliche ~** pl mijloace npl de transport în comun

Verkehrspolizei F̄ poliție f rutieră

Verkehrsregel F̄ regulă f de circulație

verkehrsreich ADJ foarte circulat

Verkehrsschild N̄ indicator n de circulație

Verkehrsunfall M̄ accident n de circulație

Verkehrsverbindung F̄ conexiune f de transport

Verkehrszeichen N̄ semn n de circulație

verkehrt A ADJ greșit; **der ~e Weg** drumul greșit B ADV **~ herum** invers

verklagen V̄T̄ a da în judecată, a pârî; **j-n auf Schadenersatz ~** a da pe cineva în judecată pentru despăgubiri

verklappen V̄T̄ a deversa

Verklappung F̄ deversare f

verkleiden A V̄T̄ TECH a căptuși B V̄R̄ **sich ~** a se deghiza (**als** in)

Verkleidung F̄ Fasching costumare f

verkleinern A V̄T̄ a micșora B V̄R̄ **sich ~** a se micșora

Verkleinerung F̄ micșorare f, diminuare f, reducere f

verklemmt ADJ PSYCH inhibat; umg crispat

verknallen umg V̄R̄ **sich in j-n ~** umg a se îndrăgosti până peste cap de cineva; umg **in j-n verknallt sein** a fi mort/nebun după cineva

verkneifen umg V̄R̄ **sich** (dat) **etw ~** Lachen a-și stăpâni ceva; Bemerkung a renunța la ceva; **sich** (dat) **~, etw zu tun** a se abține de la ceva

verkörpern V̄T̄ a personifica; THEAT a întruchipa

verkraften V̄T̄ a suporta

verkrampft ADJ crispat

verkühlen V̄R̄ **sich ~** a răci

verkünden V̄T̄ a. fig a anunța; öffentlich a proclama; Gesetz a promulga; Urteil a pronunța

verkürzen A V̄T̄ a scurta B V̄R̄ **sich ~** a se scurta

Verlag M̄ editură f; **dieses Buch erscheint im ~ …** cartea aceasta apare la editura …

verlagern A V̄T̄ a. fig a deplasa B V̄R̄ **sich ~** a. fig a se deplasa

verlangen A V̄T̄ **etw von j-m ~** a cere ceva de la cineva; **das ist zu viel verlangt** este a prea mult B V̄Ī **nach etw/j-m ~** a dori ceva / pe cineva

verlängern A V̄T̄ a prelungi; **verlängertes Wochenende** weekend prelungit B V̄R̄ **sich ~** a se prelungi

Verlängerung F̄ prelungire f

Verlängerungskabel N̄, **Verlängerungsschnur** F̄ ELEK prelungitor n

Verlass M̄ **es ist (kein) ~ auf ihn** (nu) te poți baza pe el

verlassen A V̄T̄ a părăsi B V̄R̄ **sich auf j-n/etw ~** a se bizui pe cineva/ceva C ADJ părăsit

verlässlich ADJ de încredere

Verlauf M̄ (de)curs n

verlaufen A V̄Ī a decurge; Farben (**ineinander**) **~** a fi în degrade B V̄R̄ **sich ~** a se rătăci

verlegen[1] A V̄T̄ 1 a deplasa; PFLEGE Kranken a muta, a deplasa 2 Termin a schimba 3 Wohnsitz a se muta 4 Brille a rătăci; **etw verlegt haben** a rătăci ceva B V̄R̄ **sich verlegen auf +akk** a se amâna până (la)

verlegen[2] ADJ încurcat

Verlegenheit F̄ încurcătură f; **j-m aus der ~ helfen** a scoate pe cineva din încurcătură; **j-n in ~ bringen** a pune pe cineva în încurcătură

Verleger(in) M̄/F̄ editor m, editoare f

Verlegung F̄ PFLEGE mutare f, deplasare f

Verleih M̄ centru n de închiriere

verleihen V̄T̄ 1 leihen a împrumuta 2 vermieten a închiria 3 Preis a decerna

verlernen V̄T̄ **etw ~** a uita ceva

verletzen A V̄T̄ a răni B V̄R̄ **sich ~** a se răni

Verletzte(r) M̄/F̄M̄ rănit(ă) m(f)

Verletzung F̄ rană f

verleumden V̄T̄ a calomnia, a defăi-

ma
Verleumdung F̲ calomnie f, defăimare f
verlieben V̲R̲ sich ~ a se îndrăgosti (**in j-n** de cineva)
verliebt A̲D̲J̲ îndrăgostit
verlieren A̲ V̲T̲ a pierde; *umg* **er hat hier nichts verloren** (el) nu are ce căuta aici B̲ V̲I̲ **an Boden/Wert** ~ a pierde teren / din valoare C̲ V̲R̲ **sich aus den Augen** ~ a se pierde din vedere
Verlierer(in) M̲F̲ păgubaş(ă) *m(f)*
verlinken A̲ V̲T̲ IT a pune un link B̲ V̲I̲ IT ~ **auf** +*akk* a crea un link către
verloben V̲R̲ sich ~ a se logodi (**mit** cu)
Verlobte(r) M̲F̲(M̲) logodnic(ă) *m(f)*
Verlobung F̲ logodnă f
verlogen *pej* A̲D̲J̲ **1** *Person* mincinos **2** *Moral a.* fals
verloren A̲ P̲P̲E̲R̲F̲ → verlieren B̲ A̲D̲J̲ **1** etw ~ **geben** a considera ceva pierdut; ~ **gehen** a se pierde; *Briefe a.* a se rătăci; **meine Brieftasche ist ~ gegangen** mi-am pierdut portmoneul **2** BIBEL **der ~e Sohn** fiul risipitor *m* **3** GASTR **~e Eier** npl ochiuri româneşti npl
verlosen V̲T̲ a trage la sorţi
Verlosung F̲ tragere f la sorţi
Verlust M̲ pierdere f; **e-n ~ erleiden** a suferi o pierdere; **mit ~ verkaufen** a vinde în pierdere
vermarkten V̲T̲ a comercializa
Vermarktung F̲ comercializare f
vermasseln *umg* V̲T̲ **1** **j-m etw** ~ a-i strica cuiva ceva **2** *Prüfung* a rata
vermehren A̲ V̲T̲ a înmulţi B̲ V̲R̲ sich ~ a se înmulţi; BIOL a se reproduce
vermeiden V̲T̲ a evita; **das lässt sich nicht** ~ este inevitabil
vermerken V̲T̲ a nota; a lua cunoştinţă
vermieten V̲T̲ a închiria; **Zimmer zu** ~ cameră de închiriat
Vermieter(in) M̲F̲ proprietar *m*, proprietăreasă f
Vermietung F̲ închiriere f
vermischen A̲ V̲T̲ a amesteca B̲ V̲R̲ sich ~ a se amesteca
vermissen V̲T̲ a simţi lipsa; **wir ~**

dich sehr îţi simţim foarte mult lipsa
vermisst A̲D̲J̲ **j-n als** ~ **melden** a da pe cineva dispărut
vermitteln A̲ V̲T̲ **1** *Stelle, Geschäft* a mijloci/a procura (**j-m cuiva**) **2** *Treffen* a aranja **3** *Bild, Eindruck* a da; *Kenntnisse* a transmite **4** TEL **ein Gespräch** ~ a stabili o legătură telefonică B̲ V̲I̲ a fi mediator (**bei, in** + *dat* la), (**zwischen** + *dat* între)
Vermittlung F̲ **1** (≈*helfendes Eingreifen*) intervenţie f **2** (≈*Schlichtung*) conciliere f, mediere f **3** *von Wissen* transmitere f, comunicare f **4** TEL centrală f
Vermögen N̲ **1** *Besitz* avere f **2** *Fähigkeit* capacitate f
Vermögenssteuer F̲ impozit *n* pe avere
vermuten V̲T̲ a presupune
vermutlich A̲D̲J̲ probabil
Vermutung F̲ presupunere f
vernachlässigen V̲T̲ a neglija
verneinen V̲T̲ a nega
vernetzen V̲T̲ a interconecta; **Computer** ~ a conecta un computer la o reţea/la alt computer; **vernetztes Denken** gândire f interdisciplinară; **global vernetzt** *Welt* interconectat; *Wirtschaft, Strukturen* interconectat global; **gut vernetzt sein** IT, POL a avea multe contacte
vernichten V̲T̲ a distruge
vernichtend A̲ A̲D̲J̲ **1** nimicitor *a.* fig, distrugător; *Niederlage, Kritik* zdrobitor **2** *Blick* ucigător B̲ A̲D̲V̲L̲ MIL, SPORT ~ **schlagen** a nimici, a desfiinţa
Vernichtung F̲ distrugere f *a.* fig, nimicire f; exterminare f
Vernunft F̲ raţiune f; ~ **annehmen** a fi raţional; **j-n (wieder) zur** ~ **bringen** a aduce pe cineva (din nou) la realitate
vernünftig A̲D̲J̲ înţelept; ~ **argumentieren** a argumenta raţional
veröffentlichen V̲T̲ a publica
Veröffentlichung F̲ publicare f
verordnen V̲T̲ MED a prescrie
Verordnung F̲ MED prescripţie f
verpachten V̲T̲ a arenda (**an j-n** cuiva)
verpacken V̲T̲ a ambala
Verpackung F̲ ambalaj *n*
verpassen V̲T̲ a pierde

V

verpetzen _umg_ $\overline{VT}$ a pârî
verpflegen $\overline{VT}$ a hrăni; a alimenta
Verpflegung $\overline{F}$ hrană f
verpflichten $\overline{A}$ $\overline{VT}$ a obliga; **j-n ~,
etw zu tun** a obliga pe cineva să facă ceva; **j-m (zu Dank) verpflichtet sein** a fi îndatorat cuiva $\overline{B}$ $\overline{VR}$ **sich ~, etw zu tun** a-şi lua obligaţia de a face ceva
verpflichtet $\overline{ADJ}$ **sich ~ fühlen, etw zu tun** a se simţi obligat (de) a face ceva
Verpflichtung $\overline{F}$ **1** (≈ Pflicht) datorie f; (≈ Aufgabe) sarcină f; moralische a. obligaţie f; **e-e ~ eingehen** a se angaja la ceva, a-şi asuma o sarcină **2** **~en** (≈ Schulden) obligaţii fpl
verpfuschen _umg_ $\overline{VT}$ a rata, a strica; fig a. a distruge
verpissen sl $\overline{VR}$ **sich ~** a se căra, a o şterge; **verpiss dich!** cară-te!, şterge-o!
verprügeln $\overline{VT}$ a bate măr
Verrat $\overline{M}$ trădare f; (≈ Niedertracht) vânzare f; **~ an j-m/etw begehen** a trăda pe cineva/ceva
verraten $\overline{A}$ $\overline{VT}$ a trăda; _umg hum_ **kannst du mir den Grund ~?** îmi poţi divulga motivul? $\overline{B}$ $\overline{VR}$ **sich (durch einen Blick) ~** a se da de gol (dintr-o privire)
Verräter(in) $\overline{MF}$ trădător m, trădătoare f
verrechnen $\overline{A}$ $\overline{VT}$ a scădea (**mit etw** din ceva) $\overline{B}$ $\overline{VR}$ **sich ~** a socoti greşit
Verrechnung $\overline{F}$ (≈ Ausgleich) compensaţie f; Scheck **nur zur ~** numai pentru virament, plătibil în cont
Verrechnungsscheck $\overline{M}$ cec n barat
verregnet $\overline{ADJ}$ ploios
verreisen $\overline{VI}$ a pleca în călătorie; **sie ist (geschäftlich) verreist** e plecată în călătorie (de afaceri)
verrenken $\overline{A}$ $\overline{VT}$ a luxa $\overline{B}$ $\overline{VR}$ _umg_ **sich ~** a-şi luxa (ceva)
verriegeln $\overline{VT}$ a zăvorî
verringern $\overline{A}$ $\overline{VT}$ a micşora $\overline{B}$ $\overline{VR}$ **sich ~** a se micşora
verrosten $\overline{VI}$ a. fig a rugini
verrostet $\overline{ADJ}$ ruginit
verrückt $\overline{ADJ}$ nebun; **du bist wohl ~!** eşti nebun!; **mach dich nicht ~!** nu te agita!; (≈ begierig) **nach j-m/etw** (od

auf etw (_akk_)) **ganz ~ sein** a fi nebun după cineva/ceva
Verrückte(r) _umg_ $\overline{M/F/M}$ nebun(ă) m(f), ţicnit(ă) m(f)
verrücktspielen $\overline{VI}$ a înnebuni; _umg_ a o lua razna
Vers $\overline{M}$ vers n
versagen $\overline{A}$ $\overline{VI}$ a clăca $\overline{B}$ $\overline{VT}$ (≈ nicht gewähren) **j-m etw ~** a refuza cuiva ceva
Versager(in) $\overline{MF}$ ratat(ă) m(f)
versalzen $\overline{VT}$ a săra prea tare
versammeln $\overline{A}$ $\overline{VT}$ a aduna $\overline{B}$ $\overline{VR}$ **sich ~** a se aduna
Versammlung $\overline{F}$ adunare f
Versand $\overline{M}$ expediere f
Versandhandel $\overline{M}$ vânzare f prin corespondenţă
Versandhaus $\overline{N}$ casă f de comenzi
versäumen $\overline{VT}$ a pierde; **~, etw zu tun** a neglija să faci ceva
verschaffen $\overline{A}$ $\overline{VT}$ **j-m etw ~** a procura ceva cuiva $\overline{B}$ $\overline{VR}$ **sich (dat) etw ~** a-şi procura ceva; _iron_ **was verschafft mir die Ehre?** cărui fapt datorez această onoare?
verschärfen $\overline{A}$ $\overline{VT}$ Strafe, Lage a agrava; Gegensätze a accentua; Kontrolle, Bestimmungen a înăspri $\overline{B}$ $\overline{VR}$ **sich ~** Gegensätze a se accentua; Kontrolle a se înăspri; Lage a se agrava
verschätzen $\overline{VR}$ **sich ~** a se înşela într-o apreciere
verschenken $\overline{VT}$ a dărui
verschicken $\overline{VT}$ a expedia
verschieben $\overline{A}$ $\overline{VT}$ **1** a deplasa **2** zeitlich a amâna $\overline{B}$ $\overline{VR}$ **sich ~** a se deplasa
verschieden $\overline{ADJ}$ diferit; **~ groß** de mărimi diferite; **~e** pl diferiţi mpl
Verschiedene(s) $\overline{N}$ lucruri npl diverse; Zeitungsrubrik diverse
verschimmeln $\overline{VI}$ a mucegăi
verschimmelt $\overline{ADJ}$ mucegăit
verschlafen $\overline{A}$ $\overline{VI}$ a nu se trezi la timp $\overline{B}$ $\overline{VT}$ Termin a uita; **den ganzen Vormittag ~** a dormi toată dimineaţa $\overline{C}$ $\overline{ADJ}$ adormit
verschlechtern $\overline{A}$ $\overline{VT}$ a înrăutăţi $\overline{B}$ $\overline{VR}$ **sich ~** a se înrăutăţi
Verschlechterung $\overline{F}$ înrăutăţire f
Verschleiß $\overline{M}$ uzură f

V

verschleißen A VT a uza, a toci B VI a se uza, a se toci C VR **sich ~** a se uza, a se toci

verschließbar ADJ care poate fi închis

verschließen A VT a încuia; fig **die Augen vor etw** (dat) **~** a trece ceva cu vederea B VR **sich j-m / e-r Sache ~** a se închide față de cineva / un lucru

verschlimmern A VT a înrăutăți B VR **sich ~** a se înrăutăți

verschlossen A PPERF → verschließen B ADJT 1 Person închis, rezervat 2 Tür încuiat; Brief nedeschis; fig **hinter ~en Türen** cu ușile închise

verschlucken A VT a înghiți B VR **sich ~** a se îneca înghițind

Verschluss M 1 închizătoare f; **unter ~ sub cheie** 2 FOTO obturator n

verschlüsseln VT a cifra, a coda

verschmutzen VT 1 a murdări 2 Umwelt a polua

Verschmutzung F murdărire f; der Umwelt poluare f

Verschnaufpause F pauză f de tras sufletul

verschneit ADJT înzăpezit

verschnupft ADJT răcit

verschollen ADJ dispărut fără urmă

verschonen VT a menaja (**j-n mit etw** pe cineva cu ceva)

verschreiben A VT MED a prescrie B VR **sich ~** a scrie greșit; **sich e-r Sache ~** a se dedica unui lucru

verschreibungspflichtig ADJ numai pe bază de rețetă

verschrotten VT a transforma în fier vechi

verschulden A VT **etw ~** a pricinui ceva, a cauza ceva B VR **sich ~** a se îndatora

verschütten VT 1 Flüssigkeit a vărsa 2 Menschen, Häuser a îngropa (sub)

verschweigen VT **j-m etw ~** a-i ascunde ceva cuiva

verschwenden VT a risipi

verschwenderisch ADJ risipitor; (≈üppig) **in ~er Fülle** în abundență

Verschwendung F risipă f

verschwinden VI a dispărea; **etw ~ lassen** a face să dispară ceva; stehlen

a fura ceva; **verschwinde!** dispari!

verschwitzen VT 1 Kleidung a umple de transpirație 2 umg fig (≈vergessen) a uita

verschwitzt ADJ 1 Kleidungsstück transpirat 2 **ich bin ganz ~** sunt tot o apă, sunt tot transpirat

verschwommen ADJT 1 Umrisse neclar, vag; FOTO a. mișcat 2 fig Vorstellungen confuz, vag

Verschwörung F conjurație f

Versehen N greșeală f; **aus ~** din greșeală

versehentlich ADV din greșeală

versenden VT a trimite

versenken VT 1 im Wasser a scufunda; Schiff a se scufunda 2 in e-e Grube etc a cobori; **in die Erde** a îngropa

versetzen A VT 1 Beamte a transfera; Schüler **versetzt werden** a fi transferat 2 Schlag a da 3 (≈verpfänden) a amaneta 4 umg bei Verabredung **j-n ~** a lăsa pe cineva să aștepte în zadar (la locul întâlnirii) B VR **sich in j-n** (od **j-s Lage**) **~** a se transpune în situația cuiva

Versetzung F 1 räumlich deplasare f 2 von Beamten mutare f, transferare 3 von Schülern trecere (în altă clasă) f

verseucht ADJ contaminat

Versicherer M, **Versicherin** F asigurător m asigurătoare f

versichern A VT a asigura; **sein Leben ~** a-și asigura viața B VR **sich ~** a se asigura

Versicherung F asigurare f; **e-e ~ abschließen** a încheia o asigurare

Versicherungsagent(in) MF agent(ă) m(f) de asigurare

Versicherungsgesellschaft F societate f de asigurări

Versicherungskarte F AUTO carte f verde

Versicherungsnehmer(in) MF asigurat(ă) m(f)

Versicherungspolice F poliță f de asigurare

versinken VI a se scufunda; fig **in den Boden ~** a intra în pământ

Version F versiune f

versöhnen A VT a împăca/a reconci-

lia (**mit** cu) **B** $\overline{VR}$ a se împăca/a se re-
concilia (**mit** cu)
Versöhnung $\overline{F}$ împăcare f, reconci-
liere f
versorgen $\overline{VT}$ **1** a aproviziona; **j-n
mit etw ~** a aproviziona pe cineva cu
ceva; **mit Strom ~** a aproviziona cu
energie electrică **2** *Familie* a îngriji
Versorgung $\overline{F}$ **1** aprovizionare f (**mit**
cu) **2** *e-r Familie* întreţinere f **3** *mit
Strom, Gas* alimentare f **4** *von Kranken,
Kindern etc* îngrijire f (+ *gen* a)
Versorgungslücke $\overline{F}$ deficit n de
aprovizionare
verspäten $\overline{VR}$ **sich ~** a întârzia
verspätet $\overline{ADJ}$ întârziat
Verspätung $\overline{F}$ întârziere f; (**eine
Stunde**) **~ haben** are o întârziere (de
o oră)
versperren $\overline{VT}$ a închide
verspielen **A** $\overline{VT}$ a pierde (la joc); *fig
Chance, Recht* a rata, a pierde **B** $\overline{VI}$
umg **bei j-m verspielt haben** *umg* a
pierde încrederea cuiva
verspielt $\overline{ADJ}$ *Kind, Hund* jucăuş
versprechen **A** $\overline{VT}$ a promite; **j-m ~,
etw zu tun** a promite cuiva să facă ce-
va; **ich verspreche dir, dich anzurufen**
îţi promit să te sun; **sich** (*dat*) **viel von
etw ~** a-şi face speranţe în legatură cu
ceva **B** $\overline{VR}$ **sich ~** a face o greşeală de
vorbire
Versprechen $\overline{N}$ promisiune f; **sein ~
(nicht) halten** a (nu) se ţine de promisiune
Versprecher $\overline{M}$ lapsus n
Verstand $\overline{M}$ minte f; **den ~ verlieren**
a-şi pierde minţile; **das geht über mei-
nen ~** aceasta este peste posibilităţile
mele de înţelegere
verständigen **A** $\overline{VT}$ a înştiinţa; **j-n
von etw** (*akk*) **~** a înştiinţa pe cineva
despre ceva **B** $\overline{VR}$ **sich ~** a putea comunica; *sich einigen* a cădea de acord;
sich mit j-m ~ a se înţelege cu cineva
Verständigung $\overline{F}$ **1** (≈ *Benachrichti-
gung*) înştiinţare f **2** (≈ *Übereinkunft*)
acord n **3** *sprachliche* comunicare f **4**
akustische înţelegere f
verständlich $\overline{ADJ}$ inteligibil; **j-m etw
~ machen** a explica cuiva ceva; **sich
~ machen** a se face înţeles

Verständnis $\overline{N}$ înţelegere f (**für** pentru); (**kein**) **~ für** j-n/etw **haben** a (nu)
avea înţelegere pentru cineva/ceva;
wir bitten um Ihr ~ ne cerem scuze
pentru inconvenientul creat
verständnislos $\overline{ADJ}$ lipsit de înţelegere
verständnisvoll $\overline{ADJ}$ plin de înţelegere
verstärken **A** $\overline{VT}$ a întări **B** $\overline{VR}$ **sich
~** a se întări
Verstärker $\overline{M}$ RADIO amplificator n
Verstärkung $\overline{F}$ **1** (≈ *Stabilisierung*)
consolidare f **2** *zahlenmäßige* întărire
f; (≈ *hinzukommende Personen*) întăriri
fpl **3** (≈ *Intensivierung*) intensificare f;
creştere f
verstauchen $\overline{VR}$ **sich den Fuß ~** a-şi
scrânti piciorul
Versteck $\overline{N}$ ascunzătoare f; **~ spielen**
a se juca de-a v-aţi ascunselea
verstecken **A** $\overline{VT}$ a ascunde (**vor**
+*dat* de) **B** $\overline{VR}$ **sich ~** a se ascunde
(**vor** +*dat* de); *fig* **sich hinter etw** (*dat*)
~ a se ascunde după ceva
verstehen **A** $\overline{VT}$ a înţelege; **falsch ~**
a înţelege greşit; **j-m etw zu ~ geben**
a da cuiva ceva de înţeles; **ich verstehe nichts davon** nu înţeleg nimic din
asta **B** $\overline{VR}$ **sich mit j-m gut ~** a se înţelege bine cu cineva; **das versteht
sich von selbst** e de la sine înţeles
versteigern $\overline{VT}$ a vinde la licitaţie
Versteigerung $\overline{F}$ licitaţie f
verstellbar $\overline{ADJ}$ reglabil
verstellen **A** $\overline{VT}$ a regla; **j-m den
Weg ~** a-i sta cuiva în cale **2** *Uhr, Sitz*
a potrivi **3** *Stimme* a-şi preface **B** $\overline{VR}$
sich ~ a se preface
versteuern $\overline{VT}$ **etw ~** a plăti impozit
pe ceva; **zu ~des Einkommen** ve-
nit(uri) n(*pl*) impozabil(e)
verstimmt $\overline{ADJ}$ **1** **das Klavier ist ~**
pianul e dezacordat **2** *fig* **~ sein** a fi
indispus
verstopfen $\overline{VT \& VI}$ **1** a înfunda **2**
MED a (se) constipa
verstopft $\overline{ADJ}$ **1** *Abfluss, Rohr, etc* înfundat **2** *Straße* ticsit **3** *Nase* astupat
Verstopfung $\overline{F}$ MED constipaţie f; **an
~ leiden** a suferi de constipaţie
verstört $\overline{ADJ}$ tulburat; *stärker* năucit,

V

bulversat; *Miene* speriat, zăpăcit

Verstoß M̲ încălcare f (**gegen etw** a ceva)

verstoßen V̲T̲ *j-n* a alunga; **gegen etw** ~ a încălca ceva

verstreichen A̲ V̲T̲ (≈*verteilen*) a întinde; *Salbe, Butter a.* a unge; (≈*zustreichen*) a astupa B̲ *geh* V̲I̲ *Zeit* a se scurge; **e-e Frist / e-n Termin ~ lassen** a lăsa să treacă un termen/termen-limită

verstümmeln V̲T̲ a mutila *a. fig,* a schilodi

Versuch M̲ încercare f

versuchen V̲T̲ a încerca; **~, etw zu tun** a încerca să facă ceva; **es mit j-m ~** a pune la încercare pe cineva; **versuchs doch!** ia încearcă!

Versuchskaninchen *fig* N̲ cobai m

Versuchsstadium N̲ fază f experimentală

vertagen A̲ V̲T̲ ~ (**auf** +*akk*) a amâna (**pe/pentru**) B̲ V̲R̲ **sich ~** a se amâna

vertauschen V̲T̲ a schimba (ceva cu altceva)

verteidigen A̲ V̲T̲ a apăra B̲ V̲R̲ **sich ~** a se apăra

Verteidiger(in) M̲F̲ *SPORT* fundaş(ă) m(f)

Verteidigung F̲ apărare f

verteilen A̲ V̲T̲ a împărţi B̲ V̲R̲ **sich ~** a se împărţi

vertiefen A̲ V̲T̲ a adânci; *fig* a aprofunda B̲ V̲R̲ *fig* **sich in etw** (*akk*) ~ a se adânci/cufunda în ceva

Vertiefung F̲ 1̲ *Handlung* aprofundare f 2̲ (≈*tiefere Stelle*) adâncitură f; *im Gelände* depresiune f; (≈*Hohlraum*) scobitură f, cavitate f

vertikal A̲D̲J̲ vertical

vertippen *umg* V̲R̲ **sich ~** a face o greşeală de tipar

Vertrag M̲ contract n; **e-n ~ (ab)schließen** a încheia un contract

vertragen A̲ V̲T̲ a suporta; **sie verträgt keinen Fisch** (ea) nu suportă peştele B̲ V̲R̲ **sich ~** a se înţelege

Vertragswerkstatt F̲ *AUTO* service n auto autorizat

vertrauen V̲I̲ **auf j-n/etw ~** a se încrede în cineva/ceva; **j-m ~** a avea încredere în cineva

Vertrauen N̲ încredere f

vertraulich A̲D̲J̲ confidenţial; **streng ~** stict secret

vertraut A̲D̲J̲ familiar; **mit etw/j-m ~ sein** a fi apropiat cu ceva/cineva; **sich mit etw ~ machen** a se familiariza cu ceva

vertreiben V̲T̲ a alunga; **j-n aus s-r Heimat ~** a alunga pe cineva din locul său natal; **sich** (*dat*) **die Zeit mit etw ~** a-şi petrece timpul cu ceva

vertreten V̲T̲ a reprezenta; *umg* **sich** (*dat*) **die Beine ~** a-şi dezmorţi picioarele făcând o mică plimbare

Vertreter(in) M̲F̲ reprezentant(ă) m(f)

Vertretung F̲ 1̲ (≈*Stellvertretung*) înlocuire f temporară; *ADMIN* suplinire f; **in ~** delegat 2̲ *Person* locţiitor/locţiitoare m/f; *ADMIN* suplinitor/suplinitoare m/f 3̲ *e-s Landes* reprezentanţă f; *HANDEL* filială f, agenţie f

Vertrieb M̲ comercializare f

Vertriebsabteilung F̲ departament n de vânzări/comercial

Vertriebsleiter(in) M̲F̲ director m comercial

vertrocknen V̲I̲ a se usca

vertun A̲ V̲T̲ a risipi, a prăpădi B̲ *umg* V̲R̲ **sich ~** *umg* a se înşela, a greşi

vertuschen V̲T̲ *Fehler* a ascunde; *Skandal* a muşamaliza

verunglücken V̲I̲ a suferi un accident; **tödlich ~** a fi accidentat mortal

verunsichern V̲T̲ a face să se îndoiască, a dezorienta; (≈*verwirren*) a zăpăci

veruntreuen V̲T̲ *Gelder* a delapida, a deturna

verursachen V̲T̲ a pricinui

verurteilen V̲T̲ a condamna

Verurteilung F̲ condamnare f

vervielfältigen V̲T̲ *FOTO, TYPO* a multiplica, a reproduce

vervollständigen V̲T̲ a completa

verwählen V̲R̲ *TEL* **sich ~** a greşi numărul

verwalten V̲T̲ a administra

Verwalter(in) M̲F̲ administrator m, administratoare f

Verwaltung F̲ administraţie f

verwandeln A̲ V̲T̲ 1̲ (≈*verändern*) a schimba/transforma (**in** +*akk* în); *fig* **sie ist wie verwandelt** e complet schimbată ② SPORT **e-n Strafstoß ~** a transforma un penalty ⑧ Ⅵ SPORT **zum 2:0 ~** a duce scorul la 2:0 ⒞ Ⅴ/Ｒ **sich ~** a se transforma

Verwandlung Ｆ transformare f, schimbare f; fig, ZOOL metamorfoză f
verwandt ADJ înrudit (**mit cu**); **er ist mit mir ~** (el) este înrudit cu mine
Verwandte(r) Ｍ/Ｆ/Ｍ rudă f
Verwandtschaft Ｆ *die Verwandten* rude fpl
verwarnen Ⅵ a. SPORT a avertiza
Verwarnung Ｆ avertisment n; a. SPORT avertisment n; **gebührenpflichtige ~** contravenţie f
verwechseln Ⅵ a confunda (**mit cu**); **er hat sie miteinander verwechselt** (el) i-a confundat între ei; **sie sehen sich zum Verwechseln ähnlich** (ei) seamănă ca două picături de apă
Verwechslung Ｆ confuzie f
verweigern Ⅵ a refuza; **den Wehrdienst ~** a refuza stagiul militar
Verweis Ｍ ① (≈ *Rüge*) mustrare f; ADMIN, SCHULE a. avertisment n; **j-m e-n ~ erteilen** a da cuiva un avertisment ② (≈ *Hinweis*) trimitere f
verweisen Ⅵ & Ⅵ ① **~ auf** +akk a trimite la, a se referi la ② **j-n ~ an** +akk a trimite pe cineva la ③ **(von) der Schule ~** a exmatricula din şcoală; **j-n des Landes ~** a expulza pe cineva; SPORT **s-e Gegner auf die Plätze ~** a-şi devansa adversarii
verwenden Ⅵ a folosi
Verwendung Ｆ folosire f; **keine ~ für etw haben** a nu avea nici o întrebuinţare
verwerten Ⅵ a valorifica, a utiliza; *Altmaterial* a recupera; *Erfindung* a exploata, a trage folos
verwickelt ADJ *Angelegenheit* complicat, încâlcit
verwirklichen Ⓐ Ⅵ a realiza ⑧ Ⅴ/Ｒ **sich (selbst) ~** a se realiza
verwirren Ⓐ Ⅵ j-n a zăpăci ⑧ Ⅴ/Ｒ **sich ~** a se încurca
verwirrend ADJ deconcertant, tulburător
verwirrt ADJ confuz; *Person a.* zăpăcit, tulburat
Verwirrung Ｆ zăpăceală f; **~ stiften**

a produce confuzie; **in ~ geraten** a se încurca
verwöhnen Ⅵ a răsfăţa
verwöhnt ADJ ① răsfăţat ② (≈ *anspruchsvoll*) exigent
verwunden Ⅵ a răni; **(schwer) verwundet** rănit (grav)
verwunderlich ADJ uimitor
Verwundung Ｆ rană f; rănire f
verwüsten Ⅵ a devasta
verzählen Ⅴ/Ｒ **sich ~** a greşi la numărat
verzehren Ⅵ a consuma
Verzeichnis Ｎ registru n
verzeihen Ⅵ a ierta (**j-m etw** cuiva ceva); **~ Sie die Störung!** scuzaţi deranjul!
Verzeihung Ｆ **~!** scuzaţi!; **j-n um ~ bitten** a-i cere cuiva iertare
verzerren Ⓐ Ⅵ ① a. fig a deforma, a distorsiona ② *Gesichtszüge* a schimonosi, a strâmba ⑧ Ⅴ/Ｒ **sich ~** *Gesichtszüge* a se crispa, a se strâmba, a se schimonosi
Verzicht Ｍ renunţare (la) f (**auf** +akk)
verzichten Ⅵ **auf etw ~** a renunţa la ceva; **darauf ~, etw zu tun** a renunţa să facă ceva
verziehen[1] Ⓐ Ⅵ ① **das Gesicht ~** a se strâmba; **er verzog keine Miene** n-a clipit ② (≈ *schlecht erziehen*) a răsfăţa ⑧ Ⅵ a se muta (**nach la**) ⒞ Ⅴ/Ｒ **sich ~** TECH a se deforma; *Holz a.* a se strâmba; *Wolken, Gewitter, Rauch* a trece, a se împrăştia; *umg* (≈ *sich davonmachen*) a o şterge, a o întinde
verziehen[2] → verziehen
verzieren Ⅵ a decora
Verzierung Ｆ ornamentaţie f
verzinsen Ⓐ Ⅵ a plăti dobânzi ⑧ Ⅴ/Ｒ **sich ~** a aduce dobândă; **sich mit 6% ~** a aduce 6% dobândă
Verzinsung Ｆ percepere f a dobânzii
verzogen ADJ ① (≈ *schlecht erzogen*) răsfăţat, răzgâiat ② *Holz* deformat, strâmbat
verzögern Ⓐ Ⅵ a tărăgăna ⑧ Ⅴ/Ｒ **sich ~** a întârzia
Verzögerung Ｆ întârziere f
verzollen Ⅵ a vămui; **haben Sie etw zu ~?** aveţi ceva de declarat?
verzweifeln Ⅵ a dispera

V

verzweifelt ADJ disperat

Verzweiflung F disperare f; j-n zur ~ bringen a duce pe cineva la disperare

Veto N veto n; (s)ein ~ einlegen a se opune prin veto (gegen la)

Vetorecht N drept n de veto

Vetter M văr m

vgl. ABK (= vergleiche) cf.

VHS F ABK (= Volkshochschule) universitate f populară

vibrieren V/I a vibra

Video N video n

Videofilm M film n video

Videogalerie F bes INTERNET galerie f video

Videogerät N aparat n video

Videokamera F cameră f video

Videokassette F casetă f video

Videorekorder M videorecorder n

Videotext M teletext n, videotext n

Videothek F videotecă f

Vieh N vită f

Viehzucht F creșterea f vitelor

viel A INDEF PR mult; ~ Geld mulți bani; ~ Glück! mult noroc!; ~en Dank! mulțumesc mult!; sehr/zu ~ foarte/prea mult; sehr ~e ... foarte mulți/multe ...; um ~es größer cu mult mai mare B ADV mult; ~ beschäftigt foarte ocupat; ~ zu ~/wenig (cu) mult prea mult/puțin

Vielfalt F multiplicitate f; (≈ Mannigfaltigkeit) diversitate f, varietate f

vielleicht ADV poate; ~ ist sie krank poate că e bolnavă; (≈ wirklich) sie waren ~ überrascht! (ei) au fost cu-adevărat surprinși!

vielmals ADV danke ~! mii de mulțumiri!

vielmehr ADV & KONJ mai degrabă

vielseitig ADJ multilateral

vier NUM patru; auf allen ~en în patru labe

Vier F patru m

Vierbettzimmer N cameră f cu patru paturi

Viereck N dreptunghi n

viereckig ADJ dreptunghiular

vierfach ADJ împătrit

vierhundert NUM patru sute

viermal ADV de patru ori

viert ADV zu ~ (sein) (a fi) în patru

vierte(r, s) NUM al patrulea, a patra; → dritte

Viertel N 1 Stadtviertel cartier n 2 Bruchteil pătrime f; ~ vor/nach drei trei fără/și un sfert; ein ~ Wein un sfert de vin

Viertelfinale N sfert n de finală

vierteljährlich ADJ trimestrial

Viertelstunde F sfert n de oră

viertens ADV în al patrulea rând

vierzehn NUM paisprezece; in ~ Tagen peste două săptămâni

vierzehntägig ADJ de două săptămâni

vierzehnte(r, s) NUM al paisprezecelea, a paisprezecea; → dritte

vierzig NUM patruzeci

vierzigste(r, s) NUM al patruzecilea, a patruzecea

Villa F vilă f

violett ADJ violet

Violine F vioară f

VIP F ABK (= very important person) (≈ sehr wichtige Person) VIP n

Virus M od N virus m od n

Visite F MED vizită f medicală

Visitenkarte F carte f de vizită

Visum N viză f

Vitalwert M MED, PFLEGE valoare stabilită în urma controlului funcțiilor vitale

Vitamin N vitamină f; umg hum ~ B haben a avea pile

Vitrine F vitrină f

Vizepräsident(in) M(F) vicepreședinte m, vicepreședintă f

Vogel M pasăre f; umg fig e-n ~ haben a fi cam țicnit

Vogelgrippe F gripă f aviară

Vogelkäfig M colivie f

Vogelnest N cuib n de pasăre

Vogelsalat österr M salată f de câmp

Voicemail F TEL căsuță f vocală

VoIP N ABK (= Voice over IP) IT, TEL VoIP n, voce f peste IP

Vokabel F cuvânt n, vocabulă f; ~n lernen a învăța vocabular

Vokabelheft N caiet n de cuvinte/vocabular

Vokal M vocală f

Volk N̄ popor n; **ein Mann aus dem ~** un bărbat din popor

Völkermord M̄ genocid n

Völkerrecht N̄ drept n internaţional public

Volksabstimmung F̄ plebiscit n; referendum n

Volksbegehren N̄ POL iniţiativă f populară

Volksfest N̄ serbare f populară

Volkshochschule F̄ universitate f populară

Volksmusik F̄ muzică f populară

volkstümlich ADJ popular

Volkszählung F̄ recensământ n al populaţiei

voll ADJ plin; **~(er) Flecken/Wasser** plin de pete/apă; **~ und ganz** complet; umg **~ gut/süß** tare bun/dulce; **ein ~er Erfolg** un succes din plin; **den ~en Fahrpreis bezahlen** a plăti preţul întreg; **~e zwei Wochen** două săptămâni întregi; umg **das war ~ daneben** s-a nimerit alăturea cu drumul; umg **war es sehr ~?** a fost aglomerat?

vollautomatisch ADJ complet automat

Vollbart M̄ barbă f

Vollbremsung F̄ frână f totală; **e-e ~ machen** a pune frână totală

vollenden V̄T̄ a termina

vollends ADV pe deplin

voller → **voll**

Volleyball M̄ volei n

Vollgas N̄ **~ geben** a accelera la maximum; **mit ~** în plină viteză

völlig ADJ total; **das ist ~ falsch** este complet greşit

volljährig ADJ major; **~ werden** a deveni major

Volljährigkeit F̄ majorat n

Vollkaskoversicherung F̄ asigurare f casco

vollkommen A ADJ desăvârşit B ADV pe deplin

Vollkornbrot N̄ pâine f integrală

vollmachen V̄T̄ a umple

Vollmacht F̄ procură f; **j-m ~ erteilen** a împuternici pe cineva (prin procură notarială)

Vollmilch F̄ lapte m integral

Vollmilchschokolade F̄ ciocolată f

cu lapte

Vollmond M̄ lună f plină; **bei ~** la Lună plină; **es ist ~** este Lună plină

Vollnarkose F̄ anestezie f generală

Vollpension F̄ pensiune f completă

vollständig ADJ complet

Vollstreckung F̄ JUR executare f; JUR **~ einer (Geld-)Forderung** executarea f unei creanţe

volltanken V̄T̄ a face plinul; **bitte ~!** faceţi plinul, vă rog!; **das Auto ~** a umple rezervorul maşinii

Volltextsuche F̄ IT căutare f fulltext/completă

Volltreffer M̄ a. fig lovitură f în plin

Vollversammlung F̄ adunare f generală, (şedinţă) plenară f

vollzählig ADJ în număr complet; **sie sind ~ erschienen** (ei) au apărut în număr complet

Volt N̄ volt m

Volumen N̄ volum n

vom, **= von dem** → **von**

von PRÄP 1 räumlich de la; **von ... bis** de la ... până la; **von Bukarest kommen** a veni de la Bucureşti; **von links nach rechts** de la stânga la dreapta; **von oben (nach unten)** de sus (în jos); **von unten de jos**; **vom Mir aus din** (-spre) partea mea; **vom Land** de la ţară 2 zeitlich de la; **von ... an** (od **ab**) de la ...; **von ... bis** de la ... până la; **ein Brief vom 15. April** o scrisoare din 15 aprilie 3 andere Bedeutungen: de, din, dintre; **von wegen!** da de unde!; **acht von zehn Kindern** opt din zece copii; **e-r von uns** unul dintre noi; **ein Freund von mir** un prieten de-al meu; **ein Gedicht von Schiller** o poezie de Schiller; **ein Kind von zehn Jahren** un copil de zece ani; **das ist sehr freundlich von Ihnen** este foarte amabil din partea dumneavoastră; **sie wurde von den Eltern erwartet** ea a fost aşteptată de părinţi; **vom langen Warten** din cauza aşteptării îndelungate

voneinander ADV unul de(spre) altul

vor A PRÄP 1 zeitlich înainte de; **vor Sonnenaufgang** înainte de răsăritul soarelui; **vor zwei Tagen** acum două zile; **Viertel vor drei** trei fără un sfert 2 räumlich în faţa; **vor dem Haus** în

V

fața casei; **das letzte Haus vor dem Wald** ultima casă înainte de (intrarea în) pădure **3** *modal* **vor allem** mai ales; **vor Liebe** din dragoste; **vor Wut** de mânie **B** ADV **vor und zurück** înainte și înapoi

Vorabend M̄ ajun n

vorangehen V̄ī **1** a merge înainte **2** *Arbeit* a progresa **3** *zeitlich* **e-r Sache ~** a face progrese într-un lucru

vorankommen V̄ī a avansa

voraus ADV **seiner Zeit ~ sein** a fi premergător timpului său; **im Voraus** dinainte

vorausgesetzt ADJ **~, dass ...** presupunând că ...

Voraussage F̄ **1** prezicere f **2** *Wetter* prognoză f

voraussagen V̄ī a prezice

voraussehen V̄ī a prevedea; **das war vorauszusehen** era de prevăzut

voraussetzen V̄ī a porni de la o premiză; **vorausgesetzt, dass ...** presupunând că ...

Voraussetzung F̄ premiză f; **unter der ~, dass ...** cu condiția să ...; **die ~en erfüllen** a îndeplini condițiile

voraussichtlich ADJ probabil

Vorauszahlung F̄ plată f anticipată

vorbei ADV **1** *zeitlich* trecut; **alles war ~** totul trecuse **2** *räumlich* pe lângă; **an etw** (dat) **~** pe lângă ceva

vorbeifahren V̄ī a trece (cu un vehicul) pe lângă

vorbeigehen V̄ī a trece; *umg* (≈ *besuchen*) **kurz bei j-m ~** a trece puțin pe la cineva; **im Vorbeigehen** în trecere, în treacăt

vorbeikommen V̄ī **1** a trece (**an etw/j-m** de ceva/cineva) **2** *umg* (≈ *besuchen*) **bei j-m ~** a trece pe la cineva **3** (≈ *vorbeigehen können*) a (putea) trece

vorbeilassen V̄ī **j-n ~** a lăsa pe cineva să treacă

vorbereiten **A** V̄ī a pregăti; **auf alles vorbereitet sein** a fi pregătit pentru orice **B** V̄R **sich ~** a se pregăti (**auf de/pentru**)

Vorbereitung F̄ pregătire f; **in ~ sein** a fi în curs de pregătire; **~en treffen** a face pregătiri

vorbestellen V̄ī a rezerva

Vorbestellung F̄ rezervare f

vorbestraft ADJ JUR cu antecedente penale; **nicht ~** fără antecedente penale

vorbeugen **A** V̄ī **den Kopf ~** a pleca capul **B** V̄ī **einer Sache ~** a preveni ceva **C** V̄R **sich ~** a se apleca

vorbeugend ADJ preventiv

Vorbild N̄ exemplu n; **(sich** *dat*) **j-n/etw zum ~ nehmen** a(-și) lua pe cineva/ceva drept exemplu

vorbildlich ADJ exemplar, model

vordatieren V̄ī a postdata

Vorderachse F̄ axă f din față

vordere(r, s) ADJ cel din față

Vordergrund M̄ prim-plan n; *fig* **im ~ stehen** a se face remarcat

Vorderrad N̄ roată f din față

Vorderradantrieb M̄ tracțiune f pe față

Vorderseite F̄ parte f din față

Vordersitz M̄ scaun n din față

Vorderteil N̄ parte f din față

vordrängeln V̄ī (& V̄R) **1** (**sich**) **~** a se băga în față **2** *fig* (**sich**) **~** a încerca să iasă în evidență

voreilig ADJ pripit; **~ (über j-n/etw) urteilen** a judeca pripit pe cineva/ceva

voreingenommen ADJ cu prejudecăți

vorenthalten V̄ī **j-m etw ~** a ascunde cuiva ceva

vorerst ADV mai întâi

Vorfahr(e) M̄, **Vorfahrin** F̄ strămoș m, strămoașă f

vorfahren V̄ī (& V̄ī) **1 bei j-m ~** a se opri cu mașina în fața porții cuiva **2** (≈ *vorausfahren*) a merge/porni înainte (cu un vehicul) **3** (≈ *nach vorn fahren*) a avansa

Vorfahrt F̄ prioritate f; **~ achten** atenție la prioritate

Vorfahrtsstraße F̄ stradă f cu prioritate

Vorfall M̄ incident n

Vorfreude F̄ bucurie f anticipată

vorführen V̄ī a prezenta; **j-n dem Richter ~** a aduce pe cineva în fața instanței

Vorführung F̄ prezentare f; demonstrație f; proiecție f; reprezentație f

Vorgang M̄ **1** (≈ *Prozess*) proces n;

(≈ *Ereignis*) eveniment *n* 🗉 ADMIN (≈ *Akten*) dosar *n*

Vorgänger(in) M|F| predecesor *m*, predecesoare *f*

vorgehen V̄T̄ 🗈 *handeln* a proceda; **gegen j-n/etw** ~ a lua măsuri împotriva cuiva / a ceva 🗊 *geschehen* a se petrece 🗋 *Uhr* a merge înainte 🗍 *Vorrang haben* a avea prioritate

Vorgeschmack M̄ gust *n* anticipat, idee *f*

Vorgesetzte(r) M|F|M| şef(ă) *m(f)*

vorgestern ADV alaltăieri

vorhaben V̄T̄ a avea de gând; **was hast du heute Abend vor?** ce ai de gând să faci în seara asta?

Vorhaben N̄ intenţie *f*

vorhalten V̄T̄ **j-m etw** ~ a-i reproşa cuiva ceva

vorhanden ADJ existent; ~ **sein** a fi existent

Vorhang M̄ perdea *f*

Vorhängeschloss N̄ lacăt *n*

vorher ADV înainte; **zwei Tage** ~ cu două zile înainte

Vorhersage F̄ *Wetter* prognoză *f* meteo

vorhersagen V̄T̄ a prezice

vorhersehen V̄T̄ a prevedea

vorhin ADV adineaori

vorig ADJ precedent

Vorkenntnisse F̄P̄L̄ cunoştinţe *fpl* preliminare

vorkommen V̄Ī 🗈 (≈ *geschehen*) a se întâmpla; **so etwas ist mir noch nicht vorgekommen** nu mi s-a mai întâmplat aşa ceva 🗊 (≈ *existieren*) a exista 🗋 (≈ *scheinen, wirken*) **das kommt mir bekannt vor** asta îmi se pare cunoscut; **es kommt mir vor, als ob** îmi pare ca şi cum; **sich** (*dat*) ~ **wie ...** a se simţi ca ...

Vorlage F̄ model *n*; **gegen** ~ +*gen* numai la prezentarea +*gen*

vorlassen V̄T̄ **j-n** ~ a lăsa pe cineva să treacă înainte

vorläufig 🄰 ADJ provizoriu 🄱 ADV deocamdată

vorlesen V̄T̄ a citi (**j-m etw** cuiva ceva)

Vorlesung F̄ curs *n*; **eine** ~ **belegen** (*od besuchen*)/**hören** a se înscrie (a

lua parte) la un curs / a urma un curs

vorletzte(r, s) ADJ penultimul; ~**s Jahr** acum doi ani

Vorliebe F̄ predilecţie *f* (**für** pentru); **mit** ~ de preferinţă, cu predilecţie

vormachen V̄T̄ 🗈 **j-m** ~, **wie es gemacht wird** a arăta cuiva cum se face; **kannst du es mir** ~? poţi să-mi arăţi cum se face? 🗊 *täuschen* **j-m etw** ~ a păcăli pe cineva cu ceva

Vormittag M̄ dimineaţă *f*; **am** ~ de dimineaţă; **heute** ~ azi-dimineaţă; **morgen** ~ mâine-dimineaţă

vormittags ADV dimineaţa; **um 10 Uhr** ~ la ora 10 dimineaţa

Vormund M̄ tutore/tutoare *m/f*

vorn(e) ADV înainte; **ganz** ~ chiar în faţă; **nach** ~ înainte; **von** ~ **anfangen** a o lua de la capăt; **von** ~ **bis hinten** de la cap la coadă

Vorname M̄ prenume *n*; **wie heißt du mit** ~**n** care e prenumele tău?

vornehm ADJ nobil; ~ **tun** a-şi da aere, a face pe grozavul; **die** ~**en Leute** lumea nobilă

vornehmen V̄T̄ **sich** (*dat*) ~, **etw zu tun** a-ţi propune să faci ceva

vornherein ADV **von** ~ de la bun început

Vorort M̄ suburbie *f*

vorprogrammieren V̄T̄ IT a programa

vorprogrammiert ADJ *Schwierigkeiten* inevitabil, dinainte programat; *Erfolg* sigur, cert; ~ **sein** a fi inevitabil

Vorrang M̄ prioritate *f*; **den** ~ **vor etw/j-m haben** a avea prioritate faţă de ceva/cineva

Vorrat M̄ provizie *f*; **auf** ~ pe stoc, de rezervă; **solange der** ~ **reicht** până la epuizarea stocului

vorrätig ADJ disponibil

Vorratskammer F̄ cămară *f*

Vorrecht N̄ privilegiu *f*

Vorrichtung F̄ dispozitiv *n*; mecanism *n*

Vorruhestand M̄ pensionare *f* înainte de termen

Vorrunde F̄ SPORT calificări *fpl*, tur *n* eliminatoriu

vors *umg*, = **vor das** → **vor**

Vorsaison F̄ presezon *n*

Vorsatz M̲ hotărâre f

vorsätzlich A̲D̲J̲ premeditat

Vorschein M̲ **zum ~ bringen** a scoate la iveală; **zum ~ kommen** a ieși la iveală

Vorschlag M̲ propunere f

vorschlagen V̲T̲ a propune; **ich schlage vor, dass ...** propun să ...

vorschreiben V̲T̲ a prescrie; **ich lasse mir von dir nichts ~!** nu mă las comandat de tine!

Vorschrift F̲ regulament n; **gegen die ~en** contrar regulamentului

vorschriftsmäßig A̲D̲J̲ conform regulamentului

Vorschule F̲ învățământ n preșcolar

Vorschuss M̲ avans n (**auf** +akk pentru), acont n

Vorsicht F̲ prudență f; **~!** atenție!; **~, Stufe!** atenție la treaptă!

vorsichtig A̲D̲J̲ prudent; **sei ~!** fii atent!

vorsichtshalber A̲D̲V̲ din precauție

Vorsitz M̲ președinție f; **den ~ haben** a prezida

Vorsitzende(r) M̲/F̲M̲ președinte m, președintă f

Vorsorge F̲ prevedere f; **~ treffen** a lua măsuri de precauție

Vorsorgeuntersuchung F̲ consultație f profilactică

Vorspeise F̲ antreu n

vorsprechen A̲ V̲T̲ 1 e-n Satz ~ a spune o propoziție pentru a fi repetată 2 bei Prüfungen a recita B̲ V̲I̲ 1 ~ bei a merge în audiență/vizită la 2 (bei e-m Theater) ~ a da audiție (la un teatru)

Vorsprung M̲ avans n (**vor** +datfață de +akk)

Vorstand M̲ consiliu/comitet n de conducere; weitS. conducere f, direcție f; e-r Partei birou n

Vorstandsvorsitzende(r) M̲/F̲M̲ președinte m al consiliului de conducere, președintă f a consiliului de conducere

vorstellen A̲ V̲T̲ 1 (≈bekannt machen) a prezenta; **ich möchte Ihnen ... ~** doresc să vă prezint ... 2 (≈sich einbilden) **sich** (dat) **etw ~** a-și imagina ceva; **deinen Freund hab ich mir an-**ders vorgestellt mi l-am imaginat altfel pe prietenul tău; **ich kann mir nicht ~, dass ...** nu pot să-mi imaginez că ...; **stell dir vor, ...** imaginează-ți ... 3 Uhr a da înainte B̲ V̲/R̲ **sich** (j-m) ~ a se prezenta (cuiva), a se recomanda (cuiva)

Vorstellung F̲ 1 prezentare f 2 Idee idee f 3 THEAT reprezentație f

Vorstellungsgespräch N̲ interviu n

Vorstellungskraft F̲, **Vorstellungsvermögen** N̲ imaginație f

Vorstrafe F̲ JUR condamnare f anterioară; **~n** pl cazier n judiciar

vortäuschen V̲T̲ a simula

Vorteil M̲ avantaj n; **die Vor- und Nachteile** avantajele și dezavantajele; **im ~ sein** a fi în avantaj; **zum ~ von** în avantajul; **er hat sich zu s-m ~ verändert** el s-a schimbat în bine

vorteilhaft A̲D̲J̲ avantajos

Vortrag M̲ conferință f (**über** +akk despre); **einen ~ halten** a ține o conferință

vortragen V̲T̲ 1 (≈darlegen) a expune 2 Text a recita, a declama; Musikstück a executa; Lied a cânta, a interpreta

vorüber A̲D̲V̲ trecut

vorübergehen V̲I̲ Schmerz etc a trece

vorübergehend A̲D̲J̲ trecător

Vorurteil N̲ prejudecată f

Vorverkauf M̲ vânzare f cu anticipație; **im ~** în timpul vânzărilor cu anticipație

vorverlegen V̲T̲ a schimba data fixată cu una anterioară

Vorwahl F̲ TEL prefix n

Vorwahlnummer F̲ TEL prefix n n

Vorwand M̲ pretext n; **unter dem ~, dass ...** sub pretextul că ...

vorwarnen V̲T̲ a preveni

vorwärts A̲D̲V̲ înainte

vorwärtskommen V̲I̲ 1 a înainta 2 fig a progresa

vorwegnehmen V̲T̲ a anticipa

vorwerfen V̲T̲ j-m etw ~ a-i reproșa cuiva ceva; **sich** (dat) **etw ~** a-și reproșa ceva

vorwiegend A̲D̲V̲ cu precădere

Vorwort N̲ prefață f

Vorwurf M̲ reproș n; **j-m Vorwürfe**

machen a-i face cuiva reproşuri
vorwurfsvoll ADJ plin de reproş
Vorzeichen N ① MATH semn n ② (≈ *Omen*) semn n prevestitor ③ MUS accident m, alterație f
vorzeigen VT a prezenta
vorzeitig ADJ prematur
vorziehen VT *lieber haben* a prefera
vorzüglich ADJ excelent
vorzugsweise ADV de preferință
vulgär ADJ vulgar
Vulkan M vulcan m

W

W¹, w N W, w m/n
W² ABK ① ELEK (≈ *Watt*) W (watt) ② (≈ *West[en]*) V (vest)
Waage F ① cântar n; *fig* **sich die ~ halten** a sta în echilibru ② ASTROL balanța f
waagerecht ADJ orizontal
wach ADJ treaz; ~ **liegen** a sta cu ochii deschişi în pat; ~ **werden** a se trezi
Wache F pază f; ~ **stehen** (*od haben*) a fi de gardă
Wachmann M ① (≈ *Aufseher*) paznic m, gardian m ② *österr* agent m de poliție
Wacholder M ienupăr m
Wachs N ceară f
wachsam ADJ vigilent
wachsen¹ VI a creşte; *fig* **e-r Sache gewachsen sein** a face față unui lucru; *Mensch* **gut gewachsen** bine făcut, dezvoltat
wachsen² VT *Skier* a da cu ceară
Wachstum N creştere f
Wachstumsrate F WIRTSCH rată f de creştere
Wachtel F prepeliță f
Wächter(in) M/F paznic(ă) m(f)
wackelig ADJ ① (≈ *nicht stabil*) instabil, tremurător; *Zahn* care se clatină; *Möbel* descleiat, hodorogit ② *umg Person* instabil, inconstant ③ *umg fig Arbeitsplät-*

ze periclitat
Wackelkontakt M contact n intermitent
wackeln VI *Tisch, Zahn* a se clătina; **mit dem Kopf ~** a da din cap
Wade F pulpă f
Waffe F armă f; *fig* **j-n mit s-n eigenen ~n schlagen** a învinge pe cineva cu propriile lui arme
Waffel F vafă f
Waffenstillstand M armistițiu n
wagen VT a îndrăzni; **es ~, etw zu tun** a îndrăzni să faci ceva
Wagen M ① AUTO maşină f ② BAHN vagon n ③ ASTRON **der Große ~** Carul Mare
Wagenheber M cric n
Waggon M vagon n
Wahl F ① alegere f; **die (freie) ~ haben** a avea (liberă) alegere; **in die engere ~ kommen** a intra în al doilea scrutin al alegerilor; **mir bleibt keine andere ~** nu am de ales; **zur ~ stehen** a fi la alegere ② POL vot n; **sich zur ~ stellen** a candida la alegeri
wahlberechtigt ADJ ~ **sein** a avea drept de vot
Wahlbeteiligung F participare f la vot
wählen VT ① a alege ② TEL a forma un număr ③ POL a vota
Wähler(in) M/F alegător m, alegătoare f
wählerisch ADJ pretenţios
Wahlfach N SCHULE disciplină/materie f opțională
Wahlkampf M campanie f electorală
Wahllokal N local n de vot
wahllos ADV la întâmplare, fără discernământ
Wahlrecht N *aktives* drept n de vot; *passives* ~ eligibilitate f; **allgemeines ~** sufragiu universal
wahlweise ADV la alegere
Wahnsinn M nebunie f; ~! incredibil!
wahnsinnig A ADJ nebun B ADV *umg* grozav; ~ **viel zu tun haben** a fi foarte ocupat
wahr ADJ adevărat; ~ **werden** a se adeveri; **nicht ~?** nu-i aşa?; **ein ~er Freund** un prieten adevărat; *umg fig*

das kann doch nicht ~ sein! nu se poate!; **etwas Wahres wird schon daran sein** trebuie să existe o fărâmă de adevăr în asta

während A PRÄP în timpul B KONJ pe când

währenddessen ADV între timp

Wahrheit F adevăr n; **bei der ~ bleiben** a rămâne de partea adevărului; **die ~ sagen** a spune adevărul

wahrnehmen VT 1 a percepe 2 *Gelegenheit* a profita

Wahrsager(in) M(F) ghicitor m, ghicitoare f

wahrscheinlich ADJ probabil

Wahrscheinlichkeit F probabilitate f; **aller ~ nach** după toate probabilitățile

Währung F valută f

Währungsfonds M fond n monetar

Währungsreform F reformă f monetară

Währungssystem N sistem n monetar

Währungsumstellung F conversie f monetară

Währungsunion F uniune f monetară

Wahrzeichen N simbol n

Waise F orfan(ă) m(f)

Wal M balenă f

Walachei *hist* F Țara f Românească

Wald M pădure f; **tief im ~** în adâncul pădurii

Waldbrand M incendiu n de pădure

Waldorfschule F școală f Waldorf

Waldsterben N moarte f a pădurilor (în urma ploilor acide și a poluării atmosferice)

Wales N Țara Galilor f

Waliser(in) M(F) galez(ă) m(f)

walisisch ADJ galez

Wallfahrt F pelerinaj n

Walnuss F nucă f

Walze F cilindru m, valț n; (≈ *Straßenwalze*) rulou n compactor

wälzen A VT 1 a tăvăli, a rostogoli; GASTR **in Mehl ~** a tăvăli/da prin făină 2 *umg fig Akten* a învârti 3 *umg fig Probleme* a rumega B VR **sich am Boden / im Schmutz ~** a se tăvăli pe jos/prin mizerie

Walzer M vals n

Wand F perete m; *fig* **j-n an die ~ stellen** a pune pe cineva la zid; *umg* **in meinen vier Wänden** între cei patru pereți ai casei mele

Wandel M schimbare f; **im ~ der Zeiten** cu timpul

Wanderausstellung F expoziție f itinerantă

Wanderer M, **Wanderin** F drumeț m, drumeață f

Wanderkarte F hartă f turistică

wandern VI a drumeți

Wanderschuh M gheată f de munte

Wanderung F drumeție f

Wanderweg M traseu n de drumeție

wandte → **wenden**

Wange F obraz m

wann ADV când; **bis/seit ~?** până/de când?; **von ~ bis ~?** de când și până când?

Wanne F cadă f

Wanze F 1 ploșniță f 2 *umg Abhörgerät* microfon n ascuns

Wappen N blazon n

warb → **werben**

Ware F marfă f; **~n** pl mărfuri fpl

Warenhaus N magazin n universal

Warenzeichen N marcă f înregistrată

warf → **werfen**

warm ADJ cald; **~ essen** a consuma mâncare caldă; **~ machen** a încălzi; **~ werden** a se încălzi; **das Essen ~ stellen** a pune mâncarea la cald; **den Motor ~ laufen lassen** a încălzi motorul; **es ist ~** este cald; **mir ist es (zu) ~** mi-e (prea) cald; **etw Warmes trinken** a bea ceva cald; *fig* **~er Empfang** primire călduroasă; *umg fig* **mit j-m nicht ~ werden** a nu se putea obișnui cu cineva

Wärme F căldură f

wärmen A VT a încălzi B VR **sich ~** a se încălzi

Wärmflasche F buiotă f

warmhalten VT *umg* **sich** (dat) **j-n ~** a-și cultiva relațiile cu cineva

warmherzig ADJ cordial, afectuos

Warnblinkanlage F lumini fpl de avarie

Warndreieck N triunghi n reflectorizant

warnen V̄/T̄ a avertiza (**vor** +dat de); **vor Taschendieben wird gewarnt!** atenție la hoții de buzunare!

Warnstreik M̄ grevă f de avertizare

Warnung F̄ avertizare f

Warschau N̄ Varșovia f

Warteliste F̄ listă f de așteptare; **auf der ~ stehen** a fi pe lista de așteptare

warten A V̄ī a aștepta (**auf etw/j-n** ceva/pe cineva); **mit etw ~** a aștepta cu ceva; **warte mal!** așteaptă puțin!; Drohung **warte nur!** las' că-ți arăt eu! B V̄/T̄ TECH a întreține

Wärter(in) M̄/F̄ paznic(ă) m(f)

Warteraum M̄, **Wartesaal** M̄ sală f de așteptare

Warteschlange F̄ coadă f

Wartezimmer N̄ cameră f de așteptare

Wartung F̄ întreținere f

warum ĀDV̄ de ce; **~ nicht?** de ce nu?

Warze F̄ neg m

was A ĪNT PR ce, cât; umg **was?** wie bitte? ce?; **was für ein(e)** ce fel de; **was für ein Auto ist es?** ce (fel de) mașina e?; **was für eine Farbe/Größe?** ce culoare/mărime?; **was für ein Tag!** ce zi!; **was ist das?** ce este aceasta?; **was ist (denn)?** ce este (oare)?; **was kostet das?** cât costă asta? B RĒL PR **alles, was tot ce; du weißt, was ich meine** știi ce vreau să spun C umg **~ INDĒF PR etwas ceva; brauchst du was?** îți trebuie ceva?; **das ist was anderes** aceasta este altceva; **ich will dir mal was sagen** vreau să-ți spun ceva

Waschanlage F̄ AUTO stație f de spălat mașini

waschbar ĀDJ̄ lavabil

Waschbecken N̄ chiuvetă f

Wäsche F̄ rufe fpl; **~ waschen** a spăla rufe; umg fig **dumm aus der ~ gucken** a se mira ca prostul

Wäscheklammer F̄ cârlig n de rufe

Wäschekorb M̄ coș n de rufe

Wäscheleine F̄ frânghie f de rufe

waschen A V̄/T̄ a spăla B V̄/R̄ **sich ~** a se spăla; **sich die Haare ~** a se spăla pe cap

Wäscherei F̄ spălătorie f

Wäscheständer M̄ stativ n pentru uscat rufele

Wäschetrockner M̄ uscător n

Wäschewagen M̄ cărucior n pentru rufe

Waschlappen M̄ mănușă f de spălat

Waschmaschine F̄ mașină f de spălat rufe

Waschmittel N̄, **Waschpulver** N̄ detergent n (de rufe)

Waschraum M̄ spălătorie f

Waschsalon M̄ spălătorie f cu autoservire

Waschschüssel F̄ PFLEGE lighean n

wäscht → waschen

Waschzettel M̄ prezentare f, reclamă f

Wasser N̄ apă f; **fließendes ~** apă f curentă; **~ abweisend** impermeabil; **ins ~ gehen** a merge în apă; fig Pläne **ins ~ fallen** a lăsa baltă; fig sich über **~ halten** a face față; umg **da läuft e-m das ~ im Munde zusammen** îmi plouă în gură

Wasserball M̄ SPORT polo n pe apă

wasserdicht ĀDJ̄ impermeabil

Wasserfall M̄ cascadă f

Wasserfarbe F̄ acuarelă f

wasserfest ĀDJ̄ rezistent la apă

Wasserglas N̄ Gefäß pahar n pentru apă

Wasserhahn M̄ robinet n

wässerig ĀDJ̄ apos

Wasserkocher M̄ fierbător n de apă

Wasserkraft F̄ energie/forță f hidraulică

Wasserleitung F̄ conductă f de apă

wasserlöslich ĀDJ̄ solubil în apă

Wassermann M̄ ASTROL vărsător m

Wassermelone F̄ pepene m verde

Wasserpistole F̄ pistol n cu apă

Wasserrutschbahn F̄ tobogan n pe apă

Wasserschaden M̄ stricăciune f produsă de inundație

wasserscheu ĀDJ̄ **~ sein** a-i fi frică de apă

Wasserski N̄ schi n nautic

Wassersport M̄ sport n nautic

Wasserstoff M̄ hidrogen n

Wasserstraße F̄ cale f navigabilă

Wasserverbrauch M̄ consum n de apă

Wasserversorgung F̄ alimentare f cu apă

Wasserwaage F̄ nivelă f cu bulă de aer

Wasserzeichen N̄ filigran n

waten V̄I a merge prin apă; **durch einen Fluss ~** a trece un râu cu piciorul

Watt N̄ ELEK watt n

Watte F̄ vată f

Wattebausch M̄ tampon n de vată

Wattestäbchen N̄ bețișor n de vată

WC N̄ W.C. n

WC-Reiniger M̄ detergent n de curățat W.C.-ul

Web N̄ IT web/internet n

Webbrowser M̄ IT browser/navigator n web

Webcam F̄ IT cameră f web

Webdesign N̄ IT web design n

Webdesigner(in) M̄/F̄ IT web designer m/f

weben V̄T a țese

Weblog N̄/M̄ blog n

Webportal N̄ IT portal n web

Webseite F̄ IT pagină f web

Webserver M̄ IT server n web

Website F̄ IT website n

Webstuhl M̄ război n de țesut

Wechsel M̄ schimb n

Wechselgeld N̄ rest n

wechselhaft ADJ *Wetter* instabil

Wechseljahre PL menopauză f

Wechselkurs M̄ curs n de schimb (valutar)

wechseln V̄T a schimba; MED, PFLEGE **einen Verband ~** a schimba pansamentul; **Geld ~** a schimba bani; **zu e-m anderen Verein ~** a se transfera la altă o asociație

Wechselstrom M̄ curent n alternativ

Wechselstube F̄ casă f de schimb valutar

Wechselwirkung F̄ interacțiune f

wecken V̄T a trezi

Wecker M̄ ceas n deșteptător; *umg* **j-m auf den ~ gehen** a călca pe nervi pe cineva

wedeln V̄I **1** **mit dem Schwanz ~** a da din coadă **2** SKI a șerpui

weder KONJ **~ ... noch ...** nici ... nici ...

weg ADV **1** *fort* dus; **weg da!** pleacă de-aici!; **weg damit!** afară cu asta!; **der Zug ist schon weg** trenul a plecat deja; **Hände weg!** jos mâinile!; **weit weg** departe de tot **2** *verschwunden* dispărut **3** *verloren* pierdut

Weg M̄ drum n; **auf dem kürzesten Weg** pe drumul cel mai scurt; **auf dem richtigen Weg** pe drumul cel bun; **auf dem Weg nach/von ...** pe drumul spre / de la; **nach dem Weg fragen** a întreba de drum; **sich auf den Weg machen** a o porni la drum; *fig* **e-r Sache / j-m aus dem Weg gehen** a se da la o parte din calea unui lucru / cuiva; *fig* **etw in die Wege leiten** a pune ceva la cale; *fig* **j-m im Weg(e) stehen** (*od* **sein**) a sta cuiva în drum

wegbringen V̄T a lua

wegen PRÄP din cauza; **~ schlechten Wetters** din cauza vremii nefavorabile; *umg* **von ~!** (da) de unde!

wegfahren V̄I a pleca (cu un vehicul); **wieder ~** a plecat din nou (cu un vehicul); **sie fahren oft weg** (ei) pleacă des (cu un vehicul)

wegfallen V̄I a fi suprimat

wegfliegen V̄I a zbura (**nach** la)

weggeben V̄T a da

weggehen V̄I a pleca (pe jos); **am Abend ~** a ieși seara

wegkommen *umg* V̄I **1** (≈ *sich entfernen können*) a pleca; a scăpa; *umg* a se duce; **machen Sie, dass Sie ~!** *umg* plecați de aici! **2** (≈ *abhandenkommen*) a dispărea **3** **bei etw gut ~** a ieși bine din ceva

weglasern *umg* V̄T & V̄R (≈ *durch Laserbehandlung entfernen*) **etw ~** a îndepărta cu laser

weglassen V̄T a lăsa deoparte

weglaufen V̄I a fugi

weglegen V̄T a pune deoparte

wegmachen *umg* V̄T a îndepărta, a înlătura

wegmüssen V̄I **ich muss weg** trebuie să plec

wegnehmen V̄T **j-m etw ~** a lua cuiva ceva; **viel Platz ~** a ocupa mult loc

wegräumen V̄T a strânge

wegrennen V̄I a o lua la fugă

wegschicken V̄T a trimite

wegschmeißen _umg_ <u>VT</u> a arunca
wegsehen <u>VT</u> a privi în altă parte; _umg fig_ **über etw** _(akk)_ ~ a trece ceva cu vederea
wegstecken <u>VT</u> a pune deoparte, a ascunde; _umg fig Schlag, Beleidigung_ a înghiți _umg_
wegstellen <u>VT</u> a pune altundeva
wegtragen <u>VT</u> a duce altundeva
wegtun <u>VT</u> a da deoparte
Wegweiser <u>M</u> indicator _n_ de drum
wegwerfen <u>VT</u> a arunca
wegwischen <u>VT</u> a șterge
wegziehen <u>VI & VT</u> **1** a trage la o parte **2** _umziehen_ a se muta
wehen <u>VI</u> **1** _Wind_ a sufla **2** _Fahne_ a flutura
Wehen <u>PL</u> durerile _fpl_ facerii; **in den ~ liegen** a avea contracții
wehleidig <u>ADJ</u> sensibil la durere
wehmütig <u>ADJ</u> melancolic
Wehrdienst <u>M</u> serviciu _n_ militar
wehren <u>VR</u> **sich ~** a se apăra; (≈_sich weigern_) **sich (dagegen) ~, etw zu tun** a se împotrivi să facă ceva
wehrlos <u>ADJ</u> fără apărare; **j-m / e-r Sache ~ ausgeliefert sein** a fi lipsit de apărare în fața cuiva / unui lucru
Wehrpflicht <u>F</u> serviciu _n_ militar obligatoriu
wehtun <u>VI</u> **j-m ~** a-i face rău cuiva; **sich ~** a se lovi; **wo tut es dir weh?** unde te doare?
Weibchen <u>N</u> ZOOL femelă _f_
weiblich <u>ADJ</u> feminin
weich <u>ADJ</u> moale; ~ **gekocht** fiert moale; ~ **landen** a ateriza lin; ~ **machen** a înmuia; ~ **werden** a se înmuia
Weiche <u>F</u> BAHN macaz _n_; **e-e ~ stellen** a manevra un macaz
Weichsel die ~ Vistula
Weichspüler <u>M</u> balsam _n_ de rufe
Weide <u>F</u> **1** _Baum_ salcie _f_ **2** _Viehweide_ pășune _f_
weigern <u>VR</u> **sich ~** a se opune
Weigerung <u>F</u> refuz _n_
Weiher <u>M</u> iaz _n_
Weihnachten <u>N</u> Crăciun _n_; **frohe** (_od_ **fröhliche**) **~!** sărbători fericite! (_od un_ Crăciun fericit!); **zu ~** de Crăciun
weihnachtlich <u>A</u> <u>ADJ</u> de Crăciun <u>B</u> <u>ADV</u> ~ **geschmückt** împodobit de Cră-

ciun
Weihnachtsabend <u>M</u> Ajunul _n_ de Crăciun
Weihnachtsbaum <u>M</u> pom _m_ de Crăciun
Weihnachtsfeier <u>F</u> serbare _f_ de Crăciun
Weihnachtsferien <u>PL</u> vacanță _f_ de Crăciun
Weihnachtsfest <u>N</u> sărbătoare _f_ de Crăciun
Weihnachtsgeld <u>N</u> gratificație _f_ de Crăciun
Weihnachtsgeschenk <u>N</u> cadou _n_ de Crăciun
Weihnachtskarte <u>F</u> felicitare _f_ de Crăciun
Weihnachtslied <u>N</u> colind _n_
Weihnachtsmann <u>M</u> Moș Crăciun _m_
Weihnachtsmarkt <u>M</u> târg _n_ de Crăciun
Weihnachtszeit <u>F</u> Perioada _f_ Crăciunului
Weihrauch <u>M</u> tămâie _f_
Weihwasser <u>N</u> agheazmă _f_
weil <u>KONJ</u> pentru că
Weile <u>F</u> **e-e ganze ~** ceva timp; **es kann noch eine ~ dauern** poate să mai dureze un timp
Wein <u>M</u> vin _n_
Weinberg <u>M</u> podgorie _f_
Weinbergpfirsich <u>M</u> piersică _f_ plată
weinen <u>VI</u> a plânge
Weingegend <u>F</u> regiune/zonă _f_ viticolă
Weinglas <u>N</u> pahar _n_ pentru vin
Weingut <u>N</u> fermă _f_ viticolă
Weinkarte <u>F</u> lista _f_ de vinuri
Weinkeller <u>M</u> cramă _f_
Weinlese <u>F</u> cules _n_ al viilor
Weinprobe <u>F</u> degustare _f_ de vinuri
Weintraube <u>F</u> strugure _m_
weise <u>ADJ</u> înțelept
Weise <u>F</u> fel _n_; **auf diese ~** în acest fel
weisen <u>A</u> <u>VT</u> **j-m den Weg ~** a-i arăta cuiva drumul <u>B</u> <u>VI</u> **auf etw** _(akk)_ ~ a indica ceva
Weisheit <u>F</u> înțelepciune _f_; _umg_ **mit s-r ~ am Ende sein** a nu ști ce să mai spună

Weisheitszahn M̄ măsea f de minte

Weiß N̄ alb n

weiß ADJ alb; **das Weiße Haus** Casa Albă

Weißbrot N̄ pâine f albă

Weiße(r) M/F/M alb m, albă f

Weißkohl M̄, **Weißkraut** N̄ varză f albă

Weißwein M̄ vin n alb

Weißwurst F̄ cârnat m alb

weit ADJ **1** *Reise, Weg* departe; **~ entfernt von ...** la mare depărtare de ...; **zwei Kilometer ~ entfernt** la doi kilometri depărtare; **~ und breit** în lung și în lat; **~ verbreitet** larg răspândit; **~ weg** la mare depărtare; **~ zurückliegend** (cu) mult în urmă; **das geht zu ~** asta merge prea departe; **ich bin so ~ sunt gata; j-m ~ überlegen sein** a fi cu mult mai presus decât cineva; **wie ~ bist du (mit deiner Arbeit)?** unde ai ajuns (cu lucrarea)?; **wie ~ ist es von hier nach ...?** cât e de departe de aici (până) la ...?; **im ~esten Sinne** în sensul cel mai îndepărtat; **bei Weitem nicht** nici pe departe; **von Weitem** de departe **2** *Kleidung* larg; **~ offen** larg deschis

weiter ADV mai departe; **~!** mai departe!; **~ nichts/niemand** incolo nimic/nimeni; **~ so!** continuă!; **~ unten/vorn** mai jos / în față; **und so ~** și așa mai departe; **~ bestehen** a exista mai departe; **~e Informationen** informații suplimentare; **was geschah ~?** ce s-a întâmplat mai departe?; *umg* **wenn es ~ nichts ist!** dacă asta-i tot!

weiterarbeiten V̄Ī a lucra mai departe, a continua să lucreze

Weiterbildung F̄ perfecționare f

Weitere(s) N̄ **das ~** restul ceea ce/ce-le ce urmează; **des ~n** în plus, de asemenea; **bis auf ~s** până la noi ordine; **ohne ~s** fără probleme; absolut

weiterempfehlen V̄T a recomanda mai departe

weitererzählen V̄T **nicht ~!** nu spune mai departe!

weiterfahren V̄Ī a pleca mai departe (cu un vehicul)

weitergeben V̄T a da mai departe

weitergehen V̄Ī a merge mai depar-

te; **so kann es nicht ~** lucrurile nu mai pot continua în felul acesta

weiterhelfen V̄Ī **j-m ~** a da cuiva o mână de ajutor

weiterhin ADV **etw ~ tun** a continua să faci ceva

weiterkommen V̄Ī a avansa; *umg* **mach, dass du weiterkommst!** șterge-o!

weiterleiten V̄T a transmite mai departe

weitermachen V̄T & V̄Ī a continua

weiterreisen V̄Ī a continua călătoria

weitersagen V̄T a spune mai departe; **nicht ~!** să nu spui mai departe!

weiterwissen V̄Ī **nicht (mehr) ~** a nu (mai) ști ce să faci

weitgehend ADJ în mare măsură

weitsichtig ADJ prezbit

Weitsprung M̄ săritură f în lungime

weitverbreitet ADJ foarte răspândit

Weitwinkelobjektiv N̄ obiectiv n panoramic

Weizen M̄ grâu n

welche(r, s) INT PR & REL PR care

welken V̄Ī a se ofili

Welle F̄ **1** val n; *im Verkehr* **grüne ~** undă verde; *im Haar* **~n** pl onduleuri npl **2** PHYS undă f

Wellenlänge F̄ lungime f de undă

Wellenreiten N̄ surf n

Wellensittich M̄ peruș m

Wellness F̄ wellness n, bunăstare f

Wellnesshotel N̄ hotel n wellness/spa

Wellnessurlaub M̄ vacanță f wellness/spa

Welpe M̄ pui m de câine

Welt F̄ lume f; **auf der ~** pe lume; **auf die ~ kommen** a veni pe lume; **die ganze ~** lumea întreagă; **zur ~ bringen** a naște; *umg* **Gerüchte in die ~ setzen** a răspândi zvonuri; *umg* **Kinder in die ~ setzen** a face copii

Weltall N̄ univers n

weltbekannt ADJ, **weltberühmt** ADJ de renume mondial

weltfremd ADJ desprins de realitate, nerealist

Welthandel M̄ comerț n mondial

Weltkarte F̄ mapamond n

Weltkrieg M̄ război n mondial; **der**

Erste ~ Primul Război Mondial; **der Zweite** ~ Al Doilea Război Mondial

Weltladen M̅ magazin n cu produse fair trade / cu produse din comerț echitabil

Weltmacht F̅ putere f mondială

Weltmeister M̅ campion m mondial m

Weltmeisterschaft F̅ campionat n mondial

Weltraum M̅ spațiul n cosmic

Weltreise F̅ călătorie f în jurul lumii

Weltrekord M̅ record n mondial

Weltuntergang M̅ sfârșit n al lumii

weltweit ADJ internațional

Weltwirtschaft F̅ economie f mondială

wem INT PR cui; **wem gehört das?** cui aparține aceasta?; **mit wem?** cu cine?; **von wem?** de la cine?; **zu wem?** la cine?

wen INT PR pe cine? pentru cine?; **für wen?** pentru cine?; **gegen wen?** împotriva cui?; **an wen denkst du?** la cine te gândești?; **frag, wen du willst** întreabă pe cine vrei

Wende fig F̅ schimbare f

Wendekreis M̅ **1** tropic n **2** AUTO cerc n de viraj

Wendeltreppe F̅ scară f melc

wenden A V̅T̅ a întoarce; (≈ umblättern) **bitte ~!** vă rugăm să întoarceți pagina! **B** V̅I̅ AUTO a întoarce **C** V̅R̅ **sich an j-n ~** a se adresa cuiva; **sich zum Guten/Bösen ~** a se schimba în bine/rău; **sich zur Tür ~** a se îndrepta spre ușă

Wendung F̅ **1** (≈ Veränderung) schimbare f; (≈ Umschwung) reviriment n; **e-e unerwartete ~ nehmen** a lua o întorsătură neașteptată; **e-e ~ zum Besseren nehmen** a lua o întorsătură bună; **a se ameliora 2** (≈ Redewendung) expresie f

wenig ADV puțin; **~ Wasser** puțină apă; **ein ~** puțin; **nur ~ besser** doar puțin mai bine; **sich ~ um etw kümmern** a se ocupa puțin de ceva; **~e (Dinge)** pl puține (lucruri); **e-e/e-r der ~en(, die ...)** una/unul dintre puținele/puținii (care); **in ~en Minuten** în câteva minute; **~er** mai puțin; **am ~sten**

cel mai puțin

wenigstens ADV cel puțin; **~ etwas** măcar ceva

wenn KONJ **1** falls dacă; **~ Sie wollen** dacă doriți; **auch** (od **selbst**) **~** (od **~ auch**) chiar și atunci când; **außer ~** în afară de cazul în care **2** zeitlich când; **jedes Mal ~** de fiecare dată când; **sagen Sie es ihm, ~ er kommt** spuneți-i când sosește

wennschon ADV na, ~! ei, și ce dacă! **wer** A INT PR cine; **wer von euch?** care dintre voi?; **wer war das?** cine a fost? **B** REL PR cine, cel care; **wer auch immer** oricine; **wer das glaubt, ist dumm** cine crede așa ceva e prost

Werbeagentur F̅ agenție f de publicitate

Werbebanner N̅ IT banner n publicitar

werben V̅I̅ a face reclamă (**für** pentru)

Werbeslogan M̅ slogan n publicitar

Werbespot M̅ spot n publicitar

Werbetexter M̅|F̅ redactor m/f publicitar

Werbung F̅ reclamă f

Werbungskosten P̅L̅ **1** cheltuieli fpl de reclamă și publicitate **2** JUR cheltuieli fpl profesionale

werden A V̅I̅ a deveni; **müde ~** a obosi; **wach ~** a se trezi; **Arzt ~** a deveni medic; umg **wie wird schon ~** totul se va aranja; **was soll aus ihm ~?** ce se va alege de el?; **was willst du (einmal) ~?** ce vrei să devii (odată)?; **es wird kalt/Sommer** se face frig/vară; **mir wird kalt/schlecht** mi se face frig/rău; **morgen wird es schön** Wetter mâine va fi frumos; umg **ist das Bild etwas geworden?** cum a ieșit poza? **B** V̅|A̅U̅X̅ **1** zur Bildung des Futurs **wir ~ jetzt fahren** acuma vom pleca; **er wird uns abholen** (el) va trece să ne ia; **er wird es nicht gehört haben** el nu va fi auzit **2** zur Bildung des Passivs **verkauft ~** a fi vândut **3** zur Umschreibung des Konjunktivs **er würde kommen, wenn ...** (el) ar veni dacă; **würden Sie bitte** +inf ați putea să rog (să)

werfen A V̅T̅ a arunca; **ein Tor ~** a da un gol; beim Würfeln **e-e Sechs ~** a obține und șase la o aruncare de zar; **etw**

aus dem Fenster ~ a arunca ceva pe fereastră **B** Ⅶ **mit etw (nach j-m/etw)** ~ a arunca cu ceva (după cineva/ceva) **C** Ⅶ/Ⓡ **sich auf den Boden** ~ a se arunca la pământ

Werft Ⓕ șantier *n* naval

Werk Ⓝ **1** lucrare *f* **2** Fabrik fabrică *f*

Werkstatt Ⓕ atelier *n*

Werktag Ⓜ zi *f* lucrătoare

werktags ADV în zi de lucru

Werkzeug Ⓝ unealtă *f*

Werkzeugkasten Ⓜ ladă *f* de scule

wert ADJ **das ist nicht viel** ~ nu valorează mult; **das ist schon viel** ~ valorează destul de mult; **50 Euro** ~ **sein** a valora 50 de euro

Wert Ⓜ valoare *f*; **es hat doch keinen** ~ Sinn doar nu are nici un sens; **(großen)** ~ **auf etw** (akk) **legen** a pune mare preț pe ceva; **im** ~ **steigen/sinken** a crește/pierde în valoare

werten Ⅶ **1** a estima, a evalua; **etw als Erfolg** ~ a considera ceva drept un succes **2** SPORT a nota

Wertgegenstand Ⓜ obiect *n* de valoare

wertlos ADJ fără valoare

Wertpapiere Ⓟ titluri *npl* de valoare

Wertsachen Ⓟ obiecte *npl* de valoare

Wertung Ⓕ **1** (≈Einschätzung) estimare *f*, evaluare *f* **2** SPORT clasament *n*

wertvoll ADJ prețios

Wesen Ⓝ **1** (≈Wesensart, Charakter) fire *f*; **ein freundliches** ~ **haben** a fi prietenos din fire **2** (≈Lebewesen) ființă *f*

wesentlich ADJ esențial; ~ **größer** cu mult mai mare; ~**er Unterschied** deosebire esențială; **im Wesentlichen** în esență

weshalb INT PR & REL PR de ce

Wespe Ⓕ viespe *f*

Wespenstich Ⓜ înțepătură *f* de viespe

wessen INT PR al/a cui; ~ **Sohn ist er?** al cui fiu este el?

Westdeutschland Ⓝ POL Germania *f* de Vest; GEOG Germania occidentală

Weste Ⓕ vestă *f*

Westen Ⓜ vest *n*; POL **der** ~ Occidentul; **der Wilde** ~ Vestul Sălbatic; **im** ~

Rumäniens în vestul României; **von** ~ din vest

Westeuropa Ⓝ Europa *f* de Vest

westeuropäisch ADJ din Europa de Vest

Westküste Ⓕ coasta *f* de Vest

westlich ADJ vestic

weswegen INT PR & REL PR de ce

Wettbewerb Ⓜ **1** concurs *n* **2** SPORT competiție *f* **3** WIRTSCH concurență *f*

Wette Ⓕ pariu *n*; **die** ~ **gilt!** e rândul tău!; **eine** ~ **abschließen** a face un pariu; **um die** ~ pe întrecute

wetten Ⅶ & Ⅶ a paria; ~, **dass?** pariem că?; **um etw** ~ a paria pe ceva; **ich wette, dass ...** pun pariu că ...

Wetter Ⓝ vreme *f*; **bei schönem** ~ pe vreme frumoasă; **es ist schlechtes/schönes** ~ e vreme urâtă/frumoasă

Wetterbericht Ⓜ buletin *n* meteorologic

Wetterkarte Ⓕ hartă *f* meteorologică

Wettervorhersage Ⓕ buletin *n* meteorologic

Wettkampf Ⓜ competiție *f*

Wettlauf Ⓜ, **Wettrennen** Ⓝ concurs *n* de alergări

WG umg Ⓕ ABK (= Wohngemeinschaft) locuință *f* (închiriată) în comun

Whirlpool® Ⓜ jacuzzi® *n*

Whisky Ⓜ whisky *n*

wichtig ADJ important; ~ **nehmen** a lua (ceva) în serios; **höchst** ~ de cea mai mare importanță

Wichtigkeit Ⓕ importanță *f*; **von großer** ~ de mare importanță

wickeln Ⅶ Schnur, Schal a înfășura (um in jurul); **ein Baby** ~ a înfășa un bebeluș; **etw in Papier** (akk) ~ a împacheta ceva în hârtie

Wickelraum Ⓜ încăpere *f* pentru înfășat

Wickeltisch Ⓜ masă *f* pentru înfășat

Widder Ⓜ *a.* ASTROL berbec *m*

wider PRÄP contra

widerlegen Ⅶ a infirma, a respinge

widerlich ADJ respingător

widerrufen Ⅶ Geständnis a revoca

widerspenstig ADJ recalcitrant

widerspiegeln Ⅶ (& Ⅶ/Ⓡ) **(sich)** ~ a (se) reflecta

widersprechen <u>VI</u> a contrazice (j-m pe cineva); **e-r Behauptung ~** contrazice o afirmație; **sich** (dat) **~** a se contrazice; Aussagen **sich ~d** contradictoriu

Widerspruch <u>M</u> contradicție f

Widerstand <u>M</u> rezistență f; **~ leisten** a opune rezistență; **auf ~** (akk) **stoßen** a întâmpina rezistență

widerstandsfähig <u>ADJ</u> rezistent

widerstehen <u>VI</u> **e-r Sache/ j-m ~** a rezista la ceva/cuiva

widerwärtig <u>ADJ</u> dezgustător

Widerwille <u>M</u> aversiune f

widerwillig <u>ADV</u> în silă

widmen <u>A</u> <u>VT</u> a dedica; **j-m / e-r Sache etw ~** a dedica ceva cuiva / unui lucru <u>B</u> <u>VR</u> **sich j-m / e-r Sache ~** a se dedica cuiva / unui lucru

Widmung <u>F</u> dedicație f; Buch **mit e-r ~ versehen** a dedica (cuiva o carte)

wie <u>A</u> <u>ADV</u> cum; **wie bitte?** cum ai/ați spus?; **wie geht's?** ce mai faci/faceți?; **wie viele Menschen?** câți oameni?; **wie breit ist ...?** ce lățime are ...?; **(für) wie lange?** cât (timp) durează?; **wie war das Wetter?** cum a fost vremea?; **wie wär's mit einem Spaziergang?** ce-ai zice de o plimbare?; **wie schön!** ce frumos!; umg **und wie!** și încă cum? <u>B</u> <u>KONJ</u> **wie du weißt** după cum știi; **ich sah, wie er aufstand** (eu) am văzut, când (el) s-a ridicat; **so groß/gut wie** la fel de mare/bun ca; **so schön wie** așa de frumos ca

wieder <u>ADV</u> din nou; **~ ein(e) ... din nou un(o) ...;** **~ einmal** încă o dată; **~ aufbauen/aufnehmen/beleben/eröffnen/verwenden/verwerten** a reconstrui/relua/revitaliza/redeschide/refolosi/recicla; **das ist auch ~ wahr** și asta-i adevărat; **er ist ~ gesund** (el) este din nou sănătos; **ich bin gleich ~ da** mă întorc imediat

wiederbekommen <u>VT</u> a recupera

Wiederbelebung <u>F</u> **1** reanimare f, reînsuflețire f **2** fig von Traditionen reînviere f; der Wirtschaft relansare f

Wiederbelebungsversuche <u>PL</u> încercare f de reanimare

wiedererkennen <u>VT</u> a recunoaște

wiedergeben <u>VT</u> **1** (≈zurückgeben) a da înapoi, a restitui, a reda **2** (≈berich-

ten) a relata **3** (≈reproduzieren) a reproduce

wiederherstellen <u>VT</u> Kontakt, Ordnung, Gesundheit a restabili; Gebäude a restaura

wiederholen <u>A</u> <u>VT</u> a repeta; **e-e Klasse ~** a repeta o clasă <u>B</u> <u>VR</u> **sich ~** a se repeta

Wiederholung <u>F</u> recapitulare f

Wiederhören <u>N</u> TEL **auf ~!** la revedere!

wiederkommen <u>VI</u> a reveni

wiedersehen <u>VT</u> (& <u>VR</u>) a revedea; **(sich) ~** a (se) revedea

Wiedersehen <u>N</u> revedere f; **auf ~!** la revedere!

Wiedervereinigung <u>F</u> reunificare f

wiederverwerten <u>VT</u> a reutiliza

Wiederverwertung <u>F</u> reutilizare f, reciclare f

Wiege <u>F</u> leagăn n

wiegen <u>VT & VI</u> **1** a cântări; **ich wiege 60 Kilo** (eu) cântăresc 60 kg **2** Kind a legăna

Wien <u>N</u> Viena f

Wiener <u>A</u> <u>ADJ</u> vienez; **~ Schnitzel** șnițel vienez; **~ Walzer** vals vienez <u>B</u> <u>M</u> vienez m <u>C</u> <u>F</u> Wurst cârnat m vienez

Wienerin <u>F</u> vieneză f

wies → weisen

Wiese <u>F</u> pajiște f

Wiesel <u>N</u> nevăstuică f

wieso <u>ADV</u> cum așa

wievielmal <u>ADV</u> de câte ori

wievielte(r, s) <u>INT PR</u> **zum ~n Mal?** pentru a câta oară?; **den Wievielten haben wir heute?** ce dată e azi?; **am Wievielten hast du Geburtstag?** pe ce dată e ziua ta de naștere?

wild <u>ADJ</u> sălbatic; **~e Tiere** animale sălbatice; **~ leben** a trăi furtunoasă; **~ wachsen** a crește sălbatic; **~ werden** a se înfuria; **~ zelten** a campa la întâmplare; umg **ganz ~ auf etw** (akk) **sein** a fi nebun după ceva; umg fig **~e Ehe** concubinaj

Wild <u>N</u> vânat n

Wilderer <u>M</u> braconier m

wildfremd umg <u>ADJ</u> complet necunoscut/străin

Wildleder <u>N</u> piele f de căprioară

Wildnis <u>F</u> sălbăticie f, regiune f sălba-

tică, pustie
Wildpark M̲ parc n de vânătoare
Wildschwein N̲ porc m mistreț
will → **wollen**
Wille M̲ voință f; **freier ~** bunul plac; **letzter ~** ultimă dorință; **beim besten ~n** cu cea mai mare bunăvoință; **gegen j-s ~n** fără voia cuiva, fără permisiunea cuiva; **wider ~n** fără voie, forțat, silit
willkommen A̲D̲J̲ binevenit; **~!** bine ai/aţi venit!; **j-n ~ heißen** a ura cuiva bun venit
willkürlich A̲D̲J̲ arbitrar
wimmeln A̲ V̲/i̲ _Sache, Ort_ **~ von ...** a colcăi de ... B̲ V̲/U̲N̲P̲E̲R̲S̲ **es wimmelt von ...** _umg_ colcăie ...; **in diesem Text wimmelt es von Fehlern** textul acesta colcăie de greșeli
Wimper F̲ geană f; **ohne mit der ~ zu zucken** fără a clipi, fără a şovăiala
Wimperntusche F̲ rimel n
Wind M̲ vânt n; **bei ~ und Wetter** pe orice vreme; **es geht ein starker ~** bate un vânt puternic; _umg_ **viel ~ um etw machen** a se lăuda cu ceva
Windel F̲ a. P̲F̲L̲E̲G̲E̲ _für Senioren_ scutec n
winden V̲/R̲ **sich um etw ~** a se încolăci/răsuci în jurul a ceva; **sich vor Schmerzen ~** a se zvârcoli de durere
Windenergie F̲ energie f eoliană
windgeschützt A̲D̲J̲ apărat de vânt
windig A̲D̲J̲ cu vânt; **es ist ~** e vânt
Windjacke F̲ vindiac n
Windkraft F̲ energie f eoliană
Windmühle F̲ moară f de vânt
Windpocken P̲L̲ varicelă f
Windrad N̲ turbină f eoliană
Windschutzscheibe F̲ parbriz n
Windstärke F̲ intensitate f a vântului
Windstoß M̲ rafală f de vânt
Windsurfen N̲ surf n
Windsurfer(in) M̲/F̲ windsurfer m
Wink M̲ semn n; _fig umg_ pont n; **j-m e-n ~ geben** _umg_ a da cuiva un pont/ un indiciu
Winkel M̲ ❶ unghi n; **rechter/toter ~** unghi drept/mort ❷ _Ecke_ colț n
winken A̲ V̲/T̲ **j-n zu sich ~** a chema pe cineva B̲ V̲/i̲ a face semn cu mâna (j-m cuiva); **j-m zum Abschied ~** a face

cuiva semn de adio cu mâna; **den Gewinnern ~ tolle Preise** câștigătorilor le surâd premii extraordinare
Winter M̲ iarnă f; **den ~ über** în timpul iernii; **im ~** iarna
Winteranfang M̲ început n al iernii
Winterfahrplan M̲ orar n de iarnă
Wintergarten M̲ grădină f de iarnă, seră f
winterlich A̲D̲J̲ de iarnă
Winterreifen M̲ pneuri npl de iarnă
Winterschlaf M̲ Z̲O̲O̲L̲ hibernare f; **~ halten** a hiberna
Winterschlussverkauf M̲ reduceri fpl de iarnă
Winterspiele N̲P̲L̲ **die Olympischen ~** Jocurile npl Olimpice de iarnă
Wintersport M̲ sport n de iarnă
Winterzeit F̲ timp n de iarnă
Winzer(in) M̲/F̲ viticultor m, viticultoare f
winzig A̲D̲J̲ minuscul
Wippe F̲ balansoar n
wippen V̲/i̲ a se balansa; **mit dem Fuß ~** a da din picior
wir P̲E̲R̲S̲ P̲R̲ noi; **wir drei** noi trei; **wir sind's** noi suntem
Wirbel M̲ ❶ vârtej n ❷ _Aufsehen_ tevatură f; **viel ~ um etw/j-n machen** a face caz de ceva/cineva ❸ A̲N̲A̲T̲ vertebră f
Wirbelsäule F̲ coloană f vertebrală
Wirbelsturm M̲ ciclon n
wirbt → **werben**
wird → **werden**
wirft → **werfen**
wirken V̲/i̲ a avea efect; **beruhigend ~** a avea efect liniştitor; **größer ~** a arăta mai mare (decât în realitate); **jung ~** a arăta tânăr; **die Arznei hat gewirkt** medicamentul şi-a făcut efectul
wirklich A̲ A̲D̲J̲ real B̲ A̲D̲V̲ (cu) adevărat; **~?** adevărat?
Wirklichkeit F̲ realitate f; **~ werden** a deveni realitate; **in ~** în realitate
wirksam A̲D̲J̲ eficace
Wirkung F̲ efect n; J̲U̲R̲, A̲D̲M̲I̲N̲ **mit sofortiger ~** cu aplicare imediată, cu efect imediat; **s-e ~ verfehlen** a rata producerea efectului său aşteptat
wirkungslos A̲D̲J̲ ineficace
wirr A̲D̲J̲ confuz

Wirrwarr M̲ haos n

Wirsing M̲, **Wirsingkohl** M̲ varză f creață

Wirt(in) M̲F̲ patron m/patroană f (de pensiune/restaurant)

Wirtschaft F̲ **1** economie f **2** *Gaststätte* restaurant m

wirtschaftlich A̲D̲J̲ economic

Wirtschafts... I̲N̲ Z̲S̲S̲G̲N̲ economic

Wirtschaftskrise F̲ criză f economică

Wirtschaftspolitik F̲ politică f economică

Wirtschaftsraum M̲ **1** W̲I̲R̲T̲S̲C̲H̲ spațiu n economic **2** *e-s Hotels* spațiu n utilitar

Wirtshaus N̲ cârciumă f

Wisch *umg pej* M̲ hârțoagă f

wischen V̲T̲ a șterge; **Staub ~** a șterge praful

Wischer M̲ A̲U̲T̲O̲ ștergător n de parbriz

Wischiwaschi *umg pej* N̲ *umg* bla-bla n

wissen V̲T̲ & V̲I̲ a ști; **etw von j-m** (*od* **durch j-n**) **~** a ști ceva de la cineva; **von etw ~** a ști de ceva; **j-n ~, der ...** a cunoaște pe cineva care ...; **sich zu benehmen ~** a ști să se poarte; **ich weiß (es) nicht** nu știu; *umg* **man kann nie ~** nu se știe niciodată; **nicht, dass ich wüsste** din câte știu, nu; **soviel ich weiß** atât cât știu; *umg* **was weiß ich!** ce știu eu!; **weißt du noch, als ...** mai știi când ...; *umg intensivierend* **wer weiß wo** cine știe pe unde; **woher weißt du das?** de unde știi asta?

Wissen N̲ cunoaștere f; **meines ~s** după câte știu; **nach bestem ~ und Gewissen** în mod cinstit; **ohne mein ~** fără știrea mea

Wissenschaft F̲ știință f

Wissenschaftler(in) M̲F̲ om m de știință

wissenschaftlich A̲D̲J̲ științific

wissenswert A̲D̲J̲ interesant, care merită să fie cunoscut

wittern V̲T̲ a adulmeca

Witwe F̲ văduvă f

Witwer M̲ văduv m

Witz M̲ glumă f; **~e reißen** a spune bancuri; *fig* **mach keine ~e!** nu glumi!

witzig A̲D̲J̲ glumeț

witzlos A̲D̲J̲ **1** (≈*geistlos*) anost, fără haz **2** *umg fig* (≈*zwecklos*) inutil

WLAN N̲ A̲B̲K̲ (= wireless local area network) I̲T̲ WLAN n, Wi(-)Fi n

WLAN-Hotspot M̲ I̲T̲ punct n de acces WLAN/Wi(-)Fi

WM F̲ A̲B̲K̲ (= Weltmeisterschaft) CM n (campionat mondial)

wo A̲ A̲D̲V̲ unde; **wo auch immer** oriunde; **jetzt, wo ... acum că ...;** **überall, wo ...** pretudindeni unde ...; **von wo?** de unde? B̲ K̲O̲N̲J̲ dacă

woanders A̲D̲V̲ altundeva; **mit s-n Gedanken ganz ~ sein** a fi cu gândul în altă parte

wobei A̲D̲V̲ **~ hast du dich verletzt?** la ce te-ai lovit?; **~ mir einfällt, dass ...** la care îmi amintesc că ...

Woche F̲ săptămână f; **diese ~** săptămâna aceasta; **einmal die ~** o dată pe săptămână; **pro ~** săptămânal; **während** (*od* **unter**) **der ~** în timpul săptămânii

Wochenende N̲ sfârșit n de săptămână; **am ~** la sfârșit de săptămână; **wir fahren übers ~ weg** plecăm la sfârșit de săptămână

Wochenendhaus N̲ casă f de vacanță (pentru sfârșit de săptămână)

Wochenendurlaub M̲ concediu n de sfârșit de săptămână

Wochenkarte F̲ abonament n săptămânal

wochenlang A̲D̲J̲ săptămâni în șir

Wochentag M̲ zi f lucrătoare

wöchentlich A̲D̲J̲ săptămânal; **zweimal ~** de două ori pe săptămână

Wodka M̲ votcă f

wodurch A̲D̲V̲ **~ unterscheiden sie sich?** prin ce se deosebesc?; **~ hast du es gemerkt?** cum ți-ai dat seama?

wofür A̲D̲V̲ **1** *Frage* pentru ce **2** *relativ* pentru care; **~ brauchst du das?** pentru ce îți trebuie asta?

wog → wiegen

wogegen A̲ A̲D̲V̲ **1** *interrogativ* împotriva a ce; **~ ist sie allergisch?** la ce e alergică? **2** *relativisch* față de care, împotriva căruia B̲ K̲O̲N̲J̲ pe când, în timp ce

woher A̲D̲V̲ de unde

wohin ADV unde

wohl ADV **1** bine; ~ **bekannt/erzogen/ genäht/proportioniert/überlegt/verdient** bine cunoscut/educat/hrănit/proporționat/gândit/meritat; ~ **oder übel** de bine, der rău; vrând, nevrând; **sich (nicht) ~ fühlen** a (nu) se simți bine; **ich weiß ~, dass ...** desigur știu că ...; **mir ist nicht ganz ~ dabei** nu mă simt chiar în largul meu la treaba asta **2** *wahrscheinlich* probabil; **das kann man ~ sagen** asta, desigur, se poate spune așa; **du bist ~ verrückt geworden!** chiar că ai înnebunit!

Wohl N **auf j-s ~** (akk) **trinken** a bea în sănătatea cuiva; **zum ~!** noroc!

Wohlbefinden N bunăstare f; sănătate f

wohlbehalten ADJ **1** *Person* teafăr **2** *Sachen* în bună stare

Wohlfahrtsstaat M stat n asistențial/social

wohlfühlen V/R **ich fühle mich hier wohl** mă simt bine aici; **ich fühle mich nicht wohl** nu mă simt bine

wohlgemerkt ADVL nota bene, să fie clar

wohlhabend ADJ înstărit

Wohlstand M bunăstare f; **im ~ leben** a trăi în bunăstare

wohltätig ADJ caritabil, binefăcător

wohltuend ADJT binefăcător

wohlwollend A ADJT binevoitor B ADVL cu bunăvoință

wohnen V/I a locui

Wohngemeinschaft F grup n de persoane cu menaj comun

wohnhaft ADJ domiciliat

Wohnheim N cămin n

Wohnküche F cameră-bucătărie f

Wohnmobil N mașină f rulotă

Wohnort M localitate f de reședință

Wohnsitz M domiciliu n; **fester** (od **ständiger)/zweiter ~** domiciliu (stabil) / reședință

Wohnung F locuință f

Wohnviertel N cartier n rezidențial

Wohnwagen M rulotă f

Wohnzimmer N cameră f de zi

Wok M GASTR wok n

Wolf M lup m; *fig* **ein ~ im Schafspelz** un lup în blană de oaie, un om prefă-cut

Wolke F nor m; *umg fig* **aus allen ~n fallen** a pica din cer, a fi luat prin surprindere

Wolkenbruch M rupere f de nori

Wolkenkratzer M zgârie-nori m

wolkenlos ADJ senin

wolkig ADJ înnorat

Wolldecke F pătură f de lână

Wolle F lână f

wollen A V/MOD a vrea; **ich will lieber bleiben** prefer să rămân; **sie wollte ihn nicht sehen** (ea) nu a vrut să-l vadă; ~ **wir gehen?** mergem? B V/I **ich will nach Hause** vreau să merg acasă; **wo willst du hin?** unde vrei să te duci?; **wohin gehst du?** unde mergi?; **zu wem ~ Sie?** la cine doriți (să mergeți)? C V/T **ich wollte, es wäre schon Sonntag** aș vrea să fie deja duminică; **ich wollte, ich wäre ...** aș vrea să fiu ...; **willst du Tee oder Kaffee?** ce dorești: cafea, sau ceai?

Wolljacke F jachetă f de lână

womit ADV cu ce; ~ **habe ich das verdient?** am meritat eu asta?

womöglich ADV foarte posibil

wonach ADV **1** *interrogativ* despre ce; ~ **fragt er?** ce vrea (el) să știe? **2** *relativisch* după ce/care

woran ADV ~ **denkst du?** la ce te gândești?; ~ **ist er gestorben?** din ce cauză a murit?; ~ **sieht man das?** cum se vede asta?; ~ **liegt es?** care-i cauza?

worauf ADV ~ **wartest du?** ce mai aștepți?; **das Einzige**, ~ **es ankommt** cel mai important lucru

woraus ADV ~ **ist das gemacht?** die ce e facut?

worin ADV **1** *interrogativ* în ce; ~ **besteht der Unterschied?** în ce constă diferența? **2** *relativisch* în ce, unde, în care

Workshop M workshop n

Workstation F IT workstation n, stație f de lucru

World Wide Web N IT World Wide Web n; **im ~** în World Wide Web

Wort N cuvânt n; **mit anderen ~en** cu alte cuvinte; **mit e-m ~** într-un cuvânt; **das ~ ergreifen** a lua cuvântul; **j-m ins ~ fallen** a întrerupe pe cineva; **kein ~**

über etw (akk) verlieren a nu scoate o
vorbă despre ceva; kein ~ von etw
(dat) verstehen a nu înțelege o vorbă
din ceva; nicht zu ~(e) kommen a nu
reuși să intre în vorbă; ohne ein ~ zu
sagen fără să spună un cuvânt; sein ~
brechen a-și încălca cuvântul; (sein) ~
halten a se ține de cuvânt

Wortart F̄ parte f de vorbire

Wörterbuch N̄ dicționar n

Wortführer(in) M̄/F̄ purtător m/pur-
tătoare f de cuvânt

wörtlich ADJ literal; ~ übersetzen a
traduce literal, a traduce cuvânt cu cuvânt; etw ~ nehmen a înțelege ceva
mot à mot (nu după sens)

wortwörtlich ADV textual, literalmente

worüber ADV ~ habt ihr gesprochen?
despre ce-ați vorbit?

worum ADV ~ geht's? despre ce este
vorba?

worunter ADV ~ leidet er? de ce suferă?

wovon ADV relativ despre ce; ~ redest
du? despre ce vorbești?

wovor ADV 1 interogativ de ce, în fața
a ce; ~ fürchtest du dich? de ce ți-e
teamă? 2 relativisch de care, în fața
căruia; das Einzige, ~ er Angst hat
singurul lucru, de care se teme

wozu ADV 1 relativ la ce 2 interogativ
la/pentru ce 3 warum de ce; ~
brauchst du das? pentru ce ai nevoie
de asta?

Wrack N̄ epavă f

wuchern V̄ī Pflanzen a se înmulți (repede), a se întinde; fig, MED a prolifera

Wucherpreis M̄ preț n exorbitant/de
speculă

Wucherzinsen M̄PL dobânzi fpl exor-
bitante/excesive

wuchs → wachsen¹

Wucht F̄ 1 forță f, putere f;
(≈ Heftigkeit) violență f; mit voller ~ cu
toată puterea 2 umg das ist eine ~!
umg asta-i grozav/nemaipomenit/su-
per!

wühlen A V̄ī a scormoni (in în) B V̄R
sich in etw (akk) ~ a se mișca sormo-
nind prin ceva

wund ADJ rănit; fig ~er Punkt punctul

vulnerabil

Wunde F̄ rană f

Wunder N̄ minune f; ~ wirken a face
minuni; an ein ~ grenzen a ține de
domeniul miracolului; umg sein blaues
~ erleben a rămâne uimit; kein ~,
dass ... nu-i de mirare că ...; wie
durch ein ~ ca prin minune

wunderbar ADJ minunat

Wunderkerze F̄ artificiu n

Wunderkind N̄ copil-minune m

wundern A V̄R sich über etw/j-n ~ a
se mira de ceva/cineva B V̄T a mira;
es wundert mich (od mich wundert),
dass ... mă mira că ...

wunderschön ADJ minunat

Wundertüte F̄ pungă f cu surprize

wundervoll ADJ minunat

Wundsalbe F̄ alifie f (pentru răni)

Wundstarrkrampf M̄ tetanos n

Wunsch M̄ dorință f; auf ~ (akk) la
cerere; j-m e-n ~ erfüllen a îndeplini
cuiva o dorință; haben Sie sonst noch
e-n ~? mai aveți vreo dorință?

wünschen V̄T a dori; j-m frohe Ostern ~ a ura cuiva "Paște fericit!"; sich
etw ~ a-și dori ceva; (viel) zu ~ übrig
lassen a lăsa (mult) de dorit; Sie ~? ce
doriți?

wünschenswert ADJ de dorit

Wunschzettel M̄ listă f cu dorințe

wurde → werden

Würde F̄ demnitate f; das ist unter
meiner ~ asta este sub demnitatea
mea

würdevoll ADJ demn, cu/plin de demnitate

würdig ADJ demn

würdigen V̄T 1 j-n keines Blickes ~
a nu învrednici nici măcar cu o privire
2 (≈ anerkennen) a recunoaște; (≈ schätzen) a aprecia, a prețui

Wurf M̄ 1 aruncare f 2 ZOOL (serie f
de) pui mpl fătați odată

Würfel M̄ 1 zum Spielen zar n; fig die
~ sind gefallen zarurile au fost arun-
cate 2 MATH cub m

würfeln A V̄ī a juca zaruri; um etw ~
a juca ceva la zaruri B V̄T e-e Sechs ~
a obține un șase la o aruncare de zaruri

Würfelzucker M̄ zahăr n cubic

W

Wurm M̄ vierme m; umg fig **da ist der ~ drin** aici e ceva putred, aici nu miroase a bine

wurs(ch)t umg ADJ **das ist mir ~** mi-e egal; **er/sie ist mir ~** nu-mi pasă de el/ea

Wurst F̄ **1** cârnat m; umg fig **jetzt geht es um die ~** acum e acum! **2** Aufschnitt mezeluri npl

Würstchen N̄ cârnăcior m

Würze F̄ condiment n

Wurzel F̄ rădăcină f; MATH **die ~ ziehen** a extrage rădăcina; **~n schlagen** a prinde rădăcini

Wurzelbehandlung F̄ tratare f a rădăcinii

würzen V̄T̄ a condimenta

würzig ADJ condimentat

wusch → **waschen**

wusste → **wissen**

wüst ADJ **1** Gegend pustiu **2** unordentlich dezordonat; **ein ~es Durcheinander** o harababură

Wüste F̄ deșert n

Wut F̄ furie f; **in Wut bringen/geraten** a înfuria / a se înfuria; **vor Wut schäumen** a turba de furie

Wutanfall M̄ acces n de furie

wütend ADJ furios; **~ machen/werden** a înfuria / a se înfuria; **auf j-n ~ sein** a fi furios pe cineva

X, x N̄ **1** X, x m/n; fig **j-m ein X für ein U vormachen** a prosti/a înșela pe cineva **2** **x Leute waren da** au fost n-șpe mii de oameni, a fost o grămadă de lume; **x Leute haben angerufen** au sunat n-șpe mii de oameni

X-Beine N̄PL̄ picioare npl în X

x-beliebig ADJ **ein ~es Buch** orice carte; **jeder x-Beliebige** oricare altul

x-mal ADV de nenumărate ori

x-te umg ADJ n-șpe; **zum ~n Mal** pentru a n-șpea oară

Y, y N̄ Y, y m/n

Yen M̄ Währung yen m

Yeti M̄ yeti m

Yoga N̄ yoga f

Ypsilon N̄ ipsilon m/n, i grec m/n

Z, z N̄ Z, z m/n

zack umg ĪNT̄ **~, ~!** umg repejor!

Zacke F̄ dinte m, zimț m; e-s Sterns colț n, vârf n

zaghaft ADJ timid

zäh ADJ **1** tenace **2** Fleisch tare

zähflüssig ADJ vâscos

Zahl F̄ număr n; **in großer ~** în număr mare; **in den roten/schwarzen ~en sein** a ieși în pierdere/câștig

zahlbar ADJ plătibil

zahlen V̄T̄ & V̄Ī̄ a plăti; **~ bitte!** plata, vă rog!; **bar ~** a plăti în numerar

zählen **A** V̄T̄ a număra; **j-n zu s-n Freunden ~** a considera pe cineva prieten **B** V̄Ī̄ **~ zu** a se număra printre; **auf j-n ~** a se baza pe cineva; **das zählt nicht** nu contează

Zahlenschloss N̄ lacăt n cu cifru

Zähler M̄ contor n; **den ~ ablesen** a citi contorul

zahlreich ADJ numeros

Zählung F̄ numărătoare f; der Bevölkerung recensământ n; der Stimmen numărare f

Zahlung F̄ plată f; **in ~ nehmen** a accepta ca plată

Zahlungsanweisung F̄ ordin n de plată

Zahlungsaufforderung F̄ solicitare f de plată

Zahlungsbedingungen FPL condiții *fpl* de plată
Zahlungsfrist F termen *n* de plată
Zahlungsmittel N mijloc *n* de plată
zahlungsunfähig ADJ insolvabil
Zahlungsverkehr M derulare *f* a plăților
zahm ADJ blând
zähmen V/T a îmblânzi
Zahn M dinte *m*; **sich** (*dat*) **die Zähne putzen** a se spăla pe dinți; **j-m auf den ~ fühlen** a examina pe cineva; **die Zähne zusammenbeißen** a strânge din dinți; **mit den Zähnen klappern/knirschen** a clănțăni/scrâșni din dinți
Zahnarzt M, **Zahnärztin** F stomatolog(ă) *m(f)*
Zahnbürste F perie *f* de dinți
Zahncreme F pastă *f* de dinți
Zahnersatz M proteză *f* dentară
Zahnfleisch N gingie *f*
Zahnfleischbluten N sângerare *f* a gingiei
Zahnfüllung F plombă *f* (dentară)
Zahnklammer F croșetă *f* dentară
Zahnpasta F, **Zahnpaste** F pastă *f* de dinți
Zahnprothese F proteză *f* dentară
Zahnschmerzen PL dureri *fpl* de dinți
Zahnseide F ață *f* dentară
Zahnspange F aparat *n* dentar
Zahnstocher M scobitoare *f*
Zange F clește *m*
zanken V/R **sich (mit j-m) ~ (um etw)** a se certa (cu cineva) (pentru ceva)
Zäpfchen N ◻ MED, PFLEGE supozitor *n* ◻ ANAT omușor *n*
Zapfsäule F coloană *f* pentru pompa de benzină
zappeln V/I a se bâțâi; *umg fig* **j-n ~ lassen** a lăsa pe cineva să se perpelească, a ține sub tensiune pe cineva
zappen V/I TV a zappui, a schimba rapid canalele
zart ADJ ◻ *weich* fraged ◻ *zerbrechlich* fragil ◻ *sanft* duios
zartbitter ADJ *Schokolade* amărui
zärtlich ADJ tandru
Zärtlichkeit F tandrețe *f*
Zauber M farmec *n*
Zauberei F vrăjitorie *f*

Zauberer M vrăjitor *m*
zauberhaft ADJ fermecător
Zauberin F vrăjitoare *f*
Zauberkünstler(in) M⎪F iluzionist(ă) *m(f)*
zaubern V/T & V/I a vrăji; **etw aus der Tasche ~** a scoate ceva din geantă prin scamatorie
Zauberspruch M formulă *f* magică
Zauberstab M baghetă *f* magică
Zaubertrick M scamatorie *f*
Zaun M gard *n*; **e-n Streit vom ~ brechen** a se lua la ceartă fără motiv
z. B. ABK (= *zum Beispiel*) de ex. (de exemplu)
Zebra N zebră *f*
Zebrastreifen M trecere *f* de pietoni
Zecke F căpușă *f*
Zehe F deget *n* de la picior; **große ~** degete mari de la picioare
Zehennagel M unghie *f* a degetului de la picior
Zehenspitze F vârf *n* al degetului de la picior; **auf ~n** în vârful picioarelor/degetelor
Zehn F zece *m*
zehn NUM zece
Zehnerkarte F cartelă *f* cu zece călătorii/intrări
Zehnkampf M decatlon *n*
Zehnkämpfer(in) M⎪F decatlonist(ă) *m(f)*
zehnmal ADV de zece ori
zehnt ADV **zu ~** câte zece
zehntausend NUM zece mii
zehnte(r, s) NUM al zecelea, a zecea; → **dritte**
Zehntel N zecime *f*
zehntens ADV în al zecelea rând
Zeichen N semn *n*; **j-m ein ~ geben** a da un semn cuiva; **zum ~, dass ...** ca dovadă că ...; **das ist ein gutes ~** este un semn bun; ADMIN **Ihr ~** referința dumneavoastră internă
Zeichenblock M bloc *n* de desen
Zeichensetzung F punctuație *f*
Zeichensprache F limbaj *n* prin semne
Zeichentrickfilm M film *n* de desene animate
zeichnen V/T a desena; **für etw verantwortlich ~** a fi răspunzător pentru

Z

ceva

Zeichner(in) MIF desenator m, desenatoare f; **technischer ~** desenator tehnic

Zeichnung F desen n

Zeigefinger M deget n arătător

zeigen A VT a arăta; **sie zeigte uns die Stadt** (ea) ne-a arătat orașul; **zeig mal!** ia arată B VI **auf j-n/etw ~** a indica pe cineva/ceva C VR **sich (mutig** *etc*) **~** a se dovedi curajos; **das wird sich ~** asta se va vedea

Zeiger M arătător m

Zeile F rând n; **j-m ein paar ~n hinterlassen** a lăsa cuiva câteva rânduri scrise; *fig* **zwischen den ~n** printre rânduri

Zeit F timp n; **die ganze ~ (über)** tot timpul; **e-e ~ lang** pentru un timp; **in der heutigen ~** în vremurile noastre; **mit der ~** cu timpul; **nach/vor einiger ~** după/înainte cu câtva timp; **seit/vor langer ~** de/înainte cu mult timp; **von ~ zu ~** din când în când; **zur gleichen ~** în același timp; **zur rechten ~** la timpul potrivit; **zur ~** von (*od* + *gen*) pe timpul lui; **viel ~ kosten** a lua mult timp; **alles zu s-r ~** totul la timpul său; **das hat noch ~** mai este timp pentru asta; **es ist (an der) ~ zu** +*inf* este timpul de a; **es war höchste ~** era și timpul; **ich habe keine ~** nu am timp; **lass dir ~** nu te grăbi

Zeitalter N eră f, epocă f; secol n

Zeitansage F TEL ora f exactă

Zeitarbeit F muncă f temporară

Zeitbombe F bombă f cu ceas

Zeitgefühl N noțiune f a timpului

Zeitgenosse M, **Zeitgenossin** F contemporan m, contemporană f

zeitgenössisch ADJ contemporan

zeitgleich ADV simultan

zeitig ADV devreme

Zeitkarte F abonament n

zeitlich ADJ ca timp; **~ begrenzt** pe timp limitat; **~e Reihenfolge** în ordine cronologică

zeitlos ADJ *Kleidung* atemporal

Zeitlupe F încetinitor n; **in ~** cu încetinitorul

Zeitmanagement N gestionare f a timpului

Zeitplan M program n

Zeitpunkt M moment n; **zum aktuellen ~** la momentul actual

Zeitraum M perioadă f

Zeitrechnung F cronologie f; **vor unserer ~** înaintea erei noastre

Zeitschrift F revistă f

Zeitung F ziar n; **in der ~ stehen** a fi publicat în ziar

Zeitungsabonnement N abonament n la ziar

Zeitungsartikel M articol n de ziar

Zeitungskiosk M, **Zeitungsstand** M chioșc n de ziare

Zeitunterschied M diferență f de timp

Zeitverschiebung F decalaj n orar

Zeitverschwendung F pierdere f de timp

Zeitvertreib M distracție f

zeitweise ADV uneori, câteodată; pentru un moment; (≈*zeitweilig*) temporar, periodic

Zeitzone F fus n orar

Zelle F 1 celulă f 2 TEL cabină f telefonică

Zelt N cort n; **im ~** în cort

zelten VI a campa

Zeltplatz M camping n

Zement M ciment n

Zensur F cenzură f

Zentimeter M centimetru m

Zentner M jumătate f de chintal

zentral ADJ central

Zentralbank F bancă f centrală; **Europäische ~** Banca Centrală Europeană

Zentrale F *a.* TEL centrală f

Zentralheizung F încălzire f centrală

zentralisieren VT a centraliza

Zentralismus M centralism n

Zentralverriegelung F AUTO închidere f centrală

Zentrum N centru n

Zeppelin M zeppelin n, dirijabil n

zerbrechen A VT a sparge B VI a se sparge

zerbrechlich ADJ fragil

Zeremonie F ceremonie f

zerfallen VI 1 *Gebäude, Reich* a se prăbuși, a decădea 2 NUKL a se dezintegra

Z

zergehen _VI_ a se topi

zerkleinern _VT_ a mărunți

zerkratzen _VT_ a zgâria

zerlegen _VT_ **1** a descompune; **in zwei Teile ~** a tăia în două bucăți **2** TECH a demonta; **etw in s-e Bestandteile ~** a descompune ceva în părțile sale componente

zerquetschen _VT_ a strivi

zerreißen _A_ _VT_ a rupe; **das zerreißt mir das Herz** aceasta îmi sfâșie inima **B** _VI_ a se rupe **C** _V/R_ **sich ~ vor** (+ _dat_) a se speti

zerren _VT & V/I_ a trage **(an de)**; **sich einen Muskel ~** a suferi o întindere de mușchi

Zerrung _F_ MED întindere _f_

zerschlagen¹ _ADJ_ **ich fühle mich wie ~** sunt frânt

zerschlagen² _A_ _VT_ a sparge **B** _V/R_ **sich ~** a se nărui

zerschneiden _VT_ a tăia în bucăți

zersetzen _A_ _VT_ CHEM a descompune; a dizolva; _fig_ a. a dezintegra **B** _V/R_ **sich ~** CHEM a se descompune

zerstören _VT_ a distruge

Zerstörung _F_ distrugere _f_

zerstreuen _A_ _VT_ Menge a împrăștia **B** _V/R_ **sich ~** Menge a se împrăștia; Ablenkung a distra

zerstreut _fig ADJ_ distrat

Zerstreutheit _F_ neatenție _f_, distracție _f_

zerteilen _VT_ a tăia în bucăți

Zertifikat _N_ certificat _n_

zertrümmern _VT_ a zdrobi

Zettel _M_ bilețel _n_

Zeug _umg_ _N_ chestie _f_; **dummes ~** prostii _fpl_; _fig_ **was das ~ hält** din răsputeri

Zeuge _M_, **Zeugin** _F_ martor(ă) _m(f)_; **vor ~n** în fața martorilor

zeugen _VT_ BIOL a procrea

Zeugenaussage _F_ depoziție _f_

Zeugnis _N_ **1** adeverință _f_ **2** Schule certificat _n_ școlar; **ein gutes ~ haben** a avea note bune

Zicke _F_ **1** → **Ziege** **2** **mach keine ~n!** fără prostii!

zickig _umg_ _ADJ_ nesuferit

Zickzack _M_ zigzag _n_; **im ~ laufen** a fugi în zigzag

Ziege _F_ capră _f_

Ziegel _M_ **1** cărămidă _f_ **2** Dachziegel țiglă _f_

Ziegenkäse _M_ brânză _f_ de capră

ziehen _A_ _VT_ a trage; Zahn a scoate; Linie a trasa; **etw aus der Tasche ~** a scoate ceva din geantă; **j-n am Ohr ~** a trage pe cineva de ureche; **j-n an sich** (_akk_) **~** a atrage pe cineva; _fig_ **etw nach sich** (_dat_) **~** a atrage ceva după sine **B** _VI_ GASTR **~ lassen** a infuza; **an etw** (_dat_) **~** a trage; **nach Hamburg ~** a se muta la Hamburg; **zu j-m ~** a se muta la cineva; **es zieht** e curent **C** _V/R_ **sich (in die Länge) ~** a se prelungi

Ziel _N_ țel _n_, scop _n_; **sein ~ erreichen** a-și atinge scopul; **sich** (_dat_) **ein ~ setzen** a-și fixa un scop

zielbewusst _ADJ_ hotărât, conștient de ce vrea

zielen _VI_ a ținti **(auf etw** ceva)

Zielgerade _F_ SPORT linie _f_ dreaptă înainte de sosire

Zielgruppe _F_ grup _n_ vizat (de persoane)

ziellos _ADJ & ADV_ fără scop

Zielscheibe _F_ țintă _f_

zielstrebig _ADJ_ → **zielbewusst**

ziemlich _ADV_ destul de; **~ viel** destul de mult; **~ viele Leute** destul de mulți oameni

zierlich _ADJ_ gingaș

Ziffer _F_ cifră _f_; **in ~n** în cifre

Zifferblatt _N_ cadran _n_

Zigarette _F_ țigară _f_

Zigarettenautomat _M_ automat _n_ de țigări

Zigarettenschachtel _F_ pachet _n_ de țigări

Zigarre _F_ trabuc _n_

Zigeuner(in) _neg!_ _M/F_ țigan _m_, țigancă _f_

zigmal _umg_ _ADV_ _umg_ de mii de ori

Zimmer _N_ cameră _f_; **~ frei** camere libere; **haben Sie ein ~ für zwei Personen?** aveți o cameră pentru două persoane?

Zimmermädchen _N_ cameristă _f_

Zimmermann _M_ dulgher _m_

Zimmernummer _F_ număr _n_ de cameră

Z

Zimmerpflanze F̲ plantă f de apartament

Zimmerschlüssel M̲ cheie f de la cameră

Zimmerservice M̲ serviciu n la cameră

Zimmervermittlung F̲ serviciu n de rezervare de camere

zimperlich A̲D̲J̲ delicat, exagerat de sensibil, mofturos

Zimt M̲ scorțișoară f

Zink N̲ zinc n

Zinn N̲ cositor n

Zins M̲ **1** auf Kapital meist **~en** pl dobândă f; **~en bringen** a aduce dobândă **2** südd, österr, schweiz (≈ Mietzins) chirie f

Zinseszins M̲ dobândă f compusă

zinslos A̲D̲J̲ & A̲D̲V̲ fără dobândă

Zinssatz M̲ rată f la dobândă

Zipfel M̲ **1** capăt n **2** Wurst mic rest n

Zipfelmütze F̲ scufie/căciulă f cu moț

zippen V̲/T̲ IT a comprima

zirka A̲D̲V̲ circa

Zirkel M̲ MATH compas n

zirkulieren V̲/I̲ a circula

Zirkus M̲ circ n

Zirkuszelt N̲ cort n de circ

Zitat N̲ citat n

zitieren V̲/T̲ a cita; **j-n zu sich ~** a chema pe cineva

Zitrone F̲ lămâie f; **mit ~** cu lămâie

Zitronenlimonade F̲ citronadă/limonadă f

Zitronenpresse F̲ storcător n de lămâi

Zitronensaft M̲ suc n de lămâie

Zitronenschale F̲ coajă f de lămâie

zitterig A̲D̲J̲ tremurător; Schrift tremurat

zittern V̲/I̲ a tremura (**vor Kälte** de frig)

zittrig → zitterig

Zivil N̲ (≈ Kleidung) haine fpl civile; **in ~** în civil

zivil A̲D̲J̲ civil; **in Zivil** în civil

Zivilbevölkerung F̲ populație f civilă

Zivildienst M̲ serviciu n civil

Zivilisation F̲ civilizație f

Znüni schweiz M̲/N̲ gustare f luată la mijlocul dimineții

Zoff umg M̲ ceartă f

zog → ziehen

zögerlich A̲D̲J̲ șovăitor

zögern V̲/I̲ a ezita

Zoll¹ M̲ Maß țol m

Zoll² M̲ vamă f

Zollabfertigung F̲ formalități fpl vamale

Zollamt N̲ oficiu n vamal

Zollbeamte(r) M̲, **Zollbeamtin** F̲ funcționar(ă) m(f) vamal(ă)

Zollerklärung F̲ declarație f vamală

zollfrei A̲D̲J̲ & A̲D̲V̲ scutit de vamă

Zollgebühr F̲ taxă f vamală

Zollkontrolle F̲ control n vamal

Zöllner(in) M̲/F̲ vameș(ă) m(f)

zollpflichtig A̲D̲J̲ supus taxelor vamale

Zollschranken F̲P̲L̲ bariere fpl vamale

Zollunion F̲ uniune f vamală

Zombie M̲ zombi m

Zone F̲ zonă f

Zoo M̲ grădină f zoologică

Zoom N̲ FOTO zoom n

Zopf M̲ coadă f (împletită)

Zorn M̲ mânie f

zornig A̲D̲J̲ mânios; **~ machen** a mânia; **~ sein** a fi mâniat; **~ werden** a se mânia

zu A̲ PRÄP la; **zu dritt (kommen)** (a veni) câte trei; **zu Eis werden** a se face gheață; **zu Hause** acasă; **zu meiner Überraschung** spre supriza mea; **zu Mittag** la prânz; **zu Weihnachten** de Crăciun; **zum ersten Mal** pentru prima dată; **fünf Bücher zu 10 Euro** cinci cărți a 10 euro fiecare; SPORT **fünf zu drei gewinnen** a câștiga cu cinci la trei; **der Weg zum Bahnhof** drumul spre gară; **die Tür zum Garten** poarta spre grădină; **Weißwein zum Fisch trinken** a consuma vin alb la mâncăruri din pește B̲ A̲D̲V̲ **1** übermäßig prea; **zu sehr** prea mult; **zu viel/groß** prea mult/mare; **zu wenig** prea puțin; **zu wenig Geld** prea puțini bani; **einer zu viel/wenig** cu unul prea mult/puțin **2** (≈ geschlossen) umg închis; **Augen zu!** închideți ochii!; **Tür zu!** închideți ușa! **3** Richtung spre; **auf mich zu** spre mine C̲ KONJ să; **ein kaum zu erfüllen-**

der Wunsch o dorință greu de îndeplinit; **Haus zu verkaufen** casă de vânzare; **ich habe zu arbeiten** am de lucru; **sie versprach zu kommen** (ea) a promis că vine

zuallererst ADV mai întâi de toate

zuallerletzt ADV în ultimul rând

Zubehör N accesorii npl

zubereiten VT a pregăti

Zubereitung F preparare f

zubinden VT a lega

Zubringerstraße F zur Autobahn drum n de acces

Zucchini PL dovlecel n

Zucht F **1** von Tieren creștere f; von Pflanzen cultivare f **2** Tiere prăsilă f; Pflanzen cultură f **3** geh **~ und Ordnung** ordine f și disciplină f

züchten VT **1** Tiere a crește **2** Pflanzen a cultiva

Züchter(in) M|F von Tieren crescător m, crescătoare f; von Pflanzen cultivator m, cultivatoare f

zucken VI a tresări; **mit den Schultern ~** a da din umeri

Zucker M zahăr n; MED umg **~ haben** a avea diabet

Zuckerdose F zaharniță f

Zuckerguss M glazură f de zahăr

zuckerkrank ADJ diabetic

Zuckerkrankheit F diabet n

Zuckerl österr, südd N bomboană f

Zuckerwatte F vată f de zahăr

zudecken VT (& V/R) a acoperi; **(sich) ~** a se acoperi

zudrehen VT a închide (prin răsucire)

zueinander ADV **seid nett ~!** fiți drăguți unii cu alții!; → zueinanderfinden, zueinanderpassen

zueinanderfinden VI a se găsi (unul pe altul)

zueinanderpassen VI a se potrivi (unul cu altul)

zuerst ADV mai întâi; **~ einmal** înainte de toate

Zufahrt F cale f de acces

Zufall M întâmplare f; **durch ~** din întâmplare; **glücklicher ~** întâmplare fericită; **reiner ~** pură întâmplare; **so ein ~!** ce coincidență!

zufällig ADJ întâmplător; **rein ~** abso-

lut întâmplător; **j-n ~ treffen** a întâlni pe cineva întâmplător; **weißt du ~, ob ...?** știi întâmplător dacă ...?

Zufallstreffer M noroc n

zufrieden ADJ mulțumit (**mit** +dat cu); **~ stellen** a satisface; **lass mich ~!** lasă-mă în pace

zufriedengeben V/R **sich mit etw ~** a se mulțumi cu ceva

Zufriedenheit F mulțumire f; **zu meiner vollen ~** spre satisfacția mea deplină

zufriedenlassen VT **j-n ~** a lăsa pe cineva în pace

zufriedenstellen VT a mulțumi, a satisface

zufügen VT a adăuga; **j-m Schaden ~** a-i face rău cuiva

Zufuhr F TECH alimentare f; von Waren aprovizionare f

Zug[1] N GEOG Zug n

Zug[2] M **1** BAHN tren n; fig **der Zug ist abgefahren** e prea târziu **2** Luft curent n **3** Schach mutare f; **du bist am Zug** este rândul tău; fig **nicht zum Zuge kommen** a nu avea ocazia (să facă ceva) **4** Charakter trăsătură f de caracter **5** beim Rauchen fum n; **das Glas in einem Zug austrinken** a bea paharul dintr-o răsuflare; **etw in vollen Zügen genießen** a savura ceva din plin **6** fig **in groben Zügen** în linii mari

Zugabe F im Konzert bis n

Zugabteil N compartiment n

Zugang M acces n (**zu** +dat la)

Zugauskunft F informații fpl despre mersul trenurilor

Zugbegleiter(in) M|F însoțitor m/însoțitoare f de tren

zugeben VT gestehen a admite; **~, dass ...** a admite că ...; **~, etw zu tun** a admite a face ceva

zugehen A VI **1** (≈ schließen) a se închide **2** (≈ sich nähern) **auf j-n/etw ~** a se îndrepta către cineva/ceva; **geht auf den Winter zu** se apropie iarna B V/UNPERS **es ging lustig zu** a fost distractiv

Zugehörigkeit F apartenență f (**zu** la)

Zügel M frâu n; fig **die ~ fest in der**

Hand haben a avea situația sub control

Zugeständnis N̄ concesie f (**an** +*akk* la/față de); **gewisse ~se machen** a face anumite concesii

zugestehen V̄T̄ **j-m etw ~** a-i acorda/permite cuiva ceva

Zugführer(in) M̄/F̄ conductor m, conductoare f

zugig ADJ expus la curent

zügig ADJ rapid

zugleich ADV concomitent; **schön und reich ~** frumos și bogat în același timp

Zugluft F̄ curent n

Zugpersonal N̄ personal n de însoțire a trenului

zugreifen V̄Ī **1** a apuca +*akk*, a prinde **2** *beim Essen* a se servi **3** *fig* a prinde ocazia **4** (≈ *helfen*) a pune mâna

Zugriff M̄ **1** (≈ *Ergreifen*) prindere f; **sich j-s ~ entziehen** a scăpa de cineva **2** IT acces n (**auf** +*akk* la)

Zugriffsberechtigung F̄, **Zugriffsrecht** N̄ IT drept n de acces

zugrunde ADV **einer Sache ~ liegen** a fi la baza unui lucru; **~ gehen** a pieri; **~ richten** a ruina

Zugspitze GEOG **die ~** (vârful) Zugspitze

zugucken *umg* V̄Ī → zusehen

Zugunglück N̄ accident n de tren

zugunsten PRÄP în favoarea; **~ von** în favoarea lui

Zugverbindung F̄ legătură f cu trenul

zuhaben V̄Ī a fi închis

zuhalten V̄T̄ **sich die Nase/Ohren ~** a-și astupa nasul/urechile; **die Tür ~** a ține ușa închisă

Zuhälter M̄ proxenet m

Zuhause N̄ casă f

zuhören V̄Ī a asculta (**j-m** pe cineva)

Zuhörer(in) M̄/F̄ auditor m, auditoare f

zukleben V̄T̄ *Brief* a lipi

zukommen A V̄Ī **auf j-n ~** a se îndrepta spre cineva; **j-m ~** a reveni cuiva B V̄T̄ *fig* **die Dinge auf sich** (*akk*) **~ lassen** a lăsa lucrurile să vină de la sine; **j-m etw ~ lassen** a face să-i parvină cuiva ceva

Zukunft F̄ viitor n; **ein Beruf mit ~** o

meserie de viitor; **in (naher) ~** în viitor(ul apropiat)

zukünftig ADJ viitor

zukunftsfähig ADJ de viitor; *Unternehmen* viabil, durabil

zukunftsorientiert ADJ orientat înspre viitor

zulassen V̄T̄ **1** *erlauben* a permite **2** *Auto* a înmatricula **3** *umg nicht öffnen* a lăsa închis

zulässig ADJ admisibil

Zulassung *umg* F̄ AUTO înmatriculare f; **~ als Anwalt/Arzt** autorizație pentru exercitarea profesiei de avocat/medic

zuletzt ADV la urmă; **~ kommen** a veni la urmă; **nicht ~** nu în cele din urmă

zuliebe ADV **j-m ~** de dragul cuiva

zum, = zu dem → zu

zumachen V̄T̄ a închide; **die Augen ~** a închide ochii

zumindest ADV cel puțin

zumuten V̄T̄ **j-m etw ~** a-i pretinde cuiva ceva; **sich** (*dat*) **zu viel ~** a se supraestima

Zumutung F̄ pretenție f inacceptabilă; nerușinare f; **dieses Essen ist e-e ~** mâncarea asta e inacceptabilă!

zunächst ADV mai întâi; **~ einmal** mai întâi de toate

Zunahme F̄ creștere f

Zuname M̄ nume n de familie

zünden A V̄Ī a aprinde, a da foc B V̄Ī a se aprinde, a lua foc

Zündkerze F̄ bujie f

Zündschloss N̄ contact n

Zündschlüssel M̄ cheie f de contact

Zündschnur F̄ fitil n de aprindere

Zündung F̄ aprindere f

zunehmen A V̄Ī a se mări; *Mensch* a se îngrășa B V̄T̄ **2 Kilo ~** a se îngrășa cu 2 kilograme

Zuneigung F̄ afecțiune f

Zunge F̄ limbă f; **auf der ~ zergehen** a se topi pe limbă; **sich** (*dat*) **auf die ~ beißen** a-și mușca limba; **das Wort liegt mir auf der ~** cuvântul îmi stă pe limbă

Zungenreiniger M̄ MED curățător n de limbă

zunichtemachen V̄T̄ a nimici

zunutze ADV **sich etw ~ machen** a

profita de ceva
zuordnen V̅T̅ a clasa (+ *dat* în)
zuparken V̅T̅ a bara prin parcare
zupfen A V̅T̅ a trage; *Saite* a ciupi;
Unkraut a plivi; **j-n am Ärmel ~** a trage
pe cineva de mânecă B V̅I̅ **an etw**
(*dat*) **~** a trage de ceva
zur, = zu der → zu
zurechnungsfähig A̅D̅J̅ responsabil
de actele sale
zurechtfinden V̅R̅ **sich ~** a se descurca
zurechtkommen V̅I̅ a se descurca
(**mit etw** cu ceva); **mit j-m ~** a se înțelege cu cineva
zurechtmachen A V̅T̅ a aranja B
V̅R̅ **sich ~** a se pregăti
zurechtweisen V̅T̅ a admonesta, a
mustra
zureden V̅I̅ **j-m ~(, etw zu tun)** a îndemna pe cineva (să facă ceva); **j-m**
gut ~ a încuraja pe cineva
Zürich N̅ Zürich
zurück A̅D̅V̅ înapoi; **ich bin gleich wie-**
der ~ mă întorc imediat; **es gibt kein**
Zurück (mehr) nu (mai) există nici o
cale de întoarcere
zurückbekommen V̅T̅ a primi înapoi; **ich bekomme noch Geld zurück**
primesc bani înapoi
zurückbleiben V̅I̅ **1** (≈ *nicht Schritt*
halten) a nu ține pasul; *Schüler: in s-n*
Leistungen a rămâne în urmă; **hinter**
j-s Erwartungen ~ a nu corespunde
așteptărilor cuiva **2** (≈ *übrig bleiben*) a
rămâne
zurückblicken V̅I̅ a privi înapoi (**auf**
+akk la)
zurückbringen V̅T̅ a returna
zurückerstatten V̅T̅ a restitui
zurückfahren V̅T̅ & V̅I̅ a se întoarce
(cu un vehicul)
zurückführen A V̅T̅ **1** (≈ *zurückbe-*
gleiten) a readuce, a conduce înapoi **2**
fig **auf etw** (*akk*) **~** a deduce (din);
Grund a explica ceva(prin) B V̅I̅ *Weg*
~ zu, auf *+akk* a duce înapoi pe
zurückgeben V̅T̅ a restitui
zurückgehen A V̅I̅ a merge înapoi;
auf etw/j-n ~ a se întoarce la ceva/ci-
neva B V̅T̅ **~ lassen** a micșora
zurückhalten A V̅T̅ a opri, a reține

B V̅I̅ a ascunde; **mit s-r Meinung nicht**
~ a nu-și ascunde părerea C V̅R̅ **sich**
~ a se stăpâni
zurückhaltend A̅D̅J̅ discret; **sich ~**
äußern a se exprima cu discreție
zurückkommen A V̅I̅ a se întoarce; *fig*
auf etw (*akk*) **~** a reveni asupra unui
lucru
zurückklassen V̅T̅ a lăsa (în urmă)
zurücklegen A V̅T̅ **1** *an seinen Platz*
a pune înapoi **2** *Geld* a economisi **3**
Strecke a parcurge B V̅R̅ **sich ~** a se rezema pe spate
zurücknehmen V̅T̅ a lua înapoi
zurückrufen V̅T̅ a chema înapoi
zurückschauen *bes südd, österr,*
schweiz V̅I̅ → **zurückblicken**
zurückschicken V̅T̅ a trimite înapoi
zurücksetzen A V̅T̅ **1** *Gegenstand,*
Auto a da înapoi **2** *fig* **j-n ~** a dezavan-
taja/defavoriza pe cineva B V̅I̅ AUTO a
da cu spatele
zurückstellen V̅T̅ **1** a pune la loc **2**
Uhr a da ceasul înapoi
zurücktreten V̅I̅ *von einem Amt* a demisiona; *von einem Vertrag* a se retrage
zurückweisen V̅T̅ a refuza; *Bitte, Vor-*
wurf a respinge
zurückzahlen V̅T̅ a rambursa; *umg*
fig **es j-m ~** a se răzbuna pe cineva
zurückziehen V̅R̅ **sich ~** a se retrage; **sich aus der Politik ~** a se retrage
din politică
zurzeit A̅D̅V̅ în momentul de față
Zusage F **1** *Zusicherung* asigurare *f* **2**
bei Einladung acceptare *f*
zusagen A V̅T̅ **j-m etw ~** a promite
cuiva ceva B V̅I̅ *auf eine Einladung* a
accepta; **j-m ~** *gefallen* a fi pe placul
cuiva
zusammen A̅D̅V̅ împreună; **alle ~** cu
toții laolaltă; **~ sein** a fi împreună;
umg **guten Morgen ~!** bună dimineața
tuturor!
Zusammenarbeit F colaborare *f*; **in**
~ mit în colaborare cu
zusammenarbeiten V̅I̅ a colabora
zusammenbrechen V̅I̅ a se prăbuși
Zusammenbruch M prăbușire *f*
zusammenfassen V̅T̅ a rezuma
Zusammenfassung F rezumat *n*
zusammengehören V̅I̅ a se potrivi;

Z

Schuhe a fi pereche

Zusammenhalt M̲ coeziune *f*; solidaritate *f*

zusammenhalten A̲ V̲i̲ *fig* a face cauză comună B̲ V̲t̲ **sein Geld ~** a-şi economisi banii

Zusammenhang M̲ context *n*; **im ~ mit** în legătură cu; **aus dem ~ gerissen** scos din context; **etw mit etw in ~ bringen** a raporta ceva la altceva

zusammenhängen V̲i̲ a fi în corelaţie; *fig* **mit etw ~** a avea legătură cu ceva

zusammenhängend A̲D̲J̲ coerent

zusammenhang(s)los A̲D̲J̲ incoerent

zusammenklappen V̲t̲ a plia

zusammenkommen V̲i̲ **1** *Personen* a se întruni; (≈ *sich treffen*) a se întâlni, a se vedea; **mit j-m ~** a se întâlni cu cineva **2** *Dinge* a se aduna

zusammenlegen V̲t̲ *falten* a îndoi

zusammennehmen A̲ V̲R̲ **sich ~** a se concentra B̲ V̲t̲ **alles zusammengenommen** în total

zusammenpassen V̲i̲ a se potrivi; *Farben* **nicht ~** a nu se potrivi

zusammenrechnen V̲t̲ a face totalul

zusammenreißen *umg* V̲R̲ **sich ~** a se aduna; a se controla

zusammensetzen A̲ V̲t̲ a asambla B̲ V̲R̲ **1** (≈ *zusammenkommen*) **sich ~** a se întruni **2** (≈ *bestehen aus*) **sich aus etw ~** a fi format din ceva

Zusammensetzung F̲ compoziţie *f*

zusammensitzen V̲i̲ a se aşeza împreună

zusammenstellen V̲t̲ **1** *räumlich: Sachen* a pune împreună **2** *Programm, Menü, Team* a stabili; *Unterlagen* a aduna; *Liste* a alcătui

Zusammenstoß M̲ ciocnire *f*

zusammenstoßen V̲i̲ a se ciocni (**mit de**)

zusammenstürzen V̲i̲ a se prăbuşi

zusammenzählen V̲t̲ a aduna

zusammenziehen A̲ V̲i̲ *in eine Wohnung* a se muta împreună B̲ V̲R̲ **sich ~** a se micşora

Zusatz M̲ adaos *n*

zusätzlich A̲D̲J̲ în plus

zuschauen V̲i̲ a privi

Zuschauer(in) M̲F̲ spectator *m*, spectatoare *f*

Zuschauertribüne F̲ tribună *f* pentru spectatori

zuschicken V̲t̲ a trimite; **j-m etw ~** a trimite cuiva ceva

Zuschlag M̲ B̲A̲H̲N̲ supliment *n*

zuschlagen A̲ V̲t̲ **1** *Tür* a trânti; *Buch* a închide (brusc) **2** *bei Auktionen* **j-m etw ~** a adjudeca ceva cuiva B̲ V̲i̲ **1** (≈ *drauflosschlagen*) a tăbărî cu bătaia **2** *Tür* a se trânti

zuschließen V̲t̲ & V̲i̲ a încuia

zuschnüren V̲t̲ *Paket* a lega (cu un şnur)

Zuschuss M̲ (≈ *finanzielle Hilfe*) ajutor *n*; *staatlicher* subvenţie *f*

zusehen V̲i̲ a privi; (≈ *darauf achten*) **~, dass ...** a avea grijă să ...; **j-m bei der Arbeit ~** a privi pe cineva cum lucrează

zusichern V̲t̲ **j-m etw ~** a garanta cuiva ceva

zuspielen V̲t̲ **j-m etw ~** a pasa cuiva ceva; *fig a.* a strecura cuiva ceva

Zustand M̲ stare *f*; MED, PFLEGE *vom Patienten* status *n*; **in flüssigem/gutem ~** în stare lichidă/bună; **das sind unhaltbare Zustände** aceasta este o situaţie insuportabilă

zustande A̲D̲V̲ **~ bringen** a realiza; **~ kommen** a se realiza

zuständig A̲D̲J̲ responsabil; **für etw ~ sein** a fi responsabil pentru ceva

Zuständigkeit F̲ competenţă *f*; **in j-s ~** (*akk*) **fallen** a fi de competenţa cuiva

zustellen V̲t̲ *Post* a remite

zustimmen V̲i̲ a consimţi (**einer Sache** la ceva)

Zustimmung F̲ asentiment *n*; **allgemeine ~ finden** a fi în asentimentul tuturor

zustoßen V̲i̲ **j-m stößt etw zu** cuiva i se întâmplă ceva neplăcut

Zutat F̲ GASTR ingredient *n*

Zutaten P̲L̲ ingrediente *npl*

Zutrauen N̲ încredere *f* (**zu** in)

zutrauen V̲t̲ **j-m etw ~** a crede pe cineva capabil de ceva; **sich etw ~** a se crede capabil de ceva; **ihr ist alles zuzutrauen** (ea) ar putea fi capabilă de orice

zutreffen VI a se potrivi (**auf cu**)
zutreffend ADJT potrivit
Zutritt M intrare f; **~ verboten!** intrarea interzisă!; **sich** (dat) **zu etw ~ verschaffen** a obține accesul la ceva
zuverlässig ADJ de nădejde
Zuverlässigkeit F seriozitate f
Zuversicht F încredere f
zuvor ADV mai înainte; **nie ~** niciodată până acum
Zuwachs M creștere f
zuwider ADJ **es ist mir ~** asta îmi repugnă
zuwinken VI j-m ~ a-i face cuiva semn cu mâna
zuziehen A VT Vorhang a trage; Tür a închide; Knoten a strânge B V/R **sich** (dat) **etw ~** Zorn a-și atrage; Krankheit a contracta, a se alege cu C VI a se muta
zuzüglich PRÄP plus
zwang → zwingen
Zwang M constrângere f; **~ auf j-n ausüben** a constrânge pe cineva; **unter ~ handeln** a acționa sub constrângere
zwängen A VT **etw in etw** (akk) ~ a îndesa ceva în altceva B V/R **sich durch e-e Öffnung ~** a se înghesui printr-o deschizătură
zwanglos ADJ degajat
zwangsläufig ADJ obligatoriu; (≈unvermeidlich) inevitabil
Zwangsversteigerung F JUR vânzare f forțată, scoatere f la licitație
Zwangsvollstreckung F JUR executare f silită
zwanzig NUM douăzeci
zwanzigste(r, s) NUM al douăzecilea, a douăzecea; → dritte
zwar ADV ce-i drept; **und ~ ...** și anume ...; **und ~ so** și anume așa
Zweck M scop n; **zu diesem ~** în acest scop; **Geld für e-n guten ~ ausgeben** a cheltui bani pentru o cauză bună; **s-n ~ erfüllen** a-și îndeplini scopul; **das hat keinen ~** nu are nici un rost
zwecklos ADJ inutil
zwei NUM doi
Zwei F doi m
Zweibettzimmer N cameră f cu două paturi

zweideutig ADJ ambiguu
zweieiig ADJ bivitelin; **~e Zwillinge** mpl gemeni mpl bivitelini/falși
zweierlei ADJ de două feluri; **das ist ~** acestea sunt două lucruri diferite
zweifach ADJ dublu
Zweifamilienhaus N casă f pentru două familii
Zweifel M îndoială f; **ohne (jeden) ~** fără (nici o) îndoială; **außer ~ stehen** a fi în afara oricărei îndoieli; **über etw** (akk) **im ~ sein** a avea îndoieli asupra unui lucru; **mir kommen ~** încep să mă îndoiesc
zweifellos ADV fără îndoială
zweifeln VI a se îndoi (**an** +dat de); **daran ist nicht zu ~** nu exită nici o îndoială în asta
Zweifelsfall M **im ~** în caz de dubiu
Zweig M **1** creangă f **2** fig branșă f
Zweigstelle F Bank sucursală f
zweihundert NUM două sute
zweimal ADV de două ori
zweisprachig ADJ bilingv
zweispurig ADJ Straße cu două benzi
zweistellig ADJ cu două cifre
zweistündig ADJ de două ore
zweit ADV **zu ~ (sein)** (a fi) în doi
zweitausend NUM două mii
zweitbeste ADJ a doua (în clasificare)
zweite(r, s) NUM al doilea, a doua; → dritte
zweitens ADV în al doilea rând
zweitgrößte(r, s) ADJ al doilea ca mărime
Zweitschlüssel M cheie f de rezervă
Zweizimmerwohnung F apartament n cu două camere
Zwerchfell N diafragmă f
Zwerg M pitic m
Zwetschge F prună f (brumărie)
zwicken VT & VI a ciupi
Zwieback M pesmeți mpl
Zwiebel F ceapă f
Zwillinge PL a. ASTROL gemeni mpl
zwingen A VT a constrânge; **sich gezwungen sehen, etw zu tun** a se vedea silit să facă ceva B V/R **sich ~** a se forța
zwinkern VI a clipi din ochi
zwischen PRÄP între
Zwischenablage F IT clipboard n

Z

Zwischenaufenthalt $\overline{M}$ popas *n*, oprire *f*

zwischendurch $\underline{ADV}$ între timp

Zwischenergebnis $\overline{N}$ rezultat *n*

provizoriu

Zwischenfall $\overline{M}$ incident *n*

zwischenlanden $\overline{V/I}$ a face escală

Anhang | Anexă

Kommunikation | Comunicare

Fit für den Small Talk	Mini ghid de conversație	584
Mic glosar pentru servicii de îngrijire	Mini-Dolmetscher für Pflegeberufe	589

Extras | Noțiuni suplimentare

Zahlen	Numere	600
Rumänische Münzen und Banknoten	Monede și bancnote românești	601
Kurzgrammatik des Rumänischen	Gramatica limbii române pe scurt	602
Gramatica limbii germane pe scurt	Kurzgrammatik des Deutschen	607
Verbe neregulate în limba germană	Deutsche unregelmäßige Verben	620

Kommunikation | Comunicare

Fit für den Small Talk | Mini ghid de conversație

Das Allerwichtigste	Important de știut
Guten Morgen!	Bună dimineața!
Guten Tag!	Bună ziua!
Guten Abend!	Bună seara!
Auf Wiedersehen!	La revedere!
..., bitte!	..., vă rog!
Danke!	Mulțumesc!
Nichts zu danken!	Pentru puțin!
Ja!	Da!
Nein!	Nu!
Entschuldigung!	Mă scuzați!
In Ordnung!	În ordine!
Hilfe!	Ajutor!
Rufen Sie schnell einen Arzt!	Chemați repede un medic!
Rufen Sie schnell einen Krankenwagen!	Chemați repede o ambulanță!
Wo ist die Toilette?	Unde este toaleta?
Wann?	Când?
Was?	Ce?
Wo?	Unde?
Wo ist ...?	Unde este ...?
Wo gibt es ...?	Unde se află ...?
Hier.	Aici.
Da. / Dort.	Acolo.
Rechts.	La dreapta.
Links.	La stânga.

- Geradeaus.
- Heute.
- Morgen.
- Haben Sie ...?
- Ich möchte ...
- Was kostet das?
- Ich will nicht.
- Ich kann nicht.
- Einen Moment bitte.
- Lassen Sie mich in Ruhe!

- Drept înainte.
- Azi.
- Mâine.
- Aveți ...?
- Aș dori ...
- Cât costă aceasta?
- Nu vreau.
- Nu pot.
- Un moment, vă rog.
- Lăsați-mă în pace!

Verständigung

- Haben Sie / Hast du verstanden?
- Ich verstehe / habe verstanden.
- Ich habe das nicht verstanden.
- Sagen Sie es bitte noch einmal.
- Bitte sprechen Sie etwas langsamer.
- Bitte schreiben Sie mir das auf!

Înțelegere

- Ați / Ai înțeles?
- Înțeleg. / Am înțeles.
- Nu am înțeles asta.
- Vă rog să-mi spuneți încă o dată.
- Vă rog să vorbiți mai lent.
- Vă rog să-mi notați asta!

Small Talk

- Wie heißen Sie / heißt du?
- Ich heiße ...
- Woher kommen Sie?
- Woher kommst du?
- Ich komme aus ...
  – Deutschland.
  – Österreich.
  – der Schweiz.
- Wie alt sind Sie / bist du?
- Ich bin ... Jahre alt.

Small Talk

- Cum vă numiți / Cum te numești?
- Mă numesc ...
- De unde sunteți?
- De unde ești?
- Eu sunt din ...
  – Germania.
  – Austria.
  – Elveția.
- Ce vârstă aveți / ai?
- Eu am ... ani.

▪ Was machen Sie / machst du beruflich?	▪ Ce profesie practicați / practici?
▪ Ich bin ...	▪ Eu sunt ...
▪ Sind Sie / Bist du zum ersten Mal hier?	▪ Sunteți / Ești pentru prima dată aici?
▪ Nein, ich war schon ...mal in Rumänien.	▪ Nu, am fost deja .... în România.
▪ Wie lange sind Sie / bist du schon hier?	▪ De cât timp sunteți / ești deja aici?
▪ Seit ... Tagen / Wochen.	▪ De ... zile / săptămâni.
▪ Wie lange sind Sie / bist du noch hier?	▪ Cât timp mai sunteți / ești aici?
▪ Noch eine Woche / zwei Wochen.	▪ Încă o săptămână / două săptămâni.
▪ Gefällt es Ihnen / dir hier?	▪ Vă / Îți place aici?
▪ Es gefällt mir sehr (gut).	▪ Îmi place (mult) aici.

Unterwegs

Pe drum

▪ Entschuldigung, wo ist ... ?	▪ Mă scuzați, unde este ...?
▪ Wie komme ich nach / zu ...?	▪ Cum ajung la ...?
▪ Wie komme ich am schnellsten / billigsten ...?	▪ Cum ajung cel mai repede / ieftin ...?
– zum Bahnhof?	– la gară?
– zum Busbahnhof?	– la autogară?
– zum Flughafen?	– la aeroport?
– zum Hafen?	– în port?
▪ Zurück.	▪ Înapoi.
▪ Geradeaus.	▪ Drept înainte.
▪ Nach rechts.	▪ La dreapta.
▪ Nach links.	▪ La stânga.
▪ Am besten mit dem Taxi.	▪ Cel mai bine cu taxiul.

Im Hotel

- Ich habe bei Ihnen ein Zimmer reserviert.
- Mein Name ist ...
- Hier ist meine Bestätigung.
- Haben Sie ein Doppelzimmer / Einzelzimmer frei ...
  - für eine Nacht / für ... Nächte?
  - mit Bad / Dusche und WC?
  - mit Blick aufs Meer?
- Wir sind leider ausgebucht.
- Morgen / Am Montag wird ein Zimmer frei.
- Wie viel kostet es ...
  - mit / ohne Frühstück?
  - mit Halbpension / Vollpension?

La hotel

- Am rezervat o cameră la dumneavoastră.
- Numele meu este ...
- Aici este confirmarea mea.
- Aveți o cameră dublă / o cameră individuală liberă ...
  - pentru o noapte ... / pentru ... nopți?
  - cu baie / duș și toaletă?
  - cu vedere la mare?
- Din păcate nu mai avem capacități libere.
- Mâine / Luni se eliberează o cameră.
- Cât costă ...
  - cu / fără mic dejun?
  - cu demipensiune / pensiune completă?

Shopping

- Wo bekomme ich ...?
- Bitte schön?
- Kann ich Ihnen helfen?
- Danke, ich sehe mich nur um.
- Ich werde schon bedient.
- Haben Sie ...?
- Ich hätte gerne eine Flasche Wasser.
- Es tut mir leid, wir haben kein(e) ... mehr.
- Was kostet ...?

La cumpărături

- Unde găsesc ...?
- Poftiți, vă rog?
- Pot să vă ajut cu ceva?
- Mulțumesc, mă uit doar puțin.
- Eu sunt deja servit.
- Aveți ...?
- Aș dori o sticlă de apă.
- Îmi pare rău, nu mai avem ...
- Cât costă ...?

▪ Das gefällt mir.	▪ Asta îmi place.
▪ Ich nehme es.	▪ O / Îl iau / cumpăr.
▪ Darf es sonst noch etwas sein?	▪ Mai doriți ceva?
▪ Danke, das ist alles.	▪ Mulțumesc, asta este tot.
▪ Kann ich mit dieser Kreditkarte bezahlen?	▪ Pot să plătesc cu cardul acesta de credit?

Im Restaurant   La restaurant

▪ Die Karte bitte.	▪ Meniul, vă rog.
▪ Was möchten Sie trinken / essen?	▪ Ce doriți să beți / să mâncați?
▪ Ich möchte …	▪ Aș dori …
– eine große Flasche Wasser.	– o sticlă mare de apă.
– ein Glas Rotwein.	– un pahar de vin roșu.
– eine Flasche Weißwein.	– o sticlă de vin alb.
– ein großes / kleines Bier.	– o bere mare / mică.
– einen Glühwein.	– un vin fiert.
▪ Haben Sie vegetarische Gerichte?	▪ Aveți mâncăruri / feluri vegetariene?
▪ Was nehmen Sie als Vorspeise / Nachtisch?	▪ Ce doriți ca antreu / desert?
▪ Danke, ich nehme keine Vorspeise / keinen Nachtisch.	▪ Mulțumesc, nu doresc antreu / desert.
▪ Hat es Ihnen geschmeckt?	▪ V-a plăcut?
▪ Danke, sehr gut.	▪ Da, foarte mult.
▪ Ich möchte zahlen.	▪ Aș dori să plătesc.

Mic glosar pentru servicii de îngrijire | Mini-Dolmetscher für Pflegeberufe

În general

- Vă ajut eu.
- Mă ocup eu de asta.
- Mai aveți nevoie de ceva?
- Da, vă rog.
- Nu, mulțumesc!
- Înțeleg bine asta.

Allgemeines

- Ich helfe Ihnen.
- Ich kümmere mich darum.
- Benötigen Sie sonst noch etwas?
- Ja, bitte.
- Nein, danke.
- Das kann ich gut verstehen.

Îngrijiri de igienă corporală

Dumneavoastră spuneți:

- Să vă ajut (la îmbrăcat/spălat / cu mâncarea)?
- Reușiți să vă dați jos singur(ă) puloverul / cămașa de noapte?
- Vă închei acum cămașa de noapte.
- Vă pun acum ciorapii medicinali.

- Puteți merge singur(ă) la chiuvetă?
- Să mergem până la chiuvetă.

- Puteți să vă spălați singur(ă) pe dinți?
- Puteți să vă scoateți/puneți singur(ă) proteza?
- Aș dori să vă fac duș astăzi.

Hygiene und Alltagshilfe

Sie sagen:

- Soll ich Ihnen (beim Anziehen/ Waschen/Essen) helfen?
- Können Sie den Pulli / das Nachthemd allein ausziehen?
- Ich mache Ihnen das Nachthemd zu.
- Ich ziehe Ihnen jetzt die Kompressionsstrümpfe an.
- Können Sie allein zum Waschbecken gehen?
- Gehen wir zum Waschbecken rüber.
- Können Sie sich allein die Zähne putzen?
- Können Sie die Zahnprothese selbst herausnehmen/einsetzen?
- Ich möchte Sie heute duschen.

■ Așezați-vă, vă rog, în timpul spălării.
■ O să vă usuc acum părul.
■ O să vă tai unghiile.

■ O să vă dau cu cremă.

■ Setzen Sie sich bitte beim Waschen.Ich werde jetzt Ihre Haare föhnen.
■ Ich werde Ihnen die Fingernägel schneiden.
■ Ich werde Ihre Haut eincremen.

Și puteți auzi:

Und Sie könnten hören:

■ Geben Sie mir bitte ein Taschentuch?
■ Könnten Sie bitte ...
  – das Fenster aufmachen/ zumachen?
  – die Heizung anmachen/ ausmachen?
  – das Licht anmachen/ ausmachen?
■ Meine Brille ist heruntergefallen.
■ Machen Sie mir bitte eine Wärmflasche?
■ Bitte waschen Sie noch die Wäsche.
■ Könnten Sie die Wäsche noch zusammenlegen?
■ Könnten Sie gleich noch den Müll mit nach draußen nehmen?
■ Könnten Sie bitte noch etwas einkaufen?

■ Îmi puteți da o batistă, vă rog?

■ Puteți ...
  – deschide/închide fereastra, vă rog?
  – porni/închide căldura, vă rog?

  – aprinde/stinge lumina, vă rog?

■ Mi-au căzut ochelarii.
■ Îmi pregătiți, vă rog, o buiotă?

■ Vă rog să mai spălați și rufele.
■ Puteți să mai împăturiți și rufele?

■ Puteți să luați apoi și gunoiul afară?

■ Puteți să-mi mai faceți niște cumpărături?

Ajutor pentru mișcare

Dumneavoastră spuneți:

- Puteți încerca să vă ridicați singur(ă) din pat?
- Vreți să vă sprijin când vă ridicați?

- Vă ajut eu până acolo.
- Vă prind acum de sub brațe, ca să vă ajut să vă ridicați.
- Țineți-vă bine de mine.
- O să vă aduc cadrul de mers lângă pat.
- Sprijiniți-vă în baston.
- Ridicați-vă încet din pat.

- Nu vă grăbiți.
- (Nu) vă ridicați.
- Ridicați-vă o clipă, vă rog.
- Rămâneți așezat(ă).
- Vă așez acum pe pat/scaun / în fotoliu.
- Așezați-vă, vă rog, pe pat/scaun / în fotoliu.
- Întoarceți-vă, vă rog, pe burtă / spate / pe o parte.
- Stați, vă rog, cu capul în piept.

- Îndoiți, vă rog, genunchii.
- Ca să evităm tromboza, vă așez acum picioarele mai sus.
- Stați bine așa întins(ă)?

Hilfe beim Bewegen

Sie sagen:

- Können Sie versuchen, allein vom Bett aufzustehen?
- Möchten Sie, dass ich Ihnen beim Aufstehen helfe?

- Ich helfe Ihnen dorthin.
- Ich greife Ihnen jetzt unter die Arme, um Ihnen aufzuhelfen.
- Halten Sie sich an mir fest.
- Ich werde Ihnen den Rollator ans Bett heranschieben.
- Stützen Sie sich auf den Gehstock.
- Stehen Sie langsam aus dem Bett auf.

- Nehmen Sie sich Zeit.
- Stehen Sie bitte (nicht) auf.
- Richten Sie sich bitte kurz auf.
- Bleiben Sie sitzen.
- Ich setze Sie jetzt auf das Bett / auf den Stuhl / in den Sessel.
- Setzen Sie sich bitte auf das Bett / auf den Stuhl / in den Sessel.
- Drehen Sie sich bitte auf den Bauch/Rücken / auf die Seite.
- Legen Sie bitte den Kopf auf die Brust.

- Winkeln Sie bitte die Knie an.
- Zur Thromboseprophylaxe lagere ich Ihre Beine hoch.
- Können Sie so gut liegen?

Pe ce parte vreți să stați întins(ă), pe stânga sau pe dreapta?	Auf welcher Seite möchten Sie liegen – links oder rechts?
O să vă întorc acum pe partea cealaltă.	Ich werde Sie jetzt auf die andere Seite drehen.
Vă așez acum în altă poziție.	Ich lagere Sie jetzt anders.
Stați cu capul destul de sus?	Ist das Kopfteil hoch genug?
Să vă ajut să stați cu capul mai sus?	Soll ich das Kopfteil höher stellen?
Acum o să vă las capul mai jos, să stați întins.	Ich werde jetzt das Kopfteil flach stellen, damit Sie gerade liegen.
Vă mai pun o rolă sub genunchi.	Ich lege Ihnen noch eine Rolle unter die Knie.
Vă acopăr din nou, ca să nu vă fie frig.	Ich decke Sie wieder zu, damit Sie nicht frieren.
Trebuie să vă dau la o parte plapuma.	Ich muss die Bettdecke zurückschlagen.
Trebuie să vă schimb tamponul.	Ich muss die Einlage wechseln.

Și puteți auzi: Und Sie könnten hören:

Ich kann das allein.	Cu asta mă descurc singur(ă).
Ich möchte aufstehen. Können Sie mir dabei helfen?	Aș vrea să mă ridic. Mă puteți ajuta, vă rog?
Ich möchte auf Toilette.	Aș vrea să merg la toaletă.
Können Sie mir den Rollator ans Bett schieben?	Îmi puteți aduce cadrul de mers lângă pat?
Könnten Sie mir bitte helfen, mich auf die andere Seite zu drehen?	Mă puteți ajuta, vă rog, să mă întorc pe partea cealaltă?
Könnten Sie bitte das Kopfteil höher stellen?	Puteți să mă ajutați, vă rog, să stau cu capul mai sus?

Despre mâncat și băut

Dumneavoastră spuneți:

- Vă aduc imediat micul dejun.

- Ce fel de pâine doriți?
- Doriți o felie de pâine sau două?

- Puteți să mâncați singur(ă)?
- Aveți nevoie de ajutor la mâncare?
- Să ung ceva pe pâine?

- Vreți pâinea fără coajă?

- Doriți salam/brânză/miere/gem pe pâine?
- Să vă aduc ceva de băut?

- Ce doriți să beți?
- Mai doriți o ceașcă de cafea?

- Doriți lapte și zahăr pentru cafea?

- Am să vă tai mâncarea în bucăți mai mici.
- Astăzi nu aveți voie să mâncați nimic.

Essen und Trinken

Sie sagen:

- Ich bringe Ihnen gleich das Frühstück.

- Was für Brot möchten Sie?
- Möchten Sie eine oder zwei Scheiben Brot?

- Können Sie allein essen?
- Brauchen Sie Unterstützung beim Essen?
- Soll ich Ihnen das Brot schmieren?

- Soll ich die Rinde vom Brot abschneiden?

- Möchten Sie Wurst/Käse/Honig/ Marmelade aufs Brot?
- Soll ich Ihnen etwas zu trinken bringen?

- Was möchten Sie trinken?
- Möchten Sie noch eine Tasse Kaffee?

- Möchten Sie Milch und Zucker für den Kaffee?

- Ich werde Ihnen das Essen mundgerecht zerkleinern.
- Sie müssen heute nüchtern bleiben.

Și puteți auzi:

- Machen Sie mir bitte Frühstück?

- Ich möchte ...
  - Graubrot (*od* Mischbrot)
  - Schwarzbrot/Toastbrot/ Vollkornbrot/Weißbrot
- Bitte die Rinde/Kruste / den Rand abschneiden.
- Ich möchte Kaffee/Tee/ Mineralwasser trinken.
- Ich würde jetzt gerne zu Mittag/ Abend essen.
- Können Sie mir bitte das Mittagessen/Abendbrot vorbereiten?
- Können Sie mir bitte ... kochen?
- Ich habe (noch) Hunger/Durst.
- Ich habe wenig Appetit.
- Kaffee/Tee/Wurst usw. mag ich nicht.

Und Sie könnten hören:

- Îmi puteți face, vă rog, micul dejun?

- Aș dori niște ...
  - pâine de grâu și secară
  - pâine neagră/toast/integrală/ albă
- Vă rog să tăiați coaja.

- Aș dori să beau cafea/ceai/apă minerală.
- Aș dori să iau prânzul/cina acum.

- Puteți să-mi pregătiți, vă rog, prânzul/cina?

- Îmi puteți găti niște ..., vă rog?
- Mi-e foame/sete (încă).
- Nu prea am poftă de mâncare.
- Nu-mi place cafeaua/ceaiul/ salamul etc.

Cum vă simțiți

Wie geht es Ihnen?

Dumneavoastră spuneți:

Sie sagen:

- Cum vă simțiți (astăzi)?
- Vă simțiți puțin mai bine astăzi?

- Ați dormit bine?
- Să vă dau un somnifer?

- Vă doare ceva?
- Ce vă doare?
- (Mai) aveți dureri în ... ?

- Unde vă strânge cel mai tare?
- Inspirați cu greutate?

- Aveți constipație?
- Aveți alergie sau sensibilitate la ceva anume?
- Vă este greu să vă ridicați din pat?

- Vă puteți mișca picioarele?
- V-ați luat deja medicamentele?

- Să chem un medic?
- Ați avut deja scaun astăzi?

- Aveți nevoie de o tăviță pentru vomă?
- Înțeleg de ce vă faceți griji.

- Nu vă faceți griji.
- Asta se poate trata ușor.

- Wie geht es Ihnen (heute)?
- Geht es Ihnen heute ein bisschen besser?

- Haben Sie gut geschlafen?
- Soll ich Ihnen eine Schlaftablette geben?

- Haben Sie Schmerzen?
- Wo haben Sie Schmerzen?
- Haben Sie (noch) Schmerzen in ...?

- Welche Stelle drückt besonders?
- Haben Sie Schwierigkeiten beim Luftholen?

- Leiden Sie an Verstopfung?
- Haben Sie irgendwelche Allergien oder Unverträglichkeiten?
- Fällt es Ihnen schwer, aus dem Bett aufzustehen?

- Können Sie die Beine bewegen?
- Haben Sie schon Ihre Medikamente genommen?

- Soll ich einen Arzt rufen?
- Hatten Sie heute schon Stuhlgang?

- Brauchen Sie eine Brechschale?

- Ich kann Ihre Sorgen gut verstehen.

- Machen Sie sich keine Sorgen.
- Das lässt sich gut behandeln.

- Va fi bine.
- Durerile o să treacă.
- În curând puteți merge normal.

- Es wird schon wieder.
- Die Schmerzen gehen vorüber.
- Bald können Sie wieder normal laufen.

Și puteți auzi:

Und Sie könnten hören:

- Es geht mir gut. / Ich fühle mich gut.
- Mă simt bine.

- Es geht so.
- Merge.
- Ich bin müde.
- Mi-e somn. / Sunt obosit(ă).
- Ich fühle mich sehr schwach.
- Mă simt foarte slăbit(ă).
- Mir ist übel.
- Mi-e rău.
- Mir ist so heiß/kalt.
- Mi-e foarte cald/frig.
- Ich habe schlecht geschlafen.
- Am dormit prost.
- Ich kann wegen des Hustens nicht schlafen.
- Nu pot să dorm din cauza tusei.

- Ich habe noch Schmerzen.
- Încă am dureri.
- Ich habe Schmerzen ...
- Am dureri ...
  - am ganzen Körper.
  - în tot corpul.
  - an der Wirbelsäule.
  - la coloană.
  - beim Atmen/Husten.
  - când respir/tușesc.
  - im Fußgelenk/Handgelenk/ Sprunggelenk.
  - la articulația piciorului/mâinii/ gleznei.
  - in den Beinen/Händen/Füßen.
  - la picioare/mâini/labele picioarelor.
  - in der Brust/Kniekehle/Leiste.
  - în piept/spatele genunchiului/ zona inghinală.
  - unterhalb der Rippen.
  - sub coaste.

- Ich habe Bauchschmerzen.
  - Brustschmerzen.
  - Hüftschmerzen.
  - Knieschmerzen.
  - Magenschmerzen.
  - Rückenschmerzen.
  - Zahnschmerzen.
- Meine Knochen tun mir weh.
- Ich habe eine Hausstauballergie.
  - eine Medikamentenallergie.
  - eine Nahrungsmittelallergie.
  - Pollenallergie.
  - Tierhaarallergie.
  - Fruktoseintoleranz.
  - Laktoseintoleranz.
  - Glutenunverträglichkeit.
- Ich bin allergisch gegen Eier/
  Erdbeeren/Fische/Nüsse.
- Ich habe Schwierigkeiten beim
  Atmen.
- Ich habe Verstopfung.
- Es juckt hier.
- Es tut mir nicht weh.

- Mă doare burta.
  - pieptul.
  - şoldul.
- Mă dor genunchii.
- Mă doare stomacul.
  - spatele.
- Mă dor dinţii.
- Mă dor oasele.
- Am alergie la praful din casă.
  - la medicamente.
  - la unele alimente.
  - la polen.
  - la părul de animale.
- Am intoleranţă la fructoză.
  - la lactoză.
  - la gluten.
- Sunt alergic(ă) la ouă/căpşuni/
  peşte/nuci şi alune.
- Am dificultăţi de respiraţie.

- Am constipaţie.
- Mă mănâncă aici.
- Nu mă doare.

Îngrijiri medicale

Medizinische Behandlungen

Dumneavoastră spuneți:

Sie sagen:

- Vă dau imediat un medicament împotriva ...
- Ich gebe Ihnen gerne ein Medikament gegen ...

- Pastilele acestea o să vă ajute/ atenueze durerea.
- Diese Tabletten werden dagegen helfen / werden Ihren Schmerz lindern.

- O să vă fac acum o clismă.
- Ich mache Ihnen jetzt einen Einlauf.

- Vă dau imediat un medicament împotriva ...
- Ich gebe Ihnen gerne ein Medikament gegen ...

- Pastilele acestea o să vă ajute/ atenueze durerea.
- Diese Tabletten werden dagegen helfen / werden Ihren Schmerz lindern.

- O să vă fac acum o clismă.
- Ich mache Ihnen jetzt einen Einlauf.

- Vă fac acum o injecție împotriva durerii/trombozei.
- Ich gebe Ihnen jetzt eine Spritze gegen die Schmerzen / gegen Thrombose.

- Nu vă speriați, o să înțepe un pic.
- Erschrecken Sie nicht, es piekst jetzt ein bisschen.

- Fiți liniștit(ă), nu doare.
- Keine Angst, das tut nicht weh.

- Durează doar o clipă.
- Es dauert nur einen Moment.

- Gata, am terminat.
- Das war's schon.

- Suntem deja gata.
- Schon sind wir fertig.

- N-o să fie chiar așa de grav.
- Das wird nicht so schlimm.

- Vă măsor acum temperatura.
- Ich messe jetzt Fieber bei Ihnen.

- Vă rog să ridicați brațul.
- Heben Sie bitte den Arm.

- Acum începe să măsoare.
- Die Messung beginnt jetzt.

- Vă rog să rămâneți întins(ă) în acest timp.
- Bitte bleiben Sie in der Zeit ruhig liegen.

- (Mai) aveți febră.
- Sie haben (noch) Fieber.

- Temperatura v-a crescut ușor.
- Ihre Temperatur ist leicht gestiegen.

- Vă măsor acum tensiunea.
- Ich messe jetzt Ihren Blutdruck.
- Puteți să vă îmbrăcați.
- Sie können sich wieder anziehen.
- Mai trebuie schimbat bandajul.
- Ihr Verband muss noch gewechselt werden.

- Mai lărgesc puțin.
- Ich mach es gleich lockerer.
- Vă dau cu puțin unguent.
- Ich trage ein bisschen Salbe auf.
- Unde este cel mai apropiat spital?
- Wo ist das nächste Krankenhaus?
- Care este numărul de telefon de la Salvare?
- Wie ist die Telefonnummer vom Krankenwagen?

Și puteți auzi:

Und Sie könnten hören:

- Ich brauche noch etwas aus der Apotheke.
- Mai am nevoie de ceva de la farmacie.
- Dort liegen die Rezepte.
- Rețetele sunt acolo.
- Könnten Sie bitte meine Medikamente holen?
- Puteți să-mi aduceți, vă rog, medicamentele?
- Ist mein Blutdruck wieder normal?
- Am din nou tensiunea normală?

- Der Schlauch am Arm drückt.
- Tubul de la braț mă strânge.
- Nicht so fest drücken!
- Nu apăsați așa de tare!
- Das tut aber weh!
- Asta doare tare!

Extras | Noțiuni suplimentare

Zahlen | Numere

Grundzahlen | Numere cardinale

0	null zero	22	zweiundzwanzig
1	eins (*ein m, n; eine f*)		douăzeci și doi *m;*
	unu (*un m, n; o f*)		douăzeci și două *f, n*
2	zwei doi *m;* două *f, n*	30	dreißig treizeci
3	drei trei	40	vierzig patruzeci
4	vier patru	50	fünfzig cincizeci
5	fünf cinci	60	sechzig șaizeci
6	sechs șase	70	siebzig șaptezeci
7	sieben șapte	80	achtzig optzeci
8	acht opt	90	neunzig nouăzeci
9	neun nouă	100	hundert o sută
10	zehn zece	101	hundert(und)eins
11	elf unsprezece		o sută unu *m, n;*
12	zwölf doisprezece *m;*		o sută una *f*
	douăsprezece *f, n*	200	zweihundert două sute
13	dreizehn treisprezece	342	dreihundertzweiundvierzig
14	vierzehn paisprezece		trei sute patruzeci și doi *m;*
15	fünfzehn cincisprezece		trei sute patruzeci și
16	sechzehn șaisprezece		două *f, n*
17	siebzehn șaptesprezece	1 000	(ein)tausend o mie
18	achtzehn optsprezece	3 000	dreitausend trei mii
19	neunzehn	10 000	zehntausend zece mii
	nouăsprezece	68 147	achtundsechzigtausendein-
20	zwanzig douăzeci		hundertsiebenundvierzig
21	einundzwanzig		șaizeci și opt de mii o sută
	douăzeci și unu *m, n;*		patruzeci și șapte
	douăzeci și una *f*	1 000 000	eine Million un milion

Ordnungszahlen | Numere ordinale

1.	erste	primul, întâiul, cel dintâi *m, n;* prima, întâia, cea dintâi *f*
2.	zweite	al doilea (al 2-lea) *m, n;* a doua (a 2-a) *f*
3.	dritte	al treilea (al 3-lea) *m, n;* a treia (a 3-a) *f*
4.	vierte	al patrulea (al 4-lea) *m, n;* a patra (a 4-a) *f*
5.	fünfte	al cincilea (al 5-lea) *m, n;* a cincea (a 5-a) *f*
6.	sechste	al şaselea (al 6-lea) *m, n;* a şasea (a 6-a) *f*
7.	siebte	al şaptelea (al 7-lea) *m, n;* a şaptea (a 7-a) *f*
8.	achte	al optulea (al 8-lea) *m, n;* a opta (a 8-a) *f*
9.	neunte	al nouălea (al 9-lea) *m, n;* a noua (a 9-a) *f*
10.	zehnte	al zecelea (al 10-lea) *m, n;* a zecea (a 10-a) *f*
11.	elfte	al unsprezecelea (al 11-lea) *m, n;* a unsprezecea (a 11-a) *f*
12.	zwölfte	al doisprezecelea (al 12-lea) *m, n;* a douăsprezecea (a 12-a) *f*
100.	hundertste	al o sutălea *m, n;* a (o) suta *f*

Rumänische Münzen und Banknoten | Monede şi bancnote româneşti

ban *m (pl* **bani)**   *deutsch:* Ban *m (pl* Bani)
leu *m (pl* **lei)**   *deutsch:* Leu *m (pl* Lei)

100 Bani = 1 Leu

Münzen: 1 Ban, 5 Bani, 10 Bani, 50 Bani
Banknoten: 1 Leu, 5 Lei, 10 Lei, 50 Lei, 100 Lei, 200 Lei, 500 Lei

Kurzgrammatik des Rumänischen

Artikel

Der bestimmte Artikel wird im Rumänischen, anders als im Deutschen, direkt an das Substantiv angefügt. Der männliche bestimmte Artikel lautet **-l**, **-ul** oder **-le**, der weibliche **-a** oder **-ua**:

film – filmul	der Film	**femeie – femei**a	die Frau
burete – buretele	der Schwamm	**cordea – cordea**ua	die Schnur

Bei männlichen Wörtern, die auf einem Vokal enden, verschmilzt das **u** des Artikels mit dem Wortende:

bou – boul	der Ochse	**ou – ou**l	das Ei

	Singular		Plural	
	maskulin	feminin	maskulin	feminin
(*Nominativ*)	**bărbatul**	**femeia**	**bărbații**	**femeile**
	der Mann	die Frau	die Männer	die Frauen

Der unbestimmte Artikel steht wie im Deutschen vor dem Substantiv.

	Singular		Plural	
	maskulin	feminin	maskulin	feminin
(*Nominativ*)	**un bărbat**	**o femeie**	**niște bărbați**	**niște femei**
	ein Mann	eine Frau	einige Männer	einige Frauen

Die Artikel sind in dieser Grammatikübersicht nur in der Nominativform angegeben. In den Sätzen finden Sie bisweilen auch deklinierte Formen.

Substantive

Im Rumänischen unterscheidet man wie im Deutschen die drei Geschlechter Maskulinum (*m*), Femininum (*f*) und Neutrum (*n*).

Das Neutrum stimmt im Singular mit dem Maskulinum überein, im Plural mit dem Femininum: **parfumul** das Parfüm, **parfumurile** die Parfüms.

Alle Substantive, die auf einem Konsonant oder auf **-u** enden sind maskulin. Substantive auf **-ă** sind immer feminin, Substantive auf **-e** meistens feminin.

Pluralbildung

Rumänische Substantive haben keine einheitliche Pluralbildung. Die Pluralendung wird in der Regel nicht an den Singular angehängt, sondern sie ersetzt die Singularendung. Die häufigsten Endungen lauten:

		Singular		Plural	
maskulin	-i	**codr**u	Wald	**codr**i	Wälder
feminin	-i	**maşin**ă	Auto	**maşin**i	Autos
	-e	**cas**ă	Haus	**cas**e	Häuser
	-uri	**marf**ă	Ware	**mărf**uri	Waren
neutrum	-e	**teatr**u	Theater	**teatr**e	Theater
	-uri	**drum**	Weg	**drum**uri	Wege

Die Pluralendung -i führt manchmal zu Änderungen am Wortende und in der Wortmitte:

Singular	Plural	Singular		Plural	
-d	-zi	**brad**	Tanne	**brazi**	Tannen
-s	-şi	**as**	Ass	**aşi**	Asse
-t	-ţi	**student**	Student	**studenţi**	Studenten
-scă	-şti	**mască**	Maske	**măşti**	Masken
-şcă	-şti	**ceaşcă**	Tasse	**ceşti**	Tassen
-ă-	-e-	**văr**	Vetter	**veri**	Vetter
-a-	-ă-	**bancă**	Bank	**bănci**	Bänke
-oa-	-o-	**şcoală**	Schule	**şcoli**	Schulen
-ea-	-e-	**ceaşcă**	Tasse	**ceşti**	Tassen

Adjektive und Adverbien

Adjektive richten sich in Geschlecht, Zahl und Fall nach dem Substantiv, zu dem sie gehören, und stehen gewöhnlich hinter dem Substantiv.

	Singular	Plural
maskulin	**un doctor bun** ein guter Arzt	**doctori buni** gute Ärzte
feminin	**o doctoriţă bună** eine gute Ärztin	**doctoriţe bune** gute Ärztinnen

Als Adverb wird in der Regel das Maskulinum Singular des Adjektivs verwendet.

Maria cântă frumos.   Maria singt schön.

Ausnahme: Das Adverb zu dem Adjektiv **bun/bună** (gut) lautet **bine**.

Pronomen

Personalpronomen

	Nominativ		*Dativ*		*Akkusativ*	
Singular	eu	ich	îmi	mir	mă	mich
	tu	du	îți	dir	te	dich
	el	er	îi	ihm	îl	ihn
	ea	sie	îi	ihr	o	sie
Plural	noi	wir	ne	uns	ne	uns
	voi	ihr	vă	euch	vă	euch
	ei	sie (m)	le	ihnen	îi	sie
	ele	sie (f)	le	ihnen	le	sie

Im Rumänischen wird das Subjekt durch die Personalendung des Verbs ausgedrückt. Deshalb braucht man das Personalpronomen im Nominativ nicht:

(Eu) Merg acasă.   Ich gehe nach Hause.

Die Höflichkeitsform „Sie" lautet in allen Fällen **dumneavoastră**.
Das begleitende Verb steht in der 2. Person Plural:
Dumneavoastră unde locuiți?   Wo wohnen Sie?

Reflexivpronomen

Singular		Plural	
mă	mir, mich	ne	uns
te	dir, dich	vă	euch
se	sich	se	sich

Mit **se** wird auch das deutsche „man" wiedergegeben:
În România se bea cafea turcească.
In Rumänien trinkt man türkischen Mokka.

Possessivpronomen

	Singular		Plural		
	maskulin	feminin	maskulin	feminin	
Singular	meu	mea	mei	mele	mein(e)
	tău	ta	tăi	tale	dein(e)
	lui, său	lui, sa	lui, săi	lui, sale	sein(e)
	ei	ei	ei	ei	ihr(e)
Plural	nostru	noastră	noștri	noastre	unser(e)
	vostru	voastră	voștri	voastre	euer(e)
	lor	lor	lor	lor	ihr(e)

Steht das Possessivpronomen nicht unmittelbar bei einem Substantiv mit
Artikel, werden im Singular **al** (*m*) oder **a** (*f*), im Plural **ai** (*m*) oder **ale** (*f*)
vorangestellt.
Acesta este pașaportul meu.   Dies ist mein Pass.
Acesta nu este al meu.   Dies ist nicht meiner.

Demonstrativpronomen

	dieser	diese	jener	jene
	maskulin	feminin	maskulin	feminin
Singular	acesta	aceasta	acela	aceea
Plural	aceștia	acestea	aceia	acelea

Wenn das Demonstrativpronomen vor dem Substantiv steht, verliert es die
Endung -a: **acest doctor** dieser Arzt.
Aber: **doctorul acesta**.
Im Femininum Singular wird die Endung -a zu -ă: **această femeie** diese Frau.

Verben

Die rumänischen Verben werden nach ihrer Infinitivendung in fünf Gruppen
eingeteilt: Verben auf **-a**, **-ea**, **-e**, **-i** und **-î**. Die Verben auf **-a** und **-î** haben je
zwei Untergruppen.

Präsens

	-a a cânta singen		-a a lucra arbeiten	-ea a tăcea schweigen
(eu)	cânt		lucrez	tac
(tu)	cânți		lucrezi	taci
(el/ea)	cântă		lucrează	tace
(noi)	cântăm		lucrăm	tăcem
(voi)	cântați		lucrați	tăceți
(ei/ele)	cântă		lucrează	tac

	-e a face tun	-i a citi lesen	-î a coborî absteigen	-î a hotărî entscheiden
(eu)	fac	citesc	cobor	hotărăsc
(tu)	faci	citești	cobori	hotărăști
(el/ea)	face	citește	coboară	hotărăște
(noi)	facem	citim	coborîm	hotărîm
(voi)	faceți	citiți	coborîți	hotărîți
(ei/ele)	fac	citesc	coboară	hotărăsc

Sein und haben

	a fi sein	a avea haben
(eu)	sunt	am
(tu)	ești	ai
(el/ea)	este/ e	are
(noi)	suntem	avem
(voi)	sunteți	aveți
(ei/ele)	sunt	au

Verneinung mit nu

Aceasta nu e valiza mea.   Dies ist nicht mein Koffer.
Ai timp?   Hast du Zeit?   **Nu am timp.**   Ich habe keine Zeit.

Satzstellung

In Aussagesätzen steht das Subjekt vor dem Verb:
Mama a plecat.   Mama ist weggegangen/weggefahren.

In Fragesätzen wird das Subjekt hinter das Verb gestellt:
A plecat mama?   Ist Mama weggegangen/weggefahren?

Gramatica limbii germane pe scurt

1 Substantivul

În limba germană substantivele se scriu mereu cu majusculă. Toate substantivele au un gen – ele sunt de gen masculin (bărbătesc), feminin (femeiesc) sau neutru.
Substantivele prezintă o formă de plural și există la diferite cazuri, pentru a sublinia funcția substantivului în propoziție.

Genul

Genul substantivului nu prezintă mereu o logică și poate fi diferit de sexul persoanei – **das Mädchen** (fata) este de exemplu un substantiv de gen neutru. În majoritatea cazurilor, însă, genul gramatical al unei persoane corespunde sexului acesteia. Câteva terminații indică genul substantivelor:

m	f	n
-ling, -ismus, -er	-heit, -keit, -ung, -ion	-chen, -lein, -(t)um

Dar pentru că există excepții de la regulă (de ex. **die Mutter**) este cel mai bine ca substantivele să fie învățate de la bun început împreună cu articolul hotărât corespunzător, deoarece articolul hotărât arată clar genul gramatical al substantivului. La substantivele compuse (Komposita) genul este același cu cel al ultimului substantiv din cuvântul compus:
die Stadt + das Zentrum → das Stadtzentrum.

Pluralul

Pentru formarea pluralului nu există reguli generale. Și aici este valabil: substantivul se învață cel mai bine împreună cu forma corectă de plural.

Cazul

În germană există patru cazuri: **nominativ, genitiv, dativ, acuzativ.**

Majoritatea substantivelor arată la cazuri diferite la fel – de obicei se declină articolul.

Subiectul propoziției este în nominativ („Cine?"). Apoi există acuzativul pentru lucruri sau persoane văzute, aflate în posesie sau asupra cărora se răsfrânge acțiunea în general („pe cine?") și dativul, care de obicei este un complement și căruia i se atribuie ceva („cui?").

Cazul unui substantiv depinde de rolul acestuia în propoziție. Acest rol este determinat de către verb (sau de către o prepoziție). De exemplu, verbul **sehen** (a vedea) cere întotdeauna un subiect care vede și un complement la acuzativ, care este văzut. Verbul **geben** (a da) cere un subiect, un complement la acuzativ (ce se dă?) și un complement la dativ (cui i se dă?).

Stefan sieht den Mann.   (Stefan îl vede pe bărbat.)
Stefan gibt dem Mann einen Apfel.   (Stefan îi dă bărbatului un măr.)

Complementul la dativ este poziționat în mod normal înaintea complementului la acuzativ.

2 Articolul

Articolele însoțesc substantivele. Iar acolo unde substantivul nu își arată cu ușurință cazul sau genul, preia articolul (în special articolul hotărât) această sarcină. În germană există diferite tipuri de articole, dar toate au o însușire comună: toate se află înaintea unui substantiv și au același gen, același caz și același număr ca cel al substantivului determinat.

Articolul hotărât și articolul nehotărât

Articolul hotărât (definit) **der/die/das** (-ul/-a/-ul) se folosește în mod normal atunci când substantivul este cunoscut sau atunci când este vorba de o anumită persoană/un anumit lucru. Articolul nehotărât (nedefinit) **ein/eine/ ein** (un/o/un) se folosește atunci când se vorbește în general despre ceva, ori atunci când se face referire la ceva necunoscut. Articolul nehotărât nu are formă de plural!

	m.	f.	n.	Pl.
Nom.	der/ein	die/eine	das/ein	die/–
Akk.	den/einen	die/eine	das/ein	die/–
Dat.	dem/einem	der/einer	dem/einem	den/–

Alte articole

În germană există și alte articole. Așa cum am amintit mai sus, acestea se află întotdeauna înaintea unui substantiv și au același gen, număr și caz ca substantivul însoțit. Cele mai multe pot fi utilizate și ca pronume (adică țin locul unui substantiv), de aceea le descriem mai îndeaproape în paragraful următor.

Articolul/Pronumele demonstrativ

Folosim articolele și pronumele demonstrative (cuvinte care indică ceva) **dieser/diese/dieses** (acest; acesta/această; aceasta) pentru a scoate ceva în evidență. Au formă asemănătoare cu **der/die/das**.
Diese Schuhe möchte ich anprobieren (und nicht die anderen).
(Aș dori să încerc pantofii aceștia (și nu pe ceilalți).)

kein (niciun/nicio)

kein este und articol de negație. Formele sunt aceleași cu cele ale articolului nehotărât.
Forma de plural este **keine** la nominativ și la acuzativ, iar la dativ **keinen**.
Kein Mensch ruft mich an.   (Nu mă sună nimeni.)
Jens isst heute kein Obst.   (Jens nu mănâncă niciun fruct azi.)

Articolul zero

Articol zero înseamnă că nu se folosește niciun articol. De exemplu, substantivele nenumărabile sau denumirile de profesii nu sunt însoțite de articol.
Ich brauche noch Milch.   (Mai am nevoie de lapte.)
Ich bin Lehrer.   (Sunt profesor.)

Articolul/Pronumele interogativ

Există două articole interogative : **welcher/welche/welches?** (ce? care?) și **was für ein/eine/ein?** (ce fel de ...?). Formele lui **welcher** se declină asemănător cu cele ale articolului hotărât, iar formele lui **was für ein** cu cele ale articolului nehotărât.
Was für einen Film willst du sehen? – Einen Actionfilm.
(Ce fel de film vrei să vizionezi? – Unul de acțiune.)
Welches Buch willst du lesen? – Harry Potter.
(Ce carte vrei să citești? – Harry Potter.)

3 Pronumele

Pronumele personal

Pronumele personale pot înlocui persoane sau lucruri cunoscute, asta însemnând toate substantivele.

Declinarea pronumelor personale						
Nom.	ich	du	er/sie/es	wir	ihr	sie/Sie
Akk.	mich	dich	ihn/sie/es	uns	euch	sie/Sie
Dat.	mir	dir	ihm/ihr/ ihm	uns	euch	ihnen/ Ihnen

Să privim verbul **geben** (a da) mai îndeaproape. El cere un subiect (**Alex**), un complement la dativ (**Sabine**) și un complement la acuzativ (einen Apfel):
Alex gibt Sabine einen Apfel.   (Alex îi dă Sabinei un măr.)
Alex gibt ihr den Apfel.   (Alex îi dă ei un măr.)

Însă în cazul în care complementul la acuzativ se înlocuiește cu un pronume, acesta se poziționează înaintea complementului la dativ:
Alex gibt ihn Sabine.   (Alex i-l dă Sabinei.)
Alex gibt ihn ihr.   (Alex i-l dă ei.)

Pronumele personal de politețe **Sie** (dumneavoastră) primește mereu aceeași formă ca persoana a treia la plural (**sie**).
Pronumele personale de politețe se scriu mereu cu majuscule: **S** (Sie) sau **I** (Ihnen) și se declină identic atât la singular, cât și la plural.

Es impersonal
Pentru că fiecare propoziție trebuie să conțină un subiect, iar câteodată nu există niciunul, se folosește **es**. **Es** se folosește des în contexte legate de timp sau de vreme:
Es ist Viertel nach drei.   (Este trei și un sfert.)
Es ist sonnig.   (Este însorit.)

Pronumele posesive (folosirea cu rol de articol)

Articolele posesive sunt:

Pronume personale	Articol posesiv (la nominativ)	
ich	mein	(al meu/ a mea)
du	dein	(al tău/ a ta)
er/sie/es	sein/ihr/sein	(al lui/ al ei/ a lui/ a ei)
wir	unser	(al nostru/ a noastră)
ihr	euer	(al vostru/ a voastră)
sie/Sie	ihr/Ihr	(al lor/ a lor)

La persoana a treia singular există pronume diferite, în funcție de genul persoanei (sau al lucrului) care posedă ceva. În afară de aceasta, toate articolele posesive trebuie să aibă același gen, același caz și același număr ca substantivele pe care le însoțesc, mai exact ca cele ale persoanei ori lucrului care deține ceva.

Das ist mein Vater. (Acesta este tatăl meu.)
Ich gebe meiner Schwester ein Buch. (Îi dau surorii mele o carte.)
Ich fahre mit meinen Freunden nach München.
(Merg cu prietenii mei la München.)

Deci alegerea pronumelui depinde de „posesor". Totuși, terminația depinde de substantivul care îl urmează. Aceste terminații sunt asemănătoare cu cele ale articolului nehotărât:

	Nominativ	Acuzativ	Dativ
sg	mein/meine/mein	meinen/meine/mein	meinem/meiner/meinem
pl	meine	meine	meinen

Celelalte articole posesive au aceleași terminații.
Atenție! Când **euer** primește o terminație, se renunță la **e** dinaintea lui **r**.
Wo sind eure Freunde? (Unde sunt prietenii voștri?)
Wir sitzen auf eurem Sofa. (Noi ședem pe canapeaua voastră.)

Pronumele interogative

Wer? Wen? Wem?	Wie?	Was?	Wann?	Warum?	Wo?	Wohin?	Womit?
Cine? Pe cine? Cui?	Cum?	Ce?	Când?	De ce?	Unde?	Încotro?	Cu ce?

Pronumele relative

Pronumele relative **der/die/das** (care) se folosesc în propoziții relative (propoziții „dependente"). Numărul și cazul pronumelui relativ corespund mereu numărului și cazului substantivului pe care îl însoțește. Cazul pronumelui relativ depinde de rolul acestuia în propoziția secundară.

Formele pronumelui relativ sunt identice cu cele ale articolului hotărât, cu o singură excepție: pluralul pronumelui relativ la dativ este **denen**.
Der Kunde, dem ich schreibe, ist wichtig.
(Clientul căruia îi scriu este important.)
Die Kunden, denen ich schreibe, sind wichtig.
(Clienții cărora le scriu sunt importanți.)

Pronumele nehotărâte

einer/keiner (unul/niciunul)
Articolul nehotărât **ein** și articolul negativ **kein** pot fi folosite ca pronume, de exemplu în răspunsuri scurte.
Willst du einen Apfel? – Nein, ich will keinen.
(Vrei un măr? – Nu, nu vreau niciunul.)

Formele de declinare se aseamănă cu cele ale articolului nehotărât, cu următoarele excepții:
nominativ masculin: **einer/keiner** și
nominativ/acuzativ neutru: **eins/keins**.

man
Pronumele nehotărât **man** poate înlocui orice persoană necunoscută sau nedeterminată. Acesta este mereu subiectul propoziției, iar verbul primește

mereu terminația conjugării la persoana a treia singular. **Man** se folosește deseori pentru a exprima enunțuri la diateza pasivă într-un mod diferit.
Man kann in Berlin viele Sachen sehen.
(Se pot vedea multe lucruri în Berlin.)
Hier darf man **nicht rauchen.** (Statt: **Hier darf nicht geraucht werden.**)
(Aici nu se fumează. În loc de: Aici fumatul este interzis.)

jemand/niemand (cineva/nimen)
jemand (cineva) și **niemand** (nimeni) au terminații la acuzativ și la dativ:

Nom.	*Akk.*	*Dat.*
jemand/niemand	jemanden/niemanden	jemandem/niemandem

Ich habe dort niemanden **gesehen.**   (Nu am văzut pe nimeni acolo.)
În limbajul oral, aceste pronume apar adesea în formă nedeclinată:
Ich habe dort jemand **gesehen.**   (Am văzut pe cineva acolo.)

4 Adjectivele

Adjectivele au funcția de a descrie mai îndeaproape substantivele. Pentru a îndeplini acest rol, adjectivele se află înaintea substantivului, ori împreună cu verbul **sein** (a fi) sau **werden** (a deveni, a ajunge, a se face).

Adjectivele pe lângă **sein** sau **werden**

Adjectivele în această poziție nu se declină.
Se folosește forma de bază a adjectivului – deci cea aflată în dicționar.
Der Apfel ist rot.   (Mărul este roșu.)
Es wird heiß.   (Se face cald.)

Adjectivele dinaintea substantivelor

Când un adjectiv se află în fața unui substantiv trebuie declinat.
Aceasta înseamnă că adjectivul preia același caz, același gen și același număr ca substantivul (asemenea articolului).

Există două declinări ale adjectivelor, în funcție de forma hotărâtă sau nehotărâtă a articolului folosit.

	m (z. B. Plan)	f (z. B. Frage)	n (z. B. Buch)	pl (z. B. Strategien)
Adjektive vor Nomen mit einem bestimmten Artikel Adjective înaintea substantivelor cu un articol hotărât				
Nom.	der gute	die gute	das gute	die guten
Akk.	den guten	die gute	das gute	die guten
Dat.	dem guten	der guten	dem guten	den guten
Adjektive vor Nomen mit einem unbestimmten Artikel Adjective înaintea substantivelor cu un articol nehotărât				
Nom.	ein guter	eine gute	ein gutes	– gute
Akk.	einen guten	eine gute	ein gutes	– gute
Dat.	einem guten	einer guten	einem guten	– guten

Declinarea adjectivelor cu celelalte articole corespunde mereu unuia dintre aceste două modele.

■ Cum funcționează acestea cu articolul hotărât, mai exact cu următoarele articole:
  ■ articolele interogative **welcher, welche, welches** (ce, care)
  ■ articolele **jeder, jede, jedes** (orice, oricare, fiecare)
  ■ **alle** (toți/toate) și
  ■ articolele demonstrative **dieser, diese, dieses** (acest/această).
  Dieses neue Haus ist schön.   (Casa aceasta nouă este frumoasă.)
  Er sieht jeden **neuen Film.**   (El vizionează fiecare film nou.)

■ Cum funcționează acestea cu articolul nehotărât, mai exact cu următoarele articole:
  ■ articolele posesive (**mein** (al meu/ a mea), **dein** (al tău/ a ta) șamd.
    – dar adjectivele cu articolul posesiv au terminația **-en** la plural!)
  ■ articolul interogativ **was für ein** (ce fel de?) și
  ■ celelalte articole din 2.
  Mein neuer Kollege ist Franzose.   (Noul meu coleg este francez.)
  Sie haben viele alte Weine.   (Ei au multe vinuri vechi.)

Gradele de comparație ale adjectivelor (și ale adverbelor)

Pentru compararea adjectivelor cu **sein** este nevoie de două sufixe: **-er** pentru gradul comparativ și **-sten** (sau **-esten** după d, t, s, sch, z și după

vocale) pentru superlativ. Acestea se adaugă formei de bază: **neu – neuer
– am neuesten**.
Adjectivele unui substantiv aflate la grade de comparație sunt alcătuite din
forma de bază *plus* **-er** la comparativ sau **-(e)-st-** la superlativ *plus*
terminația: **das neuere Haus – der neueste Parkplatz**.

Forma de superlativ a unui adjectiv cu **sein** este precedată de **am**. Înaintea
unui substantiv, forma de superlativ se folosește numai împreună cu
articolul hotărât. Majoritatea adjectivelor monosilabice care conțin **a, o, u**
primesc la comparativ și superlativ **ä, ö, ü: lang – länger – der längste**.

Și în final există câteva adjective care au forme de comparație neregulate.
Puținele adverbe, care se pot folosi cu grade de comparație, se află de
asemenea pe această listă:

Pozitiv	Forma de bază	Comparativ	Superlativ
bun	gut	besser	am besten
înalt	hoch	höher	am höchsten
aproape	nah	näher	am nächsten
mult	viel	mehr	am meisten
cu plăcere	gern	lieber	am liebsten
des	oft	öfter/häufig	am häufigsten/ (selten: am öftesten)
curând	bald	eher	am ehesten

5 Verbele

Verbele exprimă acțiuni, întâmplări sau stări. Forma de bază pe care o
întâlniți în partea care conține elementele lexicale este forma la infinitiv.
La infinitiv majoritatea verbelor se termină în -en: **geh**en, **wart**en, **hab**en,
einkaufen ... Verbele au forme diferite în funcție de timpuri și se conjugă.
Persoana (subiectul) se recunoaște după terminația verbului conjugat.

Prezent

Atenție! În germană nu se poate distinge dacă o acțiune sau o întâmplare
are loc în mod regulat sau dacă aceasta are loc în timpul vorbirii.

616 ■ Gramatica limbii germane pe scurt

Cu forma de prezent se pot exprima ambele variante (dar cu ajutorul
adverbelor de genul **immer** (mereu) se poate face diferența).
Terminațiile verbelor diferă în funcție de subiectul propoziției.

	gehen (a merge)	reisen (a călători)	warten (a aștepta)	Endung (terminație)
ich	gehe	reise	warte	-e
du	gehst	reist	wartest	-st
er/sie/es	geht	reist	wartet	-t
wir	gehen	reisen	warten	-en
ihr	geht	reist	wartet	-t
sie/Sie	gehen	reisen	warten	-en

Când rădăcina verbului se termină în **s**, **ss**, **ß** sau **z**, forma verbului la
persoana a doua singular (**du**) primește doar terminația **-t**.

Dacă rădăcina verbului se termină în **t** sau **d**, se introduce un **-e-** între
rădăcină și terminație la persoanele a doua și a treia singular (**du, er/sie/es**)
precum și la persoana a doua plural (**ihr**).

Unele verbe au la prezent forme neregulate:

	laufen (a alerga)	geben (a da)	sehen (a vedea)
ich	laufe	gebe	sehe
du	läufst	gibst	siehst
er/sie/es	läuft	gibt	sieht
wir	laufen	geben	sehen
ihr	lauft	gebt	seht
sie/Sie	laufen	geben	sehen

Așa cum se poate vedea, terminațiile coincid cu cele ale verbelor regulate.
Dar vocalele persoanelor a doua și a treia singular se schimbă!
a/au devin **ä/äu**, **e** devine **i** sau **ie**. Atenție, deoarece există doar câteva
verbe de acest fel:

| essen → du isst, er isst | fahren → du fährst, er fährt | lesen → du liest, er liest |

Așa cum ați putut observa mai sus, nu toate verbele cu **e** își schimbă vocala
(de exemplu **gehen**).

Perfectul

Perfectul este forma de trecut cel mai des folosită în limba germană vorbită. Verbele modale cum sunt **haben** și **sein** se folosesc totuși cel mai des la **preterit/imperfect**.

În germană, perfectul se construiește cu ajutorul verbelor **haben** sau **sein** la prezent plus participiul II al verbului de conjugat. Perfectul se folosește simplu pentru toate enunțurile la timpul trecut.

Așadar, când se folosește **haben** și când **sein**? Majoritatea verbelor care arată o schimbare de loc, cum sunt **gehen** (a merge) și **fahren** (a se deplasa cu un vehicul), sau o schimbare de stări, ca **einschlafen** (a adormi), se formează la perfect cu **sein**. Celelalte verbe (cea mai mare parte) cer la perfect **haben**.

Și cum se construiește participiul II al unui verb? Aici există verbe regulate și neregulate. Multe din verbele folosite in limbajul de zi cu zi sunt verbe regulate.

Verbele regulate folosesc infinitivul ca forma de bază pentru construirea participiului II. În cele mai multe cazuri infinitivul primește prefixul **ge-**, terminația **-en** se înlătură și se înlocuiește cu un **-t** (sau **-et**, când înaintea lui **-en** se află un **t** sau un **d**):

hören → ge**hört**	kosten → ge**kostet**

Când la infinitiv există deja un prefix neseparabil (cum ar fi **ver-**, **ent-**, **be-**), acesta rămâne neschimbat iar terminația **-en** se înlocuiește cu **-(e)t**:

verletzen → verletz**t**	sich beeilen → sich beeil**t**

Prefixele separabile (ca **mit-**, **ab-**, **aus-**) se păstrează dar sunt urmate imediat de sufixul **-ge-**. Și nu uitați terminația **-(e)t**.

aufhängen → auf**ge**häng**t**	vorstellen → vor**ge**stell**t**

Forma conjugată a lui **haben** sau **sein** și participiul II formează împreună perfectul:
Die Äpfel haben 1,90 gekostet.   (Merele au costat 1,90.)
Er ist nach Paris gereist.   (El a plecat la Paris.)
Ich bin zu spät zur Arbeit gekommen.
(Eu am ajuns prea târziu la serviciu.)

Cele mai multe verbe care cer la perfect verbul **sein** sunt neregulate.
Există doar câteva verbe regulate cu **sein**, printre care **passieren**
(a se întâmpla) și **reisen** (a călători). Dar nu toate verbele neregulate
formează perfectul cu **sein**!

Preteritul/Imperfectul

Imperfectul se folosește foarte rar în limba gemană vorbită. Există însă
câteva verbe (**haben**, **sein** și verbele modale) care se folosesc mai des la
imperfect decât la perfect.
În lista cu verbele neregulate sunt menționate și formele de imperfect, fiind
preferabil ca formele să poată fi învățate deodată. Terminațiile la imperfect
ale verbelor regulate sunt aceleași cu cele ale verbelor modale.

Viitorul

Există două modalități prin care se poate vorbi la viitor. Ori se folosește
verbul la prezent împreună cu un adverb de timp (cum ar fi **später** (mai
târziu), **morgen** (mâine) șamd.), ori se folosesc formele viitorului I.
Viitorul I se construiește folosind forma corespunzătoare a lui **werden**
împreună cu infinitivul verbului:
Jens geht morgen mit Martina ins Kino. = **Jens wird morgen mit Martina
ins Kino gehen.**
(Jens merge mâine cu Martina la cinema. = Jens va merge mâine cu Martina
la cinema.)

În limba vorbită se folosește mai des prezentul împreună cu un adverb
de timp.
Totuși viitorul I se utilizează pentru a exprima ceva, ce se va întâmpla sau va
avea loc în mod cert în viitor.

Imperativul

Imperativul se folosește pentru comenzi și somații. Există trei forme diferite de imperativ:

	Aussagesatz (propoziție afirmativă)	Satz im Imperativ (propoziție la imperativ)
informell **du** (*Sg*)	Du nimmst Platz. (Tu iei loc.)	Nimm **Platz.** (Ia loc.)
informell **ihr** (Pl)	Ihr nehmt Platz. (Voi luați loc.)	Nehmt **Platz.** (Luați loc.)
formell **Sie** (*Sg+Pl*)	Sie nehmen Platz. (Dumneavoastră luați loc.)	Nehmen **Sie Platz.** (Luați loc.)

În propozițiile imperative verbul se află pe poziția întâi. În limbajul formal pronumele se păstrează (dar se poziționează după verb). În limbajul informal se renunță la pronume. Atât la pluralul formal cât și la cel informal verbul rămâne neschimbat, la singular însă se renunță la terminația -**st**.

Verbe neregulate în limba germană |
Deutsche unregelmäßige Verben

Infinitiv	Ind. prezent (*pers. a III-a sg.*)	Preterit (*pers. a III-a sg.*)	Participiu perfect
backen	backt / bäckt	backte / buk	gebacken
befehlen	befiehlt	befahl	befohlen
beginnen	beginnt	begann	begonnen
beißen	beißt	biss, *pl* bissen	gebissen
bergen	birgt	barg	geborgen
betrügen	betrügt	betrog	betrogen
bewegen	bewegt	bewog	bewogen
biegen	biegt	bog	gebogen
bieten	bietet	bot	geboten
binden	bindet	band	gebunden
bitten	bittet	bat	gebeten
blasen	bläst	blies	geblasen
bleiben	bleibt	blieb	geblieben
bleichen	bleicht	blich	geblichen
braten	brät	briet	gebraten
brechen	bricht	brach	gebrochen
brennen	brennt	brannte	gebrannt
bringen	bringt	brachte	gebracht
denken	denkt	dachte	gedacht
dringen	dringt	drang	gedrungen
dürfen	darf	durfte	gedurft
empfangen	empfängt	empfing	empfangen
empfehlen	empfiehlt	empfahl	empfohlen
erlöschen	erlischt	erlosch	erloschen
erschrecken	erschrickt	erschrak	erschrocken
erwägen	erwägt	erwog	erwogen
essen	isst, 2. *pl* esst	aß	gegessen
fahren	fährt	fuhr	gefahren
fallen	fällt	fiel	gefallen
fangen	fängt	fing	gefangen
fechten	ficht	focht	gefochten
finden	findet	fand	gefunden
fliegen	fliegt	flog	geflogen
fliehen	flieht	floh	geflohen
fließen	fließt	floss, *pl* flossen	geflossen
fressen	frisst	fraß	gefressen
frieren	friert	fror	gefroren

Infinitiv	Ind. prezent (pers. a III-a sg.)	Preterit (pers. a III-a sg.)	Participiu perfect
gären	gärt	gärte / gor	gegoren
gebären	gebärt / gebiert	gebar	geboren
geben	gibt	gab	gegeben
gedeihen	gedeiht	gedieh	gediehen
gehen	geht	ging	gegangen
gelingen	gelingt	gelang	gelungen
gelten	gilt	galt	gegolten
genießen	genießt	genoss, pl genossen	genossen
geraten	gerät	geriet	geraten
geschehen	geschieht	geschah	geschehen
gewinnen	gewinnt	gewann	gewonnen
gießen	gießt	goss, pl gossen	gegossen
gleichen	gleicht	glich	geglichen
gleiten	gleitet	glitt	geglitten
graben	gräbt	grub	gegraben
greifen	greift	griff	gegriffen
haben	hat	hatte	gehabt
halten	hält	hielt	gehalten
hängen	hängt	hing	gehangen
hauen	haut	haute / hieb	gehauen
heben	hebt	hob	gehoben
heißen	heißt	hieß	geheißen
helfen	hilft	half	geholfen
kennen	kennt	kannte	gekannt
klingen	klingt	klang	geklungen
kneifen	kneift	kniff	gekniffen
kommen	kommt	kam	gekommen
können	kann	konnte	gekonnt
kriechen	kriecht	kroch	gekrochen
laden	lädt	lud	geladen
lassen	lässt	ließ	gelassen
laufen	läuft	lief	gelaufen
leiden	leidet	litt	gelitten
leihen	leiht	lieh	geliehen
lesen	liest	las	gelesen
liegen	liegt	lag	gelegen
lügen	lügt	log	gelogen
mahlen	mahlt	mahlte	gemahlen
meiden	meidet	mied	gemieden
melken	melkt	melkte / molk	gemolken
messen	misst	maß	gemessen
mögen	mag	mochte	gemocht

Infinitiv	Ind. prezent (pers. a III-a sg.)	Preterit (pers. a III-a sg.)	Participiu perfect
müssen	muss	musste	gemusst
nehmen	nimmt	nahm	genommen
nennen	nennt	nannte	genannt
pfeifen	pfeift	pfiff	gepfiffen
quellen	quillt	quoll	gequollen
raten	rät	riet	geraten
reiben	reibt	rieb	gerieben
reißen	reißt	riss, pl rissen	gerissen
reiten	reitet	ritt	geritten
rennen	rennt	rannte	gerannt
riechen	riecht	roch	gerochen
rufen	ruft	rief	gerufen
salzen	salzt	salzte	gesalzen
saufen	säuft	soff	gesoffen
saugen	saugt	sog	gesogen
schaffen	schafft	schuf	geschaffen
scheinen	scheint	schien	geschienen
scheißen	scheißt	schiss, pl schissen	geschissen
schieben	schiebt	schob	geschoben
schießen	schießt	schoß, pl schossen	geschossen
schlafen	schläft	schlief	geschlafen
schlagen	schlägt	schlug	geschlagen
schleichen	schleicht	schlich	geschlichen
schleifen	schleift	schliff	geschliffen
schließen	schließt	schloss, pl schlossen	geschlossen
schlingen	schlingt	schlang	geschlungen
schmeißen	schmeißt	schmiss, pl schmissen	geschmissen
schmelzen	schmilzt	schmolz	geschmolzen
schneiden	schneidet	schnitt	geschnitten
schreiben	schreibt	schrieb	geschrieben
schreien	schreit	schrie	geschrien
schreiten	schreitet	schritt	geschritten
schweigen	schweigt	schwieg	geschwiegen
schwellen	schwillt	schwoll	geschwollen
schwimmen	schwimmt	schwamm	geschwommen
schwingen	schwingt	schwang	geschwungen
schwören	schwört	schwor	geschworen
sehen	sieht	sah	gesehen
sein	ist	war	gewesen
senden	sendet	sandte / sendete	gesandt
singen	singt	sang	gesungen

Infinitiv	Ind. prezent (pers. a III-a sg.)	Preterit (pers. a III-a sg.)	Participiu perfect
sinken	sinkt	sank	gesunken
sitzen	sitzt	saß	gesessen
sollen	soll	sollte	gesollt
spinnen	spinnt	spann	gesponnen
sprechen	spricht	sprach	gesprochen
springen	springt	sprang	gesprungen
stechen	sticht	stach	gestochen
stecken	steckt	steckte / stak	gesteckt
stehen	steht	stand	gestanden
stehlen	stiehlt	stahl	gestohlen
steigen	steigt	stieg	gestiegen
sterben	stirbt	starb	gestorben
stinken	stinkt	stank	gestunken
stoßen	stößt	stieß	gestoßen
streichen	streicht	strich	gestrichen
streiten	streitet	stritt	gestritten
tragen	trägt	trug	getragen
treffen	trifft	traf	getroffen
treiben	treibt	trieb	getrieben
treten	tritt	trat	getreten
trinken	trinkt	trank	getrunken
tun	tut	tat	getan
verderben	verdirbt	verdarb	verdorben
vergessen	vergisst	vergaß	vergessen
verlieren	verliert	verlor	verloren
verzeihen	verzeiht	verzieh	verziehen
wachsen	wächst	wuchs	gewachsen
waschen	wäscht	wusch	gewaschen
weben	webt	webte / wob	gewebt / gewoben
weichen	weicht	wich	gewichen
wenden	wendet	wandte / wendete	gewandt / gewendet
werben	wirbt	warb	geworben
werden	wird	wurde / ward	geworden
werfen	wirft	warf	geworfen
wiegen	wiegt	wog	gewogen
winden	windet	wand	gewunden
wissen	weiß	wusste	gewusst
wollen	will	wollte	gewollt
ziehen	zieht	zog	gezogen
zwingen	zwingt	zwang	gezwungen

Indicații de folosire

Cuvintele-titlu sunt marcate cu albastru:
Grill, Grille, grillen

Grill $\overline{\text{M}}$ grătar *n*
Grille $\overline{\text{F}}$ ZOOL greier *m*
grillen $\overline{\text{V/I}}$ a frige la grătar

Accentul cuvintelor-titlu ' în română: frumós, frumuséţe, fruntáş

fru'mos $\overline{\text{ADJ}}$ schön
frumu'seţe $\overline{\text{F}}$ Schönheit *f*
frun'taş $\overline{\text{ADJ}}$ führend

Prin exponent (¹, ²) se diferenţiază sensurile cuvintelor cu aceeaşi formă şi pronunţare

Bauer¹ $\overline{\text{M}}$ ţaran *m*
Bauer² $\overline{\text{N/M}}$ (≈ *Vogelkäfig*) colivie *f*

Indicaţia părţii de vorbire, resp. a genului în cazul cuvintelor-titlu:
$\overline{\text{V/I}}$, $\overline{\text{F}}$, $\overline{\text{ADJ}}$, $\overline{\text{M}}$, $\overline{\text{F}}$

iu'bi $\overline{\text{V/I}}$ lieben
iu'bire $\overline{\text{F}}$ Liebe *f*
iu'bit **A** $\overline{\text{ADJ}}$ geliebt; beliebt **B** $\overline{\text{M}}$, **iu-'bită** $\overline{\text{F}}$ Geliebte(r) *m/f(m)*

Diferenţierea formelor masculine de cele feminine

dansa'tor $\overline{\text{M}}$, **dansa'toare** $\overline{\text{F}}$ Tänzer(in) *m(f)*

Litere pentru diferenţierea părţilor de vorbire: **A**, **B**

'dulce **A** $\overline{\text{ADJ}}$ süß **B** $\overline{\text{N}}$ Süßigkeit *f*

Cifre arabe pentru diferenţierea sensurilor: **1**, **2**

Krippe $\overline{\text{F}}$ **1** *Weihnachtskrippe* iesle *f* **2** *Kinderkrippe* creşă *f*

Domeniile de folosire sunt trecute cu majuscule: SPORT, SCHIFF, FLUG, MED, PFLEGE

Mannschaft $\overline{\text{F}}$ **1** SPORT echipă *n* **2** SCHIFF, FLUG echipaj *n*

Notrufklingel $\overline{\text{F}}$ MED, PFLEGE buton *n* de panică